胡适文集

A Collection of Hu Shih's Essays

1 文明卷

何卓恩◎编

長春出版社
国家一级出版社
全国百佳图书出版单位

图书在版编目(CIP)数据

胡适文集:全6册/何卓恩编.—长春:长春出版社,2013.1
(2018.1重印)
ISBN 978-7-5445-2597-8

Ⅰ.①胡… Ⅱ.①何… Ⅲ.①胡适(1891~1962)—文集
Ⅳ.①C53

中国版本图书馆CIP数据核字(2012)第274928号

胡适文集(全6册)

著　者:胡　适　　编　者:何卓恩
责任编辑:李春龙　　封面设计:迟兴成

出版发行:長春出版社　　总编室电话:0431-88563443
发行部电话:0431-88561180　　编辑室电话:0431-88561184
地　址:吉林省长春市建设街1377号
邮　编:130061
网　址:www.cccbs.net
制　版:荣辉图文
印　刷:吉广控股有限公司
经　销:新华书店

开　本:700毫米×1000毫米　1/16
字　数:1 400千字
印　张:93
版　次:2013年1月第1版
印　次:2018年1月第2次印刷
印　数:5 000–10 000套
定　价:(全6册)295.00元

胡　适

1933 年胡适任北京大学文学院长

出版说明

一个“幽灵”在20世纪中国的历史舞台上游荡，他就是胡适。

胡适（1891－1962），安徽绩溪人，原名嗣穈，学名洪骍，字希疆，后改名胡适，字适之。幼年曾受私塾教育，后就读中国公学，1910年留学美国，1917年回国后担任北京大学教授，和陈独秀一起成为新文化运动的领袖。抗战期间曾任中国驻美国大使，1946年，担任北京大学校长。1949年，离开大陆寄居美国，1957年，出任台湾“中央研究院”院长。1962年，在出席一次酒会中心脏病突发病逝。

胡适兴趣广泛，著述丰富。冯友兰先生认为：“在中国哲学史研究的近代化工作中，胡适创始之功，是不可埋没的。”（《三松堂全集》第1卷，第213页）其著作《中国哲学史大纲》（上卷）被蔡元培先生称之为“第一部新的哲学史”。他对《红楼梦》的研究将红学研究推到一个前所未有的高度，也由此被认为是新红学的开山鼻祖。他指出“历史不是任人打扮的小姑娘”，提倡实证主义研究方法。此外，他在文学、考据学、教育学、伦理学等诸多领域开风气之先，并作出了巨大的贡献。

综观胡适的一生，可以用他自己的话来概括："大胆的假设，小心的求证；认真的做事，严肃的做人。"他一贯倡导自由、怀疑、宽容及知识分子的独立人格，致力于学术和文化的进步、思想和言论的自由，"宁鸣而死，不默而生"，是他的知识分子风骨最有力的写照。

由于历史原因，胡适遭到了大陆长时间严厉的批判。上个世纪90年代以来，在耿云志等学者的努力下，国内掀起了一股研究胡适的浪潮，并逐渐呈现出"显学"之势。因此，阅读胡适，了解胡适，还原一个更加立体和真实的胡适，也就越发显得有必要。

胡适一生，涉及了大量的学术文化、思想文化和政治文化的言论，其文字通俗易懂，生动活泼。关于胡适的著作结集出版众多，形式各异，出版社不一，但大都是规模庞大，专供学者研究之用，且价格不菲。纵观国内市场，几乎没有一套适合大众读者（包括青少年读者）的有关胡适思想的读物。

为了给现代社会公民提供方便的读本，使读者更便捷地了解胡适的思想。值此胡适逝世50周年之际，我社特约请华中师范大学近代史研究所何卓恩教授重新编选一套六卷本《胡适文集》。

本文集分为文明卷、政治卷、社会卷、人生卷、治学卷、自述卷，每册再根据内容细分若干主题，在主题下大体按照初次发表时间先后排列。其内容精炼、篇幅均衡，且兼顾了可读性与思想性的统一。

在编辑过程中，我社力求保持胡适著作的原貌，参考了多个版本，并对照原文，重新作了校订，主要校订原则如下：

一、对外国人名、地名及少量专有名词的译语，如“牛顿”之作“牛敦”、“培根”之作“倍根”、“新西兰”之作“纽西兰”、“爱尔兰”之作“爱耳兰”、“布尔什维克”之作“鲍尔雪维克”、“喀斯特”之作“喀尔斯特”等，为避免在阅读中给读者带来不便，按现在通行译法，在原文后［　］中作注加以说明，并以第一次出现为准。

二、旧时的习惯用法，其中包括当时的用语、字词、标点符号用法习惯，只要不会发生歧解的，如“鲁莽”之作“卤莽”、“功课”之作“工课”、“省份”之作“省分”、“想象”之作“想像”、“那么”之作“那末”、“它”和“她”之作“他”、“哪”之作“那”、“只”之作“止”、“得”与“地”之作“的”，以及标点符号如顿号之作逗号、冒号之作逗号、“等等”前存“……”等，一般不作任何改动。

三、其他旧时用语与今天相异的地方，一些重要名词如“中华民族”之作“中国民族”、“两千年”之作“二千年”、“幼儿园”之作“幼稚园”等说法的差异，一般不作改动，以存原貌。

四、原文中有损坏、缺漏或字迹不清者，以□代替，不作变动。明显的错字和漏字的地方，在错字的原字后加〈　〉，里面放入改正字；在漏字后加［　］，里面放入补充字。

五、对一些繁体字和不规范用字，如“余”之作“馀”、“于”之作“於”等，根据现行语言文字规范加以改正。

此次出版，在版本的选择和内容的取材上主要以季羡林主编，安徽教育出版社 2003 年出版的《胡适全集》和耿云志主编，黄山书社 1994 年出版的《胡适遗稿及秘藏书信》为底本，同时参考了上海亚东图书馆 1930 年出版由胡适自编的《胡适文存》和《胡适文选》、中华书局 1998 年出版的由姜义华编选的《胡适学术文集》、北京大学出版社 1998 年出版的由欧阳哲生编选的《胡适文集》及光明日报出版社 1998 年出版的由胡明编选的《胡适精品集》等。同时，还新增了一些未曾被这些文集收录的文章。如《当前中国的文化问题》《容忍与自由》等。

此外，在本文集的出版过程中，还得到了章开沅、张岂之、耿云志、杨天石、冯天瑜、潘光哲等诸位先生的肯定和支持，并吸收了各种文集的校订成果，以及朱正等学者对《胡适全集》所作的订正成果；同时，也对上述作品中校订有疑问的地方重新作了修订。因体例所限，未便逐篇注明，在此一并表示衷心的感谢。

序　新世纪从头说胡适

◎耿云志

胡适（1891－1962），是近代中国最有影响的思想家和学者之一。其生前死后颇多争议。胡适由仅供批判的对象变成学者们可以实事求是的研究对象才不过二十几年。今天，在中国大陆、在台、港、澳及海外华人圈中，对胡适有所了解的人越来越多了，人们重新发现了胡适。

新文化运动的中心人物

五四时期的新文化运动，曾涌现了一大批领袖和精英分子。但他们所起的作用是不同的。我说胡适是新文化运动的中心人物，是基于以下事实：

（一）胡适首倡文学革命，使宣传新思想的《新青年》迅速受到国人普遍关注，遂而演成全国规模的新文化运动。胡适倡导文学革命的意义却远远超出文学的范围，白话国语的盛行并终于得到绝大多数国人的认同，为中国提供了普及和发展新教育的利器，为社会传媒提供了便于传播的利器，为社会全体成员提供了表达思想、交流思想的利器。不识字的也能开口讲话，不因鄙俚而遭排斥；略识字的人则能提笔作文。一整代青年蒙文学革命之赐，打开了走向社会的门径。这一切，都为造成更广大的公共社会空间、为推动社会进步准备了条件。所以，二十多年前我就说，对于文学革命的成功，白话国语的畅行，它的伟大社会意义无论怎样估计都不过分。

（二）胡适倡导个性解放最力，他对“健全的个人主义”的界说和阐述，大有功于思想革命、道德革命的深入发展。胡适于 1918 年 6 月发表的《易卜生主义》一文，被誉为“个性解放的宣言”。他强调“社会最大的罪恶莫过于摧折个人的个性，不使他自由发展”。摧折了个人的个性，社会就一定缺少生机，就会进步缓慢，甚至停滞不前。胡适指出，发展个性“须有两个条件，第一，须使个人有自由意志；第二，须使个人担干系，负责任”。这就堵住了那些把个性解放说成是人欲横流，为所欲为的顽固守旧者的口。中国专制主义、宗法观念之影响人心实在太久太深，以至于一提“个性解放”、“个人主义”，许许多多以卫道自命的人，就深恶痛绝。在使用“个人主义”的提法时，他特别加上“健全的”三个字。

提倡个性解放，提倡自由平等，自然会提倡女子解放，男女平等。胡适所写《论贞操》、《美国的妇人》等文章在当时都曾产生巨大的影响。

（三）创立新的学术范式，开启新的学术趋向。胡适于 1919 年出版的《中国哲学史大纲》（上卷），受到学术界和大批青年学生的高度重视。用全新的方法系统整理和研究中国思想学术和文化遗产，此书起了先驱和典范的作用。以后治中国哲学史和思想史的人，都不免受到这部书的影响。然而它的影响还不止于哲学史和思想史的范围。他用同样的方法，考证《水浒传》及《红楼梦》等古典小说，用同样的方法重新审视中国古史，影响了一代青年学子，引发了“古史辨”以及文学史研究的新的学术趋向。胡适当时总结他的治学方法，简括为“大胆的假设，小心的求证”十个大字。它在流行中不免发生某些流弊，但这种方法确实影响了一代学风。

（四）在新文化运动中，只有胡适明确提出了一个较为完整的纲领：那就是“研究问题，输入学理，整理国故，再造文明”。这是胡适在1919年11月发表的《新思潮的意义》一文中提出来的。这确是一个较全面的建设新文化的纲领。注重研究问题，无非是立意纠正中国知识阶级重虚文玄理而疏于实际的坏习气、坏传统。当戊戌维新期间，光绪皇帝感慨“西人日日治有用之学，国人日日治无用之学”，亦正是针对此弊。为了面对实际，切实研究问题，需要借鉴一些新学理、新方法，故要输入学理。这还不够，要解决中国社会所存在的问题，离不开对中国传统的研究和了解。所以要整理国故，要批判总结中国的文化遗产。只有这几步功夫都做到了，才谈得上建设中国的新文化，再造新文明。后来，胡适领导整理国故的工作和编译西书的工作，就是实践他的纲领的努力。只可惜在那个年代，没有条件把这两项工作长期坚持做下去。

倡导开放的文化心态

在谈到文化立场的问题时，胡适长期被大多数人误认为是“全盘西化”论者。其实，胡适的文化立场，最基本的是主张一种开放的文化心态。

当1935年，由十教授的所谓“建设中国本位文化”宣言所引发的关于“本位文化”与“全盘西化”问题的论争开始时，胡适虽然先表态拥护“全盘西化”的主张，但他很快就发现，这个提法的不确切和易遭误解。因此，他改而提出“充分世界化”的命题。在这前后，他进一步阐明了他的开放主义的文化立场。主要的是下述几点：

（一）任何民族的文化，都有其自身的保守性。它已渗透到民族生活中去，所以要谈“文化的本位”，其实“就是那无数无数的人民”。这个本位是无论如何都毁灭不了的。也可以说，一个民族的文化，即使经历再大的变迁，终不会丢掉它的全部传统的。因此，没有必要为民族传统和文化本位的丧失而操心。

（二）在文化的转型和发展过程中，不可能事先制定出一个可靠的客观标准，指导文化可以变哪些，不可以变哪些，可以变到什么程度，等等。因此，任何个人，任何政府都不足以胜任这个文化导师的责任，只能由人民，由上述“那无数无数的人民”，根据他们生活的需要去选择、去取舍。

（三）中国的文化历史悠久，积累丰富。因此其保守的惰性也格外的大。故尤无必要担心自家本位的丧失。应当特别提倡开放的文化心态，“让那个世界文化充分和我们的老文化自由接触，自由切磋琢磨……将来文化大变动的结晶品，当然是一个中国本位的文化”。

可见，胡适的开放的文化心态是建立在对民族文化的自信心的基础之上的。正因为他对自己民族的未来有充分的信心，故他能做到在国内看重于严厉批评旧传统，要人们反省、自责；到了国外，他则尽力介绍中国传统文化中一切优秀的东西。这表现了一位文化巨人才有的担当精神与魄力。

走自觉的和平改革之路

胡适留学归国时，原打算二十年不谈政治。但到 1919 年五四运动之后，政治问题逼人而来之时，他也不得不渐渐地谈起政治来了。他的基本主张，或是说基本的政治态度是“要自觉的改革而不要盲目的革命”。他在历次有关政治问题的讨论和争论中，都一直坚持这一主张。在他看来，中国的问题绝不是用暴力革命可以解决得了的，因为中国真正的敌人是贫穷、疾病、愚昧、贪污和扰乱（批评他的人讥讽地简括为“五鬼闹中华”)。要打倒这五大敌人“只有一条路，就是认清了我们的敌人，认清了我们的问题，集合全国的人力智力，充分采用世界的科学知识与办法，一步一步地做自觉的改革，在自觉的指导之下，一点一滴的收不断的改革之功。不断的改革收工之日，即是我们的目的到达之时”。这个目的，就是建设一个独立、统一、民主、富强的现代国家。

理性的民族主义

胡适在美国留学时期曾一度醉心于“不争主义”，以至于当他的女友韦莲司想要赴欧洲参加盟国军队战地救护工作时，他极力加以劝阻。他甚至认为，为了“保存自己”而不惜一战也是错误的。但同时，他坚决反对任何种族歧视，尤其反对在民族问题上的双重标准。他强调，在国内是非法的事情，在国外也一样是非法的；不应加诸白人身上的事，也不应加诸黑人、犹太人和中国人的身上。

回国以后，经历许多国内国际的重大事件之后，他的“不争主义”已不像学生时代那样绝对化，而是更加理性。他一方面，不赞成任何简单排外或民族复仇主义；另一方面坚决反对侵略主义和任何民族压迫、民族歧视的政策。在五卅运动前后，他主张通过外交途径，要求英、日帝国主义赔偿、道歉、并开始修改不平等条约。同时，他表示不赞成过于情绪化的举动。这是他理性的民族主义态度一次清楚的表现。

人们都知道，在九一八事变后，中国面临严重的民族危机。胡适的对日态度是一种理性的民族主义态度。他认为，在平时毫无对付外来侵略的实际准备，一旦大敌来侵，即号召同胞以血肉之躯去与有充分准备和使用现代武器的强敌去拼命是一种不负责任的态度。但他也不能容忍毫无作为、一味退让的做法。他曾批评国民党政府不做抗争，就答应从河北撤出各级党部。而对在长城抗战中壮烈牺牲的军人们，他则表示由衷的敬意。他更是明确地坚决反对华北一部分军人、政客应日本人之要求使华北特殊化的图谋。为此，日本人曾误认为，华北的反日学生运动都是胡适、蒋梦麟等人主使的。

从胡适的思想言行中，可以看出，在民族的问题上，他是个高度理性主义者。他反对民族歧视，反对强权主义，特别是反对强者方面采取双重标准的立场，在今天仍有现实意义。与此同时，在弱者方面，他不赞成各种冒险的复仇主义，而主张自我改革，积蓄力量、做有计划有准备的抗争。这一点，同样具有现实意义。此外，他谋求建立有效的维护和平的国际机制，也是一种足资参考的合理构想。

民族问题是最容易牵动感情的问题。因此当民族间发生冲突时，人们往往义愤多于理性。在这种情况下，采取理性的立场往往不易被理解，故极需要有勇气，敢于承担责任的人。因为，要解决那最易牵动民族感情的问题，只有诉诸理性。若诉诸感情，则只会加深矛盾，问题终难解决。在今天的世局里，我们重温胡适的理性的民族主义思想主张，应是很有教益的。

（耿云志，中国社会科学院文史哲学部委员，近代史研究所研究员，胡适研究会会长，长期从事中国近代政治史、思想史和文化史的研究，是胡适研究的权威学者。本文原载于2002年12月19日《社会科学报》，征得耿先生同意作为本文集序，并略有删节。）

编者序

“二十世纪是鲁迅的世纪，二十一世纪是胡适的世纪。”[①]

李慎之先生的这一论断，既道出了时代的变迁，也道出了胡适思想的真精神。

胡适与鲁迅几乎是同时登上了20世纪的思想舞台，即“从文化上发生觉悟”的五四新文化时期。他们都倡导“新”思想，反对“旧”文化，主张从根本上改造中国，但在具体着力点上，他们之间又有很大的不同。学者们发现，胡适是个相信制度、相信社会的乐观主义者，他的思想就像他招牌式的表情一样笑口常开；鲁迅是个不相信制度、不相信社会的悲悯主义者，他的思想表情是横眉冷对。胡适以和风细雨式的语调劝告人们一点一滴地努力进行和平的改革，把中国的社会制度往英美式的自由民主法治的框架里推；鲁迅则用匕首和投枪去与恶势力作战，致力于“改造国民性”和“痛打落水狗”，其价值取向趋于苏俄的暴风骤雨式的社会革命。胡适且福且寿却生不逢时，他对时局的建言每每都是那么稳健，而每每也都是那

① 见李普:《悼慎之——我们大家的公民课教师》，《炎黄春秋》2003年第6期，第60页。

么不合时宜，唐德刚先生称之为“照远不照近的一代文宗”[①]；鲁迅却身逢其世，在一次比一次浩大，一次比一次彻底，一次比一次激越的这个“革命的世纪”，他彻底颠覆旧世界的思想和意志，被视为革命的明灯，因此毛泽东说他是“在文化战线上，代表全民族的大多数，向着敌人冲锋陷阵的最正确、最勇敢、最坚决、最忠诚、最热忱的空前的民族英雄。”[②]

20 世纪 80 年代，中国进入了改革开放、和平发展的时期。短短 20 余年时间，全民温饱得以解决，国民教育逐渐普及，科学技术不断发展，综合国力大大提升，自由民主意识也得到发展，取得了举世瞩目的成就。国人认识到了和平渐进的改革才是中国社会进步的正途。于是，峰回路转，曾处于边缘化甚至妖魔化的胡适思想的价值被重新发现。

在“革命”当令的时代，胡适及其思想虽曾有过被“统战”、被利用的经历，更多的却是受到彻底的否定和批判，胡适因而被戴上“帝国主义走狗”、“买办资产阶级思想的代表”、“反动文人”、“国民党反动派的代言人”等“大头衔”。事实上到了 20 世纪 80 年代，胡适就已逐渐魂归大陆。经过学者们的努力，其“恢复名誉”的范围，从新文化运动到理性爱国的精神，再到自由主义的价值，层层深入。研究胡适的资深学者耿云志先生曾讲：“在一定的意义上，胡适研究的进展，人们对胡适的认识的变化，几乎可以说是我们改革开放的一个天然尺度”[③]。改革开放在经济领域已经取得累累硕果，在文化和政治领域仍需深层拓展，如果我们相信改革不可逆转，那么我们有理由相信，胡适的思想将会大大超越学术评定的领域，并发挥着

① 唐德刚：《胡适杂忆》，华文出版社 1990 年版，第 90 页。

② 毛泽东：《新民主主义论》，《毛泽东选集》第二卷，人民出版社 1991 年版，第 698 页。

③ 耿云志：《〈重新发现胡适〉自序》，《胡适研究通讯》2010 年第 4 期，第 3 页。

更显著的建设性功能。

胡适是一个开风气的学者，对中国现代人文学术体系的建立作出了奠基性的贡献；他又是一个公共知识分子，先后主办和参与过《新青年》、《每周评论》、《努力周报》、《现代评论》、《新月月刊》、《独立评论》、《自由中国》等言论刊物。他主张中华文明现代化，“研究问题，输入学理，整理国故，再造文明”；主张和平改革中国政治，“用立法的办法，一步一步地做具体改革，一点一滴地求进步”；他主张努力培育健全的社会力量，重视教育、学术，也重视舆论风气，一方面强调争取自由独立的言论空间，“不受任何方面的非法干涉”；另一方面也特别提示掌握言论“权”的知识分子，要有容忍的精神和负责任的态度，不滥用言论自由的权利。他还对青年的人生经营和学问方法作出平实的建议。这些都是和平时代社会建设的药石。著名历史学家章开沅先生最近在对编者的谈话中说：“胡适关于社会和国家建设的一些思想，用今天的话说，就是科学发展观。”①

胡适的文字并不高深，甚至有人说他“学问简陋”、“思想浅薄”。但正如余英时先生所言，正是这种“简陋的学问”、“浅薄的思想”，才使他成为至今仍受注视的人物。② 社会文明的常道本来就是“卑之无甚高论”的，最有价值的真理常在寻常日用之间。胡适思想看起来不如乌托邦主义那么“理想”，不如黑格尔主义那么“谨严”，不如道学那么“玄妙”，却蕴含着人类最真实的普世价值，这条通向现代文明之路中国绕不过去。

最后，感谢长春出版社的信任，邀约我来选编这套主要反映胡

---

① 2012年11月19日章开沅先生的谈话，地点：华中师范大学中国近代史研究所名誉所长工作室。

② 余英时：《胡适是20世纪影响力最大也最长久的思想家》，《东方早报》2011年12月16日文化版。

适思想的文集。我虽一直从事于中国自由主义思潮的考察，也先后编过《殷海光文集》《韦政通文集》《夏道平文集》《雷震文集》等思想性的文集，但我对胡适思想研究还很不够，在浩如烟海的文献中，如何精选出一些比较有代表性的文字，大致反映胡适思想的基本面貌，这对我是一挑战。好在向前辈请益的机会很多，章开沅先生的教诲给了我很大启示。耿云志先生拨冗赐教之外，还允赐文为序以示鼓励，令我十分感动。潘光哲先生惠赐胡适玉照，张岂之先生、杨天石先生、冯天瑜先生的支持，我十分感谢。此外，我还得到长春出版社胡新编辑、李春龙编辑非常具体的帮助，提供了一些建设性的意见，对文集中的补注作了很细致的工作，在此也特别表示感谢。当然，文集中存在的问题还有不少，概系编者之责，敬请读者指正。

何卓恩

2012 年 11 月于武昌桂子山

2017 年 11 月于武昌桂子山修订

目录

■ 文化的走向

■ 文化的建设

■ 传统与现代

胡適文集

文明卷

文化的走向

新思潮的意义①

一

近来报纸上发表过几篇解释“新思潮”的文章。我读了这几篇文章，觉得他们所举出的新思潮的性质，或太琐碎，或太笼统，不能算作新思潮运动的真确解释，也不能指出新思潮的将来趋势。即如包世杰先生的《新思潮是什么》一篇长文，列举新思潮的内容，何尝不详细？但是他究竟不曾使我们明白那种种新思潮的共同意义是什么。比较最简单的解释要算我的朋友陈独秀先生所举出的新青年两大罪案，——其实就是新思潮的两大罪案，——一是拥护德莫克拉西［德谟克拉西］先生（民治主义），一是拥护赛因斯先生（科学）。陈先生说：

> 要拥护那德先生，便不得不反对孔教，礼法，贞节，旧伦理，旧政治。要拥护那赛先生，便不得不反对旧艺术，旧宗教。要拥护德先生，又要拥护赛先生，便不得不反对国粹和旧文学。（《新青年》六卷一号页一〇）

① 本文副标题为“研究问题、输入学理、整理国故、再造文明”。——编者

这话虽然很简明，但是还嫌太笼统了一点。假使有人问：“何以要维护德先生和赛先生，便不能不反对国粹和旧文学呢?”答案自然是：“因为国粹和旧文学是同德、赛两位先生反对的。”又问：“何以凡同德、赛两位先生反对的东西都该反对呢?”这个问题可就不是几句笼统简单的话所能回答的了。

据我个人的观察，新思潮的根本意义只是一种新态度。这种新态度可叫做“评判的态度”。

评判的态度，简单说来，只是凡事要重新分别一个好与不好。仔细说来，评判的态度含有几种特别的要求：

（1）对于习俗相传下来的制度风俗，要问：“这种制度现在还有存在的价值吗?”

（2）对于古代遗传下来的圣贤教训，要问：“这句话在今日还是不错吗?”

（3）对于社会上糊涂公认的行为与信仰，都要问：“大家公认的，就不会错了吗？人家这样做，我也该这样做吗？难道没有别样做法比这个更好，更有理，更有益的吗?”

尼采说现今时代是一个“重新估定一切价值”（Transvaluation of all Values）的时代。“重新估定一切价值”八个字便是评判的态度的最好解释。从前的人说妇女的脚越小越美。现在我们不但不认小脚为“美”，简直说这是“惨无人道”了。十年前，人家和店家都用鸦片烟敬客。现在鸦片烟变成犯禁品了。二十年前，康有为是洪水猛兽一般的维新党。现在康有为变成老古董了。康有为并不曾变换，估价的人变了，故他的价值也跟着变了。这叫做“重新估定一切价值”。

我以为现在所谓“新思潮”，无论怎样不一致，根本上同有这公共的一点：——评判的态度。孔教的讨论只是要重新估定孔教的价值。文学的评论只是要重新估定旧文学的价值。贞操的讨论只是要重新估定贞操的道德在现代社会的价值。旧戏的评论只是要重新估定旧戏在今日文学上的价值。礼教的讨论只是要重新估定古代的纲常礼教在今日还有什么价值。女子的问题只是要重新估定女子在社会上的价值。政府与无政府的讨论，财产私有与公有的讨论，也只是要重新估定政府与财产等等制度在今日社会的价值。……我也不必往下数了，这些例很够证明这种评判的态度是新思潮运动的共同精神。

二

这种评判的态度，在实际上表现时，有两种趋势。一方面是讨论社会上，政治上，宗教上，文学上种种问题。一方面是介绍西洋的新思想，新学术，新文学，新信仰。前者是“研究问题”，后者是“输入学理”。这两项是新思潮的手段。

我们随便翻开这两三年以来的新杂志与报纸，便可以看出这两种的趋势。在研究问题一方面，我们可以指出：(1) 孔教问题，(2) 文学改革问题，(3) 国语统一问题，(4) 女子解放问题，(5) 贞操问题，(6) 礼教问题，(7) 教育改良问题，(8) 婚姻问题，(9) 父子问题，(10) 戏剧改良问题，……等等。在输入学理一方面，我们可以指出《新青年》的“易卜生号”，“马克思号”，《民铎》的“现代思潮号”，《新教育》的“杜威号”，《建设》的“全民政治”的学理，和北京《晨报》，《国民公报》，《每周评论》，上海《星期评论》，《时事新报》，《解放与改造》，广州《民风周刊》……等等杂志报纸所介绍的种种西洋新学说。

为什么要研究问题呢？因为我们的社会现在正当根本动摇的时候，有许多风俗制度，向来不发生问题的，现在因为不能适应时势的需要，不能使人满意，都渐渐的变成困难的问题，不能不彻底研究，不能不考问旧日的解决法是否错误；如果错了，错在什么地方；错误寻出了，可有什么更好的解决方法；有什么方法可以适应现时的要求。例如孔教的问题，向来不成什么问题；后来东方文化与西方文化接近，孔教的势力渐渐衰微，于是有一班信仰孔教的人妄想要用政府法令的势力来恢复孔教的尊严；却不知道这种高压的手段恰好挑起一种怀疑的反动。因此，民国四五年的时候，孔教会的活动最大，反对孔教的人也最多。孔教成为问题就在这个时候。现在大多数明白事理的人，已打破了孔教的迷梦，这个问题又渐渐的不成问题了，故安福部的议员通过孔教为修身大本的议案时，国内竟没有人睬他们了！

又如文学革命的问题。向来教育是少数“读书人”的特别权利，于大多数人是无关系的，故文字的艰深不成问题。近来教育成为全国人的公共权利，人人知道普及教育是不可少的，故渐渐的有人知道文言在教育上实在不适用，于是文言白话就成为问题了。后来有人觉得单用白话做教科书是不中用的，因为世间决没有人情愿学一种除了教科书以外便没有用处的文字。这些人主张：古文不但不配做教育的工具，并且不配做文学的利器；若要提倡国语的教育，先须提倡国语的文学。文学革命的问题就是这样发生的。现在全国教育联合会已全体一致通过小学教科书改用国语的议案，况且用国语做文章的人也渐渐的多了，这个问题又渐渐的不成问题了。

为什么要输入学理呢？这个大概有几层解释。一来呢，有些人深信中国不但缺乏炮弹，兵船，电报，铁路，还缺乏新思想与新学术，故他们尽量的输入西洋近世的学说。二来呢，有些人自己深信某种学说，要想他传播发展，故尽力提倡。三来呢，有些人自己不能做具体的研究工夫，觉得翻译现成的学说比较容易些，故乐得做这种稗贩事业。四来呢，研究具体的社会问题或政治问题，一方面做那破坏事业，一方面做对症下药的工夫，不但不容易，并且很遭犯忌讳，很容易惹祸，故不如做介绍学说的事业，借“学理研究”的美名，既可以避“过激派”的罪名，又还可以种下一点革命的种子。五来呢，研究问题的人，势不能专就问题本身讨论，不能不从那问题的意义上着想；但是问题引申到意义上去，便不能不靠许多学理做参考比较的材料，故学理的输入往往可以帮助问题的研究。

这五种动机虽然不同，但是多少总含有一种“评判的态度”，总表示对于旧有学术思想的一种不满意，和对于西方的精神文明的一种新觉悟。

但是这两三年新思潮运动的历史应该给我们一种很有益的教训。什么教训呢？就是：这两三年来新思潮运动的最大成绩差不多全是研究问题的结果。新文学的运动便是一个最明白的例。这个道理很容易解释。凡社会上成为问题的问题，一定是与许多人有密切关系的。这许多人虽然不能提出什么新解决，但是他们平时对于这个问题自然不能不注意。若有人能把这个问题的各方面都细细分析出来，加上评判的研究，指出不满意的所在，提出新鲜的救济方法，自然容易引起许多人的注意。起初自然有许多人反对，但是反对便是注意的证据，便是兴趣的表示。试看近日报纸上登的马克思的《赢余价值论》，可有反对的吗？可有讨论的吗？没有人讨论，没有人反对，便是不能引起人注意的证据。研究问题的文章所以能发生效果，正为所研究的问题一定是社会人生最切要的问题，最能使人注意，也最能使人觉悟。悬空介绍一种专家学说，如《赢余价值论》之类，除了少数专门学者之外，决不会发生什么影响。但是我们可以在研究问题里面做点输入学理的事业，或用学理来解释问题的意义，或从学理上寻求解决问题的方法。用这种方法来输入学理，能使人于不知不觉之中感受学理的影响。不但如此，研究问题最能使读者渐渐的养成一种批评的态度，研究的兴趣，独立思想的习惯。十部“纯粹理性的评判”，不如一点评判的态度；十篇“赢余价值论”，不如一点研究的兴趣；十种“全民政治论”，不如一点独立思想的习惯。

总起来说：研究问题所以能于短时期中发生很大的效力，正因为研究问题有这几种好处：（1）研究社会人生切要的问题最容易引起大家的注意；（2）因为问题关切人生，故最容易引起反对，但反对是该欢迎的，因为反对便是兴趣的表示，况且反对的讨论不但给我们许多不要钱的广告，还可使我们得讨论的益处，使真理格外分明；（3）因为问题是逼人的活问题，故容易使人觉悟，容易得人信从；（4）因为从研究问题里面输入的学理，最容易消除平常人对于学理的抗拒力，最容易使人于不知不觉之中受学理的影响；（5）因为研究问题可以不知不觉的养成一班研究的，评判的，独立思想的革新人才。

这是这几年新思潮运动的大教训！我希望新思潮的领袖人物以后能了解这个教训，能把全副精力贯注到研究问题上去；能把一切学理不看作天经地义，但看作研究问题的参考材料；能把一切学理应用到我们自己的种种切要问题上去；能在研究问题里面做点输入学理的工夫；能用研究问题的工夫来提倡研究问题的态度，来养成研究问题的人才。

这是我对于新思潮运动的解释。这也是我对于新思潮将来的趋向的希望。

［参看］

（1）《多研究些问题，少谈些主义》。

（2）《问题与主义》。

（3）《再论问题与主义》。

（4）《三论问题与主义》。

三

以上说新思潮的“评判的精神”在实际上的两种表现。现在要问：“新思潮的运动对于中国旧有的学术思想，持什么态度呢？”

我的答案是：“也是评判的态度。”

分开来说，我们对于旧有的学术思想有三种态度。第一，反对盲从；第二，反对调和；第三，主张整理国故。

盲从是评判的反面，我们既主张“重新估定一切价值”，自然要反对盲从。这是不消说的了。

为什么要反对调和呢？因为评判的态度只认得一个是与不是，一个好与不好，一个适与不适，——不认得什么古今中外的调和。调和是社会的一种天然趋势。人类社会有一种守旧的惰性，少数人只管趋向极端的革新，大多数人至多只能跟你走半程路。这就是调和。调和是人类懒病的天然趋势，用不着我们来提倡。我们走了一百里路，大多数人也许勉强走三四十里。我们若先讲调和，只走五十里，他们就一步都不走了。所以革新家的责任只是认定“是”的一个方向走去，不要回头讲调和。社会上自然有无数懒人懦夫出来调和。

我们对于旧有的学术思想，积极的只有一个主张，——就是“整理国故”。整理就是从乱七八糟里面寻出一个条理脉络来；从无头无脑里面寻出一个前因后果来；从胡说谬解里面寻出一个真意义来；从武断迷信里面寻出一个真价值来。为什么要整理呢？因为古代的学术思想向来没有条理，没有头绪，没有系统，故第一步是条理系统的整理。因为前人研究古书，很少有历史进化的眼光的，故从来不讲究一种学术的渊源，一种思想的前因后果，所以第二步是要寻出每种学术思想怎样发生，发生之后有什么影响效果。因为前人读古书，除极少数学者以外，大都是以讹传讹的谬说——如太极图，爻辰，先天图，卦气，……之类，——故第三步是要用科学的方法，作精确的考证，把古人的意义弄得明白清楚。因为前人对于古代的学术思想，有种种武断的成见，有种种可笑的迷信，如骂杨朱、墨翟为禽兽，却尊孔丘为德配天地，道冠古今！故第四步是综合前三步的研究，各家都还他一个本来真面目，各家都还他一个真价值。

这叫做“整理国故”。现在有许多人自己不懂得国粹是什么东西，却偏要高谈“保存国粹”。林琴南先生做文章论古文之不当废，他说，“吾知其理而不能言其所以然！”现在许多国粹党，有几个不是这样糊涂懵懂的？这种人如何配谈国粹？若要知道什么是国粹，什么是国渣，先须要用评判的态度，科学的精神，去做一番整理国故的工夫。

四

新思潮的精神是一种评判的态度。

新思潮的手段是研究问题与输入学理。

新思潮的将来趋势，依我个人的私见看来，应该是注重研究人生社会的切要问题，应该于研究问题之中做介绍学理的事业。

新思潮对于旧文化的态度，在消极一方面是反对盲从，是反对调和；在积极一方面，是用科学的方法来做整理的工夫。

新思潮的唯一目的是什么呢？是再造文明。

文明不是笼统造成的，是一点一滴的造成的。进化不是一晚上笼统进化的，是一点一滴的进化的。现今的人爱谈“解放与改造”，须知解放不是笼统解放，改造也不是笼统改造。解放是这个那个制度的解放，这种那种思想的解放，这个那个人的解放，是一点一滴的解放。改造是这个那个制度的改造，这种那种思想的改造，这个那个人的改造，是一点一滴的改造。

再造文明的下手工夫，是这个那个问题的研究。再造文明的进行，是这个那个问题的解决。

中华民国八年十一月一日晨三时

（原载于《新青年》1919年12月1日第7卷第1号）

读梁漱溟先生的《东西文化及其哲学》

> 我是自己有一套思想，再来看孔家诸经的：看了孔经，先有自己意见，再来视宋、明人书的：始终拿自己思想作主。（本书页二七九）

我们读梁漱溟先生的这部书，自始至终，都该牢牢记得这几句话。并且应该认得梁先生是怎样的一个人：他自己说：

> 我这个人本来很笨，很呆，对于事情总爱靠实，总好认真。……我自从会用心思的年龄起，就爱寻求一条准道理，最怕听“无可无不可”的话，所以对于事事都自己有一点主见，而自己的生活行事都牢牢的把定着一条线去走。（本书自叙）

我们要认清梁先生是一个爱寻求一条“准道理”的人，是一个“始终拿自己思想作主”的人。懂得这两层，然后可以放胆读他这部书，然后可以希望领会他这书里那“真知灼见”的部分，和那蔽于主观成见或武断太过的部分。

一

梁先生第一章绪论里，提出三个意思。第一，他说此时东方化与西方化已到了根本上的接触，形势很逼迫了，有人还说这问题不很迫切，那是全然不对的（页四至十一）。第二，那些人随便主张东西文化的调和融通，那种“胡涂，疲缓，不真切的态度，全然不对”（页十二至十八）。第三，大家怕这个问题无法研究，也是不对的。“如果对于此问题觉得是迫切，当真要求解决，自然自己会要寻出一条路来”（页十八至二十）。

这三层意思是梁先生著书的动机，所以我们应该先看看这三层的论点如何。

梁先生是“始终拿自己思想作主”，故我们先讨论那关于他自己思想的第三点。他说，“我的生活与思想见解是成一整个的。思想见解到那里，就做到那里”。又说，“旁人对于这个问题自己没有主见，并不要紧，而我对于此问题，假使没有解决，我就不晓得我作何种生活才好”（页十九）。这种知行合一的精神，自然是我们应该敬仰佩服的。然而也正因为梁先生自己感觉这个问题如此迫切，所以他才有第一层意思，认定这个问题在中国今日果然是十分迫切的了。他觉得现在东方化受西方化逼迫得紧的形势之下，应付的方法不外三条路：

> （一）倘然东方化与西方化果真不并立而又无可通，到今日要绝其根株，那么，我们须要自觉的如何彻底的改革，赶快应付上去，不要与东方化同归于尽。
>
> （二）倘然东方化受西方化的压迫不足虑，东方化确要翻身的，那么，与今日之局面如何求其通，亦须有真实的解决，积极的做去，不要作梦发呆，卒致倾覆。
>
> （三）倘然东方化与西方化果有调和融通之道，那也一定不是现在这种“参用西法”可以算数的，需要赶快有个清楚明白的解决，好打开一条活路，决不能存疲缓的态度。（页十）

梁先生虽指出这三条路，然而他自己只认前两条路；他很严厉的骂那些主张调和融通的人，说“不知其何所见而云然”，所以我们此时且不谈那第三条路。

对于那前两条路，梁先生自己另有一种很奇异的见解。他把东西文化的问题写成下列的方式：

> 东方化还是要连根的拔去，还是可以翻身呢？

接着就是他自己的奇异解释：

> 此处所谓“翻身”，不仅说中国人仍旧使用东方化而已；大约假使东方化可以翻身，亦是同西方化一样，成一种世界的文化——现在西方化所谓科学和德谟克拉西的色彩，是无论世界上那一地方人皆不能自外的。
>
> 所以此刻问题，直截了当的，就是
>
> 东方化可否翻身成为一种世界文化？
>
> 如果不能成为世界文化，则根本不能存在。若仍可以存在，当然不能仅只使用于中国，而须成为世界文化。（页十二）

这是梁先生的书里的最主要问题，读者自然应该先把这问题想一想，方才可以读下去。

我们觉得梁先生这一段话似乎不免犯了笼统的毛病。第一，东西文化的问题是一个很复杂的问题，决不是“连根拔去”和“翻身变成世界文化”两条路所能完全包括。至于“此刻”的问题，更只有研究双方文化的具体特点的问题，和用历史的精神与方法寻求双方文化接触的时代如何选择去取的问题，而不是东方化能否翻身为世界文化的问题。避去了具体的选择去取，而讨论那将来的翻身不翻身，便是笼统。第二，梁先生的翻身论是根据在一个很笼统的大前提之上的。他的大前提是：

> 凡一种文化，若不能成为世界文化，则根本不能存在；若

仍可存在，当然不能限于一国，而须成为世界文化。

这种逻辑是很可惊异的。世界是一个很大的东西，文化是一种很复杂的东西。依梁先生自己的分析（页十三），一种文化不过是一个民族生活的种种方面。他总括为三方面：精神生活，社会生活，物质生活。这样多方面的文化，在这个大而复杂的世界上，不能没有时间上和空间上的个性的区别。在一个国里，尚且有南北之分，古今之异，何况偌大的世界？若否认了这种种时间和空间的区别，那么，我们也可以说无论何种劣下的文化都可成为世界文化。我们也许可以劝全世界人都点“极黑暗的油灯”，都用“很笨拙的骡车”，都奉喇嘛教，都行君主独裁政治；甚至于鸦片，细腰，穿鼻，缠足，如果走运行时，何尝都没有世界化的资格呢？故就一种生活或制度的抽象的可能性上看来，几乎没有一件不能成为世界化的。再从反面去看，若明白了民族生活的时间和空间的区别，那么，一种文化不必须成为世界文化，而自有他存在的余地。米饭不必成为世界化，而我们正不妨吃米饭；筷子不必成为世界化，而我们正不妨用筷子；中国话不必成为世界语，而我们正不妨说中国话。

所以我们在这里要指出梁先生的出发点就犯了笼统的毛病，笼统的断定一种文化若不能成为世界文化，便根本不配存在；笼统的断定一种文化若能存在，必须翻身成为世界文化。他自己承认是“牢牢的把定一条线去走”的人，他就不知不觉的推想世界文化也是“把定一条线去走”的了。从那个笼统的出发点，自然生出一种很笼统的“文化哲学”。他自己推算这个世界走的“一条线”上，现在是西洋化的时代，下去便是中国化复兴成为世界文化的时代，再下去便是印度化复兴成为世界文化的时代（页二五九以下）。这样“整齐好玩”的一条线，有什么根据呢？原来完全用不着根据，只须梁先生自己的思想，就够了。梁先生说：

我并非有意把他们弄得这般整齐好玩，无奈人类生活中的问题实有这么三层次，其文化的路径就有这么三转折，而古人又恰好把这三路都已分别走过，所以事实上没法要他不重走一遭。吾自有见而为此说，今人或未必见谅，然吾亦岂求谅于今人者？（页二六一——二六二）

是的。这三条路，古人曾分别走过；现在世界要走上一条线了，既不能分别并存，只好轮班挨次重现一次了。这种全凭主观的文化轮回说，是无法驳难的，因为梁先生说“吾自有见而为此说。吾亦岂求谅于今人者”！

凡过信主观的见解的，大概没有不武断的。他既自有见而为此说，又自己声明不求谅于今人，我们还有什么话可说呢？他这种勇于自信而倾于武断的态度，在书中屡次出现。最明显的是在他引我论淑世主义的话之后，他说：

这条路（淑世主义）也就快完了。……在未来世界，完全是乐天派的天下，淑世主义过去不提。这情势具在。你已不必辩，辩也无益。（页二五二）

我也明知“辩也无益”，所以我沉默了两年，至今日开口，也不想为无益之辩论，只希望能指出梁先生的文化哲学是根据于一个很笼统的出发点的，而这种笼统的论调只是梁先生的“牢牢的把定一条线去走”。“爱寻求一条准道理”的人格的表现，用一条线的眼光来看世界文化，故世界文化也只走一条线了。自己寻得的道理，便认为“准道理”，故说“吾自有见而为此说”，“你不必辩，辩也无益”。

不明白这一层道理的，不配读梁先生的书。

二

上文只取了梁先生的绪论和结论的一部分来说明这种主观化的

文化哲学。现在我们要研究他的东西文化观的本身了。

梁先生先批评金子马治，北聆吉论东西文化的话，次引陈独秀拥护德谟克拉西和赛恩斯两位先生的话，认为很对很好。梁先生虽然承认“西方文化即赛恩斯和德谟克拉西两精神的文化”，但梁先生自己是走“一条线”的人，总觉得“我们说话时候非双举两种不可，很像没考究到家的样子”。所以他还要做一番搭题的工夫，要把德赛两先生并到一条线上去，才算“考究到家”了。这两位先生若从历史上研究起来，本来是一条路上的人。然而梁先生并不讲历史，他仍用他自己的思想作主，先断定“文化”只是一个民族的生活样子，而“生活”就是“意欲”；他有了这两个绝大的断定，于是得着西方文化的答案：

> 如何是西方化？西方化是似意欲向前要求为其根本精神的。（页三一）

我们在这里，且先把他对于中国、印度的文化的答案，也抄下来，好作比较：

> 中国文化是以意欲自为调和持中为其根本精神的。（页七一）
> 印度文化是以意欲反身向后要求为其根本精神的。（页七二）

梁先生自己说他观察文化的方法道：

> 我这个人未尝学问，种种都是妄谈，都不免“强不知以为知”，心里所有只是一点佛家的意思，我只是本着一点佛家的意思裁量一切，这观察文化的方法也别无所本，完全是出于佛家思想。（页六一—六二）

我们总括他的说法，淘汰了佛书的术语，大旨如下：

> 所谓生活，就是现在的我（即是现在的意欲）对于前此的

> 我（即是那殆成定局的宇宙）之奋斗，……前此的我为我当前的“碍”。……当前为碍的东西是我的一个难题；所谓奋斗，就是应付困难，解决问题。（页六四—六五）

这点总纲，似乎很平易，然而从这里发出三个生活的样法：

> （一）向前面要求，就是奋斗的态度，这是生活本来的路向。
> （二）对于自己的意思变换，调和，持中；回想的随遇而安。
> （三）转身向后去要求，想根本取消当前的问题或要求。
> （页六九—七〇）

依梁先生的观察，这三条路代表三大系的文化：

> （一）西方文化走的是第一条路。
> （二）中国文化走的是第二条路。
> （三）印度文化走的是第三条路。（页七二）

以上所引，都是本书第二第三两章中的。但梁先生在第四章比较东西哲学的结果，又得一个关于三系文化的奇妙结论。他说：

> （一）西洋生活是直觉运用理智的。
> （二）中国生活是理智运用直觉的。
> （三）印度生活是理智运用现量的。（页二〇六）

“现量”就是感觉（Sensation），理智就是“比量”，而直觉乃是比量与现量之间的一种“非量”，就是“附于感觉——心王——之受，想，二心所”。（页九三）

以上我们略述梁先生的文化观察。我们在这里要指出梁先生的文化观察也犯了笼统的大病。我们也知道有些读者一定要代梁先生抱不平，说：“梁先生分析的那样仔细，辨别的那样精微，而你们还要说他笼统，岂非大冤枉吗？”是的，我们正因为他用那种仔细的分析和精微的辨别，所以说他“笼统”。文化的分子繁多，文化的原因也极复杂，而梁先生要想把每一大系的文化各包括在一个简单的公式里，这便是笼统之至。公式越整齐，越简单，他的笼统性也越大。

我们试先看梁先生的第一串三个公式：

（一）西方化的根本精神是意欲向前要求。

（二）中国化的根本精神是意欲自为调和持中。

（三）印度化的根本精神是意欲反身向后要求。

这岂不简单？岂不整齐？然而事实上全不是那么一回事。西方化与印度化，表面上诚然很像一个向前要求，一个向后要求；然而我们平心观察印度的宗教，何尝不是极端的向前要求？梁先生曾提及印度人的“自饿不食，投入寒渊，赴火炙灼，赤身裸露，学着牛狗，龁草吃粪，在道上等车来轧死，上山去找老虎。”我们试想这种人为的是什么？是向后吗？还是极端的奔赴向前，寻求那最高的满足？我们试举一个例：

释宝崖于益州城西路首，以布裹左右五指，烧之。……并烧二手。于是积柴于楼上，作干麻小室，以油润之。自以臂挟炬。麻燥油浓，赫然火合。于炽盛之中礼拜。比第二拜，身面焦坼，重复一拜，身踣炭上。（胡寅《崇正辨》二，二三）

试想这种人，在火焰之中礼拜，在身面焦坼之时还要礼拜，这种人是不是意欲极端的向前要求？梁先生自己有时也如此说：

大家都以为印度人没法生活才来出世，像詹姆士所说，印度人胆小不敢奋斗以求生活，实在闭眼瞎说！印度人实在是极有勇气的，他们那样坚苦不挠，何尝不是奋斗？（页一四八）

是的！印度人也是奋斗，然而“奋斗”（向前要求）的态度，却是第一条路（页六九）。所以梁先生断定印度化是向后要求的第三条路，也许他自己有时要说是“实在闭眼瞎说”呢！

以上所说，并非为无益之辩，只是要指出，梁先生的简单公式是经不起他自己的反省的。印度化与西洋化，表面上可算两极端了，然而梁先生说他俩都是奋斗，即都是向前要求。

至于那“调和持中”、“随遇而安”的态度，更不能说那一国文化的特性。这种境界乃是世界各种民族的常识里的一种理想境界，绝不限于一民族或一国。见于哲学书的，中国儒家有《中庸》，希腊有亚里士多德的《伦理学》，而希伯来和印度两民族的宗教书里也多这种理想。见于民族思想里的，希腊古代即以“有节”为四大德之一，而欧洲各国都有这一类的民谣。至于诗人文学里，“知足”、“安命”、“乐天”等等更是世界文学里极常见的话，何尝是陶潜、白居易独占的美德？然而这种美德始终只是世界民族常识里的一种理想境界，无论在那一国，能实行的始终只有少数人。梁先生以为：

> 中国人的思想是安分知足，寡欲摄生，而绝没有提倡要求物质享乐的；却亦没有印度的禁欲思想。不论境遇如何，他都可以满足安受，并不定要求改造一个局面。（页八四）

梁先生难道不睁眼看看古往今来的多妻制度，娼妓制度，整千整万的提倡醉酒的诗，整千整万恭维婊子的诗，《金瓶梅》与《品花宝鉴》，壮阳酒与春宫秘戏图？这种东西是不是代表一个知足安分寡欲摄生的民族的文化？只看见了陶潜、白居易，而不看见无数的西门庆与奚十一；只看见了陶潜、白居易诗里的乐天安命，而不看见他们诗里提倡酒为圣物而醉为乐境，——正是一种“要求物质享乐”的表示：这是我们不能不责备梁先生的。

以上所说，并不是有意吹毛求疵，只是要指出梁先生发明的文化公式，只是闭眼的笼统话，全无“真知灼见”。他的根本缺陷只是有意要寻一个简单公式，而不知简单公式决不能笼罩一大系的文化，结果只有分析辨别的形式，而实在都是一堆笼统话。

我们再看他那第二串的三个公式：

（一）西洋生活是直觉运用理智。

（二）中国生活是理智运用直觉。

（三）印度生活是理智运用现量。

这更是荒谬不通了。梁先生自己说：

> 现量，理智，直觉，是构成知识的三种工具。一切知识都是由这三种作用构成。虽然各种知识所含的三种作用有成分轻重的不同，但是非要具备这三种作用不可，缺少一种就不能成功的。（页六九）

单用这一段话，已可以根本推翻梁先生自己的三个公式了。既然说，知识非具备这三种作用不可，那么，也只是因为“各种知识”的性质不同，而成分有轻重的不同；何至于成为三种民族生活的特异公式呢？例如诗人赏花玩月，商人持筹握算，罪人鞭背打屁股，这三种经验因为性质不同，而有成分的轻重，前者偏于直觉，次者偏于理智，后者偏于现量，那是可能的。但人脑的构造，无论在东在西，决不能因不同种而有这样的大差异。我们可以说甲种民族在某个时代的知识方法比乙种民族在某个时代的知识方法精密的多；正如我们说近二百年来的西洋民族的科学方法大进步了。这不过好像我们说汉儒迂腐，宋儒稍能疑古，而清儒治学方法最精。这都不过是时间上，空间上的一种程度的差异。梁先生太热心寻求简单公式了，所以把这种历史上程度的差异，认作民族生活根本不同方向的特征，这已是大错了。他还更进一步，凭空想出某民族生活是某种作用运用某种作用，这真是“玄之又玄了”。

试问直觉如何运用理智？理智又如何运用直觉？理智又如何运用现量？

这三个问题，只有第一问梁先生答的稍为明白一点。他说：

一切西洋文化悉由念念认我向前要求而成。这“我”之认识，感觉所不能为，理智所不能为，盖全出于直觉所得。故此直觉实居主要地位；由其念强，才奔着去求，而理智则其求时所用之工具。所以我们说西洋生活是以直觉运用理智的。读者幸善会其意而无以词害意。（二〇七）

梁先生也知道我们不能懂这种玄妙的话，故劝我们“善会其意而无以词害意”。但我们实在无法善会其意！第一，我们不能承认“我”之认识全出于直觉所得。哲学家也许有发这种妙论的；但我们知道西洋近世史上所谓“我”的发现，乃是一件极平常的事件，正如昆曲《思凡》里的小尼姑的春情发动，不愿受那尼庵的非人生活了，自然逃下山去。梁先生若细读这一出“我”的发现的妙文，或英国诗人白朗吟［勃朗宁］（Browning）的 *Fra Lippo Lippi* 便可以知道这里面也有情感，也带理智，而现量（感觉）实居主要。第二，即使我们闭眼承认“我”之认识由于直觉，然而“我”并不即等于直觉；正如哥仑布发现美洲，而美洲并不等于哥仑布。故“我之认识由于直觉”一句话，即使不是瞎说，也决不能引出“直觉运用理智”的结论。

此外，梁先生解释“理智运用直觉”一段，我老实承认全不懂得他说的是什么。幸而梁先生自己承认这一段话是“很拙笨不通”（二〇九），否则我们只好怪自己拙笨不通了。

最后，梁先生说“理智运用现量”一层，我们更无从索解。佛教的宗教部分，固然是情感居多，然而佛家的哲学部分却明明是世界上一种最精深的理智把戏。梁先生自己也曾说：

在印度，那因明学唯识学秉一种严刻的理智态度，走科学的路。（页八六）

何以此刻（页二〇九）只说印度生活是“理智运用现量”呢？梁先生的公式热，使他到处寻求那简单的概括公式，往往不幸使他陷入矛盾而不自觉。如上文梁先生既认印度化为奋斗，而仍说他是向后要求：如这里梁先生既认印度的因明唯识为走科学的路，而仍硬派他入第三个公式。“整齐好玩”则有余了，只可恨那繁复多方的文化是不肯服服帖帖叫人装进整齐好玩的公式里去的。

三

我们现在要对梁先生提出一点根本的忠告，就是要说明文化何以不能装入简单整齐的公式里去。梁先生自己也曾说过生活就是现在的我对宇宙的奋斗，“我们的生活无时不用力，即是无时不奋斗。当前为碍的东西是我的一个难题；所谓奋斗就是应付困难，解决问题。”（页六四）当梁先生说这话时，他并不曾限制他的适用的区域。他说：

> 差不多一切有情——生物——的生活，都是如此，并不单是人类为然。（页六五）

我们很可以用这一点做出发点：生活即是应付困难，解决问题。而梁先生又说：

> 文化并非别的，乃是人类生活的样法。（页六八）

这一句话，我们也可以承认（梁先生在这里又把文化和文明分作两事，但那个区别是不能自圆其说的，况且和梁先生自己在页十三上说的话互相矛盾，故我们可以不采他这个一时高兴的辨析）。梁先生又说：

> 奋斗的态度，遇到问题都是对于前面去下手，……改造局面，使其可以满足我们的要求：这是生活本来的路向。（页六九）

这也是我们可以承认的。但我们和梁先生携手同行到这里，就不能不分手了。梁先生走到这里，忽然根本否认他一向承认的“一切有情”都不能违背的“生活本来的路向”！他忽然说中国人和印度人的生活是不走这“生活本来的方向”的！他忽然很大度的把那条一切有情都是如此的生活本路让与西洋人去独霸！梁先生的根本错误就在此一点。

我们的出发点只是：文化是民族生活的样法，而民族生活的样法是根本大同小异的。为什么呢？因为生活只是生物对环境的适应，而人类的生理的构造根本上大致相同，故在大同小异的问题之下，解决的方法，也不出那大同小异的几种。这个道理叫做“有限的可能说”（The principle of limited possibilities）。例如饥饿的问题，只有“吃”的解决。而吃的东西或是饭，或是面包，或是棒子面，……而总不出植物与动物两科，决不会吃石头。御寒的问题，自裸体以至穿重裘，也不出那有限的可能。居住的问题，自穴居以至广厦层楼，根本上也只有几种可能。物质生活如此，社会生活也是如此。家庭的组织，也只有几种可能：杂交，一夫多妻，一妻多夫，一夫一妻，大家族或小家庭，宗子独承产业或诸子均分遗产。政治的组织也只有几种可能：独裁政治，寡头政治，平民政治。个人对社会的关系也有限的：个人主义与社会主义；自由与权威。精神生活也是如此的。言语的组织，总不出几种基本配合；神道的崇拜，也不出几种有限的可能。宇宙的解释，本体问题，知识的问题，古今中外，可曾跳出一元，二元，多元；唯心，唯物；先天，后天，等等几条有限的可能？人生行为的问题，古今中外，也不曾跳出几条有限的路子之外。至于文学与美术的可能方式，也不能不受限制：有韵与无韵，表现与象征，人声与乐器，色彩是有限的，乐音是有限的。这叫做有限的可能。

凡是有久长历史的民族，在那久长的历史上，往往因时代的变迁，环境的不同，而采用不同的解决样式。往往有一种民族而一一试过种种可能的变法的。政治史上，欧洲自希腊以至今日，印度自吠陀时代以至今日，中国自上古以至今日，都曾试过种种政治制度：所不同者，只是某种制度（例如多头政治）在甲民族的采用在古代，而在乙民族则上古与近代都曾采用；或某种制度（例如封建制度）在甲国早就消灭了，而在乙国则至最近世还不曾铲除。又如思想史上，这三大系的民族都曾有他们的光明时代与黑暗时代。思想是生活的一种重要工具，这里面自然包含直觉，感觉，与理智三种分子，三者缺一不可。但思想的方法不是一朝一夕可以完备的，往往积了千万年的经验，到了一个成人时期，又被外来的阻力摧折毁坏了，重复陷入幼稚的时期。印度自吠陀时代以至玄奘西游之时，几千年继续磨练的结果，遂使印度学术界有近于科学的因明论理与唯识心理。这个时代，梁先生也承认是“严刻的理智态度，走科学的路”。但回教不久征服印度了，佛教不久就绝迹于印度，而这条“科学的路”遂已开而复塞了。中国方面，也是如此。自上古以至东周，铢积寸累的结果，使战国时代呈现一个灿烂的哲学科学的时期。这个时代的学派之中，如墨家的成绩，梁先生也不能不认为“西洋适例”（页一七四）。然而久长的战祸，第一个统一帝国的摧残，第二个统一帝国的兵祸与专制，遂又使这个成熟的时期的思想方法逐渐退化，陷入谶纬符命的黑暗时代。东汉以后，王充以至王弼，多少才士的反抗，终久抵不住外族的大乱与佛教（迷信的佛教，这时候还没有因明唯识呢）的混入中国！一千年的黑暗时代逐渐过去之后，方才有两宋的中兴。宋学是从中古宗教里滚出来的，程颐、朱熹一派认定的格物致知的基本方法。大胆的疑古，小心的考证，十分明显的表示一种“严刻的理智态度，走科学的路”。这个风气一开，中间虽有陆、王的反科学的有力运动，终不能阻止这个科学的路重现而大盛于最近的三百年。这三百年的学术，自顾炎武、阎若璩以至戴震、崔述、王念孙、王引之，以至孙诒让、章炳麟，我们决不能不说是“严刻的理智态度，走科学的路”。

然而梁先生何以闭眼不见呢？只因为他的成见太深，凡不合于他的成见的，他都视为“化外”。故孔、墨先后并起，而梁先生忍心害理的说“孔子代表中国，而墨子则西洋适例!”（页一七四）故近世八百年的学术史上，他只认“晚明泰州王氏父子心斋先生、东崖先生为最合我意”，而那影响近代思想最大最深的朱熹竟一字不提！他对于朱学与清朝考据学，完全闭眼不见，所以他能说：

科学方法在中国简直没有。(页八六)

究竟是真没有呢？还是被梁先生驱为“化外”了呢？

我们承认那“有限的可能说”，所以对于各民族的文化不敢下笼统的公式。我们承认各民族在某一个时代的文化所表现的特征，不过是环境与时间的关系，所以我们不敢拿“理智”、“直觉”等等简单的抽象名词来概括某种文化，我们拿历史眼光去观察文化，只看见各种民族都在那“生活本来的路”上走，不过因环境有难易，问题有缓急，所以走的路有迟速的不同，到的时候有先后的不同。历史是一面照妖镜，可以看出各种文化的原形；历史又是一座孽镜台，可以照出各种文化的过去种种经过。在历史上，我们看出那现在科学化（实在还是很浅薄的科学化）的欧洲民族也曾经过一千年的黑暗时代，也曾十分迷信宗教，也曾有过寺院制度，也曾做过种种苦修的生活，也曾极力压抑科学，也曾有过严厉的清净教风，也曾为卫道的热心烧死多少独立思想的人。究竟民族的根本区分在什么地方？至于欧洲文化今日的特色，科学与德谟克拉西，事事都可用历史的事实来说明：我们只可以说欧洲民族在这三百年中，受了环境的逼迫，赶上了几步，在征服环境的方面的成绩比较其余各民族确是大得多多。这也不是奇事：本来赛跑最怕赶上；赶上一步之后，先到的局面已成。但赛跑争先，虽然只有一个人得第一，落后的人，虽不能抢第一，而慢慢走去终也有到目的地的时候。现在全世界大通了，当初鞭策欧洲人的环境和问题现在又来鞭策我们了。将来中国和印度的科学化与民治化，是无可疑的。他们的落后，也不过是因为缺乏那些逼迫和鞭策的环境与问题，并不是因为他们的生活方式上有什么持中和向后的根本毛病，也并不是因为他们的生活上有直觉和现量的根本区别。民族的生活没有不用智慧的。但在和缓的境地之下，智慧稍模糊一点，还不会出大岔子；久而久之，便养成疏懒的智慧习惯了。直到环境逼人而来，懒不下去了，方才感发兴起，磨练智慧，以免淘汰。幼稚的民族，根行浅薄，往往当不起环境的逼迫，往往成为环境的牺牲。至于向来有伟大历史的民族，只要有急起直追的决心，终还有生存自立的机会。自然虽然残酷，但他还有最慈爱的一点：就是后天的变态大部分不致遗传下去。一千年的缠足，一旦放了，仍然可以恢复天足，这是使我们对于前途最可乐观的。

梁先生和我们不大相同的地方，只是我们认各种民族都向“生活本来的路”走，而梁先生却认中国、印度另走两条路。梁先生说：

> 中国人不是同西方人走一条路线，因为走的慢，比人家慢了几十里路。若是同一路线而少走些路，那么，慢慢的走，终究有一天赶的上。若是各自走到别的路线上去，别一方向上去，那么，无论走好久，也不会走到那西方人所达到的地点上去的！（页八四）

若照这样说法，我们只好绝望了。然而梁先生却又相信中国人同西洋人接触之后，也可以科学化，也可以民治化。他并且预言全世界西方化之后，还可以中国化，还可以印度化。如此说来，文化的变化岂不还是环境的关系吗？又何尝有什么“抽象的样法”的根本不同呢？他既不能不拿环境的变迁来说明将来的文化，他何不老实用同样的原因来说明现在的文化的偶然不同呢？

这篇文章，为篇幅所限，只能指出原书的缺陷，而不及指出他的许多好处（如他说中国人现在应该“排斥印度的态度，丝毫不能容留”一节），实在是我们很抱歉的。

十二，三，二十八。

（载于《读书杂志》1923年4月1日第8期）

我们对于西洋近代文明的态度

今日最没有根据而又最有毒害的妖言是讥贬西洋文明为唯物的(Materialistic)，而尊崇东方文明为精神的（Spiritual）。这本是很老的见解，在今日却有新兴的气象。从前东方民族受了西洋民族的压迫，往往用这种见解来解嘲，来安慰自己。近几年来，欧洲大战的影响使一部分的西洋人对于近世科学的文化起一种厌倦的反感，所以我们时时听见西洋学者有崇拜东方的精神文明的议论。这种议论，本来只是一时的病态的心理，却正投合东方民族的夸大狂；东方的旧势力就因此增加了不少的气焰。

我们不愿“开倒车”的少年人，对于这个问题不能没有一种彻底的见解，不能没有一种鲜明的表示。

现在高谈“精神文明”“物质文明”的人，往往没有共同的标准做讨论的基础，故只能作文字上或表面上的争论，而不能有根本的了解。我想提出几个基本观念来做讨论的标准。

第一，文明（Civilization）是一个民族应付他的环境的总成绩。

第二，文化（Culture）是一种文明所形成的生活的方式。

第三，凡一种文明的造成，必有两个因子：一是物质的（Material)，包括种种自然界的势力与质料；一是精神的（Spiritual)，包括一个民族的聪明才智、感情和理想。凡文明都是人的心思智力运用自然界的质与力的作品；没有一种文明是精神的，也没有一种文明单是物质的。

我想这三个观念是不须详细说明的，是研究这个问题的人都可以承认的。一只瓦盆和一只铁铸的大蒸汽炉，一只舢板船和一只大汽船，一部单轮小车和一辆电力街车，都是人的智慧利用自然界的质力制造出来的文明，同有物质的基础，同有人类的心思才智。这里面只有个精粗巧拙的程度上的差异，却没有根本上的不同。蒸汽铁炉固然不必笑瓦盆的幼稚，单轮小车上的人也更不配自夸他的精神的文明，而轻视电车上人的物质的文明。

因为一切文明都少不了物质的表现，所以"物质的文明"（Material Civilization）一个名词不应该有什么讥贬的涵义。我们说一部摩托车是一种物质的文明，不过单指他的物质的形体；其实一部摩托车所代表的人类的心思智慧决不亚于一首诗所代表的心思智慧。所以"物质的文明"不是和"精神的文明"反对的一个贬词，我们可以不讨论。

我们现在要讨论的是：（1）什么叫做"唯物的文明"（Materialistic Civilization）。（2）西洋现代文明是不是唯物的文明。

崇拜所谓东方精神文明的人说，西洋近代文明偏重物质上和肉体上的享受，而略视心灵上与精神上的要求，所以是唯物的文明。

我们先要指出这种议论含有灵肉冲突的成见，我们认为错误的成见。我们深信，精神的文明必须建筑在物质的基础之上。提高人类物质上的享受，增加人类物质上的便利与安逸，这都是朝着解放人类的能力的方向走，使人们不至于把精力心思全抛在仅仅生存之上，使他们可以有余力去满足他们的精神上的要求。东方的哲人曾说：

> 衣食足而后知荣辱，仓廪实而后知礼节。

这不是什么舶来的"经济史观"；这是平恕的常识。人世的大悲剧是无数的人们终身做血汗的生活，而不能得着最低限度的人生幸福，不能避免冻与饿。人世的更大悲剧是人类的先知先觉者眼看无数人们的冻饿，不能设法增进他们的幸福，却把“乐天”“安命”“知足”“安贫”种种催眠药给他们吃，叫他们自己欺骗自己，安慰自己。西方古代有一则寓言说，狐狸想吃葡萄，葡萄太高了，他吃不着，只好说“我本不爱吃这酸葡萄”。狐狸吃不着甜葡萄，只好说葡萄是酸的；人们享不着物质上的快乐，只好说物质上的享受是不足羡慕的，而贫贱是可以骄人的。这样自欺自慰成了懒惰的风气，又不足为奇了。于是有狂病的人又进一步，索性回过头去，戕贼身体，断臂，绝食，焚身，以求那幻想的精神的安慰。从自欺自慰以至于自残自杀，人生观变成了人死观，都是从一条路上来的：这条路就是轻蔑人类的基本的欲望。朝这条路上走，逆天而拂性，必至于养成懒惰的社会，多数人不肯努力以求人生基本欲望的满足，也就不肯进一步以求心灵上与精神上的发展了。

西洋近代文明的特色便是充分承认这个物质的享受的重要。西洋近代文明，依我的鄙见看来，是建筑在三个基本观念之上：

第一，人生的目的是求幸福。

第二，所以贫穷是一桩罪恶。

第三，所以衰病是一桩罪恶。

借用一句东方古话，这就是一种“利用厚生”的文明。因为贫穷是一桩罪恶，所以要开发富源，奖励生产，改良制造，扩张商业。因为衰病是一桩罪恶，所以要研究医药，提倡卫生，讲求体育，防止传染的疾病，改善人种的遗传。因为人生的目的是求幸福，所以要经营安适的起居，便利的交通，洁净的城市，优美的艺术，安全的社会，清明的政治。纵观西洋近代的一切工艺，科学，法制，固然其中也不少杀人的利器与侵略掠夺的制度，我们终不能不承认那利用厚生的基本精神。

这个利用厚生的文明，当真忽略了人类心灵上与精神上的要求吗？当真是一种唯物的文明吗？

我们可以大胆地宣言：西洋近代文明绝不轻视人类的精神上的要

求。我们还可以大胆地进一步说：西洋近代文明能够满足人类心灵上的要求的程度，远非东洋旧文明所能梦见。在这一方面看来，西洋近代文明绝非唯物的，乃是理想主义的（Idealistic），乃是精神的（Spiritual）。

我们先从理智的方面说起。

西洋近代文明的精神方面的第一特色是科学。科学的根本精神在于求真理。人生世间，受环境的逼迫，受习惯的支配，受迷信与成见的拘束。只有真理可以使你自由，使你强有力，使你聪明圣智；只有真理可以使你打破你的环境里的一切束缚，使你戡天，使你缩地，使你天不怕，地不怕，堂堂地做一个人。

求知是人类天生的一种精神上的最大要求。东方的旧文明对于这个要求，不但不想满足他，并且常想裁制他，断绝他。所以东方古圣人劝人要"无知"，要"绝圣弃智"，要"断思惟"，要"不识不知，顺帝之则"。这是畏难，这是懒惰。这种文明，还能自夸可以满足心灵上的要求吗？

东方的懒惰圣人说："吾生也有涯，而知也无涯，以有涯逐无涯，殆已。"所以他们要人静坐澄心，不思不虑，而物来顺应。这是自欺欺人的诳语，这是人类的夸大狂。真理是深藏在事物之中的；你不去寻求探讨，他决不会露面。科学的文明教人训练我们的官能智慧，一点一滴地去寻求真理，一丝一毫不放过，一铢一两地积起来。这是求真理的唯一法门。自然（Nature）是一个最狡滑［猾］的妖魔，只有敲打逼拶可以逼她吐露真情。不思不虑的懒人只好永永作愚昧的人，永永走不进真理之门。

东方的懒人又说："真理是无穷尽的，人的求知的欲望如何能满足呢？"诚然，真理是发现不完的。但科学决不因此而退缩。科学家明知真理无穷，知识无穷，但他们仍然有他们的满足：进一寸有一寸的愉快，进一尺有一尺的满足。二千多年前，一个希腊哲人思索一个难题，想不出道理来；有一天，他跳进浴盆去洗澡，水涨起来，他忽然明白了，他高兴极了，赤裸裸地跑出门去，在街上乱嚷道，

"我寻着了！我寻着了！"（Eureka！Eureka!）这是科学家的满足。Newton［牛顿］，Pasteur［巴斯德］以至于 Edison［爱迪生］时时有这样的愉快。一点一滴都是进步，一步一步都可以踌躇满志。这种心灵上的快乐是东方的懒圣人所梦想不到的。

这里正是东西文化的一个根本不同之点。一边是自暴自弃的不思不虑，一边是继续不断的寻求真理。

朋友们，究竟是那一种文化能满足你们的心灵上的要求呢？

其次，我们且看看人类的情感与想像力上的要求。

文艺，美术，我们可以不谈，因为东方的人，凡是能睁开眼睛看世界的，至少还都能承认西洋人并不曾轻蔑了这两个重要的方面。

我们来谈谈道德与宗教罢。

近世文明在表面上还不曾和旧宗教脱离关系，所以近世文化还不曾明白建立他的新宗教新道德。但我们研究历史的人不能不指出近世文明自有他的新宗教与新道德。科学的发达提高了人类的知识，使人们求知的方法更精密了，评判的能力也更进步了，所以旧宗教的迷信部分渐渐被淘汰到最低限度，渐渐地连那最低限度的信仰——上帝的存在与灵魂的不灭——也发生疑问了。所以这个新宗教的第一特色是他的理智化。近世文明仗着科学的武器，开辟了许多新世界，发现了无数新真理，征服了自然界的无数势力，叫电气赶车，叫"以太"送信，真个作出种种动地掀天的大事业来。人类的能力的发展使他渐渐增加对于自己的信仰心，渐渐把向来信天安命的心理变成信任人类自己的心理。所以这个新宗教的第二特色是他的人化。知识的发达不但抬高了人的能力，并且扩大了他的眼界，使他胸襟阔大，想像力高远，同情心浓挚。同时，物质享受的增加使人有余力可以顾到别人的需要与痛苦。扩大了的同情心加上扩大了的能力，遂产生了一个空前的社会化的新道德，所以这个新宗教的第三特色就是他的社会化的道德。

古代的人因为想求得感情上的安慰，不惜牺牲理智上的要求，专靠信心（Faith），不问证据，于是信鬼，信神，信上帝，信天堂，信净土，信地狱。近世科学便不能这样专靠信心了。科学并不菲薄感情上的安慰；科学只要求一切信仰须要禁得起理智的评判，须要有充分的证据。凡没有充分证据的，只可存疑，不足信仰。赫胥黎（Huxley）说的最好：

> 如果我对于解剖学上或生理学上的一个小小困难，必须要严格的不信任一切没有充分证据的东西，方才可望有成绩，那么，我对于人生的奇秘的解决，难道就可以不用这样严格的条件吗？

这正是十分尊重我们的精神上的要求。我们买一亩田，卖三间屋，尚且要一张契据；关于人生的最高希望的根据，岂可没有证据就胡乱信仰吗？

这种“拿证据来”的态度，可以称为近世宗教的“理智化”。

从前人类受自然的支配，不能探讨自然界的秘密，没有能力抵抗自然的残酷，所以对于自然常怀着畏惧之心。拜物，拜畜生，怕鬼，敬神，“小心翼翼，昭事上帝”，都是因为人类不信任自己的能力，不能不倚靠一种超自然的势力。现代的人便不同了。人的智力居然征服了自然界的无数质力，上可以飞行无碍，下可以潜行海底，远可以窥算星辰，近可以观察极微。这个两只手一个大脑的动物——人——已成了世界的主人翁，他不能不尊重自己了。一个少年的革命诗人曾这样的歌唱：

> 我独自奋斗，胜败我独自承当，
> 我用不着谁来放我自由，
> 我用不着什么耶稣基督
> 妄想他能替我赎罪替我死。
> I fight alone and, win or sink,
> 　　I need no one to make me free,

I want no Jesus Christ to think,

That he could ever die for me.

这是现代人化的宗教。信任天不如信任人，靠上帝不如靠自己。我们现在不妄想什么天堂天国了，我们要在这个世界上建造“人的乐国”。我们不妄想做不死的神仙了，我们要在这个世界上做个活泼健全的人。我们不妄想什么四禅定六神通了，我们要在这个世界上做个有聪明智慧可以戡天缩地的人。我们也许不轻易信仰上帝的万能了，我们却信仰科学的方法是万能的，人的将来是不可限量的。我们也许不信灵魂的不灭了，我们却信人格是神圣的，人权是神圣的。

这是近世宗教的“人化”。

但最重要的要算近世道德宗教的“社会化”。

古代的宗教大抵注重个人的拯救；古代的道德也大抵注重个人的修养。虽然也有自命普渡众生的宗教，虽然也有自命兼济天下的道德，然而终苦于无法下手，无力实行，只好仍旧回到个人的身心上用工夫，做那向内的修养。越向内做工夫，越看不见外面的现实世界；越在那不可捉摸的心性上玩把戏，越没有能力应付外面的实际问题。即如中国八百年的理学工夫居然看不见二万万妇女缠足的惨无人道！明心见性，何补于人道的苦痛困穷！坐禅主敬，不过造成许多“四体不勤，五谷不分”的废物！

近世文明不从宗教下手，而结果自成一个新宗教；不从道德入门，而结果自成一派新道德。十五十六世纪的欧洲国家简直都是几个海盗的国家，哥仑布（Columbus）、马汲伦［麦哲伦］（Magellan）、都芮克［德雷克］（Drake）一班探险家都只是一些大海盗。他们的目的只是寻求黄金，白银，香料，象牙，黑奴。然而这班海盗和海盗带来的商人开辟了无数新地，开拓了人的眼界，抬高了人的想像力，同时又增加了欧洲的富力。工业革命接着起来，生产的方法根本改变了，生产的能力更发达了。二三百年间，物质上的享受逐渐增加，人类的同情心也逐渐扩大。这种扩大的同情心便是新宗教新道德的基础。自己要争自由，同时便想到别人的自由，所以不但自由须以不侵犯他人的自由为界限，并且还进一步要要求绝大多数人的自由。自己要享受幸福，同时便想到人的幸福，所以乐利主义（Utilitarianism）的哲学家便提出“最大多数的最大幸福”的标准来做人类社会的目的。这都是“社会化”的趋势。

十八世纪的新宗教信条是自由，平等，博爱。十九世纪中叶以后的新宗教信条是社会主义。这是西洋近代的精神文明，这是东方民族不曾有过的精神文明。

固然东方也曾有主张博爱的宗教，也曾有公田均产的思想。但这些不过是纸上的文章，不曾实地变成社会生活的重要部分，不曾变成范围人生的势力，不曾在东方文化上发生多大的影响，在西方便不然了。“自由，平等，博爱”成了十八世纪的革命口号。美国的革命，法国的革命，一八四八年全欧洲的革命运动，一八六二年的南北美战争，都是在这三大主义的旗帜之下的大革命。美国的宪法，法国的宪法，以至于南美洲诸国的宪法，都是受了这三大主义的绝大影响的。旧阶级的打倒，专制政体的推翻，法律之下人人平等的观念的普遍，“信仰，思想，言论，出版”几大自由的保障的实行，普及教育的实施，妇女的解放，女权的运动，妇女参政的实现，……都是这个新宗教新道德的实际的表现。这不仅仅是三五个哲学家书本子里的空谈，这都是西洋近代社会政治制度的重要部分，这都已成了范围人生，影响实际生活的绝大势力。

十九世纪以来，个人主义的趋势的流弊渐渐暴白于世了，资本主义之下的苦痛也渐渐明了了。远识的人知道自由竞争的经济制度不能达到真正“自由，平等，博爱”的目的。向资本家手里要求公道的待遇，等于“与虎谋皮”。救济的方法只有两条大路：一是国家利用其权力，实行裁制资本家，保障被压迫的阶级；一是被压迫的阶级团结起来，直接抵抗资本阶级的压迫与掠夺。于是各种社会主义的理论与运动不断地发生。西洋近代文明本建筑在个人求幸福的基础之上，所以向来承认“财产”为神圣的人权之一。但十九世纪中叶以后，这个观念根本动摇了，有的人竟说“财产是贼赃”，有的人竟说“财产是掠夺”。现在私有财产制虽然还存在，然而国家可以征收极重的所得税和遗产税，财产久已不许完全私有了。劳动是向来受贱视的；但资本集中的制度使劳工有大组织的可能，社会主义的宣传与阶级的自觉又使劳工觉悟团结的必要，于是几十年之中，有组织的劳动阶级遂成了社会上最有势力的分子。十年以来，工党领袖可以执掌世界强国的政权，同盟总罢工可以屈伏最有势力的政府，俄国的劳农阶级竟做了全国的专政阶级。这个社会主义的大运动现在还正在进行的时期。但他的成绩已很可观了。各国的“社会立法”（Social Legislation）的发达，工厂的视察，工厂卫生的改良，儿童工作与妇女工作的救济，红利分配制度的推行，缩短工作时间的实行，工人的保险，合作制之推行，最低工资（Minimum Wage）的运动，失业的救济，级进制的（Progressive）所得税与遗产税的实行，……这都是这个大运动已经做到的成绩。这也不仅仅是纸上的文章，这也都已成了近代文明的重要部分。

这是“**社会化**”的**新宗教与新道德**。

东方的旧脑筋也许要说：“这是争权夺利，算不得宗教与道德。”这里又正是东西文化的一个根本不同之点。一边是安分，安命，安贫，乐天，不争，认吃亏；一边是不安分，不安贫，不肯吃亏，努力奋斗，继续改善现成的境地。东方人见人富贵，说他是“前世修来的”；自己贫，也说是“前世不曾修”，说是“命该如此”。西方人便不然；他说，“贫富的不平等，痛苦的待遇，都是制度的不良的结果，制度是可以改良的”。他们不是争权夺利，他们是争自由，争平等，争公道；他们争的不仅仅是个人的私利，他们奋斗的结果是人类绝大多数人的福利。最大多数人的最大幸福，不是袖手念佛号可以得来的，是必须奋斗力争的。

朋友们，究竟是那一种文化能满足你们的心灵上的要求呢？

我们现在可综合评判西洋近代的文明了。这一系的文明建筑在“求人生幸福”的基础之上，确然替人类增进了不少的物质上的享受；然而他也确然很能满足人类的精神上的要求。他在理智的方面，用精密的方法，继续不断地寻求真理，探索自然界无穷的秘密。他在宗教道德的方面，推翻了迷信的宗教，建立合理的信仰；打倒了神权，建立人化的宗教；抛弃了那不可知的天堂净土，努力建设“人的乐国”“人世的天堂”；丢开了那自称的个人灵魂的超拔，尽量用人的新想像力和新智力去推行那充分社会化了的新宗教与新道德，努力谋人类最大多数的最大幸福。

东方的文明的最大特色是知足。西洋近代文明的最大特色是不知足。

知足的东方人自安于简陋的生活，故不求物质享受的提高；自安于愚昧，自安于“不识不知”，故不注意真理的发见与技艺器械的发明；自安于现成的环境与命运，故不想征服自然，只求乐天安命，不想改革制度，只图安分守己，不想革命，只做顺民。

这样受物质环境的拘束与支配，不能跳出来，不能运用人的心思智力来改造环境改良现状的文明，是懒惰不长进的民族的文明，是真正唯物的文明。这种文明只可以遏抑而决不能满足人类精神上的要求。

西方人大不然，他们说“不知足是神圣的”(Divine Discontent)。物质上的不知足产生了今日钢铁世界，汽机世界，电力世界。理智上的不知足产生了今日的科学世界。社会政治制度的不知足产生了今日的民权世界，自由政体，男女平权的社会，劳工神圣的喊声，社会主义的运动。神圣的不知足是一切革新一切进化的动力。

这样充分运用人的聪明智慧来寻求真理以解放人的心灵，来制服天行以供人用，来改造物质的环境，来改革社会政治的制度，来谋人类最大多数的最大幸福，——这样的文明应该能满足人类精神上的要求；这样的文明是精神的文明，是真正理想主义的（Idealistic）文明，决不是唯物的文明。

固然，真理是无穷的，物质上的享受是无穷的，新器械的发明是无穷的，社会制度的改善是无穷的。但格一物有一物的愉快，革新一器有一器的满足，改良一种制度有一种制度的满意。今日不能成功的，明日明年可以成功；前人失败的，后人可以继续助成。尽一分力便有一分的满意；无穷的进境上，步步都可以给努力的人充分的愉快。所以大诗人邓内孙［丁尼生］（Tennyson）借古英雄［尤利西斯］Ulysses 的口气歌唱道：

然而人的阅历就像一座穹门，
从那里露出那不曾走过的世界，
越走越远，永永望不到他的尽头。
半路上不干了，多么沉闷呵！
明晃晃的快刀为什么甘心上锈！
难道留得一口气就算得生活了？
……
朋友，来罢！
去寻一个更新的世界是不会太晚的。
……
用掉的精力固然不回来了，剩下的还不少呢。
现在虽然不是从前那样掀天动地的身手了，
然而我们毕竟还是我们，——
光阴与命运颓唐了几分壮志！
终止不住那不老的雄心，
去努力，去探寻，去发见，
永不退让，不屈伏。

一九二六，六，六

（原载《现代评论》1926 年 7 月 10 日第 4 卷第 83 期，又载《生活周刊》1927 年 11 月 27 日、12 月 4 日、12 月 11 日第 4—6 期）

从思想上看中国问题

究竟从思想上看，中国的问题在什么地方？

问题是“不适宜于现代的环境”。

种族上，问题是“不能适于生存而有被淘汰的危险”。

社会的制度与心理习惯上，问题是“不能适于生存而有堕落的危险”。

经济上，问题是“不适宜于现代世界的经济生活而脱不了落伍的危险”。

思想上，问题也是如此。

思想上的不适宜有两个方面：

（1）思想中有根本大不适宜的部分。

（2）思想的方法的不适宜。

（上）不适宜的思想

吴稚晖先生曾说：

> 中国在古代，最特色处，实是一老实农民……安分守己，茹苦耐劳。惟出了几个孔丘、孟轲等，始放大了胆，像要做都邑人，所以强成功一个邦国局面。若照他们多数［乡下］大老官的意思，还是要剖斗折衡，相与目逆，把他们的多收十斛麦，含馆鼓腹，算为最好，于是孔二官人也不敢蔑视父老昆季，也

用乐天知命等委蛇。晋唐以前，乃是一个乡老（老庄等）局董（尧、舜、周、孔）配合成功的社会。晋唐以来，唐僧同孙悟空带来了红头阿三的空气，徽州朱朝奉就暗采他们的空话，改造了局董的规条。

稚晖先生这个见解大致不错。中国古来的思想只有两大系，我姑且叫他们做：

积极的，有为的一系（局董系）。

消极的，无为的一系（乡老系）。

后来又加上了印度的和尚思想，乡下老的无为思想便得了一个有力的大同盟。乡下老、道士、和尚成了大同盟，其势力便无敌于天下；局董受了他们的包围与熏染，便也渐渐地变懒了，同化了。他们虽摆起了局董面孔，其实都不肯积极有为。故中国思想的"正宗"实在已完全到了"无为派"的手里。我们试看最有势力的俗语：

多事不如少事，
少事不如无事。
不求有功，但求无过。
靠天吃饭。
万事皆是命，半点不由人。
多做，多错；
少做，少错；
不做，不错。

所以我们今日研究中国思想是否适宜于现代的环境，其实就是研究这个正宗思想系统是否适宜。

这个正宗思想系统，简单说来，有这么一些方面：

(1) 宇宙观。

主张自然变化，不信上帝造化，在思想史与宗教史上有解放的大功用。

但普通人并不懂这种自然主义的宇宙观，故魏晋以后，堕落成道教。宋以后的道学也从这里出来，但中古宗教的势力太深，道学运动对于自然主义已不能像王充、王弼诸人那样的彻底，故徘徊于太极阴阳之间，成一种不分明的、调和的宇宙论。

在这个现代世界，自然主义的宇宙论有昌明的可能，但须站在自然科学的新基础之上，扫除阴阳太极种种陋说。

(2) 人生观。

因为太偏重自然，故忽略人为。“胡为乎，胡不为乎？夫固将自化。”(《庄子》) 误认“自然的”为“最好的”，故有适性之论，主张自由，而自由的意义不明白，遂流为放浪旷达，人人以不守礼法为高。上层阶级自命颓放，而下层社会便更堕落。

自然主义主张命定论，命定论自有破除迷信的功用，而因为这种命定论缺乏自觉性，故信命反成了一种迷信。

学者以“不齐”为物之情，故不讲平等。平常人也承认命定的本分，故以“安分守己”为常德，不努力进取求提高生活与地位。

自然科学的旨趣在于征服自然以为人用。中国单有命定论，而没有自然科学，故把天然看作无所逃于天地之间的绝大势力，故造成一种“听天由命”“靠天吃饭”的人生观，造成一种懒惰怕事不进取的民族性。

崇拜自然变化为合理的 (The Natural＝The Rationel)。故淡于是非之见。老子倡不争，而庄子倡“不谴是非”：“辩也者，有不见也。”(《庄子》)

> 物固有所然，物固有所可。
> 无物不然，无物不可。(《齐物论》)

什么东西都是好的，都有他相当的地位，故我们最不讲究辩证是非真伪的风气，以“和光同尘”为美德，以“议论人长短”为大戒。什么事总是“差不多”。七百年的“格物”“考证”的学风不能改革这根深蒂固的乡愿风气。

“自然”是对于“人为”而言的。崇拜自然，必流入于轻视一切人为的事业。老庄本来反对文化，反对制度，反对知识，反对语言文字。这种过激的虚无主义虽然不能实现，然而中国一切文化事业（建筑、美术、技艺、学术）的苟且简陋，未尝不由于这种浅薄的自然崇拜。知足便是苟简。

（3）政治思想。

崇拜自然而轻视人事，在政治上便是无为主义。无为之治只是听其自然。

> 所谓无为者，不先物为也，
> 所谓无治者，不易自然也。（《淮南子》）

一切只是跟着自然变化跑，不可自作聪明，勉强有为。

无为政治的造成，确有历史的原因。秦始皇、李斯一般人的确想大有为，但不久都失败了。汉帝国的安定全靠惠帝到文景五六十年的无为之治。盖公、曹参、窦太后等都是有意的实行无为之治。统治一个绝大的帝国，没有方便的交通器具，势不能不放任，但求相安无事，已为万幸了。况且一班无知识的纨祷子弟、老太婆、太监，若放胆有为，也有危险，不如劝他们无为而治为妙。

二千年“天高皇帝远”的大帝国的长期训练，遂使无为而治的观念深入人心，牢不可破，成为中国政治的唯一法门。

无为的观念最不适宜于现代政治生活。现代政治的根本观念是充分利用政府机关作积极的事业。十八九世纪的放任主义已不适用，何况无为？

现代政治重在有意识的计划、指挥、管理（Conscious Control），而无为之治重在“不易自然。这是根本相反的态度。

况且无为的政治养成了人民不干预政治的心理习惯，以入公门为可耻，以隐遁为清高；更不适宜于民权的政治。

自然无为养成的懒惰怕事的习惯，也是最不适宜于这个多事的局面的。

不争不辩的道德，也是不适宜于民主政治的。道家的人生观名义上看重“自由”，但一面要自由，一面又不争不辩，故他们只好寻他们所谓“内心的自由”，消极的自由，而不希望实际的、政治的自由。结果只是一种出世的人生观，至多只成一种自了汉，终日自以为“众人皆醉而我独醒”，其实也不过是白昼做梦而已。他们做的梦也许是政治的理想，但他们的政治理想必不是根据事实的具体计划，只是一些白昼做梦式的乌托邦理想而已，或者，一些一知半解的道听途说而已。最近的例子如康有为的《大同书》，便是乌托邦理想；如四十年中的新政计划，——人说废科举，我也说废科举，人说兴学校，我也说兴学校，……便是道听途说。

以上说正宗思想系统的种种方面，除了宇宙论会有相当现代性之外，可以说是完全不适宜于应付现代需要。约而言之，我们可以说：

（一）现代社会需要积极作为，而正统思想崇拜自然无为。

（二）现代社会需要法律纪律，而旧思想以无治为治，以不守礼法为高尚。

（三）现代文化需要用人力征服天行，而旧思想主张服从自然，听天由命。

（四）现代社会需要正直的舆论作耳目，而传统思想以不争不辩为最高。

（五）现代科学文明全靠一点一滴地搜寻真理，发现知识，而传统思想要人不争不辩，更甚者要人不识不知，顺帝之则。

（六）现代社会需要精益求精地不断努力，而传统思想要人处处知足，随遇苟安。

（七）现代社会需要充分运用聪明智慧作自觉的计划设施，而传统思想一切委任自然，不肯用思想，不肯用气力。

（八）现代社会需要具体的知识与条理的思想，而传统思想习惯只能教人梦想，教人背书，教人作鹦鹉式的学舌。

四五十年的新文化的接触，新教育的设施，新思潮的输入，新运动的澎湃，到如今有什么结果呢？思想上可有什么变化改善的倾向吗？

说也可怜，如果有什么变化，都只是皮毛的改换颜色，我就看不出什么脱胎换骨的思想。

今日的思想，从极左到极右，都看不见一点自己想过的思想，也看不见一点根据现实状况的思想。做尧、舜、禹、汤、周公、孔子的梦的，固然不曾思想。囫囵吞下马克思、考茨基、列宁、孙中山的，也算不得曾经思想。

根本的毛病还在思想的方法。

我们的传统思想习惯是不肯用心思去想。这叫做无为的思想方法。说得玄妙一点，叫做寂然不动，感而遂通。又叫做廓然而大公，物来而顺应。说的粗浅一点，叫做懒如死蛇。二千五百年前，老子教人“不出户，知天下；不窥牖，知天道”。现在的人也还说：“秀才不出门，能知天下事！”这都是懒人的思想方法。

需要证据吗？梁任公先生自己说：

> 自从和日本打了一个败仗下来，国内有心人真像睡梦中着了一个霹雳，……所以拿“变法维新”做一面大旗，在社会上开始运动。那急先锋就是康有为、梁启超一班人。这班人中国学问是有底子的，外国文却一字不懂。他们不能告诉人“外国学问是什么，应该怎么学法”，只会日日大声疾呼，说“中国旧东西是不够的，外国人许多好处是要学的。”（《近著》下，238）

梁先生是个老实人，能说这样老实的话，叫我们知道三十年前的维新党人的思想方法。这种方法其实是没有方法，这种思想其实是不思想。不思想的结果是什么呢？自然是瞎眼的维新。梁先生在同篇（《五十年中国进化概论》）里估量五十年中国学问和思想方面的进步，指出：

> 这里头最大关键就是科举制度之扑灭。……到戊戌维新前后，当时所谓新党如康有为、梁启超一派，可以说是用全副精力对于科举制度施行总攻击。前后约十年间，经了好几次波折，到底算把这件文化障碍物打破了。……用历史家眼光看来，不能不算是五十年间一件大事。（同书，236）

科举的废止是维新党人的第一件大罪案，而他们却引为大功劳。科举制度的弊病在两点：（1）是考试内容的无用，（2）是有了捐官的捷径，科举出身的人才不能不受影响。今不革其流弊，而遽废一个世界最有特色的制度，岂非因噎而废食？

他们以为有了学堂，便可以不用科举了。殊不知道学堂是造人才的地方，科举是国家选用人才来办公家职事的方法。新式的学校可以替代老式的学堂，而不能替代国家考试用人的方法。他们不知道，只有新的考试制度，可以替代旧的科举制度。他们废了科举，却不曾造出一种新式的考试制度。于是这样大的一个国家，二十五年来全没有一个公道的、公开的、用客观标准的文官考试制度。二十五年来，政府机关用人还是靠八行书、靠荐信、靠贿赂、靠亲戚朋友，遂造成廿五年的政治腐化的现象！

思想不精确，为害如此之大！

康有为死了，梁启超也死了，戊戌（1898）距今有三十年了。三十年的不同，只是康、梁盲目地大声疾呼嘉富尔［加富尔］、俾士麦［俾斯麦］、大彼得，而三十年后的青年却大声疾呼马克思、列宁、蒲鲁东而已！

十三四年前，我同一位美国朋友谈天，我说，“我们中国人有一点特别长处，就是不抵抗新思想。譬如‘进化论’，在西洋出现之后，打了五六十年的官司，至今美国的大学还有禁止教授的。然而一八九八年有个严复译了一部赫胥黎的《天演论》，出版之后，真是不翼而飞，有许多人自己出钱刻版送人。一二十年中，‘天演’、‘物竞’‘天择’‘优胜劣败’都成了文人常用的话头。有些人竟用这些话做名字，陈炯明号竞存；有一家朋友，哥哥叫天择，弟弟叫竞存。我自己的名字也起于‘适者生存’的话。从没有人出来反对《天演论》的。反对之声乃出于徐家汇的天主教教士”。

我的朋友想了一会，答道：“胡先生，贵国人不抵抗新思想，不一定是长处。欧美人抵抗新思想，不一定是坏处。不抵抗也许是看不到思想的重要，也许是不曾了解新思想的涵义。抵抗之烈也许是顽固，也许是不轻易相信，须心服了然后相信。”

我听了这句话，心里很惭愧。我就问自己，“我相信生物进化论，究竟有多少科学的根据？”我当时真回［答］不出来！只好费了许多工夫，抱了不少佛脚，方才明白一点生物学上、比较解剖学上、胚胎学上、地质学上、古生物学上的种种证据。

有一天，我在哥伦比亚大学的 Furnald hall［佛纳大楼］，碰见张□□[①]先生，我问他，“你相信进化论吗？”他说，“自然哪。”我又问，“你有什么证据？”他支吾了一会，指着窗外的 Broad way，说道：“你瞧，这些电线、电灯、电车，那一件不是进化的凭据？”我说，“这样容易证明的一个学说，为什么要等到达尔文才能发现？”他回不出了。

我又去问别人，从 Furnald Hall 直问到了 Hartley Hall［哈特莱大楼］，几十个中国学生，现在大都成了名人名教授了，当时都不能给我一个满意的答案。

这个故事值得使我们想想。

人家的思想是实际状况的产儿，是多年研究实验的结果，——例如达尔文、马克思，——到了我们的眼里，只不过是一个抽象名

① 此处意同“某某”。——原编者

词、一句口头禅、一个标语。我们不肯思想，更不肯调查试验来证实或否证一个思想。我们的思想方法完全只在纸上变把戏。眼光不出纸上，心思不透过纸背。合我的脾胃的，便是对的思想；不合我的脾胃的，便是不对的。这叫做寂然不动，物来而顺应。

分开来说，有种种毛病可指，或笼统，如轻易相信（盲从），如用个人成见的武断，如浅薄，……但其实只是一个根本病，只是懒惰，只是不肯用气力，不肯动手脚，不肯用自己的耳朵眼睛而轻信别人的耳朵眼睛。话到归根，还只是无为的思想方法。

试举“笼统”作例吧！

笼统是用几个抽象名词来概括许多性质不同、历史不同的事实。如“资本主义”、“帝国主义”、“封建势力”、“文化侵略”……等等都是一些范围广漠的名词，所包含的意义有地域上的不同，有历史上的不同。然而这些名词一到了我们的手里和嘴里，一个个都成了法宝。你要咒诅谁，只消口中念念有词，唱一声“资本主义”，画一道符，写上“封建势力”，那人就打倒了，那制度也就永永〈远〉被咒诅了！

这些名词所包括的制度和事实，有利有弊，有历史的原因，有民族的特性，而我们一概不问，只想画几道符，念几句咒，贴在他们身上，遂算完了事。例如“资本主义”，有十七八世纪的资本主义，有十九世纪上半的资本主义，有十九世纪下半的资本主义，有廿世纪的资本主义，有社会主义思想未发生以前的资本主义，有社会主义思想已发生影响以后的资本主义。即如 HenryFord 的资本主义，已不是马克思所指责的资本主义了。资本主义的性质早已变了，而我们还用这一个老名词，来包括无数新制度，这便是笼统。

在去年十一月出版的一部《社会科学大纲》里，有这么一句话：

> 资本家欲在世界上占势力，互相竞争，便不得不设法产生贫乏。欲产生贫乏，便不得不压迫劳动者，增加工作时间，减少工银。（第五章，42）

这种话给现代的资本家听见了，真要笑掉牙齿，现代的资本家的第一要义是“设法产生富裕”，人民越富裕，越有剩余资本可以买股票、买债券、保寿险、做储蓄；人民越富裕，购买力越大，才能多买资本家所造出的商品。故说资本家不得不设法产生贫乏，竟〈净〉是梦话。

至于“增加工作时间，减少工银”的方法，也是一种已渐渐成为过去的方法。现在的资本主义，早已明白工作时间的减少和工银的增加都是增加效率的法子，效率愈增加，得利更大。Henry Ford 便是一个绝好的例：他的工厂里，工作时间比人家少，工银比人多，货价比人低廉，而得利比谁都大。苏俄政府近年极力宣传 Ford 的传记和著作，也正是因为这种绝大的效率，虽名为私有资本主义，而最可以作国家社会主义的模范。

在同书里（26）我们又读了这一段话：

> 一方面资本一天比一天集中于少数人手里，别方面小资本家渐变成贫穷的，贫穷的一天一天变成无产者。……

这是所谓“资本集中”的现象。但是这又是马克思的梦想，和五六十年来的事实完全不对。马克思只看见资本集中，而不看见资本的管理权虽集中，而资本的所有权仍可以分散普及，如一个一万万元的公司，不妨分作一万股，也可分作十万股，也可分作一百万股。其中的股东，可以是一个人，但平常的公司往往是几千人以至几万人。马克思主义说：

> 我们看一看美国金融资本的独裁者吧！一百多个王侯，和他们的董事，管理了五百亿金元，掌握了一切经济生活上最最重要的部门。（32）

但他们忘了告诉我们，这五百亿金元的所有者至少有几千万人！其中七分之一是保寿险费，所有者便是几千万的保户！

马克思主义者又对我们说：

> 资本主义社会的第一个特征是不单为了满足人类的必要而生产物品，特别是为了商品而生产的。（《中国资本主义史》，4）

但我们不要忘了“人类的必要”是时时变迁的，不是固定的。商业制度在文化史上的大贡献正在于用最低的成本生产多量的物品，使多数人能购买，又用广告的功能，引起人的欲望，使人感觉某物品的需要。文化的抬高全靠人类欲望的抬高，需要的增加。从前我们认为少数人的奢侈品的，现在都渐渐变成人人的必需品了。我们现在认电灯为必要了，不久将来应该认厨房电炉为家家必需之物，应该认无线电收音机为家家必需之物。“人类的必要”的增加，大都是广告宣传之功。资本主义为商品而生产，然而间接直接地抬高了无数人的欲望，增加了无数人的需要，所以有人说商业是文明的传播者。所以为商品而生产并不是资本主义的罪状，也可以说是他的一大功绩呵！

我举这几个例来说明思想笼统的危险。“资本主义”有种种的意义，在资本集中的方面说，是一种生产方法；从私有财产的方面说，是一种分配方法。从，生产的方面说，资本集中而未尝不可以同时所有权分散在. 无数人，生产力增加而未必减少工人，增加工作时间，更未必增加物价。故凡种种劳工保障法，如八小时工作，如最低工资保障，皆是资本主义的国家里的现行制度。从纷配的方面说，私有财产的国家里，未尝没有级进的所得税，级进的遗产税，未尝不根本推翻“财产权神圣”的观念。故在资本主义国家之中，所得税有超过百分之五十的，遗产税有超过百分之五十五的。故我们不可用一个抽象名词来抹杀一切复杂的情形，须知共产集权的国家之中也往往采用资本集中的方法，而资本主义之下也往往有社会主义的分配原则存在也。

（录自《胡适遗稿及秘藏书信》第12册，黄山书社1994年版）

新文化运动与国民党

“中国本来是一个由美德筑成的黄金世界。”

今年双十节，我在杭州车站买了一张杭州报纸的双十节号，忽然看见这一句大胆的话。我吓了一大跳，连忙揩揩眼镜，仔细研读，原来是中央宣传部长叶楚伧先生的大文，题目是“由党的力行来挽回风气”，叶部长说：

> 中国本来是一个由美德筑成的黄金世界。自从觉罗皇帝，袁皇帝，冯爵帅，徐阁老，以及文武百官，衣钵相传，掘下个大坑，政治道德扫地无遗。洋大人，外交人才，买办，跑街，以及西崽，也掘下个大坑，民族气节又扫地无遗。张献忠，白莲教，红灯罩，共产党，——这一套；保皇党，研究系，同善社，性欲丛书，——这又一套：大家在那里炫奇斗胜，分头并作，一坑又一坑，将社会风尚又搅成个落花流水。这样一个不幸的环境摆布在眼前，凭你是谁，偶一不慎，便会失足灭顶。……

我看完了这一篇文章，心里很有点感触。这一个月以来，我时时想到叶楚伧先生的话，时时问自己：“觉罗皇帝”以前的中国，是不是“一个由美德筑成的黄金世界”？

这个问题是一个很重要的问题，因为这是今日我们不能避免的新旧文化问题的一个重要之点。如果三百年前的中国真是"一个由美德筑成的黄金世界"，那么，我们还做什么新文化运动呢？我们何不老老实实地提倡复古呢？黄金世界既然在三百年前，我们只须努力回到觉罗皇帝以前的"美德筑成的黄金世界"就是了。

不幸叶部长的名论终不能叫我们心服。叶部长做了几年大事业，似乎把中国历史忘记了。叶部长似乎忘了女子缠足已有了一千年的历史，全国士子做八股也有五六百年的历史，张献忠之前也曾有过魏忠贤，魏忠贤之前有过刘瑾，刘瑾之前也曾有过仇士良，有过十常侍。叶部长似乎又忘了白莲教之前也曾有过提倡烧指焚身的佛教，也曾有过最下流的拜生殖器的各种中古宗教。叶部长似乎又忘了张竞生博士以前也曾有过提倡"饿死事极小，失节事极大"的吃人礼教和无数无数血泪筑成的贞节碑坊。叶部长似乎又忘了洋大人和外交人才以前也曾有过五胡之乱和辽金元的征服。

然而叶部长正式宣传道，三百年前的中国"本来是一个由美德筑成的黄金世界"！

我们从新文化运动者的立场，不能不宣告叶部长在思想上是一个反动分子，他所代表的思想是反动的思想。

我们看了叶部长的言论以后，不能不进一步质问：叶部长所代表的反动思想究竟有几分可以代表国民党？国民党时时打起"划除封建势力，打倒封建思想"的旗帜，何以国民党中的重要人物会发表这样拥护传统文化的反动思想呢？究竟国民党对于这个新旧文化的问题抱什么态度呢？在近年的新文化运动史上国民党占什么地位呢？

要解答这几个问题，我们不能不先看看国民党当国以来实地设施的事实。我们可以举几组的事实做例。

近年的新文化运动的最重要的方面是所谓文学革命。前两个月，有一个国民党党员张振之先生发表了一篇《知难行易的根本问题》，内中引了戴季陶先生在《国民革命与中国国民党》内说的话，戴先生说：

> 再说民国三年的时候，大家倘若肯一致赞成“文字革命”的主张，以革命党的党义来鼓吹起来，何至于要等到民国八年才让陈独秀胡适之来出风头？（今年八月廿八日上海《民国日报》）

谁来出风头，这是极小的事。但是我们至少要期望一个革命政府成立之日就宣布一切法令公文都改用国语。这点子小小风头，总应有人敢出吧？但是国民党当国已近两年了，到了今日，我们还不得不读骈文的函电，古文的宣言，文言的日报，文言的法令！国民党天天说要效法土耳其，但新土耳其居然采用了拉丁字母了，而我们前几天还在恭读国民政府文官长古应芬先生打给阎锡山先生的骈四俪六的贺电！

在徐世昌做总统，傅岳芬做教育总长的时代，他们居然敢下令废止文言的小学教科书，改用国语课本。但小学用国语课本，而报纸和法令公文仍旧用古文，国语的推行是不会有多大效力的；因为学了国语文而不能看报，不能做访员，不配做小书记，谁还肯热心去学白话呢？一个革命的政府居然维持古文骈文的寿命，岂不是连徐世昌傅岳芬的胆气都没有吗？

在这一点上，我们不能不说今日国民政府所代表的国民党是反动的。

再举思想自由作例。新文化运动的一件大事业就是思想的解放。我们当日批评孔孟，弹劾程朱，反对孔教，否认上帝，为的是要打倒一尊的门户，解放中国的思想，提倡怀疑的态度和批评的精神而已。但共产党和国民党协作的结果，造成了一个绝对专制的局面，思想言论完全失了自由。上帝可以否认，而孙中山不许批评。礼拜可以不做，而总理遗嘱不可不读，纪念周不可不做。一个学者编了一部历史教科书，里面对于三皇五帝表示了一点怀疑，便引起了国民政府诸公的义愤，便有戴季陶先生主张要罚商务印书馆一百万元！

一百万元虽然从宽豁免了，但这一部很好的历史教科书，曹锟吴佩孚所不曾禁止的，终于不准发行了！

至于舆论呢？我们花了钱买报纸看，却不准看一点确实的新闻，不准读一点负责任的评论。一个负责任的学者说几句负责任的话，讨论一个中国国民应该讨论的问题，便惹起了五六个省市党部出来呈请政府通缉他，革掉他的校长，严办他，剥夺他的公权！然而蒋介石先生在北平演说，叶楚伧先生在南京演说，都说：上海的各大报怎么没有论说呢？

所以在思想言论自由的一点上，我们不能不说国民政府所代表的国民党是反动的。

再举文化问题本身做个例。新文化运动的根本意义是承认中国旧文化不适宜于现代的环境，而提倡充分接受世界的新文明。但国民党至今日还在那里高唱“抵制文化侵略”！还在那里高谈“王道”和“精神文明”！还在那里提倡“国术”和“打擂台”！祀孔废止了，两个军人（鲁涤平，何键）的一道电报便可以叫国民政府马上恢复孔子纪念日。中央宣传部长叶楚伧现在对我们宣传“中国本来是一个由美德筑成的黄金世界”，但叶部长还把这个黄金世界放在觉罗皇帝以前。去年何键先生便更进一步，说现在的思想紊乱和道德堕落都是“陈匪独秀胡适”两个人的罪恶了！我们等着吧，“回到黄金世界”的喊声大概不久就会起来了！

所以在这对文化问题的态度上，我们也不能不说国民党是反动的。

以上不过列举三项事实来说明，至少从新文化运动的立场看来，国民党是反动的。

这些事实不是孤立的，也不是偶然的。国民党对于新文化运动的态度，国民党对于中国旧文化的态度，都有历史的背景和理论的根据。根本上国民党的运动是一种极端的民族主义的运动，自始便含有保守的性质，便含有拥护传统文化的成分。因为国民党本身含有这保守性质，故起来了一些保守的理论。这种理论便是后来当国时种种反动行为和反动思想的根据了。

这个解释并不是诋诬国民党，也不是菲薄国民党，只是叙述一件历史事实，用来解释一些现象。这个历史事实的说明，也许还可以给国民党中的青年分子一个自觉地纠正这种反动倾向的机会。

本来凡是狭义的民族主义的运动，总含有一点保守性，往往倾向到颂扬固有文化，抵抗外来文化势力的一条路上去。这是古今中外的一个通例，国民党自然不是例外。试看拿破仑以后的德国民族运动，普法战争以后的法国民族运动，试读民族国家主义的哲学的创始者菲希脱［费希特］（Fichte）的《告德国国民书》，便可以明白这个历史通例。凡受外力压迫越厉害，则这种拥护旧文化的态度越坚强。例如印度人在英国统治之下，大多数民族主义者都竭力替印度旧宗教旧文化辩护。有时候他们竟故意作违心之论。前年我在康桥大学的世界学生会茶会上谈话，指出东方文明的弱点；散会之后，几个印度学生陪我走回寓，他们都说我的主张不错，但他们却不便如此公开主张。我说，“为什么不说老实话呢？”他们说：“如果今天我们印度学生这样批评东方文明，明天英国报纸上便要说我们承认英国统治了。”

中国的民族主义的运动所以含有夸大旧文化和反抗新文化的态度，其根本原因也是因为在外力压迫之下，总有点不甘心承认这种外力背后的文化。这里面含有很强的感情作用，故偏向理智的新文化运动往往抵不住这种感情的保守态度。国民党里便含有这种根据于民族感情的保守态度，这是不可讳也不必讳的历史事实。国民党的力量在此，他的弱点也在此。

中国的新文化运动起于戊戌维新运动。戊戌运动的意义是要推翻旧有的政制而采用新的政制。后来梁启超先生办新民丛报，自称《中国之新民》，著了许多篇《新民说》，指出中国旧文化缺乏西方民族的许多“美德”，如公德、国家思想、冒险、权利思想、自由、自治、进步、合群、毅力、尚武等；他甚至于指出中国人缺乏私德！这样推崇西方文明而指斥中国固有的文明，确是中国思想史上的一个新纪元。同时吴趼人，刘铁云，李伯元等人的“谴责小说”，竭力攻击中国政治社会的腐败情形，也是取同样的一种态度。

但那时国内已起了一种“保存国粹”的运动。这运动有两方面。王先谦，叶德辉，毛庆蕃诸人的“存古运动”，自然是完全反动的，我们且不论。还有一方面是一班新少年也起来做保存国粹的运动，设立“国学保存会”，办《国粹学报》，开“神州国光社”，创立“南社”。他们大都是抱着种族革命的志愿的，同时又都是国粹保存者。他们极力表彰宋末明末的遗民，借此鼓吹种族革命；他们也做过一番整理国故的工作，但他们不是为学问而做学问，只是借学术来鼓吹种族革命并引起民族的爱国心。他们的运动是一种民族主义的运动，所以他们的领袖人才，除了邓实、刘光汉几个人之外，至今成为国民党的智识分子。柳亚子，陈去病，黄节，叶楚伧，邵力子……诸先生都属于这个运动。因为这个缘故，国民党中自始便含有保存国粹国光的成分。

孙中山先生虽然不是国粹学报或南社中人，但他对于中国固有的文明也抱一种颂扬拥护的态度。他是一个基督徒，又是一个世界主义者，但他的民族思想很强，到了晚年更认定民族主义是俄国革命成功的要素，故在他的三民主义第四、第六讲里很有许多夸大中国古文化的话。例如他说：

> 我们中国四万万人不但是很和平的民族，并且是很文明的民族。近来欧洲盛行的新文化，和所讲的无政府主义与共产主义，都是我们中国几千年以前的旧东西。……我们中国的新青年，未曾过细研究中国的旧学说，便以为这些学说就是世界顶新的了，殊不知道在欧洲是最新的，在中国就有了几千年了。
>
> （第四讲）

这种说法，在中山先生当时不过是随便说说，而后来三民主义成为一党的经典，这种一时的议论便很可以助长顽固思想，养成夸大狂的心理，而阻碍新思想的传播。

中山先生又说：

> 欧洲之所以驾乎我们中国之上的，不是政治哲学，完全是物质文明。……至于讲到，政治哲学的真谛，欧洲人还要求之于中国。（第四讲）

他又说：

> 讲到中国固有的道德，中国人至今不能忘记的，首是忠孝，次是仁爱，其次是信义，其次是和平。这些旧道德，中国人至今还是常讲的。但是现在受外来民族的压迫，侵入了新文化；那些新文化的势力此刻横行中国。一般醉心新文化的人，便排斥旧道德，以为有了新文化便可以不要旧道德。不知道我们固有的东西，如果是好的，当然是要保存，不好的才可以放弃。
>
> （第六讲）

这些话都可以表示中山先生实在不能了解当时的新文化运动的态度。新文化运动的大贡献在于指出欧洲的新文明不但是物质文明比我们中国高明，连思想学术，文学美术，风俗道德都比我们高明的多。陈独秀先生曾指出新文化运动只是拥护两位先生，一位是赛先生（科学），一位是德先生（民治）。吴稚晖先生后来加上一位穆拉尔姑娘（道德）。中山先生既欢迎科学，又分明推崇民治政治，却不幸在这里极力用夸大的口气，抬高中国的旧政治思想和旧道德，说话之间稍有轻重，便使读者真以为中山先生相信“欧洲的新文化都是我们中国几千年以前的旧东西”了。这种附会的见解，在三四十年前的老新党的言论里毫不足奇怪，但在中山先生的讲演里便是很可诧异，更可惋惜的了。

中山先生又曾说：

> 中国从前的忠孝仁爱信义种种的旧道德，固然是驾乎外国人，说到和平的适德，更是驾乎外国人。（第六讲）

三十年周游欧美的孙中山先生尚且说这样没有事实根据的话，怪不得不曾出国门的叶楚伧先生要说“中国本采是一个由美德筑成的黄金世界”了！在这一点上，我们不能不佩服吴稚晖先生的伟大。他老人家在六十岁时还能大胆地宣言中国人的道德低浅，而西洋人的道德高明。孙中山先生也并非不明白这种事实，不过他正在讲“民族主义”，故不能不绕弯子，争面子。例如他讲“仁爱”，曾说：

> 照这样实行一方面讲起来，仁爱的好道德，中国现在似乎远不如外国。中国所以不如的原故，不过是中国人对于仁爱没有外国人那样实行。但是仁爱还是中国的旧道德。

这是很费力的回护。更隔几分钟，他便轻轻地宣言中国从前的仁爱也是“驾乎外国人”的了。吴稚晖先生是个世界主义者，没有卫道的热心，故他敢老实说西洋人“什么仁义道德，孝悌忠信，吃饭睡觉，无一不较有作法，较有热心”。但吴老先生这种论调是国民党中的“国粹”分子所不能了解的。

以上所说，都可以证明国民党的历史上本来便充满着这保存国粹和夸大传统文化的意味。民国八年五月以后，国民党受了新文化运动的大震动，决计加入新文化的工作，故这种历史的守旧性质和卫道态度暂时被压下去了，不很表现在《星期评论》《建设》《觉悟》的论坛里。民国十三年改组以后，国民党中吸收了许多少年新分子，党的大权渐渐移入了一班左倾的激烈分子手里，稍稍保守的老党员都被摈斥了。所以这种历史的反动倾向更不容易出现了。直到近两年中，钟摆又回到极右的一边，国民党中的暴烈分子固然被淘汰了，而稍有革新倾向的人也就渐渐被这沙汰的运动赶出党外，于是国民党中潜伏着的守旧势力都一一活动起来，造成今日的反动局面。

即如上文指出国民党对于文学革命的态度，我们从历史上看去，毫不足奇怪。许多国民党的领袖人物，如孙中山，汪精卫，王宠惠诸先生对于新文学运动都曾表示不赞成的态度。国粹保存家与南社诗人反对新文学，更不用说了。中山先生在《孙文学说》第三章里，很明白地说古文胜于白话，他说：

> 言语有变迁而无进化，而文字则虽仍古昔，其使用之技术实日见精研。所以中国语言为世界中之粗劣者；往往文字可达之意，言语不得而传。是则中国人非不善为文，而拙于用语者也。亦惟文字可传久远。故古人所作，模仿匪难；至于言语，非无杰出之士妙于修辞，而流风余韵无所寄托，随时代而俱湮，故学者无所继承。然则文字有进化而言语转见退步者，非无故矣。抑欧洲文字基于音韵，音韵即表言语，言语有变，文字即可随之。中华制字以象形会意为主，所以言语虽殊，而文字不能与之俱变。要之，此不过为言语之不进步，而中国人民非有所关于文字。历代能文之士，其所创作，突过外人，则公论所归也。

这种见解的大错误，九年前我在《国语的进化》一篇里（《胡适文存》卷三《国语文法概论》）已有详细的驳论了。中山先生此书成于民国八年春间，在新青年同人提倡文学革命之后二年，他这种议论大概是暗指这一运动的。他在当时很不赞成白话文学的主张，这是很明白的。这种议论虽然是他个人一时的错误，但也很可以作为后来国民党中守旧分子反对新文学的依据。中山先生有“手不释卷”的名誉，又曾住过欧美，他尚且说中国“历代能文之士，其所创作，突过外人”，怪不得一班不能读外国文学的国粹家和南社文人要拥护古文骈文了！

民国八年五月以后，国民党的刊物几乎都改用白话了，《星期评论》和《觉悟》成了南方的新文学重要中心。然而十年之后，革命的国民党成了专政的国民党了，新文学和新思想的假面具都可以用不着了，于是保存国粹的喊声渐渐起来，于是古文骈文的死灰又复燃了。八九年前在新文学的旗帜之下摇旗呐喊的人物，到今年双十节便公然宣告胡适的《尝试集》和同善社和《性欲丛书》是同样害人的恶势力了。这种情形，毫不足奇怪，因为在拥护古文骈文的局面之下，《尝试集》当然成了罪魁祸首了。这不是死文学的僵尸复活，这不过是国民党原有的反动思想的原形呈现而已。

我们这样指出国民党历史上的反动思想，目的只要国民党的自觉。一个在野政客的言论是私人的言论，他的错误是他自身的责任。但一个当国的政党的主张便成了一国的政策的依据，便是一国的公器，不是私人责任的问题了。一个当国专政的政党的思想若含有不合时代的反动倾向，他的影响可以阻碍一国文化的进步。所以我们对于国民党的经典以及党中领袖人物的反动思想，不能不用很诚实的态度下恳切地指摘。过去历史上的错误是不用讳饰的；但这种错误思想，若不讨论个明白分晓，往往可以有很大的恶影响；个人的偏见可以成为统治全国的政策；一时的谬论可以成为教育全国的信条。所以我们要明白指出国民党里有许多思想在我们新文化运动者的眼里是很反动的。如果国民党的青年人们不能自觉地纠正这种反动思想，那么，国民党将来只能渐渐变成一个反时代的集团，决不能作时代的领导者，决不能担负建立中国新文化的责任。

孙中山先生在“五四运动”以后曾有很热烈的赞叹新文化运动的话，他说：

> 自北京大学学生发生五四运动以来，一般爱国青年无不以新思想为将来革新事业之预备，于是蓬蓬勃勃，发抒言论。国内各界舆论一致同倡。各种新出版物为热心青年所举办者，纷

纷应时而出，扬葩吐艳，各极其致。社会遂蒙绝大之影响。虽以顽劣之伪政府，犹且不敢撄其锋。此种新文化运动在我国今日诚思想界空前之大变动。推原其始，不过由于出版界之一二觉悟者从事提倡。遂至舆论放大异彩，学潮弥漫全国，人皆激发天良，誓死为爱国之运动。倘能继长增高，其将来收效之伟大且久远者，可无疑也。吾党欲收革命之成功，必有赖于思想之变化。兵法攻心，语曰革心，皆此之故。故此种新文化运动实为最有价值之事。（九年一月二十九日，《与海外同志募款筹办印刷机关书》——《孙中山全集》，三民公司本，第四集，二，页27—28）

中山先生在此时虽然只把新文化运动看作政治革命的一种有力的工具，但他已很明白地承认“吾党欲收革命之成功，必有赖于思想之变化”。今日的国民党到处念诵“革命尚未成功”，却全不想促进“思想之变化”！所以他们天天摧残思想自由。压迫言论自由，妄想做到思想的统一。殊不知统一的思想只是思想的僵化，不是谋思想的变化。用一个人的言论思想来统一思想，只可以供给一些不思想的人的党义考试夹带品，只可以供给一些党八股的教材，决不能变化思想，决不能靠此“收革命之成功”。

十年以来，国民党所以胜利，全靠国民党能有几分新觉悟，能明白思想变化的重要。故民国七八年之间，孙中山先生还反对白话文，而八年“五四运动”以后，中山先生便命他的同志创办《星期评论》和《建设》杂志，参加新文化运动。这便是国民党的“思想之变化”。十三年的改组，便是充分吸收新文化运动的青年，这又是国民党的“思想之变化”。八年的变化使国民党得着全国新势力的同情。十三年的变化使国民党得着革命的生力军。这是历史的事实。

现在国民党所以大失人心，一半固然是因为政治上的设施不能满［足］人民的期望。一半却是因为思想的僵化不能吸引前进的思想界的同情。前进的思想界的同情完全失掉之日，便是国民党油干灯草尽之时。

国民党对于我这篇历史的研究，一定有很生气的。其实生气是损人不利己的坏脾气。国民党的忠实同志如果不愿意自居反动之名，应该做点真实不反动的事业来给我们看看。至少至少，应该做到这几件事：

（1）废止一切“鬼话文”的公文法令，改用国语。

（2）通令全国日报，新闻论说一律改用白话。

（3）废止一切箝制思想言论自由的命令，制度，机关。

（4）取消统一思想与党化教育的迷梦。

（5）至少至少，学学专制帝王，时时下个求直言的诏令！

如果这几件最低限度的改革还不能做到，那么，我的骨头烧成灰，将来总有人会替国民党上“反动”的谥号的。

十八，十一，廿九

（原载于《新月》月刊第2卷第6—7号合刊，标注为1929年9月10日出版，实际出版于1929年12月或稍后）

为新生活运动进一解

蒋介石先生近日在南昌发起新生活运动，一个月之中新生活的呼声好像传遍了全国，各地都有军政各界的领袖出来提倡这个运动。前天报载中央党部决议“交中央组织宣传民运三委员会及内政教育两部会同拟具新生活运动推行办法”，很像是要用政府的权力来推行这个运动了。

蒋介石先生是一个有宗教热诚的人。前几年，当国内许多青年人“打倒宗教”的喊声正狂热的时代，他能不顾一切非笑，毅然领受基督教的洗礼。他虽有很大的权力，居很高的地位，他的生活是简单的，勤苦的，有规律的。我在汉口看见他请客，只用简单的几个饭菜，没有酒，也没有烟卷。因为他自己能实行一种合于常识的生活，又因为他自己本有一种宗教信心，所以他最近公开提倡这个新生活运动，想在三个月之内造成一个“新南昌”，想在半年之内“风动全国，使全体国民的生活都能普遍的革新”。我们读他二月十九日的讲演，字里行间都使我们感觉到一个宗教家的热诚。有了这种热诚，又有那身体力行的榜样，我们可以想像他在南昌倡导的新生活，应该有不少的成绩。

我们看南昌印出来的《新生活须知》小册子，所开九十六条（规矩五十四项，清洁四十二项。）都是很平常的常识的生活，没有什么不近人情的过分要求。其中大部分是个人的清洁与整饬，一部分是公共场所应守的规律，大体上诚如蒋介石先生说的，不过是一些“蔬米布帛”，“家常便饭”。一个民族的日常生活应该有一个最低限度的水准。蒋先生这回所提倡的新生活。也不过是他期望我们这个民族应该有的一个最低限度的水准。这自然是我们应该赞成的。

但我们观察最近一个月来这个运动的趋势，我们不能不感觉一点过虑。我们很诚恳的提出一点意见，供这个运动的倡导者的考虑。

第一，我们不可太夸张这种新生活的效能。《须知》小册子上的九十六条，不过是一个文明人最低限度的常识生活，这里面并没有什么救国灵方，也不会有什么复兴民族的奇迹。“钮扣要扣好，鞋子要穿好，饭屑不乱抛，碗筷要摆好，喝嚼勿出声，不嫖不赌，不吃鸦片烟，……”做到了这九十六样，也不过是学会了一个最低限度的人样子。我们现在所以要提倡这些人样子，只是因为我们这个民族里还有许多人不够这种人样子。九十六件，件件俱全，也只够得上一个人的本分。即如做官不贪污（不在这九十六条之内）乃是做官的本分；此外他还得有别种治事安人的本领，方才可以做出治事安人的成绩。救国与复兴民族，都得靠智识与技能，——都得靠最高等的知识与最高等的技能，和钮扣碗筷的形式绝不相干。认清了目标，大家勉力学一点最低限度的文明人样子，这是值得鼓励的。但是过分夸张这种常识运动的效果，说这就是“报仇雪耻”的法门，那是要遗笑于世人的。

第二，我们要认清楚，新生活运动应该是一个教育的运动，而不是一个政治运动，生活是习惯，道德是习惯。古人说：“由是而之焉之谓道；足乎己，无待于外之谓德。”这个说法是不错的。朝一个方向走，久而久之，成了习惯，成了品行，就是道德。宣传的功用只在指明一个应该走的方向，使人明白某种目标是应该做到的，某种习惯是应该改革的；使人把不自觉的习惯变成自觉的努力的对象，这是改革习惯的起点。但生活习惯改革，不是开会贴标语所能收效的。政府必须明白什么是它能做的，什么是它不能做的。把一些生活常识编到小学教科书里去，用一些生活常识做学校考绩的标准，用政府力量举办公众卫生，用警察的力量禁止一些妨害公安与公共卫生的行为，官吏公仆用一些生活标准来互相戒约，——这些是政府所能做的。此外便都是家庭教育与人格感化的事，不在政府的势力范围之内了。近二三十年中，许多生活习惯的改革，如学校运动场上的道德，如电车中的让坐给妇女与老人，如婚丧礼的变简单，都是教育进步的自然结果。若靠一班生活习惯早已固定的官僚政客来开会提倡新生活，那只可以引起种种揣摩风气，虚应故事的恶习惯，只可以增加虚伪而已。十年前山西的洗心社和自省堂，不可以做我们的好镜子吗？（民国八年我在太原一个自省堂里参观，台上一位大官正讲经书，我面前一个中学生正拿着粉笔在他的同学制服上画一个乌龟！）

第三，我们不要忘了生活的基础是经济的，物质的。许多坏习惯都是贫穷的陋巷里的产物。人民的一般经济生活太低了，决不会有良好的生活习惯。“拾到东西，交还原人”（九十六条之一），在西洋是做到的了；我们看欧美车站上和报纸上“拾物招领”的广告，看他们乡村里夜不闭户的美俗，回忆中国劝善书上所记载的许多“拾金不昧”的果报故事，我们真十分感觉惭愧。生活提高了，知识高了，不但“道不拾遗”，拾了遗物还会花钱去登报招领。在我们这个国家，父母教儿女背着篮子，拿着铁签，到处向垃圾堆里去寻一块半块不曾烧完的煤球，或一片半片极污秽的破布。虽有“拾金不昧，拜相封侯”的宗教，有何益哉？《儒林外史》说万雪斋家的盐船搁了浅，就有几百人划了小船来抢盐，却没有人来救人。贫穷的乡下人自然不足怪。《儒林外史》又写一位品学兼优的余大先生，出去“打抽丰”，州官教他替一件命案说人情，可以得百余两银子，他就高高兴兴的拿了银子回家去替父母做坟。做书的人毫不觉得这是不道德的事。又如今日的大学学生——甚至于大学教授——假期回家，往往到处托人弄火车免票，他们毫不觉得这样因私事而用公家的免票就是贪污的行为。凡此种种，都是因为生活太穷，眼光只看见小钱，看不见道德。提倡新生活的人不可忘记：政府的第一责任是要叫人民能生活，第二责任是要提高他们的生活力，最后一步才是教他们过新生活。

（原载于《大公报》“星期论文”，1934 年 3 月 25 日；亦载于《独立评论》第 95 号，1934 年 4 月 8 日）

信心与反省

这一期（《独立》一〇三期）里有寿生先生的一篇文章，题为《我们要有信心》，在这文里，他提出一个大问题：中华民族真不行吗？他自己的答案是：我们是还有生存权的。

我很高兴我们的青年在这种恶劣空气里还能保持他们对于国家民族前途的绝大信心。这种信心是一个民族生存的基础，我们当然是完全同情的。

可是我们要补充一点：这种信心本身要建筑在稳固的基础之上，不可站在散沙之上。如果信仰的根据不稳固，一朝根基动摇了，信仰也就完了。

寿生先生不赞成那些旧人“拿什么五千年的古国哟，精神文明哟，地大物博哟，来遮丑”。这是不错的。然而他自己提出的民族信心的根据，依我看来，文字上虽然和他们不同，实质上还是和他们同样的站在散沙之上，同样的挡不住风吹雨打。例如他说：

> 我们今日之改进不如日本之速者，就是因为我们的固有文化太丰富了。富于创造性的人，个性必强，接受性就较缓。

这种思想在实质上和那五千年古国精神文明的迷梦是同样的无稽的夸大。第一，他的原则“富于创造性的人，个性必强，接受性就较缓”，这个大前提就是完全无稽之谈，就是懒惰的中国士大夫捏造出来替自己遮丑的胡说。事实上恰是相反的：凡富于创造性的人必敏于模仿，凡不善模仿的人决不能创造。创造是一个最误人的名词，其实创造只是模仿到十足时的一点点新花样。古人说的最好：“太阳之下，没有新的东西。”一切所谓创造都从模仿出来。我们不要被新名词骗了。新名词的模仿就是旧名词的“学”字；“学之为言效也”是一句不磨的老话。例如学琴，必须先模仿琴师弹琴；学画，必须先模仿画师作画；就是画自然界的景物，也是模仿。模仿熟了，就是学会了，工具用的熟了，方法练的细密了，有天才的人自然会“熟能生巧”，这一点工夫到时的奇巧新花样就叫作创造。凡不肯模仿，就是不肯学人的长处。不肯学如何能创造？葛理略［伽利略］（Galileo）听说荷兰有个磨镜匠人做成了一座望远镜，他就依他听说的造法，自己制造了一座望远镜。这就是模仿，也就是创造。从十七世纪初年到如今，望远镜和显微镜都年年有进步，可是这三百年的进步，步步是模仿，也步步是创造。一切进步都是如此：没有一件创造不是先从模仿下手的。孔子说的好：

> 三人行，必有我师焉：择其善者而从之，其不善者而改之。

这就是一个圣人的模仿。懒人不肯模仿，所以决不会创造。一个民族也和个人一样，最肯学人的时代就是那个民族最伟大的时代；等到他不肯学人的时候，他的盛世已过去了，他已走上衰老僵化的时期了，我们中国民族最伟大的时代，正是我们最肯模仿四邻的时代：从汉到唐宋，一切建筑、绘画、雕刻、音乐、宗教、思想、算学、天文、工艺，那一件里没有模仿外国的重要成分？佛教和他带来的美术建筑，不用说了。从汉朝到今日，我们的历法改革，无一次不是采用外国的新法；最近三百年的历法是完全学西洋的，更不用说了。到了我们不肯学人家的好处的时候，我们的文化也就不进步了。我们到了民族中衰的时代，只有懒劲学印度人的吸食鸦片，却没有精力学满洲人的不缠脚，那就是我们自杀的法门了。

第二，我们不可轻视日本人的模仿。寿生先生也犯了一般人轻视日本的恶习惯，抹杀日本人善于模仿的绝大长处。日本的成功，正可以证明我在上文说的“一切创造都从模仿出来”的原则。寿生说：

> 从唐以至日本明治维新，千数百年间，日本有一件事足为中国取镜者吗？中国的学术思想在她手里去发展改进过吗？我们实无法说有。

这又是无稽的诬告了。三百年前，朱舜水到日本，他居留久了，能了解那个岛国民族的优点，所以他写信给中国的朋友说，日本的政治虽不能上比唐、虞，可以说比得上三代盛世。这一个中国大学者在长期寄居之后下的考语，是值得我们的注意的。日本民族的长处全在他们肯一心一意的学别人的好处。他们学了中国的无数好处，但始终不曾学我们的小脚，八股文，鸦片烟。这不够“为中国取镜”吗？他们学别国的文化，无论在那一方面，凡是学到家的，都能有创造的贡献。这是必然的道理。浅见的人都说日本的山水人物画是模仿中国的；其实日本画自有他的特点，在人物方面的成绩远胜过中国画，在山水方面也没有走上四王的笨路。在文学方面，他们也有很大的创造。近年已有人赏识日本的小诗了。我且举一个大家不甚留意的例子。文学史家往往说日本的《源氏物语》等作品是模仿中国唐人的小说《游仙窟》等书的。现今《游仙窟》已从日本翻印回中国来了，《源氏物语》也有了英国人卫来［韦利］先生（Arthur Waley）的五巨册的译本。我们若比较这两部书，就不能不惊叹日本人创造力的伟大。如果“源氏”真是从模仿《游仙窟》出来的，那真是徒弟胜过师傅千万倍了！寿生先生原文里批评日本的工商业，也是中了成见的毒。日本今日工商业的长脚发展，虽然也受了生活程度比人低和货币低落的恩惠，但他的根基实在是全靠科学与工商业的进步。今日大阪与兰肯歇的竞争，骨子里还是新式工业与旧式工业的竞争。日本今日自造的纺织器是世界各国公认为最新最良的。今日英国纺织业也不能不购买日本的新机器了。这是从模仿到创造的最好的例子。不然，我们工人的工资比日本更低，货币平常也比日本钱更贱，为什么我们不能"与他国资本家抢商场"呢？我们到了今日，若还要抹煞事实，笑人模仿，而自居于"富于创造性者"的不屑模仿，那真是盲目的夸大狂了。

第三，再看看"我们的固有文化"是不是真的"太丰富了"。寿生和其他夸大本国固有文化的人们，如果真肯平心想想，必然也会明白这句话也是无根的乱谈。这个问题太大，不是这篇短文里所能详细讨论的，我只能指出这个比较重要之点，使人明白我们的固有文化实在是很贫乏的，谈不到"太丰富"的梦话。近代的科学文化，工业文化，我们可以撇开不谈，因为在那些方面，我们的贫乏未免太丢人了。我们且谈谈老远的过去时代罢。我们的周秦时代当然可以和希腊、罗马相提比论，然而我们如果平心研究希腊、罗马的文学，雕刻，科学，政治，单是这四项就不能不使我们感觉我们的文化的贫乏了。尤其是造形美术与算学的两方面，我们真不能不低头愧汗。我们试想想，《几何原本》的作者欧几里得（Euclid）正和孟子先后同时；在那么早的时代，在二千多年前，我们在科学上早已太落后了！（少年爱国的人何不试拿《墨子·经上篇》里的三五条几何学界说来比较《几何原本》?）从此以后，我们所有的，欧洲也都有；我们所没有的，人家所独有的，人家都比我们强。试举一个例子：欧洲有三个一千年的大学，有许多个五百年以上的大学，至今继续存在，继续发展：我们有没有？至于我们所独有的宝贝，骈文，律诗，八股，小脚，太监，姨太太，五世同居的大家庭，贞节牌坊，地狱活现的监狱，廷杖，板子夹棍的法庭，……虽然"丰富"，虽然"在这世界无不足以单独成一系统"，究竟都是使我们抬不起头来的文物制度。即如寿生先生指出的"那更光辉万丈"的宋明理学，说起来也真正可怜！讲了七八百年的理学，没有一个理学圣贤起来指出裹小脚是不人道的野蛮行为，只见大家崇信“饿死事极小，失节事极大”的吃人礼教：请问那万丈光辉究竟照耀到那里去了？

以上说的，都只是略略指出寿生先生代表的民族信心是建筑在散沙上面，禁不起风吹草动，就会倒塌下来的。信心是我们需要的，但无根据的信心是没有力量的。

可靠的民族信心，必须建筑在一个坚固的基础之上，祖宗的光荣自是祖宗之光荣，不能救我们的痛苦羞辱。何况祖宗所建的基业不全是光荣呢？我们要指出：我们的民族信心必须站在“反省”的唯一基础之上。反省就是要闭门思过，要诚心诚意的想，我们祖宗的罪孽深重，我们自己的罪孽深重；要认清了罪孽所在，然后我们可以用全副精力去消灾灭罪。寿生先生引了一句“中国不亡是无天理”的悲叹词句，他也许不知道这句伤心的话是我十三四年前在中央公园后面柏树下对孙伏园先生说的，第二天被他记在《晨报》上，就流传至今。我说出那句话的目的，不是要人消极，是要人反省；不是要人灰心，是要人起信心，发下大弘誓来忏悔，来替祖宗忏悔，替我们自己忏悔；要发愿造新因来替代旧日种下的恶因。

今日的大患在于全国人不知耻。所以不知耻者，只是因为不曾反省。一个国家兵力不如人，被人打败了，被人抢夺了一大块土地去，这不算是最大的耻辱。一个国家在今日还容许整个的省分遍种鸦片烟，一个政府在今日还要依靠鸦片烟的税收——公卖税，吸户税，烟苗税，过境税——来做政府的收入的一部分，这是最大的耻辱。一个现代民族在今日还容许他们的最高官吏公然提倡什么“时轮金刚法会”，“息灾利民法会”，这是最大的耻辱。一个国家有五千年的历史，而没有一个四十年的大学，甚至于没有一个真正完备的大学，这是最大的耻辱。一个国家能养三百万不能捍卫国家的兵，而至今不肯计划任何区域的国民义务教育，这是最大的耻辱。

真诚的反省自然发生与真诚的愧耻。孟子说的好："不耻不若人，何若人有？"真诚的愧耻自然引起向上的努力，要发弘愿努力学人家的好处，划除自家的罪恶。经过这种反省与忏悔之后，然后可以起新的信心：要信仰我们自己正是拨乱反正的人，这个担子必须我们自己来挑起。三四十年的天足运动已经差不多完全划除了小脚的风气：从前大脚的女人要装小脚，现在小脚的女人要装大脚了。风气转移的这样快，这不够坚定我们的自信心吗？

历史的反省自然使我们明了今日的失败都因为过去的不努力，同时也可以使我们格外明了"种瓜得瓜，种豆得豆"的因果铁律。铲除过去的罪孽只是割断已往种下的果。我们要收新果，必须努力造新因。祖宗生在过去的时代，他们没有我们今日的新工具，也居然能给我们留下了不少的遗产。我们今日有了祖宗不曾梦见的种种新工具，当然应该有比祖宗高明千百倍的成绩，才对得起这个新鲜的世界。日本一个小岛国，那么贫瘠的土地，那么少的人民，只因为伊藤博文，大久保利通，西乡隆盛等几十个人的努力，只因为他们肯拼命的学人家，肯拼命的用这个世界的新工具，居然在半个世纪之内一跃而为世界三五大强国之一。这不够鼓舞我们的信心吗？

反省的结果应该使我们明白那五千年的精神文明，那"光辉万丈"的宋明理学，那并不太丰富的固有文化，都是无济于事的银样蜡枪头。我们的前途在我们自己的手里。我们的信心应该望在我们的将来。我们的将来全靠我们下什么种，出多少力。"播了种一定会有收获，用了力决不至于白费"：这是翁文灏先生要我们有的信心。

二十三，五，二十八

（原载于《独立评论》第103号，1934年6月3日）

写在孔子诞辰纪念之后

我们家乡有句俗话说：“做戏无法，出个菩萨。”编戏的人遇到了无法转变的情节，往往请出一个观音菩萨来解围救急。这两年来，中国人受了外患的刺激，颇有点手忙脚乱的情形，也就不免走上了“做戏无法，出个菩萨”的一条路。这本是人之常情。西洋文学批评史也有 deus exmachina 的话，译出来也可说，“解围无计，出个上帝”。本年五月里美国奇旱，报纸上也曾登出旱区妇女孩子跪着祈祷求雨的照片。这都是穷愁呼天的常情，其可怜可恕，和今年我们国内许多请张天师求雨或请班禅喇嘛消灾的人，是一样的。

这种心理，在一般愚夫愚妇的行为上表现出来，是可怜而可恕的；但在一个现代政府的政令上表现出来，是可怜而不可恕的。现代政府的责任在于充分运用现代科学的正确智识，消极的防患除弊，积极的兴利惠民。这都是一点一滴的工作，一尺一步的旅程，这里面绝没有一条捷径可以偷渡。然而我们观察近年我们当政的领袖好像都不免有一种“做戏无法，出个菩萨”的心理，想寻求一条救国的捷径，想用最简易的方法做到一种复兴的灵迹。最近政府忽然手忙脚乱的恢复了纪念孔子诞辰的典礼，很匆遽的颁布了礼节的规定。八月二十七日，全国都奉命举行了这个孔诞纪念的大典。在每年许多个先烈纪念日之中加上一个孔子诞辰的纪念日，本来不值得我们的诧异。然而政府中人说这是“倡导国民培养精神上之人格”的方法；舆论界的一位领袖也说：“有此一举，诚足以奋起国民之精神，恢复民族的自信。”难道世间真有这样简便的捷径吗？

我们当然赞成“培养精神上之人格”，“奋起国民之精神，恢复民族的自信”。但是古人也曾说过：“礼乐所由起，百年积德而后可兴也。”国民的精神，民族的信心，也是这样的；他的颓废不是一朝一夕之故，他的复兴也不是虚文口号所能做到的。“洙水桥前，大成殿上，多士济济，肃穆趋跄”；（用八月二十七日《大公报》社论中语）四方城市里，政客军人也都率领着官吏士民，济济跄跄的行礼，堂堂皇皇的演说，——礼成祭毕，纷纷而散，假期是添了一日，口号是添了二十句，演讲词是多出了几篇，官吏学生是多跑了一趟，然在精神的人格与民族的自信上，究竟有丝毫的影响吗？

那一天《大公报》的社论曾有这样一段议论：

> 最近二十年，世变弥烈，人欲横流，功利思想如水趋壑，不特仁义之说为俗诽笑，即人禽之判亦几以不明，民族的自尊心与自信力既已荡然无存，不待外侮之来，国家固早已濒于精神幻灭之域。

如果这种诊断是对的，那么，我们的民族病不过起于“最近二十年”，这样浅的病根，应该是很容易医治的了。可惜我们平日敬重的这位天津同业先生未免错读历史了。《官场现形记》和《二十年目睹之怪现状》描写的社会政治情形，不是中国的实情吗？是不是我们得把病情移前三十年呢？《品花宝鉴》以至《金瓶梅》描写的也不是中国的社会政治吗？这样一来，又得挪上三五百年了。那些时代，孔子是年年祭的，《论语》、《孝经》、《大学》是村学儿童人人读的，还有士大夫讲理学的风气哩！究竟那每年“洙水桥前，大成殿上，多士济济，肃穆趋跄”，曾何补于当时的惨酷的社会，贪污的政治？

我们回想到我们三十年前在村学堂读书的时候，每年开学是要向孔夫子叩头礼拜的；每天放学，拿了先生批点过的习字，是要向中堂（不一定有孔子像）拜揖然后回家的。至今回想起来，那个时代的人情风尚也未见得比现在高多少。在许多方面，我们还可以确定的说："最近二十年"比那个拜孔夫子的时代高明的多多了。这二三十年中，我们废除了三千年的太监，一千年的小脚，六百年的八股，四五百年的男娼，五千年的酷刑，这都没有借重孔子的力量。八月二十七那一天汪精卫先生在中央党部演说，也指出"孔子没有反对纳妾，没有反对蓄奴婢；如今呢，纳妾蓄奴婢，虐待之固是罪恶，善待之亦是罪恶，根本纳妾蓄奴婢便是罪恶。"汪先生的解说是："仁是万古不易的，而仁的内容与条件是与时俱进的。"这样的解说毕竟不能抹煞历史的事实。事实是"最近"几年中，丝毫没有借重孔夫子，而我们的道德观念已进化到承认"根本纳妾蓄奴婢便是罪恶"了。

平心说来，"最近二十年"是中国进步最速的时代；无论在智识上，道德上，国民精神上，国民人格上，社会风俗上，政治组织上，民族自信力上，这二十年的进步都可以说是超过以前的任何时代。这时期中自然也有不少的怪现状的暴露，劣根性的表现，然而种种缺陷都不能减损这二十年的总进步的净赢余。这里不是我们专论这个大问题的地方。但我们可以指出这个总进步的几个大项目：

第一，帝制的推翻，而几千年托庇在专制帝王之下的城狐社鼠，——一切妃嫔，太监，贵胄，吏胥，捐纳，——都跟着倒了。

第二，教育的革新。浅见的人在今日还攻击新教育的失败，但他们若平心想想旧教育是些什么东西，有些什么东西，就可以明白这二三十年的新教育，无论在量上或质上都比三十年前进步至少千百倍了。在消极方面，因旧教育的推倒，八股，骈文，律诗，等等谬制都逐渐跟着倒了；在积极方面，新教育虽然还肤浅，然而常识的增加，技能的增加，文字的改革，体育的进步，国家观念的比较普遍，这都是旧教育万不能做到的成绩。（汪精卫先生前天曾说：

“中国号称以孝治天下，而一开口便侮辱人的母亲，甚至祖宗妹子等。”试问今日受过小学教育的学生还有这种开口骂人妈妈妹子的国粹习惯吗?）

第三，家庭的变化。城市工商业与教育的发展使人口趋向都会，受影响最大的是旧式家庭的崩溃，家庭变小了，父母公婆与族长的专制威风减削了，儿女宣告独立了。在这变化的家庭中，妇女的地位的抬高与婚姻制度的改革是五千年来最重大的变化。

第四，社会风俗的改革。小脚，男娼，酷刑等等，我已屡次说过了。在积极方面，如女子的解放，如婚丧礼俗的新试验，如青年对于体育运动的热心，如新医学及公共卫生的逐渐推行，这都是古代圣哲所不曾梦见的大进步。

第五，政治组织的新试验。这是帝制推翻的积极方面的结果。二十多年的试验虽然还没有做到满意的效果，但在许多方面（如新式的司法，如警察，如军事，如胥吏政治之变为士人政治。）都已明白的显出几千年来所未曾有的成绩。不过我们生在这个时代，往往为成见所蔽，不肯承认罢了。单就最近几年来颁行的新民法一项而论，其中含有无数超越古昔的优点，已可说是一个不流血的绝大社会革命了。这些都是毫无可疑的历史事实，都是“最近二十年”中不曾借重孔夫子而居然做到的伟大的进步。革命的成功就是这些，维新的成绩也就是这些。可怜无数维新志士，革命仁人，他们出了大力，冒了大险，替国家民族在二三十年中做到了这样超越前圣，凌驾百王的大进步，到头来，被几句死书迷了眼睛，见了黑旋风不认得是李逵，反倒唉声叹气，发思古之幽情，痛惜今之不如古，梦想从那“荆棘丛生，檐角倾斜”的大成殿里抬出孔圣人来“卫我宗邦，保我族类!”这岂不是天下古今最可怪笑的愚笨吗?

文章写到这里，有人打岔道：“喂，你别跑野马了。他们要的是‘国民精神上之人格，民族的自信。’在这‘最近二十年’里，这些项目也有进步吗？不借重孔夫子，行吗?”

什么是人格？人格只是已养成的行为习惯的总和。什么是信心？信心只是敢于肯定一个不可知的将来的勇气。在这个时代，新旧势力，中西思潮，四方八面的交攻，都自然会影响到我们这一辈人的行为习惯，所以我们很难指出某种人格是某一种势力单独造成的。但我们可以毫不迟疑的说：这二三十年中的领袖人才，正因为生活在一个新世界的新潮流里，他们的人格往往比旧时代的人物更伟大：思想更透辟，知识更丰富，气象更开阔，行为更豪放，人格更崇高。试把孙中山来比曾国藩，我们就可以明白这两个世界的代表人物的不同了。在古典文学的成就上，在世故的磨炼上，在小心谨慎的行为上，中山先生当然比不上曾文正。然而在见解的大胆，气象的雄伟，行为的勇敢上，那一位理学名臣就远不如这一位革命领袖了。照我这十几年来的观察，凡受这个新世界的新文化的震撼最大的人物，他们的人格都可以上比一切时代的圣贤，不但没有愧色，往往超越前人。老辈中，如高梦旦先生，如张元济先生，如蔡元培先生，如吴稚晖先生，如张伯苓先生；朋辈中，如周诒春先生，如李四光先生，如翁文灏先生，如姜蒋佐先生：他们的人格的崇高可爱敬，在中国古人中真寻不出相当的伦比。这种人格只有这个新时代才能产生，同时又都是能够给这个时代增加光耀的。

我们谈到古人的人格，往往想到岳飞、文天祥和晚明那些死在廷杖下或天牢里的东林忠臣。我们何不想想这二三十年中为了各种革命慷慨杀身的无数志士！那些年年有特别纪念日追悼的人们，我们姑且不论。我们试想想那些为排满革命而死的许多志士，那些为民十五六年的国民革命而死的无数青年，那些前两年中在上海在长城一带为抗日卫国而死的无数青年，那些为民十三以来的共产革命而死的无数青年，——他们慷慨献身去经营的目标比起东林诸君子的目标来，其伟大真不可比例了。东林诸君子慷慨抗争的是“红丸”，“移宫”，“妖书”等等米米小的问题；而这无数的革命青年慷慨献身去工作的是全民族的解放，整个国家的自由平等，或他们所梦想的全人类社会的自由平等。我们想到了这二十年中为一个主义而从容杀身的无数青年，我们想起了这无数个“杀身成仁”中国青年，我们不能不低下头来向他们致最深的敬礼；我们不能不颂赞这“最近二十年”是中国史上一个精神人格最崇高，民族自信心最坚强的时代。他们把他们的生命都献给了他们的国家和他们的主义，天下还有比这更大的信心吗？

凡是咒诅这个时代为“人欲横流，人禽无别”的人，都是不曾认识这个新时代的人：他们不认识这二十年中国的空前大进步，也不认识这二十年中整千整万的中国少年流的血究竟为的是什么。

可怜的没有信心的老革命党呵！你们要革命，现在革命做到了这二十年的空前大进步，你们反不认得它了。这二十年的一点进步不是孔夫子之赐，是大家努力革命的结果，是大家接受了一个新世界的新文明的结果。只有向前走是有希望的，开倒车是不会有成功的。

你们心眼里最不满意的现状，——你们所咒诅的“人欲横流，人禽无别”，——只是任何革命时代所不能避免的一点附产物而已。这种现状的存在，只够证明革命还没有成功，进步还不够。孔圣人是无法帮忙的；开倒车也决不能引你们回到那个本来不存在的“美德造成的黄金世界”的！养个孩子还免不了肚痛，何况改造一个国家，何况改造一个文化？别灰心了，向前走罢！

二十三，九，三夜

(原载于《独立评论》第117号，1934年9月9日)

中国再生时期

几年以前，广西大学校长马君武——我的师长，曾经函嘱南来讲学；抱歉得很！当时因为个人在北方事务纷繁，一时未易分离。现在得一个机会到此，并且承马先生命讲题，就是“中国再生时期”，在今天得和诸位谈谈。

什么叫“再生时期”呢？我们知道，人类的个体生命历程，是从少壮而衰老而死亡。人类的个体生命到了“衰老”的时期，必然达于“死亡”；决没有“返老还童”，所谓“再生”时期的到临。那走江湖的人和报纸上的广告，竟有什么“返老还童药”发卖，那是欺人之谈，没有科学根据的诳言。但是人类集团的生活和国家民族的文化之演进，虽也是由少壮而衰老而死亡；但是在衰老时期如果注射了“返老还童”针，使获得了新的血脉，那么一朝焕发新的精神，从老态龙钟转变而振作有为，于是，国族的各方面都表现了新的活动，这个时期，历史家称为“再生时期”。

我们一读西欧的近代史，就知道西欧在中古时代曾经有过八百年到一千年的黑暗时代（Dark-Age）。那时，欧洲一切的文［明］俱已荒废，民族达于“衰老”的极度；但是到了黑暗时代的末期，因为获得了新的刺激，灌输了新的血液，于是老大颓废的欧洲民族，到了十四、十五世纪便发生新的运动，返老还童，死里复活，成为欧西近几百年一切文明发扬光大的基础，这便是“文艺复兴”（Renaissance）时代。我国向来翻译为“文艺复兴”，实在有些欠当，应该是叫复苏或再生时期。十四、十五世纪是欧洲的再生时期。那么何时是中国的再生时期？试观近三四十年来——尤其是最近的二十年来，我国的一切文明无论是社会制度、政治体系、经济组织、学术思想……皆掀起了极大的变革，所以我相信，将来的历史家就要目这个时代为中国的“再生时期”。因为我国具有几千年的文化，然而，历史演进到了现在，已经表现中华民族的老大衰颓。过去中国的历史上，发生了多次的再生运动，交织起伏，希望促老大的中国返老还童；但是新的刺激奄弱，新的血液贫乏，终于未能成功。可是从历史的观点，我们知道中国“再生时期”的到临。

我国在中古时代，为宗教的迷信势力和社会遗留的法制所蒙蔽，但知尊重个人的生命，不理解做人的意义。《孝经》所云：“身体发肤，受诸父母，不可毁伤。”当时一般的人们，不但是尊重自己的身体，并且求所以扬名显亲，光宗耀祖；最低限度，也要做到“无辱”的地步，使自己和父母在社会上有尊荣的地位，要不是，生不如死！到战国的时候，社会上表现了武士道的精神，许多人不但尊重人生的名誉，并且形成社会的侠义风尚和爱国牺牲的精神！民族渐渐有了复活的趋向。

但是不多久，受佛教和道教的影响，侠义牺牲的精神潜灭于无形，民族日渐衰老；［人们］怕死，念佛、求仙，遍寻返老还童药丹以期长生不死。为着将来自身得入浮图，不惜以指头或手臂扎布浸油，在佛前燃烧作佛灯，表示信佛的虔诚。于是群起仿行，甚至竟以身殉。有的将整个身体缠布涂油，并且张贴布告：“兹于某月某日在某某地方某某大和尚献身佛前”云云，使得万人空巷，争往观看。大和尚一面焚身，一面念佛，一面行礼。于是大家异口同声赞美，因为大和尚从此已经成佛升天，达到人生最高的目的。这种个体的牺牲，为想达到个人入浮图的梦想，于民族、国家和人群没有丝毫的关系；和墨子“摩顶放踵利天下为之”的人生观大相违背。到了这个时候，民族复回到了衰老时期。中国一直给这种黑暗的潮流荡漾了好几百年！

到了唐代，渐渐地萌发了一点生机，爬出了这个黑暗的圈子，一般不再幻想升天成佛。首先在文学上，我们看到有了良好的改革，许多诗人如杜甫、白居易等不再从事去赞美自然，吟风弄月，开始描写社会的疾苦，出现了新的文学，达到了一个解放的时代。不但唐诗，为我国历代最著名的柳公权、颜真卿的书法，皆甚有名；就是散文方面也发生了很大的变革。在唐朝以前，六朝的文献形式：一般人作起文章，讲求对偶，造成四六句的骈体文，走上了荒谬的文学道路，当时的文学已经失掉了作用，而表达吾人的感情、感觉和思想，遂不完全。直到唐朝的韩退之、柳宗元出来，才将这种不合文法的骈文废弃，主用“散文”。当时的“散文”，就是现在我们所谓的“古文”。其结果，唐朝成为诗文最盛的一个时代。此外，在宗教方面，唐代也有相当的改革。如前所述，独善其身的佛教渐进而成禅宗。从印度的佛教转变而为中国的禅宗，不立文字，不再打坐念经，见性成佛。所以唐代是中国一个再生的时期。但是，毕竟因为这时所遭受的刺激太小，新血液的灌输不足，过后，又回到了衰老的时期。

到了宋时，离现在九百余年，中国又渐渐表露复活的趋势，无论是在文学上、思想上、政治上等各方面，宋朝都充分表现新兴的气象。文学方面，继续出现了几个新人物，如欧阳修、苏洵、苏轼、苏辙、曾巩、王安石，他们继起对于文学的努力，亦有了新的收获，造成文学革命，“古文”的格式于是形成。后人合唐之韩愈、柳宗元，称为唐宋八大家，其中宋代占了六位，所以宋时在文学上又是一个再生时期。同时，在思想方面也有了极大的改变。从前的人生观为拜神求佛，但望个人延年益寿，避祸得福。在北宋时出了一个伟大的人物范仲淹，提出了一个新人生观，尝言：“士当先天下之忧而忧，后天下之乐而乐。”于是思想上表现了一个新时代，由个人主义走到利他主义的道上。要在人人还未曾有忧虑的时候，而自己［先］去忧虑；但是快乐就是要到个个都享受了，然后才［轮］到自己。这是宋代思想界［的］一大革新。不到三十年，熙宁年间，王安石出来实行政治的大改革，但是恶势力强固，改革没有成功。继有程颢、程颐、朱熹一般人出来，主敬存诚穷理为本，另成了一个学派。他们不再希望做道士、和尚，而是要在世界上堂堂正正地做一个“人”，于是确立了一种理想的人生观，如《大学》首章所谓“格物、致知、正心、诚意、修身”。但是这里的“修身”和中古时候所希望为神仙、成佛祖的一种自私的、出世的观念不同，而是积极的、为社会的人生观，所以“修身”的后面，就是“齐家”、“治国”和“平天下”。这一种新人生观的焕发，于是代替了中古时代宗教迷信的人生观。从目的上说，由期望个人超度推广而期望社会的改进。因此，在思想方面，宋朝的理学派不愧是我国历史上的一个再生时期。

然而，毕竟因为社会传统的旧势力膨胀，而新加入的血液不足；“治国”、“平天下”又是那么的艰深难行；不久，中国又回到了过去的年代，踏上从前的老路。文学方面从此跑上一个“做八股”的形式道上，体裁更坏。在思想方面，又回到静坐、拜佛，欲成神仙的圈里。一向积极的、活动的人生观，转变而为消极的、死样的人生观，无所为而为；因着要做圣贤，便要做到“格物致知”和“治国平天下”，小民何敢奢望？“格物致知”的意义，原来正与近代的科学家理想相符。“物”的范围既然是这样广泛，包罗万有，单是要“格物”，以穷究天地万物的道理，在那个时候，既没有客观的环境，生活上并没有感觉到切肤的需要，而科学研究上的设备，好像显微镜、望远镜等等都一样也没有的；而大家既不了解科学实验的方法，一般读书人但知朗朗念书，文质彬彬，长袍大袖又不用手足，哪里说得［上］科学的学习。因了这个缘故，“格物致知”只是讲讲，而没有方法去实行。到明朝，王守仁主张“知行合一”。但是“格物致知”做不到，于是想从自身下手，由静坐而提倡“良知”。初时，王阳明对于“格物穷理”等宋哲所提倡的思想也颇笃信力行，只是行而不知其法。为着“格物”，王阳明和他的门弟〈徒〉，先试“格”庭前“竹”，解索“竹子为什么中空?”的道理。他的门徒坐守三天三夜，仍旧不获其理。王阳明不相信，自己亲身去守望沉思，也弄了七天七夜，仍旧，“竹子为什么中空?”的道理没有“穷”了出来，反弄得病体难支，于是认为“格物致知”那是干不通的，就改而提倡“良知良能”，以个人的知觉为做学问的出发点。我们晓得，思想方面这又回到了沉没错误的途上。宋哲所提倡［的］那积极的人生观和“格物穷理”的道理，为了历史上从来没有研究的遗风，和科学的背景设备等，于是昙花一现，思想上又返到了过去的时代！

每个时代都有一个再生时期，不在这方面，就在那方面具有返老还童的趋势。古文改革到了明朝，一方面，文学是走到形式的死路上；一方面是在蕴蓄着蓬勃的生机。在明朝以前的元代，已经有了白话戏曲。明朝以来，白话的词曲虽然仍旧存在，可是明代在文学上的杰作是用白话写的小说，如像《三国演义》、《水浒传》等，都是历史上的白话文长篇小说中不可多得的佳本。迄清时，又有《红楼梦》、《儒林外史》等小说出现。因此，这五百年来，文学上可以说是由古典的文学到了平民的文学，为文学历史上一个新的阶段。但是，在这个时候，文学就分成了两个部位：像《三国演义》、《水浒》这一类的文学作品，在当时［被］目为低级文学，为社会中一般下层阶级的民众，像卖豆腐的、拉车的、缝纫的，作为茶余饭后的读物；而一般士大夫阶级，仍旧在跑其“求功名”的道路，大做典试的八股文章。

总括来说，在历史［上］我国是发生了好几次的再生运动，在各方面表露复苏的精神。唐代可谓是我国文学上的大改革，民族也表现一些生机；但是一会儿又转到了衰老时期。迄宋朝，文学又焕发了新生，并且思想上表露复活的气象，但是因为旧势力雄厚，新刺激、新血液贫乏，不久又朝八股文学的路上跑。明代以后，白话文的勃兴，文学上又表现了一种生机；然而一般士大夫阶级仍在做古典应试的文章。所以我国历史上虽然有了好几次的“再生时期”交迭起伏，然而返老还童的目的，仍是没有达到。不过，历史演进到了现在，试观最近三数〈到〉十年中国各方面的活跃，我们觉得中国并没有死亡，过去的“再生运动”也不是完全失败，并且还依旧在继续地进行。我们从历史的观点来作一个比较，更证明现在中国所感应的刺激、所增加的新血液之强大，为历来所未有。这种新刺激、新血液，有促中国复活的趋向，所以现在是中国的再生时期，恐怕也就是最末一次的再生运动。因为现在关于政治改革已经大功告成，而在文学改革、社会改革、学术改革诸端，也就如狂风怒潮逐波而来，在在都充满了新的希望。现在分别说来：

一、政治改革：前昔我国历史上的各种改革不容易求得实现，这原因思想、文学、宗教的改革不敌政治上的压抑。往往思想和文学的改革，在政治上稍稍加以压力，即将一笔勾销。好像三十年前，光绪二十四年（即 1898 年），广东一般领袖如康有为、梁启超所倡导戊戌维新运动，全国震动，思想为之一新。那时恭亲王亦立意变法，并颁布关于政治、军事、教育等等数百件改革案。但是，还不够三个月，顽固的慈禧太后复垂帘听政，不赞成变法。于是，将皇帝幽禁；一般维新的党人，捉的捉，杀的杀。如火如荼的改革运动，就给这一位老太太轻轻地一笔勾销。这是给一般人的一个大教训：皇帝或一般谋臣想图改革，尚且没有成功的希望；在个人方面或是没有地位的人，更因着畏缩而消灭了改革的念头，倘若一不小心，给御史探悉，那么自己的身家性命立刻不能保障。想在文学方面努力改革运动，更是没有办法，政治上的压力，立刻将加以取缔，或封报馆，或停办书店，历史〈朝〉以来的文字狱，都是言论被箝制的结果。所以，政治的改革在再生时期，实在占着重要的地位。但自辛亥革命成功，中华民国时代，扫荡了几千年专制政治的积污，使中国开始新生的时代，而一切的革命运动，无论是在文学上、思想上、学术上的，才能够发荣滋长。因此，如果没有了辛亥的政治改革，那么中国一切再生运动都不能成立。所以中国政体的改革，实在是一切改革的唯一条件。

其次为文学改革：大概稍能涉猎西洋文学的，必能理解我国的文字尚不足以应付生活上的需要。我国的古文为［几］千年前所形成的文字，这种文字现在如要读通，最少要花费一个极长的时间；倘要能够写作，那么需要更长期的训练。可是做的文章和讲的说话，毕竟又是两件事体，念着文章，普通一般人们听不懂，所以这种文字实在是一种“死的语言”，如果是用来教育儿童，或是用来宣传大众，那是毫无用处的工具。尚在专制时代，早已经有人感觉到改革的需要，可是这种改革并没有成功。

何以在过去这种文字的改革不能成功？最大的原因是当时社会环境还实行科举制度，将社会划分了两个阶级：一方面是上层阶级，有知识的、做官的；而又一方面是下层阶级的民众，拉车的、卖豆腐的、缝纫的……这种“我”和“他”的界限划分以后，于是形成彼此的观念。但是环境是这样，如果要做人上人，你得学做八股文章，写端正的小楷，读古文；至于白话文虽然和普通言语音义相同，写语体文是一种实用的文学；可是上层阶级的知识分子大家目为那是下等社会人们的读物，要想阅报、做官，丝毫没有帮助，因此改革的结果，遂遭失败。白话文虽然提倡，但是做八股的还是做八股。又因为，白话文为一般［人］看不起，所以连下层阶级的劳苦民众，如果自己有了儿孙，还是要送去学做八股文章，而白话文的改革，其结局，没有方法不归于失败的。

近十余年来，白话文的提倡，所以先从这一点下手，打破“我们”和“他们”的区分，彼此合一。我们觉得中国须有“新文学”，我们觉得白话文是“活的语言”，我们为要打破社会的歧视，所以无论是诗歌、小说、戏剧、传记，……都用白话文来写；而过去有价值的白话作品，要使［其］在社会［上］有机会发扬光大。无论社会的上下层，大家都对白话文发生好感，并且在生活上去应用，是这样，文学才可以改革。而近十余年以来，我们都在从事这种工作。

白话文的“白话”，和在两粤通俗所谓“白话”的意义，颇有不同。在两广说到“白话”，意义就是指“广话”而言，这里也有一个来源的。因为从前表演粤戏的时候，舞台上表演的人，一方面是“唱”，一方面是“白”。所谓“白”，就是“道白”，“道白”都是用“广话”。这在大众听起来，“唱”的［词］有时不会懂得，却是“道白”往往听得清清白白，所以“广话”又叫“白话”。但是在“白话文”所谓的“白话”，其意合〈和〉“普通话”（或叫官话）相同。我国全国为同一的民族，是应该有同一的语言，这就是所谓“国语”。至于凡是可称作“国语文”的，必须具有两种条件：第一是全国流行最广、大家最容易懂得的方言；第二，要有写作的形式之标准，使大众易学易教。这几乎是全世界相同的道理。好像从前欧洲西部多用拉丁文字，但到现在，意大利就用意大利的语言文字，法兰西有法语、法文，英国和德国也有其国语、国文。但是意大利、法兰西、英、德等国，其国语的成立，也不外上述这两个条件，即要在全国流行最广和有其写作的形式。

在中国，语言方面流行最广的就是“白话”或叫“官话”，又叫“普通话”。我们试看丁文江和翁文灏所制的《中国语言分布图》，我们就知道“普通话”在中国流行范围的广大：从北到俄［国］边［境附近的］哈尔滨，由东三省而万里长城、长江一带；南到与安南毗连的云、贵；从东边南京起；到西边的四川止。我们统观中国东、南、西、北这一个大区域，那么包括了东三省，黄河流域、长江流域（江苏一部），云南、贵州和广西的一部。所以“普通话”流行的地方，在我国本部占百分之九十以上。各处流行的“普通话”虽然未尝没有出入，但是大同小异，都可以说是“普通话”，因此用“普通话”来做“国语”的标准，已经具备了第一个资格。至于第二个资格，也就颇有把握。近五百年来，民间流行的有唱戏的戏本或说书的曲谱，都是由“普通话”而变成写作的形式，里面有浅显的人人可懂的文字，好像父母子女的欢态，爱情的、诉苦的描写；有歌唱，有骂语，……的表述。这些在古典的文学里是找不着[的]。恋爱的诗歌，听了以后令到个个会动情。倘若是用古典的文学来表达，那么值〈只〉得要先下一番苦功，专心研究了二十年以后才谈得到。

至于我国的方言（口中所讲的语言）能够表现写作形式的，共有三种：一是广东话即粤语，在文艺上有相当价值的写作，就是《粤讴》；二是苏州话即吴语，吴人常将口中的言语记载而成戏曲、说白和小说；三是北方官话，这种语言所产生的文学作品很多，如像《红楼梦》、《三国志》、《西厢记》、《封神演义》等是，从三四百年以前一直流传到现在，为我国社会上最通俗的小说，几乎个个都读，一提起来个个都知道，所以在写作形式上来讲，当然也以普通话为最佳。

广话和吴话的写作形式，因为有许多地方并不流行，而且写作形式中有许多文字缺乏，不敷生活上的应用，后来自行创定，音声使与方言一致。好像“没有”，粤语写作“乜”；“这么”，粤语写作“咁”。这样自制的新字，在粤语中很多很多，不下百十个。同时在吴语也是陷于同一的情状，为使“语”与“文”一致，也创制了好些新字。好像“不要”，吴语写作“嫑”；“不曾”，吴语写作“朆”。诸如此类的字不少。在官话中，从前“这个”的“这”字是没有的，初时大家想用“之乎者也”的“者”字来表示，觉得不大好；后来又想用“遮太阳”的“遮”字来表示，也觉得麻烦；唐宋以后，用“赵”字来表示；到最近，才演进而为“这”字。又好像“你看好不好呢”的“呢”字，从前也没有的，唐宋时代，以“聻”字代表，好不费力；后来有些人用“呢”来表示，较为轻便易写，于是就成立了，沿用至今。从上所述，就可以见到一[个]字的创成，实在也不容易；而一种语言的成为国语，自然也不是偶然的。官话的演进到了现在，所以能够流行很广，其功效也颇得力于《三国演义》、

《红楼梦》……几种著名的小说在数百年长期深入民间的宣传。

文字的改革能够彻底，非做到全国普遍的流行和文学的内容充实不可。现在想要全国一致的以“语体文”为文学上唯一的工具，大家运用它来表达内心所蕴藏的思想、知识……感情，除了在学校里教科书要采用它外，并且在课外方面的读物，一切文学上的材料，都用“语体文”来做标准，用它去代替古典文学的地位。能够这样地做到了这些工作，使“白话文”成为全国最通行的语言和文字。而且这些语言文字才属诸大家所有，并且成为全国最良好的宣传和教育工具。这些应是文学革命的理论所在。文学革命的历史，在此不赘。但是，从民国十一年到现在，这十二年当中，全国刻刻在施行“国语教育”，成绩也颇有可观。这次我在香港、广州各处演讲不用翻译，这便是一个例证。我们希望“国语文”成为全国的教育和宣传的工具，同时它也就是统一全国［文字］应该着手的初步工作。记得当我们提倡“白话文”的时候，曾引起了社会上许多人士的反对。但是一种思想、言论、主张，固然怕没有人赞同，更怕没有人反对，最怕人家不声不响地放到字纸篓去。新的文学，活的语言，在这个时代已经是非常需要它，所以从民国八年以来，越是反对和宣传，就是像广告一般地越是传播，唤起了全国的注意；而反时代的旧文学日渐没落，新文学的内容日渐充实，利用日增，造成了中国文学历史上的再生时期，给予社会各方面以一种复活的影响。

三为社会改革：全国在这个时期，旧社会各方面都发生了动摇，而趋向大改革的途径。最明显的因新思想的介绍而产生了思想上的改新，一方面有十九世纪欧美的民主立宪思想，一方面有社会主义和共产主义的思想，又一方面输入了最近欧洲的独裁政治思想。在二十世纪的世界思潮，从最左倾的如共产主义，到右倾的独裁政治思想，中国无不应有尽有。非独思想方面如此，在经济组织方面，在社会积习方面，也引起了莫大的革新。社会改革的范围很广，别的且不多讲，就是个人的容仪方面也掀起了极大的变动，由剪发，衣服改革，直到裸体运动，五花八门，都像雨后春笋般的勃发。在妇女方面，如女子现在也在社会［上］有相当的地位，可以参政，男女可以同学，有受同等教育的机会。回想提倡男女平权、男女同学，到现在已经有十余年，而这种风习到现在普及了全国。在民国十六七年的时候，全国大学男女同学的仍是很少；但到现在，全国高等教育的机关，男女分校的却是寥若晨星。如今试统计，全国女子大学不过是〈有〉两处。从男女授受不亲转变到现在的情状，所以实在是社会上一种极大的变革。其他，在民法和刑法上也有了改革，现在女子也可以和男子一样，有享受承继财产的权利。在婚姻方面也有了改变，结婚、离婚都比较从前容易。此外，一切在社会上足以妨碍进步、不合人生的要求，违反公众福利的制度和习惯，都渐渐淘汰了许多；而现在中国社会的改革，依旧还在迈步进行着。

四为学术改革：我国在历史上，每一个朝代都有一次再生运动，试观由唐到宋，由宋到明，便是很好的例证。但是每次的再生运动，都不能使中国返老还童，达到繁荣的时代。而欧洲十五、十六世纪的再生运动能够做到了使欧洲衰老的民族复活。因为西洋再生时期，除了政治、文学、宗教、社会……的积极改革外，还加上了一种重要的返老还童的药针，这就是新科学的提倡和发扬。在宗教方面，有德国的马丁·路德和法国的加尔文等创行新教。在科学研究方面，有哥白尼、伽利略，和英国的牛顿相继的研究和发明。因为欧洲有了新科学的研究，然后其再生运动不仅限于复古，恢复从前希腊、罗马时代的文明，而［且］运用这新的工具，更进而谋创造新的文明。所以到了十八世纪以来，新科学昌明，生产方法改良，新工业得以加速进展，发出了世界新的光芒，造成了社会组织的新基础，而欧洲的再生运动，才得到开花结果。

学术上的改革，新学科的提倡，这实在是返老还童最强而最有效力的药针，它能加强和充实新生命的血液，可是它不容易使人窥见。在政治、文学、社会上的改革，往往有形式的表现，但是学术上的是潜在的，假如我们不是加以注意，那就不容易觉得！可是在二十三年以前，我国没有一个自行研究科学的机关，也没有一个纯粹研究科学的大学。但是，到现在来［看］，情形就是不同，各省大学及关于学术研究的机关纷纷成立，并且从科学知识的接受更进而作创造的研究。过去我国历史上也曾有过科学的再生时期。一般读书人致力于“格物穷理”，但是因为没有科学的背景，行而不通，于是却步不前，达于学术的没落时代。但是现在的环境已经不同，我国受到了这个新刺激，一般人们已深深地明了科学的真价值，社会正需要这种新工具，大家正在努力于科学的设备和其方法的运用，所以学术上的发展，得以一日千里。在这二十余年来，我国在科学［方面］最有成绩的，就是地质学。世界上如欧西各国研究地质学有了二百年的历史，我国现在以二十年的努力，竟获与世界地质学的知识并驾齐驱。在生物学方面，国内一般生物学者的拼命努力，亦已上了正轨。此外在物理、化学、医药等［方面］，我国皆有长足的进步。自然科学以外，好像历史学、音韵学、语言学、考古学，皆表现很好的成绩。虽然为时较短，尚不如欧西的进步，但是［为］中国数千年来所仅见的现象。

我们看到近二三十年，中国无论政治、文学、社会、学术各方面积极改革，我们知道已是再生时期的到临。这个复活时代，现在正在开始萌发，因为外在的新刺激强大，而内在的潜力膨胀，所以这个再生时期为历史所未有；最少，其前途的进展，可与欧洲的再生时期的洪流相比。

中国的再生时期，现在是开始，将来其创造与改革，必将随洪涛而继长增高；而我们一般中年人所能效力的时间已很短促，兹次再生运动是失败或成功，是在一般青年们如何的努力和前进！

（胡适1935年1月12日演讲于广西梧州中山纪念堂，整理记录人为梁明政。连载于《梧州日报》，1935年1月22—25日）

试评所谓"中国本位的文化建设"

新年里，萨孟武、何炳松先生等十位教授发表的一个《中国本位的文化建设宣言》，在这两三个月里，很引起了国内人士的注意。我细读这篇宣言，颇感觉失望，现在把我的一点愚见写出来，请萨、何诸先生指教，并请国内留意这问题的朋友们指教。

十教授在他们的宣言里，曾表示他们不满意于"洋务"、"维新"时期的"中学为体，西学为用"的见解。这是狠可惊异的！因为他们的"中国本位的文化建设"正是"中学为体，西学为用"的最新式的化装出现。说话是全变了，精神还是那位《劝学篇》的作者的精神。"根据中国本位"，不正是"中学为体"吗？"采取批评态度，吸收其所当吸收"，不正是"西学为用"吗？

我们在今日必须明白"维新"时代的领袖人物也不完全是盲目的抄袭，他们也正是要一种"中国本位的文化建设"。他们很不迟疑的"检讨过去"，指出八股，小脚，鸦片等为"可诅咒的不良制度"；同时他们也指出孔教，三纲，五常等为"可赞美的良好制度，伟大思想"。他们苦心苦口的提倡"维新"，也正如萨、何诸先生们的理想，要"存其所当存，去其所当去"。

他们的失败是萨、何诸先生们在今日所应该引为鉴戒的。他们的失败只是因为他们的主张里含的保守的成分多过于破坏的成分，只是因为他们太舍不得那个他们心所欲而口所不能言的“中国本位”。他们舍不得那个“中国本位”，所以他们的维新政纲到后来失败了。到了辛亥革命成功之后，帝制推翻了，当年维新家所梦想的改革自然在那大变动的潮流里成功了。辛亥的革命是戊戌维新家所不敢要求的，因为推翻帝制，建立民主，岂不要毁了那个“中国本位”了吗？然而在辛亥大革命之后，“中国本位”依然存在，于是不久大家又都安之若固有之了！

辛亥以来，二十多年了，中国经过五四时代的大震动，又经过民国十五六年国共合作的国民革命的大震动。每一次大震动，老成持重的人们，都疾首蹙额，悲叹那个“中国本位”有陨灭的危险。尤其是民十五六的革命，其中含有世界最激烈的社会革命思潮，所以社会政治制度受的震撼也最厉害。那激烈震荡在一刹那间过去了，虽然到处留下了不可磨灭的创痕，始终没有打破那个“中国本位”。然而老成持重的人们却至今日还不曾搁下他们悲天悯人的远虑。何键、陈济棠、戴传贤诸公的复古心肠当然是要维持那个“中国本位”，萨孟武、何炳松诸公的文化建设宣言也只是要护持那个“中国本位”。何键、陈济棠诸公也不是盲目的全盘复古：他们购买飞机枪炮，当然也会挑选一九三五的最新模特儿；不过他们要用二千五百年前的圣经贤传来教人做人罢了。这种精神，也正是萨、何十教授所提倡的“存其所当存，吸收其所当吸收”。

我们不能不指出，十教授口口声声舍不得那个“中国本位”，他们笔下尽管宣言“不守旧”，其实还是他们的保守心理在那里作怪。他们的宣言也正是今日一般反动空气的一种最时髦的表现。时髦的人当然不肯老老实实的主张复古，所以他们的保守心理都托庇于折衷调和的烟幕弹之下。对于固有文化，他们主张“去其渣滓，存其精英”；对于世界新文化，他们主张“取长舍短，择善而从”：这都是最时髦的折衷论调。陈济棠、何键诸公又何尝不可以全盘采用十教授的宣言来做他们的烟幕弹？他们并不主张八股小脚，他们也不反对工业建设，所以他们的新政建设也正是“取长舍短，择善而从”；而他们的读经祀孔也正可以挂起“去其渣滓，存其精英”的金字招牌！十教授的宣言，无一句不可以用来替何键、陈济棠诸公作有力的辩护的。何也？何、陈诸公的中心理论也正是要应付“中国此时此地的需要”，建立一个中国本位的文化。

萨、何十教授的根本错误在于不认识文化变动的性质。文化变动有这些最普遍的现象：第一，文化本身是保守的。凡一种文化既成为一个民族的文化，自然有他的绝大保守性，对内能抵抗新奇风气的起来，对外能抵抗新奇方式的侵入。这是一切文化所公有的惰性，是不用人力去培养保护的。

第二，凡两种不同文化接触时，比较观摩的力量可以摧陷某种文化的某方面的保守性与抵抗力的一部分。其被摧陷的多少，其抵抗力的强弱，都和那一个方面的自身适用价值成比例：最不适用的，抵抗力最弱，被淘汰也最快，被摧陷的成分也最多。如钟表的替代铜壶滴漏，如枪炮的替代弓箭刀矛，是最明显的例。如泰西历法之替代中国与回回［伊斯兰］历法，是经过一个时期的抵抗争斗而终于实现的。如饮食衣服，在材料方面虽不无变化，而基本方式则因本国所有也可以适用，所以至今没有重大的变化：吃饭的，决不能都改吃“番菜”，用筷子的，决不能全改用刀叉。

第三，在这个优胜劣败的文化变动的历程之中，没有一种完全可靠的标准可以用来指导整个文化的各方面的选择去取。十教授所梦想的“科学方法”，在这种巨大的文化变动上，完全无所施其技。至多不过是某一部分的主观成见而美其名为“科学方法”而已。例如妇女放脚剪发，大家在今日应该公认为合理的事。但我们不能滥用权力，武断的提出标准来说：妇女解放，只许到放脚剪发为止，更不得烫发，不得短袖，不得穿丝袜，不得跳舞，不得涂脂抹粉。政府当然可以用税则禁止外国奢侈品和化妆品的大量输入，但政府无论如何圣明，终是不配做文化的裁判官的，因为文化的淘汰选择是没有“科学方法”能做标准的。

第四，文化各方面的激烈变动，终有一个大限度，就是终不能根本扫灭那固有文化的根本保守性。这就是古今来无数老成持重的人们所恐怕要陨灭的“本国本位”。这个本国本位就是在某种固有环境与历史之下所造成的生活习惯；简单说来，就是那无数无数的人民。那才是文化的“本位”。那个本位是没有毁灭的危险的。物质生活无论如何骤变，思想学术无论如何改观，政治制度无论如何翻造，日本人还只是日本人，中国人还只是中国人。试看今日的中国女子，脚是放了，发是剪了，体格充分发育了，曲线美显露了，但她无论如何摩登化，总还是一个中国女人，和世界任何国的女人都绝不相同。一个澈底摩登化的都市女人尚且如此，何况那无数无数仅仅感受文化变动的些微震荡的整个民族呢？所以“中国本位”，是不必劳十教授们的焦虑的。戊戌的维新，辛亥的革命，五四时期的潮流，民十五六的革命，都不曾动摇那个攀不倒的中国本位。在今日有先见远识的领袖们，不应该焦虑那个中国本位的动摇，而应该焦虑那固有文化的惰性之太大。今日的大患并不在十教授们所痛心的“中国政治的形态，社会的组织，和思想的内容与形式，已经失去它的特征”。我们的观察，恰恰和他们相反。中国今日最可令人焦虑的，是政治的形态，社会的组织，和思想的内容与形式，处处都保持中国旧有种种罪孽的特征，太多了，太深了，所以无论什么良法美意，到了中国都成了逾淮之橘，失去了原有的良法美意。政治的形态，从娘子关到五羊城，从东海之滨到峨嵋山脚，何处不是中国旧有的把戏？社会的组织，从破败的农村，到簇新的政党组织，何处不具有“中国的特征”？思想的内容与形式，从读经祀孔，国术国医，到满街的性史，满墙的春药，满纸的洋八股，何处不是“中国的特征”？

我的愚见是这样的：中国的旧文化的惰性实在大的可怕，我们正可以不必替“中国本位”担忧。我们肯往前看的人们，应该虚心接受这个科学工艺的世界文化和它背后的精神文明，让那个世界文化充分和我们的老文化自由接触，自由切磋琢磨，借它的朝气锐气来打掉一点我们的老文化的惰性和暮气。将来文化大变动的结晶品，当然是一个中国本位的文化，那是毫无可疑的。如果我们的老文化里真有无价之宝，禁得起外来势力的洗涤冲击的，那一部分不可磨灭的文化将来自然会因这一番科学文化的淘洗而格外发辉光大的。

总之，在这个我们还只仅仅接受了这个世界文化的一点皮毛的时候，侈谈“创造”固是大言不惭，而妄谈折衷也是适足为顽固的势力添一种时髦的烟幕弹。

二十四，三，三十

（原载于《大公报》“星期论文”，1935年3月31日；亦载于《独立评论》第145号，1935年4月7日）

充分世界化与全盘西化

二十年前，美国《展望周报》（*The Outlook*）总编辑阿博特（Lyman Abbott）发表了一部自传，其第一篇里记他的父亲的谈话，说："自古以来，凡哲学上和神学上的争论，十分之九都只是名词上的争论。"阿博特在这句话的后面加上一句评论，他说："我父亲的话是不错的。但我年纪越大，越感觉到他老人家的算术还有点小错。其实剩下的那十分之一，也还只是名词上的争论。"

这几个月里，我读了各地杂志报章上讨论"中国本位文化"、"全盘西化"的争论，我常常想起阿博特父子的议论。因此我又联想到五六年前我最初讨论这个文化问题时，因为用字不小心，引起的一点批评。那一年(1929)《中国基督教年鉴》(*Christian Year－Book*)请我做一篇文字，我的题目是《中国今日的文化冲突》，我指出中国人对于这个问题，曾有三派的主张：一是抵抗西洋文化，二是选择折衷，三是充分西化。我说，抗拒西化在今日已成过去，没有人主张了。但所谓"选择折衷"的议论，看去非常有理，其实骨子里只是一种变相的保守论。所以我主张全盘的西化，一心一意的走上世界化的路。

那部年鉴出版后，潘光旦先生在《中国评论周报》里写了一篇英文书评，差不多全文是讨论我那篇短文的。他指出我在那短文里用了两个意义不全同的字，一个是 Wholesale westernization，可译为“全盘西化”；一个是 Wholehearted modernization，可译为“一心一意的现代化”，或“全力的现代化”，或“充分的现代化”。潘先生说，他可以完全赞成后面那个字，而不能接受前面那个字。这就是说，他可以赞成“全力现代化”，而不能赞成“全盘西化”。

陈序经、吴景超诸位先生大概不曾注意到我们在五六年前的英文讨论。“全盘西化”一个口号所以受了不少的批评，引起了不少的辩论，恐怕还是因为这个名词的确不免有一点语病。这点语病是因为严格说来，“全盘”含有百分之一百的意义，而百分之九十九还算不得“全盘”。其实陈序经先生的原意并不是这样，至少我可以说我自己的原意并不是这样。我赞成“全盘西化”，原意只是因为这个口号最近于我十几年来“充分”世界化的主张；我一时忘了潘光旦先生在几年前指出我用字的疏忽，所以我不曾特别声明“全盘”的意义不过是“充分”而已，不应该拘泥作百分之百的数量的解释。

所以我现在很诚恳的向各位文化讨论者提议：为免除许多无谓的文字上或名词上的争论起见，与其说“全盘西化”，不如说“充分世界化”。“充分”在数量上即是“尽量”的意思，在精神上即是“用全力”的意思。

我的提议的理由是这样的：

第一，避免了“全盘”字样，可以免除一切琐碎的争论。例如我此刻穿着长袍，踏着中国缎鞋子，用的是钢笔，写的是中国字，谈的是“西化”，究竟我有“全盘西化”的百分之几，本来可以不生问题。这里面本来没有“折衷调和”的存心，只不过是为了应用上的便利而已。我自信我的长袍和缎鞋和中国字，并没有违反我主张“充分世界化”的原则。我看了近日各位朋友的讨论，颇有太琐碎的争论，如“见女人脱帽子”，是否“见男人也应该脱帽子”；如我们“能吃番菜”，是不是我们的饮食也应该全盘西化；这些事我看都不应该成问题。人与人交际，应该“充分”学点礼貌；饮食起居，应该“充分”注意卫生与滋养：这就够了。

第二，避免了“全盘”的字样，可以容易得着同情的赞助。例如陈序经先生说：“吴景超先生既能承认了西方文化十二分之十以上，那么吴先生之所异于全盘西化论者，恐怕是厘毫之间罢。”我却以为，与其希望别人牺牲那“毫厘之间”来牵就我们的“全盘”，不如我们自己抛弃那文字上的“全盘”来包罗一切在精神上或原则上赞成“充分西化”或“根本西化”的人们。依我看来，在“充分世界化”的原则之下，吴景超，潘光旦，张佛泉，梁实秋，沈昌晔……诸先生当然都是我们的同志，而不是论敌了。就是那发表《总答复》的十教授，他们既然提出了“充实人民的生活，发展国民的生计，争取民族的生存”的三个标准，而这三件事又恰恰都是必须充分采用世界文化的最新工具和方法的，那么，我们在这三点上边可以欢迎《总答复》以后的十教授做我们的同志了。

第三，我们不能不承认，数量上的严格“全盘西化”是不容易成立的。文化只是人民生活的方式，处处都不能不受人民的经济状况和历史习惯的限制，这就是我从前说过的文化惰性。你尽管相信“西菜较合卫生”，但事实上决不能期望人人都吃西菜，都改用刀叉。况且西洋文化确有不少的历史因袭的成分，我们不但理智上不愿采取，事实上也决不会全盘采取。你尽管说基督教比我们的道教佛教高明的多多，但事实上基督教有一两百个宗派，他们自己就互相诋毁，我们要的是那一派？若说，“我们不妨采取其宗教的精神”，那也就不是“全盘”了。这些问题，说“全盘西化”则都成争论的问题，说“充分世界化”则都可以不成问题了。

鄙见如此，不知各位文化讨论者以为如何？

二十四，六，二十二

（原载于《大公报》“星期论文”，1935年6月23日）

自责知耻才能有救！

——在归绥的演讲

在现在这期间，以我们所感受到的痛苦，究应负什么责任？以过去四年中，又在怎样的环境中生存着？一些认识错误的人，以为现在的状态是突然发生的，殊不知此乃一定转变的事实，过去一部分的青年，呼口号，贴标语，甚至卧轨请愿等……其结果仍是无济于事，主要的原因，就是我们的学识，能力，远不如他国进步之速。为什么我们这样不如人呢？一则因为我们不肯责备自己，二则祖宗留下的罪恶甚重，在三十年以前，一般先知先觉之士的著作，如《官场现形记》，《老残游记》等，都能表现出自责的心理，替祖宗洗刷以往的罪恶，这二十年来所以能有点革新的成绩，就是清末时代，有一些革命青年，不满于现状的结果，到现在还不能救国，乃是我们自责的程度不够，以细微的成功，便自夸起来，年来因感小孩脾气式的打闹与自满的错误，才又回复到二十年前的自责，我们要自责，不仅于一事一物上着眼，要注意到我们的全部文化，无论精神方面，物质方面都要下一番考究工夫。朱程当时，具有改革的思想，倡议“格物致知”“正心修身”却不会利用舆论来摧毁什么缠足之类的恶习，社会的演进，是不断的向前的，各民族都以保障固有的势力为前提，民族主义之倡兴，即基于此，所谓民族主义有不同的三阶段：一，排外，二，自夸，三，创造，但我们只取第一、二两点，却放弃了第三点，我个人以为凡有利于我者，应不分畛域，取其所长，痛下决心，责备自己，才能有进，古人说“人必自侮，而后人侮之”，我们现在的状态，是自己弄成的，不是某一国家跟我们宿世怨仇而发生的。今后我们晓得祖宗给予我们的智识能力不够用，我们又没有洗刷祖宗造下的罪恶，因此我们除了在文化的各方面，努力充实外，乘此未亡之前，“自责”“知耻”社会才能有进，国家才能有救！

（胡适1935年7月6日演讲于归绥联欢社，原题“归绥通讯”，收入《胡适全集》时改为现题。载于《晨报》，1935年7月10日）

中国与日本的现代化运动

——文化冲突的比较研究

近年来我曾刊印数篇讨论中国和日本现代化运动的文章。今日我仅是将我这些年来对这个烦人的问题所写的思考，作一简括的重述。

一

最先我们要对这个问题所特别引起我们好奇的两方面来研究。一般说来，这问题最烦人的第一方面，为什么在日本现代化运动很成功，而为什么在中国却不成功呢?

但是近年来这一方面的问题却大有变化。经过一世纪的犹豫和抗拒后，中国终于成为一个现代的国家。在物质方面，中国仍然不够西化；但是对于人生观和人生意识，却完全是现代化了。换句话说，日本七十年的迅速现代化之后，却突然发现其国民生活的基本方面并没有改变。最同情日本的艾伦(G. C. Allen)教授和《转变中的日本》一书的作者艾弥儿·李特勒教授和艾蜜·李特勒·塞特勒(Pro. EmiI Lederer and Emy Lederer-Seidler)均指出日本虽在物质方面有长足的进步，可是却仍保留其传统的精神和习惯，又说那是因为日本古老传统已达到一成不变完善的形式。

总而言之，最近所产生的问题和前述的问题恰巧相反。问题变成为中国为什么终于推翻其古老的文化和达成中国的文化复兴，而日本在七十年现代化后却仍无法抛弃其古老习俗的坚实的核心。这是上述问题的第二方面。这个问题的第一方面的解答有赖于第二方面的解释，反之亦然。

二

这个问题的第一方面疑难之点是：为什么日本的现代化成功了，而中国却失败了。于一九三三年，我曾想法解答这个疑难之点。当时我提供的解释：中日文化界对于现代化的反应截然不同。我描写日本的现代化是在一个中央集权的控制下实施的，特别是由于一个统治日本封建的军国主义阶级所促成的。从这个阶级产生了几个维新的领袖。他们不但决定要改变什么，决定不改变什么，而且还拥有实现该等决定的政治权力。我又在另一方面指出中国缺少这样一个统治阶级，而且中国社会组织系完全民主化的，所以在现代化的过程中只能走一条又缓慢又费力的路。中国走这条文化变化的路，是经由思想和实际的逐渐普及渗透和逐渐同化而达到的。首先往往是几个人发动，慢慢赢得信从的人，最后大家相信这些新东西是合理的、方便的，或有效的，终而普及和同化的。

日本式的现代化运动之优点是有秩序的、经济的、继续的、安定和有效的。但我也看出其不利之点来。日本为保护其传统的精神和对人民控制的严密，所以采用军事外壳来防止新文化侵入到日本传统的中古文化里面去。固然日本所保存的传统文化有很美丽的地方，有些地方还具有永恒的价值；但是也有一些原始的和孕育着火山爆发性的危险所在。

中国式的逐渐普及和同化的文化变化不利之点很多，因为这种变化是缓慢的、零落的，并且往往是浪费精力的。

但是中国式的变化也有其不可否认的优点。因为从口红到文学革命，从鞋子到推翻帝制，都是自愿的。广义的说，都是经过“推理”的结果。中国并不需要特别保守什么以免为西方文化所侵入。也没有一个人或者一个阶级坚主〈持〉保守什么制度，以免为外来文化所感染。简而言之，这种缓慢长久的文化变化过程往往有基本和永久改变的结果的。

三

上述的理论能解释上述疑难问题的四个方面吗？可以解释日本何以迅速西化仍保存中古的传统吗？可以解释中国西化的失败，其后又渐成功吗？我不但认为可以，而且认为这是唯一可以满意解答这些看起来似乎是矛盾的四方面问题。

按照我的理论，早期和迅速的明治维新是一个统治阶级有效的领导和有力的控制所促成的。这个统治阶级恰巧就是最渴望采用西方战术和军械的军国主义阶级。李德勒教授曾指出说：“在这个早期阶级简直预料不到第一个步骤会不可避免的引至第二个步骤。”他又说：“既然一个现代国家需要变成为工业化之后才能成为一个具有军备的国家，所以日本必须要朝那方向发展。但是工业和其他各种生产又有经济上的相互关系，所以工业也意味着其他与进行战争并无重大关系的工业部门的发展。与军国主义一样无法仅限于其本身发展的是工业的工艺系统，此种工艺系统也深远的牵连到社会制度。”日本的西化也就是李德勒教授所称为“军国主义的工业制度”。

所有欧洲以外的国家学习欧洲文化中的军事方面最成功的是日本，并且日本是在其他非欧国家学习这方面的文化失败时单独成功的一国。主要的解释是其他非欧的国家不像日本有一个统治全国达一千四百年之久的军国主义阶级来主其事。

但是，这个军国主义的阶级却并非是一个开明和〈的〉知识阶级，其领袖勇敢、实际、爱国，有时还表现出一点政治家的风度，但是他们对远景和新文化的了解很有限。他们如小泉八云所说的，是认为西方军械力量可构成一道防线，保护日本德川时代的传统价值免于受到损害和改变。

对日本和全世界都是不幸的是：日本对俄国和中国的军事胜利正是这些短视的领袖所表现出来的这种精神。结果这个不断在改变的世界所产生的新思想与实际情形无法打进日本中古时代的传统文化里去。利用现代严格控制的教育、宣传和新闻检查，和利用特殊属于日本对天皇崇拜的教育，加强了统治和孤立日本两百五十年德川幕府中古文化的坚实不破。使日本工业化和军事化，并且使日本传统更加坚固的，就是这个中央集权的领导和控制。

同样的理论也可以用来解释中国现代化的历史。中国西化的失败，就是由于中国缺少使日本西化成功的因素。中国领袖也像日本一样希望采用西方的坚兵利炮和工业系统。他的口号是“富强”。但是中国既没有军国主义的传统，也没有一个有效的执政阶级来领导这个庞大的事业。中国在二十一个世纪以前就脱离了封建制度；社会制度变成完全民主化。所有政府的政策、宗教、哲学、文学和社会的习俗，全都反对黩武主义，并轻视武人。所以在一八八〇年至一八九九年的中国新海陆军就注定失败的命运。一八九四年至一八九五年的海军全灭后，一切用以支持海军的新工业，如船坞、商船和政府经营的钢铁工业，都逐渐变成毫无发展。一八九八年维新运动和一九〇〇年的“拳乱”，使满清政府和朝代失去人民的信任。从那个时候起，中国主要的努力［是］摧毁那个无知和反动的中心——帝制和其他附属制度——并建立一个政治权力和领导的新中心。

因此，日本在其封建军国主义阶级领导下的西化运动最先成功时，中国却需花费三四十年来推翻帝制，然后来击败新兴起的军国主义者。大家认为要使中国走上现代化的道路，其先决条件就是达成政治革命。

一九一一至一九一二年的革命，终于推翻帝制，驱走满清。这个政治革命从任何一方面来看都可说是社会和文化的解放。在一个没有统治阶级的国家，推翻帝制等于毁坏了社会与文化，改变由中央集权化统筹办理的可能性。但是也创造了一种自由接触、自由批判、自由评价、自由主张和志愿接受的气氛。

所谓中国的文艺复兴就是这种自由气氛的自然结果。这种气氛也促成了各种文化改革的实现，结果中国达成了社会、政治、文化和宗教等生活的现代化，比所谓“现代日本”在这些方面达成更深远的改革。

时间只准许我引述一个重大和基本的事实为例来说明，那就是中国文化改革的性质。前面所述的自由和不必畏惧的批判精神，是中国领袖所用以研究和审查其自己的政治、历史和宗教制度的精神。最近四十年，许多懂得以批评的眼光来了解中国传统的东西，并且勇敢和无情的批评中国弱点的人，如梁启超、蔡元培、吴敬恒、陈独秀等，具有很大的影响力，并不是一件偶然的事。中国的传统并不是神圣的、全不可以加以移易或批评的东西，甚至孔子、老子、佛教、朱熹、帝制、家庭、宗教，都不是不能置评的东西。就是以这种准许批评和不畏刑责的态度和精神来说，中国之现代化已经超过日本。

四

假如这篇讲辞有什么值得向在座博学之士贡献的寓意，那就是接触和选择乃是文化改革和传播的最主要的条件。凡是两个文化相接触之后，人民自然的倾向（自然律）乃是向对方学习自己所缺少和不如人的地方。

如果这种自由被剥夺了，如果人为的把整个文化或者某一个特别宝贵的那几方面加以孤立和予以特别保护，那这个文化就成为古老习俗坚实的核心，缺乏辩证和充沛精力的现象。这就是现代日本的现象。

所以，日本一直保持其古老传统并不是一件神秘的事。但是，假如说日本文化能够达成完善形式所以一成不变，也是不对的。譬如说，男女衣帽的式样比较起来，男的总不像女的变化之快，我们能说男人的衣帽已达到完善的形式吗？又譬如说，席地而坐，在中国废弃已久，以至于历史家至今还难于断定中国最先使用桌椅的时间，而日本至今还是席地而坐，我们可以说这个习俗已达到完善的地步而无法改变吗？

可是，假如说日本人的了解力是天生笨拙和对其生活是保守的，所以学不到现代文化的精神，也仍然是不对的。缺乏了解力绝不会阻止一个民族接受新流行的东西。日本接受佛教时，或许很不了解佛教教派的学说。（当然，中国在佛教之传入时，仍然不懂其教义。）而且，一个民族总可以学习。欧洲某观察家曾说日本在十七世纪根本不懂数学，尤其是艰深的部分。但是我们知道，有些日本人可以成为很好的数学家。

至于日本人的保守性，我们看他们从前和朝鲜、中国和欧洲接触时的摹仿，可以证明日本人是相反的，绝不是保守的。他们向外国学到一切东西，甚至社会、政治和宗教制度，都不例外。山森在提到耶稣会在日本传教成功时说：

> 虽然有些人热烈、且不畏艰险的真正皈依天主，可是吾人不得不有个想法：一般信教者之皈依天主仅是因为想摹仿外人的一切习俗，包括宗教在内，是日本全国时尚的现象。吾人所获悉的是日本许多非基督徒也买念珠和十字架，甚至丰臣秀吉

本人也买的。穿外国衣服和念几句拉丁祷告辞，当时也成为一件时尚的事。

所以我不得不下这样一个结论：说自由的因素有一天会像打破中国传统一样，打破日本古老习俗坚实的核心。

（胡适1939年12月29日演讲于美国历史协会，英文讲稿载《中国季刊》第5卷第4期，郭博信译为中文。录自《胡适之先生年谱长编初稿》第5册，台北联经出版社1984年版）

眼前世界文化的趋向

今天我要讲的题目，发表出来的是《眼前文化的趋向》，后来我想了想恐怕要把题目修改几个字，这题目叫作“眼前世界文化的趋向”。“眼前世界文化的趋向”，有他的自然的趋向，也有他理想的方向，依着自然趋向，世界文化，在我们看起来，渐渐朝混合统一的方向，但是这统一混合自然的趋向当中，也可以看出共同理想的目标，现在我先谈谈自然的统一趋向：

自从轮船与火车出来之后，世界上的距离一天天缩短，地球一天天缩小，人类一天天接近，七十年前，有一部小说叫作《八十天环游全世界》，这还是一种理想。诸位还记得，今年六月里，十九位美国报界领袖，坐了一只新造飞机，六月十七日从纽约起飞，绕了全球一周，六月三十日飞回纽约，在路共计十三天，飞了两万一千四百二十四英里，而在飞行的时间不过一百点钟，等于四天零几点钟，更重要的，是传播消息，传播新闻，传播语言文字传统思想工具。电报的发明是第一步，海底电线的成功是第二步，电话的发明是第三步，无线电报与无线电话的成功是第四步。

有了无线电报无线电话高山也挡不住消息，大海也隔不断新闻，战争炮火也截不断消息的流通。我们从前看过《封神榜》小说，诸位总记得“千里眼、顺风耳”的故事。现在北平可以和南京通电话，上海可以同纽约通电话。人同人可以隔着太平洋谈话谈天，可以和六大洲通电报，人类的交通已远超过小说里面的“千里眼，顺风耳”的神话世界了！人类进步到了这个地步，文化的接触，文化的交换，文化的打通混合，就更有机会了。就更有可能了。

所以我们说，一百四十年的轮船，一百二十年的火车，一百年的电报，五十年的汽车，四十年的飞机，三十年的无线电报，——这些重要的交通工具，在区区一百年之内，把地面更缩小了，把种种自然的阻隔物都打破了，使各地的货物可以流通，使东西南北的人可以往来交通。使各色各样的风俗习惯，信仰思想，都可以彼此接触，彼此了解，彼此交换。这一百多年，民族交通，文化交流的结果，已经渐渐的造成了一种混同的世界文化。

以我们中国来说，无论在都市，在乡村，都免不了这个世界文化的影响。电灯，电话，自来水，公路上的汽车，铁路上的火车，电报，无线电广播，电影，空中飞来飞去的飞机，这都是世界文化的一部分。不用说了，纸烟卷里的烟草，机器织的布，机器织的毛巾，记算时间的钟表，也都是世界文化的一部分。甚至于我们人人家里自己园地的大豆，老玉米，也都是世界文化的一部分。大豆是中国的土产，现在已成为世界上最有用的一种植物了。老玉米是美洲的土产，在四五百年当中，传遍了全世界，久已成为全世界公用品，很少人知道他是从北美来的。

反过来看，在世界别的角落里，在欧洲美洲的都市与乡村里，我们也可以随地看见许多中国的东西变成了世界文化的一部分，中国的磁器，中国的铜器，中国画，中国雕刻，中国刻丝，中国刺绣，是随地可以看见的，人人喝的茶叶是中国去的，橘子、菊花是中国去的，桐油是全世界工业必不可少的，中国春天最早开的迎春花，现在已成为了西方都市与乡村最常见的花了，西方女人最喜欢的白茶花，栀子花，都是中国去的，西方家园里，公园里，我们常看见的藤萝花，芍药花，丁香花，玉兰花，也都是中国去的。

文化的交流，文化的交通，都是自由挑选的，这里面有一个大原则，就是“以其所有，易其所无，交易而退，各得其所”。释成白话是“我要什么，我挑什么来，他要什么，他挑什么去”。老玉米现在传遍世界，难道是洋枪大炮逼我们种的么。桐油，茶叶，传遍了世界，也不是洋枪大炮来抢去的，小的小到一朵花一个豆，大的大到经济政治学术思想都逃不了这个文化自由选择、自由流通的大趋向。三四百年的世界交通，使各色各样的文化有个互相接近的机会，互相接近了，才可以互相认识，互相了解，才可以自由挑选，自由采用。

今日的世界文化就是这样自然的形成，这是我说的第一句话。

我要说的第二句话是“眼前的世界文化”。在刚才说过的自由挑选的自然趋向之下，还可以看出几个共同的大趋向，有几个共同的理想目标，这几个理想的目标是世界上许多圣人提倡的，鼓吹的。几个改造世界的大方向，经过了几百年的努力，几百年的宣传，现在差不多成了文明国家共同努力的目标了。到现在是有那些世界文化共同的理想目标呢，总括起来共有三个：

第一，用科学的成绩解除人类的痛苦，增进人生的幸福。

第二，用社会化的经济制度来提高人类的生活，提高人类生活的程度。

第三，用民主的政治制度来解放人类的思想，发展人类的才能，造成自由的独立的人格。

先说第一个理想用科学的成果来增进人生的幸福减除人生的痛苦。

这个世界文化的最重要成分是三四百年的科学成绩。有些悲观的人，看了两次世界大战，尤其是看了最近几年的第二次世界大战，他们常常说，科学是杀人的利器，是毁灭世界文化的大魔王。他们看了两个原子弹毁灭了日本两个大城市，杀了几十万人，他们就想像将来的世界大战一定要把整个世界文明都毁灭完了，所以他们害怕科学，咒骂科学。这种议论是错误的。在一个大战争的时期，为了国家的生存，为了保存人类文明，为了缩短战争，科学不能不尽他的最大努力，发明有力量的武器，如第二次大战争里双方发明的种种可怕武器。但这种战时工作，不是科学的经常工作，更不是科学的本意，科学的正常使命是充分运用人的聪明才智来求真理，求自然界的定律，要使人类能够利用这种真理这种定律来管理自然界种种事物力量，譬如叫电气给我们赶车，叫电波给我们送信，这才是科学的本分，这才是利用科学的成果来增进人生的幸福。

这几百年来的科学成绩，却是朝着这个方向做去的，无数聪明才智的人，抱着求真理的大决心，终身埋头在科学实验室里，一点一滴的研究，一步一步的进步，几百年继续不断的努力，发明了无数新事实，新理论，新定律，造成了人类历史上空前的一个科学新世界。在这个新世界里，人类的病痛减少了，人类的传染病在文明国家里差不多没有了，平均寿命延长了几十年。科学的成果应用到工业技术上造出了种种替代人工的机器，使人们可以减轻工作的劳力，增加工作的效能，使人们可以享受无数机械的奴隶伏侍。总而言之：科学文明的结果使人类痛苦减除，寿命延长，增加生产，提高生活。

因为科学可以减除人类的痛苦，提高人生的幸福，所以现代世界文化的第一个理想目标是充分发展科学，充分利用科学，充分利用科学的成果来改善人们的生活。近世科学虽然是欧洲产生的，但在最近三十年中，科学的领导地位，已经渐渐地从欧洲转到美国了。科学是没有国界的，科学是世界公有的，只要有人努力，总可以有成绩，所以新起来的国家如日本，如苏联，如印度，如中国，有一分的努力就可以有一分的科学成绩，我希望我们在世界文化上有这种成分。其次谈到第二个理想标准，用社会化的经济制度来提高生活程度。

我特别用“社会化的经济制度”一个名词，因为我要避掉“社会主义”一类的名词。“社会化的经济制度”就是要顾到社会大多数人民利益的经济制度。最近几十年的世界历史有一个很明显的方向，就是无论在社会主义的国家，或在资本主义的国家，财产权已经不是私人的一种神圣不可侵犯的人权了，社会大多数人的利益是一切经济制度的基本条件。美国英国号称资本主义的国家，但他们都有级进的所得税和遗产税。前四年的英国所得税，每年收入在一万镑的人，要抽百分之八十，而每年收入在二百五十镑以下的人，只抽百分之三的所得税。同年美国所得税率，单身人（没有结婚的）每年收入一千元的，只抽一百零七元；每年收入一百万元的，要抽八十九万九千五百元，等于百分之九十的所得税。这样的经济制度，一方面并不废除私有财产和自由企业，一方面节制资本。征收级进的所得税，供给全国的用度，同时还可以缩短贫富的距离。这样的经济制度可以称为“社会化的”。此外，如保障劳工组织，规定最低工资，限制工作时间，用国家收入来救济失业者，这都是“社会化”的立法。英国民族在各地建立的自治新国家，如澳洲［澳大利亚］，如纽西兰［新西兰］，近年来都是工党当国，都倾向于社会主义的经济立法。英国本身最近在工党执政之下，也是更明显的推行经济制度的社会化。美国在罗斯福总统的十三年的“新法”政治之下，也推行了许多“社会化”的经济政策。至于北欧西欧的许多民主国家，如瑞典，丹麦，挪威，都是很早就在实行各种社会化的立法的国家。

这种很明显的经济制度的社会化，是世界文化的第二个共同的理想目标。我们中国本来有“不患贫而患不均”的传统思想，我们更应该朝这个方面多多的努力，才可以在经济世界文化上占一个地位。

最后，世界文化还有第三个共同的理想目标，就是民主的政治制度。

有些人听了我这句话，也许要笑我说错了，他们说最近三十年来，民主政治已不时髦了，时髦的政治制度是一个代表劳农阶级的少数党专政，铲除一切反对党，用强力来统治大多数的人民。个人的自由是资本主义的遗产，是用不着的。阶级应该有自由，个人应该牺牲自由，以谋阶级的自由。这一派的理论在眼前的世界里，代表一个很有力的大集团。而胡适之偏要说民主政治是文化的一个共同的理想目标，这不是大错了吗？

我不承认这种批评是对的。我是学历史的人，从历史上来看世界文化的趋向，那民主自由的趋向是三四百年来的一个最大目标，一个最明白的方向。最近三十年的反自由、反民主的集体专制的潮流，在我个人看来，不过是一个小小的波折，一个小小的逆流。我们可以不必因为中间起了这一个三十年的逆流，就抹煞那三百年的民主自由大潮流，大方向。

（此处有删节）

我们纵观这三十年的世界历史，只看见那些模仿这种反自由、不容忍的专制制度一个一个的都被打倒了，都［被］毁灭了。今日的世界，无论是在老文明的欧洲，或是在新起的亚洲，都还是朝着争民主、争自由的大方向走。印度的独立，中国的结束一党训政，都是明显的例子。

所以我毫不迟疑的说：世界文化的第三个理想目标是争取民主，争取更多更合理的民主。

有些人看见现在世界上有两个大集团的对立，“两个世界”的明朗化，就以为第三次世界大战祸不久即将来临了。将来胜败不知如何，我们不要押错了宝，将来后悔无及！

这是很可怜的败北主义！所谓“两个世界”的对垒，其实不过是那个反自由不容忍的专制集团，自己害怕自己气馁的表现。这个集团至今不敢和世界上别的国家自由交通，这就是害怕的铁证！这就是气馁。我们认清了世界文化的方向，尽可以不必担忧，尽可以放大胆子，放开脚步，努力建立我们自己的民主自由的政治制度。我们要解放我们自己，我们要自由，我们要造成自由独立的国民人格，只有民主的政治可以满足我们的要求。

（胡适1947年8月1日演讲于中央电台。载于《华北日报》，1947年8月3日）

当前中国文化问题

今天各位要我临时讲一讲“当前中国文化问题”，这个题目范围太大，我不想把所有有关文化问题都详细讲，只好把中国当前在文化上应当注意的趋向问题，就我个人的看法和各位谈谈。

“文化”这个名词，一般人多把它和“文明”二字的意义一样的解释，事实上也有它的区别。“文化”是比较抽象的名词，而“文明”则是比较具体的。人类为了应付环境，凭着一双手和一个大脑，作种种努力，所创造出来的成绩，就是“文明”；人类为了应付环境，凭着手和脑作种种努力所形成的生活方式，就是“文化”。

“文化”从历史的进程看来，最初也含有相当的民族性和地方性，如衣冠、文物制度、生活习惯等，各地方各民族在交通不发达，彼此不易接触的情况之下，形成了它的特殊性。但是到了交通逐渐发达，人类接触频繁，而发生了文化的交流；由互相吸收文化的优点，而逐渐消失了地方性，减少了民族性，成为整个世界文化的一部分。

传播文化的重要工具，是交通与通讯工具——也即是人类努力的成绩——“文明”之一种。近世纪轮船火车发明以来，世界的距离一天一天的缩短，而高速度的飞机之发明，更使地球的面积一天一天的缩小，记得几十年前，有一部小说叫做“八十日环游全世界”，当时这是一种理想，那里想到去年六月里，有十九位美国报界领袖，坐了一架新造的飞机，在十三天之内，飞绕了全球一周，而实际飞行的时间不过一百点钟，等于四天零几点钟，将来也许时间还可缩短，至于谈到通讯工具，由最初发明有线电报，再到海底电线，以至电话的发明；到了第一次世界大战末期无线电话还未正式使用，但是现在无线电报与电话已普遍应用，更发明了电视、无线电传播等。一个人坐在家里，不仅可以收听全世界广播的消息，而且可以直接听到联合国大会里的演词，也可以看见世界运动会竞赛的盛况，这文明进步的奇迹，已经超过了我们中国小说上所说“千里眼、顺风耳”的神话世界了。

近一百多年来，因为交通的便利，各国通商贸易通行无阻，东西南北的人，可以在短时期内往来接触，使各色各样的风俗习惯，信仰思想，都可以很快的有彼此了解彼此吸收的机会，很快的造成文化的交流混合；到了今天，我们只看到世界文化的整体，而不容易辨别那种文化是某一国的，那种文明工具是某一民族特有的。以世界文化对于我们中国的关系来讲，今天我们日常生活所用的电灯、电话、自来水、火车、汽车、及一切衣、食、住、行有关的现代化工具，固然是世界文化的一部份；就是我们原有的手工业制造品，许多都适用舶来的原料；我们写字作文用标点符号；我们实行宪政民选代表，以及一切生活方式思想内容等，无论在乡村在都市，都免不了受世界文化的影响。另一方面，我们中国的文化对于世界也有密切的关连，我们的祖先，发明了许多东西，对于世界文化有若干的贡献，我们在欧美随处都可看见中国的［瓷］器、铜器、中国书、中国的丝绸和刺绣。茶叶是中国去的，桐油是全世界工业的必需品，甚至一草一木之微，如橘子和菊花，原来是中国产物，早已移殖〈植〉到外国，西方女人最喜爱的白茶花、栀子花，和许多外国公园里点缀着的迎春花，都是中国传播出去的，现在已成为世界文化的一部份。

从上面一连串的事实证明里，我们可以引伸出第一个原则，那就是世界各地文化的交流，都是自然的，而且是自由的选择。

一个民族对于外来的文化之吸收或拒绝，是本着“以其所有，易其所无”的自然的道理，不是出于强迫的，我没有的，他人有，我当然吸收他人的文化；我虽有，但不如他人的好，我当然也要吸收他人的文化；如果我原有的和他人的比较，还不能证明谁好谁坏，那就不易吸收；如果我原有的，确比他人好，那一定会拒绝他人的文化。譬如玉蜀黍，原来是美洲的土产，因为不择土壤，易于种植，收获量大，所以很快的传遍了世界，传遍了中国。

现在我们再举一个中国与世界文化有关的故事来说明一切。一五八二年意大利人利玛窦想到中国来传教——天主教，他知道中国的文化程度较高，不易接受他的教义，所以先研究中国所需要或者不如西洋的东西，希望我们采用，作为传教的导线。最后他带来了三件东西：

第一，就是代表机械文明的钟表。当时中国计时，是用“铜壶滴漏”的方法，不易移动，比较起来实觉呆笨。而十六世纪末叶欧洲人发明了钟表，计时既准确，又可随便搁带，所以利玛窦把钟表一带到中国，马上就风行全国，于是我们数百年来传统的计时法，就毫无抵抗地给机械的钟表打倒了。

第二，是代表科学智识的天文历法。利玛窦是很有学问的人，他带来了很多的科学智识，但是没有确切的证明，中国人是不会盲目信从的。当时中国正想改良历法，因为有几派不同的历法，不知道究竟谁好谁坏。于是已推算日蚀和月蚀的结果来比较。谁的推算最精确，就采用谁的历法。利玛窦也就乘机参加［了］这种比赛，为了避免某一地区临时阴雨不能证实推算的结果，所以分别在国内几个重要地区同时测验，并请政府分派专人一同观测。比赛的结果，利玛窦推算的最精确，一分一秒都不差。这一重大比赛，前后经过了十年的时间，朝野人士均极注目，事实证明了以后，明末崇祯十六年就下令改用新历法，后来许多科学智识如天文学、数学、医学等继续输入，到了现在新的医学，打倒了旧的医学，新的天文学、数学，打倒了旧时天文学与阴阳五行说，除非极少数赶不上时代的守旧者，才会抹煞这些事实的存在。

第三，是代表思想信仰的宗教。谈到宗教问题，那就不象前面所说两种东西容易接受了。机械可以从效用来证明，科学智识可以用实验的方法来证明，而宗教则是比较抽象的，含有主观性的，不易证明的。它是一种信仰，一种思想，而同时又牵涉到情感问题。我国数千年来传统的思想是孔孟之道（附带一部分佛教和道家思想流行民间），我们的祖宗相信它，父母相信它，亲戚朋友也相信它，于是每人在情感上不知不觉成为一种传统的爱好。一旦外来的宗教传入要我们接受，并放弃原有的主观的信仰，实在是不容易的事。所以利玛窦传教的效率，并不如机械与科学智识传播之顺利。

说到这里，我们又可归纳出第二个原则：那就是一个民族对于外来文化或世界文化的自由选择，在机械的，物质的，科学智识方面，是比较容易吸收的；在思想，信仰及其它伦理的社会的智识方面，是比较不易吸收的。即可以直接证明的真理，容易被人认识，而不容易直接证明的思想文化，往往难于选择，甚至发生错觉。正因为如此，我们可以说今天中国的文化问题，第一类的机械的技术智识，已经完全接受，不成问题；第二类的纯粹科学的知识，也很快地吸收，没有任何问题。今天真正的问题，是第三类的思想信仰等问题，这个问题是和当前的世界文化思想有密切关系的。从前我们对于文化的选择是自然的，这是很自由的；但是不幸到了现在，人类的文化，在思想信仰方面只剩下了两条路，而且因为文化有世界性的关系，已经到了使我们非选择这一种就是选择那一种的重要时期；直捷〈截〉了当地说，就是自由思想与非自由的思想之选择。我说这话也许有人要笑我太保守，思想落伍。以为自由主义是十八世纪的东西，今天时代进步了，已往的自由民主思想不合时宜了，今天要牺牲个人的自由来完成一个党一个阶级自由，同时要舍弃言论出版自由的旧民主政治的作风，来实行没有言论出版自由的新民主作风；这叫作新民主政治。各位想想，我们是不是应该选择这种没有自由的“自由”，没有民主的“民主”？各位看过平剧中最精彩的《长板〈坂〉坡》和《空城计》，如果《长板〈坂〉坡》一剧里，没有赵子龙，《空城计》没有诸葛亮，那岂不是不可想像的事？

否认自由价值，主张极权暴力的人们，时常拿“辩证法”来说明社会进化思想文化发展的历程，它的公式是：“肯定——否定——否定之否定——综合”，换句话说“肯定”之中含有“否定”的矛盾因子，所以就变为“否定”，而“否定”之中，含有另外一种“否定”的因子，所以再被“否定”，既“否定之否定”而变为“综合”；到了综合以后就不再被“否定”，这就是等于说到了共产主义社会进化就停止了，不许再变了。这停止和不变，事实上就是一种“肯定”。它们的命题本来是“肯定之中含有否定”，“甲之中含有非甲”，如果认为这是真理，为什么后来自己到了一种新的“肯定”，就不再被“否定”，不再变化了呢？这在逻辑上，是不能成立的。人类社会是需要进化的，为什么一定要停止在某一个阶段，不许再进呢？

（此处有删节）不然，为什么苏俄革命三十年，还不能相信他自己的人民，对内还要用暴力来维持政权，对外还要用铁幕，遮着不许和世界各国交通接触呢？又为什么经过了好几个五年计划，致力于工业化与集体农场等工作，而国内人民所得的经济利益，和工人生活水准，还不能与东欧诸国相比，和美国英国更相差很远呢？

不久以前，北平的朋友要我到电台作一次广播讲演，我毫不迟疑地播讲了一个题目，就是“自由主义”。因为自由主义是我衷心的信仰，我相信今天的世界，文化正一一走向自由民主的大道，虽然今天有一种文化的逆流，要以不自由抑制自由的思想制度，认为是最后一个最好的思想制度，因而想统制全人类的思想，而不许有不同的意见存在，否认人类还应有更大更多的进步。但是我决不选择这种文化，我所要选择的是事实已经证明了可以促进社会文明进步的“自由”的真理。

自由思想，并不是落伍的思想，它是世界文化向前发展的重要因素。自由主义最重要的有两件事：第一是言论自由，各人有什么意见可以自由发表，自由讨论，这样使不是“真理”的东西自然抛弃，是“真理”愈见明确，而为人所公认。第二是“容忍异己”的态度，各人既有他思想言论自由，自然对于我不同意见的人，我要容忍；否则，就是侵犯了他人的自由。在学术上、宗教上如此，在政治上也是如此。譬如我是一个无神论者，我有相信无神的自由，那么对于一个虔诚信仰有神者，我自然也没有理由去强制他相信无神。又在民主国家里，甲政党争选胜利了，并不是要消灭乙政党来保持政权，反之，是要藉在野党的监督，来促使执政党的不断进步。

言论的自由和对异己的容忍，造成了人类文化上许多的进步与成绩。最近三四百年来，人类为了争取自由，付［出］了许多代价，而如前所说的物质文明，器械发明，自然科学，社会科学及一切人类文化的奇迹，也可说都是自由所赐予。西洋人会为了反抗压制自由者而流行的一句话是“不自由，无宁死”，这可见自由的宝贵。不久以前，各位看见报上载了一段美国华莱士演说被侮的消息，当演说时，有人不满意华莱士的言论，抛掷鸡蛋和番茄等去打他，侮辱他，结果法院把这侮辱华莱士的人，判决给他两种处罚，任他自由选择：一种是罚拘役，一种是罚他抄写法国哲人伏尔泰的名句一百遍，那名句就是：“你说的话，我一个字也不赞成；但是我要拼命力争你有说这话的权利。”各位想想，这是多么有人味的容忍态度。自己要争自由，同时还得承认别人也应该享受同等的自由，民主政治的作用，全靠容忍反对党，尊重不同意见的雅量。

这次，我从北平到南方来参加“中央研究院”院士会议，会着一些朋友，谈到目前的战局，颇为悲观，而且为我担心，向我这样的高谈自由，恐怕有一天也可能作为俘虏，并说，目前的战事，好像是必输的麻将。我说：我在北方，从来没有这种感觉，我相信一般人也不这样看，我决不承认“失败主义”的心理。我们回到十年以前，中国和日本作战，那才真是必输的麻将，日本是世界上第一等的强国，拥有强大的海空军和机械化的陆军；论科学与工业，它并且是世界三大工业国之一。反过来看，我们中国的一切国防军备和物资条件，简直相差到不成比例，然而我们居然抗战八年，而且得到了最后胜利。以今观昔，国军的一切条件都比对方优越，我们看事实，许多个地方，只要指挥将领得人，以优越装备的国军部队，和对方作战，立刻就可使战局改观，真可谓“风云变色”。我们实无心灰气馁的理由。

我们读历史知道争自由，争民主的运动，曾经遭遇无数次暴力的摧残与战祸的毁坏；但是最后还是自由战胜极权暴力。在最近三四百年之中，第一个民主自由的中心是在英国；第二个是在北美；第三是在南太平洋的澳洲与纽西兰。因为这些地方都有海洋的保障，不容易受外来的武力的摧毁，现在这三四个中心的民主力量，培养雄厚了，足以成为这种运动的保卫力量。在最近三十多年中，人类经历了两次世界大战，结果都是爱自由、爱民主爱有人味的文明联合力量的大胜利，所以我敢于推断今后自由的力量，在世界上还是站得住的，而且一定胜利的。

当前的世界文化潮流，显然有随着与主流与逆流的划分，也就是自由与不自由，民主与不民主，容忍与不容忍的划分。我们中国人要认清世界文化的潮流，选择自己应该走的方向，只有自由可以解决我们的民族精神，只有民主政治可以团结全民族的力量，来解决全民族的困难！只有自由、民主，可以给我们培养成一个有人味的文明社会！也只有在自由民主的世界里，才能研究出使文化更进步的真理来！

（胡适 1948 年演讲于上海公余学校，谈龙滨记。载于《自由与进步》第 1 卷第 10 期，1948 年 10 月）

胡適文集

文明卷

文化的建设

文学改良刍议

今之谈文学改良者众矣，记者末学不文，何足以言此？然年来颇于此事再四研思，辅以友朋辩论，其结果所得，颇不无讨论之价值。因综括所怀见解，列为八事，分别言之，以与当世之留意文学改良者一研究之。

吾以为今日而言文学改良，须从八事入手。八事者何？

一曰，须言之有物。

二曰，不摹仿古人。

三曰，须讲求文法。

四曰，不作无病之呻吟。

五曰，务去烂调套语。

六曰，不用典。

七曰，不讲对仗。

八曰，不避俗字俗语。

一曰须言之有物

吾国近世文学之大病，在于言之无物。今人徒知“言之无文，行之不远”；而不知言之无物，又何用文为乎？吾所谓“物”，非古人所谓“文以载道”之说也。吾所谓“物”，约有二事：

（一）情感　《诗序》曰："情动于中而形诸言。言之不足，故嗟叹之。嗟叹之不足，故咏歌之。咏歌之不足，不知手之舞之，足之蹈之也。"此吾所谓情感也。情感者，文学之灵魂。文学而无情感，如人之无魂，木偶而已，行尸走肉而已（今人所谓"美感"者，亦情感之一也）。

（二）思想　吾所谓"思想"，盖兼见地，识力，理想，三者而言之。思想不必皆赖文学而传，而文学以有思想而益贵；思想亦以有文学的价值而益贵也：此庄周之文，渊明、老杜之诗，稼轩之词，施耐庵之小说，所以夐绝千古也。思想之在文学，犹脑筋之在人身。人不能思想，则虽面目姣好，虽能笑啼感觉，亦何足取哉？文学亦犹是耳。

文学无此二物，便如无灵魂无脑筋之美人，虽有秾丽富厚之外观，抑亦末矣。近世文人沾沾于声调字句之间，既无高远之思想，又无真挚之情感，文学之衰微，此其大因矣。此文胜之害，所谓言之无物者是也。欲救此弊，宜以质救之。质者何？情与思二者而已。

二曰不摹仿古人

文学者，随时代而变迁者也。一时代有一时代之文学：周秦有周秦之文学，汉魏有汉魏之文学，唐、宋、元、明有唐、宋、元、明之文学。此非吾一人之私言，乃文明进化之公理也。即以文论，有《尚书》之文，有先秦诸子之文，有司马迁、班固之文，有韩、柳、欧、苏之文，有语录之文，有施耐庵、曹雪芹之文：此文之进化也。试更以韵文言之：《击壤》之歌，《五子》之歌，一时期也；《三百篇》之诗，一时期也；屈原、荀卿之骚赋，又一时期也；苏李以下，至于魏晋，又一时期也；江左之诗流为排比，至唐而律诗大成，此又一时期也；老杜、香山之"写实"体诸诗（如杜之《石壕吏》、《羌村》，白之《新乐府》），又一时期也；诗至唐而极盛，自此以后，词曲代兴，唐五代及宋初之小令，此词之一时代也；苏、柳（永）、辛、姜之词，又一时代也；至于元之杂剧传奇，则又一时代矣；凡此诸时代，各因时势风会而变，各有其特长，吾辈以历史进化之眼光观之，决不可谓古人之文学皆胜于今人也。左氏、史公之文奇矣，然施耐庵之《水浒传》视《左传》、《史记》何多让焉?《三都》、《两京》之赋富矣，然以视唐诗，宋词，则糟粕耳。此可见文学因时进化，不能自止。唐人不当作商、周之诗，宋人不当作相如、子云之赋——即令作之，亦必不工。逆天背时，违进化之迹，故不能工也。

既明文学进化之理，然后可言吾所谓“不摹仿古人”之说。今日之中国，当造今日之文学，不必摹仿唐、宋，亦不必摹仿周、秦也。前见“国会开幕词”，有云：“于铄国会，遵晦时休”。此在今日而欲为三代以上之文之一证也。更观今之“文学大家”，文则下规姚、曾，上师韩、欧；更上则取法秦、汉、魏、晋，以为六朝以下无文学可言，此皆百步与五十步之别而已，而皆为文学下乘。即令神似古人，亦不过为博物院中添几许“逼真赝鼎”而已，文学云乎哉！昨见陈伯严先生一诗云：

> 涛园抄杜句，半岁秃千毫。所得都成泪，相过问奏刀。
> 万灵噤不下，此老仰弥高。胸腹回滋味，徐看薄命骚。

此大足代表今日“第一流诗人”摹仿古人之心理也。其病根所在，在于以“半岁秃千毫”之工夫作古人的钞胥奴婢，故有“此老仰弥高”之叹。若能洒脱此种奴性，不作古人的诗，而惟作我自己的诗，则决不致如此失败矣。

吾每谓今日之文学，其足与世界“第一流”文学比较而无愧色者，独有白话小说（我佛山人，南亭亭长，洪都百炼生，三人而已）一项。此无他故，以此种小说皆不事摹仿古人（三人皆得力于《儒林外史》、《水浒》、《石头记》。然非摹仿之作也），而惟实写今日社会之情状，故能成真正文学。其他学这个，学那个之诗古文家，皆无文学之价值也。今之有志文学者，宜知所从事矣。

三曰须讲求文法

今之作文作诗者，每不讲求文法之结构。其例至繁，不便举之，尤以作骈文律诗者为尤甚。夫不讲文法，是谓“不通”。此理至明，无待详论。

四曰不作无病之呻吟

此殊未易言也。今之少年往往作悲观，其取别号则曰“寒灰”，“无生”，“死灰”；其作为诗文，则对落日而思暮年，对秋风而思零落，春来则惟恐其速去，花发又惟惧其早谢；此亡国之哀音也。老年人为之犹不可，况少年乎？其流弊所至，遂养成一种暮气，不思奋发有为，服劳报国，但知发牢骚之音，感喟之文；作者将以促其寿年，读者将亦短其志气：此吾所谓无病之呻吟也。国之多患，吾岂不知之？然病国危时，岂痛哭流涕所能收效乎？吾惟愿今之文学家作费舒特［费希特］（Fichte），作玛志尼［马志尼］（Mazzini），而不愿其为贾生、王粲、屈原、谢皋羽也。其不能为贾生、王粲、屈原、谢皋羽，而徒为妇人醇酒丧气失意之诗文者，尤卑卑不足道矣！

五曰务去烂调套语

今之学者，胸中记得几个文学的套语，便称诗人。其所为诗文处处是陈言烂调，“蹉跎”，“身世”，“寥落”，“飘零”，“虫沙”，“寒窗”，“斜阳”，“芳草”，“春闺”，“愁魂”，“归梦”，“鹃啼”，“孤影”，“雁字”，“玉楼”，“锦字”，“残更”，……之类，累累不绝，最可憎厌。其流弊所至，遂令国中生出许多似是而非，貌似而实非之诗文。今试举吾友胡先骕[1]先生一词以证之：

---

① 胡先骕（1984—1968），字步曾，江西新建人，植物学家，中国植物分类学的奠基人，《学衡》创办人之一，1948年当选为中央研究院院士。

荧荧夜灯如豆，映幢幢孤影，凌乱无据。翡翠衾寒，鸳鸯瓦冷，禁得秋宵几度？幺弦漫语，早丁字帘前，繁霜飞舞。袅袅余音，片时犹绕柱。

此词骤观之，觉字字句句皆词也，其实仅一大堆陈套语耳。“翡翠衾”，“鸳鸯瓦”，用之白香山《长恨歌》则可，以其所言乃帝王之衾之瓦也。“丁字帘”，“幺弦”，皆套语也。此词在美国所作，其夜灯决不“荧荧如豆”，其居室尤无“柱”可绕也。至于“繁霜飞舞”，则更不成话矣。谁曾见繁霜之“飞舞”耶？

吾所谓务去烂调套语者，别无他法，惟在人人以其耳目所亲见亲闻所亲身阅历之事物，一一自己铸词以形容描写之；但求其不失真，但求能达其状物写意之目的，即是工夫。其用烂调套语者，皆懒惰不肯自己铸词状物者也。

六曰不用典

吾所主张八事之中，惟此一条最受朋友攻击，盖以此条最易误会也。吾友江亢虎[①]君来书曰：

所谓典者，亦有广狭二义。饾饤獭祭，古人早悬为厉禁；若并成语故事而屏之，则非惟文字之品格全失，即文字之作用亦亡。……文字最妙之意味，在用字简而涵义多。此断非用典不为功。不用典不特不可作诗，并不可写信，且不可演说。来函满纸“旧雨”，“虚怀”，“治头治脚”，“舍本逐末”，“洪水猛兽”，“发聋振聩”，“负弩先驱”，“心悦诚服”，“词坛”，“退避三舍”，“滔天”，“利器”，“铁证”，……皆典也。试尽抉而去之，代以俚语俚字，将成何说话？其用字之繁简，犹其细焉。恐一易他

① 江亢虎（1883—1954），江西弋阳人，民国时期著名政客。

词，虽加倍蓰而涵义仍终不能如是恰到好处，奈何？……

此论甚中肯要。今依江君之言，分典为广狭二义，分论之如下：

（一）广义之典非吾所谓典也。广义之典约有五种：

甲、古人所设譬喻，其取譬之事物，含有普通意义，不以时代而失其效用者，今人亦可用之。如古人言“以子之矛，攻子之盾”，今人虽不读书者，亦知用“自相矛盾”之喻，然不可谓为用典也。上文所举例中之“治头治脚”，“洪水猛兽”，“发聋振聩”，……皆此类也。盖设譬取喻，贵能切当；若能切当，固无古今之别也。若“负弩先驱”，“退避三舍”之类，在今日已非通行之事物，在文人相与之间，或可用之，然终以不用为上。如言“退避”，千里亦可，百里亦可，不必定用“三舍”之典也。

乙、成语　成语者，合字成辞，别为意义。其习见之句，通行已久，不妨用之。然今日若能另铸“成语”，亦无不可也。“利器”，“虚怀”，“舍本逐末”，……皆属此类。此非“典”也，乃日用之字耳。

丙、引史事　引史事与今所论议之事相比较，不可谓为用典也。如老杜诗云，“未闻殷周衰，中自诛褒妲”，此非用典也。近人诗云，“所以曹孟德，犹以汉相终”，此亦非用典也。

丁、引古人作比　此亦非用典也。杜诗云，“清新庾开府，俊逸鲍参军”，此乃以古人比今人，非用典也。又云，“伯仲之间见伊吕，指挥若定失萧曹”，此亦非用典也。

戊、引古人之语　此亦非用典也。吾尝有句云，“我闻古人言，艰难惟一死”。又云，“尝试成功自古无，放翁此语未必是”。此乃引语，非用典也。

以上五种为广义之典，其实非吾所谓典也。若此者可用可不用。

（二）狭义之典，吾所主张不用者也。吾所谓用“典”者，谓文人词客不能自己铸词造句以写眼前之景，胸中之意，故借用或不全切，或全不切之故事陈言以代之，以图含混过去：是谓“用典”。上所述广义之典，除戊条外，皆为取譬比方之辞。但以彼喻此，而非以彼代此也。狭义之用典，则全为以典代言，自己不能直言之，故用典以言之耳。此吾所谓用典与非用典之别也。狭义之典亦有工拙之别，其工者偶一用之，未为不可，其拙者则当痛绝之。

子、用典之工者　此江君所谓用字简而涵义多者也。客中无书不能多举其例，但杂举一二，以实吾言：

（1）东坡所藏“仇池石”，王晋卿以诗借观，意在于夺。东坡不敢不借，先以诗寄之，有句云，“欲留嗟赵弱，宁许负秦曲。传观慎勿许，间道归应速”。此用蔺相如返璧之典，何其工切也！

（2）东坡又有“章质夫送酒六壶，书至而酒不达”。诗云，“岂意青州六从事，化为乌有一先生”。此虽工已近于纤巧矣。

（3）吾十年前尝有《读〈十字军英雄记〉》一诗云：“岂有酖人羊叔子？焉知微服赵主父？十字军真儿戏耳，独此两人可千古。”以两典包尽全书，当时颇沾沾自喜，其实此种诗，尽可不作也。

（4）江亢虎代华侨诔陈英士文有“未悬太白，先坏长城。世无钼麑，乃戕赵卿”四句，余极喜之。所用赵宣子一典，甚工切也。

（5）王国维咏史诗，有“虎狼在堂室，徙戎复何补？神州遂陆沉，百年委榛莽。寄语桓元子，莫罪王夷甫”。此亦可谓使事之工者矣。

上述诸例，皆以典代言，其妙处，终在不失设譬比方之原意；惟为文体所限，故譬喻变而为称代耳。用典之弊，在于使人失其所欲譬喻之原意。若反客为主，使读者迷于使事用典之繁，而转忘其所为设譬之事物，则为拙矣。古人虽作百韵长诗，其所用典不出一二事而已（《北征》与白香山《悟真寺诗》皆不用一典），今人作长律则非典不能下笔矣。尝见一诗八十四韵，而用典至百余事，宜其不能工也。

丑、用典之拙者　用典之拙者，大抵皆懒惰之人，不知造词，故以此为躲懒藏拙之计。惟其不能造词，故亦不能用典也。总计拙典亦有数类：

（1）比例泛而不切，可作几种解释，无确定之根据。今取王渔洋《秋柳》一章证之：

娟娟凉露欲为霜，万缕千条拂玉塘。
浦里青荷中妇镜，江干黄竹女儿箱。
空怜板渚隋堤水，不见瑯琊大道王。
若过洛阳风景地，含情重问永丰坊。

此诗中所用诸典无不可作几样说法者。

（2）僻典使人不解。夫文学所以达意抒情也。若必求人人能读五车之书，然后能通其文，则此种文可不作矣。

（3）刻削古典成语，不合文法。“指兄弟以孔怀，称在位以曾是”（章太炎语），是其例也。今人言“为人作嫁”亦不通。

（4）用典而失其原意。如某君写山高与天接之状，而曰“西接杞天倾”是也。

（5）古事之实有所指，不可移用者，今往乱用作普通事实。如古人灞桥折柳，以送行者，本是一种特别土风。阳关、渭城亦皆实有所指。今之懒人不能状别离之情，于是虽身在滇越，亦言灞桥；虽不解阳关、渭城为何物，亦皆言“阳关三叠”，“渭城离歌”。又如，张翰因秋风起而思故乡之莼羹鲈脍，今则虽非吴人，不知莼鲈为何味者，亦皆自称有“莼鲈之思”。此则不仅懒不可救，直是自欺欺人耳！

凡此种种，皆文人之下下工夫，一受其毒，便不可救。此吾所以有“不用典”之说也。

七曰不讲对仗

排偶乃人类言语之一种特性，故虽古代文字，如老子、孔子之文，亦间有骈句。如“道可道，非常道；名可名，非常名。无名天地之始，有名万物之母。故常无，欲以观其妙；常有，欲以观其微”。此三排句也。“食无求饱，居无求安”；“贫而无谄，富而无骄”；“尔爱其羊，我爱其礼”。——此皆排句也。然此皆近于语言之自然，而无牵强刻削之迹；尤未有定其字之多寡，声之平仄，词之虚实者也。至于后世文学末流，言之无物，乃以文胜；文胜之极，而骈文律诗兴焉，而长律兴焉。骈文律诗之中非无佳作，然佳作终鲜。所以然者何？岂不以其束缚人之自由过甚之故耶？（长律之中，上下古今，无一首佳作可言也）今日而言文学改良，当“先立乎其大者”，不当枉废有用之精力于微细纤巧之末：此吾所以有废骈废律之说也。即不能废此两者，亦但当视为文学末技而已，非讲求之急务也。

今人犹有鄙夷白话小说为文学小道者，不知施耐庵、曹雪芹、吴趼人皆文学正宗，而骈文律诗乃真小道耳。吾知必有闻此言而却走者矣。

八曰不避俗语俗字

吾惟以施耐庵、曹雪芹、吴趼人为文学正宗，故有“不避俗字俗语”之论也（参看上文第二条下）。盖吾国言文之背驰久矣。自佛书之输入，译者以文言不足以达意，故以浅近之文译之，其体已近白话。其后佛氏讲义语录尤多用白话为之者，是为语录体之原始。及宋人讲学以白话为语录，此体遂成讲学正体（明人因之）。当是时，白话已久入韵文，观唐、宋人白话之诗词可见也。及至元时，中国北部已在异族之下，三百余年矣（辽、金、元）。此三百年中，中国乃发生一种通俗行远之文学。文则有《水浒》、《西游》、《三国》之类，戏曲则尤不可胜计（关汉卿诸人，人各著剧数十种之多。吾国文人著作之富，未有过于此时者也）。以今世眼光观之，则中国文学当以元代为最盛；可传世不朽之作，当以元代为最多：此可无疑也。当是时，中国之文学最近言文合一，白话几成文学的语言矣。使此趋势不受阻遏，则中国几有一“活文学出现”，而但丁、路得之伟业（欧洲中古时，各国皆有俚语，而以拉丁文为文言，凡著作书籍皆用之，如吾国之以文言著书也。其后意大利有但丁［Dante］诸文豪，始以其国俚语著作。诸国踵兴，国语亦代起。路得［Luther］创新教始以德文译《旧约》、《新约》，遂开德文学之先。英、法诸国亦复如是。今世通用之英文《新旧约》乃1611年译本，距今才三百年耳。故今日欧洲诸国之文学，在当日皆为俚语。迨诸文豪兴，始以“活文学”代拉丁之死文学；有活文学而后有言文合一之国语也），几发生于神州。不意此趋势骤为明代所阻，政府既以八股取士，而当时文人如何？李七子之徒，又争以复古为高，于是此千年难遇言文合一之机会，遂中道夭折矣。然以今世历史进化的眼光观之，则白话文学之为中国文学之正宗，又为将来文学必用之利器，可断言也（此“断言”乃自作者言之，赞成此说者今日未必甚多也）。以此之故，吾主张今日作文作诗，宜采用俗语俗字。与其用三千年前之死字（如“于铄国会，遵晦时休”之类），不如用二十世纪之活字；与其作不能行远不能普及之秦、汉、六朝文字，不如作家喻户晓之《水浒》、《西游》文字也。

结 论

上述八事，乃吾年来研思此一大问题之结果。远在异国，既无读书之暇晷，又不得就国中先生长者质疑问难，其所主张容有矫枉过正之处。然此八事皆文学上根本问题，一一有研究之价值。故草成此论，以为海内外留心此问题者作一草案。谓之刍议，犹云未定草也，伏惟国人同志有以匡纠是正之。

民国六年，一月

（原载于《新青年》1917年1月1日第2卷第5号，又载《留美学生季报》1917年春季第1号）

中学国文的教授

我是没有中学国文教授的经验的；虽然做过两年中学学生，但是那是十几年前的经验，现在已不适用了。况且当这个学制根本动摇的时代，我们全没有现成的标准可以依据，也没有过去的经验可以参考。我这个完全门外汉居然敢来高谈中学国文的教授，真是不自量力了！

但是门外汉有时也有一点用处。“内行”的教育家，因为专做这一项事业，眼光总注射在他的“本行”，跳不出习惯法的范围。他们筹画的改革，总不免被成见拘束住了，很不容易有根本的改革。门外旁观的人，因为思想比较自由些，也许有时还能供给一点新鲜的意见，意外的参考材料。古人说的“愚者一得”，大概也是这个道理。这就是我这回敢来演说“中学国文的教授”的理由了。

一　中学国文的目的是什么？

我们现在既没有过去的标准可以依据，应该自己先定一个理想的标准。究竟中学的国文应该做到什么地位？究竟我们期望中学毕业生的国文到什么程度？

民国元年的《中学校令施行细则》第三条说：

国文要旨在通解普通语言文字，能自由发表思想，并使略解高深文字，涵养文学之兴趣，兼以启发智德。

这一条因为也是理想的，并不曾实行，故现在看来还没有什么大错误。即如“通解普通语言文字”一句，在当初不过是欺人的门面话，实在当时中学的国文与“普通语言”是无有关系的；但是到了现在国语通行的时候，这六个字反更有意义了。又如“并使略解高深文字”一句，当日很难定一个界说，现在把国语和古文分开，把古文来解“高深文字”，这句话便更容易解说了。

元年定的理想标准，照这八年的成绩看来，可算得完全失败。失败的原因并不在理想太高，实在是因为方法大错了。标准定的是“通解普通语言文字”，但是事实上中学校教授的并不是普通的语言文字，乃是少数文人用的文字，语言更用不着了！标准又定“能自由发表思想”，但是事实上中学教员并不许学生自由发表思想，却硬要他们用千百年前的人的文字，学古人的声调文体，说古人的话，——只要不自由发表思想！事实上的方法和理想上的标，准相差这样远，怪不得要失败了！

我承认元年定的标准不算过高，故斟酌现在情形，暂定一个中学国文的理想标准：

（1）人人能用国语（白话）自由发表思想，——作文，演说，谈话——都能明白通畅，没有文法上的错误。

（2）人人能看平易的古文书籍，如《二十四史》、《资治通鉴》之类。

（3）人人能作文法通顺的古文。

（4）人人有懂得一点古文文学的机会。

这些要求不算苛求吗？

二　假定的中学国文课程

定了标准，方才可谈中学国文的课程。现行的部定课程是：

第一年　讲读，作文，习字。　　共七

第二年　讲读，作文，习字，文字源流。　　共七

第三年　讲读，作文，习字，文法要略。　　共五

第四年　讲读，作文，文法要略，文学史。　　共五

依我们看来，现在中学校各项工课平均每周男校三十四时，女校三十三时，未免太重了。我们主张国文每周至多不能过五时，四年总数应在二十时以下。现在假定每周五时，暂定课程表如下：

年一　国语文一，古文三，语法与作文一。　　共五

年二　国语文一，古文三，文法与作文一。　　共五

年三　演说一，古文三，文法与作文一。　　共五

年四　辩论一，古文三，文法与作文一。　　共五

这表里删去的学科是习字，文字源流，文学史，文法要略四项。写字决不是每周一小时的课堂习字能够教得好的，故可删去。现有的《文法要略》《文字源流》，都是不通文法和不懂文字学的人编的，读了无益，反有害。（孙中山先生曾指出《文法要略》的大错，如谓鹄与猿为本名字，与诸葛亮、王猛同一类！）文学史更不能存在。不先懂得一点文学，就读文学史，记得许多李益，李颀，老杜，小杜的名字，却不知道他们的著作，有什么用处？

又这表上"国语文"只有两时。我的理由是：

（1）第三四年的演说和辩论都是国语与国语文的实习，故这两年可以不用国语文了。

（2）我假定学生在两级小学时已有了七年的国语，可以够用了。

三　国语文的教材与教授法

先说"国语文"的教材。共分三部：

（一）看小说　看二十部以上，五十部以下的白话小说。例如《水浒》、《红楼梦》、《西游记》、《儒林外史》、《镜花缘》、《七侠五

义》、《二十年目睹之怪现状》、《恨海》、《九命奇冤》、《文明小史》、《官场现形记》、《老残游记》、《侠隐记》、《读侠隐记》等等。此外有好的短篇白话小说，也可以选读。

（二）白话的戏剧　此时还不多，将来一定会多的。

（三）长篇的议论文与学术文　因为我假定学生在两级小学已有了七年的白话文，故中学只教长篇的议论文与学术文，如戴季陶的《我的日本观》，如胡汉民的《惯习之打破》，如章太炎的《说六书》之类。

教材一层，最须说明的大概是小说一项。一定有人说《红楼梦》、《水浒传》等书，有许多淫秽的地方，不宜用作课本。我的理由是：（1）这些书是禁不绝的，你们不许学生看，学生还是要偷看。与其偷看，不如当官〈面〉看，不如有教员指导他们看。举一个极端的例：《金瓶梅》的真本是犯禁的，很不容易得着；但是假的《金瓶梅》——石印的，删去最精采的部分，只留最淫秽的部分——却仍旧在各地火车站公然出卖！列位热心名教的先生们可知道吗？我虽然不主张用《金瓶梅》作中学课本，但是我反对这种“塞住耳朵吃海蜇”的办法！（2）还有一个救弊的办法，就是西洋人所谓“洗净了的版本”（expurgated edition），把那些淫秽的部分删节去，专作“学校用本”。（即如柏拉图的《一夕话》（*Symposium*）有两译本，一是全本，一是节本。）商务印书馆新出一种《儒林外史》，比齐省堂本少四回，删去的四回是沈琼枝一段事迹，因为有琼化观求子一节，故删去了。这种办法不碍本书的价值，很可以照办。如《水浒》的潘金莲一段尽可删改一点，便可作中学堂用本了。

次说国语文的教授法。

（1）小说与戏剧，先由教员指定分量，——自何处起，至何处止——由学生自己阅看。讲堂上止有讨论，不用讲解。

（2）指定分量之法，须用一件事的始末起结作一次的教材。如《水浒》劫“生辰纲”一件事作一次，闹江州又是一次；《儒林外史》

严贡生兄弟作一次，杜少卿作一次，娄家弟兄又作一次；又《西游记》前八回作一次。

(3) 课堂上讨论，须跟着材料变换，不能一定。例如《镜花缘》上写林之洋在女儿国穿耳缠足一段，是问题小说，教员应该使学生明白作者“设身处地”的意思，借此引起他们研究社会问题的兴趣。又如《西游记》前八回是神话滑稽小说，教员应该使学生懂得作者为什么要写一个庄严的天宫盛会被一个猴子捣乱了。又如《儒林外史》写鲍文卿一段，教员应该使学生把严贡生一段比较着看，使他们知道什么叫做人类平等，什么叫做衣冠禽兽。

(4) 无论是小说，是戏剧，教员应该点出布局，描写的技术，文章的体裁，等等。

(5) 读戏剧时，可选精采的部分，令学生分任戏里的人物，高声演读。若能在台上演做，那更好了。

(6) 长篇的议论文与学术文，也由学生自己预备，上课时教员指导学生讨论。讨论应注重：

甲、本文的解剖：分段，分小节。

乙、本文的材料如何分配使用。

丙、本文的论理：看好文章的思想条理，远胜于读一部法式的论理学。

四　演说与辩论

须认明这两项是国语与国语文的实用教法。凡能演说，能辩论的人，没有不会做国语文的。做文章的第一个条件只是思想有条理，有层次。演说辩论最能帮助学生养成有条理系统的思想能力。

(一) **择题**　演说题须避太抽象，太笼统的题目。如“宗教”，如“爱国”，如“社会改造”等题，最能养成夸大的心理，笼统的思想。从前小学堂国文题如“富国强兵策”等等，就是犯了这个毛病。

中学生演说应该选“肥皂何以能去污垢?”“松柏何以能冬青?”“本村绅士某某人卖选举票的可耻”一类的具体题目。辩论题须选两方面都有理可说的题；如“鸦片宜严禁”只有一方面，是不可用的。

（二）方法 演说辩论的班次不宜人数太多，太多了一个人每年轮不着几回；也不宜太少，太少了演说的人没有趣味。每班可分作小组，每组不可过十六人。演说不宜太长，十分钟尽够了。演说的人须先一星期就选定题目，先作一个大纲，请教员看过，然后每段发挥，作成全篇演说。辩论须先分组，每组两人，或三人。选定主张或反对的方面后，每组自己去搜集材料，商量分配的方法，发言的先后。

辩论分两步。第一步是“立论”，每组的组员按预定的次序发言。第二步是“驳论”，每组反驳对手的理由。预备辩论时，每组须计算反对党大概要提出什么理由来，须先预备反驳的材料。这种预备有两大益处：（1）可以养成敏捷精细的思想能力，（2）可以养成智识上的互助精神。辩论演说时，教员与学生各备铅笔，记录可批评的论点与姿势，下次上课时，大家提出讨论。

五 古文的教材与教授法

先说中学古文的教材。

（一）第一学年。第一年专读近人的文章。例如梁任公、康长素、严几道、章行严、章太炎等人的散文，都可选读。此外还应该多看小说。林琴南早年译的小说，如《茶花女遗事》、《战血余腥记》、《撒克逊劫后英雄略》、《十字军英雄记》，朱树人的《穑者传》等书，都可以看。还有著作不多的学者，如蔡孑民《答林琴南书》，吴稚晖《上下古今谈序》，又如我的朋友李守常、李剑农、高一涵做的古文，都可以选得。平心而论，章行严一派的古文，——李守常、李剑农、高一涵等在内——最没有流弊，文法很精密，论理也好，最适宜于中学模范近古文之用。

（二）**第二三四学年**。后三年应该多读古人的古文。我主张分两种教材：

甲、选本。不分种类，但依时代的先后，选两三百篇文理通畅，内容可取的文章。从《老子》、《论语》、《檀弓》、《左传》，一直到姚鼐、曾国藩，每一个时代文体上的重要变迁，都应该有代表。这就是最切实的中国文学史，此外中学堂用不着什么中国文学史了。

乙、自修的古文书。最重要的还是学生自己看的书。一个中学堂的毕业生应该看过下列的几部书：

A. 史书：《资治通鉴》或《四史》（或《通鉴纪事本末》）。

B. 子书：《孟子》、《墨子》、《荀子》、《韩非子》、《淮南子》、《论衡》等等。

C. 文学书：《诗经》是不可不看的。此外可随学生性之所近，选习两三部专集，如陶潜、杜甫、王安石、陈同甫……之类。

我拟的中学国文课程中最容易引起反对的，大概就在古文教材的范围与分量。一定有人说："从前中学国文只用四本薄薄的古文读本，还教不出什么成绩来。现在你定的工课竟比从前增多了十倍！这不是做梦吗？"我的回答是：

第一，从前的中学国文所以没有成效，正因为中学堂用的书只有那几本薄薄的古文读本。我们试回头想想，我们自己做古文是怎样学的？是单靠八九十篇古文得来的呢？还是靠看小说看古文书得来的？我自己从来背不出一篇古文，但是因为我自小就爱看小说，看史书，看杂书，所以我还懂得一点古文的文法。古文的选本都是零碎的，没头没脑的，不成系统的，没有趣味的。因此，读古文选本是最没有趣味的事。因为没有趣味，所以没有成效。我可以武断现在中学毕业生能通中文的，都是自己看小说看杂志看书得来的，决不是靠课堂上几本古文选本得来的。我因此主张用"看书"来代替"讲读"。与其读王安石的《读孟尝君传》，不如看《史记》的

《四公子列传》；与其读苏轼的《范增论》，不如看《史记》的《项羽本纪》；与其读林琴南的一部古文读本，不如看他译的一本《茶花女》。

第二，请大家不要把中学生当小孩子看待。现在学制的大弊就是把学生求知识的能力看得太低了。现在各级学堂的课程，都是为下下的低能儿定的，所以没有成绩。现在要谈学制革命，第一步就该根本推翻这种为下下的低能儿定的课程学科！

第三，我这个计划是假定两级小学都已采用国语做教科书了。国语代替文言以后，若不能于七年之内，使高小毕业生能做通顺的国语文，那便是国语教育的大失败。学生既通国语，又在中学第一年有了国语文法（见下），再来学古文，应该更容易好几倍；成绩应该加快好几倍。譬如已通一国文字的人，再学第二国文字时，成绩要快得多。这是我深信不疑的。所以我觉得我拟的中学古文课程程不是梦想，是可以用实地试验来决定的。

再说古文的教授法。上文说的用看书来代理讲读，便是教授法的要点，每周三小时，每年至多不过四十周，合起来不过一百二十点钟，若全靠课堂上的讲读，一年能讲得几篇文章？所以我主张：学校但规定学科内容的范围与程度，教员自己分配每一课的分量，学生自己去预备本日指定的工课。学生须自己翻查字典，自己加句读，自己分章，分节。上课时，只有三件事可做：

（1）学生质问疑难，请教员帮助解释；教员可先问本班学生有能解释的没有；如没有人能解释，教员方可替他们解释。

（2）大家讨论所读的书的内容。教员提出论点，引起大家讨论；教员不当把一点钟的时间自己占据去，教员的职务在于指点出讨论的错误或不相干的讨论。

（3）教员可以随时加入一些参考材料。例如读章行严的文章时，教员应该讲民国三四年的政治形势，使学生知道他当时为什么主张调和，为什么主张联邦。

此外的方法，上文第三章已讲过，可以参用，不必重说了。

六　文法与作文

从前教作文的人大概都不懂文法，他们改文章全无标准，只靠机械的读下去，读得顺口便是，不顺口便不是，总讲不出为什么要这样做，为什么不可那样做。以后中学堂的国文教员应该有文法学的知识，不懂文法的，决不配做国文教员。所以我把文法与作文并归一个人教授。

先讲文法。

第一年，专讲国语的文法。要在一年之内，把白话文法的要旨都讲完。为什么先讲国语的文法呢？（1）因为学生有了八年的国语文，到中学一年的时候，应该把国语文的“所以然”总括起来讲解一遍，作一个国语教育的结束。（2）因为先有了国语的文法作底子，后来讲古文的文法便有了一种参考比较的材料，便更容易懂得了。（我现在编一部《国语文法草案》，不久可以成书，此地不能细说国语文法的怎样编法了。）

第二三四年，讲古文的文法。

（1）用书　现在还没有好文法书。最好的书自然还要算《马氏文通》。《文通》有一些错误矛盾的地方，不可盲从；《文通》又太繁了，不合中学堂教本之用，但是《文通》究竟是一部空前的奇书，古文文法学的宝库。教员应该把《文通》仔细研究一遍，懂得了，然后可以另编一部更有条理，更简明易晓的文法书。

（2）教授法　讲古文的文法，应该处处同国语的文法对照比较，指出同的地方和不同的地方，何以变了，变的理由何在，变的长处或短处在什么地方，让我举几个例。

例一，白话说“我骗谁？”古文要说“吾谁欺？”白话说“你爱什么？你能做什么？”古文要说“客何好？客何能？”这是不同的句法。比较的结果得一条通则："若外动词的止词是一个疑问代名词，这个疑问代名词在白话里须放在外动词之后，在古文里须在外动词之前主词之后。"

例二，《论语》"阳货欲见孔子"一章，阳货在路上教训了孔子一顿，孔子答应道："诺，吾将仕矣。"同类的例如"原将降矣"，"赵将亡矣"。既用来表示未来的"将"字，何以又用表示完了的"矣"字呢？再看白话说："大哥请回，兄弟去了；""大哥多喝一杯，我要走了。"这是相同的句法。比较起来，可得一条通则："凡虚拟（subjunctive）的将来，白话与古文都用过去的动词，古文用"矣"，白话用"了"。分得更细一点，可得两式：

甲　式	乙　式
虽千万人吾往矣。	赵将亡矣。
我去了。	他要死了。

这种比较的教法功效最大。此外还可用批评法：由教员寻出古文中不合文法的例句，使学生指出错在何处，何以错了。我从前曾举林琴南"而方姚卒不之踣"一句，说"踣"是内动词，不该有"之"字作止词。这种不通的句子古文里极多。前天上海《晶报》上有人举《孟子》"天油然作云，沛然下雨，则苗勃然兴之矣"一句，以为"兴"是内动词，不可有"之"字作止词。这个例很可为林先生解嘲！这一类的例，使学生批评，可以增长文法的兴趣，可以免去文法的错误。

次讲作文。

（一）应该多做翻译，翻白话作古文，翻古文作白话文。翻译的用处最大：（1）练习文法的应用。例如讲动词的止词时，可令学生翻译"己所不欲，勿施于人""无所不能""他什么都不懂"等句，使他们懂得止词的位置有种种不同的变法。（2）译长篇可使学生练习有材料的文字。做文最忌没有话说。翻译现成的长篇，先有材料作底子，再讲究怎样说法，便容易了。

（二）若是出题目做的文章，应注意几点：（1）最好是令学生自己出题目，（2）千万不可出空泛或抽象的题目，（3）题目的要件是：第一要能引起学生的兴味，第二要能引学生去搜集材料，第三要能使学生运用已有的经验学识。

（三）学生平日做的笔记、杂志文章、长篇通信，都可以代替课艺。教员应该极力鼓励学生写长信，作有系统的笔记，自由发表意见。这些著作往往比敷衍的课艺高无数倍；往往有许多学生平日不能做一百字的《汉武帝论》，却能做几千字的白话通信。这种事实应该使做教员的人起一点自责的觉悟！

（四）作文的时间不可多，至多二周一次。作文都该拿下堂去做。

（五）改文章时，应该根据文法。合文法的才是通，不合文法的便是不通。每改一句，须指出根据那一条文法通则。例如有学生做了“而方姚卒不之踣”，我圈去“之”字，须说明“之”字何以不通。又如学生做了“客好何？”我改为“客何好？”或“客好何物？”也须说明古文何以不可说“客好何”。

（六）千万不可整篇涂去，由教员重作。如有内容论理上的错误，可由教员批出，但不可代做。

七 结 论

我这篇“中学国文的教授”，完全是理想的。一个人的理想自然是有限的，但我希望现在和将来的中学教育家肯给我一个试验的机会，使我这个理想的计划随时得用试验来证明那一部分可行，那一部分不可行，那一部分应该修正。没有试验的主观批评是不能使我心服的。

我演说之后，有许多人议论我的主张，他们都以为我对于中学生的期望太高了。有人说："若照胡适之的计划，现在高等师范国文部的毕业生还得重进高等小学去读书呢！"这话固然是太过，但我深信我对于中学生的国文程度的希望，并不算太高。从国民学校到中学毕业是整整的十一年。十一年的国文教育，若不能做到我所期望的程度，那便是中国教育的大失败！

九年三月二十四日　北京

（原载于《新青年》第8卷第1号，1920年9月1日）

新文学运动之意义

鄙人今天到这里来演讲，是很荣幸的一件事；但是我来武汉，这是第一次，武汉之有公开的学术演讲，这回是第一次，所以我今天到这里来演讲，自己心里又喜又怕，喜的是这第一次公开的学术演讲，今天居然开了台；怕的是这第一次演讲，我怕弄不好，以致拆了台。

现在中国外交这种紧迫之时，还能够发起这种学术演讲，所以我在北京南下的时候，一般朋友们都很赞成我南下，我个人自己也是很愿意。

今天的讲题是新文学运动之意义，这个题目，我从来没有讲过，大家在这个时候，以为这个题目，可以说是过去了的。不过现在就不是这样了，在这新文学运动的时期之中，我何以从没有讲过，今天反要向诸位讲的是什么道理呢？因为今年有一般思想很顽固的人，得了很大的势力，他们居然利用他们的势力，起来反抗这种时代之要求，时代之潮流，并摧残这种潮流要求，摧残新文学，到了现在，有几行省公然禁令白话文，学校也不取做白话文的学生，因为这个原故，我们从前提倡白话文学的人，现在实有重提之必要，所谓新文学的运动，简单地讲起来，是活的文学之运动，以前的那些旧文学，是死的，笨的，无生气的；至于新文学可以代表活社会，活国家，活团体。

实在讲起来，文学本没有什么新的旧的分别，不过因为作的人，表现文学，为时代所束缚，依此沿革下来，这种样子的作品就死了，无以名之，名之为旧文学。

我们看文学，要看它的内容，有一种作品，它的形势上改换了，内容还是没有改，这种文学，还是算不得新文学，所以看文学，不能够仅仅从它的形势上外表上看。这么一说，文学要怎样才能新呢？必定先要解放工具，文学之工具，是语言文字，工具不变，不得谓之新，工具解放了，然后文学底内容，才容易活动起来。

今天这种讲演并不是对那般顽固的人而发，我们也不必同他谈。此外那般对于新文学信仰的人们以及不信仰反对者，持这种态度的人，我们要将此意，对着他们明白地讲出来，务使他们明了新文学之真意义及它的真价值，那么对于自己的作品以及工作才看得起有价值，对外哩，向着他持反对论调者，也可以与之争辩讨论，这就是我今天讲新文学运动之意义的原因。

有一般人以为白话文学是为普及教育的。那般失学的人们以及儿童，看那些文言文不懂，所以要提倡白话，使他们借此可以得着知识，因为如此，所以才用白话文，但是这不过是白话文学之最低限度的用途，大家以为我们为普及教育为读书有兴趣，为容易看懂而提倡白话文学，那就错了，未免太小视白话文学了，这种种并不是新文学运动之真意义。

一般的人，把社会分成两个阶级，一种是愚妇顽童稚子，其他一种是知识阶级，如文人学士，绅士官吏。作白话文是为他们——愚夫愚妇，顽童稚子——可以看而作，至于智识阶级者，仍旧去作古文，这种看法，根本的错误了，并不是共和国家应有的现象。这样一来，那般文人学士是吃肉，愚夫愚妇是吃骨头，他们一定不得甘心的，一定要骂文人学士摆臭架子的。由此看来那般为平民而办的白话报，为平民而办注音字母，这种见解，是把社会分成二段阶级，在事实上原则上都说不过去。我们要这样想，那般平民以及小孩子，读了几年的白话文，念过了几本平民千字课，而社会上的各种著作，完全是用文言文著述的，他们还不是一样的看不懂吗？社会上既然没有白话文学的环境，白话文学的空气，学白话文学的人们，将来在社会上没有一处可以应用，如果是这种样子，倒不如一直仍旧去念那子曰诗云罢，何必自讨没趣呢？照这样看来，虽然是为平民教育而提倡白话文学，但是学的人到社会里面去，所学无所用，那么，当初又何必要学呢？所以顶要紧的，就是要造一种白话文学的环境，白话文学的空气，这样学的人才有兴趣。

新文学之运动，并不是一人所提倡的，也不是最近八年来提倡的，新文学之运动是历史的，我们少数人，不过是承认此种趋势，替它帮忙使得一般人了解罢了。不明白新文学运动是历史的，以为少数借着新文学出风头的人们，现在听了我这话，也可了解了，新文学运动，决不是凭空而来的，决不是少数人造得起的。

明白了我以上所讲的话，现在就继续讲新文学运动历史上的意义。

古文文言，不是我们近年以来说它是死的，它的本身，在二千年以前，早已就死了的。当二千年，汉武帝时候，宰相公孙弘上书把汉武帝，大意是说他那时候上谕法律等文章，做得美固然是美，内含的意思虽然是雄厚，但是一般小吏却看不懂，做小官的人们，尚且看不懂，况小百姓吗？想挽救这种流弊，所以才劝武帝办科举，开科取士，凡能够看得懂古文者，上头就把官他作，藉以维持死的文学。公孙弘想出这种科举方法来，开一条利禄的路，引诱小百姓去走，这种维持死的文学之方法，可以说是尽美尽善矣，这样一来，所以全国小百姓们的家庭里，如果有个把略为聪明的儿童，至少要抄几部书，给他们的小孩子读去，请一个教书的先生，替他们的小孩子讲解，教给他们的小孩子要怎样去读，如此做下去，国家也不用花掉好多钱去办什么学校，没有学校，就没有学生闹风潮，也没有教员向着政府索薪了，国内也不知省了多少事，简了多少钱；而他一方面，死的文学，可以维持，所以死的文学，能够苟延残喘到二千多年的，就是因为如此。在这二千年之中，上等的人，有知识的人，既不反对，下等的人，一般民众，也只得由他们干去，由此下等人学上等人，小人物学大人物，要官作，要利禄，也不得不如此，方法未尝不美，至于谈到了文学那一层，那就不够谈了。文学是人的情感，用文字表达出来。现在有一个人，他有一种情感，要用文字表现出来，而为时代所束缚，换言之，作不到古文，这个人想发表他的情感，非用一二十年的苦工，去念那死板板的文字不可，照时间上说起来，未免太长了，要学也恐怕来不及了。因为如此，那般匹夫匹妇，痴男怨女，也顾不得这许多了，他们想歌，就用他们自己的语言歌出来，想唱就用他们自己的语言唱出来。那般民歌童谣儿歌恋歌之类，就是由此产生出来，在这二千年之中，他们——匹夫匹妇，痴男怨女——因为要表现他们的文学情感，倡了许多很好的很有价值的白话文学来。歌唱之不足，他们又要听故事，演故事，所以小说戏剧之文学，亦由此而生。不仅痴男怨女，匹夫匹妇如此，那般和尚们翻译佛教的经典，如果作得太古了，这般民众不说是听不懂，就是看也看不懂，因为如此，所以就用经典上意义，编出一种弹词歌谣来，使他们容易去懂，在敦煌那块，发现出来用弹词歌体所翻出之佛经不少，如是佛曲就变成了白话之文学了。至于和尚们讲学，如果用着古文去讲，大家就不能了解，所以唐朝的禅宗，用白话去讲经，学生们也用白话去记录，写成散文，开了后代一种语录的风气。在这二千年当中，所有一般大文学家，没有一个不受了白话文学之影响，乐府是其一例，今日看一看乐府，尽都是用白话体裁写出，那般创造文学的大文学家，却没有一个不在摹仿乐府。唐朝的诗集子，头一部就是乐府，乐府是白话，学乐府就是学白话，其结果所以都近乎白话，唐朝的诗，宋朝的词，所以好懂，所以就很通行。唐诗三百首，其中所载，大半是白话或近乎白话。后有以为作诗有一定格律，字句之长短，平仄声均有一定公式，嫌太拘束，故改之为句之长短不定的词，词之作法，也有一定，又生出一种曲来，这种曲子，是教给教坊歌妓们唱的，因为要他们了解，所以用白话。当时的一般文人学士，一方面作古文求功名骗政府，一方面巴结那般好看的女人，结歌妓们欢心，所以又要白话文学。元、明、清五百年中，产出不少的长篇小说来，这时白话文学，真是多极了。上海一处的书店，每年销售的《水浒传》、《三国演义》、《西游记》这三种小说，年在一百万部以上，我们由此一看，五百年来，不是孔孟程朱四书五经的势力，乃是《水浒传》、《三国演义》、《西游记》的势力。

照上面讲的看来，这二千年之中，乐府、诗歌词曲等的白话文学，占了很不少的势力，并且有很大的部分是有价值的，可以和世界上各种著名的文学作品相抗衡而无愧色，他一方面讲来，古文文学，在二千年中早已死过去了。此种很好的很有价值的文学之产生，是因为有一般文人学士，不受政府的利禄之引诱，要歌就放情的歌，要唱就放情的唱，所以他们就有伟大的成功，有很大的贡献，如果没有这伟大的成功，这很大的贡献，我们无论如何，是提倡不起来的。

有一般人以为古文是雅的，白话文学是民间的，粗俗的，退化的，这一层我们现在也不得不说明一下子。

我们要晓得在二千年之中，那时候的小百姓，我们的老祖宗，就已经把我们的语言改良了不少，我们的语言，照今日的文法论理上讲起来，最简单最精明，无一点不合文法，无一处不合论理，这是世界上学者所公认的。不是我一个人恭维我们自己。中国的语言，今日在世界上，为进化之最高者，因为在二千年里头，那般文人学士，不去干涉匹夫匹妇的说话，语言改革，与小百姓有最大的关系，那般文人硕士，反是语言改革上最大的障碍物。

古文变化，甚觉讨厌，如“我敬他”为“吾敬之”，“我爱他”

为“吾爱之”，至于说没有看见他，又变作“未之见也”，小学生读书作文时，如果写一句“未见之也”，先生一定要勾上来作“未之见也”，问他是什么原因，他也讲不出来，只说古人是这样做的。这般老先生们，不晓得文法，只晓得摹仿；那般小百姓，他们只讲实在，求方便，直名之曰，“我打他”，“他打我”都可以，至于在文言上“吾打之”则可，如用“之打吾”那就不通了。小百姓把代名词变化取消，主格与目的格废掉，因此方便得许许多多了。

在这二千年中，上等的人以及文人学士，去埋头他们的古文，小百姓就改造他们的语言。语言中有太繁了的，就省简一些，有太简了的就增加一点。在汉以前，我你他没有多数，汉以后才有我曹、我等、我辈，尔曹、尔等、尔辈，却没彼曹、彼辈、彼等。后来小百姓们，造出一个们字来，我们可以用，你们可以用，他们也可以用，此为代名词之多数。不但代名词如此，名词亦有多数，如先生们学生们朋友们之类是也。由此看来，老百姓实在是语言学家，文法学家，当补的他们就补上去，当删的就删去了，把中国语言变成世界进化最高之语言，首功要算小百姓，这是因为那般文人学士没有管的［原］因。英国文字之不如中国，因为在三百年前，遇着文人学士规定了，中国的小百姓，有二千年自由修改权，把中国的语言，改之为最精明最简单的。照此看来，白话并不是文言的退化，是文言的进化了。

此就语言方面是如此，至于文学，在二千年中的各种乐府、诗词、歌曲，积下来很多了，我们现在运动，就可拿来作我们的资本。

白话文学的趋势由来很久，何以须要我们运动呢？其原因如下。

科举是维持死文学之唯一方法，以前是拘于科举，后来科举废了，何以没有新文学产生呢？因为自然的变迁是慢的，缓缓地衍化，现在自然变迁不够了，故要人力改造，就是革命。文学方面如仅随着自然而变化是不足的，故必须人力。照此一讲，我们应该作有意义的主张，白话是好文学，有成绩在可以证明。现在我们头一句就要说古文死了二千年了，要哭的哭，要笑的笑。

我们当记着下面那三种意义：

（一）白话文学是起来替古文发丧的，下讣文的。

（二）二千年中之白话文学有许多有价值的作品，什么人也不能否认。

（三）中国将来之一切著作，切应当用白话去作。

白话是活的，用白话去作，成绩一定好，死文学不能产生活文学，要创造活文学，所以就要用白话。

由上看来，新文学之运动，并不是由外国来的，也不是几个人几年来提倡出来的。白话文学之趋势，在二千年来是在继续不断的，我们运动的人，不过是把二千年之趋势，把由自然变化之路，加上了人工，使得快点而已。

这样说来，新文学运动是中国民族的运动，我们对之，应当表示相当的敬爱。

再者那般老百姓们，以方便为标准，去修改语言。语言较之宗教，尤其守旧，所以革新语言，非一朝一夕所能，政府下命令也是无效的，要他们那种清醒的头脑，继续不断地改革，我们对于这种人们，也应该表示相当的敬意。

那般不受利禄束缚的人们，不受死文学引诱的作白话乐府，诗词，歌曲，小说［的］先生们，我们对于他们，也应当表示相当的敬意。

照此看来，无论军阀的权威如何，教育总长的势力如何，这两三个人决定不能［是］摧残者，也可以抱相当的乐观。

我们总要努力做去，自然可以达到胜利之地位，那怕顽固者没有服从之一日呢？但是我们却不要轻视了老祖宗的成绩，负创造新文学者，应当表示自己相当负责。

我们更要记着文学之形势改放（?），要预备得更丰富。文言与白话，并不是难易上的问题，文学要有情感要修养。所谓文学家者，决不能说是看了几本《蕙的风》，《草儿》，《胡适文存》之类的书籍就算可以了。所以如果尊重新文学，要努力，修养，要有深刻的观察，深刻的经验，高尚的见解，具此种种去创造新文学，才不致玷辱新文学。

九，二九，于武昌大学。

（载于《晨报副镌》，1925年10月10日）

在中研院评议会的致辞

今天这个集会，是抗战胜利后的第一次，有许多朋友都是九年以前见过面的。今天大家聚在一起觉得缺少一个人，有许多朋友心里都有这样的一个感觉。缺少什么人呢？就是中央研究院的领袖蔡孑民先生，蔡先生是中央研究院的的创办人，他创办研究院的目的，在发展基本科学。诸位晓得中央研究院成立以来，的确为国家建立了发展科学的基础：在中央研究院成立近二十年的今天，我们看不见蔡先生，心里很感伤。

此外还少了一个老朋友，就是丁文江先生，丁先生担任中央研究院的总干事，出了很大的力，他在抗战发动以前，也是为了抗战的准备工作——调查煤矿，牺牲了。

我们今天痛念老朋友的时候，听到于院长说，中央不仅要还政于民，同时要把科学研究还给科学家。又听到议长报告说，政府对于科学研究经费，决定在全国总预算占一个百分比，议长虽没有报告占百分比的多少，但总占了百分比的一个数字。又白先生报告国防部对于发展国防科学的经费，占海陆空军总预算百分之二。经费是发展科学的一个先决条件，具备了这一个条件，科学发展应该更有希望。所以我们大家都感到非常的兴奋。

党政军三方面对于中国科学的将来，都希望迎头赶上世界先进国家。我们对于这个期望，感到惭愧与惶恐。因为在抗战八年之中，中国科学家对于国家的贡献不能算是很多，其最大的原因，就是经费的匮乏与生活的困难。我在抗战八年的时间，都在外国，可以说没有受到战争的艰难困苦。但在与朋友通讯里，知道八年之中，许多学术工作者求生存都很不容易。他们跑出实验室，回家还得挑水劈柴，替太太抱小孩，帮太太洗马桶，甚至于有为了几斗米而牺牲生命，或因营养不够而生病，至今尚躺在医院里治疗的。处在这样艰苦的情况之下，要科学研究有很大的成就，实在是很困难。不过从另一方面看，大家不畏艰苦，坚守着自己的岗位，并不是没有做官与发财的机会，而是不愿意违反自己的志愿，这种精神是可以告慰于我们的朋友的。

抗战现已获得了胜利。我个人展望前途，觉得异常的光明。我这种乐观的话，并不是随便说的，而是有事实证明迎头赶上世界的科学不是不可能的。

我们看看美国的学术在三十年前只可说是欧洲的附庸。那时候，一个学者在哈佛大学或耶尔［耶鲁］大学得了博士，总想到欧洲去镀金，就是要到德国的柏林大学，法国的巴黎大学或英国的牛津剑桥大学去做研究。在世界第一次大战以后，美国的学术提高了不少，至现在不仅赶上了欧洲，而且成为世界学术的领导者了。

我们平常提到中国学术四个字，心里总很惭愧。我们在联合国组织里坐第四把椅子，而没有五十年历史的大学与研究机关。但我们看见美国学术在三十年中的突飞猛进，也应该不至于太悲观。只要有做研究工作的环境，我们在十年二十年里也可以迎头赶上世界各先进国家。

试看与我同年出生的芝加哥大学，今年只有五十五岁，只因得洛克非罗［洛克菲勒］基金的补助，今天已成为世界最有名的学府。又如加利福尼亚工业研究院创办到今天不过二十年，培植成功了许多的科学人才，教授之中得诺贝尔奖的已有了好几位。又如普林斯顿的高等研究所创办的历史更短，入这个研究所须先得博士的学位，所以这是一个博士的博士院；这个研究所何以能有这个成绩呢？就是有大量的经费可以吸收世界上许多有名的科学家，如从德国跑出来的爱因斯坦就在这个研究所里。这些都是新兴的科学研究机关，他们都能在短时期内跃居于世界领导的地位。从美国这些事实看来，科学工作的迎头赶上是很可能的。

再以我国来说，抗战以前十年之中，国内有扰乱，国外遭受日本帝国主义的侵略，然而我们科学都有长足的发展；如林可胜先生，世界科学家对于林先生非常崇敬，希望他放弃政府的官吏，回到科学研究的岗位，专门从事研究的工作。又汪缉斋先生的心理学，竺可桢先生的气象学，翁文灏先生的地质学，还有安阳发掘的几位先生的考古学，都为世界学者所钦佩。

从这些事实说来，今后只要政府给我们生活安定，并予我们研究上所需要的财力，十年二十年以后，虽不能说成为博士的博士院，至少我们中央研究院，可以成为世界有地位的研究院，而迎头赶上世界各先进国家。

（胡适 1947 年 10 月 15 日演讲于中央研究院评议会。录自《胡适精品集》，光明日报出版社 1998 年版）

科学发展所需要的社会改革

《科学发展所需要的社会改革》这个题目，不是我自己定的，是负责筹备的委员会出给我的题目。这题目的意思是问：在我们远东各国，社会上需要有些什么变化才能够使科学生根发芽呢？

到这里来开会的诸位是在亚洲许多地区从事推进科学教育的，我想一定都远比我更适合就这个大而重要的题目说话。

我今天被请来说话，我很疑心，这是由于负责筹备这个会议的朋友们大概要存心作弄我，或者存心作弄诸位：他们大概要我在诸位的会议开幕的时候做一次 Advocatus diaboli，“魔鬼的辩护士”，要我说几句怪不中听的话，好让诸位在静静的审议中把我的话尽力推翻。

我居然来了，居然以一个“魔鬼的辩护士”[①] 的身份来到诸位面前，要说几句怪不中听的话给诸位去尽力驳倒、推翻。

我愿意提出一些意见，都是属于知识和教育上的变化的范围的——我相信这种变化是一切社会变化中最重要的。

我相信，为了给科学的发展铺路，为了准备接受、欢迎近代的科学和技术的文明，我们东方人也许必须经过某种知识上的变化或革命。

---

① “魔鬼的辩护士”是中古基督教会的一种制度。中古［基督］教会每讨论一种教义，必要有一个人担任反驳此种教义［的人］，让大家尽力驳他。——原编者

这种知识上的革命有两方面。在消极方面，我们应当丢掉一个深深的生了根的偏见，那就是以为西方的物质的（material）、唯物的（materialistic）文明虽然无疑的占了先，我们东方人还可以凭我们的优越的精神文明（spiritual civilization）自傲。我们也许必须丢掉这种没有理由的自傲，必须学习承认东方文明中所含的精神成分（spirituality）实在很少。在积极方面，我们应当学习了解、赏识科学和技术决不是唯物的，乃是高度理想主义的（idealistic）、乃是高度精神的（spiritual）；科学和技术确然代表我们东方文明中不幸不够发达的一种真正的理想主义，真正的“精神”。

第一，我认为我们东方这些老文明中没有多少精神成分。一个文明容忍像妇女缠足那样惨无人道的习惯到一千多年之久，而差不多没有一声抗议，还有什么精神文明可说？一个文明容忍“种姓制度”（the caste system）到好几千年之久，还有多大精神成分可说？一个文明把人生看作苦痛而不值得过的，把贫穷和行乞看作美德，把疾病看作天祸，又有些什么精神价值可说？

试想像一个老叫花婆子死在极度贫困里，但临死还念着“南无阿弥陀佛！”——临死还相信她的灵魂可以到阿弥陀佛所主宰的极乐世界去，——试想像这个老叫花婆子有多大精神价值可说。

现在，正是我们东方人应当开始承认那些老文明中很少精神价值或完全没有精神价值的时候了；那些老文明本来只属于人类衰老的时代，——年老身衰了，心智也颓唐了，就觉得没法子对付大自然的力量了。的确，充分认识那些老文明中并没有多大精神成分，甚或已没有一点生活气力，似乎正是对科学和技术的近代文明要有充分了解所必需的一种知识上的准备；因为这个近代文明正是歌颂人生的文明，正是要利用人类智慧改善种种生活条件的文明。

第二，在我们东方人是同等重要而不可少的，就是明白承认这个科学和技术的新文明并不是什么强加到我们身上的东西，并不是什么西方唯物民族的物质文明，是我们心里轻视而又不能不勉强容忍的，——我们要明白承认，这个文明乃是人类真正伟大的精神的成就，是我们必须学习去爱好、去尊敬的。因为近代科学是人身上最有精神意味而且的确最神圣的因素的累积成就；那个因素就是人的创造的智慧，是用研究实验的严格方法去求知、求发现、求绞出大自然的精微秘密的那种智慧。

“真理不是容易求得的”（理未易察）；真理决不肯自己显示给那些凭着空空的两手和没有训练的感官来摸索自然的妄人。科学史和大科学家的传记都是最动人的资料，可以使我们充分了解那些献身科学的人的精神生活——那种耐性、那种毅力、那种忘我的求真的努力，那些足令人心灰气馁的失败，以及在忽然得到发现和证实的刹那之间那种真正精神上的愉快、高兴。

说来有同样意味的是，连工艺技术也不能看作仅仅是把科学知识应用在工具和机械的制造上。每一样文明的工具都是人利用物质和能力来表现一个观念或一大套观念或概念的产物。人曾被称作Homo faber，能制造器具的动物[①]。文明正是由制造器具产生的。

器具的制造的确早就极被人重视，所以有好些大发明，例如火的发明，都被认作某位伟大的神的功劳。据说孔子也有这种很高明的看法，认为一切文明工具都有精神上的根源，一切工具都是从人的意象生出来的。《周易·系辞传》里说得最好：“见乃谓之象；形乃谓之器；利而用之谓之法；利用出入，民咸用之，谓之神。”这是古代一位圣人的说法。所以我们把科学和技术看作人的高度精神的成就，这并不算是玷辱了我们东方人的身份。

总而言之，我以为我们东方的人，站在科学和技术的新文明的门口，最好有一点这样的知识上的准备，才可以适当的接受、赏识这个文明。

总而言之，我们东方的人最好有一种科学技术的文明的哲学。

大约在三十五年前，我曾提议对几个常被误用而且容易混淆的

① 语出法国哲学家。——原编者

名词——“精神文明”（Spiritual civilization），“物质文明”（Material civilization），“唯物的文明”（Materialistic civilization）——重新考虑，重新下定义。

所谓“物质文明”，应该有纯中立的涵义，因为一切文明工具都是观念在物质上的表现，一把石斧或一尊土偶和一只近代大海洋轮船或一架喷射飞机，同样是物质的。一位东方的诗人或哲人坐在一只原始舢板船上，没有理由嘲笑或藐视坐在近代喷射［飞］机在他头上飞过的人们的物质文明。

我又曾说到，“唯物的文明”这个名词虽然常被用来讥贬近代西方世界科学和技术的文明，在我看来却更适宜于形容老世界那些落后的文明。因为在我看来那个被物质环境限制住了、压迫下去了而不能超出物质环境的文明，那个不能利用人的智慧来征服自然以改进人类生活条件的文明，才正是“唯物的”。总而言之，我要说：一个感到自己没有力量对抗物质环境而反被物质环境征服了的文明，才是“唯物”得可怜。

另一方面，我主张把科学和技术的近代文明看作高度理想主义的、精神的文明。我在大约三十多年前说过：

> 这样充分运用人的聪明智慧来寻求真理，来控制自然，来变化物质以供人用，来使人的身体免除不必要的辛劳痛苦，来把人的力量增加几千倍、几十万倍，来使人的精神从愚昧、迷信里解放出来，来革新、再造人类的种种制度以谋最大多数的最大幸福，——这样的文明是高度理想主义的文明，是真正精神的文明。[1]

---

[1] 这段引文的原文出在适之先生的论文“*The Civilizations of the East and the West*”，即俾耳德教授编的“*Whither Manrind*”（1928，Longmans）的第一章。此篇大意又见于收在《［胡适］文存》第三集的论文《我们对于西洋近代文明的态度》及另几篇文字［《治学的方法与材料》等］。——原编者

这是我对科学和技术的近代文明的热诚颂赞——我在一九二五年和一九二六年首先用中文演说过并写成文字发表过，后来在一九二六年和一九二七年又在英、美两国演说过好几次，后来在一九二八年又用英文发表，作为俾耳德（Charles A. Beard）教授编的一部论文集《人类何处去》（*Whither Mankind*）里的一章。

这并不是对东方那些老文明的盲目责难，也决不是对西方近代文明的盲目崇拜。这乃是当年一个研究思想史和文明史的青年学人经过仔细考虑的意见。

我现在回过头去看，我还相信我在大约三十五年前说的话是不错的。我还以为这是对东方和西方文明很公正的估量。我还相信必须有这样的对东方那些老文明、对科学和技术的近代文明的重新估量，我们东方人才能够真诚而热烈的接受近代科学。

没有一点这样透彻的重新估量、重新评价，没有一点这样的知识上的信念，我们只能够勉强接受科学和技术，当作一种免不了的障碍，一种少不了的坏东西，至多也不过是一种只有功利用处而没有内在价值的东西。

得不到一点这样的科学技术的文明的哲学，我怕科学在我们中间不会深深的生根，我怕我们东方的人在这个新世界里也不会觉得心安理得。

（胡适 1961 年 11 月 16 日用英语演讲于台北召开的亚东区科学教育会议，徐高阮译成中文。载于台北《文星》杂志第 9 卷第 2 期，1961 年 12 月 1 日）

胡適文集

文明卷

传统与现代

基督教与中国文化

我到卧佛寺来，这是第三次。第一次正当我们几个北大同人办《新青年》的时候，外边的人都说我们是三无主义者——无政府、无家庭、无宗教。那时司徒雷登先生发起一个讨论会，就在卧佛寺举行，与会的有博晨光、戴乐仁、步济时诸先生。北大方面来了蔡元培、李大钊诸先生同我。各个人都先开诚布公地说他对于宗教的观念。信宗教的陈述他信宗教的经验，不信的也说出他无神的理由。第二步便讨论我们是否能合作。结果以为我们对于社会和国家的服务，既能抱着同一的热诚；无论个人的信仰如何不同，合作却是可能的。更证之于数年来的事实，我们的确已经合作了。所以这第一次的讨论会，我们彼此都觉得十分满意。第二次是协和医学的几个研究中国文化的西洋人邀我到卧佛寺来谈话。这几个西洋人是科学者，他们很虚心地研究中国文化，曾组织一个研究会，时常请我同他们谈。这次是被邀来专谈佛教的：同几个西方科学者在西山明月之下畅谈佛学，实属快事，并且我们对这次讨论的结果也觉得满意。所以这一次来卧佛寺算是第三次了。我从前在美国的时候，也曾赴过两次夏令会。对于基督教我也有相当的敬重，但因为我个人的信仰不同，所以当时虽有许多朋友劝我加入基督教会，我始终不曾加入。近年来我对于灵魂与上帝还是不相信，不过我对于旁人的宗教信仰仍是一样敬重的。

这次承张钦士先生邀我来此讲演，这大题目我本百番推辞，终不获允。今天不得已特上山来与诸君谈谈。今天给我的这个题目“基督教与中国文化”实在太大，不是几点钟内所能讲得完的。中国人有句俗语“小题大做”，这本是说人的一种毛病，但用来研究学问，却是很好的一种态度。“小题大做”是无论研究何种细微的东西，必要从各方面下手；科学的种种发明便是好例。即论到作文章亦复如是。反之，“大题小做”，便会弄得糟糕自欺欺人。所以我宁愿用五万字来写一篇《〈水浒传〉考证》，而不愿用几千字来写一个大题目。

今天我被邀来讲这个大题目，本非我心所愿，但是既已到此，就不能将这个题目随便乱谈。所以我只好把这题目的困难及本题历史方面的研究法略谈一谈。

第一，什么是中国文化？为中国文化下一个定义是不容易的。我也不试着去下定义。我只讲它历史上的变迁。梁漱溟先生所著《东西文化及其哲学》内讲世界有三种文化：以西方的文化是意志向前的，中国文化是调和持中的，印度文化是向后的。我以为文化是很复杂的东西，不能用分式来代表。因此我不能拿一个简单的定义来概括中国文化。

中国文化是一个很老的民族，在一个长期统一的国家里，在一个地大物博的环境内，向无很大文化上的劲敌的，所遗下的产物。这是历史上的看法，离开历史便无文化。这样的民族在这样的环境里所积的成绩有几样特色：

（一）因为是古老的民族，所以富于惰性，而尚保守。

（二）因为在长期统一的国家内，所以思想很是平庸，而不走极端。

（三）因为在地大物博的环境内，所以只求实际，而不尚玄妙；以故宗教观念及哲学皆不离伦理、物质及人生。

（四）因为无文化的劲敌，所以竞争进取心非常薄弱。

今天我所讲的中国文化，只限于精神生活——宗教——方面，而且只用历史的眼光谈一谈研究的方法。我着重谈以下四点：

（一）中国民族有何宗教？

（二）中国民族的宗教所经过的变迁是什么？

（三）这种宗教受外来的影响如何？

（四）受了影响之后的反动如何？

中国古代民族的宗教思想可以从几部古书里知道。《诗经》是代表民间以及一少部分士大夫的思想的。他们相信一个有人格的天，也叫做帝，又称为昊天，或上帝，承认他是最高的神，他有知觉，有意志，能喜怒，赏善惩恶。譬如"帝谓文王"，"有皇上帝，伊谁云憎？""天监不远"，"在帝左右"等等，这可见他们的上帝的尊严了。此外他们更相信鬼以及祖先。到秋天的时候，他们行祭祀，使人扮做他们的祖宗，这叫做"尸"，同人谈话，跳舞，然后送他出门。这种作法，是民间最普通的事。至于谈到鬼，一部《楚辞》里已是不少了。所以总括起来说，古代民族的宗教是"尊天事鬼"的宗教。

到了二千五百年前——哲学时期——怀疑派的哲学家辈出，对于宇宙的运行就发生了许多疑问。老子开始怀疑天是有意志，抑或自然的呢？人间的事实究竟背后有无主宰？老子怀疑的结果，是归之于自然。孔子对此也怀疑，但是他不谈出。他说："未能事人，焉能事鬼。""未知生，焉知死"。"如在其上"，"祭神如神在"。这样看来，在二千五百年前中国民族的宗教即遭动摇了。当时有起来护法卫道的，这便是墨翟。他出自民间，极力提倡一种新宗教，以保存鬼神之说。他所谓天即是《诗经》里的天。他教人兼爱非战，因为天的意志是如此。他反对儒教不信鬼神，而反祭祖先。他这样诘问他们：事奉祖先，不是无鱼而张网么？然而当时孔老的学说深入人心，打算祖护有鬼神之说，必须用精密的逻辑学辩证，方能动人。

所以彼时的逻辑学大为昌明，哲学方面遂得了一个极大的帮助。印度的因明学，希腊的论理学发生的原因，都是如此。到了汉朝董仲舒辈出，他们虽属儒家，而实言墨道。他们所讲的是受天应物，所行的是协理阴阳。带着儒家的假面具，其实与墨子所谈的鬼神相差不远。而这也是当时民间的宗教。到了东汉，始对于这种思想怀疑，以为人不过是很小的东西，怎能感动天地呢？他们以为人好比裈中的虱，怎能改变全身的空气呢？这是一班士大夫的说法，然而民间的宗教还是与从前的一样。又有道教出现，也是一种改头换面尊天事鬼的宗教，尊老子为太上老君，其实老子本人并不相信鬼神，他们不过藉以号召而已。所以从历史方面看来，中国民族宗教的变迁实在不止一次，然而在它骨子里面，自始至终仍然不过是一种相信感应尊天明鬼的宗教。这种宗教是切实际的，有惰性的。他们拜神，不过求福避祸而已，绝无什么玄妙的思想。这都是中国民族的环境使然的。

在这个时期中国民族的宗教虽经过几多变迁，却不曾受外来的影响。但是在二千年前，印度的佛教从西南各方侵入，传遍中国。中国民族本是平庸而含有惰性的，但自从佛教传入，于是八百年间宗教的狂热据有了一班民众，在宋朝居然四人之中有一个是和尚或尼姑。至于倾家荡产建筑庙宇更是平常的事，甚至焚手焚身，将自己献给佛菩萨，也是在所不惜的。从此一种实际的中国民族一变而为富于宗教狂热的民族了。不过数百年来佛教的势力横行中国，毫无忌惮，总带有“帝国主义”的色彩，于是有种种反动起来。反动之后，佛教又大加振兴。如唐武宗时，佛寺大被焚毁，到宣宗时，却又复兴，而更行光大。又宋徽宗时佛教一衰，而钦宗时又兴。并且当他们受反抗的时候，一般热心的佛教者，多到深山绝境去雕刻佛像，后人要想毁灭它们，可也就不容易了。譬如大同、龙门等处的石刻佛像，现在在世界上算是有名的雕刻，也就是当时留下来的遗迹。

到了宋朝欧阳修造本论，以为要抵制外来的思想，必须根本地提倡本国的思想，正如我们现在说要抵制外货，必先要提倡国货。直到朱熹等用浅近文言及白话注《四书》、《易经》、《书经》，于是连三家村的小孩都用了做课本。从此道士和尚皆倒霉下去了。民间的宗教，如同善社、拾字会、悟善社等，尚不外有两种元素，一是尊天事鬼，二是轮回果报。至于士大夫等，已多为自然主义及唯物论者，大部分对于宗教都抱着不关心的态度（indifference）。他们做官的只管做官；祭孔拜佛，不过是应酬差事而已。他们家的太太及少奶奶拜观音或敬太上老君，都随她们的便。中国民族虽然受过几百年佛教狂热的驱使，至终还是一个平凡的、切实际的、宗教性薄弱的民族。

我把本题的中国文化一部分如此讲来，诸君一定不会满意的，就连我自己也不能满意。不过我已声明在先，我今晚所要说的，乃是从历史方面将本题研究一下，不过求一个线索而已。其次，我要讲到基督教。

对于基督教，我假定诸君比我研究的更加深切；我现在只把我个人在历史上所看到的说与诸君一听。

基督教可分两个时期：一是宗教改革（Reformation）以前的，一是宗教改革以后的。这两个时期的基督教是截然不同的，至少我可以提出四点来示其区别：

一、古代及中古的基督教的特点：

（一）出世的　承认现世是污浊的，盼望清净的来生。所以要求个人的超脱，拔救（Personal Salvation）；因此不图肉体的快乐，只求精神的安舒。

（二）谦卑的　讲无抵抗主义，不尚进取。耶稣说："有人打你的左脸，应转过右脸再给他打。"凡事总尚谦卑，以为有公正万能的上帝为他们报复，所以说："Vengeance is God。"

（三）反资本主义的　《圣经》上最反对投资与放利，并不主张积资，以为财宝应当存在天上。近代西洋的经济主义当然不能与它同立了。

（四）反国家主义的或大同主义的——尤其是反帝国主义的　保罗虽是威强的罗马人，但他不以此自傲，他在犹太人中，就作犹太人，在希利尼人中就作希利尼人。其他基督徒也常说："我是世界的公民。"（I am a cosmopolitan.）就是在四福音书与使徒行传里也能找出许多关于大同主义的教义。

以上所说的四条都是宗教改革以前的基督教很显著的特色。可是自从经过宗教改革、文艺复兴、18 世纪的国家主义、19 世纪的工业革命，基督教已变成另一个东西了。与以前的基督教正正相反。

二、近代的基督教：

（一）入世的　从前出世的思想现在已经改变。肉体的刻苦，一变而为讲求肉体的安舒，不仅是求精神的恬静就可满意的。所以青年会等等的组织要求德智体平行的发展。从前只求个人的解脱，现在却趋向于社会的服务了。

（二）进步的　最好的一个例子，就是在欧战的时候，各国的主教及牧师差不多没有不为前线的将士祷告的。至于基督教徒的奔赴战场，更是当仁不让的。近来许多基督教的报章杂志多用进步奋斗这一类的名目，也是基督教改变的一个例证。（现在只有 Quakers 一班教徒比较的还颇守旧。）

（三）资本主义的　除了英国的 Morris 这班基督教的社会主义者反对资本主义而外，其余都是资本主义者，而新教所带的资本彩色更加浓厚。日本富前德山说："新教是资本主义的，是中等社会人民的，天主教却仍是平民的。"

（四）国家主义的　欧战时各国的教士都为他本国祈祷，极可以证明他们爱国的热诚。即如近年来中国每次爱国运动，基督教徒从未有不争先恐后加入的。

总而言之，现在的基督教已经充分承认了现代文明，假如不是近代文明带了基督教的招牌，即是基督教容纳或利用近代文明的长点。基督教与近代文明已混合得不可分辨。除了各种医院学校及各种组织等，所余的不过信仰及仪式而已。

中国文化及基督教的历史的研究都是不可少的。世界上对宗教观念最薄弱的，就我所见，以中国人为第一。中国人虽然拜佛敬菩萨，那不过是一种交易，是大发彩票，绝非彻底的信仰。以一“无事不登三宝”、“僧道无缘”的民族，怎能惯于宗教的种种仪式呢？若必欲将宗教仪式供给中国人，又是在这种生活复杂的情况之下，那很使中国人作伪了。

据我的观察，将来基督教在中国民族中间的发展是很有限的。或者医院青年会等等组织，还有它们相当的位置，其余基督教的本身，则没有多少发达的可能了。在士大夫——智识阶级——一方面，因为中国自然主义同西洋科学思想的影响，所以对于宗教愈形冷淡，甚或加以抵抗。

我今日不过将历史的眼光及研究法略说一下，至于确实的答案我们现时不能预测，但我以为用历史的研究法是比较的可靠一些。

（胡适 1925 年 6 月 28 日演讲于北京基督教学校事业联合会夏令会，夏云、士隽记录。录自《胡适演讲集》，河北人民出版社 1999 年版）

名　教

中国是个没有宗教的国家，中国人是个不迷信宗教的民族。——这是近年来几个学者的结论。有些人听了很洋洋得意，因为他们觉得不迷信宗教是一件光荣的事。有些人听了要做愁眉苦脸，因为他们觉得一个民族没有宗教是要堕落的。

于今好了，得意的也不可太得意了，懊恼的也不必懊恼了。因为我们新发现中国不是没有宗教的：我们中国有一个很伟大的宗教。

孔教早倒霉了，佛教早衰亡了，道教也早冷落了。然而我们却还有我们的宗教。这个宗教是什么教呢？提起此教，大大有名，他就叫做“名教”。

名教信仰什么？信仰“名”。

名教崇拜什么？崇拜“名”。

名教的信条只有一条：“信仰名的万能”。

“名”是什么？这一问似乎要做点考据。《论语》里孔子说，“必也正名乎”，郑玄注：

> 正名，谓正书字也。古者曰名，今世曰字。

《仪礼·聘礼》注：

> 名，书文也。今谓之字。

《周礼·大行人》下注：

> 书名，书文字也。古曰名。

《周礼·外史》下注：

> 古曰名，今曰字。

《仪礼·聘礼》的释文说：

> 名，谓文字也。

总括起来，“名”即是文字，即是写的字。

“名教”便是崇拜写的文字的宗教；便是信仰写的字有神力，有魔力的宗教。

这个宗教，我们信仰了几千年，却不自觉我们有这样一个伟大宗教。不自觉的缘故正是因为这个宗教太伟大了，无往不在，无所不包，就如同空气一样，我们日日夜夜在空气里生活，竟不觉得空气的存在了。

现在科学进步了，便有好事的科学家去分析空气是什么，便也有好事的学者去分析这个伟大的名教。

民国十五年有位冯友兰先生发表一篇很精辟的《名教之分析》。（《现代评论》第二周年纪念增刊，页一九四——一九六）冯先生指出“名教”便是崇拜名词的宗教，是崇拜名词所代表的概念的宗教。

冯先生所分析的还只是上流社会和智识阶级所奉的“名教”，它的势力虽然也很伟大，还算不得“名教”的最重要部分。

这两年来，有位江绍原先生在他的“礼部”职司的范围内，发现了不少有趣味的材料，陆续在《语丝》《贡献》几种杂志上发表。他同他的朋友们收的材料是细大不捐，雅俗无别的；所以他们的材料使我们渐渐明白我们中国民族崇奉的“名教”是个什么样子。

究竟我们这个贵教是个什么样子呢？且听我慢慢道来。

先从一个小孩生下地说起。古时小孩生下地之后，要请一位专门术家来听小孩的哭声，声中某律，然后取名字（看江绍原《小品》百六八，《贡献》第八期，页二四）。现在的民间变简单了，只请一个算命的，排排八字，看他缺少五行之中的那一行。若缺水，便取个水旁的名字；若缺金，便取个金旁的名字。若缺火又缺土的，我们徽州人便取个“灶”字。名字可以补气禀的缺陷。

小孩命若不好，便把他“寄名”在观音菩萨的座前，取个和尚式的“法名”，便可以无灾无难了。

小孩若爱啼啼哭哭，睡不安宁，便写一张字帖，贴在行人小便的处所，上写着：

> 天皇皇，地皇皇，我家有个夜啼郎。过路君子念一遍，一夜睡到大天光。

文字的神力真不少。

小孩跌了一交〈跤〉，受了惊骇，那是骇掉了“魂”了，须得“叫魂”。魂怎么叫呢？到那跌交〈跤〉的地方，撒把米，高叫小孩子的名字，一路叫回家。叫名便是叫魂了。

小孩渐渐长大了，在村学堂同人打架，打输了，心里恨不过，便拿一条柴炭，在墙上写着诅咒他的仇人的标语：“王阿三热病打死。”他写了几遍，心上的气便平了。

他的母亲也是这样。她受了隔壁王七嫂的气，便拿一把菜刀，在刀板上剁，一面剁，一面喊“王七老婆”的名字，这便等于乱剁王七嫂了。

他的父亲也是“名教”的信徒。他受了王七哥的气，打又打他不过，只好破口骂他，骂他的爹妈，骂他的妹子，骂他的祖宗十八代。骂了便算出了气了。

据江绍原先生的考察，现在这一家人都大进步了。小孩在墙上会写“打倒阿毛”了。他妈也会喊“打倒周小妹”了。他爸爸也会贴“打倒王庆来”了（《贡献》九期，江绍原《小品》百七八）。

他家里人口不平安，有病的，有死的。这也有好法子。请个道士来，画几道符，大门上贴一张，房门上贴一张，毛厕上也贴一张，病鬼便都跑掉了，再不敢进门了。画符自然是“名教”的重要方法。

死了的人又怎么办呢？请一班和尚来，念几卷经，便可以超度死者了。念经自然也是“名教”的重要方法。符是文字，经是文字，都有不可思议的神力。

死了人，要“点主”。把神主牌写好，把那“主”字上头的一点空着。请一位乡绅来点主。把一只雄鸡头上的鸡冠切破，那位赵乡绅把朱笔蘸饱了鸡冠血，点上“主”字。从此死者的灵魂遂凭依在神主牌上了。

吊丧须用挽联，贺婚贺寿须用贺联；讲究的送幛子，更讲究的送祭文寿序。都是文字，都是“名教”的一部分。

豆腐店的老板梦想发大财，也有法子。请村口王老师写副门联：“生意兴隆通四海，财源茂盛达三江。”这也可以过发财的瘾了。

赵乡绅也有他的梦想，所以他也写副门联：“总集福荫，备致嘉祥。”

王老师虽是不通，虽是下流，但他也得写一副门联：“文章华国，忠孝传家。”

豆腐店老板心里还不很满足，又去请王老师替他写一个大红春帖：“对我生财”，贴在对面墙上，于是他的宝号就发财的样子十足了。

王老师去年的家运不大好，所以他今年元旦起来，拜了天地，洗净手，拿起笔来，写个红帖子：“戊辰发笔，添丁进财。”他今年一定时运大来了。

父母祖先的名字是要避讳的。古时候，父名晋，儿子不得应进士考试。现在宽的多了，但避讳的风俗还存在一般社会里。皇帝的名字现在不避讳了。但孙中山死后，“中山”尽管可用作学校地方或货品的名称，“孙文”便很少人用了；忠实同志都应该称他为“先总理”。

南京有一个大学，为了改校名，闹了好几次大风潮，有一次竟把校名牌子抬了送到大学院去。

北京下来之后，名教的信徒又大忙了。北京已改做“北平”了；今天又有人提议改南京做“中京”了。还有人郑重提议“故宫博物院”应该改作“废宫博物院”。将来这样大改革的事业正多呢。

前不多时，南京的《京报附刊》的画报上有一张照片，标题是“军事委员会政治训练部宣传处艺术科写标语之忙碌”。图上是五六个中山装的青年忙着写标语；桌上，椅背上，地板上，满铺着写好了的标语，有大字，有小字，有长句，有短句。

这不过是“写”的一部分工作；还有拟标语的，有讨论审定标语的，还有贴标语的。

五月初济南事件发生以后，我时时往来淞沪铁路上，每一次四十分钟的旅行所见的标语总在一千张以上；出标语的机关至少总在七八十个以上。有写着“枪毙田中义一”的，有写着“活埋田中义一”的，有写着“杀尽矮贼”而把“矮贼”两字倒转来写，如报纸上寻人广告倒写的“人”字一样。“人”字倒写，人就会回来了；“矮贼”倒写，矮贼也就算打倒了。

现在我们中国已成了口号标语的世界。有人说，这是从苏俄学来的法子。这是很冤枉的。我前年在莫斯科住了三天，就没有看见墙上有一张标语。标语是道地的国货，是“名教”国家的祖传法宝。

试问墙上贴一张“打倒帝国主义”，同墙上贴一张“对我生财”或“抬头见喜”，有什么分别？是不是一个师父传授的衣钵？

试问墙上贴一张“活埋田中义一”，同小孩子贴一张“雷打王阿毛”，有什么分别？是不是一个师父传授的法宝？

试问“打倒唐生智”、“打倒汪精卫”，同王阿毛贴的“阿发黄病打死”，有什么分别？王阿毛尽够做老师了，何须远学莫斯科呢？

自然，在党国领袖的心目中，口号标语是一种宣传的方法，政治的武器。但在中小学生的心里，在第九十九师十五连第三排的政治部人员的心里，口号标语便不过是一种出气泄愤的法子罢了。如果“打倒帝国主义”是标语，那么，第十区的第七小学为什么不可贴“杀尽矮贼”的标语呢？如果“打倒汪精卫”是正当的标语，那么“活埋田中义一”为什么不是正当的标语呢？

如果多贴几张“打倒汪精卫”可以有效果，那么，你何以见得多贴几张“活埋田中义一”不会使田中义一打个寒噤呢？

故从历史考据的眼光看来，口号标语正是“名教”的正传嫡派。因为在绝大多数人的心里，墙上贴一张“国民政府是为全民谋幸福的政府”，正等于门上写一条“姜太公在此”，有灵则两者都应该有灵，无效则两者同为废纸而已。

我们试问，为什么豆腐店的张老板要在对门墙上贴一张“对我生财”？岂不是因为他天天对着那张纸可以过一点发财的瘾吗？为什么他元旦开门时嘴里要念“元宝滚进来”？岂不是因为他念这句话时心里感觉舒服吗？

要不然，只有另一个说法，只可说是盲从习俗，毫无意义。张老板的祖宗下来每年都贴一张“对我生财”，况且隔壁剃头店门口也贴了一张，所以他不能不照办。

现在大多数喊口号，贴标语的，也不外这两种理由：一是心理上的过瘾，一是无意义的盲从。

少年人抱着一腔热沸的血，无处发泄，只好在墙上大书“打倒卖国贼”，或“打倒日本帝国主义”。写完之后，那二尺见方的大字，那颜鲁公的书法，个个挺出来，好生威武，他自己看着，血也不沸了，气也稍稍平了，心里觉得舒服的多，可以坦然回去休息了。于是他的一腔义愤，不曾收敛回去，在他的行为上与人格上发生有益的影响，却轻轻地发泄在墙头的标语上面了。

这样的发泄情感，比什么都容易，既痛快，又有面子，谁不爱做呢？一回生，二回熟，便成了惯例了，于是“五一”、“五三”、

“五四”、“五七”、“五九”、“六三”……都照样做去：放一天假，开个纪念会，贴无数标语，喊几句口号，就算做了纪念了！

于是月月有纪念，周周做纪念周，墙上处处是标语，人人嘴上有的是口号。于是老祖宗几千年相传的“名教”之道遂大行于今日，而中国遂成了一个“名教”的国家。

我们试进一步，试问，为什么贴一张“雷打王阿毛”或“枪毙田中义一”可以发泄我们的感情，可以出气泄愤呢？

这一问便问到“名教”的哲学上去了。这里面的奥妙无穷，我们现在只能指出几个有趣味的要点。

第一，我们的古代老祖宗深信“名”就是魂，我们至今不知不觉地还逃不了这种古老迷信的影响。“名就是魂”的迷信是世界人类在幼稚时代同有的。埃及人的第八魂就是“名魂”。我们中国古今都有此迷信。《封神演义》上有个张桂芳能够“呼名落马”；他只叫一声“黄飞虎还不下马，更待何时”，黄飞虎就滚下五色神牛了。不幸张桂芳遇见了哪吒，喊来喊去，哪吒立在风火轮上不滚下来，因为哪吒是莲花化身，没有魂的。《西游记》上有个银角大王，他用一个红葫芦，叫一声“孙行者”，孙行者答应一声，就被装进去了。后来孙行者逃出来，又来挑战，改名做“行者孙”，答应了一声，也就被装了进去！因为有名就有魂了（参看《贡献》八期，江绍原《小品》页五四）。民间“叫魂”，只是叫名字，因为叫名字就是叫魂了。因为如此，所以小孩在墙上写“鬼捉王阿毛”，便相信鬼真能把阿毛的魂捉去。党部中人制定“打倒汪精卫”的标语，虽未必相信“千夫所指，无病自死”；但那位贴“枪毙田中”的小学生却难保不知不觉地相信他有咒死田中的功用。

第二，我们的古代老祖宗深信“名”（文字）有不可思议的神力，我们也免不了这种迷信的影响。这也是幼稚民族的普通迷信，高等民族也往往不能免除。《西游记》上如来佛写了“唵嘛呢叭𠺗吽”六个字，便把孙猴子压住了一千年。观音菩萨念一个“唵”字咒语，便有诸神来见。他在孙行者手心写一个“谜”字，就可以引红孩儿去受擒。小说上的神仙妖道作法，总得“口中念念有词”。一切符咒，都是有神力的文字。现在有许多人似乎真相信多贴几张“打到军阀”的标语便可以打倒张作霖了。他们若不信这种神力，何以不到前线去打仗，却到吴淞镇的公共厕所墙上张贴“打倒张作霖”的标语呢？

第三，我们的古代圣贤也会提倡一种“理智化”了的“名”的迷信，几千年来深入人心，也是造成“名教”的一种大势力。卫君要请孔子去治国，孔老先生却先要“正名”。他恨极了当时的乱臣贼子，却又“手无斧柯，奈龟山何”，所以他只好做一部《春秋》来褒贬他们，“一字之贬，严于斧钺；一字之褒，荣于华衮”。这种思想便是古代所谓“名分”的观念。尹文子说：

> 善名命善，恶名命恶。故善有善名，恶有恶名。……今亲贤而疏不肖，赏善而罚恶。贤不肖，善恶之名宜在彼；亲疏赏罚之称宜属我。……“名”宜属彼，“分”宜属我。我爱白而憎黑，韵商而舍徵，好膻而恶焦，嗜甘而逆苦。白黑商徵，膻焦甘苦，彼之“名”也；爱憎韵舍，好恶嗜逆，我之“分”也。定此名分，则万事不乱也。

“名”是表物性的，“分”是表我的态度的。善名便引起我爱敬的态度，恶名便引起我厌恨的态度。这叫做“名分”的哲学。“名教”、“礼教”便建筑在这种哲学的基础之上。一块石头，变作了贞节牌坊，便可以引无数青年妇女牺牲她们的青春与生命去博礼教先生的一篇铭赞，或志书“列女”门里的一个名字。“贞节”是“名”，羡慕而情愿牺牲，便是“分”。女子的脚裹小了，男子赞为“美”，诗人说是“三寸金莲”，于是几万万的妇女便拼命裹小脚了。“美”

与“金莲”是“名”，羡慕而情愿吃苦牺牲，便是“分”。现在人说小脚“不美”，又“不人道”，名变了，分也变了，于是小脚的女子也得塞棉花，充天脚了。——现在的许多标语，大都有个褒贬的用意：宣传便是宣传这褒贬的用意。说某人是“忠实同志”，便是教人“拥护”他。说某人是“军阀”，“土豪劣绅”，“反动”，“反革命”，“老朽昏庸”，便是教人“打倒”他。故“忠实同志”、“总理信徒”的名，要引起“拥护”的分。“反动分子”的名，要引起“打倒”的分。故今日墙上的无数“打倒”与“拥护”，其实都是要寓褒贬，定名分。不幸标语用的太滥了，今天要打倒的，明天却又在拥护之列了；今天的忠实同志，明天又变为反革命了。于是打倒不足为辱，而反革命有人竟以为荣。于是“名教”失其作用，只成为墙上的符箓而已。

两千年前，有个九十岁的老头子对汉武帝说：“为治不在多言，顾力行何如耳。”两千年后，我们也要对现在的治国者说：

> 治国不在口号标语，顾力行何如耳。

一千多年前，有个庞居士，临死时留下两句名言：

> 但愿空诸所有。
> 慎勿实诸所无。

“实诸所无”，如“鬼”本是没有的，不幸古代的浑人造出“鬼”名，更造出“无常鬼”，“大头鬼”，“吊死鬼”等等名，于是人的心里便像煞真有鬼了。我们对于现在的治国者，也想说：

> 但愿实诸所有。
> 慎勿实诸所无。

末了，我们也学时髦，编两句口号：

打倒名教！

名教扫地，中国有望！

十七，七，二

关于“名”的迷信，除江绍原、冯友兰的文章之外，可参考

Ogden and Richards：*Meaning of Meaning*，Chapter 2.

Conybeare：*Myth*，*Magic and Morals*，Chapter 13.

（原载《新月》1928年7月10日第1卷第5号）

儒教的使命

我在这个讨论会里第一次说话就声明过，我不是一个儒教徒[①]，后来我坐在这里听何锋斯博士（Dr. Hodons）的演说，听到他提起我，也许有心，也许无意，把我认作儒教里属于自然派的运动的一分子。我当时真不知道，我是应当维持我原来的声明呢，还是应当承认这个信仰的新性质呢？但是何锋斯博士在演说的末尾说："儒教已经死了，儒教万岁！"我听了这两个宣告，才渐渐明白，——儒教已死了——我现在大概是一个儒教徒了。

儒教并不是一种西方人所说的宗教。我在大学（芝加哥）演讲，在这里说话，都曾尝试说明有过些时期是一个宗教——是一个有神论的宗教。但是就整个来看，儒教从来没有打算做一有神论的宗教，从来不是一个用传教士的宗教，儒教从来不做得仿佛相信它本身是完全靠得住的，儒教从来没有勇敢跑出去对那些非教徒宣讲福音。这样说来，主席方才介绍我说话，他用的字眼有点和介绍别人的不同，是很有道理。他没有宣布我的题目是《儒教作为一个现代宗教的使命》。

① 译者注："胡先生在第一次说话里声明他不是任何宗教的信徒，只是研究中国智识及宗教史的一个学人，见《各大宗教的新趋势》第五章"。——原编者

我想这是很有道理的。儒教，正如何锋斯博士所说，已经死了，它是自杀死的，可不是由于错误的冲动，而是由于一种努力，想要抛弃自己一切逾分的特权，想要抛弃后人加到那个开创者们的经典上去的一切伪说和改窜。

我在大学演讲，有一次讲过，儒教的最后一个拥护者，最后一个改造者（1933年胡先生在芝大比较宗教系的演讲第二年由芝大出版，书名是*Chinese Renaissance*［《中国文艺复兴》］），在他自己的一辈子里，看到儒教经典的一个主要部分，一个最通行，最容易读，因此在统制中国人的思想上最有势力的部分，已经被打倒了。这样说来，儒教真可算是死了。

孟子是儒家最伟大的哲学家，他的影响仅次于孔子，曾说过："人之患，在好为人师。"儒家的经典里又常说："礼闻来学，不闻往教。"儒教从来不教它的门徒跑出去站在屋顶上对人民宣讲，把佳音带给大地四方不归信的异教徒，儒教也从来不是一个用传教士的宗教。

然而，这也不是说，孔子、孟子和儒家的学者们要把他们的灯放在斗底下（把他们的灯放在斗底下［to conceal their light under a bushee］此处的成语出自《马太福音》第五章："人点灯，不放在斗底下，是放在灯台上，就照亮一家人"），不把它放在高处，让人人可以看见。这只是说，这些人都有那种知识上的谦虚，所以他们厌恶独断的传教士态度，宁愿站在真理追求者的谦虚立场。这只是说，这些思想家不肯相信有一个人，无论他是多么有智慧有远识，能够说完全懂得一切民族，一切时代的生活与道德的一切错综复杂的性质。孔子就说过："丘也幸，苟有过，人必知之。"正是因为有这样可能有错误的意识，所以儒教的开创者们不赞成人的为人师的欲望。我们想要用来照亮世界的光，也许其实只是把微弱的火，很快就要消失在黑暗里。我们想要用来影响全人类的真理，也许绝不能完全没有错，谁要把这个真理不加一点批评变成教条，也许只能毁坏它的生命，使他不能靠后来的新世代的智慧不断获得新活力，不断重新被证实。

因此，现代宗教的第一个使命就是做一次彻底而严格的自我考察，“知道你自己”，在世界宗教的一切大诫命里应当是首要的一条。我们应当让自己信得过，我们给人的是面包，不是石头。我们应当让自己可以断定，我们想要与世界分享的真理经得住时间考验，而且全靠它自己的长处存立，不靠迫害者的强暴，也不靠神学家和宗教哲学的巧辩。我们应当让自己深知道，所有那些用他们的教条和各时代里的布鲁诺（Bruno）们、加利略［伽利略］（Galileo）们、达尔文们为敌的人，并没有给他们的宗教增光彩，反倒使它成了世界文明的笑料。

接下去，现代宗教的第二个使命，我相信，就是配合着自我考察的结果，情愿作到内部的种种改造——不但要修改甚或抛弃那些站不住的教义教条，还要改组每个宗教的制度形式的，消灭那些形式，甚或，如果必要，取消那些形式。教人知道生命可以失而复得，是各大宗教共有的精神。反过来说，在堕落的情况中生存下去还不如死，也是真理。这一点对欧、美，印度、日本那些高度有组织，高度形式化的宗教说来是特别有意义的。

我们研究中国宗教的历史，可以看到很可注意的现象：因为那些宗教的制度形式薄弱，所以新的宗教总是渐渐的，几乎不知不觉的代替了旧的宗教。禅宗就是这样慢慢代替了一切旧派；净土宗也这样慢慢浸入了所有的佛教寺院和家庭。儒教也是这样，东汉的注家慢慢盖过了较古的各派，后来又和平的让位给朱子和他那一派的新解释；从宋学到王阳明的转变，随后又有趋向于近三百年的考据学的转变，都是以同样渐进方式完成的。

别的宗教却都不是这样。他们的每一个新运动都成了定理，都抗拒再进一步的变化。圣芳济会［方济会］（Franciscans）在十三世纪是一个改革运动，到了二十世纪却依然是一个有权势的宗教，路得派与加尔文派在基督革新的历史上都占一个先进地位，到了我们当代却成了反动教派。所有这许许多多的宗派，本来应当是一个伟大宗教的一条演进的直线上的一些点或阶段，在今日却成了一个平面上并存的相对抗的势力，每一个都靠制度形式和传教工作使自己永存不灭，每一个都相信只有它可以使人逃避地狱之火而达到得救。而且，这样不愿失了历史的效用只想永存下去的顽强努力，在今日还引起一切更老的宗教仿效，连中国的太虚和康有为也有仿效了。要求一切宗教，一切教派，一切教会，停止一切这样盲目的对抗，宣布休战，让他们都有机会想想所有这一切都为的是什么，让他们给宗教的和平、节省、合理化定出一部“全面的法典”——难道现在还不应当吗?

一个现代的宗教的最后一个大使命，就是把宗教的意义和范围扩大、伸长。我们中国人把宗教叫作“教”，实在是有道理的。一切宗教开头，都是道德和社会的教化的大体系，归结却都变成了信条和仪式的奴性的守护者。一切能思想的男女现在都应当认清楚宗教与广义的教育是同共存在的，都应当认清楚凡是要把人教得更良善、更聪智、更有道德的，都有宗教和精神的价值；更都应当认清楚科学、艺术、社会生活都是我们新时代、新宗教的新工具，而且正是可以代替那旧时代的种种咒语、仪式忏悔、寺院、教堂的。

我们又要认清楚，借历史的知识看来，宗教不过是差一等的哲学，哲学也不过是差一等的科学。假如宗教对人没有作用，那不是因为人的宗教感差了，而是因为传统的宗教没有能够达成它的把人教得更良善、更聪智的基本功能。种种非宗教性的工具却把那种教化作得更成功，宗教本身正在努力争取这一切工具来支持它的形式化的生活。于是有了那些 Y. M. C. A.（基督教青年会）和那些 Y. M. B. A.（佛教青年会）。但是为什么不能省掉第三个首字母（第三首字母代表基督教的 C 和代表佛教的 B）呢？为什么不坦白承认这一切运动都已没有旧的宗教性了。为什么不坦白承认这一切如果有宗教性，只是因为他们有教育性，只是因为他们要把人教得更有道德，更尊重社会呢？又为什么不爽快把我们一切旧的尊重支持移转到那些教育的新工具上，转移到那些正在替代旧的宗教而成为教导、感发、安慰的源泉的工具上呢？

因此，一切现代宗教的使命，大概就是要把我们对宗教的概念多多扩大，也就是要把宗教本来有的道德教化的功用恢复起来。一个宗教如果只限于每星期一两个小时的活动是不能发扬的；一个宗教的教化范围如果只限于几个少数神学班，这个宗教也是不能生存下去的。现代世界的宗教必须是一种道德生活，用我们所能掌握的一切教育力量来教导的道德生活。凡是能使人高尚，能使人超脱他那小小的自我的，凡是能领导人去求真理、去爱人的，都是合乎最老的意义的、合乎最好的意义的宗教；那也正是世界上一切伟大宗教的开创者们所竭力寻求的、所想留给人类的宗教。

（胡适 1933 年 7 月英语演讲于美国芝加哥大学，徐高阮中译。录自《胡适和一个思想的趋向》，台北地平线出版社 1970 年版）

中国文化里的自由传统

各位朋友，同乡朋友：

今天我看见这么多朋友来听我说话，觉得非常感动。无论什么人，见到这么多人的欢迎，都一定会非常感动的。我应该向诸位抱歉，我本来应该早一个月来，因为有点小病，到今天才能来；并且很抱歉这次不能去台南、台东去看看五十年前我住过的地方，只有希望等下次来时再去。今天因为黄先生、游先生要我事先确定一个讲题：《中国文化里的自由传统》。这个题目也可改作《中国文化传统的自由主义》。“自由”这个意义，这个理想，“自由”这个名词，并不是外面来的，不是洋货，是中国古代就有的。

“自由”可说是一个倒转语法，可把它倒转回来为“由自”，就是“由于自己”，就是“由自己作主”，不受外来压迫的意思。宋朝王安石有首白话诗：

风吹屋顶瓦，正打破我头。
我终不恨瓦，此瓦不自由。

这可表示古代人对于自由的意义，就是“自己作主”的意思。

二千多年有记载的历史，与三千多年所记载的历史，对于自由这种权力，自由这种意义，也可以说明中国人对于自由的崇拜，与这种意义的推动。世界的自由主义运动也就是爱自由，争取自由，崇拜自由。世界的历史中，对这一运动的努力与贡献，有早有晚，有多有少，但对此运动都有所贡献。中国对于言论自由、宗教自由、批评政府的自由，在历史上都有记载。

中国从古代以来都有信仰、思想、宗教等自由，但是坐监牢而牺牲生命以争取这些自由的人，也不知有多多少少。在中国古代有一种很奇怪的制度，就是监官制度，相当于现在的监察院。这种监官制度，成立在中国政治思想、哲学思想之前。这种监官为的是要监督政府、批评政府，都是冒了很大的危险，甚至坐监、牺牲生命。古时还有人借宗教来批评君王。在《孝经》中就有一章《谏诤章》，要人为“争臣”、“争子”。《孝经》本是教人以服从孝顺，但是在君王、父亲有错时，作臣子的不得不力争。古代这种谏官制度，可以说是自由主义的一种传说〈统〉，就是批评政治的自由。此外在中国古代还有一种史官，就是记载君王的行动，记载君主所行所为以留给千千万万年后的人知道。古代齐国有一个史官，为了记载事实，写下“崔杼弑其君”，连父母均被君主所杀。但到了晋国，事实真相依然为史官写出，留传后世。所以古代的史官，正如现在的记者，批评政治，使为政者有所畏惧，这却充分表示言论的自由。

以上所说的一种谏官御史，与史官制度，都可以说明在中国政治思想与哲学思想尚未成立时，就非常尊重批评自由与思想自由。

中国思想［界］的先锋老子与孔子，也可以说是自由主义者。老子说：“民不畏死，奈何以死畏〈惧〉之？”孔子说：“三军可以夺帅也，匹夫不可以夺志也。”老子所代表的“无为政治”，有人说这就是无政府主义，反对政府干涉人民，让人民自然发展，这与孔子所代表的思想都是自由主义者。孔子所说的中庸之道，实在是一个中间偏左的态度，这可从孔子批评当时为政的人的态度而知道。孔子当时提出：“有教无类”，可解释为“有了教育就没有阶级，没有界限”。这与后来的科举制度，都能说明“教育的平等”。这种意见，都可说是一种自由主义者的思想。

孟子说："民为贵，君为轻。"在二三千年前，这种思想能被提出，实在是一个重要的自由主义者的传统。孟子说："富贵不能淫，贫贱不能移，威武不能屈。"这是孟子给读书人一种宝贵的自由主义的精神。

在春秋时代，因为国家多，"自由"的思想与精神比较发达。秦朝统一以后，思想一尊。因为自由受到限制，追求自由的人，处于这"无所逃于天地之间"的环境中，要想自由实在困难，而依然有人在万难之中不断追求。在东汉时，王充著过一部《论衡》，共八十篇，主要的用意可以一句［话］说明："疾虚妄"。全书都以说老实话态度对当时儒教、"灾异"、迷信，予以严格的批评，对孔子与孟子都有所批评，可说是从帝国时代中开辟了自由批评的传统。再举一例：在东汉到南北朝佛教极盛的时候，其中的一位君王梁武帝也迷信佛教。当时有个范睢〈缜〉，他著述几篇重要文章，其中一篇《神灭论》，就是驳斥当时盛行的灵魂不灭，认为"身体"与"灵魂"，有如"刀"之与"利"，假如刀不存在，则无所谓利不利。当时君王命七十位大学士反驳，君主自己也有反驳，他都不屈服，可说是一种思想自由的一个表现。再如唐朝的韩愈，为反抗当时疯狂的迷信，写了一篇《谏迎佛骨表》，痛骂当时举国为佛骨而疯狂的事，而被充军到东南边区。后又作《原道》，依然是反对佛教。在当时佛教如此极盛，他依然敢于反对，这正是自由主义的精神。再以后如王阳明的批评朱熹、批评政治，而受到很多苦痛。清朝有"颜李学派"，反对当时皇帝提倡的"朱子学派"，都可以说明在一种极不自由的时代而争取思想自由的例子。

在中国这二千多年的政治思想史、哲学思想史、宗教思想史中，都可以说明中国自由思想的传统。

今天已经［到］了一个危险的时代，已经到了"自由"与"不自由"的斗争，"容忍"与"不容忍"的斗争。今天我就中国三千多年历史，我们老祖宗为了争政治自由、思想自由、宗教自由、批评自由的传统，介绍给诸位，今后我们该如何的为这自由传统而努力。现在竟还有人说风凉话，说“自由是有产阶级的奢侈品，人民并不需要自由”。假如有一天我们都失去了自由，到那时候，每个人才真正会觉到自由不是奢侈品，而是必需品。

（胡适 1949 年 3 月 27 日演讲于台北中山堂，黄谷辛记录。载于《台湾新生报》，1949 年 3 月 28 日）

中国古代政治思想史的一个看法

我很感觉到不安。在大陆上的时候，我也常常替找我演讲的机构、团体增加许多麻烦；不是打碎玻璃窗，便是挤破桌椅。所以后来差不多二三十年当中，我总避免演讲。像在北平，我从来没有公开演讲过；只有过一次，也损坏了人家的椅窗。在上海有一次在八仙桥青年会大礼堂公开讲演，结果也增加他们不少损害。所以以后我只要能够避免公开演讲，就尽量避免。今天在台湾大学因为预先约定是几个学会邀约的学术演讲，相信不会太拥挤。但今天的情形——主席沈先生已向各位道歉——我觉得很不安。我希望今天不会讲得太长，而使诸位感觉得太不舒服。

那天台湾大学三个学会问我讲什么题目，当时我就说讲“中国古代政治思想史的一个看法”，而报纸上把下面的“一个看法”丢掉了。如果要我讲“中国古代政治思想史”，这个范围似嫌太大，所以我今天还只能讲“中国古代政治思想史的一个看法”。

今年是我的母校哥伦比亚大学创立二百周年纪念。他们在去年准备时就决定要举行二百周年纪念的典礼。典礼节目中的一部分，有十三个讲演。这十三个讲演广播到全美洲；同时将广播录音送到全世界，凡是有哥伦比亚大学毕业生的地方都要广播。所以这十三个广播演讲，在去年十一二月间就已录音；全部总题目叫做“人类求知的权利”。这里边又分作好几个部分：第一部分（第一至第四个演讲）是讲“人类对于人的见解”；第二部分（第五至第八个演讲）是讲“人类对于政治社会的见解”；第三部分（第九至第十三个演讲）是讲“近代自由制度的演变”。他们要我担任第六个演讲，也就是第五至第八个演讲“人类对于政治社会的见解”中的一部分。我担任的题目是“亚洲古代威权与自由的冲突”。所谓亚洲古代，当然要把巴比伦、波斯、印度古代同中国古代都包括在内。但限定每个演讲只有二十五分钟录音。这样大的题目，只限定二十五分钟的演讲，使我得到一个很大的经验与教训。因为这个题目，要从亚洲西部到东部，讲好几百年甚至一二千年古代亚洲的政治思想史，讲起来是很费时的。因此我先把这些国家约略地研究了一下；但研究结果，认为限定二十五分钟时间，无论如何是不够的。我觉得限定二十五分钟时间的演讲，只能限于中国；同时对于这些亚洲西部古代国家关于政治、宗教、社会、哲学等方面的文献甚少；所以最后我自己只选择了中国古代，并且对于“中国古代政治思想史”这个题目又不能不加以限制。同时我因为这是一个很难得很重要的机会，所以把中国古代政治思想的几种观念——威权与自由冲突的观念——特别提出四点（也可说是四件大事）来讲。结果就成为二十五分钟的演讲。哪四件大事呢？

第一，是无政府的抗议，以老子为代表。这是对于太多的政府，太多的忌讳，太多的管理，太多的统治的一种抗议。这种中国古代的政治思想，能在世界上占有一个很独立的、比较有创见的地位。这一次强迫我花了四十多天的时间，来预备一个二十五分钟的演讲；经我仔细地加以研究，感到中国政治思想在世界上有一个最大的、最有创见的贡献，恐怕就是我们的第一位政治思想家——老子——的主张无政府主义。他对政府抗议，认为政府应该学“天道”。“天道”是什么呢？“天道”就是无为而无不为。这可说是一个很重要的观念。他认为用不着政府；如其有政府，最好是无为、放任、不干涉，这是一种无政府主义的政治思想：有政府等于没有政府；如果非要有政府不可，就是无为而治。所以第一件大事，就是中国政治思想史上第一个放大炮的——老子——的无政府主义。他的哲学学说，可说是无政府的抗议。

第二件大事，是孔子、孟子一班人提倡的一种自由主义的教育哲学。孔子与孟子首先揭橥这种运动。后世所谓“道家”（其实中国古代并没有“道家”的名词；此是后话，不在此论例），也可以说是这个自由主义运动的一部分。后来的庄子、杨朱，都是承袭这种学说的。这种所谓个人主义、自由主义的教育哲学和个人主义的起来，是由于他们把人看得特别重，认为个人有个人的尊严。《论语》中的“不降其志，不辱其身”，就是这个道理。个人主义、自由主义的教育哲学，教育人参加政治，参加社会；这种人要有一种人格的尊严，要自己感觉到自己有一种使命，不能随便忽略他自己。这个个人主义、自由主义的教育哲学，是第二件值得我们纪念的大事。

第三件大事，可算是中国古代极权政治的起来，也就是集体主义（极权主义）的起来。在这个期间，墨子“上同”的思想，（这个“上”字，平常是用高尚的“尚”字，其实是上下的“上”字。）就是下面一切要上同，所谓“上同而不下比者”，——就是一种极权主义。以现在的新名词说，就叫“民主集权”。墨子的这种理论，影响到纪元前四世纪出来了一个怪人——商鞅。他在西方的秦国，实行这种“极权政治”；后来商鞅被清算死了，但这种极权制度还是存在，而且在一百年之内，把当时所谓天下居然打平，用武力来统一中国，建立所谓“秦帝国”。帝国成立以后，极权制度仍继续存在，焚书坑儒，毁灭文献，禁止私家教育。这就是第三件大事。所谓极权主义的哲学思想：极权国家不但起来了，而且是大成功。

第四件大事是，这个极权国家的打倒，无为政治的试行。秦王政统一天下之后，称他自己为秦始皇，以后他的儿子为二世，孙子为三世，以至于十世、百世、千世、万世、无穷世。殊不知非特没有到万世、千世、百世，所谓“秦帝国”，只到了二世就完了。这一个以最可怕的武力打成功的极权国家，不但十五年就倒下去了。第一个“秦帝国”没有安定，第二个帝国的汉朝却安定了。什么力量使他安定的呢？在我个人的看法，就要回到我说的第一件大事。我以为这是那个无政府主义、无为的政治哲学思想来使他安定的。秦始皇的帝国只有十五年；汉朝的帝国有四百二十年：为什么那个帝国站不住而这个帝国能安定呢？最大的原因，就是汉朝的开国领袖能运用几百年以前老子的无为的政治哲学。汉朝头上七十年工夫，就是采用了这种无为而治的哲学。秦是以有为极权而亡；而汉朝以有意的、自觉的实行无为政治，大汉帝国居然能安定四百二十年之久。不但安定了四百二十年，可说二千年来到现在。今天我们自己称“汉人”，这个“汉”字就是汉朝统治四百二十年后留给我们的。在汉朝以前，只称齐人、楚人、卫人，没有“中国人”这个名词。汉朝的四百二十年，可说是规定了以后二千多年政治的规模，就是无为而治这个观念。这可说是两千多年前祖先留下来的无穷恩惠。这个大帝国，没有军备，没有治安警察，也没有特务，租税很轻。（讲到这里，使我想起我在小时，曾从安徽南部经过浙江到上海。到了杭州，第一天才看到警察；以前走了七天七夜并没有看到一个警察或士兵，路上一样很太平。）所以第四件大事，可说是打倒极权帝国而建立一个比较安定的国家；拿以前提倡了而没有实行的无为而治的政治哲学，来安定四百二十年大汉帝国，安定几千年来中国的政治。

现在我就这四点来姑妄言之，诸位姑妄听之。

第一件大事是老子的无为主义。最近几十年来，我的许多朋友，从梁任公先生到钱穆、顾颉刚、冯友兰诸先生，都说老子这个人恐怕靠不住，《老子》这部书也恐怕靠不住。他们主张要把《老子》这部书挪后二三百年。关于这个问题，我也发表过一篇文章，批评这几位先生考定老子年代的方法。我指出他们提出来的证据都站不住。

（现在台湾版《胡适文存》第四集第二篇，就是讨论考证老子这个人的年代，和《老子》这本书的年代的。）但这二三十年来中国学者的提倡，居然影响到外国学者。外国学者也在对老子年代发生怀疑。你看西洋最近出版的几种书，差不多老子的名字都不提了。在我个人的看法，这个问题很复杂；如果将来有机会，可再和各位详细的讨论。今天简单的说，我觉得老子这个人的年代和《老子》这本书的年代，照现在的材料与根据来说，还是不必更动。老子这个人恐怕要比孔子大二三十岁；他是孔子的先生。所谓“孔子问礼于老聃”是大家所不否认的；同时在《礼记·曾子问》中有明白的记载。那时孔子做老子的学徒，在我那篇很长的文章《说儒》里，老子是“儒”，孔子也是“儒”。“儒”的职业是替人家主持丧礼、葬礼、祭礼的。有人认为“儒”是到孔子时才有的，这是错误的观念。我为了一个“儒”字，写了五万多字的文章；我的看法，凡是“儒”，根据《檀弓》里所说，就是替人家主持婚丧祭祀的赞礼的。现在大家似乎都看不起这种赞礼。其实你要是看看基督教和回教，如基督教的牧师，回教的阿洪〈訇〉，他们也是替人家主持婚丧祭祀的。在古代二千五百年时，“儒”也是一种职业。在《礼记·曾子问》中都讲到孔子的大弟子和孔子的老师都是替人家“相”丧的。《礼记·曾子问》中记：孔子自说有一天跟着老子替人家主持丧礼，出丧到半路上，遇到日蚀；老子就发命令，要大家把棺材停在路旁，等到日蚀过去后再往前抬。下面老子又解释为什么送丧时遇到日蚀应该等到太阳恢复后再往前抬。各位先生想一想：送丧碰到日蚀，这是很少见的事；而孔子跟着老子为人家主持丧礼，在路上遇见日蚀，也是一件很少见的事，记载的人把这话记载下来，我相信这是不致于会假的。从前阎百诗考据老子到周去问礼到底是哪一年，就是根据这段史实来断定的。同时《檀弓》并不是一本侮蔑孔子的书；这是一本儒家的书。孔子的学生如曾子等，都是替人家送丧的。替人家送丧是当时的一种吃饭工具，是一种正当的职业。至于《老子》这部书，约有五千字左右，里边有四五个真正有创造的基本思想；后来也没有人能有这样透辟的观念。这部只有五千字左右的书，在我个人看起来，从文字上来看，我们也没有理由把他放得太晚。在思想上他的好几个观念，可说是影响了孔子。譬如老子说“无为”，孔子受其影响甚大。如《论语》中的“无为而治者，其舜也欤!”“为政以德，譬如北辰，居其所而众星拱之!”这些话都是受了老子“无为而治”的影响的。还有孔子说，我话说得太多，我要“无言”。这也是老子的思想。孔子说：“天何言哉？四时行焉，百物生焉，天何言哉?”这就是自然主义的哲学。我们考证一部书的真假，从一个人的著作中考据另一个人，并不是我一个人的办法。譬如希腊古代在哲学方面有许多著作，后来的人考据哪几部著作是真的，哪几部著作是假的，用什么标准呢？文字当然是一种标准；但是重要的，就是如果要辨别柏拉图著作的真伪，须看柏拉图的学生亚利斯多德［亚里士多德］是否曾经引过他老师的话，或者看亚利斯多德是否曾提到柏拉图某一部书里的话。这是考据的一种方法。我们再看孔子说的“以德报怨”。这完全是根据老子所说的“报怨以德”。诸如此类的话多得很；如“以能问于不能，以多问于寡，有若无，实若虚，犯而不校。”等都可以说是老子的基本观念；尤其“犯而不校”，就是老子提倡的一个很基本的观念，所谓“不争主义”，亦即是“不抵抗主义”。（我就是犯了这个毛病：说不考据，现在又谈考据了。不过我现在说这些话，只是替老子伸伸冤而已。）

老子的主张，所谓无政府的抗议，是中国政治思想史上第一件大事。他的抗议很多。大家总以为老子是一位拱起手来不说话的好好先生，绝对不像个革命党、无政府党。我们不能太污蔑他。你只要看他的书，就知道老子不是好好先生。他在那里抗议，对于当时的政治和社会抗议。他说：“民之饥，以其上食税之多，是以饥。民之难治，以其上之有为，是以难治。民之轻死，以其求生之厚，是以轻死。”“民不畏死，奈何以死惧之。”“天下多忌讳，而民弥贫。

民多利器，国家滋昏。人多伎巧，奇物滋起。法令滋彰，盗贼多有。”这就是提倡无政府主义的老祖宗对于当时政治和社会管制太多、统制太多、政府太多的一个抗议。所以大家不要以为老子是一位什么事都不管的好好先生，太上老君；他是一位对于政治和社会不满而要提出抗议的革命党。而且他仅仅抗议还不够；他还提出一种政治基本哲学。就是说，在世界政治思想史上，自由〈只有〉中国在二千五百年以前产生了一种放任主义的政治哲学，无为而治的政治哲学，不干涉主义的政治哲学。在西方恐怕因为直接间接的受了中国这种政治思想的影响，到了十八世纪才有不干涉政治思想哲学的起来。近代的民主政治，最初的一炮都是对于政府的一个抗议：不要政府，要把政府的力量减轻到最低，最好做到无为而治。我想全世界人士不会否认：在全世界的政治思想史上，中国提出无为而治的思想、不干涉主义，这个政治哲学，比任何一个国家要早二千三百年。这是很重要的一件大事。老子说：我们不要自己靠自己的聪明；我们要学学天，学学大自然。“自然”这两个字怎样解释呢？“然”是如此，“自然”就是自己如此。天地间的万物，都不是人造出来的，也不是由玉皇大帝造一个男的再造一个女的，而都是无为，都是自己如此。一切的花，不管红黄蓝白各种颜色的花，决不是一个万能的上帝涂上了各种颜色才这样的，都是自己如此。也就是老子的所谓“天道”，孔子所谓“天何言哉？四时行焉，百物生焉，天何言哉？”“天道”就是无为，无为而无不为。老子说：“故圣人云：我无为而民自化；我好静而民自正；我无事而民自富；我无欲而民自朴。”这就是无为的政治。而老子最有名的一句话，就是“太上，下知有之。”就是说：最高的政府，使下面的人仅仅知道这个政府。另外一个本子把这句话多加了一个字，作“太上下不知有之”。就是说：上面有个政府，下面的人民还不知道有政府的存在。下面又说：“其次，亲之誉之；其次，畏之；其次，侮之”。就是，比较次一等的政府，人民亲近他，称誉他；第三等政府，人民畏惧他；第四等政府，人民看不起他。所以第一句“太上，下知有之”六个字是很了不得的，是人类政治思想史上最早有这个观念。这种政治思想，比世界上任何一个有思想文化的民族都还要早；同时，由这个观念而影响到我们后来的思想。所以我们中国在政治思想上舍不得把《老子》这部书抹煞掉，我们历史上第一个政治思想家，就是提倡无政府主义、不干涉主义的老子。同时，我颇疑心十八世纪的欧洲哲学家已经有老子的书的拉丁文翻译本：因为那时他们似乎已经受到老子学说的影响。

第二件大事是孔子以下的自由思想，个人主义。孔子与老子不同。孔子是教育家，而老子反对文化，认为五音、五色、五味的文化是太复杂了，最好连车船等机器都不用，文字也不必要。这种反文化的观念，在欧洲十八世纪时的卢梭，十九世纪时的托尔斯泰也曾提出；而老子的反文化观念要比任何世界上有文化的民族为早。老子不但反文化，而且反教育，认为文明是代表人民的堕落。而孔子恰恰相反。他是一个教育家、历史家。虽然做老子的学生，受无为思想的影响，孔子在政治思想上的成就比较平凡，并没有什么创造的见解。但是孔子是一个了不得的教育家。他提出的教育哲学可以说是民主自由的教育哲学，将人看作是平等的。《论语》中有“性相近也，习相远也，唯上智与下愚不移。”就是说，除了绝顶聪明与绝顶笨的人没有法教育以外，其他都是平等的；可教育的能力一样。孔子提出四个字，可以说是中国的民主主义教育哲学，就是：“有教无类”。“类”是种类，是阶级，若是看了墨子讲的“类”和荀子讲的“类”然后再来解释孔子的“有教无类”，可以知道此处的“类”就是种类，就是阶级。有了教育就没有种类，就没有阶级。后世的考试制度，可以说是根据这种教育哲学为背景的。

孔子的教育哲学是“有教无类”，但他的教育“教”什么呢？孔子提出的一个很重要的字，就是“仁”字。孔子的着重“仁”字，可以说前无古人后无来者。这是了不得的地方。这个“仁”就是人的人格，人的人性，人的尊严。孔子说："修己以敬。"孔子的学生问"这就够了吗？"孔子又说："修己以安人。"孔子的学生又问："这就够了吗？"孔子又说："修己以安百姓。"这句话就是说教育并不是要你去做和尚，去打坐念经那一套。"修己"是做教育自己的工作；但是还有一个社会目标，就是"安人"。"安人"是给人类以和平、快乐。这一个教育观念是新的。教育并不是为自己，不是为使自己成为菩萨、罗汉、神仙。修己是为了教育自己，为的社会目标。所以后来儒家的书《大学》里的"格物、致知、诚意、正心、修身"，是修身的工作；而后面的"齐家、治国、平天下"，都是社会的目标。所以孔子时代的这种"修己以安人"，"修己以安百姓"的观念就是将教育个人与社会贯连起来。教育的目标不是为自己自私自利，不是为升官发财，而是为"安人""安百姓"，为齐家、治国、平天下。因为有这个使命，就感觉到"仁"——受教育的"人"，尤其是士大夫阶级，格外有一种尊严。人本来有人的尊严，到了做到自己感觉有"修己以安人""修己以安百姓"的使命时，就格外感觉到有一种责任。所以《论语》中说："志士仁人，无求生以害仁，有杀身以成仁。"就是说，遇必要时，宁可杀身以完成人格。这就是《论语》中的"不降其志，不辱其身"。孔子的大弟子曾子说："士不可以不弘毅，任重而道远。仁以为己任，不亦重乎！死而后已，不亦远乎！"就是说受教育的人要有大气魄，要有毅力。为什么呢？因为"任重而道远"。"任"就是担子。把"仁"拿来做担子，担子自然很重；到死才算是完了，这个路程还不远吗？这一个观念，是我们所谓有孔孟学派的精神的：就是将个人人格看得很重，要自己挑起担子来，"修己以安人"，"修己以安百姓"。孟子常说："自任以天下之重。"曾子说："仁以为己任。"以整个人类视为我们的担子，这是两千五百年以来的一个了不得的传统。后来宋朝范仲淹也说："先天下之忧而忧，后天下之乐而乐。"这就是因为"修己以安人"而感觉到"任重而道远"的缘故。明末顾亭林以为："天下兴亡，匹夫有责”，也是这个道理。

所以自由民主的教育哲学产生了健全的个人主义。个人主义就是将自己看作一个有担子的人，不要忘了自己有使命，有责任。不但孔子如此，孟子也讲得很清楚：“富贵不能淫，贫贱不能移，威武不能屈：此之谓大丈夫。”就是说大丈夫的人格要自己感觉到自己有“修己以安人”的使命。再讲到杨、朱、庄子所提倡的个人主义，也不过是个人人格的尊严。庄子主要的是说：“举世誉之而不加劝；举世非之而不加沮。”这就是最健全的个人主义。老子、庄子都是如此。到了汉朝才有人勉强将他们跟孔、孟分了家，称为道家。秦以前的古书中都没有“道家”这个名字。（那一位先生能在先秦古书里找到“道家”这个名字的，我愿意罚钱。）所以韩非子在秦末年时说：“天下显学二，儒、墨而已。”他只讲到儒、墨，没有提及道家。杨、朱的学说也是个人主义。这个个人主义的趋势是一个了不得的趋势；以健全的民主自由教育哲学作基础，要做到“不降其志，不辱其身”；提倡人格，要挑得起人类的担子，挑得起天下的担子。宁可“杀身以成仁”，不可“求生以害仁”。这个健全的个人主义，是第二个重要的运动。

第三件大事发生在纪元前五世纪以后，在孔子以后，自四世纪起到三世纪时，正是战国时代。原来春秋时代有一个大国——晋。晋国文化［程度］很高，但在西历纪元前四〇三年即被权臣分裂为韩、赵、魏三国。这一年历史家算作战国的第一年。那时南方的楚也很强大。因为晋国三分，亦便没有可畏的强邻了。当时的秦孝公是一个英主，用了一个大政治家商鞅。两人合作而造成了一个极权国家。不过极权主义的思想原则远在商鞅之前就已发生；在《墨子》的《尚同篇》中已有这个思想。关于中国古代思想的三个大老〈佬〉——老子、孔子、墨子，我在《中国哲学史》上卷，提倡百家平等；认为他们受了委屈，为被压迫了几千年的学派打抱不平。现在想想，未免矫枉过正。当时认为墨家是反儒家的；儒家是守旧的右派，而墨家是革新的左派。但这几十年来——三十五年来的时间很长，头发也白了几根，当然思想也有点进步——我看墨子的运动是替民间的宗教辩护，认为鬼是有的，神是有的。这种替民间宗教辩护的思想，在当时我认为颇倾向于左；但现在看他，可以算是一个极右的右派——反动派。尤其是讲宗教政治的部分，所说的话是右派的话。在政治思想上，只要看他的《尚同篇》。《尚同篇》中说：

> 古者民始生未有政长之时，盖其语人异义。是以一人则一义，二人则二义，十人则十义。其人兹众，其所谓义者亦兹众。是以人是其义以非人之义，故交相非也。……天下之乱，若禽兽然。

义就是对的；一个人认为自己是对的，十个人认为他们各是对的，结果互相吵起来而“交相非也”。拿我的“义”打人家的“义”，结果天下大乱而“若禽兽然”。有了政府时，政府中，上面是天子，有三公、诸侯——乡长、里长，政府成立了。然后由天子发布命令给天下百姓，说你们凡是听见好的或不好的事都要报告到上面来，这是民主集权制。《尚同篇》中说：

> 夫明乎天下之所以乱者生以无政长，是故选天下之贤可者立以为天子。天子立，以其力为未足，又选择天下之贤可者置立之以为三公。……政长既已具，天子发政于天下之百姓，言曰，闻善而不善（王引之读“而”为“与”），皆以告其上。上之所是，必皆是之；所非，必皆非之。……上同而不下比者，此上之所赏而下之所誉也。…

只要上面说是对的，下面的人都要承认是对的：这就是“上同”，“上同而不下比”。

> 里长发政里之百姓，言曰，闻善而不善，必以告其乡长。

乡长之所是，必皆是之；乡长之所非，必皆非之。……乡长唯能壹同乡之义，是以乡治也。……乡长发政乡之百姓，言曰，闻善而不善者，必以告国君。国君之所是，必皆是之；国君之所非，必皆非之。……国君唯能壹同国之义，是以国治也。……

天子的功用就是能够壹同天下之义。但是这还不够；天子上面还有上帝。所以：

国君发政国之百姓，言曰，闻善而不善，必以告天子。天子之所是，皆是之；天子之所非，皆非之。……天子唯能壹同天下之义，是以天下治也。……天下之百姓，皆上同于天子，而不上同于天，则灾犹未去也。……

这才算是真正的上同。但是怎样才能达到上同呢？拿现代的名词讲，就是用"特务制度"，也就是要组织起来。这样才能够收到在数千里外有人做好事坏事，他的妻子邻人都不知道，而天子已经知道。《尚同篇》中有一段说：

古者圣王唯能审以尚同以为政长，是故上下情通（依毕王诸家校）。上有隐事遗利，下得而利之；下有蓄怨积害，上得而除之。是以数千万里之外，有为善者，其室人未遍知，乡人未遍闻，天子得而赏之。数千万里之外，有为不善者，其室人未遍知，乡人未遍闻，天子得而罚之。是以举天下之人皆恐惧振动，惕慄不敢为淫暴，曰，"天子之视听也神！"

就是说天子的看与听都是神。然后又说：

非神也，夫唯能使人之耳目助己视听，使人之［唇］吻助己言谈，使人之心思助己思虑，使人之股肱助己动作。助之视听者众……则其德音之所抚循者博矣；助之思虑者众，则其举事速成矣。故古者圣人之所以济事成功垂名于后世者，无他故异物焉，曰唯能以上同为政者也。

这就是一种最高的民主集权制度。这种思想真正讲起来也可以说是一种神权政治，也是极权政治的一种哲学。所以我们从政治方面讲，老子是站在左派，而墨子是站在极右派。不过后来墨子并没有机会实行他的政治哲学。

秦孝公的西方国家本来是一个贫苦的国家，但是经过商君变法，提倡“农”“战”，这是一种政治上、经济上、军事制度上的大改革、大革新。这个革新有两大原则：一是提倡“农”，生产粮食；一是提倡“战”。有许多古代的哲学，古代的书籍，因为离开我们太久远了，我们对它的看法有时看不大懂。在三十五年前我写《中国哲学史大纲》时，就很不注意《商君书》和韩非子的书。这种书因为在那时候，没有能看得懂，觉得有许多东西好像靠不住。等到这几十年来，世界上有几个大的极权政府，有几个已经倒了，有的还没有倒。因为这个缘故，我们再回头看墨子、商君的书，懂了。这是经过三十多年的变化而生的转移。举例来说：譬如关于“战”，关于权政治，在《商君书》第十七章里有一节：“圣人之为国也，一赏、一刑、一教。一赏则民无敌；一刑则令行；一教则下听。”这个“一赏、一刑、一教”，真正是极权的国家主义。最重要的是一教。一教之义，就是无论什么学问，无论什么行为，都比不了富贵；而富贵的得来，并不靠你的知识，也不靠你的行为，也不是因为名誉；靠什么呢？靠战争。“所谓一教者，博闻辩慧，信廉礼乐，修行群党，任誉清浊，不可以富贵。……富贵之门，要存战而已矣。”能够作战的才能践富贵之门；因为这个缘故，父兄、子弟、朋友、婚姻的谈话中最重要的事是战争。“彼能战者，践富贵之门。……是父兄昆弟知识婚姻合同者，皆曰，务之所加，存战而已矣。故当壮者务于战，老弱者务于守。死者不悔，生者务劝。此……所谓一教也。”“民之欲富贵也，共阖棺而后出。而富贵之门必出于兵。是故民间战而相贺也。起居饮食所歌谣者，战也。……圣人治国也，审一而已矣。”像这样人认为战争是可贺的，在家中在外面所唱的歌都是战争；这样才能做到使百姓听到战争的名字，看到战争，有如饿狼看见了肉。这样老百姓才可以用了。“民之见战也，如饿狼之见肉，则民用矣。凡战者，民之所恶也。能使民乐战者，王。”这些书籍，我们在当时看不懂；到了最近几十年来，回头看一看《史记》、《商君书》，才都懂了。那时的改革政治是怎样呢？就是将人民组织起来，分为什伍的组织，要彼此相纠发。《史记·商君列传》：

> 令民为什伍，而相收司（相纠发）连坐。（一家有罪而九家连举发。若不纠举，则十家连坐。）不告奸者腰斩。告奸者，与斩敌首同赏。匿奸者与降敌同罚。……有军功者，各以率受上爵。……大小僇力本业耕织；致粟帛多者，复其身。事末利及怠而贫者，举以为收孥。

这是西方的秦建设了一个警察国家，一个极权的国家，而且成绩特别好。在不到一百年之内，居然用武力统一了当时的所谓天下。始皇二十六年统一天下；过了八年后又发生了问题。就是当时还有许多人保留了言论自由。于是三十四年丞相李斯议曰：“……古者天下散乱，莫之能一，是以诸侯并作，语皆道古以害今，饰虚言以乱实。人善其私学，以非上之所建立。”就是百姓以批评来反对政府所建立的政策。接着又说：

> 今皇帝并有天下，别黑白而定一尊，私学而（乃）相与非法教。人闻令下，则各以其所学议之。入则心非，出则巷议。夸主以为名，异取以为高，率群下以造谤。如此弗禁，则主势降乎上，党羽成乎下。禁之便。

主张还是禁止言论自由为对。于是就具体建议：“臣请史官非秦纪皆烧之；非博士官所职，天下敢有藏诗书百家语者，悉诣守尉杂烧之。”将书烧了以后，如果还有人敢批评政府的就杀头。“有敢偶语诗书，弃市。”“吏见知不举者与同罪。”“所不去看，医药卜筮种树之书。……”这是秦始皇三十四年的大烧书。

总而言之，第三件大事就是秦朝创立一个很可怕的极权国家，而且大成功，用武力统一了全中国，建立了统一的帝国。

第四件大事就是极权国家的打倒，与无为政治的试行。汉高祖是百姓出身，项燕、项羽与张耳一班人都是贵族。汉高祖是一个地地道道的百姓，知道民间的疾苦，所以当他率领的革命军到达咸阳时，就召集父老开大会，将所有秦代所定的法律都去掉，只留约法三章。其实只有两章：“杀人者死；伤人及盗抵罪。”汉朝的几个大领袖都能继续汉高祖的这种政策。当时的曹参是战功最高的，比韩信的战功还高。汉高祖将项羽打倒后，立私生子做齐王，派曹参去做相国。曹参当时就说，我是军人，而齐国的文化程度最高，经济程度也高。情形很复杂，我干不了；还是请一班读书人去吧！于是大家告诉他，山东有一个人叫盖公，可以请他指导。于是曹参就去请教盖公。盖公说：我相信老子的哲学。要治理齐国很容易；只要“无为”就可以治好齐国。于是曹参就实行“无为之治”。在齐国做了九年宰相，实行无为的结果，齐国大治，政治成绩为全国第一。所以在萧何死后，朝廷又请曹参回到中央政府做宰相。曹参到了中央任丞相以后，也还是喝酒不管国事。当时的惠帝就遣曹参的儿子去问曹参。曹参打了儿子一顿。及曹参上朝，惠帝问他说，你为什么打你的儿子？是我叫他问的。曹参便脱帽谢罪，向惠帝说：“陛下比高皇帝何如?”惠帝说：“我哪可以比高皇帝!”参又问：“陛下看我比萧何哪个能干?”惠帝说：“君似乎不及萧何。”参曰：“陛下说得是。既然陛下比不上高祖，我比不上萧何，我们谨守他们的成规，无为而治岂不好?”惠帝就说：“很好”。不但如此，以后吕后闹了一个小政变，结果一班大臣请高祖的一个小儿子代王恒来做皇帝，这就是汉文帝。文帝的太太窦后是一个了不得的皇后。文帝死后，景帝登位，窦后是皇太后。景帝死后，武帝登位，窦后是太皇太后。前后三度，当权四十五年。窦太后最相信老子的哲学，他命令刘家、窦家全家大小都以老子的书作必修教科书。所以汉朝在这四十五年中实行无为而治的政治。对外方面，北对匈奴，南对南越，都是避免战争。对内是减轻租税，减轻刑罚；废止肉刑，废止什伍连坐罪；租税减轻至三十分之一，这是从古以来没有的，以后也没有的。人民经过战国时代的多少战争，又经过楚汉的革命战争，在汉高祖以后，七十年的无为政治使人民得了休息的机会。无为而治的政治使老百姓觉得统一的帝国有好处而没有害处。为什么有好处呢？这样大的一个帝国，没有战争，没有常备军队，没有警察，租税又轻：这自然是老百姓第一次觉得这个政策是值得维持、值得保存的。

由于汉朝这七十年的有意实行的无为而治，才造成了四百年的汉帝国，才留下无为而治的规模，使我们中国两千多年来的政治思想，政治制度，政治行为都受了这“无为而治”的恩典。这是值得我们想想的。这是我对于中国古代政治思想的一个看法。

今天因为广播公司控制得不严格，所以超过了时间，要向诸位道歉。

四十三年在台湾大学讲

（载于台北《中央日报》，1954 年 3 月 13 日；亦载于《自由中国》第 10 卷第 7 期，1954 年 4 月 1 日）

中国哲学里的科学精神与方法

一

前两次的东西哲学会议上都有人提出过这样的问题：东方从前究竟有没有科学呢？东方为什么科学很不发达，或者完全没有科学呢？

对于第一个问题，有些答案似乎确然说是没有。薛尔顿教授(Prof. W. H. Sheldon)说："西方产生了自然科学，东方没有产生。"[①]诺斯洛浦(Prof. Filmer S. C. Northrop)也说："(东方)很少有超过最浅近最初步的自然史式的知识的科学。"[②]

对于第二个问题，东方为什么科学不发达，或者完全没有科学，答案很不一致。最有挑战性刺激性的答案是诺斯洛浦教授提出来的。

---

① 薛尔顿教授的论文 *Main Contrasts Between Eastern and Western Philosophy*(《东西哲学的主要不同》)，见摩尔(CharlesA. Moore)编的 *Essays in East-West Philosophy*(《东西哲学论文集》，即 1949 年第二次东西哲学家会议的论文集，檀香山夏威夷大学出版处，1951 年版)，页 291。——原编者

② 诺斯洛浦教授的论文 *The Complementary Emphasis of Eastern Intuitive and Western Scientific Philosophy*(《东方直觉哲学与西方科学哲学互相补充的重点》)，见摩尔编的 *Philosophy—East and West*(《东西哲学》)，即 1939 年第一次东西哲学会议的论文集，普林斯顿大学出版处，1944 年版)，页 212。——原编者

他说："一个文化如果只容纳由直觉得来的概念，就天然被阻止发展高过那个最初步的、归纳法的、自然史阶段的西方式的科学。"① 依照诺斯洛浦的定义说，由直觉得来的概念只"表示可以当下了解的事物，所含的意思全是由这种可以当下了解的事物得来的②"。诺斯洛浦的理论是：

> 一个文化如果只应用由直觉得来的概念，就用不着形式推理和演绎科学。假如科学和哲学所要指示的只是当下可以了解的事物，那么，很明白，人只要观察、默想，就可认识这种事物了。直觉的和默想的方法也就是唯一靠得住的方法了。这正是东方人的见解，也正是他们的科学很久不能超过初步自然史阶段的原因，——由直觉得来的概念把人限制在那个阶段里了。③

这个理论又有这样扼要的一句话："东方人用的学说是根据由直觉得来的概念造成的，西方人用的学说是根据由假设得来的概念造成的。"④

我不想细说这个诺斯洛浦理论，因为我们这些二十来年时时注意这位哲学家朋友的人对于他的理论一定都知道得很清楚。

我只想指出，就东方的知识史来看，这个东西二分的理论是没有历史根据的，是不真实的。

---

① 诺斯洛浦教授的论文 *The Complementary Emphasis of Eastern Intuitive and Western Scientific Philosophy*（《东方直觉哲学与西方科学哲学互相补充的重点》），见摩尔编的 *Philosophy——East and West*（《东西哲学》），即1939年第一次东西哲学会议的论文集，普林斯顿大学出版处，1944年版），页212。——原编者

② 同上。——原编者

③ 《东西哲学》，页223。——原编者

④ 诺斯洛浦的 *The Meeting of East and Weat*（《东西的会合》，纽约麦米伦书店，1946年版），页448。——原编者

第一，并没有一个种族或文化“只容纳由直觉得来的概念”。老实说，也并没有一个个人“只容纳直觉得来的概念”。人是天生的一种会思想的动物，每天都有实际需要逼迫他做推理的工作，不论做得好做得不好。人也总会懂得把推理做得更好些，更准确些。有一句话说得很不错：推理是人时时刻刻逃不开的事。为了推理，人必须充分使用他的理解能力，观察能力，想象能力，综合与假设能力，归纳与演绎能力。这样，人才有了常识，有了累积起来的经验知识，有了智慧，有了文明和文化。这样，东方人和西方人，在几个延续不绝的知识文化传统的中心，经历很长的时间，才发展出来科学、宗教、哲学。我再说一遍，没有一个文化“只容纳（所谓）由直觉得来的概念”，也没有一个文化天然“被阻止发展西方式的科学”。

第二，我想指出，为着尝试了解东方和西方，所需要的是一种历史的看法（a historical approach），一种历史的态度，不是一套“比较哲学上的专门名词。”诺斯洛浦先生举的“由假设得来的概念”有这些项：半人半兽[①]，《第四福音》的开头一句，天父的概念，圣保罗、圣奥古斯丁、圣阿奎那斯的基督教[②]，还有德谟克利图［德谟克利特］的原子，波尔（Bohr）——和卢斯福［卢瑟福］（Ruthorford）——古典物理学上的原子模型，爱因斯坦物理学上的时空连续[③]。然而，我们在印度和中国的神话宗教著作里当然能够找到一千种想象的概念，足可以与希腊的半人半兽相比。我们又当然能够举出几十种印度和中国的宗教观念，足可以与《第四福音》的开头一

① 《东西哲学》，页 183。——原编者

② 同上，页 216。——原编者

③ 同上，页 185。——原编者

句相比[①]。所以这一套"两分法"的名词，这一套专用来喧〈渲〉染历史上本来不存在的一个东西方的分别的名词，难道我们还不应当要求停止使用吗？

因此，我现在很想解释一下我所说的比较哲学上用的历史的看法是什么。简单地说，历史的看法只是认为东方人和西方人的知识、哲学、宗教活动上一切过去的差别都只是历史造成的差别，是地理、气候、经济、社会、政治，乃至个人经历等等因素所产生，所决定，所塑造雕琢成的；这种种因素，又都是可根据历史，用理性，用智慧，去研究，去了解的。用这个历史的看法，我们可以做出耐心而有收获的种种研究、探索，可以不断求人了解，绝不只是笑，只是哭，或只是失望。用这个历史的看法，我们可以发现，东西两方的哲学到底还是相似多于相异；也许可以发现，不论有多少明显的差别存在，都不过是种种历史的因素特别凑合所造成的重点的程度上的差别。用这个历史的看法，也许我们更容易了解我们所谓"西方式的科学"的兴起要迅速发达，更容易了解这绝不是什么优等民族的一个独立的，并且是独占的创造，而且是许多历史因素一次非常幸运的凑合的自然结果。凭着一种耐心的历史探索，也许我们更容易了解，无论哪一种历史因素，或是种种因素的凑合，都不会"天然阻止"一个种族或文化——或者使一个种族或文化永远失了那种能力——学习、吸收、发展，甚至于超过另一民族在种种历史条件之下开创发扬起来的那些知识活动。

说一个文化"天然被阻止发展西方式的科学"，是犯了没有根据的悲观失望（to despair prematulely）。但是尽力弄清楚有些什么因

① 《第四福音》开头一句里的 Logos 曾被译作"道"，正是老子《道德经》第一句里的"道"。诺斯洛浦若知道此一翻译，也许会觉得有兴味。受过现代语言学训练的人大概会把 Logos 译作"名"，即是《老子》第二句里的"名"，此"名"曾被误译作 The name，诺斯洛浦曾引用，同上，页 204。《约翰福音》第一句："太初有道，道与神同在，道就是神。"诺斯洛浦引用《老子》，据陈荣捷的翻译。——译者

素使欧洲得到了至少四百年来领导全世界发展近代科学的光荣，在另一方面又有些什么因素，或者是些什么因素怎样凑合起来，对于有史以来多少个种族或文化（连中世纪的“希腊罗马基督教”文化也不例外）在科学发展上遭受的阻碍以至于推行毁坏，要负很大的责任，——这在我们这个很有学问的哲学家与哲学史家的会议中，也是一件值得做的事业，一种应当有的抱负。

二

我预备这篇论文，用了一个不很谦虚的题目：《中国哲学里的科学精神与方法》，也是想要显示一点比较哲学上用的历史的看法。

我有意不提中国哲学的科学内容，不但是为了那份内容与近四百年西方科学的成就不能相比——这是一个很明白的理由——而且正因为我的见解是：在科学发达史上，科学的精神或态度与科学的方法，比天文家、历法改革家、炼金术士、园艺家在实用上或经验上的什么成就都更有基本的重要性。

前哈佛大学校长康南特博士（Dr. James B. Conant），本身够一个第一流的科学家，在他的演讲集《懂得科学》（*On Understanding Science*）里，把这个见解表达得很有力量。因此我要引他说的话：

> 十六、十七世纪那些给精确而不受成见影响的探索立下标准的早期研究工作者，他们的先驱是些什么人呢？哥白尼、伽利略、维萨略［维萨里］（Vesalius）的精神上的祖先是什么人呢？中世纪那些偶然做实验工作的人，那些细心设计造出新机械的人，虽然渐渐增加了我们物理和化学的经验知识，都还算不得。这些人留给后世的人还只是许多事实资料，只是达到实用目标的有价值的方法，还不是科学探索的精神。要看严格的知识探索上的新勇气奋发，我们得向那少数深深浸染了苏格拉底传统的人身上去找，得向那些凭着原始的考古方法首先重新

> 获得了希腊、罗马文化的早期学者身上去找。在文艺复兴的第一个阶段里把对于冷静追求真理的爱好发扬起来的人，都是研究人文的，他们的工作都不是关乎生物界或无生物界的，在中世纪，尽力抱评判态度而排除成见去运用人类的理智，尽力深入追求，没有恐惧也没有偏好，……这种精神全是靠那些作讨论人文问题的人保持下来的。在学术复兴时代（The revival of learning）的初期，最够得上说是表现了我们近代不受成见影响的探索的观念的，也正是人文学者的古代研究。
>
> 佩脱拉克[彼特拉克]（Petrarch）、薄伽邱[薄伽丘]（Boccaccio）、马奇维里[马基雅维利]（Machiavelli）、依拉斯莫斯[伊拉谟斯]（Erasmus），而绝不是那些炼金术士，应当算是近代科学工作者的先驱。依同样的道理说来，拉伯雷（Rabelais）与蒙丹（Montaigne）发挥了评判的哲学精神，在我看也应当算是近代科学家的前辈[①]。

我相信康南特校长的见解根本上是正确的。他给他的演讲集加了一个副标题：《一个历史的看法》（*An historical approach*），这也是很值得注意的。

从这个历史的观点看来，“对于冷静追求真理的爱好”，“尽力抱评判态度而排除成见去运用人类的理智，尽力深入追求，没有恐惧也没有偏好”，“有严格的智识探索上的勇气”，“给精确而不受成见影响的探索立下标准”——这些都是科学探索的精神与方法的特征。我的论文的主体也就是讨论在中国知识史、哲学史上可以找出来的这些科学精神与方法的特征。

---

① 康南特的 *On Understanding Science*（《懂得科学》，纽约 Mentor Books 1951 年版），页 23、24。参看他的“*Science and Common Sense*”（《科学与常识》，耶鲁大学出版处，1951 年版），页 1—13。——原编者

三

首先，古代中国的知识遗产里确有一个“苏格拉底传统”。自由问答，自由讨论，独立思想，怀疑，热心而冷静的求知，都是儒家的传统。孔子常说他本人“学而不厌，诲人不倦”，“好古敏以求之”。有一次，他说他的为人是“发愤忘食，乐以乐忧，不知老之将至”。

过去两千五百年中国知识生活的正统就是这一个人创造磨琢成的。孔子确有许多地方使人想到苏格拉底。像苏格拉底一样，孔子也常自认不是一个“智者”，只是一个爱知识的人。他说：“知之者不如好之者；好之者不如乐之者”。

儒家传统里一个很可注意的特点是有意奖励独立思想，鼓励怀疑。孔子说到他的最高才的弟子颜回，曾这样说：“回也，非助我者也，于吾言无所不说（悦）。”然而他又说过：“吾与回言终日，不违如愚。退而省其私，亦足以发。”孔子分明不喜欢那些对他说的话样样都满意的听话弟子。他要奖励他们怀疑，奖励他们提出反对意见。这个怀疑问题的精神到了孟子最表现得明白了。他公然说：“尽信书不如无书”，公然说他看《武成》一篇只“取其二三策”。孟子又认为要懂得《诗经》必须先有一个自由独立的态度。

孔子有一句极有名的格言是：“学而不思则罔，思而不学则殆。”① 他说到他自己：“吾尝终日不食，终夜不寝，以思，无益，不如学也。”“学如不及，犹恐失之。”“朝闻道，夕死可矣。”这正是中国的“苏格拉底传统”。

知识上的诚实是这个传统的一个紧要部分。孔子对一个弟子说：“由，诲女（汝）知之乎？知之为知之，不知为不知；是知也。”又

① 《东西哲学与文化》的编者注：胡博士因两次重病住院几个月（现正恢复），故有些引用的经文缺注出处。（这是1961年末的注。）——原编者

有一次，这个弟子问怎样对待鬼神，孔子说："未能事人，焉然事鬼？"这个弟子接着问到死，孔子说："未知生焉知死？"这并不是回避问题，这是教训一个人对于不真正懂得的事要保持知识上的诚实。这种对于死和鬼神的存疑态度，对后代中国的思想发生了持久不衰的影响。这也是中国的"苏格拉底传统"。

近几十年来，有人怀疑老子、老聃是不是个历史的人物，《老子》这部古书的真伪和成书年代。然而我个人还是相信孔子确做过这位前辈哲人老子的学徒，我更相信在孔子的思想里看得出有老子的自然主义宇宙观和无为的政治哲学的影响。

在那样早的时代（公元前六世纪）发展出来一种自然主义的宇宙观，是一件真正有革命性的大事。《诗经》的《国风》和《雅》、《颂》里所表现的中国古代观念上的"天"或"帝"，是一个有知觉，有感情，有爱有恨的人类与宇宙的最高统治者。又有各种各样的鬼神也掌握人类的命运。到了老子才有一种全新的哲学概念提出来，代替那种人格化的一个神或许多个神：

> 有物混成，先天地生。寂兮寥兮，独立而不改，周行而不殆，可以为天下母。吾不知其名，字之曰道，强为之名曰大。

这个新的原理叫做"道"，是一个过程，一个周行天地万物之中，又有不变的存在的过程。道是自然如此的，万物也是自然如此的。

"道常无为，而无不为。"这是这个自然主义宇宙观的中心观念。这个观念又是一种无为放任的政治哲学的基石。"太上，下知有之。"这个观念又发展成了一种谦让的道德哲学，一种对恶对暴力不抵抗的道德哲学："上善若水，水善利万物而不争。""柔弱胜刚强。""常有司杀者。夫代司杀者，是谓代大匠斲。夫代大匠斫者希有不伤手者矣。"

这是孔子的老师老子所创的自然主义传统。然而老师和弟子有一点基本的不同。孔子是一个有历史头脑的学者，一个伟大的老师，伟大的教育家，而老子对知识和文明的看法是一个虚无主义的看法。

老子的理想国是小国寡民，有舟车之类的“什伯人之器而不用”；“使民复结绳而用之!”“常使无知无欲。”这种知识上的虚无主义与孔子的“有教无类”的民主教育哲学何等不同!

然而这个在《老子》书里萌芽，在以后几百年里充分生长起来的自然主义宇宙观，正是经典时代的一份最重要的哲学遗产。自然主义本身最可以代表大胆怀疑和积极假设的精神。自然主义和孔子的人本主义，这两极的历史地位是完全同等重要的。中国每一次陷入非理性、迷信、出世思想——这在中国很长的历史上有过好几次——总是靠老子和哲学上的道家的自然主义，或者靠孔子的人本主义，或者靠两样合起来，努力把这个民族从昏睡中救醒。

第一个反抗汉朝的国教，“抱评判态度去运用人类的理智，尽力深入追求，没有恐惧也没有偏好”的大运动，正是道家的自然主义哲学与孔子、孟子的遗产里最可贵的怀疑和看重知识上的诚实的精神合起来的一个运动。这个批评运动的一个最伟大的代表是《论衡》八十五篇的作者王充（公元27一约公元100）。

王充说他自己著书的动机，“亦一言也，曰，疾虚妄。”“是转为非，虚转为实，安能不言！……世间书传，多若等类，浮妄虚伪，没夺正是，心愤涌，笔手扰，安能不论！论则考之以心，校之以事；虚浮之事，辄立证验。”①

他所批评的是他那个时代的种种迷信，种种虚妄，其中最大最有势力的是占中心地位的灾异之说。汉朝的国教，挂着儒教的牌子，把灾异解释作一种仁爱而全知的神（天）所发的警告，为的是使人君和政府害怕，要他们承认过去，改良恶政。这种汉朝的宗教是公元前一、二世纪里好些哲人政治家造作成的。他们所忧心的是在一个极广阔的统一帝国里如何对付无限君权这个实际问题，这种忧心也是有理由的；他们有意识或半有意识地看中了宗教手段，造出来

① 《论衡》二十四。——原编者

一套苦心结构的“天人感应”的神学，这套神学在汉朝几百年里也似乎发生了使君主畏惧的作用。

最能够说明这套灾异神学的是董仲舒（公元前179—约104）。他说话像一个先知，也很有权威；“人之所为，极其美恶，乃与天地流通而往来相应。”“国家将有失道之败，而天乃先出灾害以谴告之；不知自省，又出怪异以警惧之；尚不知变，而伤败乃至。以此见天心之仁爱人君而欲止其乱也。”[①] 这种天与人君密切相感应的神学据说是有《尚书》与《春秋》（记载天地无数异变，有公元前722至481之间的36次日蚀，5次地震）的一套精细解释作根据。然而儒家的经典还不够支持这个荒谬迷忌的神学，所以还要加上一批出不完的伪书，叫做“谶”（预言）、“纬”（与经书交织来辅助经书的材料），是无数经验知识与千百种占星学的古怪想法混合成的。

这个假儒家的国教到了最盛的时候确被人认真相信了，所以有好几个丞相被罢黜，有一个丞相被赐死，只是因为据说天有了灾异的警告。三大中古宗教之一真是控制住帝国了。

王充的主要批评正针对着一个有目的上帝与人间统治者互相感应这种基本观念。他批评的是帝国既成的宗教的神学。他用来批评这种神学的世界观是老子与道家的自然主义哲学。他说：

> 夫天道自然也，无为；如谴告人，是有为，非自然也。……损皇天之德，使自然无为转为人事，故难听之也。[②]

因此，他又指出，

> 人在天地之间，犹蚤虱之在衣裳之内，蝼蚁之在穴隙之中……天至高大，人至卑小……以七尺之细形，感皇天之大气，

① 《汉书·董仲舒传》。——原编者

② 《论衡》，四十二。——原编者

其无分铢之验，必也。[①]

这也就是他指责天人感应之说实在是“损皇天之德”的理由。

他又提出理由来证明人和宇宙间的万物都不是天地有意（故）生出来的，只是自己偶然（偶）如此的：

儒者论曰：“天地故生人。”此言妄也。夫天地合气，人偶自生也。……因气而生，种类相产。……如天故生万物，当令其相亲爱，不当令人相贼害也，……则生虎狼蝮蛇及蜂虿之虫，皆贼害人，天又欲使人为之用耶？[②]

公元第一世纪正是汉朝改革历法的时代。所以王充尽量利用了当时的天文学知识打破那流行的的恶政招来灾异谴告的迷信说法。他说：

四十一二月日一食，五六月月亦一食。食有常数，不在政治。百变千灾，皆同一状，未必人君政治所致。[③]

然而王充对于当世迷信的无数批评里用得最多的证据还是日常经验中的事实。他提出五“验”来证明雷不是上天发怒，只是空中阴阳两气相激而生的一种火。他又举许多条证据来支持他的无鬼论。其中说得最巧妙，从来没有人能驳的一条是：“如审鬼者死人之精神，则人见之，宜如见其裸袒之形，无为见衣带被服也。何则？衣服无精神，人死与形体俱朽，何以得贯穿乎？”[④]

以上就我所喜欢的哲学家王充已经说得很多了。我说他的故事，只是要表明中国哲学的经典时代的大胆怀疑和看重知识上的诚实的精神如何埋没了几百年还能够重新起来推动那种战斗：用人的理智

① 《论衡》，四十三。——原编者

② 《同上》，十四。——原编者

③ 同上，五十三。——原编者

④ 同上，六十二。——原编者

反对无知和虚妄、诈伪，用创造性的怀疑和建设性的批评反对迷信，反对狂妄的权威。大胆的怀疑追问，没有恐惧也没有偏好，正是科学的精神。“虚浮之事，辄立证验”，正是科学的手段。

四

我这篇论文剩下的部分要给中国思想史上的一个大运动做一个简单的解说性的报告。这个运动开头的时候有一个：“即物而穷其理”，“以求至乎其极”[①] 的大口号，然而结果只是改进了一种历史的考证方法，因此开了一个经学复兴的新时代。

这个大运动有人叫做新儒家（Neo-Confucian）运动，因为这是一个有意要恢复佛教进来以前的中国思想和文化的运动，是一个要直接回到孔子和他那一派的人本主义，要把中古中国的那种大大印度化的，因此是非中国的思想和文化推翻革除的运动。这个运动在根本上是一个儒家的运动，然而我们应当知道那些新儒家的哲人又很老实地采取了一种自然主义的宇宙观，至少一部分正是道家传下来的，新儒家的哲人大概正好认为这种宇宙观胜过汉朝（公元前206—公元220）以来的那种神学的、目的论的“儒家”宇宙观。所以这又是老子和哲学上的道家的自然主义与孔子的人本主义合起来反抗中古中国那些被认为是非中国的、出世的宗教的一个实例。

这个新儒家运动需要一套新的方法，一套新工具（Nuvum Organum），于是在孔子以后出来的一篇大约一千七百字的《大学》里找到了一套方法。新儒家的开创者们从这篇小文章里找着了一句“致知在格物”。程氏兄弟（程颢，1032－1085；程颐，1033－1107）的哲学，尤其是那伟大的朱熹（1130－1200）所发扬组织起来的哲学，都把这句话当作一条主旨。这个穷理的意思说得再进一步，就

① 朱熹《大学补传》。——原编者

是“即凡天下之物，莫不因其已知之理而益穷之”①。

什么是“物”呢？照程朱一派的说法，“物”的范围与“自然”一般广大，从“一草一木”到“天地之高厚”② 都包括在内。但是这样的“物”的研究是那些哲人做不到的，他们只是讲实物讲政治的人，只是思想家和教人的人。他们的大兴趣在人类的道德和政治的问题，不在探求一草一木的“理”或定律。所以程颐自己先把“物”的范围缩到二项：研究经书，论古今人物，研究应接事务的道理。所以他说，“近取诸身”③。朱子在宋儒中地位最高，是最善于解说，也最努力解说那个“即物而穷其理”的哲学的人，一生的精力都用在研究和发挥儒家的经典。他的《四书（新儒家的《新约》）集注》，还有《诗经》和《易经》的注，做了七百年的标准教本。“即物而穷其理”的哲学归结是单为用在范围有限的经学上了。

朱子真正是受了孔子的“苏格拉底传统”的影响，所以立下了一套关于研究探索的精神、方法、步骤的原则。他说：“大抵义理须是且虚心随他本文正意看”，“只虚此心，将古人语言放前面，看他意思倒杀向何处去。”怎样才是虚心呢？他又说：“须是退步看。”“愈向前愈看得不分晓，不若退步却看得审。大概病在执着，不肯放下。正如听讼，心先有主张乙底的意思，便只见甲的不是，先有主张甲的意思，便只见乙的不是。不若姑置甲乙之说，徐徐观之，方能辨其曲直。横渠（张载，1020－1077）云，‘濯去旧见，以来新意。’此说甚当。若不濯去旧见，何处得新意来？”④

十一世纪的新儒家常说到怀疑在思想上的重要。张横渠说“有

① 朱熹《大学补传》。——原编者

② 《二程语录》，卷十一，丛书集成本，页143。——原编者

③ 同上，页118。——原编者

④ 《朱子语类》，卷十一，正中书局影印明成化复刊宋本，页344－345、354。——原编者

可疑而不疑者，不曾学。学则须疑。”[①] 朱子有校勘、训诂工作的丰富经验，所以能从“疑”的观念推演出一种更实用更有建设性的方法论。他懂得怀疑是不会自己生出来的，是要有了一种困惑疑难的情境才会发生的。他说：“某向时与朋友说读书，也教他去思索，求所疑，近方见得只是且恁地虚心，就上面熟读，久之自有所得亦自有疑处。盖熟读后，自有窒碍不通处，是自然有疑，方好较量。”“读书无疑者须教有疑，有疑者却要无疑。到这里方是长进。”[②]

到了一种情境，有几个发生互相冲突的说法同时要人相信，要人接受，也会发生疑惑。朱子说他读《论语》曾遇到“一样事被诸先生说成数样”，他所以“便着疑”。怎样解决疑惑呢？他说：“只有虚心。”“看得一件是，未可便以为是，且顿放一所，又穷他语，相次看得，多相比并，自然透得。”[③] 陆象山（1139－1193）是朱子的朋友，也是他的哲学上的对手。朱子在给象山的一封信里又用法官审案的例说：“（如）治狱者当公其心……不可先以己意之向背为主，然后可以审听两造之辞，旁求参伍之验，而终得其曲直之当耳。”[④]

朱子所说的话归结起来是这样一套解决怀疑的方法：第一步是提出一个假设的解决方法，然后寻求更多的实例或证据来作比较，来检验这个假设，——这原是一个“未可便以为是”的假设，朱子有时叫做“权立疑义”[⑤]。总而言之，怀疑和解除怀疑的方法只是假设和求证。

朱子对他的弟子们说：“诸公所以读书无长进，缘不会疑。某虽看至没紧要的事物，亦须致疑。才疑，便须理会得彻头。”[⑥]

---

① 《张横渠集》，卷八，丛书集成本，页130。——原编者

② 《语类》，卷十一，页355－356。——原编者

③ 《语类》，卷十一，页355。——原编者

④ 《朱文公集》，卷三十六，《答陆子静》第六书。——原编者

⑤ 同上，卷四十四，《答江德功》，第六书。——原编者

⑥ 《语类》卷一二一，页1745。——原编者

正因为内心有解决疑惑的要求，所以朱子常说到他自己从少年时代起一向喜欢做依靠证据的研究工作（考证）。他是人类史上一个有第一等聪明的人，然而他还是从不放下勤苦的工作和耐心的研究。

他的大成就有两个方向：第一，他常常对人讲论怀疑在思想和研究上的重要，——这怀疑只是“权立疑义”，不是一个目的，而是一个要克服的疑难境地，一个要解决的恼人问题，一个要好好对付的挑战。第二，他有勇气把这个怀疑和解除怀疑的方法应用到儒家的重要经典上，因此开了一个经学的新时代，这个新经学要到他死后几百年才达到极盛的地步。

他没有写一部《尚书》的注解，但他对《尚书》的研究却有划时代的贡献，因为他有大勇气怀疑《尚书》里所谓“古文”二十五篇的真伪。这二十五篇本来分明是汉朝的经学家没有见到的，大概公元四世纪才出来，到了七世纪才成为《尚书》的整体的一部分。汉朝博士正式承认的二十八篇（实在是29篇）原是公元前二世纪一个年老的伏生（他亲身经历公元前213年的焚书）口传下来，写成了当时的“今文”。

朱子一开始提出来的就是一个大疑问：“孔壁所出《尚书》……皆平易，伏生所传者难读。如何伏生偏记得难的，至于易的全记不得？此不可晓。”①

《朱子语类》记载他对每一个问《尚书》的学生都说到这个疑问。“凡易读者皆古文，……却是伏生记得者难读。”② 朱子并没有公然说古文经是后来人伪造的，他只是要他的弟子们注意这个难解的文字上的差别。他也曾提出一种很温和的解释，说那些篇难读的大概代表实际上告诫百姓的说话，那些篇容易读的是史官修改过的，甚至于重写过的文字。

---

① 《语类》，卷七十八，页3202。——原编者

② 同上，页3203。——原编者

这样一个温和的说法自然不能消除疑问；那个疑问一提出来就要存在下去，要在以后几百年里消耗经学家的精神。

一百年之后，元朝（1297—1368）的吴澄接受了朱子的挑战，寻得了一个合理的结论，认为那些篇所谓“古文”不是真正的《尚书》的一部分，而是很晚出的伪书。因此吴澄作《书纂言》，只承认二十八篇“今文”，不承认二十五篇“古文”。

到了十六世纪，又有一位学者梅鷟，也来研究这个问题。他在一五四三年出了一部书，证明《尚书》的“古文”部分是四世纪的一个作者假造的，那个作者分明是从若干种提到那些篇“佚”书的篇名的古书里找到许多文字，用作造假的根据。梅鷟费了力气查出伪《尚书》的一些要紧文字的来源。

然而还要等到十七世纪又出来一个更大的学者阎若璩（1636—1704），才能够给朱子在十二世纪提出的关于《古文尚书》的疑惑定案。阎若璩花了三十多年功夫写成一部大著作《尚书古文疏证》，他凭着过人的记忆力和广博的书本知识，几乎找到《古文尚书》每一句的来源，并且指出了作伪书的人如何错引了原文或误解了原文的意义，才断定这些篇是有心伪造的。总算起来，阎若璩为证明这件作伪，举了一百多条证据。他的见解虽然大受当时的保守派学者的攻击，我们现在总已承认阎若璩定了一个铁案，是可以使人心服了。我们总已承认：在一部儒家重要经典里，有差不多半部，也曾被当作神圣的文字有一千年之久，竟不能不被判定是后人假造的了。

而这件可算得重大的知识上的革命不能不说是我们的哲人朱子的功绩，因为他在十二世纪已表示了一种大胆的怀疑，提出了一个很有意思的，只是他自己的工夫还不够解答的问题。

朱子对《易经》的意见更要大胆，大胆到在过去七百年里没有人敢接受，没有人能继续推求。

他出了一部《周易本文》，又有一本小书《易本义启蒙》。他还留下不少关于《易经》的书信和谈话记录。[1]

他的最大胆的论旨是说《易经》虽然向来被看作一部深奥的哲理圣典，其实原来只是卜筮用的本子，而且只有把《易》当作一部卜筮的书，一部"只是为卜筮"[2] 的书，才能懂得这部书，"八卦之画本为占筮，……文王重卦作繇辞，周公作爻辞，亦只是为占筮。""如说田猎、祭祀、侵伐、疾病，皆是古人有此事去卜筮，故爻中出此。""圣人要说理，……何不别作一书，何故要假卜筮来说?""若作卜筮看，极是分明。"[3]

这种合乎常识的见解在当时是从来没有人说过的见解。然而他的一个朋友表示反对，说这话"太略"。朱子答说："譬之此烛笼，添得一条骨子，则障了一路明。若能尽去其障，使之体统光明，岂不更好?"[4]

这是一个真正有革命性的说法，也正可以说明朱子一句深刻的话："道理好处又却多在平易处"。[5] 然而朱子知道他的《易》只是卜筮之书的见解对他那个时代说来是太急进了。所以他很伤心地说："此说难向人道，人不肯信。向来诸公力求与某辨，某煞费力气与他分析。而今思之，只好不说，只做放那里，信也得，不信也得，无许多力气分疏。"[6]

朱子的《诗集传》(1117) 在他身后做了几百年的标准读本，这部注解也是他可以自傲的。他这件工作有两个特色足以开辟后来的研究道路。一个特色是他大胆抛弃了所谓《诗序》所代表的传统解释，而认定《雅》、《颂》和《国风》都得用虚心和独立的判断去读。

---

① 《语类》，卷六十六至六十七。——原编者

② 《语卷》，卷六十六，页 2636，2642. 2650。——原编者

③ 《语类》，卷六十六，页 2636，2638，2640，2647，2658。——原编者

④ 同上，卷六十七，页 2693。——原编者

⑤ 同上，卷十一，页 351。——原编者

⑥ 同上，卷六十六，页 2639—2640。——原编者

另一个特色是他发现了韵脚的“古音”；后世更精确的全部古音研究，科学的中国音韵的前身，至少间接是他那个发现引出来的。

作《通志》的郑樵（1104—1162）是与朱子同时的人，但是年长的一辈，出了一部小书《诗辨妄》，极力攻击《诗序》，认为那只是一些不懂文学，不懂得欣赏诗的村野妄人的解释。郑樵的激烈论调先也使我们的哲人朱子感到震动，但他终于承认：“后采仔细看一两篇，因质之《史记》、《国语》，然后知《诗序》之果不足信。”[①]

我再举相冲突的观念引起疑惑的一个好例，也是肯虚心的人能容受新观念，能靠证据解决疑惑的好例。朱子谈到他曾劝说他的一个一辈子的朋友吕祖谦（1137—1181），又是哲学上的同道，不要信《诗序》，但劝说不动。他告诉祖谦，只有很少几篇《诗序》确有《左传》的材料足以作证，大多数《诗序》都没有凭证。“渠却云，‘安得许多文字证据？’某云，‘无证而可疑者，只当阙之，不可据序作证。’渠又云，‘只此序便是证。’某因云，‘今人不以诗说诗，却以序解诗。’”[②]

朱子虽然有胆量去推翻《诗序》的权威，要虚心看每一篇诗来求解诗的意义，但是他自己的新注解，他启发后人在同一条路上向前走动的努力，却还没有圆满的成绩。传统的分量对朱子本人，对他以后的人，还太沉重了。然而近代的全不受成见左右的学者用了新的工具，抱着完全自由的精神，来做《诗经》的研究，绝不会忘记郑樵和朱熹的大胆而有创造性的怀疑。

朱子的《诗经》研究的第二个特色，就是叶韵的古音方面的发现，他在这一方面得了他同时的学者吴棫（死在1153或1154）的启发和帮助。吴棫是中国音韵学一位真正开山的人，首先用归纳的方法比较《诗》三百篇押韵的每一句，又比较其他上古和中古押韵的

① 《语类》，卷八十，页3357。——原编者

② 同上，页3360。——原编者

诗歌。他的著作不多，有《诗补音》、《楚辞释音》、《韵补》。只有最后一种翻刻本传下来。

《诗经》有许多韵脚按“今”音读不押韵，但在古代是自然押韵的，所以应当照“古音”读：这的确是吴棫首先发现的。他细心把三百多篇诗的韵脚都排列起来，参考上古和中古的字典韵书推出这些韵脚的古音。他的朋友徐蒇，也是他的远亲，替他的书作序，把他耐心搜集大批实例，比较这些实例的方法说得很清楚，“如服之为房六切，其见于《诗》者凡十有六，皆当为蒲北切（bek，高本汉读b'iuk），而无与房六叶者。友之为云十九切，其见于《诗》者凡十有一，皆当作羽轨切，而无与云九叶者。”

这种严格的方法深深打动了朱子，所以他作《诗集传》，决意完全采用吴棫的“古音”系统。然而他大概是为了避免不必要的争论，所以不说“古音”，只说“叶韵”，——也就是说，某一个字应当从某音读，是为了与另一读音显然没有变化的韵脚相叶。

但是他对弟子们谈话，明白承认他的叶韵大部分都依吴棫，只有少数的例有添减；又说叶韵也是古代诗人的自然读音，因为“古人作诗皆押韵，与今人歌曲一般”[①]。这也就是说，叶韵正是古音。

有人问吴棫的叶韵可有什么根据，朱子答说：“他皆有据，泉州有其书。每一字多者引十余证，少者亦两三证。他说元初更多，后删去（为省抄写刻印的工费），姑存此耳。”[②] 朱子的叶韵也有同吴棫不同的地方，他在《语头》和《楚辞集注》[③] 里都举了些证人比较。

但是因为朱子的《诗集传》全用“叶韵”这个名词，全没有提到“古音”，又因为吴棫的书有的早已失传，也有的不容易得，所以

① 《语类》，卷八十，页3366。——原编者

② 同上，页3365。——原编者

③ 同上，页3363—3367，又《楚辞集注》，卷三，《天问》“能流厥严”句注。——原编者

十六世纪初已有一种讨论，严厉批评朱子不应当用“叶韵”这个词。一五八〇年，有一位大学者，也是哲学家，焦竑（1541—1620），在他的《笔乘》里提出了一个理论的简单说明（大概是他的朋友陈第［1541—1617］的理论），以为古诗歌里的韵脚凡是不合近世韵的本来都是自然韵脚，但是读音经历长时间有了变化。他举了不少例来证明那些字照古人歌唱时的读音是完全押韵的。

焦竑的朋友陈第做了许多年耐心的研究，出了一套书，讨论好几种古代有韵的诗歌集里几百个押韵的字的古音。这套书的第一种《毛诗古音考》，是一六一六年出的，有焦竑的序。

陈第在《自序》里提出他的主要论旨：《诗经》里的韵脚照本音读是全自然押韵的，只是读音的自然变化使有些韵脚似乎全不押韵了。朱子所说的“叶韵”，陈第认为大半都是古音或本音。

他说：“于是稍为考据，列本证旁证二条。本证者诗自相证也。旁证者采之他书也。”

为了说明“服”字一律依本来的古音押韵，他举了十四条本证，十条旁证，共二十四条。他又把同样的归纳法应用在古代其他有韵文学作品的古音研究上。为了求“行”字的古音，他从《易经》有韵的部分找到四十四个例，都是尾音 ang 的字押韵。为一个“明”字，他从《易经》里找到十七个证据。

差不多过了半世纪，爱国的学者顾炎武（1614—1682）写成他的《音学五书》。其中一部是《诗本音》；一部是《易音》；一部是《唐韵正》，这是一种比较古音与中古音的著作。顾炎武承认他受了陈第的启发，用了他的把证据分为本证和旁证两类的方法。

我们再用“服”字作例子。顾炎武在《诗本音》里举了十七条本证，十五条旁证，共三十二条。在那部大书《唐韵正》里，他为说明这个字在古代的音韵是怎样的，列举从传世的古代有韵的作品里找到一百六十二条证据！

这样耐心收集实例、计算实例的工作有两个目的：第一，只有这些方法可以断定那些字的古音，也可以找出可能有的违反通则而要特别解释的例外。顾炎武认为这种例外可以从方言的差异来解释。

但是这样大规模收集材料的最大用处还在于奠定一个有系统的古音分部的基础。有了这个古代韵文研究作根据，顾炎武断定古音可以分入十大韵部。

这样音韵学才走上了演绎的、建设的路，第一步是弄明白古代的“韵母”（韵部）；然后，在下一个时期，弄明白古代声母的性质。

顾炎武在一六六七年提出十大韵部。下一百年里，又有好些位学者用同样归纳和演绎的考证方法研究同一个问题。江永（1681—1763）提出十三个韵部。段玉裁（1735—1851）把韵部加到十七个。他的老师，也是朋友，戴震（1724—1777），又加到十九个。王念孙（1744—1832）和江有诰（死在1851），各人独立工作，得到了彼此差不多的一百二十一部的系统。

钱大昕（1728—1804）是十八世纪最有科学头脑的人里的一个，在一七九九年印出来他的笔记，其中有两条文字是他研究古代唇、齿音的收获①。这两篇文字都是第一等考证方法的最好的模范。他为唇音找了六十多个例子，为齿音也找了差不多数目的例子。为着确定各组里的字的古音，每一步工作都是归纳与演绎的精熟配合，都是从个别的例得到通则，又把通则应用到个别的例上。最后的结果产生了关于唇、齿音的变迁的两条大定律。

我们切不可不知道这些开辟中国音韵学的学者们有多么大的限制，所以他们似乎从头注定要失败的。他们全没有可给中国语言用的拼音字母的帮助。他们不懂得比较不同方言，尤其是比较中国南部、东南部、西南部的古方言。他们又全不懂高丽、越南、日本这些邻国的语言。这些中国学者努力要了解中国语言的音韵变迁，而

① 《十驾斋养新录》，卷五，“古无轻唇音”，“古无舌头舌上分”两条。——原编者

没有这种有用的工具，所以实在是要去做一件几乎一定做不成的工作，因此，要评判他们的成功失败，都得先知道他们这许多重大的不利条件。

这些大人物可靠的工具只是他们的严格的方法：他们耐心把他们承认的事实或例证搜罗起来，加以比较，加以分类，表现了严格的方法；他们把已得到的通则应用到归了类的个别例子上，也表现了同等严格的方法。十二世纪的吴棫、朱熹，十七世纪的陈第、顾炎武，还有十八九世纪里那些继承他们的人，能够做出中国音韵问题的系统研究，能够把这种研究做得像一门学问，——成了一套合乎证据、准确、合理系统化的种种严格标准，——确实差不多全靠小心应用一种严格的方法。

我已经把我所看到的近八百年中国思想里的科学精神与方法的发达史大概说了一遍。这部历史开端在十一世纪，本来有一个很高大的理想，要把人的知识推到极广，要研究宇宙万物的理或定律。那个大理想没有法子不缩到书本的研究——耐心而大胆地研究构成中国经学传统“典册”的有数几部大书。一种以怀疑和解决怀疑做基础的新精神和新方法渐渐发展起来了。这种精神就是对于牵涉到经典的问题也有道德的勇气去怀疑，就是对于一份虚心，对于不受成见影响的，冷静的追求真理，肯认真坚持。这个方法就是考据或考证的方法。

我举了这种精神和方法实际表现的几个例，其中最值得注意的是考订一部分经书的真伪和年代，由此产生了考证学，又一个是产生了中国音韵的系统研究。

然而这个方法还应用到文史的其他许多方面，如校勘学、训诂学（semantics，字义在历史上变迁的研究）、史学、历史地理学、金石学，都有收获，有效验。

十七世纪的陈第、顾炎武首先用了“本证”“旁证”这两个名词，已经是充分有意运用考证方法了。因为有十七世纪的顾炎武、阎若璩这两位大师的科学工作把这种方法的效验表现得非常清楚，所以到了十八九世纪，中国第一流有知识的人几乎都受了这种方法的吸引，都一生用力把这个方法应用到经书和文史研究上。结果就造成了一个学术复兴的新时代，又叫作考据的时代。

这种严格而有效的方法的科学性质，是最用力批评这种学术的人也不能不承认的。方东树（1772－1851）正是这样一位猛烈的批评家，他在一八二六年出了一部书，用大力攻击整个的新学术运动。然而他对于同时的王念孙、引之（1766－1834）父子所用的严格的方法也不得不十分称赞。他说："以此义求之近人说经，无过高邮父子《经义述闻》，实足令郑、朱俯首，汉唐以来未有其匹。"① 一个用大力攻击整个新学术运动的人有这样的称赞，足以证明小心应用科学方法最能够解除反对势力的武装，打破权威和守旧，为新学术赢得人的承认、心服。

这种"精确而不受成见影响的探索"的精神和方法，又有什么历史的意义呢？

一个简单的答案，然而是全用事实来表示的答案，应当是这样的：这种精神和方法使一个主观的、理想主义的、有教训意味的哲学的时代（从十一到十六世纪）不能不让位给一个新时代了，使那个哲学显得过时、空洞、没有用处，不足吸引第一等的人了。这种精神和方法造成了一个全靠严格而冷静的研究作基础的学术复兴的新时代（1600－1900）。但是这种精神和方法并没有造成一个自然科学的时代。顾炎武、戴震、钱大昕、王念孙所代表的精确而不受成见影响的探索的精神并没有引出来中国的一个伽利略、维萨略、牛顿的时代。

这又是为什么呢？为什么这种科学精神和方法没有产生自然科学呢？

---

① 《汉学商兑》，卷中之下，《宋鉴·说文解字疏序》条。——原编者

不止四分之一世纪以前，我曾试提一个历史的解释，做了一个十七世纪中国与欧洲知识领袖的工作的比较年表。我说：

> 我们试作一个十七世纪中国与欧洲学术领袖的比较年表——十七世纪正是近代欧洲的新科学与中国的新学术定局的时期——就知道在顾炎武出生（1613）之前年，伽利略做成了望远镜，并且用望远镜使天文学起了大变化，解百勒［开普勒］(Kepler）发表了他的革命性的火星研究和行星运动之时，哈维(Harvey）发表了他的论血液运行的大作（1628），伽俐略发表了他的关于天文学和新科学的两部大作（1630）。阎若璩开始做《尚书》考证之前十一年，佗里杰利［托里拆利］（Toricelli）已完成了他的空气压力大实验（1644）。稍晚一点，波耳［波义耳］（Boyle）宣布了他的化学新实验的结果，做出了波耳氏律(1660—1661)。顾炎武写成他的《音学五书》（1667）之前一年，牛顿发明了微积分，完成了白光的分析。一六八〇年，顾炎武写《音学五书》的后序；一六八七年，牛顿发表他的《自然哲学原理》(*Principia*)。
>
> 这些不同国度的新学术时代的大领袖们在科学精神和方法上有这样非常显著的相像，使他们的工作范围的基本不同却也更加引人注意。伽俐略、解百勒、波耳、哈维、牛顿所运用的都是自然的材料，是星球、球体、斜面、望远镜、显微镜、三棱镜、化学药品、天文表。而与他们同时的中国所运用的是书本、文字、文献证据。这些中国人产生了三百年的科学的书本学问；那些欧洲人产生了一种新科学和一个新世界。①

这是一个历史的解释，但是对于十七世纪那些中国大学者有一

① *The Chinese Renaissance*（《中国文艺复兴》，芝加哥大学1934年版），页70—71。——原编者

点欠公平。我那时说："中国的知识阶级只有文学的训练，所以活动的范围只限于书本和文献。"这话是不够的。我应当指出，他们所推敲的那些书乃是对于全民族的道德、宗教、哲学生活有绝大重要性的书。那些大人物觉得抄出这些古书里每一部的真正意义是他们的神圣责任。他们正像白朗宁（Robert Browing）的诗里写的"文法学者"（Grammarian）：

"你卷起的书卷里写的是什么？"他问，
"让我看看他们的形象，
那些最懂得人类的诗人圣哲的形象，——
拿给我！"于是他披上长袍，
一口气把书读透到最后一页……
"我什么都要知道！……
盛席要吃到最后的残屑。"
"时间算什么？'现在'是犬猴的份！
人有的是'永久'。"[①]

白朗宁对人本主义时代的精神的礼赞正是："这人决意求的不是生存，是知识。"[②]

孔子也表示同样的精神："学如不及，犹恐失之。""朝闻道，夕死可矣。"朱子在他的时代也有同样的表示："义理无穷，惟须毕力钻研，死而后已耳。"[③]

但是朱子更进一步说："诸公所以读书无长进，缘不会疑。""才疑，便须理会得彻头。"后来真能使继承他的人，学术复兴的新时代的那些开创的人和做工的人，都懂得了怀疑，——抱着虚心去怀疑，

① 白朗宁的诗，*A Grammarian's Funeral*（《一个法学者的葬礼》）。——原编者
② 同上。——原编者
③ 《朱文公集》，卷五十九，《答余正叔》，第三书。——原编者

再找方法解决怀疑，即使是对待经典大书也敢去怀疑。而且，正因为他们都是专心尽力研究经典大书的人，所以他们不能不把脚跟站稳；他们必须懂得要有证据才可以怀疑，更要有证据才可以解决怀疑。我看这就足够给一件大可注意的事实作一种历史的解释，足够解释那些只运用“书本、文字、文献”的大人物怎么竟能传下来一个科学的传统，冷静而严格的探索的传统，严格的靠证据思想，靠证据研究的传统，大胆的怀疑与小心的求证的传统——一个伟大的科学精神与方法的传统，使我们，当代中国的儿女，在这个近代科学的新世界里不觉得困扰迷惑，反能够心安理得。

（胡适 1959 年 7 月英语演讲于美国夏威夷大学主办的第三届“东西方哲学家会议”，徐高阮中译。连载于台北《新时代》第 4 卷第 8－9 期，1964 年 8、9 月）

胡适文集

A Collection of Hu Shih's Essays

2 政治卷

何卓恩◎编

長春出版社
国家一级出版社
全国百佳图书出版单位

1942年胡适任驻美大使

目录

■ 民主与统一

■ 国难与政治

■ 世界政治观察

胡適文集

政治卷

政治的理想

我们的政治主张

我们为供给大家一个讨论的底子起见，先提出我们对于中国政治的主张，要求大家的批评，讨论，或赞助。

（一）政治改革的目标　我们以为现在不谈政治则已，若谈政治，应该有一个切实的，明了的，人人都能了解的目标。我们以为国内的优秀分子，无论他们理想中的政治组织是什么（全民政治主义也罢，基尔特社会主义也罢，无政府主义也罢），现在都应该平心降格的公认“好政府”一个目标，作为现在改革中国政治的最低限度的要求。我们应该同心协力的拿这共同目标来向国中的恶势力作战。

（二）“好政府”的至少涵义　我们所谓“好政府”，在消极的方面是要有正当的机关可以监督防止一切营私舞弊的不法官吏。在积极的方面是两点：

第一，充分运用政治的机关为社会全体谋充分的福利。

第二，充分容纳个人的自由，爱护个性的发展。

（三）政治改革的三个基本原则　我们对于今后政治的改革，有三个基本的要求：

第一，我们要求一个“宪政的政府”，因为这是使政治上轨道的第一步。

第二，我们要求一个“公开的政府”，包括财政的公开与公开考试式的用人等等；因为我们深信“公开”（Publicity）是打破一切黑幕的唯一武器。

第三，我们要求一种“有计画的政治”，因为我们深信中国的大病在于无计画的飘〈漂〉泊，因为我们深信计画是效率的源头，因为我们深信一个平庸的计画胜于无计画的瞎摸索。

（四）政治改革的唯一下手工夫 我们深信中国所以败坏到这步田地，虽然有种种原因，但“好人自命清高”确是一个重要的原因。“好人笼着手，恶人背着走。”因此，我们深信，今日政治改革的第一步在于好人须要有奋斗的精神。凡是社会上的优秀分子，应该为自卫计，为社会国家计，出来和恶势力奋斗。我们应该回想，民国初元的新气象岂不是因为国中优秀分子加入政治运动的效果吗？当时的旧官僚很多跑到青岛、天津、上海去拿出钱来做生意，不想出来做官了。听说那时的曹汝霖，每天在家关起门来研究宪法！后来好人渐渐的厌倦政治了，跑的跑了，退隐的退隐了；于是曹汝霖丢下他的宪法书本，开门出来了；于是青岛、天津、上海的旧官僚也就一个一个的跑回来做参政咨议总长次长了。民国五六年以来，好人袖手看着中国分裂，看着讨伐西南，看着安福部的成立与猖獗，看着蒙古的失掉，看着山东的卖掉，看着军阀的横行，看着国家破产丢脸到这步田地！——够了！罪魁祸首的好人现在可以起来了！做好人是不够的，须要做奋斗的好人；消极的舆论是不够的，须要有决战的舆论。这是政治改革的第一步下手工夫。

（五）我们对于现在的政治问题的意见 我们既已表示我们的几项普通的主张了，现在我们提出我们的具体主张，供大家讨论。

第一，我们深信南北问题若不解决，一切裁兵，国会，宪法，财政等等问题，都无从下手。但我们不承认南北的统一是可以用武力做到的。我们主张，由南北两方早日开始正式议和。一切暗地的勾结，都不是我们国民应该承认的。我们要求一种公开的，可以代表民意的南北和会。暗中的勾结与排挤是可耻的，对于同胞讲和并不是可耻的。

第二，我们深信南北没有不可和解的问题。但像前三年的分赃和会是我们不能承认的。我们应该预备一种决战的舆论做这个和会的监督。我们对于议和的条件，也有几个要求：

（1）南北协商召集民国六年解散的国会，因为这是解决国会问题的最简易的方法。

（2）和会应责成国会克期完成宪法。

（3）和会应协商一个裁兵的办法，议定后双方限期实行。

（4）和会一切会议都应该公开。

第三，我们对于裁兵问题，提出下列的主张：

（1）规定分期裁去的兵队，克期实行。

（2）裁废虚额，缺额不准补。

（3）绝对的不准招募新兵。

（4）筹画裁撤之兵的安置办法。

第四，我们主张裁兵之外，还应该有一个“裁官”的办法。我们深信现在官吏实在太多了，国民担负不起，我们主张：

（1）严定中央与各省的官制，严定各机关的员数。如中央各部，大部若干人（如交通部），中部若干人（如农商部），小部若干人（如教育部）。

（2）废止一切咨议顾问等等“干薪”的官吏。各机关各省的外国顾问，除极少数必需的专家之外，一律裁撤。

（3）参酌外国的“文官考试法”，规定“考试任官”与“非考试任官”的范围与升级办法。凡属于“考试任官”的，非经考试，不得委任。

第五，我们主张现在的选举制度有急行改良的必要。我们主张：

（1）废止现行的复选制，采用直接选举制。

（2）严定选举舞弊的法律，应参考西洋各国的选举舞弊法

(*Corrupt Practice Laws*)，详定细目，明定科罚，切实执行。

(3) 大大的减少国会与省议会的议员额数。

第六，我们对于财政的问题，先提出两个简单的主张：

(1) 彻底的会计公开。

(2) 根据国家的收入，统筹国家的支出。

以上是我们对于中国政治的几个主张。我们很诚恳的提出，很诚恳的请求全国的人的考虑，批评，或赞助与宣传。

十一，五，十三。

(胡适起草，蔡元培等16名知识精英联合署名。发表于《努力》周报、《晨报》、《民国日报》等报刊，1922年5月14日)

我们对于政治的主张

我们都没有党籍，也都没有政治派别。我们的唯一目的是对国家尽一点忠心。所以我们的政治主张不用任何党义作出发点。我们的出发点是中国的实在需要，我们的根据是中国的实在情形。

我们不想组织政党，不想取什么政党而代之，故对现在已得中国政治权的国民党，我们只有善意的期望与善意的批评。我们期望它努力做的好。因为我们期望它做的好，故愿意时时批评它的主张，组织，和实际的行为。批评的目的是希望它自身改善。

我们对于今日"党"和"政"的关系，认为太不分明，实际上行不通。我们以为今日应该明白规定党的权限是"政权"，政府的权限是"治权"（这是借用孙中山分别"政权"和"治权"的主张）。治权是执行政务之权，政权是监督行政之权。

换句话说，我们主张，党的地位应该同民治国家的议会相仿，只有在一定的法律范围之内，依法定的手续，可以监督行政。过此范围的干涉便为非法。中央党部便等于中央议会，省党部便等于省议会，地方区党部便等于区议会，——都应该有明白规定的权限和手续。

我们以为今日党的机关糜费太多，不是我们这个穷国家所能担负的。故党员的党费（每月二角）应严格征收，充作各级党部的经常费用。党的机关应大加裁减，以免浪费。

我们以为现行的政府组织，名为五权并立，其实只是行政一权。立法、司法、考试、监察，若不能独立，便不能行使他们的职权。所以我们主张：行政院的地位应提高，作为政府。

立法院应独立，成为全国的法制编纂院。向来民治国家的议会所有的监督政府的种种权力，既有党部代行了，故立法院只执掌纯粹立法的任务。

司法院应独立，成为最高的法院。

监察院应绝对独立，监察院及其附属机关的人员不得兼任行政职务，也不得兼任党部职务。监察院应该监察政府，也应该监察党部。

考试院应该绝对独立，考试院及其附属机关的人员不得兼任行政或党部的职务。

我们深信，若监察与考试两种制度能严格地施行，政治的清明还可以有望。但这两种制度的施行，须要有下列两个条件：

（1）监察机关绝对独立，不受党及行政机关的牵掣。

（2）考试制度之下，只论人才，不限党籍。专制帝政之下，假使皇帝姓朱，却不限定天下士子先改姓朱，然后来投考。今制定考试新制，若限定党员方可投考，便是根本打销〈消〉考试用人的原意了。

我们深信，今日军费占全国收入的百分之九十二（据三全大会的财政部报告），是亡国的现象。我们深信，本年编遣会议的裁兵计划是很不澈底的。我们主张，澈底裁兵，不可假借“国防”的名义，保留现有的军队。除必要的警备队外，全国军队均应分期裁遣。

我们深信，今日绝对谈不到军事上的国防。去年山东境内有二十万大兵，而不敢同三千日本兵作战，这个教训不够令我们深思吗？今日能修明内政，发展交通，运用外交，那便是真正的国防。我们若靠军队防卫国家，中国早已亡了！故今日有人借“国防”的名义保留军队，都只是拥兵自卫的托辞。

我们对于国家的组织，主张联邦式的统一国家。

（约作于1929年底。录自《胡适遗稿及秘藏书信》第12册，黄山书社1994年版）

我们走那条路

缘 起

我们几个朋友在这一两年之中常常聚谈中国的问题，各人随他的专门研究，选定一个问题，提出论文，供大家的讨论。去年我们讨论的总题是“中国的现状”，讨论的文字也有在《新月》上发表的。如潘光旦先生的《论才丁两旺》，(《新月》二卷四号）如罗隆基先生的《论人权》，(《新月》二卷五号）都是用讨论的文字改作的。

今年我们讨论的总题是“我们怎样解决中国的问题?”分了许多子目，如政治、经济、教育，等等，由各人分任。但在分配题目的时候，就有人提议说：“在讨论分题之前，我们应该先想想我们对于这些各个问题有没有一个根本的态度。究竟我们用什么态度来看中国的问题?”几位朋友都赞成有这一篇概括的引论，并且推我提出这篇引论。

这篇文字是四月十二夜提出讨论的。当晚讨论的兴趣的浓厚鼓励我把这篇文字发表出来，供全国人的讨论批评。以后别位朋友讨论政治，经济，等等各个问题的文字也会陆续发表。

十九，四，十三，胡　适

我们今日要想研究怎样解决中国的许多问题，不可不先审查我们对于这些问题根本上抱着什么态度。这个根本态度的决定，便是我们走的方向的决定。古人说得好：

> 今夫盲者行于道，人谓之左则左，谓之右则右。遇君子则得其平易，遇小人则蹈于沟壑。（《淮南·汜论训》，文字依《意林》引）

这正是我们中国人今日的状态。我们平日都不肯澈底想想究竟我们要一个怎样的社会国家，也不肯澈底想想究竟我们应该走那一条路才能达到我们的目的地。事到临头，人家叫我们向左走，我们便撑着旗，喊着向左走；人家叫我们向右走，我们也便撑着旗，喊着向右走。如果我们的领导者是真真睁开眼睛看过世界的人，如果他们确是睁着眼睛领导我们，那么，我们也许可以跟着他们走上平阳大路上去。但是，万一我们的领导者也都是瞎子，也在那儿被别人牵着鼻子走，那么，我们真有“盲人骑瞎马，夜半临深池”的大危险了。

我们不愿意被一群瞎子牵着鼻子走的人，在这个时候应该睁开眼睛看看面前有几个岔路，看看那一条路引我们到那儿去，看看我们自己可以并且应该走那一条路。

我们的观察和判断自然难保没有错误，但我们深信自觉的探路总胜于闭了眼睛让人牵着鼻子走。我们并且希望公开的讨论我们自己探路的结果可以使我们得着更正确的途径。

在我们探路之前，应该先决定我们要到什么地方去，——我们的目的地。这个问题是我们的先决问题，因为如果我们不想到那儿去，又何必探路呢？

现时对于这个目的地，至少有这三种说法：

（1）中国国民党的总理孙中山说，国民革命的“目的在于求中国之自由平等”。

(2) 中国青年党（国家主义者）说，国家主义的运动“就是要国家能够独立，人民能够自由，而在国际上能够站得住的种种运动。”

(3) 中国共产党现在分化之后，理论颇不一致；但我们除去他们内部的所谓史大林［斯大林］——托洛斯基［托洛茨基］之争，可以说他们还有一个共同目的地，就是“巩固苏联无产阶级专政，拥护中国无产阶级革命”。

我们现在的任务不在讨论这三个目的地，因为这种讨论徒然引起无益的意气，而且不是一千零一夜打得了的笔墨官司。

我们的任务只在于充分用我们的知识，客观的观察中国今日的实际需要，决定我们的目标。我们第一要问，我们要铲除的是什么？这是消极的目标。第二要问，我们要建立的是什么？这是积极的目标。

我们要铲除打倒的是什么？我们的答案是：

我们要打倒五个大仇敌：

第一大敌是贫穷。

第二大敌是疾病。

第三大敌是愚昧。

第四大敌是贪污。

第五大敌是扰乱。

这五大仇敌之中，资本主义不在内，因为我们还没有资格谈资本主义。资产阶级也不在内，因为我们至多有几个小富人，那有资产阶级？封建势力也不在内，因为封建制度早已在二千年前崩坏了。帝国主义也不在内，因为帝国主义不能侵害那五鬼不入之国。帝国主义为什么不能侵害美国和日本？为什么偏爱光顾我们的国家？岂不是因为我们受了这五大恶魔的毁坏，遂没有抵抗的能力了吗？故即为抵抗帝国主义起见，也应该先铲除这五大敌人。

这五大敌人是不用我们详细证明的。余天休先生曾说中国人口百分之九十五在贫穷线以下。张振之先生（《目前中国社会的病态》）估计贫民数目占全国人口三分之一以上。张先生引四川李敬穆先生的话，说：依据甘布尔，狄麦尔，以及北京的成府，安徽的湖边村的调查，中国穷人总数当占全国人口百分之五十。（李先生假定一家最低生活费为一三〇元至一六〇元，凡一家庭每年收入在这数目以下，便是穷人。）近来所得社会调查的结果，如李景汉先生《北平郊外之乡村家庭》等书所报告，都可以证明李敬穆先生的估计是大体不错的。有些地方的穷人竟在百分之七十三以上，（李景汉调查北平郊外挂甲屯的结果。）或竟至百分之八十二以上。（民十一华洋义赈会调查结果。）这就离余天休先生的估计不远了。这是我们的第一大敌。

疾病是我们种弱的大原因。瘟疫的杀人，肺结核、花柳病的杀人灭族，这都是看得见的。还有许多不明白杀人而势力可以毁灭全村，可以衰弱全种的疾病，如疟疾便是最危险又最普遍的一种。近年有科学家说希腊之亡是由于疟疾，罗马的衰亡也由于疟疾。这话我们听了也许不相信。但我们在中国内地眼见整个的村庄渐渐被疟疾毁为荆棘地，眼见害疟疾的人家一两代之后人丁绝灭，眼见有些地方竟认疟疾为与生俱来不可避免的病痛，（我们徽州人叫它做“胎疟”，说人人都得害一次的！）我们不得不承认疟疾的可怕甚于肺结核，甚于花柳，甚于鸦片。在别的国家，疟疾是可以致死的，故人人知道它可怕。中国人受疟疾的侵害太久了，养成了一点抵抗力，可以苟延生命，不致于立死，故人都不觉其可怕。其实正因为它杀人不见血，灭族不留痕，故格外可怕。我们没有人口统计，但世界学者近年都主张中国人口减少而不见增加。我们稍稍观察内地的人口减少的状态，不能不承认此说的真确。张振之先生在他的《目前中国社会的病态》里，引了一些最近的各地统计，无一处不是死亡率超过出生率的。例如：

广州市　十七年五月到八月　每周死亡超过出生平均为六

十人。

广州市　十七年八月到十一月　每周死亡超过出生平均六十七人。

南京市　十七年一月到十一月　平均每月多死二百七十一人，每周平均多死六十二人。

不但城市如此，内地人口减少的速度也很可怕。我在三十年之中就亲见家乡许多人家绝嗣衰灭。疾病瘟疫横行无忌，医药不讲究，公共卫生不讲究，那有死亡不超过出生的道理？这是我们的第二大敌。

愚昧是更不须我们证明的了。我们号称五千年的文明古国，而没有一个三十年的大学。（北京大学去年十二月满三十一年，圣约翰［大学］去年十二月满五十年，都是连初期幼稚时代计算在内。）在今日的世界，那有一个没有大学的国家可以竞争生存的？至于每日费一百万元养兵的国家，而没有钱办普及教育，这更是国家的自杀了。因为愚昧，故生产力低微，故政治力薄弱，故知识不够救贫、救灾、救荒、救病，故缺乏专家，故至今日国家的统治还在没有知识学问的军人政客手里。这是我们的第三大敌。

贪污是我们这个民族的最大特色。不但国家公开“捐官”曾成为制度，不但二十五年没有考试任官制度之下的贪污风气更盛行，这个恶习惯其实已成了各种社会的普遍习惯，正如亨丁顿［亨廷顿］说的：

> 中国人生活里有一件最惹厌的事，就是有一种特殊的贪小利行为，文言叫做“染指”，俗语叫做“揩油”。上而至于军官的克扣军粮，地方官吏的刮地皮，庶务买办的赚钱，下而至于家里老妈子的“揩油”，都是同性质的行为。

这是我们的第四大敌。

扰乱也是最大的仇敌。太平天国之乱毁坏了南方的精华区域，六七十年不能恢复。近二十年中，纷乱不绝，整个的西北是差不多完全毁了，东南西南的各省也都成了残破之区，土匪世界。美国生物学者卓尔登（David Starr Jordan）曾说，日本所以能革新强盛，全靠维新以前有了二百五十年不断的和平，积养了民族的精力，才能够发愤振作。我们眼见这二十年内战的结果，贫穷是更甚了，疾病死亡是更多了，教育是更破产了，——避兵避匪逃荒逃死还来不及，那能办教育？——租税是有些省份预征到民国一百多年的了，贪污是更明目张胆的了。（《中国评论周报》本年一月三十日社论说，民国成立以来，官吏贪污更甚于从前。）然而还有无数人天天努力制造内乱！这是我们的第五大仇敌。

以上略述我们认为应该打倒的五大仇敌。毁灭这五鬼，便是同时建立我们的新国家。我们要建立的是什么？

我们要建立一个治安的，普遍繁荣的，文明的，现代的统一国家。

“治安的”包括良好的法律政治，长期的和平，最低限度的卫生行政。“普遍繁荣的”包括安定的生活，发达的工商业，便利安全的交通，公道的经济制度，公共的救济事业。“文明的”包括普遍的义务教育，健全的中等教育，高深的大学教育，以及文化各方面的提高与普及。“现代的”总括一切适应现代环境需要的政治制度，司法制度，经济制度，教育制度，卫生行政，学术研究，文化设备，等等。

这是我们的目的地。我们深信：决没有一个“治安的，普遍繁荣的，文明的，现代的统一国家”而不能在国际上享受独立，自由，平等的地位的。我们不看见那大战后破产而完全解除军备的德国在战败后八年被世界列国恭迎入国际联盟，并且特别为她设一个长期理事名额吗？

目的地既定，我们才可以问：我们应该用什么法子，走那一条路，才可以走到那目的地呢？

我们一开始便得解决一个歧路的问题：还是取革命的路呢？还是走演进（evolution）的路呢？还是另有第三条路呢？——这是我们的根本态度和方法的问题。

革命和演进本是相对的，比较的，而不是绝对相反的。顺着自然变化的程序，如瓜熟蒂自落，如九月胎足而产婴儿，这是演进。在演进的某一阶段上，加上人功的促进，产生急骤的变化；因为变化来的急骤，表面上好像打断了历史上的连续性，故叫做革命。其实革命也都有历史演进的背景，都有历史的基础。如欧洲的“宗教革命”，其实已有了无数次的宗教革新运动作历史的前锋，如中古晚期的唯名论（Nominalism）的思想，如十三世纪以后的文艺复兴的潮流，如弗浪西斯［弗朗西斯］派的和平的改革，如威克立夫［威克利夫］（Wyclif）和赫司（Huss）等人的比较急进的改革，如各国的君主权力的扩大，这都是十六世纪的宗教革命的历史背景。火药都埋好了，路得［路德］等人点着火线，于是革命爆发了。故路得等人的宗教革新运动可以叫做革命，也未尝不可以说是历史演进的一个阶段。

又如所谓“工业革命”，更显出历史逐渐演进的痕迹，而不是急骤的革命。基本的机械知识，在十六世纪已渐渐发明了；十六世纪已有专讲机器的书了，十七世纪已是物理的科学很发达的时代了，故十八世纪后半的机器生产方法，其实只是几百年逐渐积聚的知识与经验的结果。不过瓦特（Watt）的蒸汽机出世以后，机器的动力根本不同了，表面上便呈现一个骤变的现象，故我们叫这个时代做工业革命时代。其实生产方法的革新，前面可以数到十五六世纪，后面一直到我们今日还在不断的演进。

政治史上所谓“革命”，也都是不断的历史演进的结果。美国的独立，法国的大革命，俄国的一九一七［年］的两次革命，都有很长的历史背景。莫斯科的“革命博物馆”把俄国大革命的历史一直追溯到三四百年前的农民暴动，便是这个道理。中国近年的革命至少也可以从明末叙起。

所以革命和演进只有一个程度上的差异，并不是绝对不相同的两件事。变化急进了，便叫做革命；变化渐进，而历史上的持续性不呈露中断的现状，便叫做演进。但在方法上，革命往往多含一点自觉的努力，而历史演进往往多是不知不觉的自然变化。因为这方法上的不同，在结果上也有两种不同：第一，无意的自然演变是很迟慢的，是很不经济的，而自觉的人功促进往往可以缩短改革的时间。第二，自然演进的结果往往留下许多久已失其功用的旧制度和旧势力，而自觉的革命往往能多铲除一些陈腐的东西。在这两点上，自觉的革命都优于不自觉的演进。

但革命的根本方法在于用人功促进一种变化，而所谓“人功”有和平与暴力的不同。宣传鼓吹，组织与运动，使少数人的主张逐渐成为多数人的主张，或由立法，或由选举竞争，使新的主张能替代旧的制度，这是和平的人功促进。而在未上政治轨道的国家，旧的势力滥用压力摧残新的势力，反对的意见没有法律的保障，故革新运动往往不能用和平的方法公开活动，往往不能不走上武力解决的路上去。武力斗争的风气既开，而人民的能力不够收拾已纷乱的局势，于是一乱再乱，能发而不能收，能破坏而不能建设，能扰乱而不能安宁，如中美洲的墨西哥，如今日的中国，皆是最明显的例子。

武力暴动不过是革命方法的一种，而在纷乱的中国却成了革命的唯一方法，于是你打我叫做革命，我打你也叫做革命。打败的人只图准备武力再来革命。打胜的人也只能时时准备武力防止别人用武力来革命。这一边刚打平，又得招兵购械，筹款设计，准备那一边来革命了。他们主持胜利的局面，最怕别人来革命，故自称为“革命的”，而反对的人都叫做“反革命”。然而孔夫子正名的方法终不能叫人不革命；而终日凭藉武力提防革命也终不能消除革命。于是人人自居于革命，而革命永远是“尚未成功”，而一切兴利除弊的改革都搁起不做不办。于是“革命”便完全失掉用人功促进改革的原意了。

我们认为今日所谓“革命”，真所谓“天下多少罪恶假汝之名以行”。用武力来替代武力，用这一班军人来推倒那一班军人，用这一种盲目势力来替代那一种盲目势力，这算不得真革命。至少这种革命是没有多大意义的，没有多大价值的。结果只是兵化为匪，匪化为兵，兵又化为匪，造成一个兵匪世界而已。于国家有何利益？于人民有何利益？

就是那些号称有主张的革命者，喊来喊去，也只是抓住几个抽象名词在那里变戏法。有一班人天天对我们说：“中国革命的对象是封建阶级。”又有一班人天天说：“中国革命的对象是封建势力。”我们孤陋寡闻的人，就不知道今日中国有些什么封建阶级和封建势力。我们研究这些高喊打倒封建势力的先生们的著作言论，也寻不着一个明了清楚的指示。一位教育革命的鼓吹家在民国十八年二月二十日出版的《教育杂志》（二十一卷二号二页）上说：

> 中国秦以前，完全为一封建时代。自黄帝历尧、舜、禹、汤以至周武王，为封建之完成期。自周平王东迁，历春秋、战国以至秦始皇，为封建之破坏期。统一之中国，即于此封建制度之成毁过程中完全产出。（原注：封建之形势早已破坏，而封建之势力至今犹存。）

但是隔了两个月，这位教育家把他所说的话完全忘记了，便又在四月二十日出版的《教育杂志》（同卷四号二页）上说：

> 中国在秦以前，为统一的专制一尊的封建国家成长之时代。……到秦始皇时，……统一的专制一尊的封建国家才完全确立。（原注：列爵封土的制度，到这时候，当然改变了许多。

然国家仍可以称为“封建的”者，因“封建的”三字并非单指列爵封土之制而言。凡一国由中央划分行政区域，设为种种制度，位置许多地方官吏；地方官吏更一方面负责维持地方次序，另一方面吸收地方一部分经济的利益，以维持中央之存在。平民于此，无说话之余地。凡此等等，都可以代表“封建的”三字之一部分的精神。）

两个月之前，封建制度到秦始皇时破坏了；两个月之后．封建国家又在秦始皇时才完全确立！然而《教育杂志》的编者与读者都毫不感觉矛盾。这位作者本人也毫不感觉矛盾。他把中央集权制度叫做封建国家，《教育杂志》的编者与读者也毫不觉得奇怪荒谬。为什么呢？因为这些名词本来只是口头笔下的玩意儿，爱变什么戏法就变什么戏法，本来大可不必认真，所以作者可以信口开河，读者也由他信口开河。

那么，这个革命的对象——封建势力——究竟是什么东西呢？去年《大公报》上登着一位天津市党部的某先生的演说，说封建势力是军阀，是官僚，是留学生。去年某省党部提出一个铲除封建势力的计划，里面所举的封建势力包括一切把持包办以及含有占有性的东西，故祠堂，同乡会，同学会都是封建势力。然而现代的把持包办最含有占有性的政党却不在内。所以我们直到今天还不明白究竟什么东西是封建势力。前几天我们看见中国共产党中的“反对派”王阿荣、陈独秀等八十一人的我们的政治意见书，其中有这么一段：

我们以为：说中国现在还是封建社会和封建势力的统治，把资产阶级的反动性及一切反动行为都归到封建，这不但是说梦话，不但是对于资产阶级的幻想，简直是有意的为资产阶级当辩护士！其实在经济上，中国封建制度之崩坏，土地权归了自由地主与自由农民，政权归了国家，比欧洲任何国家都早。……土地早已是个人私有的资本而不是封建的领地，地主已资本家化，城市及乡村所遗留一些封建式的剥削，乃是资本主义袭用旧的剥削方法；至于城市乡村各种落后的现象，乃是生产停滞，农村人口过剩，资本主义落后国共有的现象，也并不是封建产物。

（页十六一十七）

封建先生地下有知，应该叩头感谢陈独秀先生等八十一位裁判官宣告无罪的判决书。但独秀先生们一面判决了封建制度的无罪，一面又捉来了一个替死鬼，叫做资产阶级，硬定他为革命的对象。然而同时他们又告诉我们，中国“生产停滞，人口过剩，资本主义落后”，本国的银行资本不过在一万五千万元以上。在一个四万万人的国家里，止有一万五千万元的银行资本，资产阶级只好在显微镜底下去寻了，这个革命的对象也就够可怜了，不如索性开恩也宣告无罪，放他去罢。

以上所说，不过是要指出今日所谓有主义的革命，大都是向壁虚造一些革命的对象，然后高喊打倒那个自造的革命对象；好像捉妖的道士，先造出狐狸精，山魈，木怪等名目，然后画符念咒用桃木宝剑去捉妖。妖怪是收进葫芦去了，然而床上的病人仍旧在那儿呻吟痛苦。

我们都是不满意于现状的人，我们都反对那懒惰的“听其自然”的心理。然而我们仔细观察中国的实际需要和中国在世界的地位，我们也不能不反对现在所谓“革命”的方法。我们很诚恳地宣言：中国今日需要的，不是那用暴力专制而制造革命的革命，也不是那用暴力推翻暴力的革命，也不是那悬空捏造革命对象因而用来鼓吹革命的革命。在这一点上，我们宁可不避“反革命”之名，而不能主张这种种革命。因为这种种革命都只能浪费精力，煽动盲动残忍的劣根性，扰乱社会国家的安宁，种下相残害相屠杀的根苗，而对于我们的真正敌人，反让他们逍遥自在，气焰更凶，而对于我们所应该建立的国家，反越走越远。

我们的真正敌人是贫穷，是疾病，是愚昧，是贪污，是扰乱。这五大恶魔是我们革命的真正对象，而他们都不是用暴力的革命所能打倒的。打倒这五大敌人的真革命只有一条路，就是认清了我们的敌人，认清了我们的问题，集合全国的人才智力，充分采用世界的科学知识与方法，一步一步的作自觉的改革，在自觉的指导之下一点一滴的收不断的改革之全功。不断的改革收功之日，即是我们的目的地达到之时。

这个根本态度和方法，不是懒惰的自然演进，也不是盲目的暴力革命，也不是盲目的口号标语式的革命，只是用自觉的努力作不断的改革。

这个方法是很艰难的，但是我们不承认别有简单容易的方法。这个方法是很迂缓的，但是我们不知道有更快捷的路子。我们知道，喊口号贴标语不是更快捷的路子。我们知道，机关枪对打不是更快捷的路子。我们知道，暴动与屠杀不是更快捷的路子。然而我们又知道，用自觉的努力来指导改革，来促进变化，也许是最快捷的路子，也许人家需要几百年逐渐演进的改革，我们能在几十年中完全实现。

最要紧的一点是我们要用自觉的改革来替代盲动的所谓“革命”。怎么叫做盲动的行为呢？不认清目的，是盲动；不顾手段的结果，是盲动；不分别大小轻重的先后程序，也是盲动。我们随便举几个例：如组织工人，不为他们谋利益，却用他们作扰乱的器具，便是盲动。又如人力车夫的生计改善，似乎应该从管理车厂车行，减低每日的车租入手；车租减两角三角，车夫便每日实收两角三角的利益。然而今日办工运的人却去组织人力车夫工会，煽动他们去打毁汽车电车，如去年杭州、北平的惨剧，这便是盲动。又如一个号称革命的政府，成立了两三年，不肯建立监察制度，不肯施行考试制度，不肯实行预算审计制度，却想用政府党部的力量去禁止人民过旧历年，这也是盲动。至于悬想一个意义不曾弄明白的封建阶级作革命对象，或把一切我们自己不能脱卸的罪过却归到洋鬼子身上，这也都是盲动。

怎么叫做自觉的改革呢？认清问题，认清问题里面的疑难所在，这是自觉。立说必有事实的根据；创议必先细细想出这个提议应该发生什么结果，而我们必须对于这些结果负责任：这是自觉。替社会国家想出路，这是何等重大的责任！这不是我们个人出风头的事，也不是我们个人发牢骚的事，这是“一言可以兴邦，一言可以丧邦”的事，我们岂可不兢兢业业的去思想？怀着这重大的责任心，必须竭力排除我们的成见和私意，必须充分尊重事实和证据，必须充分虚怀采纳一切可以供参考比较暗示的材料，必须时时刻刻提醒自己说我们的任务是要为社会国家寻一条最可行而又最完美的办法：这叫做自觉。

十九，四，十

（原载于《新月》第2卷第10号，例行出版日期1929年12月10日，实际迟于1930年4月中旬）

宪政问题

最近几个月之中，宪政的运动颇有进展。国难会议开会之前，多数非国民党的会员都表示赞成早日结束训政，实行宪政。政府与国民党的领袖对于这一点颇多疑虑，所以把“内政”一类问题不列入国难会议讨论范围之内。许多会员因此不愿意赴会。然而国难会议开会时，居然也有一个“内政改革案”的产生与通过，决定于本年十月十日以前成立国民代表大会，由各大都市职业团体及各省地方人民选出代表三百人以上组成之。

不久政府依据去年十二月底国民党四中全会的决议案，通过了市参议会与县参议会的组织法。

住在上海的孙科先生于四月廿四日发表他的抗日救国纲领，其中主要的主张是（一）于本年十月由立法院起草宪法草案；（二）明年四月召开国民代表大会，议决宪法，决定颁布日期；（三）全国人民在不危害中华民国不违反三民主义之原则下，皆得自由组织政治团体，参加政治；（四）于本年十月召集各省省民代表会。

此外还有民选立法院和监察院委员各半数的办法，听说政府拟有草案，正在审查中了。孙科先生则主张立法和监察两院的委员都由国民代表大会选举。

住在香港的胡汉民先生近来也屡次发表谈话，表示他赞成宪政的实行。并且赞成党外可以有党了。

我们考察这些主张，可以说，这些主张无论内容有多大的出入，都可以表示宪政运动的开始进展。其中最大的异点，约有这些：

第一，政府派不主张缩短训政年限，要到民国二十四年才算训政结束；而在野派（包括暂时在野的孙科先生们）则主张提早宪政的开始。其实这一点不成多大问题。如果在这两年半之中，政府和人民都能积极准备宪政的施行，如果训政的目的是（如汪精卫先生去年十二月十日说的）“在训练民众行使政权”，——那么，两年半的光阴也许是值得的。如果训政的延长只是为了保持政治饭碗，畏惧人民参政，执政权而不能做点治国利民的事业，号称训政而所行所为都不足为训，——那么，训政多延一日只是为当国的政党多造一日的罪孽而已。

第二，政府派（包括国难会议中通过提出政治改革案的先生们）虽然勉强承认民意机关的必要，而处处缩小民意机关的权限。如国难会议原案的国民代表大会，只有议决预算决算，国债，重要国际条约的三项职权。反之，在野派如孙科先生则主张国民代表大会有很大的权限，为“代表中华民国国民统治国家之最高权力机关，不受解散及任何之干涉”。这一点是值得讨论的。替国难会议原案辩护的梅思平先生（在《时代公论》第六号）说：“我们从过去北京时代国会的经验看起来，知道在初行民治的国家，议会的权力越大，他的腐化也越容易。”历史是可以有种种看法的。我们研究民国初年国会的历史，也可以说：在初行民治的国家，如果解散国会之权在行政首领手里，议会政治是不够制裁那反民治的恶势力的。梅思平先生指出“质问，查办，弹劾诸权，都变成敲竹杠的利器；官吏任命的同意权，简直是纳贿的好机会”。梅先生何不进一步说：预算决算和国债的议决权更是敲竹杠和纳贿的好机会？敲财政部的竹杠，岂不更肥？如此说来，还是爽性不要议会为妙！

奇怪，在这个宪政问题刚开始进展的时候，悲观的论调早已起来了。在《时代公论》第六号，我们得读何浩若先生的《不关重要的国民代表会》一文，根本怀疑民主政治的功用。他的结论是：

> 民主政治便是资产阶级的政治，便是保护有产阶级而压迫贫苦民众的政治。
>
> ……建国首要在民生；舍民生而谈民主，便是舍本求末。

在《国闻周报》第九卷十八期上，我们得读季廉先生的《宪政能救中国?》一文，也是根本怀疑宪政的，他说，实行宪政必须具备三个条件：（一）教育进步，（二）交通发达，（三）政风良好。因为中国没有这三个条件，宪政是无望的，况且宪政论的根本立场就不甚健全，因为

> 第一，从理论上言，议会政治是资本主义的产物，现在资本主义早踏上没落的阶段，议会政治更破绽毕露了。
>
> 第二，从事实上言，英美的民主政治并不足取法。
>
> 第三，从中国需要上言，宪政不能解决目前困难如“土皇帝”及共产党等等。
>
> 第四，为立国久远计，我们不应拾资本主义的唾余，我们应该采用“社会主义的政治制度”。

这种议论都不是在短评里所能讨论的。我们只想在这里提出几个问题，作这种讨论的引子：

第一，我们要明白宪政和议会政治都只是政治制度的一种方式，不是资产阶级所能专有，也不是专为资本主义而设的。在历史的过程上，议会政治确曾作过中产阶级向独裁君主作战的武器，但现今各国的普遍选举权实行后，也曾屡次有工党代表因议会政治而得掌握政权。近百年来所有保障农工和制裁资产阶级的种种“社会立法”，也都从议会里产生出来。一种政治制度就好比一辆汽车，全靠

谁来驾驶，也全靠为什么目的来驾驶。我们不因为汽车是资本主义的产物而就不用汽车，也不应该用“议会政治是资本主义的产物”一类的话来抹煞议会政治。

第二，议会政治与宪政不是反对“民生”的东西，也不是和季廉先生所谓“社会主义的政治制度”不相容的东西。“社会主义的政治制度”难道只有无产阶级专政的一种方式？如果只有这一种方式，那么，不信中国可行宪政的先生们，难道以为中国已具备无产阶级专政的种种条件了吗？

第三，我们不信“宪政能救中国”，但我们深信宪政是引中国政治上轨道的一个较好的方法。宪政论无甚玄秘，只是政治必须依据法律和政府对于人民应负责任两个原则而已。议会政治只是人民［选］举代表来办政治的制度而已。今日之土皇帝固然难制裁，但党不能制裁土皇帝，政府不能制裁土皇帝，我们何妨试试人民代表的制裁能力呢？当倪嗣冲马联甲盘踞安徽的时代，一个很腐败的省议会，居然能反抗盐斤加价，居然能使安徽全省人民不增加一个钱的负担。现在堂堂党国之下，有谁能制裁我们的绥靖主任呢！季廉先生举出最近一月廿日何应钦部长提议削减各军经费，廿二日便有各军驻京七十二军事机关代表齐赴军部请愿，要求维持原案。季廉先生何不想想，那七十二个军事机关都有驻京代表在那里替他们七十二土皇帝争权利，我们四万万五千万的老百姓受了无穷的冤屈，不应该请几位国民代表去说说话，伸伸冤吗？难道我们应该袖手坐待季廉先生说的“那应运而生的政治集团”起来，才有救星吗？

一九三二，五，十六

（原载于《独立评论》第1号，1932年5月22日）

建国问题引论

前几天，孟心史先生来谈，他说："现在人人都说中国应该现代化，究竟什么叫做'现代化'?"我们谈论之后，他回去就写了一篇很有风趣又很有见地的长文，题为《现代化与先务急》（登在本期）。他嫌"现代化"太笼统，不如中国老话"当务之为急"。他引孟子的话"尧舜之知而不遍物，急先务也"，说"急先务"就是"自审于国之所当行者即行之"。他说，用"急先务"作标准，"则先决之问题亦必即为所急之先务矣"。

"现代化"的问题，在本年七月的《申报月刊》上曾有很多位学者参加讨论，论文有二十六篇之多，文字约有十万字。我们读了这二十六篇现代化的讨论，真不免要和孟先生表同情：这些论文好像是彼此互相打消，一方面说，"使中国现代化，最急需的是在整个地实行社会主义的统制经济和集体生产"（罗吟圃先生的论文，页三三）；一方面也有人说"中国生产之现代化应采个人主义"，"欲使中国现代化，以采用私人资本主义为宜"（唐庆增先生的论文，页六二）；同时又有人说，"中国不是单纯的资本主义社会，所以不需要社会主义革命；它也不是单纯的封建主义社会，所以不需要欧美式的资本主义化；它仅是介于两者中间的复式社会，很可以而且需要采取非资本主义的路线"（董之学先生的论文，页五八）。我们看了这十万字的讨论，真有点像戏台上的潘老丈说的，“你说了，我更糊涂了”。这种讨论所以没有结果，正因为一说到“现代化”，我们不能不先问问“现代”是什么，我们要化成那一种现代？这就是孟先生说的：“必有一形成之现代，而后从而化之”。那个“形成的现代”是什么呢？一九一七年以前的欧美是不是已够不上“现代”的尊称了？一九一七年以来的苏俄是不是“形成了的现代”呢？

在《申报月刊》的讨论上，又有吴泽霖先生的论文（页九），对于“中国现代化”的问题发生根本的疑问。他说：

> 文化是一个错误尝试的过程，中古式的文化当然是走错的歧路，“现代”式的文化也未免不是一条塞底的胡同。人类真正的出路，现在正还在摸索着。

但他又说：

> 我们以为中国现在所迫切需要的，不是已告失败的现代化，乃是正在萌芽的社会化。现代的物质文明当然为这种新文化所拥护而维持的；现代的精神蛮性（Spiritual Barbarism）却是它改造的目标。在物质生活方面，当然仍旧尽量应用科学，它更将进一步的把科学加以人化（Humanization）。

如此说来，我们此时还没有法子寻得一个“形成之现代”做我们现代化的目标。我们至多只能指着一个“正在萌芽的社会化”做我们的理想境界。

这种迟疑，这种种的矛盾，都是历史演变的结果。在三十年前，主张“维新”的人，即是当日主张现代化的人，对于所谓“新”，决没有我们今日这样的迟疑与矛盾。当日虽然也有君主立宪与民主共和的争论，但在他们的想像中的西洋文明，却没有多大的疑义。试读梁任公先生的“新民说”，他那样热烈提倡的新民的新德性，如独立，自由，自治，自尊，自立，冒险，进步，尚武，爱国，权利思想，……无一项不是那十九世纪的安格鲁撒克逊［盎格鲁撒克逊］民族最自夸的德性。那时代的中国知识界的理想的西洋文明，只是所谓维多利亚时代的西欧文明：精神是爱自由的个人主义，生产方法是私人资本主义，政治组织是英国遗风的代议政治。当时的知识领袖对于西洋文明的认识本来还没有多大异义，所以当时能有梁先生那样热烈的，专一的信仰崇拜。然而在西洋各国，早已有怀疑的呼声起来了。社会主义的理论与实际运动早已起于欧洲，那十八、十九两世纪的个人主义的风气早已招致很严厉的批评了。梁启超先生还不曾受到此种及个人主义的薰染，另一位中国领袖孙中山先生却已从亨利乔治（Henry George）的著作里得着此种社会化的理论了。欧战以后，苏俄的共产革命震动了全世界人的视听；最近十年中苏俄建设的成绩更引起了全世界人的注意。于是马克思列宁一派的思想就成了世间最新鲜动人的思潮，其结果就成了“一切价值的重行估定”：个人主义的光芒远不如社会主义的光耀动人了；个人财产神圣的理论远不如共产及计划经济的时髦了；世界企羡的英国议会政治也被诋毁为资本主义的副产制度了。凡是维多利亚时代最夸耀的西欧文明，在这种新估计里，都变成了犯罪的，带血腥的污玷了。因为西洋文明本身的估价已有了绝不同的看法，所以“新”与“现代”也就都成了争论的问题了。中国的多数青年，本来就不曾领会得十九世纪西洋文明有什么永久的价值：现在听见西方有人出头攻击西欧文明，而且攻击的论调又恰恰投合中国向来重农抑商的传统思想，不知不觉之中，最容易囫囵吞下去；所以不上十五年，中国青年人的议论就几乎全倾向于抹煞一九一七年以前的西洋文明了。有些人自然是真心信仰苏俄的伟大的，坚苦卓绝的大试验的。有些人却不免有吠声之犬的嫌疑，因为他们绝不曾梦想到西欧文明与美国文明是什么样子。然而无论如何，中国人经过了这十五年的思想上的大变化，文化评判上的大翻案，再也不会回到《新民丛报》时代那样无异议的歌颂维多利亚时代的西洋文明了。今日国内人士对于“现代化”的迟疑与矛盾，都只是这十几年来文化翻案的当然结果。

我们要的现代文化究竟是什么，这个问题在今日已成了很不容易解答的了。因此，“现代化”差不多只是一种很广泛的空谈，至今还没有确定的界说。既不能明定现代的目标，自然不能有一致的步骤与程序。不但如此，大家对于“现代”的见解，显然有相背驰的，所以不但不能一致协力，还有彼此互相销〈消〉减的浪费。若一九一七年以前的西洋文明都不足取法，那么，这几十年的一点点改革工作，都不值得我们的留恋，也许都得一把劫火毁灭了才快一部分人的心愿。若私家的工商业都不应该存在，那么，中国的生产事业都只好停顿下来，静候中国的列宁与斯塔林［斯大林］的出现。若近二十年的“文化运动”都只是如陈高佣先生（上述《申报月刊》页五〇一五一）说的“西洋近代的资本主义文化”，那么，我们的教育学术也都得根本打倒，恭候那货真价实的真正现代文化的来临。——更可怜的，是近年许多青年人与中年人“本其所信，埋头苦干”，而因为目的不同，方向背驰，所以有互相压迫，互相残杀的惨酷行为。今日国中各地的杀气腾腾，岂不是几种不相容的主义在那儿火并？同是要把国家社会做到各人所信为“现代化”的地位，结果竟至于相仇杀，相屠相灭，这岂不是今日最可痛心的一件事！

怪不得孟心史先生要提出抗议了。他说：“不要再乱谈现代化了！我们应该大家平心静气商量出什么是今日的当务之急。”

然而“当务之急”也是一个相对的观念，也可以引起无穷的纷争。孟先生的办法是：

> 取现代已有之成法，聚深通世界国情政情之士，条列其可以移用于吾国者，与不必移用于吾国者，质诸当局，证之国论，又加审量其间，而后定其孰为最急之先务。既定之后即为吾国当务之急。

这个办法也是不容易施行的。因为“何者可移用于吾国”，和“孰为最急之先务”，这两个问题的答案也都依靠各人的社会政治思想。唐庆增先生说私人资本主义适宜于中国的生产；罗吟圃先生必定说“在中国目下的现况，无论从那一方面观察起来，经济上的个人主义是万万行不得的”。在这种歧异不相容的意见之下，谁配做最终的判决人呢？至于何者为先务也必有同样的歧异。一部分人必要先打倒帝国主义，一部分人必说先须剿共，另一部分人必要先推［倒］国民党的政权。也许有人要先从教育下手，也许有不少的人要先买飞机重炮。也许还有不少的人（如今日广东的领袖）要先读孟先生说的六经四子！孟心史先生悬想的国是会议或先务会议，依我看来，必至于闹到全武行对打而散。所以“急先务”好像是比那广泛的“现代化”简明多了，然而到底还不能免于纷歧与争执。何者为先务，与何者为现代，同样的不容易决定。

我个人近年常常想过，我们这几十年的革新工作，无论是缓和的改良运动，或是急进的革命工作．都犯了一个大毛病，就是太偏重主义，而忽略了用主义来帮助解决的问题。主义起于问题，而迷信主义的人往往只记得主义而忘了问题。“现代化”也只是一个问题，这个问题的明白说法应该是这样的：“怎样解决中国的种种困难，使她在这个现代世界里可以立脚，可以安稳过日子。”中国的现代化只是怎样建设起一个站得住的中国，使她在这个现代世界里可以占一个安全平等的地位。问题在于建立中国，不在于建立某种主义。一切主义都只是一些汤头歌诀，他们的用处只在于供医生的参考采择，可以在某种症候之下医治病人的某种苦痛。医生不可只记得汤头歌诀，而忘了病人的苦痛；我们也不可只记得主义，而忘了我们要用主义来救治建立的祖国。

我们都应该回头去想想，革命是为什么？岂不是为了要建立一个更好的中国？立政府是为什么？岂不是为了要做这建国的事业？练兵是为什么？岂不是为了要捍卫这个国家？现代化是为什么？岂不是为了要使这个国家能站在这个现代世界里？——这一切的工作，本来都只是为了要建立一个更满人意的国家。

这个大问题不是一个主义就可以解决的，也不是短时期就能解决的。这件建国的工作是一件极巨大，极困难，极复杂的工作。在这件大工作的历程上，一切工具，一切人才，一切学问知识，一切理论主义，一切制度方式，都有供参考采择的作用。譬如建筑一所大厦，凡可以应用的材料，不管他来自何方，都可以采用；凡可以供用的匠人，不管他挂着什么字号招牌，都可以雇用。然而我们不要忘了问题是造这大厦。若大家忘了本题，锄头同锯子打架，木匠同石匠争风，大理石同花岗石火并，这大厦就造不成了。

现在的社会思想家，大都没有认识这个当前问题。他们忘了这是一个绝顶繁难的大问题，其中包含着无数的专门技术问题。他们把它错看作一个锄头或锯子的小问题了。（上述《申报月刊》的现代化讨论，差不多完全把中国现代化的问题完全看作生产的问题。）欧洲人的国家，根本就没有这个建立国家的大问题，因为他们的国家都是早已成立的了。因此他们能有余力来讨论他们的社会问题，生产问题，分配问题等等。然而在我们这国内，国家还不成个国家，政府还不成个政府；好像一个破帐篷在狂风暴雨里，挡不得风，遮不得雨；这时候我们那里配谈什么生产分配制度的根本改造！

我不是说生产分配等等问题是小问题。我只是说，在中国的现状之下，国家生存的问题没有办法之前，那些问题都无法解决。例如土地问题岂不重要，然而在江西湖北国军赤军连年作战的状态之下，土地问题是否能有满意的解决？一切赤区的土地新支配，是否于人民有多大实惠？这种支配的办法是否值得这连年血战的牺牲的代价？一方面是少数人抱着某种社会经济的主张，就去干武装的革命；一方面是当国的政府为了自卫起见，也就不惜积聚全国的精锐兵力去围剿。结果是人民受征战的大祸，国家蒙危亡的危险；政府所辖区域内的积极政治无一可办，而赤区内的社会问题又岂能在这种苦战的状态之下得着永久的解决了吗？

近两年的国难，似乎应该可以提醒一般人的迷梦了。今日当前的大问题依旧是建立国家的问题：国家有了生存的能力，政府有了捍卫国家的能力，其他的社会经济问题也许有渐渐救济解决的办法。国家若陷入了不能自存的地步，外患侵入之后，一切社会革命的试验也只能和现存的一切政制同受敌人铁蹄的蹂躏，决不会有中国亡了或残破了，而某地的赤色革命区域可以幸免的。

所以我们提议：大家应该用全副心思才力来想想我们当前的根本问题，就是怎样建立起一个可以生存于世间的国家的问题。这问题不完全是“师法外国”的问题，因为我们一面参考外国的制度方法，一面也许可以从我们自己的几千年历史里得着一点有用的教训。这问题也不完全是“必有一形成之现代，而后从而化之”的问题，因为一来此时的世界正在演变之中，无有一个已形成的现代；二来我们的病状太危险，底子太虚弱，恐怕还没有急骤追随世界先进国家的能力。这问题也不是一个“急先务”的问题，因为这个国家满身是病痛，医头固是先务，医脚也是先务；兴利固是先务，除弊也是先务；外交固是先务，内政更是先务；学术研究固是先务，整顿招商局也是先务。

我前几年曾说过：我们只有一条路，就是认清了我们的问题，集合全国的人才智力，充分采用世界的科学知识与方法，一步一步的作自觉的改革，在那自觉的指导之下一点一滴的收不断的改革之全功。

我们此后想把我们对这个建国问题的各方面的思考的结果，随时陆续写出来，请关心这问题的人时时指教匡正。

（原载于《独立评论》第77号，1933年11月19日）

我们能行的宪政与宪法

最近有几位朋友在《独立评论》上讨论中国宪政问题，我们得到的结论颇有出人意外的一致。我现在想把这个结论提出来，供全国国民的考虑评论。

我们的结论的第一点是：宪政不是什么高不可攀的理想，是可以学得到的一种政治生活的习惯。宪政并不须人“躬亲政治”，也不必要人人都能行使“创制，复决，罢免”各种政权。民主宪政不过是建立一种规则来做政府与人民的政治活动的范围；政府与人民都必须遵守这个规定的范围，故称为宪政；而在这个规定的范围之内，凡有能力的国民都可以参加政治，他们的意见都有正当表现的机会，并且有正当方式可以发生政治效力，故称为民主宪政。这种有共同遵守的规则的政治生活就是宪政，其中并没有多大玄妙，就如同下棋的人必须遵守“马走日字，象走田字，炮隔子打，卒走一步”的规矩一样；就如同打马将的人必须遵守马将规矩一样；就如同田径赛的人必须遵守田径赛规矩一样。下棋的人犯了规矩，对方可以纠正他；打马将的人犯了规矩，同桌的人可以拒绝承认；田径赛的人犯了规矩，同赛的人可以请求评判员公判处罚。这就是小规模的民主宪政。我们能遵守下棋，打马〈麻〉将，打网球，赛跑的规则，我们也学得会民主宪政的生活习惯。

我们的结论的第二点是：宪政可以随时随地开始，但必须从幼稚园下手，逐渐升学上去。宪政是一种政治生活的习惯，唯一的学习方法就是实地参加这种生活。宪政的学习方法就是实行宪政，民治的训练就是实行民治，就如同学游泳必须下水，学网球必须上场一样。但“千里之行，始于足下”，这个“下学而上达”的程序是不能免的。所以我们几个朋友都不赞成现行的国民大会选举法的“普通平等”的选举方式。我们主张先从有限制的选举权下手，从受过小学教育一年以上的公民下手，跟着教育的普及逐渐做到政权的普及。这不是用教育程度来剥夺多数人的选举权；这只是用选举权来鼓励人民读书识字。我们也不赞成现在的人轻易主张“创制，复决，罢免”三权。这些民治新方式都是在代议制的民主宪政长久实行之后用来补充代议制之不足的。我们此时应该从一种易知易行的代议制下手，不必高谈一些不易实行的“直接民治”的理想。

我们的结论的第三点是：现在需要的宪法是一种易知易行而且字字句句都就可实行的宪法。宪政的意义是共同遵守法律的政治：宪政就是守法的政治。如果根本大法的条文就不能实行，就不能遵守，那就不能期望人民尊重法律，也就不能训练人民养成守法的习惯了。古史上曾有商鞅下移木之令，使人民相信他立的法是必须执行的。汉高祖请叔孙通制定朝仪，他的训令只是这样一句话：

> 可试为之，令易知，度吾所能行者为之。

叔孙通的朝仪草成之后，先在野外搭篷演习，演习了一个多月之后，叔孙通请高祖去参观演习。高祖看了，说：

> 吾能为此。

他然后令群臣学习这个新朝仪。叔孙通的朝仪所以能发生效果，正是因为它是一部试演过的易知易行的制度。如果叔孙通制定了一部理想很高而不能行的朝仪，汉高帝第一个就不能行，那一班酒醉妄呼拔剑击柱的功臣也就不肯遵守了。汉高祖给叔孙通的训令——“令易知，度吾所能行者为之”——真是今日制宪的金玉良言。我们主张，我们的宪法里必不可有一句不能实行的条文。例如宪法草案第一百三十七条规定“教育经费之最低限度，在中央为其预算总额百分之十五，在省区及县市为其预算总额百分之三十”。但我们查今年的国家预算案，教育文化费只占预算总额“百分之四·二八”。宪法颁布之后，是否我们就能每年增加一万万元的教育经费呢！如果不能，这一条可以放在任何种人的论文演说里，而不可留在宪法里做一条具文！依此标准，我们主张暂时把宪草里的第六（国民经济）和第七（教育）两章完全删去。又依此标准，我们主张，宪草第五章（地方制度）里的县长民选和市长民选两条，如果此时不能实行，也都应该删去。至于国民大会职权之中的“创制法律，复决法律”，也决不是那每三年集会一个月的国民大会所能行使的，这一类的空文也应该删去。这样删改之后，去年五月五日公布的宪草大概可以成为一个字字句句可以实行的国家根本大法，可以做宪政的开始了。

二十六年，七月，二日

（原载于《大公报》“星期论文”，1937年7月4日）

自由主义

孙中山先生曾引一句外国成语："社会主义有五十七种，不知那一种是真的。"其实"自由主义"也可以有种种说法，人人都可以说他的说法是真的，今天我说的"自由主义"，当然只是我的看法，请大家指教。

自由主义最浅显的意思是强调尊重自由，现在有些人否认自由的价值。同时又自称是自由主义者。自由主义里没有自由，那就好像《长坂坡》里没有赵子龙，《空城计》里没有诸葛亮，总有点叫不顺口罢！据我的拙见，自由主义就是人类历史上那个提倡自由，崇拜自由，争取自由，充实并推广自由的大运动。

"自由"在中国古文里的意思是："由于自己"，就是不由于外力，是"自己作主"。在欧洲文字里，"自由"含有"解放"之意，是从外力裁制之下解放出来，才能"自己作主"。在中国古代思想里，"自由"就等于自然，"自然"是"自己如此"，"自由"是"由于自己"，都有不由于外力拘束的意思。陶渊明的诗："久在樊笼里，复得返自然"，这里"自然"二字可以说是完全同"自由"一样。王安石的诗："风吹瓦堕屋，正打破我头……我终不嗔渠，此瓦不自由。"这就是说，这片瓦的行动是被风吹动的，不是由于自己的力量。中国古人太看重"自由"，"自然"的"自"字，所以往往看轻外面的拘束力量，也许是故意看不起外面的压迫，故意回向自己内心去求安慰，求自由。这种回向自己求内心的自由，有几种方式，一种是隐遁的生活——逃避外力的压迫，一种是梦想神仙的生活——行动自由，变化自由——正如庄子说，列子御风而行，还是“有待”，“有待”还不是真自由，最高的生活是事人无待于外，道教的神仙，佛教的西天净土，都含有由自己内心去寻求最高的自由的意义。我们现在讲的“自由”，不是那种内心境界，我们现在说的“自由”，是不受外力拘束压迫的权利。是在某一方面的生活不受外力限制束缚的权利。

在宗教信仰方面不受外力限制，就是宗教信仰自由。在思想方面就是思想自由，在著作出版方面，就是言论自由，出版自由。这些自由都不是天生的，不是上帝赐给我们的，是一些先进民族用长期的奋斗努力争出来的。

人类历史上那个自由主义大运动实在是一大串解放的努力。宗教信仰自由只是解除某个某个宗教威权的束缚，思想自由只是解除某派某派正统思想威权的束缚。在这些方面……在信仰与思想的方面，东方历史上也有很大胆的批评者与反抗者。从墨翟，杨朱，到桓谭，王充，从范缜，傅奕，韩愈，到李贽，颜元，李塨，都可以说是为信仰思想自由奋斗的东方豪杰之士，很可以同他们的许多西方同志齐名比美，我们中国历史上虽然没有抬出“争自由”的大旗子来做宗教运动，思想运动，或政治运动，但中国思想史与社会政治史的每一个时代都可以说含有争取某种解放的意义。

我们的思想史的第一个开山时代，就是春秋战国时代——就有争取思想自由的意义。

古代思想的第一位大师老子，就是一位大胆批评政府的人。他说：“天下多忌讳，而民弥贫。”“法令滋彰，盗贼多有。”“民之饥，以其上食税之多，是以饥。”“民之难治，以其上之有为，是以难治。”“民之轻死，以其求生之厚，是以轻死。”“天之道损有余，而补不足。”“人之道则不然，损不足以奉有余。”老子同时的邓析是批评政府而被杀的。另一位更伟大的人就是孔子，他也是一位偏向左的“中间派”，他对于当时的宗教与政治，都有大胆的批评，他的最大胆的思想是在教育方面：

“有教无类”，“类”是门类，是阶级民族，“有教无类”是说：“有了教育，就没有阶级民族了。”

从老子孔子打开了自由思想的风气，二千多年的中国思想史，宗教史，时时有争自由的急先锋，有时还有牺牲生命的殉道者。孟子的政治思想可以说是全世界的自由主义的最早一个倡导者。孟子提出的“大丈夫”是“贫贱不能移，富贵不能淫，威武不能屈”。这是中国经典里自由主义的理想人物。在二千多年历史上，每到了宗教与思想走进了太黑暗的时代，总有大思想家起来奋斗，批评，改革。

汉朝的儒教太黑暗了，就有桓谭，王充，张衡起来作大胆的批评。后来佛教势力太大了，就有齐梁之间的范缜，唐朝初年的傅奕，唐朝后期的韩愈出来，大胆的批评佛教，攻击那在当时气焰熏天的佛教。大家都还记得韩愈攻击佛教的结果是：“一封朝奏九重天，夕贬潮阳路八千。”佛教衰落之后，在理学极盛时代，也曾有多少次批评正统思想或反抗正统思想的运动。王阳明的运动就是反抗朱子的正统思想的。李卓吾是为了反抗一切正宗而被拘捕下狱，他在监狱里自杀的，他死在北京，葬在通州，这个七十六岁的殉道者的坟墓，至今存在，他的书经过多少次禁止，但至今还是很流行的。北方的颜李学派，也是反对正统的程朱思想的，当时，这个了不得的学派很受正统思想的压迫，甚至于不能公开的传授。这三百年的汉学运动，也是一种争取宗教自由思想自由的运动。汉学是抬出汉朝的书做招牌，来掩护一个批评宋学的大运动。这就等于欧洲人抬出圣经来反对教会的权威。

但是东方自由主义运动始终没有抓住政治自由的特殊重要性，

所以始终没有走上建设民主政治的路子。西方的自由主义绝大贡献正在这一点，他们觉悟到只有民主的政治方才能够保障人民的基本自由，所以自由主义的政治意义是强调的拥护民主。一个国家的统治权必须放在多数人民手里，近代民主政治制度是安格罗撒克逊民族的贡献居多，代议制度是英国人的贡献，成文而可以修改的宪法是英美人的创制，无记名投票是澳洲人的发明，这就是政治的自由主义应该包含的意义。我们古代也曾有“天视自我民视，天听自我民听”，“民为邦本”，“民为贵，社稷次之，君为轻”的民主思想。我们也曾在二千年前就废除了封建制度，做到了大一统的国家，在这个大一统的帝国里，我们也曾建立一种全世界最久的文官考试制度，使全国才智之士有参加政府的平等制度。但，我们始终没有法可以解决君主专制的问题，始终没有建立一个制度来限制君主的专制大权，世界只有安格罗撒克逊民族在七百年中逐渐发展出好几种民主政治的方式与制度，这些制度可以用在小国，也可以用在大国。(1) 代议政治，起源很早，但史家指一二九五年为正式起始。(2) 成文宪，最早的一二一五年的大宪章，近代的是美国宪法（1789）。(3) 无记名投票（政府预备选举票，票上印各党候选人的姓名，选民秘密填记）是一八五六年South Arsthlia最早采用的。自由主义在这两百年的演进史上，还有一个特殊的，空前的政治意义，就是容忍反对党，保障少数人的自由权利。向来政治斗争不是东风压了西风，就是西风压了东风，被压的人是没有好日子过的，但近代西方的民主政治却渐渐养成了一种容忍异己的度量与风气。因为政权是多数人民授予的，在朝执政权的党一旦失去了多数人民的支持，就成了在野党了，所以执政权的人都得准备下台时坐冷板凳的生活，而个个少数党都有逐渐变成多数党的可能。甚至于极少数人的信仰与主张，“好像一粒芥子，在各种种子里是顶小的，等到他生长起来，却比各种菜蔬都大，竟成了小树，空中的飞鸟可以来停在他的枝上。”（《新约马太福音十四章》，圣地的芥菜可以高到十英尺。）人们能这样想，就不能不存容忍别人的态度了，就不能不尊重少数人的基本自由了。在近代民主国家里，容忍反对党，保障少数人的权利，久已成了当然的政治作风，这是近代自由主义里最可爱慕而又最基本的一个方面。我做驻美大使的时期，有一天我到费城去看我的一个史学老师白尔教授，他平生最注意人类争自由的历史，这时候他已八十岁了。他对我说："我年纪越大，越觉得容忍比自由还更重要。"这句我至今不忘记。为什么容忍比自由还更要紧呢？因为容忍就是自由的根源，没有容忍，就没有自由可说了。至少在现代，自由的保障全靠一种互相容忍的精神，无论是东风压了西风，是西风压了东风，都是不容忍，都是摧残自由。多数人若不能容忍少数人的思想信仰，少数人当然不会有思想信仰的自由，反过来说，少数人也得容忍多数人的思想信仰，因为少数人要时常怀着"有朝一日权在手，杀尽异教方罢休"的心理，多数人也就不能不行"斩草除根"的算计了。最后我要指出，现代的自由主义，还含有"和平改革"的意思。

和平改革有两个意义，第一就是和平的转移政权，第二就是用立法的方法，一步一步的做具体改革，一点一滴的求进步。容忍反对党。尊重少数人权利，正是和平的政治社会改革的唯一基础。反对党的对立，第一是为政府树立最严格的批评监督机关，第二是使人民可以有选择的机会，使国家可以用法定的和平方式来转移政权，严格的批评监督，和平的改换政权，都是现代民主国家做到和平革新的大路。近代最重大的政治变迁，莫过于英国工党的执掌政权，英国工党在五十多年前，只能选择出十几个议员，三十年后，工党两次执政，但还站不长久，到了战争胜利之年（1945），工党得到了绝对多数的选举票，故这次工党的政权，是巩固的，在五年之内，谁都不能推翻他们，他们可以放手改革英国的工商业，可以放手改革英国的经济制度，这样重大的变化，——从资本主义的英国变到社会主义的英国，——不用流一滴血，不用武装革命，只靠一张无记名的选举票，这种和平的革命基础，只是那容忍反对党的雅量，只是那保障少数人自由权利的政治制度，顶顶小的芥子不曾受摧残，在五十年后居然变成大树了。自由主义在历史上有解除束缚的作用，故有时不能避免流血的革命，但自由主义的运动，在最近百年中最大成绩，例如英国自从一八三二年以来的政治革新，直到今日的工党政府，都是不流血的和平革新，所以在许多人的心目中自由主义竟成了“和平改革主义”的别名，有些人反对自由主义，说它是“不革命主义”，也正是如此。我们承认现代的自由主义正应该有“和平改革”的含义，因为在民主政治已上了轨道的国家里，自由与容忍铺下了和平改革的大路，自由主义者也就不觉得有暴力革命的必要了。这最后一点，有许多没有忍耐心的年青人也许听了不满意，他们要“澈底改革”，不要那一点一滴的立法，他们要暴力革命，不要和平演进。我要很诚恳的指出，近代一百六七十年的历史，很清楚的指示我们，凡主张澈底改革的人，在政治上没有一个不走上绝对专制的路，这是很自然的，只有绝对的专制政权可以铲除一切反对党，消灭一切阻力，也只有绝对的专制政治可以不择手段，不惜代价，用最残酷的方法做到他们认为根本改革的目的。他们不承认他们的见解会有错误，他们也不能承认反对的人会有值得考虑的理由，所以他们绝对不能容忍异己，也绝对不能容许自由的思想与言论。所以我很坦白地说，自由主义为了尊重自由与容忍，当然反对暴力革命，与暴力革命必然引起来的暴力专制政治。

总结起来，自由主义的第一个意义是自由，第二个意义是民主，第三个意义是容忍——容忍反对党，第四个意义是和平的渐进的改革。

（胡适 1948 年 9 月 4 日演讲于北平电台。载于《世界日报》，1948 年 9 月 5 日）

林肯 150 周年的生日纪念

我很感谢“美国之音”邀我参加林肯总统的一百五十年大庆典。

我是一九四六年制定《中华民国宪法》的国民大会的一个代表，我想说一个故事，让我的美国朋友们知道林肯的思想怎样会变成了《中华民国宪法》的一部分。

中国革命的领袖，中华民国的“国父”孙中山先生平常说，他所提倡的三民主义和美国林肯总统的三句话是相通的，林肯说的：“the government of the people，by the people，for the people”，当时还没有适当的翻译。中山先生自己的翻译是“民有、民治、民享的政府”。他说，他的民族主义就是“民有”，民权主义就是“民治”，民生主义就是“民享”。

孙中山先生死在一九二五年。他死后二十一年，这些思想就概括在《中华民国宪法》的第一条里，这一条的全文是：

> 中华民国，基于三民主义，为民有、民治、民享之民主共和国。

所以我们可以说，林肯的盖梯斯堡［葛底斯堡］演说的一部分，现在用孙中山先生自己翻译的文字，永远生存在中华民国的宪法里。

我相信这是我们中国人民对林肯表示的最高的崇敬。

今天我们庆祝林肯一百五十年的纪念，正当全世界的危机时期，我们不能不感觉林肯的生平事业对我们有一种新的意义。

这种新的意义就是：林肯当日面临的是一个分裂的国家，我们今天面临的是一个分裂的世界。分裂林肯的国家的，是一种把人作奴隶的制度。分裂我们今天这个世界的，是一种把人作奴隶的新制度。

在一百年前，林肯曾宣言：

> 一个自己分裂的家庭是站不住的。
>
> 我相信，在一半是奴隶，一半是自由人的状态，这个政府是不能长久存在的。……将来总有一天，或者全部都是奴隶，或者全部都是自由人。

林肯本人是反对奴隶制度的，他相信一切的人，在无论什么地方，都应该自由。

但他也是一个搞实际政治的政治家，所以他总不免有一种希望，——一种无可奈何的希望：他总希望反对奴隶制度的人们能够“限制这种制度的推广”，能够“把这种制度认作一种不可再推广的罪恶，但是因为这种制度确已存在我们的社会里，我们只好容忍他，保护他”。

他这种希望，若用近几年流行的名词来说，可以叫作“围堵”和“共存”的政策（The policy of “Containment” and “Co-existence”）。

但是林肯没有机会可以实行他的“围堵奴隶制度”的政策。从他被选作美国大总统，到他就职，在短短的几个月里，已有七个南方的邦宣告脱离联邦国家了，他们已成立了一个临时政府，并且把独立各邦境内多数炮台也占领了。

林肯就总统职之后三十九天，战争就爆发了，——那个可怕的战争一直延长到四年之久。

林肯总统迟疑了一年半，方才颁布它的释放南方各邦境内全部黑奴的命令。最后的解放黑奴命令是一八六三年元旦颁布的。

当他迟疑未决的时期，他在一封信里曾说：

> 我的最主要的目的是要救这个联邦国家。……如果不解放一个奴隶而可以救国，我要干的。如果解放全部奴隶而可以救国，我也要干的。……

当时战事的延长扩大，使他不能不承认释放奴隶的命令不但是道德上的必要，并且是军事上的必要。

直到今天，全世界最不忘记的、最崇敬的林肯，就是那位伟大的奴隶解放者林肯。

我们现在纪念林肯的生日，我们很自然的都回想到他在一百年前说的那几句富有预言意味的话：

> 我相信，在一半是奴隶，一半是自由人的状态，这个政府是不能长久存在的。……将来总有一天，或者全部都是奴隶，或者全部都是自由人。

林肯在一百年前说的这几句话，今天在我们的心里得着同情的响应，正因为我们现在正面对着一种新起的、更残酷的奴役人们的身体与精神的奴隶制度，——这种新起的奴隶制度已经把一个很大部分的人类都变作了奴隶，并且还在很严重的威胁着整个世界。

我们在“自由中国”的人，在自由世界的人，都常常忍不住要问问我们自己：

我们这个一半是奴隶，一半是自由人的世界能够长久存在吗？

这个一半是奴隶，一半是自由人的世界究竟还能够存在多少时呢？

我们还要问：

是不是将来总会有一天，——正如林肯在一百年前悬想的将来总会有一天，或者全部都是奴隶，或者全部都是自由人？

我相信，这是林肯在今天给我们的新意义。

一九五九年一月廿九日

（胡适1959年1月29日演讲于台北美国新闻处。译载于《自由中国》第20卷第4期，1959年2月16日）

胡適文集

政治卷

政治的改造

好政府主义

刚才陈先生所说的介绍语（此处从略），我有许多不敢当。但人类是总有点野心，总有些希望。打破空间时间的观念，确立一种世界观念；把学说主张，贡献到全世界，并予未来时代的人以共见：也许是人类应有的希望！又陈先生对于我的名字之解说，似乎可以说是“投机家”。但是“投机”两个字，也可以作好的解释。从前人说：“英雄造时势，时势造英雄。”英雄与时势，二者迭相助长，如环无端。使无投机者，则时势无从变更起。使无相当的时势，虽有英雄，亦且无从新造起。惟少数人的主张，根据于大多数人的需要；而大多数人得着这种主张，可以得着结果，而使时势发生变迁。所以到了时机成熟，应时势的需要，而发生有意志的有目的的有公共利益的主张，必易得大众的承认，而见诸实行。这种主张，也许是一种投机。我知陈先生所希望的，必是这种投机！

我以为应时势的需要，而有所主张，最要的是要有简单明了，而且人人皆可以承认的目标；这种目标，就是我今天所讲的“好政府主义”。这“好政府”三字，是否救时的大家公认的目标，待我仔细说来。

好政府主义，假定的是有政府主义。政府之为物，有的说他好，有的说他坏。有两种说法，各走极端的：其一，以政府是天生的，神意的。如中国古代所说的“天降下民，作之君，作之师”，及西方古代有些学说，都是神权的政府观。这种政府观底变相，西方近代，仍然有的，而变其名日“自然”。如德国混国家与政府而一之，不承认个人之自由，把天然的需要，说得神秘莫测似的：这是一种极端的学说。其二，以政府为有害无利，退一步言之，也说为利少而害多。谓政府是用不着的，须得自由组合，自由协商，以自由动作，代替强制。从前政府的强制力，常被军阀官吏滥用之以鱼肉小民，不如爽性的把他去掉，这是无政府主义派所说的。中国的老子，主张此说，西洋希腊到现代也有许多人倡此说的。这两种学说，好似南北二极；于这两极端之中，还有许多主张。我以为今年今日的民国，不谈政治则已；苟谈政治，便不能适用前两种极端的主张。极端的无政府主义，吾无以谥之，只谥之曰奢侈品；为其未完全根据于大多数人底需要故也。但需求也可分两面说：（1）心理的需求，（2）实际的需求。根据这两点，就可确定目标。所假定的这种目标，要是合于大众的心理社会的实际底需要；那么要做什么便做什么；不患政治社会无改良革新的希望了。今日的中国，不但无目标，并且无希望，即由缺少一种公共的目标。这种目标是平常的简明的有公共利益的老生常谈，就是好政府主义。

好政府主义，既不把政府看作神权的，亦不把政府看作绝对的有害无利的，只把政府看作工具，故亦谓之工具的政府观。

什么是工具？这里似乎用不着详细的解释。譬如纸与笔是写字的工具；就黑板上写字，则不用毛笔、铅笔、钢笔而另用粉笔，粉笔亦是工具底一种；有这种工具，可以达到目的。然而造工具者，谁欤？

从前有人说：“人是善笑的动物”，这话殊不尽然。又有人说：“人是有理性的动物”，这话，证之世上为恶的人，亦颇足使我们怀疑。惟现代法国哲学家柏格森说：“人是造工具的动物”，这话是顶对的。其他动物，类皆不能创造工具。就是蜂蚁之勤于工作，也不能制造工具。惟人具有制造工具的天才。所造的工具，能适合于人们之运用。造房屋，用以蔽风雨；造桥梁，造铁路，用以利交通；造弓矢刀剑，枪炮，用以驱猛兽而御外敌：这种种的制造，都不是其他动物所能做的。

但所说的工具，初不限于物质的工具；就是，所造的语言，文字，文学，也无一不是工具；什么家庭制度，社会制度，以及国家的法律，也无一不是工具。政治是人类造出的工具之一种；政府亦是人类造出的工具之一种！

政府既是一种工具，而工具又是应需要而生的，那么政府之由来，我们也可以推知了。

政府何由而来呢？乃由人民的组织渐渐扩大而来。社会中有家族有乡党，凡团体中之利害，与个人的利害，小团体与小团体的利害，或大团体与其他大团体的利害，均不免时有冲突。这冲突委实不是个人所能了的。譬如两人相斗，纠结不解，世世复仇，冤冤相报；若单由他两造自行去了结，一定是办不好的；势必须有第三者作个公共机关去裁判他两面的是非曲直，才能够调解冲突。所以欲消弭个人与个人，小团体与小团体，或小团体与个人交互间底冲突，非有超于小团体及个人的公共机关不可。——这是政府成立的要因。

前面说，政府是人造的一种工具，他的缘起，是为的大众的公共的需要。那么适应于公共的需要的，便是好政府了。

大抵一种工具，是应用的；以能够应用者为好。这种实用的学说，也有作工具主义的。这工具主义，就是好政府主义的基本观念。

政府是工具，必定要知道这种工具的用处与性质，才可以谈到应用。

政府是有组织的公共的权力。权力为力的一种，要做一事，必须有力；譬如电灯之明亮，是由于有力，鼓打得响，也是由于有力。可是这种有组织的公共的权力，与他种权力不同。假定无这种组织，无公共利益的权力，社会上必免不掉冲突。譬如从前北京的拉车的拉到车马辐辏的前门地方，常常有所谓“挡住道”的事情发生，必要等前等后，乃能走动。为什么这样的拥挤停滞呢？就因为没有公共的秩序，公共的组织，公共的规则。你看上海的浙江路与南京路之间，来往的人数车马，那样繁杂，但只有中国及印度之巡捕，手持不到五尺长的木棍，从容指挥，而两路来来往往的车，便不致拥挤；假使此棍无权力，亦何能指挥一切？惟其有了权力，只用一短小之棍，表示车底行止之使命；而可免掉时间的损失，和事情的耽误。政府之权力，足以消弭社会间所有的冲突，亦犹是也。

政治法律，把这种权力组织起来，造作公共的规矩——所谓礼法——以免去无谓的冲突，而可发生最大的效果，这是政府的特别性质。

但是在这些地方，不过想免去冲突，仍然是一种消极的作用；此外还有积极的作用。质言之，不独可免社会间的冲突，亦可促社会全体之进步。

因为人类有天然之惰性，往往狃故常，爱保守，毫无改革求进的志趣；如家庭之世守祖业者，就是这样。惟政府是指挥大众的公共机关，可使社会上的人减少惰力，而增加社会全体进步底速率；有些个人所不能为的事，一入政府手中，便有绝大的效果。

数年前曾主张白话，假如止是这样在野建议，不借政府的权力，去催促大众实行，那就必须一二十年之后，才能发生影响。即使政府中有一部分人，对于这件事，曾欲提倡，也仍然没有多大的效果。现在因为有一道部令，令小学校通同用白话文教授。这样一来，从前反对的人，近来也入国语传习所，变成赞成的了；从前表示赞成的，这时更高兴，更来实行起来了。试思以二三十字之一道好的命令（部命），而可以缩短二十年三十年的少数人鼓吹的工具之实施期间，政府权力之重要，为何如者！

再举禁鸦片烟一事为证，十余年以前的人，以鸦片为请客——甚至请贵客——之珍品；而今却不敢自己吃；从前认为阔绰的情事，而今认为犯法的行为：这亦不外政府权力所使然。自然，有些地方，鸦片还是横行；可是鸦片之所以横行，非有政府之过，乃无政府之过，无好政府之过。试思不好的政府，犹可使有那样的效果，假使有了好政府，鸦片岂有不全被禁绝的吗？

所以政府的组织及权力，如果用之得当，必能得着最大的效果；不但可免社会间交互的冲突，而且可促社会全体底进步。

综前所说：好政府主义有三个基本观念：——

（1）人类是造工具的动物，政府是工具的一种。

（2）这种工具的特性，是有组织，有公共目的的权力。

（3）这种工具的效能，可促进社会全体的进步。

以下再说由工具主义的政府观中所得到的益处：

第一，可得到评判的标准。从上面所说的工具主义的政府观中，得着个批评政府的标准。以工具主义的政府观，来批评政府，觉得凡好工具都是应用的，政府完全是谋公共利益及幸福底一种工具；故凡能应公共的需要，谋公共的利益，做到公共的目的，就是好政府，不能为所应为，或为所不应为的，就是坏政府。

第二，可得到民治的原理。政府之为物，不是死板板的工具，是人作的，要防避他的妖怪；《西游记》中的妖怪，加害于唐僧的，如老君的扇子，青牛哪，童子哪，都是工具，只因为主人稍为大意，工具变成了妖怪，就能害人。我们做主人的人民，如果放任政府，不去好好的看守他。这种工具亦必会作怪的。所以在这一点上可得到民治主义的原理。政府这工具，原为我们大多数人民而设，使不善造善用，则受害者亦即在这些老主人。因为人类有劣根性，不可有无限的权力。有之，即好人亦会变坏。“一朝权在手，便把令来行”，免不掉滥用权力以图私利了。所以宜用民治主义去矫正他。虽把权力交给少数人，而老主人不能不常常的监督他，不可不常常的管束他。这是民治主义之浅者，其深义待一涵先生讲之。

第三，可得到革命的原理。刚才说的工具是应用的。不能应用时，便可改换；茶杯漏了换一个，衣服敝了换一件；政府坏了，可改一个好政府——这是浅显的革命原理。所以在工具主义的政府观之下，革命是极平常而且极需要的，并不是稀奇事。

上列三项，就是好政府主义的引伸义。

复次，好政府主义的实行，至少须备有几个重要的条件。

（一）要觉悟政治的重要。大家须觉悟政治不好，什么事都不能办。例如教育事业，谁也相信是要紧的，而北京近年的学校，及武昌高师，因为政治不好，相继感受恶影响。且也政治不好，连实业也兴办不成：去年京汉、京浦路上，打仗一礼拜，而中国煤矿业的商人竟损失了二百五十万之巨。今年武昌、宜昌及其他惨遭兵祸的地方，乃至连小生意都做不成。所以好政府主义底实行，第一须有这种觉悟。

（二）要有公共的目标。有了觉悟，而灰心短气，不定下一个目标出来，也不成功。我们简单明了的，人人能懂的，人人承认的公共目标，就是好政府三字。如辛亥革命之目标是排满，其吃亏在此，其成功亦在此。凡研究尽可高深，预备不妨复杂，而目标则贵简要。故我以好政府三字为目标。有了公共的目标，然后便易于实行。

（三）要有好人的结合。有了觉悟，及有了目标，尤须有人组合起来，作公共的有组织的进行。厌世家每叹天下事不可为；我以为天下无不可为之事，只因为好人缩手说不可为，斯不可为矣。故好人须起而进行，从事于公共的有组织有目标的运动：这是谋好政府的实行所必备的第三个重要条件。

三个条件，是必须完全具备而不可缺一的。

诸君！我今天所讲的好政府主义，是平常的简单的浅显的老生常谈；然要知道必得此种老生常谈实现之后，中国乃能有救！

（胡适1921年10月22日演讲于中国大学，甘蛰仙记录。载于《晨报副镌》，1921年11月17、18日）

大家起来监督财政

与其向政府讨账，不如向政府算账！

我们在《我们的政治主张》里，对于财政问题，只主张两点：

（1）彻底的会计公开；

（2）根据国家的收入，统筹国家的支出。

我们自信，这两条虽然简单，却是解决现今财政问题的唯一下手方法。近来司法长官辞职的呈文里，也认定财政之不公开与支配之不平均，为最大的病根。这个观察，我们认为不错。现在政府并不是绝对的没有维持政费与教育费的能力，政费与教育费的所以不能维持，只是因为财政不公开，由几个私人自由分配，自由侵吞，以致正当的用途反没有钱了。去年北京教育界要求交通部担任北京的教育费，他们的主张也只是要打破国家收入由各部自行支配的制度，但教育界一部分的力量是不济事的。我们以为现在各机关的人专向“索薪”一方面做功夫，乃是最下下策。我们不是叫化子，我们是国民，我们应该行使我们的职权来监督我们的财政。假如现在司法界的全体，教育界的全体，银行界的全体，以及各机关的人员有一个共同的组织，提出“会计公开，统筹支配”八个字做一个共同的大运动，进行则一齐进行，罢工则一齐罢工；法庭关门，监狱罢工，银行罢市，以及各机关同时停止。这样做去，一定可以达到我们的目的。

要证实我们的主张是不错的，我请大家仔细研究本年一、二两月份盐余一项的收入与支出的实在情形。

△一月份共放盐余　三，七六〇，〇〇〇元；

由稽核总所支出　一，八七〇，〇〇〇元；

由财政部支出　　一，八五〇，〇〇〇元。

我们再看财政部怎样支配这一百八十五万元：

（1）陆军各项总计　一，〇三四，〇六五元；

（2）海军　　　　　四〇〇，〇〇〇元；

陆海军总计　　一，四三四，〇六五元；

占本月收入总数的百分之七七点五。

（3）其他各项　　　四一五，九三四元。

占本月收入总数的百分之二二．五〇。但是这各项之中，有三四〇〇〇元是还债的。实在的非军费的支出，只有哈尔滨特别法庭五万元，与印铸局两千元，共只有五万二千元。这一个月一百八十五万元的收入，行政费只占了千分之二十八！

但是更可注意的是二月份的收支：

△二月份共放盐余　三，六五〇，〇〇〇元

由核稽总所支出　七七〇，〇〇〇元

由财政部支出　　二，八八〇，〇〇〇元

这二百八十八万元的支配是很简单的：

（1）还债（四项）　　四四〇，〇〇〇元

占本月收入总数的百分之一五。

（2）军费　　　　　二，四四〇，〇〇〇元

占本月收入总数的百分之八五。

这二百四十四万元之中，张作霖一个人拿去了一百五十九万元！其余八十五万是陆军各师与近畿军警饷。这一个月里的浮盐余差不多有三百万元，不算少了，然而没有一个大钱用在教育司法行政上！

我们再把这两个月总起来看：

一、二两月的净盐余有四百七十三万元。军费去了三百八十七万元，占了这两个月总收入的百分之八十一有零。行政费只占了百分之一有零。

两个整月之中，司法方面得着五万元，教育方面不曾得着一个大钱。

所以我们说：现在政府并不是没有钱。因为财政不公开，因为罪恶的官吏可以自由支配国家的收入，所以我们到了这步田地，现在的对付方法没有别的，只有**大家联合起来，齐心协力的做到"会计公开，统筹支配"八个字。如做不到，我们然后一齐罢工，法庭关门、监狱罢工、银行罢市，以及各机关同时停止！**

十一，五，十九

（原载于《努力》周报第3号，1922年5月21日）

政论家与政党

"政论家可以不入政党，不组政党，而仍可以发生效力吗?"

这个问题现已在许多人的口头和心上了。我们的答案是：

有服从政党的政论家，
有表率政党的政论家，
有监督政党的政论家。

服从政党的政论家，纯粹是政党的鼓吹机关，自然是不能离开政党的，我们且不谈他。

表率政党的政论家，并不能代表一党的全部党员，只代表一党的思想阶级。他们是一党中的观象台，斥候队。他们观察时势，研究事实，替一党定计划，定方针。他们对内提出主张，要求本党的采用；对外说明本党的政策，替本党的政策作宣传与辩护。他们对于反对党，也只有公正的批评，不肯作恶意的攻击。他们对于本党的人物与政策，若认为不能满意时，也应该下公正的批评与弹劾。他们对于本党，因历史上或友谊上的情分，常存一种爱护的态度。但爱护和"姑息"大不相同。本党的人物与政策若不能满足他们的期望，他们要提出忠告；忠告不听，提出反对；反对无效，他们到不得已时，也许脱离旧党，出来另组新党。他们的责任是表率，不是服从；是爱护，不是姑息。他们虽在政党之中，而精神超出政党之上，足迹总在政党之前。

至于那监督政党的政论家，他们是“超然”的，独立的，他们只认社会国家，不认党派；只有政见，没有党见。也许他们的性情与才气是不宜于组织政党的；他们能见事而未必能办事，能计划而未必能执行，能评判人物而未必能对付人，能下笔千言而见了人未必能说一个字，或能作动人的演说而未必能管理一个小团体。他们自然应该利用他们的长处，决不应该误用他们的短处。他们也许有执行与组织的能力；但历史的原因（如美国的两大党），因时势的需要都可以使他们不便或不愿放弃他们的言论事业而投身于政党，况且社会上确然不应该没有一个超然的政论，不但立于一党一派之上（如上述的表率政党的政论家），并且立于各党各派之上，做他们的调解、评判与监督。这种独立的政论家，越多越有益，越发达越好。政党的政论总是染了色彩的居多；色彩越浓，是非越不明白。若没有一派超然的政论家做评判调解的机关，国内便只有水火的党见：不是东风压了西风，便是西风压了东风了！有时他们的责任还不止于评判于调解，他们是全国的观象台、斥候队。他们研究事实，观察时势，提出重要的主张，造成舆论的要求，使国中的政党起初不能不睬他，最后不能不采用他。他们身在政党之外，而眼光注射全国的福利，而影响常在各政党的政策。

有人说，“这种政论家，既无政党，自无政权，如何能使他们的主张发生效力呢？如何能影响各政党的政策呢？”

他们的武器有两种。第一是造舆论。一个新主张初成立时，总是居于极少数的；当这个时候，有势力的政党自然不屑注意它。但是有力的无党政论家往往可以帮助宣传这个不很惹人注意的主张；久而久之，这个主张成了空气了，政党就不能不光顾它了。于是在野的政党要用这个新主张来打倒当权的政党，于是当权的政党也要用它来维持它的地位。例如女子参政的问题和许多劳动立法的问题，在欧美各国，都是这样加入政治党纲中去的。第二是造成多数的独立选民。独立的政论家虽然无党，有时也可以说是有党；他们的党就是那许多无所统属的独立选人。在政治清明、教育发展的国家，总有一部分的选人是不常属于一党一派的；他们的向背是跟着各政党的政策与人物的优劣而变更的；今年赞成这一党，明年也许赞成那一党。在英国、美国那种两大党势均力敌的国家，独立选人的向背往往是政府起倒的关键。独立的选民也可以组成一个独立的小党，如英国的劳动党（Labor Party）在议会里人数虽少，却可以操纵两大党，在立法上收极大的功效。在美国的独立选民是没有政党组织的；少数有政党组织的，如社会党，反不能收大功效；倒是那多数无党的“独立者”（Independents），可左可右，也可以左右两大政党的命运。就我个人亲眼看见的说，一九一二年大选举时，独立者倾向罗斯福，就使新起的进步党打倒当政权的共和党；一九一六年，进步党与共和党复和，但独立者倾向威尔逊，故一九一二年之少数总统，一跃而为一九一六年之多数总统，而进步共和两党合并的能力终打不倒民主党与独立者合并的能力。

在这个本来不惯政党政治，近来更厌恶政党政治的中国，今日最大的需要决不在政党的政论家，而在独立的政论家。独立的政论家只认是非，不论党派；只认好人与坏人，只认好政策与坏政策，而不问这是那一党的人与那一派的政策：他们立身在政党之外，而影响自在政党之中。他们不倚靠现成的势力，而现成的势力自不能不承认他们的督促。

十一，六，二

［附　论］

超然的政论，独立的政论，并不是麻木的政论与是非不明的政论。现在最可怪的一种现象就是舆论界的麻木与混沌。上海的报界在奉直战争时的议论，差不多全是“张作霖胜固可忧，吴佩孚败亦可喜”的论调；我们读了不能不回想到两年前直皖战争时代安福部的《公言报》；《公言报》虽坏，但远胜于近来这种麻木的“稳健”了！

北京近来的报纸更不能免这种麻木与混沌的责备。即如董康在这个时候敢出来做财政上的清理与改革，这种“捎木梢”的精神，不能不使我们佩服。舆论对他，至少应该表示一种同情的援助。然而北京的报界对他只有嘲笑与讥讽，甚至于那主张新文化的《晨报》也只有嘲笑与讥讽。董康的同情者倒是那远在三万里外的伦敦《太晤士报》[《泰晤士报》]与《孟彻司脱高丁报》[《曼彻斯特卫报》]！这是我们不能满意的。（完）

（原载1922年6月4日《努力周报》第5号）

人权与约法

四月二十日国民政府下了一道保障人权的命令，全文是：

> 世界各国人权均受法律之保障。当此训政开始，法治基础亟宜确立。凡在中华民国法权管辖之内，无论个人或团体均不得以非法行为侵害他人身体，自由，及财产。违者即依法严行惩办不贷。着行政司法各院通饬一体遵照。此令。

在这个人权被剥夺几乎没有丝毫余剩的时候，忽然有明令保障人权的盛举，我们老百姓自然是喜出望外。但我们欢喜一阵之后，揩揩眼镜，仔细重读这道命令，便不能不感觉大失望。失望之点是：

第一。这道命令认“人权”为“身体，自由，财产”三项，但这三项都没有明确规定。就如“自由”究竟是那几种自由？又如“财产”究竟受怎样的保障？这都是很重要的缺点。

第二，命令所禁止的只是“个人或团体”，而并不曾提及政府机关。个人或团体固然不得以非法行为侵害他人身体自由及财产，但今日我们最感觉痛苦的是种种政府机关或假借政府与党部的机关侵害人民的身体自由及财产。如今日言论出版自由之受干涉，如各地私人财产之被没收，如近日各地电气工业之被没收，都是以政府机关的名义执行的。四月二十日的命令对于这一方面完全没有给人民什么保障。这岂不是“只许州官放火，不许百姓点灯”吗？

第三，命令中说，“违者即依法严行惩办不贷，”所谓“依法”是依什么法？我们就不知道今日有何种法律可以保障人民的人权。中华民国刑法固然有“妨害自由罪”等章，但种种妨害若以政府或党部名义行之，人民便完全没有保障了。

果然，这道命令颁布不久，上海各报上便发现“反日会的活动是否在此命令范围之内”的讨论。日本文的报纸以为这命令可以包括反日会（改名救国会）的行动；而中文报纸如《时事新报》畏垒先生的社论则以为反日会的行动不受此命令的制裁。

岂但反日会的问题吗？无论什么人，只须贴上“反动分子”“土豪劣绅”“反革命”“共党嫌疑”等等招牌，便都没有人权的保障。身体可以受侮辱，自由可以完全被剥夺，财产可以任意宰制，都不是“非法行为”了。无论什么书报，只须贴上“反动刊物”的字样，都在禁止之列，都不算侵害自由了。无论什么学校，外国人办的只须贴上“文化侵略”字样，中国人办的只须贴上“学阀”“反动势力”等等字样，也就都可以封禁没收，都不算非法侵害了。

我们在这种种的方面，有什么保障呢？

我且说一件最近的小事，事体虽小，其中含着的意义却很重要。

三月廿六日上海各报登出一个专电，说上海特别市党部代表陈德征先生在三全大会提出了一个“严厉处置反革命分子案”。此案的大意是责备现有的法院太拘泥证据了，往往使反革命分子容易漏网。陈德征先生提案的办法是：

> 凡经省党部及特别市党部书面证明为反革命分子者，法院或其他法定之受理机关应以反革命罪处分之。如不服，得上诉。惟上级法院或其他上级法定之受理机关，如得中央党部之书面证明，即当驳斥之。

这就是说，法院对于这种案子，不须审问，只凭党部的一纸证明，便须定罪处刑。这岂不是根本否认法治了吗？

我那天看了这个提案，有点忍不住，便写了一封信给司法院长王宠惠博士，大意是问他“对于此种提议作何感想”。并且问他“在世界法制史上，不知在那一世纪那一个文明民族曾经有这样一种办法，笔之于书，立为制度的吗？”

我认为这个问题是值得大家注意的，故把信稿送给国闻通信社发表。过了几天，我们接得国闻通信社的来信，说：

> 昨稿已为转送各报，未见刊出，闻已被检查者扣去。兹将原稿奉还。

我不知道我这封信有什么军事上的重要而竟被检查新闻的人扣去。这封信是我亲自负责署名的。我不知道一个公民为什么不可以负责发表对于国家问题的讨论。

但我们对于这种无理的干涉。有什么保障呢？

又如安徽大学的一个学长，因为语言上挺撞了蒋主席，遂被拘禁了多少天。他的家人朋友只能到处奔走求情，决不能到任何法院去控告蒋主席。只能求情而不能控诉，这是人治，不是法治。

又如最近唐山罢市的案子，其起原是因为两益成商号的经理杨润普被当地驻军指为收买枪枝，拘去拷打监禁。据四月二十八日《大公报》的电讯，唐山总商会的代表十二人到一百五十二旅去请求释放，军法官不肯释放。代表等辞出时，正遇兵士提杨润普入内，“时杨之两腿已甚臃肿，并有血迹，周身动转不灵，见代表等则欲哭无泪，语不成声，其凄惨情形，实难尽述”。但总商会及唐山商店八十八家打电报给唐生智，也只能求情而已；求情而无效，也只能相率罢市而已。人权在那里？法治在那里？

我写到这里，又看见五月二日的《大公报》，唐山全市罢市的结果，杨润普被释放了。“但因受刑过重，已不能行走，遂以门板抬出，未回两益成，直赴中华医院医治。”《大公报》记者亲自去访问，他的记载中说：

> ……见杨润普前后身衣短褂，血迹模糊。衣服均粘于身上，经医生施以手术，始脱下，记者当问被捕后情形，杨答，苦不堪言，曾用旧时惩罚盗匪之压杠子，余实不堪其苦。正在疼痛难忍时，压于腿上之木杠忽然折断。旋又易以竹板，周身抽打，移时亦断。时刘连长在旁，主以铁棍代木棍。郑法官恐生意外，未果。此后每讯必打，至今周身是伤。据医生言，杨伤过重，非调养三个月不能复原。

这是人权保障的命令公布后十一日的实事。国民政府诸公对于此事不知作何感想？

我在上文随便举的几件实事，都可以指出人权的保障和法治的确定决不是一纸模糊命令所能办到的。

法治只是要政府官吏的一切行为都不得逾越法律规定的权限。法治只认得法律，不认得人。在法治之下，国民政府的主席与唐山一百五十二旅的军官都同样的不得逾越法律规定的权限，国民政府主席可以随意拘禁公民，一百五十二旅的军官自然也可以随意拘禁拷打商人了。

但是现在中国的政治行为根本上从没有法律规定的权限，人民的权利自由也从没有法律规定的保障。在这种状态之下，说什么保障人权！说什么确立法治基础！

在今日如果真要保障人权，如果真要确立法治基础，第一件应该制定一个中华民国的宪法。至少，至少，也应该制定所谓训政时期的约法。

孙中山先生当日制定《革命方略》时，他把革命建国事业的措施程序分作三个时期：

第一期为军法之治（三年）

第二期为约法之治（六年）……“凡军政府对于人民之权利义务，及人民对于军政府之权利义务，悉规定于约法。军政府与地方议会及人民各循守之。有法者，负其责任。……”

第三期为宪法之治。

《革命方略》成于丙午年（1906），其后续有修订。至民国八年中山先生作孙文学说时，他在第六章里再三申说“过渡时期”的重要，很明白地说“在此时期，行约法之治，以训导人民，实行地方自治。”至民国十二年一月，中山先生作《中国革命史》时，第二时期仍名为“过渡时期”，他对于这个时期特别注意。他说：

> 第二为过渡时期。在此时期内，施行约法（非现行者），建设地方自治，促进民权发达。以一县为自治单位，每县于散兵驱除战事停止之日，立颁约法，以规定人民之权利义务，与革命政府之统治权。以三年为限，三年期满。则由人民选举其县官。……革命政府之对于此自治团体只能照约法所规定而行其训政之权。

又过了一年之后，当民国十三年四月中山先生起草《建国大纲》时，建设的程序也分作三个时期，第二期为“训政时期”。但他在建国大纲里不曾提起训政时期的“约法”，又不曾提起训政时期的年限，不幸一年之后他就死了，后来的人只读他的建国大纲，而不研究这“三期”说的历史，遂以为训政时期可以无限地延长，又可以不用约法之治，这是大错的。

中山先生的建国大纲虽没有明说“约法”，但我们研究他民国十三年以前的言论，可以知道他决不会相信统治这样一个大国可以不用一个根本大法的。况且《建国大纲》里遗漏的东西多着哩。如廿一条说“宪法未颁布以前，各院长皆归总统任免”，是训政时期有“总统”，而全篇中不说总统如何产生。又如民国十三年一月国民党第一次代表大会宣言已有“以党为掌握政权之中枢”的话，而是年四月十二日由先生草定《建国大纲》全文廿五条中没有一句话提到一党专政的。这都可见《建国大纲》不过是中山先生一时想到的一个方案，并不是应有尽有的，也不是应无尽无的。大纲所有，早已因时势而改动了。（如十九条五院之设立在宪政开始时期，而去年已设立五院了。）大纲所无，又何妨因时势的需要而设立呢？

我们今日需要一个约法，需要中山先生说的“规定人民之权利义务与革命政府之统治权”的一个约法。我们要一个约法来规定政府的权限：过此权限，便是“非法行为”。我们要一个约法来规定人民的“身体、自由，及财产”的保障：有侵犯这法定的人权的，无论是一百五十二旅的连长或国民政府的主席，人民都可以控告，都得受法律的制裁。

我们的口号是：

快快制定约法以确定法治基础！

快快制定以保障人权！

十八，五，六

（原载于《新月》月刊第2卷第2号，例行出版日期为1929年4月10日，实际出版日期在5月6日之后）

知难，行亦不易

——孙中山先生的“行易知难说”述评

一　行易知难说的动机

《孙文学说》的自序是民国七年（1918）十二月三十日在上海作的。次年（1919）五月初，我到上海来接杜威先生；有一天，我同蒋梦麟先生去看中山先生，他说他新近做了一部书，快出版了。他那一天谈的话便是概括地叙述他的“行易知难”的哲学。后来杜威先生去看中山先生，中山谈的也是这番道理。（本书第四章之末也说，“当此书第一版付梓之夕，适杜威博士至沪，予特以此质证之。”）大概此书作于七年下半，成于八年春间。至六七月间，始印成出版。

这个时代是值得注意的。中山先生于七年五月间非常国会辞去大元帅之职；那时旧式军阀把持军政府，中山虽做了七总裁之一，实际上没有做事的机会，后来只好连总裁也不做了，搬到上海来住。这时候，世界大战争刚才停战，巴黎的和会还未开，全世界都感觉一种猛烈的兴奋，都希望有一个改造的新世界。中山先生在这个时期，眼见安福部横行于北方，桂系军阀把持于南方，他欲专心计划，想替中国定下一个根本建设的大方路。这个时期正是他邀了一班专家，着手做《建国方略》的时候。他的《实业计划》的一部分，此时正在草创的时期；其英文的略稿成于八年的一月。

他在发表这个大规模的《建国方略》之前，先著作这一部导言，先发表他的“学说”，先提出这“行易知难”的哲学。

为什么呢？他自己很悲愤地说：

> 文奔走国事三十余年，毕生学力尽萃于斯；精诚无间，百折不回；满清之威力所不能屈，穷途之困苦所不能挠。吾志所向，一往无前，愈挫愈奋，再接再厉。用能鼓动风潮，造成时势。卒赖全国人心之倾向，仁人志士之赞襄，乃得推覆专制，创建共和。本可从此继进，实行革命党所抱持之三民主义，五权宪法，与夫革命方略所规定之种种建设宏模，则必能乘时一跃而登中国于富强之域，跻斯民于安乐之天也。不图革命初成，党人即起异议，谓予所主张者理想太高，不适中国之用。众口铄金，一时风靡。同志之士，亦悉惑焉。是以予为民国总统时之主张，反不若为革命领袖时之有效而见之施行矣。此革命之建设所以无成，而破坏之后国事更因之以日非也。
>
> 夫去一满洲之专制，转生出无数强盗之专制，其为毒之烈，较前尤甚，于是民愈不聊生矣。溯夫吾党革命之初心，本以救国救种为志，欲出斯民于水火之中，而登之衽席之上也。今乃反令之陷水益深，蹈火益热，与革命初衷大相违背者，此固予之德薄无以化格同侪，予之能鲜不足驾双〈驭〉群众，有以致之也。然而吾党之士于革命宗旨革命方略亦难免有信仰不笃奉行不力之咎也。而其所以然者，非尽关乎功成利达而移心，实多以思想错误而懈志也。
>
> 此思想之错误为何？即“知之非艰，行之惟艰”之说也。此说始于傅说对武丁之言，由是数千年来，深中于中国之人心，已成牢不可破矣。故予之建设计划一一皆为此说所打消也。呜

呼！此说者，予生平之最大敌也。其威力当万倍于满清。夫满清之威力不过只能杀吾人之身耳，而不能夺吾人之志也。乃此敌之威力则不惟能夺吾人之志，且足以迷亿兆人之心也。是故当满清之世，予之主张革命也，犹能日起有功；进行不已。惟自民国成立之日，则予以主张建设，反致半筹莫展，一败涂地。吾三十年来精诚无间之心，几为之冰消瓦解，百折不回之志几为之槁木死灰者，此也！可畏哉此敌！可恨哉此敌！

兵法有云，“攻心为上”。……满清之颠覆者，此心成之也。民国之建设者，此心败之也。夫革命党之心理，于成功之始，则被“知之非艰行之惟艰”之说所奴，而视吾策为空言，遂放弃建设之责任。……七年以来，犹未睹建设事业之进行，而国事则日形纠纷，人民则日增痛苦。午夜思维，不胜痛心疾首。夫民国之建设事业，实不容一刻视为缓图者也，国民！国民！究成何心。不能乎，不行乎，不知乎。吾知其非不能也，不行也。亦非不行也，不知也。倘能知之，则建设事业亦不过如反掌折枝耳。

回顾当年，予所耳提面命而传授于革命党员，而被河汉为理想空言者，至今观之，适为世界潮流之需要，而亦当为民国建设之资材也。乃拟之于书，名曰《建国方略》，以为国民所取法焉。然尚有踌躇审顾者，则恐今日国人社会心理犹是七年前之党人社会心理也，依然有此“知之非艰行之惟艰”之大敌横梗于其中，则其以吾之计划为理想空言而见拒也，亦若是而已矣。故先作学说，以破此心理之大敌，而出国人之思想于迷津。庶几吾之《建国方略》或不致再被国人视为理想空谈也。（自序）

这篇自序真是悲慨沉痛的文章。中山先生以三十年的学问，三十年的观察，作成种种建设的计划，提出来想实行，万不料他的同志党人，就首先反对。客气的人说他是“理想家”，不客气的人嘲笑他是“孙大炮”！中山先生忠厚对人，很忠厚地指出他们所以反对他，“非尽关乎功成利达而移心，实多以思想错误而懈志”。此思想的错误，中山认为只是“知易行难”的一个见解。这个错误的见解，在几千年中，深入人心，成了一种迷信，他的势力比满清还可怕，比袁世凯还可怕。满清亡了，袁世凯倒了，而此“知易行难”的谬说至今存在，使中山的大计划半筹莫展，一败涂地。所以中山先生要首先打倒这个“心理之大敌”。这是他的“学说”的动机。

要打倒这个大敌，所以他提出一种“心理建设”。他老实不客气地喊道：

> 夫国者，人之积也。人者，心之器也。而国事者，一人群心理之现象也。是故政治之隆污，系乎人心之振靡。吾心信其可行，则移山填海之难，终有成功之日。吾心信其不可行，则反掌折枝之易，亦无收效之期也。心之为用大矣哉。夫心也者，万事之本源也。满清之颠覆者，此心成之也。民国之建设者，此心败之也。（《自序》参看页七七论宣誓一段。）

迷信“唯物史观”的人，听了这几句话，也许要皱眉摇头。但这正是中山先生的中心思想。若不懂得这个中心思想，便不能明白他的“有志竟成”的人生哲学。

二　行易知难的十证

中山先生的“学说”只是“行易知难”四个字。他举了十项证据来证明他的学说：

（1）饮食

（2）用钱

（3）作文

（4）建筑

(5) 造船

(6) 长城与欧洲的战壕

(7) 运河

(8) 电学

(9) 化学制造品：豆腐，磁器

(10) 进化

这十项证据，原书说的很详细，不用我来详细说明了。

这十项之中，有几项是证明“不知亦能行”的，如饮食，婴孩一坠地便能做，鸡雏一离蛋壳便能做，但近世的科学专家到今日尚不能知道饮食的种种奥妙。但大部分的证据都是证明知识之难能而可贵的，如造船，

> 施工建造并不为难。所难者绘图设计耳。倘计划既定，按图施工，则成效可指日而待矣。
>
> 如无线电报，当研究之时代，费百年之工夫，竭无数学者之才智，各贡一知，而后得成全此无线电之知识。及其知识真确，学理充满，乃本之以制器，则无所难矣。……其最难能可贵者则为研求无线电知识之人。学识之难关一过，则其他之进行有如反掌矣。

这些证据都是要使我们明白知识是很难能的事，是少数天才人的事，少数有高深知识的人积多年的研究，定下计划，打下图样，便可以交给多数工匠去实行。工匠只须敬谨依照图样做去，自然容易成功。“此知行分任而造成一屋者也”。中山先生的意思一面教人知道“行易”，一面更要人知道“知难”。

三 “行易知难”的真意义

中山先生自己说：

予之所以不惮其烦，连篇累牍，以求发明行易知难之理者，盖以此为救中国必由之道也。（页 55）

他指出中国的大病是暮气太深，畏难太甚。

中国近代之积弱不振奄奄待毙者，实为知之非艰行之惟艰一说误之也。此说深中于学者之心理，由学者而传于群众，则以难为易，以易为难，遂使暮气畏难之中国，畏其所不当畏，而不畏其所当畏。由是易者则避而远之，而难者又趋而近之。始则欲求知而后行，及其知之不可得也，则惟有望洋兴叹而放去一切而已。间有不屈不挠之士，费尽生平之力以求得一知者，而又以行之为尤难，则虽知之而仍不敢行之。如是不知固不欲行，而知之又不敢行，则天下事无可为者矣。此中国积弱衰败之原因也，夫畏难本无害也，正以有畏难之心，乃适足导人于节劳省事，以取效呈功，此为经济之原理，亦人生之利便也。惟有难易倒置，使欲趋避者无所适从，斯为害矣。（页 55）

他要人明白“不知亦能行之，知之则必能行之，知之则更易行之。”他考察人类进化的历史，看出三个时期：

第一，由草昧进文明，为不知而行之时期。

第二，由文明再进文明，为行而后知之时期。

第三，自科学发明后，为知而后行之时期。

凡物类与人类，为需要所逼迫，都会创造发明。鸟能筑巢，又能高飞。这都是不知而能行的明证。我们的老祖宗制造豆腐，制造磁器，建筑长城，开辟运河，都是不知而行的明证。西洋人行的越多，知的也越多；知多了，行的也更多。他们越行越知，越知越行。我们却受了暮气的毒，事事畏难，越不行，越不知，越不知，便越不行。

救济之法，只有一条路，就是力行。但力行却也有一个先决的条件，就是要服从领袖，要服从先知先觉者的指导。中山先生说人群进化可分三时期，人的性质也可分做三系：

其一，先知先觉者，为创造发明。

其二，后知后觉者，为仿效进行。

其三，不知不觉者，为竭力乐成。

第一系为发明家，第二系为鼓吹家，第三系为实行家，其中最有关系的是那第二系的后知后觉者。他们知识不够，偏要妄想做先知先觉者；他们不配做领袖，偏要自居于领袖；他们不肯服从发明家的理想计划，偏爱作消极的批评。他们对于先知先觉者的计划，不是说他们思想不澈底，便是说他们理想太高，不切实用。所以中山先生说：

> 行之之道为何，即全在后觉者之不自惑以惑人而已。

力行之道不是轻理想而重实行，却正是十分看重理想智识。“行易知难”的真意义只是要我们知道行是人人能做的，而知却是极少数先知先觉者的责任。大多数的人应该崇拜知识学问，服从领袖，奉行计划。那中级的后知后觉者也只应该服从先知先觉的理想计划，替他鼓吹宣传，使多数人明白他的理想，使那种种理想容易实行。所以中山先生说：

> 中国不患无实行家，盖林林总总者皆是也。乃吾党之士有言曰，“某也理想家也，某也实行家也”。其以二三人可为改革国事之实行家，真谬误之甚也。不观今之外人在上海所建设之宏大工厂，繁盛市街，崇伟楼阁，其实行家皆中国之工人也。而外人不过为理想家计划家而已，并未有躬亲实行其建设之事也。故为一国之经营建设所难得者，非实行家也，乃理想计划家也。而中国之后知后觉者，皆重实行而轻理想矣。是犹治化学而崇拜三家村之豆腐公，而忽于裴在辂巴斯德等宿学也。是

犹治医学而崇拜蜂虫之蜾蠃，而忽于发明蒙药之名医，盖豆腐公为生物化学之实行家，而蜾蠃为蒙药之实行家也。有是理乎！乃今之后知后觉者，悉中此病，所以不能鼓吹舆论，倡导文明，而反是混乱是非，阻碍进化也。是故革命以来建设事业不能进行者，此也。予于是乎不得不彻底详辟，欲使后知后觉者，了然于向来之迷误，而翻然改图，不再为似是而非之说以惑世，而阻挠吾林林总总之实行家，则建设前途大有希望矣。（页 61—62）

所以“行易知难”的学说的真意义只是要使人信仰先觉，服从领袖，奉行不悖。中山先生著书的本意只是要说：“服从我，奉行我的《建国方略》。”他虽然没有这样说明，然而他在本书的第六章之后，附录《陈英士致黄克强书》（页 79—87），此书便是明明白白地要人信仰孙中山，奉行不悖。英士先生在此书里痛哭流涕地指出国民党第五次重大之失败都是因为他们“认中山之理想为误而反对之，致于失败。”他说：

惟其前日认中山先生之理想为误，皆致失败，则于今日中山先生之所主张，不宜轻以为理想而不从，再贻他日之悔。

他又说：

夫人之才识与时并进，知昨非而今日未必是，能取善斯不厌从人。鄙见以为理想者事实之母也。中山先生之提倡革命，播因于二十年前。当时反对之者，举国士夫，殆将一致。乃经二十年后，卒能见诸实行者，理想之结果也。使吾人于二十年前即赞成其说，安见所悬理想必迟至二十年之久始得收效？抑使吾人于二十年后犹反对之，则中山先生之理想不知何时始克形诸事实，或且终不成效果至于靡有穷期者，亦难逆料也。故中山先生之理想能否证实，全在吾人之视察能否了解，能否赞同，以奉行不悖是已。

《孙文学说》的真意义只是要人信仰《孙文学说》，奉行不悖。此意似甚浅，但我们细读此书，不能不认这是唯一可能的解释。

四　批　评

行易知难的学说是一种很有力的革命哲学。一面要人知道“行易”，可以鼓舞人勇往进取。一面更要人知道“知难”，可以提倡多数人对于先知先觉者的信仰与服从。信仰领袖，服从命令，一致进取，不怕艰难，这便是革命成功的条件。所以中山说这是必要的心理建设。

孙中山死后三四年中，国民党继续奉他做领袖，把他的遗教奉作一党的共同信条，极力宣传。“共信”既立，旗帜便鲜明了，壁垒也便齐整了。故三四年中，国民革命军的先声夺人，所向都占胜利。北伐的成功，可说是建立“共信”的功效。其间稍有分裂，也只为这个共信上发生了动摇的危险。但反共分共所以能成功，也都还靠着这一点点“共信”做个号召的旗帜。

故这三年的革命历史可说是中山先生的学说添了一重证据，证明了服从领袖奉行计划的重要，证明了建立共同信仰的重要，证明了只要能奉行一个共同的信仰，革命的一切困难都可以征服。

但政治上的一点好成绩不应该使我们完全忽视了这个学说本身的一些错误。所以我想指出这个学说的错误之点，和从这些错误上连带发生的恶影响。

行易知难说的根本错误在于把“知”“行”分的太分明。中山的本意只要教人尊重先知先觉，教人服从领袖者，但他的说话很多语病，不知不觉地把“知”“行”分做两件事，分作两种人做的两类的事。这是很不幸的。因为绝大部分的知识是不能同“行”分离的，尤其是社会科学的知识。这绝大部分的知识都是从实际经验（行）上得来；知一点行一点；行一点，更知一点，——越行越知，越知越行，方才有这点子知识。三家村的豆腐公也不是完全没有知识；他做豆腐的知识比我们大学博士高明的多多。建筑高大洋房的工人也不是完全没有知识；他们的本事也是越知越行，越行越知，所以才有巧工巧匠出来。至于社会科学的知识，更是知行分不开的。五权与九权的宪法，都不是学者的抽象理想，都只是某国某民族的实行的经验的结果。政治学者研究的对象只是历史，制度，事实，——都是“行”的成绩。行的成绩便是知，知的作用便是帮助行，指导行，改善行。政治家虽然重在实行，但一个制度或政策的施行，都应该服从专家的指示，根据实际的利弊，随时修正改革，这修正补救便是越行越知，越知越行，便是知行不能分开。

中山先生志在领导革命，故倡知难行易之说，自任知难，而勉人以行易。他不曾料到这样分别知行的结果有两大危险：

第一，许多青年同志便只认得行易，而不觉得知难。于是有打倒智识阶级的喊声，有轻视学问的风气。这是很自然的：既然行易，何必问知难呢？

第二，一班当权执政的人也就借“行易知难”的招牌，以为知识之事已有先总理担任做了，政治社会的精义已包罗在《三民主义》《建国方略》等书之中，中国人民只有服从，更无疑义，更无批评辩论的余地了。于是他们掮着“训政”的招牌，背着“共信”的名义，箝制一切言论出版的自由，不容有丝毫异己的议论。知难既有先总理任之，行易又有党国大同志任之，舆论自然可以取消了。

行易知难说是一时救弊之计，目的在于矫正“知之非艰，行之维艰”的旧说，故为“林林总总”之实行家说法，教人知道实行甚易。但老实说来，**知固是难，行也不易**。这便是行易知难说的第二个根本错误。

中山先生举了十项证据来证明行易知难。我们忍不住要问他：“中山先生，你是学医的人，**为什么你不举医学做证据呢？**”中山先生做过医学的工夫，故不肯举医学做证据，因为医学最可以推翻行易知难的学说。医学是最难的事，人命所关，故西洋的医科大学毕业年限比别科都长二年以上。但读了许多生理学，解剖学，化学，微菌学，药学，……还算不得医生。医学一面是学，一面又是术，一面是知，一面又是行。一切书本的学问都要能用在临床的经验上；只有从临床的经验上得来的学问与技术方才算是真正的知识。一个医生的造成，全靠知行的合一，即行即知，即知即行，越行越知，越知越行的工巧精妙。熟读了六七年的书，拿着羊皮纸的文凭，而不能诊断，不能施手术，不能疗治，才知道知固然难，行也大不易也！

岂但医生如此？做豆腐又何尝不如此？书画弹琴又何尝不如此？打球，游水，开汽车，又何尝不如此？建屋造船也何尝不如此？做文章，打算盘，也何尝不如此？一切技术，一切工艺，那一件不如此？

治国是一件最复杂最繁难又最重要的技术，知与行都很重要，纸上的空谈算不得知，卤莽糊涂也算不得行。虽有良法美意，而行之不得其法，也会祸民误国。行的不错，而朝令夕更，也不会得到好结果。政治的设施往往关系几千万人或几万万人的利害，兴一利可以造福于一县一省，生一弊可害无数人的生命财产。这是何等繁难的事！古人把“良医”和“良相”相提并论，其实一个庸医害人有限，而一个坏政策可以造孽无穷，医生以人命为重，故应该小心翼翼地开刀开方；政府以人民为重，故应该小心翼翼地治国。古人所以说“知之非艰，行之维艰”，正是为政治说的，不是叫人不行，只是叫人不要把行字看的太容易，叫人不可卤莽糊涂地胡作胡为害人误国。

民生国计是最复杂的问题，利弊不是一人一时看得出的，故政治是无止境的学问，处处是行，刻刻是知，越行方才越知，越知方才可以行的越好。“考试”是容易谈的，但实行考试制度是很难的事。“裁兵”是容易谈的，但怎样裁兵是很难的事。现在的人都把这些事看的太容易了，故纨袴子弟可以办交通，顽固书生可以办考试，当火头出身的可以办一省的财政，旧式的官僚可以管一国的卫生。

今日最大的危险是当国的人不明白他们干的事是一件绝大繁难的事。以一班没有现代学术训练的人，统治一个没有现代物质基础的大国家，天下的事有比这个更繁难的吗？要把这件大事办的好，没有别的法子，只有充分请教专家，充分运用科学。然而“行易”之说可以作一班不学无术的军人政客的护身符！此说不修正，专家政治决不会实现。

十八年五月改定稿

（原载于《新月》第2卷第4号，例行出版时间为1929年6月10日，实际于7月底出版）

我们什么时候才可有宪法?

——对于《建国大纲》的疑问

我在《人权与约法》(《新月》二卷二号)里，曾说：

> 中山先生的《建国大纲》虽没有明说“约法”，但我们研究他民国十三年以前的言论，知道他决不会相信统治这样一个大国可以不用一个根本大法的。

这句话，我说错了。民国十三年的孙中山先生已不是十三年以前的中山了。他的《建国大纲》简直是完全取消他以前所主张的“约法之治”了。

从丙午年(1906)的《革命方略》，到民国十二年(1923)的《中国革命史》，中山先生始终主张一个“约法时期”为过渡时期，要一个约法来“规定人民之权利义务，与革命政府之统治权”。

但民国十三年以后的中山先生完全取消这个主张了。试看他公布《建国大纲》的宣言说：

> 辛亥之役，汲汲于制定临时约法，以为可以奠民国之基础，而不知乃适得其反。论者见临时约法施行之后，不能有益于民国，甚至并临时约法本身效力亦已消失无余，则纷纷然议临时约法之未善，且斤斤然从事于宪法之制定，以为藉此可以救临

时约法之穷。曾不知症结所在，非由于临时约法之未善，乃由于未经军政，训政两时期，而即入于宪政。

他又说：

可知未经军政训政两时期，临时约法决不能发生效力。

他又说：

军政时代已能肃清反侧，训政时代已能扶植民治，虽无宪政之名，而人人所得权利与幸福，已非口宪法而行专政者所可同日而语。

这是中山先生取消“约法之治”的理由。所以他在《建国大纲》里，便不提起“约法”了。

《建国大纲》里，不但训政时期没有约法，直到宪政开始时期也还没有宪法。如第廿二条云：

宪法草案当本于《建国大纲》及训政，宪政两时期之成绩，由立法院议订，随时宣传于民众，以备到时采择施行。

宪法草案既须根据于训政宪政两时期的成绩，可见“宪政时期”还没有宪法。但细看大纲的全文，廿二条所谓“宪政时期”乃是“宪政开始时期”的省文。故下文廿三条说：

全国有过半数省份达至宪政开始时期，——即全省之地方自治完全成立时期，——则开国民大会决定宪法而颁布之。

这样看来，我们须要等到全国有过半数省分的地方自治完全成立之后，才可以有宪法。

我们要研究，中山先生为什么要这样延迟宪政时期呢？简单说来，中山先生对于一般民众参政的能力，很有点怀疑。他在公布宣言里曾说：

不经训政时代，则大多数人民久经束缚，虽骤被解放，初不了知其活动之方式，非墨守其放弃责任之故习，即为人利用，陷于反革命而不自知。

他在《建国方略》里，说的更明白：

夫中国人民知识程度之不足，固无可隐讳者也。且加以数千年专制之毒深中乎人心，诚有比于美国之黑奴及外来人民知识尤为低下也。（第六章）

他又说：

我中国人民久处于专制之下，奴心已深，牢不可破。不有一度之训政时期，以洗除其旧染之污，奚能享民国主人之权利？（第六章）

他又说：

是故民国之主人者（国民），实等于初生之婴儿耳。革命党者，即产此婴儿之母也。既产之矣，则当保养之，教育之，方尽革命之责也。此革命方略之所以有训政时期者，为保养教育此主人成年而后还之政也。（第六章）

综合上文的几段话，我们可以明白中山先生的主张训政，只是因为他根本不信任中国人民参政的能力。所以他要一个训政时期来培养人民的自治能力，以一县为单位，从县自治入手。

这种议论，出于主张“知难行易”的中山先生之笔下，实在使我们诧异。中山先生不曾说吗？

其始则不知而行之。其继则行之而后知之。其终则因已知而更进于行。（《建国方略》第五章）

他又说过：

夫维新变法，国之大事也，多有不能前知者，必待行之成之而后乃能知之也。（《建国方略》第五章）

参政的能力也是这样的。民治制度的本身便是一种教育。人民初参政的时期，错误总不能免的，但我们不可因人民程度不够便不许他们参政。人民参政并不须多大的专门知识，他们需要的是参政的经验。民治主义的根本观念是承认普通民众的常识是根本可信任的。“三个臭皮匠，赛过一个诸葛亮”。这便是民权主义的根据。治国是大事业，专门的问题需要专门的学识。但人民的参政不是专门的问题，并不需要专门的知识。所患的只是怕民众不肯出来参政，故民治国家的大问题总是怎样引导民众出来参政。只要他们肯出来参政，一回生，二回便熟了；一回上当，二回便学乖了。故民治制度本身便是最好的政治训练。这便是“行之则愈知之”；这便是“越行越知，越知越行。”中山先生自己不曾说吗？

袁世凯之流必以为中国人知识程度如此，必不能共和。曲学之士亦曰非专制不可也。

鸣呼，牛也尚能教之耕，马也尚能教之乘，而况于人乎？今使有见幼童将欲入塾读书者，而语其父兄曰：“此童子不识字，不可使之入塾读书也”，于理通乎？惟其不识字，故须急于读书也。……故中国今日之当共和，犹幼童之当入塾读书也。

（第六章）

宪政之治正是唯一的“入塾读书”。唯其不曾入塾读书，故急须入塾读书也。

中山先生说：

然入塾必要有良师益友以教之。而中国人民今日初进共和之治，亦当有先知先觉之革命政府以教之。此训政之时期所以为专制入共和之过渡所必要也。

我们姑且让一步，姑且承认共和是要训练的。但我们要问，宪法与训练有什么不能相容之点？为什么训政时期不可以有宪法？为什么宪法之下不能训政？

在我们浅学的人看起来，宪法之下正可以做训导人民的工作；而没有宪法或约法；则训政只是专制，决不能训练人民走上民主的路。

“宪法”是什么东西？

柏来士［布莱斯］（Bryce）在他的不朽名著《美洲民主国》里说：“一个国家的宪法只是那些规定此国家的政体并规定其政府对人民及人民对政府的各种权利义务的规律或法令。”（页 350）

麦金托虚爵士（Sir James McIntosh）也说，“凡规定一国高级官吏的最重要职权及人民的最根本的权利的基本法律，——成文的或不成文的，——便是一国的宪法。”（见于他的 *Law of Nature and of Nations* 页 65）

中山先生也曾主张颁布约法“以规定人民之权利义务，与革命政府之统治权”。这便是一种宪法了。

我们实在不懂这样一部约法或宪法何以不能和训政同时存在。我们须要明白，宪法的大功用不但在于规定人民的权利，更重要的是规定政府各机关的权限。立一个根本大法，使政府的各机关不得逾越他们的法定权限，使他们不得侵犯人民的权利，——这才是民主政治的训练。程度幼稚的民族，人民固然需要训练，政府也需要训练。人民需要“入塾读书”，然而蒋介石先生，冯玉祥先生，以至于许多长衫同志和小同志，生平不曾梦见共和政体是什么样子的，也不可不早日“入塾读书”罢？

人民需要的训练是宪法之下的公民生活。政府与党部诸公需要的训练是宪法之下的法治生活。“先知先觉”的政府诸公必须自己先用宪法来训练自己，裁制自己，然后可以希望训练国民走上共和的大路。不然，则口口声声说“训政”，而自己所行所为皆不足为训，小民虽愚，岂易欺哉？他们只看见衮衮诸公的时时打架，时时出洋下野而已；他们只看见衮衮诸公的任意侵害人权而已；他们只看见宣传部“打倒某某”“拥护某某”而已；他们只看见反日会的站笼而已。以此训政，别说六年，六十年有何益哉？

故中山先生的根本大错误在于误认宪法不能与训政同时并立。他这一点根本成见使他不能明白民国十几年来的政治历史。他以为《临时约法》的失败是“由于未经军政训政两时期，而即入于宪政”。这是历史的事实吗？民国元年以来，何尝有“入于宪政”的时期？自从二年以来，那一年不是在军政的时期？《临时约法》何尝行过？《天坛宪法草案》以至于曹锟时代的宪法，又何尝实行过？十几年中，人民选举国会与省议会，共总行过几次？故民国十几年的政治失败，不是骤行宪政之过，乃是始终不曾实行宪政之过；不是不经军政训政两时期而遽行宪政，乃是始终不曾脱离扰乱时期之过也。

当日袁世凯之流，固不足论；我们现在又到了全国统一的时期了，我们看看历史的教训，还是不敢信任人民而不肯实行宪政呢？还是认定人民与政府都应该早早“入塾读书”，早早制定宪法或约法，用宪政来训练人民和政府自己呢？

中山先生说得好：

> 中国今日之当共和，犹幼童之当入塾读书也。

我们套他的话，也可以说：

> 中国今日之当行宪政，犹幼童之当入塾读书也。

我们不信无宪法可以训政；无宪法的训政只是专制。我们深信只有实行宪政的政府才配训政。

十八，七，廿

（原载于《新月》第2卷第4期，实际出版时间在1929年7月底）

国民参政会应该如何组织

关于国民参政会的演变历史，上期有陶希圣先生的投稿，说的很详细。我们从那一段历史里可以看出现在的统治者对于人民参政的问题始终抱着怀疑和畏惧的心理。他们十分不愿意人民参政，所以把国民代表会变成国民参政会，所以取消了立法院和监察院半数委员民选的原议，所以又在国民参政会里设立“延聘”的代表，所以又规定国民参政会决议案的最后决定权仍在国民党的中央执行委员会。

我完全赞成陶希圣先生说的：

> 国民参政会虽去民权主义甚远，但指出走向民权主义的路。它将来是不是真能走向民权主义，仍然看国民是不是继续的往前去争。

所以我不反对国民参政会的设立。我现在只讨论这个国民参政会应该如何组成，应该如何选举国民参政的代表。

我提议：第一，国民参政会不应该有政府延聘的代表，应该全由选举产生。这是一个根本态度问题。加入延聘的代表，就是政府不信任民选的代表。政府不信任人民，人民决不能信任政府。国难会议的失败全由后来执政的人不信任那已发表的会员名单，一批一批的增加国民党员，惟恐党外会员太多了要和政府为难。老实说，多数国难会员的拒绝出席，都不是出于本心；他们原来都感觉“国难”的名义是不应该拒绝的，在国难的号召之下他们是应该诚心与政府合作的。平津的国难会议会员在二月初发出拥护政府的通电是全体一致签名的。但政府终不信任他们，他们也就从不信任政府的态度逐渐变到拒绝出席的态度了。

这一段历史是值得今日执政者的严重考虑的。在这个制定国民参政会组织法的时机，政府与国民党应该考虑他们究竟要一个什么样子的国民参政会。他们要的是一个政府御用的参政会？还是要一个能监督同时也能赞助政府的参政会？我们要郑重的忠告国民党与政府：只有能捣乱也能监督政府的参政代表的赞助是有力量的。御用走狗的赞助是不值得要的。政府有不怕捣乱，不怕监督的诚意，在要紧的关头，人民代表自然会诚意的拥护政府。政府若先存了不信任民意机关代表的私心，至多只能添设一个位置御用代表的机关而已。

第二，国民参政会的代表人数不必过多，至多不应该过一百人。现在国内的实际情形，使我们不能不承认，这个国家决不能有三百五百人才来做国民参政。即使有那么多人才，也决不应该把他们一齐挤到国民参政会里去。此时所需要的是一个能代表一国人望的第一个民选的雏形国会。必须人数少，被选资格稍严，然后可以使人感觉做参政代表是一种很高的荣誉，然后可以使各省的第一流人才肯出来当选做国民参政。美国参议院会员，每邦出二人，全院止有九十六人。我们此时应该略仿其制度，每省出代表至多四人，其新设之省（察，热，绥，宁夏，西康等）每省至多出二人，特别市出一人。总数约一百人。如此则国民参政会也许可以有网罗各省第一流人才的希望。

第三，国民参政会代表的选举应该以省为选举区单位。每省的代表皆代表全省，皆由全省选民投票选举出来。此条用意与上条同，同是希望国民参政代表能得上选人才。以全省为选举区，则所选出的人也许是全省的第一二流人望。若再分小区，则所出代表不过当地的土豪劣绅或小政客而已。况且全省人多，不容易贿买操纵，亦是一利。

第四，国民参政会代表的选举法应该废除旧日国会选举的间接选举法，改用选民直接选举方法。旧日的间接选举法，由选民选出极少数的“初选当选人”，然后由初选当选人开会选出复选当选人。这种复选制，当初的用意是要各地人民推举他们所熟知的本地贤豪，再由这些各地的领袖人才选举他们所公认的全省人才为国会议员。岂料结果恰和事实相反。各地的劣绅土豪做了初选当选人，人数既少，容易被恶势力操纵，容易做选举的买卖。例如有一次安徽的初选当选人在芜湖开会，决定选举肯出最高价钱的人为参议员；他们索价太高，无人肯收买他们的票；他们急了，只好推代表到上海去寻某大地主，请他出来作参议员，他们只要五万元的代价！这种流弊是我们今日应该全部革除的。

第五，直接选举法应该先有一个“预选”机关，推出加一倍或二倍“候选人”来，由人民从那些“候选人”里用无记名方法投票选出他们的代表。直接选举的最大困难在于大多数人民不知道谁肯当选或谁配当选；若由人民任意投票，票数必纷乱散漫，少数有组织的团体就可以操纵选举，选出的人未必是适宜的人选。“预选”(Primaryelection)即是补救此等困难的最好方法。在没有民治训练的国家，我们主张：应该用智识程度较高的法团代表来做预选机关，在选举期前三个月开“预选会”，依照法定的代表人数，加一倍或两倍，推出适宜的人才为国民参政会代表候选人。此项法团代表，约以下列各种有组织之法团为限：

（1）省市党部代表

（2）省市商会代表

（3）省市教育会代表

（4）省立大学（或国立大学在省区内者）教授会代表

（5）省市律师公会代表

（6）省市总工会代表

（7）省市银行钱业公会代表此项法团程度皆较高，皆代表社会上相当的权力，故最合宜于做预选机关。况且此项法团虽以全省为范围，事实上自然皆以大都市为活动中心，他们推出的候选人自然侧重大都市的代表人物。在这个过渡时代，大都市的人才，不但代表大都市的职业，并且比较的最能代表国家的人望。有了这种预选机关的制度，国难会议原案所主张的“各大都市之代表至少应占全额之半数”的精神也可以有个妥当的实行方案了。

第六，为防范预选机关把持预选起见，可以参用选民签名请愿补推候选人之法。预选制流弊较少。预选所推出之候选人，未必即可当选，故贿买预选之弊自不易发生，一也。参加预选的各法团程度较普通选民为高，不能不顾全他们在社会上的信用，不能不推举一些负人望的人才，二也。即有一部分的候选人是不很满人意的，全省选民投票时，那些名望较劣，或舆论所不满的候选人是不易被选的，三也。预选会是公开的，预选结果是必须公布的，预选机关对预选是应负完全责任的，故舆论的制裁容易发生效力，四也。——有此四利，预选制的流弊已不多了。但预选结果发表时，也许真有太不满人意的，那时就应该有补救的方法，就是选民一千人以上的签名盖章的请愿也可以推举一个候选人，也可以呈请选举监督列入选举票上，与其他候选人同由全省选民投票选举。如此，则预选机关虽欲把持包办，也不可能了。

第七，选举应该完全用无记名投票。秘密无记名投票是保障民权的最大利器。一切贿买运动，一切利诱威逼，到了秘密投票时，全无用处。必须使人人明白无论花了多少贿选的金钱，而选民还有最后到期不交货的无上权利，然后贿选之风自然减除。

以上我提出的几项都是原则的问题，希望得着读者充分的指教。

廿二年元旦

（原载于《独立评论》第34号，1933年1月8日）

从农村救济谈到无为的政治

前不多时，政府发表了一个农村复兴委员会，其中有我的名字。我因为实在没有研究过农村问题，又因为不久就要出国了，所以决定辞去农村复兴委员会的委员。可是政府的好意却也使我在这几天之内想想这个问题。现在这个委员会快要在南京开会了，我想向各位委员，并且向政府，提出一个门外汉的意见，供他们的考虑。

我的意见是这样：农村的救济有两条大路，一条是积极的救济，一条是消极的救济；前者是兴利，后者是除弊除害。在现时的状态之下，积极救济决不如消极救济的功效之大。兴一利则受惠者有限，而除一弊则受惠者无穷。这是我要贡献给政府的一个原则。

积极的救济如农民借贷，如合作运动，如改良农产和改良农业技术，这都是应该努力去做的事。但此种积极事业必须假定两个先决条件：第一要有钱，第二要有人才。有多少钱，才可以办多少事；有了钱而没有相当训练的人才，也往往靡费扰民而无功。所以此种积极政策的可能范围必须受财力与人才的限制；在这种无钱又无人的状况之下，积极救济的可能范围是很有限的。

反过来看看，究竟全国农村为什么大都陷入了破产的状态呢？这里面的因子很复杂；有许多因子是由于世界的变迁，国际的关系，不是我们自己轻易管顾得住的，（如西洋妇女剪发盛行，而我国的发网业衰落；如中俄商业断绝，而洋庄茶业破产；如世界经济萧条，而我国蚕丝皮货都大衰落。）但绝大多数的农村所以破产，农民所以困穷，都还是由于国内政治的不良，剥削太苛，搜括太苦，负担太重。此种政治的原因，都是可以用政治的方法去解除的。解除人民的苦痛，减轻人民的负担，这是消极的救济。

现时内地农村最感苦痛的是抽税捐太多，养兵太多，养官太多。纳税养官，而官不能做一点有益于人民的事；纳税养兵，而兵不能尽一点保护人民之责。剥皮到骨了，吸髓全枯了，而人民不能享一丝一毫的治安的幸福！在这种苦痛之下，人民不逃亡，不反抗，不做共产党，不做土匪，那才是该死的贱种哩！

依我的愚见，此时在绝大多数的内地省分，第一急务是努力推行消极的救济。最容易的是裁减官吏与机关；其次是停止一切所谓“建设事业”，如强制征工筑路一类的虐政。其次是努力裁兵。在实行裁兵之前，应该赶紧停止近日各省抽提壮丁编作保卫团的新政。今日的大患不在兵少，而在兵多而无用。已有的兵不能剿匪，不能卫国，不能保护人民，即使再添一倍两倍的保卫团，只夺取民时民力，只增加人民的苦痛，决不可提倡。

这三件事，——裁官，省事，裁兵，——都是今日救济农村的最先急务。因为这三件事是减轻捐税的先决条件。现在各省人民的捐税实在远超过他们的纳税能力了。四川的租税已预征到三四十年后，每两钱粮券已加到十七八元了。江浙的钱粮每两也加到十元了。苛捐杂税之多，已是古今中外的得未曾有。（“古今中外”四个字是我考虑过才用的！）至于烟亩捐之野蛮，逼款之奇惨，更是人间的地狱变相。（参看本刊第廿八，廿九，三十期《乡居杂记》及《关中见闻纪要》等篇。）救济农村必须赶紧努力做到减轻正税和免除一切苛捐杂税；而减除捐税必须从裁官省事裁兵三事下手。

裁官，停止建设，裁兵，减除捐税，这都是消极无为的救济。读者莫笑这种主张太消极了。有为的建设必须有个有为的时势；无其时势，无钱又无人而高倡建设，正如叫化子没饭吃时梦想建造琼楼玉宇，岂非绝伦的谬妄？今日大患正在不能估量自己的财力人力，而妄想从穷苦百姓的骨髓里榨出油水来建设一个现代式的大排场。骨髓有限而排场无穷，所以越走越近全国破产的死路了！

此时所需要的是一种提倡无为的政治哲学。古代哲人提倡无为，并非教人一事不做，其意只是教人不要盲目的胡作胡为，要睁开眼睛来看看时势，看看客观的物质条件是不是可以有为。所以说“无为者，不先物为也”。所以说：“不为物先，不为物后；与时推移，应物变化。”所谓“时”，即是时势，即是客观的物质条件。第一是经济能力，第二是人才。没有经济能力，就须用全力培养经济能力；没有人才，就须用全力培养人才。在这种条件未完备之先，决不能做出什么有为的政治。

现时中国所需要的政治哲学决不是欧美十九世纪以来的积极有为的政治哲学。欧美国家有富厚的财力，有济济跄跄的专门人才，有精密强固的政治组织，所以能用政府的工具来做大规模的建设事业。我们只是贫儿，岂可以妄想模仿富家的大排场？我们只是婴孩，岂可以妄想做精壮力士的事业？我们此时只能努力抚养婴孩使他长大，教练这贫儿使他撙节积蓄，养成一点可以有为的富力。

最好的抚乳培养的方法是一种无为的政治，“损之又损，以至于无为”，以至于无可再损。这种老子的话头也许太空泛；我们可以用十九世纪后期哲人斯宾塞（Spencer）的话：要把政府的权力缩小到警察权。这就是无为政治的摩登说法。警察权只是维持人民的治安，别的积极事业都可以不管；人民只要有了治安，自然会去发展种种积极的事业。斯宾塞在十九世纪的英国提倡此种消极的政治主张，自然是背时。但这种思想在今日一切落后的中国，我们认为是十分值得我们的政治家注意考虑的。

试看中国境内的几处租界发达的历史，那一处不是先从努力做到警察权下手？租界的政府只是一个工部局，俗名为巡捕房，他的唯一作用只是维持公共治安。治安维持住了，一切公用事业，一切商业工业，一切建设，自然有人来发展，自然有法子发展。决没有一个政府不能做到维持治安，而能发展建设事业的！

再看看中国历史上，统一帝国的成立全靠汉朝四百年立下了一个基础，而汉朝四百年的基础又全靠开国六七十年的无为政治。《汉书·食货志》说：

> 汉兴，接秦之敝，诸侯并起，民失作业，而大饥馑，凡米石五千。（《史记》《平准书》作“米至石万钱。”）人相食，死者过半。高祖乃令民得卖子就食蜀汉。天下既定，民亡盖藏，自天子不能具醇驷（四匹马一色），而将相或乘牛车。

经济的状况如此，自然不是可以有为的时势。所以鲁国的儒生对叔孙通说：

> 今天下初定，死者未葬，伤者未起，又欲起礼乐！礼乐所由起，积德百年而后可兴也。吾不忍为公所为。

所以当时哲人陆贾也主张无为的政治。最奇怪的是当日的武将，“身被七十创，攻城略地功最多”的平阳侯曹参，也极力主张无为的政治。曹参和韩信平定了齐地，高祖把韩信调开了，封他的长子肥为齐王，用曹参做齐相国（前202）。曹参以战功第一的人，做韩信的继任者，他岂不明白高祖的用意？司马迁说：

> 参之相齐，齐七十城，天下初定，悼惠王富于春秋。参尽召长老诸生，问所以安集百姓如齐故俗，诸儒以百数，言人人殊，参未知所定。闻胶西有盖公，善治黄老言，使人厚币请之。既见盖公，盖公为言治道贵清静而民自定，推此类具言之。参于是避正堂，舍盖公焉。其治要用黄老术，故相齐九年（前202—193），齐国安集，大称贤相。

惠帝二年（前193）……参去，嘱其后相曰，“以齐狱市为寄，慎勿扰也。”后相曰，“治无大于此者乎？”参曰，“不然。夫狱市者，所以并容也。今君扰之，奸人安所容也？吾是以先之。”（《史记》五四）

曹参在齐相国任内，行了九年的清静无为的政治，已有成效了，故他到了中央做相国，也抱定这个无为不扰民的主义。

参代萧何为汉相国，举事无所变更，一遵萧何约束。择郡国吏，木（《汉书》三九木字作“长大”二字，孟康说，年长大者。）诎于文辞，谨厚长者，即召除为丞相史；吏言文深刻，欲务声名，［辄］斥去之。日夜饮醇酒。卿大夫以下吏及宾客，见参不事事，来者皆欲有言。至者，参辄饮以醇酒；间之，欲有所言，复饮之，醉而后去，终莫得开说。相舍后园近吏舍。吏舍日饮歌呼，从吏恶之，无如之何，乃请参游园中，闻吏醉歌呼，从吏幸（希冀）相国召按之。乃反取酒张坐饮，亦歌呼与相应和。参见人之有细过，专掩匿覆盖之。府中无事。

惠帝看了曹参的行为，有点奇怪，叫他的儿子曹窋去规谏他。曹窋回去问他父亲为什么“日饮，无所请事”。曹参大怒，打了他二百下，说，“天下事不是你应该说的！”第二天，惠帝只好老实说是他叫曹窋去说的，

参免冠谢，曰：“陛下自察圣武孰与高帝？”

上曰，“朕乃安敢望先帝乎？”

曰，“陛下观臣能孰与萧何贤？”

上曰，“君似不及也。”

参曰，“陛下言之是也。高帝与萧何定天下，法令既明，今陛下垂拱，参等守职，遵而勿失，不亦可乎？”

惠帝曰，“善，君休矣。”

这里明明说出他的无为政治的意义是："我们都不配有为，还是安分点，少做点罢。"曹参的尊重盖公，实行黄老的思想，便已是有意的试行无为主义了。孝文孝景二帝的政治也都含有一点自觉的无为政策。文帝在位二十三年，所行政策，如除肉刑，除父母妻子同产相坐律，减赋税，劝农商，以及对南越及匈奴的和平政策，都像是有意的与民休息。他的皇后窦氏便是一个尊信黄老的妇人。她做了二十三年的皇后，十六年的皇太后，六年的太皇太后，先后共四十五年（前 179—前 135）。《史记》（四九）说：

> 窦太后好黄帝老子言，帝（景帝）及太子（武帝）诸窦不得不读黄帝老子，尊其术。

从曹参到窦太后死时，五六十年中，无为的政治已发生了绝大的效果，做到了全国的太平与繁荣。司马迁在《吕后本纪》后面说：

> 孝惠皇帝高后之时，黎民得离战国之苦，君臣俱欲休息乎无为，故惠帝垂拱，高后女主称制，政不出房户，天下晏然。刑罚罕用，罪人是希，民务稼穑，衣食滋殖。（《史记》九）

可见当时的政治尽管龌龊，而"政不出房户"，人民便受惠不少。几十年的无为，有这样大成效：

> 至今上（武帝）即位数岁，汉兴七十余年（前 202—前 130）之间，国家无事，非遇水旱之灾民则人给家足，都鄙廪庾皆满，而府库余货财。京师之钱累百巨万（万万为巨万），贯朽而不可校。太仓之粟陈陈相因，充溢露积于外，至腐败不可食。众庶街巷有马，阡陌之间成群，而乘字牝者摈而不得聚会。守闾阎者食粱肉，为吏者长子孙（吏不时时更换，至生长子孙而不转职），居官者以为姓号。故人人自爱而重犯法，先行义而后绌耻辱焉。（《史记》三十）

有了这六七十年的无为政治做底子，所以汉武帝可以有几十年的大有为。这一段汉初的无为政治的故事也许可以供我们今日的政治家开会议做纪念周完时的一点有趣味的读物罢？

附　记

蒋廷黻先生主张承认克复的共党区域内的田地分配，这也是我所谓无为政策之一种。

（原载于《独立评论》第49号，1933年5月7日）

制宪不如守法

立法院的宪法草案委员会上月通过了《缩短宪法草案起草工作程序》案，其程序如下：

（一）研究时期　　　四月一日至四月三十日

（二）初稿时期　　　五月一日至六月三十日

（三）本会讨论时期　七月一日至七月十五日

（四）公开评论时期　七月十六日至八月十五日

（五）再稿时期　　　八月十六日至八月三十一日

（六）大会讨论时期　九月一日至九月十五日

这回的宪法草案起草工作需时半年之久，并且公开的征求全国国民的研究与批评，这样的慎重从事，比前年的约法起草与通过时的潦草，自然大不相同了。然而我们观察全国舆论，总不免感觉得全国人对于这回的制宪事业还是很冷淡的，很不注意的。这是为了什么缘故呢？

现在宪法草案的“原则”十二项已陆续通过发表了。起草的程序已到了“初稿”的时期了。然而我们观察全国的舆论对于这件事还是很冷淡的，还是很不关心的。这是什么缘故呢？

我们猜想，全国对于这回制宪工作的冷淡，其原因有偶然的，也有根本的。偶然的原因是在这国难严重的时期，大家的注意都在中日的问题，所以制宪事业在一般人的心目中反成了一种不紧急的点缀了。

除了偶然的原因之外，还有一个更根本的原因：这就是人民对于宪法的效能的根本怀疑。我们读了报上用五号或六号小字登载的宪法草案委员会的新闻，或读了他们征求意见的广告，总不免微微苦笑，自己问道“有了新宪法，能执行吗？这还不是和民国元年《临时约法》以来的许多种宪法同样的添一大堆废纸吗？现今不是已有了一部《训政时期约法》吗？有了和没有，有什么不同呢？那一部八十九条的约法，究竟行了几条没有呢？”

这种对于宪法的根本不信任，是今日大家不注意这回的制宪事业的根本原因。而这种根本不信任，完全是政府自身造成的。我们试分析人民为什么这样不信任国家的根本法，可以得着几种有益的教训：

第一，官吏军人党部自身不愿守法，所以使人民不信任法律。凡官吏军人党部感觉于他们不方便的法律，他们都不愿遵守。例如训政约法第六十二条规定中央应以法律限制各种有弊害之课税，然而在中央权力直辖省分的鸦片特税，如皖北的烟亩捐，如江苏的鸦片公卖，中央可曾有制裁的决心吗？又如训政约法的原草案第四十二条本规定“人民除依戒严法所规定外，不受军法审判”，这条文本来很妥善；但后来改成了“人民除现役军人外，非依法律，不受军事审判”（约法第九条），这一改把“除戒严法所规定外”改成了“非依法律”，就把种种绝不应该存在的单行法（如《危害民国紧急治罪法》等）都保留下来了！军人官吏党部觉得这种单行法于他们最方便，所以他们不惜牺牲根本法来保留那些于他们有利的单行法。又如约法草案第二十九条本规定：“凡逮捕拘留人民之命令，除现行犯外，限于法院”；但后来的约法删去了此条，也只为党部官吏军人都感觉这种规定于他们的权威大有妨碍。又如约法第八条明明规定“人民因犯罪嫌疑被逮捕拘禁者，其执行逮捕或拘禁之机关至迟于二十四小时内移送审判机关审问（草案原作‘提交法院审问’!)”。约法颁布至今，恰恰满两年了，试问这一条约法有一次实行过吗？——官吏军人党部自己不愿守法，故不但不许那些于他们不便的条文列入国家的根本法，并且肆无忌惮的违背根本法内已有明文的规定！这样有法等于无法，何怪人民不信任宪法呢？

第二，政府立法之先就没有打算实行，所以立了许多纸上具文，使人民失去对法律的信仰。训政约法中的“国民生计”“国民教育”两章，就是最好的例子。如第五十条“已达学龄之儿童，应一律受义务教育”；第五十一条“未受义务教育之人民，应一律受成年补习教育”。此种条文，岂不好看好听？然而政府立法时何尝打算实行呢？立法至今又何尝准备实行呢？法律的灵魂在于执行；故商鞅变法之先有移木之令，使人民相信他的法令是要执行的。凡多立不行的法律，必使人民轻视法律本身的效能。约法八十九条之中，不准备实行的空文居其半数，何怪人民对国家根本法没有信任心呢？

第三，宪法中列举的条文总是空泛的原则，若没有附加的详细施行手续，就都成了无效力的具文，这也是中国的根本法不能得人民信仰的一个根本理由。试举约法六十二条的课税限制为例：空泛的说“妨害社会公共利益”的课税应由中央裁制，有何用处？要使这一条生效力，必须有明白禁止鸦片烟的亩捐，吸捐，营业捐等等的详细手续法。此外如同一条所载的“复税”“妨害中央收入来源”等项，也都必须有详细执行制裁的手续。宋子文财长近年在中央直辖各省推行卷烟等税，其所以有实效者，全靠中央一面能担保各省的收入，一面又严格的担保商家如有被地方政府复征之税概由中央偿还。若无此种详细执行的手续，虽有宪法的条文也决不会得人民的信任。课税如此，其他如教育，如人民权利，都是如此。宪法上尽管规定“中央及地方应宽筹教育上必需之经费，其依法独立之经费并予以保障”，但政府若无教育经费的具体办法，若无切实保障种种教育基金的具体手续，那么，本来独立的教育经费，如清华大学基金，如中华教育文化基金，尚且可以随时受侵害，何况那本来不固定的国家与地方教育经费呢？又如约法第八条规定的“人民因犯罪嫌疑被逮捕拘禁者，……本人或他人并得请求于二十四小时内提审”。此种“提审”手续，至今没有规定颁布，不但人民不知道如何运用，法院也从来不曾办过，谁也不知道此种“提审状”是什么样子。此时即使有人依据约法向法院请求提审，法院就根本没有“提审令”一类的东西！此种无施行手续的空泛条文，是无法执行的。有法而无法执行，又何怪人民对法律不生信任心呢？

以上所说，都要指出人民何以对国家根本法绝不生信仰。此种状态若无法改进，虽有最完美的宪法条文，终不过与《天坛宪法》、《训政约法》等同其命运！

所以我们希望政府明白这种很明显的事实。此时未尝不可制宪，但制宪之先，政府应该要在事实上表示守法的榜样，养成守法的习惯，间接的养成人民信任法律的心理。这才是宪政的预备。宪政的预备不在雇人起草，不在征求讨论，而在实行法律。与其请吴经熊先生们另起新花样的宪法草案，不如请他们先研究研究现在已有的各种法律，看看有多少种法令是应该立刻废止的（如《危害民国紧急治罪法》等）；看看有那些法律是从来没有执行的；看看有多少种法律是必须编制施行细则方才可以施行的；看看有什么法子可以教官吏军人党部多懂一点法律，多守一点法律。

总而言之，制宪不如守法。守法是制宪事业的真正准备工作。

一九三三，五，八

（原载于《独立评论》第50号，1933年5月14日）

再论无为的政治

在去年五月初，我写了一篇《从农村救济谈到无为的政治》（《独立》第四九期），我说：

> 我的意见是这样。农村的救济有两条大路，一条是积极的救济，一条是消极的救济；前者是兴利，后者是除弊除害。在现时的状态之下，积极救济决不如消极救济的功效之大。兴一利则受惠者有限，而除一弊则受惠者无穷。这是我要贡献给政府的一个原则。

我举出“消极救济”的四项实例：（1）裁减官吏与机关，（2）停止一切所谓“建设”事业，（3）努力裁兵，（4）减轻捐税。这都是消极无为的救济，在今日一定有人骇怪，所以我自己声明：

> 读者莫笑这种主张太消极了。有为的建设必须有一个有为的时势；无其时势，无钱又无人而高倡建设，正如叫化子没饭吃时梦想建造琼楼玉宇，岂非绝伦的谬妄？今日大患正在不能估量自己的财力人力，而妄想从穷苦百姓的骨髓里榨出油水来建设一个现代式的大排场。骨髓有限而排场无穷，所以越走越近全国破产的死路了！

从这种观察上着想，我曾提出一个大胆的建议，我说：此时中国所需要的是一种提倡无为的政治哲学。古代哲人提倡无为，并非教人一事不做，只是要人睁开眼睛看看时势，看看客观的物质条件是不是可以有为。所以他们说："无为者，不先物为也。"又说："不为物先，不为物后；与时推移，应物变化。"所谓"时"即是时势；所谓"物"即是客观的物质条件。第一个条件是经济能力，第二个是人才。没有经济能力，就须用全力培养经济能力；没有人才，就须用全力培养人才。在这种条件未完备之先，决不能做出什么有为的政治。我看此时最好的培养方法是一种无为的政治，"损之又损，以至于无为"。换句话说，这就是要把政府的权力缩小到警察权：只要能维持人民的治安，别的建设事业可以暂时不管。人民有了治安，自然会用他们的余力去发展积极的事业。

凡是留意我的著作或听过我的哲学史工课的人，都知道我平日是最反对无为的政治哲学的。现在我公然提倡中国应该试行一种无为的政治，这当然要引起不少的朋友们的惊异，所以"弘伯"先生（他是上过我的课的）老远从国外寄了一篇很严重的抗议，题为《我们还需要提倡无为的政治哲学吗?》（《独立》第六八至六九期），当时我在海外，不曾作答。我回国时，恰好区少于先生从广州寄来了一篇《无为与有为》（《独立》第七六期），那篇文字是替我答复"弘伯"先生的。区先生还嫌我说的"把政府的权力缩小到警察权"一句话不切事实。他要改为"把政府的权力扩张到警察权"，因为"我们现在的政府还没有做到警察权的境界"。他希望"政府先把警察权做到了，然后才可以扩张到比警察权更大的权。换句话说，就是我们先做了'无为之为'，然后可以做'有为之为'"。

我很愿意接受区先生的修正。我的本意也是说今日的政府还没有做到警察权的境界，所以我主张把别的建设事业都暂时停顿下来，努力做到维持人民治安的境界。我从减省其他事业说起，故说是"缩小"政府的权力。缩小了其他方面，用全力办好警察权，这就是

“扩张”了。

区先生特别指出，农村复兴非经过无为政治的抚乳培养不可。他说：

> 现时复兴各地农村，最要紧的是给他们一个翻苏的机会；最低限度使他们能够继续呼吸，才可以继续工作。

这正是无为政治的目的：与民休息。这个意思很浅显，所以谈政治与干政治的人都不屑注意。最难叫现在的人们了解的，是“停止建设”一个提议。“弘伯”先生赞成裁官和裁兵，但他不能赞成“停止建设”一项。他说：

> 在全体比例中，建设费实微乎其微。即使全部取消了，于农民的负担也轻不了多少。([《独立评论》]六八期，页一四)

关于全体费用的比例，弘伯先生的话似乎太看轻了建设费在内省农民负担上的重量。本期的《独立》有何会源先生《论田赋附加》一篇，痛论农民受田赋附加的痛苦。他指出田赋的附加税往往“超过正粮一倍，二倍，以至十余倍之多。江苏各县有的加到二十六倍!”最可注意的是他指出田赋附加税都是跟着“新政”加起来的。他所谓“新政”，即是我们所谓“建设”。何先生说：

> 自民元以来，特别自十六年以来，这种附加税随着新政一天一天的加多，例如办党要钱，办自治要钱，修路修衙门要钱，甚至复兴农村也要钱，这些钱只好尽先向农民要。

他又说：

> 田赋附加与新政有不可分离的关系。差不多每一附加都有一项新政做背景。新政的名目很多，如教育，公安，自治，清丈，户籍，仓储，保甲，等等，真是应有尽有。……其实无所

谓政，也无所谓新，只不过是田赋多一种附加，农民多一种负担，同时无业游民多一种饭碗。

何先生这两段话，说的最沉痛。他又指出：

到了民国二十年，厘金裁撤了，有许多经费向来依靠厘金或厘金附加的，现在也要在田赋附加上面想法。于是从前一部分工商的负担，现在也放在农民的肩上了。

所以何先生不知不觉的也走上了我们所谓无为政策的路，也主张停办那些扰民害民的“新政”，他很平和的提议：

地方新政，得减便减。不能减时，中央政府应与以补助。

各省政府应立即着手调查各县新政，看看其中有无可以不办的，可以缓办的。

何先生只从田赋附加税上着眼，他列举的事实也自然叫他得到“停减新政”的结论。他这篇文字很可以答复弘伯先生“建设费实微乎其微”的驳论了。

弘伯先生还有一个议论：

况且名符其实的建设，是取之于民用之于民的，是生产的，不光是消费的；是救民救国所必需的，不光是做样子出来好看的。……要得中国富强，必需现代化；要得现代化，必需努力建设。

所以他的结论是：

该建设，该认真建设，而不是应该停止建设。

关于这一种议论，我们必须认清今日所谓“建设”是不是“用之于民”的，是不是“救民救国所必需的”。平心说来，这几年的建设事业的绝大部分都只是吴稚晖先生说的“凿孔栽须”。有一口好须，岂不美观？可是为了要美观而在光光的脸上凿下无数栽须的孔，流出不少的血，受了不少的痛苦．结果还是栽不了须，这就未免太冤了！前几年有过一阵拆城造马路的狂热，于是各地方纷纷把城墙拆了。这几年匪乱多了，有些地方（如南昌）又赶着造起城墙来；造城还不够，还要加造起新式的要塞来。拆城还只限于城市，近年造公路的狂热比拆城更普遍了。许多年前，早有些人说过：汽车路是最不经济的，车容易损坏，路也要时常修治，又只能载人，不能多运货。可是这几年来，各省都争着造公路，谁也不计算人民的担负，谁也不计算征工征料的苛扰，谁也不计算路成之后有无人用，有无货产可以输出。四五年前，我们安徽的北部忽然奉令赶成了五条汽车路，限几个月内完工。路是造成了；可是上个月有人去调查，从太湖到潜山的公路，连路带两旁的沟，足有四丈；四丈阔乘一百里长，要占去多少民田！这一带的人民，农民之外，出门最多的是补锅补碗的，他们只能挑担走路，那能坐汽车？汽车也多坏了，每天至多只能开一次车。路上满长了草了，中间只剩两尺多行人常走的路没有草。这种建设不是“凿孔栽须”吗？“取之于民”则有之矣；“用之于民”又在那里？

我所以赞成消极的救济，是因为现在的人民实在太苦痛了，实在负担太重了，而为政者不知道“除一弊胜于兴一利”的政治原则，不明白除弊正是政府的首要责任，只知道羡慕建设的美名，巧立名目，广设机关，结果是每兴一利即是多生一弊，即是加多一重人民负担。我希望大家明白无为的政治是大乱之后回复人民生活力的最有效方法，是有为政治的最有效的预备。常燕生先生在他的《建国问题平议》（《独立》第八八期）里，也赞成我这个主张，他说：

> 中国今日已经民穷财尽，人民所惟一需要的是休息。……在几千年官僚政治训练之下的中国，妄想以国家的力量来兴作

> 一切，结果每办一事即为官僚造一搜刮人民机会。……我认为中国今日欲谈建设，必须先经过两个预备时期。第一个是休养的时期，这时期的工作是裁兵，裁官，减政，减税，澄清吏治，铲除盗匪，使人民的负担逐渐减轻，能够自由吐口气；在思想上也不妨取同样的政策，言论，出版，集会结社，一切自由，大家自由说说谈谈，把不平之气放出一点，社会上自然减少许多乱子。这个时期经过之后，人民的能力逐渐恢复了，然后可以进入于第二个小规模培植的时期。……然后才能进入于第三个大规模建设的时期。

最后，我们也可以说：这种种“消极”的政策也就是今日最需要的积极政策。裁官，裁兵，那一项不需要积极的去做？我们所以谆谆提出这种消极的看法者，正因为今日为政者都不敢朝这些除弊除暴减轻人民苦痛的方面去想。例如裁兵，岂不是全国人民所渴望？然而政府却只向加税筹饷的方面去想，从不闻有人切切实实去想一个着手裁兵的办法。现在中央的收入，用在军费上的已超过百分之八十五了。这个局面能支持多久？假使五六个月之内，剿共的工作真能完成了，我们以为政府应该切实计划裁兵的逐渐实行，财政方有出路，国家方有办法，人民方有生路。前几天，政府领袖对全国宣言两大政策，一是完成剿匪工作，一是“以建设求统一”。我们的私见是希望政府的领袖正式提出“裁兵”的计划来，以裁兵求统一！我们也希望各地的军事领袖大家明白国家统一的需要，明白武力的终久不可倚靠，明白人民负担的太重太苦，大家把兵权交还国家，请中央实行编遣，分期裁减一切向来割据地方的军队。在今日中央军力最盛的时候，在两年多的国难所造成的一点新国家观念之下，中央若以裁兵号召全国，全国不应该没有有力的响应。“以建设求统一”，话是积极的，其实等于空谈。“以裁兵求统一”，看起来像是消极的，其实是积极的，是富有可能性的，因为这是全国人人心里所渴望的，因为这是有全国人民的理智与情感作后盾的。我们说过，无为是“不为物先，不为物后”。全国大裁兵的时势到了，政治家有胆子放下那些建设的空谈，来试试这种好像消极的大政策吗？

二十三，二，十九

（原载于《独立评论》第89号，1934年2月25日）

建设与无为

上期我们登出了两篇拥护建设反对无为的文章，同时也登出了一篇赞成无为反对建设的通信。还有一些投稿，两方面的主张多有，我们因为篇幅关系，不发表了。我看了许多批评我的无为政治的议论，不能不再写一篇文字，申明我的立场，同时解释一些误会。

我是最赞成建设的人；我曾歌颂科学，歌颂工业，歌颂有为的政治，歌颂工业的文明。这是大家都知道的。现在我忽然提出无为政治之论，并非自己向自己挑战，也不是像某君说的“没有把事实详细研究，而为‘立异’的心理所影响”。我的无为论是研究事实的结果。我至今还是有为的歌颂者；但我要指出一个极平常的原则：有为的建设必须有个可以有为的时势，必须先看看客观的物质条件是否许我们有为。在这种条件未完备之先，盲目的建设是有害而无利的，至少是害多而利少的，是应该及早停止的。我不反对有为，但我反对盲目的有为；我赞成建设，但我反对害民的建设。盲目害民的建设不如无为的休息。

蒋廷黻先生在三月十一日《大公报》的星期论文里，很严厉的责备那些“过端的批评”建设的人们；他恐怕“建设的前途大有堵塞的可能”，所以他的论文标题是“建设的前途不可堵塞了！”他替今日的建设提出两种辩护：第一是对内不可不建设，第二是对外不可不建设。在对内方面，他说，“现在我们得着科学和机械，我们初次能有积极的解决生活问题，一方面能改良农业，一方面又能发展工业，把单轨的（农业）经济变为双轨的（工商业）经济。……对于这个机会，我们还不想充分利用，还是怀疑踌躇，岂不是自暴自弃吗？”在对外方面，他说，“在最近几年之内，我们外交活动的能力及我们的国际地位，大半要靠我们建设的成绩”。

这些话，我们岂不懂得？我们所以“由笃信建设以至于怀疑，反对”，只是因为今日的建设，没有一项够得上叫做“改良农业”，也没有一项够得上“发展工业”。征地，征料，征工来筑的公路，不是发展工业。清丈土地不是发展农业。强占民家田地为路基，强征人民力役为路工，占了民田还要人民完田赋，不是发展农业。浙江省办理“清丈”，只办了杭州市和杭县的一部分，已花费了一百二十万元了；据专家的估计，浙江全省的清丈，必须有二千四百万元，才能完事。即使浙江省能筹二千四百万元的清丈费，完成之后，距离“改良农业”还有二千四百万里之远！又如广西一省，公路最发达了，于贵州鸦片过境是方便了，于军事也许便利了，但这与“发展工业”有何关系？

所以蒋先生的辩护是错认了题目的。他所辩护的是改良农业与发展工业的建设；但今日的建设只是为军事用的公路，为学时髦的公路，为准备增加田赋收入的清丈，就使他的辩护文不对题了。

我们所反对的是盲目的与害民的建设。蒋先生的辩护文里，却替我们举了不少的好例子。先说“病民”，可举他引的浙江省建设三弊为例：

> 第一，浙省自民国十六年以前，田赋几全无附加，自十六年到现在，各县附加少者等于原额的二倍，多者至五倍。……
>
> 第二，因汽车运费过高，乡民的货运仍靠人力。
>
> 第三，经费大部分用在公路上，河流就无法维持和改良。

次说“盲目”，也用蒋先生论浙江建设的话。

（一）“汽车营业不发达，尤其是货运的缺乏，证明公路的建筑不一定就是我们当前的急务”。富庶的浙江如此，广西可知了，他省可知了。这是盲目。

（二）“江浙民间向靠水利和水运。我们现在为建设民间所不能利用的新交通工具，竟致废弃了民间所能利用的，最便宜的水运。难怪我们愈建设，乡村经济就愈不景气。”（参看本期孟森先生的论文末段论江浙水利一节。）这是不是“盲目”？

（三）蒋先生又泛论筑路：“全国对于建设实无经验……。因为没有经验，我们只好模仿。外国大修汽车路，于是我们也大修汽车路。这种死板的抄袭不是我国工程司独有的缺点。”这是不是盲目？

盲目与害民，二者之中，盲目是因，害民是果。所以我们大声疾呼的反对这一切盲目的建设。然而我们的蒋廷黻先生还要替盲目建设家辩护！他说：

> 这种死板的抄袭不是我国工程司独有的缺点。……
>
> 我们要知道，抄袭是学习的初步，不能避免的。

他又说：

> 数年前，凡谈建设的人，谁不以为建筑铁路及汽车路是当前的第一急务？我们拿事后的眼光来批评当局事前的设计，未免太不恕了。

这几句话，我真不明白了。事前的盲目设计，在事后既然证明是做错了，我们正应该拿事后的聪明来批评事前的懵懂。难道此外还有别的更好的批评方法吗？难道我们都应该将错就错吗？

我们所以要批评今日之建设，正因为这种盲目的建设并不是“我国工程司”的过失，乃是一班领袖群伦的人物的普通过失。工程师是执行命令的；而一切盲目的建设乃是政治领袖所提倡，学者与政客所附和，与工程师无大关系。政治领袖为的是好大喜功，政客为的是可以吃建设饭，学者为的是迷信建设总不会错的。我们也曾“笃信建设”，但我们不护前，不护短；我们现在很诚恳的奉劝我们的政治领袖：建设是一件需要专门技术的事业，不当用作政治的途径，更不可用作装点门面的排场。翁文灏先生（《独立》第五号：《建设与计划》）曾很沉痛的追述前清许多建设事业所以失败，都由于糊涂与冒昧。他说：

> 建设真不是容易事。建设必先有计划，计划又必有实在根据，不能凭空设想，也不能全抄外国成法。……应该由富有学识的头脑来做计划，再叫各部分的工作者各就所专去调查研究，征集应备的材料，或解决局部的问题。而这种计划大部分纯是专门问题，必须先搜集已有的材料，考察实际的情形，然后方能下手。决不是普通行政机关四壁萧然毫无参考设备的办公室内所能凭空杜撰的。

现今的人所以轻易谈建设，都是因为他们不了解建设的专门性质。而这几年各省的建设所以只限于筑路拆城一类的事业者，其原因不在于仅仅盲目的模仿，其真实原因是因为此种工程都不需要专门的学术。政客与商人粗工都干得了，都包得下，都可以吃饭邀功，升官发财：今日建设所以成为风气，都由于此。人民的痛苦，国家的利益，百年的大计，在他们的脑子里都没有地位。要挽救此种风气，必须先要政治领袖们彻底觉悟建设是专门学术的事，不是他们可以随便发一个电报命令十来个省份限几个月完成的。他们必须彻底明白他们自己不配谈建设，更必须明白他们今日办的建设只是政客工头的饭碗，而不是真正的永久的建设。他们明白了自己不配建设，然后能安分无为，做一点与民休息的仁政；等到民困稍苏国力稍复的时候，等到专门人才调查研究有结果的时候，方才可以有为。

蒋廷黻先生问我们：

倘若苏俄第一五年计划失败了，你看她的国际地位能有如今日吗？

我们要请他想想翁文灏先生两年前说的话：

古人说七年之病必求三年之艾。现在可以说，五年建设必须先有五年的测量，调查，研究。所以俄国五年建设计划比较可能，因为他们预备工夫究竟比我们开始得早了许久。他们的第二个五年建设计划成功必定更大，因为已有了第一个五年工作做了基础。(《独立》五，页十二)

没有一个国家能靠盲目的建设得着国际的地位的。也没有一个政治领袖能靠害民的建设得着人心的拥戴的。

大家歇歇罢！必须肯无为，然后可以大有为。

廿三，三，廿六

(原载于《独立评论》第94号，1934年4月6日)

今日可做的建设事业

关于建设与无为的讨论，我在上期曾有一篇短文——论《建设与无为》——申明我的立场：“我不反对有为，但我反对盲目的有为；我赞成建设，但我反对害民的建设。”我申明我所以提出“无为政治”那个使人骇怪的口号来，只是因为我希望今日的政治领袖们澈底觉悟建设是专门学术的事，不是他们可以随便发一道电报命令十来个省分限几个月完成的。那样的建设必然是政客商人的饭碗，必然不是根据于专家研究，富国利民的建设事业。我也明白，在这个时代高谈无为的政治，真有点像朱熹对宋孝宗高谈正心诚意一样的迂阔。但是，如果这种讨论可以减少一点点盲目的有为，或者减轻一点点人民的苦痛，我是不避迂腐的讥笑的。

有人问我：“你既然不是根本的反对建设，那么，你看现在有什么不盲目的建设可以举办吗？换句话说，你赞成那样子的建设事业呢？”

我很欢迎这位朋友的质问，因为他给了我一个机会，使我可以补充上期论文没有说完的一点意见。

我曾说过：有为的建设必须先有可以建设的客观的条件：第一是经济能力，第二是人才。两件之中，专门人才更重要，因为有价值的建设事业都是需要专门技术的事业。有了专门学术人才，没有钱，还可以量米下锅，从小计划做起，慢慢的发展。若没有人才，即使有很多的钱，也只会做到张之洞的建设事业，赔了钱还替国家增添一个大祸害。所以我们可以提出这样的建设标准：

第一，有了专家计划，又有了实行的技术人才，这样的建设可以举办。

第二，凡没有专门学术人才可以计划执行的事业，都应该先用全力培养人才。

第三，在创办新事业之先，应该充分利用专门技术人才，改革已有的建设事业，使他们技术化，使他们增加效率。

我们试举几个例子来说明这几个标准。公共卫生是最明显的需要专门学术的事业。近几年来，中央与几个大城市的公共卫生所以比较有成绩，都是因为这件事业太专门了，官僚与商人插脚不进去，只好让几个专门技术人才去计划执行。薛笃弼先生从前也曾想用拥彗扫地的本领来办公共卫生，但因为国内有个第一流的医学校，又有一些留学国外的医学人才，所以薛笃弼先生改做律师之后，南京上海北平等处的公共卫生事业仍旧继长增高，有显明的进步。这样的建设是不会有人反对的。

再举农业改良为例。公共卫生办在大都会，事业集中，所以中国现有的少数技术人才在眼前还勉强可以够用。农业改良的范围太大了，专门人才实在不够分配，而历来政府当局又不完全明白农业科学的专门性质。至今还不曾有个培养农学人才的决心，所以至今全国只有一两个像样的农科大学，而偌大的北方竟没有一个。在人才这样缺乏的状态之下，一切“农业改良”“农村复兴”的呼声都不过是热空气而已。“七年之病，求三年之艾”，正是指这一类的事业。为今之计，政府必须下最大的决心，集中财力，完成一两个第一流的农科大学，多聘国外的第一流专家，务要在十年二十年之内训练出一些农学领袖人才出来。这种工作收效最迟缓，而经营必须及早；向来人都说工科大学最费钱，但近人都知道工科教育还不如农科教育费钱之多。费钱最多而收效最缓，所以必须用政府的财力，必须下很大的决心，必须存一种不妄想收速效的大决心。这虽不是普通人心目中想像的农业建设，但这是农业建设绝对必需的预备。在这种预备工作收效之先，一切空头的“改进中国农业计划”，都可以暂时搁在高阁上。

最后一个例子是交通。今日已有的交通机关的腐败，最可以表示政府对于建设没有诚意，又没有理解。汪精卫先生最近在中央党部纪念周上教训我们批评造路的人道：“如今已到了空中飞行的时候了，我们却连在地上走的路也不想造，那么，岂不是等着被人和鸡犬一般的宰割么?”政府如果有建设交通事业的诚意与决心，应该把交通和铁道两部划出政治之外，合并作一个纯粹专门技术的管理机关，不受政局的影响；然后把国有各铁道和招商局等也都改为专门技术机关，使他们集中全国技术人才，努力增进效率，减轻债负，添加车辆船只，减低水陆运费，便利各地农产货物的输送。这样的建设才可算是为建设运动“树之风声”。这样做法，既不须征地征工，又不须增加田赋附征，而可以做出一点刮刮叫的建设成绩来昭示全国与全世界，——政府又何嫌何疑而不肯大有为一番呢？国家请来了无数外国建设专家顾问，都把铁道交通两部所属的交通事业看作“禁脔”而不敢过问，却偏要成群结队的陪着大官上西北去寻访建设事业做，这岂不是世界的大奇事吗?

以上举了三个例子，说明我提出的三个建设标准，同时也借此说明我可以赞成什么样子的建设。

廿三，四，二

(原载于《独立评论》第95号，1933年4月8日)

述艾森豪总统的两个故事给蒋“总统”祝寿

十月十九日，我接到胡健中先生的电报，要我赶成一篇短文，依据蒋“总统”“婉辞祝寿，提示问题，虚怀纳言”的意思，“坦直发表意见”。因为时限太迫近了，我只能说两个故事，都是美国朋友近年告诉我的，都是关于美国现任总统艾森豪［艾森豪威尔］先生的故事。我很诚恳的把这两个很有政治哲学意味的故事献给蒋先生。

1956 年 10 月 21 日

在美国加利福尼亚州立大学

故事一

艾森豪将军就任哥仑比亚大学校长之后，有一天，大学副校长来对他说：“大学里各部分的首长都想来见校长，谈谈他们的工作。可否让我替你安排一个日程，约他们分日来见你，每天可以见两三位，每人谈半个钟头，总够了罢?”艾校长赞成这个提议。副校长又说：“哥仑比亚大学的各学院的系主任太多了，你见不了那么多。我们可以约相关学科的联合部（Division）主任来谈。各学院的院长当然都要约的。”艾校长也赞成了。

过了几天，这个日程就开始了。艾校长每天接见两三位院长或联合学科部主任，他很耐心的听他们述职，有时也很虚心的问问他们各部门的需要。

他接见了十来位先生之后，打电话把副校长请来。艾校长说：“照你那个日程，一共多少位先生是我必须接见的?”

副校长用铅笔在纸上计算了一下，他说，“一共有六十三位”。

艾森豪校长把两只手举向头上，喊道：“天呵！太多了！太多了！副校长先生，你知道我从前做同盟各国联军的统帅，那是人类有历史以来空前最大的军队，在那个时期，我只须接见三位受我直接指示的将领，——我完全信任这三个人。他们手下的将领，我从来不用过问，也从来不须我自己接见。想不到，我做一个大学校长，竟要接见六十三位主要首长！他们谈的，我大部分不很懂得，又不能不细心听他们说下去。我问的话，大概也不是中肯的话，他们对我客气，也不好意思不答我。我看这是糟塌〈蹋〉了他们的宝贵时间，于学校实在没有多大好处！副校长先生，你定的那张日程，可不可完全豁免了呢?”

这个故事是前几年哥仑比亚大学一带盛行的故事。告诉我这个故事的朋友说，这是哥仑比亚“校区”（Campus）里传出来的一个含有讥笑艾校长的意味的故事。

故事二

艾森豪将军在一九五二年被选出做美国大总统，一九五三年就职。去年我在纽约听见我的朋友蒲立德先生谈艾总统的一个故事，我也记在这里。

有一天，艾总统正在高尔夫球场上打球，白宫里送来一件公事，是总统的“助理”（约等于“秘书长”）亚丹士先生送来的，说有一个问题急须候总统批示可否。亚丹士先生拟了两个批稿子，一件是准备总统批示许可的，一件是准备他批示否决的。

艾森豪总统在球场上拆开公函，看了两件拟稿，他一时不能决断，就在两个拟批上都签了一句话，说，“请狄克替我挑一个罢”。他封好了。交来人带回白宫，他仍继续打他的高尔夫球（狄克 Dick 是副总统尼克森）。

蒲立德先生说，这是华盛顿传出来的一个讥笑艾总统的故事。

故事的后记[①]

这两个故事，据说都含有讥笑的意味。但我听了只觉得这两个故事都最可以表示艾森豪先生真有做一国元首的风度。做人类有史以来最大的军队的统帅，而能全权信任三个替他负全责的将领，不必接见第四个人，这是何等风度！一个第一流的军人做了一个世界有名的大学的校长，而能自己承认没有专门的知识，愿意全权信任负责的首长，不敢轻易“糟塌了他们的宝贵光阴”，这是何等风度！做了世界第一强国的元首，遇着了自己一时不能决断的问题，能够自己不轻易下决断，“请狄克替我挑一个罢”，这是何等风度！

中国古代的政治思想家也曾细细想过这个一国元首的风度的问题。我曾指出《吕氏春秋》对于这个问题曾提出很值得政治家思考的说法，一国的元首要努力做到“三无”，就是要“无智，无能，无为”：“无智，故能使众智也。无能，故能使众能也。无为，故能使众为也。”《吕览》说，这叫做“用非其有，如己有之”。这是最明智的政治哲学。

---

① 这篇文章同时刊载于台北《中央日报》，但是在《中央日报》上，“故事的后记”里第一段“这两个故事……这是何等风度！”二百三十四个字，却变成：

“我觉得这两个故事，颇能描写一种领袖风度，故值得传述。”

这点异动的原委，乃是因为胡适怕《中央日报》有所顾忌，乃分寄此文给《自由中国》，告诉《自由中国》的编者，在征得《中央日报》同意的前提下，可以发表。

后来胡适又觉得“故事的后记”中的第一段，可能会引起美国民主党的误会而认为他在帮共和党的忙，所以打电报来更正，但是《自由中国》已在10月31日出版，于是两种版本就出现了。——原编者我们的“总统”蒋先生是终身为国家勤劳的爱国者。我在二十五年前第一次写信给他，就劝他不可多管细事，不可躬亲庶务。民国二十一年，我在武汉第一次见他时，就留下我的一册《淮南王书》，托人送给他，盼望他能够想想《淮南·主术训》里的主要思想，就是说，做一国元首的法子是“重为善，若重为暴”。“重”是“不轻易”。要能够自己绝对节制自己，不轻易做一件好事，正如同不轻易做一件坏事一样，这才是守法守宪的领袖。

二十多年的光阴轻轻的飞去了，蒋先生今年七十岁了，我也六十六了，我在今天要贡献给蒋先生的话，还只是《淮南王书》里说的“积力之所举，则无不胜（平声）也。众智之所为，则无不成也”。要救今日的国家，必须要努力做到“乘众势以为车，御众智以为马”。

怎样才能够“乘众势以为车，御众智以为马”呢？我想来想去，还只能奉劝蒋先生要彻底想想“无智，无能，无为”的六字诀。我们宪法里的总统制本来是一种没有行政实权的总统制，蒋先生还有近四年的任期，何不从现在起，试试古代哲人说的“无智，无能，无为”的六字诀，努力做一个无智而能“御众智”，无能无为而能“乘众势”的元首呢？

（原载于《自由中国》第15卷第9期，1956年10月31日）

胡適文集

政治卷

民主与统一

建国与专制

上期蒋廷黻先生发表了一篇《革命与专制》，根据欧洲的近世史立论，说：

> 中国现在的局面，正像英国未经顿头［都铎］专制，法国未经布彭［波旁］专制，俄国未经罗马罗夫［罗曼诺夫］专制以前的形势一样。我们现在也只能有内乱，不能有真正的革命。我们虽经过几千年的专制，不幸我们的专制君主，因为环境的特别，没有尽他们的历史职责。满清给民国的遗产是极坏的，不够作革命的资本的。第一，我们的国家仍旧是个朝代国家，不是个民族国家。一班人民的公忠是对个人或家庭或地方的，不是对国家的。第二，我们的专制君主并没有遗留可作新政权中心的阶级。其实中国专制政体的历史使命就是摧残皇室以外一切可作政权中心的阶级和制度。结果，皇室倒了，国家就成一盘散沙了。第三，在专制政体之下，我们的物质文明太落伍了。我们一起革命，外人就能渔利，我们简直无抵抗的能力。

蒋先生的结论是要指出："各国的政治史都分为两个阶段：第一是建国，第二步才是用国来谋幸福。我们第一步工作还没有作，谈不到第二步。""我们没有革命的能力和革命的资格。"他的大意，不过如此。

可是他给了这篇文章一个很引人注意的标题，叫做《革命与专制》。他列举了英法俄三个国家的历史：英国若不经过十六世纪的顿头朝（Tudor 钱端升先生译为推铎尔朝）的专制，就不能有十七世纪的革命；法国若不经过二百年布彭朝（Bourbon）的专制，也就不会有十八世纪的大革命；俄国若不经过罗马罗夫朝三百年的专制，列宁和托洛茨基也就未见得能造成他们的革命伟业。我们读了他的历史引证，又回想到他的标题，不能不推想到三个问题：（1）专制是否建国的必要阶段？（2）中国经过了几千年的专制，为什么还没有做到建国的历史使命，还没有造成一个民族国家？我们还可以进一步追问：（3）中国的旧式专制既然没有做到建国的职责我们今后建国是否还得经过一度的新式专制？

我想，读了蒋先生那篇文章的人，大概都不免发生这三个推想。蒋先生将来一定还有更详细的说明。我现在先把我个人对于这三点的意见写出来，请蒋先生和读者指教。

（一）专制是否建国的必要阶段？

关于这一点，我的观察和蒋先生有一个根本的不同。蒋先生所举的英法俄三国的历史，在我看来，只是那三个国家的建国史，而建国的范围很广，原因很复杂，我们不能单指“专制”一项做建国的原因或条件。我们可以说那三个朝代（英的顿头，法的布彭，俄的罗马罗夫）是建国的时代；但我们不能证明那三个国家的建立都是由于专制。英国的顿头一朝的历史，最可以说明这一点。亨利七八两世做到了统一的功绩，亨利八世的一个儿子和两个女儿继承王位，尤其是他的小女儿伊里沙伯［伊丽莎白］女王享国最久，史家称为伊里沙伯时代。英吉利民族在这一百年之中，成为一个强盛的民族国家，是有种种原因的。顿头一朝的几个君主虽然也有很专制的，如玛利女王在三四年间因宗教罪过烧杀男女异教徒至三百人之多，但这种专制的行为只够引起人民很严重的反抗，而不能增民族国家的建立。玛利［玛丽］女王的末年是英国人民最痛恨的；她的恢复天主教的政策，也是最违反民意的行为。史家说她的时代的英国是几百年来最紊乱的时代，“不但法纪废弛，无领袖，无武备，无精神，无统一性，平时战时俱受侮辱；而且无论从那一方面讲，英国只是西班牙的一个附庸国”。（钱端升译屈勒味林的《英国史》，页四〇九）顿头一朝的两个英主，前有亨利八世，后有伊里沙伯，都能利用英国人民的心理，脱离罗马教皇的管辖，树立英国国教，扶植国会，培养国力，提倡本国方兴的文化。凡此种种，固然也可说是开明的专制。但英国民族国家的造成，并不全靠君主之力。英国语的新文学的产生与传播，英文翻译的圣经与祈祷书的流行，牛津与剑桥两大学的势力，伦敦的成为英国的政治经济文化的中心，纺织业的长足的发展，中级社会的兴起：这些都是造成英国民族国家的重要因子。这种种因子大都不是在这一个朝代发生的，他们的起源往往都还在顿头王朝之前；不过在这百年的统一承平时代，他们的发展自然更快了。

蒋先生的本意大概也只是要说统一的政权是建国的必要条件；不过他用了“专制”一个名词来包括政权的统一，就不免容易使人联想到那无限的独裁政治上去。其实政权统一不一定就是独裁政治。英国的亨利第八时代正是国会的势力抬头的时代：国会议员从此有不受逮捕的保障，而国王建立新国教也须借国会的力量。所以我们与其说专制是建国的必要阶段，不如说政权统一是建国的条件，而政权统一固不必全学罗马罗夫朝的独裁政治。

（二）中国几千年的专制何以不曾造成民族国家？

关于这一点，我和蒋先生也有不同的看法。照广义的说法，中国不能不说是早已形成的民族国家。我们现在感觉欠缺的，只是这个中国民族国家还够不上近代民族国家的巩固性与统一性。在民族的自觉上，在语言文字的统一上，在历史文化的统一上，在政治制度（包括考试，任官，法律，等等）的统一与持续上，——在这些条件上，中国这两千年来都够得上一个民族的国家。其间虽有外族统治的时期，而在那些时期．民族的自觉心更特别显露，历久而不衰，终于产生刘裕朱元璋洪秀全孙文一流的民族英雄起来做民族革命的运动。我们今日所有的建国的资本，还是这两千年遗留下来的这个民族国家的自觉心。

这个民族的国家，不能不说是两千年的统一政权的遗产。最重要的是那个最光荣的两汉帝国的四百年的统一。我们至今是“汉人”，这就是汉朝四百年造成的民族自觉心的结果。其次是唐朝的三百年的统一，使那些新兴的南方民族至今还自称是“唐人”。有了汉唐两个长期的统一，我们才养成了一个整个中国民族的观念。我们读宋明两朝的遗民的文献，虽然好像都不脱忠于一个朝代的见解，其实朝代与君主都不过是民族国家的一种具体的象征。不然，何以蒙古失国后无人编纂元遗民录？何以满清失国后一班遗老只成社会上的笑柄而已？我们所以特别表同情于宋明两代的遗民，这正可以表现中国早已成为一个民族的国家；这种思古的同情并不起于今日新的民族思想兴起的时代，其种子早下在汉唐盛世，在蒙古满洲入主中国的时期已有很悲壮的表现了。

至于蒋先生指出的三种缺陷，只可以证明旧日的社会与政治的恶果，而不足以证明中国不是一个民族的国家。第一，“一班人民的公忠是对个人或家庭或地方的，不是对国家的”。这是因为旧日国家的权力本来不能直接达到一般人民，在那“天高皇帝远”的情势之下，非有高等的知识，谁能超过那直接影响他的生活的亲属而对那抽象的国家表示公忠呢？十八世纪的英国名人布尔克［伯克］（Burke）曾说：“要人爱国家，国家必须可爱才行。”难道我们因此就说十八世纪的英国还不成一个民族的国家吗？今日一般人民的不能爱国家，一半是因为人民的教育不够，不容易想像一个国家；一半是因为国家实在没有恩惠到人民。

第二，“我们的专制君主并没有遗留可作新政权中心的阶级。其实中国专制政体的历史使命就是摧残皇室以外一切可作政权中心的阶级和制度”。欧洲各国都是新从封建时代出来，旧日的统治阶级还存在，尤其是统治阶级的最下层，——武士的阶级，——所以政权的转移是逐渐由旧统治阶级移归那新兴的中等社会的领袖阶级，更逐渐移到那更广大的民众。我们的封建时代崩溃太早了，两千年来就没有一个统治阶级。科举的制度发达以后，连“士族”都不固定了。我们又没有像英国那样的“冢子袭产制”，遗产总是诸子均分，所以世家大族没有能维持到几代而不衰微的。这是中国的社会结构太平民化的结果，虽有专制君主有意维持某种特殊阶级（如满清之维持八旗氏族），终敌不住那平民化的自然倾向。辛亥革命之后，那些君主立宪党也无处可以请出一个中国家族来做那候补的皇室，于是竟有人想到衍圣公的一门！因为今日中国社会本无“可作新政权中心的阶级”，所以我们的建国（建立一个在现代世界里站得住的国家）事业比欧美日本要困难无数倍。但这是一个政权中心的问题，而不是民族国家的问题。

第三，蒋先生又说，“在专制政体之下，我们的物质文明太落伍了”。物质文明的落后，是由于我们的知识不够，人才不够，又因为旧式的民族自大心的抵抗，不肯急起直追。这是和专制政体无大关系的，也不足以证明中国不是一个民族国家。

以上所说，只讨论了蒋先生的论文引起的两点。我的意思只是要指出：第一，建国固然要统一政权，但统一政权不一定要靠独裁专制。第二，我们今日要谈的“建国”，不单是要建设一个民族的国家。中国自从两汉以来，已可以算是一个民族国家了。我们所谓“建国”，只是要使这个中国民族国家在现代世界里站得脚住。

还有第三个问题：中国的旧式专制既然没有做到建国的大业，

我们今日的建国事业是否还得经过一度的新式专制？这个问题，今天谈不了，且留在将来再谈。

二十二，十二，十一

（原载于《独立评论》第81号，1933年12月17日）

再论建国与专制

上一期我讨论蒋廷黻先生的《革命与专制》，曾提出一个主张，说建国固然要统一政权，但统一政权不一定要靠独裁专制。我们现在要讨论一个比较更迫切的问题：中国的旧式专制既然没有做到建国的大业，我们今日的建国事业是不是还得经过一度的新式专制呢？

这个问题，并不算是新问题，只是二十多年前《新民丛报》和《民报》讨论的“开明专制”问题的旧事重提而已。在那时候，梁任公先生曾下定义如下：

> 发表其权力于形式，以束缚人一部分之自由，谓之制。专制者，一国中有制者，有被制者，制者全立于被制者之外，而专断以规定国家机关之行动者也。由专断而以不良的形式发表其权力，谓之野蛮专制。由专断而以良的形式发表其权力，谓之开明专制。凡专制者以能专制之主体的利益为标准，谓之野蛮专一制；以所专制之客体的利益为标准，谓之开明专制。（《饮冰室文集》，乙丑重编本，卷二十九页，三五一四一）。

现时有些人心目中所悬想的新式专制，大概不过是当年梁任公先生所悬想的那种以国家人民的利益为标准的开明专制而已。当时梁先生又引日本法学者笕克彦的话，说“开明专制，以发达人民为目的者也”，这和现在一部分人所号召的“训政”更相近了。所以当时《民报》社中，有署名“思黄”的，也主张革命之后须先行开明专制。当时孙中山先生还不曾提出“军政，训政，宪政”三时期的主张，那时他的三期论的第二期还叫做“约法”时期，是立宪期的准备。“思黄”所说，似是指那“约法”时期的开明专制。汪精卫先生在当时虽声明“与思黄所见稍异”，但他也承认“政权生大变动之后，权力散漫，于是有以立宪为目的，而以开明专制为达此目的之手段者”。这正是后来的“训政”论。

平心而论，二十多年前，民党与非民党的都承认开明专制是立宪政治的过渡办法。梁任公说：

> 若普通国家则必经过开明专制时代，而此时代不必太长，且不能太长；经过之后，即进于立宪：此国家进步之顺序也。若经过之后而复退于野蛮专制，则必生革命。革命之后，再经一度开明专制，乃进于立宪。故开明专制者，实立宪之过渡也，立宪之预备也。（同上书，页五四）

《民报》里的“思黄”说：

> 吾侪以为欲救中国，惟有与民权，改民主。而入手之方则先以开明专制，以为兴民权改民主之预备。最初之手段则革命也。（同上书，页八一引）

《民报》与《新民丛报》走上一条路线去了。他们所争的，其实不在开明专制，而在“最初之手段”是不是革命。梁氏希望当日的中国能行开明专制，逐渐过渡到立宪，可以避免种族革命与政治革命。而革命党人根本上就不承认当日的中国政府有行开明专制的资格，所以他们要先革命。汪精卫说：

> 论者须知行开明专制者必有二条件：第一则其人必须有非

常英杰之才，第二则其人必须为众所推戴。如法之拿破仑第一，普之腓力特列第二，是其例也。（汪氏全文引见同上书，卷三十，页三五一五八。此语在页四七。）

当日的政府确然没有这些条件，所以辛亥革命起来之后，梁任公作文论“新中国建设问题”，也不能不承认：吾盖误矣！……民之所厌，虽与之天下，岂能一朝居！（同上书，卷三四，页十五）

这一段二十多年前的政论之争，是值得我们今日的回忆的。二十多年以来，种族革命是过去了，政治革命也闹了二十二年，国民党的训政也训了五六年了。当年反对革命而主张开明专制的人，早已放弃他的主张了。现在梦想一种新式专制的人，多数是在早一个时期曾经赞成革命，或者竟是实行革命的人。这个政治思想的分野的骤变，也是时代变迁的一种结果。在二十多年前，民主立宪是最令人歆羡的政治制度。十几年来，人心大变了：议会政治成了资本主义的副产，专政与独裁忽然大时髦了。有些学者，虽然不全是羡慕苏俄与意大利的专制政治的成绩，至少也是感觉到中国过去二十年的空名共和的滑稽，和中国将来试行民主宪政的无望，所以也不免对于那不曾试过的开明专制抱着无穷的期望。还有些人，更是明白的要想模仿苏俄的一阶级专政，或者意大利的一党专政。他们心目中的开明专制已不像二十多年前《新民丛报》时代那样的简单了。现在人所谓专制，至少有三个方式：一是领袖的独裁，二是一党的专政，三是一阶级的专政。（最近美国总统的独裁，是由国会暂时授予总统特权，其期限有定，其权力也有限制，那是吾国今日主张专制者所不屑采取的。）其间也有混合的方式：如国民党的民主集权的口号是第二式；如蓝衣社的拥戴社长制则是领袖独裁而不废一党专政；如共产党则是要一阶级专政，而专政者仍是那个阶级中的一个有组织的党。

我个人是反对这种种专制的。我所以反对的理由，约有这几项：

第一，我不信中国今日有能专制的人，或能专制的党，或能专制的阶级。二十多年前，《民报》驳《新民丛报》说：

开明专制者，待其入而后行。

虽然过了二十多年，这句老话还有时效。一般人只知道做共和国民需要较高的知识程度，他们不知道专制训政更需要特别高明的天才与知识。孔子在二千四百多年前曾告诉他的国君说："为君难，为臣不易。如知为君之难也，不几乎一言而兴邦乎？"今日梦想开明专制的人，都只是不知道为君之难，不知道专制训政是人世最复杂繁难的事业。拿破仑与腓力特列固然是非常杰出的人才，列宁与斯塔林也是富有学问经验的天才。俄国共产党的成功不是一朝一夕的偶然事件，是百余年中整个欧洲文明教育训练出来的。就是意大利的专制也不是偶然发生的；我们不要忘了那个小小的半岛上有几十个世间最古［老］的大学，其中有几个大学是有近千年的光荣历史的。专擅一个偌大的中国，领导四万万个阿斗，建设一个新的国家起来，这是非同小可的事，决不是一班没有严格训练的武人政客所能梦想成功的。今日的领袖，无论是那一党那一派的健者，都可以说是我们的"眼中人物"；而我们无论如何宽恕，总看不出何处有一个够资格的"诸葛亮"，也看不出何处有十万五万受过现代教育与训练的人才可做我们专政的"诸葛亮"。所以我们可以说：今日梦想一种新式专制为建国的方法的人，好有一比，比五代时后唐明宗的每夜焚香告天，愿天早生圣人以安中国！

第二，我不信中国今日有什么有大魔力的活问题可以号召全国人的情绪与理智，使全国能站在某个领袖或某党某阶级的领导之下，造成一个新式专制的局面。我们试看苏俄、土耳其、意大利、德意志的专政历史，人才之外，还须有一个富于麻醉性的热烈问题，可以煽动全国人心，可以抓住全国少年人的热血与忠心，才可以有一个强有力的政权基础。中国这几十年中，排满的口号过去了，护法的问题过去了。打倒帝国主义的口号过去了，甚至于“抗日救国”的口号也还只够引起一年多的热心。那一个最真切，最明白的救国问题还不能团结一个当国的政党，还不能团结一个分裂的国家，这是最可痛心的教训。这两年的绝大的国难与国耻还不够号召全国的团结，难道我们还能妄想抬出一个蒋介石，或者别个蒋介石来做一个新的全国大结合的中心吗？近年也有人时时提到一个“共同信仰”的必要，但是在这个老于世故的民族里，什么口号都看得破，什么魔力都魔不动，虽有莫索里尼，虽有希忒拉，虽有列宁、杜洛司基[托洛茨基]，又有什么幻术可施呢？

第三，我有一个很狂妄的僻见：我观察近几十年的世界政治，感觉到民主宪政只是一种幼稚的政治制度，最适宜于训练一个缺乏政治经验的民族。向来崇拜议会式的民主政治的人，说那是人类政治天才的最高发明；向来攻击议会政治的人，又说他是私有资本制度的附属品：这都是不合历史事实的评判。我们看惯了英美国会与地方议会里的人物，都不能不承认那种制度是很幼稚的，那种人才也大都是很平凡的。至于说议会政治是资本主义的政治制度，那更是笑话。照资本主义的自然趋势，资本主义的社会应该有第一流人才集中的政治，应该有效率最高的“智囊团”政治，不应该让第一流的聪明才智都走到科学工业的路上去，而剩下一班庸人去统治国家。柏莱士（Bryce）的“美洲民主国”曾历数美国大总统之中很少第一流英才，但他不曾想到英国的政治领袖也不能比同时别种职业里的人才；即如名震一世〈时〉的格兰斯顿[格莱斯顿]如何可比他同时的流辈（如赫胥黎等人）？有许多幼稚民族很早就有民主政治，正不足奇怪。民主政治的好处在于不甚需要出类拔萃的人才；在于可以逐渐推广政权，有伸缩的余地；在于“集思广益”，使许多阿斗把他们的平凡常识凑起来也可以勉强对付；在于给多数平庸的人有个参加政治的机会，可以训练他们爱护自己的权利。总而言之，民主政治是常识的政治，而开明专制是特别英杰的政治。特别英杰不可必得，而常识比较容易训练。在我们这样缺乏人才的国家，最好的政治是一种可以逐渐推广政权的民主宪政。中国的阿斗固然应该受训练，中国的诸葛亮也应该多受一点训练。而我们看看世界的政治制度，只有民主宪政是最幼稚的政治学校，最适宜于收容我们这种幼稚阿斗。我们小心翼翼的经过三五十年的民主宪政的训练之后，将来也许可以有发愤实行一种开明专制的机会。这种僻见，好像是戏言，其实是慎重考虑的结果，我认为值得研究政治思想的学者们的思考的。

二十二，十二，十八夜

（原载于《独立评论》第 82 号，1933 年 12 月 24 日）

政治统一的途径

凡梦想“武力统一”的人，大概都是对于别的统一方法都抱悲观了。例如吴景超先生（本刊八十四号）指出三种其他方式的不可能：第一“开放政权”于统一是无补的；第二“联省自治”实际上便是拥护群雄割据的局面；第三“以建设谋统一”也得先设法早日脱离割据的时期。因为吴先生认这几条路都走不通，所以他说：

> 在群雄割据的时期内，除却武力统一的方式外，我们看不出还有什么别的方式可以完成统一的使命。

又如蒋廷黻先生（本刊八十三号）也指出其他方法的绝不能行：第一是“维多利亚时代的自由主义和代表制度”绝不能行；第二是“割据的妥协”也绝不能成立；第三是“再来一次的革命”也行不通。因为这些方法都绝不能行，所以他说“唯一的过渡方法是个人专制”，是“拿一个大专制来取消一些小专制”，是拿更大的武力打倒一切二等军阀。

武力统一的困难，我在上一期（八十五号）已经说过了。其实这种统一方式的困难，蒋吴两先生也都感觉得到。蒋先生说：

> 中国人的私忠既过于公忠，以个人为中心比较容易产生大武力。

他应该料得到：冯玉祥也曾这样想过，也曾这样做过；张作霖、张学良也曾这样想过做过；现在的许多割据领袖也都在那儿如法炮制，“以个人为中心，产生大武力”。人人都要造成那“更大的武力”，所以武力统一终不可能。蒋先生又说：

这个为中心的个人必须具有相当的资格。

既然说是“必须”，这就是一个必要的条件了。我说中国没有能专制的人；蒋先生也只能说：

中国今日有无其人，我也不知道。

那么，蒋先生也不知道今日中国有无具备那“必须”条件的中心人物，他的统一武力论也就很脆弱了。

吴先生的武力统一论也有同样的困难。他也承认：

武力虽然重要，而运用此武力的，还要一个能干的领袖。这位领袖至少应具下列几个条件：

第一，他要有为国为民的声望，这种声望是建筑在领袖的行为上面的。……

第二，他要有知人善用之明，要网罗国内第一流人物，来与他合作。……

第三，他要有开诚布公的胸怀，要使得与他接近的人都觉得他真是“推赤心置人腹中”。……

现在的革命事业有国际背景在内，所以当领袖的人……还应当有现代的眼光，以及一个高明的外交政策。

可是吴先生也不能指出我们现在已有了这样一位领袖。他只能说：

根据时势造英雄的原则，这种领袖迟早总要出现的。

假如我们大家每夜焚香告天的祈祷终无灵应，这种领袖终不出

现，那么，中国又怎么办呢？这样看来，吴先生的武力统一论的希望也是很脆弱的。

总而言之，武力统一的困难，依我们三个人这回讨论的结果，至少有三点：

第一是中国今日的“意态”不容许。（看第八十五号）

第二是中国今日的“物质状况”不容许。（看第八十五号）

第三是中国今日还没有具备那些“必须”条件的领袖。

我们现在可以回到我上次提出的问题：如何能缩短这个割据时期？如何能在这个割据时期做到建国的大事业？

换句话说，假如此时没有用武力统一全国的希望，我们还有法子建设起一个统一的国家来吗？

我所设想的统一方法，简单说来，只是用政治制度来逐渐养成全国的向心力，来逐渐造成一种对国家“公忠”去替代今日的“私忠”。

中国统一的破坏，由于各省缺乏向心力，就成了一个割据的局面。这个局面的形成，不完全是这二十多年的事，是太平天国乱后逐渐造成的。清朝盛时，督抚都不用武人，而各地驻军甚少。当时所以能维系住一个统一局面，全靠制度的运用。任官全出于中央，而中央任官有一定的制度；科举是全国一致的，升迁调转是有一定的资格限制的，而文官统辖武官（自中央以至各省）也是一致的。科举制度虽然不切实用，但人人都承认它的公道无私；老生宿儒应考到头发白了，也只能叹口气说“场中不论文！”他不怨那科举制度本身的不公。智识阶级都感觉有“正途出身”：贫家子弟，用了苦工夫，都可以希冀状元宰相的光荣。重名轻武的风气造成之后，武官自觉得他们应该受文人的统治，所以文人管兵部，巡抚掌兵权，人人都认为当然的道理。

太平天国之乱，把那个“纸老虎”打破了。政府的军队不能平乱，而平乱的大功全靠新起的乡兵与募兵。湘军虽然多数遣散了，

淮军继续存在，成为新式军队的起点。平乱之后，各省督抚虽然仍是文人，可是这些封疆大吏多是带过兵立过战功的，又往往负一时盛名，他们的声望远在中央政府的一班庸碌大官之上。从此以后，“内轻外重”的局势已造成了。到了庚子年（1900），宫廷与政府迷信拳匪，造成了国际大祸，内旨令沿江沿海各省督抚招集义和团攻打洋人，北方有山东巡抚袁世凯不受命，南方两江总督刘坤一与两湖总督张之洞也都不奉诏，并且提倡保障东南的政策。当时端王与刚毅都主张要严厉的惩罚刘张，但想不出执行的有效方法来。这是各省对中央独立的起点。十年之后，辛亥（1911）革命起来，各省相继响应，主其事的虽有文人，但反正的新军将领往往成为实际上的领袖。南北统一之后，北方政权渐归北洋的将领；南方各省的有力军人也渐渐成为各省的领袖。民国三四年以后，虽有军民分治的试验，而各省大权都移归军人，就成割据的局面。

辛亥革命以后，从前所有一切维系统一的制度都崩坏了。中央政府没有任官权，没有军权，没有赋税权；而各省的督军都自由招兵，自由作战，自由扣留国税，自由任命官吏。到了后来，有力的督军还要干预中央的政治，中央政府就变成军人的附属品了。离心力的极端发展，造成了一个四分五裂的局面。

民国十五年，国民革命军北伐，打开了一个新的局面。当时的主要旗帜是民族主义，对外是打倒帝国主义，对内是建立一个统一的民族国家。统一的中心在国民党，要以党治军，以党当政：党权高于一切。这一套的新组织与新纪律，在当时真有“无坚不摧”的威风。无主义又无组织的旧势力，都抵不住这新潮流的震撼。不到三年，就做到了统一全国的大事业。

但这一回的新统一里也含有不少的离心势力。政权属于党，而党不幸先分裂了。党中本有从极右到极左的成分，后来一分为国共，再分为国民党内的各派，三分为以个人为中心的各系。党中又因为原来没有计划到分派的处理方法，从没有准备怎样用和平法律手段

来移转政权的方法，所以一到分裂时就不能不互相斗争，而斗争的方法又有时各各倚靠一部分的军人，用机关枪对打。党争要倚靠军队，党就不能治军了。新起的军事领袖，虽然比旧日北洋军阀高明的多了，然而其中始终没有出一个像刘邦那样“恢廓大度”或像刘秀那样“推赤心置人腹中”的伟大人物。所以党争之外，又加上了领袖与领袖的斗争。其中虽有比较优胜的领袖至今还能保持最优胜的势力，然而那分裂的局势终无法收拾：第一是党争无法解决，第二是私怨无法消灭，从党争变到个人恩怨，从党中心变到个人中心，越变离心力越大了。

在这个割据局势之下，有什么法子可以逐渐减除各省的离心力，而逐渐养成全国的向心力呢？有什么法子可以逐渐造一种对国家的“公忠”来替代今日的“私忠”呢？我们要认清，几十年来割据的局势的造成是因为旧日维系统一的种种制度完全崩坏了，而我们至今还没有建立起什么可以替代他们的新制度。当日“以党治国”的制度，确是一个新制度，如果行得通，也许可以维系一个统一的政权。但民国十六年国共的分裂，就早已显示这个制度的自身无法维持下去了，因为党已不能治党了，也不能治军了，如何还能治国呢？党的自身已不能统一了，如何能维系一国的统一呢？

古人说的好：“时移则事异，事异则备变。”旧制度已崩坏了，我们就应该研究新的需要，建立新的制度去替代那无法挽回的旧制度。今日政治上的许多毛病，都只是制度不良的结果。即如蒋廷黻先生指出的：

> 中央政府的各部，无论在北京时代，或在现在的南京，部长是那一省的人，部中的职员就以他同省的人居多，甚至于一部成为一省的会馆。

他说这是因为中国人的头脑里有省界。其实省界是人人有的，并不限于中国人。美国国会的议员，那一个不替他的选举区争权利？

不过他们的国家有较好的制度，所以他一旦做了部长，他决不能把他的贵部变成他的同乡会馆。蒋先生指出的笑柄，只消一点点制度上的改革就可以消灭了。

回到国家统一的问题，我们主张，今日必须建立一个中央与各省互相联贯的中央政府制度，方才可以有一个统一国家的起点。

从前的帝国时代，中央与各省的联贯，全靠任官权之在中央：不但督抚藩臬是由中央派出的，州县官也是由中央分发到省的；外官可以回中央去做京官，京官可以派出去做外官；江苏人可以做甘肃的官，云南人也可以做山东的官。自从割据的局势形成以后，割据的区域里中央不能任官，至多只能追认原有的官吏，加以任命而已。任官权分在各省之后，中央与各省就没有联贯的方法了。省与中央越离越远，所以只有小割据，而没有统一国家的形态了。

我们相信有许多的政治方法可以逐渐挽回这种分裂的趋势。这篇短文里不能详细多举例子。我们可以举出“国会”一个制度来做一个最重要的例。国会不是蒋廷黻先生所嘲笑的“维多利亚时代的自由主义和代表制度”。国会的功用是要建立一个中央与各省交通联贯的中枢。它是统一国家的一个最明显的象征，是全国向心力的起点。旧日的统一全靠中央任命官吏去统治各省。如今此事既然做不到了，统一的方式应是反其道而行之，要各省选出人来统治中央，要各省的人来参加中央的政治，来监督中央，帮助中央统治全国。这是国会的根本意义。

蒋廷黻先生一定不赞成这个主张，他曾说：

> 人民不要选举代表。代表也不代表什么人。代表在议会说的话，不过是话而已。中国近二十年的内争是任何议会所能制止的吗？假若我们能够产生国会，而这国会又通过议案，要某军人解除兵柄，你想这个议案能发生效力吗？只要政权在军人

手里，……你的国会有一连兵就可解散了。

这些话都是过虑，有成见的过虑。第一，人民最不要纳租税，然而他也居然纳租税，岂非怪事？所以蒋先生也不必过虑人民不要选举代表。第二，议会能有多少权力，如今谈不到。不过我们前几天天看见报上记载着，立法院“在悲愤中”勉强通过了一万万元的公债案。一个确然“不代表什么人”的立法院也会“悲愤”，蒋先生也许可以看见一个代表全国的议会发起大“悲愤”来制止内战，谁敢［担］保没有这一天呢？第三，一连兵诚然可以解散国会，正如一个警察可以封闭你我的《独立评论》一样容易。然而曹锟要做大总统，他用一连兵也就可以包围国会了，何必要花五千元一票去贿选呢？马君武先生曾说：曹锟肯花五千元一票去贿选，正可以使我们对于民主宪政抱乐观，因为那个国会的选举票在曹锟的眼里至少还值得四十万元的代价。况且有了贿选的国会，也就可以有贿不动的国会；有了一连兵解散得的国会，也就可以有十师兵解散不了的国会。

不过这都不是眼前的话。现在我要请大家注意的只是要一个连贯中央与各省的国家机关，要建立一个象征全国全民族的机关。各省要捣乱，就请到国会里来大家一块儿捣乱。各省要建设，就请到国会里来大家一块儿建设。无论如何，总比“机关枪对打”要文明一点。让各省的人到中央来参加全国的政治，这是养成各地方向心力的最有效的一步。

十八世纪的英国政治家贝尔克［伯克］（Burke）曾说，“若要人爱国，国家须要可爱”。若要全国人拥护国家，国家也须要全国人拥护。现在最奇怪的现状是把党放在国家上面。这样如何能养成“公忠”？国会是代表全国的议会，是一个有形的国家象征，人民参加国会的选举，就是直接对那个高于一切的国家尽义务。现在全国没有一个可以代表整个国家的机关，也没有一个国家可以使人民有参加干预的机会，人民又从何处去报效他的“公忠”呢？

我只举这一个国会制度，已占了这许多篇幅了。我的意思只是要说明今日需要这种挽救全国离心力的政治制度，国会不过是一实例而已。其他促进统一的制度，将来有机会再谈。

二十三，一，十六晨

（原载于《独立评论》第86号，1934年1月21日）

公开荐举议

——从古代荐举制度想到今日官邪的救正

考试院举行了两次考试大典，费了国家一百多万元的经费，先后共考试了二百零八人。这二百零八人，听说至今还有不曾得着位置的。国家官吏十多万人，都不由考试而来；独有这两百人由正途出身，分部则各部会没有余缺，外放则各省或者不用，所以考试制度至今没有得着国人的信仰。

因此我想起亡友赵文锐先生，他从美国留学回来，不顾朋辈的非笑，决心去应北京政府的高等文官考试。他考的名次很高，分在某一部里学习，月薪不过五六十元。学习了好几年，他始终没得着相当的位置，每年还得靠教书维持他的生活。后来政局变了，他到南方去，不久就在国民政府之下做到了杭州关监督。考试正途只能给他一个分部学习，而同学的提携倒可以给他一个关监督。在这种状况之下，考试任官的制度那能有成立和推行的希望呢？

因此我又想到几年前北方某省的县长考试。考取的县长，省政府总怕他们经验不够，必须在行政人员讲习所讲习半年，又须到各处去考察半年，然后有候选补缺的资格。然而那些不由考试出身的县长，只［用］军人的一张条子，或政客的一封介绍信都可以走马上任，又都不愁“经验不够”了，在这种情形之下，除了极少数忠厚安分毫无“奥援”的人，谁还肯走那条考试正途呢？

总之，今日任官的方法全由于推荐介绍，而考试制度至今只能有万分之一的补救。所以今日任官流弊的中心在于荐举，而匡正官邪的关键也在改革荐举方法，而不在考试制度。

今日的官吏都由于推引介绍，而推引介绍的方式都是私荐而不是公开的荐举，都是循情面而不是负责任的荐举。老实说，今日的荐举，无论贤不肖，都用汲引私人的方式，而不是用为国家推荐人才的方式。其流弊最大者约有几点：（一）荐条私相授受，无公开的举状，谁也不知某人是谁荐举的，是以何种资格何种理由荐举的；（二）荐举者不必负责担保，故可以滥荐滥保，往往重要官吏发表之后，社会上皆不知其来历，甚至于税收官吏亏卷公款巨万而逃，也从没有人追问原来保荐的人是谁；（三）荐举只是个人的，而不是制度的，所以全无限制，又全无裁制。近年每一部换一个部长，部中人员往往全部更换。朝野名流往往滥发荐书，每年有写荐信至七八百函的：一位交通部长曾对我说，他因为收到荐书太多，竟不能不添两个书记专做回达荐信的事！

欲纠正这种流弊，我主张三个原则：

（一）凡荐举必须用公开的荐举状，用政府规定的格式（由政府印卖）填写，由铨叙部登记后，可以在政府公报上发表。凡私递的荐书荐条，皆由政府立法严格禁止。

（二）凡出具荐举状者为“举主”，举主在荐举状里须将被举人的学历经验详慎开载，并须声明愿负完全责任：如不称职，愿受误举的惩戒处分；如犯赃罪，情甘同坐。

（三）凡在职官吏举荐人才，皆须有法定的限制。不得超过限制。例如特任某级官得举荐几人；简任某级官得举荐几人。荐状上应声明有权可荐几员，现今所举为第几员，并未超过限制。凡在野的人，无论曾任何官，不得荐举官吏。

这都不是外国搬来的新法，都只是我们老祖宗早已行过的古法。

试看古人的荐状，都是公开的“明保”，都得声明负完全责任，又都得声明依法可荐举几人。试举张淏《云谷杂记》附录的南宋举状四篇中的一篇作例：

萧逵举张淏状

（具官）臣萧逵，准格节文（按此指“庆元令格节文”），职自观文殿大学士至待制，每岁许于十科内举三人。臣伏睹迪功郎监漳州永丰仓张淏，性姿恬静，学问该深，博考群书，多所是正。……臣今保举堪充“学问该博，可备顾问科”。如蒙朝廷擢用后，犯正入己赃，臣甘伏朝典。……臣照得嘉定十年分，合于十科内举三人，已举过一员外，今来举张淏系第二员合举之数。……嘉定十年十二月十四日奏状。

此种文例，各家文集中皆可寻得。试再看南宋宰相周必大文集中所保存的荐状，其举吴概等堪任监司郡守，状尾云：

右臣所举吴概等，并系保任终身。或不如所举，甘坐谬举之罚。（《奏议》卷一）

其荐尤袤石墪堪任监司郡守，状尾云：

两人如蒙擢用，后犯入己赃，臣甘当同坐。（《奏议》卷六）

周必大又有《乞申严荐举连坐之法》一疏云：

……法令中明有连坐之文，而其奏牍亦云“甘当同罪”。然旷岁逾时，未尝有所惩治也。今莫若此严申制，务在必行。其制既严，其选必慎。纵未能尽得俊杰之士，比之乏然而取，则有间矣。若治平间英宗方倚枢密直学士李彦知泰州，会所举人坐赃，特命夺官。夫以守边之臣宣劳于国，犹且不废绌罚，况余人乎？此亦救弊之要道也。（《奏议》卷七）

这种线装书里的议论和例子，可算是“汉家制度”，总比“棘闱锁院赋诗”一类的故事更值得我们的考虑罢？

民众雇一个老妈子，还得问荐头；店家用一个伙计，还须有铺保；旅馆雇一个茶房，还须有押柜。国家的官吏岂不更重要，岂可不要公开的负责的荐举吗？

（原载于《大公报》“星期论文”，1934年3月4日）

政治统一的意义

在几个月之前，我们几个朋友在《独立评论》上讨论到“建国”的问题（《独立》第七七号到八八号）。当时我个人提出的一个结论是：“凡梦想武力统一的人，大概都是对于别的统一方法全抱悲观了。……中国统一的破坏，由于各省缺乏向心力，就成了一个割据的局面。……我所设想的统一方法，简单说来，只是用政治制度来逐渐养成全国的向心力。……今日必须建立一个中央与各省互相联贯的中央政府制度，方才可以有一个统一国家的起点。”（第八十六号）

那时我举了一个例子，就是国会制度。后来颇有人笑我迂腐。其实我当时明说：“我要请大家注意的只要一个连贯中央与各省的机关，要建立一个象征全国全民族的机关。”国会的根本观念只是“让各省的人到中央来参加全国的政治，所以是养成各地方向心力的最有效的一步”。

我所说的“政治统一”，只是指那些维系全国，把中央与地方连贯成一个分解不开的全体的制度和关系。关系有多种，如经济的利害相关，如国防的安危相关，如交通的往来相关，等等。但这种种的相互关系，若没有统一的政治制度的表现与统制，明明相互的关系也可以松懈到不相关，甚至于相冲突的地位。政治统一全靠政治家能充分了解各部分的相互关系，用政治的制度去培植他们，巩固他们。一个国家的统一，决不能单靠武力一项把持各部分使他们不分崩。国家的统一其实就是那无数维系各部分的相互关系的制度的总和。武力统一之后，若没有那种种维系，统一还是不能保持长久的。

秦始皇的统一是武力的统一，他把天下人的兵器收去了，却没有造成一些可以维系全国各部分的制度，所以他的帝国不久就瓦解了。汉高祖革命成功之后，他并没有收天下的兵器，然而汉朝不但保持了四百年的统一，还留下了两千年的统一规模，使我们到于今还自称为“汉人”，真可说是替中国建立下了“大一统的民族国家”的基础。所以者何？在汉家初期，在那“与民休息”的七十年中，各种维系全国各部分的制度，如统一的法律，统一的赋税，统一的货币，选举的制度等，都逐渐成立，并且实行有效了，所以人民渐渐感觉统一帝国的利益。四百年的统一是建筑在这些维系之上的。二千年的统一的民族国家，也就是建筑在这些大维系之上的。

在这最近二十年的短期纷乱之下，我们所以还能保持一个民族国家的大轮廓，也全靠我们还留得一些虽松懈而不曾完全割断的大维系在。有些维系是历史上遗留下来的：如历史，文化，语言，文字，风俗，宗教，等等。这些当然是最基本的维系，因为他们是一个民族国家的灵魂。凡这些根本关系存在的地方，都有统一的可能，因为都有潜伏的伟大向心力存在。凡这些根本关系不存在或很薄弱的地方，向心力就薄弱，一遇到机会，离心力就容易发展了。

但这些历史的维系，尽管是根本的，往往可以被暴力摇动，拆散，割断。这二十年中的分裂局面，并不是因为那些根本的维系不存在了，只是因为我们在这时期里所造成的制度还不够维持那些历史遗留的老关系，更不够建立这个新时代所需要的种种新关系。所以二千年的统一，禁不起十几个军人的割裂。然而在那割裂之中，还能多少保持一个中国大轮廓，这不完全仰仗那些历史的大维系，其中也还有一些新兴的统一势力。第一是近几十年的新教育，无论如何浅薄，至少比向来普遍多了，容易了解多了。第二是一些销行全国的大报纸，无论如何幼稚，总算是向来没有的一种新的统一势力。第三是从报纸与学校里传播出去的一点点民族观念，国家观念，爱国思想，——虽然薄弱的可怜，也居然能使一个地方发生的对外事件震撼全国，使穷乡僻壤的小学生认为国耻国难。第四是新兴的交通机关，如电报、邮政、轮船、铁路、公路，等等，也究竟缩小了不少的距离，使全国各地的人增添了不少互相接触的机会。

今日我们的民族国家的轮廓的统一，是靠那些老的历史关系和这些新的连锁支撑着的。这许多新旧大连锁是超政治的。去年福建人民政府成立之后，改国号，改元，分一省为四省，真所谓“俨然一敌国”了。然而我每回收到福建各地的信件，检看邮局盖的印子，年月仍旧是中华民国的纪年，地名仍旧是老地名。邮局是统一的，电报是统一的。又如教育部规定的各省中学毕业会考，在中央势力管辖之下的各省当然举行了，可是那政治上独立的广东省［为］何也会举行中学会考呢？名义上尽管是广东教育当局自动地举行的，事实上我们看见的广东会考的试题和别省的会考试题并没有多大的分别。但是如果广东不举行会考，广东学生就不能投考外省的大学，所以广东也就不能不有会考了。所以就这一点上看，教育也是统一的。司法制度至今还能维护一种统一的系统，也是因为同样的道理：如果一个割据省分不承认中央的最高法院，诉讼人就少了一次上诉的权利，他们当然不情愿的。

我所谓“政治的统一”，就是充分发展这些维系统一的大连锁，建立贯串中央与各省的密切关系，使全国各地都感觉在这重重叠叠的关系之中，没有法子分开。历史的旧连锁固然是应该继续培植的，适应新的需要的新维系更是应该赶紧建立的。

今日各省与中央之间的维系实在是很薄弱的。不是要钱，不是告急，各省都不感觉中央的需要。邹鲁先生要想增加中山大学的经费了，就忽然认得中央政府了。云南发生了对法国的交涉了，于是张维翰先生就跑到南京来了。四川军队被共产党打溃了，于是四川代表来中央请派兵入川了。这样“无事不登三宝殿”的关系，不是统一的途径。所以我们主张，政治的统一必须建设在平时的维系全国各部分的相互关系的政治制度之上。我们所指出的国会制度不过是一个最扼要又最能象征一个全国大连锁的政治统一的制度。但我们观察将近三读的宪法草案，看那个国民大会的组织，不能不疑心今日指导政治的人们似乎还不曾感觉这种大连锁的需要。这是我们不能不感觉失望的。

（原载于《独立评论》第123号，1934年10月21日）

汪蒋通电里提起的自由

十一月二十七日汪蒋两先生联名通电全国，说明他们所要想向五中全会“建议以期采纳而见实行”的主张，其中共有两大原则：一是明定中央与地方的权限，一是声明“国内问题取决于政治，不取决于武力”。

关于第一项，原电文内列举了五项子目，这五项如果能实行，应该可以做到“中央与地方之扞隔必日臻消融”的希望。

关于第二项，原电文内没有具体的方案，只提出了一条很重要的原则：

> 人民及社会团体间，依法享有言论结社之自由。但使不以武力及暴动为背景，则政府必当予以保障而不加以防制。

又加上了一句说明：

> 盖以党治国固为我人不易之主张，然其道当在以主义为准绳，纳全国国民于整个国策之下，为救国建国而努力，决不愿徒袭一党专政之虚名，强为形式上之整齐划一，而限制国民思想之发展，至反失训政保育之精神。

又加上了一句总说明：

> 盖中国今日之环境与时代，实无产生意俄政制之必要与可能也。

我们对于这个原则，当然是完全赞成的。因为原电文没有详述施行的办法，所以我们把我们想得到的办法写几条出来，供汪蒋两先生的考虑：

第一，政府应该明令全国，凡“不以武力及暴动为背景”的结社与言论，均当予以保障而不加以防制。原电文用“不以武力及暴动为背景”一语，比宪法草案里用的“依法”和“非依法律”一类字样，清楚多了。但“背景”二字也颇含混，也需要一种更明确的解释。试举个极端的例：假如十来个青年学生组织一个社会主义研究会，或者组织一个青年团来试行他们“各尽所能，各取所需”的理想生活，这都应该可以享受法律的保障的，都不应该让热心过度的警察侦探曲解为“以几千里外某地的红军为背景”！最好是索性不用“背景”一类容易误解的字样，而用“方法”或“手段”来替代，那就更合理了。

第二，政府应该明令中央与各省的司法机关从速组织委员会来清理全国的政治犯，结束一切证据不充分的案件，释放一切因思想或言论犯罪的拘囚；并且应该明令一切党政军机关不得因思想言论逮捕拘禁人民。肯思想的青年，不满意于政治社会的现状，容易受一个时代的激烈思潮的诱惑，这都是很自然的现状。不如此，就算不得有血气的青年了。法国的“老虎”政治家克利蒙梭［克里孟梭］曾说：“一个少年人到了二十岁不做无政府党，是个没出息的东西。可是若到了三十岁还是无政府党，那就更没出息了！”他那时代的激烈思想是无政府主义；若在今日，也许他要换上马克思主义了。少年人应该东冲西撞，四面摸索，自己寻出他安身立命的思想。偶然跌一两跤，落到某种陷坑里去，也算不得大不幸的事。撞了壁，他可以走回头；落了坑，他可以增长见识与经验。这样自由摸索出来的思想信仰，才够得上安身立命的资格。最靠不住的是重重保护之下长大起来的青年人，好比从没出过绣房的千金小姐，一旦到了大世界里，见个白脸小伙子对她一笑，就失魂落魄的害起单相思来了。今日许多因思想言论，（可怜呵！小孩子的思想，小孩子的言论！）而受逮捕拘禁的青年人，实在太多了。当局的人实在不明白脚镣手铐和牢狱生活决不是改善青年思想的工具。青年人嫌政治不好，你却拿脚镣手铐等等证明政治实在不好。青年人嫌法律不好，你却拿军法审判糊涂证据等等来证明法律的确不好。青年人爱充好汉，你却真叫他们做好汉！我们参观过北平好几处的监狱和反省院，不能不感觉今日有澈底大清理全国政治犯的迫切需要。这件事不可以再缓了。

第三，政府应该即日禁止公安与司法机关以外的一切机关随意逮捕拘押人民。以我们所见所闻，我们简直数不清中国今日究竟有多少机关可以行使搜查，逮捕，拘押，审讯的权力！汪蒋两先生通电发出的前后几天，北平一处就发生了无制服无公文的人员到北京大学东斋搜查并在路上拘捕学生的事，和清华大学文学院长在办公室里被无公文的人员拿出手枪来逮捕，并用手铐押送到保定行营的事。这种办法也许可以多捉几个人，可是同时也是努力替政府结怨于人民，使人民怨恨政府，怨恨党部。

第四，政府应该明令取消一切箝制报纸言论与新闻的机关。报纸与杂志既须正式登记立案，取得了出版发行的权利了，政府至少应该相信他们自己能负责任。他们的新闻有错误，政府可以命令他们更正；言论有失当，政府与党部可以驳正。今日种种检查审查的制度实在是琐碎而不必要的。至于因为一条两条新闻或一篇两篇社评的不合某人的脾胃而就执行停止邮寄，或拘捕记者，或封禁报馆，——这种事件实在是把一个现代政府自己降低到和旧日张宗昌一辈人的政府做同辈，即使真能做到人人敢怒而不敢言的快意境界，快意则快意矣，于国家人民的福利，于政府的声望，究竟有一丝一毫的裨补吗？今日政府领袖既揭起言论自由的新旗帜来了，我们盼望第一件实行的就是一切言论统制的取消。

第五，领袖诸公应该早日停止一切“统制文化”的迷梦。汪蒋两先生已宣言不愿“限制国民思想之发展”了。但今日有一些人还在高唱“统制文化”的口号。可怜今日的中国有多少文化可以统制？又有多少专家配做“统制文化”的事？在这个文化落后的国家，应该努力鼓励一切聪明才智之士依他们的天才和学力创造种种方面的文化，千万不要把有限的精力误用到消极的制裁压抑上去。试举文学艺术做个例。有人说：“凡挑动阶级斗争的感情的文学艺术都应该禁止”；并且有许多小说和某些电影片已因此被禁止或被删削了。如果这个见解是对的，那么，杜甫的名句“朱门酒肉臭，路有冻死骨”也该挖板焚毁了！《诗经》里“不稼不穑，胡取禾三百廛兮”一类的名句也该禁止发行了！亚圣孟夫子的“庖有肥肉，厩有肥马，野有饿莩”也该毁板禁止了！举此一例，可见“文化统制”不是可以轻易谈或做的事。我们此时还不曾梦见现代文化是个什么样子；拚命的多方面的发展，还怕赶不出什么文化来。若再容许一些无知妄人去挑剔压抑，文化就许真不上咱们门上来了！

以上五事，不过是随便想出的几种具体事项，来充实汪蒋两先生的大原则。可是这些具体事项若不能做到，他们的原则就难叫我们信仰了。

（原载于《大公报》“星期论文”，1934年12月9日）

一年来关于民治与独裁的讨论

《东方杂志》社为明年元旦号征文，出了一个《过去一年之回顾》的题目。我想这个题目太大了，我只能挑出一个范围比较不大的题来谈谈。

这一年中，有一个问题引起了好几个人的讨论，因此引起了不少的注意。这个问题，钱端升先生在《东方杂志》里称为“民主政治乎？极权国家乎？”但在别处，我们泛称为“民治与独裁”的问题。说的具体一点，讨论的中心是“中国将来的政治制度应该是独裁呢？还是民主立宪呢？”这个问题至今还是我们眼前急待解答的问题，所以我借《东方》征文的机会，把这一年来的讨论的要点，收集在一块，做一个提要；遇必要时，我也加上一点批评的意见。

这个问题的发生，当然是因为这三年的国难时期中一般人不能不感觉到国家统一政权的迫切，所以有些人就自然想寻出一条统一的捷径。所以政党中人的言论与活动，时时有拥护领袖独裁政制的倾向。政党以外的舆论机关也有时发表同样主张的言论。去年十一月中，福建忽然有独立组织“人民革命政府”的举动，这事件更使一般人畏惧一个已够分裂的国家或者还有更破碎分裂的危险。去年十二月初，清华大学历史教授蒋廷黻先生发表了一篇《革命与专制》

（《独立评论》第八十号）他的主旨是反对革命的，所以他很沉痛的指出，革命的动机无论如何纯洁，结果往往连累国家失地丧权。他因此推论到为什么我们中国只能有内乱而不能有真正的革命，他的答案是：中国还没有经过一个专制时代，所以还没有建立一个民族的国家，还没有做到“建国”的第一步工作。必须先用专制（如英国顿头朝的百年专制，如法国布彭朝的开明专制，甚至于如俄国罗马罗夫朝的专制）来做到“建国”，然后可以“用国来谋幸福”。

对于蒋廷黻先生的主张，我在同月里先后发表了两篇答辩。第一篇《建国与专制》（《独立》第八十一号）提出了两个问题：

（一）专制是否建国的必要阶段？

（二）中国何以至今不曾造成一个民族国家？

关于（一）项，我的意见是：建国并不一定要靠专制。即如英国的顿头（Tudor）一朝，正是议会政治的抬头时代，又是商业与文艺的发达时代，何尝单靠专制。关于（二）项，我的答案是：中国自从两汉以来，已形成了一个“民族国家”了。“我们今日所有的建国的资本，还是这两千年遗留下来的这个民族国家的自觉心。”

在我的第二篇文字《再论建国与专制》（《独立》）第八十二号）里，我提出了蒋先生原文暗示的第三个问题：

> 中国的旧式专制既然没有做到建国的大业，我们今日的建国事业是不是还得经过一度的新式专制呢？

我在那一篇里，表示我自己是反对中国采用种种专制或独裁的政制的，因为我不承认中国今日有专制或独裁的可能。我提出三项专制不可能的理由：

> 第一，我不信中国今日有能专制的人，或能专制的党，或能专制的阶级。今日梦想开明专制的人，都只是不知专制训政是人世最复杂繁难的事业。

> 第二，我不信中国今日有什么有大魔力的活问题可以号召全国人的情绪与理智，使全国能站在某个领袖或某党某阶级的领导之下，造成一个新式专制的局面。
>
> 第三，我观察世界各国的政治，不能不承认民主政治只是一种幼稚的政治制度，最适宜于训练一个缺乏政治经验的民族；而现代的独裁政治是一种特别英杰的政治，是需要很大多数的专家的政治，在中国今日是做不到的。

我提出的这三项理由，至今不曾得着一个满意的答辩。这三点之中，我自己认为比较最重要的还是那第三点，然而这一点似乎最不能引起政治学者的注意，这大概是因为学政治的人都受了教科书的蒙蔽，误信议会式的民主政治需要很高等的公民知识程度，而专制与独裁只需要少数人的操纵，所以他们（例如蒋廷黻先生）总觉得我这个见解是有意开玩笑的，不值得一驳的。

我现在郑重地说明，我近年观察考虑的结果，深信英美式的民主政治是幼稚园的政治，而近十年中出现的新式独裁政治真是一种研究院的政治；前者是可以勉强企及的，而后者是很不容易轻试的。有些幼稚民族，很早就有一种民主政治，毫不足奇怪。民主政治的好处正在于不需要出类拔萃的人才；在于可以逐渐推广政权，有伸缩的余地；在于集思广益，“三个臭皮匠，凑成一个诸葛亮”；在于可以训练多数平凡的人参加政治。民主政治只需要那些有选举权的公民能运用他们的选举权，这种能力是不难训练的。凡知道英美政治的人，都知道他们的国会与地方议会都不需要特别出色的专家人才；而他们的选民很少是能读“伦敦《太晤士报》”或“曼哲斯脱[曼彻斯特]《高丁报》”的。可是近十年中起来的现代独裁政治（如俄，如意，如美国现时。）就大不同了。这种政治的特色不仅仅在于政权的集中与弘大，而在于充分集中专家人才，把政府造成一个完全技术的机关，把政治变成一种最复杂纷繁的专门技术事业，用计日程功的方法来经营国家人民的福利。这种政治是人类历史上的新鲜局面：他不但需要一个高等的“智囊团”来做神经中枢，还需要整百万的专门人才来做手足耳目：这种局面不是在短时期中可以赶造得成的。（俄国今日需要的一百五十万的专家，固然一部分是赶造成的，然而我们不要忘了俄国有二百年的大学与科学院，还有整个欧洲做他们的学术外府。）兢兢业业的学民主政治，刻鹄不成也许还像只鸭子；若妄想在一个没有高等学术的国家造成现代式的独裁政治，那就真要做到画虎不成反类狗了。

以上的讨论，都在民国二十二年底。二十三年一月中，出来了三篇拥护独裁的文字：

（一）钱端升先生的《民主政治乎？极权国家乎？》（《东方杂志》第三十一卷第一号。）

（二）蒋廷黻先生的《论专制，答胡适之先生》（《独立》第八十三号。）

（三）吴景超先生的《革命与建国》（《独立》第八十四号。）

钱端升先生的文章分成四节。第一节泛论《民主政治的衰颓》，叙述欧战后民主政治所以衰颓，是因为两个大原因：一是无产阶级的不合作，一是民主政治的不能应付现代国家的经济问题。第二节叙《现代的独裁制度及极权国家之诞生》，分说苏俄，意大利，土耳其，德国的独裁政权的性质。第三节论《何者为适宜于现代的制度？》，在这一节里，钱先生指出，经济的民族主义的发达，使各国都不得不采用统制经济；而俄意两国的独裁制都比民主政治更适宜于统制经济。但钱先生也指出英美人也许用“一种智识阶级及资产阶级的联合独裁”来实现统制经济。钱先生说：

> 我所敢言的只有三点：第一，民主政治是非放弃不可的。第二，紧接民主政治而起的大概会是一种独裁制度。第三，在民族情绪没有减低以前，国家的权力是无所不包的——即极权

国家（Totalitarian State）。

他又对我们说：

> 大家对于独裁也不必一味害怕。若以大多数人民的福利而论，独裁也不见得不及民主政治。……独裁既真能为大多数人（几乎是全体人民）增进福利，则又乌能因少数人的自由之被剥夺，而硬要维持谋福利不及独裁的民治？

钱先生的第四节论《中国将来的政制》，他说：

> 我以为中国所需要者也是一个有能力，有理想的独裁。中国急需于最短时期内成一具有相当实力的国家。……在一二十年内沿海各省务须使有高度的工业化，而内地各省的农业则能与沿海的工业相依辅。……欲达到工业化沿海各省的目的，则国家非具有极权国家所具有的力量不可。而要使国家有这种权力，则又非赖深得民心的独裁制度不为功。

钱先生最后的结论是：

> 一切制度本是有时代性的。民主政治在五十年前的英国尚为统治阶级所视为不经的，危险的思想；但到了一九〇〇［年］以后，即保守党亦视为天经地义了。我们中有些人——我自己即是一个——本是受过民主政治极久的熏陶的，这些人对于反民主政治的各种制度自然看了极不顺眼。但如果我们要使中国成为一个强有力的近代国家，我们恐怕也非改变我们的成见不可。

钱端升先生这篇文章是这一年中讨论这个大问题的一篇最有条理又最恳挚动人的文章。可惜此文发表以来，还不曾得着国中政治学者的批评与讨论。我虽然不是政治学者，却也是“受过民主政治极久的薰〈熏〉陶的”一个人，很想在这里对他这篇长文的主旨提出一点“门外汉”的意见。

先讨论他的概论世界政治制度趋势的部分。我要向他指出两点。第一，他说“欧战的结局实为民主政治最后一次的凯旋”，他固然可以举俄意土德诸国作例，但历史的大趋势不能完全取证于十几年的短期事实。若把眼光放的远一点，我们也可以说欧战的终局实在是民主政治进入一个伟大的新发展的开始。这个新发展在数量的方面是民主政治差不多征服了全欧洲：从俄、德、奥、土四个最根深蒂固的帝制的颠覆，直到最近西班牙的革命和南斯拉夫专制王亚历山大的被刺，都是这一个大趋势的实例。在质的方面这个新发展的最可注意之点在于无产阶级的政治权力的骤增，与民主政治的社会化的大倾向。前者表现实例，有苏俄的无产阶级专政，有英国劳工党的两度执政权：这都是大战前很少人敢于想像的事。后者的实例更多了。在十九世纪下半以来，各国早已感觉十八世纪的极端个人主义的民治主义是不够用的了；一切“社会的立法”，都是民主政治社会化的表现。在大战时，国家权力骤增，民族生存的需要使多数个人不能不牺牲向来视为神圣的自由权利。大战之后，这个趋势继续发展，就使许多民治国家呈现社会主义化的现象。至于苏俄的以纯粹社会主义立国，更不用说了。凡能放大眼光观察世变的人，都可以明白十八九世纪的民主革命，和十九世纪中叶以后的社会主义运动，并不是两个相反的潮流，乃是一个大运动的两个相连贯又相补充的阶段；乃是那个民治运动的两个连续的大阶段。所以我们可以说：欧战以来十几年中，民主政治不但不曾衰颓崩溃，竟是在量的方面有了长足的进展，在质的方面也走上了一条更伟大的新发展的路。读史的人若单指出某种形式上的不合英美范型，就认为民主政治的衰颓，这是我们认为大错误的。钱先生文中曾指出苏俄的共产党有二百万人，意大利的法西斯蒂党有四百万人。试问二十年前，苏俄能有二百万人专政吗？意大利能有四百万人专政吗？

第二，钱先生把“经济的民族主义”认作需要统制经济的主要原因，而统制经济的要求又是独裁“无可幸免”的主要原因。我们对于这段理论颇怀疑作者未免忽略了一些同样重要的事实。（一）“经济的民族主义”不是每个国家都能做到的；全世界有此资格的，只有美国，俄国，不列颠帝国，这三国在天然富源上，和经济组织上，都充分够得上“经济的民族主义”的资格。其次是日本，意大利，法国，德国，他们都受天然或历史的限制，原料的供给还不能比上述的三国，他们的高度工业化是很大的努力的结果。然而他们的“经济的民族主义”，正因为不能不用侵略或倾销一类的方法来补救天然的缺陷，都成为国际战争的地雷，将来一触即爆发，现在正不知能支持到若干时日。这七国之外，世界无一国能有“经济的民族主义”的资格，——中国包括在内，因为中国是地大而物不博的，重工业的发展是很少希望的，——所以钱先生的议论的适用的范围是很有限的。（二）在欧洲已有一些小国家试行了各种自由组合的合作制度，如消费合作，生产合作，运输合作等，他们的成绩是很好的，而他们的方法并不是独裁政治之下的经济统制。这些方法当然也可以算是计划的经济，只不需要独裁的政治而已。（三）英美民治国家在近年也有走上计划的经济的倾向，但这几年的事实都能使我们明白英美的计划经济（除战时非常状态外）大概不会走上意俄的方式；也不是钱先生所推测的“知识阶级及资产阶级（即旧日的统治阶级）的联合独裁”；而或者是一种知识阶级，资产阶级，劳工阶级，三方面合作的社会化的民主政治。英国近三年的“国民政府”与美国近一年多的罗斯福“复兴政策”都不是撇开劳工的：在英国的工党当然已是统治势力的一部分了；就在美国，复兴政策的精神正在用政府的力量使劳工势力抬头，劳工的力量是政府制裁资本家的重要工具的一种。美国的政治向来受十八世纪的分权论的影响过大，行政部太受牵掣，所以去年国会骤然将大权授与总统，就使世界震惊，以为美国也行独裁制了。但这种大权，国会可以随时收回；

国会不收回时，每两年人民可以改换国会，每四年人民可以改换总统：罗斯福的背后决没有棒喝团或冲锋队可以维持他的政权不倒的。所以这种政治不能算是独裁的政治，只是一种因社会化的需要而行政权力高度增加的新式民主政治而已。（四）我们不要忘了，英美近年的行政权增高，与计划的经济的运动，都是为了要救济国内的经济恐慌，不是为了“经济的民族主义”的推进，更不是为了“预备民族间的斗争而起”。

总之，钱先生的概论部分，我们初看了都觉得很动人，细看了就不能完全叫人心服。他把“民主政治”的定义下的太狭窄了，所以他不能承认欧战后的民治主义的发展。他又把“经济的民族主义”看的太普遍了，故武断“不论在那一个国家”都不能幸免统制经济，也就不能幸免独裁的政制了。

最后我要讨论他的中国需要独裁论。（引见上文）他所以主张中国需要独裁制度，为的是要沿海各省的工业化。这个理论是很短见的。第一，沿海各省根本上就很少具有工业区域的基本条件的，如煤铁产地等等。第二，在现时的国际形势之下，一个没有海军的国家是无力保护他的沿海工业的。所以翁文灏陶希圣诸先生都曾主张要建设内地的经济中心。第三，中国的工业化，不能单靠政府权力无限的增加。无限的权力不能平空添出资本，不能随便印纸作现金，不能从空中生出许多必需的专门人才来，不能在短时期中征服一个放任惯了的无政府态度的民族习惯。钱先生的中国独裁论，我们不能认为有充足理由的。

和钱先生的文章同月发表的，还有蒋廷黻吴景超两先生的文字。蒋先生的《论专制》一文的大旨是这样的：

> 我们必须有一个中央政府。……中国的现状是数十人的专制。……我所提倡的是拿一个大专制来取消这一些小专制。……破坏统一的就是二等军阀；统一的问题就成为取消二等军阀的

问题。……惟独更大的武力能打倒他们。中国人的私忠既过于公忠，以个人为中心比较容易产生大武力。

他的专制论，其实只是主张武力统一。

吴景超先生的《革命与建国》是根据他从前研究中国内乱史的结论出发的。他分析中国的内乱（例如楚汉之争）的结果，觉得每次内乱可以分为三个时期，八个阶段：

第一时期　苛政——→人民不安——→革命——→现状推翻。

第二时期　群雄争权——→统一完成。

第三时期　善政——→和平恢复。

他指出我们今日还在第二时期的“群雄争权”阶段，在这时期内，“除却武力统一的方式外，我们看不出还有什么别的方式可以完成统一的使命。”（《独立》第八十四号）。

因为这两篇都主张武力统一，所以我在《独立》第八十五号发表了一篇《武力统一论》答复他们两位。在这一篇里，我指出这二十年中，统一所以不曾完成，“毛病不在军阀，在中国的意态和物质状况”。这句话本是蒋先生说的，但我说的“意态”是指中国知识思想界的种种冲突矛盾的社会政治潮流，包括“打倒专制”的喊声，共产党的思想和运动，“反对内战”的口号，以及在外患国耻下造成的一种新民族观念。我说的“物质状况”是指中国疆域之大，交通之不便。我说：

简单的说，中国人今日的新意态不容许无名的内战；中国的物质状况也不容许那一点子中央军去做西征南伐的武力统一工作。

在几个月之后，我在《中国无独裁的必要与可能》一篇里（《独立》第一三〇号），重提到这个问题：

今日统一的障碍也不完全是二等军阀的武力，某些“意态”也是很有力量的。共产党的中心意态，不用说了。“反对独裁”也是今日不能统一的一个重要原因。蒋廷黻先生也说过“每逢统一有成功可能的时候，二等军阀就连合起来，假打倒专制的名，来破坏统一”。“打倒专制”的口号可以使统一不能成功，这就是一个新时代的新意态的力量，不是刘邦朱元璋的老把戏所能应付的了。吴景超先生曾分析中国历史上的内乱，建立他的内乱八阶段说（《独立》第八四号），也以为只有武力统一可以完成统一的使命。但他忘了他那八阶段里没有“打倒独裁”一类的阶段。这一类的新意态不是武力能够永久压伏的。在今日这些新意态已成不可无视的力量的时代，独裁决不是统一政权的方法。所以从统一政权的观点看，我们也不信独裁制度是必要的。

我在《独立》第八十六号又发表了一篇《政治统一的途径》，我说：我们要认清，几十年来割据的局势的造成是因为旧日维系统一的种种制度完全崩坏了，而我们至今还没有建立起什么可以替代他们的新制度。

所以我主张今日必须建立起一个中央与各省互相联贯的中央政府制度，方才有个统一国家的起点。我在那篇文字里举出“国会”的制度做一个例子。我说：

国会的功用是要建立一个中央与各省交通联贯的中枢。它是统一国家的一个最明显的象征，是全国向心力的起点。旧日的统一全靠中央任命官吏去统治各省。如今此事既然做不到了，统一的方式应该是反其道而行之，要各省选出人来统治中央，要各省的人来参加中央的政治，帮助中央统一全国。这是国会的意义。

我至今还相信这种民主政治的方式是国家统一的最有效方法。

常燕生先生在太原读了《独立》上的讨论，写了一篇（健国问题平议》，（《独立》第八十八号。）他不赞成武力统一，也不赞成专制与独裁。他那篇文章里有几段很精彩的议论，例如他论民治思想的势力：

> 我们诚然知道在中国今日谈民治，是很幼稚，很可怜的。然而就这一点幼稚可怜的思想，也不可以完全忽视。三百年的满清政府是被这个思想打倒的，袁世凯的中华帝国也是被这思想打倒的。民治主义在今日中国，正所谓“成事不足，败事有余。”

又如他论独裁政治在中国所以不能成功：

> 中国传统地是一个无治主义的国家，中国民族传统地是一个无治主义的民族，服从领袖的心是有限的，崇拜英雄的心是有限的，遵守严格纪律的心是有限的。在俄国，斯达林［斯大林］可以开除托洛斯几［托洛茨基］；在中国，手创共产党的陈独秀不免落伍。这就是两个民族根本的异点。特别是在现在轻薄成风的社会，以骂人为时髦，以挖苦人为幽默，以成人之美为有作用，学生可以随便驱逐师长，军队可以随便反对长官的时候，而希望任何形式的专制可以成功，这是梦想。

所以他虽然主张“中国要谈建设，要谈统一，必须先从创造中心势力人手”，他却相信那个中心势力“应该使人民爱之如慈母，奉之如严师，至少也要使大家觉得彼善于此”。他相信中央政府并不是没有控制地方割据势力的工具。他说：

> 这工具就是民意。古代的霸主得力的秘诀是“尊王室”，现在王室没有了，但四万万国民就都是天子。天子是无实力的，但霸主偏要把他尊重起来，因为这样才可以制诸侯的跋扈。现

在的国民实力并不比古之天子更弱，中心实力派应该抓住这个有力的工具。

他的结论是：

国家的真正统一，只有在这样民权伸张之后才能实现。武力统一和专制的结果，只有使人民敢怒而不敢言，地方实力派反得挟扶民意以与所谓中央者抵抗，国家统一是永远无办法的。

常燕生先生的见解，我很赞同。他劝中央实力派学古人“挟天子以令诸侯”的秘诀，把人民当作天子，善用民心民意来做统一的工具，这话好像是迂腐，其实是很近情理的议论。我说的国会制度，也就是实行这个意思的一个方法。有位署名“寿生”的青年人发表了一篇《试谈专制问题》，（《独立》第八十六号）他指出现代的独裁政治其实都是他所谓“旨趣专制”，而不是古代的“权力专制”。如意大利和苏俄的独裁政治，其实是许多人因旨趣的赞同而愿望其实现的行动。“寿生”先生这个观察是不错的。他又指出民主国家的议会制度也是一种“旨趣专制”，也是“以理论来征服人民，是取获人民的信心，是以他们的意见酿成全国的意见”；“不过英美的旨趣专制是多元的，互换的，而意俄是一尊的，欲无限的延长其旨趣罢了”。我也曾说过，今日的中国实在没有一种有魔力的“旨趣”可以号召全国人的感情与理智；所以独裁政治的无法成功，只是因为今日大家口头背诵宣传的和强迫小孩子记诵的一些主义都没有成为全国人民的信仰的魔力了。只有那个“成事不足，败事有余”的民治思想，在今日还有不少的潜势力。不但满清帝制是这个思想打倒的；不但袁世凯张勋是这个思想打倒的；不但曹锟张作霖是这个思想打倒的，——就是十六年的清共，南京政权的成立，根本上都还是因为这个民权民治的思想在人心目中，所以不能长久忍受那个暴民专制的局面。这个思想所以能有如许大的潜势力，是因为他究竟有过比较长时期的宣传，究竟有比较容易叫人悦服的理论上的根据，究竟有英美法等国的历史成绩叫人信得过，所以“民主政治是资本主义的副产物”一类的幼稚见解终久不能动摇中国成年一辈人（就是受过二三十年的民治思想宣传的一辈人）对于民权民治思想的信念。这里面也许还有更深刻的民族历史的原因：中国的社会构造是经过二千年的平民化了的，加上二千年的“天高皇帝远”的放任政治养成的“无治主义的民族性”，这都是近于民主政治，而甚远于铁纪律的独裁政治的。以此种种原因，我绝对相信常燕生先生的从民权伸张做到国家统一的议论。在一个长时期民治训练之后，国家统一了，政治能力提高了，组织也健全了，物质状况也进步了，那时候，在非常状态之下，在非常得全国人心的伟大领袖之下，也许万一有一种现代的“旨趣独裁”的可能。但在今日的一切状况之下，一切歌颂独裁的理论都是不切事实的梦想。

一年中“民治与独裁”的问题讨论，要点不过如此，在这一年中，有一个很奇怪的矛盾现象：一方面是党部人员公然鼓吹“领袖独裁政治”，而一方面又是政府郑重的进行制定宪法的工作，正式准备开始所谓“宪政时期”。已公布的宪法草案，是经过一年的讨论与修正的结果，这几天就要提交五中全会去议决了。然而“领袖独裁”的喊声并不因此而降低。最近（十月二十日）北平出版的《人民评论》第五十七期上有“斥胡适之自由思想”一文，有这样的议论：

> 吾人主张党政一体由党产生党魁以宣布独裁，乃救时之良剂。时至今日，已届非常之变局，急起救亡，惟在领袖独裁制之实现。

同一期里，又有《为五全大会代表进一言》一文，其中有这样的建议：

> 国民党第五次全国代表大会行将举行，我人对此早有一根

本之建议：即由党产生党魁以宣布独裁，既不必再循训政之故辙，亦不必急于召开空洞无物，徒供军阀政客贪污土劣利用之国民大会。而党务之推动及政治之设施，则于党魁兼摄行政领袖之后，以少壮干部及统制人才为之辅，大刀阔斧，斩除党内之腐恶分子及行政机关之贪污官吏，为党国造一新局面。

……

然而在十一月二十七日，汪精卫蒋介石两先生联名通电全国，其中却有这样一句重要的宣言：

盖中国今日之环境与时代实无产生意俄政制之必要与可能也。

同日蒋介石先生发表他答复日本《大阪每日新闻》记者的谈话，其中也有这样一句重要的宣言：

中国与意大利德意志土耳其国情不同，故无独裁之必要。

我个人当然是欢迎汪蒋两先生这种宣言的。他们承认中国今日无独裁的必要与可能，这种见解，很可以对一般求治过急的人们下一种忠告。在这个国家和平统一最有希望的时机，在中央政府将要正式实行民主宪政的时期，这种郑重宣言是最需要的。

二十三，十二，九

（原载于《东方杂志》第32卷1号，1935年1月1日）

答丁在君先生论民主与独裁

丁在君先生的星期论文被飞机耽误了，直到星期二（12月18日）始登出。我仔细读了两遍，很感觉失望。他对于英美的民主政治实在不很了解，所以他不能了解我说的民治是幼稚园政治的话。民主政治的好处正在他能使那大多数“看体育新闻，读侦探小说”的人每“逢时逢节”都得到选举场里想想一两分钟的国家大事。平常人的政治兴趣不过尔尔。平常人的政治能力也不过尔尔。然而从历史上看来，这班阿斗用他们“看体育新闻，读侦探小说”的余闲来参加政治，也不见得怎样太糊涂。即如英国，那些包办“骗人的利器”的人们，当真能欺骗民众于永久，岂真能长期把持政权了吗？伦敦的报纸，除了《每日前锋》（Herald）外，可以说全是保守党的。在几年之前，《前锋》报（工党报）的销路小极了，直到最近几年中，他们才采用“读者保险”计划，才能与其他通行的大报竞争。然而英国在这几十年中，保守党是否永执政权？工党何以也能两度大胜利？自由党的得政权以及后来的瓦解，——更奇怪了！——却正和他们的党费的盈绌成反比例！美国的全国财权当然是操在共和党的手里，然而我留学以来，不过二十四年，已看见民主党三度执政了。可见这班看棒球新闻，读侦探小说，看便宜电影，听Jazz音乐的阿斗，也不是永久可欺骗的啊！所以林肯说的最公允：“你可以欺骗民众于一时，而不能欺骗他们于永久。”英美的民主政治虽然使韦尔斯、罗素诸人不满意，却正可证明我的意见是不错的。英美国家知道绝大多数的阿斗是不配干预政治，也不爱干预政治的，所以充分容许他们去看棒球，看赛马，看 Cricket，看电影，只要他们“逢时逢节”来画个诺，投张票，做个临时诸葛亮，就行了。这正是幼稚园的政治，这种“政治经验”是不难学得的。（请注意：我不曾说过，“民主政治是要根据于普选”。我明明说过：“民主政治的好处在于……可以逐渐推广政权，有伸缩的余地。”英国的民权，从古以来，只是跟着时代逐渐推广，普选是昨日的事。所以说普选“然后算是民主政治”是不合历史也不合逻辑的。）

现代的独裁政治可就大不同了。独裁政治的要点在于长期专政，在于不让那绝大多数阿斗来画诺投票。然而在二十世纪里，那是不容易办到的，因为阿斗会鼓噪造反的。所以现代的专制魔王想出一个好法子来，叫一小部分的阿斗来挂一个专政的招牌，他们却在那招牌之下来独裁。俄国的二百万共产党，意大利的四百万法西斯党，即是那长期专政的工具。这样的政治与民主政治大不同之点在于过度利用那班专政阿斗的“权力欲”，在于用种种“骗人的利器”哄得那班平日“看体育新闻，读侦探小说”的阿斗人人自以为是专政的主人：不但“逢时逢节”却做画诺投票的事，并且天天以“干部”自居，天天血脉奋张的拥护独裁，压迫异己，诛夷反动。

换句话说：民治国家的阿斗不用天天干政，然而逢时逢节他们干政的时候，可以画“诺”，也可以画“No”。独裁政治之下的阿斗，天天自以为专政，然而他们只能画“诺”而不能画“No”。所以民主国家的阿斗易学，而独裁国家的阿斗难为。民主国家有失政时，还有挽救的法子，法子也很简单，只消把“诺”字改做“No”字就行了。独裁国家的阿斗无权可以说一个“No”字，所以丁在君先生也只能焚香告天，盼望那个独裁的首领要全知全德，“要完全以国家的利害为利害，要彻底了解现代化国家的性质，要能够利用全国的专门人才”。万一不如此，就糟糕了。

在君先生难道闭了眼睛，不看见独裁国家的“靠政治吃饭的人”也充分利用的“骗人的利器——宣传”吗？他难道不知道在俄意德三国里这种利器的利用比在英在美在法更厉害的多多吗？所不同的是：“在西欧选举权普遍的国家”，宣传的法螺吹过之后，那些“出党费，开报馆，办无线电广播的人”终无法叫那绝大多数的阿斗不画一个“No”字。而在独裁国家里，就不容易制造出一个“No”字来。同是“骗人的利器”，其效用不同，如此而已。

独裁政治之难学，不光是“独裁的首领”难得，也不单是专门人才难得，还有那二百万或四百万的“专政阿斗”最不易得。凡独裁政制之下，往往有许多残暴不合理的行为，并非是因为那独裁首领要如此做，只是因为（如丁在君先生说的）“多数人对于政治根本没有兴趣”，你要他们丢了棒球新闻来做你的棒喝团，抛了侦探小说来做你的冲锋队，你就不能太摆上等人的臭架子，东也有所不为，西也有所不为。你只好充分利用他们的劣根性，给他们糖吃，给他们血喝，才能领他们死心塌地的替你喊万岁，替你铲除反动，替你拥护独裁。独裁政治的成绩的大小，和独裁政制之下民众与国家受的福利或祸害，往往系于这二百万或四百万的“专政阿斗”的程度与经验。这是一个国家的生死关头。学者立言，为国家谋福，为生民立命，在这种紧要关头，是可以一言兴邦，一言丧邦的。岂可以用“实行独裁政治所需要的条件或者不至于如此的苛刻”一类的模棱论调轻轻放过吗？

今日提倡独裁的危险，岂但是“教猱升木”而已，简直是教三岁孩子放火。钱端升先生说：“我们更要防止残民以逞的独裁之发生。”丁在君先生也说：“大家要打倒的是改头换面的旧式的专制。”我可以断断的预言：中国今日若真走上独裁的政治，所得的决不会是新式的独裁，而一定是那残民以逞的旧式专制。

二十三，十二，十八

（原载于《独立评论》第133号，1934年12月30日）

在民主与独裁的讨论里求得一个共同政治信仰

出游了五个星期，回家又得了流行感冒，在床上睡了五六天。在病榻上得着《大公报》催促“星期论文”的通告，只好把这一个多月的报纸杂志寻出来翻看一遍，看看有什么材料和“灵感”。一大堆旧报里，最使感觉兴趣的是一班朋友在三四十天里发表的讨论“民主与独裁”的许多文章。其中我读到的有吴景超先生的《中国的政制问题》（十二月三十日《大公报》星期论文，《独立评论》一三四号转载）。张熙若先生的《独裁与国难》（一月十三日《大公报》星期论文）。陶孟和先生的《民治与独裁》（《国闻周报》新年号）；陈之迈先生和陶希圣先生的两篇《民主与独裁》（《独立评论》一三六号）；丁文江先生的《再论民治与独裁》（一月二十日《大公报》星期论文，《独立评论》一三七号转载）。我现在把我读了这些文字以后的几点感想写出来，虽然是旧事重提，但在我个人看来，这个讨论了一年多的老题目，这回经过了这几位学者的分析，——尤其是吴景超、陈之迈两先生的清楚明锐的分析，——已可算是得着了一点新的意义了。

吴景超先生把这个问题分成三方面：（一）中国现在行的是什么政制？这是一个事实问题。（二）我们愿意要有一种什么政制？这是一个价值问题。（三）怎样可以做到我们愿望的政制？这是一个技术问题。他的结论是：在事实上，“中国现在的政治是一党独裁的政治，而在这一党独裁的政治中，少数的领袖占有很大的势力”。在价值问题上，“中国的知识阶级多数是偏向民主政治的，就是国民党在理论上，也是赞成民主政治的”。在技术问题上，他以为实行民主政治的条件还未完备，但“大部分是可以教育的方式完成的。”

陈之迈先生的六千多字的长文，他的主要论点是：“被治者用和平的方法来产生及推倒（更换）统治者，这是民主政治的神髓，抓住了这层便有了民主政治”。所以他指出汪蒋感电说的，“国内问题取决于政治，不取决于武力”正是民主政治的根本。所以他的结论是：

> 我个人则以为中国目前的现状，理论上，实际上都应该把“国内问题取决于政治而不取决于武力”，因此绝对没有瞎着眼去学人家独裁的道理。……同时我们对于民主政治，不可陈义太高，太重理想，而着眼于把它的根本一把抓住；对于现存的带民主色彩的制度，如目前的国民党全代会，能代表一部分应有选权的人民，并能产生稍为类似内阁制的政府，应认为是一种进步。对……宪草里规定的国民大会，则应努力使它成功。

我对于陈之迈先生的主张，可以说是完全同意。他颇嫌我把民主政治看的太容易，太幼稚。其实我的本意正是和他一样，要人“对于民主政治不可陈义太高，太重理想”，所以我说民主宪政只是一种幼稚的政治，最适宜于训练一个缺乏政治经验的民族。许多太崇尚民主政治的人，只因为把民主宪政看作太高不可攀的“理智的政治”了，所以不承认我们能试行民治，所以主张必须有一个过渡的时期，或是训政，或是开明专制，或是独裁，这真是王荆公的诗说的“扰扰堕轮回，只缘疑这个”了！

陈之迈先生劝我们对于现有的一切稍带民主色彩的制度应该认

为一种进步，都应该努力使它成功。这个意见最可以补充吴景超先生所谓“技术问题”一项。民主政治的好处正在于教人人都进幼稚园，从幼稚园里淘炼到进中学大学。陈之迈先生虽然不赞成我的民治幼稚观，他的劝告却正是劝人进幼稚园的办法。这个看法是富有历史眼光的，是很正确的历史看法。陶希圣先生也说：“现行的党治，在党外的人已经看着是独裁，在党内还有人以为算不得独裁。”陈之迈先生从历史演变的立场去看，老实承认国民党的现行制度还是一种“带民主色彩的制度”；固然（如陶希圣先生说的）“即令按照《建国大纲》召开国民大会，那个暂行三民主义的县民代表会议也与多党议会不同”，虽然如此，陈之迈先生也愿意承认这是一种进步，一种收获，我们应该努力使它成功，为什么呢？因为这都是民主政治的路线：这都是“国内问题取决于政治而不取于武力”的途径。

陶希圣先生说：“胡适之先生主张的民主政治，很显然的是议会政治。”关于这一点，我在这里要声明：我所主张的议会是很有伸缩的余地的：从民元的临时参议院，到将来普选产生的国会，——凡是代表全国的各个区域，象征一个统一国家，做全国的各个部分与中央政府的合法维系，而有权可以用和平的方法来转移政权的，都不违反我想像中的议会。我们有历史眼光的人，当然不妄想“把在英美实行而有成效的民主政治硬搬到中国来”，但是我们当然也不轻视一切逐渐走向民主政治的尝试与练习。

陶希圣先生又说：“如果以议会政治论和国民党相争，国民党内没有人能够同意。”我们现在也可以很明白地告诉陶先生和国民党的朋友：我们现在并不愿意“以议会政治论和国民党相争”，因为依我们的看法，国民党的“法源”，《建国大纲》的第十四条和二十四条都是一种议会政治论。所以新宪草规定的国民大会，立法院，监察院，省参议会，县议会等，都是议会政治的几种方式。国民党如果不推翻孙中山先生的遗教，迟早总得走上民主宪政的路。而在这样走上民主宪政的过程上，国民党是可以得着党外关心国事的人的好意的赞助的。

反过来说，我们恐怕，今日有许多求治过急的人的梦想领袖独裁，是不但不能得着党外的同情，还可以引起党内的破裂与内讧的。宪政有中山先生的遗教作根据，是无法隐讳的；独裁的政制如果实现，将来必有人抬出中山遗教来做“护法”“救党”的运动。求统一而反致分裂，求救国难而反增加国家的危机，古人说的“欲速则不达”的名言是不可不使我们三思熟虑的。

所以我们为国家民族的前途计，无论党内或党外的人，都应该平心静气考虑一条最低限度的共同信仰，大略如陈之迈先生指出的路线，即是汪蒋两先生感电提出的“国内问题取决于政治而不取决于武力”的坦坦大路。党内的人应该尊重孙中山先生的遗教，尊重党内重要领袖的公开宣言，大家努力促进宪政的成功；党外的人也应该明白中山先生手创的政党是以民主宪政为最高理想的，大家都应该承认眼前一切“带民主色彩的制度”（如新宪法草案之类）都是实现民主宪政的历史步骤，都是一种进步的努力，都值得我们的诚意的赞助使它早日实现的。

我们深信，只有这样的一个最低限度的共同信仰可以号召全国人民的感情与理智，使这个飘摇的国家散漫的民族联合起来做一致向上的努力！

（原载于《大公报》“星期论文”，1935年2月17日）

政制改革的大路

《独立》第一六二号有两篇讨论政制改革的文章。一篇是陈之迈先生的《政制改革的必要》，一篇是钱端升先生的《对于六中全会的期望》。他们两位同有两个大前提：

（1）今日的政制有改革的必要。

（2）今日不必开放政权，取消党治。

谈到具体主张，他们就不同了。陈之迈先生主张两点：

> 1. 承认国民党里各种派别，让它们组织起公开的集团，各提出政纲来，由中执委拣选一个集团来组织政府。到了中执委不信任政府时，可以更换政府，另推别个集团来组织政府。
>
> 2. 中政会的组织应改革：中政会是代表中执委监督政府的机关，政府须对它负责，故中政会里须有代表两个政团以上的中执委。政府不能履行它的政纲时，中政会得召集中执委全会来更换政府。

钱端升先生主张三点：

> 1. 党内各派应在一个最高领袖之下团结起来。

这个领袖，钱先生承认只有蒋介石先生最适宜。

> 2. 蒋先生虽做最高领袖，但不宜做一个独裁者，——只可做一个“不居名而有其实的最高领袖”。
>
> 3. 改革中政会议的组织，人数减至十五人至二十人，委员绝对不兼任何官职，任何官员亦绝对不参加决议。

在这六中全会将召集之时，中枢政制将有个改革的机会，我们当然欢迎政制改革的讨论。现在这种讨论已由钱陈两位政治学者开始了，我们盼望关心国事的人都认真想想这些问题，都参加这种讨论。我虽不是政治学者，读了钱陈两先生的文章，也有一点门外汉的意见，现在写出来，请他们两位和别位政论家切实指教。

先讨论他们共同的大前提。

关于今日有改革政制的必要，我完全赞同。钱先生说：“中央现行的政制，既不合政治学原理，又不适目前的国情，无怪其既无力量，又无效率。”陈先生也说“现在的政治制度根本有不妥当的地方”。这都是我完全同意的。

但是钱陈二先生都不主张开放政权，解除党治。这一个前提，我始终不很能了解。钱先生说：

> 我们的讨论仍以党治为出发点，因为我们深信在此国难严重之中，维持党政府的系统为最方便的改良内政之道。

陈先生说：

> 我的意思并不是说现在要开放政权，叫别的人组织别的党在国民党的卧榻之旁鼾睡。这是不可能的事实：在民主政治未曾确立以前没有主权者来裁判那个政党应当执政，那个政党应当下台，现在去玩民选的把戏是不会比民初或民二十高明多少的：事实上我们目今也找不到一班人能组织一个政党和那创造共和提倡三民主义的国民党抗衡的，勉强开放党禁只有重新开演民初党派合纵连横的怪剧。

这些理由，我看都不很充足。第一，维持党政府的系统并不一定是“最方便的改良内政之道”。这个道理很容易说明：“党的内部组织不健全，派别是分歧的，并且没有一个集团有力量消灭其他的集团，不特在各省如此，在中央亦是如此。”这是陈先生的话。这样的状态是不是最方便的改良内政之道？就拿钱先生主张的最高领袖制来说罢，钱先生也说：“七八年来，党的分裂，党的不能团结，几无不以反蒋，或不与蒋合作为主因。”这样的状态是不是最方便的改革政制的条件？

第二，陈先生顾虑到“在民主政治未曾确立以前，没有主权者来裁判那个政党应当执政，那个政党应当下台”。这也不成问题。在“宪法修正稿”里，这个主权者是国民大会和国民委员会。在“宪法草案”里，这个主权者是国民大会。在“宪草”的总统制之下，总统就可以任免行政院长。这都是主持政权更替的合法机关。

第三，陈先生又说：“事实上我们目今也找不到一班人能组织一个政党和那创造共和提倡三民主义的国民党抗衡的。”这正是不妨开放政权的绝好理由。在最近期间国民党的政权是很稳固，不怕新兴的政党起来夺取的。因为开放之后，政权有个可以被人取而代之的可能，国民党的政权也许可以比现在干的更高明一点。今日党治的腐败，大半是由于没有合法的政敌的监督。树立一个或多个竞争的政党正是改良国民党自身的最好方法。

我们为“那创造共和提倡三民主义的国民党”设想此时正是绝好的开放政权的时机了。在一个多月之前中央曾因华北问题取消了河北全省和平津两市的党部，党内无人抗议，党外也无人抗议，政府也无法抗拒。其实在党权高于一切的政体之下，取消一个大省的党部，就等于英国取消国会一样的严重。这样严重的事件，应该可以使党内贤明的领袖大觉大悟了。这样的政权是很难维持下去的。救济的方法，只有抛弃党治，公开政权的一条路子。

抛弃党治，公开政权，这不是说国民党立即下野。我的意思是说，国民党将来的政权应该建立在一个新的又更巩固的基础之上。那个新基础就是用宪法做基础，在宪政之下，接受人民的命令，执掌政权。上文已说过，我们眼前决不会有第二个政党可以同国民党抗衡的。不过在那个新的政制之下，名义是正的，人心是顺的，所以基础就也更稳固了。

所以我主张，改革政制的基本前提是放弃党治；而放弃党治的正当方法是提早颁布宪法，实行宪政。这是改革政制的大路。

次谈钱陈两先生的具体主张。

陈先生不主张党外有党，却主张党内有派，他要国民党内各派都分化成公开的政团，公开的提出政纲来作政治的竞争。“党内无派”的口号久已抛弃了，当日创此半句口号的人也早已建立新派系了。还有那上半句“党外无党”，也没有存在的理由。既许党内有派，何以不许党外有党？如果有负责任的国民提出“具体的应付内政外交的策略”，何以不许在国民党各派以外去组织政党？

老实说，我是不赞成政党政治的。我不信民主政治必须经过政党政治的一个阶段。此话说来太长，现在表过不提。我只要说，我不赞成政党，我尤不赞成“党权高于一切”的奇谈。我的常识告诉我：人民的福利高于一切，国家的生命高于一切。如果此时可以自由组党，我也不会加入任何党去的。可是我的意思总觉得，为公道计，为收拾全国人心计，国民党应该公开政权，容许全国人民自由组织政治团体。

陈钱两先生都提到国民党内部的团结问题。陈先生要用分化合作的方式来谋党内的团结，钱先生要在一个最高领袖之下谋党内的团结。我要指出一个重要观点：今日需要团结的，是全国的人心，不是三五个不合作的老头子，也不是三五组不合作的私人派系。陈钱两先生的方案，都只顾到了那三五人，或三五小组，而都忽略了那更广大的全国人心。司太林［斯大林］放逐了托洛茨基，何妨于他建国的大计？我们现在读托洛茨基的自传，最感觉不愉快的是他那样悻悻然刻划私人党争的琐细，把司太林，齐诺维夫诸人都骂的不值半个纸卢布。其实最要紧的是要问：抓住政权的人们是不是真能拼命做出一点建国的成绩来，使绝大多数人的心理都公认他们抓住政权不是为一二人或某一组的私利？

所以今日当前的问题，不是三五人的合作不合作，也不是三五个小组的团结不团结。今日的真问题是收拾全国的人心。当“九一八”事件之后，政府的领袖首先谋党内的团结，开了许久的团结会议，结果还是至今没有团结成功。然而这四年的国难却渐渐使得国家统一大进步了。今日政府力量之强，远过四年前的状况，这是有目共睹的事实。四年中政治统一的进步，并不是由于三五个人的团结；今日政府的弱点也并不是由于三五个人的不合作。

这四年的历史的教训是：统一全国容易，团结党内很难。全国的人心是容易收拾的：当淞沪血战的时期，全国的人真是“万众一心”的拥护十九路军。但福建的“人民政府”起来时，十九路军的枪尖转向内，就不能得到各地的响应了。这样“捷如影响”的反应，难道我们不看见！党内的私斗就不同了。他们的争点或是私怨，或是私利，又往往不敢公然承认，总要借几个大名目大口号来作遮掩。他们骂政府不抗敌，他们自己抗敌了吗？他们骂政府贪污，他们自己不贪污了吗？他们骂政府压迫言论自由，他们自己真容许言论自由了吗？在这种私斗重于公谊的态度之下，党内的团结是很难做到的。

所以我主张，政制改革的下手方法是要把眼光放大些，着眼要在全国人心的团结，而不在党内三五人的团结。能团结全国人心了，那三五人也不会永远高蹈东海之滨的；若不能团结全国的人心，即使一两个天下之大老扶杖来归，也何补于政治的改革，何益于建国的大计？

而今日收拾全国人心的方法，除了一致御侮之外，莫如废除党治，公开政权，实行宪政。在宪政之下，党内如有不能合作的领袖，他们尽可以自由分化，另组政党。如此，则党内派别的分歧，首领的不合作，都不了而自了了。

这是政制改革的大路。

其次，钱陈两先生都主张改革中政会议。在我提出宪政前提之下，中政会议本不成问题。钱陈二先生要的一个和平更替政权的机关。我在上文已说过，在宪政之下，这个和平更替政权的机关是国民大会。宪法初稿和修稿都有“行政院设院长一人，由总统提经国民大会或国民委员会之同意，任免之”一条。去年立法院最后通过的宪法草案把这个国民委员会取消了。宪草在中政会议审查时是否还可以修正，现在我们不能预言。但无论如何，在宪法之下，我们不愁没有一个合法的政权更替的机关。

中政会议的全名是“中国国民党中央政治会议”。在现在的党治之下，党内重要领袖都要管部管院；既管院部了，又都不愿上头有个最后决议的机关管住他们，所以他们又都要兼任中政会议的委员。结果当然成了陈先生说的“监督者和被监督者，负责者和负责的对象，同是一班人”的怪现象。钱陈两位都主张把“这两个东西分开”，但他们都不明白这个怪现象所以形成的事实。原来国民党的党政组织太繁重了，事实上一个部长只是一个第六级的小官，部长之上有院长，院长之上有五院合组的国民政府，政府之上有中政会议，中政会议之上有中执委全会，最后还有全国代表大会。四中全会改革的国民政府组织法，把行政院升作政府，把国民政府主席改作盖印画诺的机关，于是这六层宝塔并作四级了。然而最重要的可以冲突的两级——五院与中政会议——依然存在。既舍不得部院的实权，又不愿得了实权而反受人管辖牵制，于是非兼职不可了。事实上，政府的决议如果天天有被中政会议否决的危险，也不是行政效率上所应该有的事。所以这种办法也自有它存在的理由。钱陈二位的建议，完全不能解决这个事实上的困难，我可以断定这个办法是不会被接受的。

当“九一八”事变之后，上海南京大谈全国团结，当时就有人建议，把中政会议放大，请党外名人加入十八人。吴稚晖先生就指出中政会议是“中国国民党中央政治会议”，加入的党外委员必须有中委两人的介绍，加入党籍。可是那就又不成其为“开放政权”的表示了。于是一场议论终于没办法而散。现在钱端升先生又提议中政会议“少数不妨为国内其他的领袖”，“非党员的领袖不妨由全会特予党籍”。这个办法正是四年前的老话。我想“国内其他的领袖”恐怕不十分热心接受这种特予的荣誉罢。

所以中政会议是无法改革的。因为它是代表党来监督政府的，现在党的势力实不能监督政府，而政府也实不愿受党的监督，于是只有自己监督自己了。

所以改革中政会议也不如实行宪政，让人民的代表机关来监督政府。这是改革政制的大路。

最后，我们可以谈谈钱先生要请蒋介石先生作最高领袖但又不要他独裁的主张。

第一，钱先生为什么一面要蒋先生做党内的最高领袖，一面又要我们党外人“一致的拥护承认”呢？蒋先生是不是一个党的最高领袖，那不过是一党的私事，于我们何干？何必要我们“非党员，不反蒋，而又多少能领导国民的人们”来拥护他，承认他？况且我们党外人又如何能“力促党内非蒋各派……拥他为领袖”？例如钱先生说的胡展堂先生的态度，岂是我们党外人能转移的吗？

我要用孟子的话对钱先生说：“先生之志则大矣，先生之号则不可。”我们此时需要一个伟大的领袖来领导解救国难，但是这个领袖必须是一国的领袖，而不是一党一派的领袖。他自己尽可以继续站在党内做一党的领袖，正如他尽可以站在军中做一军的领袖一样。但他的眼光必须远超出党的利益之外，必须看到整个国家的利益。不能如此的，决不够资格做一国的领袖。

蒋介石先生在今日确有做一国领袖的资格，这并不是因为“他最有实力”，最有实力的人往往未必能做一国的领袖。他的资格正是钱先生说的“他近几年来所得到的进步”。他长进了；气度变阔大了，态度变和平了。他的见解也许有错误，他的措施也许有很不能满人意的，但大家渐渐承认他不是自私的，也不是为一党一派人谋利益的。在这几年之中，全国人心目中渐渐感觉到他一个人总在那里埋头苦干，挺起肩膊来挑担子，不辞劳苦，不避怨谤，并且“能相当的容纳异己者的要求，尊重异己者的看法”。在这一个没有领袖人才教育的国家里，这样一个能跟着经验长进的人物，当然要逐渐得着国人的承认。

所以蒋先生之成为全国公认的领袖，是个事实的问题，因为全国没有一个别人能和他竞争这个领袖的地位。但是钱先生又说：“蒋先生不应做独裁者。”这个主张出于主张极权主义的钱端升先生的笔下，是很可惊异，也很可佩服的。

只可惜钱先生没有充分说明蒋先生应该如何做方才可以做最高领袖而又不独裁。他只说：

> (1)“在名义上，此时绝不宜为总理及总统。”
>
> (2)“务须做事比普通领袖多，责任比普通领袖重，而名义及享受则无别于别的领袖。”
>
> (3)“他应继续为最高的军事长官。其他的事项，得主管院及中政会的同意后，亦可划归军事机关全权办理；但为保持行政系统起见，不应轻易支划。蒋先生应留意于大政方针贯澈，及国民自卫力量的充实；但为分工合作起见，应充分信赖其他人材来分司各部行政。二三年来南京各机关的缺乏推动能力是不足为训的。”

这里的三点，应该合看。他不宜做总理或总统，只应继续做军事最高领袖。他的责任应该划分清楚，应该充分信赖各部主管长官，使他们积极负责，他不应越俎代谋。

钱先生提出的三点，前两点是蒋先生能做的，后一点是他不容易做到的。蒋介石先生的最大缺点在于他不能把他自己的权限明白规定，在于他爱干涉到他的职权以外的事。军事之外，内政，外交，财政，教育，实业，交通，烟禁，卫生，中央的和各省的，都往往有他个人积极干预的痕迹。其实这不是独裁，只是打杂；这不是总揽万机，只是侵官。打杂是事实上决不会做的好的，因为天下没有万知万能的人，所以也没有一个能兼百官之事。侵官之害能使主管官吏不能负责做事。譬如一个校长时常干预教务长的事，则教务长的命令必不能被人看作［是］最后的决定，而人人皆想侥幸，事事皆要越过教务长而请命于校长。如此则校长变成教务长，而教务长无事可办了。结果是校长忙的要命，而教务的事也终于办不好。所以古人说：

庖人虽不善庖，尸祝不越俎而代之矣。

又说：

处尊位者如尸，守官者如祝宰。尸虽能剥狗烧彘，弗为也；弗能，无亏也。俎豆之列次，黍稷之先后，虽知，弗教也；弗能，无害也。

这两段政治哲学，都是蒋先生应该考虑的。蒋先生的地位，和墨索里尼不同，和希忒拉［希特勒］也不同。他的特殊地位是双重的，一面他是一个全国的领袖，一面他又是一个军事最高长官。以前者的资格，他应该实行“处尊位者如尸”的哲学；以后者的资格，他却应该实行“守官者如祝宰”的哲学。军事长官是“守官”之责，有他的专门职责；有专守的职责而干预其他部分的职责，就成了尸祝越俎而干预庖人，他的敌人就可以说他“军人干政”了。最高领袖是“处高位”，他的任务是自居于无知，而以众人之所知为知；自处于无能，而以众人之所能为能；自安于无为，而以众人之所为为为。凡察察以为明，琐琐以为能，都不是做最高领袖之道。

所以钱先生说的最高领袖而不独裁，正是明白政治原理的学人的看法。可惜他没有明白指出蒋先生的双重地位，所以他说的方案还不能说的透澈。透澈的说法，好像应该是这样的：蒋先生应该认清他的“官守”，明定他的权限。不可用军事最高长官的命令来干预他的“官守”以外的政事。同时，他的领袖地位使他当然与闻国家的大政方针，他在这一方面应该自处于备政府咨询的地位，而不当取直接干预的方式。最浅近的比例是日本的西园寺公，西园寺无一兵一卒，而每次国家的政府首领都由他决定，决定之后他即退藏于密，不再干预。西园寺的地位完全是备政府咨询顾问而已，而他越谦退，他的地位却越隆高，他的意见越有效力。何况今日一个掌握全国军事大权的最高领袖呢？

这是我为钱先生的“最高领袖而不独裁”的主张下的解释。这三年多，蒋先生的声望的增高，毁谤的减少，其间也很得力于他的让出国民政府主席，让出行政院，而用全力做他的军事职责。蒋汪合作的大功效在此。因为他不当政府的正面，独裁的形式减少了，所以他的领袖地位更增高了。这也可以证明最高的领袖不必采取独裁的方式。

倘使蒋先生能明白这段历史的教训，他应该用他的声望与地位，毅然进一步作宪政的主张，毅然出来拥护宪法草案，促进宪政的实行，使国家政制有一个根本改革的机会，使政府各部分的权限都有一个宪法的规定，使全国的政权重新建立在宪法的基础之上；而他自己则不做总统，不组政府，始终用全力为国家充实自卫的力量，用其余力备政府的咨询顾问，作一个有实力的西园寺公，作一个不做总统的兴登堡，——倘使他能如此做，那才是真正做到了不独裁的全国最高领袖。只有一个守法护宪的领袖是真正不独裁而可以得全国拥戴的最高领袖。那是政制改革的大路。

二十四，八，五夜

（原载于《独立评论》第163号，1935年8月11日）

从一党到无党的政治

最近几个月中，因为中国国民党六中全会和五全大会的召集有了定期，关心国事的人颇有一些关于政制改革的讨论。这些讨论之中，引起最多驳论的是放弃党治开始宪政的主张。《大公报》也曾有过这种主张，我在《独立评论》（第一六三号）上也曾承认这是改革政制的大路。我的主张是很简单的，我只希望现在审查中的宪法草案能提早颁布，国民党连年对全国声明的宪政诺言能早日实行。这种主张并不是我们向国民党“乞求”宪政，只是我们对于当国的政党的一点友谊的诤言。我们不期望一个堂堂的政党失信于全国，也不期望一个堂堂的政府两年来大吹大擂公开征求讨论经过几次修正的宪法草案居然变成儿戏。

批评这个宪政主张的人，大致是怀疑宪政实行时全国人民程度还够不上做宪政之下的选民。例如陈之迈先生说：

> 没有现代经济制度所造成的交通便利，货物交换，优美普及的教育，参加政治的闲暇，而希求吃草根树皮观音粉的芸芸众生侈谈内政，关切外交，监督政府，是人之常情所不容许的，无论你颁布如何优美宪法。（《独立》第一六六号）

我们忍不住要问：没有这些摩登条件而希望一党专政的成功，

是不是常识所容许的？宪政不是定要一跳就做到“芸芸众生”的普遍选举，也并不希求“芸芸众生”一时都来“侈谈内政，关心外交，监督政府”。即如宪法草案里规定的人民四年一次或两年一次的选举权，也不过是每县选出一个国民大会的代表。这点责任，比起现在各地党员推举出席全国代表大会的党代表来，也不见得繁难许多吧？

我个人观察这七八年的党治，不能不感觉今日的党治制度决不是孙中山先生的本意，也许不是手创国民党的领袖诸公的本意。国民党原来不认一党专政是永久的；党治的目标是训政，是训练民众作宪政的准备。七八年训政的经验，民众所得训练在那里？在这个时候，我们是不是应该想想：绝少数的人把持政治的权利是永不会使民众得着现代政治的训练的。最有效的政治训练，是逐渐开放政权，使人民亲身参加政治里得到一点政治训练。说句老话，学游泳的人必须先下水，学弹琴的人必须先有琴可弹。训政是宪政的最好训练。

还有一些怀疑的人以为宪政必须是许多政党竞争的政治，所以有人忧虑到“重演民初党派合纵连横的怪剧”，也有人忧虑到“造许多饭碗给自命不凡的忧国之士去享用”。

依我这个门外汉的观察，这种顾虑是不关重要的。民国初元的政党怪剧都由于当时人迷信民主政治必须是政党政治，所以大有画老虎画成了狗的怪现象。二十多年的世界政治趋势，使人们对于政党政治的迷信减低了不少；在这个本来厌恶政党政治的国家，对政党的信用更减低了。我们可以预料在将来的中国宪政之下，政党的竞争必定不会很热闹的。试看这四年的国难之下，国家意识越增高，党派的意识就越降低，这不单是中国一国的现象，世界各国（包括德意志）的“全国政府”的倾向也是有同样的意义。有远识的政治家应该抓住这种大趋势，公开的建立“国家高于一切”的意识，造成全国家的，超党派的政治。

况且孙中山先生的“五权宪法”，如果真能逐渐实行，也可以防止政党政治的流弊。依我个人的看法，五权宪法的精神是“无党政治”的精神。五权之中，司法当然应该是无党的（在文明的国家早已如此，法官与军人都是无党的）。考试权也应该是无党的：考试的意思是为事择人，只求得人，不应问人的政治派别（在这一点上，英国的文官考试制度最可取法）。监察权也当然是无党的：监察制度起于“铁面无私”的监察御史，内不避亲，外不避仇，何况党派？剩下的只是行政和立法两权了。立法一权，在外国属于议会，而在中山先生的政治思想里，议会的质问弹劾权已划到监察权去了，分赃式的任官承认权也被考试制度替代了，所以立法权只成了一种制定法律和修改法律的专门技术事业，这当然也可以无党的了。所剩的只有行政一部，然而一切事务官如果全用考试制度，那么，行政权的绝大部分也可以不受党派政争的支配了。

所以，如果将来的宪政能够逐渐实行“五权宪法”的精神，中国的宪政大可以不必重演政党纷争和分赃的老路。从一党的政治走上无党的政治，使政治制度在中国建立一个足为世界取法的特殊风范，这似乎是孙中山先生的本意，也不是完全不可能的吧？

（原载于《大公报》“星期论文”，1935 年 9 月 29 日）

胡適文集

政治卷

国难与政治

汪精卫与张学良

八月六日行政院长汪精卫先生突然从上海发表了五个辞职的通电，其中他给行政院各部会的一电说他辞职的理由“具详于致张主任学良电”，并且说“此实为弟个人引退之原因”。他给张学良主任的电文如下：

> 北平张主任汉卿兄勋鉴：溯兄去岁放弃沈阳，再失锦州，致三千万人民，数千万里土地陷于敌手。敌气益骄，延及淞沪，赖第十九路及第五路军奋死抵御，为我民族争生存，为我国家争人格。此本非常之事，非所望于兄，然亦冀兄之激发天良，有以自见。乃因循经年，未有建树，而寇氛益肆，热河告急。中央军队方事剿匪，溽暑作战，冒诸艰苦，然为安定内地巩固后防计，义无可辞。此外惟兄拥兵最多，军容最盛，而敌兵所扰，正在兄防地以内。故以实力言之，以职责言之，以地理上之便利言之，抵抗敌人，兄在职一日，断非他人所能越俎。须知中国者中国人之中国，凡属族类，皆有执干戈以卫社稷之义务。当日第十九路及第五路军作战淞沪，实本斯义，岂有他求。及战事既酣，在中央固悉索敝赋，以供前方，而人民更裹粮景从，以助士气。今兄未闻出一兵放一矢，乃欲藉抵抗之名，以事聚敛。自一纸宣言抗御外侮以来，所责于财政部者，即筹五

百万，至少先交二百万。所责于铁道部者，即筹三百万。昨日则又以每月筹助热河三百万责之行政院矣。当此民穷财尽之际中央财政竭蹶万分，亦有耳目，兄宁不知，乃必以此相要挟，诚不解是何居心。无论中央无此财力，即令有之，在兄未实行抵抗以前弟亦断不忍为此浪掷。弟诚无似，不能搜括民脂民膏，以餍兄一人之欲，使兄失望于弟，惟有引咎辞职以谢兄一人，并以明无他。惟望兄亦以辞职谢四万万国人，毋使热河平津为东北锦州之续，则关内之中国幸甚，惟兄裁之。汪兆铭鱼（六日）。

汪先生已于发电的前一日到了上海，六日招待报馆记者发表辞职电文之后，他就谢病不见客了。行政院副院长宋子文先生和内政部长黄绍竑先生都似乎避嫌不肯代理院务，而司法行政部长兼外交部长罗文干先生今天（八日）又通电辞职与汪先生同去了。青天白日里的一声霹雳，中央政局就立刻陷入了无政府的危险状态。

汪精卫先生在本年一月中南京与上海都在最危险的时候，慨然出来担任行政院院长的大任，那种不怕牺牲的态度，使我们很佩服，所以我们对于汪先生的期望很深。然而对于他这回突然辞职的举动，我们颇感觉失望。第一，在这个国难最紧急的时期，负中央重责的行政院长不应该因对一个疆吏的不满意就骤然抛弃他的重大责任，“以谢一人”。他的愤慨，我们都表同情；他的方法，我们不能原谅。第二，政府对于“致三千万人民数千万里土地陷于敌手”的大罪，如有决心追咎负责之人，应该明下惩罚处分的命令。政府对于热河事件，若已决定抵抗，应该明令负守土责任的人竭力抵抗；不遵命令的，可以明令免职惩办。但行政院长用自己辞职的手续来劝一个疆吏辞职，是很失政府体统的。第三，汪先生电文中表示他大不满意于张学良主任之催索补助军费，而电文中的措词却指为“藉抵抗之名以事聚敛”，又说“不能搜括民脂民膏以餍兄一人之欲”。这种措词是很失体的。政府如认为某项军费有浮滥不实的数目，尽可交主管机关核实宣示，但很不应该在未审核以前即坐实某人所要求的军费为餍足某一人的私欲。这种攻讦的口吻，用于私人尚可以引起刑事的诉讼，用在一国行政首领的电文里更是暴露一个政府的没有上政治轨道了。

我们很盼望汪先生能觉悟他的责任的重大，能早日打消辞意，重新鼓起七个月以前的牺牲精神来支撑当前的危局。那是他补过的唯一途径。若因一时的感情冲动，就不顾国家的危机以一走了事，那是我们不希望于汪先生的。

张学良先生对于这事的态度自然是最足引起全国注意的。昨天（七日）他发表谈话，声明“自今以后，立当部署所属，准备交代”。今日《大公报》发表他的谈话，说他已决意辞职，又说他表示“无论如何，总不使以个人之进退贻地方以不安”。今日平津各报都记载昨日北平政务委员会开谈话会时，张学良主任辞职的态度极坚决，并已决定电汪院长，大致说：“东北沦陷，本人应负责任，理应辞职以谢国人，此后政务交北平政务委员会，军事交北平军事整理委员会分别办理。惟当此国难期间，汪院长担负全国行政重任，不宜以个人细故突然求去，请即打消辞意，继续负责。”

张先生这种表示，我们认为是能顾全大体的态度。我们很赞成张先生的辞职。理由有三点：

第一，东北的沦陷虽然不是那一个人应负全责的，然而张学良先生以军政两方的全权领袖的资格，负的责任最重最大，这是谁都不能否认的。九一八以后，他还可以说有整理残余军队和军实以谋恢复失地的机会和责任，但锦州退兵以后，社会上对他的责难就很不容易答辩了。他在这个时候，若能决心引咎自劾辞职，还可以使一般人觉悟凡不能御侮守土的军人必不能保持其权位；即使政府的威权不能立即执行其应施的惩罚，个人良心的遣责和社会舆论的潜势力终有使他不能不自劾的一日。

第二，张先生不能早日自劾辞职，政府又无力免他的职，以致汪精卫院长闹出自己辞职“以谢一人”的怪举，这是最可痛心的事，其暴露国家赏罚的不行，政治组织的病态，贻笑于敌人，贻讥于全世界，已无可讳饰了。在此时机，张学良先生一人的进退，可以有绝大的意义。他若还不肯自劾引去，或自劾而无求去的决心，那么，中央政府真是无法可以去一个疆吏了，那就是明白宣示世界我们这个国家真不成统一的国家了！反过来说，如果张先生在这个时机能毅然决然引咎辞职，那么，他的一去还可以挽救中国再分裂的危机，还可以使世人憬然明白“中国的谜”自有中国的奇巧解决法：一个无拳无勇的书生院长的一封电报居然能使一个两世独霸一方的军阀翻然下野。这也可说是给陈调元何成濬一班人“树之先声”，而替国家打开一个新局面，——使人知道“杯酒释兵权”不完全是历史家欺人之谈。

第三，张学良先生是个少年军人，经过了这五年来奇惨大辱的经验，他应该明白今日国家的重要责任不是可以轻易担当得起的。他如果还有替国家做大事的野心，他应该撇开他的过去，摆脱一切障碍，努力向前途去创造他的将来。少年的得志几乎完全毁了他的身体和精神，壮年的惨痛奇辱也许可以完全再造一个新的生命。如果他能决心离开他现在的生活，到外国去过几年勤苦的学生生活，看看现代的国家是怎样统治的，学学先进国家的领袖是怎样过日子的，——那么，将来的中国政治舞台上尽有他可以服劳效力的机会。如果他到了今日还不能有这种觉悟，以身败名裂的人妄想支撑一个不可终日的危局，将来再要寻一个可以从容下台的机会，怕不容易得了。

我们本“君子爱人以德”的古训，很诚恳的劝告张学良先生决心辞职。

二十一年，八，八

（原载于《独立评论》第13号，1932年8月14日）

全国震惊以后

当十九路军因浏河受迫胁从上海退兵的第三夜（廿一年三月四夜），我还在北平协和医院里，忽然，有几个护士特别跑进我病室里来，手里拿着各种晚报，十分高兴的说："胡先生，十九路军又打回去了！日本人大败了！"我细细看了报纸，摇头对她们说："这个消息靠不住。恐怕没有这样好的事。"她们见我不相信，脸上都很失望；我很不愿意扫她们的兴，可是我知道她们到了明天失望还得更大。果然，到了第二天，每个护士都是很懊丧的样子；我回想她们昨晚狂喜的神气，我几乎忍不住要掉眼泪了，——因为她们的狂喜真是从心坎里出来的对国家的热望。

过了一年，我到上海，听我的朋友们谈起那一夜上海的人民为了一句谣言，人人都发了疯狂，满街上爆竹的残纸堆到几寸厚；还有几个人在那隆冬天气赤裸着半截身体，开着汽车，吹着喇叭，满市狂走！我听了两眼都噙着热泪，抬不起头来，因为我能了解那狂喜的意义，也能想像那第二天失望的奇惨。

在那狂喜里，在那失望的奇惨里，我们经验了整个民族的精神的悲哀！

现在——在那狂喜与奇惨的一夜的一周年纪念的时候——我们全国的人民得着热河全省陷落的警报。南方同胞派来的慰劳抗日将士团的代表还在津浦车上，带着一百五十箱的慰劳品，每箱里装着无数男女同胞的热烈的期望！他们梦里也想不到热河六十万方里的土地已在十天之内完全被我们的敌人不战而得去了！他们梦里也想不到孤军深入的敌军，一百二十八人，四辆铁甲车，可以爬山越岭，直入承德，如入无人之境！他们梦里也想不到热河境内的中国军队已开始总退却，退入长城以内了！

这一天的全国国民所受的精神上的惨痛，只有去年今天（3月5日）的全国狂喜之后的大惨痛可以比拟。所不同的是去年十九路军与第五军在湘沪苦战的成绩确有引起全国热望胜利的理由，而今天的惨痛只是我们虽然不曾期望张学良汤玉麟的军队会打胜仗，然而也决不曾想到失败的如此神速！

我们初受着这种惨痛的刺激，都感觉到惭愧，失望，痛恨：惭愧的是我们这个民族如何能抬头见世人，失望的是我们本不应该希望这种军队有守土的能力，痛恨的是国家的大事真如同儿戏。

在这猛烈的刺激之下，我们应该镇静我们自己，回头想想这件事的教训。这回热河的事件给我们的第一个教训是敌人的胜利真是疾风扫落叶，丝毫不费劲；我们的失败是摧枯拉朽的失败。

第二，从这回的热河事件，我们可以证明一件历史事实：就是前年“九一八”的失败，也不是有计划的“无抵抗”，其实也是一种摧枯拉朽的崩溃。几百个决死攻城的日本兵眼里就没有看见那二十万的东北大兵。即使没有那九月六日张学良将军“不准冲突”的密令（见《李顿报告书》页一一〇），即使没有王以哲司令“不抵抗”的命令（见同书页一一一），那二十万大兵也不会抵抗的，也会在很短的时间就崩溃的。当时变起仓猝，来不及抵抗，还可以说是有主张的避免冲突。但我们看后来锦州的退却，北满的溃败，这都是有了相当准备时期以后的情形，都够证明当日的不抵抗只是无有抵抗的能力。今年元旦的山海关事件又是“九一八”事件的缩影，少数的敌兵黑夜爬城，也就可以使中国军队惊惶失措，一昼夜的接触，

"天下第一关"就入敌人之手！元旦以来，重兵十几万云集滦河东西，热河的必被侵攻是人人皆知的，然而榆关方面毫无反攻计划；直到日兵已大举进攻热河了，榆关方面的十万大兵也始终没有反攻榆关进兵绥中以牵掣日军后路的计划。日军孤军深入，丝毫没有顾忌，正因为敌人眼里早已不看见那十几万的正式军队，更不看见那号称十几万的义勇军。日军一昼夜冲锋五十英里，因为他们经过的是虽有人而等于无人的土地！一百二十八个日本先锋冲进了承德，十几万的中国大兵就总退却了！这不但是汤玉麟的军队的溃灭，也不但是义勇军的消灭，这是东北军队的第二次大溃败，这也是华北军队的整个失败。所以我说，这回的事件足够证明前年东三省二十万大兵的不抵抗是实在没有能力抵抗。一年零五个月的整理与补充还不能抵抗，热河的绝好的天险地利还不能抵抗，可以证明这种腐败军队遇着现代式的敌军势必如枯叶之遇劲风，朽木之遇利斧，无有不崩溃之理。

第三个教训是我们从这回的大败可以看出这样摧枯拉朽式的崩溃究竟原因在什么地方。三月五日北平《世界日报》列举热战失败的四个主因：

（1）指挥缺乏统一

（2）沟壕工事太不坚固

（3）全线未能一致动作

（4）民众之不合作

同日《大公报》也提出四个结论：

（1）中央地方当局者自始未曾尽力布置热河之防御。

（2）如此重大之军事而无作战的计划。

（3）将帅未融为一体，呼应不灵，指挥亦不当。

（4）赏罚不明，军纪不整，弃土丧军者罚不及身，无以奖勇士而励怯懦。

这些评论自然都是事实。但依我们的观察，此次大溃败的主要原因有这些：

（1）军队全没有科学的设备，没有现代的训练。三月五日宋子文院长发表谈话，叙述热河的情形，“我国守热河之军队绝无所谓参谋工作。军事长官逍遥后方，迟迟其行。太古式之车辆用作运输，自北平至前方用骆驼须数星期方能运达。最前线各部军队一无联络，高射炮及排壕工具丝毫未备。军士所受者仅操场之训练”。他又泛论吾国“养兵数百万，而器械窳劣，衣食不周，几等乌合”。这是政府最高官吏的评语。丁文江先生在本刊第三十七号《抗日的效能与青年的责任》一篇里曾痛论中国军队的缺乏现代科学的设备，及中国军官教育的落后。他屡次对我说，中国军官都不会看地图。我起先还不相信，近日我才相信了。前几日北平一个机关负责的人对我说，“此次军队出发，都没有地图，都来问我们要地图。我们半价买了许多幅苏甲荣编印的东三省热河地图送给他们”。我听了真不胜诧异。苏甲荣先生的地图只可供我们平常人看报时的帮助而已，岂能用作军事地图！何况各军连这种简单的地图都没有呢？举此一端，可见中国军队完全是太古式的军队。此种军官与此种军队，即使拥有贵重的新式设备，也只是“赍寇兵，资盗粮”，拱手送给敌人，如沈阳的飞机与兵工厂一样而已。

（2）军官的贪污堕落。朱庆澜将军曾说，“军官有了两万块钱以上的财产，决不能打仗了”。东北军队从前曾有能战的名誉，近年所以一蹶不振，都由于军官积产太丰厚，生活太奢侈，久已无斗志了。石友三一役，能勉强一战的已不是东北嫡系的军队了。“九一八”以后，东北军人虽遭绝大耻辱，而他们在关内的行为无一不是存了日暮途远的颓废心理，只想快发财，毫不体恤士卒，更不系念国家。拿这种颓废堕落的军官来抵抗那抱着并吞东亚的野心的日本军人，岂非以卵投石吗?

(3) 地方政治的贪污腐败。热河政治之腐败，人民之怨毒，是人人知道的。锦州失守后，北票朝阳已成了前线，而汤玉麟父子叔侄们还只用种种苛法剥掠这地方的人民，使人民天天盼望有人来解救他们的迫切的苦痛。关内民众团体的代表，如朱庆澜、熊希龄诸先生都曾向汤玉麟呼吁过，劝他解除苛捐杂税，并且替他筹划补充饷源的方法。但中央与北平的当局都塞了耳朵，不肯协助饷源，使汤玉麟一群人有所借口继续敲剥人民的脂膏。朝阳一带的人民，本有自卫的组织，抗捐至一年之久；后来因抗日救国的民众团体的劝告，自动的把一年的抗捐全数补缴给政府！这可见人民真是好人民。但这种可爱敬的举动丝毫不能感动那一群贪官污吏的天良；苛政苛税借军事而更加严重，竟使人民不能不暂时投入仇敌的怀抱里以求避免当前水深火热的暴政。张学良将军前几天亲对我们说，热河人民因痛恨汤玉麟而痛恨一切抗日军队，所以丁春喜旅进入热河，途中丢了两个营长，大概是被老百姓杀害了。是的，热河人民因痛恨虐政而痛恨一切曾庇护这虐政的更高当局，这是这回失败的大原因。

(4) 张学良应负绝大的责任。张学良将军自从民国十七年以来负了东北四省军政全权的责任；自从十八年以来更负了华北的军政领袖的大责任。东三省之沦陷，他应负最大的责任，这是他去年八月七日自己曾承认的。他的体力与精神，智识与训练，都不是能够担负这种重大而又危急的局面的。倘使他在前年引咎辞职了，中央还可以有一年多的时间来布置热河与华北的防务。倘使他去年八月初真能实行了他辞职去国的决心，中央也还有半年多的时间可以计划布置。不幸他受了他的部下的包围，变更了去职的决心，又不能振作起精神来积极准备。恶恶而终不能去，善善而终不能用。汤玉麟、高纪毅、沈能毅、周大文、张学铭一班人的饭碗虽然保全至今，然而六十万方里的热河全省终于在他统治之下送在敌人的手里！他的罪过，综括说来，至少有五点（一）自己以丛咎丛怨之身，明知不能负此大任而偏要恋栈，贻误国家，其罪一；（二）庇护汤玉麟，纵容他祸害人民，断送土地，其罪二；（三）有充分时间而对于热河榆关不作充分的准备，其罪三；（四）事机已急，而不亲赴前线督师，又至今还不引咎自谴，其罪四；（五）性情多疑，不能信任人，故手下无一个敢负责作事的人才，亦无一部能负责自为战的军队；事必躬亲，而精力又不容许；部下之不统一，指挥之无人，联络之缺乏，设备之不周，都由于无一个人敢替他负责任，其罪五。

（5）中央政府也应负绝大的责任。汤玉麟的责任应由张学良担负；张学良的责任至少有一大部分是应由中央政府担负的。要而言之，中央政府对于此次事件，至少有四层罪过：（一）容留汤玉麟在热河，其罪一。（二）容许张学良在华北，又不督责他作有效的准备，其罪二。（三）当此强敌压境之日，中央不责成军事领袖蒋中正北上坐镇指挥，乃容许他逗留在长江流域作剿匪的工作，轻重失宜，误国不浅，其罪三。（四）如宋子文三月五日的谈话，他明知热河不能守至“一星期至十日”，此言如果确实，则是中央最高行政当局明知热河必不能守而静待这六十万方里土地的沦失了！既明知不能守，宋院长何必在承德发那大言的通电来欺骗国人与世人？何不电召蒋中正委员长飞来指挥挽救？何不征召全国最精良军队出关补救？何不明告政府全体，早日筹划军事以外的救济方法？此种罪过岂但如宋院长所谓“驱市人而战”？简直是他自己说的“拱手让人”了！其罪四。

以上三个大教训，我想全国人都不会不承认的。最后又最重要的教训，是我们应该深刻的反省我们为什么这样的不中用？为什么只是这样做劲风里的枯叶，利斧下的朽木，做人刀俎上的鱼肉？

是不是因为这个国家上上下下整个的没有现代化，整个的没有走上科学工业的路？是不是因为在这个现代世界里我们还不肯低头做小学生的苦学，所以不能抵抗一个受过现代科学工业文化的洗礼的民族？

是不是因为我们的老祖宗和我们自己都是罪孽深重，腐化太深，所以闹了三四十年的维新至今还是不可雕的朽木，禁不起风吹的败叶？

是不是因为我们自从庚子以后，受了国际均势之下的苟安局势的麻醉，误认“彼入我京师而不能灭我”（王壬秋语）的形势可以长久存在，误认中国真是亡不了的，所以又陷入了醉生梦死的昏迷状态里，既不能自立又不肯埋头学人家自立的本领，既不能吸收他人的新把戏又不肯刮除自己的腐肉臭脓．就成了这样一个禁不起风吹草动的无用民族？

现在到了这个大试验的日子了。在全世界人的眼光注视之下，我们的一切法宝——口号标语，精神文明，宝华山念经，金刚时轮法会，“太古式”的军备与运输，等等——都不灵了，我们方才明白我们原来至今还只是一个束手坐待强人宰割的国家！

这就是说，世界尽管变了，我们这个国家的危机还和十九世纪末年的情势相差不远。也许比那时代还更危急，因为那时代远东的一点均势局面现在久已不存在了，我们的近邻还是我们最可怕的侵略者，而全世界没有能力也没有决心制裁她的暴行。我们丝毫没有准备怎样在这个现代世界里求民族之自由平等，所以几百吨的大言空谈，抵不过“九一八”夜的一炮，也抵不过今天朝阳承德之间横冲直撞的敌军。

古人说的，“多难所以兴邦”，这不是欺人之谈，这是人类历史的教训。我们这个民族在甲午以后，欧战以前那二十年中，屡经大难，所以确有一点自己悔悟的态度，有谴责自己的雅量，有冒险出国求学的少年精神，——这都是“兴邦”的气象。欧战至今，二十年中，国外有形的压迫稍稍松懈了一点（虽然无形的经济的压迫只有加重而无轻松），我们的虚骄与夸大狂又都回来了，那二十年前刚萌芽的一点自责与愿学的虚心都销〈消〉灭了，不先整顿自己的国家，而妄想用空言打倒一切强敌；不先学一点自立的本领，而狂妄的藐视一切先进国家的文化与武备；不肯拼命去谋自身的现代化，而妄想在这个冷酷的现代世界里争一个自由平等的地位：这都是亡国的征象。

这种迷梦，今日应该醒醒了！“养兵数百万，而器械窳劣，衣食不周，几等乌合”，这个国家是不能自存于这个现代世界的。没有科学，没有工业，“太古式之车辆用作运输”，这个国家是不能自存于这个现代世界的。贫到这样地步，鸦片白面害到这样地步，贪污到这样地步，人民愚昧到最高官吏至今还信念经诵咒可以救国的地步，这国家是不能自存于这个现代世界的。

二千五百年前，一个哲人曾说：“既不能强，又不能弱，所以毙也！”我们今天的最大教训是要认清我们的地位，要学到“能弱”，要承认我们今日不中用，要打倒一切虚骄夸大的狂妄心理，要养成虚怀愿学的雅量，要准备使这个民族低头苦志做三十年的小学生。这才不辜负这十八个月（也许还更长）的惨痛的教训。

除此一条活路之外，我看不出别的什么自救的路子。

廿二，三，六夜写完

（原载于《独立评论》第41号，1933年3月12日）

敬告日本国民

“告于日本国民”的题目，是室伏高信先生提出来的。我接到了这个题目，三个月不曾下笔，一小半是因为我太忙，一大半是因为我深怀疑这种文章有何用处。说面子上的假话吗？我不会。说心坎里的真话吗？我怕在此时没有人肯听。

但今天我决定写这篇文章了，因为我不忍不说我心坎里要说的真话。凡是真话都是不悦耳的，我要说的话，当然不能是例外。所以我先要乞求日本读者的耐心与宽恕。

我要说的第一句话，是：我十分诚挚的恳求日本国民不要再谈“中日亲善”这四个字了。我在四年之中，每次听到日本国民谈这四个字，我心里真感觉十分难受，[——同听日本军人谈“王道”一样的难受。老实说：我听不懂。明明是霸道之极，偏说是王道；明明是播种仇恨，偏说是提携亲善！日本国民也有情绪，也有常识，岂不能想像在这种异常状态之下高谈“中日亲善”是完全没有意义的吗？]

你们试想想，这四年来造成的局势，是亲善的局势呢？还是仇恨的局势呢？

本年六月间，[日本的军人逼迫中国的政府下了一道“睦邻”的命令，禁止一切反日的言论与行动。]这个命令的功效，诚然禁绝了一切反日的言论与行动了。然而政府的法令是管不到人民的思想与情绪的。中国人民心里的反日的情感与思想——仇恨的情感与思想——因为无处发泄了，所以更深刻，更浓厚。这是人情之常，难道日本的军人与国民不能明白吗？

在那“带甲的拳头”之下，只有越结越深的仇恨，没有亲善可言。在那带甲的拳头之下高谈“亲善”，是在伤害之上加侮辱。

所以我敬告日本国民的第一句话是：请不要再谈“中日亲善”了。今日当前的真问题是如何解除“中日仇恨”的问题，不是中日亲善的问题。仇恨的心理不解除，一切亲善之谈，在日本国民口中是侮辱，在中国国民口中是虚伪。

我要说的第二句话，是：请日本国民不要轻视一个四亿人口的民族的仇恨心理。“蜂虿尚有毒”，何况四亿人民的仇恨？

在这几年之中，中国政府与人民对日本的态度总可以算是十分委曲求全了。这是因为中国的领袖明白日本武力的优越，总想避免纷争的扩大，总想避免武力的抵抗，总想在委曲求全的形势之下继续努力整顿我们自己的国家。

[但我们现在观察日本军人的言论，我们知道日本军人的侵略野心是无止境的。满洲不够，加上了热河；热河不够，延及了察哈尔东部；现在的非战区还不够作缓冲地带，整个华北五省又都有被分割的危险了。这样的步步进逼。日本军人的侵略计划没有止境。]但中国人的忍耐是有尽头的。仇恨之上加仇恨，侮辱之上加侮辱，终必有引起举国反抗的一日。

阿比西尼亚［埃塞俄比亚］(Abyssinia) 反抗意大利的榜样，最可以引起中国人民的反省，最可以令中国人民感觉新的惭愧与新的兴奋。“我们难道不能学阿比西尼亚吗”？这是处处听得见的问话。

自然，学阿比西尼亚也不是容易的事。但是，我可以警告日本国民：如果这个四亿人口的国家被逼到无路可走的时候，被逼到忍无可忍的时候，终有不顾一切，咬牙作困斗的一天，准备把一切工商业中心区，一切文化教育中心区，都在二十世纪的飞机重炮之下化成焦土。前年日本的领袖曾有“焦土外交”的口号。我们审察今日的形势，如果日本军人的言论真可以代表日本的政策，中国真快到无路可走的时候了。无路可走的中国，只有一条狭路，那就是困兽的死斗，用中国的“焦土政策”来应付日本的“焦土政策”。

所以我的第二句话是：日本国民不可轻视中国民族的仇恨心理。今日空谈“中日亲善”，不如大家想想如何消释仇恨。日本国民必须觉悟：两国交战，强者战胜弱者，这是常事，未必就种下深仇恨。日俄战后，不出五年，日俄已成同盟国了。中日战后，不出十年，当日俄战时，中国人大多数是同情于日本的。普鲁士战胜奥国，不久两国就成了同盟国。故我说，战胜未必足以结仇恨，只有乘人之弱，攻人之危，使人欲战不得，欲守不得，这是武士道所不屑为，也是最足使人仇恨的。仇恨到不能忍的时候，必有冲决爆发之患，中国化为焦土又岂是日本之福吗？

我要说的第三句话，是：日本国民不可不珍重爱惜自己国家的过去的伟大成绩和未来的伟大前途。

日本国民在过去六十年中的伟大成绩，不但是日本民族的光荣，无疑的也是人类史上的一桩“灵迹”。任何人读日本国维新以来六十年的光荣历史，无不感觉惊叹兴奋的。

但东方古哲人说过：“靡不有初，鲜克有终。”一个伟大的国家也可以轻易毁坏的。古代大帝国的崩溃，我们且不论。西班牙盛时，占有半个西半球，殖民地遍于世界，而今安在哉？德意志的勃兴，其迅速最像日本；当一九一四年大战之前夕，德意志的武备，政治，文化，科学，工业，商业，哲学，音乐，美术，无一不占全世界第一位。四年的战争竟使这个最可羡慕赞叹的国家陷入最纷乱最贫苦的境地，至今二十年，还不能恢复战前的地位。

我们看这些明白的史例，可以觉悟“人事不可怠终”的古训是最有意义的。百年创业之艰难，往往毁于三年五载的轻率。

日本帝国的前途是无限的。没有他国可以妨害他的进展，除非他自己要毁坏他自己。

三年前，一个英国研究国际关系史的专家 Arnold Toynbee［阿诺德·汤因比］曾指出日本军人的行为是一个全民族“切腹”的行为。这个史学者的警告是值得日本国民的深省的。

我是一个最赞叹日本国民已往的成绩的人。我曾想像日本的前途，他的万世一系的天皇，他的勤俭爱国的人民，他的武士道的遗风，他的爱美的风气的普遍，他的好学不厌的精神，可以说是兼有英吉利与德意志两个民族的优点，应该可以和平发展成一个东亚的最可令人爱羡的国家。

但我观察近几年日本政治的趋向，很使我替日本担忧。第一，六十年来政治上很明显的民治宪政的趋势，在短时期中被截断了，变成了一种武人专政的政治。第二，一个最以纪律秩序著名的国家，在几年之中，显出了纪律崩坏的现象，往往使外国人不知道日本的政权究竟何在，军权究竟何在。第三，一个应该最可爱羡的国家变成了最可恐怖的国家，在偌大的世界里只有敌人，而无友国。第四，武力造成的国际新局势，只能用更大的武力去维持，所以军备必须无限制的扩充；而无限制的军备扩充适足以增加国际上的疑忌，因而引起全世界的军备竞赛，也许终久还要引起国际的大战祸。——仅仅举这四大端，已够使外人替日本担忧了。

一大块新占有的土地在手里，一个四亿民族的仇恨在心里，一个陆军的强邻在大陆上，两个海军的敌手在海上，——这个局势是需要最神明睿智的政治眼光与手腕来小心应付的。稍一不慎，可以闹成绝大的爆炸，可以走上全民族自杀之路。

古人说的“悬崖勒马”，是最艰难的工作，世界政治史上尚不多见。但苦海无边，回头是岸。不回头的危险是不能想像的。

所以我要说的最后一句话是：日本国民不可不珍重爱惜日本过去的光荣，更不可不珍重日本未来的前途。我因为不信日本的毁坏是中国之福或世界之福，所以不忍不向日本国民说这最后的忠言。

最后，我感谢室伏高信先生邀我发言的高谊。这种高谊只有说真话可以报答。

中华民国廿四年双十节前一周

后　记

这篇文字本是为东京出版的《日本评论》（原名《经济往来》）写的，登在那个刊物的十一月号里。我很佩服《日本评论》的编辑人发表此文的“雅量”，所以我把此文的原稿发表在这里。日文的译本有三处“遭到不得已的删削”，现在都用方括［　］标明。

（原载于东京《日本评论》第11号，1935年10月3日；亦载于《独立评论》第178号，1935年11月24日）

答室伏高信

室伏高信先生：

我那篇《敬告日本国民》，居然能在《日本评论》上登出，贵刊诸位编辑先生的雅量，是我十分敬佩的。

我在《日本评论》十二月号里读你的《答胡适之书》，——可惜我能读的是译文，——我很高兴，不但因为我那篇文字有了“抛砖引玉”的效果，更因为这样打开的交换意见的风气也许是我们两个国家在此时机最需要的。

你能谅解我的“偶像破坏”的立场，这是最可喜的一件事。因为我常觉得贵国现时的学人往往不懂得我们为什么要做这种排斥古文化的努力。

是的，“日本也曾选过这条路”。但我总觉得贵国在这一点上虽然比我们早几十年，不幸偶像破坏运动的收束未免太早了一点，复古与存古的保守潮流也未免回来得太快了一点吧？

我和我的朋友的立场是这样的：凡文化都有他的惰性，都会自己保守自己的。少数先知先觉的思想家，如果他们看清了“去腐”和“革新”的必要，应该站到屋顶上去大声疾呼，不必顾虑破坏之太多，更不必顾虑祖宗遗产有毁灭的危险。“真金不怕火”，这是我们祖宗的一句名言。真有价值的东西是毁不掉的。

近年来北平访问的日本朋友往往替“东方的遗产”抱着过分的忧虑，仿佛宁愿东方少年人天天念阿弥陀佛，或打麻将牌，而不愿他们“心醉于唯物论”，或信仰自由主义。这种忧虑，你的答书里也曾提及。

我想，我们两个国家里值得忧虑的，恐怕还有比东方遗产的失坠更重要的吧？我个人决不愁东方遗产与东方文明的失坠。我所焦虑的是我们东方民族刚开始同世界人类的最新文化接触，就害怕他的诱惑，就赶快退缩回到抱残守缺或自夸自大的老路上去。更可焦虑的是我们东方民族也许在那“拥护东方的遗产”的大旗之下做出一些自相残害的丑戏来，贻笑于全世界。

室伏先生，你想这不是我们今日更应该顾虑的吗？

在你的答书的后幅，你指出我们两国之间的仇恨心理之所由来。你似乎把这种仇恨的心理看作中国“以夷制夷”的政策的结果。你问我们：“中国的敌人，是日本还是英国？应该是日本，应该是英国？”

这一段话，若在一篇外交词令里或军人演说里发见，我毫不惊异。但在你的文章里，我读了不能不感觉一点惊讶。

“以夷制夷”是句古文，翻成白话，就是“借一个友谊的国家的援助来抵御一个敌对的国家”。这是一切国家常做的事，这里只有成败可评量，没有什么是非可判断。

贵国昔年不也曾受了“不列颠的诱惑”，做了她的二十年的同盟国吗？后来为了美国的满洲开放论，贵国不也曾联俄制美吗？这都是很晚近的历史，大家总还不会全忘记吧？

至于中国，老实说，我们这个国家还不配与谁为友，更不配与谁为敌。友是平等的，敌也是平等的。孙中山先生曾有遗言：“联合世界上以平等待我之民族，共同奋斗。”然而谁是真正“以平等待我之民族”呢？孙中山先生的那句遗训，恐怕是十年前的一个梦想吧？

今日我们应该梦醒了。我们今日不妄想寻得一个“以平等待我之民族”。我们今日只能这样想，凡对于我们最少侵略的野心的，凡不妨害我们国家的生存与发展的，都可以做我们的朋友。凡侵略我们的，凡阻害我们国家的生存与发展的，都是我们的敌人。

室伏先生，请你想想，上述的两条界说，是公道呢？还是不公道呢？

你不赞成“犹太主义”，但是犹太主义中有一种奇论，劝人“爱你的仇敌”。我这二十五年来曾深信这种“犹太主义”。但是，我很惭愧，我信道不笃，守道不坚，在最近几个月中，我颇有点怀疑这种主义不是我们肉体凡夫所能终身信奉的了！

我近来感觉到，这种犹太主义不如我们“东方遗产”里几句老话：“不迁怒”、“不念旧恶，怨是用希”。这些是近于人情的，是我们稍稍加一点理智力就可以实行的。譬如我怨日本的某个某个军人，同时我可敬爱我的朋友高木八尺教授。这样“不迁怒”，不是很容易的事吗？又如日本帝国一旦改涂易辙，变成了中国的好朋友，我当然可以忘记过去的许多怨恨。这样“不念旧恶”，不也是很容易的事吗？

但是，如果一个强国乘人之弱，攻人之危，不但种下了仇恨，还要继续播种你所说的“第二仇恨”、“第三第四而至于永久的仇恨”，——在这样迅速播种之下，敝国即有聪明圣智的“指导者”，恐怕也就无法劝导国民对那个国家“发生真正的友情”了吧？

你对我们发出警告：“不要受不列颠的诱惑。”室伏先生，你愿意听我讲一个历史的故事吗？

从民国十四年六月到民国十六年，是中国仇视英国最激烈的时期。那三年英国工商业受的绝大损失，你也许还记得。民国十五年的冬天，我正在英国，天天读的是保守党报纸上主张严厉征讨中国的论调。然而英国的政治家坚决的抱定他们的和平政策。他们派一个蓝博森［蓝浦森］（Miles Lampson）来做公使；他们在那年十二月里发表了一篇所谓“耶诞节觉书”，表示英国政府对中国的和平政策。中国革命党人不信“不列颠的诱惑”，要逼 John Bull 拔出刀来，于是有次年一月初旬用武力占据汉口英国租界的事。英国的外交家依旧忍耐着，不但不拔出刀来，并且派遣专员到武汉去和陈友仁订立“汉口协定”。这样忍耐的结果，几个月之后，仇英的心理渐渐转过了。“不列颠的诱惑”终于收效了！

这个故事是够答复来书的质问了吗？你问我们：“贵国是不是善于忘记英国给贵国的苦楚？”我可以回答说：“我们行的只是上文说的东方圣人‘不念旧恶’的古训。”“美貌的、狡猾的诱惑”是可以令人忘记过去的苦楚的。聪明的室伏先生，谁能不受“美貌的、狡猾的诱惑”呢？

反过来说，“带甲的拳头”是善忘病的最灵治疗剂。今天开一炮，明天开十架轰炸飞机来，后天开十列车的军队来，先生，你想，我们的“善忘病”应该不应该被吓跑了呢？

今天北平大雪，我的园子里的松树枝上都压着银色的厚絮。这园子是你到过的。我那天不曾告诉你，这园子里界地的琉璃瓦都是圆明园里的遗物；门口的白石阶台也是我的屋主从圆明园的瓦砾场上搬来的。我站在这阶台上望着那雪地里微露出的琉璃瓦，不禁想到那七十五年前英国、法国的联军入北京烧毁圆明园的历史。眼前虽有满地的遗物可以帮助记忆，我不能不承认这段故事有点模糊记不清了。我的眼光已移到别的新事物上去了。一只贵国的飞机轧轧的从天的东边飞往西边，在那皎洁的雪地上刷过一条黑影。地上的黑影过去了，雪地还是皎洁的，但我的心里至今还清清楚楚的看得见那一条黑影。我想起中国古哲人曾说，“飞鸟之影，未尝动也”；又说，“影不徙”。室伏先生，我们应该叫这条黑影子不动不徙吗？

一九三五年十一月三十日

（原载于《独立评论》第 180 号，1935 年 12 月 8 日）

我们要求外交公开

昨天《大公报》社论有一段说：

> 此后外交情形，宜以各种正式或非正式之方法，随时尽量公开，使一般国民随时明了国家之真正地位。按过去两年，凡关外交，宣布极少，故经过及真相如何，一般国民殊不能尽知。当局并无控制局势之把握，而仅统制新闻，使国民闭塞耳目，此为近年之一大错误。现在事态更紧，此后义应随时公开，告知全国。

这一段话，我完全赞同。我不能赞成的只有“此后”两个字。我以为不但“此后”的外交情形应该随时公开，“以前”的外交情形和外交文件更应该即日公开宣布。

为什么呢？因为现在的种种事态大都是以前两三年来种种外交经过的结果。《大公报》社论也曾指出“以冀察论，局势至此，乃六月河北事件之交涉种其总因”。若进一步说，六月的河北事件，又岂不是民国二十二年五月的华北停战交涉“种其总因”？既是“总因”，不但彼方的一切藉口在此，我方的应付方法都不能不受这些交涉经过的拘束或影响。所以我们必须要求政府把这些造成现在局势的各次交涉经过和交涉结果全数正式宣布出来，使一般人民可以明白国家的危机到了什么地步，使一些少数专家学者可以仔细研究如何挽救弥补的方法。

“九一八”以后，直到上海停战的交涉，中国和日本没有外交上的交涉。二十一年三月的上海停战协定是公开宣布的，协定的内容和范围是确定的。自此以后，有下列各项重要的交涉，都不曾有过正式宣布的历史与文件：

（一）二十二年五月三十一日的停战协定（所谓《塘沽协定》）。

（二）二十四年六月初的何应钦梅津的谈判（即日本方面所称《何应钦梅津协定》）。

（三）二十四年六月下旬的察东谈判。

这三项交涉都不是正式外交官员办的，又都是在一种受迫胁的非常状态之下手忙脚乱的办的，所以，据我们所知，这三次交涉的结果，都是范围很不确定的，文字很不严密的。

这两年之中，北方的种种纠纷都起源于这些文字不严密范围不确定的交涉结果。《塘沽协定》的四条文字，我们虽然在报纸上非正式的看见过，但据后来通车通邮种种交涉看来，我们可以说，我们至今不曾知道《塘沽协定》的正确内容和范围。就拿那已经在报纸上见过的四条文字来说，其中所谓“长城线”，所谓“用飞机及其他方法视察”，都是最不严密的文字，种下了后来不少的恶因。这是近两年北方局势的最大祸根，我们人民不应该要求政府正式宣布停战协定的交涉记录和协定正文吗？

今年六月何应钦梅津的谈判，中国政府方面至今没有正式宣布。但据外间的传说，彼方认此为一种协定，而我方始终不承认有何签订的协定或“了解”；或者传说此次谈判的结果只是何应钦部长接受了五七项具体事项的要求，而别方传说则谓具体事项之外还有三个附加的广泛原则。究竟彼方所谓《何梅协定》是一件什么东西呢？是签了字没有呢？有什么内容呢？内容的范围有多大呢？在国际法上有何种拘束的效能呢？这些问题无一项不是极关重要的，我们人民不应该要求政府明白宣布吗？

六月下旬的察东谈判，也是我们全不明白的一件交涉。据我方的报告，这里并没有丧权失地的条件；而据别方的传说，又好像整个察哈尔，除了原来的宣化府属，都在六月下旬决定命运了！究竟那一次的谈判的经过和内容是怎样的一回事呢？我们人民不也应该要求政府明白告诉我们吗？

当然，这两年多的中日交涉不限于这三项。如通车的交涉，如通邮的交涉，如长城战区保安队的交涉，如察东保安队的交涉，以及其他我们全不知道的交涉，都应该在公开宣布之列。

这样的外交文件与历史的公开，总而言之，有种种大益处。

第一，公布外交文件可以使“此后”的外交有一个条文字句的根据。外交的依据全在条文，条文的争执全靠定本，所以正式的条约必须一字一句都不放松，又必须在最后声明如有争执均依某种文字为定本。如果外间的传说可信，这两年的中日交涉全是一班门外汉的急就章，字句可作各种解释，范围可伸可缩，甚至于无人能明白指定其所签订有无条约的拘束力。这简直是一本烂账，任凭强者占便宜，而弱者竟不敢捧出账簿来争一点未曾签送掉的权益！公开宣布的第一功用正是翻出条文字句来，让大家看看究竟以前丧失了多少权益，让专家学者看看那些条文应该如何确定范围，如何解释文字，如何规定有效期间，如何挽救将来。

第二，公布交涉经过可以明定交涉者的责任。在一个弱国里向强敌办外交，当然是吃力不讨好的事；身当其冲的政治家，当然要准备为国家牺牲自己，大之准备牺牲自己的生命，小之也得准备牺牲一二十年的政治前途。三十年前，代表日本出席日俄和议的小村专使，归国时几乎不能见容于国民；他代表一个战胜国，尚且如此，何况代表弱国的交涉者？然而只要来去分明，自竭其能力，终久会见谅于国人，追思于后世。罗文干郭泰祺是签订上海停战协定的人，当时虽有殴伤郭泰祺之事，但国人至今对于罗郭没有责难的话。近两月之中，汪精卫院长被枪伤于南京，唐有壬次长遭惨死于上海，他们的爱国心本是无可疑的，他们的为国事任劳任怨的精神也是将来史家一定原谅赞许的。但我们总疑心汪唐两先生所以不蒙一部分人的谅解，至少其中的一个重要原因是近两年外交的不公开。文件不公布，所以人民不知道究竟丧权辱国到了什么地步。交涉经过详情不公布，所以人民不能充分了解政府当局处境如何困难。三人的传说可以使贤母相信曾参杀人，何况全国人整年坐在闷葫芦里的猜疑呢？所以我们深切的希望政府明白此种不幸事件的教训，毅然决然的把近年一切交涉的经过详细发表出来，使全国人都明晓每次交涉的环境；折冲的详情，屈辱的限度。疑心能生暗鬼，只有公开可以扫除黑暗的疑虑。公开过去的外交可以求得国民的原谅，公开“此后”的外交可以求得国民的后盾，也许还可以减轻外力的压迫。一二个人担负不起的压力，当然只有整个国家来共同担负。外交不公开，就是当局者愿意单独担负屈辱的责任。

（原载于《大公报》“星期论文”，1935 年 12 月 29 日）

再论外交文件的公开

在去年十二月二十九日《大公报》的星期论文，（《独立》一八四号转载）里，我们曾向政府提出一个请求：请求政府把那些造成现在局势的各次交涉经过和交涉结果全数正式宣布出来。我们当时特别举出三项交涉：

（1）二十二年五月三十一日的停战协定。

（2）二十四年六月初的何应钦梅津谈判。

（3）二十四年六月下旬的察东谈判。

在今年一月十五日蒋介石院长召集的全国学校代表谈话会上，北平天津的学校代表提出的四项意见之中，第一项就是请求政府公布那些造成今日华北局势的各种交涉文件。次日蒋院长对学校代表和学生代表有长篇演说，其中有一段是答复平津学校代表的“公开外交文件”的请求的。蒋院长郑重申明了两点：（1）《塘沽停战协定》并无秘密条件，只有几件“申合”事项。（2）去年六月初何应钦部长并不曾和梅津司令官订有何种协定；后来何部长虽然曾写一封信给梅津，信内只说某几项事我们均已自动的办了，此外并无他语。

政府的最高行政领袖这样负责声明，当然可以解除我们不少的疑虑了。但我们听了蒋院长的演说之后，总觉得这些交涉既然没有秘密的条件，当然更应该公布了。所以我们希望政府早日公布上述各项交涉的结果，使全国人民都能明白这些文件真相，使对方不能随便利用这些文件来迫胁地方的当局，或惑乱世人的观听。

试举去年六月初的何应钦梅津谈判为例。第一，我方虽然不承认有任何“协定”，而对方在这几个月之中时时宣称有所谓《何梅协定》。所以我们盼望政府能向全国全世界正式声明绝无此种《协定》。第二，据某方传出的文件，何应钦部长写给梅津的书信是这样的：

> 敬启者：六月九日酒井参谋长所提各事项，均承诺之，并自主的期其遂行。特此通知。此致
>
> 梅津司令官阁下。
>
> 何应钦
>
> 中华民国二十四年七月六日

这种语句（颇像是从外国文翻译的！）如果是真的，就不是仅仅声明某些事项我们都已自动办了。所以我们十分盼望政府能将何应钦部长当日答书的原文真本发表出来，使全国全世界知道究竟当日何部长说了什么话。第三，“六月九日酒井所提各事项”究竟是些什么？据某方传出的文件，梅津的“觉书”分两个部分：一为中国方面曾经承认实行之事项，总共有九项；二为“附带事项”三条，范围都很广泛，意义都于我国很不利。例如其中第三条说：“关于约定事项之实施，日本方面采取监视及纠察之手段”，这是何等宽泛的文句！究竟何部长答书所谓“均承诺之”（如果是真的），是仅仅承诺了那已经“承认实行”的几项具体事项呢？还是连那三个“附带事项”也一并“承诺”了呢？我们知道政府并不曾有承诺这三项附件的意思，所以我们十分盼望政府正式发表我方所认为定本的全文，让全国全世界知道究竟何部长当日所“承诺”的是些什么，所不曾“承诺”的是些什么。

我们听说，有人主张，这些文件的发表可以使他们成为正式外

交文件，所以还是不发表为妙。这是很错误的见解。这些文件久已被对方引用作正式外交文件了。只有正式的否认其正式性，只有正式的宣布其非正式性，方才可以明定其没有正式外交文件的价值。如果我们始终秘密，文字随人便宜称引，范围随人自由伸缩，久而久之，积非成是，将来我们有口也难分辩了！

最明显的比例就是近日国际宣传的所谓《广田三原则》。自从去年九月以来，日本常对世界宣传中国政府最高当局已“同意”日本广田外相的三个原则，而我国政府始终不曾有正式否认的表示，于是不但全国人都起了很大的疑虑，全世界的人也就都以为中国政府真已轻轻的接受了那三个最危险的原则了。直到今年一月下旬广田外相在贵族院演说，竟明白宣言中国业已赞同这三个原则了，中国外交部发言人才于一月二十二日声明这话“并非事实”。这个否认是近年来中国政府的第一壮举，因为这个否认可以消除一切疑虑，可以杜绝将来一切积非成是的危险。不否认就是默认；只有正式否认可以免得被人指为默认。

所以我们十分欢迎政府此次毅然否认赞同广田三原则的壮举，所以我们十分诚恳的希望政府更进一步，全数公布那造成今日华北危机的各种交涉文件，并且正式宣布那些部分是政府确已承诺的，那些部分是政府不曾接受的，那些是有效的条文，那些只是无效的要求。有效的，政府应该负责修改挽救；无效的，政府应该正式明白否认。

二十五，一，三十一夜

（原载于《大公报》“星期论文”，1936年2月9日）

我们还要作战下去

十月与十一月可资纪念的节日很多，例如中国国庆日、欧战休战日、罗斯福总统芝加哥演讲周年、《九国公约》签字国在比京集会两周年纪念等。在纪念这些节日时，我们免不了想到此等节日所纪念的事迹，尤其是目前远东冲突的问题。吾人必须解决其根本的问题才能满意地解决此项远东冲突的问题。

两年前［在］这个城市我曾在演讲时指出远东问题背后的两个冲突：（一）日本帝国主义与中国的国家主义合理的希望之冲突；（二）日本军国主义与一个世界新秩序的道德限制之冲突。今日我仍旧相信这两个冲突的正确性，可是我现在认为这两个冲突是密切相关连的。

要认识这些问题的密切关系，我们必须远溯数十年前的历史。今天七大强国之三：德、义［意］、日，在一八七〇年左右获得内部的团结，并开始参加殖民帝国之列，他们三国在参加时已经太迟，所以自称为“没有”的国家，而意图在李普曼所谓“外交赌注”的地区遂行其扩展活动。该等地区广袤庞大，资源丰富，但政府懦弱，无法抗拒外来的侵略。这些“外交赌注”的地区包括非洲、阿拉伯、波斯、巴尔干半岛、土耳其和中国。上个世纪的最后几十年间“弱肉强食”的原则十分猖獗。

国际战火是这些帝国主义的争夺所引起的。事实上一九○○年在中国就爆发了一次八国联军（其中包括美日两国）的国际战争。八国联军攻陷塘沽占领北京，同时沙皇的俄军涌人满洲。各国瓜分中国呼声震天价响，那时为分赃不均而可能发生世界大战之危险很大。

在刚要转入二十世纪时之远东国际战争的危险终于为美国国务卿约翰海伊的门户开放政策的声明所扭转过来。在拳匪之乱时，由于美国坚主中国门户开放，英国支持该项主张，使具有更大侵略性的俄、德、日有所顾忌，稍敛凶焰。结果联军签订和约，把军队撤出中国。中国于是获救，免于沦丧之祸。

于是远东秩序奠基于门户开放政策。一切有关中国的条约均加入此一政策的考虑。

一九二二年《九国公约》所列的门户开放政策的原则十分明确。其第一条所述各款如下：

（一）尊重中国主权、独立，和领土与行政权的完整；

（二）给中国以充足和不受妨碍的机会来发展和维持一个有效和安定的政府；

（三）各签字国利用他们的势力来建立和维持在中国领土上各国工商机会均等的原则；

（四）不得利用中国情况乘机获取有害于友邦公民利益之特权，不得鼓动不利于各该友邦安全之活动。

由此看来，门户开放主义不仅是经济政策，而且也是具有历史意义的政治原则。诸如尊重中国主权的完整和给予充分发展一个有效和安定政府的机会等，就可以说明其政治的含义。而且工商机会也是依靠中国政治安定、领土和主权完整的前提而实施的。

于是远东国际秩序自然而然成为战后世界新秩序的一部分。不但国联，而且一切理想主义的条约也均支持该一新秩序。也就是为了这个新秩序，才使中国在本世纪最初的三十年得以免受侵略，使中国得以渐次发展一个有效与安定政府，特别是两次革命（1911—1912；1926—1927）的成功。一九二七年后，中国向全世界证明她具有发展和维持一个现代化政府的能力。全国也逐渐统一团结。

可是中国成为现代化的国家不幸却不为其邻邦日本之所喜。日本军人尤其是少壮派老早就认为日本有统治东亚甚至全世界的神圣任务。他们不容许中国统一团结起来，现代化起来。于是决定在中国获得安定和强盛之前要粉碎国家主义的中国。所以八年前在一九三一年九月十八［日］夜里，沈阳的日军制造“沈阳事件”，几个月后日军占领了满洲三省的大部分土地。

可是日军侵占中国领土，免不了同时毁坏了远东和世界的新秩序，因为按照新秩序的原则，各国应尊重和保证中国主权和领土的完整。中国曾向国联与《九国公约》签字国家申诉。可是当时全世界都没准备制裁侵略以维护世界新秩序。国联仅发表声明和建议，而该声明等于承认日本在满洲的权利，而其和平解决中日纠纷的建议也未为日本接受。

日本脱离国联时候，有位德国部长在日内瓦向日本代表说：“我们认为贵国这样做是不对的，可是我们感谢贵国所创立的先例。”所以其他侵略的国家在东非与欧洲步日本的后尘，并都在侵略上获得成功。

这个花费了八百五十万条生命、两千亿元才建立起来，使战后的世界享受十多年的世界秩序渐次破坏，并在两个月前爆发的欧洲战争时完全瓦解。事实上世界新秩序在最初日本侵略满洲时未能支持其本身的原则就注定崩溃的命运。这就是中日战争基本的关键。日本极不愿见中国兴盛起来。于是日本军国主义者破坏了世界新秩序，并建立了“东亚新秩序”，这种新秩序，阿本德（Hallett Abend）适当地称为“东亚新混乱”。

日本在中国挑起战争先后八年之久，最近公开和继续下去的战争也进行了二十八个月之久。中国抗战决心的坚定是不需要我向列位同情和开明的人赘述的。这次战争非到中国获得公平和荣耀的和平是不会终止的。

我也不需要向列位赘述敌人泥足愈陷愈深，急想结束他们所谓“中国事件”，因为即使没有前线的接触，日军每日都要损失一千人，而其黄金储存量两年来也大为耗损。

在欧洲战争进行的这个时候，很多美国朋友认为远东和平可以很快就结束了。李普曼说“半个世界迈向和平”。《亚洲杂志》编辑华尔许（Richard J. Walsh）写着说“和平必定始于东方”。

但是我希望向这些朋友说，我看不出有早获和平的可能。为什么呢？因为日本军国主义者对他们的侵略还没有悔意，因为到现在日本国内外还没有一个力量可使这些军国主义者恢复理智，和逼他们接受公平和持久的和平。

一个公平和持久的和平必须要符合下列基本的条件：

（一）必须符合中国人民所要求的建立一个独立、统一，和强盛的国家；

（二）结果不得使利用暴力公开违反国际法和条约义务者获取领土和经济的利益。

（三）必须恢复和加强太平洋地区的国际秩序使公平和有秩序的国际关系得以伸张并使类似的侵略战争不再发生。

我重述一次：这样一个公平和持久的和平目前尚未露出曙光，所以我的人民还会照样坚定作战下去，一直战到上述的和平能够达成为止。

（胡适1939年10月30日英语演讲于纽约美国中华协会，郭博信中译。录自《胡适之先生年谱长编初稿》第5册，台北联经出版社1984年版）

伟大的同情心

我们今晚在此聚会，不是纪念中国的抗战，而是表现美国人士助华的一种纯粹高尚的同情心，这种同情心，早已在援华机关团体工作上表现出来了。医药助华会暨赈华会，今晚所开的大会，是美国人士助华热烈同情的继续表现。贵会等过去努力热心，奔走呼号，劝募巨款，购办药品和运输用具，不仅加惠难民，而且间接增加中国抗战力量。这是中国政府人民和我个人所万分感激的。

三年前，我从纽约旅行到了西部，路过加拿大，沿途经过不少地方，使我发生了不少感想，加拿大和美国人民，对中国难民是有真正同情心的。让我来说点事实做证明。有一天，我在华盛顿省司卜更城一个饭店吃饭，吃完了有一个穿白色制服的茶房来到我面前，给我三块美金，笑脸说道："大使先生，这是我一点小小贡献，请你收下，代我救济中国难民吧!"这种举动，不是真正同情心的表现么!

一月前，我的邻居巴美莉太太送一封信来，里面附了两张支票，共美金一千元：一张是给美国医药助学会，一张是给蒋夫人的，请他们代为救济中国难民。两天之后，我把"希望之书"送去请她签名，不幸当晚她竟与世长辞！那知道她的签字，就是她的遗笔呢！这种举动，不是真正同情心的表现么!

晚近成了一种风尚，一部分人好以经济的动力和经济动机解释历史。譬如美国参加第一次欧战，据这一派的解释，完全是因为美国经济财政的原因和动机。跟着这种思想和解释，就产生了许多新立法，禁止任何交战国家（除了南美洲以外）获得美国财政上的协助。他们以为从此美国就可不再卷入外国战争了。

诸位，这种似是而非的经济派的历史家，忘记了各人方寸中尚有一个“同情心”。政府可以立法禁止财政上的帮助，但是政府无从立法消灭多种因素所产的同情心！

几个星期以前，纽约泰晤士报记载有六千美国男女，贫富贵贱皆有，捐了三千瓶人血，作为注射英国受伤兵民之用。该报又说：在这六千人之中，女子多于男子，有的已在五十岁开外。这种举动，如何能拿经济的动机去解释呢！我们很明白这完全是一种同情心的驱使。

在我［的］一次旅行中，有一位年青记者问我：“在你旅行全美中，发现了什么？”我说我所发现的是美国人对于中国有一百分之一百的同情心。这位记者说：“胡博士，这种一百分之一百的同情心对于中国有什么用处？”我回答他：“青年！不要轻视同情心。”诸位，我深信：当你打仗的时候，有人给你深切热烈的同情或遭有真正文化的国家的指责，这两者之间是有天渊之别的。让我现在告诉你：中国打仗的精神所以如是的好，是靠你们同情心驱使所表现的各种援助。正是因为你们同情心的援助，减少了我们伤兵病民的痛苦，使老百姓没有受饥饿和无房屋居住之苦，同时他们精神上也得了无限的安慰。将来驱逐敌人和获得我们自由和独立，还要靠你们同情心的帮助呢！

诸位中国的朋友，我敢说：我们政府和全国人民全心全力的抗战，是值得你们的同情的。抗战至今，已经三年零四个月了，我们抗战虽然是为我们自己的生存，也是帮助世界其他国家打倒民主自由公道正义的整个仇敌。假使日本不是受我国的牵制，欧洲战情不知已坏到什么地步了。

刚刚一年前，我在中美协进社谈话，当时我说中日战争不会在短时期解决；因为日本军阀不会觉悟，不能明了世界舆论，不会放弃野心而走上和平大道。我曾告诉你们：我国全体抗战是有决心的，不达最后目的不止。

一年过去了，现在我再向你们重行说一遍：中国抗战不达目的不止，也许还要许多个月能成功，也许还要几年才能达到目的。中国决不能停止抗战，因为下列三个理由：

一、现在放弃自由独立的机会，中国将永无希望，现在欧洲的情形，便是我们的前鉴。

二、与野蛮的侵略国家谈不到和平，因为他们说话不可靠；明兴会议是我们从旁所得的教训。

三、中国胜利与否，与世界民主主义的存亡，完全是一事，中国不亡，民主主义不灭，因中国若放弃抗战，则日本所有力量必因德意日联盟的关系而用以毁坏西方民主国家。

有这三个原因，所以中国不能停止抗战。中国决抗战到底，最后胜利一定是我们的。

（胡适 1939 年 11 月 23 日英语演讲于美国医药助华会游艺大会，郑家颐译。录自《胡适遗稿及秘藏书信》第 12 册，黄山书社 1994 年版）

胡适文集

政治卷

世界政治观察

民主与极权的冲突

民主主义醒觉了

在第二次世界大战的后几年，有几位民主国家的伟大领袖，就开始对极权主义国家的有组织的进攻，加以抵御。而这些领袖们之所以能够明瞭反民主运动的严重性，可以说是这次空前的大战与十几个自由民主国家的迅速被征服所赐予。在欧洲所上演的大悲剧，和英美各国所遭受的大危机，已开始使一般民主国家感觉到，民主与极权的冲突的真正严重性——这种冲突，是一种计划周密指导有方的极权主义，向民主制度和民主文化的基础进攻。

在这几位澈底明瞭反民主运动危险的领袖中，最显著的要算是罗斯福总统了。一九四〇年十月十二日他在德吞［代顿］Dayton 演讲时说：

“我们决心要用我们的人力和财力，去抵抗并击退这种外国的阴谋和宣传，以及地下战争的诡计，这里阴谋诡计和宣传，发端于欧洲，而现在却明显的企图进攻太平洋这边的各民主国家。”

“那种宣传，反复宣称民主主义乃是没落的政治制度。他们告诉我们，说我们的民主理想，和我们民主自由的传统，都是过去的事物了。”

“我们决不承认这种说法。我们认为我们是有前途的，而他们所走的方向，却是退向古埃及国王的束缚的方向，却是退向中古黑暗的奴役的方向。”

在罗斯福总统一九四一年一月二十日所发表的就职宣言里，他曾喊过同样的口号：

“有许多人认为民主主义的政府，和民主主义的生活方式，已遭受到一种命运的限制。同时，由于种种原因，专制和奴役已成为未来的澎湃波涛，而自由则仅是渐退的潮水而已。但是我们美国人知道这绝非事实……。”

“我们最近八年来实行民主主义的经验，对于我们的现在和将来，其关系至大且钜。我们的民主主义在国内克服了多少危机；消灭了多少祸害；建设了崭新而持久机构。并且由于这种经验，得以维持民主主义的一切。”

“因为我们已按照美国宪法上的三条途径，采取行动。政府各机构，继续运用自如，执行职务。基本人权依旧保持如故，毫无损伤。选举自由依然完整无恙。宣称美国民主主义即将瓦解的预言家们，已承认他们的预言全为捕风捉影之谈了。”

“不，民主主义决非濒于死亡。”

“对此，我们确有把握，因为我们眼见它依然存在，因为我们眼见它继续生长。”

“我们知道它决不会死亡，因为它的基础是，人民为了共同事业的努力，能享受到自由的直接立法权；所谓事业，就是指大多数自由人民所发表的自由意见，所完成的事业而言。”

“我们对此有信心，因为在一切政治制度中，只有民主政治能得到人民的开明意志的共同力量。”

“我们对此有信心，因为只有民主政治建设了一种无限制的文化——这种文化在改善人类生活上，具有无止境的进步能力。”

在这几段话里，冲突二字，有了定义；极权主义的挑战，碰到反击；参加战斗，已是义不容辞了。这是民主政治与极权政治的冲突，是自由与奴役的冲突，是由宪法组成的政府与专制独裁的淫威的冲突，是人民自由开明的意志的表达，与对政党及“领袖”无条件盲目服从的冲突。

在一九四一年五月十一日的纽约时报上，刊出伊司曼（Max Eastman）写的一篇引人注意的通讯（伊司曼因过分激烈反对美国参加第一次大战，曾两度受审，幸免徒刑处分。）他说，仅用经济力量支援英国，让英国人独立去作战，那是一种“替身作战”，是根本不够的。他主张美国应当及早准备，必要时，和英国并肩作战。这次战争，不仅是为了国家的权力，而是民主与极权的斗争。这次的战争是有史以来两种生活方式之间的战争。古代的战争，如巴比伦和犹太、埃及和亚述，雅典和斯巴达，希腊和波斯的战争，没有一个可以和这近代的民主主义与极权专制的战争相比拟，因为前此的战争，根本谈不到文化上的冲突。

极权主义的特征

伊司曼为了证实他对这巨大斗争所下的判语确极重要，他列举极权主义的二十个重要特点，“其中每一点在共产主义的苏俄和法西斯主义的德义［意］都可找到，而在英美则找不到”。他所开列的二十点，具体说出这两种相反的生活方式，而这相反的生活方式之所以发生，都是由于主义的冲突。我在这里把他的二十点，加以缩短，抄录在下面。极权主义的二十个重要的特征是：

一、狭义的国家主义情绪，提高至宗教狂的程度。

二、由一个军队般严格约束的政党。来执掌国家的政权。

三、严厉取缔一切反对政府的意见。

四、把超然的宗教信仰，降低到国家主义的宗教之下。

五、“领袖”是一般信仰的中心，实际上，他也就等于一个神。

六、提倡反理智反知识，谄媚无知的民众。严惩诚实的思想。

七、毁灭书籍，曲解历史及科学上的真理。

八、废除纯粹寻求真理的科学与学问。

九、以武断代替辩论，由政党控制新闻。

十、使人民陷于文化的孤立，对外界真实情况，无从知晓。

十一、由政党统治一切艺术。

十二、破坏政治上的信义，使用虚妄伪善的手段。

十三、政府计划的罪恶。

十四、鼓励人民陷害及虐待所谓“公共敌人”。

十五、恢复野蛮的家族连坐办法，对待这种“公共敌人”。

十六、准备永久的战争，把人民军事化。

十七、不择手段的鼓励人口增加。

十八、把“劳工阶级对资本主义革命”的口号，到处滥用。

十九、禁止工人罢工及抗议，摧毁一切劳工运动。

二十、工业、农业、商业，皆受执政党及领袖的统治。

罗斯福总统指明，民主政治具有生活及滋长的力量，驳斥那种认为民主政治已没落的毁谤。伊斯曼列举极权主义所有而民主主义所无的各种野蛮特点，显示出这种基本斗争的尖锐化。种样清楚的列举出这些特点，是一种可贵的方法，以应付反民主主义的挑战和攻击。

在本文的后半部，我将把民主主义和反民主主义的冲突，归纳为几种更深刻更基本的哲学上的冲突。

使民主政治的生活方式，与反民主政治的生活方式互不相容的基本观念，究竟是什么？

我们暂且把已成滥调的口号和理想（如“自由，平等，博爱。”及“天赋的权利”等）撇开不谈，我认为民主政治与反民主政治的生活方式之间真正的冲突，基于两种基本的矛盾：（一）急进和过激的革命方式，不同于进步和逐渐改革的方式，（二）控制划一的原则，不同于互异的个人发展的原则。

急进的革命与渐进的改革

极权政治的第一个特征，是全体拥护急进而骤变的革命，他们嘲笑渐进的改革，认为这种办法是肤浅而无效的。由于强暴的革命，他们不但获得了绝对的政治力量，而且还要拼命推行这种残暴的革命，想要使这种革命普遍化，使整个世界发生同样激变的革命，他们自称为“集体革命”的信徒，同他们也是“世界革命”，“永久革命”，“永久战争”的信徒。

一八四八年的《共产党宣言》就呼籍全世界共产党革命，它说：“共产党员并不隐藏他们的见解和目标。他们公开宣布，他们达到目标的唯一方法，就是用武力摧毁整个现存的社会制度。

自一九一七年以来，所有新兴的极权政治制度，都采取急进而过激的革命方式；他们一切行为，似乎都本着一句话：“把现存世界摧毁，另建一个新的世界。”他们的领袖都种了一种观念的毒，就是认为如果想要推翻一个国家整个现存的社会制度，就非同时把所有与该国毗连的各国的社会制度一齐推翻不可。所以才有世界革命的必要，才有“全体”革命的必要。并且革命的手段更须残暴而激烈，为的是摧毁旧制度下一切的一切。绕士宁（H·Raushning）在他的《虚无主义革命》一本书里说“破坏应当十分澈底，要使任何事物，无一幸免。旧制度下的任何东西，不论是军队或教堂、不论是资产的制度或文化的传统，一律不准拿到新的制度下，使之生存或残留。”

为了特别着重急进的革命，不管在内政或外交上，都认为它是绝对必需的手段。这个基本观念是极权政治与近代民主政治根本的不同点。我们说“近代”二字，因为我们知道在一百五十年前，有许多主张共和主义者。像罗伯斯比〈庇〉尔，圣鞠思特，巴伯甫等，也都会相信并实行急进革命的方法。甚至倍因也认为，欧洲各国政治制度终久会遭遇一次普遍的革命，并会以此自慰，他在一七九二年二月致拉法夷脱的信里说："等到法国四周围都起了革命，法国就得到和平与安宁了"。

民主政治对进步的看法

但是，近代的民主主义已抛弃了急进革命的念头，而对社会、经济，及政治上的逐渐改革，感到满意。近代民主政治程序的基本哲学，是认为残暴的破坏行为绝不会产生进步，进步是许多具体的改革积累起来的结果。美国的哲学家们曾设法想使这种不知不觉的趋势，成为明白清楚的哲学。威廉·詹姆斯使用"社会改善论"一名词，标明一种伦理的哲学，劝告世人谓目前的世界，虽不是完美的世界，但人类却可以使之改善。杜威曾发表过一个关于进步的理论说，"进步并不是一种批发的买卖，而是零售的生意，应当一部一部的订约，一批一批的成交。"这种进步观念，既不致引起急进的革命，也不发生宿命论的放任主义，但是它需要个人的努力和专心、智慧和忍耐。罗斯福说："民主主义已独自创立一种无限制的文明，它在改善人类生活方面，具有无限进步的能力。"由近几世纪的历史看来，这种改善人类生活的进步，大半是按照杜威所谓"零售的生意"方式成功的。

我认为急进革命与逐渐改革二者的区别，正是民主的生活方式与极权的生活方式最基本的不同。这种根本的差别，几乎可以解释这两个互相冲突的制度中的任何问题。我们举一个例子，它可以解释反民主的国家为何一定要采取独裁的手段。一切急进主义必然走上极权政治的道路，因为只有绝对的力量能够完成急进革命的工作，只有用凶暴的手段，与令人极端恐怖的专制政治，才能把现存的社会制度整个推翻，阻止它恢复或再生。列宁说：

"无疑的，革命是世界上最有权威的东西。革命就是一部分人民，利用步枪刺刀以及其它有威力的工具，迫使另一部分人民依照他们的意志去行动。”

对于这类的革命，独裁是绝对不可少的，因为列宁给“独裁”二字下的定义是：“一种直接使用武力不受法律约束的权威。”马克思曾说过，在由资本主义社会过渡到共产主义社会的期间内，无产阶级的革命独裁是必要的。但是这急进的革命永远也没有完成的一天，那些被打倒被放逐的敌党，永远会有卷土重来的危险。这种世界革命的到来，似乎是非常的缓慢。甚至在已革命的国家中，仍时常发生反革命的运动。因此独裁政治必须无尽无休一直继续下去！

独裁的力量并非必需的

从另一方面看，习惯于逐渐改革的民主主义国家，并不感觉需要绝对的独裁力量。在战争期间或在国家内部发生严重危机时，他们时常可以将某种特权，交付与行政首脑。但在和平时期，他们愿意逐渐地改革，也就是说，国家有某种需要，便予以某种措施。也许需要二十年的功夫，才能使美国联邦所得税通行无阻。也许需要十年的功夫，才能取销〈消〉全国的酒禁。以一个国家的寿命之悠远长久，如果把几天的光阴，用在辩论上，甚至把几年的时间，用在讨论上，根本也算不了什么浪费，至少比较处于极权统治之下，失去了基本自由强得多。

这同样的基本差别，也把反民主的制度为什么那样羡慕理想主义的精神一个问题，解释清楚。民主主义的逐渐改革，时常是迟缓的，甚至是不得体不适当的，以致没有耐性的人们，自然会受到所谓“革命的”制度的吸引，因为在革命的制度下，独裁者的力量，似乎能使他们的理想主义的迷梦，更澈底更迅速的实现。但是经过了长时期的艰苦经验，和一再的幻想消灭之后，这些理想主义的迷梦者，才会明白：走向进步，并无捷径，而逐步改革的程序，毕竟还是真正民主的生活的方式。

划一与互异

极权主义的第二个特征，是根本不容许差异的存在或个人的自由发展。它永远在设法使全体人民，适合于一个划一的轨范之内。对于政治信仰，宗教信仰，学术生活，以及经济组织等无一不是如此。政治活动一律受一小组人员的统制指导，这小组的编制，类似军事机构，对于领袖绝对地服从和信仰。一切反对的行为与反对的论调，都遭受查禁和清除。在宗教方面，极权主义国家的领袖们，声称已传统的超自然的宗教束缚下，解放出来了。同时更尽量对全体人民宣传反宗教的学说，并竭力压制一切自由独立的宗教团体。在学术方面，不准许有思想言论自由存在。科学和教育只占次等地位，党国的权利高于一切，而且思想不得擅离“党的路线”。在经济方面，政府将一个划一的制度，强加在整个社会上，以期适应其所规定的经济政策。不论是共产主义，或国家社会主义，或农业集体主义，都是政府不容分说，不择手段，强迫推行一个划一的制度。在极权国家内，劳工运动已经不存在了，因为实业与生产都是由政府通盘筹划的。在这种国家里，不许罢工，不许劳工抗议，唯一可能的消积抗议，只有怠工，但怠工是被认为罪大恶极的。

在上述三方面的生活中，规定人民应行接受的“路线”永远是由党，国，或领袖来决定。而这三方面又制定为三位一体，名异实同。任何人不准违反党纲或政策。极权主义者说：“个人是没有自由的，只有国家，民族才谈得到自由。”极权主义者为党的绝对正确性而辩护，不允许一切与党义不合的事物存在。他们说：“因为我们深信，我们的一切行为都是正当的，我们决不能坐观我们的邻人也宣称，他们的行为也是正当的。”

正因为这种在生活各方面过分企图划一与排除异己，才把反民主的政治与民主政治的生活方式标出根本的差别出来。

民主主义的生活方式，根本上是个人主义的，由历史观点看来，它肇始于“不从国教”，这初步的宗教个人主义，引起了最初的自由观念。保卫宗教自由的人们，宁愿牺牲自己的生命财产，而反抗压迫干涉的斗争。个人按照自己的意思敬奉上帝，乃是近代民主精神与制度在历史上的发端。这种不从国教的精神，也和其他各种自由，有密切的关系，如思想、言论、出版、集会等自由是。根本的问题是，个人企图获得机会，自由发展与表达其自己的感觉，思想，与信仰。于是成了一种为争取我行我素的权利的争斗。所谓我行我素的权利，是指一种不必墨守成规，不必遵守命令式的轨范而行动的权利。

民主制度，乃是在宗教信仰，知识醒觉，政治言论，以及等等一切生活方面，这种“不从国教”精神的产物。民主文明，也就是由一般爱好自由的个人主义者所手创的。这些人重视自由，胜过他们的日用饮食，酷爱真理，宁愿牺牲他们的性命。我们称之为“民主”的政治制度，也不过就是这般具有“不从国教”的自由精神的人们，为了保卫自由，所建立的一种政治的防御物而已。

就是连民主文明的经济情况，也并不是像一般人心目中所想像的一律都是资本主义的。私人的产权与自由的企业之所以能够长久维持，由历史看来，都是因为这两种制度，具有充分的力量，帮助个人的发展；都是因为这两种制度已使一种极高的经济福利标准，有实现的可能。

经济发展的千头万绪

在经济发展的千头万绪中，我们可以明显的看出近代民主文明中经济情势的特点。一位现代的经济学家认为近代美国的经济情形，至少可以分成五种互相悬殊的组织，而这五种组织，是并驾齐驱，不分轩轾的。第一，是传统的资本主义组织，如个人所有的商店、农场、洗衣店、茶店等。第二，是大公司的经济组织。第三，是公共事业的经济组织。第四，如邮政局及“田纳西开发区域管理局”等公共团体的经济组织。第五，是各种的“私人的集体组织”如大学，教会，以及消费生产合作社等。这一切组织，以及其他可能的各种不同的“组织”，同时都在发生作用，以满足人民经济的需要。至于其他的民主国家的情形，多半也是如此。最值得注意的一点是，在这些不同的组织中，并没有人企图按照一个格式，把它们一律划一。

因此，我们可以说，这区分民主制度与极权制度的第二个基本观念，就是前者采取生硬的划一，而后者主张变化及个别发展。这种差异在任何生活方面，都很显著。企图划一，则必须走上压制个人发展的路道，则必将阻碍人格与创造力，必将发生偏私，压迫，与奴役等情事，甚至于构成知识上的欺骗，与道德上的伪善。由另一方面看，对于自由发展的重视与鼓励，可以增进人格修养，加强团体生活，可使公正而富于创造性的学术思想，自由的开花结果，可以养成容忍与爱好自由真理的良好精神。

结　论

最后，我认为真正的民主与极权的冲突，可以归纳为两种基本观念的冲突：第一，这是急进革命的方法，与渐进改善的方法的冲突，第二，这是企图强迫划一，与重视自由发展的冲突。为民主的生活方式和民主的制度而辩护，须对于健全的个人主义的价值，具有清楚的了解，必须对于民主主义的迟缓渐进的改善的重要性，具有清刻的认识。进步总是日积月累的，如果个人不能自由发展，便谈不到文明。

（胡适 1941 年 7 月演讲于美国密歇根大学，张起钧中译。载于《自由中国》第 1 卷第 1 期，1949 年 11 月 20 日）

眼前“两个世界”的明朗化

人类历史上空前的大战祸还没有结束，议和的主要会议还没有开成，然而人民已都在忧虑第三次世界大战何时爆发了。

前几天，一位从内地出来的哲学家写信给我，问我几个问题。第一个问题就是：第三次世界大战能不能避免？同一天，我接到一位中学生的信，他问的第一个问题就是：苏俄与美国的战争真是不能避免了吗？

问这种问题的人，心里大概都感觉眼前有两种对峙的大势力，形成了两个世界，壁垒很森严，旨趣很歧异，好像没有调和的可能，好像没有互相了解的可能。所以大家都忧虑这种大势力免不了冲突，也许会演出更可怕的“第三次世界大战”。

依据我个人的愚见看来，这种第三次世界大战的悬测似乎是太悲观的过虑。眼前世界上有两种对峙的大势力，这是不可否认的事实。这两种大势力的分野在最近一年中似乎更明朗了，这也是不可否认的事实。但这两个壁垒的明朗化是祸是福，这两个势力会不会就走上武力冲突的路上去，这些问题都还有讨论的余地。

依我个人的观察，在最近的将来，至少在最近十年内，大概没有第三次世界大战的危险。最明显的理由是：美国与苏俄都不愿意再打仗了，都愿意求得安全与和平。最明白的证据是：无论在联合国安全理事会里，或在联合国大会里，或在外长会议里，代表这两个大势力的各国尽管在会报上作种种激烈爽直尖利的争论，争论完了，都还是联合国的会员国，没有一国肯放弃退出这个新兴的国际组织。这是最好的国际新生活的训练，也就是最可以使我们乐观的事实。

有些人指出最近一年以来美国对苏俄的强硬态度，认为这是美苏冲突的开始，是第三次世界大战的序幕，这也是太悲观的看法。美国、英国自从一九四一年以来，事事对苏俄让步，处处迁就苏俄。联合国宪章里的强国否决权，雅尔达［雅尔塔］的几种秘密协定，都是最明显的例子。可是从去年（1946）一月以后，美国的政策开始改变了。去年是美国国会改选之年，众议院全部改选，参议院改三分之一。在选举之前，民意测验的结果早已表示民主党不能保持十四年来两院多数的优势了。政府为了要求得对外一致，故不能不重新检讨外交政策，特别是对苏俄的政策。新的政策是对苏俄要“坚定而忍耐”，这是民主党与共和党共同接受的，也是一年以来美国民意测验表示赞同的。这个政策不是对苏俄挑衅，只是要用坚定的态度叫苏俄明白美国不能退让的限度，同时要用耐心求得苏俄的了解，并保持世界的和平。

总括两年来的世界形势，我们可以说，苏俄与美国都不愿破坏世界的和平，他们都在筹划本身的安全：苏俄要用扩张他的势力范围来谋他本身的安全，美国要用“坚定与耐心”的政策来谋他本身的安全。美国的新政策当然要使这两大势力对峙的局势更明朗化。但明朗化正是避免误解与冲突的有效方法。倘使希特勒当日能明白无疑的知道英国、法国真肯为波兰作战，又能明白无疑的知道那中立法层层束缚住了的美国真会用全力参战，那末，他也许不会那样轻率的发动一九三九年的战祸罢？

其实何止希特勒的战祸是国际局势缺乏“明朗化”的结果！第一次世界大战爆发时，德国的军阀领袖就没有算准英国会为了比利时中立的破坏而作战，更没有料到威尔逊会为了潜艇战略的复活而参战。（那时没有无线电信，当威尔逊对德绝交之夜，德国外交部长还对美国大使说美国决不会有何举动！）第二次世界大战是日本在中国发动的，当时美国正在孤立主义的最高潮，一九三七年一月里，美国国会两院一次通过了对西班牙内战禁运军火的法案：同年一月五日，国会成立了中立法案的新修正案，把外国的内战也包括在中立法案里。外国的内战尚且可以适用中立法案，那么，国际战争当然更没有疑问了。一月五日的新中立法案是美国孤立主义的最大胜利，七月七日卢沟桥事变就发生了。将来的史家必有把这两个日子看作不无因果的关系。所以我们可以说，第一次与第二次的世界大战祸，都是当时国际局势没有"明朗化"的恶果。我们也可以说，有力量的国家肯明白宣布他们的国际政策，这正是免除国际战争的重要步骤。

我们读这一年里美国朝野领袖的言论，应该可以明白今日美国对苏俄"坚定而忍耐"的政策，其主要目的只是使美国的立场明白清楚，不容疑虑。今日只有美国与苏俄两个国家有安定全世界的力量，也有破坏全世界和平的力量。这两个大势力之间，有了明朗化的政策，这正是免除误解的起点，也正是全世界和平的新起点。

有了明朗化的国际局势，再加上长期集会的国际新机构与国际新生活的训练，使旨趣不同的国家都有个尽量公开辩难争论的机会，使政体与经济组织不同的各国代表都有个从辩难争论里相互认识了解的机会，那末，十年或十五年的国际对峙形势也可以逐渐进步，演变成一个更调协、更合作的新世界了。

一九四七，五，十八

（载于《独立评论》第一集，北京大学出版部 1948 年版）

两种根本不同的政党

我们在今日谈宪政，谈民主，谈国共问题，谈结束训政，谈美苏对峙的两个世界，似乎都应该先认清世界上有两种根本不同的政党。

在三十年前，谈政治的人只知道一种政党，那就是英国、美国，和西欧的政党。但在这最近三十年之中，出现了另一种政治组织，虽然也用“政党”的名称，性质和英、美、西欧所谓政党完全不相同。俄国的共产党、意大利的法西斯党、德国的纳粹党，主张虽有左右的大不同，但在党的组织纪律上是很相同的，都属于后一类。

为便利起见，我们可以把英、美、西欧式的政党叫做甲式政党，把这三十年来苏俄、意、德诸国后起的政党叫做乙式政党。

甲式政党的性质有这几点特色：

（一）甲式政党的党员没有确定的人数，没有党籍可以查考。人人可以自由登记为某党党员，人人可以自由脱离本党。如英国邱吉尔从前是自由党，后来是保守党。如美国威尔逊本是民主党，后来竟做共和党的总统候选人。

（二）党员投票是无记名的、秘密的。党员言论是自由的，没有党的纪律可以约束党员的投票，也没有特务侦探可以干涉党员的言论行动。最近美国民主党的华莱士在国内国外批评本党的政策，是最明显的例子。英国工党的议员也有严厉批评本党的政策的。这种行动，本党固然无法制裁，社会也往往赞许，称为“独立”，称为“不党不偏”。

（三）甲式政党的原则是在两个或多个政党之中争取多数党的地位。每个政党总希望成为多数党，但每个政党总得容忍并且尊重少数党的权利，因为今年的少数党也许明年要成多数党，今年在朝的多数党也许明年下野成为少数党。最后的决定是人民的选举票。在选举之前，没有一个政党可以确知全国人民的最后决定，也没有一个政党可以操纵把持全国人民的投票。例如美国一九二八年的大选举，共和党胡佛得二千一百多万票而当选总统；四年之后，民主党罗斯福得二千一百多万票而当选总统。这都是人民自由选择的结果。

（四）选举结果确定之后，在法定的日期，胜利的党从失败的党手里依法接收政权。失败的党决不敢用警察军队的力量来霸占政权、或毁灭得胜的反对党。因为他们知道几年之后他们又可以有竞选的机会，所以他们都努力培养“胜固可喜，败亦欣然”的雅量，试看英国邱吉尔在一九四五年负着何等威望，然而那年选举的结果，保守党惨败了，邱吉尔只能坦然交出政权，退居反对党领袖的地位。

以上所说的是甲式政党的组织与作风。至于乙式的政党，便完全不同了。乙式政党的性质也可以分作几点来说：

（一）乙式政党是一种严密的组织，有确定的人数，有详细精密的党籍。党员入党必须经过审慎的调查察看。入党之后，党员可以受惩戒，被开除，但不能自由脱党。

（二）乙式政党的党员必须服从党的纪律。党员没有自由，也没有秘密。乙式政党必须有严密的特务侦察机关，他们的作用不但是侦查防范党外的人，还须监视党员的言论、思想、行动。党员必须服从党的命令，思想言论必须依照党的路线。

（三）乙式政党的目的是一党专政。未取得政权之时，他们不恤用任何方法取得政权；既得政权之后，他们不恤用任何方法巩固政权，霸住政权。乙式政党本身是少数党，但因为组织的严密坚强，往往能利用政治的特殊权威，压服大多数人民，以少数党统治全国。

（四）乙式政党绝对不承认，也不容许反对党的存在。一切反对力量，都是反动，都必须彻底肃清铲除，才可以巩固一党永久专政的权力。

以上列举甲乙两式的政党的性质，都是很浅近的政治常识，不值得政治学者的一笑。可是这些区别，正因为很浅近，所以往往为一般人所忽略，甚至于高明的学者所忽略。例如前些日子有人讨论美国与苏俄对峙的两个世界的区别，曾说："美国给人民一张选举票，苏俄给人民一块面包。"这似乎不是公允的比较论。美国人民未尝没有面包，苏俄人民也未尝没有选举票。但这两个世界的根本不同，正在那两张选举票的使用方式的根本不同。苏俄因为没有反对党，故一九三六年新宪法之下的选举结果总是百分之一百，或是百分之九十九。美国因为容许反对党自由竞争，所以罗斯福最大的胜利总不过人民投票总数之百分之六十。（此指一九三六年大选的结果。一九三二年他只得百分之五十七，一九四〇年他只得百分之五十四。）这百分之六十的大胜利，代表自由的政治，代表独立的思想与行动，代表容忍异党的雅量。所谓"两个世界"的划分正在这自由与不自由，独立与不独立，容忍与不容忍的划分。

中国国民党的创立者孙中山先生本是爱自由讲容忍的政治家。他在革命事业最困难的时期，感觉到一个"有组织、有力量的革命党"的需要，所以他改组国民党，从甲式的政党变成乙式的政党。但中山先生究竟是爱自由讲容忍的人，所以在他的政治理想系统里，一党专政不是最后的境界，只是过渡到宪政的暂时训政阶段。他的最后理想还是那甲式的宪政政治。

近年国民党准备结束训政，进行宪政，这个转变可以说是应付现实局势的需要，也可以说是孙中山先生的政治纲领的必然趋势。一个握有政权的政党自动的让出一部分政权，请别的政党来参加，这是近世政治史上希有的事。所以无论党内或党外的人，似乎都应该仔细想想这种转变的意义。依我个人的看法，这个转变应该是从乙式的政党政治变到甲式的政党政治，这里面似乎应该包括党的内容与作风的根本改革，而不仅仅是几个政党分配各种选举名额或分派中央与地方的官职地位。如果训政的结束能够引起一个爱自由的、提倡独立思想的、容忍异己的政治新作风，那才可算是中国政治大革新的开始了。

（作于1947年7月20日。载于《独立评论》第一集，北京大学出版部1948年版）

胡适文集

A Collection of Hu Shih's Essays

3 社会卷

何卓恩◎编

長春出版社
国家一级出版社
全国百佳图书出版单位

1927 年胡适访美

目录

健全的教育

■ 学生与社会

■ 社会的建设

■ 容忍与自由

胡適文集

社会卷

健全的教育

提高与普及

今天我带病来参与开学典礼，很愿意听听诸位新教授的言论及对于我们的希望。我从一九一七年（即民国六年）来到本校，参与了三年的开学典礼。一年得一年的教训，今天又是来亲受教训的日子了。

我本来不预备说话，但蒋先生偏偏提出我的谈话的一部分，偏偏把“且听下回分解”的话留给我说，所以我不能不来同诸位谈谈。

我暑假里，在南京高等师范的暑期学校里讲演，听讲的有七八百人，算是最时髦的教员了。这些教员是从十七省来的，故我常常愿意同他们谈天。他们见面第一句话就恭维我，说我是“新文化运动”的领袖。我听了这话，真是“惭惶无地”。因为我无论在何处，从来不曾敢说我做的是新文化运动。他们又常常问我，新文化的前途如何，我也实在回答不出来。我以为我们现在那里有什么文化，我们北京大学，不是人称为新文化运动的中心吗？你看最近的一期《学艺杂志》里有一篇《对于学术界的新要求》，对于我们大学很有些忠实的规谏。他引的陈惺农先生对于编辑《北京大学月刊》的启事，我们大学里四百多个教职员，三千来个学生，共同办一个月刊，两年之久，只出了五本。到陈先生编辑的时候，竟至收不到稿子，逼得他自己做了好几篇，方才敷衍过去。《大学丛书》出了两年，到现在也只出了五大本。后来我们想，著书的人没有，勉强找几个翻译人，总该还有，所以我们上半年，弄了一个《世界丛书》，不想五个月的经验结果，各处寄来的稿子虽有一百多种，至今却只有一种真值得出版。像这样学术界大破产的现象，还有什么颜面讲文化运动。所以我对于那一句话的答语，就是："现在并没有文化，更没有什么新文化"。再讲第二［个］问题，现在外面学界中总算有一种新的现象，是不能不承认。但这只可说是一种新动机、新要求，并没有他们所问的新文化运动。他们既然动了，按物理学的定理，决不能再使不动。所以惟一的方法，就是把这种运动的趋向，引导到有用有结果的路上去。

这种动的趋向有两个方面：

（一）普及 现在所谓新文化运动，实在说得痛快一点，就是新名词运动。拿着几个半生不熟的名词，什么解放、改造、牺牲、奋斗、自由恋爱、共产主义、无政府主义……。你递给我，我递给你，这叫做"普及"。这种事业，外面干的人很多，尽可让他们干去，我自己是赌咒不干的，我也不希望我们北大同学加入。

（二）提高 提高就是——我们没有文化，要创造文化；没有学术，要创造学术；没有思想，要创造思想。要"无中生有"地去创造一切。这一方面，我希望大家一齐加入，同心协力用全力去干。只有提高才能真普及，愈"提"得"高"，愈"及"得"普"。你看，桌上的灯决不如屋顶的灯照得远，屋顶的灯更不如高高在上的太阳照得远，就是这个道理。

现在既有这种新的要求和新的欲望，我们就应该好好预备一点实在的东西，去满足这种新要求和新欲望。若是很草率的把半生不熟的新名词，去解决他们的智识饥荒，这岂不是耶稣说的"人问我讨面包，我却给他石块"吗？

我们北大这几年来，总算是挂着"新思潮之先驱"、"新文化的中心"的招牌，但是我刚才说过，我们自己在智识学问这方面贫穷到这个地位，我们背着这块金字招牌，惭愧不惭愧，惭愧不惭愧！所以我希望北大的同人，教职员与学生，以后都从现在这种浅薄的“传播”事业，回到一种“提高”的研究功夫。我们若想替中国造新文化，非从求高等学问入手不可。我们若想求高等学问，非先求得一些求学必需的工具不可。外国语、国文、基本科学，这都是求学必不可少的工具。我们应该拿着这种切实的工具，来代替那新名词的运动，应该用这种工具，去切切实实的求点真学问，把我们自己的学术程度提高一点。我们若能这样做去，十年二十年以后，也许勉强有资格可以当真做一点“文化运动”了。二三十年以后，朱逷先生和陈女士做中国现代史的时候，也许我们北大当真可以占一个位置。

我把以上的话总括起来说：

若有人骂北大不活动，不要管他；若有人骂北大不热心．不要管他。但是若有人说北大的程度不高，学生的学问不好，学风不好，那才是真正的耻辱！我希望诸位要洗刷了它。我不望北大来做那浅薄的“普及”运动，我希望北大的同人一齐用全力向“提高”这方面做功夫。要创造文化、学术及思想，唯有真提高才能真普及。

（胡适 1920 年 9 月 17 日演讲于北京大学开学典礼。载于《北京大学日刊》，1920 年 9 月 18 日）

回顾与反省

今天的纪念盛会，我很想说几句话；不幸我在病中，不能正坐写字，所以只能极简单的发表一个意见，一面纪念过去，一面希望将来。

我看这五年的北大，有两大成绩。第一是组织上的变化，从校长学长独裁制变为“教授治校”制；这个变迁的大功效在于：(一)增加教员对于学校的兴趣与情谊；(二)利用多方面的才智；(三)使学校的基础稳固，不致因校长或学长的动摇而动摇全体。第二是注重学术思想的自由，容纳个性的发展。这个态度的功效在于：(一)使北大成为国内自由思想的中心；(二)引起学生对于各种社会运动的兴趣。

然而我们今天反观北大的成绩，我们不能不感觉许多歉意。我们不能不说：学校组织上虽有进步，而学术上很少成绩；自由的风气虽有了，而自治的能力还是很薄弱的。

我们纵观今天展览的“出版品”，我们不能不挥一把愧汗。这几百种出版品之中，有多少部分可以算是学术上的贡献？近人说，“但开风气不为师”(龚定庵语)。此话可为个人说，而不可为一个国立的大学说。然而我们北大这几年的成绩只当得这七个字：开风气则有余，创造学术则不足。这不能不归咎于学校的科目了。我们有了二十四个足年的存在，而至今还不曾脱离“裨贩”的阶级！自然科学方面姑且不论；甚至于社会科学方面也还在裨贩的时期。三千年的思想、宗教、政治、法制、经济、生活、美术……的无尽资料，还不曾引起我们同人的兴趣与努力！这不是我们的大耻辱吗？

至于自治一层，我们更惭愧了。三年组不成的学生会，到了上一个月，似乎有点希望了。然而两三星期的大发议论，忽然又烟消雾散了！十月十七日的风潮[①]，还不够使我们感觉学生自治团体的需要吗？今回办纪念会的困难，还不够使我们感觉二千多人没有组织的痛苦吗？

我们当这个纪念过去的日子，应该起一种反省：

学校的组织趋向于教授治校，是一进步。

学校的组织与设备不能提高本校在学术上的贡献，是一大失败。

学校提倡学术思想上的自由，是不错的。

学校的自由风气不能结晶于自治能力的发展，是一大危机。

所以我个人对于这一次纪念会的祝词是：

> 祝北大早早脱离裨贩学术的时代，而早早进入创造学术的时代。
>
> 祝北大的自由空气与自治能力携手同程并进！

（本文是胡适为纪念北京大学成立二十五周年而作。原载于1922年12月17日《北京大学日刊》）

① 1922年10月17日，北大十几位学生因反对学校征收讲义费，先后到会计课堂和校长室闹事，导致校长蔡元培一度辞职离校。——编者

蔡元培与北京教育界

我们读了蔡先生的宣言，应该明白两点：第一，他个人因为政治太黑暗了，“不能再忍而立刻告退了”。他自己的态度并不是完全消极的；他自己指出“退的举动并不但是消极的免些纠纷，间接的还有积极的势力”。这句话的意思，依我们看来，似乎是说：他的一去，明明是对恶政治的一种奋斗方法。假如他的抗议能引起一般人已经麻木了的政治感觉，那就是积极的势力了。无论如何，他的去志是十分坚决的。他既以他的一去为奋斗，他决不会回来了，这一点是很明白的。

明白了这一点，我们所以不主张挽留蔡先生，蔡先生是挽留不住了的；我们不如承认他的决心，体贴他抗议而去的精神；我们只能希望他能以自由个人的地位，继续作谋政治清明的奋斗；我们不应该学那个糊涂的黎元洪，劝他“勉抑高怀，北来视事”！

第二，他对北京大学的态度，也是很明白的。他说，“五四风潮以后，我鉴于为一个校长的去留的问题，生了许多枝节，我虽然抱了必退的决心，终不愿为一人的缘故，牵动学校。所以近几年来，在校中设立各种机关，完全倚教授为中坚，决不至因校长问题发生什么危险了”。这是他对于北京大学的态度。他不愿为一人而牵动北京大学，自然更不愿为一人而牵动北京学界了。

明白了这一点，我们所以主张：北京教育界应该认清蔡先生“不愿为一人的缘故，牵动学校”的苦心；应该继续维持各学校。北京教育界中的人，自然有许多对于蔡先生抗议的精神极端表示同情的；但同情的表示尽可以采取个人行动的方式，不必牵动学校。如有赞成他的不合作主义的，尽可以自行抗议而去。如有嫌他太消极的，尽可以进一步作积极的准备；个人行动也好，秘密结合也好，公开鼓吹也好，但都不必牵动学校。

至于北京教育界现在已经用团体名义进行的两件事——去彭允彝与国会殴打学生案——自然不能不仍用团体名义进行。但非至十分不得已的时候，总应该以不牵动学校为是。这几年的经验给我们的教训是：一切武器都可用；只有“罢课”一件武器，无损于敌人而大有害于自己，是最无用的。

至于政府方面，我们也不能不对他们提出一种“尽人事”的忠告。我们的忠告是：

（1）彭允彝是不能不去的。这一个无耻政客本不值得教育界全体的攻击；但事到如今，可不同了。教育界攻击彭允彝，并不是攻击他本身，乃是攻击他所代表的东西。

第一，彭允彝代表“无耻”。第二，彭允彝代表政府与国会要用维持一个无耻政客来“整饬学风”的荒谬态度。这个态度，从黎元洪对教员代表的谈话和张我华、王用宾们在参议院的宣言里，都可以看出来的。如果黎元洪、王用宾们真以为维持一个无耻的小人就可以整饬学风，他们真是添柴而想止沸，真是昏愦糊涂之极了。

（2）北京大学的校长是断不可随便任命的。今日的北京大学，有评议会和教授会可以维持秩序；蔡先生就不回来，这种“教授治校”的制度是可以维持下去的。此时国中绝无可以继任蔡先生之人；现政府的夹袋中自然更没有可以做北大校长的人了。如果政府倒行逆施的硬要派一个新校长来，——如民国八年徐世昌派胡仁源的故事，——我们可以预料全国（不但北大）一定要反抗的。我们不看见北京高等师范的故事吗？高师闹了许多校长的风潮，现在没有校长，由评议会治校，倒可以维持秩序了。

这两点，我们明知是白白地说了的。但我们为教育界前途计，明知无益，终于忍不住要说了。

十二、一、二十五

（原载于《努力》周报第39号，1923年1月28日）

中国公学校史

中国公学的发起，在前清光绪乙巳年（1905）。那时中国留日学生反对日本新颁的取缔学生规则，认为侮辱中国，故议决全体归国。归国的学生既多，遂发起办一个理想的学校，容纳这些抗议回国的学生。因为这学校含有对外的意义，归国学生又有十三省人之多，故名为“中国公学”。

中国公学成立于丙午年春天，其时反对取缔规则的风潮已渐松懈，许多官费学生多纷纷回去复学；而上海人士初见一大群剪发洋服的学生自办学校，多起猜疑，官吏指为革命党，社会疑为怪物。故赞助的人很少，经费困难，学校遂陷于绝境。干事姚宏业先生激于义愤，遂于四月六日投江自杀，以身殉学校，遗书数千言，说：

> 我之死，为中国公学死也。

姚烈士列举中国公学与中国前途之关系，凡有五点，最重要的是：

> （一）中国公学含有对外的性质：“溯中国公学之所由起，盖权舆于留日学生争取缔规则之故。夫此次之争之当否，今姑无论，然公学……含有对外之性质，盖彰彰乎不可掩矣。故中国公学不啻我中国民族能力之试金石也者。……如不能成立发达，亦即我全国人能力劣败之代表也。”

（二）中国公学可以消除省界："中国自今以往，有大问题焉，……则省界之分是也。……将惟中国公学熔全国人材于一炉，故破畛域，可以消祸于无形。"

（三）中国公学为民立大学之基础："考各国学术之进化，莫不有民立学堂与官立学堂相竞争，相补救。……今我中国公学实为中国前途民立大学之基础；若日进不已，其成就夫能驾耶鲁大学与早稻田大学而上之。"

他为什么要自杀呢？他说：

"我同志等组织此公学也，以大公无我之心，行共和之法，而各同志又皆担任义务，权何有？利何有？而我同志等所以一切不顾，劳劳于此公学者，诚以此公学甚重大，欲以我辈之一腔热诚，俾海内热心之仁人君子怜而维持我公学成立，扶助我公学发达耳。乃自开办以来……海内热烈赞助者，除郑京卿、郑孝胥等数人之外，殊寥寥。求助于政府无效，求助于官府无效，求助于绅商学界又无效。非独无效，且有仇视我公学，毁谤我公学，破坏我公学者。""我性偏急，我诚不忍坐待我中国公学破坏，……故蹈江而死，以谢我无才无识无学无勇不能扶持我公学之罪。""夫我生既无所补，即我死亦不足惜。我愿我死之后，君等勿复念我，而但念中国公学。""我愿我诸同学皆曰，无才无学无勇无识如某某者，其临死之言可哀也，而竭力求学以备中国前途之用。""我愿我诸同事皆曰，无才无学无勇无识如某某者，其临死之言可哀也，而振起精神，尽心扩张，无轻灰心，无争意见，……务扶我中国公学为中国第一等学堂，为世界第一等学堂，而后已。""我愿我四万万同胞……皆曰，无学无识无才无勇如某某者，其临死之言可哀也，而贵者施其权，富者施其财，智者施其学问筹划，以共维持扶助我中国公学，……则我虽死之日，犹生之年矣。……"

姚烈士的尸身和遗书发现之后，全国社会受一大震动，赞助公学的人稍多；同志诸人受他深刻的刺激，也振作精神，向各处奔走求助。一年之后，因郑孝胥、熊希龄诸先生援助，两江总督端方允于丁未年起每年由两江捐万二千元，又拨吴淞公地百余亩为校址。次年（戊申）又得大清银行营口经理罗诒先生借助银十万两为建筑校舍之用。这几年奔走四方募款，以公学干事张邦杰、王敬芳、黄兆祥诸先生之力为最多：张邦杰先生于宣统己酉年扶病监督校舍工程，尽瘁而死，遂葬于新校舍之侧。后来湖北、浙江、四川、江西各省相继补助常款，故宣统末年公学每年常款有两万余元。

公学初不设校长，只有公选的干事，分任斋务、教务、庶务的事。后来推郑孝胥先生为校长，聘马君武先生为总教。君武先生不久即往德国留学，总教之职也就废了。公学得两江津贴之后，校长改为监督。戊申春间，郑孝胥先生辞监督，夏敬观先生继任为监督。其时始有董事会之设，推张謇先生为会长。

公学校舍初在北四川路黄板桥之北。戊申年（1908），即吴淞新校舍完成之前一年，公学学生与干事部争论学校组织的问题，意见各走极端，多数学生退出公学，在爱而近路庆祥里组织中国新公学，至己酉年（1909）之冬始解散。留校学生于己酉年迁入吴淞新校舍。

我是丙午年夏间考进中国公学的，在校两年多，在中国新公学又留一年，我现在回想当日公学的精神，有最可纪念的几点：

第一，中国公学真可算是全国人的公共学校，学校在上海，而校中的学生以四川、湖南、河南、广东的人为最多，其余各省的人差不多全有。学生说的话是“普通话”，讲堂上用的也是“普通话”。我当时只能说上海话与徽州话，在校一年多，便说四川话了。二十年来，上海成为各省学生求学之地，这风气不能不说是中国公学开出来的。

第二，中国公学是革命运动机关。我那时只有十几岁，初进去时，只见许多没有辫子的中年少年，后来才知道大多数都是革命党人，有许多人用的都是假姓名。如熊克武先生，不但和我同学，还和我同住过，我只知道他姓卢，大家都叫他“老卢”，竟不知道他姓熊。同学之中死于革命的，我所能记忆的有廖德瑶，死于端方之手；饶可权死于辛亥三月广州之役，为黄花冈七十二人之一。熊克武、但懋辛皆参与广州之役。教员之中，宋跃如先生为孙中山先生最早同志之一；马君武、沈翔云、于右任、彭施涤诸先生皆是老革命党。中国公学的寄宿舍常常是革命党的旅馆，章炳麟先生出狱后即住在这里，戴天仇先生也曾住过，陈其美先生也时时往来这里。有时候，忽然班上少了一两个同学，后来才知道是干革命或暗杀去了。如任鸿隽忽然往日本学工业化学去了，后来才知道他去学制造炸弹去了；如但懋辛也忽然不见了，后来才知道他同汪精卫、黄复生到北京谋刺摄政王去了。所以当时的中国公学的确是一个革命大机关。

第三，中国公学的组织是一种民主国的政体。公学的发起人多是革命党人，故学校成立之时，一切组织多含有试行民主政治之意，全校分执行与评议两部。执行部的职员是学生投票互选出来的，有一定的任期，并且对于评议部负责任。评议部是班长和室长组织成的，有定期的开会，有监督和弹劾职员之权。开会时，往往有激烈的辩论，有时到点名熄灯时方才散会。姚烈士绝命书中所谓“以大公无我之心，行共和之法，”即是指这种制度。

丁未以后，学校受了两江的补助常款，端方借此要监视这个有革命嫌疑的学校，故不久即委派监督，学校有了官派的监督，民主的政体，便发生了障碍，干事部久不改选，评议部也有废止的危险。到了戊申之秋，评议部与职员发生激烈的冲突，结果遂致绝大多数学生整队退学，自行组织中国新公学，仍继续实行民主政治，支持至一年余始解散。这三年多的雏形民主国，在中国政治革命［史］上是很可纪念的。

辛亥革命之后，各省财政多感困难，故中国公学的补助费一律停止了。南京临时政府的领袖诸公承认公学在革命史上的重要，故临时参议院通过于清理源丰润银号倒欠政府官款项下，拨给中国公学基金三百万元。孙中山、黄克强、宋教仁诸先生皆加入校董会，先筹款开学。后来政府北迁，“三百万元”基金之案迄未实行，后虽由元年国务会议改为一百万元，亦未拨付分文。民国二年，二次革命起来，公学校舍被革命军借住，学生分散，公学遂暂时停顿了。自民国三至五年，中国公学得继续开学，全靠王敬芳、胡汝麟两先生维持之功。其时王、胡两君代表河南同乡与英商福中公司争矿权，至民国四年夏间，交涉完毕，成立福中公司，胡、王两君要求福中公司每年提出五万元，以三万元补助河南公益事业，以二万元捐助中国公学。公学得有常款，此为第二次。

民国五年，政治多故，学生骤减；旧有之专门班毕业后，仅余中学生数十人，帝制既倒，学校当局想把公学改为大学，遂决计结束旧局，把中学生分送上海各中学。其时中国参加欧战，德国人所办之同济医工学校陷于停顿地位，教育部与中国公学商借吴淞校舍为同济临时之用，中国公学遂又暂时停办。

同济学校借用公学校舍数年之久。民国八年夏间，公学暂借威海卫路德国人办的小学校舍，先行开学，次年始将校舍收回。其时董事会改组，推熊希龄先生为会长，王家襄先生为副会长，范源濂、胡汝麟、袁希涛、夏敬观、叶景葵、梁维岳、王敬芳七人为常务董事。王敬芳先生任校长。

此时公学有商科专门及中学。公学停顿期中，福中公司助款停止；开学后，王敬芳先生请福中公司补拨历年助款，除还公学欠债万余元之外，尚余四万余元，以备填补每年常款之不足。王校长因任福中公司总经理，不能住校办事，故请公学毕业同学李荫秾为事务长，刘秉麟为教务长，分代校长之事。民国十年，刘、李两君先后辞职，王校长乃请张东荪先生为代理校长。

民国十一年，公学请张嘉森先生为筹办大学主任，计划改组大学事；次年张东荪先生辞职，由陈筑山先生代理校长，即将原有之商科专门提高程度，改升大学。十二年夏，因添办高级中学，学舍不敷用，故将商科大学迁设上海。十三年夏，董事会推张东荪先生任商科学长，陈筑山先生专办高中。十三年之秋，江浙开战，浙军占用吴淞校舍，高中遂停办。十四年春间，商科大学迁回吴淞，同时筹划添设哲学、政治、经济诸学系，拟仿伦敦大学经济学院的制度，作成一个社会科学的大学。

自民国九年以后，公学常款，除学费外，全靠福中公司的助款；民国十一年，常务董事呈准政府依据元年国务会议原案，拨元年六厘公债一百万元为补助金。此款由财政部于民国十二年及十三年先后拨给整理公债票四十万元。此项债票未经指定的款付息，故在市场上几于全无价值。后经王敬芳先生等呈准财政部领到第一期至第九期的利息三万元以供偿还积欠及扩充图书馆之用。第十期以下应付利息，也曾由公学呈请财政部，指定在福中总公司每年缴纳统税捐照十万元项下分四期缴纳，每期六千元，每年计二万四千元。此案虽经财政部公函（十四年财字2556号）照准，但不久河南即成战区，福中矿务停顿，不但不能由矿税项下拨款付息，连每年二万元的助款也完全停止了。

民国十六年春，国民革命军到上海，公学由旧同学何鲁先生接收办理。其时校董在南方者人数甚少，何先生乃请在宁沪各地的校董开会，并增入旧同学熊克武、但懋辛、丁瑴音、周烈忠、杨铨、胡适、朱经农诸先生，组织新校董会。校董会公推何鲁先生为校长，熊克武先生为董事长。

其时公学经费支绌，教职员薪俸多不能照发，是年秋季，上海中法工专学校学生因风潮退学，转入中国公学肄业，大学院特准每月拨二千三百三十三元，为公学收容此项学生之补助费。此项补助费至十七年六月底始停止。

何鲁先生任内，公学之学科组织共分文学院、商学院、法学院、理工学院四院，设十七学系，以经费不足，终未能充分设备。十七年三月，公学发生风潮，至四月底尚未解决。校董会议决准何鲁先生辞职，推我担任校长，并推但懋辛校董为总务长，丁彀音校董为秘书长。胡、但、丁三君于四月三十日到校任事。

公学校董会自清末以来，经过多少变迁，校董随时增加，未有定额。除死亡不计外，现存校董散在各省者不下百人，召集既甚困难，组织又不合现行制度。于是校董会于十七年六月十日在上海集会，决定依据大学院颁布之私立学校校董会规程，改组校董会，遂通过校董会章程，决定校董名额为十五人，每两年改选三分之一。是日由校董会投票选举下列十五人为新校董：蔡元培、于右任、熊克武、胡适、杨铨、夏敬观、叶景葵、朱经农、何鲁、王云五、刘秉麟、但懋辛、王敬芳、马君武、丁彀音。同日校董会又通过《中国公学组织大纲》十三条。

我担任校长，本只解决公学的风潮而已。原定只维持两个月。故是日我向校董会辞去校长职务。校董会不准我辞，只准我提出副校长人选，由校董会聘任，以便有人驻校负责。后由校董会聘请杨亮功博士为副校长，暑假中即到校任事。

我们觉得何鲁先生任内所定学科组织的规模太大了，不是公学的经济状况能负担的，故自十七年暑假起，裁撤工学院与法学院，其余学系也经裁并，改为文理学院及社会科学院，共两院，七学系。原有之商学院成为社会科学院中之商学系。余六系为中国文学系、外国语文学系、哲学系、数理学系、史学社会学系、政治经济学系。

本年度共有学生六百零六人（内有女生50人），教员四十六人，职员十四人。本年学生之多，为历年所未有，但公学宿舍只能容五百二十人，现有学生已远过此数，故原有的游艺室与饭厅都改为宿舍。课堂与图书馆也都感觉很大的困难。

（本文写于1929年5、6月间。原载于《吴淞月刊》第3期，1929年9月）

领袖人才的来源

北京大学教授孟森先生前天寄了一篇文字来，题目是《论士大夫》。（见《独立》第十二期。）他下的定义是：

> “士大夫”者，以自然人为国负责，行事有权。败事有罪，无神圣之保障，为诛殛所可加者也。

虽然孟先生说的“士大夫”，从狭义上说，好像是限于政治上负大责任的领袖；然而他又包括孟子说的“天民”一级不得位而有绝大影响的人物，所以我们可以说，若用现在的名词，孟先生文中所谓“士大夫”应该可以叫做“领袖人物”，省称为“领袖”。孟先生的文章是他和我的一席谈话引出来的，我读了忍不住想引伸〈申〉他的意思，讨论这个领袖人才的问题。

孟先生此文的言外之意是叹息近世居领袖地位的人缺乏真领袖的人格风度，既抛弃了古代“士大夫”的风范，又不知道外国的“士大夫”的流风遗韵，所以成了一种不足表率人群的领袖。他发愿要搜集中国古来的士大夫人格可以做后人模范的，做一部《士大夫集传》；他又希望有人搜集外国士大夫的精华，做一部《外国模范人物集传》。这都是很应该做的工作，也许是很有效用的教育材料。我们知道《新约》里的几种耶稣传记影响了无数人的人格；我们知道布鲁达克［普鲁塔克］（Plutarch）的英雄传影响了后世许多的人物。欧洲的传记文学发达的最完备，历史上重要人物都有很详细的传记，往往有一篇传记长至几十万言的，也往往有一个人的传记多至几十种的。这种传记的翻译，倘使有审慎的选择和忠实明畅的译笔，应该可以使我们多知道一点西洋的领袖人物的嘉言懿行，间接的可以使我们对于西方民族的生活方式得一点具体的了解。

中国的传记文学太不发达了，所以中国的历史人物往往只靠一些干燥枯窘的碑版文字或史家列传流传下来；很少的传记材料是可信的，可读的已很少了；至于可歌可泣的传记，可说是绝对没有。我们对于古代大人物的认识，往往只全靠一些很零碎的轶事琐闻。然而我至今还记得我做小孩子时代读的朱子《小学》里面记载的几个可爱的人物，如汲黯、陶渊明之流。朱子记陶渊明，只记他做县令时候送一个长工给他儿子，附去一封家信，说："此亦人子也，可善遇之。"这寥寥九个字的家书，印在脑子里，也颇有很深刻的效力，使我三十年来不敢轻用一句暴戾的辞气对待那帮我做事的人。这一个小小例子可以使我承认模范人物的传记，无论如何不详细，只须剪裁的得当，描写的生动，也未尝不可以做少年人的良好教育材料，也未尝不可介绍一点做人的风范。

但是传记文学的贫乏与忽略，都不够解释为什么近世中国的领袖人物这样稀少而又不高明。领袖的人才决不是光靠几本《士大夫集传》就能铸造成功的。"士大夫"的稀少，只是因为"士大夫"在古代社会里自成一个阶级，而这个阶级久已不存在了。在南北朝的晚期，颜之推说：

> 吾观《礼经》，圣人之教，箕帚匕箸，咳唾唯诺，执烛沃盥，皆有节文，亦为至矣。但［《礼经》］既残缺非复全书，其有所不载，及世事变改者，学达君子自为节度，相承行之。故世号"士大夫风操"。而家门颇有不同，所见互称长短。然其阡

陌亦自可知。(《颜氏家训　风操》第六)

在那个时代，虽然经过了魏、晋旷达风气的解放，虽然经过了多少战祸的摧毁，“士大夫”的阶级还没有完全毁灭，一些名门望族都竭力维持他们的门阀。帝王的威权，外族的压迫，终不能完全消灭这门阀自卫的阶级观念。门阀的争存不全靠声势的煊赫，子孙的贵盛。他们所倚靠的是那“士大夫风操”，即是那个士大夫阶级所用来律己律人的生活典型。即如颜氏一家，遭遇亡国之祸，流徙异地，然而颜之推所最关心的还是“整齐门内，提撕子孙”，所以他著作家训，留作他家子孙的典则。隋唐以后，门阀的自尊还能维持这“士大夫风操”至几百年之久。我们看唐朝柳氏和宋朝吕氏、司马氏的家训，还可以想见当日士大夫的风范的保存是全靠那种整齐严肃的士大夫阶级的教育的。

然而这士大夫阶级终于被科举制度和别种政治和经济的势力打破了。元明以后，三家村的小儿只消读几部刻板书，念几百篇科举时文，就可以有登科作官的机会；一朝得了科第，像《红鸾禧》戏文里的丐头女婿，自然有送钱投靠的人来拥戴他去走马上任。他从小学的是科举时文，从来没有梦见过什么古来门阀里的“士大夫风操”的教育与训练，我们如何能期望他居士大夫之位要维持士大夫的人品呢？

以上我说的话，并不是追悼那个士大夫阶级的崩坏，更不是希冀那种门阀训练的复活。我要指出的是一种历史事实。凡成为领袖人物的，固然必须有过人的天资做底子，可是他们的知识见地，做人的风度，总得靠他们的教育训练。一个时代有一个时代的“士大夫”，一个国家有一个国家的范型式的领袖人物。他们的高下优劣，总都逃不出他们所受的教育训练的势力。某种范型的训育自然产生某种范型的领袖。

这种领袖人物的训育的来源，在古代差不多全靠特殊阶级（如中国古代的士大夫门阀，如日本的贵族门阀，如欧洲的贵族阶级及教会。）的特殊训练。在近代的欧洲则差不多全靠那些训练领袖人才的大学。欧洲之有今日的灿烂文化，差不多全是中古时代留下的几十个［所］大学的功劳。近代文明有四个基本源头：一是文艺复兴，二是十六七世纪的新科学，三是宗教革新，四是工业革命。这四个大运动的领袖人物，没有一个不是大学的产儿。中古时代的大学诚然是幼稚的可怜，然而意大利有几个大学都有一千年的历史；巴黎，牛津，康桥都有八九百年的历史；欧洲的有名大学，多数是有几百年的历史的；最新的大学，如莫斯科大学也有一百八十多年了，柏林大学是一百二十岁了。有了这样长期的存在，才有积聚的图书设备，才有集中的人才，才有继长增高的学问，才有那使人依恋崇敬的“学风”。至于今日，西方国家的领袖人物，那一个不是从大学出来的？即使偶有三五个例外，也没有一个不是直接间接受大学教育的深刻影响的。

在我们这个不幸的国家，一千年来，差不多没有一个训练领袖人才的机关。贵族门阀是崩坏了，又没有一个高等教育的书院是有持久性的，也没有一种教育是训练“有为有守”的人才的。五千年的古国，没有一个三十年的大学！八股试帖是不能造领袖人才的，做书院课卷是不能造领袖人才的，当日最高的教育，——理学与经学考据——也是不能造领袖人才的。现在这些东西都快成了历史陈迹了，然而这些新起的“大学”，东抄西袭的课程，朝三暮四的学制，七零八落的设备，四成五成的经费，朝秦暮楚的校长，东家宿而西家餐的教员，十日一雨五日一风的学潮，——也都还没有造就领袖人才的资格。

丁文江先生在《中国政治的出路》（《独立》第十一期）里曾指出“中国的军事教育比任何其他的教育都要落后”，所以多数的军人都“因为缺乏最低的近代知识和训练，不足以担任国家的艰巨”。其实他太恭维“任何其他的教育”了！茫茫的中国，何处是训练大政治家的所在？何处是养成执法不阿的伟大法官的所在？何处是训练财政经济专家学者的所在？何处是训练我们的思想大师或教育大师的所在？

领袖人物的资格在今日已不比古代的容易了。在古代还可以有刘邦、刘裕一流的枭雄出来平定天下，还可以像赵普那样的人妄想用“半部《论语》治天下”。在今日的中国，领袖人物必须具备充分的现代见识，必须有充分的现代训练，必须有足以引起多数人信仰的人格。这种资格的养成，在今日的社会，除了学校，别无他途。

我们到今日才感觉整顿教育的需要，真有点像“临渴掘井”了。然而治七年之病，终须努力求三年之艾。国家与民族的生命是千万年的。我们在今日如果真感觉到全国无领袖的苦痛，如果真感觉到“盲人骑瞎马”的危机，我们应当深刻的认清只有咬定牙根来澈底整顿教育，稳定教育，提高教育的一条狭路可走。如果这条路上的荆棘不扫除，虎狼不驱逐，奠基不稳固；如果我们还想让这条路去长久埋没在淤泥水潦之中，——那么，我们这个国家也只好长久被一班无知识无操守的浑人领导到沉沦的无底地狱里去了。

（原载于《独立评论》第12号，1932年8月7日）

论六经不够作领袖人才的来源

——答孟心史先生

心史先生：

前说四事，都是匆匆写的，不成意思，居然劳先生殷殷赐答，不安之至。

顷重读《学记》，终觉其为一种教育理论之书，而不是记叙一种现行制度之书。其述“今之教者呻其占毕，多其讯……”，乃是实写其所见闻之学校。其云“古之教者家有塾，党有庠，术有序，国有学”以下，则是提出一种理想的制度。孟子谓“夏曰校，殷曰序，周曰庠”，是纵的时代差别；《学记》则以此诸名施于横的地域差别。此无他，同是信口开河的托古，正不妨相矛盾也。

“通一经至纤屑无有滞碍”，此种境界，谈何容易？纵观两汉博士，其通一经，只是通其所谓通，以后人眼光观之，如京房、翼奉之流皆“不通”之尤者也。

禁私学一点，尊旨甚是。

尊经一点，我终深以为疑。儒家经典之中，除《论》、《孟》及《礼记》之一部分之外，皆系古史料而已，有何精义可作做人模范？我们在今日尽可挑出《论》、《孟》诸书，或整理成新式读本，或译成今日语言，使今人与后人知道儒家典型的来源，这是我很赞成的。

其他《诗》则以文学眼光读之；《左传》与《书》与《仪礼》，则以历史材料读之，皆宜与其他文学历史同等齐观，方可容易了解。我对于“经”的态度，大致如此，请教正。

先生问：“中国之士大夫，若谓不出于六经，试问古来更有何物为制造之具?”此大问题，不容易有简单的解答。鄙意以为制造士大夫之具，往往因时代而不同，而六经则非其主要之具。往年读汪辉祖《病榻梦痕录》，（此为中国自传文学中最佳的一部。）见他律己之法，每日早起焚香读《太上感应篇》一遍，其事最简陋，而其功效也可以使他佐幕则成好刑名，做官则是好官。由此推而上之，王荆公最得力于禅学，其行事亦可为士大夫模范；荆公答曾子固书说他自己博览广询，他深信“治经而已，则不足以知经。”更推上去，如张释之、汲黯，其风度人格岂不比董生、公孙丞相更可敬爱？经学大师未必一定超过治黄、老学的人。更推上去，则孔子固可敬爱，墨子独不可敬爱耶？

我略举此数人，以明此问题不能有简单的答案。所以我说：“一个时代有一个时代的士大夫，一个国家有一个国家的范型式的领袖人物。他们的高下优劣总都逃不出他们所受的教育训练的势力。某种范型的训育自然产生某种范型的领袖。”（《独立》十二号，页四。）如梁任公所举“中国之武士道”，此一个时代的范型的人物也。如萧望之、匡衡、孔光、张禹，此又一个时代的范型的人物也。如阮籍、嵇康，此又一个时代的范型的人物也。过此以往，代有其人。理学以前，有范文正、王荆公诸人；理学时代，有朱子、方正学、王文成以至东林诸公。

若分析此等人物所受训育，有得力于一时代的特殊阶级之特别风尚者，有得力于学问者，有得力于宗教者，有得力于家庭教育者，有得力于经或理学者，有得力于文学者，有得力于史传者，——其途径不一，而皆不能以经学一事包括之。不能人人有一部《病榻梦痕录》式之自传，故我们不能作详细精密的分析。约略估计之，我们可以说：经学的影响不如史传，史传的影响又不如宗教，书本的教育又不如早年家庭的训育。而宗教所含成分，佛道远大于儒门；名为“六经尊服郑，百行法程朱”，实则《功过格》与《太上感应篇》的势力远超过《近思录》与《性理大全》或《传习录》也！至于家庭教育，则宗教与俗文学的势力尤远过于六经四子书。

吾国训育的工具有几个最大的弱点，遂成为致命之伤。第一，“儒门淡薄，收拾不住”一般的平常老百姓；试问《尚书》、《周礼》一类的书，即使人人熟读，岂能在人生观上发生什么影响？六经皆如此。即《论语》、《孟子》之中，又能有几十章可使一般人受用呢？第二，两个大宗教——佛与道——都不高明，都太偏于消极制裁，都不曾产生伟大的范型人物足以供千百世人的歌泣模仿。第三，士大夫太偏重制举的文艺与虚伪的文学，全不曾注意到那影响千万人的通俗文学，所以通俗文学全在鄙人俗士的手里出来，可以诲盗诲淫，可以歆动富贵利禄才子佳人的迷梦，而不足以造成一种健全的最低限度的道德习惯。第四，传记文学太贫乏了，虽偶有伟大的人物，而其人格风范皆不能成为多数人的读物。第五，女子的教育太忽略了，没有好母教，则虽有士大夫门第而难于长久保存其门风。第六，人民太穷苦了，救死犹恐不赡，奚暇治礼义哉？

凡教育皆有两方面，一为提高，一为普及。上述六种缺陷，使这两方面皆无进展，人才之缺乏不自今日始，孔家店之倒也，也不自今日始也。满清之倒，岂辛亥一役为之？辛亥之役乃摧枯拉朽之业。我们打孔家店，及今回想，真同打死老虎，既不能居功，亦不足言罪也！

西洋所以见长，正因无此六病，而有六长。第一，自希腊以来，古典文学之内容丰富远非我国典籍所企及。第二，基督教的“人格的”影响远非佛道两教所能梦见。第三，通俗文学的制作多出于士大夫阶级，故多有极动人的伟大作品。第四，传记文学特别发达，其传记多能写生传神，而又纤细详尽，足为后人矜式。第五，女子教育发达的早，又非如我国之仅以做闺秀诗词为女子教育而已，故家庭教育特别优胜。第六，生活较高，教育易为力。

即以我在论《领袖人才的来源》文中所举大学问题言之，欧洲最早的大学的来源多与教会有关，而教会有组织，有永久性，有人才，有富力，能使大学继长增高。国家与社会的富力，又足以继承此遗产而继续光大之，此皆吾国所无的条件也。又因其古代学术遗风有多方面的丰富，虽有教会的一尊，而医学与法学皆得列为学科，故自然科学与社会科学皆有所附丽而渐次发展。此岂吾国学校之以尊经习科举文自限者所能比拟哉？

古人造作人才，究竟由何途径，我们不能作简单答覆。但以现存史料观之，则两汉以前，必不全靠书本子，尤必不靠六经，射御等艺，先生谓"非士大夫之根本品质"，实则此等艺事足以养成"士大夫之根本品质"，其功效必远在书本教育之上！孔子屡称射为君子之事，其所言即今西方所谓"竞艺员美德"（Sportsmanship）也。古人卜御，何等郑重？以《左传》所记观之，御亦人格教育之一个重要方面。礼乐之事，其重要亦不过如此。后世尽去此等艺事，只剩一个"书"字，而"书"之中又损之又损以至于几本最不足养成人才的六经！此中关键，虽非一朝一夕之故，然甚耐吾人今日之玩味寻思。

以上所言，在百忙中写成，时作时辍，故甚无伦次。其主旨在说明六经不足为"旧士大夫之来源"，尤不足为新的来源，不知能达此意否？

今日之事如造百层之台，当大做脚始得。先生所收集之中国士大夫之嘉言懿行，我们所希望介绍之西方士大夫美德，不过是供这台脚的一砖一石而已。

久迟奉答，匆匆先呈所见，尚望先生多赐教言。改日当奉谒请教。敬问起居。

胡适敬上

二十一，九，七夜写完

（原载于《独立评论》第17号，1932年9月11日）

所谓教育的“法西斯蒂化”

中国人是最会用名词来变戏法的。戏法人人会变，各有巧妙不同。最巧妙的一手是用的名词，喊起来满嘴响，听起来新鲜好听，而其意义谁都不能了解。最新的例可举近日北平学潮中产生的“法西斯蒂化的教育”一个新名词。这个名词，喊起来真是满嘴响，听起来真是新鲜好听，自是有耳共赏的了。它的意义的难懂，也正是它的特别巧妙的用处。因为不可懂，所以可以随处乱用，无所不包。可是北平的编辑先生们都不免有点掉在迷雾中叫苦了。老实的《北平晨报》记者下了这样的解释：

> 法西斯之内容，吾人愧无深切之研究，吾人能力所及，仅知其为意大利之新兴思想，大杰莫索里尼［墨索里尼］曾以之中兴祖国。今日此种思想已与共产思想对峙而为两种引人入胜之重要主义。……平大教育诚未足当法西斯之荣衔也。（6月13日社论）

更老实的《鞭策周刊》记者（第16期）有这样的揣测：

> 所谓法西斯化者，大概是指独裁、高压的意思。实则今日之大学教育，在我们看来，已嫌放任太过，自由太甚，那里还有独裁高压之可言？

我们也是堕入迷雾中的几个人，只好向北平学生刊物中去寻这个名词的解释。果然，在北大几个学生办的《北大新闻》第十一二期合刊上寻着这样的考据：

法西斯蒂是什么，我们不必去旁证〈征〉博引，只要查查“改造社”的《社会科学辞典》上是怎么说的：

“资产阶级在经济方面，用产业合理化托辣斯化等在劳动阶级的牺牲之下使企业的收入增加，同时更在政治方面实行破坏劳动阶级直接的组织（政党、组合、工厂委员会等），并废止社会立法。这种政治方面的运动就是法西斯运动，而这种运动在现今资产阶级国家几乎有全部存在的倾向。”

引用这个定义的人，似乎也明白此中所叙述的运动是不容易应用到今日北平教育界的情形上去的，所以他还得使它更摇身一变，变成了这样的一个新定义：

但是我们知道“法西斯蒂”一语虽源于意大利的棒喝团，在目前它已变成代表一切右倾势力以暴力与恐怖政策镇压左倾革命势力的运动。

这个新定义虽然出现在北大几个学生办的刊物上，我们很可以猜想：在一般参加北平学潮的学生心目中，这个名词的意义大概不过如此；所谓“法西斯蒂化的教育”大概只是说今日中国教育机关有右倾势力用暴力与恐怖政策来镇压左倾“革命”势力的倾向。然而我们即使承认了这个新定义，我们还是掉在迷雾里。即以师范大学的风潮而论，送出去了一位真肯热心做学术事业的徐炳昶，回头来拥戴几位办学校最无成绩的政客，“左倾”在哪里？“革命”又在哪里？更奇怪的是在这种学生刊物里，竟有人把“陈果夫的整顿学制计划和北大整顿成绩考查法案”都列为“很毒的法西斯蒂化政策”！整顿成绩考查也是“右倾”吗？也是“用暴力与恐怖来镇压左倾革命势力”

吗？如此看来，所谓“打倒教育法西斯蒂化”，只不过是一班无心求学有意捣乱的学生信口编造出来的一种名词新戏法而已。本来是无意义的，我们也不必追求它的意义。

二十一，六，二十四

这一篇短评是十日前写的，因为第七期缺乏篇幅，不曾登出。今天我到北大，看见墙上有一些红绿纸的无名标语，其中有一条果然是“反对成绩考查案”。北京大学的墙上有这样的标语，可算是北京大学历史上莫大的耻辱。

七月四日

（本文作于1932年6月24日。原载于《独立评论》第8号，1932年7月10日）

从私立学校谈到燕京大学

詹詹女士在《吾人对于外人设立的学校应负的责任》一文中，指出近年国内的教会学校因受美国经济恐慌影响，经费上很困难，因为这些学校若因经费不足而衰歇，受其影响的还是我们本国的青年，所以中国政府与社会应该尽力援助。她特别提起燕京大学百万基金的募集，希望社会人士热心赞助这百万基金的成功。我很赞成詹詹女士的意思，所以也想补充几句话。

最近教育部有一个补助私立大学的计划，每年准备提出国币七十万元，补助有成绩的私立大学。这是最值得赞颂的一件事，我们切盼他的早日实现。凡是好的学校，都是国家的公益事业，都应该得国家社会的热心赞助。学校只应该分好坏，不应该分公私。在英、美两国，私立学校最发达，社会所最信任的大学往往是私立的。这些私立大学往往能得着政府绝大的援助，社会上人士也最热心捐助。最有趣味的一个例子就是我的母校康奈尔大学（Cornell University），原来是一个私人康奈尔捐钱创立的，但创办之初就请得联邦政府的一大批兴学公地作为基金的一部分。后来纽约省政府要提倡农业教育，就把“省立农科学院”附设在康奈尔大学；后来又把“省立兽医学院”也附设在那边。一个私立大学里有两个省立的学院，这是最可效法的事。最近我国教育部有在南京设立一个女子大学的提议，大可效法康奈尔大学之办法，把这国立女子大学和金陵女子大学合在一处，增加其经费，扩大其名额，就叫做“金陵大学内的国立女子大学”，岂不是更经济的办法？又如河北省立各学院，除工学院外，成绩都不算好。其中一部分也许可以归并到私立有成绩的南开大学，也就可以叫做“南开大学内的河北省立某学院”，岂不也是更经济的办法吗？

至于我国私人捐款兴学，从前往往爱单独行动，自立门户，另挂招牌。在从前只须有房子（或租房子）、有教员、有学生，就可以叫做大学了，所以这些春笋般的私立大学居然可以存在。现在大家渐渐明白大学不是这样容易办的了，政府的法令也不许私人随便挂大学招牌了，这条路是走不通的了。以后私人若有财力兴办教育事业，都应该捐助已有成绩的学校，不问是国立公立或私立。钱多的可以改造一个大学，如煤油大王罗克斐洛［洛克菲勒］的改造芝加哥大学；次多的可以改造某大学的某一学系，如赛箕（Sage）的担负康奈尔大学的整个哲学系的讲座与助学金（至今此系的讲座名为赛箕讲座，助学金皆名为赛箕助学金额）；钱少的也可以专补助某一校的某一个部分，如吴鼎昌先生的捐赠南开大学经济学系的助学金额。这样方才可以集少成多，使已有成绩的学校变为更有成绩。已故江苏督军李纯自杀时，遗嘱将遗产的一部分捐赠南开大学，此君虽是武人，其聪明远过于后来许多自办大学的政客了。近闻宋子文先生捐赠巨款为［圣］约翰大学造图书馆，这也是值得提倡的一个好榜样。总之，以后私人兴学已很难独立办一个好大学了，都应该用他们的余力扶助已有成绩的好学校。

私立学校之中，有教会与非教会的两大类。在十年前，这个区别是很明显的，因为教会学校有他的特别性质：一是因财源出于外国教会的捐助，所以管理权全属于外国人，二是抱有传教的目标，三是本国文字往往太不注意。但在最近几年中，这些特别色彩渐渐变淡了。国民政府成立以来，私立学校都受限制，一切教会学校，除［圣］约翰大学抗不受命外，都换了中国校长，董事会也都有了多数的中国人，虽然因为财政来源未改，中国校长与董事都还往往无多大的实权，但这几年的改革已有很明显的进步。传教的目标，也因受法令的干涉而减轻了；在一些开明的教会大学里，这个目标已渐渐不存在了。（上星期辅仁大学毕业生76人中，只有16人是天主教徒，这在天主教的大学里是很可注意的事。在新教教会的大学里，教徒的比例远在这个比例之下。）至于本国文字的被忽略，在十年前还是不可避免的事实。这十余年来，燕京大学首先提倡，南北各教会大学都受国立大学的影响，所以岭南大学、金陵大学、齐鲁大学、辅仁大学、福州协和大学，都渐渐注重中国文史的教学，所以今日我们已不能概括的讥笑教会大学不注重中国文字了。所以在今日教会大学已渐渐失去了他们的特殊色彩（中等以下的教会学校，因为原设立的教会往往是顽固孤陋的小教会，所以除大都市外，还有许多是没有受近10余年的新潮流的洗刷的），今日的教会大学和其他的私立学校已没有多大的分别，只是在财政上比较安定，在校址、校舍上比较弘丽整洁，在管理上比较严格，在体育上比较发达而已。他们的长处我们应该充分认识，他们的困难我们也应该充分救济。往日的教会大学所以能得社会信用，其最大原因还在财源之比较宽裕而安定，不须全靠学宿费作开销。近年世界经济萧条，传教的热诚与服务的公心都抵不住金钱的贫乏，何况我们的法令又不许他们用学校作传教的工具，所以教会的捐款更减缩了。财源动摇的结果，我们政府与社会若不加救济，难道要逼他们学野鸡大学的倚靠学生缴费来作开销吗？所以我以为今日政府应该认清这些比较有成绩的教会大学值得补助救济的。社会的经济状况还不曾到慷慨捐助私立大学的程度，燕京大学百万基金募集的困难，可以为证。即使捐得百万基金，每年平均收入也不过七万元，在燕大每年九十万元的预算中只占得一个很小的部分。政府今日真能每年提出七十万元作补助金，其功用等于私立大学筹得一千万元的基金。在政府所费甚少，在各私立大学所受恩赐已很多了。

最后，我要借此替燕京大学说几句话。燕京大学成立虽然很晚，但他的地位无疑的是教会学校的新领袖的地位。约翰、东吴领袖的时期已过去了。燕京大学成立于民国七年，正当北京大学的蔡元培时代，所以燕大受北大的震荡最厉害。当时一般顽固的基督教传教士都认北大所提倡的思想解放运动为于宗教大不利的。有几个教士竟在英文报纸上发表文字，攻击北大的新领袖；有一篇文字题为《三无主义》（A-three-ism），说北大提倡的是“无政府，无家庭，无上帝”，其危险等于洪水猛兽。但是一班比较开明的基督教徒，如燕京大学之司徒雷登先生与博晨光先生，如协和医学校的一班教员，都承认北大提倡的运动是不能轻易抹煞的；他们愿意了解我们，并且愿意同我们合作。几个公共朋友奔走的结果，就在民国八年的春天，约了一日在西山卧佛寺开了一整天的谈话会。北大方面到的有蔡元培先生、李大钊先生、陶孟和先生、顾孟余先生和我；基督教徒到了二三十人。上午的会上，双方各说明他们在思想上和宗教信仰上的立场；下午的会上讨论的是“立场虽然不同，我们还能合作吗?”结论是我们还可以在许多社会事业上充分合作。十五年来，基督教的一班领袖，在司徒雷登先生的领导之下，都极力求了解中国新兴的思想潮流与社会运动，他们办的学校也极力求适合于中国的新社会。有时候，他的解放往往引起他们国内教会中保守派的严厉责备和批评。近年中国的教会学校中渐渐造成了一种开明的、自由的学风，我们当然要归功于燕大的领袖之功。

上文曾说到教会大学近年注重中国文史的教学，在这一方面，燕京大学也是最有功的领袖。我记得十多年前，司徒雷登先生有一次来看我，谈起燕大要改革中国文学系，想请周作人先生去做国文教授，要我给他介绍。我当然很高兴的介绍他和周先生相见，后来周先生就做了燕大国文系的第一个新教授。后来燕大得着美国铝大王霍尔（Hall）的遗产的一部分，与哈佛大学合作，提倡中国文史的研究，吸引的中国学者更多，渐渐成为中国文史研究的一个中心。其影响所及，金陵、岭南、齐鲁，都成立了比较新式的中国文史教学机关。今日在辅仁大学领导中国学的陈垣先生，当年也是燕大的一个国学领袖。如果这些教会大学不曾受美国经济恐慌的恶影响，也许他们在这一方面的成就还更大哩。

我觉得燕京大学在这十几年中的努力，是最值得国家与社会的援助的，所以我把我所知道的一些事实写出来，作为詹詹女士的文字的一点点补充。

（原载于《独立评论》第108号，1934年7月8日）

教育破产的救济方法还是教育

我们中国人有一种最普遍的死症，医书上还没有名字，我姑且叫他做“没有胃口”。无论什么好东西，到了我们嘴里，舌头一舔，刚觉有味，才吞下肚去，就要作呕了。胃口不好，什么美味都只能“浅尝而止”，终不能下咽，所以我们天天皱起眉头，做出苦样子来，说：没有好东西吃！这个病症，看上去很平常，其实是死症。

前些年，大家都承认中国需要科学；然而科学还没有进口，早就听见一班妄人高唱“科学破产”了；不久又听见一班妄人高唱“打倒科学”了。前些年，大家又都承认中国需要民主宪政；然而宪政还没有入门，国会只召集过一个，早就听见一班“学者”高唱“议会政治破产”、“民主宪政是资本主义的副产物”了。

更奇怪的是今日大家对于教育的不信任。我做小孩子的时候，常听见人说这类的话：“普鲁士战胜法兰西，不在战场上而在小学校里。”“英国的国旗从日出处飘到日入处，其原因要在英国学堂的足球场上去寻找。”那时的中国人真迷信教育的万能！山东有一个乞丐武训，他终身讨饭，积下钱来就去办小学堂；他开了好几个小学堂，当时全国人都知道“义丐武训”的大名。这件故事，最可以表示那个时代的人对于教育的狂热。民国初元，范源濂等人极力提倡师范教育，他们的见解虽然太偏重“普及”而忽略了“提高”的方面，然而他们还是向来迷信教育救国的一派的代表。民国六年以后，蔡元培等人注意大学教育，他们的弊病恰和前一派相反，他们用全力去做“提高”的事业，却又忽略了教育“普及”的方面。但无论如何，范、蔡诸人都还绝对信仰教育是救国的唯一路子。民八至民九，杜威博士在中国各地讲演新教育的原理与方法，也很引起了全国人的注意。那时阎锡山在娘子关内也正在计划山西的普及教育，太原的种种补充小学师资的速成训练班正在极热烈的猛进时期，当时到太原游览参观的人都不能不深刻的感觉山西的一班领袖对于普及教育的狂热。

曾几何时，全国人对于教育好像忽然都冷淡了！渐渐的有人厌恶教育了，渐渐的有人高喊“教育破产”了。

从狂热的迷信教育，变到冷淡的怀疑教育，这里面当然有许多复杂的原因。第一是教育界自己毁坏他们在国中的信用：自从民八双十节以后北京教育界抬出了“索薪”的大旗来替代了“造新文化”的运动，甚至于不恤教员罢课至一年以上以求达到索薪的目的，从此以后，我们真不能怪国人瞧不起教育界了。第二是这十年来教育的政治化，使教育变空虚了；往往学校所认为最不满意的人，可以不读书，不做学问，而仅仅靠着活动的能力取得禄位与权力；学校本身又因为政治的不安定，时时发生令人厌恶的风潮。第三，这十几年来（直到最近时期），教育行政的当局无力管理教育，就使私立中学与大学尽量的营业化；往往失业的大学生与留学生，不用什么图书仪器的设备，就可以挂起中学或大学的招牌来招收学生；野鸡学校越多，教育的信用当然越低落了。第四，这十几年来，所谓高等教育的机关，添设太快了，国内人才实在不够分配，所以大学地位与程度都降低了，这也是教育招人轻视的一个原因。第五，粗制滥造的毕业生骤然增多了，而社会上的事业不能有同样速度的发展，政府机关又不肯充分采用考试任官的方法，于是“粥少僧多”的现象就成为今日的严重问题，做父兄的，担负了十多年的教育费，眼见子弟拿着文凭寻不到饭碗，当然要埋怨教育本身的失败了。

这许多原因（当然不限于这些），我们都不否认。但我要指出，这种种原因都不够证成教育的破产。事实上，我们今日还只是刚开始试办教育，还只是刚起了一个头，离那现代国家应该有的教育真是去题万里！本来还没有“教育”可说，怎么谈得到“教育破产”？产还没有置，有什么可破？今日高唱“教育破产”的妄人，都只是害了我在上文说的“没有胃口”的病症。他们在一个时代也曾跟着别人喊着要教育，等到刚尝着教育的味儿，他们早就皱起眉头来说教育是吃不得的了！我们只能学耶稣的话来对这种人说：“啊！你们这班信心浅薄的人啊！”

我要很诚恳的对全国人诉说：今日中国教育的一切毛病，都由于我们对教育太没有信心，太不注意，太不肯花钱。教育所以“破产”，都因为教育太少了，太不够了。教育的失败，正因为我们今日还不曾真正有教育。

为什么一个小学毕业的孩子不肯回到田间去帮他父母做工呢？并不是小学教育毁了他。第一，是因为田间小孩子能读完小学的人数太少了，他觉得他进了一种特殊阶级，所以不屑种田学手艺了。第二，是因为那班种田做手艺的人也连小学都没有进过，本来也就不欢迎这个认得几担大字的小学生。第三，他的父兄花钱送他进学堂，心眼里本来也就指望他做一个特殊阶级，可以夸耀邻里，本来也就最不指望他做块“回乡豆腐干”重回到田间来。

对于这三个根本原因，一切所谓“生活教育”、“职业教育”，都不是有效的救济。根本的救济在于教育普及，使个个学龄儿童都得受义务的（不用父母花钱的）小学教育；使人人都感觉那一点点的小学教育并不是某种特殊阶级的表记，不过是个个“人”必需的东西，——和吃饭睡觉呼吸空气一样的必需的东西。人人都受了小学教育，小学毕业生自然不会做游民了。

中学教育和大学教育的许多怪现状，也不全是教育本身的毛病，也往往是这个过渡时期（从没有教育过渡到刚开始有教育的时期）不可避免的现状。因为教育太希有，太贵；因为小学教育太不普及，所以中等教育更成了极少数人家子弟的专有品，大学教育更不用说了。今日大多数升学的青年，不一定都是应该升学的，只因为他们的父兄有送子弟升学的财力，或者因为他们的父兄存了“将本求利”的心思勉力借贷供给他们升学的。中学毕业要贴报条向亲戚报喜，大学毕业要在祠堂前竖旗杆，这都不是今日已绝迹的事。这样希有的宝贝（今日在初中的人数约占全国人口一千分之一；在高中的人数约占全国人口四千分之一；在专科以上学校的人数约占全国人口一万分之一！）当然要高自位置，不屑回到内地去，宁作都市的失业者而不肯做农村的导师了。

今日中等教育与高等教育所以还办不好，基本的原因还在于学生的来源太狭，在于下层的教育基础太窄太小，（十九年度全国高中普通科毕业生数不满八千人，而二十年度专科以上学校一年级新生有一万五千多人！）来学的多数是为熬资格而来，不是为求学问而来。因为要的是资格，所以只要学校肯给文凭便有学生。因为要的是资格，所以教员越不负责任，越受欢迎，而严格负责的训练管理往往反可以引起风潮；学问是可以牺牲的，资格和文凭是不可以牺牲的。

欲要救济教育的失败，根本的方法只有用全力扩大那个下层的基础，就是要下决心在最短年限内做到初等义务教育的普及。国家与社会在今日必须拼命扩充初等义务教育，然后可以用助学金和免费的制度，从那绝大多数的青年学生里，选拔那些真有求高等知识的天才的人去升学。受教育的人多了，单有文凭上的资格就不够用了，多数人自然会要求真正的知识与技能了。

这当然是绝大的财政负担，其经费数目的伟大可以骇死今日中央和地方天天叫穷的财政家。但这不是绝不可能的事。在七八年前，谁敢相信中国政府每年能担负四万万元的军费？然而这个巨大的军费数目在今日久已是我们看惯毫不惊讶的事实了！

所以今日最可虑的还不是没有钱，只是我们全国人对于教育没有信心。我们今日必须坚决的信仰：五千万失学儿童的救济比五千架飞机的功效至少要大五万倍！

二十三，八，十七

（原载于《大公报》“星期论文”，1934年8月19日）

所谓“中小学文言运动”

本年五月初，汪懋祖先生在《时代公论》第一一〇号上发表了一篇《禁习文言与强令读经》，引起了吴研因先生在各报上发表反驳的文字。汪先生第一次答辩（《时代公论》第一一四号）才用了“中小学文言运动”的题目。这个月中，各地颇有讨论这个问题的文字，渐渐的离原来的论点更远了。我本来不愿意加入这个问题的讨论。今天任叔永先生送来了一篇《为全国小学生请命》，这是《独立评论》上第一次牵涉到这个问题，叔永在他的文章里把这个“论战”做了一段简单的提要，我读了觉得他的提要不很正确，所以我要补充几句，并且借这个机会说说我的一点意见。

汪懋祖的第一篇文字，条理很不清楚，因为是用很不清楚的文言写的。我细细分析，可把他的主张总括成这几点：

（1）“初级小学自以全用白话教材为宜。”

（2）“而五六年级应参教文言。不特为升学及社会应用所需，即对于不升学者，亦不当绝其研习文言之机会也。”

（3）关于中学国文科文言教材应该占多大的成分，汪先生没有明说，但他曾说：“吾只望初中能读毕《孟子》，高中能读《论语》、《学》、《庸》以及《左传》，《史记》，《诗经》，《［战］国策》，《庄子》，《荀子》，《韩非子》等选本，作为正课，而辅以各家文选，及现代文艺，作为课外读物。”

他的主张不过如此。这样的主张，不过是一个教育家的个人见解，本来不值得我们大惊小怪。他的文字所以引起读者的反感，全因为他在每一段里总有几句痛骂白话拥护文言的感情话，使人不能不感觉这几条简单的主张背后是充满着一股热烈的迷恋古文的感情。感情在那儿说话，所以理智往往失掉了作用。例如他说：

> 学习文言与学习语体，孰难孰易，必经心理学专家之长于文字者，作长期的测验研究，殊未可一语武断。

这好像是个学者的态度。但他下文说：

> 二者（文言与白话）各有其用，欲卓然成一作家，则所资于天才与功力，正复相同。

这就是“武断”二者难易“正复相同”了。下文他又说：

> 草写“如之何”三字，时间一秒半；草写“怎么样”三字需七秒半，时间相差六秒。文言之省便，毋待哓哓。乃必舍轻便之利器，用粗笨之工具，吾不知其何说也。

这又更进一步“武断”白话为“粗笨之工具”，文言为“轻便之利器”了！然而汪先生接着又忽然下一转语：

> 或谓学习文言当较白话费力。曰，然。

这又是不待“心理学专家长期的测验研究”，而“武断”学习文言“较白话费力”了！

究竟学习白话与学习文言“孰难孰易”呢？还是“学习文言较白话费力”呢？还是“文言之省便，毋待哓哓”呢？还是“二者正复相同”呢？还是我们应该静待“心理学专家作长期的测验研究”呢？汪先生越说，我们越糊涂了。

这是那个所谓《中小学文言运动》的发难文字的内容。以后的讨论，更使我们看出当日发难的人和后来附和的人的心事。在《中小学文言运动》一篇里，汪先生很明白的说：

读经决非恶事，似毋庸讳言。时至今日，使各省当局如何键、陈济棠辈之主张尊孔读经，可谓豪杰之士矣。

在这里，我的老朋友汪懋祖先生真是“图穷而匕首见”了。至于附和的人，大都是何键、陈济棠两位“豪杰之士”的同志。在《时代公论》第一一七号里，有位许梦因先生投了一篇《告白话派青年》，说：

白话必不可为治学工具。今用学术救国，急应恢复文言。

他痛哭流涕的控诉“白话派”：

其所奉行惟谨之白话，实质全系外国的而非中国的。（胡适谨按：这句话大有白话的嫌疑。许梦因先生何不把这句白话改作古文试试看？）其体势构造每非一般识字读书之中国人所能领会。可领会者，大都外国假面具社会主义之宣传，无一事一理及于实用科学，或为本国所有者。

发这样议论的人，当然够得上拥护今日一班“豪杰之士”的主张了。

这个所谓《中小学文言运动》的主张和动机，不过如此。我们综合我们看见的一些讨论，（惭愧的很，上海各刊物上的讨论，我们收集到的很少。）觉得《时代公论》第一一三号上龚启昌先生的一篇《读了〈禁习文言与强令读经〉以后》，立论很公平，其中有许多细密的议论。龚先生认清了今日白话文言之争，“是社会对于文言语体的态度的问题”。他说：

我们试看社会上对于文言语体的态度如何？报纸影响于社会心理者最大，应能提倡语体才好。其他如官场的文告，来往的公事，虽是加上了新式标点，内容依旧是文言。……就在教育界本身也还有种种矛盾的现象。日前看见报上载江苏省会考试题议决一律用文言。现在国内各大学的考试，及考试院举办的考试，更非用文言不可。……无怪乎现在的中学生（**胡适按：此处及下文，原文有脱误。**）甚而小学生，你不教他文言，他还要求你教他文言。中学大学入学试验的影响于学生心理与态度，比了行政机关的一纸号令，或文人的两三篇文字，不知要大多少。

这都是一针见血的诊断。汪懋祖先生们说的“社会应用所需”，其实正是这一类的“矛盾的现象”在那儿作怪。教育部屡次下令禁止小学讲习文言，并且明令初中各科教科书，除国文一小部分之外，不得用文言编撰。但教育部如何敌得过许多“豪杰之士”主持的政府机关，教育机关，考试机关，舆论机关的用全力维持古文的残喘？七八年的革命政府在这一方面只做到了去年的公文一律用新式标点的通令而已。我很佩服龚先生的说法：

语体文在小学里的地位，当然毫无异议。不过应当使社会尊重语体文，广为推行，一切报章公文一律改过，尤其是中学大学入学试验也要能提倡。否则一部分人提倡语体，又有一部分人在那里提倡文言，以致青年无所适从了。

我们既是认定了语体为提高国民文化的轻便工具，我们应当再请政府来澈底的革一下命。否则虽是十年百年也还没有结果。

可惜今日的“豪杰之士”还不肯承认龚先生的前提呵！

龚先生说的“社会的态度”的问题，我们在十七八年前早已认清楚了。满清的末年，民国的初年，也有提倡白话报的，也有提倡白话书的，也有提倡官话字母的，也有提倡简字字母的。他们的失败在于他们自己就根本瞧不起他们提倡的白话。他们自己做八股策论，却想提倡一种简易文字给老百姓和小孩子用。殊不知道他们自己不屑用的文字，老百姓和小孩子如何肯学呢？所以我们在十七八年前提倡“白话文学”的运动时，决心先把白话认作我们自己爱敬的工具；决心先认定白话不光是“开通民智”的利器，乃是创造中国文学的唯一工具。我曾说：

白话不是只配抛给狗吃的一块骨头，乃是我们全国人都该赏识的一件好宝贝。（《五十年来中国之文学》，《胡适文存》二集，卷二，页一九三）

这就是说：若要使白话运动成功，我们必须根本改变社会上轻视白话的态度。怎样下手呢？我们主张从试作白话文学下手。单靠几部《水浒传》、《西游记》、《红楼梦》是不够的。所以民国七年我在《建设的文学革命论》里，很明白的说：

若要造国语，必须造国语的文学。有了国语的文学，自然有国语。……真正有功效有势力的国语教科书便是国语的文学，便是国语的小说诗文剧本。……中国将来的新文学用的国语，就是将来的标准国语。

这就是说：我们下手的方法，只有用全力用白话创造文学。白话文学的真美被社会公认之时，标准化的国语自然成立了。

我当时的主张，一班朋友都还不能完全了解。时势的逼迫也就不容许我的缓进的办法的实行。白话文学运动开始后的第三年，北京政府的教育部就下令改用白话作小学第一二年级的教科书了！民国十一年的新学制不但完全采用国语作小学教科书，中学也局部的用国语了！这是白话文学运动开始后第五年的事！这样急骤的改革，固然证明了我的主张的一部分：就是白话“文学”的运动果然抬高了社会对白话的态度，因而促进了白话教科书的实现。但是在那个时代，白话的教材实在是太不够用了，实在是贫乏的可怜！中小学的教科书是两家大书店编的，里面的材料都是匆匆忙忙的搜集来的；

白话作家太少了，选择的来源当然很缺乏；编撰教科书的人又大都是不大能做好白话文的，往往是南方作者勉强作白话；白话文学还没有标准，所以往往有不很妥贴的句子。但平心而论，民国十一年“新学制”之下的国语教科书还经过了比较细心的编纂，谨慎的审查。民国十五六年的政治大革命以后，各家书店争着编纂时髦的教科书，竞争太激烈了，各家书店都没有细心考究的时间，所以编纂审查都更潦草了；甚至于把日报上的党国要人的演说笔记都用作教科书的材料！所以这几年出的国语教科书，在文字上，在内容上，恐怕还不如民国十一二年的教科书了。

所以我们回头看这十几年出的教科书，实在不能否认这些教科书应该大大的改良。但这十几年的中小学教科书的不满人意，却也证明了我十七年前的忧虑。我当时希望有第一流的白话诗，文，戏本，传记，等等出来做“真正有功效有力量的国语教科书”。但十七年来，白话文学的作品虽然在质上和量上都有了进步，究竟十七年的光阴是很短的，第一流的作家在一个短时期里是不会很多的。何况牟利的教科书商人又不肯虚心的，细心的做披沙拣金的编纂工作呢？今日社会上还有一部分人对于白话文存着轻藐的态度，我们提倡白话文学的人不应该完全怪他们的顽固，我们应该责备我们自己提倡有心而创作不够，所以不能服反对者之心。

老实说，我并不妄想“再请政府来澈底的革一下命”。我深信白话文学是必然能继长增高的发展的，我也深信白话在社会上的地位是一天会比一天抬高的。在那第一流的白话文学完全奠定标准国语之前，顽固的反对总是时时会有的。对付这种顽固的反对，不能全靠政府的“再革一下命”，——虽然那也可以加速教育工具的进步，——必须还靠第一流白话文学的增多。

二三，七，九夜

（原载于《独立评论》第109号，1934年7月15日）

我们今日还不配读经

傅孟真先生昨天在《大公报》上发表星期论文，讨论学校读经的问题，我们得了他的同意，转载在这一期（《独立》第一四六号）里。他这篇文章的一部分是提倡读经的诸公所能了解（虽然不肯接受）的。但是其中最精确的一段，我们可以预料提倡读经的文武诸公决不会了解的。那一段是：

> 经过明末以来朴学之进步，我们今日应该充分感觉六经之难读。汉儒之师说既不可恃，宋儒的臆想又不可凭，在今日只有妄人才敢说诗书全能了解。有声音文字训诂学训练的人是深知“多闻阙疑”、“不知为不知”之重要性的。那么，今日学校读经，无异于拿些教师自己半懂半不懂的东西给学生。……六经虽在专门家手中也是半懂半不懂的东西，一旦拿来给儿童，教者不是浑沌混过，便要自欺欺人。这样的效用，究竟是有益于儿童的理智呢，或是他们的人格？

孟真先生这段话，无一字不是事实。只可惜这番话是很少人能懂的。今日提倡读经的人们，梦里也没有想到五经至今还只是一半懂得一半不懂得的东西。这也难怪。毛公、郑玄以下，说《诗》的人谁肯说《诗》三百篇有一半不可懂？王弼、韩康伯以下，说《易》

的人谁肯说《周易》有一大半不可懂？郑玄、马融、王肃以下，说《书》的人谁肯说《尚书》有一半不可懂？古人且不谈，三百年中的经学家，陈奂、胡承珙、马瑞辰等人的《毛诗》学，王鸣盛、孙星衍、段玉裁、江声、皮锡瑞、王先谦诸人的《尚书》学，焦循、江藩、张惠言诸人的《易》学，又何尝肯老实承认这些古经他们只懂得一半？所以孟真先生说的"六经虽在专门家手中也是半懂半不懂的东西"，这句话只是最近二三十年中的极少数专门家的见解，只是那极少数的"有声音文字训诂学训练的人"的见解。这种见解，不但陈济棠、何键诸公不曾梦见，就是一般文人也未必肯相信。

所以我们在今日正应该教育一般提倡读经的人们，教他们明白这一点。这种见解可以说是最新的经学，最新的治经方法。始创新经学的大师是王国维先生，虽然高邮王氏父子在一百多年前早已走上这条新经学的路了。王国维先生说：

> 《诗》、《书》为人人诵习之书，然于六艺中最难读。以弟之愚暗，于《书》所不能解者殆十之五：于《诗》，亦十之一二。此非独弟所不能解也，汉魏以来诸大师未尝不强为之说，然其说终不可通。以是知先儒亦不能解也。（《观堂集林》卷一，《与友人论诗书中成语书》）

这是新经学开宗明义的宣言，说话的人是近代一个学问最博而方法最缜密的大师，所以说的话最有分寸，最有斤两。科学的起点在于求知，而求知的动机必须出于诚恳的承认自己知识的缺乏。古经学所以不曾走上科学的路，完全由于汉魏以来诸大师都不肯承认古经的难懂，都要"强为之说"。南宋以后，人人认朱子、蔡沈的《集注》为集古今大成的定论，所以经学更荒芜了。顾炎武以下，少数学者走上了声音文字训诂的道路，稍稍能补救宋明经学的臆解的空疏。然而他们也还不肯公然承认他们只能懂得古经的一部分，他们往往不肯抛弃注释全经的野心。浅识的人，在一个过度迷信清代朴学的空气里，也就纷纷道听途说，以为经过了三百年清儒的整理，五经应该可以没有疑问了。谁料到了这三百年的末了，王国维先生忽然公开揭穿了这张黑幕，老实的承认，《诗经》他不懂的有十之一二，《尚书》他不懂的有十之五。王国维尚且如此说，我们不可以请今日妄谈读经的诸公细细想想吗？

何以古经这样难懂呢？王国维先生说：

> 其难解之故有三：讹阙，一也。（此以《尚书》为甚）古语与今语不同，二也。古人颇用成语，其成语之意义与其中单语分别之意义又不同，三也。
>
> 唐宋之成语，吾得由汉魏六朝人书解之；汉魏之成语，吾得由周秦人书解之。至于《诗》、《书》，则书更无古于是者。其成语之数数见者，得比较之而求其相沿之意义。否则不能赞一辞。若但合其中之单语解之，未有不龃龉者。（同上书）

王国维说的三点，第一是底本，第二是训诂，第三还是训诂。其实古经的难懂，不仅是单字，不仅是成语，还有更重要的文法问题。前人说经，都不注意古文语法，单就字面作诂训，所以处处“强为之说”，而不能满人意。王念孙、王引之父子的《经传释词》，用比较归纳的方法，指出许多前人误认的字是“词”（虚字），这是一大进步。但他们没有文法学的术语可用，只能用“词”、“语词”、“助词”、“语已词”一类笼统的名词，所以他们的最大努力还不能使读者明了那些做古文字的脉络条理的“词”在文法上的意义和作用。况且他们用的比较的材料绝大部分还是古书的文字，他们用的铜器文字是绝少的。这些缺陷，现代的学者刚刚开始弥补：文法学的知识，从《马氏文通》以来，因为有了别国文法作参考，当然大进步了；铜器文字的研究，在最近几十年中，已有了长足的进展；甲骨文字的认识又使古经的研究添出了不少的比较的材料。所以今日可说是新经学的开始时期。路子有了，方向好像也对了，方法好像更精细了，只是工作刚开始，成绩还说不上。离那了解古经的时期，还很远哩！

正因为今日的工具和方法都比前人稍进步了，我们今日对于古经的了解力的估计，也许比王国维先生的估计还要更小心一点，更谦卑一点。王先生说他对《诗经》不懂的有十之一二，对《尚书》有十之五。我们在今日，严格的估计，恐怕还不能有他那样的乐观。《尚书》在今日，我们恐怕还不敢说懂得了十之五。《诗经》的不懂部分，一定不止十之一二，恐怕要加到十之三四吧。这并不是因为我们比前人更笨，只是因为我们今日的标准更严格了。试举几个例来做说明。(1)《大诰》开篇就说：

> 王若曰，猷大诰尔多邦。

《微子之命》开篇也说：

> 王若曰，猷殷王元子。

《多方》开篇也说：

> 周公曰，王若曰，猷告尔四国多方。

这个“猷”字，古训作“道”，清代学者也无异说。但我们在今日就不能这样轻轻的放过他了。(2) 又如“弗”、“不”两个字，古人多不曾注意到他们的异同：但中央研究院的丁声树先生却寻出了很多的证据，写了两万多字的长文，证明这两个否定词在文法上有很大的区别，“弗”字是“不之”两字的连合省文，在汉以前这两字是从不乱用的。(3) 又如《诗》、《书》里常用的“诞”字，古训作“大”，固是荒谬；世俗用作“诞生”解，固是更荒谬；然而王引之《经传释词》里解作“发语词”，也还不能叫人明白这个字的文法作用。燕京大学的吴世昌先生释“诞”为“当”，然后我们懂得“诞弥厥月”就是当怀胎足月之时；“诞寘之隘巷”、“诞寘之平林”就是当把他放在隘巷平林之时。这样说去，才可以算是认得这个字了。

(4) 又如《诗经》里常见的“于以”二字：

> 于以采蘋，南涧之滨。
> 于以采藻，于彼行潦。
> 于以采蘩，于沼于沚。
> 于以用之，公侯之事。
> 于以求之，于林之下。

“于以”二字，谁不认得？然而清华大学的杨树达先生指出这个“以”字应解作“何”字，就是“今王其如台”的“台”字。这样一来，我们只消在上半句加个疑问符号（?），如下例：

> 于以求之？于林之下。
> 于以采蘩？于沼于沚。

这样说经，才可算是“涣然冰释，怡然顺理”了。

我举的例子，都是新经学提出的小小问题，都是前人说经时所忽略的，所认为不须诂释的。至于近二三十年中新经学提出的大问题和他们的新解决，那都不是这篇短文里说得明白的，我们姑且不谈。

总而言之，古代的经典今日正在开始受科学的整理的时期，孟真先生说的“六经虽在专门家手中也是半懂半不懂的东西”，真是最确当的估计。《诗》，《书》，《易》，《仪礼》，固然有十之五是不能懂的，《春秋三传》也都有从头整理研究的必要；就是《论语》、《孟子》也至少有十之一二是必须经过新经学的整理的。最近一二十年中，学校废止了读经的工课，使得经书的讲授完全脱离了村学究的胡说，渐渐归到专门学者的手里，这是使经学走上科学的路的最重要的条件。二三十年后，新经学的成绩积聚的多了，也许可以稍稍减低那不可懂的部分，也许可以使几部重要的经典都翻译成人人可解的白话，充作一般成人的读物。

在今日妄谈读经，或提倡中小学读经，都是无知之谈，不值得通人的一笑。

二十四，四，八

（原载于《独立评论》第146号，1935年4月14日）

新文化运动与教育问题

各位朋友，十几年来我想来广东一游，都没有机会。十七年前我由外国回来，便想到粤。有一次广州中山大学当局请我去讲学，想来了，又因“共乱”一阻，便不果行。后来有一次买了铁行邮船公司的船票，也因为别事阻挡，把船票都取消。直到现在才有机会来到香港与各位会面，觉得非常高兴，现在听闻各位能够懂得我的话（国语），尤为欢喜。

但是刚才陈先生说我是教育界的导师，是完全错的。我对于教育还是一个门外汉，并没有专门的研究。不过，我们讲文学革命，提倡用语体文，这些问题，时常与教育问题发生了关系。也往往我们可以看到的问题，而在教育专门家反会看不到的。故如说我是喜欢和教育界谈教育问题的则可，谓为导师便不对。我对于香港教育还不大清楚，实在不配谈香港教育，但是我可以说香港是一个办学的地方，像北平中小学教育经费欠到二十一个月薪，就是广州小学教员也欠薪几个月，在这样的情形之下，谁也办不好的。但是香港教育界这种情形绝少，因为它是商业发达，经济充裕的地方，这几年来无论怎么的萧条，总比较北平欠二十一个月薪，广州欠几个月薪的好得多，这样若不能办得好的教育，香港就对不起香港了。

再其次，办教育，治安问题很要紧。比方在北方，日本的飞机天天在校顶飞过，叫谁也不能安心办学，就是你不走，学生也走了。怎么办呢？但是香港便没有这种危险，在这样好的环境下，香港的教育是应该发达的。我说东亚大陆有一个地方可以办强迫教育、普及教育的，便是香港。因为香港这地方有钱，治安也好，可接近外人，可借镜的地方很多。中国办新教育已经有三十多年了，却没有一个地方能够做得到。办普及义务强迫教育，我以为香港是有这资格的，故此我说它是东亚大陆上一个办义务教育的地方。近据报载，中央政府拟在南京办义务普及教育，我想香港可以和它争光的，希望诸位教育界领袖，向着这个目标迈进。

我此次南来，不单纯来接受港大的学位，实在很想乘这机会，对南方的教育文化考察一下。现在广东很多人反对用语体文，主张用古文，不但古文，而且还提倡读经书。我真不懂，因为广东是革命策源地，为什么别的地方已经风起云涌了，而革命策源地的广东反而守旧如此！

我这回来香港，逗留了几天，细加考察，便有所悟。我觉得一个地方的文化传到它的殖民地或边境，本地方已经变了，而边境或殖民地仍是保留着它祖宗的遗物。广东自古是中国的殖民地，中原的文化许多都变了，而在广东尚留着，像现在的广东音是最古的，我现在说的才是新的。又比方我们的祖宗是席地而坐的，但后来我们坐椅子了，这种席地而坐的习惯传到日本，至今仍是一样。又比方英语传到美国，现在本来的英语都变音了，而美国却能保留着，如（Clerk）书记，英语现读（Clerk）音，不知美音才是对的。又如翰林或状元，在广东觉得很了不得，民间要题几个字，不惜费许多金钱来找一个状元或翰林来题，在北方并不如是重要，因为在广东翰林是很难得的缘故。在边境或殖民地的人，对于娘处来的东西，都想设法去保持它，说是祖宗的遗物。但是，我们应该晓得，祖宗之所以遗给我们是在乎应用的，比方“灯”是祖宗遗下来的，然而我们现在用电灯了。这是祖宗的吗？从前我们用人力车，现在则用电车或汽车，难道“车”“灯”可以变化，思想文化便不可以吗？所以，我第一希望香港能实现为第一个义务教育的地方。新的领袖，尤其要接受新的文化，做新文化运动的领导者，以和平的手段转移守旧势力，使香港成为南方新文化中心。

听说香港教育很发达，单是教员已经有三千多，不能谓不发达。但我们要知道教育的基础是很重要的，前两月汪院长无线电报告廿三年教育成绩，据说廿三年度小学教育比前增四倍，中学增十倍，大学增一百倍，在量看来很发达了，但试想这样的进步是没有基础的。因为大学中学要学费，许多人没有资格升学，不该升学的，都凭藉他的金钱或面子进去了，有天才的学生许多还没有入学的机会。照理大学教育增一百倍，小学该增至二万倍，这样才有教育的基础，有天才的人才有抬头的机会，所以非做到义务教育、强迫教育不行。

现在我国的教育是办不好的。一个小孩在小学念了六年书，毕了业回到家中，穿起一件长衫，便不屑助哥哥做木工，帮爸爸种田了，他说自己是学生了，特殊阶级了。假使阿猫的儿子或阿狗的儿子，都给他念书，由小学毕业出来，人人都是特殊阶级，那就没有特殊了。

教育的药没有什么，就是多给他教育，不能因为有毛病就不教育，有毛病更应该多教育。然而，我觉得中国现在还谈不到教育毛病问题。教育有两种方法：一是普及，一是提高。把它普及了，又要把它提高，这样的教育才有稳固的基础。

香港是一个商业的地方，做商人的或许没有顾及教育或文化的问题，老一辈的也想保守着旧有的，统治阶级也不一定对新文化表同情。然而现在不同了，香港最高级教育当局也想改进中国的文化。香港大学文学院从前是没有人注意的，最近他叫我计划发展。但是我不懂的，已经介绍两位教育家给他了，这是很好的象征。诸位新领袖，应该把着这新的转机推进这新的运动。我希望下次来港各位有新的成绩报告。这地方美极了，各位应该把它做成南方的文化中心。

我没有什么话说，将来各位有问题，想和我研究的，请寄北京大学，我可以答的则答，我不懂的则请专家代答，完了。

（胡适 1935 年 1 月 6 日演讲于香港华侨教育会。原载于《大公报》，1935 年 1 月 15 日）

读经平议

前几年陈济棠先生在广东，何键先生在湖南，都提倡读经。去年陈济棠先生下野之后，现在提倡读经的领袖，南方仍是何键先生，北方有宋哲元先生。何键先生本年在三中全会提出一个明令读经的议案，他的办法大致是要儿童从小学到中学十二年之间，读《孝经》，《孟子》，《论语》，《大学》，《中庸》。到了大学，应选读他经。冀察两省也有提倡小学中学读经的办法。

学校读经的问题，傅孟真先生在两年前的《大公报》星期论文（二十四年四月七日）里曾有很详细的讨论。（转载在《独立评论》一四六号）他先从历史上考察，指出三项事实：（一）中国历史上的伟大朝代创业都不靠经学，而后来提倡经学之后，国力往往衰弱；汉唐宋明都是实例。（二）经学在过去的社会里，有装点门面之用，并没有修齐治平的功效；五经的势力在政治上远不如《贞观政要》，在宗教道德上远不如《太上感应篇》。（三）各个时代所谓经学，其实都只是每个时代的哲学；汉宋学者都只是用经学来傅会他们自己的时代思想；我们在今日要想根据五经来造这时代哲学是办不到的了。

傅先生又从现在事实上立论，指出两点：（一）现在儿童的小学中学课程已太繁重了，决不可再加上难读的经书了。（二）经过这三百年来的朴学时代，我们今日应该充分承认六经的难读：“六经虽在专门家手中也是半懂半不懂的东西，一旦拿来给儿童，教者不是浑沌混过，便要自欺欺人。”

傅孟真先生是经史学根柢最深的人，他来讨论这读经问题，正是专家说内行话，句句值得提倡读经的人仔细考虑。当时我十分赞同傅先生的议论，我也在《独立评论》上（第一四六号）发表了一篇《我们今日还不配读经》（收在《胡适论学近著》第一集里），特别引申他的最后一段议论。我指出近几十年来的“新经学”的教训是要我们知道古代经书的难读。博学如王国维先生，也不能不承认“以弟之愚暗，于书所不能解者殆十之五，于诗亦十之一二”。（《观堂集林》卷一，《与友人论〈诗〉〈书〉中成语》）我举了许多例子，说明古经典在今日还正在开始受科学的整理的时期。我当时说：

> 《诗》，《书》，《易》，《仪礼》，固然有十之五是不能懂的，《春秋》三传也都有从头整理研究的必要，就是《论语》、《孟子》也至少有十分之一二是必须经过新经学的整理的。最近一二十年中，学校废止了读经的工课，使得经书的讲授完全脱离了村学究的胡说，渐渐归到专门学者的手里，这是使经学走上科学的路的最重要的条件。二三十年后，新经学的成绩积聚的多了，也许可以稍稍减低那不可懂的部分，也许可以使几部重要的经典都翻译成人人可解的白话，充作一般成人的读物。在今日妄谈读经，或提倡中小学读经，都是无知之谈，不值得通人的一笑。

这都是两年前的老话。不幸我们说的话，提倡读经的文武诸公都不肯垂听。他们偏不肯服从“知之为知之，不知为不知”的古训，很轻率的把几百万儿童的学校课程，体力脑力，都看作他们可以随便逞胸臆支配的事。我们有言责的人，对于这种轻率的行为不能不指摘，对于这种重要问题不能不郑重讨论。

我现在用很简单的语言，表明我个人对于学校读经问题的见解：

第一，我们绝对的反对小学校读经。这是三十多年来教育家久已有定论的问题，不待今日再仔细讨论。小学一律用国语教本，这是国家的法令，任何区域内任何人强迫小学校用古文字的经典教学，就是违背国家法令，破坏教育统一，这是政府应该明令禁止的。何况今日的小学教员自己本来就没有受过读经的教育，如何能教儿童读经？

第二，初中高中的选读古文，本来没有不许选读古经传文字的规定，所以中学教本中，不妨选读古经传中容易了解的文字。今日初中读本往往选《孟子》《论语》《诗经》《左传》《礼记》，高中读本竟有选到《尚书》《小雅》《大雅》的。中学选读古经传，有几点必须特别注意：（一）中学选古经传，必须限于那些学者公认为可解的部分。今日有些选本实在选的不妥当，例如傅东华先生的《高中国文》第一册就选了《小雅》的《六月》和《大雅》的《民劳》，这正是王国维先生一流学者认为不易解的部分。（例如《民劳》的诗的“汔”字，“式”字，傅君皆无注。今年中央研究院丁声树先生发表专文释“式”字，是为此字第一次得着科学的解释。）（二）中学选古经传的文字，与其他子史集部的文字同等，都是把他们看作古人的好文字，都是选来代表一个时代的好文学，都不是“读经”的功课。例如孟子“鱼我所欲也”一章，是最恳切哀艳的美文，无论他是经是传是文集，都应该选读。我们把经史子集里的一切好文章都一律平等看待，使青年学子知道古经传里也有悱恻哀艳的美文，这是引导青年读古经最有效的法门。（三）如果中学生被这些经传美文引诱去读《四书》《诗经》等书，教师应该鼓励他们，指示他们的途径，给他们充分的帮助。但我们绝对反对中学有“读经”的专课，因为古经传（包括《孝经》《四书》）的大部分是不合现代生活的，是十二岁到十七八岁（中学年龄）的一般孩子们不能充分了解的。我们都是尝过此中甘苦的人，试问我们十几岁时对于“天命之谓性”“上天之载无声无臭”一类的话作何了解！我们当时只须读几本官板经书，不妨糟蹋一点时间去猜古谜；现在的儿童应该学的东西太多了，他们的精力不可再浪费了。

最后，我有一个愚见，要奉劝今日提倡读经文武诸公。诸公都是成年的人了，大可以读经了，不妨多费一点工夫去读读诸公要小孩子读的圣贤经传。不但一读再读．还应该身体力行。诸公最应该读的，第一是《孝经》的第十五章。圣人说：

> 昔者天子有诤臣七人，虽无道，不失其天下。诸侯有诤臣五人，虽无道，不失其国。大夫有诤臣三人，虽无道，不失其家。士有诤友，则身不离于令名。父有诤子，则身不陷于不义。

诸公试自省，诸公有几个诤臣呢？第二应该读的是《论语》第十三篇的“定公问一言而可以兴邦”一章，特别是那一章的下半截：

> 曰，“一言而丧邦，有诸?”
>
> 孔子对曰，“言不可若是其几也。人之言曰，‘予无乐乎为君，为其言而莫予违也。’如其善而莫之违也，不亦善乎？如不善而莫之违也，不几乎一言而丧邦乎?”

诸公试自省，诸公提一案，下一令，影响到几百万儿童的学业体力，而诸公属下专司教育的厅长局长是不是都唯唯诺诺奉命唯谨呢？这是不是已到了“不善而莫之违”的程度呢？诸公读的圣贤经传，难道不记忆了吗？

二十六，四，十四夜

（原载于《大公报》“星期论文”，1937 年 4 月 18 日）

“教育文化应列为宪法专章”的提案

理由：

（一）宪法为国家根本大法，教育为国家百年大计，在根本大法中，列入百年大计之专章，自属天经地义。

（二）第一次世界大战以后，世界各国，无不重视教育事业，率以为欲巩固国本，必须提高人民知能，以期改善人民生活。故于宪法中，除多数列有教育条文者外，其特列教育专章者，计之有八国之多。可见世界宪法史中，教育特列专章，已有共同之趋势。

（三）我国历史重视教育，为世界任何国家所不及，而现时之教育事业，则反较欧美各国为落后，在宪法中列入专章，不仅符合我国重视教育之传统，更足显示建国以教育为第一之新目标，使全国人民，咸知教育之重要，并表现政权约束治权之深意，使教育事业急起直追，迎头赶上。

（四）训政时期约法内对国民教育列为专章，国父对教育异常重视，遗教中如中国国民党政纲等均有关于教育之规定，故宪法中特列教育专章，亦与国父遗教及约法相吻合。

（五）此次草案，虽列有国民经济及教育条文，但觉空洞而不切实。查此两项，关系全民利益，应充实内容，以使尽善，不列专章，似嫌漠视，不足以符国民之望。

办法：谨拟教育条文如左［下］：

（一）教育文化，应以发展中华民族精神、民主精神、国民道德、健全体格、科学智能，适应国民生活之需要，并促进世界和平大同为目的。

（二）国家应注重各地区教育之均衡发展，以普遍提高一般人民之文化水准。

（三）国家应实行教育机会均等，保障学术与思想之自由。

（四）国家应促进并推广科学与艺术之发展。

（五）教育经费在总预算中之比额，不得少于下列之规定。

甲，在中央占总预算百分之十五。

乙，在省或同等区域，占省或同等区域总预算百分之三十。

丙，在县或同等区域，占县或同等区域百分之四十。

其依法律独立之教育基金及科学研究经费，应予以保障。

贫瘠地区之教育经费，由国库及省库补助之，国民教育经费之补助，中央及省或同等区域，应各担负四分之一。

（六）国民教育应力求普及并改进，学龄儿童受教育之年限，不得少于六年，一律免费，其资质优秀无力升学者，政府应予以补助，使继续其学业。

（七）社会教育与职业教育，应当普遍推行。

（八）教育科学艺术文化工作者之生活，及其工作条件，国家应保护之。

（九）国民教育从业人员，其待遇不得少于当地个人普通生活费用之五倍。

（十）私立学校及教育机关，国家应鼓励之，其成绩优良者，并应予以补助。

以上条文，是否有当，敬请公决。

（提案由胡适与朱经农等 204 人联合署名提出。录自《胡适之先生年谱长编初稿》第 5 册，台北联经出版社 1984 年版）

争取学术独立的十年计划

我很深切的感觉中国的高等教育应该有一个自觉的十年计划，其目的是要在十年之后建立起中国学术独立的基础。

我说的“学术独立”，当然不是一班守旧的人们心里想的“汉家自有学术，何必远去欧美”。我决不想中国今后的学术可以脱离现代世界的学术而自己寻出一条孤立的途径，我也决不主张十年之后就可以没有留学外国的中国学者了。

我所谓“学术独立”必须具有四个条件：

（一）世界现代学术的基本训练，中国自己应该有大学可以充分担负，不必向国外去寻求。（二）受了基本训练的人才，在国内应该有设备够用和师资良好的地方，可以继续作专门的科学研究。（三）本国需要解决的科学问题如工业问题、医药与公共卫生问题、国防工业问题等等，在国内都应该有适宜的专门人才与研究机构可以帮助社会国家寻求得解决。（四）对于现代世界的学术，本国的学人与研究机构应该和世界各国的学人与研究机构分工合作，共同担负人类学术进展的责任。

要做到这样的学术独立，我们必须及早准备一个良好的、坚实的基础。所以我提议，中国此时应该有一个大学教育的十年计划，在十年之内，集中国家的最大力量，培植五个到十个成绩最好的大学，使他们尽力发展他们的研究工作，使他们成为第一流的学术中心，使他们成为国家学术独立的根据地。

这个十年计划也可以分做两个阶段。第一个五年，先培植起五个大学；五年之后，再加上五个大学。这个分两期的方法有几种好处：第一，国家的人才与财力恐怕不够同时发展十个第一流的大学；第二，先用国家力量培植五所大学，可以策励其他大学努力向上，争取第二期五个大学的地位。

我提议的十年计划，当然不是只顾到那五个、十个大学，而不要那其余的大学和学院了，说的详细一点，我提议：

（一）政府应该下大决心，在十年之内，不再添设大学或独立学院。

（二）本年宪法生效之后，政府必须严格实行宪法第一百六十四条的规定，“教育文化科学之经费，在中央不得少于其预算总额百分之十五，在省不得少于其预算总额百分之二十五，在市县不得少于其预算总额百分之三十五。”全国人民与人民团体应该随时监督各级政府严格执行。

（三）政府应该有一个高等教育的十年计划，分两期施行。

（四）在第一个五年里，挑选五个大学，用最大的力量培植他们，特别发展他们的研究所，使他们能在已有的基础之上，在短期间内，发展成为现代学术的重要中心。

（五）在第二个五年里，继续培植前期五个大学之外，再挑选五个大学，用同样的力量培植他们，特别发展他们的研究所，使他们在短期内发展成为现代学术的重要中心。

（六）在这十年里，对于其余的四十多个国立大学和独立学院，政府应该充分增加他们的经费，扩充他们的设备，使他们有继续整顿发展的机会，使他们成为各地最好的大学；对于有成绩的私立大学和独立学院，政府也应该继续民国二十二年以来补助私立学校的政策，给他们适当的补助费，使他们能继续发展。

（七）在选择每一期的五个大学之中，私立的学校与国立的学校应该有同样被挑选的机会，选择的标准应该注重人才、设备、研究成绩。

（八）这个十年计划应该包括整个大学教育制度的革新，也应该包括“大学”的观念的根本改换。近年所争的几个学院以上才可办大学，简直是无谓之争。今后中国的大学教育应该朝着研究院的方向去发展。凡能训练研究工作的人才的，凡有教授与研究生做独立的科学研究的，才是真正的大学。凡只能完成四年本科教育的，尽管有十院七八十系，都不算是将来的最高学府。从这个新的“大学”观念出发，现行的大学制度应该及早彻底修正，多多减除行政衙门的干涉，多多增加学术机关的自由与责任。例如现行的学位授予法，其中博士学位的规定最足以阻碍大学研究的发展。这部分的法令公布了十六年，至今不能实行，政府应该早日接受去年中央研究院评议会的建议，“博士候选人之平时研究工作及博士论文，均应由政府核准设立研究所五年以上并经特许收受博士候选人之大学或独立学院自行审查考试，审查考试合格者，由该校院授予博士学位。”今日为了要提倡独立的科学研究，为了要提高各大学研究的尊严，为了要减少出洋渡〈镀〉金的社会心理，都不可不修正学位授予法，让国内有资格的大学自己担负授予博士学位的责任。

这是我的建议的大概。这里面我认为最重要又最简单易行而收效最大最速的，是用国家最大力量培植五个到十个大学的计划。眼前的人才实在不够分配到一百多个大学与学院去。（照去年夏天的统计，全国有28个国立大学，18个国立学院，20个私立大学，13个省立学院，21个私立学院，共计100个。此外还有48个公私立专科学校。）试问中国第一流的物理学者，国内外合计，有多少人？中国专治西洋历史有成绩的，国内外合计，有多少人？这都是大学必不可少的学科，而人才稀少如此。学术的发达，人才是第一要件，我们必须集中第一流的人才，替他们造成最适宜的工作条件，使他们可以自己做研究，使他们可以替全国训练将来的师资与工作人员。有了这五个、十个最高学府做学术研究的大本营，十年之后，我相信中国必可以在现代学术上得着独立的地位。

这不是我过分乐观的话，世界学术史上有许多事实可以使我说这样大胆的预言。

在我出世的那一年（1891），罗氏基金会［洛克菲勒基金会］决定捐出二千万美金来创办芝加哥大学。第一任校长哈勃尔（W. R. Harper）担任筹备的事，他周游全国，用当时空前的待遇（年俸7500元）选聘第一流人物做各院系的主任教授，美国没有的，他到英国欧洲去挑。一年之后，人才齐备了，设备够用了，开学之日，芝加哥大学就被公认为第一流大学。一个私家基金会能做到的事，一个堂堂的国家当然更容易做得到。

更数上去十多年，一八七六年，吉尔门校长（D. C. Gilman）创立霍铿斯大学［约翰·霍普金斯］，专力提倡研究院的工作。那时候美国的大学还都只有大学本科的教育。耶鲁大学的研究院成立于一八七一年，哈佛大学的研究院成立于一八七二年，吉尔门在霍铿斯大学才创立了专办研究院的新式大学，打开了“大学是研究院”的新风气。当时霍铿斯大学的人才盛极一时，哲学家如杜威，如罗以斯［罗伊斯］（Royce），经济学家如伊黎（Ely），政治学家如威尔逊总统，都是霍铿斯大学研究院出来的博士。在医学方面，当霍铿斯大学开办时（1876），美国全国还没有一个医学院是有研究实验室的设备的！吉尔门校长选聘了几个有研究成绩的青年医学家，如倭斯勒［奥斯勒］（Osler）、韦尔渠［韦尔奇］（Wellch）诸人，创立了第一个注重研究提倡实验的医学院，就奠定了美国新医学的基础。所以美国史家都承认美国学术独立的风气是从吉尔门校长创立大学研究院开始的。一个私人能倡导的风气，一个堂堂的国家当然更容易做得到。

所以我深信，用国家的大力来造成五个十个第一流大学，一定可以在短期间内做到学术独立的地位。我深信，只有这样集中人才，集中设备，只有这一个方法可以使我们这个国家走上学术独立的路。

三六、九、一八

（原载于《中央日报》，1947年9月28日）

大学教育与科学研究

方才进礼堂来，看大家都是有颜色的，我却是没颜色的。我在政治上没有颜色，在科学上也没有颜色。我也可算是一个科学者，因为历史也算一种科学。凡是用一种严格的求真理的站在证据之上来立说来发现真理，凡拿证据发现事实，评判事实，这都是一种科学的。希望明年“双十节”，史学会也能参加这会，条子也许会是白颜色的。

我今天讲一个故事，希望给负责教育行政或负责各学会大学研究部门的先生们一点意见。我讲的题是“大学教育与科学研究”，不用说，科学研究是以大学为中心。在古代却以个人为出发点，以个人好奇心理，来造些粗糙器皿。还有，为什么科学发达起于欧洲呢?这一点很值得注意。对这虽有不少解释，可是我认为种种原因都不重要，最重要的是自中古以来留下好几十个大学。这些大学没有间断，如意大利伯罗尼亚［博洛尼亚］大学，法国巴黎大学，英国牛津大学、剑桥大学等，这些都是远有一千年九百年或七八百年历史的，因此造成科学的革命。这些大学不断的继长增高，设备一天天增加，学风一天天养成，这样才有了科学研究。研究人员终身研究，可是研究人才是从大学出来的，他们所表现的精神是以真理求真理。这一个故事是讲美国在最近几十年当中造成了几个好大学。美国以前没有 University［大学］只有 College［学院］，美国有名符其实的大学是在南北美战争以后。为什么在七十年当中，美国一个人创立了一个大学，从这一个人创立了大学，提倡了新的大学的见解、观念、组织，把美国高等教育革命，因而才有今天使美国成为学术研究中心呢？美国去年出版了两个纪念专集，一个是威尔基专集，一个是吉尔曼专集。吉尔曼（D. C. Gilman）创立了约翰斯·霍普金斯（Jouns Hopkings University）大学，后来许多大学都跟着他走，结果造成了今日美国学术领导的地位。大家听了这个故事，也许会从中得到一个 Stimulation［激励］。

话说九十四年前，有两个在耶尔［耶鲁］学院的毕业生，一个是二十一岁的怀特，一个是二十五岁的吉尔曼，那时美国驻苏公使令此二人作随员，一个作了三年多，一个作了两年多。怀特于三十五岁时做了康奈尔大学校长，吉尔曼四十一岁作了加利佛尼亚［加利福尼亚］大学校长，吉氏未作长久，两年后就辞职了。当时在美国东部鲍尔梯玛城有一大富翁即霍普金斯，他在幼小时家穷，随母读书后去城内作买卖，因赚钱而开一公司，未几十年就当了财主。他在七十岁时立一遗嘱，要将所有遗产三百五十万美金分给一医学院和一大学作基金。一八七三年，他七十九岁时逝世，他的遗嘱生了效。翌年，即开始创办大学，当时董事会请哈佛大学校长艾利阿特（C. W. Eliot）、康奈尔大学校长怀特和密士根［密歇根］大学校长安其尔来研究。那时以如此巨款办大学，真是空前的一件事，那时该校董事长的意思是要办一“大学”，可是请来的这三位校长却劝他们要顾及环境，说什么南方不如北方文化高啦，办大学不是从空气里能生长的等语。后来，董事会请他们三人推选校长，三人却不约而同的选出吉尔曼来当校长。吉尔曼做了校长，他发表了他的见解说，应全力提倡高等学术，致力于提倡研究考据，把本科四年功课让给别的学校教，我们来办研究院，我们要选科学界最高人才，给他们最高待遇，然后严格选取好学生，使他们发展到学术最高地步，每年并督促研究生报告研究成绩，并给予出版发表机会。因为那时的高才的教授们，都在教学院的学识浅近的学生，或受书店委托编浅近的教科书，如果给他们安定的生活，最高的待遇，便可以专心从事更高深的研究。这时吉尔曼四十四岁作该大学校长，并且，他决定了以下的政策：研究院外，办理附属本科。最初附属本科只二十三个学生，研究院五十多个，大约二与一之比：可是二十多年以后，研究院的学生到了四百多，附属本科仅一百多，却是四与一之比了。并且，第一步他聘请教授，第一位请的是希腊文教授费尔斯，四十五岁；第二位是物理学教授劳林，才二十八岁；第三位是数学教授塞尔威斯特，六十二岁；第四位是化学教授依洛宛斯；第五位是生物学教授纽尔马丁；第六位也是希腊文拉丁文教授查尔玛特斯。第二步他选了廿二个研究员，其中至少有十个以上成了大名。他的教授法，第一二年是背书，后二年讲演，自然科学也是讲演。第三步是创办科学刊物，这可算是美国发表科学刊物之创始。一八七六年，出版算学杂志，一八八〇年创刊语言学杂志，以及历史政治学杂志、逻辑学杂志、医学杂志等八大杂志，而开始了研究风气。

以上这三件事使美国风云变色。在这里我再谈谈办医学研究的重要：这个大学开幕已十年，医学院尚未开办，但因投资铁路失败，鲍尔梯玛城之女人出来集款，愿担负五十万美金的开办费，但有一条件是医学院开放招收女生。

当这大学的方针发表后，全美青年震动，有一廿一岁之青年威尔其（Wellch），刚毕业于纽约医科学校。那时无一校有实验室，他因欲入大学，一八七六年赴欧洲作三学期之研究，一八七八年回美国，可是找不到实验室。最后终找一小屋，这是第一个美国“病理学研究室”，以廿五元开办。他作了五六年研究后，有一老人来找他，请他作霍普金斯医学院病理学教授，后并升任院长，创专任基本医学教授之制，而成立了医学研究所。

最后，吉尔曼于一九〇二年辞掉他已作了廿五年的校长，在那个典礼上，吉尔曼讲演，他说：约翰斯·霍普金斯给我们钱办大学，可是没有告诉我们大学的一个定义。我们要把创见的研究，作为大学的基础。这时，后来任美国总统，也是那个大学的第一班学生威尔逊站起来说：“你是美国第一个大学的创始者，你发现真理、提倡研究，不但是在我们学校有成绩，给世界大学也有影响。你创始了这师生合作的精神，你是伟大的。”同时，以前曾被邀请参加创办大学意见的哈佛大学校长艾利阿特发表谈话，他说：“你创立了研究院的大学，并且坚决的提高了全国各大学的学术研究，甚至连我们的哈佛研究院也受了你的影响，不得不用全体力量来发展研究。我要强调指出，大学在你领导之下是大成功，是提倡科学研究的创始，希望发现一点新知识，由此更引起新知识，这年轻的大学，有最多的成绩。我最后公开承认你的大学政策整个范围是对的。”

（胡适 1947 年 10 月 10 日演讲于天津科学团体联合年会。载于《世界日报》，1947 年 10 月 11 日）

教育学生培养兴趣

问 现在一般优秀青年不愿受师范教育，就［是］受了师范教育的人，不愿从事教育工作，对这个现象，有什么办法补救？

答 世界各国一般都有此现象，因为教育界待遇，较之工厂公司及自由职业者要低，国外也如此。专门学师范的人才，常转业到别的方面去，对此我还不知道有何普通的解决方法。美国在战后曾通过一个法律，以保障军人权利，即大战时国家征调的军人，服役完毕后，政府要给他付学费，受四年大学教育。于是投这些退役军人之好，有许多后期预备学校，私立大学和专门职业学校的设立。在我前次回国时，因为有千到万服役军人，享有四年受教育权利——受大学教育，或者补完高中教育，于是大学由六百多个增加到一千多个。地方的职业专科学校也是一样的增多，这样一来，发生师资问题。在战时，又因为各种工厂需要人才，很多人又跑到工厂去做工，以致师资时时感到缺乏。这的确是一普遍问题，我也常常听到他们讨论这个问题。

记得上海有一年发生过交易所的狂热，一年中产生七十多个证券物品交易所。那时许多中学教员，都放弃学校工作，跑到交易所去，尤其教英文、算学的，这是外面的职业引起他转业，所以有很多学堂受了影响。

问 现在台湾中等学校情形，大学也不免，就是课程相当繁重。并且要特别注重国文，所以整个时间都被课程占据，除了功课之外，还有两小时用在火车上。学生没有一点时间，让他自己摸索，扩充课外的知识，所以全省有十四万中学生，而几份中学生读物都失败了。学生根本没有时间读课外读物。

答 也许读物本身要负一点责任，它不能引起学生兴趣。我们做学生时，许多东西先生不许看，自己偷偷的看。关于大学的功课，三十年前我们在北京，就提倡选课制。大学选课制度是让学生减少必修课，增加选修课，让他多暗中摸索一点，扩大其研究兴趣。讲新教育要注重兴趣。所谓兴趣，不是进了学堂就算是最后兴趣。兴趣也要一点一点生长出来，范围一点一点的扩大。比方学音乐，中国的家庭，没有钢琴提琴，就是小孩子有此天才，有此兴趣，没有工具也不行。台湾的中小学教育，设备较大陆完善。如果把必修课时间减少一点，让他们活泼自动的去摸索，以养成兴趣，那么，成绩一定更好些。“得天下英才而教育之”，教育也是有一种兴趣的。美国对教育兴趣的培养，用许多方法，教育影片是其中的一个。由于电影教育的关系，也可以引起许多人对教育的兴趣。

现在新教育注重兴趣，我们的中等学校，兴趣范围太窄，应该力求扩大。我对中等教育是外行，不过我是从内地来的，总觉得台湾在三四十年中，打下了一个好的教育基础。日据时代，在别的方面也许是错误的，但是教育基础的确打得不错。我看台湾的小学、中学建筑和设备，都比大陆高明，尤其中等职业学校。我们从前提倡职业教育，这个用手、用脚、用脑的教育虽然提倡过，但结果等于没有。大家都觉得职业教育难办，没有设备、没有机器、没有工厂。所以普通学校特别发达，办普通学校比较容易，政府又没有限制。台湾的情形，则比较好得多。职业学校的基础好，加上我们几年来自己的努力，在这环境之下，的确大有可为。

问 现在美国男子和女子教育有哪几点不同？

答 江校长这个问题确考倒了我。在我所读书的学堂，都是男女同学，如康乃尔［康奈尔］大学，就是美国第一个男女同学最早的学校。以后哥伦比亚大学，本科只有几百人，分男女两部，而研究院的人比较多，完全男女同学，以我所看见的，看不出有什么大的区别。康乃尔的工学院方面，没有看到女生，其他在家政、护士医学方面女生特别多，很少有男护士。所有各科，都有女学生。在我做学生时，看见学工程的只有一个女的，后来就多了，在美国没有不许女子进去的学校，只有几个女学堂，不许男子进去。

问 胡先生在回国期间，对《自由中国》有何观感？

答 我到今天，回国刚一个月，此地朋友待我太好，天天要我用嘴吃饭、喝酒和讲话，就没有用眼睛看，用耳朵听。用眼睛看的只有台大图书馆，甚至师范学院图书馆因为讲演后已经天黑，没有去看。只有在台中看了一天，看过两个电厂，和日月潭的风景，其他什么都没有看见。我回国时间很短，只能说一点普通观感，这个观感超过我没有回国之前的希望。就教育上说，的确超过我当初的希望，现在台湾有百多万学龄儿童，国民学校一年十几万的毕业生，有几万人去受中等教育，一个县份就有几个中学，在我的家乡，到现在，县里还没有一个中学。我此次到过南投、彰化等县，一个县就有八个中学。并且不但中等学校如此，就大学教育，这几年来，也很发达。在日据时代，台湾的大学，只有几百学生，在这几百人之中，台湾籍学生占极少数，现在有一个国立大学，三个省立学院，人数都很多，在受教育的比例上，实在超过我的企望。同时学生也很活泼，我在彰化时，看到一千多学生赶火车，看到我来时，就临时集合在火车站要我说话。在农学院也是如此，大家集合要我说话，所以我看他们活泼，很高兴的和他们谈谈，讲了半点钟的话，觉得他们很活泼，很自由。

我看台湾的民主政治方面，因为教育发达，各县市民选的县市长和民选县市议会议长、议员，这些民选代表都不错。这几年实行民主政治，有此收效，恐怕是要归功于教育基础。这是我在很短时间内的一个普通粗浅的观察，觉得很满意，至少满意的程度超过我没有来以前的企望，所以我很高兴。诸位先生不要以为我所说的满意，只是恭维，的确我不是恭维，而是没有成见，虚心的看来的结果。

问 现在美国的学校教育与社会教育、家庭教育。如何配合？我们总配合不起来。

答 这个问题太大，我不是专门弄教育的，不学教育的不能答复这个大题目。我觉得这种配合总是不能完全满意。因为年轻的人，进学堂不一定有一定的宗旨。照规矩说，学的东西，不一定是社会或家庭需要的东西，一个学校也不一定为各个学生来适应家庭和社会的需要。总结还是一句话，是注重训练学生本能天才的发展，使他的知识能力有创造性，能应付新的问题，新的环境，我认为一切教育都应该如此，决不能为某种环境、某种家庭，去设想。

四十一年十二月十九日

（胡适1952年12月19日在台北市中等以上学校校长座谈会上答问。载于《中央日报》，1952年12月20日）

胡適文集

社会卷

学生与社会

学生与社会

今天我同诸君所谈的题目是“学生与社会”。这个题目可以分两层讲：（一）个人与社会，（二）学生与社会。现在先说第一层。

个人与社会

（一）个人与社会有密切的关系，个人就是社会的出产品。我们虽然常说“人有个性”，并且提倡发展个性，其实个性于人，不过是千分之一，而千分之九百九十九全是社会的。我们的说话，是照社会的习惯发音；我们的衣服，是按社会的风尚为式样；就是我们的一举一动，无一不受社会的影响。

六年前我作过一首《朋友篇》，在这篇诗里我说：“清夜每自思，此身非吾有：一半属父母，一半属朋友。”如今想来，这百分之五十的比例算法是错了。此身至少有千分之九百九十九是属于广义的朋友的。我们现在虽在此地，而几千里外的人，不少的同我们发生关系。我们不能不穿衣，不能不点灯，这衣服与灯，不知经过多少人的手才造成功的。这许多为我们制衣造灯的人，都是我们不认识的朋友，这衣与灯就是这许多不认识的朋友给与我们的。

再进一步说，我们的思想、习惯、信仰……等等都是社会的出产品，社会上都是说“吃饭”，我们不能改转来说“饭吃”。我们所以为我们，就是这些思想、信仰、习惯，……，这些既都是社会的，那末除掉社会，还能有我吗？

这第一点内要义：我之所以为我，在物质方面，是无数认识与不认识的朋友的，在精神方面，是社会的，所谓“个人”差不多完全是社会的出产品。

（二）个人——我——虽仅是千分之一，但是这千分之一的“我”是很可宝贵的。普通一班的人，差不多千分之千都是社会的，思想、举动、言语、服食都是跟着社会跑。有一二特出者，有千分之一的我——个性，于跟着社会跑的时候，要另外创作，说人家未说的话，做人家不做的事。社会一班人就给他一个浑号，叫他“怪物”。

怪物原有两种：一种是发疯，一种是个性的表现。这种个性表现的怪物，是社会进化的种子，因为人类若是一代一代的互相仿照，不有变更，那就没有进化可言了。惟其有些怪物出世，特立独行，作人不作的事，说人未说的话，虽有人骂他打他，甚而逼他至死，他仍是不改他的怪言、怪行。久而久之，渐渐的就有人模仿他了，由少数的怪，变为多数，更变而为大多数，社会的风尚从此改变，把先前所怪的反视为常了。

宗教中的人物，大都是些怪物，耶稣就是一个大怪物。当时的人都以为有人打我一掌，我就应该还他一掌。耶稣偏要说：“有人打我左脸一掌，我应该把右边的脸转送给他。”他的言语、行为，处处与当时的习尚相反，所以当时的人就以为他是一个怪物，把他钉死在十字架上。但是他虽死不改其言行，所以他死后就有人尊敬他，爱慕、模仿他的言行，成为一个大宗教。

怪事往往可以轰动一时，凡轰动一时的事，起先无不是可怪异的。比如缠足，当时一定是很可怪异的，而后来风行了几百年。近来把缠小的足放为天足，起先社会上同样以为可怪，而现在也渐风行了。可见不是可怪，就不能轰动一时。社会的进化，纯是千分之一的怪物，可以牺牲名誉、性命，而作可怪的事，说可怪的话以演成的。

社会的习尚，本来是革不尽，而也不能够革尽的，但是改革一次，虽不能达完全目的，至少也可改革一部分的弊习。譬如辛亥革命，本是一个大改革，以现在的政治社会情况看，固不能说是完全成功，而社会的弊习——如北京的男风，官家厅的公门，……等等——附带革除的，实在不少。所以在实际上说，总算是进化的多了。

这第二点的要义：个人的成分，虽仅占千分之一，而这千分之一的个人，就是社会进化的原因。人类的一切发明，都是由个人一点一点改良而成功的。惟有个人可以改良社会，社会的进化全靠个人。

学生与社会

由上一层推到这一层，其关系已很明白。不过在文明的国家，学生与社会的特殊关系，当不大显明，而学生所负的责任，也不大很重。惟有在文明程度很低的国家，如像现在的中国，学生与社会的关系特深，所负的改良的责任也特重。这是因为学生是受过教育的人，中国现在受过完全教育的人，真不足千分之一，这千分之一受过完全教育的学生，在社会上所负的改良责任，岂不是比全数受过教育的国家的学生，特别重大吗？

教育是给人戴一副有光的眼镜，能明白观察；不是给人穿一件锦绣的衣服，在人前夸耀。未受教育的人，是近视眼，没有明白的认识，远大的视力；受了教育，就是近视眼戴了一副近视镜，眼光变了，可以看明清楚远大。学生读了书，造下学问，不是为要到他的爸爸面前，要吃肉菜，穿绸缎；是要认他爸爸认不得的，替他爸爸说明，来帮他爸爸的忙。他爸爸不知道肥料的用法，土壤的选择，他能知道，告诉他爸爸，给他爸爸制肥料，选土壤，那他家中的收获，就可以比别人家多出许多了。

从前的学生都喜欢戴平光的眼镜，那种平光的眼镜戴如不戴，不是教育的结果。教育是要人戴能看从前看不见，并能看人家看不见的眼镜。我说社会的改良，全靠个人，其实就是靠这些戴近视镜，能看人所看不见的个人。

从前眼镜铺不发达，配眼镜的机会少，所以近视眼，老是近视看不远。现在不然了，戴眼镜的机会容易的多了，差不多是送上门来，让你去戴。若是我们不配一副眼镜戴，那不是自弃吗？若是仅戴一副看不清、看不远的平光镜，那也是可耻的事呀。

这是一个比喻，眼镜就是知识，学生应当求知识，并应当求其所要的知识。

戴上眼镜，往往容易招人家厌恶。从前是近视眼，看不见人家脸上的麻子，戴上眼镜，看见人家脸上的麻子，就要说："你是个麻子脸。"有麻子的人，多不愿意别人说他的麻子。要听见你说他是麻子，他一定要骂你，甚而或许打你。这一层意思，就是说受过教育，就认识清社会的恶习，而发不满意的批评。这种不满意社会的批评，最容易引起社会的反感。但是人受教育，求知识，原是为发现社会的弊端，若是受了教育，而对于社会仍是处处觉得满意，那就是你的眼镜配错了光，应该返回去审查一审查，重配一副光度合适的才好。

从前伽利略因人家造的望远镜不适用，他自己造了一个扩大几百倍的望远镜，能看木星现象。他请人来看，而社会上的人反以为他是魔术迷人，骂他为怪物、革命党，几乎把他弄死。他惟其不屈不挠，不可抛弃他的学说，停止他的研究，而望远镜竟为今日学问上、社会上重要的东西了。

总之，第一要有知识，第二要有图书。若是没骨子便在社会上站不住。有骨子就是有奋斗精神，认为是真理，虽死不畏，都要去说去做。不以我看见我知道而已，还要使一班人都认识，都知道。由少数变为多数，由多数变为大多数，使一班人都承认这个真理。譬如现在有人反对修铁路，铁路是便利交通，有益社会的，你们应该站在房上喊叫宣传，使人人都知道修铁路的好处。若是有人厌恶你们，阻挡你们，你们就要拿出奋斗的精神，与他抵抗，非把你们的目的达到。不止你们的喊叫宣传，这种奋斗的精神，是改造社会绝不可少的。

二十年前的革命家，现在哪里去了？他们的消灭不外两个原因：(1) 眼镜不适用了。二十年前的康有为是一个出风头的革命家，不怕死的好汉子。现在人都笑他为守旧、老古董，都是由他不去把不适用的眼镜换一换的缘故。(2) 无骨子。有一班革命家，骨子软了，人家给他些钱，或给他一个差事，教他不要干，他就不敢干了。没有一种奋斗精神，不能拿出“你不干我干，我偏要干”的决心，所以都消灭了。

我们学生应当注意的就是这两点：眼镜的光若是不对了，就去换一副对的来带；摸着脊骨软了，要吃一点硬骨药。

我的话讲完了，现在讲一个故事来作结束。易卜生所作的《国民公敌》一剧，写一个医生司铎门发现了本地浴场的水里有传染病菌，他还不敢自信，请一位大学教授代为化验，果然不错。他就想要去改良他。不料浴场董事和一般股东因为改造浴池要耗费资本，拼死反对，他的老大哥与他的老丈人也都多方的以情感利诱，但他总是不可软化。他于万分困难之下设法开了一个公民会议，报告他的发明。会场中的人不但不听他的老实话，还把他赶出场去，裤子撕破，宣告他为国民公敌。他愤气不过，说：“出去争真理，不要穿好裤子。”他是真有奋斗精神，能够特立独行的人，于这种迫逼之下还是不少退缩。他说：“世界最有强力的人就是那最孤立的人。”我们要改良社会，就要学这“争真理不穿好裤子”的态度，相信这“最孤立的人是最有强力的人”的名言。

(胡适 1922 年 2 月 19 日演讲于平民中学。载于《共进》增刊第 11 期，1922 年 3 月 10 日)

爱国运动与求学

当五月七日北京学生包围章士钊宅，警察拘捕学生的事件发生以后，北京各学校的学生团体即有罢课的提议。有些学校的学生因为北大学生会不曾参加五七的事，竟在北大第一院前辱骂北大学生不爱国。北大学生也有很愤激的，有些人竟贴出布告攻击北大代理校长蒋梦麟媚章媚外。然而几日之内，北大学生会举行总投票表决罢课问题，共投一千一百多票，反对罢课者八百余票，这件事真使一班留心教育问题的人心里欢喜。可喜的不在罢课案的被否决，而在（1）投票之多，（2）手续的有秩序，（3）学生态度的镇静。我的朋友高梦旦在上海读了这段新闻，写了一封长信给我，讨论此事，说，这样做去，便是在求学的范围以内做救国的事业，可算是在近年学生运动史上开一个新纪元。——只可惜我还没有回高先生的信，上海五卅的事件已发生了，前二十天的秩序与镇静都无法维持了。于是六月三日以后，全国学校遂都罢课了。

这也是很自然的。在这个时候，国事糟到这步田地，外间的刺激这么强：上海的事件未了，汉口的事件又来了，接着广州、南京的事件又来了：在这个时候，许多中年以上的人尚且忍耐不住，许多六十老翁尚且要出来慷慨激昂地主张宣战，何况这无数的少年男女学生呢？

我们观察这七年来的“学潮”，不能不算民国八年的五四事件与今年的五卅事件为最有价值。这两次都不是有什么作用，事前预备好了然后发动的；这两次都只是一般青年学生的爱国血诚，遇着国家的大耻辱，自然爆发；纯然是烂缦的天真，不顾利害地干将去，这种“无所为而为”的表示是真实的，可爱敬的。许多学生都是不愿意牺牲求学的时间的；只因为临时发生的问题太大了，刺激太强烈了，爱国的感情一时迸发，所以什么都顾不得了：功课也不顾了，秩序也不顾了，辛苦也不顾了。所以北大学生总投票表决不罢课之后，不到二十天，也就不能不罢课了。二十日前不罢课的表决可以表示学生不愿意牺牲功课的诚意；二十日后毫无勉强地罢课参加救国运动可以证明此次学生运动的牺牲的精神。这并非前后矛盾：有了前回的不愿牺牲，方才更显出后来的牺牲之难能而可贵。岂但北大一校如此？国中无数学校都有这样的情形。

但群众的运动总是不能持久的。这并非中国人的“虎头蛇尾”，“五分钟的热度”。这是世界人类的通病。所谓“民气”，所谓“群众运动”，都只是一时的大问题刺激起来的一种感情上的反应。感情的冲动是没有持久性的；无组织又无领袖的群众行动是最容易松散的。我们不看见北京大街的墙上大书着“打倒英日”、“不要五分钟的热度”吗？其实写那些大字的人，写成之后，自己看着很满意，他的“热度”早已消除大半了；他回到家里，坐也坐得下了，睡也睡得着了。所谓“民气”，无论在中国，在欧美，都是这样：突然而来，悠然而去。几天一次的公民大会，几天一次的示威游行，虽然可以勉强多维持一会儿，然而那回天安门打架之后，国民大会也就不容易召集了。

我们要知道，凡关于外交的问题，民气可以督促政府，政府可以利用民气：民气与政府相为声援方才可以收效。没有一个像样的政府，虽有民气，终不能单独成功。因为外国政府决不能直接和我们的群众办交涉；民众运动的影响，（无论是一时的示威或是较有组织的经济抵制）终是间接的。一个健全的政府可以利用民气作后盾，在外交上可以多得胜利，至少也可以少吃点亏。若没有一个能运用民气的政府，我们可以断定民众运动的牺牲的大部分是白白地糟蹋了的。

倘使外交部于六月二十四日同时送出沪案及修改条约两照会之后即行负责交涉，那时民气最盛，海员罢工的声势正大，沪案的交涉至少可以得一个比较满人意的结果。但这个政府太不像样了：外交部不敢自当交涉之冲，却要三个委员[①]来代掮末梢；三个委员是很聪明的人，也就乐得三揖三让，延搁下去。他们不但不能用民气，反惧怕民气了！况且某方面的官僚想借这风潮延长现政府的寿命，某方面的政客也想借这个问题展缓东北势力的侵逼。他们不运用民气来对付外人，只会利用民气来便利他们自己的私图！于是一误，再误，至于今日，沪案及其他关连之各案丝毫不曾解决，而民气却早已成了强弩之末了！

上海的罢工本是对英日的，现在却是对邮政当局，商务印书馆，中华书局了。北京的学生运动一变而为对付杨荫榆，又变而为对付章士钊了。广州对英的事件全未了结，而广州城却早已成为共产与反共产的血战场了。三个月的“爱国运动”的变相竟致如此！

这时候有一件差强人意的事，就是全国学生总会议决秋季开学后各地学生应一律到校上课，上课后应努力于巩固学生会的组织，为民众运动的中心。北京学联会也决议北京各校同学于开学前务必到校，一面上课，一面仍继续进行。

这是很可喜的消息。全国学生总会的通告里并且有“五卅运动并非短时间所可解决”的话。我们要为全国学生下一转语：救国事业更非短时间所能解决：帝国主义不是赤手空拳打得倒的；“英日强盗”也不是几千万人的喊声咒得死的。救国是一件顶大的事业：排

---

① 1925年6月27日，临时执政段祺瑞派颜惠庆、王正廷、蔡廷干三人办理沪案及善后交涉事宜。——编者

队游街，高喊着“打倒英日强盗”，算不得救国事业；甚至于砍下手指写血书，甚至于蹈海投江，杀身殉国，都算不得救国的事业。救国的事业须要有各色各样的人才；**真正的救国的预备在于把自己造成一个有用的人才。**

易卜生说的好：

> 真正的个人主义在于把你自己这块材料铸造成个东西。

他又说：

> 有时候，我觉得这个世界就好像大海上翻了船，**最要紧的是救出我自己。**

在这个高唱国家主义的时期，我们要很诚恳的指出：易卜生说的“真正的个人主义”正是到国家主义的唯一大路。**救国须从救出你自己下手！**

学校固然不是造人才的唯一地方，但在学生时代的青年却应该充分地利用学校的环境与设备来把自己铸造成个东西。我们须要明白了解：

> 救国千万事，何一不当为？
> 而吾性所适，仅有一二宜。

认清了你“性之所近，而力之所能勉”的方向，努力求发展，这便是你对国家应尽的责任，这便是你的救国事业的预备工夫。国家的纷扰，外间的刺激，只应该增加你求学的热心与兴趣，而不应该引诱你跟着大家去呐喊。呐喊救不了国家。即使呐喊也算是救国运动的一部分，你也不可忘记你的事业有比呐喊重要十倍百倍的。你的事业是要把你自己造成一个有眼光有能力的人才。

你忍不住吗？你受不住外面的刺激吗？你的同学都出去呐喊了，你受不了他们的引诱与讥笑吗？你独坐在图书馆里觉的难为情吗？你心里不安吗？——这也是人情之常，我们不怪你；我们都有忍不住的时候。但我们可以告诉你一两个故事，也许可以给你一点鼓舞：——

德国大文豪葛德［哥德］（Goethe）在他的年谱里（英译本页一八九）曾说，他每遇着国家政治上有大纷扰的时候，他便用心去研究一种绝不关系时局的学问，使他的心思不致受外界的扰乱。所以拿破仑的兵威逼迫德国最厉害的时期里，葛德天天用功研究中国的文物。又当利俾瑟之战的那一天，葛德正关着门，做他的名著*Essex*的“尾声”。

德国大哲学家费希特（Fichte）是近代国家主义的一个创始者。然而他当普鲁士被拿破仑践破之后的第二年（1807）回到柏林，便着手计划一个新的大学——即今日之柏林大学。那时候，柏林还在敌国驻兵的掌握里。费希特在柏林继续讲学，在很危险的环境里发表他的《告德意志民族》（*Reden an die deutsche nation*）。往往在他讲学的堂上听得见敌人驻兵操演回来的笳声。他这一套讲演——《告德意志民族》——忠告德国人不要灰心丧志，不要惊皇失措；他说，德意志民族是不会亡国的；这个民族有一种天赋的使命，就是要在世间建立一个精神的文明，——德意志的文明：他说，这个民族的国家是不会亡的。

后来费希特计划的柏林大学变成了世界的一个最有名的学府；他那部《告德意志民族》不但变成了德意志帝国建国的一个动力，并且成了十九世纪全世界的国家主义的一种经典。

上边的两段故事是我愿意介绍给全国的青年男女学生的。我们不期望人人都做葛德与费希特。我们只希望大家知道：在一个扰攘纷乱的时期里跟着人家乱跑乱喊，不能就算是尽了爱国的责任，此外，还有更难更可贵的任务：在纷乱的喊声里，能立定脚跟，打定主意，救出你自己，努力把你这块材料铸造成个有用的东西！

十四，八，卅一夜，在天津脱稿

（原载于《现代评论》1925年9月5日第2卷第39期）

五四运动纪念

一、五四运动之背景

中国加入欧战时，全国国民，皆抱负极大希望，以为从此以后，对外赔款，可以停付——至少可以停付五年；治外法权，可以废止；关税主权，可以收回。当时，日本人已先中国数年，加入战争，派遣军舰，专与东方的德国势力为难；接收青岛，续办胶济路，所有德国人在华的势力，居然落到他们手中去了。彼时中国人尚不如何着急，因为日本政府曾有表示，望此次接收，不过暂时之事，将来“终究归还中国”；不料到了第二年——一九一五年，日本非独不把山东方面的权利，交还中国，抑且变本加厉，增制许多条件，向中国下“哀的美敦书”[①]，强迫中国承认，中国无法，只能于五月九日签字承认。于是中日二国的感情，越弄越坏，坏到不可收拾了。

中国正式加入欧战，是一九一七年。前此之时，虽有华工协助协约国与德国开衅；但未经中国政府正式表示，到了一九一七年，

① 源于拉丁语 ultimatum 的音译，意为“最后的通牒”。——编者

中国政府，公然向德绝交，向德开战。翌年十一月十一日，德国终于失败了，一种代表军国主义和武力侵略主义的势力，终于被比较民治化的势力屈服了，欧战遂此告终。全世界人皆大庆祝此双十一节，中国自亦受其影响。十一月十七那一天，所有北京城内的学校，一律停课，数万学生，结队游行，教育部且发起提灯大会，四五万学生，手执红灯，高呼口号，不可谓非中国教育界第一创举。影响所及，遂为以后的“五四运动”［埋］下一种子；故虽谓五四运动，直接发源于此次五六万人的轰轰烈烈的大游行，亦无不可。非独此也，教育部且于天安门一带，建筑临时讲台，公开演讲。事后北大停课三天，要求教育部把此临时讲台，借给北大师生，继续演讲三天。演讲时间，每人限以五分钟，其实，每人亦只能讲五分钟，因为彼时风吹剧烈，不到五分钟，讲员的喉咙，已发哑声，虽欲继续，亦无能为力了。因此，各人的演词，非常简括，却又非常精彩。此后在《新青年杂志》上所发表的如蔡元培的《劳工神圣》和我的《非攻》等篇，皆为彼时演词之代表。但有人要问，我们为什么要如此做呢？原来彼时北京政府，“安福俱乐部”初自日本借到外债六万万元，一时扬武耀威，非常得意。我们见之，虽有非议，亦无法可想，彼时既有教育部首先出来举行公开演讲，我们亦落得藉此机会，把我们的意见，稍微发泄发泄。后来，我因母丧离开北京，故未得亲自参加这个大运动的后半剧。

一九一九年一月十八日，交战诸国开和平会议于法国 Versailles［凡尔赛］宫中，中国人参加者，有政府的代表，有各政党的代表，又有用私人名义去参加者，以为美国威尔逊总统的十四点，必可实行，中国必能在和会之中，占据许多利益；至少，山东问题，必能从和会中得着满意的解决。然而威尔逊毕竟是一个学者的理想家，在政治上玩把戏，那里敌得过英国的路易乔治（David Lloyd George）及法国的克列孟梭［克里孟梭］（Clemenceau）这一班人呢？学者遇着“老虎”，学者惟有失败而已！

二、五四运动之发生

四月二十八日，国际联盟条文，正式成立，尚觉有点希望。过了二天，到了四月三十那一天，和会消息传出，关于山东方面的权利，皆付与日本，归日本处理。消息一到，前此满腔热望，如此完全失望了！全国愤怒，莫能遏制，于是到了五月四日那一天，学生界发起北京全体学生大会，开会以后，到处游行（外传北京学生会曾向东交民巷各公使馆表示态度说不确）。后来，奔到赵家楼胡同曹宅，撞破墙壁，突围而进，适遇章宗祥在那里躲避不及，打个半死，后脑受着重伤；当场即被捉去学生二三十人，各校皆有，各校校长暨城内绅缙名流，皆负责担保。后来消息传到欧洲，欧洲代表团，亦大受感动。同时更用恐吓手段，打电报给我国出席总代表陆徵祥，如果他糊里糊涂的在山东问题条文中签了字，他的祖宗坟墓，一概将被掘；外交团迫于恐吓，自不敢轻意签字了。于是在五月十四日那一天，中国代表团，又在和会内重新提出"山东问题"，要求公平办法，始终没有得着好的结果，而中国代表亦始终没有签字，所以然者，实因当时留欧中国学生界，亦有相当的运动，包围中国公使馆不许中国官员擅自签字之故。可是这样一来，当时办教育的人，就棘手了，好在他们亦不欲在这种腐败的政府下供职，于是教育部中几个清明的职员及北大校长蔡先生等人，相继辞职。那时，政府正痛恶那一班人，他们既欲辞职，亦不挽留。然而当时的学生界怎能任这一班领袖人物，轻轻引退呢？于是大家主张挽留。为欲营救被捕的学生，为欲挽留被免的师长，同时又要继续伟大的政治运动，故自五月二十日起，北京学校，一律罢课，到处演讲，诸如前门大街等热闹地方，皆变成学生的临时讲场了；对于城内交通，不无影响，于是北京军警，大捕学生。但军警捕捉学生越着力，学生的气焰，越加热烈，影响所及，全国学生，相率罢课，天津的学生界，于五月二十三日，宣布罢课；济南的学生界，于二十四日宣布罢课；上海的学生界，于二十六日宣布罢课；南京的学生界，于二十七日宣布罢课；后来连到军阀的中心势力所在保定学生界，亦于二十八日决议罢课；向者为北京学生界的爱国运动，今其势力，已风动全国学生界，而变成全中国的学生运动了。同时北京被捕的学生，亦益发增多，城内的拘留所，皆拘满了，一时无法，就把北大第三院，改成临时拘留所，凡遇着公开讲演的学生，军警辄把枪一挥，成群的送入北大第三院内，院之四周，坚筑营盘，昏夜看守。后来第三院的房子内住不下了，又把第二院一并改为临时拘留所。斯时杜威博士适到北京，我领他去参观就地的大监狱，使他大受感动。后来，忽有一天，到了六月三号那一天，院外的营盘，忽然自动撤销了，看守的军警，各自搬场了，一时不知其故，后来才明白上海学生界，即在六月三号那一天，运动商界，一律罢市三天，并要求政府罢免曹、陆、章三人的职务。政府见来势凶险，无法抵抗，终于屈服下来；自动撤销营盘，自动召回军警，即是政府被人民屈服的证据，而曹、陆、章三人，亦于同日被政府罢免掉了。此为五月四日到六月三日几近一月中间的故事，最后的胜利，终于归属学生界了。

三、五四运动之影响

如今且约略考究五四运动的影响，它的影响，计有二方面：一为直接的影响，一为间接的影响。直接的影响，能使全国人民，注意山东问题，一面禁止代表签字；一为抵制日货，抵制日货的结果，许多日本商人，先后破产，实予以重大打击，故日本野心家，亦渐生戒惧之心了；再加上其他友国的帮助，故于一九二一年“华盛顿会议”中，当中国代表重新提出山东问题时，中国着实占点便宜。其结果，日本终于把山东方面的权利，“终究交还中国”了。

至于间接的影响，那就不能一样一样的细说了！

第一，五四运动引起全国学生注意社会及政策的事业。以前的学生，不管闲事，只顾读书，政治之好坏，皆与他们无涉。从此运动以后，学生渐知干预政治，渐渐发生政治的兴趣了。

第二，为此运动，学生界的出版物，突然增加。各处学生皆有组织，各个组织皆有一种出版物，申述他们的意见。单说民国八年一年之内，我个人所收到的学生式的豆腐干报，约有四百余份之多，其他无可论了。最奇怪的，这许多报纸，皆用白话文章发表意见，把数年前的新文学运动，无形推广许多。从前我们提倡新文学运动，各处皆有反对，到了此时，全国学生界，亦顾不到这些反对，姑且用它一用再讲，为此“用它一用”的观念的结果，新文学的势力，就深深占入学生界的头脑中去了，此为五四运动给予新文学的影响。

第三，五四运动更予平民教育以莫大影响。学生注意政事，就因他们能够读书，能够看报之故。欲使平民注意政事，当亦使他能够读书，能够看报；欲使平民能够读书，能够看报，唯一的方法，就在于教育他们。于是各学校中，皆创立一个或数个平民学堂，招收附近平民，利用晚间光阴，由各学生义务教授；其结果，平民教育的前途，为之增色不少。

第四，劳工运动亦随五四运动之后，到处发生。当时的学生界，深信学生一界，势力有限，不能做成大事，欲有伟大的成就，非联合劳工各界，共同奋斗不可。但散漫的劳工，不能发生何种势力，欲借重之，非加以组织不可，于是首先与京汉路北段长辛店的工人商议，劝其组织工会，一致奋斗。一处倡之，百处和之。到了今日，各处城市，皆有工会组织，推原求本，当归于九年以前的五四运动。

第五，妇女的地位亦因五四运动之故，增高不少。五四运动之前，国内无有男女同学之学校，那时，妇女的地位，非常低微。五四运动之后，国内论坛，对于妇女问题，渐生兴趣，各种怪论，亦渐渐发生了，习而久之，怪者不怪，妇女运动，非独见于报章杂志，抑且见诸实事之上了！中国的妇女，从此遂跨到解放的一条路上去了。

第六，彼时的政党，皆知吸收青年分子，共同工作。例如进步的党人，特为青年学生，在他们的机关报上，辟立副刊，请学生们自由发表意见。北京《晨报》的副刊，上海《民国日报》之“觉悟”，即其实例。有的机关，前时虽亦有副刊，唯其主要职务，不外捧捧戏子，抬抬妓女，此外之事，概非所问；五四以后，他们的内容，完全改变了：诸如马克思、萧伯纳、克鲁泡特金等名词，皆在他们的副刊上，占着首席地位了。

其在国民党方面，此种倾向，益觉显著。论日报，则有《民国日报》的各种副刊；论周报，则有《星期评论》；论月刊，则有《建设》杂志等等；其影响于青年学生界者，实非微事。非独此也，他们并于民国十三年中国国民党改组之际，正式承认吸收少年分子，参加工作，此种表示，亦因受着五四运动的影响之故，就中尤以孙中山先生最能体验五四运动的真意义。彼于一九二〇年正月九日那一天，写信给海外党部，嘱以筹金五十万，创办一个最大的与最新式的印刷机关，其理由，则为：

> 自北京大学学生发生五四运动以来，一般爱国青年，无不以革新思想为将来革新事业之预备；于是蓬蓬勃勃，发抒言论，国内各界舆论，一致同倡，各种新出版物，为热心青年所举办者，纷纷应时而出，扬葩吐艳，各极其致。社会遂蒙绝大之影响。虽以顽劣之伪政府，犹且不敢撄其锋。此种新文化运动，在我国今日，诚思想界空前之大变动，推原其始，不过由于出版界之一二觉悟者，从事提倡，遂至舆论放大异彩，学潮弥漫全国，人皆激发天良，誓死为爱国之运动。倘能继长增高，其将来收效之伟大且久远者，可无疑也。吾党欲收革命之成功，必有赖于思想之变化，兵法攻心，语曰革心，皆此之故；故此种新文化运动，实为最有价值之事。
>
> ——孙中山先生《致海外国民党同志书》

孙先生看出五四运动中的学生，因教育的影响，激于义愤，可以不顾一切而为国家牺牲；深信思想革命，在一切革命中，最关紧急；故拟创办一个最大的与最新式的印刷机关，尽量作思想上的宣传工夫；即在他自身的工作上，亦可看出这一点来。民国八年以前，孙先生奔走各处，专心政治运动，对于著作上的工作，尚付阙如，只有《民权初步》及《实业计划》二部分的著作，于民国八年以前作成；民国八年以后，他的革命方向，大大转变了，集中心力，专事著作，他的伟大著作，皆于此时告成。这是什么缘故呢？就因为他认定思想革命的势力，高过一切，革命如欲成功，非先从思想方面入手不可，此种倾向，亦就因为受着五四运动的影响的结果。

五四运动为一种事实上的表现，证明历史上的一大原则，亦可名之曰历史上的一个公式。什么公式呢？

凡在变态的社会与国家内，政治太腐败了，而无代表民意机关存在着；那末，干涉政治的责任，必定落在青年学生身上了。

这是一个最正确的公式，古今中外，莫能例外，试观中国的历史，东汉末年，宦官跋扈，政治腐政，朝廷上又无代表民意的机关，于是有太学学生三万人，危言正论，不避豪强；其结果，终于造成党锢之祸，牵连被捕死徙废禁的，不下六七百人。又如北宋末年，金人南犯，钦宗引用奸人，罢免李纲以谢金人，政治腐败，达于极点，于是有太学生陈东及都人数万，到阙下请复用李纲，钦宗不得已，只好允许了。又如清末“戊戌政变”，主动的人，即是青年学生；革命起义，同盟会中人，又皆为年青的学生；此为中国历史上的证据。又观西洋历史，中古时代，政治腐化，至于极点，创议改革者，即为少年学生；一八四八年，为全欧革命的一年，主动的人皆为一班少年学生，到处抛掷炸弹，开放手枪，有被执者，非遭死戮，即被充军，然其结果，仍不能压倒热烈的青年运动，亦唯此种热烈青年运动，革命事业，才有成功之一日。是以西洋的历史，又足以证明上面所说的一个公式。

反转来讲，如果在常态的社会与国家内，国家政治，非常清明，且有各种代表民意的机关存在着；那末，青年学生，就无需干预政治了，政治的责任，就要落在一班中年人的身上去了。试观英美二国的青年，他们所以发生兴趣，只是足球、篮球、棍球等等，比赛时候，各人兴高采烈，狂呼歌曲；再不然，他们就寻找几个女朋友，往外面去跳舞，去看戏，享尽少年幸福。若有人和他们谈起政治问题，他们必定不生兴趣，他们所作的，只是少年人的事。他们之所以能够安心读书，安心过少年幸福者，就因为他们的政治，非常清明，他们的政治，有中年的人去负责任之故。故自反面立论，又足证实上面所讲的历史上的公式。

自从五四运动以来，中国的青年，对于社会和政治，总算不曾放弃责任，总是热热烈烈的与恶化的挣扎；直到近来，因为有些地方，过分一点，当局认为不满，因而丧掉生命的，屡觏不鲜。青年人的牺牲，实在太大了！他们非独牺牲学业，牺牲精神，牺牲少年的幸福，连到他们的自己的生命，一并牺牲在内了；而尤以二十五岁以下的青年学生，牺牲最大。例如前几天报上揭载武汉地方，有二百余共产党员，同时受戮，查其年龄，几皆在二十五岁以下，且大多数为青年女子。照人道讲来，他们应该处处受社会的保障，他们的意志，尚未成熟，他们的行动，自己不负责任，故在外国，偶遇少年犯罪，法官另外优待，减刑一等，以示宽惠。中国的青年，如此牺牲，实在牺牲太大了！为此之故，所以中国国民党在第四次全体会议中所议决的中央宣传部宣传大纲内有一段，即有禁止青年学生干预政治的表示。意谓年青学生，身体尚未发育完全，学问尚无根底，意志尚未成熟，干预政治，每易走入歧途，故以脱离政治运动为妙。

（胡适 1928 年 5 月 4 日演讲于上海光华大学，文浒记录。原载《民国日报·觉悟》副刊 1928 年 5 月 5 日）

论学潮

六月二十七日平津国立院校教职员联合会发表了一个解决学潮的提案，其中列举学潮的十种原因，并且提出六项消弥〈弭〉学潮的办法。这提案是教育界中人谈教育界自身的状况，所以颇有亲切中肯的话。他们提出的消弥〈弭〉学潮的办法是：

(1) 用人应由考试。

(2) 宽筹经费以充实学校内容。

(3) 慎选校长。

(4) 保持师道之尊严。

(5) 实行校章以整饬学校之风纪。

(6) 禁止学生作政治活动。

平津院校教职员联合会所举学潮的十种原因，可以归并作这几种：

(1) 经费不足，又不按期拨付，故学校不能安定。

(2) 校长与教职员不够领导学生，故学校风纪不能整顿。

(3) 国家政治不能满人意，故青年倾向政治活动。

(4) 国家用人不由考试，故青年不看重学业成绩。

第一项原因，是大家公认的。消弥〈弭〉的办法，今日还谈不到"宽筹经费"，只要政府能依预算按期发足，已可以使学校安定了。经费不能按期发足，甚至于拖欠至半年以上；在这种状况之下，校长简直不能责成教职员上课办公，那里还谈得上执行纪律和严格考查成绩？经费最困难的学校，如北平的师大，如南京的中大，校长一席几乎无人敢就。师大与中大近来的校长问题，其实背后都是一个经费问题。（师大徐炳昶先生辞职由于经费领不到；中大任鸿隽先生不就，由于经费无办法；青大杨振声先生月前辞职，也由于经费问题。）所以我们说：政府如有诚意收拾学潮，整顿学风，第一件任务应该做到不拖欠教育经费。全国国立学校的经费每月约一百万元，全年一千二百万元，在政府全年收入六万余万元之中不过百分之二。政府无论如何窘迫，不应该连这戋戋之数都不能筹划指定。

学潮的第二个原因是校长不得人，这也是政府的责任。去年一月六日行政院下了一道整饬学风令，其中曾说："校长经政府慎重选择而后任命，反对校长即无异反对政府！"这道命令颁布以后，各大学反对校长的风潮仍旧继续不绝，所以者何？岂不还是因为校长往往不是"慎重选择而后任命"的吗？政府应该慎重选择官吏，人民反对官吏即无异反对政府。然而政府若任命了一些贪官污吏，难道人民不应该反对吗？政府应该觉悟：一个吴南轩可以造成学潮，而一个翁文灏可以收拾学潮。用大学校长的地位作扩张一党或一派势力的方法，结果必至于使学校的风纪扫地，使政府的威信扫地。此一原则不但限于国立大学，凡用政治势力来抢私立学校的地盘，或抢各省市教育厅长局长的地盘，都是制造风潮，自堕政府的威信而已。

学潮的第三个原因是学生不用功做工课。为什么不用功呢？因为在这个变态的社会里，学业成绩远不如一纸八行荐书的有用。学业最优的学生，拿着分数单子，差不多全无用处：各种职业里能容纳的人很少，在这个百业萧条的年头更没有安插人的机会；即有机会，也得先用亲眷，次用朋友，最后才提得到成绩资格。至于各种党部，衙门，机关，局所，用人的标准也大概是同样的先情面而后学业。即使有留心人才的人，学识资格的标准也只限于几项需用专门人才的职务，那些低薪职务——所谓人人能做的——几乎全是靠荐引来的。学业成绩本不全是为吃饭的；然而有了学业成绩而仍寻不着饭碗，这就难叫一般人看重学问工课了。所以平津教职员会提出“用人应由考试”的办法，自然是不错的。不过考试不是指戴院长所办的考试，应该是考试原则的普遍实行。约略举列，可以说有这几点：

（1）凡政府机关，除专门人才可由学术机关推荐酌量免试之外，一切人人可做之普通职务（从工友门房到科员书记）必须经过考试，并且要把考试成绩和各人在学校的成绩合并平均计算。

（2）凡公家机关的职员必须实行回避亲属之法，有犯者应去职。合资的公司也应该适用回避法。

（3）严格的保持海关邮务等处已有的考试用人制度。

（4）凡考试任用的人，除非有溺职的行为，不得随长官的喜怒而更动；其升迁皆应该有常法。

学潮的第四个原因，诚如平津教职员会所提示，是由于国家政治不能满人意。凡能掀动全国的学潮，都起于外交或政治问题。这是古今中外共同的现象：凡一国的政治没有上轨道，没有和平改换政权的制度，又没有合法的代表民意的机关，那么，鼓动政治改革的责任总落在青年知识分子的肩膀上。汉宋的太学生危言谠议，明末的东林复社，清末的公车上书和革命运动，都是最明显的例。外国也是如此的：欧洲中古的学生活动，一八四八年的全欧革命潮，土耳其，俄罗斯，波兰，以至印度朝鲜，那一次不是上述公式的例子？所以有人责备某党某派利用学生作政治活动，那还是皮相的观察。即使无人利用，青年学生的政治活动也是免不了的。因为青年人容易受刺激，又没有家眷儿女的顾虑，敢于跟着个人的信仰去冒险奋斗，所以他们的政治活动往往是由于很纯洁的冲动，至少我们可以说是由于很自然的冲动。这种冲动既是很自然的，救济的方法决不能依靠平津教职员提议的“禁止学生作政治活动”的方案。禁止是无用的：前清末年禁止革命，有何效果？近年禁止共产党，又何有效果？平津教职员会还是主张由政府禁止呢？还是由学校禁止呢？在我们看来，这两方面都没有禁止学生政治活动的有效方法。我们考虑这个问题，觉得只有因势利导的一条路还不失为教育事业中人值得一试的一条路。所谓因势利导，只是要引导这很自然的政治兴趣，使它走向有教育训练的方向，好养成真能担负政治责任的能力与习惯。说的具体一点，我们提议这几点：

（1）学校对于一切政治派别，应该有同一的公道待遇，不应该特许某一党派公然挂招牌设区分部，而不许别的党派作政治活动：但同时学校也应该教导学生彼此互相尊重异己的主张。彼此尊重异己的主张是政治生活的首要条件，但在一党一派特别受特殊优待之下，这种态度和习惯是不会发生的。

（2）学校应该提倡负责任的言论自由：凡用真姓名负责发表言论文字，无论如何激烈，都应该受学校的保障，但不负责任的匿名刊物是应该取缔的。负责任是自由的代价。肯负言论责任的人，方才配争自由，方才配做政治活动。

（3）学校应该研究学生团体的组织法，指出他们的缺陷，引导他们改善组织，使多数学生能参加有组织有训练的团体生活，养成政治生活必需的组织能力。这种能力的养成，应该从小学中学时代训练起。孙中山先生认会议规则为民权初步，真是有见地的话。平日没有团体组织的训练，组织又素不健全，一旦有非常事故，自然极少数的小组织可以操纵全学校的命运。徐旭生先生有一天对我说：“看了中央大学等处的学潮，使我们对于中国民治的前途很怀疑。”我对他说：“此等风潮都不是民治之过，全都是没有民治之过。”凡有真正民治精神的学生组织，我敢保它不会闹风潮；即有风潮，也决不会是无意识的胡闹。

廿一，七，十

（原载于《独立评论》第9号，1932年7月17日）

为学生运动进一言

我在十五年前，曾提出一条历史的公式：

> 在变态的社会国家里，政治太腐败了，国民又没有正式的纠正机关（如代表民意的国会之类），那时候，干预政治的运动一定是从青年的学生界发生的。

这条公式是“古今中外”都可以适用的。从东汉北宋的太学生干涉政治，直到近年的“公车上书”，留学生组织革命党，五四运动，民十三以后的国民革命，共产党运动等等，这都是“古今一例”的。从中国两千年的学生干政，到欧洲各国最近三百年中的种种政治革命与社会革命，到眼前全世界的各种学生干政运动（例如连日报纸所记埃及学生的排英运动），也都是“中外一理”的。

这个道理是很明显的。中年老年的人，壮气早消磨了，世故深了，又往往有身家之累，所以都容易采取明哲保身的态度，不肯轻易参加各种带有危险性的政治活动。只有少年学生的感情是容易冲动的，胆子是大的；他们没有家室之累，理智也不曾完全压倒情绪，所以他们一受了义愤的鼓动，往往能冒大险，做出大牺牲，不肯赡〈瞻〉前顾后，也不能迟徊犹豫。古今中外，同是一样的。

懂得了这一条很浅近的历史公例，我们就应该明白，这几年中国国难之下青年学生的沉寂只是一种变态，而不是常轨。这沉寂的原因，一部分固然是自身能力脆薄的觉悟，一部分还是政治势力的压抑。绝大多数学生确然觉悟了这回国难的空前严重性，觉悟了口号标语游行示威的绝对无力，所以他们决心向图书馆实验室里去寻求他们将来报效国家的力量。然而这不是近年学生界沉寂的主因，因为这一类学生本来是沉寂的，他们压根儿就不是闹政治运动的材料，凡是干政运动总是少数“好事”“好动”的青年们鼓动起来的。而近年“特务机关”的密布，秘密告讦的盛行，往往使各地学校里的好事分子销声匿迹。此项政治活动的策动人物的被压抑，似是近年学生界沉寂的主要原因。

一个开明的政府应该努力做到使青年人心悦诚服的爱戴，而不应该滥用权力去摧残一切能纠正或监督政府的势力。在外患最严重压迫的关头，在一个汉奸遍地的时势，国家最需要的是不畏强御的舆论和不顾利害的民气。我们这个国家今日所缺少的，不是顺民，而是有力量的诤臣义士。因此，近年政府钳制独立舆论和压迫好动的青年的政策，我们都认为国家不幸的事。

我们试回头想想，在三四年前，我们还能自信，国家的军备不能作战时，我们还有经济的武器可以使用。如今呢？可怜我们只许谈经济的提携了！这一项经济的武器的失其效能，一半由于没有政府的后盾，一半也由于舆论和爱国青年的被钳伏。

今年五六月之间，华北受了压迫，报纸不登一条新闻，不发一句评论，全国青年睡在鼓里，无声无息的几乎丢了整个的华北！

独立的舆论，爱国的青年，都无声无息的时候，所谓“自治”运动却公然抬头露面了。这是必然的结果。偌大的地面早已成了“无人之境”，奸人们还不公然活动，更待何时！

所以十二月九日北平各校的学生大请愿游行，是多年沉寂的北方青年界的一件最可喜的事。我们中年人尚且忍不住了，何况这些血气方刚的男女青年！

那一天下午三点多钟，我从王府井大街往北去，正碰着学生游行的队伍从东安门大街往南来。人数不算多，队伍不算整齐，但我们望见他们，真不禁有“空谷足音”之感了。

那一天的学生反对“自治”大请愿，虽然平津各报都不许记载，（《大公报》虽然登了，但因禁令还未解除，北平看不见。）却是天下皆知的壮举。天下人从此可以说，至少有几千中国青年学生是明白表示不承认那所谓“自治”的傀儡丑戏的。

但是九日以后，各校学生忽然陆续有罢课的举动，这是我们认为很不幸的。

罢课是最无益的举动。在十几年前，学生为爱国事件罢课可以引起全国的同情。但是五四以后，罢课久已成了滥用的武器，不但不能引起同情，还可以招致社会的轻视与厌恶。这是很浅显的事实，青年人岂可不知道？

罢课不但不能丝毫感动抗议的对象，并且决不能得着绝大多数好学的青年人的同情。所以这几天鼓动罢课的少数人全靠播弄一些无根的谣言来维持一种浮动的心理。城内各校传说清华大学死了一个女生；城外各校传说师范大学死了一个女生。其实都是毫无根据的谣言。这样的轻信，这样的盲动，是纯洁的青年学生界的耻辱。捏造这种谣言来维持他们的势力的人，是纯洁的青年运动的罪人。

我们爱护青年运动的人，不忍不向他们说几句忠告的话。

第一，青年学生应该认清他们的目标。在这样的变态政治之下，赤手空拳的学生运动只能有一个目标，就是用抗议的喊声来监督或纠正政府的措施。他们的喊声是舆论，是民意的一种表现。用在适当的时机，这种抗议是有力量的，可以使爱好的政府改过迁善，可以使不爱好的政府有所畏惧。认清了这一点，他们就可以明白一切超过这种抗议作用（舆论作用）的直接行动，都不是学生集团运动的目标。

第二，青年学生应该认清他们的力量。他们的力量在于组织，而组织必须建筑在法治精神的基础之上。法治精神只是明定规律而严守他。一切选举必须依法，一切讨论必须使人人能表现其意见，一切决议必须合法。必须如此，然后团体的各个分子可以心悦诚服，用自由意志来参加团体的生活。这样的组织才有力量。一切少数人的把持操纵，一切浅薄的煽惑，至多只能欺人于一时，终不能维持长久，终不能积厚力量。

第三，青年学生应该认清他们的方法。他们都在受教育的时代，所以一切学生活动都应该含有教育自己训练自己的功用。这不是附带的作用，这是学生运动的方法本身。凡自由的发表意见，虚心的研究问题，独立的评判是非，严格的遵守规则，勤苦的锻炼身体，牺牲的维护公众利益，这都是有教育价值与训练功用的。此外，凡盲从，轻信，武断，压迫少数，欺骗群众，假公济私，破坏法律，都不是受教育时代的青年人应该提倡的，所以都不是学生运动的方法。团体生活的单位究竟在于健全的个人人格。学生运动必须注意到培养能自由独立而又能奉公守法的个人人格。一群被人糊里糊涂牵着鼻子走的少年人，在学校时决不会有真力量，出了校门也只配做顺民，做奴隶，而已。

第四，青年学生要认清他们的时代。我们今日所遭的国难是空前的大难，现在的处境已够困难了，来日的困难还要千百倍于今日。在这个大难里，一切耸听的口号标语固然都是空虚无补，就是在适当时机的一声抗议至多也不过临时补漏救弊而已。青年学生的基本责任到底还在平时努力发展自己的知识与能力。社会的进步是一点一滴的进步，国家的力量也靠这个那个人的力量。只有拼命培养个人的知识与能力是报国的真正准备工夫。

（原载于《大公报》“星期论文”，1935 年 12 月 15 日）

再论学生运动

我在《为学生运动进一言》一篇里，曾指出："一个开明的政府应该努力做到使青年人心悦诚服的爱戴，而不应该滥用权力去摧残一切能纠正或监督政府的势力。"我也指出十二月九日北平学生反对"自治"的大请愿游行是"天下皆知的壮举"。

但同时我也指出：九日以后各校学生陆续罢课是"很不幸的"，是"最无益的举动"。我很诚恳的指出，"罢课不但不能引起同情，还可以招致社会的轻视"；"不但不能丝毫感动抗议的对象，并且决不能得着绝大多数好学青年的同情"。

北平学校罢课至今还不曾停止。从十二月九日到我写此文的时候，已是整整两个星期了。在这个时期中，十二月十六日，北平学生又有一次大规模的示威游行，参加的人数有五六千人。不幸军警当局手忙脚乱的弹压制止，在许多地点滥用武器打伤学生多人，刺伤学生多人，受伤的总数约近一百人。有些受伤较重的学生至今还在医院里。据公安局的宣布，警察受伤的也有二十余人。十六日以前，罢课的形势颇有收束的可能；十六日的惨剧，虽然没有因伤死亡的学生，却给了无数学生一种重大的刺激，同时也给了全国人一种绝大的震动。十八日以后，南京、天津、上海、武汉、广州各地的学生也都有大规模的请愿游行；但因为军警用和平手段维持秩序，所以各地都没有发生什么冲突。迄今日为止，各地还没有长时间罢课的表示。北平各校虽有各大学校长的两次劝告同学复课书，罢课的风潮已蔓延到全市中学。十二月二十一日起，各市立和私立中学都被市政府命令提前放假了。各大学至今没有复课的消息。

关于北平两次学生游行的事，我们不能不认当局的处置是错误的。九日的请愿，何应钦部长应该命令军警妥为保护，应该亲自出来接见学生，劝慰学生回校；关在西直门外的学生，他应该亲自开城去见他们，接受他们的请愿，劝慰他们回去。何部长不应该避学生，不应该先一晚避往汤山。这是革命军人不应该做的事。十六日的示威游行，军警当局事先不知道学生游行的路线和目的地，——其实，据参加的一些学生自己的谈话，他们自己也很少知道游行的目的地和路线的！——军警在那天上午的手忙脚乱是可以原谅的。（凡大规模的游行，都应该在事前将路线和目的地通告警察机关，然后可以责成警察机关维持秩序。我在民国四年看见纽约市“妇女参政”的五十万人示威大游行，民国二十二年看见纽约市的“蓝鹰运动”五十万人大游行，都没有丝毫纷扰。凡事先没有此种接洽。或军警与游行者有点互相猜疑，都不免有纷扰的结果。）但军警在上午赶打已冲散的学生，用武器刺打徒手的学生，甚至于用刀背打女学生，用刀刺伤女学生，——这都是绝对不可恕的野蛮行为。那天晚上，八点以后，在顺治门外的军警用武器赶打已分散的男女学生，——更是最不可恕的野蛮行为。这都是穿武装的人们的大耻辱。

关于北平学生继续罢课，我们希望他们平心考虑北平各大学校长第二次劝告同学的话。蒋、梅、徐诸校长说：

> 我们对于青年同学爱国心的表现，当然是很同情的。但此等群众行动，有抗议的功用，而不是实际救国的方法。诸位同学都在求学时期，有了两次的抗议，尽够唤起民众昭告天下了。实际报国之事，决非赤手空拳喊口号发传单所能收效。青年学

生认清了报国目标，均宜努力训练自己成为有智识有能力的人才，以供国家的需要。若长此荒废学业，虚掷光阴，岂但于报国救国毫无裨益，简直是青年人自放弃其本身责任，自破坏国家将来之干城了。

我们也希望青年学生留意全国舆论界的表示。例如今天《大公报》的短评说：

凡中国人而有天良者，对于学生只有感动与悲愧，但不能不劝告［他们］从速复课。……请愿的目的为拥护国权。政府已接受了，表明正在努力。那么，［他们］只有一面监视着政府，一面上课。……全世界听见中国青年的呼声了！国难方长，学问上的责任也不容放弃呀！

青年学生要明白，全国舆论对于他们的抗议是完全热烈的表同情的，但对于他们的罢课是绝对不表同情的。我上回说的“罢课不但不能引起同情，还可以招致社会的轻视与厌恶”，正是要指出这一点。果然，这几天全国的舆论都是反对罢课的。如果青年人不能接受这样恳切的劝告，他们决不能避免社会的轻视与厌恶的！

所以我们爱护青年的人，不忍不向他们提出一个建议：我们不但希望他们即日复课，并且希望他们请求学校当局取消本学年的年假和寒假，以供补课及考试之用。已提前放假的各校学生，也应该请求学校提早开学，并取消年假和寒假。

廿四，十二，廿二夜

（原载于《独立评论》第183号，1935年12月29日）

"五四"广播词

全国的青年，全国的同胞。

我在这整整五年里，没有发表过一篇国语的文字，没有发表过一篇国语的演说。今天有这机会向全国广播，我感觉十分高兴。

今天是"五月四日"，是"五四"运动的第二十三周年的纪念。二十三年前，巴黎和平会议不顾中国政府和国民的意志，向日本作绝大的屈伏，把山东问题交给日本支配。这个消息传到了中国，北京的学生在天安门前开抗议的大会，作示威的游行。这一群学生整队走到东城赵家楼要见当时的外交总长曹汝霖，曹汝霖关了大门，不肯见他们。他们打进门去，找不到曹汝霖，打伤了驻日本公使章宗祥。

这个事件在历史上叫做"五四运动"。这个学生运动，发动在北京，引起了全国的响应。全国学生罢课，全国的商人罢市，全国的公共团体纷纷打电报给政府，给巴黎的中国代表团，不准他们接受巴黎和约。在欧洲的中国学生和工人组织了监察队，把中国代表的住宅包围起来，整日整夜的监视着他们，不准他们出席去签字。

巴黎和约中国没有签字，留下了法律的根据，作为后来华盛顿会议和平解决山东问题的地步。这是"五四运动"在中国历史上在中日外交史在世界历史上的意义。

今天是“五四运动”的第廿三年，是我们对日本抗战的第五十八个月，是第二次世界大战的最吃紧关头。我们在这个日子纪念“五四”，当然不是要回想过去，是要借过去来比较现在，使我们可以明白现在，了解将来。

我们全国国民在这个时候最关心的当然是这一次世界大战争的结果如何，和我们国家民族的前途如何。

第一，我可以毫不迟疑的告诉你们，这次大战的最后胜利一定是属于我们和我们的同盟国。眼前的吃亏，败挫都只是暂时的，都不必忧虑。我在最近三个月内，走了一万五千英里的路，亲眼看见美国全国上下一致的努力作战时生产的工作，亲眼看见全国的工业在短时期内完全改成了战时工业。飞机，坦克车，军火的生产量现在已经赶上轴心国家的生产量了。就是最困难的造船工业，美国也在拼命的发展。美国今年可以造成八百万吨的船，明年可以造成一千万吨的船。我昨天刚从 Rocky Mountains［落基山脉］飞回来，我可以告诉你们现在美国高山上也在造船了！这样的生产力量，有了运输，我们的同盟国的最后胜利是绝对无可疑的。

第二，对于战后的世界，我也毫不迟疑的说，我们必定可以期望一个新的世界和平，新的世界秩序。这一次大战的敌人和朋友，分的最清楚，和上次大战有根本的不同。一来是日本成了同盟国的公敌；二来是我们中国这五年来是一个主要的作战国家；三来是我们二十六个同盟国家从没有订立什么出卖别国主权利益的秘密条约；四来是我们的同盟国曾宣布接受罗斯福大总统和邱吉尔首相的八条《大西洋约章》（*ATLANTIC CHARTER*），以后的世界和平总可以用这八条原则做蓝本。有了这四点大不同，我们可以放心大胆的期望，在这次战争结束以后，不但完全做到我们中华民国在世界上的自由平等，并且要建立一个和平的，公道的，繁荣的，快乐的世界。

最后，第三，我们国家民族，在蒋委员长的领导之下，经过这多年的抗战，取得了受世界敬仰的地位，以后我们的责任也就更重大了。

这廿多年世界和平的局面是日本“九一八”一炮打碎了的。但是全世界抵抗强暴，抵抗侵略者的精神是我们中华民族的血重新建树起来的。所以罗斯福大总统四月廿八夜的广播词里曾说：“我们要记得中国是第一个民族起来抵抗侵略的。这个打不倒的中国，在将来，不但对于东亚的和平与繁荣，并且对于全世界的和平与繁荣，都要担负相当的责任。”全国的青年，全国的同胞，不要忘了我们的朋友罗大总统对我们的期望。我们在这辛苦血汗的抗战期间，都应该想想我们国家民族在将来的世界上可以负担的责任。我们不但要从多年抗战里出来建立一个新的国家，新的文明，我们还得尽我们的能力，帮助全人类维持全世界的和平公道，增进全世界的繁荣，提高全世界的共同文化。我们古代哲人本来曾说过：“先天下之忧而忧，后天下之乐而乐。”我们要拿出这种精神来担负将来的大责任。

（胡适 1942 年 5 月 4 日在华盛顿对国内的广播。录自《胡适全集》第 22 卷，安徽教育出版社 2003 年版）

“五四”运动是青年爱国的运动

问：今日是“五四”运动纪念日，我想请问胡先生，“五四”的起因是什么？

答：安先生，你年纪太轻啦，连“五四”运动的起因都不知道吗？“五四”运动，其实不是个运动，是在民国八年五月四日那一天所发生的一些事情，当初并没有什么运动，也没有什么计划。在“五四”的前几个月欧洲的第一次世界大战，就是民国七年的十一月十一日停战啦，叫双十一节。停战之后，就是第一次世界大战终了啦，于是参战的国家，筹备和会，在巴黎开和会，讲和的条件。那时候，就是民国八年春天，在巴黎的维赛亚皇宫开和会，中国的代表团也到啦。美国的代表团是威尔逊总统出席，在第一次世界大战终了的时候，美国的威尔逊大总统是全世界最受欢迎的，他有所谓改造世界的十四点主义，就是威尔逊的理想震动了全世界。大家都希望在这一次的世界大战的和会里边，总可以使新的世界来临。从前所谓不公道的，现在都可以变成公道的啦，从前所谓不合理的，现在都合理啦。所以那个时候大家还记得在北京的中央公园，有一个牌坊叫“公理战胜”。那时候大家都有一个梦想，人人都想，世界经过这么大的牺牲，经过几年的苦战，世界大战是从一九一四年到一九一八年，就是从民国三年到民国七年，四年多的血战，所以大家有一个理想，以为这一次世界大战完了，威尔逊的理想，可以满足那些受压迫的民族，新世界将来临。殊不知，我们到了三月四月才慢慢的感觉到，我们的理想不容易满足。威尔逊大总统到了和会里边，才晓得从前打仗的这些国家，都是东一个秘密的条约，西一个秘密的条约，都把那些弱小民族的、那些弱国一些的权利，在那些秘密条约里都答应人家，都出卖掉啦。等到美国在一九一七年参战，是民国六年，等到威尔逊的一股理想加入战争，殊不知道，许多国家都是有秘密的条约。比如影响我们中国的，就是日本在中国有许多权利，日本参战，她没有到欧洲去，她就是出兵在山东这边，把青岛、山东胶济铁路这个区域，尤其是青岛，德国人在中国的权利拿过去啦，比如是德国人抢去的权利，现在要给日本人，在中国这是个很大的问题。就是收回山东省内德国人当初以强迫中国拿去的权利，中国人要收回，废除这些不平等的权利。现在日本出兵从德国人手里拿去啦。这个山东问题，就是“五四”那一天的最重要的问题。到了四月底，消息慢慢的就不好啦，就是那时候，我们还希望山东问题，德国人的所有权利，现在我们参战啦，德国人打败啦，投降啦，德国人在山东的权利，应该还给中国。而日本人说我们出兵打来的，这个权利应该是我们的，在和会里讨论时应该交给日本人，让日本同中国来交涉。这是山东问题最重要的一个焦点。

到了四月底五月初的时候，消息慢慢的传出来啦，说是连美国的威尔逊总统，美国的代表团都不能帮我们的忙。所以我们在山东的权利，恐怕要吃亏啦。要由和会交给日本，由日本来同中国办交涉，我们这个弱国在日本人手里怎会能得到权利呢，怎能收回呢。我们不相信日本，不放心日本。结果这个消息在政府里边有人传出来，传到几位教育界的领袖，我们北京大学的校长蔡元培先生知道后，然后这个消息传出去给学生，学生就开会要求中国不承认日本取得山东的权利，我们还要继续要求山东失掉了的权利，如果做不到呢，我们的代表在巴黎的和约不应该签字。

“五四”运动，当时并不是运动，就是刚刚碰得巧在五月初，这消息才传出来，报上还没登出来，不过这秘密很可靠的，就是我们的代表团在巴黎的和会要失败啦，我们在山东的权利，从前德国人拿去的，现在日本人要抢去，而日本人不肯还给中国。和会交给日本，让中国自己想法子向日本交涉，这个中国人不承认，为了这个原故，那天开会，实在是抗议巴黎和会对于我们不公道的这种决定，这种秘密的消息传出来，北京的学生在天安门开会，各学校的学生，北京大学的学生领头，从开会［到会议结束］我有详细的记录。北京有十几个学堂，在民国八年五月四日的下午，有十几个学堂的学生，几千学生在天安门开会，人人手里拿着一面白旗写着“还我青岛”，真的问题是“青岛”，德国人占去啦，给日本人用兵力占去啦，现在日本人占据不还给中国，“还我青岛”是个大问题。其实不但青岛一处，整个山东，尤其胶济铁路这个区域，在山东省内德国人的权利，德国人用强力取得的权利，日本人拿去啦，所以那个时候，人人手里拿着白旗写着“还我青岛”，还要杀卖国贼曹汝霖、陆宗舆、章宗祥。曹汝霖是那个时候的外交总长，陆宗舆是那个时候最亲日的，尤其同日本借债很有关系，章宗祥是那个时候驻日本的代表，所谓“曹陆章”三个代表都是亲日派的，还有旗上写的“日本人的孝子贤孙”四大金刚这些人都要打倒。

五月四日那天是礼拜天，那个时候学生好，他们要开会的时候，不在上课的时候开会，都要在礼拜天开会。他们在天安门开会，整队出中华门，沿路发传单，后来走到东交民巷，那个时候，外国公使馆都在东交民巷，他们想到美国大使馆和其他国家的使馆去请愿，要求他们的政府主持公道。走过东交民巷再往东，这班人是示威游行，到了东单牌楼石大人胡同一直到赵家楼，赵家楼的曹汝霖的家里，预备去见曹汝霖，要求他主张不要签字。结果曹家的大门都关上啦，大家都喊叫啦，学生们都生气啦，外面有几百名警察，把守曹汝霖的家。这些学生有的爬到墙上去，有的一个站下面，一个站在他的肩头上，再爬上去就跑到曹汝霖的家里，北方的房子很容易爬进去，墙都是低的，没有楼房的。有人进去开了门，学生都冲进去啦，曹汝霖也找不到，后来找到一个在曹家吃中饭的客人，就是驻日本公使的章宗祥，就把他打了一顿，他受伤啦，在这个时候，恐怕是曹家的人一把火把房子烧啦，结果火起来啦，学生就跑啦。在路上不是排队，大家散啦，结果就抓了几十个学生，各学校的校长就保学生，把学生保出来。这样子，一方面学生罢课，还是继续反对巴黎和会，继续反对日本，到外面讲演。

“五四”本来就是为巴黎和会不公道的决定，与中国不利的决定，要抗议，这样子开始的，这么一闹下去，抓学生啦，因为学生还继续在外面开会讲演，就是抵制日货，中国没有力量打日本，有力量制日本经济的方面死命，就是我们中国人不买日货，抵制日货。后来中国政府的警察就干涉，结果学生越弄越多，一直闹下去，闹到六月，到了后来学生更多啦，差不多每条街上都有在那里讲演，就是不买日货，抵制日货，我们用经济力量打日本，继续收回我们的权利。要求我们的代表不接受巴黎和会的决定，不许签字。这样闹到六月，然后我们中国政府大规模的抓学生，有的时候一千两千的抓，关到北京大学的法科里面，就是法学院。这样一来，几千学生被抓，消息传出去，到了上海、南京、安庆这些地方，商人罢市，工人罢工，商店都关门啦，结果政府也屈服啦，把曹汝霖、陆宗舆、章宗祥三个人免职，这就是国内政治上的胜利。国外政治胜利呢？那个时候全国都响应，各公共团体，爱国的团体，各地方的商会、学会、教育会、同学会都打电报，无数的电报都打到巴黎和会去，不许中国代表签字，同时在欧洲中国留学生组织起来，组织监察队，监视中国代表团的行动，不许他们到巴黎和会去签字，结果中国代表团没有敢出席和会，因而在和约上没有签字。到第二年，第三年才在美国总统哈定另集所谓华盛顿会议，再重新提出中国的山东问题出来，然后我们收回了山东，收回了青岛的权利。这都是“五四”

运动学生出来抗议，不接受巴黎和会关于山东的决定，中国代表团没有接受巴黎的议和的条约，是可以说我们留下来这一条路，把山东问题，经过华盛顿会议，中国同日本交涉才把青岛、山东收回。这是所谓“五四”运动。当天的情形就是这么一回事。你问“五四”的起因要追到第一次世界大战，要追到前一年，前几个月十一月十一，就是民国七年停战，从停战才产生巴黎的和会，在美国参战以前有许多秘密条约。要打仗，要有力量，要找朋友，找同盟国家，结果是不妨把我们这个弱国的权利拿来卖掉了之后，才能抓住朋友，所以他们这些国家等于应许了日本某种某种的权利，是我们吃亏。幸而这时候青年学生在民国八年五月四日，在四十一年前的今天，这是“五四”运动本身是如此。

问：谢谢您这样详细告诉我们。

答：四十多年啦，大家都不记得啦，所以我讲得详细一点，很对不起。

（从“五四”运动谈文学革命）

问：“五四”运动有人比作“文艺复兴运动”，关于这一点，胡先生您一定有很深刻的见解，是不是可以请您谈一谈？

答：安先生，这件事不是这么简单，深刻不敢说。历史是很复杂的，这是很复杂的问题，我们那个时候一般人都年轻，二十多岁。远在“五四”以前，我们一般人还在外国留学的时候，一般年轻人注意中国文艺的问题、文学的问题、中国的文字问题、中国的教育问题、中国的思想问题、中国的社会问题，特别是中国的文学问题、文艺的问题。中国的文字很难，很难教、很难学，中国的文字是死的文字，死了两千年啦，语文是不一致。现在你们不觉得啦，在我们那个时候，小孩子念书，教科书都是古文写的，每一句话要翻译的，客气一点，叫讲书，讲书就是翻译，就是用现在的白话，翻译死了的古文，每一句话都是要翻译的。所以那个时候，是教育上的问题，教科书上的文字应该用什么文字，拿死的文字来教呢？还是用活的文字来教？文学用死的文字作文学呢？还是用活的文字作文学？要人人都听得懂，人人都看得懂。这些问题，远在那个时候大家在国内，也就是中国文艺复兴问题，不是一天，远在几十年，在民国以前，在革命以前，像梁启超先生他们，那就是一种革新文字。那个时候提倡小说，也就是新文字改革的起点，不过我们一般人，在美国作学生的时代，就在我们的宿舍里面彼此讨论。宿舍与宿舍之间，大学与大学之间讨论，所以就讨论到文字的问题，中国文字的改革问题，中国文学的改革问题，应该怎么样经过一种改革。所以远在民国八年以前，在民国四年、五年我们在国外已经讨论很久很久啦，有好几个人，在国外反对我的就是梅光迪先生，在哈佛大学。同我参加讨论的有任叔永先生，有朱经农先生，我们都是在国外做学生的时代。我们那个时候就讨论中国文学的问题，后来有许多结论，其中的一个结论，就是中国的文字是死了的文字，这死文字不能够产生活的文学，这是我们的结论。要替中国造一个新文学，只能用活的文字，活的文字在那儿呢？就是我们一般老百姓嘴里说的，嘴里说的出来，耳朵听得懂，人人可以听得懂，人人可以看得懂，这是活的语言，就是白话，拿白话我们举出许多证据出来，从古代慢慢的变下来，不知不觉的，有这个需要，尽管白话不能拿来考秀才，不能拿来考举人，也不能拿来考进士，也不能得翰林，不能求功名，不能做官，然而老百姓的要求，爱好真正文艺的人，有这个要求，已经走上一条用活的语言作文学的，比方《水浒传》、《红楼梦》、《儒林外史》这一类的，和《西游记》小说都是用活的语言著的。所以我们说这就是证据，我们有活的文字，可以有资格作中国文学的语言。不过我们这般朋友们，总是有些人守旧，你们这白话也好，也许有用处，白话只写那些人家看不起的小说，白话不够作上等的文学，特别是不能作诗，不能拿来作高等的文艺；高等的文艺，好的散文，尤其是诗要用古文作的。诗、词都是最高等的东西，决不能用老百姓粗的土话拿来写，必须要经过一种训练，一种磨练的上等人的文字。这样我们讨论，没有别的法子，我们主张从民国六年、民国五年在国外就开始。好啦，我们没有别的法子，我们来试试看，你承认白话可以作小说，可以产生伟大的小说，但是，不能作诗，好啦，我们拿白话来试试看。从前的的确没有多少人用白话来作诗，有是有，不过没有一个人专门用白话来作诗的，也没有人提倡不许用古的死的文字来作诗的，用活的文字来作诗的，我们现在何妨试试看。所以我就在民国五年的八月，我就向我的一班朋友宣告，我们从今天起，不作古文的诗，一定用白话来作诗。后来，中国的第一部诗集，叫《尝试集》，拿白话尝试来作诗，中国诗。我们那个时候远在民国五年的八月，我们在国外就有这种运动，同学们讨论啦，作试验，作白话诗啦。到了民国六年正月一号我的一篇文章叫作《文学改良刍议》，这是头一篇文章，我们在外国作留学生，第一次到国内来发表要提倡、要改革中国文字。我们那个时候，在民国四年、民国五年、民国六年，我是民国六年七月才回国的，我们在国外已经很激烈的讨论，讨论了多少年，有许多问题，其中讨论最激烈的就是文学问题。我们在民国五年就已经决定啦，至少我个人决定啦，我们大家都已经得到结论啦，大家承认，就是最守旧的已经承认啦，白话够得上作小说，可以产生《水浒传》、《红楼梦》、《西游记》、《儒林外史》这一类的小说啦。这是已经让步啦，但是还有许多不承认的哪，就是守旧这班同学不承认，就是中国的俗语、土话、白话没有经过文人学者的训练、磨练［炼］，所以不配产生高等的文学，不能作诗，不能作诗词，不能作高等的散文，所以我们那个时候打定主意，就是我个人在民国四年、民国五年八月就向朋友宣告，从这个时候起不用古文，不用死的文字作诗，以后要用白话，用活的语言，老百姓的话，用活的语言来作诗，作散文，作一切的文学。简单一句话，就是死的文字不能产生活的文学，而我们要替中华民国造一种新的文学，就得用活的语言来作。这个运动，我们在国外一般学生讨论，讨论了两年，到了民国五年年底，我才写了一篇文章，把我们这一年半两年来，讨论的结果，这些结论写出来，写两个本子，同时发表。一个是《留美学生季报》，一年出四本，一个副本送给陈独秀先生主持一个杂志叫《新青年》杂志，在上海出版的。那个时候陈独秀先生作北京大学的文科学长，现在我们叫文学院长。他一方面作文科学长，一方面主持这个杂志。我这篇文章的一个本子寄给他，很和平的一篇文章，叫《文学改良刍议》，刍议就是一个草案，很谦虚的一篇文章。不过，陈独秀先生是同盟会老革命党出身，他看了我这篇文章，他很赞成。他接下去，就在民国六年二月《新青年》的第二期就发表《文学革命论》，在国内第一次提出文学革命这个字，是陈独秀先生在民国六年二月《新青年》提出来的。其实我们在国外那几年讨论，我常常谈到文学革命的问题，文学必须革命的，已经早就有啦。

所以，讨论中国革新的问题，用白话来作中国文学，一切的文学，诗、词、散文、小说、戏曲等等一概都得用活的文字来写，早就讨论了。民国六年才在国内开始成了公开讨论的大问题。很有趣的就是，我们一班留学生在国外大学宿舍里通信讨论一些问题，可是在国内有许多老辈那些北京大学很有学问的国文先生，他们觉得不错，他们赞成，比如钱玄同先生啦，陈独秀先生他们出来赞成，这样一来，在国内我们得到支持的人，得到赞成的人。在国外一班留学生在宿舍讨论的问题，在国内变成公开讨论的问题。所以就成了中国的文艺复兴运动，这个时候开始，远在公开发表的时候，民国六年的正月初一出版的《新青年》杂志，我还没有回国的时候在国内已经讨论啦。等到我民国六年回国加入这个讨论，《新青年》第一个杂志改用白话，登白话的文章，就成了全国的运动。

这个运动与"五四"运动有什么关系呢？我们那个时候讨论等于全国都有，那个时候的刊物很少。北京大学一般学生，傅斯年先生、罗家伦先生这一班人，都是北京大学的最优秀的学生，国学的程度，中国文学的训练，都是很高的，他们倒是看见他们的先生们的提倡是对的，他们加入，他们在民国七年出版一个杂志叫《新潮》，中文名字叫《新潮》，英文名字叫 *The Renaissance*，这是北京大学的学生傅斯年这一般人办的。Renaissance 就是再生。欧洲所谓文艺复兴运动。中国所谓文艺复兴运动，远在民国八年以前。不过与“五四”运动有什么关系呢？“五四”运动这么一来之后，北京大学的学生成了学生的领袖，北京大学的教授从前提倡所谓文艺复兴运动，就是用白话作文学这种主张，思想改革。文学革命这个话，从北京大学提倡，北京大学的地位提高啦。公认北京大学是对的，那时候各地学堂都有学生会，学生会他们要办刊物，都是小的刊物，或者用排印的，或者用油印的，或者手写壁报，学生要出刊物，学生要出壁报，大家自然而然都用白话作。结果民国八年、民国九年之中，我收到的各地方出的这种青年人出的刊物总在三十多种都用白话。所以。“五四”运动帮助文艺复兴，从前是限于《新青年》、《新潮》几个刊物，以后就变成一个全国的运动。但是，“五四”运动也可以说害了我们的文艺复兴。什么原故呢？“五四”运动刚才我讲的跟我们没有关系的，那是个没有计划的运动，“五四”是大家爱国心爆发，是北京大学学生领导，那个时候北京大学地位高，清华在那个时候叫清华学堂，师范大学叫高等师范，在北京的国立大学只有北京大学一个，所以大家说北京大学领头。结果，好像北京大学是领袖，同时呢，因为北京大学的先生们，学生们在前几年提倡思想解放，文学革命这种观念，结果慢慢借这个机会就推广出去啦，其实，与我们并不是一件事，并没有关系的。那是一个爱国运动，事先没有计划，没有一种有意的运动。比如孙中山先生有一封信，他写给海外的国民党的同志，那个时候是革命党的同志，在民国九年正月二十九日，他说：

自北京大学学生发生“五四”运动以来，一般爱国青年，无不以革新思想为将来革新事业之预备；于是蓬蓬勃勃，发抒言论，国内各界舆论，一致同倡，各种新出版物，为热心青年所举办者，纷纷应时而出，扬葩吐艳，各极其致；社会遂蒙绝大的影响，虽以顽劣之伪政府，犹且不敢撄其锋。此种新文化运动，在我国今日，诚思想界空前之大变动，推原其始，不过由于出版界之一二觉悟者，从事提倡，遂至舆论放大异彩，学潮弥漫全国，人皆激发天良，誓死为爱国之运动。倘能继长增高，其将来收效之伟大且久远者，可无疑也。吾党欲收革命之成功，必有赖于思想之变化，兵法攻心，语曰革心，皆此之故；故此种新文化运动，实为最有价值之事。

（录自孙中山先生《致海外国民党同志书》）

这封信是孙中山先生写在“五四”以后七个多月写的，他的看法到现在我认为是很公允的。这件事本身就是“五四”与新文化运动，所谓“新思潮运动”所谓文艺复兴运动不是一件事，不过这件事的本身呢，至少孙中山先生说，因为思想运动，文学运动在前，所以引起“五四”运动。至少他承认归功于思想革新，同时思想革新在兵法上说攻心，心理作战是最重要的，所以他的结论说：我党（革命党）要收革命之成功，必有赖于思想之变化。这样说起来，可以算是“五四”也可以说帮助，同时也可以说摧残，为什么呢？因为我们从前作的思想运动，文学革命的运动，思想革新的运动，完全不注重政治，到了“五四”之后，大家看看，学生是一个力量，是个政治的力量，思想是政治的武器，从此以后，不但国民党的领袖孙中山先生，后来国民党改组，充分地吸收青年分子。在两年之后，组织共产党，拼命拉中国的青年人。同时老的政党，梁启超先生他们那个时候叫研究系，他们吸收青年。所以从此以后，我们纯粹文学的、文化的、思想的一个文艺复兴运动，有的时候叫新思想运动、新思潮运动、新文化运动、文艺复兴运动就变了质啦，就走上政治一条路上，所以现在那些小的政党都是那个时候出来的。中国国民党改组和共产党都是那个时候以后出来的。因此我们纯粹作文艺复兴运动就这几年功夫，我们从留学生时代算起，民国四年、五年、六年、七年，第二年的八年共四年半。要是从民国六年正月一号算起吧，有两年的功夫，这两年功夫就变了质啦，变成一个政治力量啦，糟糕啦！这样一来，以后的局面也变啦。所以我们现在回到“五四”这一天，只能说“五四”本身决不是文艺复兴运动，而“五四”本身是爱国运动，完全是青年人爱国思想暴露啦，事先没有一点计划，不是一种运动，在这一阵当中，对付中国国家的民族危险的问题，就是我们眼看见山东、青岛发生大问题，权利要掉啦，这是爱国问题。不过同时他一方面帮助我们的文艺复兴思想的运动，同时也可以算是害了我们这纯粹思想运动变成政治化啦，可以说变了质啦，在我个人看起来谁功谁罪，很难定，很难定，这是我的结论。（接着哈哈……哈……）

（胡适于 1960 年接受台北某广播电台记者安某的访谈录音整理稿。录自《胡适演讲集》中册，台北胡适纪念馆 1970 年版）

胡適文集

社会卷

社会的建设

多研究些问题，少谈些“主义”！

本报（《每周评论》）第28号里，我曾说过：

> 现在舆论界的大危险，就是偏向纸上的学说，不去实地考察中国今日的社会需要究竟是什么东西。那些提倡尊孔祀天的人，固然是不懂得现时社会的需要。那些迷信军国民主义或无政府主义的人，就可算是懂得现时社会的需要么？
>
> 要知道舆论家的第一天职，就是细心考察社会的实在情形。一切学理，一切‘主义’，都是这种考察的工具。有了学理作参考材料，便可使我们容易懂得所考察的情形，容易明白某种情形有什么意义，应该用什么救济的方法。

我这种议论，有许多人一定不愿意听。但是前几天北京《公言报》、《新民国报》、《新民报》（皆安福部的报），和日本文的《新支那报》，都极力恭维安福部首领王揖唐①主张民生主义的演说，并且恭维安福部设立“民生主义的研究会”的办法。有许多人自然嘲笑这种假充时髦的行为。但是我看了这种消息，发生一种感想。这种感想是：“安福部也来高谈民生主义了，这不够给我们这班新舆论家

---

① 王揖唐（1877－1948），安徽合肥人，民国时期著名政客，抗日战争期间叛国投敌，1948年被汉奸罪处死。——编者

一个教训吗?”什么教训呢?这可分三层说:

第一,空谈好听的“主义”,是极容易的事,是阿猫阿狗都能做的事,是鹦鹉和留声机器都能做的事。

第二,空谈外来进口的“主义”,是没有什么用处的。一切主义都是某时某地的有心人,对于那时那地的社会需要的救济方法。我们不去实地研究我们现在的社会需要,单会高谈某某主义,好比医生单记得许多汤头歌诀,不去研究病人的症候,如何能有用呢?

第三,偏向纸上的“主义”,是很危险的。这种口头禅很容易被无耻政客利用来做种种害人的事。欧洲政客和资本家利用国家主义的流毒,都是人所共知的。现在中国的政客,又要利用某种某种主义来欺人了。罗兰夫人说:“自由自由,天下多少罪恶,都是借你的名做出的!”一切好听的主义,都有这种危险。

这三条合起来看,可以看出“主义”的性质。凡“主义”都是应时势而起的。某种社会,到了某时代,受了某种的影响,呈现某种不满意的现状。于是有一些有心人,观察这种现象,想出某种救济的法子。这是“主义”的原起。主义初起时,大都是一种救时的具体主张。后来这种主张传播出去,传播的人要图简便,便用一两个字来代表这种具体的主张,所以叫他做“某某主义”。主张成了主义,便由具体的计划,变成一个抽象的名词。“主义”的弱点和危险,就在这里。因为世间没有一个抽象名词能把某人某派的具体主张都包括在里面。比如“社会主义”一个名词,马克思的社会主义,和王揖唐的社会主义不同;你的社会主义,和我的社会主义不同:决不是这一个抽象名词所能包括。你谈你的社会主义,我谈我的社会主义,王揖唐又谈他的社会主义,同用一个名词,中间也许隔开七八个世纪,也许隔开两三万里路,然而你和我和王揖唐都可自称社会主义家,都可用这一个抽象名词来骗人。这不是“主义”的大缺点和大危险吗?

我再举现在人人嘴里挂着的“过激主义”做一个例:现在中国

有几个人知道这一个名词做何意义？但是大家都痛恨痛骂“过激主义”，内务部下令严防“过激主义”，曹锟也行文严禁“过激主义”，卢永祥[①]也出示查禁“过激主义”。前两个月，北京有几个老官僚在酒席上叹气，说，“不好了，过激派到了中国了”。前两天有一个小官僚，看见我写的一把扇子，大诧异道：“这不是过激党胡适吗？”哈哈，这就是“主义”的用处！

我因为深觉得高谈主义的危险，所以我现在奉劝新舆论界的同志道：“请你们多提出一些问题，少谈一些纸上的主义。”

更进一步说：“请你们多多研究这个问题如何解决，那个问题如何解决，不要高谈这种主义如何新奇，那种主义如何奥妙。”

现在中国应该赶紧解决的问题，真多得很。从人力车夫的生计问题，到大总统的权限问题；从卖淫问题到卖官卖国问题；从解散安福部问题到加入国际联盟问题；从女子解放问题到男子解放问；题……那一个不是火烧眉毛紧急问题？

我们不去研究人力车夫的生计，却去高谈社会主义；不去研究女子如何解放，家庭制度如何救正，却去高谈公妻主义和自由恋爱；不去研究安福部如何解散，不去研究南北问题如何解决，却去高谈无政府主义；我们还要得意扬扬夸口道，“我们所谈的是根本解决”。老实说罢，这是自欺欺人的梦话，这是中国思想界破产的铁证，这是中国社会改良的死刑宣告！

为什么谈主义的人那么多，为什么研究问题的人那么少呢？这都由于一个懒字。懒的定义是避难就易。研究问题是极困难的事，高谈主义是极容易的事。比如研究安福部如何解散，研究南北和议如何解决，这都是要费工夫，挖心血，收集材料，征求意见，考察情形，还要冒险吃苦，方才可以得一种解决的意见。又没有成例可援，又没有黄梨洲、柏拉图的话可引，又没有《大英百科全书》可

① 卢永祥（1867—1933），原名卢振河，字子嘉。

查，全凭研究考察的工夫：这岂不是难事吗？高谈“无政府主义”便不同了。买一两本实社《自由录》，看一两本西文无政府主义的小册子，再翻一翻《大英百科全书》，便可以高谈无忌了：这岂不是极容易的事吗？

高谈主义，不研究问题的人，只是畏难求易，只是懒。

凡是有价值的思想，都是从这个那个具体的问题下手的。先研究了问题的种种方面的种种的事实，看看究竟病在何处，这是思想的第一步工夫。然后根据于一生经验学问，提出种种解决的方法，提出种种医病的丹方，这是思想的第二步工夫。然后用一生的经验学问，加上想像的能力，推想每一种假定的解决法，该有什么样的效果，推想这种效果是否真能解决眼前这个困难问题。推想的结果，拣定一种假定的解决，认为我的主张，这是思想的第三步工夫。凡是有价值的主张，都是先经过这三步工夫来的。不如此，不算舆论家，只可算是抄书手。

读者不要误会我的意思。我并不是劝人不研究一切学说和一切“主义”。学理是我们研究问题的一种工具。没有学理做工具，就如同王阳明对着竹子痴坐，妄想“格物”，那是做不到的事。种种学说和主义，我们都应该研究。有了许多学理做材料，见了具体的问题，方才能寻出一个解决的方法。但是我希望中国的舆论家，把一切“主义”摆在脑背后，做参考资料，不要挂在嘴上做招牌，不要叫一知半解的人拾了这些半生不熟的主义，去做口头禅。

“主义”的大危险，就是能使人心满意足，自以为寻着包医百病的“根本解决”，从此用不着费心力去研究这个那个具体问题的解决法了。

民国八年七月

（原载于《每周评论》1919年7月20日第31号）

论输入学理的方法

上一期里，我已做了五千多字的《三论问题与主义》一篇文章。后来我觉得还有几点小意思，不曾发挥明白，故再说几句。

我虽不赞成现在的人空谈抽象的主义，但是我对于输入学说和思潮的事业，是极赞成的。我曾说过：

> 我们应该先从研究中国社会上、政治上，种种具体问题下手，有什么病，下什么药；诊察的时候，可以参用西洋先进国的历史和学说，用作一种"临症须知"；开药方的时候，可以参考西洋先进国的历史和学说，用作一种"验方新编"。

若要用这种参考的材料，我们自然不能不做一些输入的事业。但是输入学理，不是一件容易做到的事，做的不好，不但无益，反有大害。我对于输入学理的方法，颇有一点意见，写出来请大家研究是否可用。

（1）输入学说时应该注意那发生这种学说的时势情形

凡是有生命的学说，都是时代的产儿，都是当时的某种不满意的情形所发生的。这种时势情形，乃是那学说所以出世的一个重要原因。若不懂得这种原因，便不能明白某人为什么要提倡某种主义。当时不满意的时势情形便是病症，当时发生的各种学说便是各位医生拟的脉案和药方。每种主义初起时，无论理想如何高超，无论是何种高远的乌托邦（例如柏拉图的《共和国》），都只是一种对症下药的药方。这些药方，有些是后来试验过的，有些是从来不曾试验过的。那些试验过的（或是大试，或是小试）药方，遇着别时别国大同小异的症状，也许可以适用，至少可以供一种参考。那些没有试验过的药方，功用还不能决定，至多只可以在大同小异的地方与时代，做一种参考的材料。但是若要知道一种主义，在何国何时是适用的，在何国何时是不适用的，我们须先知道那种主义发生的时势情形和社会政治的状态是个什么样子，然后可以有比较，然后可以下判断。譬如药方，若要知道某方是否可适用于某病，总得先知道当初开这方时的病状，究竟是个什么样子。当初诊察时的情形，写的越详细完备，那个药方的参考作用便越大。单有一个药方，或仅仅加上一个病名，是没有什么大用的，是有时或致误事的。一切学理主义，也是如此。一种主义发生时的社会政治情形越记的明白详细，那种主义的意义越容易懂得完全，那种主义的参考作用也就越大。所以我说输入学说时，应该注意那发生这种学说的时势情形。

（2）输入学说时应该注意“论主”的生平事实和他所受的学术影响　“论主”两个字，是从佛书上借来的，论主就是主张某种学说的人。例如“马克斯［马克思］主义”的论主，便是马克斯。学说是时代的产儿，但是学说又还代表某人某人的心思见解。一样的病状，张医生说是肺炎，李医生说是肺痨。为什么呢？因张先生和李先生的经验不同，学力不齐，所受的教育不同，故见解不同。诊察时的判断不同，故药方也不同了。一样的时代，老聃的主张和孔丘不同。为什么呢？因为老聃和孔丘的个人才性不同，家世不同，所受教育经验不同，故他们的见解也不同。见解不同，故解决的方法也不同了。即如马克斯一个人的事迹，就是一个明显的例。我们研究马克斯主义的人，知道马克斯的学说，不但和当时的实业界情形，政治现状，法国的社会主义运动等等，有密切关系，并且和他一生的家世（如他是一个叛犹太教的犹太人等事实），所受的教育影响（如他少时研究历史法律，后来受海智儿［黑格尔］一派的历史哲学影响等），都有绝大的关系。还有马克斯以前一百年中的哲学思想，如十八世纪的进化论及唯物论等，都是马克斯主义的无形元素，我们也不能不研究。我们须要知道凡是一种主义，一种学说，里面有一部分是当日时势的产儿，一部分是论主个人的特别性情家世的自然表现，一部分是论主所受古代或同时的学说影响的结果。我们若不能仔细分别，必致把许多不相干的偶然的个人怪僻的分子，当作有永久价值的真理，那就上了古人的当了。我们对于论主的时势，固然应该注意，但是对于论主个人的事实与教育，也不可不注意。我们雇一个厨子，尚且要问他的家世经验，讨一个媳妇，尚且要打听他的性情家教；何况现在介绍关于人生社会的重要主张，岂可不仔细研究论主的一生性情事实吗？

（3）输入学说时应该注意每种学说所已经发生的效果

上面所说的两种条件，都只是要我们注意所以发生某种学说的因缘。懂得这两层因缘，便懂得论主何以要提倡这种学说。但是这样还算不得真懂得这种主义的价值和功用。凡是主义，都是想应用的，无论是老聃的无为，或是佛家的四大皆空，都是想世间人信仰奉行的。那些已经充分实行，或是局部实行的主义，他们的价值功用，都可在他们实行时所发生的效果上分别出来。那些不曾实行的主义，虽然表面上没有效果可说，其实也有了许多效果，也发生许多影响，不过我们不容易看出来罢了。因为一种主张，到了成为主义的地步，自然在思想界，学术界，发生了一种无形的影响，范围许多人的心思，变化许多人的言论行为，改换许多制度风俗的性质。这都是效果，并且是很重要的效果。即如老聃的学说未通行的时候，已能使孔丘不知不觉的承认“无为之治”的理想；墨家的学说虽然衰灭了，无形之中，已替民间的鬼神迷信，添了一种学理上的辩护，又把儒家提倡“乐教”的势力减了许多；又如法家的势力，虽然被儒家征服了，但以后的儒家，便不能不承认刑法的功用。这种效果，无论是好是坏的，都极重要，都是各种主义的意义之真实表现。我们观察这种效果，便可格外明白各种学说所涵的意义，便可格外明白各种学说的功用价值。即如马克斯主义的两个重要部分：一是唯物的历史观，一是阶级竞争说。（他的“赢余价值说”，是经济学的专门问题，此处不易讨论。）唯物的历史观，指出物质文明与经济组织在人类进化社会史上的重要，在史学上开一个新纪元，替社会学开无数门径，替政治学说开许多生路：这都是这种学说所涵意义的表现，不单是这学说本身在社会主义运动史上的关系了。这种唯物的历史观，能否证明社会主义的必然实现，现在已不成问题，因为现在社会主义的根据地，已不靠这种带着海智儿臭味的历史哲学了。但是这种历史观的附带影响——真意义——是不可埋没的。又如阶级竞争说指出有产阶级与无产阶级不能并立的理由，在社会主义运动史与工党发展史上固然极重要。但是这种学说，太偏向申明“阶级的自觉心”一方面，无形之中养成一种阶级的仇视心，不但使劳动者认定资本家为不能并立的仇敌，并且使许多资本家也觉劳动者真是一种敌人。这种仇视心的结果，使社会上本来应该互助而且可以互助的两种大势力，成为两座对垒的敌营，使许多建设的救济方法成为不可能，使历史上演出许多本不须有的惨剧。这种种效果固然是阶级竞争说本来的涵义，但是这些涵义实际表现的效果，都应该有公平的研究和评判，然后能把原来的主义的价值与功用一一的表示出来。

以上所说的三种方法，总括起来，可叫做“历史的态度”。凡对于每一种事物制度，总想寻出他的前因与后果，不把他当作一种来无踪去无影的孤立东西，这种态度就是历史的态度。我希望中国的学者，对于一切学理，一切主义，都能用这种历史的态度去研究他们。

我且把上文所说三条作一个表：

当日的时势		政治上的影响
论主的才性	主义	社会上的影响
古代学说的影响		思想上的影响
同时思潮的影响		他项影响

这样输入的主义，一个个都是活人对于活问题的解释与解决，一个个都有来历可考，都有效果可寻。我们可拿每种主义的前因来说明那主义性质，再拿那主义所发生的种种效果来评判他的价值与功用。不明前因，便不能知道那主义本来是作什么用的；不明后果，便不能知道那主义是究竟能不能作什么用的。

输入学说的人，若能如此存心，也许可以免去现在许多一知半解，半生不熟，生吞活剥的主义的弊害。

民国八年七月

（原文题为《四论问题与主义》。载于《每周评论》第37号，1919年8月31日）

《政治概论》序

我的朋友张慰慈[1]博士做的这部《政治概论》，虽是预定作高级中学教科书用的，其实是一般国民应该阅读的一部政治常识教科书。慰慈着手编这部书时，便认定“常识”一个标准，所以他这书里处处注重政治生活的训练和政治制度的意义。他的选择去取，都是很有分寸的：取的是必需的政治概念和制度历史；有许多今日方在试验时期中的新奇学说，往往不能不割爱。例如慰慈在美国时曾专治美国最新起的城市制度，后来即用作他的博士论文的题目。然而他在这部书里，几乎一字不提及他研究最深的这种制度。这一点就可以见他的慎重的态度了。

慰慈这部书的好处，读者自能认识。他的态度的平允，他的历史的叙述法，他的文章的平易恳切，都不消一一指出。我承他的好意，得先读此书原稿的全部；我对于此书的全体，都表示满意的赞同。内中只有一点，是我和他不能完全一致的。这一点在政治学上却也是很重要的一个问题，在今日的中国更有讨论的必要，所以我把这一点提出来作一种补充的讨论。

---

① 张慰慈（1890—1976），字祖训，江苏吴江人，中国政治学的开拓者，在政治学领域具有举足轻重的地位，其著作《政治概论》于1924年在商务印书馆出版。——编者

我要提出的就是“民治的政治制度有没有制造良好公民的效力”，慰慈在本书第七章里说：

> 有人说，好人民须由民治或共和政体中造就出来的。人民只有在民治制度之下才能得到政治上的训练，才能变成好公民。反转来说，人民如果没有执行政治的权利，永不能得到那种相当的政治训练，永没有做好公民的机会。
>
> 这样一种观念，在理论上也许是很对的，但在事实上却是没有根据的。民治或共和制度决没有单独制造良好公民的能力，就是在那几个人民自治权力最大的国家中，政治上的弊病也不能完全免去，执政者方面也不免时有舞弊的事实，也不免时有压制被治者的行动。

我们也承认，良好的制度不能单独制造好公民；我们也承认，民治制度最发达的国家中，政治的弊端也不能完全免去。但慰慈这段话并不曾答复他前面引的那种主张。向来就是最迷信制度的人，也不致于希望单靠制度就可把政治弊病完全免去。在我个人看来，这个问题还应该分做两步讨论：第一，制度的改良是否可以革除政治上的许多弊病？第二，民治的制度是否有训练良好公民的效力？

第一，历史上的无数事实使我们不能不承认制度的改良为政治革新的重要步骤。我们不能使人人向善，但制度的改善却能使人不敢轻易作恶（中国古代法家的基本主张在此）。选举票的改革，从公开的变为秘密的，从记名变为无记名，便可以除去许多关于选举的罪恶。今日中国的选举坏到极处了；将来我们若想改良选政，一定还得从制度上去寻下手的方法。我且举一个具体的例。美国关于选举的防弊法令中，有一条规定各候选人于选举完毕之后，须正式报告本届选举所收到之选举费及其用途。这一条法令，粗看去很像没有什么用处，因为我们总以为各候选人可以捏造报告，以多报少。然而我在一九一二年却亲自看见纽约的省长塞尔曹（Sulzer）因为漏报了一笔选举费，被人弹劾，竟至去位受刑罚。固然“徒法不能以自行”，然而好的，完密的法制实在是好人澄清恶政治的重要武器。固然奸人弄法，也可以在法律的范围之内运用玄虚；然而好制度加上好人的监督与执行，终久可以使奸人无所施其技俩。例如今日之复选制度使少数奸人得以初选当选人的名义，公然做选举的买卖。倘使复选制改为直接选举，这种买卖就不容易做了。又如今日选举之大弊在于选民册之伪造与虚报。若想革除此弊，当追求选民册所以不能不虚报的病根。现今议员名额的支配，不依县分，不依府分，各选举区彼此互相牵制，互相鼓励为奸诈。例如我们徽州六县，若绩溪县知事按照本县选民实数报告上去，而其余五县均报虚数，那么，绩溪一县就永远不会有省议员了！故选民册的防弊，应当先从议员名额上改革起：使省议员依县区支配，国会议员依道区或旧府区支配。如此，则守法的区域不至为舞弊的区域所牵掣，而澄清选举的运动可用守法的区域作标准了。选举的改革固然仍须要有守法的公民作继续不断的监督，然而没有这种制度上的改革，就要监督也无从监督起，因为一县选民册的信实，如何敌得住同区各县的浮报呢？

第二，从民治国家的经验上看来，我们不能不承认民治的制度是训练良好公民的重要工具。民治制度的推行，曾经过两条路子：一条是一个民族自己逐渐演进，如英国之例；一条是采用别国已成之制，如近代许多新起的民治国家。无论在那一条路上，都曾有过很腐败的时代；英国在一八三二［年］和一八六七［年］两次选举大改革以前，也曾演出很不像样的政治罪恶。民治制度的最先进的国家也不是生来就有良好公民的；英国今日的民治也是制度慢慢地训练出来的。至于那些采用现成民治制度的国家，他们若等到“人民程度够得上”的时候方才采用民治制度，那么，他们就永永没有民治的希望了。民治制度所以有被他国采用的可能，全靠制度有教育的功用。其实这个道理很不希奇。惯用菜油灯盏的中国人，居然会用电灯了；向来不会组织大规模的商业的中国人，居然会组织大银行和大公司了。政治的生活虽然没有电灯电话那样简单，其实也只是有组织的生活的一种。这种组织的生活是学得会的。可是讲到了“学”字，就得有“学”的机会。讲教育的人都知道最好的教育是实地的学习。民治的制度是一种最普遍的教育制度，因为他是全国一致的，是有公民资格的人都可参加的。要使这个大学校办的有效，只有一个条件：就是要上课，就是不准学生逃学。我们往往说，中华民国十二年的经验究竟有了什么成绩可说？这话错了。这个中华民国政治大学虽挂了十二年的招牌，但上课的日子很少，逃学的学生太多。上课的日子少，故谈不到成绩；逃学的学生多，故还算不得正式开学。信心太薄弱的人们呵，你们且等这个学校正式开学上课之后再来批评成绩，还不迟罢。

西洋各国采用民治制度，也有失败的，也有成功的。失败的大原因不是由于上课太少，就是由于逃学太多。凡经过长期民治制度的训练的国家，公民的知识和道德总比别国要高的多。我在一九一二和一九一六两年，曾去参观美国的选举。我到了投票场，讨得了选举票的“样张”，见了上面的许多姓名和种种党徽，我几乎看不懂了。我拿了样票去问在场的选民，请他们教我。我故意拣了几个不像上等人的选民，——嘴里嚼淡巴菰的，或说话还带外国腔调的，——不料他们竟都能很详细地给我解释。那些嚼淡巴菰带外国腔的美国选民，他们何尝读过什么《政治学概论》或什么《公民须知》？他们只不过生在共和制度之下，长在民主的空气里，受了制度的训练，自然得着许多民治国家的公民应有的知识，比我们在大学里读纸上的政治学的人还高明的多！

有人说，“那不过是公民知识的长进，与公民的道德无关；也许那些有公民知识的人未必都是良好的公民罢”。我的答案是：公民知识是公民道德的要素；公民知识的普及是公民道德养成的重要条件。公民的知识不充分，所以容易受少数舞法奸人的愚弄。且不要说什么了解国民天职的好听话头。单说大家都明白了政治制度的作用，都“戳穿了西洋镜”，都晓得利在何处弊在何处了，那时候，作弊自然不容易了，监督的方法自然更完密了。防弊之法加密，作弊之机会减少：公民道德的进步其实不过如此。什么“人心丕变”，“民德归厚”，都不过是门面话。要想公民道德的进步，要造成良好的公民，只有两条路：第一要给他一个实习做公民的机会，就是实行民治的制度；第二要减少他为恶的机会，使他不敢轻易犯法。

以上所说，不过是我读慰慈这部书时的一点感想。慰慈何尝见不及此？只是他偶然偏重他所谓“公意”的方面，故未免小看了制度的教育作用。我的提议也许可以有一点补充的用处罢？

十二，十一，十七。

（录自《胡适文存》二集，上海亚东图书馆 1924 年版）

后生可畏

——对《大公报》的评论

一万日还不满二十八年，《大公报》还不够做三十岁的寿辰。在这二十八年之中，《大公报》改组革新以来不过几年而已。这个几岁的小孩子，比起那快六十岁的《申报》和那快五十岁的《新闻报》，真是很幼稚的晚辈了。

然而这个小孩子居然在这几年之中，不断的努力，赶上了那些五六十岁的老朽前辈，跑在他们的前面；不但从一个天津的地方报变成一个全国的舆论机关，并且安然当得起“中国最好的报纸”的荣誉。这真是古人说的“后生可畏”了。

《大公报》所以能有这样好的名誉，不过是因为他在这几年之中做到了两项最低限度的报纸职务：第一是登载确实的消息，第二是发表负责任的评论。这两项都是每一家报馆应该尽的职务。只因为国中的报纸都不敢做，或不肯做，或不能做，而《大公报》居然肯努力做去，并且有不小的成功，所以他就一跳而享大名了。

君子爱人以德，我们不敢过分恭维这个努力的小孩子。我们要他明白，他现在做到的成绩还不算很大，只算是个个报馆都应该有的成绩。只因为大家太不长进，所以让他跑到前面去了。在矮人国里称巨无霸，是不应该自己满足的。我们爱读《大公报》的人，应该很诚恳的祝望［他］努力更进一步、两步以至百千步，期望他打破“中国最好的报纸”的记录，要在世界的最好报纸之中占一个荣誉的地位。

要做到这种更荣誉的地位，有几个问题似乎是值得《大公报》的诸位先生注意的：

第一，在这个二十世纪里，还有那一个文明国家用绝大多数人民不能懂的古文来记载新闻和发表评论的吗？

第二，在这个时代，一个报馆还应该依靠那些谈人家庭阴私的黑幕小说来推广销路吗？还是应该努力专向正确快捷的新闻和公平正直的评论上谋发展呢？

第三，在这个时代，一个舆论机关还是应该站在读者的前面做向导呢？还是应该跟在读者的背后随顺他们呢？

《大公报》的前途无限，我们的期望也无限。

（原文作于 1931 年 5 月 8 日。录自《胡适遗稿及秘藏书集》第 12 册，黄山书社 1994 年版）

思想革命与思想自由

建设时期中最根本的需要是思想革命，没有思想革命，则一切建设皆无从谈起。而要完成思想革命，第一步即须予人民以思想的自由。

诸君或者要想：题目的本旨是建设，而你却谈思想革命，这未免太矛盾了。实则建设与革命，皆除旧布新之谓，无建设不是革命，无革命不能建设，思想革命与建设的本旨是并不违反的。

思想何以须革命呢？

（一）因为中国的传统思想，有许多不合于现代的需要，非把它铲除不可。

（二）因为传统的思想方法和思想习惯亦不合于现代的需要，非把它改革不可。

中国古来思想之最不适合于现代的环境的，就是崇尚自然。这种思想，历经老、庄、儒、释、道等之提倡，已经根深蒂固，成为中国人的传统思想。现在把它分析起来，则有下列几项：

（一）无为。老庄等皆主清净无为，以为自然比人为好，即儒家亦有此种倾向，如说“天何言哉。四时行焉，百物生焉”。然而这种思想，却与现代环境的需要相反背。

（二）无治。现在的社会需要法律和纪律，而老庄之流则提倡无政府的思想，一切听诸自然。这种思想影响人民的生活者很深，驯致养成“各人自扫门前雪，莫管他人瓦上霜”的态度。

（三）高谈性理。现在的人们需要征服自然，而传统思想，则令吾人听天由命，服从自然的摆布。

（四）无思无虑。惟有思虑，然后有新智识，传统思想则令吾人减少思虑，以不求知为大智，因此科学遂无由发达。

（五）不争不辩。现在的环境，需要人人参与政治，敢于发表舆论，主张公理。传统思想则令吾人得过且过，忘怀一切。“此亦一是非，彼亦一是非”，无所用其争辩。以实行唾面自干，为无上的美德。这种思想与时代精神根本不能相容。

（六）知足。不知足乃进步之母，崇拜自然者叫人随遇而安，断了腿，失了臂，也听其自然，这样社会还有进步的可能吗？

以上几种传统思想，与现在中国的环境根本上不相容，故需要思想革命以铲除之。至于传统的思想方法和习惯，也有很多不合现代需要的地方：

（一）镜子式的思想。“寂然不动，感而遂通”，自己不用力，物来则顺应之，这样可谓镜子式的思想。其流弊便是不求甚解，不加深思，只会拾人牙慧，随声附和。

（二）根本上不思想。思想所以解决问题，须要搜集材料，寻求证据，提出反证，再加上分析试验的功夫，是何等的难。然而从前的思想方法，并没有这些步骤，根本上竟是不思想，因此学术不能猛进。

（三）高谈主义而不研究。当此世界各种思想杂然繁兴的时候，国人的思想方法，仍沿旧时的习惯，于是发生种种不良的现象，人家经多年的研究，经几次的修正，始成立一种学说，一种主义，到了我国，便被人生吞活剥，提出几个标语口号，便胡行妄为起来。即以社会思想为例，各国的社会主义者，都研究本国经济发展的过程，社会上种种制度的沿革，以寻求一个改良的方案。返观我国一般人肯这样潜心研究的有几人呢。

（四）要纠正前述的弊病，今后必须尊重专家，延请专家去顾问政治，解决难题；没有专门研究的人，不配担负国家和社会的重要责任。从前袁世凯废止科举，把我国千余年来仅有的一种用人标准根本推翻了。他不想到改良考试的标准，而贸然把考试制度的本身推翻，弄得现在没有一种用人的标准，都是不深思之过。

现在要讲思想自由了。从前的弊端既在于不思想，或没有深的思想，那末纠正之道便是“思想之”，而思想自由就是鼓励思想的最好方法。无论古今中外，凡思想可以自由发表，言论不受限制的时候，学术就能进步，社会就能向上，反之则学术必要晦塞，社会必要退化。现在中国事事有待于建设，对于思想应当竭力鼓励之，决不可以加以压抑。因为今日没有思想的自由，结果就没有真正的思想，有之则为：（一）谄媚阿谀的思想，（二）牢骚怨愤的思想。这两种思想，是只能破坏，不能建设的。

总之，思想如同技术，非经过锻炼不可，没有思想自由，就没有思想革命，没有思想革命，就无从建设一切。就使有了建设，也只是建在沙土之上，决无永久存在之理。

（录自《近代名人言论集》，中外学术研究社 1932 年版）

《独立评论》的一周年

《独立评论》是去年五月二十二日出版的，原定寒假中或有印刷上的不方便，所以每年只出五十期，现在已出到五十一期了。一周岁的婴孩本来不值得什么纪念，可是在这一年之中，我们承许多朋友的帮忙，使这个刊物随时得着不少的好文字，并且时时得着很有益的指导，我们很想借这个周年号对这些好朋友表示很诚挚的谢意。

《独立评论》社的社员只有十一个人，每人除每月捐出所认捐本刊经费之外，还须长期担任为本刊作文字。我们都是有职业的人，忙里偷闲来作文字，不但不能持久，也不会常有好文字做出来。所以我们每天希望社外的朋友来帮助我们。果然，社外的朋友不曾叫我们失望。《独立评论》出了几期之后，社外投稿渐渐增加了，直到后来有时候我们差不多可以全靠社外的文字出一期报，我们不过替他们尽一点编辑、校对、发行的责任，或者加上一两篇比较有时间性的政论文字。有时候投稿的作者是我们从未识面的人，我们因这个刊物竟添了不少新朋友。这是我们最感觉快慰的事。我们办这个刊物，本来不希望它做我们这十一二个人的刊物，也不希望它成为我们的朋友的刊物；我们自始就希望它成为全国一切用公心讨论社会政治问题的人的公共刊物。我们曾说过：我们不期望有完全一致的主张，只期望各人都根据自己的知识，用公平的态度，来研究中国当前的问题。这一年以来投稿的增多，至少可以证明国内有不少的朋友，对于我们这种态度表示信任，所以我们感觉很愉快的安慰。现在我把这五十期的文稿的来源，试做成一表如下：

《独立评论》期数	社员撰稿篇数	社外投稿篇数
第 1 至 10 期	43	7
第 11 至 20 期	33	26
第 21 至 30 期	30	25
第 21 至 30 期	30	25
第 31 至 40 期	29	27
第 41 至 50 期	22	32
总　计	157	117

社员的稿子逐渐减少，而社外的投稿逐渐增多，这不但减轻了我们这几个人的文字负担，并且显示了社会上对我们表同情的人逐渐加多。如果这个趋势能继续发展，使这个小刊物真成为我们所希望的公共刊物，那就是我们发起的人最高兴最满意的了。

在这个最严重的国难时期，我们只能用笔墨报国，这本来是很无聊的事。但我们也不因此就轻视我们自己的工作。我们自己回头看看这一年的工作，虽然很感觉不满意，然而也还有几点是我们自己至今认为值得提倡，值得“锲而不舍”的反复申明的。

第一，我们希望提倡一点“独立的精神”。我们曾说过：“不倚傍任何党派，不迷信任何成见，用负责任的言论来发表我们各人思考的结果：这是独立的精神。”我们深深的感觉现时中国的最大需要是一些能独立思想，肯独立说话，敢独立做事的人。古人说的，“贫贱不能移，富贵不能淫，威武不能屈”，这是“独立”的最好说法。但在今日，还有两种重要条件是孟子当日不曾想到的：第一是“成见不能束缚”，第二是“时髦不能引诱”。现今有许多人所以不能独立，只是因为不能用思考与事实去打破他们的成见；又有一种人所以不能独立，只是因为他们不能抵御时髦的引诱。“成见”在今日所以难打破，是因为有一些成见早已变成很固定的“主义”了。懒惰的人总想用现成的，整套的主义来应付当前的问题，总想拿事实来傅〈附〉会主义。有时候一种成见成为时髦是〈的〉风气，或成为时髦的党纲信条，那就更不容易打破了。我们所希望的是一种虚心的、公心的、尊重事实的精神。例如“开发西北”是一种时髦的主张，我们所希望的只是要大家先研究西北的事实（本刊第3期及第4期《中国人口公布与土地利用》），然后研究西北应该如何开发（本刊第40期《如何开发西北》）。又如“建设”是一种最时髦的风气，我们所希望只是要大家研究建设应该根据什么材料做计划，计划应该如何整理，如何推行（本刊第5期《建设与计划》），并且要研究在现时的实际情形之下究竟有多少建设事业可做（本刊第30期《多言的政府》，第49期《从农村救济谈到无为的政治》，第23期《中国矿业的厄运》）。这种态度是一定不能满足现时一般少年读者的期望的，尤其是我们对于中日问题的许多文字。我们不说时髦话，不唱时髦的调子，只要人撇开成见，看看事实，因为我们深信只有事实能给我们真理，只有真理能使我们独立。有一位青年读者对我们说，“读《独立评论》，总觉得不过瘾！”是的，我们不供给青年过瘾的东西，我们只妄想至少有些读者也许可以因此减少一点每天渴望麻醉的瘾。

第二，我们希望提倡一点“反省的态度”。希腊哲人教人：“认得你自己”，中国哲人也教人“自知者明”。我们最忧虑的是近二十年来中国人的虚骄与夸大狂，是我们不认识自己的弱点与危机。我们认为这真是亡国的现象，所以我们不惜在大家狂热的虚骄心与夸大狂上面去浇冰冷水。我们要大家深刻的认识“一个国家的强弱盛衰都不是偶然的，都不是逃出因果的铁律的。我们今日所受的苦痛和耻辱，都只是过去种种恶因种下的恶果”。（本刊第7期《赠与今年的大学毕业生》，第18期《惨痛的回忆与反省》，第41期《全国震惊以后》）我们要大家拿镜子照照我们自己的罪孽，要大家深刻的反省：“贫到这样地步，鸦片白面害到这样地步，贪污到这样地步，人民愚昧到最高官吏至今还信念诵咒可以救国的地步，（今天报上还载着何键送一位法师去替蒋中正医牙痛，替熊式辉医脚痛哩！）这个国家是不能自存于这个现代世界的。”我们认为这种自责的态度是真正的“心理建设”的基础。必须自己认错了，然后肯死心塌地的去努力学上进。

第三，我们希望提倡一种“工作的人生观”。我们曾说：

> 我们要深信：今日的失败，都由于过去的不努力。我们要深信：今日的努力，必定有将来的大收成。（第7期《赠与今年的大学毕业生》）

我们曾说：

> 在这样苦境中，你只有努力工作；你更应该拼命做你的工作。世界上只有真正的工作能够造成人类的幸福。（第10期《一个打破烦闷的方法》）

我们曾说：

> 欧美的富强是至少二三百年努力的结果。日本也经过六十年小心翼翼拼命工作，方能够有今日放肆的力量。我们从落伍的国家要赶上人家，非但要努力，真还要拼命。苏俄的建设工作便是拼命赶的榜样。……人就是为工作生的，不工作就是辜负此生。播了种一定会有收获，用了力决不至于白费。……万一中国亡了。那时候我们要工作人家都不要也不许我们工作了。趁现在中国还是我们的，我们正应该起日暮途远之感，拼命的工作。虽然我们觉悟已经太晚了，也许神明之谓天不绝人，靠我们今日的努力能造下复兴的基础。说到极点，即使中国暂时

亡了，我们也要留下一点工作的成绩，叫世界上知道我们尚非绝对的下等民族。只要我们真肯努力，便如波兰、捷克也还有复兴的日子。（第15期《我的意见也不过如此》）

我们曾说：

佛典里有一句话："福不唐捐。"唐捐就是白白的丢了。我们也应该说："功不唐捐。"没有一点努力是会白白的丢了的。在我们看不见想不到的方向，你瞧！你下的种子早已生根发叶开花结果了！（第7期《赠与今年的大学毕业生》）

工作，拼命工作！这是我们要向一切中国人宣传的人生观。救国做人，无他秘诀，无他捷径，只有这一句老话。

我们回头看看我们这一年说的话，不过如此而已。然而我们并不惭愧，因为这都是我们良心上要说的话。

一九三三、五、十五

（原载于《独立评论》第51号，1933年5月21日）

请大家来照照镜子

美国使馆的商务参赞安诺德先生制成这三张图表：第一表是中国人口的分配表，表示中国的人口问题不在过多，而在于分配的太不均匀，在于边省的太不发达。第二表是中国和美国的经济状况，生产能力，工业状态的比较，处处叫我们照照镜子，照出我们自己的百不如人。第三表是美国在世界上占的地位，也是给我们做一面镜子用的，叫我们生一点羡慕，起一点惭愧。

去年他把这几张图表送给我看，我便力劝他在中国出版。他答应了之后，又预备了一篇长序，题目就叫做“中国问题里的几个根本问题”。他指出中国今日有三个大问题：

第一，怎样赶成全国铁路的干线，使全国的各部分有一个最经济的交通机关。

第二，怎样用教育及种种节省人力，帮助人力的机器，来增加个人生产的能力。

第三，怎样养成个人对于保管事业的责任心。

这是中国今日的三个根本问题。

安诺德先生的第二表里有这些事实：

	面积（方英里）	铁道线（英里）	摩托车
中国	4278000	7000	22000
美国	3743500	250000	22000000

我们的面积比美国大，但铁道线只抵得人家三十六分之一，摩托车只抵得人家一千分之一，汽车路只抵得人家一百分之一。

我们试睁开眼睛看看中国的地图。长江以南，没有一条完成的铁路干线。京汉铁路以西，三分之二以上的疆域，没有一条铁路干线。这样的国家不成一个现代国家。

前年北京开全国商会联合会，一位甘肃代表来赴会，路上走了一百零四天才到北京。这样的国家不成一个国家。

云南人要领法国护照，经过安南，方才能到上海。云南汇一百元到北京，要三百元的汇水！这样的国家决不成一个国家。

去年胡若愚同龙云在云南打仗，打的个你死我活，南京的中央政府有什么法子？现在杨森同刘湘在四川又打的个你死我活，南京的中央政府又有什么法子？这样的国家能做到统一吗？

所以现在的第一件事是造铁路。完成粤汉铁路，完成陇海铁路，赶筑川汉、川滇、宁湘等等干路，拼命实现孙中山先生十万里铁路的梦想，然后可以有统一的可能，然后可以说我们是个国家。

所以第一个大问题是怎样赶成一副最经济的交通系统。

安诺德先生的第二表里又有这点事实：

> 美国人每人有二十五个机械奴隶。
> 中国人每人只有大半个机械奴隶。

去年三月份的《大西洋月报》里，有个美国工程专家说：

> 美国人每人有三十个机械奴隶。
> 中国人每人只有一个机械奴隶。

安诺德先生说：美国人有了这些有形与无形的机械奴隶，便可以增进个人的生产能力；故从实业及经济的观点上说，美国一百十兆的人民，便可以有二十五倍至三十倍人口的经济效能了。

人家早已在海上飞了，我们还在地上爬！人家从巴黎飞到北京，只须六十三点钟；我们从甘肃到北京，要走一百零四天（二千五百点钟）！

一个英国工人每年出十二个先令（六元），他的全家便可以每晚坐在家里听无线电传来的世界最美的音乐，歌唱，演说：每晚上只费银元一分七厘而已。而我们在上海遇着紧急事，要打一个四等电报到北京，每十个字须费银元一元八角！还保不住何时能送到！

人家的砖匠上工，可以坐自己的摩托车去了；他的子女上学，可以有公家汽车接送了。我们杭州、苏州的大官上衙门还得用人作牛马！

何以有这个大区别呢？因为人家每人有三十个机械奴隶代他做工，帮他做工，而我们却得全靠赤手空拳，——我们的机械奴隶是一根扁担挑担子，四个轿夫换抬的轿子，三个车夫轮租的人力车！

我们的工人是苦力。人家的工人是许多机械奴隶的指挥官。

故第二个大问题是怎样利用机器来灭除人的痛苦，增加人的生产能力，提高人的幸福。

安诺德先生是外国人，所以他对于第三个问题说的很客气，很委婉。他只说：

> 保管责任之观念，在华人中无论如何努力终不能确立其稳定之意义。其故盖在此偏爱亲人一点。而此点又与中国家族制度有密切关系。此弊为状不一，根深而普遍。欲将家属之责任与现代团体所负保管的责任之适当关系注入于中国人之脑中，须得千钧气力从事之。

这几句话虽然说得委婉，然而也很够使我们惭愧汗下了。

这个问题，其实只是“公私不分”四个字。古话说的“一子成佛，一家生〈升〉天”。古话又说，“一人得道，鸡犬登仙”。仙佛尚且如此，何况吃肉的官人？何况公司的经理董事？

几千年来，大家好像都不曾想想，得道成佛既是那样很艰难的事，为什么一人功行圆满之后，他们全家鸡犬也都可以跟着登天？最奇怪的就是今日的新官吏也不能打破这种旧习气。

最近招商局的一个分局的讼案便是最明显的例子。据报纸所载，一个家长做了名义上的局长，实际上却是他的子侄亲戚执行他的职务，弄得弊端百出，亏空到几十万元。到了法庭上，这位家长说他竟不知道他是局长！

招商局的全部历史，节节都是缺乏保管的责任心的好例子。我们翻开《国民政府清查整理招商局委员会报告书》，竟同看《官场现形记》一样，处处都是怪现状。上册五十九页说：

> 查自壬戌至丙寅最近五年内，历年亏折总额计有四百三十七万余两。然总沪局每年发给员司酬劳金，五年共计二十四万五千九百九十四两。查自癸亥年来，股东未获得分文息金，乃局中员司独享此厚酬。

又六十页说：

> 修理费总计每年约六七十万两。……而内河厂［所承办］实居最多数，约占全额之半。查丙寅年内河厂共计修理费三十一万四千余两。……惟内河厂既系该局附属分支机关，内部办事人员当然与该局办事者关系甚密。……曾经本会函调账籍备查，而该厂忽以账房失踪，账簿遗失呈报。内中情形不问可知矣。

这样的轻视保管的责任，便是中国的大工业与大商业所以不能发达的大原因。怎样救济呢？安诺德先生说：

> 天下人性同为脆弱。社会与个人之关系愈互相错综依赖，则制定种种适当之保卫……愈为急需矣。

人性是不容易改变的，公德也不是一朝一夕造成的。故救济之道不在乎妄想人心大变，道德日高，乃在乎制定种种防弊的制度。中国有句古话说："先小人而后君子。"先要承认人性的脆弱，方才可以期望大家做君子。故有公平的考试制度，则用人可以无私；有精密的簿记与审计，则账目可以无弊。制度的训练可以养成无私无弊的新习惯。新习惯养成之后，保管的责任心便成了当然的事了。

这是安诺德先生提出的三个大问题。

用铁路与汽车路来做到统一，用教育与机械来提高生产，用防弊制度来打倒贪污：这才是革命，这才是建设。

但依我看来，要解决这三个大问题，必须先有一番心理的建设。所谓心理的建设，并不仅仅是孙中山先生所谓"知难行易"的学说，只是一种新觉悟，一种新心理。

这种急需的新觉悟就是**我们自己要认错**。我们必须承认我们自己百事不如人，不但物质上不如人，不但机械上不如人，并且政治社会道德都不如人。

何以百事不如人呢？

不要尽说是帝国主义者害了我们。那是我们自己欺骗自己的话！我们要睁开眼睛看看日本近六十年的历史，试想想何以帝国主义的侵略压不住日本的发愤自强？何以不平等条约捆不住日本的自由发展？

何以我们跌倒了便爬不起来呢？

因为我们从不曾悔祸，从不曾彻底痛责自己，从不曾彻底认错。二三十年前，居然有点悔悟了，所以有许多谴责小说出来，暴扬我们自己官场的黑暗，社会的卑污，家庭的冷酷。十余年来，也还有一些人肯攻击中国的旧文学，旧思想，旧道德宗教，——肯承认西洋的精神文明远胜于我们自己。但现在这一点点悔悟的风气都消灭了。现在中国全部弥漫着一股夸大狂的空气：义和团都成了应该崇拜的英雄志士，而西洋文明只须“帝国主义”四个字便可轻轻抹煞！政府下令提倡旧礼教，而新少年高呼“打倒文化侵略！”

我们全不肯认错。不肯认错，便事事责人，而不肯责己。

我们到今日还迷信口号标语可以打倒帝国主义。我们到今日还迷信不学无术可以统治国家。我们到今日还不肯低头去学人家治人富国的组织与方法。

所以我说，今日的第一要务是要造一种新的心理：要肯认错，要大彻大悟地承认我们自己百不如人。

第二步便是死心塌地的去学人家。老实说，我们不须怕模仿。“学之为言效也”，这是朱子的老话。学画的，学琴的，都要跟别人学起；学的纯熟了，个性才会出来，天才才会出来。

一个现代国家不是一堆昏庸老朽的头脑造得成的，也不是口号、标语喊得出来的。我们必须学人家怎样用铁轨，汽车，电线，飞机，无线电，把血脉贯通，把肢体变活，把国家统一起来。我们必须学人家怎样用教育来打倒愚昧，用实业来打倒贫穷，用机械来征服自然，抬高人的能力与幸福。我们必须学人家怎样用种种防弊的制度来经营商业，办理工业，整理国家政治。

只要我们有决心，这三个大问题都容易解决。譬如粤汉铁路还缺二百八十英里，约需六千万元才造得起。多少年来，我们都说这六千万元那里去筹。然而国民政府在这一年之中便发了近一万万元的公债，不但够完成粤汉铁路，还可以造大铁桥贯通武昌汉口了。

义务教育办不成，也只因经费没有。然而今日全国各方面每天至少要用一百万元的军费。（这是财政部次长的估计）一个国家肯用三万六千万元一年的军费，而不能给全国儿童两年至四年的义务教育，这是不能呢？还是不肯呢？

所以我们应该感谢安诺德先生，感谢他给我们几面好镜子，让我们照见自己的丑态，更感谢他肯对我们说许多老实话，教我们生点愧悔，引起我们一点向上的决心。

我很盼望我们不至于辜负了他这一番友谊的忠告。

一九二八，六，二四夜

（原载于《生活》周刊第3卷第46期，1928年9月30日）

大众语在那儿

自从一些作家提出了“大众语”的问题，常有朋友问我对这问题有什么意见。我对于这个问题只有一个小意见：请大家先做点大众语的作品出来，给我们看看。

在民国八年的八月里，我的朋友李辛白先生来对我说：“你们办的报是为大学中学的学生看的，你们说的话是老百姓看不懂的。我现在要办个报给老百姓看，名字就叫做‘新生活’。今天来找你，是要你给我的报做一篇短文章。老实说，这一篇是借你的名字来做广告的。以后我就不再请你做文章了：你们做的文章，老百姓看不懂。”

李辛白从前办过《安徽白话报》，他一生最喜欢办通俗小报；最近几年中，他在南京办了一个《老百姓》，现在不知道怎样了。

且说那一天，我答应了辛白的要求，就动手写一篇要给老百姓看的短文章。题目也是辛白出的：“新生活是什么?”我拿起笔来，才知道这个题目不好做，才知道这篇文章不容易写。（十五年后，我才得读国内贤豪的无数讲新生活的大文章，可惜都不能救济我十五年前的枯窘!）我勉强写成了一篇短文，删了又删，改了又改，足足费了我一个整天的工夫，才写定了一千多字，登在《新生活》的创刊号上。

这篇短文（《胡适文存》页一〇一七；《胡适文选》页五一）后来跑进了各种小学国语教科书里，初中国语教科书第一册也有选他的，要算是我的文章传播最广的一篇了。

我写了那篇文章之后，《新生活》杂志上就没有我的文字了。过了一年多，有一天我见着李辛白，我对他说："我看了这一年的《新生活》，只觉得你们的文章越写越深了。你们当初嫌我不能做老百姓看的文章；所以我很想看看你们的文章，我好学学老百姓看得懂的文章应该怎么做。可是我等了一年，还没有看到一篇老百姓看得懂的文章。"辛白回答说道："糟极了！这一年之中，恐怕还只有你那篇文章是老百姓看得懂的！"

李辛白是提倡大众语文学的老祖宗。可是他办的报，尽管叫做《老百姓》，看的仍旧是中学堂里的学生，始终不会跑到老百姓的手里去。

那一次的一点经验，给了我不少的教训。后来又有一次经验，也是我忘记不了的。

民国二十二年的冬天，我在武汉大学讲演，同时在那边的客人有唐擘黄、杨金甫，还有几位，我记不清了。有一天，武汉大学的朋友说，山上的小学和幼稚园的小孩子要招待我们喝茶。我们很高兴的走到了那边，才知道那班小主人还要每个客人"说几句话"。这大概是武汉大学的朋友们布置下的促狭计策，要考考我们能不能向小孩子说话，能不能说幼稚园里的"大众语"！

提到演说，我可以算是久经大敌的老将了。我曾在加拿大和美国的联合广播台上向整个北美洲的人演说过，毫不觉得心慌。可是这一天我考落第了！那天我们都想用全副力量来说几句小孩子听得懂的话：想他们懂得我们的话和话里的意思。我说了一个故事，话是可以懂的，话里的意思（因为故事太深了）是他们不能完全了解的。我失败了。那一天只有杨金甫说的一个故事是全体小主人都听得懂，又都喜欢听的。别的客人都考了个不及格。

我说了这两次的经验，为的是要说明一个小小的意思。大众语不是在白话之外的一种特别语言文字。大众语只是一种技术，一种本领，只是那能够把白话做到最大多数人懂得的本领。

这种技术不光靠挑用单简明显的字眼语句，也不光靠能剽窃一两句方言土话。同是苏州人说苏州话，一样有个好懂和不好懂的分别。这种技术的高低，全看我们对于所谓“大众”的同情心的厚薄。凡是说话作文能叫人了解的人，都是富于同情心，能细心体贴他的听众（或读者）的。“体贴”就是艳词里说的“换我心为你心”；就是时时刻刻想到对面听话的人那一个字听不懂，那一句话不容易明白。能这样体贴人，自然能说听众懂得的话，自然能做读者懂得的文。

英国科学大家赫胥黎最会作通俗的科学讲演，他能对一大群工人作科学讲演。他自己说他最得力于科学前辈法拉第的一句话。有人问法拉第：“你讲演科学的时候，你能假定听众对于你讲的题目先有了多少知识?”法拉第回答：“我假定他们全不知道。”这就是体贴的态度。我们必须先想像这班听众全不知道我要对他们说的题目，方才能够细心体会用什么法子，选什么字句，才可以叫那些最没有根柢的人也能明白我要说的话。能够体贴到听众里面程度最低的一个人，然后能说大众全听得懂的话。

现在许多空谈大众语的人，自己就不会说大众的话，不会做大众的文，偏要怪白话不大众化，这真是不会写字怪笔秃了。白话本来是大众的话，决没有不可以回到大众去的道理。时下文人做的文字所以不能大众化，只是因为他们从来就没有想到大众的存在。因为他们心里眼里全没有大众，所以他们乱用文言的成语套语，滥用许多不曾分析过的新名词；文法是不中不西的，语气是不文不白的；翻译是硬译，做文章是懒做。他们本来就没有学会说白话，做白话，怪不得白话到了他们的手里就不肯听他们的指挥了。这样嘴里有大众而心里从来不肯体贴大众的人，就是真肯“到民间去”，他们也学不会说大众话的。

所以我说：大众语不是一个语言文字的问题，只是一个技术的问题。提倡大众语的人，都应该先训练自己做一种最大多数人看得懂，听得懂的文章。“看得懂”是为识字的大众着想的；“听得懂”是为不识字的大众着想的。我们如果真有心做大众语的文章，最好的训练是时时想像自己站在无线电发音机面前，向那绝大多数的农村老百姓说话，要字字句句他们都听得懂。用一个字，不要忘了大众；造一句〈个〉句子，不要忘了大众；说一个比喻，不要忘了大众。这样训练的结果，自然是大众语了。

二十三，九，四

（原载于《大公报》“文艺”副刊，1934 年 9 月 8 日）

双十节的感想

我们这一期报的付印正当双十节的前夕，所以我们也要借这个机会来想想这个革命纪念节的历史的意义。

双十节有两层重大意义：种族的革命和政治的革命。

第一，辛亥革命在当时最容易使一般人了解的意义是“排满”，种族的革命。种族的革命在当时颇有人反对，一半是因为有些持重的人恐怕革命要引起瓜分，一半是因为有些人对于满洲皇室还抱一点中兴的希望。现在回头看来，怕瓜分还有点历史的根据，期望满洲皇室的中兴是完全错误的。满洲民族，到了乾隆以下，已成了强弩之末；皇室都成了败家子弟，后来竟连儿女都生不出来了；八旗兵丁也都“文”化了，在乾嘉之间的匪乱里，他们的战斗力已大衰了。太平天国之变更证明了这一群外族统治阶级已丝毫没有抵抗力了。从十九世纪中叶到辛亥革命，满族的统治权全靠汉族新兴领袖的容忍。其间戊戌年的“百日维新”，不足以证明满族可以出个维新皇帝，只足以证明他们只配拥戴一个昏残顽固的西太后。拳匪之祸，主要的政治领袖都是皇室贵族，从此满洲皇室更被全国人民厌恨了。崩溃的统治阶级早已不能抵抗那几次爆发的民族的仇恨了；只有那七百年理学余威还在那里支持一个尊君的局面，使曾国藩、左宗棠、李鸿章诸人不敢作进一步取而代之的革命。但理学的本身也早已成了强弩之末，禁不起那西来的民族观念与平等自由的思想的摧荡。这一道最后的壁垒有了漏洞之后，他所掩庇的满洲帝室自然瓦解了。所以辛亥革命“排满”成功的意义只是推倒一个久已不能自存的外族统治；那种“摧枯拉朽”的形势，更可以证明时机的真正成熟。这个说法不是小看了革命先烈的功绩，这正是要表明他们的先见远识。倘使当时那班昏愚的帝室亲贵能继续维持他们的统治权到今日，中国的形势更不堪想像了！

第二，帝制推翻之后，中国变成一个民主共和［国］，这也是历史造成的局势。在二百七十年的满族统治之下，汉人没有一家能长久保持一种特殊尊贵地位的，也没有一家能得国民爱戴，有被拥戴做统治中国的皇室的。即使君主立宪党人出头当政，他们也没有法子凭空捏造出一个皇室来。所以辛亥革命不能不建立一种共和政体，乃是历史必然的趋势。还有一个历史的理由，就是中国向来的专制帝政实在太糟，太无限制，太丑恶了，一旦戳穿了纸老虎，只看见万恶而无一善。这是中国和日本的一个根本不同之点。日本自从九世纪以来，一千余年中，天皇没有实权，大权都在权臣的手里；天皇深居宫中，无权可以为恶，而握专制实权的幕府成为万恶所归，所以后来忧国的志士都要尊王倒幕。后来日本天皇成为立宪的君主，其实很得了那一千多年倒霉的帮助。中国则不然：一切作威作福的大权都集中在皇帝一身，所以一切罪恶也都归到他的一身。在纸老虎有威风的时候，一切人都敢怒而不敢言。等到纸老虎不灵的时候，“专制万恶”的思想处处都可以得着铁凭铁据，自然众口一声的要永远推翻专制帝政了。帝制的罪恶是历史上最明显的事实，何况还有共和自由平等的幸福的期望在将来等着我们的享受？所以日本维新变成君主立宪，而中国革命不能不打倒帝制，都是历史上的自然趋势。袁世凯张勋的帝制失败都是这个趋势的旁证。

但辛亥革命的政治的意义不止于此。帝制的推翻，虽然好像是不曾费大力，然而那件事究竟是五千年中国历史上的一件最大的改革。在一般人的心里，这件事的意义是："连皇帝也会革掉的!"这是中国革新的一个最深刻的象征。辛亥以前，中国人谈了四五十年的改革，实在没有改变多少。因为那班老狗是教不会新把戏的。八股改了，来的是策论；策论废了，来的是红顶子做监督提调的学堂。要"预备立宪"了，来的是差不多"清一色"的新贵政府。——但是辛亥以后，帝制倒了，在积极方面虽然没有能建立起真正的民主政体，在破坏的方面确是有了绝大的成绩。第一是整个的满洲新贵阶级倒了，第二是妃嫔太监的政治倒了，第三是各部的买办阶级倒了，第四是许多昏庸老朽的旧官僚也跟着帝制倒了。这多方面的崩溃，造成了一个大解放的空气。这个大解放的空气是辛亥政治革命的真意义。在辛亥以前，无论什么新花样，——例如编排一出新戏——只消一位昏庸的御史上一个参本，就可以兴起一场大狱。在辛亥以后，许多私人提倡的改革事业都可以自由发展，不能不说是政治革命的恩赐。即如民国六七年北京大学的教授提倡的白话文学，在当时虽然也有林纾先生们梦想有大力的人出来干涉，究竟没有受着有效的摧残。若在帝政之下，我们那班二十多岁的青年压根儿就不能走进京师大学堂的门墙里去讲中国学问，更不用说在"辇毂"之下提倡非圣无法的思想了！民国十三年以后的政治社会的改革当然是比辛亥革命激烈的多了；但若没有辛亥革命的政治大解放，也决不会有这十年来的种种革命。辛亥革命变换了全国的空气，解除了一个不能为善而可以为恶的最上层高压势力，然后才能有各种革命的新种子在那个解放的空气里生根发芽。

所以我们可以说辛亥革命是后来一切社会改革的开始。中国古来的政治虽然是完全放任的，然而那个"天高皇帝远"的放任政治之下，一切社会制度实在都还是倚靠那个礼法分不清的政治制度的维持。放任是放任的，但变换新花样是不容许的；其实也并不是有意的不容许，只是无法子变换出来。那个上层的硬壳子僵化了，他的压力自然能僵化一切他所笼罩的东西。辛亥革命只是揭起了，打破那个硬壳子，底下的社会就显出流动性来了。

这二十年中最容易看见的改革是妇女的解放。然而妇女的解放运动，无论在家庭，在学校，在社会，都直接间接的受了辛亥政治革命的推动。即如今日男女同学的普遍，在旧日帝制之下，是谁也梦想不到的。又如新民法根本推翻了旧礼教所护持的名分，亲属关系，宗法观念，造成了一种不流血的礼教革命。这样澈底的法律革命，在旧日礼教与刑法互相维护的帝政之下决没有实行的机会。这不过是随便举出的一两点，已可以说明辛亥革命有解放全社会的大影响了。

我们在今日纪念这个革命节日，一面当然感谢那许多为革命努力牺牲的先烈，一面当然也不能不感觉我们自己在这二十年中太不努力了，所以虽有一点成绩，究竟不够酬偿他们流的血，出的力。他们梦想一个自由平等，繁荣强盛的国家。二十三年过去了，我们还只是一个抬不起头来的三等国家。他们梦想造成一国民主立宪的自由国民，二十三年了，却有不少的人自以为眼界变高了，瞧不起人权与自由了，情愿歌颂专制，梦想做独裁下的新奴隶！这是我们在今日不能不感觉惭愧的。

廿三，十，九晨

（原载于《独立评论》第122号，1934年10月14日）

公共卫生与东西方文明

我的朋友陈方之博士著了这部《卫生学与卫生行政》，要我写几句话做序。我是完全不懂医学的，但我读他这部书，毫不觉得吃力，所以我可以预料这部书将来一定有很多的读者，一定可以作为公共卫生的重要宣传品，一定可以裨益无数的人民。

西方新文明和东方古文明的优劣，近年来颇有人出力争论，其实这是很明白清楚的问题，有眼睛的都应该看得出，那有争议的余地。简单说来，中国的儒家思想也未尝不想做到一种“正德、利用、厚生”的文明。只可惜一班道士要无为，后来又添了一班和尚也要无为。无为是一条死路，万走不上“正德、利用、厚生”的目的地去。果然，大家讲无为，只好决心不要做人了，只好希望做神仙、做罗汉，成佛升天。于是中国的文明便成了仙佛的文明。仙佛的文明就是不要做人而妄想成仙、成佛的文明，这种文明便不是人的文明。

这种不是人的文明有种种奇怪的现状。他们妄想仙佛的三十二种庄严，七十二般变化，却忘了一身的龌龊，一家的污秽。他们在那不洁的环境里住惯了，不知不觉地把他们的龌龊污秽加在神仙的身上去。于是有烂脚的神仙，嗜痂的神仙，遍体生疮的活佛。这种理想反照回来，神仙菩萨都可以污秽不洁，何况凡人呢？于是有

"躐跼躐跼，吃了做菩萨"的成语了。

他们妄想仙佛的长生不死，腾云来去，却不想想法子改造他们的轿子和舢板船，也不想想法子改良他们的医药。他们妄想仙佛的庄严净土，娜〈琅〉环福地，四时不谢之花，八节长春之草，却不睁开眼睛看看他们府上的满地鸡屎浓痰，厨下的满地猪屎牛粪，街上的遍地毛〈茅〉厕臭水，野外的满地棺材坟墓。他们望着天上，却完全忘记了地下。

疾病来了，只好求神、求仙方、许愿。人死了，都是命该如此。瘟疫来了，只好求瘟神。瘟神无灵时，只好叹口气，闭门束手等死。死一家，只是一家命该绝。死一村，只是一村命该绝。至于猪瘟、牛羊瘟、牲口瘟，更是没有法子的事。万物之灵的人，尚且顾不得自己，何况哑口说不出苦痛的牲畜呢？

这便是那不是人的文明。不是人的文明的唯一特点便是人命不值钱。人生如梦，如梦幻泡影，如电如露，值得什么！因为人命不值钱，故医药之学三千年中从不曾列于六艺，列于四科，列于太学学科之中。因为人命不值钱，故公共卫生三千年中从不曾列入国家行政之内。

这便是东方的精神文明的怪现状。

今日世界的新文明虽然有许多缺点，但至少可以说是人的文明。人的文明的特点就是特别图谋人生的幸福。这个新文明的一个大原则就是先做到"利用、厚生"，然后再谈别的问题。人的文明的第一要务是保卫人的生命。生命的保卫有两大方面，一是个人的卫生，一是公共的卫生。凡提倡体育，增进医术，保卫个人的健康，固然是重要。但个人不是孤立的，是和他所在的环境有密切的利害关系的。一只瘟鼠可以灭绝一城，可以毁灭半个国家。几个蚊虫可以衰弱一个种族。所以单靠个人的保卫是不够的，必须有公共卫生的设施，使个人对于环境里的种种因子——空气、水、饮食、秽物、病菌等等，——都可以得着安全的保障。

公共卫生的原理有两点：

第一，人类的健康和疾病都和环境里的种种因子有因果的关系，而这种种因子大都是可以用人的智力来管理制裁的。

第二，这种种和健康疾病有关的因子，如水、如空气、如病菌，大都是属于很广漠的范围，关系一区域一城市，不是个人的能力所能及，只有公家机关才能管理制裁。

所以公共卫生的意义只是充分运用行政机关的权力，管理制裁一切关系人生健康、疾病、生死的种种重要因子，扫除疾病的来源，造成清洁健康的环境。

公共卫生的纲目，陈方之先生在本书里已有很详细的叙述了。他先述污物的处理，瘟疫的预防，供水的注意，空气的卫生；次述衣、食、住等事的卫生。纲目虽多，大要只是运用政府的工具来制裁、改善人民的环境。

公共卫生是“人的文明”的第一要务，没有卫生行政的国家便够不上说人的文明。但这件事业的设施也有许多阻碍，其中最大的阻碍便是上文说的那种不愿做人而妄想成仙作佛的人生观。这种人生观有许多荒谬的思想可以阻碍公共卫生的设施：

1. 死生有命，疾病有命。

2. 净土在西天，天堂在死后，人生不过浮云幻梦，短修何妨达观。

3. 且随缘自在，无为最好，多事多殃。

这种人生观不打倒，人的文明决不能实现。我们赞成陈方之先生和他的朋友们的卫生政策的人，应该帮助他们打倒这种“人生观”，帮助他们宣传那卫生政策背后的新人生观。这种新人生观的最低限度，有这几个要点：

第一，死生疾病不在命，而在于物的原因。命不可制裁，而物可以制裁。制裁得一分原因，便可以有一分效果。古话相传，“物必先腐也而后虫生之”，真是大错。我们今日至少要人人明白“物必先有虫而后腐也”。因为虫是腐因，故杀菌、消毒、灭蚊、驱蝇、捕鼠，都有防病延年的功能。

第二，净土天堂都不在天上而在人间。人生的任务是要在这个人世里建立净土，建立天国。公共卫生便是净土法门。改造环境便是天堂大路。人生也许不过是一场梦，但你一生只有这一次做梦的机会，岂可不做一个像样子的梦？少吐几口浓痰，多打几个蚊子，便是你建立净土的功德，胜过造七级浮屠。

第三，不可随缘，须要造因。无为不如早进棺材去。文化是祖宗的手脚心思挣扎出来的，若大家无为，人类至今还在茹毛饮血、穴居野处的时代。自然界有许多势力是人们的仇敌，空气里、水里、食物里、飞虫的血里，都往往充满着比虎狼凶千百倍的微细毒菌。我们不灭绝他们，他们便要灭绝我们。只有充分运用人类的智力和组织去积极征服自然，才有生存的机会。

这是我读陈方之先生的书的一点子牢骚，便写了出来请他指教。

（原载于《出版》周刊第111号，1935年1月22日）

个人自由与社会进步

——再谈五四运动

五月五日《大公报》的星期论文是张熙若先生的《国民人格之修养》。这篇文字也是纪念“五四”的，我读了很受感动，所以转载在这一期。我读了张先生的文章，也有一些感想，写在这里作今年五四纪念的尾声。

这年头是“五四运动”最不时髦的年头。前天五四，除了北京大学依惯例还承认这个北大纪念日之外，全国的人都不注意这个日子了。张熙若先生“雪中送炭”的文章使人颇吃一惊。他是政治哲学的教授，说话不离本行，他指出五四运动的意义是思想解放，思想解放使得个人解放，个人解放产出的政治哲学是所谓个人主义的政治哲学。他充分承认个人主义在理论上和事实上都有缺点和流弊，尤其在经济方面。但他指出个人主义自有它的优点：最基本的是它承认个人是一切社会组织的来源。他又指出个人主义的政治理论的神髓是承认个人的思想自由和言论自由。他说：

> 个人主义在理论上及事实上都有许多缺陷和流弊，但以个人的良心为判断政治上是非之最终标准，却毫无疑义是它的最大优点，是它的最高价值。……至少，他还有养成忠诚勇敢的人格的用处。此种人格在任何政制下（除过与此种人格根本冲

突的政制）都是有无上价值的，都应该大量的培养的。……今日若能多多培养此种人材，国事不怕没有人担负。救国是一种伟大的事业，伟大的事业惟有有伟大人格者才能胜任。

张先生的这段议论，我大致赞同。他把“五四运动”一个名词包括“五四”（民国八年）前后的新思潮运动，所以他的文章里有“民国六七年的五四运动”一句话。这是五四运动的广义，我们也不妨沿用这个广义的说法。张先生所谓“个人主义”，其实就是“自由主义”（Liberalism）。我们在民国八九年之间，就感觉到当时的“新思潮”、“新文化”、“新生活”有仔细说明意义的必要。无疑的，民国六七年北京大学所提倡的新运动，无论形式上如何五花八门，意义上只是思想的解放与个人的解放。蔡元培先生在民国元年就提出“循思想自由言论自由之公例，不以一流派之哲学一宗门之教义梏其心”的原则了。他后来办北京大学，主张思想自由、学术独立、百家平等。在北京大学里，辜鸿铭、刘师培、黄侃和陈独秀、钱玄同等同时教书讲学。别人颇以为奇怪，蔡先生只说：“此思想自由之通则，而大学之所以为大也。”（《言行录》页二二九）这样百家平等，最可以引起青年人的思想解放。我们在当时提倡的思想，当然很显出个人主义的色彩。但我们当时曾引杜威先生的话，指出个人主义有两种：

(1) 假的个人主义就是为我主义（Egoism），他的性质是只顾自己的利益，不管群众的利益。

(2) 真的个人主义就是个性主义（Individuality），他的特性有两种：一、是独立思想，不肯把别人的耳朵当耳朵，不肯把别人的眼睛当眼睛，不肯把别人的脑力当自己的脑力。二、是个人对于自己思想信仰的结果要负完全责任，不怕权威，不怕监禁杀身，只认得真理，不认得个人的利害。

这后一种就是我们当时提倡的“健全的个人主义”。我们当日介绍易卜生（Ibsen）的著作，也正是因为易卜生的思想最可以代表那种健全的个人主义。这种思想有两个中心见解：第一是充分发展个人的才能，就是易卜生说的："你要想有益于社会，最好的法子莫如把你自己这块材料铸造成器。"第二是要造成自由独立的人格，像易卜生的《国民公敌》戏剧里的斯铎曼医生那样"贫贱不能移，富贵不能淫，威武不能屈"。这就是张熙若先生说的"养成忠诚勇敢的人格"。

近几年来，五四运动颇受一班论者的批评，也正是为了这种个人主义的人生观。平心说来，这种批评是不公道的，是根据于一种误解的。他们说个人主义的人生观是资本主义社会的人生观。这是滥用名词的大笑话。难道在社会主义的国家里就可以不用充分发展个人的才能了吗？难道社会主义的国家里就用不着有独立自由思想的个人了吗？难道当时辛苦奋斗创立社会主义共产主义的志士仁人都是资本主义社会的奴才吗？我们试看苏俄现在怎样用种种方法来提倡个人的努力（参看《独立》第一二九号西滢的《苏俄的青年》，和蒋廷黻的《苏俄的英雄》），就可以明白这种人生观不是资本主义社会所独有的了。

还有一些人嘲笑这种个人主义，笑它是十九世纪维多利亚时代的过时思想。这种人根本就不懂得维多利亚时代是多么光华灿烂的一个伟大时代。马克思、恩格尔［恩格斯］，都生死在这个时代里，都是这个时代的自由思想独立精神的产儿。他们都是终身为自由奋斗的人。我们去维多利亚时代还老远哩。我们如何配嘲笑维多利亚时代呢！

所以我完全赞同张熙若先生说的"这种忠诚勇敢的人格在任何政制下都是有无上价值的，都应该大量的培养的"。因为这种人格是社会进步的最大动力。欧洲十八九世纪的个人主义造出了无数爱自由过于面包，爱真理过于生命的特立独行之士，方才有今日的文明世界。我们现在看见苏俄的压迫个人自由思想，但我们应该想想，当日在西伯利亚冰天雪地里受监禁拘囚的十万革命志士，是不是新俄国的先锋？我们到莫斯科去看了那个很感动人的“革命博物馆”，尤其是其中展览列宁一生革命历史的部分，我们不能不深信：一个新社会、新国家，总是一些爱自由爱真理的人造成的，决不是一班奴才造成的。

张熙若先生很大胆的把五四运动和民国十五六年的国民革命运动相提并论，并且很大胆的说这两个运动走的方向是相同的。这种议论在今日必定要受不少的批评，因为有许多人决不肯承认这个看法。平心说来，张先生的看法也不能说是完全正确。民国十五六年的国民革命运动至少有两点是和民国六七八年的新运动不同的：一是苏俄输入的党纪律，一是那几年的极端民族主义。苏俄输入的铁纪律含有绝大的“不容忍”（Intoleration）的态度，不容许异己的思想，这种态度是和我们在五四前后提倡的自由主义很相反的。民国十六年的国共分离，在历史上看来，可以说是国民党对于这种不容异己的专制态度的反抗。可惜清党以来，六七年中，这种“不容忍”的态度养成的专制习惯还存在不少人的身上。刚推翻了布尔什维克的不容异己，又学会了法西斯蒂的不容异己，这是很不幸的事。

“五四”运动虽然是一个很纯粹的爱国运动，但当时的文艺思想运动却不是狭义的民族主义运动。蔡元培先生的教育主张是显然带有“世界观”的色彩（《言行录》一九七页）。《新青年》的同人也都很严厉的批评指斥中国旧文化。其实孙中山先生也是抱着大同主义的，他是信仰“天下为公”的理想的。但中山先生晚年屡次说起鲍洛庭同志劝他特别注重民族主义的策略，而民国十四五年的远东局势，又逼我们中国人不得不走上民族主义的路。十四年到十六年的国民革命的大胜利，不能不说是民族主义的旗帜的大成功。可是民族主义有三个方面：最浅的是排外，其次是拥护本国固有的文化，最高又最艰难的是努力建立一个民族的国家。因为最后一步是最艰难的，所以一切民族主义运动往往最容易先走上前面的两步。济南惨案以后，九一八以后，极端的叫嚣的排外主义稍稍减低了，然而拥护旧文化的喊声又四面八方的热闹起来了。这里面容易包藏守旧开倒车的趋势，所以也是很不幸的。

在这两点上，我们可以说，民国十五六年的国民革命运动，是不完全和五四运动同一个方向的。但就大体上说，张熙若先生的看法也有不小的正确性。孙中山先生是受了很深的安[盎]格鲁撒克逊民族的自由主义的影响的，他无疑的是民治主义的信徒，又是大同主义的信徒。他一生奋斗的历史都可以证明他是一个爱自由爱独立的理想主义者。我们看他在民国九年一月《与海外同志书》（引见上期《独立》）里那样赞扬五四运动，那样承认“思想之转变”为革命成功的条件；我们更看他在民国十三年改组国民党时那样容纳异己思想的宽大精神，——我们不能不承认，至少孙中山先生理想中的国民革命是和五四运动走同一方向的。因为中山先生相信“革命之成功必有赖于思想之转变”，所以他能承认五四运动前后的“新文化运动实为最有价值的事”。思想的转变是在思想自由言论自由的条件之下个人不断的努力的产儿。个人没有自由，思想又何从转变，社会又何从进步，革命又何从成功？

二十四、五、六

（原载于《独立评论》第150号，1935年5月12日）

我们能做什么?

我们能做什么?本是一个可大可小的题目，今天希望在一点钟以内讲出来。在讲本题之前，我愿提一下刚才主席（阎子亨君）介绍词里的话，他说我过去在政治上的主张与公能学会的精神很相近。我愿给他的话一个证明。

从前我们办过一个小报，叫做《努力》，在第二期上，我就提出："我们不谈主义，只要一个政府，要一个好政府。"当时的北京政府的政令只限于在北京，连天津都到不了。因此我提出要一个政府、要一个好政府。有人问我好政府的条件，我说：第一是要有操守，有道德；第二是要有能力，负某部门责任的官吏，一定要熟习并且专长于这部门的业务。

当时我没有看到南开的校训："公"、"能"这两个字，但我所提出的是与"公"、"能"相一致的。这是我给主席的话加一个注解，也是加一个证明。

我要说的是：我们能做什么?不管是南开校友会也好，北大同学会也好，公能学会，或是市民治促进会等团体都好，我们要问一问：我们能做什么?

来天津以前，今天早晨我与张佛泉，谭炳训诸位先生去参观北平市参议员选举的五个投票区。从这里我们训练了自己，教育了自己。从这次办理选举的经过来看，当局者很想把选举办好，事前请了学校里的好多政治学家和许多别的先生们去研究，去想办法，可见办选举的人是想办好它。至少我在北京看到的是如此。

但是我们看了几个选举区以后，觉得有缺点，有值得批评的地方。因为办选举的人自己没有经验，也很少看过别人选举。拿选举的法律条文做教科书，就难以解决实际困难。譬如选举时旁边有个代书人，凡是不会写字的选民可以请代书人代写选票，加上旁边两个监视人，选一票至少要被三个人知道，这就不能算是秘密投票，就难免受人威胁利用。但“代书人”的办法是选举法的细则上规定的。那么根本的毛病在那里？根本毛病在于宪法。

宪法规定普选，不分性别，不分教育程度，不计财产，只要满二十岁就有选举权，这是世界上最进步的制度，我们是迎头赶上了。但是我们选民的“能”不够，我们看见一个老太太来选举，竞选的人递给他三张片子，走到代书人面前，她不知道要选谁。另外我们看到一位瞎子来投票，这太感动人了，外国记者忙着替他照相，但是他也不知道选谁。有人建议他用手在候选人名单上任指一个，但他是盲人，连指的能力都没有，结果由他的小孙子在名单上随便点了一个，这是我们看见的，这是公开的，并没有人贿选。但结果是如此不合理！

错误是在制宪时种下的，当时我们没有反对普选，是一个大错。我们只根据书本，没有勇气走出看看，为了“普选”的美名，我们没有看看全国人民的水准，没有看看他们的能力。将来发生坏的效果，我们参加制宪的人都有责任！我希望在座的人都去看看选举的实情。

我们还看了北平的职业选举，市商会和市教育会就没有“代书”的事。比区域选举的情形好得多了。市商会用间接选举，手续繁复；市教育会用直接选举，在十个候选人当中选七位参议员，方法简便，效果也良好。

从这里我们得到两个教训：第一、选民教育程度高的，选举就办得好。第二、选民应该有限制，在宪法没有修改以前，没有办法根本解决。但是，我们可以接受各种经验教训，改正既有的缺点，天津就可以改正北平所发生的一些可以避免的错误。候选人应该加以限制，应该要他负责。英国规定候选人须缴两百镑保证金，选票不及选民三分之一时，保证金就充公为选举经费，这办法也许太严，但我们绝不能让一个人随便去登记一下就成为候选人。我们要让他负责任，候选人减少，就可以全部印在选票，选民只要在名下画个"×"，不会写字的人总可以画"×"，"代书人"可以免除。这就改正了一个缺点。

我们要能够接受经验，改正缺点。这算是我的引论，以下谈正文。

我们能做什么？这要靠我们的知识水准，教育程度，和技能修养。究竟一个没有军队支持，没有党派协助的个人能做些什么？以我想，至少有三大类的事情可做。我愿用几个例子来说明。

第一类：可以说是消极的，以我个人为例，我民国六年回国，当时立定志愿不干政治，至少二十年不干政治。虽然真的过了廿一年才干政治①，但是不到二十年我却常常谈政治，先后我参加或主持过《每周评论》、《努力周报》、《独立评论》和《新月》等政治性的杂志。因为忍不住不谈政治，也可以说不能不问政治，个人不问政治，政治却时时要影响个人，于是不得不问政治。

我只是学弥尔（J. S. Mill）。这是一位十九世纪的大政治家，大经济学家，还可以说是大思想家。中国有严复译的《群己权界论》（*On liberty*）就是他划时代的巨著。这是一个天才；三岁能用希腊文作诗，五岁能通拉丁文。由于家庭教育好，使他受教育的时期缩短了二十五年。弥尔先生有肺病，但是他活到六十多岁，几十年的

① 记者按：指胡适民国廿七年出任驻美大使。

时间没有参加实际政治，但他一直在自己的本位上写政治论文、批评实际政治，他的著作给英国政治以很深的影响。而如今有人称他为自由党“精神上的父亲”，工党“精神上的祖父”。弥尔这种批评政治，讨论政治的精神，我们可以学习，也是我们所能做的！这是指个人方面。

此外，团体方面英国有个费边学会（Fabian society）。费边是缓慢的意思。费边学会可以译做绥进学会。他们研究社会主义，反对激进的政治主张，时常讨论、研究，出了许多小册子。结果费边学会成为英国工党真正的前身，他们的研究结果成为工党政治理论的基础。

今天我们的许多团体，像公能学会、市民治促进会，就可以学一学费边学会，就能做研究政治讨论政治的工作。

第二类我们能做的可以学美国的“扒粪主义”。“扒粪主义”起于二十世纪初年，美国有一些新闻记者感到许多大小城市都有所谓“BOSS”，我们可译为“老板”。这种人并不是大资本家，大政客，只是凭着权术、手段，经过多少年的活动，把持着这个城市的一切恶势力。所谓“扒粪运动”，就是有计划，有知识的，对恶势力常作战。根据调查的事实，来攻击恶势力，结果得以很大的效果。

我们要有扒粪的精神，不要单是喊打倒贪污，究竟贪污的证据在那里？我们可以调查，研究。在天津的人可以调查天津的机关，可以查账，没有一种假账是查不出来的。这种事，个人能做，团体也能做。

第三大类能够做的，我也举一个例来说明：一九四四年美国有个 C. I. O. P. A. C. 的组织，就是美国有名的两大劳工组织之一的“工业组织联合”（Congress of Industrial Organization）的政治行动委员会（Political Action Committee）的缩写。一九四四年正是美国人民最黯淡愁苦的一年，对德战争还十分紧张，对日战争也没有结束。罗斯福总统第三任已经期满，大选快了，按惯例，总统连任三次已经空前，连任四次似乎是不可能的事情。但是大局危急，人民希望他连任，这有什么办法？再两年以前（1942 年）国会改选的时候，美国的有资格投票的人有八千万，但是实际投票的只有三千多万人，人民对选举不发生兴趣。国家大局交给谁来主持呢？这时 C. I. O. P. A. C. 做了两件事情，一是鼓吹人民参加选举，踊跃投票，一是做候选人调查。他们认为好的人，把他过去的言论，行为，事业成就，调查清楚，然后公布出来，让选民有明白的认识。对他们认为坏的候选人，也把他过去的行为过失，荒谬言论，搜集起来公布给大众。这两种工作似乎很简单，但这工作教育了美国人民。当时许多自由主义的教授、专家都来参加这个工作。其结果，不仅是使 C. I. O. P. A. C. 本身的组织加强，同时使一九四四年选举投票的人数增加到五千多万人。许多老的议员都落选，议会里添了许多新人物。这是这个 P. A. C. 努力的结果。这种工作，我们目前就亟须做，这种是我们能做什么的第三类的答案。

以上所谈的三大类来讲，第一是消极的研究、讨论，来影响政治，个人、团体都能够做。第二是要不怕臭，努力扒粪，调查，揭发，总会使政治日渐清明。第三是以团体的力量做大规模的调查和教育工作，直接推动了选举，积极促进了政治。

这三条路都是有成绩的，都可以训练我们，促进我们达到两种目的：一种是“公”，一种是“能”。做我们所能做的，我们可以得到“公”、“能”的好社会，“公”、“能”的好政府。

（胡适 1947 年 9 月 21 日演讲于天津公能学会。载于《大公报》，1947 年 9 月 22 日）

报业的真精神

我自从在国内做学生，留学国外，以迄现在三四十年来，几乎年年与报界发生关系，至少和杂志社未曾断过关系。这几年来，我是《自由中国》杂志社名义上的发行人。所以我与各位仍是同业。我做学生时便开始办报，十六七岁主办《竞业旬刊》（罗家伦先生最近在中国国民党党史编纂委员会发现保存有该刊），一个人包办整个篇幅，用了很多的假名。外国留学时，也常常翻译小说、写写散文一类的文章向报刊杂志投稿，赡家养母。后来与《新青年》杂志发生了重要关系，许多文章都在《新青年》发表，其中几篇是谈文学改革〈良〉问题的，说到将来中国文学应该用什么文字作工具。那时我不过二十多岁，文学改革〈良〉的文章，是在大学宿舍里与一般朋友们讨论的结果，想不到竟引起国内老一辈的中年朋友们的赞同和支持。在我没有回国时（民国五六年），国内文学革命的旗帜已经打了起来，白话［文］运动弥漫全国，报纸杂志都热烈讨论，以后我也常常参加。

继《新青年》之后，我加入了陈独秀、李大钊所办的《每周评论》。那时我有一个主张，认为我们要替将来中国奠定非政治的文化基础，自己应有一种禁约，不谈政治、不参加政治、不与现实政治发生关系，专从文学和思想两方着手，做一个纯粹的思想文化运动。

所以我从那个时候起二十年不谈政治、不干政治，这是我自己的禁约。可是一般朋友说："适之不谈政治，我们要谈政治。"所以民国七年先慈去世，我奔丧回安徽，他们以《新青年》不谈政治，另办一个周刊——《每周评论》过过瘾。等我回北平已经出刊几期了。民国八年陈独秀被捕，《每周评论》无人主持，便由我接办，直到北平警察厅查封为止。

后来又办《努力周报》，办了一年半，出刊七十五期。《努力周报》是谈政治的报。以前我们是不谈政治的，结果政治逼人来谈。后来只是不干政治。正如穆罕默德不朝山、山朝穆罕默德一样，把二十年不谈政治的禁约放弃了。不过二十年不干政治的禁约，至少我个人做到了。抗战时期政府征调国民服务，先要我到美国去做非正式的国民外交，继派我为驻美大使，做了四年的外交官。这是我立禁约的第二十一年，可算已超出于二十年不干政治的期限，坚守住了二十年不干政治的禁约。

我与日报的关系是常替天津《大公报》写文章。《大公报》的"星期论文"就是我替张季鸾先生、胡政之先生计划的，请《大公报》以外的作家每星期写一篇文章，日程也多由我代为排定。这样，报馆的主笔先生每周至少有一天休息。这种方式旋为国内各报所采用。

我认为办报只要采取锲而不舍的精神，用公平态度去批评社会、教育、文化、政治，有毅力地继续不断的努力做去，终是有效的。佛教《法华经》有一句话："功不唐捐"（"唐"，古白话"空"字），意思说，努力是不会白费的。譬如提倡中国文学白话运动，原是偶然的，我在文艺协会座谈会说过。一九一五年，康乃尔大学中国留学生的男同学欢迎一位中国女同学，餐后泛舟游凯约嘉湖，忽然天气骤变，乌云四布，大家急于回来，但船将靠岸，暴风雨已经发作，大家匆忙上岸，小船竟翻了，幸而没有发生事情，不过大家的衣服都弄湿了。男同学中的任叔永先生事后寄了一首旧诗给我（我那时在哥伦比亚大学），题名《凯约嘉湖覆舟》。游湖、遇雨、覆舟、写诗，这些都是偶然发生的；我看了那首旧诗，也偶然的产生了一种感想，觉得诗的意思很好，但用字不划一，有今字，有《诗经》里的古字。《诗经》里的古字，是二千年前死了的字，已不适用于今天了。我随即复了一封批评的信。这封信又偶然给哈佛大学守旧的梅光第〈迪〉先生看见了，很生气的骂我的批评是邪说。我为替自己的主张辩护，便到处搜集材料证据，来证明中国文学应该用活的语言文字，应该用白话，不论是写文章和作诗；便在《新青年》发表了《文学改良刍议》，提出八条意见。陈独秀先生是主张革命的，继我而发表了《文学革命论》（“文学革命”的名词便是由此而来）。这样一来，文学革命的旗帜已经展出来了，“伸头一刀，缩头也是一刀”，只好硬着头支撑起来。当时我们认为我们的思想主张必为将来中国的教育工具和一切的文学工具。白话可以写诗，可以写散文、小说、韵文，不仅可以写通俗的诗词韵文，并且可以写高深的诗词韵文。小说用白话写，在数百年前已经有伟大的小说如《七侠五义》、《西游记》、《封神榜》等可作证据；诗词方面，历史上大诗人所作的诗，凡是易于记诵的，都是白话文。关于这一点，许多人还是不肯信服，认为古人的诗有白话是偶然的。我为此于民国五年七月十六日写信告诉朋友们说，从即日起我不作诗了，要作诗就是白话诗。民国六年元旦，我把这个主张同时发表在国内的《新青年》和美国留学生办的《季刊》上。我们当时曾细细想过：文学革命运动是对的，但一定会有人反对，一定会遇到阻碍，我们准备奋斗二十五年至三十年，相信一定可以成功。因为所有现代国家都经过了文学革命的阶段，如五百年前的西欧是用拉丁文，东欧是用希腊文，先由意大利发动文学革命，提倡用白话，以后法、德、英国，整个欧洲，一个个的都用新的活的语文，所以我们认定我们的主张必会成功。结果出人意料之外，原拟奋斗二十五年至三十年的，只做了四年工夫（民国六年到九年）时机便成熟了。民国九年，北京的反动政府教育部也受了舆论的震动，没有法子拒绝，颁布了初级小学一二年级的教材用白话文来编。殊不知学校制度是有机体的，一二年级教材用白话文，三四年级教材也就不能不用白话文了，这样白话文便打进了学校。民国八年的“五四”运动，是爱国运动，全国学生为响应这一运动，出版了四百多种刊物，都是篇幅很小（有些像包脚布），也有油印的壁报，但全部是用的白话。这是一般青年感觉北大这班教授提倡的白话一点不错，采用为发言的工具了，用不着我们开学堂来训练，只要把想说的话放胆的写出来就行了。大家看《红楼梦》、《水浒传》等小说，就是学习写白话的模范，用不着再找教师。以我的经验，中国的白话，是最容易的一种语言工具，可以无师自通，几百年来的老祖宗，给了我们许多的教材。同时我觉得中国的语言，是全世界最容易学、最容易说的语言；文法上没有性的区别，没有数量的区别，也没有时间的区别。你来、他来、我去、你去，没有变化；他昨天来（过去的）、今天来（现在的）、明天来（将来的），没有变化。话怎么说，文章便怎么写。所以“五四”运动，各地青年学生要发表思想情感，无师自通的工具——白话文便自然的产生出来了，使北京政府教育部不得不接受这一运动，不得不颁布小学一二年教科书改用白话文来编。跟着，新诗、新的散文、小品文、新的戏剧、新的短篇小说、长篇小说、新闻短评、长论文，都出来了。我们预备奋斗二十五年至三十年的，想不到四年工夫，我们便胜利了。

我们应该相信，我们这一行业——报业，确是无冕帝王，我们是有力量的，我们的笔是有力量的。只要我们对这一行业有信心，只要我们的主张是站得住的，有材料、有证据、不为私、是为公，以公平的态度锲而不舍地努力下去，“功不唐捐”，努力是不会白费的。提倡白话文运动，四年小成，十年大成，终于普及全国，这就是一个证明。当此“国家”多难，时局动荡激烈，全世界也陷于危机的时候，报业当然也遇上了困难。今日“自由中国”只有十三份报纸，公营民营报纸经营都有困难，只要〈好〉靠配给；并受人口的影响，销路不多；商业不发达，登广告的少。这些困难，我一看便知道，我很同情。不过，我们干这一行的，应该有一种信仰，要相信“功不唐捐”，努力是不白费的。我们贯彻一种主义，预定十年，也许三五年便发生了效果。我们不必悲观失望，不必求速效，我们的职务是改变人的思想习惯。改变思想习惯就是改变人的作风。思想习惯都是守旧的、难得改的，可是久而久之潜移默化，不知不觉中会发生效果。这类的事，我这过了六十二岁的人，是见过很多的。如当年梁启超先生在海外办《新民丛报》，倡导维新，竟至影响了国内全国的政治社会！革命的前辈在海外办《民报》，鼓吹革命，满清政府禁止其运入国内，许多留学生却将《民报》缝入枕头，偷偷的运回国内秘密传观，流行的数量这样的少，可是几年中全国青年人接受了革命的思想，促成革命的成功，这是孙中山先生所梦想不到的！他们远在海外，以少数几个人的力量，凭着胆量勇气，提倡理想的主张，在短时期内便震动全国，证明报业是有力量、足以自夸的高贵的职业。

我们看一看六十年的中国历史，可以知道中国以前的报馆是可怜得很，少数几个人包办一切，几张破桌椅，便算设备，那有现在的人才济济，更没有这样阔绰的“记者之家”，可以在工作之余，来喝茶“白相”。

刚才谈到报纸的广告少，这是不能怪商人不懂广告效用，不明广告价值，不送广告来登；广告是要靠报馆提倡，要靠自己去找的。美国广告的发达，也不过数十年的历史。美国克蒂斯出版公司出版三种报纸、杂志——《星期六邮报》、《妇女与家庭》杂志和《乡下人》，他们先是推广报纸、杂志的销路，再全力宣传广告效用，派人出去招揽广告。结果业务蒸蒸日上，极一时之盛。近代广告的演进，渐渐成了广告学，甚至广告心理学，用广告来引起人的欲望，引起购买的动机，向人们展开攻势，争取广告。大家如果能够研究用策略、战略去争取广告，我敢担保广告一定会发达。我下次来的时候，台湾各报的广告，必有可观的成绩。广告成为美国的宠儿，就是美国人懂得广告心理。在中国的都市中广告比较发达的是上海，而上海最初懂得利用广告的是中法药房创办人黄楚九。黄楚九懂得广告心理学，他制售补脑汁，不说是他自己发明的黄医生补脑汁，而说是德国艾罗医生的发明，以加强购买者的信心。所谓艾罗，即英文的 Yellow。这种作法，当然是不足为法的，但是做广告要懂得心理学，这里可以得到一个证明。由于黄楚九的懂得运用广告，广告在上海才引人注意。在台湾，大家不妨现在就发起一种广告运动，凭了各位先生各位小姐的才干，广告一定能够打开局面，报业一定能够大发达。

我向来是乐观的。朋友们都说我是不可救药的乐观主义者，今天我也就是以不可救药的乐观主义者和大家讲话。诸位不妨发起一两种小运动来试试看，我相信必会有圆满的收获。谨以“功不唐捐”作为记者之家的格言。

（胡适 1953 年 1 月 7 日演讲于台北报业公会，杨欣泉记录。载于《中央日报》，1953 年 1 月 8 日）

新闻记者的修养

做一个新闻记者，不但要有广泛的无所不知的知识，同时在学术上、道德上也应该有相当的修养。特别是未来的新闻记者，要多看侦探小说。

我们中国文学的唯一的缺点，就是没有翻译得最好的侦探小说。现在有许多报纸都刊武侠小说，许多人也看武侠小说，其实武侠小说实在是最下流的。侦探小说是提倡科学精神的，没有一篇侦探小说，不是用一种科学的方法去求证一件事实的真相的。希望同学们能多看"福尔摩斯"一类的良好的侦探小说，不但可以学好文学与英法等外国文字，同时也是学习使用科学方法的最好训练。

明朝有一位大哲学家吕坤，是十七世纪一位很有地位的思想家。他曾经这样说过："为人辩冤白谤，是第一天理。"他的这句话在今天仍有许多人提到它。当一个新闻记者，不论在任何一个国家，都有这一种替人"辩冤白谤"的责任。这是一件很大的事，也是一种很重要的修养，尤其是在今天我国警察、司法、军法各方面尚在比较幼稚的时候，责无旁贷的，我们当一位新闻记者的，都应该有此义务。

我今天要讲两个故事，来说明"为人辩冤白谤"的意义。这两个故事是两个有名的案件。第一个案件是最近出版的美联社及芝加哥《太阳报》记者勃雷纳（Brennan）所写的《被偷去的年龄》（*The Stolen Years*）一书中所说的案件，第二个案件是轰动世界的，连《大英百科全书》中都有详细记载的兑夫司 Dreyfus［德雷福斯］案件。

关于第一个案件，那是一九三三年的事。那时勃雷纳才二十五岁，在那个时候，芝加哥发生了一个离奇的绑票案。一个名叫法克脱（Factor）的大流氓自称被绑，并且被关在一个地窖子里十二天，一直到缴了钱才放出来。他这些话是对警察与新闻记者说的。他说这话时勃雷纳也在场。勃雷纳当时听了法克脱的话，就觉得有点奇怪，一个被关在地窖子里十二天的人，怎么衣服都那么整齐，没有丝毫绉〈皱〉纹，同时他又听到一个警察在说，芝加哥天气这么热，怎么他的身上没有臭气。勃雷纳把这两件事记在心上。后来，那个自称被绑的大流氓法克脱指认另一个大流氓杜希（Jouhy）是绑他的人。这案子便开庭审了好几次，同时警察当局又派了一名专家调查此事。

当年芝加哥的警察很腐败，暗中与流氓恶势力勾结，因而那位被派的专家也是一个流氓，他是一个包庇赌博发大财的人，人家说他是世界上最有钱的警察。这个案子本来是流氓消灭敌人的一种手段，杜希原是被冤枉的，可是审判结果，他被判了徒刑九十九年。勃雷纳自从法克脱自称被绑的那天起，就开始注意此事。杜希判罪之后他便时常去狱中看他，与他谈天，并把他的谈话做成纪录，并替他找证据，因为他觉得杜希是冤枉的。勃雷纳自从一九三三年以来经过二十七年的努力，社会终于注意到这件案子，到今年十一月这位被冤枉了很久的杜希终于被保释了。

同时，勃雷纳的书《被偷去的年龄》也于同日出版，在这本书里，勃雷纳指出两点，一点是当审问时法克脱几次改变他自己的供词；另一点是在检察官提出的证人之中，有一个在绑架的十二天之中，并没有在芝加哥，他是一个伪证。勃雷纳说："人问我为什么要给一个流氓作辩护。我对他们说：你们看看这个可怜的人，他从没有机会把他的案子向大家申诉。我做这件事，得到的我个人自觉的满意是你们想象不到。”

第二个案件，是法国与德国的世仇。一八七一年法国与普鲁士战争失败，割地赔款求和之后，双方间谍与反间谍工作，活跃得非常厉害。一八九四年法国有一个生活放荡沉湎酒色的军人，名字叫做爱司特哈士（Esterhazy），他与德国大使馆陆军武官勾结，把自己国家的机密文件偷偷的卖给德国，但不巧他的那张出卖的各种文件的清单又被法国在德国大使馆做反间谍的人员拿到。经过一番研究与秘密调查之后，终于疑心到一个完全没有关系的无辜的犹太人身上。这个犹太人名字叫做兑夫司（Dreyfus），他是炮兵上尉，在陆军部工作。由于他的笔迹与那张清单上有点像，并经笔迹专家判断，虽然有的说是他的，有的说不是他的，他终于被认定算做他的，于是他在一八九四年十一月十五日被捕了，在军事法庭审问的时候，虽然他始终坚持是无辜的，而军部的证据又是那么的薄弱，仅仅那一件无名的单子和笔迹专家的证明；可是陆军情报局要成立他的罪名，捏造了许多秘密证件，军事法庭终于在同年十二月二十二日宣判了他犯了卖国的叛逆大罪，送他到一个警备区域去终身监禁。一八九五年三月又被送往南美北岸法属魔鬼岛去监禁。

对于兑夫司的判罪，他的家人与朋友都相信他是无罪的，但是他们没有证据，无法请求复审。但不久有一位情报局的官员卞开纳上校（Col. Pieqner）在一八九六年却发现了一个德国大使馆的武官写信给法国陆军少校爱司特哈士的信稿，这写稿虽是撕碎了，但显然他证明了法国陆军部里有人被德国雇用，于是他便开始侦查，很快的就查知爱司特哈士的一切，并经核对笔迹的结果，证明了军事法庭原有的“单子”的笔迹正是他的。卞开纳把这事报告参谋部总长与次长，但那些大官不愿意重开审判，因此就禁止他继续进行调查。同时还把他调往非洲。卞开纳在去非洲之前把这事告诉了他的一位朋友，他是一位律师。这位朋友又把这事告诉了当年法国上议院的副议长，他们都相信兑夫司是无罪的。

一八九七年兑夫司的哥哥也发现那单子上的笔迹是爱司特哈士的，他就向陆军部正式控告，但参谋部不愿意认此大错。军事法庭开审结果，爱司特哈士无罪。卞开纳被捕下狱。法国的舆论界成为两派：一派说袒护兑夫司这个卖国贼的就是卖国贼；另一派是知识分子，他们在报纸上为兑夫司打抱不平，最著名的是《晨光报》上的克里蒙梭和《世界报》雷因拉克等。当年法国的大文豪左拉也写了一篇《我控诉》的文章，指责埋没事实，埋没真理，让有罪的人逍遥法外，使无辜的人冤沉海底。但是陆军部生气了，告了左拉一状，他被判罪了。

虽然这样，但是反对翻案的人还在继续伪造证据。陆军情报局的副局长亨利上校在一八九六年伪造了两封信，说是意大利驻法大使馆陆军武官写给德国驻法大使馆武官的，信里特别提到兑夫司的名字。这两封信后来在国会里宣读了，兑夫司的罪是铁定了。但是被卞开纳发表了一封给法国总理的公开信，指出了这封信是伪造的、拼凑的，结果亨利上校被捕下狱，畏罪在狱中自杀。这时候政府准了兑夫司太太的呈诉状，把全案卷送最高上诉院。

经过了几个月的密查，上诉院才宣告取消了原来的判决，才决定令军事法庭重开审判，一八九九年军事法庭以五票对二票表决兑夫司有犯罪嫌疑，判徒刑十年。

由于这件案子已是世界注目的案子，法庭判决震惊了整个世界，于是在九月十九日，法国新总理 Louber① 下令特赦，释放兑夫司。又过了几年到一九〇三年，另外发现了一些新的事实，引起了新的审判的要求。一九〇六年七月十二日法国最高上诉院宣判，才完全

① 即埃米勒·弗朗索尼·卢贝（émile Franois Loubet，1838—1929），法兰西第三共和国第8任总统（1899—1906）。此处应为“法国新总统”。　　编者

推翻一八九四年的判决。政府下令恢复兑夫司的军人身份，任命他为炮兵队的少校。这案子从一八九四年到一九〇六年经过了十二年，才真相大白。

由于以上两个案子，我们可以充分的看出，社会上一个人的生命与名誉，不仅是在于法官与法庭，同时有一部分是在于我们这些拿笔杆的人的手里。因此做一个新闻记者，必须要有为人“辩冤白谤”的精神。希望青年的朋友们学看侦探小说，并从现在起努力去培养为人“辩冤白谤”的修养，以达成一个新闻记者的任务。

（胡适 1959 年 12 月 8 日演讲于世界新闻学校。载于台北《中央日报》，1959 年 12 月 9 日）

胡適文集

社会卷

容忍与自由

争自由的宣言

我们本不愿意谈实际的政治，但是实际的政治却没有一时一刻不来妨害我们。自辛亥革命直到现在，已经有九个年头，这九年在假共和政治之下，经验了种种不自由的痛苦，便是政局变迁，这党把那党赶掉。然全国不自由的痛苦仍同从前一样。政治逼迫我们到这样无路可走的时候。我们便不得不起一种澈底觉悟，认定政治如果不由人民发动，断不会有真共和实现。但是如果想使政治由人民发动，不得不先有养成国人自由思想自由评判的真精神的空气。我们相信人类自由的历史，没有一国不是人民费去一滴一滴的血汗换得来的。没有肯为自由而战的人民，绝不会有真正的自由出现。这几年来军阀政党胆敢这样横行，便是国民缺乏自由思想自由评判的真精神的表现。我们现在认定有几种基本的最小限度的自由，是人民和社会生存的命脉，故把他郑重提出，请我全国同胞起来力争。

（A）消极方面

一、治安警察条例。把人民政治结社、政谈集合、屋外集合、公众运动、游戏、群集、演说、布告、和工人聚集、女子参政种种自由，交给警察官署去任意处理，结果便把改造社会的政治运动、思想宣传运动、劳动运动、女子运动根本打消，使约法上规定的集会结社自由，成了一句废话。故民国三年三月二日所公布的治安警察条例，应即废止。

一、出版法。把人民著作发行、印刷、出售、散布文书图画的自由，交给警察官署或县知事处理，不独把宣传文化灌输学术思想的工具完全破坏，并连约法上出版自由，也根本消灭。故民国三年十二月四日所公布的出版法，应即废止。

一、报纸条例。把日刊、周刊、旬刊、月刊年刊和不定期刊的言论自由，放在警察官署手里，并且先要求许多保押费，这是中国抄袭日本的特别法律，结果把个人意见和社会舆论的发表权，寄附在警察官喜怒之下。思想既不能自由，舆论也不能独立，约法上言论自由的规定，还有什么效力。故民国三年四月二日所公布的报纸条例，应即废止。

一、管理印刷业条例。把印刷局的营业自由完全剥夺，使约法上营业自由全归无效。故民国八年所公布中管理印刷业条例，应即废止。

一、预戒条例中所举的犯罪事件。如破坏社会道德、阻挠地方公益等罪名，范围标准都由警察厅或县知事决定，并且不限于已经犯罪的人，便是警察厅县知事认为“欲行”犯罪的人，也一律适用。凡受预戒令的人，居住、迁移、职业、行动都不得自由，与约法上居住迁移自由的规定，完全相背。故民国三年三月三日所公布的预戒条例，应即废止。

一、戒严令第十四条规定的事件。凡人民身体、家宅、言论、著作、集会、结社、书信秘密、居住迁移和财产营业等自由，没有一件不被干涉。这种重大的问题，断不可让行政官自由处置，应该要求，以后如果不遇外患或战争已经开始的时候，不得国会省议会议决，或市民请求，不得滥行宣布戒严。

一、下列四种自由，不得在宪法外更设立制限的法律。

（1）言论自由。

（2）出版自由。

（3）集会结社自由。

（4）书信秘密自由。

一、这几年来，行政官厅和军警各署，对于人民往往不经法庭审判，擅自拘留，或擅自惩罚，把身体力行自由权剥夺净尽。应即实行“人身保护法”，保障人民身体的自由。

[附注] “人身保护法”便是英国的Writ of Habeas Corpus章秋桐释为“出庭状”。该状有几层用处：（一）出庭状有一定的格式。英国是由高等法院（High Court）发出来的，如果受违法的拘留时，不但本人可以请求，便是亲友或相熟的人也都可以去领。（二）拘留人的人接到这状，便要立刻将被拘留的人交出。（三）被拘留人一经出庭状发出，无论生死，都要交到法庭去依法审判。（四）法院既受人请求，应该即刻发出出庭状，不然便要重罚。受出庭状而不将被拘留的人交出者，也要重罚。故这种法律，是救济违法拘人的最周密的方法。

一、这几年来，选举舞弊可算是达到极点。应由无党派关系的公民组织“选举监督团。”于选举时实行监督，并公请律师，专调查犯罪证据，和管理诉讼事项。

（胡适、蒋梦麟等七人联合署名。原载于《晨报》，1920年8月1日；亦转载于《东方杂志》第17卷第16号）

宣统与胡适

阳历五月十七日，清室宣统帝打电话来邀我进宫去谈谈，当时约定了五月三十日（阴历端午前一日）去看他。三十日上午，他派了一个太监来我家来接我，我们从神武门进宫，在养心殿见着清帝，我对他行了鞠躬礼，他请我坐，我就坐了。他的样子很清秀，但颇单弱；他虽只有十七岁，但眼睛的近视，比我还厉害；他穿的是蓝袍子，玄色的背心。室中略有古玩陈设，靠窗摆着许多书，炕儿上摆着本日的报十几种，内有《晨报》和《英文快报》，炕儿上还有康白情的《草儿》和亚东的《西游记》。他称我“先生”，我称他“皇上”。我们谈的大概都是文学的事，他问起康白情、俞平伯，还问及《诗》杂志。他说他很赞成白话；他做过旧诗，近来也试作新诗。我提起他近来亲自出宫去看陈宝琛的病的事，并说我觉得这是一个很好的事。此外我们还谈了一些别的事，如他出洋留学等事。那一天最要紧的谈话，是他说的：

> 我们做错了许多事，到这个地位，还要糜费民国许多钱，我心里很不安。我本想谋独立生活，故曾想办一个皇室财产清理处。但这件事很有许多人反对，因为我一独立，有许多人就没有依靠了。

我们谈了二十分钟，我就告辞出来了。

这是五十日前的事。一个人去见一个人，本也没有什么稀奇。清宫里这一位十七岁的少年，处的境地是很寂寞的，很可怜的；他在这寂寞之中，想寻一个比较也可算得是一个少年的人来谈谈：这也是人情上很平常的一件事。不料中国人脑筋里的帝王思想，还不曾刷洗干净。所以这一件本来很有人味儿的事，到了新闻记者的笔下，便成了一条异的新闻了。自从这事发生以来，只有《晨报》的记载（我未见），听说大致是不错的；《京津时报》的评论是平允的；此外便都是猜谜的记载、轻薄的评论了。最可笑的是，到了最近半个月之内，还有人把这事当作一件“新闻”看，还捏造出“胡适为帝者师”“胡适请求免拜跪”种种无根据的话。我没工夫去一一更正他们，只能把这事的真相写出来，叫人家知道这是一件很可以不必大惊小怪的事。

（载于《努力》周报第12号，1922年7月23日）

致陈独秀

独秀兄：

前几天我们谈到北京群众烧毁晨报馆的事，我对你表示我的意见，你问我说："你以为《晨报》不该烧吗？"

五六天以来，这一句话常常来往于我脑中。我们做了十年的朋友，同做过不少的事，而见解主张上常有不同的地方。但最大的不同莫过于这一点了。我忍不住要对你说几句话。

几十个暴动分子围烧一个报馆，这并不奇怪。但你是一个政党的负责领袖，对于此事不以为非，而以为"该"。这是使我很诧怪的态度。

你我不是曾同发表一个"争自由"的宣言吗？那天北京的群众不是宣言"人民有集会结社言论出版的自由"吗？《晨报》近年的主张，无论在你我眼睛里为是为非，决没有"该"被自命争自由的民众烧毁的罪状；因为争自由的唯一原理是："异乎我者未必即非，而同乎我者未必即是；今日众人之所是未必即是，而众人之所非未必真非。"争自由的唯一理由，换句话说，就是期望大家能容忍异己的意见与信仰。凡不承认异己者的自由的人，就不配争自由，就不配谈自由。

我也知道你们主张一阶级专制的人已不信仰自由这个字了。我也知道我今天向你讨论自由，也许为你所笑。但我要你知道，这一点在我要算一个根本的信仰。我们两个老朋友，政治主张上尽管不同，事业上尽管不同，所以仍不失其为老朋友者，正因为你我脑子背后多少总还同有一点容忍异己的态度。至少我可以说，我的根本信仰是承认别人有尝试的自由。如果连这一点最低限度的相同点都扫除了，我们不但不能做朋友，简直要做仇敌了。你说是吗？

我记得民国八年你被拘在警察厅的时候，署名营救你的人中有桐城派古文家马通伯与姚叔节。我记得那晚在桃李园请客的时候，我心中感觉一种高兴。我觉得这个黑暗社会里还有一线光明：在那反对白话文学最激烈的空气里，居然有几个古文老辈肯出名保你，这个社会还勉强够得上一个“人的社会”，还有一点人味儿。

但这几年以来，却很不同了。不容忍的空气充满了国中。并不是旧势力的不容忍，他们早已没有摧残异己的能力了。最不容忍的乃是一班自命为最新人物的人。我个人这几年就身受了不少的攻击和污蔑。我这回出京两个多月，一路上饱读你的同党少年丑诋我的言论，真开了不少的眼界。我是不会怕惧这种诋骂的，但我实在有点悲观。我怕的是这种不容忍的风气造成之后，这个社会要变成一个更残忍更惨酷的社会，我们爱自由争自由的人怕没有立足容身之地了。

（此稿约写于 1925 年 12 月间。录自《胡适遗稿及秘藏书集》第 20 册，黄山书社 1994 年版）

我们要我们的自由

佛书里有这样一段神话：

有一只鹦鹉，飞过雪山，遇见雪山大火，他便飞到水上，垂下翅膀，沾了两翅的水，飞回去滴在火焰上。滴完了，他又飞去取了水回来救火。雪山的大神看他往来滴水救火，对他说道："你那翅膀上的几滴水怎么救得了这一山的大火呢？你歇歇罢？"鹦鹉回答道："我曾住过这山，现在见火烧山，心里有点不忍，所以尽一点力。"山神听了，感他的诚意，遂用神力把火救熄了。

我们现在创办这个刊物，也只因为我们骨头烧成灰毕竟都是中国人，在这个国家吃紧的关头，心里有点不忍，所以想尽一点力。我们的能力是很微弱的，我们要说的话也许是有错误的，但我们这一点不忍的心也许可以得着国人的同情和谅解。

近两年来，国人都感觉舆论的不自由．在"训政"的旗帜之下，在"维持共信"的口号之下，一切言论自由和出版自由都得受种种的箝制。异己便是反动，批评便是反革命。报纸的新闻和议论至今还受检查。稍不如意，轻的便停止邮寄，重的便遭封闭。所以今日全国之大，无一家报纸杂志敢于有翔实的记载或善意的批评。

负责任的舆论机关既被箝制了，民间的怨愤只有三条路可以发泄：一是秘密的传单小册子，二是匿名的杂志文字，三是今日最流行的小报。社会上没有翔实的新闻可读，人们自然愿意向小报中去寻快意的谣言了。善意的批评既然绝迹，自然只剩一些恶意的谩骂和丑诋了。

一个国家里没有纪实的新闻而只有快意的谣言，没有公正的批评而只有恶意的谩骂丑诋，——这是一个民族的大耻辱。这都是摧残言论出版自由的当然结果。

我们是爱自由的人，我们要我们的思想自由，言论自由，出版自由。

我们不用说，这几种自由是一国学术思想进步的必要条件，也是一国社会政治改善的必要条件。

我们现在要说，我们深深感觉国家前途的危险，所以不忍放弃我们的思想言论的自由。

我们的政府至今还在一班没有现代学识没有现代训练的军人政客的手里。这是不可讳的事实。这个政府，在名义上，应该受一个政党的监督指导。但党的各级机关大都在一班没有现代学识没有现代训练的少年党人手里，他们能贴标语，能喊口号，而不足以监督指导一个现代的国家。这也是不可讳的事实。所以在事实上，党不但不能行使监督指导之权，还往往受政府的支配。最近开会的“第三次全国代表大会”，便有百分之七八十的代表是政府指派或圈定的。所以在事实上，这个政府是绝对的，是没有监督指导的机关的。

以一班没有现代知识训练的人统治一个几乎完全没有现代设备的国家，而丝毫没有监督指导的机关，——这是中国当前的最大危机。

我们所以要争我们的思想言论出版的自由，第一，是要想尽我们的微薄能力，以中国国民的资格，对于国家社会的问题作善意的批评和积极的讨论，尽一点指导监督的天职；第二，是要借此提倡一点新风气，引起国内的学者注意国家社会的问题，大家起来做政府和政党的指导监督。

我们深信，不负责任的秘密传单或匿名文字都不是争自由的正当方法。我们所争的不是匿名文字或秘密传单的自由，乃是公开的，负责任的言论著述出版的自由。

我们深信，争自由的方法在于负责任的人说负责任的话。

我们办这个刊物的目的便是以负责任的人对社会国家的问题说负责任的话。我们用自己的真姓名发表自己良心上要说的话。有谁不赞成我们的主张，尽可以讨论，尽可以批评，也尽可以提起法律上的控诉。但我们不受任何方面的非法干涉。

这是我们的根本态度。

（耿云志先生推断，本文为胡适为《平论》周刊撰写的发刊词。录自《胡适遗稿及秘藏书信》第 12 册，黄山书社 1994 年版）

民权的保障

前几天在中国民权保障同盟北平分会的席上，杨杏佛先生说了一句很沉痛的话："争民权的保障是十八世纪的事；不幸我们中国人活在二十世纪里还不能不做这种十八世纪的工作。"

先进的民族得着的民权，不是君主钦赐的，也不是法律授予的；是无数的先知先觉奋斗力争来的，是用血写在法律条文上去的，是时时刻刻靠着无数人的监督才保障得住的。没有长期的自觉的奋斗，决不会有法律规定的权利；有了法律授予的权利，若没有养成严重监护自己的权利的习惯，那些权利还不过是法律上的空文。法律只能规定我们的权利，决不能保障我们的权利。权利的保障全靠个人自己养成不肯放弃权利的好习惯。

"权利"一个名词是近三十多年来渐渐通用的一个新名词。当这个名词初输入的时代，梁任公先生等屡作论文，指出中国人向来缺乏权利思想，指出中国人必须提倡这种权利思想。其实"权利"的本义只是一个人所应有，其正确的翻译应该是"义权"，后来才变成法律给予个人所应享有的"权利"，中国古代思想也未尝没有这种"义权"的观念。孟子说的最明白：

非其义也，非其道也，一介不以与人，一介不以取诸人。

这正是“权利”的意义。“一介不以与人”是尊重自己所应有；“一介不以取诸人”是尊重他人所应有。推而广之，孟子所谓“富贵不能淫，贫贱不能移，威武不能屈”也正是个人自尊其所应有，自行其所谓是。孔墨两家都还有这种气概。但柔道之教训，以随顺不争“犯而不校”为处世之道，以“吃亏”为积德之基，风气既成，就无人肯自卫其所应有，亦无人肯与强有力者争持其所谓是。梁先生们所谓中国人无权利思想，只是这种不争不校的风气造成的习惯。在这种习惯支配之下，就有了法律规定的人权民权，人民也不会享用，不会爱护的。

然而普通人的知识和能力究竟有限，我们不能期望人人都懂得自己的权利是些什么，也不能期望人人都能够监护自己的权利。中国人所以不爱护权利，不但是长久受了不争与吃亏的宗教与思想的影响，其中还有一个更重要的原因，就是中国的法制演进史上缺乏了一个法律辩护士的职业。我们的老祖宗只知道崇拜包龙图式的清官，却不曾提倡一个律师职业出来做人民权利的保护者。除了王安石一流远见的政治家之外，多数儒生都不肯承认法律是应该列为学校科目的。士大夫不学法律，所以法律刑名的专家学识都落在一种受社会轻视的阶级的手里，至高的不过为刑名师爷，下流的便成了讼棍状师。刑名师爷是帮助官府断案的；人民的辩护还得倚赖自己，状师讼棍都不能出面辩护，至多不过替人民写状子，在黑影子里“把案”而已。我们看《四进士》戏里讼师宋士杰替他的干女儿打官司，状子是按院大人代写的，是宋士杰出庭代诉的，还几乎完全败诉了，我们看这戏的用意，可以想见我们的老祖宗到了近代也未尝不感觉到法律辩护士的需要。但《四进士》的编著者是个无名的天才，他的见解完全不能代表中国的一般社会。普通人民都只知道讼棍是惹不得的，宋士杰是人间少有的，同包龙图一样的不易得。所以他们只希望终身不入公门，不上公堂；上了公堂，他们只准备遭殃，丝毫没有抵挡，没有保障。好胜是天性，而肯吃亏是反人情。

中国人的肯吃亏、不好讼，未必是宗教与哲学造成的，绝大的造因是因为几千年来没有保护人民权利的律师阶级。

西洋人的权利思想的发达同他们的宗教信条正相反。基督教的教主也是教人不抵抗强权的："有人打你的左脸，你把右脸也给他打。"然而基［督］教的信条终久不能埋没罗马人提倡法律的精神。罗马不但遗留下了《罗马法典》，更重要的是她遗留下的法学与辩护制度。士大夫肯终身研究法律，肯出力替人民打官司；肯承认法律辩护是高尚的职业，而替人伸冤昭枉是光荣的功绩，——有了这种风气和制度，然后人民有权利可说。我们不要忘了：中古欧洲遗留下的最古的大学，第一个（Salerno）［萨勒诺］是医科大学，第二个（Bologna［博洛尼亚］）就是法科大学，第三个（巴黎）才是神科大学。我们的士大夫是"读书万卷不读律"的，不读律，所以没有辩护士，只能有讼棍：讼棍是不能保障人民权利的。

中国人提倡权利思想的日子太浅，中国有法律教育的日子更浅，中国有律师公开辩护的日子又更浅了，所以什么约法和宪法里规定的人民权利都还是一些空文，军人官吏固然不知道尊重民权，人民自己也不知道怎样享用保护自己的权利。到了权利受损害的时候，人民只知道手忙脚乱的去走门路，托人情，行贿赂；却不肯走那条正当的法律的大路。直到近几年中，政治的冲突到了很紧张的地步，一面是当国的政党用权力制裁全国的舆论，不容许异党异派的存在，一面是不满意于现政权的各种政治势力，从善意的批评家到武装反抗的革命党派。在这个多方面的政治冲突里，现政权为维护自身的权力计，自然不恤用种种高压方法来制裁反对势力，其间确有许多过当的行为，如秘密军法审判的滥用，如死刑之滥用，如拘捕之众多与监狱生活之黑暗，都足以造成一种恐怖的心理。在这种政治势力的冲突之下，尤其在现政权用全力制裁武装反抗的政治势力的情形之下，一切情面门路友谊种种老法子在这里都行不通了。直到这个时候，才有人渐渐感觉到民权保障的需要。民权保障的运动发生于今日，正是因为今日是中国政治的分野最分明，冲突最利害的时候。我们看上海发起这个运动的宣言特别注重“国内政治犯之释放与非法的拘禁酷刑及杀戮之废除”，就可以明白这个历史背景了。

我是赞成这个民权保障运动的。我承认这是我们中国人从实际生活里感觉到保障权利的需要的起点。从这个幼稚的起点，也许可以渐渐训练我们养成一点爱护自己权利并且尊重别人权利的习惯，渐渐训练我们自己做成一个爱护自己所应有又敢抗争自己所谓是的民族。要做到这种目的，中国的民权保障运动必须要建筑在法律的基础之上，一面要监督政府尊重法律，一面要训练我们自己运用法律来保障我们自己和别人的法定权利。

但我们观察今日参加这个民权保障运动的人的言论，不能不感觉他们似乎犯了一个大毛病，就是把民权保障的问题完全看作政治的问题，而不肯看作法律的问题。这是错的。只有站在法律的立场上来谋民权的保障，才可以把政治引上法治的路。只有法治是永久而普遍的民权保障。离开了法律来谈民权的保障，就成了“公有公的道理，婆有婆的道理”，永远成了个缠夹二先生，永远没有出路。前日报载同盟的总会宣言有要求“立即无条件的释放一切政治犯”的话，这正是一个好例子。这不是保障民权，这是对一个政府要求革命的自由权。一个政府要存在，自然不能不制裁一切推翻政府或反抗政府的行动。向政府要求革命的自由权，岂不是与虎谋皮？谋虎皮的人，应该准备被虎咬，这是作政治运动的人自身应该的责任。

我们以为这条路是错的。我们赞成民权应有保障，但是我们以为民权的唯一保障是法治。我们只可以主张，在现行法律之下，政治犯也应该受正当的法律保障。我们对于这一点，可以提出四个工作的原则：

第一，我们可以要求，无论何种政治犯，必须有充分证据，方可由合法机关出拘捕状拘捕。诬告的人，证实之后，必须反坐。

第二，我们可以要求，无论何种政治犯，拘捕之后，必须依照约法第八条，于二十四小时之内送交正式法庭。

第三，我们可以要求，法庭受理时，凡有证据足以起诉者，应即予起诉，由法庭公开审判；凡无犯罪证据者，应即予开释。

第四，我们可以要求，政治犯由法庭判决之后，应与他种犯人同受在可能范围之内最人道的待遇。

这都是关于政治犯的法律立场。离开了这个立场，我们只可以去革命，但不算是做民权保障运动。

以上所说，不过是举政治犯一个问题做个例，表示我个人对于这个运动的见解。除了政治犯之外，民权保障同盟可以做的事情多着哩。如现行法律的研究，司法行政的调查，一切障碍民权的法令的废止或修改，一切监狱生活的调查与改良，义务的法律辩护的便利，言论出版学术思想以及集会结社的自由的提倡，……这都是我们可以努力的方向。

二二，二，七

（原载于《独立评论》第38号，1933年2月19日）

致苏雪林

雪林女士：

谢谢你十一［月］十八日的长信。我十二月一日到上海，十日回家，昨晚［十一］始得检出细读。

你自称疏懒，却有此豪兴，有此热诚，可佩之至。

关于《独评》，你的过奖，真使我愧汗。我们在此狂潮之中，略尽心力，只如鹦鹉濡翼救山之焚，良心之谴责或可稍减，而救焚之事业实在不曾做到。我们（至少可说我个人）的希望是要鼓励国人说平实话，听平实话。这是一种根本治疗法，收效不能速，然而我们又不甘心做你说的“慷慨激昂，有光有热”的文字，——也许是不会做，——奈何！奈何！

此事当时时放在心上，当与一班朋友细细谈谈，也许能做到更积极一点。

关于左派控制新文化一点，我的看法稍与你不同。青年思想左倾，并不足忧虑。青年不左倾，谁当左倾？只要政府能维持社会秩序，左倾的思想文学并不足为害。青年作家的努力，也曾产生一些好文字。我们开路，而他们做工，这正可鼓舞我们中年人奋发向前。他们骂我，我毫不生气。

左倾是一事，反对政府另是一事。我觉得政府的组织若能继续增强，政府的力量若能继续加大，一部分人的反对也不足虑。我在北方所见，反对政府的势力实占极小数。其有作用者，虽有生花的笔舌，亦无能转变其分毫。其多数无作用者，久之自能觉悟。我们当注重使政府更健全，此釜底抽薪之法，不能全靠笔舌。

我总觉得你和别位忧时朋友都不免过于张大左派文学的势力。例如韬奋，他有什么势力！你说他“有群众数十万”，未免被他们的广告品欺骗了。（《生活》当日极盛时，不过两万份，邵洵美如此说。）

“叛国”之徒，他们的大本事在于有组织。有组织则天天能起哄，哄的满城风雨，像煞有几十万群众似的。

不知为什么，我总不会着急。我总觉得这一班人成不了什么气候。他们用尽方法要挑怒我，我总是“老僧不见不闻”，总不理他们。你看了我的一篇《西游记的第八十一难》没有（《论学近著》）？我对他们的态度不过如此。这个方法也有功效，因为是以逸待劳。我在一九三零年写《介绍我自己的思想》，其中有二三百字是骂唯物史观的辩证法的。我写到这一页，我心里暗笑，我知道这二三百字够他们骂几年了！果然，叶青等人为这一页文字忙了几年，我总不理他们。

今年美国大选时，共和党提出 Governor Landon［兰敦州长］来打 Roosevelt［罗斯福］，有人说：“You can't beat somebody with nobody”［你们不能拿小人物来打大人物］。我们对左派也可以说：“You cant't beat something with nothing”［你们不能拿没有东西来打有东西的］。只要我们有东西，不怕人家拿“没有东西”来打我们。

关于鲁迅，我看了你给蔡先生的信，我过南京时，有人说起你此信已寄给他了。

我很同情于你的愤慨，但我以为不必攻击其私人行为。鲁迅狺狺攻击我们，其实何损于我们一丝一毫？他已死了，我们尽可以撇开一切小节不谈，专讨论他的思想究竟有些什么，究竟经过几度变迁，究竟他信仰的是什么，否定的是些什么，有些什么是有价值的，有些什么是无价值的。如此批评，一定可以发生效果。余如你上蔡公书中所举“腰缠久已累累”，“病则谒日医，疗养则欲赴镰仓”……皆不值得我辈提及。至于书中所云“诚玷辱士林之衣冠败类，廿五史儒林传所无之奸恶小人”一类字句，未免太动火气（下半句尤不成话），此是旧文字的恶腔调，我们应该深戒。

凡论一人，总须持平。爱而知其恶，恶而知其美，方是持平。鲁迅自有他的长处。如他的早年文学作品，如他的小说史研究，皆是上等工作。通伯先生当日误信一个小人张凤举之言，说鲁迅之小说史是抄袭盐谷温的，就使鲁迅终身不忘此仇恨！现今盐谷温的文学史已由孙俍工译出了，其书是未见我和鲁迅之小说研究以前的作品，其考据部分浅陋可笑。说鲁迅抄盐谷温，真是万分的冤枉。盐谷一案，我们应该为鲁迅洗刷明白。最好是由通伯先生写一篇短文，此是“gentleman［绅士］的臭架子”，值得摆的。如此立论，然后能使敌党俯首心服。

此段似是责备你，但出于敬爱之私，想能蒙原谅。

我回家已几日了，匆匆写此信，中间又因张学良叛国事，心绪很乱，时写时停，定多不贯串，请你莫见笑。

匆匆问好

胡适　廿五，十二，十四

（录自《胡适遗稿及秘藏书信》第20册，黄山书社1994年版）

致《自由中国》社的一封信

儆寰吾兄：

我今天要正式提议请你们取消“发行人胡适”的一行字。这是有感而发的一个很诚恳的提议，请各位老朋友千万原谅。

何所“感”呢？《自由中国》第四卷十一期有社论一篇，论《政府不可诱民入罪》。我看了此文，十分佩服，十分高兴。这篇文字有事实，有胆气，态度很严肃负责，用证据的方法也很细密，可以说是《自由中国》出版以来数一数二的好文字，够得上《自由中国》的招牌！

我正在高兴，正想写信给本社道贺，忽然来了“四卷十二期”的《再论经济管制的措施》，这必是你们受了外力压迫之后被逼写出的赔罪道歉的文字！

昨天又看见了香港工商日报（七月二十八日）《寄望今日之台湾》的社论，其中提到《自由中国》为了《政府不可诱民入罪》的论评，“曾引起有关机关（军事的）的不满，因而使到言论自由也受到一次无形的损害”，……“为了批评时政得失而引起了意外的麻烦”。我看了这社评，才明白我的猜想果然不错。

我因此细想，《自由中国》不能有言论自由，不能有用负责态度批评实际政治，这是台湾政治的最大耻辱。

我正式辞去“发行人”的衔名，一来是表示我一百分赞成“不可诱民入罪”的社评，二来是表示我对于这种“军事机关”干涉言论自由的抗议。

胡适　四十八年八月十一日

（载于《自由中国》第5卷第5期，1959年9月1日）

新闻独立与言论自由

——台北市编辑人协会欢迎会上讲词

主席，各位同仁：

刚才程沧波先生说我也算是一个编辑人，我的确是编过好几个报，只是没有编过日报。有一个时候，我几乎做程沧波先生的前任。上海有个大报，要我去做编辑人，那时我考虑结果，我不敢做，因为日报的工作太苦，我的生活不规则，担任不了。除日报以外，我曾编过三个周报，编过两个月报，周报最早的是《每周评论》，但最初并不是我编起来的，而是陈独秀这般朋友编的。不过在民国八年陈独秀先生被拘捕，那时没有人负责，就由我接办了几期，直到被北京警察厅封掉为止。以后又办《努力周报》，办了七十五期，有一年半，到曹锟贿选时期，我们自己宣告停止。以后的《独立评论》是三个人负责，大部分是我编的，编了五年，出了二百五十期。因为有这个资格，所以我在美国做外交官的时候，美国有个新闻记者名誉协会，叫我“正在工作中的新闻记者”，并送我一个金质钥匙，因为我正在做外交官。假如我知道今天会有这样一个盛会，一定会把那个金质钥匙带来给大家看看，因为有这个资格，所以刚才我敢称大家为同仁。

在参加今天这个盛会以前，我绝没有想到大家要请我来说话，以为只是请我来吃饭的。到了门口才看到是讲演会，所以今天我一点没有准备，在餐桌上就请程沧波先生和曾虚白先生给我题目，他们都很客气，可是刚才主席说的话等于给了我一个范围。可是这个题目太大了，言论自由的确是个大题目。

前天在《自由中国》杂志三周年纪念的茶会上我也稍微说了几句，我说言论自由同一切自由一样，都是要各人自己去争取的。言论自由并不因为法律上有规定，或者宪法上有这一条文，就可以得来，就是有规定也是没有用的。言论自由都是自己争取来的。我为什么这样说呢？这几天与朋友们也讲过，无论世界任何国家，就是最自由、最民主的国家，当政的人以为他是替国家做事，替人民做事，他们总是讨厌人家批评的。美国当然是很尊重自由的，绝对没有限制言论自由，但是诸位还记得吧，前两年在华盛顿，有一个《华盛顿邮报》的戏剧音乐批评家，批评总统的小姐唱歌唱的不好，杜鲁门先生就生气了。第二天自己写了一封信送给这个音乐评论专栏记者，连他的秘书也不知道，骂他，并且说，你要再这样批评，我就要打你。这件事也曾轰传一时，成为笑谈。故事开始时，我们明白，杜鲁门总统对于人家批评他的政治，已经养成容忍的习惯，不能发脾气。批评他的行为，批评他的政策，批评他的政治，他尽管不高兴，但是没有法子干涉。不过到了人家批评他小姐的唱歌好不好时，他觉得做爸爸的忍不住了，就出出气，用粗鄙的语句说要打人家。可是他的信写出以后，得到社会上很不好的反应，我可以相信，杜鲁门先生绝不会写第二次这样的信。因为他的小姐唱歌好不好，别人有批评的自由，可是他写信时并没有想到戏剧歌曲家批评唱歌好不好，这也是言论自由。而且言论自由是社会的风气，大家觉得发表言论，批评政府是当然的事，久而久之，政府当局也会养成习惯，所以言论自由是要争取的。要把自由看做空气一样的不可少。不但可以批评政治，不但有批评政策的自由，还可以批评人民的代表，批评国会，批评法院，甚至于批评总统小姐唱歌唱的好不好，这都是言论自由。人人去做，人人去行，这样就把风气养成了。所以我说言论自由是大家去争取来的。这样好像是不负责任的答复，但是我想不出比这更圆满的答案。

在自由企业发达的国家，尤其像美国，他们的报纸是不靠政府津贴的。所用的纸，都是在公开市场上买的。他的收入完全靠广告。因为在自由企业发达的国家，商业竞争剧烈，无论有了那一样新的产品，大家互相竞争，所以化在广告上的钱往往不下于制造的费用。这是报纸经费最大的来源。杂志也是这样，这些条件我们都缺乏。在美国就没有一个报纸可以说是国家的。政府绝不办报纸。有党籍的人办报也不是以党的资格来办。譬如有许多报纸，在选举期间，在候选人出来之前就有一种表示，有些表示的早，有些较晚，当初共和党人的报纸占大多数，然而二十年来共和党并不能当政。共和党人都是有钱的大资产阶级；民主党向来是代表农民、小资产阶级、知识阶级的党。照党的背景看来，报纸老板共和党的人特别多，应该是共和党永远当政。但是社会并不因为共和党报纸多而影响选举。英国也是一样，有一个时期，工党只有一个报，销路很小，叫做《H. R. 报》，后来销路增加，那时自由党有无数报社，然而工党已经当政了两次。这就说明这些国家没有一个报算是政府的，他们是独立的，能够自立的。这与我们有很大的区别。像我们现在的困难状况之下，纸的来源要政府配给，一部分材料也得要政府帮忙，至于广告，在我们工业不发达的国家等于没有。所以广告的收入不算重要。尤其在这个困难时期，主要的报纸都是政府报，或是党的报纸，因为是政府的报、党的报，言论自由当然就比较有限制，我个人的看法，感觉到胜利之后，政府把上海几个私家报纸都收归政府办、党办，至少党或政府的股东占多数，这个政策我想是不对的。应该多容许私营的报纸存在，而且应该扶助，鼓励私家报纸，让他发展，这也是养成言论自由的一个方向。政府要靠政策行为博取舆论的支援，而不靠控制来获取人民的支持。我觉得这是言论自由里面一个重要问题，值得大家考虑的。

关于材料，包括纸、原料的配给，在现在艰难的时期，我觉得应该养成一种习惯，由编辑人协会，报业公会、外勤记者联谊会等团体，参加支配报纸。因为言论自由不应该受这种不能避免的物资的影响，这是值得讨论的，不过要想在这困难时候做到完全自由独立，确是很难。

回想我们办《独立评论》时，真是独立。那时销路很广，销到一万三千份。我们是十二个朋友组织一个小团体，预备办报，在几个月之前，开始捐款，按各人的固定收入百分之五捐款，这是指固定收入而言，临时的收入不计算，几个月收了四千多元，就拿来办报。我们工作的人不拿一个津贴，也没有一个广告，因为那时广告要找国家银行或国营机关去要，那么就等于接受了政府的津贴，等于贿赂，所以五年之中，我们除了登书刊的广告之外，没有收入。我们发表的文章有四千篇，没有出一个稿费，因为那时我们这般人确是以公平的态度为国家说话，为人民说话，所以我们即使不给稿费，人家也把最好的稿子送来。最初我们的稿件百分之九十是自己写的，后来外稿逐渐增加，变成自己的稿只有百分之四十五，外稿占百分之五十五，甚至有许多好的文章先送到我们这里来，如果我们不登，再转投其他有稿费的刊物去发表。在民国三十五年回国的时候，许多朋友说："胡先生，我们再来办个《独立评论》"，但是那时排字工人的工资比稿费还要高，我拿不出这些费用，非政府帮忙不可，而且人人都要稿费，我也拿不起，若是我办杂志而要求人的话，我就不办了。这并不是责备任何人，而是事实。这就表示在自由企业不发达的国家，又在这种局面之下，当然有许多方面不容易有完全独立或完全自由的言论。不过无论如何，自由的风气总应该养成。就是政府应该尊重舆论，我说这话是一个事实，大家应该谅解。我觉得，不要以为自己党来办报，政府来办报，就可以得到舆论的支持，没有这回事的。这种地方，应该开放，越开放越可以养成新闻独立，越可以养成言论自由，而政府也就可以得到舆论的支援。至于支配纸张材料的机关，应该由有关的团体参加，政府不要以配给政策影响言论的自由。

有人说只有胡适之有言论自由，这话不是这样说的。从前我们办《努力周报》，正在北洋军阀时代；办《每周评论》是民国八年，也是军阀时代；办《新月杂志》是国民革命后的头两年，后来办《独立评论》，完全是国民党当政时候，是在九一八事件发生以后的几个月，我们受了“九一八”的刺激才办的，一直办了五年，到民国二十六年七月二十五日出最后的一期，二十八日北平就丢了。在这个时期，人家就曾说过胡适之才有言论自由，其实不然。我承办的头一个报就是被北平警察厅关闭的。第二个在曹锟贿选时代，当时的局面使我们不能说话，所以就自己将它取消了。后来的《新月杂志》也曾有一次被政府没收，《独立评论》也曾被停止邮寄，经过我打电报抗议以后才恢复的。当宋哲元在北方的时候，那时是一九三六年（民国二十五年），我新从国外归来，一到上海就看见报纸上说“北平的冀察政务委员会把《独立评论》封了”。这是因为我十二月一日到了上海，所以就给我一个下马威。那时我也抗议，结果三个月后又恢复出版，所以我并没有完全失掉言论自由。为什么那时我们的报还有一点言论自由呢？因为我们天天在那里闹的。假使说胡适之在二十年当中比较有言论自由，并没有秘诀，还是我自己去争取得来的。

争取言论自由我们最重要的是要得到政府的谅解，得到各地方政府的谅解。政府当然不愿意你批评，但要得到政府谅解，必须平时不发不负责的言论。比方中日问题，我们的确对于政府有一百分的谅解，在报上不说煽动的话，即使有意见或有建议，只见之于私人的通信，而不公开发表。在那时，我们曾提出一个平实的态度，就是公正而实际，说老实话，说公平话，不发不负责的高论，是善意的。久而久之，可以使政府养成容忍批评的态度。

人家说，自由中国言论自由不多，不过我看到几个杂志是比较有言论自由的，譬如杜衡之先生办的《明天》杂志，臧启芳先生办的《反攻》杂志，我觉得他们常有严厉的批评，《反攻》上文章对于读经，有赞成的，有反对的，这个也是言论自由。我还看见几个与党有关系的杂志，对于读经问题，批评的也很严厉。《明天》杂志对于政治的批评也颇有自由，这都是好的现象。只要大家能平实，以善意的态度来批评，是可以争取言论自由的。况且我想政府也需要大家的帮助，只要大家都说公平的话，负责任的话。今天我因为没有准备，讲的很草率，请大家原谅。

（胡适 1952 年 12 月 1 日的演讲。录自《胡适言论集》乙编，台北华国出版社 1953 年版）

从争取言论自由谈到反对党

雷先生，各位《自由中国》社的朋友，以及在座的各位朋友们，我的确没有准备说话的材料，但雷先生要我说几句话，我不敢推辞。

记得前几年我回来时，曾经在一个像今天这样的场合里，提出一个要求，就是把《自由中国》半月刊印上的“发行人胡适”五个字除掉，我很愿意加入《自由中国》社编辑委员会做一个编辑委员。因为那时我想到，假如“发行人胡适”这五个字在创刊时为争取言论自由有一点点掩护的作用，到现在也用不着了。因为《自由中国》半月刊已经站住了。如果在最初没有一点掩护作用的话，即令把“发行人胡适”五字放在上面，更没有什么用处。如果能把这几个字去掉，而我做一个编辑委员，仍可表示大家都站在一条线上，都是为争取言论自由而努力。以后承社里同仁接受了我的请求，将“发行人胡适”五字除掉，以后《自由中国》社的发行人便是雷先生。在那次集会场合中我又说（以后在台北市新闻记者欢迎会上也曾说过）：言论自由不是天赋的人权，言论自由须要我们去争取来的。从前或现在，没有那一个国家的政府愿意把言论自由给人民的，必须要经过多少人的努力争取而得来。所以自由中国的言论自由，也须要大家去争取的。

我这一次回来，感觉到很高兴的，就是我在离开自由中国的四年中，自由中国有进步，这种进步，尤其表现在言论自由这方面。以前有少数人常说，自由中国只有胡适享有言论自由。这句话我绝对否认。这种观念完全是错误的。要知道胡适的言论自由也是自己争取出来的，大家能争取言论自由，大家便一定能得到言论自由。我好久没有在《自由中国》上写文章，但《自由中国》半月刊到现在还继续存在，不但《自由中国》半月刊有言论自由，台湾许多报刊杂志，比诸四五年以前，已获得更多的言论自由，比如夏涛声先生的《民主潮》、李万居先生的《公论报》、李玉阶先生的《自立晚报》等等，都有很独立自由的言论。所以现在不仅仅是《自由中国》一个刊物在争取言论自由，大家都在争取言论自由。今天在座诸位，都是《自由中国》社的朋友，许多位在《自由中国》做文章的，堪称为言论自由的斗士。还有许多位朋友，或者自己办刊物以争取自由，或者办学校，训练新闻记者，参加争取言论自由运动，比如成舍我先生创办新闻学校，杜蘅之先生办英文中国月报。还有许多为言论自由而奋斗的朋友，我无法一位一位地说出姓名来。

刚才雷先生提到出版法修正案的问题，这是我刚回来发生的事，但我始终没有看到修正案的全文，有时偶而〈尔〉看到修正案的一部份，并不完全知道修正案的详细内容，真正修正的那几条，究竟怎么样重要，闹得满城风雨，大家惶惶不可终日。我到现在还是怀疑一个国家是否需要出版法。像美国便没有出版法，也就一样过去。我们知道美国宪法第一次修正案规定“国会不得立任何法来限制言论自由”。这部宪法到现在已有一百七十年历史，这其间并不因为没有出版法而发生什么危险。对国家的安全幸福毫无妨害。所以我不知道政府为什么要修正出版法，而引起这许多风波！

在这里我很愿意对争取言论自由的斗士，包括“自由中国”社内社外的朋友，尤其是许多民营报纸的领袖，立法院里的许多立法委员们，为了这个问题，曾经冒了社会上某一部份人的责难，而主持正义，我们对于他们应该表示很崇高的敬意。

上次在“自由中国”编辑委员会一个很小的聚会中，我曾经说，这几年来，雷儆寰先生应该得到我们许多朋友特别的敬意。这几年来，如果说言论自由格外普遍，我觉得雷先生的功劳最大。他是真正争取言论自由的英雄、好汉、斗士。在此时此地，我想请求诸位一起举杯共祝雷震先生健康。

我虽是《自由中国》社编辑委员，但是很惭愧，由于身体不好和工作忙，没有为本刊写文章。我今天要说几句话，就是对于《自由中国》最近受人家批评最多的一个小册子，不是《胡适与国运》一书，而是《自由中国》出版的《今日的问题》那本小册子，其中有篇文章，引起不少的批评，就是关于反攻大陆的问题。

前几天我在国大代表联谊会欢迎会上发表一个没有预备的谈话，今天我再想对这个问题表示一点意见。我觉得自由中国社尽管争取言论自由方面很有成绩，但在技术上还要学习，（此处有删减）这样一个无数人希望的象征的一个招牌，我们［是］不可以去碰的。这与出版法修正草案情形一样。出版法修正案的提出，是一个技术上的错误。对许多人所希望的象征——言论自由，拿一个法案来制裁，这在技术上有欠高明。这和《自由中国》社同仁去碰“反攻大陆”这个招牌一样。我们要知道，凡是有希望象征的招牌，都［是］不应该去碰的。况且，我觉得“反攻大陆”并不是那样的没有希望。比如在《自由中国》那篇社论中讲反攻大陆问题，认为反攻大陆问题很多，不可能的理由有三点，第一，人民厌战，爱好和平。第二，武器技术的进步。第三，尼赫鲁之流的第三势力嚣张。那天我在国代联谊会欢迎会上，就提醒大家注意，在本月二十日中央日报登载驻纽约特派员陈裕清先生的一篇文章，谈到世界大战何日爆发。我觉得这篇文章很好，并不是玄空的梦想，他把许多专家的正反意见凑在一起，然后把许多事实告诉你。他的大意是说：“尽管有许多人以为世界大战不可能爆发，但现在事实告诉你，顶多在十二分钟之内（甚至几秒钟之内）可能爆发一个世界大战，出现一个很危险的局面”。今天我很愿意借这个机会告诉大家。至于说人民的厌战，这是当然的事。我于一九三七年以非正式的使命到美国，后来出任驻美大使。那时全美国人都厌战，不但在精神上、思想上、感情上厌恶战争，而且国会已通过《中立法》，使得美国不可能参加战争。该法的大意说：“无论在那个区域发生战事，美国总统可以宣布那个区域为冲突区。在那个区域里面美国政府不许美国国民去，不许美国船只驶进去”。这就是当时他们有一种孤立主义的哲学，他们认为第一次世界大战，美国是被骗而参加进去的。就是拿海上通商自由这个招牌，骗美国参加战争。现在的《中立法》有个基本原则就是自己放弃海上通商自由，那就不会参加战争了。另外还有一个哲学，认为第一次世界大战是受了军火商人的欺骗，先有了财政经济牵涉，然后军事方面牵涉进去，所以《中立法》规定，不许政府借钱给任何交战国家，这就是除掉一个财政经济的关系。但是买卖不能不做，于是又规定要付现款，而且要用自己的船来装运，美国船不许运。所以《中立法》可说没有一点漏洞，那比尼赫鲁他们的中立主义完备得多了。以后一九三六年西班牙内战发生，内战不在中立法范围之内，于是大家手忙脚乱。西班牙的内战，一边是俄共做后盾，一边是法西斯德国意大利做后盾，名义上是内战，实际上是国际战争，他们的军火商人获得中立法的空隙，将军火接济西班牙。后来到一九三七年五月一日，两院在一天当中通过一个修正案，扩展《中立法》范围，不但包括国际战争，就是内战也适用中立法。这个修正的中立法，由美国总统签署。于是那一班好战的世界军阀，如德国、意大利、日本等更形猖獗。从五月一日到七月七日，只有两个月零七天，芦沟桥事变发生，这不是偶然的。那时大家知道美国是不会加入第二次世界大战漩涡的，因为有中立法的保障。到现在中立法还没有废止，然而这个中立法没有用处，变成废纸，这是因为时代不同了。请各位看看陈裕清那篇文章，他写美国国防工作紧张的情形，每天廿四小时都在戒备状况下，因此我们可以知道这个问题不是很简单的，很可能在几秒钟之内会爆发世界大战。当然我们并不希望第三次世界大战爆发。不过对于几万万人希望所寄托的象征——反攻大陆这个问题，我们不必去碰他。这是我对本社发行的那本小册子所载该篇文章的意见，相信雷先生一定同意我享受这一点言论自由。

此外，对于那本小册子最后一篇有关反对党问题的文章，我也有一点异议。该小册子有几十万字，把“反对党”问题作为最后一篇文章，中间有一段大意是说有了反对党，前面所谈十几个问题，都可以迎刃而解。我以为也没有这样简单的事。就是今天有了一个反对党，不见得马上就能解决前面的十几个问题。我个人对此问题，认为最好不要用“反对党”这个名词，一讲“反对党”就有人害怕了。不明道理的人，以为有捣乱、有颠覆政府的意味。所以最好是不用“反对党”这个名词。今天大家觉得一党当政的时间太久了，没有一个制裁的力量，流弊甚多，应该有一个别的党派出来。我在多年前曾公开说过，希望中国国民党能学土耳其凯末尔的榜样。土耳其凯末尔时的党也叫国民党，那时一党专政，到了一九四六年，由国民党分出的民主党成立，过了五年到一九五〇年，土耳其大选，从原来国民党分出来的民主党占绝大胜利，于是和平方式转移政权。那时纽约时报报告这个消息，我看到很兴奋，当时写了一封很长的信给中国国民党的领袖和国民党内我的朋友们，告诉他们说：你们内部可以自由分化，让立法院中那种政治的分野，让他们分为两个党三个党或四个党，后来慢慢归并为两个大党。这样等于都是自己的子女，今天我的大少爷执政，明天我的二小姐执政，结果都是自家人，这不是很好的事吗？国民党的党员有政治组织的经验，由他们分出一部分党员出来办党，凭他们的政治经验、组织经验，也许可以比现在两个友党办得好一点，也许比另组新党更好一点。这句话我已说了好多次，但到现在还是没有实现。今天虽然看到立法院的分野还是存在，但我所希望的民主党共和党都没有出来。今天在立法委员的党员中，也许有他们的困难，我们不能再等他们能朝这个方向走。现在可否让教育界、青年、知识份子出来组织一个不希望取得政权的“在野党”。一般手无寸铁的书生或书呆子出来组党，大家总可相信不会有什么危险。政府也不必害怕，在朝党也不必害怕。我想如能从这个新的方向走，组织一个以知识分子为基础的新政党，这样一个在野党，也许五年十年甚至二十年都在野也无妨。

虽然这样的党组成，当然也不能解决“今日的问题”中所包括的十几个问题，但至少比现在等国民党里边分出来要快一点。不知道我们是否可以从这方面想，从这里找出一个新的方向走去，产生一个没有危险，不可怕的在野党，将来也许可以走到一个新的方向。

今天在座许多先生，大家都在争取言论自由，请大家不要悲观。现在为什么要修改出版法，恐怕是有人觉得争取言论自由太多了，所以有些人想要阻止它。我可以告诉诸位，无论旧出版法也好，新出版法也好，大家所希望的言论自由，还是要我们大家去争取的，相信大家一定能胜利。旧的出版法不能阻止我们争取言论自由的努力，新的出版法也不能阻止我们争取言论自由的努力。这是我的最后一句话。

（胡适1958年5月27日演讲于《自由中国》社欢迎会，杨欣泉记。载于《自由中国》第18卷第11期，1958年6月1日）

容忍与自由

十七八年前，我最后一次会见我的母校康耐儿大学的史学大师布尔先生（George Lincoln Burr）。我们谈到英国史学大师阿克顿（Lord Acton）一生准备要著作一部“自由之史”，没有写成他就死了。布尔先生那天谈话很多，有一句话我至今没有忘记。他说，“我年纪越大，越感觉到容忍（tolerance）比自由更重要。”

布尔先生死了十多年了，他这句话我越想越觉得是一句不可磨灭的格言。我自己也有“年纪越大，越觉得容忍比自由还更重要”的感想。有时我竟觉得容忍是一切自由的根本：没有容忍，就没有自由。

我十七岁的时候（一九〇八）曾在竞业旬报上发表几条“无鬼丛话”，其中有一条是痛骂小说西游记和封神榜的，我说：

> 王制有之：“假于鬼神时日卜筮以疑众，杀。”吾独怪夫数千年来之掌治权者，之以济世明道自期者，乃懵然不之注意，惑世诬民之学说得以大行，遂举我神州民族投诸极黑暗之世界！……

这是一个小孩子很不容忍的“卫道”态度。我在那时候已是一个无鬼论者、无神论者，所以发出那种摧除迷信的狂论，要实行王制（《礼记》的一篇）的“假于鬼神时日卜筮以疑众，杀”的一条经典！

我在那时候当然没有梦想到说这话的小孩子在十五年后（一九二三）

会很热心的给《西游记》作两万字的考证！我在那时候当然更没有想到那个小孩子在二三十年后还时时留心搜求可以考证《封神榜》的作者的材料！我在那时候也完全没有想想王制那句话的历史意义。那一段“王制”的全文是这样的：

> 析言破律，乱名改作，执左道以乱政，杀。作淫声异服奇技奇器以疑众，杀。行伪而坚，言伪而辩，学非而博，顺非而泽以疑众，杀。假于鬼神时日卜筮以疑众，杀。此四诛者，不以听。

我在五十年前，完全没有懂得这一段说的“四诛”正是中国专制政体之下禁止新思想，新学术，新信仰，新艺术的经典的根据。我在那时候抱着“破除迷信”的热心，所以拥护那“四诛”之中的第四诛：“假于鬼神时日卜筮以疑众，杀”。我当时完全没有想到第四诛的“假于鬼神……以疑众”和第一诛的“执左道以乱政”的两条罪名都可以用来摧残宗教信仰的自由。我当时也完全没有注意到郑玄注里用了公输般作“奇技异器”的例子；更没有注意到孔颖达正义里举了“孔子为鲁司寇七日而诛少正卯”的例子来解释“行伪而坚，言伪而辩，学非而博，顺非而泽以疑众，杀”。故第二诛可以用来禁绝艺术创作的自由，也可以用来“杀”许多发明“奇技异器”的科学家。故第三诛可以用来摧残思想的自由，言论的自由，著作出版的自由。

我在五十年前引用王制第四诛，要“杀”《西游记》《封神榜》的作者。那时候我当然没有梦想到十年之后我在北京大学教书时就有一些同样“卫道”的正人君子也想引用王制的第三诛，要“杀”我和我的朋友们。当年我要“杀”人，后来人要“杀”我，动机是一样的：都只是因为动了一点正义的火气，就都失掉容忍的度量了。

我自己叙述五十年前主张“假于鬼神时日卜筮以疑众，杀”的故事，为的是要说明我年纪越大，越觉得“容忍”比“自由”还更重要。

我到今天还是一个无神论者，我不信有一个有意志的神，我也不信灵魂不朽的说法。但我的无神论和共产党的无神论有一点最根本的不同。我能够容忍一切信仰有神的宗教，也能够容忍一切诚心信仰宗教的人。共产党自己主张无神论，就要消灭一切有神的信仰，要禁绝一切信仰有神的宗教，——这就是我五十年前幼稚而又狂妄的不容忍的态度了。

我自己总觉得，这个国家，这个社会，这个世界，绝大多数人是信神的，居然能有这雅量，能容忍我的无神论，能容忍我这个不信神也不信灵魂不灭的人，能容忍我在国内和国外自由发表我的无神论的思想，从没有人因此用石头掷我，把我关在监狱里，或把我捆在柴堆上用火烧死。我在这个世界里居然享受了四十多年的容忍与自由。我觉得这个国家，这个社会，这个世界对我的容忍度量是可爱的，是可以感激的。

所以我自己总觉得我应该用容忍的态度来报答社会对我的容忍。所以我自己不信神，但我能诚心的谅解一切信神的人，也能诚心的容忍并且敬重一切信仰有神有宗教。

我要用容忍的态度来报答社会对我的容忍，因为我年纪越大，我越觉得容忍的重要意义。若社会没有这点容忍的气度，我决不能享受四十多年大胆怀疑的自由，公开主张无神论的自由了。

在宗教自由史上，在思想自由史上，在政治自由史上，我们都可以看见容忍的态度是最难得，最稀有的态度。人类的习惯是喜同而恶异的，总不喜欢和自己不同的信仰，思想，行为。这就是不容忍的根源。不容忍只是不能容忍和我自己不同的新思想和新信仰。一个宗教团体总相信自己的宗教信仰是对的，是不会错的，所以它总相信那些和自己不同的宗教信仰必定是错的，必定是异端，邪教。一个政治团体总相信自己的政治主张是对的，是不会错的，所以它总相信那些和自己不同的政治见解必定是错的，必定是敌人。

（载于《自由中国》第20卷第6期，1959年3月16日）

“容忍与自由”

——《自由中国》十周年纪念会上讲词

雷先生！“自由中国社”的各位朋友！我感觉到刚才有位来宾说的话最为恰当。夏涛声先生一进门就对我说：“恭喜恭喜。这个年头能活到十年，是不容易的。”我觉得夏先生这话，很值得作为“自由中国半月刊”创刊十周年的颂词。这个年头能活上十年，的确是不容易的。“自由中国社”所以能够维持到今天，可说是雷儆寰先生以及他的一班朋友继续不断努力奋斗的结果。今天十周年的纪念会，我们的朋友，如果是来道喜，应该向雷先生道喜；我只是担任了头几年发行人的虚名。雷先生刚才说：他口袋里有几个文件，没有发表。我想过去的事情，雷先生可以把它写出来。他所提到的两封信，也可以公开的。记得民国三十八年三四月间，我们几个人在上海；那时我们感觉到这个形势演变下去，会把中国分成“自由的”和“被奴役的”两部分，所以我们不能不注意这一个“自由”与“奴役”的分野，同时更不能不注意“自由中国”这个名字。我想，可能那时我们几个人是最早用“自由中国”这个名字的。后来几位朋友想到成立一个“自由中国出版社”。当初并没有想要办杂志，只想出一点小册子。所以“自由中国出版社”刚成立时，只出了一些小册子性质的刊物。我于四月六日离开上海，搭威尔逊总统轮到美国。

在将要离开上海时，他们要我写一篇“自由中国社的宣言”。后来我就在到檀香山途中，凭我想到的写了四条宗旨，寄回来请大家修改。但雷先生他们都很客气，就用当初我在船上所拟的稿子，没有修改一字；《自由中国》半月刊出版以后，每期都登载这四条宗旨。《自由中国》半月刊创刊到现在已十年了。回想这十年来，我们所希望做到的事情没有能够完全做到；所以在这十周年纪念会中，我们不免有点失望。不过我们居然能够有这十年的生命，居然能在这样困难中生存到今天，这不能不归功于雷先生同他的一班朋友的努力；同时我们也很感谢海内外所有爱护《自由中国》的作者和读者。

原来我会想到今天应该说些什么话；后来没有写好。不过我今天也带来了一点预备说话的资料。在今年三四月间，我写了一封信给《自由中国》编辑委员会同仁；同时我也写一篇文章。文章登在《自由中国》第二十卷第六期，信登在第七期。那篇文章的题目是《容忍与自由》。后来由毛子水先生写了一篇《容忍与自由书后》；殷海光先生也写了一篇《胡适论“容忍与自由”读后》：都登在《自由中国》二十卷七期上。前几天出版的《自由中国》创刊十周年纪念特刊，有二十几位朋友写文章。毛子水先生也写了一篇《自由中国十周年感言》，内容同我们在几个月之前所讲的话意思差不多。同时雷先生也有一篇文章，讲我们说话的态度。记得雷先生在五年前已有一篇文章讲到关于舆论的态度。所以这个问题很值得我们想一想。今天我想说的话，也是从几篇文章中的意思，择几点出来说一说。

我在《容忍与自由》一文中提出一点；我总以为容忍的态度比自由更重要，比自由更根本。我们也可说，容忍是自由的根本。社会上没有容忍，就不会有自由。无论古今中外都是这样：没有容忍，就不会有自由。人们自己往往都相信他们的想法是不错的，他们的思想是不错的，他们的信仰也是不错的：这是一切不容忍的本源。

如果社会上有权有势的人都感觉到他们的信仰不会错，他们的思想不会错，他们就不许人家信仰自由，思想自由，言论自由，出版自由。所以我在那个时候提出这个问题来，一方面实在是为了对我们自己说话，一方面也是为了对政府、对社会上有力量的人说话，总希望大家懂得容忍是双方面的事。一方面我们运用思想自由、言论自由的权利时，应该有一种容忍的态度；同时政府或社会上有势力的人，也应该有一种容忍的态度。大家都应该觉得我们的想法不一定是对的，是难免有错的。因为难免有错，便应该容忍逆耳之言；这些听不进去的话，也许有道理在里面。这是我写《容忍与自由》那篇文章主要的意思。后来毛子水先生写了一篇《书后》。他在那篇文章中指出：胡适之先生这篇文章的背后有一个哲学的基础。他引述我于民国三十五年在北京大学校长任内作开学典礼演讲时所说的话。在那次演说里，我引用了宋朝的大学问家吕伯恭先生的两句话，就是："善未易明，理未易察。"宋朝的理学家，都是讲"明书、察理"的。所谓"善未易明，理未易察"，就是说善与理是不容易明白的。我引用这两句话，第二天在报上发表出来，被共产党注意到了。共产党就马上把它曲解，说："胡适之说这两句话是有作用的；胡适之想拿这两句话来欺骗民众，替蒋介石辩护，替国民党辩护。"过了十二三年，毛先生又引用了这两句话。所以"理未易明"，就是说真理是不容易弄明白的。这不但是我写《容忍与自由》这篇文章的哲学背景，所有一切保障自由的法律和制度，都可以说建立在"理未易明"这句话上面。

最近出版的《自由中国》创刊十周年纪念特刊中，毛子水先生写了一篇《自由中国十周年感言》。他在那篇文章中又提到一部世界上最有名的书，就是出版了一百年的穆勒的《自由论》（*On Liberty*）；从前严又陵先生翻译为"群己权界论"。毛先生说：这本书，到现在还没有一本白话文的中译本。严又陵先生翻译的"群己权界论"，到现在已有五六十年；可惜当时国人很少喜欢"真学问"的，所以并没有什么大影响。毛先生认为主持政治的人和主持言论的人，都不可以不读这部书。穆勒在该书中指出，言论自由为一切自由的根本。同时穆勒又以为，我们大家都得承认我们认为“真理”的，我们认为“是”的，我们认为“最好”的，不一定就是那样的。这是穆勒在那本书的第二章中最精彩的意思。凡宗教所提倡的教条，社会上所崇尚的道德，政府所谓对的东西，可能是错的，是没有价值的。你要去压迫和毁灭的东西，可能是真理。假如是真理，你把它毁灭掉，不许它发表，不许它出现，岂不可惜！万一你要打倒的东西，不是真理，而是错误：但在错误当中，也许有百分之几的真理，你把它完全毁灭掉，不许它发表，那几分真理也一同被毁灭掉了。这不也是可惜的吗？再有一点：主持政府的人，主持宗教的人，总以为他们的信仰，他们的主张完全是对的；批评他们或反对他们的人是错的。尽管他们所想的是对的，他们也不应该不允许人家自由发表言论。为什么呢？因为如果教会或政府所相信的是真理，但不让人家来讨论或批评它，结果这个真理就变成了一种成见，一种教条。久而久之，因为大家都不知道当初立法或倡教的精神和用意所在，这种教条，这种成见，便慢慢趋于腐烂。总而言之，言论所以必须有自由，最基本的理由是：可能我们自己的信仰是错误的；我们所认为真理的，可能不完全是真理，可能是错的。这就是刚才我说的，在七八百年以前，我们的一位大学者吕伯恭先生所提出来的观念：就是“理未易明”。“理”不是这样容易弄得明白的！毛子水先生说，这是胡适之所讲“容忍”的哲学背景。现在我公开的说，毛先生的解释是很对的。同时我受到穆勒大著《自由论》的影响很大。我颇希望在座有研究有兴趣的朋友，把这部大书译成白话的、加注解的中文本，以飨我们主持政治和主持言论的人士。

在殷海光先生对我的《容忍与自由》一文所写的一篇《读后》里，他也赞成我的意见。他说如果没有“容忍”，如果说我的主张都是对的，不会错的，结果就不会允许别人有言论自由。我曾在《容忍与自由》一文中举一个例子；殷先生也举了一个例子。我的例子，讲到欧洲的宗教革命。欧洲的宗教革命完全是为了争取宗教信仰自由。但我在那篇文章中指出，等到主持宗教革命的那些志士获得胜利以后，他们就慢慢的走到不容忍的路上去。从前他们争取自由；现在他们自由争取到了，就不允许别人争取自由。我举例说，当时领导宗教革命的约翰高尔文［约翰·加尔文］（John Calvin）掌握了宗教大权，就压迫新的批评宗教的言论。后来甚至于把一个提倡新的宗教思想的学者塞维图斯（Servetus）用铁链锁在木桩上，堆起柴来慢慢烧死。这是一个很惨的故事。因为约翰高尔文他相信自己思想不会错，他的思想是代表上帝；他把反对他的人拿来活活的烧死是替天行道。殷海光先生所举的例也很惨。在法国革命之初，大家都主张自由；凡思想自由，信仰自由，宗教自由，言论出版自由，都明定在人权宣言中。但革命还没有完全成功，那时就起来了一位罗伯斯比尔［罗伯斯庇尔］（Robespierre）。他在争到政权以后，就完全用不容忍的态度对付反对他的人，尤其是对许多旧日的皇族。他把他们送到断头台上处死。仅巴黎一地，上断头台的即有二千五百人之多，形成法国大革命期间的恐怖统治。这一班当年主张自由的人，一朝当权，就反过来摧残自由，把主张自由的人烧死了，杀死了。推究其根源，还是因为没有“容忍”。他认为我不会错；你的主张和我的不一样，当然是你错了。我才是代表真理的。你反对我，便是反对真理；当然该死。这就是不容忍。

不过殷先生在那篇文章中又讲了一段话。他说：同是容忍，无权无势的人容忍容易，有权有势的人容忍很难。所以他好像说，胡适之先生应该多向有权有势的人说说容忍的意思，不要来向我们这班拿笔杆的穷书生来说容忍。我们已是容忍惯了。殷先生这番话，我也仔细想过。我今天想提出一个问题来，就是：究竟谁是有权有势的人？还是有兵力、有政权的人才可以算有权有势呢？或者我们这班穷书生、拿笔杆的人也有一点权，也有一点势呢？这个问题也值得我们想一想。我想有许多有权有势的人，所以要反对言论自由，反对思想自由，反对出版自由，他们心里恐怕觉得他们有一点危险。他们心里也许觉得那一班穷书生拿了笔杆在白纸上写黑字而印出来的话，可以得到社会上一部分人的好感，得到一部分人的同情，得到一部分人的支持。这个就是力量。这个力量就是使有权有势的人感到危险的原因。所以他们要想种种法子，大部分是习惯上的，来反对别人的自由。诚如殷海光先生说的，用权力用惯了，颐指气使惯了。不过他们背后这个观念倒是准确的：这一班穷书生在白纸上写黑字而印出来的，是一种力量，而且是一种可怕的力量，是一种危险的力量。所以今天我要请殷先生和在座的各位先生想一想，究竟谁是有权有势？今天在座的大概都是拿笔杆写文章的朋友。我认为我们这种拿笔杆发表思想的人，不要太看轻自己。我们要承认，我们也是有权有势的人。因为我们有权有势，所以才受到种种我们认为不合理的压迫，甚至于像“围剿”等。人家为什么要“围剿”？还不是对我们力量的一种承认吗！所以我们这一班主持言论的人，不要太自卑。我们不是弱者；我们也是有权有势的人。不过我们的势力，不是那种幼稚的势力，也不是暴力。我们的力量，是凭人类的良知而存在的。所以我要奉告今天在座的一百多位朋友，不要把我们自己看得太弱小；我们也是强者。但我们虽然也是强者，我们必须有容忍的态度。所以毛子水先生指出我在《容忍与自由》那篇文章里说的话，不仅是对压迫言论自由的人说的，也是对我们主持言论的人自己说的。这就是说，我们自己要存有一种容忍的态度。我在那篇文章中又特别指出我的一位死去的朋友陈独秀先生的主张：他说中国文学一定要拿白话文做正宗；我们的主张绝对的是，不许任何人有讨论的余地。我对于“我们的主张绝对的是”这个态度，认为要不得。我也是那时主张提倡白话文的一个人；但我觉得他这种不能容忍的态度，容易引起反感。

所以我现在要说的就是两句话：第一，不要把我们自己看成是弱者。有权有势的人当中，也包括我们这一班拿笔杆的穷书生；我们也是强者。第二，因为我们也是强者，我们也是有权有势的人，我们绝对不可以滥用我们的权力。我们的权力要善用之，要用得恰当：这就是毛先生主张的，我们说话要说得巧。毛先生在《自由中国十周年感言》中最后一段说：要使说话有力量，当使说话顺耳，当使说出的话让人家听得进去。不但要使第三者觉得我们的话正直公平，并且要使受批评的人听到亦觉得心服。毛先生引用了礼记上的两句话，就是，“情欲信；辞欲巧。”内心固然要忠实，但是说话亦要巧。从前有人因为孔子看不起“巧言令色”，所以要把这个“巧”字改成了“考”（诚实的意思）字。毛先生认为可以不必改；这个巧字的意思很好。我觉得毛先生的解释很对。所谓“辞欲巧”，就是说的话令人听得进去。怎么样叫做巧呢？我想在许多在座的学者面前背一段书做例子。有一次我为“中国古代文学史选例”选几篇文章，就在论语中选了几篇文章作代表。其中有一段，就文字而论，我觉得在论语中可以说是最美的。拿今天所说的说话态度讲，可以说是最巧的。现在我把这段书背出来：——定公问，“一言而可以兴邦，有诸?”孔子对曰：“言不可以若是；其‘几’也！人之言曰，‘为君难，为臣不易。’如知为君之难也，不‘几’乎一言而兴邦乎?”曰，“一言而丧邦，有诸?”孔子对曰，“言不可以若是；其‘几’也！人之言曰，‘予无乐乎为君；唯其言而莫予违也。’如其善而莫之违也，不亦善乎！如不善而莫之违也，不‘几’乎一言而丧邦乎?”论语中这一段对话，不但文字美妙，而且说话的人态度非常坚定，而说话又非常客气，非常婉转，够得上毛子水先生所引用的“情欲信、辞欲巧”中的“巧”字。所以我选了这一段作为论语中一等第一的文字。

现在我再讲一点。譬如雷先生：他是最努力的一个人；他是《自由中国》半月刊的主持人。最近他写了一篇文章，也讲到说话的态度。他用了十个字，就是，“对人无成见；对事有是非。”底下他说，“对任何人没有成见。……就事论事。由分析事实去讨论问题；由讨论问题去发掘真理。”我现在说话，并不是要驳雷先生；不过我要借个机会问问雷先生：你是否对人没有成见呢？譬如你这一次特刊上请了二十几个人做文章：你为什么不请代表官方言论的陶希圣先生和胡健中先生做文章？可见雷先生对人并不是没有一点成见的。尤其是今天请客，为什么不请平常想反对我们言论的人，想压迫我们言论的人呢？所以，要做到一点没有成见，的确不是容易的事情。至于“对事有是非”，也是这样。这个是与非，真理与非真理，是很难讲的。我们总认为我们所说的是对的；真理在我们这一边。所以我觉得要想做到毛先生所说“克己”的态度，做到殷先生所说“自我训练”的态度，做到雷先生所说“对人无成见，对事有是非”十字，是很不容易的。如要想达到这个自由，恐怕要时时刻刻记取穆勒《自由论》第二章的说话。我颇希望殷海光先生能把它翻译出来载在《自由中国》这个杂志上，使大家能明白言论自由的真谛，使大家知道从前哲人为什么抱着“善未易明，理未易察”的态度。

雷先生在那篇文章中又说，“我们要用负责的态度，来说有分际的话。”这就是说，我们说话要负责；如果说错了，我愿意坐监牢，罚款，甚至于封闭报馆。讲到说有分际的话，这也不是容易做到的。不过我们总希望雷先生同我们的朋友一起来做。怎么样叫做“说有分际的话”呢？就是说话要有分量。我们常对青年学生说：我们有一分的证据，只能说一分的话；我有七分证据，不能说八分的话；有了九分证据，不能说十分的话，也只能说九分的话。我们常听人说到“讨论事实”。什么叫“事实”，很难认清。公公有公公有事实；婆婆有婆婆的事实；儿媳有儿媳的事实；公公有公公的理，婆婆有婆婆的理；儿媳有儿媳的理。我们只应该用负责任的态度，说有分际的话，所谓“有分际”，就是“有几分证据，说几分话。”如果我们大家都能勉励自己，做到我们几个朋友在困难中想出来的话，如“容忍”、“克己”、“自我训练”等；我们自己来管束自己，再加上朋友的诫勉；我相信我们可以做到“说话有分际”的地步。同时我相信，今后十年的《自由中国》，一定比以前十年的《自由中国》更可以做到这个地步。

（胡适1959年11月20日讲，杨欣泉记。载于《自由中国》第21卷第11期，1959年12月1日）

胡适文集

A Collection of Hu Shih's Essays

4 人生卷

何卓恩◎编

長春出版社
国家一级出版社
全国百佳图书出版单位

1939 年胡适题赠驻外公使李迪俊

目录

■ 不　朽

■ 人　物

■ 青年的希望

胡適文集

人生卷

人生的意义

易卜生主义

一

易卜生最后所作的《我们死人再生时》(*When We Dead Awaken*)一本戏里面有一段话，很可表出易卜生所作文学的根本方法。这本戏的主人翁是一个美术家，费了全副精神，雕成一副像，名为“复活日”。这位美术家自己说他这副雕像的历史道：

> 我那时年纪还轻，不懂得世事。我以为这“复活日”应该是一个极精致，极美的少女像，不带着一毫人世的经验，平空地醒来，自然光明庄严，没有什么过恶可除。……但是我后来那几年，懂得些世事了，才知道这“复活日”不是这样简单的，原来是很复杂的。……我眼里所见的人情世故，都到我理想中来，我不能不把这些现状包括进去。我只好把这像的座子放大了，放宽了。
>
> 我在那座子上雕了一片曲折爆裂的地面。从那地的裂缝里，钻出来无数模糊不分明，人身兽面的男男女女。这都是我在世间亲自见过的男男女女。(二幕)

这是“易卜生主义”的根本方法。那不带一毫人世罪恶的少女像，是指那盲目的理想派文学。那无数模糊不分明，人身兽面的男男女女，是指写实派的文学。易卜生早年和晚年的著作虽不能全说是写实主义，但我们看他极盛时期的著作，尽可以说，易卜生的文学，易卜生的人生观，只是一个写实主义。一八八二年，他有一封信给一个朋友，信中说道：

> 我做书的目的，要使读者人人心中都觉得他所读的全是实事。（《尺牍》第159号）

人生的大病根在于不肯睁开眼睛来看世间的真实现状。明明是男盗女娼的社会，我们偏说是圣贤礼义之邦；明明是赃官污吏的政治，我们偏要歌功颂德；明明是不可救药的大病，我们偏说一点病都没有！却不知道：若要病好，须先认有病；若要政治好，须先认现今的政治实在不好；若要改良社会，须先知道现今的社会实在是男盗女娼的社会！易卜生的长处，只在他肯说老实话，只在他能把社会种种腐败龌龊的实在情形写出来叫大家仔细看。他并不是爱说社会的坏处，他只是不得不说。一八八〇年，他对一个朋友说：

> 我无论作什么诗，编什么戏，我的目的只要我自己精神上的舒服清净。因为我们对于社会的罪恶，都脱不了干系的。（《尺牍》第148号）

因为我们对于社会的罪恶都脱不了干系，故不得不说老实话。

二

我们且看易卜生写近世的社会，说的是一些什么样的老实话。第一，先说家庭。

易卜生所写的家庭，是极不堪的。家庭里面，有四种大恶德：一是自私自利；二是倚赖性，奴隶性；三是假道德，装腔作戏；四是懦怯没有胆子。做丈夫的便是自私自利的代表。他要快乐，要安逸，还要体面，所以他要娶一个妻子。正如《娜拉》戏中的郝尔茂，他觉得同他的妻子有爱情是很好玩的。他叫他妻子做“小宝贝”，“小鸟儿”，“小松鼠儿”，“我的最亲爱的”等等肉麻名字。他给他妻子一点钱去买糖吃，买粉搽，买好衣服穿。他要他妻子穿得好看，打扮的标致。做妻子的完全是一个奴隶。他丈夫喜欢什么，他也该喜欢什么：他自己是不许有什么选择的。他的责任在于使丈夫欢喜。他自己不用有思想：他丈夫会替他思想。他自己不过是他丈夫的玩意儿，很像叫化子的猴子专替他变把戏引人开心的（所以《娜拉》又名《玩物之家》）。丈夫要妻子守节，妻子却不能要丈夫守节，正如《群鬼》（*Ghosts*）戏里的阿尔文夫人受不过丈夫的气，跑到一个朋友家去；那位朋友是个牧师，很教训了他一顿，说他不守妇道。但是阿尔文夫人的丈夫专在外面偷妇人，甚至淫乱他妻子的婢女；人家都毫不介意，那位牧师朋友也觉得这是男人常有的事，不足为奇！妻子对丈夫，什么都可以牺牲；丈夫对妻子，是不犯着牺牲什么的，《娜拉》戏内的娜拉因为要救他丈夫的生命，所以冒他父亲的名字，签了借据去借钱。后来事体闹穿了，他丈夫不但不肯替娜拉分担冒名的干系，还要痛骂他带累他自己的名誉。后来和平了结了，没有危险了，他丈夫又装出大度的样子，说不追究他的错处了。他得意扬扬的说道：“一个男人赦了他妻子的过犯是很畅快的事！”（《娜拉》三幕）

这种极不堪的情形，何以居然忍耐得住呢？第一，因为人都要顾面子，不得不装腔做戏，做假道德遮着面孔。第二，因为大多数的人都是没有胆子的懦夫。因为要顾面子，故不肯闹翻；因为没有胆子，故不敢闹翻。那《娜拉》戏里的娜拉忽然看破家庭是一座做猴子戏的戏台，他自己是台上的猴子。他有胆子，又不肯再装假面子，所以告别了掌班的，跳下了戏台，去干他自己的生活。那《群鬼》戏里的阿尔文夫人没有娜拉的胆子，又要顾面子，所以被他的牧师朋友一劝，就劝回头了，还是回家去尽他的“天职”，守他的“妇道”。他丈夫仍旧做那种淫荡的行为。阿尔文夫人只好牺牲自己的人格，尽力把他羁縻在家。后来生下一个儿子，他母亲恐怕他在家学了他父亲的坏榜样，所以到了七岁便把他送到巴黎去。他一面要哄他丈夫在家，一面要在外边替他丈夫修名誉，一面要骗她儿子说他父亲是怎样一个正人君子。这种情形，过了十九个足年，他丈夫才死。死后，他妻子还要替他装面子，花了许多钱，造了一所孤儿院，作他亡夫的遗爱。孤儿院造成了，他把儿子唤回来参预孤儿院落成的庆典。谁知他儿子从胎里就得了他父亲的花柳病的遗毒，变成一种脑腐症，到家没几天，那孤儿院也被火烧了，他儿子的遗传病发作，脑子坏了，就成了疯人了。这是没有胆子，又要顾面子的结局。这就是腐败家庭的下场！

三

其次，且看易卜生的社会的三种大势力。那三种大势力：一是法律，二是宗教，三是道德。

第一，法律　法律的效能在于除暴去恶，禁民为非。但是法律有好处也有坏处。好处在于法律是无有偏私的；犯了什么法，就该得什么罪。坏处也在于此。法律是死板板的条文，不通人情世故；不知道一样的罪名却有几等几样的居心，有几等几样的境遇情形；同犯一罪的人却有几等几样的知识程度。法律只说某人犯了某法的某某篇某某章某某节，该得某某罪，全不管犯罪的人的知识不同，境遇不同，居心不同。《娜拉》戏里有两件冒名签字的事：一件是一个律师做的，一件是一个不懂法律的妇人做的。那律师犯这罪全由于自私自利，那妇人犯这罪全因为他要救他丈夫的性命。但是法律全不问这些区别。请看这两个“罪人”讨论这个问题：

> **律师**　郝夫人，你好像不知道你犯了什么罪，我老实对你说，我犯的那桩使我一生声名扫地的事，和你所做的事恰恰相

同，一毫也不多，一毫也不少。

娜拉 你！难道你居然也敢冒险去救你妻子的命吗？

律师 法律不管人的居心如何。

娜拉 如此说来，这种法律是笨极了。

律师 不问他笨不笨，你总要受他的裁判。

娜拉 我不相信。难道法律不许做女儿的想个法子，免得他临死的父亲烦恼吗？难道法律不许做妻子的救他丈夫的命吗？我不大懂得法律，但是我想总该有这种法律承认这些事的。你是一个律师，你难道不知道有这样的法律吗？柯先生，你真是一个不中用的律师了。（《娜拉》一幕）

最可怜的是世上真没有这种人情人理的法律！

第二，宗教 易卜生眼里的宗教久已失了那种可以感化人的能力；久已变成毫无生气的仪节信条，只配口头念得烂熟，却不配使人奋发鼓舞了。《娜拉》戏里说：

郝尔茂 你难道没有宗教吗？

娜拉 我不很懂得究竟宗教是什么东西。我只知道我进教是那位牧师告诉我的一些话。他对我说宗教是这个，是那个，是这样，是那样。（《娜拉》三幕）

如今人的宗教，都是如此，你问他信什么教，他就把他的牧师或是他的先生告诉他的话背给你听。他会背耶稣的祈祷文，他会念阿弥陀佛，他会背一部《圣谕广训》。这就是宗教了！

宗教的本意，是为人而作的，正如耶稣说的，“礼拜是为人造的，不是人为礼拜造的”。不料后世的宗教处处与人类的天性相反，处处反乎人情。如《群鬼》戏中的牧师，逼着阿尔文夫人回家去受那荡子丈夫的待遇，去受那十九年极不堪的惨痛。那牧师说，宗教不许人求快乐；求快乐便是受了恶魔的魔力了。他说，宗教不许做妻子的批评他丈夫的行为。他说，宗教教人无论如何总要守妇道，总须尽责任。那牧师口口声声所说是“是”的，阿尔文夫人心中总觉得都是“不是”的。后来阿尔文夫人仔细去研究那牧师的宗教，忽然大悟。原来那些教条都是假的，都是“机器造的”!(《群鬼》二幕)

但是这种机器造的宗教何以居然能这样兴旺呢?原来现在的宗教虽没有精神上的价值，却极有物质上的用场。宗教是可以利用的，是可以使人发财得意的。那《群鬼》戏里的木匠，本是一个极下流的酒鬼，卖妻卖女都肯干的。但是他见了那位道学的牧师，立刻就装出宗教家的样子，说宗教家的话，做宗教家的唱歌祈祷，把这位蠢牧师哄得滴溜溜的转(《群鬼》二幕)。那《罗斯马庄》(*Rosmersholm*)戏里面的主人翁罗斯马本是一个牧师，后来他的思想改变了，遂不信教了。他那时想加入本地的自由党，不料党中的领袖却不许罗斯马宣告他脱离教会的事。为什么呢?因为他们党里很少信教的人，故想借罗斯马的名誉来号召那些信教的人家。可见宗教的兴旺，并不是因为宗教真有兴旺的价值，不过是因为宗教有可以利用的好处罢了。

第三，道德　法律宗教既没有裁制社会的本领，我们且看“道德”可有这种本事。据易卜生看来，社会上所谓“道德”不过是许多陈腐的旧习惯。合于社会习惯的，便是道德;不合于社会习惯的，便是不道德。正如我们中国的老辈人看见少年男女实行自由结婚，便说是“不道德”，为什么呢?因为这事不合于“父母之命，媒妁之言”的社会习惯。但是这班老辈人自己讨许多小老婆，却以为是很平常的事，没有什么不道德。为什么呢?因为习惯如此。又如中国人死了父母，发出讣书，人人都说“泣血稽颡”，“苫块昏迷”。其实他们何尝泣血?又何尝“寝苫枕块”?这种自欺欺人的事，人人都以为是“道德”，人人都不以为羞耻，为什么呢?因为社会的习惯如此，所以不道德的也觉得道德了。

这种不道德的道德，在社会上，造出一种诈伪不自然的伪君子。面子上都是仁义道德，骨子里都是男盗女娼。易卜生最恨这种人。他有一本戏，叫做《社会的栋梁》(*Pillars of Society*)。戏中的主人名叫褒匿，是一个极坏的伪君子；他犯了一桩奸情，却让他兄弟受这恶名，还要诬赖他兄弟偷了钱跑脱了。不但如此，他还雇了一只烂脱底的船送他兄弟出海，指望把他兄弟和一船的人都沉死在海底，可以灭口。

这样一个大奸，面子上却做得十分道德，社会上都尊敬他，称他做“全市第一个公民”，“公民的模范”，“社会的栋梁”！他谋害他兄弟的那一天，本城的公民，聚了几千人，排起队来，打着旗，奏着军乐，上他的门来表示社会的敬意，高声喊道，“褒匿万岁！社会的栋梁褒匿万岁！”

这就是道德！

四

其次，我们且看易卜生写个人与社会的关系。

易卜生的戏剧中，有一条极显而易见的学说，是说社会与个人互相损害；社会最爱专制，往往用强力摧折个人的个性，压制个人自由独立的精神；等到个人的个性都消灭了，等到自由独立的精神都完了，社会自身也没有生气了，也不会进步了。社会里有许多陈腐的习惯，老朽的思想，极不堪的迷信，个人生在社会中，不能不受这些势力的影响。有时有一两个独立的少年，不甘心受这种陈腐规矩的束缚，于是东冲西突想与社会作对。上文所说的褒匿，当少年时，也曾想和社会反抗。但是社会的权力很大，网罗很密；个人的能力有限，如何是社会的敌手？社会对个人道：“你们顺我者生，逆我者死；顺我者有赏，逆我者有罚。”那些和社会反对的少年，一个一个的都受家庭的责备，遭朋友的怨恨，受社会的侮辱驱逐。再看那些奉承社会意旨的人，一个个的都升官发财，安富尊荣了。当此境地，不是顶天立地的好汉，决不能坚持到底。所以像褒匿那般人，做了几时的维新志士，不久也渐渐的受社会同化，仍旧回到旧社会去做“社会的栋梁”了。社会如同一个大火炉，什么金银铜铁锡，进了炉子，都要熔化。易卜生有一本戏叫做《雁》（*The Wild Duck*），写一个人捉到一只雁，把他养在楼上半阁里，每天给他一桶水，让他在水里打滚游戏。那雁本是一个海阔天空逍遥自得的飞鸟，如今在半阁里关久了，也会生活，也会长得胖胖的，后来竟完全忘记了他从前那种海阔天空来去自由的乐处了！个人在社会里，就同这雁在人家半阁上一般，起初未必满意，久而久之，也就惯了，也渐渐的把黑暗世界当作安乐窝了。

社会对于那班服从社会命令，维持陈旧迷信，传播腐败思想的人，一个一个的都有重赏。有的发财了，有的升官了，有的享大名誉了。这些人有了钱，有了势，有了名誉，就像老虎长了翅膀，更可横行无忌了，更可借着“公益”的名义去骗人钱财，害人生命，做种种无法无天的行为。易卜生的《社会的栋梁》和《博克曼》（*John Gabriel Borkman*）两本戏的主人翁都是这种人物。他们钱赚得够了，然后掏出几个小钱来，开一个学堂，造一所孤儿院，立一个公共游戏场，“捐二十镑金去买面包给贫人吃”（用《社会的栋梁》二幕中语）。于是社会格外恭维他们，打着旗子，奏着军乐，上他们家来，大喊“社会的栋梁万岁！”

那些不懂事又不安分的理想家，处处和社会的风俗习惯反对，是该受重罚的。执行这种重罚的机关，便是“舆论”，便是大多数的“公论”。世间有一种最通行的迷信，叫做“服从多数的迷信”。人都以为多数人的公论总是不错的。易卜生绝对的不承认这种迷信。他说“多数党总在错的一边，少数党总在不错的一边”（《国民公敌》五幕）。一切维新革命，都是少数人发起的，都是大多数人所极力反对的。大多数人总是守旧麻木不仁的；只有极少数人，有时只有一个人，不满意于社会的现状，要想维新，要想革命。这种理想家是社会所最忌的。大多数人都骂他是“捣乱分子”，都恨他“扰乱治安”，都说他“大逆不道”；所以他们用大多数的专制威权去压制那

“捣乱”的理想志士，不许他开口，不许他行动自由；把他关在监牢里，把他赶出境去，把他杀了，把他在十字架上活活的钉死，把他捆在柴草上活活的烧死。过了几十年几百年，那少数的人主张渐渐的变成多数人的主张了，于是社会的多数人又把他们从前杀死钉死烧死的那些“捣乱分子”一个一个的重新推崇起来，替他们修墓，替他们作传，替他们立庙，替他们铸铜像。却不知道从前那种“新”思想，到了这时候，又早已成了“陈腐的”迷信！当他们替从前那些特立独行的人修墓铸铜像的时候，社会里早已发生了几个新派少数人，又要受他们杀死钉死烧死的刑罚了！所以说“多数党总是错的，少数党总是不错的”。

易卜生有一本戏叫做《国民公敌》，里面写的就是这个道理。这本戏的主人翁斯铎曼医生从前发现本地的水可以造成几处卫生浴池。本地的人听了他的话，觉得有利可图，便集了资本造了几处卫生浴池。后来四方人闻了这浴池之名，纷纷来这里避暑养病。来的人多了，本地的商业市面便渐渐发达兴旺。斯铎曼医生便做了浴池的官医。后来洗浴的人之中，忽然发生一种流行病症；经这位医生仔细考察，知道这病症是从浴池的水里来的，他便装了一瓶水寄与大学的化学师请他化验。化验出来，才知道浴池的水管安的太低了，上流的污秽，停积在浴池里，发生一种传染病的微生物，极有害于公众卫生。斯铎曼医生得了这种科学证据，便做了一篇切切实实的报告书，请浴池的董事会把浴池的水管重行改造，以免妨碍卫生。不料改造浴池须要花费许多钱，又要把浴池闭歇一两年；浴池一闭歇，本地的商务便要受许多损失。所以本地的人全体用死力反对斯铎曼医生的提议。他们宁可听那些来避暑养病的人受毒病死，却不情愿受这种金钱的损失，所以他们用大多数的专制威权压制这位说老实话的医生，不许他开口。他做了报告，本地的报馆都不肯登载。他要自己印刷，印刷局也不肯替他印。他要开会演说，全城的人都不把空屋借他做会场。后来好容易找到了一所会场，开了一个公民会议，会场上的人不但不听他的老实话，还把他赶下台去，由全体一致表决，宣告斯铎曼医生从此是国民的公敌。他逃出会场，把裤子都撕破了，还被众人赶到他家，用石头掷他，把窗户都打碎了。到了明天，本地政府革了他的官医；本地商民发了传单不许人请他看病；他的房东请他赶快搬出屋去；他的女儿在学堂教书，也被校长辞退了。这就是“特立独行”的好结果！这就是大多数惩罚少数“捣乱分子”的辣手段！

五

其次，我们且说易卜生的政治主义。易卜生的戏剧不大讨论政治问题，所以我们须要用他的《尺牍》（*Letters*，ed. by his son，Sigurd Ibsen，English Trans，1905）做参考的材料。

易卜生起初完全是一个主张无政府主义的人。当普法之战（1870至1871年）时，他的无政府主义最为激烈。一八七一年，他有信与一个朋友道：

> ……个人绝无做国民的需要。不但如此，国家简直是个人的大害。请看普鲁士的国力，不是牺牲了个人的个性去买来的吗？国民都成了酒馆里跑堂的了，自然个个是好兵了。再看犹太民族：岂不是最高贵的人类吗？无论受了何种野蛮的待遇，那犹太民族还能保存本来的面目。这都因为他们没有国家的原故。国家总得毁去。这种毁除国家的革命，我也情愿加入。毁去国家观念，单靠个人的情愿和精神上的团结做人类社会的基本，——若能做到这步田地，这可算得有价值的自由起点。那些团体的变迁，换来换去，都不过是弄把戏，——都不过是全无道理的胡闹。（《尺牍》第79号）

易卜生的纯粹无政府主义，后来渐渐的改变了。他亲自看见巴黎“市民政府”（commune）的完全失败（1871），便把他主张无政府主义的热心减了许多（《尺牍》第81号）。到了一八八四年，他写信给他的朋友说，他在本国若有机会，定要把国中无权的人民联合成一个大政党，主张极力推广选举权，提高妇女的地位，改良国家教育，要使脱除一切中古陋习（《尺牍》第178号）。这就不是无政府的口气了。但是他自己到底不曾加入政党。他以为加入政党是很下流的事（《尺牍》第158号）。他最恨那班政客，他以为“那班政客所力争的，全是表面上的权利，全是胡闹。最要紧的是人心的大革命。”（《尺牍》第77号）

易卜生从来不主张狭义的国家主义，从来不是狭义的爱国者。一八八八年，他写信给一个朋友说道：

> 知识思想略为发达的人，对于旧式的国家观念，总不满意。我们不能以为有了我们所属的政治团体便足够了。据我看来，国家观念不久就要消灭了，将来定有人种观念起来代他。即以我个人而论，我已经过这种变化。我起初觉得我是那威［挪威］国人，后来变成斯堪丁纳维亚人［斯堪的纳维亚］（那威与瑞典总名斯堪丁纳维亚），我现在已成了条顿人了。（《尺牍》第208号）

这是一八八八年的话。我想易卜生晚年临死的时候（1906），一定已进到世界主义的地步了。

六

我开篇便说过易卜生的人生观只是一个写实主义。易卜生把家庭、社会的实在情形都写了出来，叫人看了动心，叫人看了觉得我们的家庭社会原来是如此黑暗腐败，叫人看了觉得家庭社会真正不得不维新革命：——这就是“易卜生主义”。表面上看去，像是破坏的，其实完全是建设的。譬如医生诊了病，开了一个脉案，把病状详细写出，这难道是消极的破坏的手续吗？但是易卜生虽开了许多脉案，却不肯轻易开药方。他知道人类社会是极复杂的组织，有种种绝不相同的境地，有种种绝不相同的情形。社会的病，种类纷繁，决不是什么“包医百病”的药方所能治得好的。因此他只好开了脉案，说出病情，让病人各人自己去寻医病的药方。

虽然如此，但是易卜生生平却也有一种完全积极的主张。他主张个人须要充分发达自己的天才性，须要充分发展自己的个性。他有一封信给他的朋友白兰戴说道：

> 我所最期望于你的是一种真益纯粹的为我主义。要使你有时觉得天下只有关于我的事最要紧，其余的都算不得什么。……你要想有益于社会，最好的法子莫如把你自己这块材料铸造成器。……有的时候我真觉得全世界都像海上撞沉了船，最要紧的还是救出自己。（《尺牍》第84号）

最可笑的是有些人明知世界“陆沉”，却要跟着“陆沉”，跟着堕落，不肯“救出自己”！却不知道社会是个人组成的，多救出一个人便是多备下一个再造新社会的分子。所以孟轲说“穷则独善其身”，这便是易卜生所说“救出自己”的意思。这种“为我主义”，其实是最有价值的利人主义。所以易卜生说，“你要想有益于社会，最妙的法子莫如把你自己这块材料铸造成器。”《娜拉》戏里，写娜拉抛了丈夫儿女飘然而去，也只为要“救出自己”。那戏中说：

> **郝尔茂**　……你就是这样抛弃你的最神圣的责任吗？
> **娜　拉**　你以为我的最神圣的责任是什么？
> **郝**　还等我说吗？可不是你对于你的丈夫和你的儿女的责任吗？
> **娜**　我还有别的责任同这些一样的神圣。
> **郝**　没有的。你且说，那些责任是什么？

娜　　是我对于我自己的责任。

郝　　最要紧的，你是一个妻子，又是一个母亲。

娜　　这种话我现在不相信了。我相信第一我上个人正同你一样。——无论如何，我务必努力做一个人。

（三幕）

一八八二年，易卜生有信给朋友道：

> 这样生活，须使各人自己充分发展：——这是人类功业顶高的一层；这是我们大家都应该做的事。（《尺牍》第164号）

社会最大的罪恶莫过于摧折个人的个性，不使他自由发展。那本《雁》戏所写的只是一件摧残个人才性的惨剧。那戏写一个人少年时本极有高尚的志气，后来被一个恶人害得破家荡产，不能度日；那恶人又把他自己通奸有孕的下等女子配给他做妻子，从此家累日重一日，他的志气便日低一日。到了后来，他堕落深了，竟变成了一个懒人懦夫，天天受那下贱妇人和两个无赖的恭维，他洋洋得意的觉得这种生活很可以终身了。所以那本戏借一个雁做比喻：那雁在半阁上关得久了，他从前那种高飞远举的志气全消灭了，居然把人家的半阁做他的极乐国了！

发展个人的个性，须要有两个条件。第一，须使个人有自由意志。第二，须使个人担干系，负责任。《娜拉》戏中写郝尔茂的最大错处只在他把娜拉当作“玩意儿”看待，既不许他有自由意志，又不许他担负家庭的责任，所以娜拉竟没有发展他自己个性的机会。所以娜拉一旦觉悟时，恨极他的丈夫，决意弃家远去。也正为这个原故，易卜生又有一本戏，叫做《海上夫人》（*The Lady from the Sea*），里面写一个女子哀梨妲少年时嫁给人家做后母，他丈夫和前妻的两个女儿看他年纪轻，不让他管家务，只叫他过安闲日子。哀梨妲在家觉得做这种不自由的妻子，不负责任的后母，是极没趣的事。因此他天天想跟人到海外去过那海阔天空的生活。他丈夫越不许他自由，他偏越想自由。后来他丈夫知道留他不住，只得许他自由出去。他丈夫说道：

> **丈　夫**　……我现在立刻和你毁约，现在你可以有完全自由拣定你自己的路子。……现在你可以自己决定，你有完全的自由，你自己担干系。
>
> **哀梨妲**　完全自由！还要自己担干系！还担干系咧！有这么一来，样样事都不同了。

哀梨妲有了自由又自己负责任了，忽然大变了，也不想那海上的生活了，决意不跟人走了（《海上夫人》第五幕）。这是为什么呢？因为世间只有奴隶的生活是不能自由选择的，是不用担干系的。个人若没有自由权，又不负责任，便和做奴隶一样，所以无论怎样好玩，无论怎样高兴，到底没有真正乐趣，到底不能发展个人的人格。所以哀梨妲说，有了完全自由，还要自己担干系，有这么一来，样样事都不同了。

家庭是如此，社会国家也是如此。自治的社会，共和的国家，只是要个人有自由选择之权，还要个人对于自己所行所为都负责任。若不如此，决不能造出自己独立的人格。社会国家没有自由独立的人格，如同酒里少了酒曲，面包里少了酵，人身上少了脑筋：那种社会国家决没有改良进步的希望。

所以易卜生的一生目的只是要社会极力容忍，极力鼓励斯铎曼医生一流的人物（斯铎曼事见上文四节）；要想社会上生出无数永不知足，永不满意，敢说老实话攻击社会腐败情形的“国民公敌”；要想社会上有许多人都能像斯铎曼医生那样宣言道：“世上最强有力的人就是那个最孤立的人！”

社会国家是时刻变迁的，所以不能指定那一种方法是救世的良药：十年前用补药，十年后或者须用泄药了；十年前用凉药，十年后或者须用热药了。况且各地的社会国家都不相同，适用于日本的药，未必完全适用于中国；适用于德国的药，未必适用于美国。只有康有为那种“圣人”，还想用他们的“戊戌政策”来救戊午的中国；只有辜鸿铭那班怪物，还想用二千年前的“尊王大义”来施行于二十世纪的中国。易卜生是聪明人，他知道世上没有“包医百病”的仙方，也没有“施诸四海而皆准，推之百世而不悖”的真理。因此他对于社会的种种罪恶污秽，只开脉案，只说病状，却不肯下药。但他虽不肯下药，却到处告诉我们一个保卫社会健康的卫生良法。他仿佛说道：“人的身体全靠血里面有无量数的白血轮时时刻刻与人身的病菌开战，把一切病菌扑灭干净，方才可使身体健全，精神充足。社会国家的健康也全靠社会中有许多永不知足，永不满意，时刻与罪恶分子龌龊分子宣战的白血轮，方才有改良进步的希望。我们若要保卫社会的健康，须要使社会里时时刻刻有斯铎曼医生一般的白血轮分子。但使社会常有这种白血轮精神，社会决没有不改良进步的道理。”一八八三年，易卜生写信给朋友道：

> 十年之后，社会的多数人大概也会到了斯铎曼医生开公民大会时的见地了。
>
> 但是这十年之中，斯铎曼自己也刻刻向前进；所以到了十年之后，他的见地仍旧比社会的多数人还高十年。即以我个人而论，我觉得时时刻刻总有进境。我从前每作一本戏时的主张，如今都已渐渐变成了很多数人的主张，但是等到他们赶到那里时，我久已不在那里了。我又到别处去了。我希望我总是向前去了。（《尺牍》第 172 号）

民国七年五月十六日作于北京

民国十年四月二十六日改稿

（原载于《新青年》第 4 卷第 6 号，1918 年 6 月 15 日）

少年中国之精神

上回太炎先生谈话里面说现在青年的四种弱点，都是很可使我们反省的。他的意思是要我们少年人：（一）不要把事情看得太容易了；（二）不要妄想凭藉已成的势力；（三）不要虚慕文明；（四）不要好高骛远。这四条都是消极的忠告。我现在且从积极一方面提出几个观念，和各位同志商酌商酌。

一　少年中国的逻辑

逻辑即是思想、辩论、办事的方法。一般中国人现在最缺乏的就是一种正当的方法。因为方法缺乏，所以有下列的几种现象：（一）灵异鬼怪的迷信，如上海的盛德坛及各地的各种迷信；（二）谩骂无理的议论；（三）用“诗云子曰”作根据的议论；（四）把西洋古人当作无上真理的议论。还有一种平常人不很注意的怪状，我且称他为“目的热”。“目的热”就是迷信一些空虚的大话，认为高尚的目的，全不问这种观念的意义究竟如何。今天有人说：“我主张统一和平”，大家齐声喝彩，就请他做内阁总理；明天又有人说：“我主张和平统一”，大家又齐声叫好，就举他做大总统；此外还有什么“爱国”哪，“护法”哪，“孔教”哪，“卫道”哪……许多空虚的名词；意义不曾确定，也都有许多人随声附和，认为天经地义，这便是我所说的“目的热”。以上所说各种现象都是缺乏方法的表示。我们既然自认为“少年中国”，不可不有一种新方法，这种新方法，应该是科学的方法。科学方法，不是我在这短促时间里所能详细讨论的，我且略说科学方法的要点：

第一，注重事实。科学方法是用事实作起点的，不要问孔子怎么说，柏拉图怎么说，康德怎么说；我们须要先从研究事实下手，凡游历、调查、统计等事都属于此项。

第二，注重假设。单研究事实，算不得科学方法。王阳明对着庭前的竹子做了七天的“格物”工夫，格不出什么道理来，反病倒了，这是笨伯的“格物”方法。科学家最重“假设”（Hypothesis）。观察事物之后，自然有几个假定的意思，我们应该把每一个假设所涵的意义彻底想出，看那些意义是否可以解释所观察的事实？是否可以解决所遇的疑难？所以要博学，正是因为博学方才可以有许多假设，学问只是供给我们种种假设的来源。

第三，注重证实。许多假设之中，我们挑出一个，认为最合用的假设，但是这个假设是否真正合用？必须实地证明。有时候，证实是很容易的；有时候，必须用“试验”方才可以证实。证实了的假设，方可说是“真”的，方才可用。一切古人今人的主张、东哲西哲的学说，若不曾经过这一层证实的工夫，只可作为待证的假设，不配认作真理。

少年的中国，中国的少年，不可不时时刻刻保存这种科学的方法，实验的态度。

二　少年中国的人生观

现在中国有几种人生观是“少年中国”的仇敌：第一种是醉生梦死的无意识生活，固然不消说了；第二种是退缩的人生观，如静坐会的人，如坐禅学佛的人，都只是消极的缩头主义，这些人没有生活的胆子，不敢冒险，只求平安，所以变成一班退缩懦夫；第三种是野心的投机主义，这种人虽不退缩，但为完全自己的私利起见，所以他们不惜利用他人，作他们自己的器具，不惜牺牲别人的人格和自己的人格，来满足自己的野心，到了紧要关头，不惜作伪，不惜作恶，不顾社会的公共幸福，以求达他们自己的目的。这三种人生观都是我们该反对的。少年中国的人生观，依我个人看来，该有下列的几种要素：

第一，须有批评的精神。一切习惯、风俗、制度的改良，都起于一点批评的眼光。个人的行为和社会的习俗，都最容易陷入机械的习惯，到了“机械的习惯”的时代，样样事都不知不觉的做去，全不理会何以要这样做，只晓得人家都这样做故我也这样做。这样的个人便成了无意识的两脚机器，这样的社会便成了无生气的守旧社会。我们如果发愿要造成少年的中国，第一步便须有一种批评的精神；批评的精神不是别的，就是随时随地都要问我为什么要这样做？为什么不那样做？

第二，须有冒险进取的精神。我们须要认定这个世界是很多危险的，是不太平的，是需要冒险的。世界的缺点很多，是要我们来补救的；世界的痛苦很多，是要我们来减少的；世界的危险很多，是要我们来冒险进取的。俗语说得好：“成人不自在，自在不成人。”我们要做一个人，岂可贪图自在；我们要想造一个“少年的中国”，岂可不冒险。这个世界是给我们活动的大舞台，我们既上了台，便应该老着面皮，拼着头皮，大着胆子，干将起来；那些缩进后台去静坐的人都是懦夫，那些袖着双手只会看戏的人，也都是懦夫。这个世界岂是给我们静坐旁观的吗？那些厌恶这个世界，梦想超生别的世界的人，更是懦夫，不用说了。

第三，须要有社会协进的观念。上条所说的冒险进取，并不是野心的，自私自利的。我们既认定这个世界是给我们活动的，又须认定人类的生活全是社会的生活，社会是有机的组织，全体影响个人，个人影响全体。社会的活动全是互助的，你靠他帮忙，他靠你帮忙，我又靠你同他帮忙，你同他又靠我帮忙；你少说了一句话，我或者不是我现在的样子，我多尽了一分力，你或者也不是你现在的这个样子，我和你多尽了一分力，或少做了一点事，社会的全体也许不是现在这个样子，这便是社会协进的观念。有这个观念，我们自然把人人都看作同力合作的伴侣，自然会尊重人人的人格了。有这个观念，我们自然觉得我们的一举一动都和社会有关，自然不肯为社会造恶因，自然要努力为社会种善果，自然不致变成自私自利的野心投机家了。

少年的中国，中国的少年，不可不时时刻刻保存这种批评的、冒险进取的、社会的人生观。

三　少年中国的精神

少年中国的精神并不是别的，就是上文所说的逻辑和人生观。我且说一件故事做我这番谈话的结论：诸君读过英国史的，一定知道英国前世纪有一种宗教革新的运动，历史上称为“牛津运动”（The Oxford Movement），这种运动的几个领袖如客白尔［凯布勒］（Keble）、纽曼（Newman）、福鲁德［弗劳德］（Froude）诸人，痛恨英国国教的腐败，想大大的改革一番。这个运动未起事之先，这几位领袖做了一些宗教性的诗歌，写在一个册子上，纽曼摘了一句荷马的诗题在册子上，那句诗是“You shall see the difference now that we are back again!”翻译出来即是“如今我们回来了，你们看便不同了！”

少年的中国，中国的少年，我们也该时时刻刻记着这句话：“如今我们回来了，你们看便不同了！”

这便是少年中国的精神。

八年三月二十二日

（原载于《少年中国》第1期，1919年）

新生活

——为《新生活》杂志第一期做的

那样的生活可以叫做新生活呢？

我想来想去，只有一句话。新生活就是有意思的生活。你听了，必定要问我，有意思的生活又是什么样子的生活呢？

我且先说一两件实在的事情做个样子，你就明白我的意思了。

前天你没有事做，闲的不耐烦了，你跑到街上一个小酒店里，打了四两白干，喝完了，又要四两，再添上四两。喝的大醉了，同张大哥吵了一回嘴，几乎打起架来。后来李四哥来把你拉开，你气忿忿的又要了四两白干，喝的人事不知，幸亏李四哥把你扶回去睡了。昨儿早上，你酒醒了，大嫂子把前天的事告诉你，你懊悔的很，自己埋怨自己："昨儿为什么要喝那么多酒呢？可不是糊涂吗？"

你赶上张大哥家去，作了许多揖，赔了许多不是，自己怪自己糊涂，请张大哥大量包涵。正说时，李四哥也来了，王三哥也来了，他们三缺一，要你陪他们打牌。你坐下来，打了十二圈牌，输了一百多吊钱。你回得家来，大嫂子怪你不该赌博，你又懊悔的很，自己怪自己道："是呵，我为什么要陪他们打牌呢？可不是糊涂吗？"

诸位，像这样子的生活，叫做糊涂生活，糊涂生活便是没有意思的生活。你做完了这种生活，回头一想，"我为什么要这样干呢？"

你自己也回不出究竟为什么。

诸位，凡是自己说不出“为什么这样做”的事，都是没有意思的生活。

反过来说，凡是自己说得出“为什么这样做”的事，都可以说是有意思的生活。

生活的“为什么”，就是生活的意思。

人同畜牲的分别，就在这个“为什么”上。你到万牲园里去看那白熊一天到晚摆来摆去不肯歇，那就是没有意思的生活。我们做了人，应该不要学那些畜牲的生活。畜牲的生活只是糊涂，只是胡混，只是不晓得自己为什么如此做。一个人做的事应该件件事回得出一个“为什么”。

我为什么要干这个？为什么不干那个？回答得出，方才可算是一个人的生活。

我们希望中国人都能做这种有意思的新生活。其实这种新生活并不十分难，只消时时刻刻问自己为什么这样做，为什么不那样做，就可以渐渐的做到我们所说的新生活了。诸位，千万不要说“为什么”这三个字是很容易的小事。你打今天起，每做一件事，便问一个为什么，——为什么不把辫子剪了？为什么不把大姑娘的小脚放了？为什么大嫂子脸上搽那么多的脂粉？为什么出棺材要用那么多叫化子？为什么娶媳妇也要用那么多叫化子？为什么骂人要骂他的爹娘？为什么这个？为什么那个？——你试办一两天，你就会觉得这三个字的趣味真是无穷无尽，这三个字的功用也无穷无尽。

诸位，我们恭恭敬敬的请你们来试试这种新生活。

民国八年八月

（原载于《新生活》第1期，1919年8月24日）

非个人主义的新生活

这个题目是我在山东道上想着的，后来曾在天津学生联合会的学术讲演会讲过一次，又在唐山的学术讲演会讲过一次。唐山的［讲］演稿由一位刘赞清君记出，登在一月十五日《时事新报》上。我这一篇的大意是对于新村的运动贡献一点批评。这种批评是否合理，我也不敢说。但是我自信这一篇文字是研究考虑的结果，并不是根据于先有的成见的。

九，一，二二

本篇有两层意思。一是表示我不赞成现在一般有志青年所提倡，我所认为"个人主义的"新生活。一是提出我所主张的"非个人主义的"新生活，就是"社会的"新生活。

先说什么叫做"个人主义"（individualism）。一月二［日］夜（就是我在天津讲演前一晚），杜威博士在天津青年会讲演"真的与假的个人主义"，他说：个人主义有两种：

一、假的个人主义——就是为我主义（egoism）。他的性质是自私自利：只顾自己的利益，不管群众的利益。

二、真的个人主义——就是个性主义（individuality）。他的特性有两种：一是独立思想，不肯把别人的耳朵当耳朵，不肯把别人的眼睛当眼睛，不肯把别人的脑力当自己的脑力；二是个人对于自己思想信仰的结果要负完全责任，不怕权威，不怕监禁杀身，只认得真理，不认得个人的利害。

杜威先生极力反对前一种假的个人主义，主张后一种真的个人主义。这是我们都赞成的。但是他反对的那种自私自利的个人主义的害处，是大家都明白的。因为人多明白这种主义的害处，故他的危险究竟不很大。例如东方现在实行这种极端为我主义的“财主督军”，无论他们眼前怎样横行，究竟逃不了公论的怨恨，究竟不会受多数有志青年的崇拜。所以我们可以说这种主义的危险是很有限的。但是我觉得“个人主义”还有第三派，是很受人崇敬的，是格外危险的。这一派是：

三、独善的个人主义　他的共同性质是：不满意于现社会，却又无可如何，只想跳出这个社会去寻一种超出现社会的理想生活。

这个定义含有两部分：（1）承认这个现社会是没有法子挽救的了；（2）要想在现社会之外另寻一种独善的理想生活。自有人类以来，这种个人主义的表现也不知有多少次了。简括说来，共有四种：

（一）宗教家的极乐国　如佛家的净土，犹太人的伊丁园，别种宗教的天堂，天国，都属于这一派。这种理想的原起，都由于对现社会不满意。因为厌恶现社会，故悬想那些无量寿，无量光的净土；不识不知，完全天趣的伊丁园；只有快乐，毫无痛苦的天国。这种极乐国里所没有的，都是他们所厌恨的；所有的，都是他们所梦想而不能得到的。

（二）神仙生活　神仙的生活也是一种悬想的超出现社会的生活。人世有疾病痛苦，神仙无病长生；人世愚昧无知，神仙能知过去未来；人生不自由，神仙乘云遨游，来去自由。

（三）山林隐逸的生活　前两种是完全出世的；他们的理想生活是悬想的，渺茫的出世生活。山林隐逸的生活虽然不是完全出世的，也是不满意于现社会的表示。他们不满意于当时的社会政治，却又无能为力，只得隐姓埋名，逃出这个恶浊社会去做他们自己理想中的生活。他们不能“得君行道”，故对于功名利禄，表示藐视的态度；他们痛恨富贵的人骄奢淫逸，故说富贵如同天上的浮云，如同脚下的破草鞋。他们痛恨社会上有许多不耕而食，不劳而得的“吃白阶级”，故自己耕田锄地，自食其力。他们厌恶这污浊的社会，故实行他们理想中梅妻鹤子，渔蓑钓艇的洁净生活。

（四）近代的新村生活　近代的新村运动，如十九世纪法国、美国的理想农村，如现在日本日向的新村，照我的见解看起来，实在同山林隐逸的生活是根本相同的。那不同的地方，自然也有。山林隐逸是没有组织的，新村是有组织的：这是一种不同。隐遁的生活是同世事完全隔绝的，故有“不知有汉，遑论魏晋”的理想；现在的新村的人能有赏玩 Rodin 同 Cézanne 的幸福，还能在村外著书出报：这又是一种不同。但是这两种不同都是时代造成的，是偶然的，不是根本的区别。从根本性质上看来，新村的运动都是对于现社会不满意的表示。即如日向的新村，他们对于现在“少数人在多数人的不幸上，筑起自己的幸福”的社会制度，表示不满意，自然是公认的事实。周作人先生说日向新村里有人把中国看作“最自然，最自在的国”（《新潮》二，页 75）。这是他们对于日本政制极不满意的一种牢骚话，很可玩味的。武者小路实笃先生一班人虽然极不满意于现社会，却又不赞成用“暴力”的改革。他们都是“真心仰慕着平和”的人。他们于无可如何之中，想出这个新村的计划来。周作人先生说，“新村的理想，要将历来非暴力不能做到的事，用和平方法得来。”（《新青年》七，二，一三四。）这个和平方法就是离开现社会，去做一种模范的生活。“只要万人真希望这种的世界，这世界便能实现。”（《新青年》同上）这句话不但是独善主义的精义，简直全是净土宗的口气了！所以我把新村来比山林隐逸，不算冤枉他；就是把他来比求净土天国的宗教运动，也不算玷辱他。不过他们的“净土”是在日向，不在西天罢了。

我这篇文章要批评的“个人主义的新生活”，就是指这一种跳出现社会的新村生活。这种生活，我认为“独善的个人主义”的一种。“独善”两个字是从孟轲“穷则独善其身”一句话上来的。有人说：新村的根本主张是要人人“尽了对于人类的义务，却又完全发展自己个性”；如此看来，他们既承认“对于人类的义务”，如何还是独善的个人主义呢？我说：这正是个人主义的证据。试看古今来主张个人主义的思想家，从希腊的“狗派”（Cynic）以至十八九世纪的个人主义，那一个不是一方面崇拜个人，一方面崇拜那广漠的“人类”的？主张个人主义的人，只是否认那些切近的伦谊，——或是家族，或是“社会”，或是国家，——但是因为要推翻这些比较狭小逼人的伦谊，不得不捧出那广漠不逼人的“人类”。所以凡是个人主义的思想家，没有一个不承认这个双重关系的。

新村的人主张“完全发展自己个性”，故是一种个人主义。他们要想跳出现社会去发展自己个性，故是一种独善的个人主义。

这种新村的运动，因为恰合现在青年不满意于现社会的心理，故近来中国也有许多人欢迎，赞叹，崇拜。我也是敬仰武者先生一班人的，故也曾仔细考究这个问题。我考究的结果是不赞成这种运动，我以为中国的有志青年不应该仿行这种个人主义的新生活。

这种新村的运动有什么可以反对的地方呢？

第一，因为这种生活是避世的，是避开现社会的。这就是让步。这便不是奋斗。我们自然不应该提倡“暴力”，但是非暴力的奋斗是不可少的。我并不是说武者先生一班人没有奋斗的精神。他们在日本能提倡反对暴力的论调，——如《一个青年的梦》——自然是有奋斗精神的。但是他们的新村计划想避开现社会里“奋斗的生活”，去寻那现社会外“生活的奋斗”，这便是一大让步。武者先生的《一个青年的梦》里的主人翁最后有几句话，很可玩味。他说：

> ……请宽恕我的无力。——宽恕我的话的无力。但我心里

所有的对于美丽的国的仰慕，却要请诸君体察的。……（《新青年》七，二，一〇二）

我们对于日向的新村应该作如此观察。

第二，在古代，这种独善主义还有存在的理由；在现代，我们就不该崇拜他了。古代的人不知道个人有多大的势力，故孟轲说："穷则独善其身，达则兼善天下。"古人总想，改良社会是"达"了以后的事业，——是得君行道以后的事业；故承认个人——穷的个人——只能做独善的事业，不配做兼善的事业。古人错了，现在我们承认个人有许多事业可做。人人都是一个无冠的帝王，人人都可以做一些改良社会的事。去年的五四运动和六三运动，何尝是"得君行道"的人做出来的？知道个人可以做事，知道有组织的个人更可以做事，便可以知道这种个人主义的独善生活是不值得模仿的了。

第三，他们所信仰的"泛劳动主义"是很不经济的。他们主张："一个人生存上必要的衣食住，论理应该用自己的力去得来，不该要别人代负这责任。"这话从消极一方面看，——从反对那"游民贵族"的方面看，——自然是有理的。但是从他们的积极实行方面看，他们要"人人尽劳动的义务，制造这生活的资料"，——就是衣食住的资料，——这便是"矫枉过正"了。人人要尽制造衣食住的资料的义务，就是人人要加入这生活的奋斗。（周作人先生再三说新村里平和幸福的空气，也许不承认"生活的奋斗"的话；但是我说的，并不是人同人争面包米饭的奋斗，乃是人在自然界谋生存的奋斗；周先生说新村的农作物至今还不够自用，便是一证。）现在文化进步的趋势，是要使人类渐渐减轻生活的奋斗至最低度，使人类能多分一些精力出来，做增加生活意味的事业。新村的生活使人人都要尽"制造衣食住的资料"的义务，根本上否认分工进化的道理，增加生活的奋斗，是很不经济的。

第四，这种独善的个人主义的根本观念就是周先生说的"改造社会，还要从改造个人做起。”我对于这个观念，根本上不能承认。这个观念的根本错误在于把“改造个人”与“改造社会”分作两截；在于把个人看作一个可以提到社会外去改造的东西。要知道个人是社会上种种势力的结果。我们吃的饭，穿的衣服，说的话，呼吸的空气，写的字，有的思想，……没有一件不是社会的。我曾有几句诗，说：“……此身非吾有：一半属父母，一半属朋友。”当时我以为把一半的我归功社会，总算很慷慨了。后来我才知道这点算学做错了！父母给我的真是极少的一部分。其余各种极重要的部分，如思想，信仰，知识，技术，习惯，……等等，大都是社会给我的。我穿线袜的法子是一个徽州同乡教我的；我穿皮鞋打的结能不散开，是一个美国女朋友教我的。这两件极细碎的例，很可以说明这个“我”是社会上无数势力所造成的。社会上的“良好分子”并不是生成的，也不是个人修炼成的，——都是因为造成他们的种种势力里面，良好的势力比不良的势力多些。反过来，不良的势力比良好的势力多，结果便是“恶劣分子”了。古代的社会哲学和政治哲学只为要妄想凭空改造个人，故主张正心，诚意，独善其身的办法。这种办法其实是没有办法，因为没有下手的地方。近代的人生哲学渐渐变了，渐渐打破了这种迷梦，渐渐觉悟：改造社会的下手方法在于改良那些造成社会的种种势力——制度，习惯，思想，教育，等等。那些势力改良了，人也改良了。所以我觉得“改造社会要从改造个人做起”还是脱不了旧思想的影响。我们的根本观点是：

个人是社会上无数势力造成的。

改造社会须从改造这些造成社会，造成个人的种种势力做起。

改造社会即是改造个人。

新村的运动如果真是建筑在“改造社会要从改造个人做起”一个观念上，我觉得那是根本错误了。改造个人也是要一点一滴的改造那些造成个人的种种社会势力。不站在这个社会里来做这种一点一滴的社会改造，却跳出这个社会去“完全发展自己个性”，这便是放弃现社会，认为不能改造；这便是独善的个人主义。

以上说的是本篇的第一层意思。现在我且简单说明我所主张的“非个人主义的”新生活是什么。这种生活是一种“社会的新生活”；是站在这个现社会里奋斗的生活；是霸占住这个社会来改造这个社会的新生活。他的根本观念有三条：

一、社会是种种势力造成的，改造社会须要改造社会的种种势力。这种改造一定是零碎的改造，——一点一滴的改造，一尺一步的改造。无论你的志愿如何宏大，理想如何彻底，计划如何伟大，你总不能笼统的改造，你总不能不做这种“得寸进寸，得尺进尺”的工夫。所以我说：社会的改造是这种制度那种制度的改造，是这种思想那种思想的改造，是这个家庭那个家庭的改造，是这个学堂那个学堂的改造。

[附注] 有人说：“社会的种种势力是互相牵制的，互相影响的。这种零碎的改造，是不中用的。因为你才动手改这一种制度，其余的种种势力便围拢来牵制你了。如此看来，改造还是该做笼统的改造。”我说不然。正因为社会的势力是互相影响牵制的，故一部分的改造自然会影响到别种势力上去。这种影响是最切实的，最有力的。近年来的文字改革，自然是局部的改革，但是他所影响的别种势力，竟有意想不到的多。这不是一个很明显的例吗？

二、因为要做一点一滴的改造，故有志做改造事业的人必须要时时刻刻存研究的态度，做切实的调查，下精细的考虑，提出大胆的假设，寻出实验的证明。这种新生活是研究的生活，是随时随地解决具体问题的生活。具体的问题多解决了一个，便是社会的改造进了那么多一步。做这种生活的人要睁开眼睛，公开心胸；要手足灵敏，耳目聪明，心思活泼；要欢迎事实，要不怕事实；要爱问题，要不怕问题的逼人！

三、这种生活是要奋斗的。那避世的独善主义是与人无忤，与世无争的，故不必奋斗。这种“淑世”的新生活，到处翻出不中听的事实，到处提出不中听的问题，自然是很讨人厌的，是一定要招起反对的。反对就是兴趣的表示，就是注意的表示。我们对于反对的旧势力，应该作正当的奋斗，不可退缩。我们的方针是：奋斗的结果，要使社会的旧势力不能不让我们；切不可先就偃旗息鼓退出现社会去，把这个社会双手让给旧势力。换句话说，应该使旧社会变成新社会，使旧村变为新村，使旧生活变为新生活。

我且举一个实际的例。英美近二三十年来，有一种运动，叫做“贫民区域居留地”的运动（social settlements）。这种运动的大意是：一班青年的男女——大都是大学的毕业生，——在本城拣定一块极龌龊，极不堪的贫民区域，买一块地，造一所房屋。这一班人便终日在这里面做事。这屋里，凡是物质文明所赐的生活需要品，——电灯，电话，热气，浴室，游水池，钢琴，话匣，等等，——无一不有。他们把附近的小孩子，——垢面的孩子，顽皮的孩子，——都招拢来，教他们游水，教他们读书，教他们打球，教他们演说辩论，组成音乐队，组成演剧团，教他们演戏奏艺。还有女医生和看护妇，天天出去访问贫家，替他们医病，帮他们接生和看护产妇。病重的，由“居留地”的人送入公家医院。因为天下贫民都是最安本分的，他们眼见那高楼大屋的大医院，心里以为这定是为有钱人家造的，决不是替贫民诊病的；所以必须有人打破他们这种见解，教他们知道医院不是专为富贵人家的。还有许多贫家的妇女每日早晨出门做工，家里小孩子无人看管，所以“居留地”的人教他们把小孩子每天寄在“居留地”里，有人替他们洗浴，换洗衣服，喂他们饮食，领他们游戏。到了晚上，他们的母亲回来了，各人把小孩领回去。这种小孩子从小就在洁净慈爱的环境里长大，渐渐养成了良好习惯，回到家中，自然会把从前的种种污秽的环境改了。家中的大人也因时时同这种新生活接触，渐渐的改良了。我在纽约时，曾常常去看亨利街上的一所居留地，是华德女士（Lilian Wald）办的。有一晚我去看那街上的贫家子弟演戏，演的是贝里（Barry）的名剧。我至今回想起来，他们演戏的程度比我们大学的新戏高得多咧！

这种生活是我所说的“非个人主义的新生活”！是我所说的“变旧社会为新社会，变旧村为新村”的生活！这也不是用“暴力”去得来的！我希望中国的青年要做这一类的新生活，不要去模仿那跳出现社会的独善生活。我们的新村就在我们自己的旧村里！我们所要的新村是要我们自己的旧村变成的新村！

可爱的男女少年！我们的旧村里我们可做的事业多得很咧！村上的鸦片烟灯还有多少？村上的吗啡针害死了多少人？村上缠脚的女子还有多少？村上的学堂成个什么样子？村上的绅士今年卖选票得了多少钱？村上的神庙香火还是怎样兴旺？村上的医生断送了几百条人命？村上的煤矿工人每日只拿到五个铜子，你知道吗？村上多少女工被贫穷逼去卖淫，你知道吗？村上的工厂没有避火的铁梯，昨天火起，烧死了一百多人，你知道吗？村上的童养媳妇被婆婆打断了一条腿，村上的绅士逼他的女儿饿死做烈女，你知道吗？

有志求新生活的男女少年！我们有什么权利，丢开这许多的事业去做那避世的新村生活！我们放着这个恶浊的旧村，有什么面孔，有什么良心，去寻那“和平幸福”的新村生活！

九，一，二六

（原载于《时事新报》，1920 年 1 月 15 日；又载于《新潮》第 2 卷第 3 号，1920 年 4 月 1 日）

哲学与人生

前次承贵会邀我演讲关于佛学的问题，我因为对于佛学没有充分的研究，拿浅薄的学识来演讲这一类的问题，未免不配；所以现在讲“哲学与人生”，希望对于佛学也许可以贡献点参考。不过我所讲的有许多地方和佛家意见不合，佛学会的诸君态度很公开，大约能够容纳我的意见的！讲到“哲学与人生”，我们必先研究他的定义：什么叫哲学？什么叫人生？然后才知道他们的关系。

我们先说人生。这六月来，国内思想界，不是有玄学与科学的笔战么？国内思想界的老将吴稚晖先生，就在《太平洋》杂志上发表一篇《一个新信仰的宇宙观及人生观》。其中下了一个人生的定义。他说：“人是哺乳动物中的有二手二足用脑的动物。”人生即是这种动物所演的戏剧，这种动物在演时，就有人生；停演时就没人生。所谓人生观，就是演时对于所演之态度，譬如：有的喜唱花面，有的喜唱老生，有的喜唱小生，有的喜摇旗呐喊；凡此种种两脚两手在演戏的态度，就是人生观。不过单是登台演剧，红进绿出，有何意义？想到这层，就发生哲学问题。哲学的定义，我们常在各种哲学书籍上见到；不过我们尚有再找一个定义的必要。我在《中国哲学史大纲》（上卷）上所下的哲学的定义说：“哲学是研究人生切要的问题，从根本上着想，去找根本的解决。”但是根本两字意义欠明，现在略加修改，重新下了一个定义说：“哲学是研究人生切要的问题，从意义上着想，去找一个比较可普遍适用的意义。”现在举两个例来说明他：要晓得哲学的起点是由于人生切要的问题，哲学的结果，是对于人生的适用。人生离了哲学，是无意义的人生；哲学离了人生，是想入非非的哲学。现在哲学家多凭空臆说，离得人生问题太远，真是上穷碧落，愈闹愈糟！

现在且说第一个例：二千五百年前在喜马拉亚［雅］山南部有一个小国——迦叶——里，街上倒卧着一个病势垂危的老丐，当时有一个王太子经过，在别人看到，将这老丐赶开，或是毫不经意的走过去了；但是那王太子是赋有哲学的天才的人，他就想人为什么逃不出老、病、死，这三个大关头，因此他就弃了他的太子爵位、妻孥、便嬖、皇宫、财货，遁迹入山，去静想人生的意义。后来忽然在树下想到一个解决：就是将人生一切问题拿主观去看，假定一切多是空的，那末，老、病、死，就不成问题了。这种哲学的合理与否，姑不具论，但是那太子的确是研究人生切要的问题，从意义上着想去找他以为比较普遍适用的意义。

我们再举一个例，譬如我们睡到夜半醒来，听见贼来偷东西，我那就将他捉住，送县究办。假如我们没有哲性，就这么了事，再想不到“人为什么要作贼”等等的问题；或者那贼竟苦苦哀求起来，说他所以作贼的原故，因为母老，妻病，子女待哺，无处谋生，迫于不得已而为之，假如没哲性的人，对于这种吁求，也不见有甚良心上的反动。至于富于哲性的人就要问了，为什么不得已而为之？天下不得已而为之的事有多少？为什么社会没得给他做工？为什么子女这样多？为什么老病死？这种偷窃的行为，是由于社会的驱策，还是由于个人的堕落？为什么不给穷人偷？为什么他没有我有？他没有我有是否应该？拿这种问题，逐一推思下去，就成为哲学。由此看来，哲学是由小事放大，从意义着想而得来的，并非空说高谈能够了解的。推论到宗教哲学，政治哲学，社会哲学等，也无非多从活的人生问题推衍阐明出来的。

我们既晓得什么叫人生，什么叫哲学，而且略会看到两者的关系，现在再去看意义在人生上占的什么地位？现在一般的人饱食终日，无所用心。思想差不多是社会的奢侈品。他们看人生种种事实，和乡下人到城里未看见五光十色的电灯一样。只看到事实的表面，而不了解事实的意义。因为不能了解意义的原故，所以连事实也不能了解了。这样说来，人生对于意义极有需要，不知道意义，人生是不能了解的。宋朝朱子这班人，终日对物格物，终于找不到着落，就是不从意义上着想的原故。又如平常人看见病人种种病象，他单看见那些事实而不知道那些事实的意义，所以莫明其妙。至于这些病象一到医生眼里，就能对症下药；因为医生不单看病象，还要晓得病象的意义的原故。因此，了解人生不单靠事实，还要知道意义！

那末，意义又从何来呢？有人说：意义有两种来源：一种是从积累得来，是愚人取得意义的方法；一种是由直觉得来，是大智取得意义的方法。积累的方法，是走笨路；用直觉的方法是走捷径。据我看来，欲求意义唯一的方法，只有走笨路，就是日积日累的去做克苦的工夫，直觉不过是熟能生巧的结果，所以直觉是积累最后的境界，而不是豁然贯通的。大发明家爱迪生有一次演说，他说，天才百分之九十九是汗，百分之一是神，可见得天才是下了番苦功才能得来，不出汗决不会出神的。所以有人应付环境觉得难，有人觉得易，就是日积日累的意义多寡而已。哲学家并不是什么，只是对于人生所得的意义多点罢了。

欲得人生的意义，自然要研究哲学史，去参考已往的死的哲理。不过还有比较更〈重〉要的，是注意现在的活的人生问题，这就是做人应有的态度。现在我举两个可模范的大哲学家来做我的结论，这两大哲学家一个是古代的苏格拉底，一个是现代的笛卡尔。

苏格拉底是希腊的穷人，他觉得人生醉生梦死，毫无意义，因此到公共市场，见人就盘问，想藉此得到人生的解决。有一次，他碰到一个人去打官司，他就问他，为什么要打官司？那人答道，为公理。他复问道，什么叫公理？那人便瞠目结舌不能作答。苏氏笑道：我知道我不知你，却不知道你不知呵！后来又有一个人告他的父亲不信国教，他又去盘问，那人又被问住了？因此，希腊人多恨他，告他两大罪，说他不信国教，带坏少年，政府就判他的死刑。他走出来的时候，对告他的人说。"未经考察过的生活，是不值得活的。你们走你们的路，我走我的路罢！"后来他就从容就刑，为找寻人生的意义而牺牲他的生命！

笛卡尔旅行的结果，觉到在此国以为神圣的事，在他国却视为下贱；在此国以为大逆不道的事，在别国却奉为天经地义；因此他觉悟到贵贱善恶是因时因地而不同的。他以为从前积下来的许多观念知识是不可靠的，因为他们多是乘他思想幼稚的时候侵入来的。如若欲过理性生活，必得将从前积得的知识，一件一件用怀疑的态度去评估他们的价值，重新建设一个理性的是非。这怀疑的态度，就是他对于人生与哲学的贡献。

现在诸君研究佛学，也应当用怀疑的态度去找出他的意义，是否真正比较得普遍适用？诸君不要怕，真有价值的东西，决不为怀疑所毁；而能被怀疑所毁的东西，决不会真有价值。我希望诸君实行笛卡尔的怀疑态度，牢记苏格拉底所说的"未经考察过的生活，是不值得活的"这句话。那末，诸君对于明阐哲学，了解人生，不觉其难了。

（胡适 1923 年 12 月 10 日演讲于上海商科大学佛学研究会。载于《东方杂志》第 20 卷第 23 期，1923 年 12 月）

人生有何意义

一　答某君书

……我细读来书，终觉得你不免作茧自缚。你自己去寻出一个本不成问题的问题，“人生有何意义?”其实这个问题是容易解答的。人生的意义全是各人自己寻出来，造出来的：高尚，卑劣，清贵，污浊，有用，无用，……全靠自己的作为。生命本身不过是一件生物学的事实，有什么意义可说？生一个人与一只猫，一只狗，有什么分别？人生的意义不在于何以有生，而在于自己怎样生活。你若情愿把这六尺之躯葬送在白昼作梦之上，那就是你这一生的意义。你若发愤振作起来，决心去寻求生命的意义，去创造自己的生命的意义，那么，你活一日便有一日的意义，作一事便添一事的意义，生命无穷，生命的意义也无穷了。

总之，生命本没有意义，你要能给他什么意义，他就有什么意义。与其终日冥想人生有何意义，不如试用此生作点有意义的事。……

十七，一，廿七

二　为人写扇子的话

知世如梦无所求，无所求心普空寂。

还似梦中随梦境，成就河沙梦功德。

王荆公小诗一首，真是有得于佛法的话。认得人生如梦，故无所求。但无所求不是无为。人生固然不过一梦，但一生只有这一场做梦的机会，岂可不努力做一个轰轰烈烈像个样子的梦？岂可糊糊涂涂懵懵懂懂混过这几十年吗？

十八，五，十三

（原载于《生活》周刊第3卷第38期，1929年8月5日）

人生问题

一九〇三年，我只有十二岁，那年十二月十七日，有美国的莱特弟兄作第一次飞机试验，用很简单的机器试验成功，因此美国定十二月十七日为飞行节。十二月十七日正是我的生日，我觉得我同飞行有前世因缘。我在前十多年，曾在广西飞行过十二天，那时我作了一首“飞行小赞”，这算是关于飞行的很早的一首辞。诸位飞过大西洋，太平洋，我在民国三十年，在美国也飞过四万英里，这表示我同诸位不算很隔阂。今天大家要我讲人生问题，这是诸位出的题目，我来交卷。这是很大的问题，让我先下定义，但是定义不是我的，而是思想界老前辈吴稚晖的。他说：人为万物之灵，怎么讲呢？第一，人能够用两只手做东西。第二，人的脑部比一切动物的都大，不但比哺乳动物大，并且比人的老祖宗猿猴的还要大。有这能做东西的两手和比一切动物都大的脑部，所以说人为万物之灵。人生是什么？即是人在戏台上演戏，在唱戏。看戏有各种看法，即对人生的看法叫做人生观。但人生有什么意义呢？怎样算好戏？怎样算坏戏？我常想：人生意义就在我们怎样看人生。意义的大小浅深，全在我们怎样去用两手和脑部。人生很短，上寿不过百年，完全可用手脑做事的时候，不过几十年。有人说，人生是梦，是很短的梦。有人说，人生不过是肥皂泡。其实，就是最悲观的说法，也证实我上面所说人生的有没有意义全看我们对人生的看法。就算他是做梦吧，也要做一个热闹的，轰轰烈烈的好梦，不要做悲观的梦。既然辛辛苦苦的上台，就要好好的唱个好戏，唱个像样子的戏，不要跑龙套。人生不是单独的，人是社会的动物，他能看见和想象他所看不到的东西，他有能看到上至数百万年下至子孙百代的能力。无论是过去，现在，或将来，人都逃不了人与人的关系。比如这一杯茶（讲演桌上放着一杯玻璃杯盛的茶）就包括多少人的供献，这些人虽然看不见，但从种茶，挑选，用自来水，自来水又包括电力等等，这有多少人的供献，这就可以看出社会的意义。我们的一举一动，也都有社会的意义，譬如我随便往地上吐口痰，经太阳晒干，风一吹起，如果我有痨病，风可以把病菌带给几个人到无数人。我今天讲的话，诸位也许有人不注意，也许有人认为没道理，也许说胡适之胡说，是瞎说八道，也许有人因我的话回去看看书，也许竟一生受此影响。一句话，一句格言，都能影响人。我举一个极端的例子，两千五百年前，离尼泊尔不远地方，路上有一个乞丐死了，尸首正在腐烂。这时走来一位年轻的少爷叫 Gotama，后来就是释迦牟尼佛，这位少爷是生长于深宫中不知穷苦的，他一看到尸首，问这是什么？人说这是死。他说：噢！原来死是这样子，我们都不能不死吗？这位贵族少爷就回去想这问题，后来跑到森林中去想，想了几年，出来宣传他的学说，就是所谓佛学。这尸身腐烂一件事，就有这么大的影响。飞机在莱特兄弟做试验时，是极简单的东西，经四十年的功夫，多少人聪明才智，才发展到今天。我们一举一动，一言一行，一点行为都可以有永远不能磨灭的影响。几年来的战争，都是由希特勒的一本《我的奋斗》闯的祸，这一本书害了多少人？反过来说，一句好话，也可以影响无数人，我讲一个故事：民国元年，有一个英国人到我们学堂讲话，讲的内容很荒谬，但他的 O 字的发音，同普通人不一样，是尖声的，这也影响到我的 O 字发音，许多我的学生又受到我的影响。在四十年前，有一天我到一外国人家去，出来时鞋带掉了，那外国人提醒了我，并告诉我系鞋带时，把结头底下转一弯就不会掉了，我记住了这句话，并又告诉许多人，如今这外国人是死了，但他这句话已发生不可磨灭的影响。总而言之，从顶小的事情到顶大的像政治经济宗教等等，我们的一举一动都有不可磨灭的影响，尽管看不见，影响还是有。在孔夫子小时，有一位鲁国人说：人生有三不朽，即立德，立功，立言。立德就是最伟大的人格，像耶稣孔子等。立功就是对社会有供献。立言包括思想和文学，最伟大的思想和文学都是不朽的。但我们不要把这句话看得贵族化，要看得平民化，比如皮鞋打结不散，吐痰，O 的发音，都是不朽的。就是说：不但好的东西不朽，坏的东西也不朽，善不朽，恶亦不朽。一句好话可以影响无数人，一句坏话可以害死无数人。这就给我们一个人生标准，消极的我们不要害人，要懂得自己行为。积极的要使这社会增加一点好处，总要叫人家得我一点好处。再回来说，人生就算是做梦，也要做一个像样子的梦。宋朝的政治家王安石有一首诗，题目是“梦”。说：“知世如梦无所求，无所求心普定寂，还似梦中随梦境，成就河沙梦功德。”不要丢掉这梦，要好好去做！即算是唱戏，也要好好去唱。

（胡适 1948 年 8 月 12 日演讲于北平空军司令部。载于《世界日报》，1948 年 8 月 13 日）

胡適文集

人生卷

科学人生观

贞操问题

一

周作人先生所译的日本与谢野晶子[①]的《贞操论》(《新青年》四卷5号),我读了很有感触。这个问题,在世界上受了几千年无意识的迷信,到近几十年中,方才有些西洋学者正式讨论这问题的真意义。文学家如易卜生的《群鬼》和 Thomas Hardy [托马斯·哈代]的《苔史》[《苔丝》](*Tess*),都带着讨论这个问题。如今家庭专制最利害的日本居然也有这样大胆的议论!这是东方文明史上一件极可贺的事。

当周先生翻译这篇文字的时候,北京一家很有价值的报纸登出一篇恰相反的文章。这篇文章是海宁朱尔迈的《会葬唐烈妇记》(七月二十三四日北京《中华新报》)。上半篇写唐烈妇之死如下:

> 唐烈妇之死,所阅灰水,钱卤,投河,雉经者五,前后绝食者三;又益之以砒霜,则其亲试乎杀人之方者凡九。自除夕上溯其夫亡之夕,凡九十有八日。夫以九死之惨毒,又历九十八日之长,非所称百挫千折有进而无退者乎?……

① 与谢野晶子(1878—1942),日本女古典诗人、作家。——编者

下文又借出一件“俞氏女守节”的事来替唐烈妇作陪衬：

> 女年十九，受海盐张氏聘，未于归，夫夭，女即绝食七日；家人劝之力，始进糜曰，“吾即生，必至张氏，宁服丧三年，然后归报地下。”

最妙的是朱尔迈的论断：

> 嗟乎，俞氏女盖闻烈妇之风而兴起者乎？……俞氏女果能死于绝食七日之内，岂不甚幸？乃为家人阻之，俞氏女亦以三年为己任，余正恐三年之间，凡一千八十日有奇，非如烈妇之九十八日也。且绝食之后，其家人防之者百端，……虽有死之志，而无死之间，可奈何？烈妇倘能阴相之以成其节，风化所关，猗欤盛矣！

这种议论简直是全无心肝的贞操论。俞氏女还不曾出嫁，不过因为信了那种荒谬的贞操迷信，想做那“青史上留名的事”，所以绝食寻死，想做烈女。这位朱先生要维持风化，所以忍心害理的巴望那位烈妇的英灵来帮助俞氏女赶快死了，“岂不甚幸?”这种议论可算得贞操迷信的极端代表。《儒林外史》里面的王玉辉看他女儿殉夫死了，不但不哀痛，反仰天大笑道：“死得好！死得好！”（五十二回）王玉辉的女儿殉已嫁之夫，尚在情理之中。王玉辉自己“生这女儿为伦纪生色”，他看他女儿死了反觉高兴，已不在情理之中了。至于这位朱先生巴望别人家的女儿替他未婚夫做烈女，说出那种“猗欤盛哉”的全无心肝的话，可不是贞操迷信的极端代表吗？

贞操问题之中，第一无道理的，便是这个替未婚夫守节和殉烈的风俗。在文明国里，男女用自由意志，由高尚的恋爱，订了婚约，有时男的或女的不幸死了，剩下的那一个因为生时爱情太深，故情愿不再婚嫁。这是合情理的事。若在婚姻不自由之国，男女订婚以后，女的还不知男的面长面短，有何情爱可言？不料竟有一种陋儒，用“青史上留名的事”来鼓励无知女儿做烈女，“为伦纪生色”，“风化所关，猗欤盛矣！”我以为我们今日若要作具体的贞操论，第一步就该反对这种忍心害理的烈女论，要渐渐养成一种舆论，不但永不把这种行为看作“猗欤盛矣”可旌表褒扬的事，还要公认这是不合人情，不合天理的罪恶；还要公认劝人做烈女，罪等于故意杀人。

这不过是贞操问题的一个方面。这个问题的真相，已经与谢野晶子说得很明白了。他提出几个疑问，内中有一条是：“贞操是否单是女子必要的道德，还是男女都必要的呢?”这个疑问，在中国更为重要。中国的男子要他们的妻子替他们守贞守节，他们自己却公然嫖妓，公然纳妾，公然“吊膀子”。再嫁的妇人在社会上几乎没有社交的资格；再婚的男子，多妻的男子，却一毫不损失他们的身分。这不是最不平等的事吗？怪不得古人要请“周婆制礼”来补救“周公制礼”的不平等了。

我不是说，因为男子嫖妓，女子便该偷汉；也不是说，因为老爷有姨太太，太太便该有姨老爷。我说的是，男子嫖妓，与妇人偷汉，犯的是同等的罪恶；老爷纳妾，与太太偷人，犯的也是同等的罪恶。

为什么呢？因为贞操不是个人的事，乃是人对人的事；不是一方面的事，乃是双方面的事。女子尊重男子的爱情，心思专一，不肯再爱别人，这就是贞操。贞操是一个“人”对别一个“人”的一种态度。因为如此，男子对于女子，也该有同等的态度，若男子不能照样还敬，他就是不配受这种贞操的待遇。这并不是外国进口的妖言，这乃是孔丘说的“己所不欲，勿施于人”。孔丘说：

> 君子之道四，丘未能一焉：所求乎子以事父，未能也；所求乎臣以事君，未能也；所求乎弟以事兄，未能也；所求乎朋友，先施之，未能也。

孔丘五伦之中，只说了四伦，未免有点欠缺。他理该加上一句道："所求乎吾妇，先施之，未能也。"这才是大公无私的圣人之道！

二

我这篇文字刚才做完，又在上海报上看见陈烈女殉夫的事。今先记此事大略如下：

> 陈烈女名宛珍，绍兴县人，三世居上海。年十七，字王远甫之子菁士。菁士于本年三月廿三日病死，年十八岁。陈女闻死耗，即沐浴更衣，潜自仰药。其家人觉察，仓皇施救，已无及。女乃泫然曰："儿志早决。生虽未获见夫，殁或相从地下……"言讫，遂死，死时距其未婚夫之死仅三时而已。（此据上海绍兴同乡会所出征文启）

过了两天，又见上海县知事呈江苏省长请予褒扬的呈文，中说：

> 呈为陈烈女行实可风，造册具书证明，请予按例褒扬事。……（事实略）……兹据呈称……并开具事实，附送褒扬费银六元前来。……知事复查无异。除先给予"贞烈可风"匾额，以资旌表外，谨援《褒扬条例》……之规定，造具清册，并附证明书，连同褒扬费，一并备文呈送，仰祈鉴核，俯赐咨行内务部将陈烈女按例褒扬，实为德便。

我读了这篇呈文，方才知道我们中华民国居然还有什么《褒扬条例》。于是我把那些条例寻来一看，只见第一条九种可褒扬的行谊的第二款便是"妇女节烈贞操可以风世者"；第七款是"著述书籍，制造器用，于学术技艺或发明或改良之功者"；第九款是"年逾百岁者"！一个人偶然活到了一百岁，居然也可以与学术技艺上的著作发明享受同等的褒扬！这已是不伦不类可笑得很了。

再看那条例《施行细则》解释第一条第二款的“妇女节烈贞操可以风世者”如下：

> **第二条** 《褒扬条例》第一条第二款所称之“节”妇，其守节年限自三十岁以前守节至五十岁以后者。但年未五十而身故，其守节已及六年者同。
>
> **第三条** 同条款所称之“烈”妇“烈”女，凡遇强暴不从致死，或羞忿自尽，及夫亡殉节者，属之。
>
> **第四条** 同条款所称之“贞”女，守贞年限与节妇同。其在夫家守贞身故，及夫符年例而身故者，亦属之。

以上各条乃是中国贞操问题的中心点。第二条褒扬“自三十岁以前守节至五十岁以后”的节妇，是中国法律明明认三十岁以下的寡妇不该再嫁；再嫁为不道德。第三条褒扬“夫亡殉节”的烈妇烈女，是中国法律明明鼓励妇人自杀以殉夫；明明鼓励未嫁女子自杀以殉未嫁之夫。第四条褒扬未嫁女子替未婚亡夫守贞二十年以上，是中国法律明明说未嫁而丧夫的女子不该再嫁人；再嫁便是不道德。

这是中国法律对于贞操问题的规定。

依我个人的意思看来，这三种规定都没有成立的理由。

第一，寡妇再嫁问题　这全是一个个人问题。妇人若是对他已死的丈夫真有割不断的情义，她自己不忍再嫁；或是已有了孩子，不肯再嫁；或是年纪已大，不能再嫁；或是家道殷实，不愁衣食，不必再嫁，——妇人处于这种境地，自然守节不嫁。还有一些妇人，对他丈夫，或有怨心，或无恩意，年纪又轻，不肯抛弃人生正当的家庭快乐；或是没有儿女，家又贫苦，不能度日；——妇人处于这种境遇没有守节的理由，为个人计，为社会计，为人道计，都该劝她改嫁。贞操乃是夫妇相待的一种态度。夫妇之间爱情深了，恩谊厚了，无论谁生谁死，无论生时死后，都不忍把这爱情移于别人，这便是贞操。夫妻之间若没有爱情恩意，即没有贞操可说。若不问夫妇之间有无可以永久不变的爱情，若不问做丈夫的配不配受他妻子的贞操，只晓得主张做妻子的总该替他丈夫守节；这是一偏的贞操论，这是不合人情公理的伦理。再者，贞操的道德，“照各人境遇体质的不同，有时能守，有时不能守；在甲能守，在乙不能守。”（用与谢野晶子的话）若不问个人的境遇体质，只晓得说“忠臣不事二君，烈女不更二夫”；只晓得说“饿死事极小，失节事极大”（用程子语）；这是忍心害理，男子专制的贞操论。——以上所说，大旨只要指出寡妇应否再嫁全是个人问题，有个人恩情上，体质上，家计上种种不同的理由，不可偏于一方面主张不近情理的守节。因为如此，故我极端反对国家用法律的规定来褒扬守节不嫁的寡妇。褒扬守节的寡妇，即是说寡妇再嫁为不道德，即是主张一偏的贞操论。法律既不能断定寡妇再嫁为不道德，即不该褒扬不嫁的寡妇。

第二，烈妇殉夫问题　寡妇守节最正当的理由是夫妇间的爱情。妇人殉夫最正当的理由也是夫妇间的爱情。爱情深了，生离尚且不能堪，何况死别？再加以宗教的迷信，以为死后可以夫妇团圆。因此有许多妇人，夫死之后，情愿杀身从夫于地下。这个不属于贞操问题。但我以为无论如何，这也是个人恩爱问题，应由个人自由意志去决定。无论如何，法律总不该正式褒扬妇人自杀殉夫的举动。一来呢，殉夫既由于个人的恩爱，何须用法律来褒扬鼓励？二来呢，殉夫若由于死后团圆的迷信，更不该有法律的褒扬了。三来呢，若用法律来褒扬殉夫的烈妇，有一些好名的妇人，便要借此博一个“青史留名”；是法律的褒扬反发生一种沽名钓誉，作伪不诚的行为了！

第三，贞女烈女问题　未嫁而夫死的女子，守贞不嫁的，是“贞女”；杀身殉夫的，是“烈女”。我上文说过，夫妇之间若没有恩爱，即没有贞操可说。依此看来，那未嫁的女子，对于他丈夫有何恩爱？既无恩爱，更有何贞操可守？我说到这里，有个朋友驳我道，

“这话别人说了还可，胡适之可不该说这话。为什么呢？你自己曾做过一首诗，诗里有一段道：

> 我不认得他，他不认得我，我却常念他，这是为什么？
> 岂不因我们，分定常相亲？由分生情意，所以非路人。
> 海外土生子，生不识故里，终有故乡情，其理亦如此。

依你这诗的理论看来，岂不是已订婚而未嫁娶的男女因为名分已定，也会有一种情意。既有了情意，自然发生贞操问题。你于今又说未婚嫁的男女没有恩爱，故也没有贞操可说，可不是自相矛盾吗？”

我听了这番驳论，几乎开口不得。想了一想，我才回答道：我那首诗所说名分上发生的情意，自然是有的；若没有那种名分上的情意，中国的旧式婚姻决不能存在。如旧日女子听人说他未婚夫的事，即面红害羞，即留神注意，可见他对他未婚夫实有这种名分上所发生的情谊。但这种情谊完全属于理想的。这种理想的情谊往往因实际上的反证，遂完全消灭。如女子悬想一个可爱的丈夫，及到嫁时，只见一个极下流不堪的男子，他如何能坚持那从前理想中的情谊呢？我承认名分可以发生一种情谊，我并且希望一切名分都能发生相当的情谊。但这种理想的情谊，依我看来实在不够发生终身不嫁的贞操，更不够发生杀身殉夫的节烈。即使我更让一步，承认中国有些女子，例如吴趼人《恨海》里那个浪子的聘妻，深中了圣贤经传的毒，由名分上真能生出极浓挚的情谊，无论他未婚夫如何淫荡，人格如何堕落，依旧贞一不变。试问我们在这个文明时代，是否应该赞成提倡这种盲从的贞操？这种盲从的贞操，只值得一句“其愚不可及也”的评论，却不值得法律的褒扬。法律既许未嫁的女子夫死再嫁，便不该褒扬处女守贞。至于法律褒扬无辜女子自杀以殉不曾见面的丈夫，那更是男子专制时代的风俗，不该存在于现今的世界。

总而言之，我对于中国人的贞操问题，有三层意见。

第一，这个问题，从前的人都看作“天经地义”，一味盲从，全不研究“贞操”两字究竟有何意义。我们生在今日，无论提倡何种道德，总该想想那种道德的真意义是什么。《墨子》说得好：

> 子墨子问于儒者曰，“何故为乐？”曰，“乐以为乐也。”子墨子曰，“子未我应也。今我问曰，‘何故为室？’曰，‘冬避寒焉，夏避暑焉，室以为男女之别也。’则子告我为室之故矣。今我问曰，‘何故为乐？’曰‘乐以为乐也。’是犹曰，‘何故为室？’曰，‘室以为室也。”’（公孟篇）

今试问人“贞操是什么？”或“为什么你褒扬贞操？”他一定回答道，“贞操就是贞操。我因为这是贞操，故褒扬他。”这种“室以为室也”的论理，便是今日道德思想宣告破产的证据。故我做这篇文字的第一个主意只是要大家知道“贞操”这个问题并不是“天经地义”，是可以澈底研究，可以反复讨论的。

第二，我以为贞操是男女相待的一种态度，乃是双方交互的道德，不是偏于女子一方面的。由这个前提，便生出几条引申的意见：（1）男子对于女子，丈夫对于妻子，也应有贞操的态度；（2）男子做不贞操的行为，如嫖妓娶妾之类，社会上应该用对待不贞妇女的态度来对待他；（3）妇女对于无贞操的丈夫，没有守贞操的责任；（4）社会法律既不认嫖妓纳妾为不道德，便不该褒扬女子的“节烈贞操”。

第三，我绝对的反对褒扬贞操的法律。我的理由是：

（1）贞操既是个人男女双方对待的一种态度，诚意的贞操是完全自动的道德，不容有外部的干涉，不须有法律的提倡。

（2）若用法律的褒扬为提倡贞操的方法，势必至造成许多沽名钓誉，不诚实，无意识的贞操举动。

（3）在现代社会，许多贞操问题，如寡妇再嫁，处女守贞，等等问题的是非得失，却都还有讨论余地，法律不当以武断的态度制定褒贬的规条。

（4）法律既不奖励男子的贞操，又不惩男子的不贞操，便不该单独提倡女子的贞操。

（5）以近世人道主义的眼光看来，褒扬烈妇烈女杀身殉夫，都是野蛮残忍的法律，这种法律，在今日没有存在的地位。

民国七年七月

（原载于《新青年》第5卷第1号，1918年7月15日）

论贞操问题

——答蓝志先

先生对于这个问题共分五层。第一层的大意是说：

> 夫妇关系，爱情虽是极重要的分子，却不是唯一的条件。……贞操虽是对待的要求，却并不是以爱情有无为标准，也不能仅看做当事者两个人的自由态度。……因为爱情是盲目而极易变化的。这中间须有一种强迫的制裁力。……爱情之外，尚当有一种道德的制裁。简单说来，就是两方应当尊崇对手的人格。……爱情必须经过道德的洗炼，使感情的爱变为人格的爱，方能算的真爱。……夫妇关系一旦成立以后，非一方破弃道德的制裁，或是生活上有不得已的缘故，这关系断断不能因一时感情的好恶随便可以动摇。贞操即是道德的制裁人格的义务中应当强迫遵守之一。破弃贞操是道德上一种极大罪恶，并且还毁损对手的人格，绝不可以轻恕的。

这一层的大旨，我是赞成的。我所讲的爱情，并不是先生所说盲目的又极易变化的感情的爱。人格的爱虽不是人人都懂得的（这话先生也曾说过），但平常人所谓爱情，也未必全是肉欲的爱；这里面大概总含有一些“超于情欲的分子”，如共同生活的感情，名分的观念，儿女的牵系，等等。但是这种种分子，总还要把异性的恋爱做一个中心点，夫妇的关系所以和别的关系（如兄弟姊妹朋友）不同，正为有这一点异性的恋爱在内。若没有一种真挚专一的异性恋爱，那么共同生活便成了不可终日的痛苦，名分观念便成了虚伪的招牌，儿女的牵系便也和猪狗的母子关系没有大分别了。我们现在且不要悬空高谈理想的夫妇关系，且仔细观察最大多数人的实际夫妇关系究竟是什么样子。我以为我们若从事实上的观察作根据，一定可以得到这个断语：夫妇之间的正当关系应该以异性的恋爱为主要元素；异性的恋爱专注在一个目的，情愿自己制裁性欲的自由，情愿永久和他所专注的目的共同生活，这便是正当的夫妇关系。人格的爱，不是别的，就是这种正当的异性恋爱加上一种自觉心。

我和先生不同的论点，在于先生把"道德的制裁"和"感情的爱"分为两件事，所以说"爱情之外尚当有一种道德的制裁"。我却把"道德的制裁"看作即是那正当的，真挚专一的异性恋爱。若在"爱情之外"别寻夫妇间的"道德"，别寻"人格的义务"，我觉得是不可能的了。所以我赞成先生说的"夫妇关系一旦成立以后，非一方破弃道德的制裁（即是我所谓"真一的异性恋爱"），或是生活上有不得已的缘故（如寡妇不能生活，或鳏夫不能抚养幼小儿女），这关系断断不能因一时感情的好恶随便可以动摇。"我虽赞成这个结论，却不赞成先生说的"贞操并不是以爱情有无为标准"。因为我所说的"贞操"即是异性恋爱的真挚专一。没有爱情的夫妇关系，都不是正当的夫妇关系，只可说是异性的强迫同居！既不是正当的夫妇，更有什么贞操可说？

先生所说的"尊重人格"，固然是我所极赞成的。但是夫妇之间的"人格问题"，依我看来只不过是真一的异性恋爱加上一种自觉心。中国古代所说"夫妇相敬如宾"的敬字便含有尊重人格的意味。人格的爱情，自然应该格外尊重贞操。但是人格的观念，根本上研究起来，实在是超于平常人心里的"贞操"观念的范围以外。平常人所谓“贞操”，大概指周作人先生所说的“信实”，我所说的“真一”，和先生所说的“一夫一妇”。但是人格的观念有时不限于此。先生屡用易卜生的《娜拉》为例。即以此戏看来，郝尔茂对于娜拉并不曾违背“贞操”的道德。娜拉弃家出门，并不是为了贞操问题，乃是为了人格问题，这就可见人格问题是超于贞操问题了。

先生又极力攻击自由恋爱和容易的离婚。其实高尚的自由恋爱，并不是现在那班轻薄少年所谓自由恋爱，只是根据于“尊重人格”一个观念。我在美洲也曾见过这种自由恋爱的男女，觉得他们真能尊重彼此的人格。这一层周作人先生已说过了，我且不多说。至于容易的离婚，先生也不免有点误解。我从前在《美国的妇人》一篇里曾有一节论美国多离婚案之故道：

> ……自由结婚的根本观念就是要夫妇相敬相爱，先有精神上的契合，然后可以有形体上的结婚。不料结婚之后，方才发现从前的错误，方才知道他们两人决不能有精神上的爱情。既不能有精神上的爱情，若还依旧同居，不但违背自由结婚的原理，并且必至于堕落各人的人格。所以离婚案之多，未必全由于风俗的败坏，也未必不由于个人人格的尊贵。

所以离婚的容易，并不是一定就可以表示不尊重人格。这又可见人格的问题超于平常的贞操观念以外了。

先生第二层的意思，已有周作人先生的答书了，我本可以不加入讨论，但是我觉得这一段里面有一个重要观念，是哲学上的一个根本问题，故不得不提出讨论。先生不赞成与谢野夫人把贞操看作一种趣味，信仰，洁癖，不当他是道德。先生是个研究哲学的人，大概知道“道德”本可当作一种信仰，一种趣味，一种洁癖。中国的孔丘也曾两次说“吾未见好德如好色者也”。他又说“知之者不如好之者，好之者不如乐之者”。这种议论很有道理，远胜于康德那种“绝对命令”的道德论。道德教育的最高目的是要人人都能自然行善去恶，“如恶恶臭，如好好色”一般。西洋哲学史上也有许多人把道德观念当作一种美感的。要是人人都能把道德当作一种趣味，一种美感，岂不很好吗？

先生第三层的大意是说我不应该“把外部的制裁一概抹杀”。先生所指的乃是法律上消极的制裁，如有夫有妇奸罪等等。这都是刑事法律的问题，自然不在我所抹杀的“外部干涉”之内，这不消申明了。

先生第四层论续娶和离婚的限制，我也可以不辩。

先生第五层论共妻和自由恋爱。我的原文里并没有提到这两个问题，《新青年》的同人也不曾有提倡这两种问题，本可以不辩。况且周作人先生已有答书提起这一层，我在上文也略提到自由恋爱。我觉得先生对于这两个问题，未免有点“笼统”的攻击，不曾仔细分析主张这种制度的人［的］心理和品格。因此我且把先生反对这种人的理由略加讨论。

一、先生说，“夫妇的平等关系，是人格的平等，待遇的平等，不是男女做同样的事才算平等。”这话固然不错。男女不能做完全同样的事，这是人所共知的。但是有许多事是男女都能做的。古来相传的家庭制度，把许多极繁琐的事看作妇人的天职：有钱的人家固然可以雇人代做，但是中人以下的人家，这是做不到的；因此往往有可造就的女子人才竟被家庭事务埋没了，不能有机会发展他的个性的才能。欧美提倡废家庭制度的人，大多数是自食其力的美术家和文人。这一派人所以反对家庭，正因为家庭的负担有碍于他们才性的自由发展。还有那避妊的行为，也是为此。先生说他们的流弊可以“把一切文明事业尽行推翻”，未免太过了。

二、先生说“妇女解放是解放人格，不是解放性欲”。学者的提倡共妻制度（如柏拉图所说），难道是解放性欲吗？还有那种有意识的自由恋爱，据我所见，都是尊重性欲的制裁的。无制裁的性欲，不配称恋爱，更不配称自由恋爱。

三、先生论儿童归公家教养一段，理由很不充足。这种主张从柏拉图以来，大概有三种理由：甲、公家教养儿童，可用专门好手，功效可以胜过平常私家的教养，因为有无量数的父母都是不配教养子女的；乙、儿女乃是社会的分子，并不是你我的私产，所以教养儿童并不全是先生所说“自己应尽的义务”；丙、依分工互助的道理，有些愿意教养儿童的人便去替公家教养儿童，有些不愿意或不配教养儿童的人便去做旁的事业。先生说，“既说平等，为什么又要一种人来替你尽那不愿意教养儿童的义务呢?”他们并不说人人能力才性都平等（这种平等说是绝对不能成立的），他们也不要勉强别人做不愿意的事；他们只要各人分工互助，各人做自己愿意做的事。

四、先生又说共妻主义的大罪恶在于“拿极少数人的偏见来破坏人类精神生活上万不可缺的家庭制度”。这话固然有理，但是我们革新家不应该一笔抹杀“极少数人的偏见”；我们应该承认这些少数人有自由实验他所主张的权利。

五、先生说“共妻主义实际上是把妇女当作机械牛马”。这话未免冤枉共妻主义的人了。我手头没有近代主张共妻的书，我且引柏拉图的《共和国》[《理想国》]中论公妻的一节为证（*Republic*，458—459）：

> 假定你做了（这个理想国的）立法官，既然选出了那些最好的男子，就该选出一些最好的女子，要拣那些最配得上这些男子的，使他们男女同居公共的房子，同在一块用餐。他们都不许有自己的东西；他们同作健身的运动，同在一处养育长大。他们自然会被一种天性的必要（necessity）牵引起来互相结合。我用“必要”一个字，不太强吗?
>
> **答** 不太强。你所谓“必要”自然不是几何学上的必要；这种必要只有有情的男女才知道的。
>
> 这种必要对于一般人类的效能比几何学上的必要还大的

多咧。

是的。但是这种事的进行须要有秩序。在这个乐国里面，淫乱是该禁止的。

答 应该如此。

你的主张是要使配偶成为最高洁神圣的，要使这种最有益的配偶成为最高洁神圣的吗？

答 正是。

这就可见古代的共妻论已不曾把妇女当作机械牛马一样看待。近世个性发展，女权伸张，远胜古代，要是共妻主义把妇女看作机械牛马，还能自成一说吗？至于先生把自由恋爱解作“两方同意性欲关系即随便可以结合，不受何等制限”，这也不很公平。世间固然有一种“放纵的异性生活”装上自由恋爱的美名。但是有主义的自由恋爱也不能一笔抹杀。古今正式主张自由恋爱的人，大概总有一种个性的人生观，决不是主张性欲自由的。最著名的先例是 William Godwin［威廉·高德温］和 Mary Wollstoncraft［玛丽·沃斯克拉夫特］的关系。Godwin 最有名的著作 *Political Justice* 是主张自由恋爱最早的一部书。他后来遇见那位女界的惺杰 Mary Wollstoncraft，居然实行他们理想中的恋爱生活。Godwin 书中曾说自由恋爱未必就有“乱淫”的危险，因为人类的通性总会趋向一个伴侣，不爱杂交；再加上朋友的交情，自然会把粗鄙的情欲变高尚了。即使让一步，承认自由恋爱容易解散，这也未必一定是最坏的事。论者只该问这一桩离散是有理无理，不该问离散是难是易。最近北京有一家夫妇不和睦，丈夫对他妻子常用野蛮无理的行为，后来他妻子跑回母家去了，不料母家的人说他是弃妇，瞧不起他，他受不过这种嘲笑，只好含羞忍辱回他夫家去受他丈夫的虐待！这种婚姻可算得不容易离散了，难道比容易解散的自由恋爱更好吗？自由恋爱的离散未必全由于性欲的厌倦，也许是因为人格上有不能再同居的理由。他们既然是人格的结合，——有主张的自由恋爱应该是人格的结合！——如今觉得继续同居有妨碍于彼此的人格，自然可以由两方自由解散了。

以上答先生的第五层，完全是学理的讨论；因为先生提到共妻和自由恋爱两种主张，故我也略说几句。我要正式声明，我并不是主张这两种制度的；不过我是一个研究思想史的人，所以对于无论那一种学说，总想寻出他的根据理由，我决不肯“笼统”排斥他。

民国八年四月

(原载于《新青年》第6卷第4号，1919年4月15日)

论女子为强暴所污

——答萧宜森

萧先生原书：

……学生有一最亲密的朋友，他的姐姐在前几年曾被土匪掳去，后来又送还他家。我那朋友常以此事为他家“奇耻大辱”，所以他心中常觉不平安；并且因为同学知道此事，他在同学中常像是不好意思是〈似〉的。学生见这位朋友心中常不平安，也就常将此事放在心中思想。按着中国的旧思想，我这位朋友的姐姐就应当为人轻看，一生受人的的侮慢，受人的笑骂。但不知按着新思想，这样的女人应居如何的地位？

学生要问的就是：

(1) 一个女子被人污辱，不是他自愿的，这女子是不是应当自杀？

(2) 若这样的女子不自杀，他的贞操是不是算有缺欠？他的人格的尊严是不是被灭杀？他应当受人的轻看不？

(3) 一个男子若娶一个曾被污辱的女子，他的人格是不是被灭杀？应否受轻看？

一、女子为强暴所污，不必自杀。

我们男子夜行，遇着强盗，他用手枪指着你，叫你把银钱戒指拿下来送给他。你手无寸铁，只好依着他吩咐。这算不得懦怯。女子被污，平心想来，与此无异。都只是一种“害之中取小”。不过世人不肯平心着想，故妄信“饿死事极小，失节事极大”的谬说。

二、这个失身的女子的贞操并没有损失。

平心而论，他损失了什么？不过是生理上，肢体上，一点变态罢了！正如我们无意中砍伤了一只手指，或是被毒蛇咬了一口，或是被汽车碰伤了一根骨头。社会上的人应该怜惜他，不应该轻视他。

三、娶一个被污了的女子，与娶一个“处女”，究竟有什么分别？

若有人敢打破这种“处女迷信”，我们应该敬重他。

（本函写于1920年6月22日，当时未发表。录自《胡适来往书信选》上册，中华书局1979年版）

“女子解放从那里做起?”

《星期评论》问我：“女子解放从那里做起?”我的答案是：“女子解放当从女子解放做起。此外更无别法。”

这话初听了似乎不通，其实这是我想了一夜再三改正的答案。

先说女子的教育。人都说现在的女子教育大失败，因为女学生有卖淫的，有做妾的，有做种种不名誉的事的。我说这不是女子教育失败，这是女子教育不曾解放的失败。我们只给女子一点初等教育，不许他受高级教育；只教他读一点死书，不许他学做人的生活。这种教育我们就想收大功效吗？可算是做梦了！

补救女子教育的失败，就是多给他一点教育。不解放的教育失败了，多给他一点解放的教育。

解放的女子教育是：无论中学、大学，男女同校，使他们受同等的预备，使他们有共同的生活。

初办解放的教育一定有危险的，但是这种危险没有法子补救，只有多多的解放。解放是消除解放的危险的唯一法子。

教育如此，女子社交的解放，生计的解放，婚姻的解放，都是一样的。解放的唯一方法就是实行解放。

人常说“解放必须女子先有解放的资格”。换句话说，“先教育、先预备、然后解放”。我说：“解放就是一种教育，而且是一种很有功效的活教育”。嘴上空谈解放的预备，实际上依旧把自己的姊、妹、妻、女关起来，叫他们受那种预备将来解放的教育，这是极可笑的事。我十年前也曾提倡男女社交的解放，后来初同美国女子作朋友，竟觉得手足无措，话都说不出来。所以我说：我们如果深信女子解放，应该从实行解放做起。

（原载于《星期评论》第8号，1919年7月27日）

女子问题

我本没有预备讲这个题目，到安庆后，有一部分人要求讲这个[题目]，这问题也是很重要的，所以就临时加入了。

人类有一种“半身不遂”的病，在中风之后，有一部分麻木不仁；这种人一半失了作用，是很可怜的。诸位！我们社会上也害了这“半身不遂”的病几千年了，我们是否应当加以研究？

世界人类分男女两部，习惯上对于男子很发展，对于女子却剥夺她的自由，不准她发展，这就是社会的“半身不遂”的病。社会有了“半身不遂”的病，当然不是健全的社会了。女子问题发生，给我们一种觉悟，不再牺牲一半人生的天才自由，让女子本来有的天才，享受应有的权利，和男子共同担任社会的担子；使男子成一个健全的人，女子也成一个健全的人！于是社会便成了一个健全的社会！

我们以前从不将女子当做人：我们都以为她是父亲的女儿，以为她是丈夫的老婆，以为她是儿子的母亲；所以有“在家从父，出嫁从夫，夫死从子”的话，从来总不认她是一个人！在历史上，只有孝女、贤女、烈女、贞女、节妇、慈母，却没有一个“女人”！诸位！在历史上也曾见过传记称女子是人的么？

研究女子教育是研究什么？——昔日提倡女子教育的，是提倡良妻贤母；须知道良妻贤母是“人”，无所谓“女子”的。女子愿做良妻贤母，便去做她的良妻贤母，假使女子不愿意做良妻贤母，依旧可以做她的人的。先定了这个目标，然后再说旁的。

女子问题可以分两部分讲：

（一）女子解放。

（二）女子改造。

解放一部分是消极的。解放中包含有与束缚对待的意思，所以是消极的。改造却是积极的。改造是研究如何使女子成为人，用何种方法使女子自由发展。

（一）女子解放。解放必定先有束缚。这有两种讲法：一是形体的，一是精神的。

先讲形体的解放。在从前男子拿玩物看待女子，女子便也以玩物自居；许多不自由的刑具，女子都取而加在自己身上，现在算是比较的少了。如缠足、穿耳朵、束胸……等等都是，可以算得形体上已解放了。这种不过谈女子解放中的初级。试问除了少数受过教育的女子而外，中国有多少女子不缠足？如果我们不能实行天足运动，我们就不配谈女子解放！——我来安庆的时候，所见的女子，大半是缠足；这可以用干涉、讲演种种方法禁止她们，我希望下次再来安庆的时候，见不着一个缠足女子！——再谈束胸，起初因为美观起见，并不问合卫生与否。我的一个朋友曾经对我说，假使个个女子都束胸，以后都不可以做人的母亲了！

次讲精神的解放。在解放上面，以精神解放最为重要。精神解放怎样讲？——就是几千年来，社会上男子用了许多方法压制女子，引诱女子，便是女子精神上的手镣脚铐。择几桩大的说：

第一，未讲之先，提出一个标准来，——标准就是“为什么？”——“女子不为后嗣”。中国古时候最重的是“有后”——女子不算——家中有财产，女儿不能承受；没有儿子的，一定去在弟兄的儿子中间找一个来承继受领。女子的不能为后嗣，大半为着经济缘故，所以应当从经济方面提倡独立。有一个人临死，分财产做三股，两个女儿得两股，一个侄子得一股，但是他的本家，还要打官司。这个观念如若不打破，对于经济，对于道德，都有极大的关系。还有“娶妾”。一个人年长了，没有儿子，大家便劝他娶妾，——就是他的夫人，也要劝他，不如此，人家便要说她不贤慧——请问这一种恶劣的行为，是从什么地方产生的？再进一步说，既然同认女子是个人，又何以不能承受财产，不能为后？——这是应当打破的邪说之一！

第二，“女子贞操问题”。何谓贞操？——贞操是因男女间感情浓厚，不愿意再及于第三者身上。依新道德讲，男女都应当守贞操，历史上沿习却不然，男子可以嫖，可以纳妾；女子既不可以和人家通奸，反要受种种的限制，大概拿牌坊引诱，使女子守一个无爱情没有见过面的人，一部分女子，因而被他们引诱了。如此的社会，实在是杀人不抵命的东西！贞操实是双方男女共有的。我从前说：“男子嫖婊子，与女子和人通奸，是有同等的罪！”所以，“男子叫女子守节，女子也可以叫男子守节！男子如果可以讨姨太太，女子也就可以娶姨老爷！”谢太傅——谢安——晚年想纳妾，但他却怕老婆。他的朋友劝他，说公例可以纳妾；他的夫人在里面应道：“婆例不可！”——历来都用惯了“公例”，未常实行“婆例”。这种虚伪的贞操，委实可以打破。再简单说：“贞操是根据爱情的，是双方的！男子可以不守节，女子也可以不守节！”

第三，“女子责在阃内说”。女子的职务，在家庭以内，这种学说也是捆女子的一根铁索，如果不打断，就难说到解放。有许多女子，足能够做学问，可以学美术、文学……，可以当教员……；有许多男子，只配抱孩子、煮饭的。有许多事，男子不能做而女子能做。如果不打破这种学说，只是养成良妻贤母，实在不行。我们要使女子发展天才，决不能叫她永远须在家里头。女子会抱孩子、煮饭，也只是女子中的一部分，女子决不全是会抱孩子、煮饭的；有天才的女子，却往往因为这个缘故，不得尽量的发展。就说女子不能做他种事业，但她们做教师便比男子好得多了。总结一句：我们不应当拿家里洗衣、煮饭、抱孩子许多事体来难女子。我们吃饭，可以吃一品香、海洞春厨子做的，衣服可以拿到洗衣厂里去洗！

第四，“防闲的道德论”。由古代相传，男子对女子总有怀疑的态度，总有防闲的道德。现在人对女子，依旧有这一种态度。我所说安庆讲演会里职员，有许多女子加入，便引起了社会上的非难。我将告诉他们：“防闲决不是道德！”如把鸟雀关在笼中，一放他便飞了；不然，一年两年的工夫，也就闷死了。当我在西洋的时候，见中国许多留学生，常常闹笑话，在交际场中，遇了女子和他接洽，他便以为有意。由此，我连带想起一件故事。某人的笔记上说：“有一个老和尚，养了一个小孩子，作为小和尚；老和尚对他防闲得利害，使他不知世故。某年，老和尚带这小和尚下山，小和尚一件东西也不认识，逢到东西，老和尚不等他问，便一一的告诉他，恰巧有个女子经过，老和尚恐怕他沾染红尘，便不和他说。小和尚就问，老和尚便扯道：这是吃人的老鬼。等到回山的时候，老和尚便问他下山一日，有所爱否？小和尚说，所爱的只是吃人的老鬼！”“防闲的道德，就是最不道德！”我国学生，何以多说是不道德？实是因为防闲太利害了，一遇到恶人，便要堕落！我希望以后要打破防闲的道德论！平心而论，完全自由，也有流弊，不过总不可因噎废食的。不要以一二人的堕落而及于全部。而且自由的流弊，决不是防闲所可免，若求自由无流弊，必定要再加些自由于上面；自由又自由，丝毫流弊都没有了！因为怕流弊而禁止自由，流弊必定更多，且更不自由了！社会上应存“容人的态度”，须知社会上决没有无流弊的。张小姐闹事，只是张小姐；李小姐闹事，只是李小姐；决不能因为一两人而及于全体的！愿再加解放许多自由，叫他们晓得所以，自然没有流弊了！

（二）女子改造。改造方面，比较简单些。解放是对外的要求；

改造却是对内的要求，但也不完全靠自己的！

先说内部。女子本身的改造，无论女子本身或提倡女子问题的，都要认明白目标：第一，“自立的能力”。女子问题第一个要点，就在这问题。女子嫁人，总要攀高些，却不问自立。我觉女子要做人，须注意“自立”，假如女子不能自立，决不能够解放去奋斗的。第二，“独立的精神”。这个名词，是老生常谈，不过我说的是精神上，不怕社会压制；社会反对，也是要干的！像现在这种时代是很不容易谈解放的。不顾社会非难，可以独行其是。第三，“先驱者的责任”。做先锋的责任，在谈女子问题中是很重要的。我们一举一动，在社会上极受影响。先驱者的责任，只要知道公德，不要过问私德；一人如此，可以波及全体的。不要使我个人行为，在女子运动上加了一个污点！我最不相信道德，但为了这个起见，也不得不相信了！我常常说：“当学生的，如其提倡废考，不如提倡严格考试；社交解放的先驱者，如提倡自由恋爱，不如提倡独身主义！”这是诸位要注意的！

（胡适 1921 年 8 月 4 日演讲于安庆青年会暑期讲演会。载于《妇女杂志》第 8 卷第 5 号，1922 年 5 月 1 日）

“我的儿子”

一、汪长禄先生来信

昨天上午我同太虚和尚访问先生，谈起许多佛教历史和宗派的话，耽搁了一点多钟的工夫，几乎超过先生平日见客时间的规则五倍以上，实在抱歉的很。后来我和太虚匆匆出门，各自分途去了。晚边回寓，我在桌子上偶然翻到最近《每周评论》的文艺那一栏，上面题目是《我的儿子》四个字，下面署了一个“适”字，大约是先生做的。这种议论我从前在《新潮》、《新青年》各报上面已经领教多次，不过昨日因为见了先生，加上“叔度汪汪”的印象，应该格外注意一番。我就不免有些意见，提起笔来写成一封白话信，送给先生，还求指教指教。

大作说，“树本无心结子，我也无恩于你。”这和孔融所说的“父之于子当有何亲……”“子之于母亦复奚为……”差不多同一样的口气。我且不去管他。下文说的，“但是你既来了，我不能不养你教你，那是我对人道的义务，并不是待你的恩谊。”这就是做父母一方面的说法。换一方面说，做儿子的也可模仿同样口气说道：“但是我既来了，你不能不养我教我，那是你对人道的义务，并不是待我的恩谊。”那么两方面凑泊起来，简直是亲子的关系，一方面变成了跛形的义务者，他一方面变成了跛形的权利者，实在未免太不平等了。平心而论，旧时代的见解，好端端生在社会一个人，前途何等遥远，责任何等重大，为父母的单希望他做他俩的儿子，固然不对。但是照先生的主张，竟把一般做儿子的抬举起来，看做一个“白吃不回账”的主顾，那又未不免太“矫枉过正”罢。

现在我且丢却亲子的关系不谈，先设一个譬喻来说。假如有位朋友留我在他家里住上若干年，并且供给我的衣食，后来又帮助我的学费，一直到我能够独立生活，他才放手。虽然这位朋友发了一个大愿，立心做个大施主，并不希望我些须报答，难道我自问良心能够就是这么拱拱手同他离开便算了吗？我以为亲子的关系，无论怎样改革，总比朋友较深一层。就是同朋友一样平等看待，果然有个鲍叔再世，把我看做管仲一般，也不能够说“不是待我的恩谊”罢。

大作结尾说道：“我要你做一个堂堂的人，不要你做我的孝顺儿子。”这话我倒并不十分反对。但是我以为应该加上一个字，可以这么说：“我要你做一个堂堂的人，不单要你做我的孝顺儿子。”为什么要加上这一个字呢？因为儿子孝顺父母，也是做人的一种信条，和那“悌弟”、“信友”、“爱群”等等是同样重要的。旧时代学说把一切善行都归纳在“孝”字里面，诚然流弊百出。但一定要把“孝”字“驱逐出境”，划在做人事业范围以外，好像人做了孝子，便不能够做一个堂堂的人。换一句话，就是人若要做一个堂堂的人，便非打定主意做一个不孝之子不可。总而言之，先生把“孝”字看得与做人的信条立在相反的地位。我以为“孝”字虽然没有“万能”的本领，但总还够得上和那做人的信条凑在一起，何必如此“雷厉风行”硬要把他“驱逐出境”呢？

前月我在一个地方谈起北京的新思潮，便联想到先生个人身上。有一位是先生的贵同乡，当时插嘴说道：“现在一般人都把胡适之看做洪水猛兽一样，其实适之这个人旧道德并不坏。”说罢，并且引起事实为证。我自然是很相信的。照这位贵同乡的说话推测起来，先生平日对于父母当然不肯做那“孝”字反面的行为，是决无疑义了。我怕的是一般根底浅薄的青年，动辄抄袭名人一两句话，敢于扯起幌子，便“肆无忌惮”起来。打个比方，有人昨天看见《每周评论》上先生的大作，也便可以说道：“胡先生教我做一个堂堂的人，万不可做父母的孝顺儿子。”久而久之，社会上布满了这种议论，那么任凭父母老病冻饿以至于死，却可以不去管他了。我也知道先生的本意无非看见旧式家庭过于“束缚驰骤”，急急地要替他调换空气，不知不觉言之太过，那也难怪。从前朱晦庵说得好，“教学者如扶醉人”，现在的中国人真算是大多数醉倒了。先生可怜他们，当下告奋勇，使一股大劲，把他从东边扶起。我怕是用力太猛，保不住又要跌向西边去，那不是和没有扶起一样吗？万一不幸，连性命都要送掉，那又向谁叫冤呢？

我很盼望先生有空闲的时候，再把那“我的父母”四个字做个题目，细细的想一番。把做儿子的对于父母应该怎样报答的话（我以为一方面做父母的儿子，同时在他方面仍不妨做社会上一个人），也得咏叹几句，“恰如分际”，“彼此兼顾”，那才免得发生许多流弊。

二、我答汪先生的信

前天同太虚和尚谈论，我得益不少。别后又承先生给我这封很诚恳的信，感谢之至。

“父母于子无恩”的话，从王充、孔融以来，也很久了。从前有人说我曾提倡这话，我实在不能承认。直到今年我自己生了一个儿子，我才想到这个问题上去。我想这个孩子自己并不曾自由主张要生在我家，我们做父母的不曾得他的同意，就糊里糊涂的给了他一条生命。况且我们也并不曾有意送给他这条生命。我们既无意，如何能居功？如何能自以为有恩于他？他既无意求生，我们生了他，我们对他只有抱歉，更不能“市恩”了。我们糊里糊涂的替社会上添了一个人，这个人将来一生的苦乐祸福，这个人将来在社会上的功罪，我们应该负一部分的责任。说得偏激一点，我们生一个儿子，就好比替他种下了祸根，又替社会种下了祸根。他也许养成坏习惯，做一个短命浪子；他也许更堕落下去，做一个军阀派的走狗。所以我们“教他养他”，只是我们自己减轻罪过的法子，只是我们种下祸根之后自己补过弥缝的法子。这可以说是恩典吗？

我所说的，是从做父母的一方面设想的，是从我个人对于我自己的儿子设想的，所以我的题目是《我的儿子》。我的意思是要我这个儿子晓得我对他只有抱歉，决不居功，决不市恩。至于我的儿子将来怎样待我，那是他自己的事。我决不期望他报答我的恩，因为我已宣言无恩于他。

先生说我把一般做儿子的抬举起来，看做一个“白吃不还账”的主顾。这是先生误会我的地方。我的意思恰同这个相反。我想把一般做父母的抬高起来，叫他们不要把自己看做一个“放高利债”的债主。

先生又怪我把“孝”字驱逐出境。我要问先生，现在“孝子”两个字究竟还有什么意义？现在的人死了父母都称“孝子”。孝子就是居父母丧的儿子（古书称为“主人”），无论怎样忤逆不孝的人，一穿上麻衣，戴上高梁冠，拿着哭丧棒，人家就称他做“孝子”。

我的意思以为古人把一切做人的道理都包在孝字里，故战阵无勇，莅官不敬，等等都是不孝。这种学说，先生也承认他流弊百出。所以我要我的儿子做一个堂堂的人，不要他做我的孝顺儿子。我的意想以为“一个堂堂的人”决不致于做打爹骂娘的事，决不致于对他的父母毫无感情。

但是我不赞成把“儿子孝顺父母”列为一种“信条”。易卜生的《群鬼》里有一段话很可研究：（《新潮》第5号页851）

孟代牧师　你忘了没有，一个孩子应该爱敬他的父母？

阿尔文夫人 我们不要讲得这样宽泛。应该说："欧士华应该爱敬阿尔文先生（欧士华之父）吗！"

这是说，"一个孩子应该爱敬他的父母"是耶教一种信条，但是有时未必适用。即如阿尔文一生纵淫，死于花柳毒，还把遗毒传给他的儿子欧士华，后来欧士华毒发而死。请问欧士华应该孝顺阿尔文吗？若照中国古代的伦理观念自然不成问题。但是在今日可不能不成问题了。假如我染着花柳毒，生下儿子又聋又瞎，终身残废，他应该爱敬我吗？又假如我把我的儿子应得的遗产都拿去赌输了，使他衣食不能完全，教育不能得着，他应该爱敬我吗？又假如我卖国卖主义，做了一国一世的大罪人，他应该爱敬我吗？

至于先生说的，恐怕有人扯起幌子，说，"胡先生教我做一个堂堂的人，万不可做父母的孝顺儿子。"这是他自己错了。我的诗是发表我生平第一次做老子的感想，我并不曾教训人家的儿子！

总之，我只说了我自己承认对儿子无恩，至于儿子将来对我作何感想，那是他自己的事，我不管了。

先生又要我做"我的父母"的诗。我对于这个题目，也曾有诗，载在《每周评论》第一期和《新潮》第二期里。

（原载于《每周评论》第34、35号，时间分别为1919年8月10日、17日）

我对于丧礼的改革

去年北京通俗讲演所请我讲演“丧礼改良”，讲演日期定在十一月二十七日。不料到了十一月二十四日，我接到家里的电报，说我的母亲死了。我的讲演还没有开讲，就轮着我自己实行“丧礼改良”了！

我们于二十五日赶回南。将动身的时候，有两个学生来见我，他们说：“我们今天过来，一则是送先生起身；二则呢，适之先生向来提倡改良礼俗，现在不幸遭大丧，我们很盼望先生能把旧礼大大的改革一番。”

我谢了他们的好意，就上车走了。

我出京之先，想到家乡印刷不便，故先把讣帖付印。讣帖如下式：

> 先母冯太夫人于中华民国七年十一月二十三日病殁于安徽绩溪上川本宅。
>
> 敬此讣闻。
>
> 胡觉 胡适 谨告

这个讣帖革除了三种陋俗：一是“不孝□□等罪孽深重，不自殒灭；祸延显妣”一派的鬼话。这种鬼话含有儿子有罪连带父母的报应观念，在今日已不能成立；况且现在的人心里本不信这种野蛮的功罪见解，不过因为习惯如此，不能不用，那就是无意识的行为。二是“孤哀子□□等泣血稽颡”的套语。我们在民国礼制之下，已不“稽颡”，更不“泣血”，又何必自欺欺人呢？三是“孤哀子”后面排着那一大群的“降服子”，“齐衰期服孙”，“期”，“大功”，“小功”，……等等亲族，和“拭泪稽首”，“拭泪顿首”，……等等有“谱”的虚文。这一大群人为什么要在讣闻上占一个位置呢？因为这是古代宗法社会遗传下来的风俗如此。现在我们既然不承认大家族的恶风俗，自然用不着列入这许多名字了。还有那从“泣血稽颡”到“拭泪顿首”一大串的阶级，又是因为什么呢？这是儒家“亲亲之杀”的流毒。因为亲疏有等级，故在纸上写一个“哭”字也要依着分等级的“谱”。我们绝对不承认哭丧是有“谱”的，故把这些有谱的虚文一概删去了。

我在京时，家里电报问“应否先殓”，我覆电说“先殓”。我们到家时，已殓了七日了，衣衾棺材都已办好，不能有什么更动。我们徽州的风俗，人家有丧事，家族亲眷都要送锡箔，白纸，香烛；讲究的人家还要送“盘缎”，纸衣帽，纸箱担等件。锡箔和白纸是家家送的，太多了，烧也烧不完，往往等丧事完了，由丧家打折扣卖给店家。这种糜费，真是无道理。我到家之后，先发一个通告给各处有往来交谊的人家。通告上说：

> 本宅丧事拟于旧日陋俗略有所改良。倘蒙赐吊，只领香一炷或挽联之类。此外如锡箔，素纸，冥器，盘缎等物，概不敢领，请勿见赐。伏乞鉴原。

这个通告随着讣帖送去，果然发生效力，竟没有一家送那些东西来的。

和尚，道士，自然是不用的了。他们怨我，自不必说。还有几个投机的人，预算我家亲眷很多，定做冥器盘缎的一定不少，故他们在我们村上新开一个纸扎铺，专做我家的生意。不料我把这东西都废除了，这个新纸扎铺只好关门。

我到家之后，从各位长辈亲戚处访问事实，——因为我去国日久，事实很模糊了，——做了一篇“先母行述”。我们既不“寝苫”，又不“枕块”，自然不用“苫块昏迷，语无伦次”等等诳语了。“棘人”两字，本来不通，（《诗·桧风·素冠》一篇本不是指三年之丧的，乃是怀人的诗，故有“聊与子同归”，“聊与子如一”的话；素冠素衣也不过是与《曹风》“麻衣如雪”同类的话，未必专指丧服；“棘人”两字，棘训急，训瘠，也不过是“劳人”的意思；这一首很好的相思诗，被几个腐儒解作一篇丧礼论，真是可恨！）故也不用了。我做这篇“行述”，抱定一个说老实话的宗旨，故不免得罪了许多人。但是得罪了许多人，便是我说老实话的证据。文人做死人的传记，既怕得罪死人，又怕得罪活人，故不能不说谎，说谎便是大不敬。

讣闻出去之后，便是受吊。吊时平常的规矩是：外面击鼓，里面启灵帏，主人男妇举哀，吊客去了，哀便止了。这是作伪的丑态。古人“哀至则哭”，哭岂是为吊客哭的吗？因为人家要用哭来假装“孝”。故有大户人家吊客多了，不能不出钱雇人来代哭，我是一个穷书生，那有钱来雇人代我们哭？所以我受吊的时候，灵帏是开着的，主人在帏里答谢吊客，外面有子侄辈招待客人；哀至即哭，哭不必做出种种假声音，不能哭时，便不哭了，决不为吊客做出举哀的假样子。

再说祭礼。我们徽州是朱子、江慎修、戴东原、胡培翚的故乡，代代有礼学专家，故祭礼最讲究。我做小孩的时候，也不知道看了多少次的大祭小祭。祭礼很繁，每一个祭，总得要两三个钟头；祠堂里春分冬至的大祭，要四五点钟。我少时听见秀才先生们说，他们半夜祭春分冬至，跪着读祖宗谱，一个人一本，读“某某府君，某某孺人”，烛光又不明，天气又冷，石板的地又冰又硬，足足要跪两点钟！他们为了祭包和胙肉，不能不来鬼混念一遍。这还算是宗法社会上一种很有意味的仪节。最怪的，是人家死了人，一定要请一班秀才先生来做“礼生”，代主人做祭。祭完了，每个礼生可得几尺白布，一条白腰带，还可吃一桌“九碗”或“八大八小”。大户人家，停灵日子长，天天总要热闹，故天天须有一个祭。或是自己家祭，或是亲戚家“送祭”。家祭是今天长子祭，明天少子祭，后天长孙祭……。送祭是那些有钱的亲眷，远道不能来，故送钱来托主人代办祭菜，代请礼生。总而言之，那里是祭？不过是做热闹，装面子，摆架子！——那里是祭！

我起初想把祭礼一概废了，全改为“奠”。我的外婆七十多岁了，他眼见一个儿子两个女儿死在他生前，心里实在悲恸，所以他听见我要把祭全废了，便叫人来说，“什么事都可依你，两三个祭是不可少的。”我仔细一想，只好依他，但是祭礼是不能不改的。我改的祭礼有两种：

（1）本族公祭仪节（族人亲自做礼生）：序立。就位。参灵。三鞠躬。三献。读祭文（祭文中列来祭的人名，故不可少）。辞灵。礼成。

（2）亲戚公祭。我不要亲戚“送祭”。我把要来祭的亲戚邀在一块，公推主祭者一人，赞礼二人，余人陪祭，一概不请外人作礼生。同时一奠，不用“三献礼”。向来可分七八天的祭，改了新礼，十五分钟就完了。仪节如下：序立。主祭者就位。陪祭者分列就位。参灵，三鞠躬。读祭文。辞灵。礼成。谢奠。

我以为我这第二种祭礼，很可以供一般人的采用。祭礼的根据在于深信死人的“灵”还能受享。我们既不信死者能受享，便应该把古代供献死者饮食的祭礼，改为生人对死者表示敬意的祭礼。死者有知无知，另是一个问题。但生人对死者表示敬意，是在情理之中的行为，正不必问死者能不能领会我们的敬意。有人说，“古礼供献酒食，也是表示敬意，也不必问死者能不能饮食。”这却有个区别。古人深信死者之灵真能享用饮食，故先有“降神”，后有“三献”，后有“侑食”，还有“望燎”，还有“举哀”，都是见神见鬼的做作，便带着古宗教的迷信，不单是表示生人的敬意了。

再论出殡。出殡的时候，“铭旌”先行，表示谁家的丧事；次是灵柩，次是主人随柩行，次是送殡者。送殡者之外，没有别样排场执事。主人不必举哀，哀至则哭，哭不必出声。主人穿麻衣，不戴帽，不执哭丧杖，不用草索束腰，但用白布腰带。为什么要穿麻衣呢？我本来想用民国服制，用乙种礼服，袖上蒙黑纱。后来因为来送殡的男人女人都穿白衣，主人不能独穿黑，只好用麻衣，束白腰带。为什么不戴帽呢？因为既不用那种俗礼的高梁孝子冠，一时寻不出相当的帽子，故不如用表示敬意的脱帽法。为什么不用杖呢？因为古人居父母的丧要自己哀毁，要做到“扶而后能起，杖而后能行”的半死样子，故不能不用杖。我们既不能做到那种半死样子，又何必拿那根杖来装门面呢？

我们是聚族而居的，人死了，该送神主人祠。俗礼先有“题主”或“点主”之法，把“神主牌”先请人写好，留着“主”字上的一点，再去请一位阔人来，求他用朱笔醮了鸡冠血，把“主”字上一点点上。这就是“点主”。点主是丧事里一件最重要的事，因为他是一件最可装面子摆架子的事。你们回想当年袁世凯死后，他的儿子孙子们请徐世昌点主的故事，就可晓得这事的重要了。

那时家里人来问我要请谁点主。我说，用不着点主了。为什么呢？因为古礼但有“请善书者书主”（《朱子家礼》与《温公书仪》同）。这是恐怕自己不会写好字，故请一位写好字的写牌，是郑重其事的意思。后来的人，要借死人来摆架子，故请顶阔的人来题主。但是阔人未必会写字。也许请的是一位督军，连字都不认得。所以主人家先把牌子上的字写好，单留“主”字上的一点，请“大宾”的大笔一点。如此办法，就是不识字的大帅，也会题主了！我不配借我母亲来替我摆架子，不如行古礼罢。所以我请我的老友近仁把牌位连那“主”字上的一点一齐写好。出殡之后把神主送进宗祠，就完事了。

未出殡之前，有人来说，他有一穴好地，葬下去可以包我做到总长。我说，我也看过一些堪舆书，但不曾见那部书上有“总长”二字，还是请他留下那块好地自己用罢。我自己出去，寻了一块坟地，就是在先父铁花先生的坟的附近。乡下的人以为我这个“外国翰林”看的风水，一定是极好的地，所以我的母亲葬下之后，不到十天，就有人抬了一口棺材，摆在我母亲坟下的田里。人来对我说，前面的棺材挡住了后面的“气”。我说，气是四方八面都可进来的，没有东西可挡得住，由他挡去罢。

以上记丧事完了。

再论我的丧服。我在北京接到凶电的时候，那有仔细思想的心情？故糊糊涂涂的依着习惯做去，把缎子的皮袍脱了，换上布棉袍，布帽，帽上还换了白结子，又买了一双白鞋。时表上的练子是金的，——镀金的，——故留在北京。眼镜脚也是金的，但是来不及换了，我又不能离开眼镜，只好戴了走。里面的棉袄是绸的，但是来不及改做布的，只好穿了走，好在穿在里面，人看不见！我的马褂袖上还加了一条黑纱。这都是我临走的一天，糊糊涂涂的时候，依着习惯做的事。到了路上，我自己回想，很觉惭愧。何以惭愧呢？因为我这时候用的丧服制度，乃是一种没有道理的大杂凑。白帽结，布袍，布帽，白鞋，是中国从前的旧礼。袖上蒙黑纱是民国元年定的新制。既蒙了黑纱，何必又穿白呢？我为什么不穿皮袍呢？为什么不敢穿绸缎呢？为什么不敢戴金色的东西呢？绸缎的衣服上蒙上黑纱，不仍旧是民国的丧服吗？金的不用了，难道用了银的就更“孝”了吗？

我问了几个“为什么”？自己竟不能回答。我心里自然想着孔子“食夫稻，衣夫锦，于汝安乎”的话，但是我又问：我为什么要听孔子的话？为什么我们现在“食稻”（吃饭）心已安了？为什么“衣锦”便不安呢？仔细想来，我还是脱不了旧风俗的无形的势力，——我还是怕人说话！

但是那时我在路上，赶路要紧，也没有心思去想这些“细事小节”。到家之后，更忙了，便也不曾想到服制上去。丧事里的丧服，上文已说过了。丧事完了之后，我仍旧是布袍，布帽，白帽结，白棉鞋，袖上蒙了一块黑纱。穿惯了，我更不觉得这种不中不西半新半旧的丧服有什么可怪的了。习惯的势力真可怕！

今年四月底，我到上海欢迎杜威先生，过了几天，便是五月七日的上海国民大会。那一天的天气非常的热，诸位大概总还有人记得。我到公共体育场去时，身上穿着布的夹袍，布的夹裤还是绒布里子的，上面套着线缎的马褂。我要听听上海一班演说家，故挤到台前，身上已是汗流遍体。我脱下马褂，听完演说，跟着大队去游街，从西门一直走到大东门，走得我一身衣服从里衣湿透到夹袍子。我回到一家同乡店家，邀了一位同乡带我去买衣服更换，因为我从北京来，不预备久住，故不曾带得单衣服。习惯的势力还在，我自然到石路上小衣店里去寻布衫子，羽纱马褂，布套裤之类。我们寻来寻去，寻不出合用的衣裤，因为我一身湿汗，急于要换衣服，但是布衣服不曾下水是不能穿的。我们走完一条石路，仍旧是空手。我忽然问我自己道：“我为什么一定要买布的衣服？因为我有服在身，穿了绸衣，人家要说话。我为什么怕人家说我的闲话？”我问到这里，自己不能回答。我打定主意，去买绸衣服，买了一件原当的府绸长衫，一件实地纱马褂，一双纱套裤，再借了一身衬衫裤，方才把衣服换了。初换的时候，我心里还想在袖上蒙上一条黑纱。后来我又想：我为什么一定要蒙黑纱呢！因为我丧期没有完。我又想：我为什么一定要守这三年的服制呢？我既不是孔教徒，又向来不赞成儒家的丧制，为什么不敢实行短丧呢？我问到这里，又不能回答了，所以决定主意，实行短丧，袖上就不蒙黑纱了。

我从五月七日起，已不穿丧服了。前后共穿了五个月零十几天的丧服。人家问我行的是什么礼？我说是古礼。人家又问，那一代的古礼？我说是《易传》说的太古时代“丧期无数”的古礼。我以为“丧期无数”最为有理。人情各不相同，父母的善恶各不相同，儿子的哀情和敬意也不相同。《檀弓》上说：

> 子夏既除丧而见，予之琴，和之不和，弹之而不成声，作而曰，“哀未忘也，先王制礼而弗敢过也。”子张既除丧而见，予之琴，和之而和，弹之而成声，作而曰，“先王制礼，不敢不至焉。”

这可见人对父母的哀情各不相同，子张、宰我嫌三年之丧太长了，子夏闵子骞又嫌三年太短了。最好的办法是“丧期无数”，长的可以几年，短的可以三月，或三日，或竟无服。不但时期无定，还应该打破古代一定等差的丧服制度。我以为服制不必限于自己的亲属：亲属值得纪念的，不妨为他纪念成服；朋友可以纪念的，也不妨为他穿服；不值得纪念的，无论在几服之内，尽可不必为他穿服。

我的母亲是我生平最敬爱的一个人，我对他的纪念，自然不只五六个月，何以我一定要实行短丧的制度呢？我的理由不只一端：

第一，我觉得三年的丧服在今日没有保存的理由。顾亭林说，“三代圣王教化之事，其仅存于今日者，惟服制而已。”（《日知录》卷十五）这话说得真正可怜！现在居丧的人，可以饮酒食肉，可以干政筹边，可以嫖赌纳妾，可以作种种“不孝”的事，却偏要苦苦保存这三年穿素的“服制”！不能实行三年之“丧”，却偏要保存三年的“丧服”！这真是孟子说的“放饭流歠而问无齿决，是之谓不知务”了！

第二，真正的纪念父母，方法很多，何必单单保存这三年的服制？现行的服制，乃是古丧礼的皮毛，乃是今人装门面自欺欺人的形式，我因为不愿意用这种自欺欺人的服制来做纪念我母亲的方法，所以我决意实行短丧。我因为不承认“穿孝”就算“孝”，不承认“孝”是拿来穿在身上的，所以我决意实行短丧。

第三，现在的人居父母之丧，自称为“守制”，写自己的名字要加上一个小“制”字，请问这种制是谁人定的制？是古人遗传下来的制呢？还是现在国家法律规定的制呢？民国法律并不曾规定丧期。若说是古代遗制，则从斩衰三年到小功，缌，都是“制”，何以三年之丧单称为“制”呢？况且古代的遗制到了今日，应该经过一番评判的研究，看那种遗制是否可以存在，不应该因为他是古制就糊糊涂涂的服从他。我因为尊重良心的自由，不愿意盲从无意识的古制，故决意实行短丧。

第四，现行的服制实际上有许多行不通的地方。若说素色是丧服，现在的风尚喜欢素色衣裳，素色久已不成为丧服的记号了。若说布衣是丧服，绸缎不是丧服，那么，除了丝织的材料之外，许多外国的有光的织料是否算是布衣？有光的洋货织料可以穿得，何以本国的丝织物独不可穿？蚕丝织的绸缎既不能穿，何以羊毛织的呢货又可以穿得？还有羊皮既可以穿得，何以狐皮便穿不得？银器既可以戴得，金器和镀金器何以又戴不得？——诸如此类，可以证明现在的服制全凭社会的习惯随意乱定，没有理由可说，没有标准可寻；颠倒杂乱，一无是处。经济上的困难且丢开不说，就说这心理上的麻烦不安，也很够受了。我也曾想采用一种近人情，有道理，有一贯标准的丧服，竟寻不出来，空弄得精神上受无数困难惭愧。因此，我索性主张把服丧的期限缩短，在这短丧期内，无论穿何种织料的衣服，——无论布的，绸缎的，呢的，绒的，纱的，——只要蒙上黑纱，依民国的新礼制，便算是丧服了。

以上记我实行短丧的原委和理由。

我把我自己经过的丧礼改革，详细记了出来，并不是说我所改的都是不错的，也并不敢劝国内的人都依着我这样做。我的意思，不过是想表示我个人从一次生平最痛苦的经验里面得来的一些见解，一些感想；不过想指点出现在丧礼的种种应改革的地方和将来改革的大概趋势。我现在且把我对于丧礼的一点普通见解总括写出来，做一个结论。

结论

人类社会的进化，大概分两条路子：一边是由简单的变为复杂的，如文字的增添之类；一边是由繁复的变为简易的，如礼仪的变简之类。近来的人，听得一个“由简而繁，由浑而画”的公式，以为进化的秘决全在于此了。却不知由简而繁固然是进化的一种，由繁而简也是进化的一条大路。即如文字固是逐渐增多，但文法却逐渐变简。拿英文和希腊、拉丁文比较，便是文法变简的进化。汉文也有逐渐变简的痕迹。古代的代名词“吾”“我”有别，“尔”“汝”有别，“彼”“之”有别。现代变为“我”“你”“他”，“我们”“你们”“他们”，使主次宾次变为一律，使多数单数的变化也归一律。这不是一大进化吗？古代的字如马两岁叫做“驹”，三岁叫做“驯”，八岁叫做“駣”；又马高六尺为“骄”，七尺为“騋”。这都是很不规则的变化，现在都变简易了。

我举这几个例，来证明由繁而简也是进化。再举礼仪的变迁，更可以证明这个道理。我们试请一位孔教会的信徒，叫他把一部《仪礼》来实行，他做得到吗？何以做不到呢？因为古人生活简单，那些一半祭司一半贵族的士大夫，很可以玩那“一献之礼宾主百拜”的把戏儿。后来生活复杂了，谁也没有工夫来干这揖让周旋的无谓繁文。因此，自古以来，礼仪一天简单一天，虽有极顽固的复古家，势不能恢复那“礼仪三百，威仪三千”的盛世规模。故社会生活变复杂了，是一进化。同时礼仪变简单了，也是一进化。由我们现在的生活，要想回到茹毛饮血，穴居野处的生活，固是不可能；但是由我们现在简单礼节，要想回到那揖让周旋，宾主百拜的礼节，也是不可能。

懂得这个道理，方才可以谈礼俗改良，方才可以谈丧礼改良。

简单说来，我对于丧礼问题的意见是：

一、现在的丧礼比古礼简单多了，这是自然的趋势，不能说是退化。将来社会的生活更复杂，丧礼应该变得更简单。

二、现在丧礼的坏处，并不在不行古礼，乃在不曾把古代遗留下来的许多虚伪仪式删除干净。例如不行“寝苫枕块”的礼，并不是坏处；但自称“苫块昏迷”，便是虚伪的坏处。又如古礼，儿子居丧，用种种自己刻苦的仪式，“水浆不入于口者三日，杖而后能起”，所以必须用杖。现在的人不行这种野蛮的风俗，本是一大进步，并不是一种坏处；但做“孝子”的仍旧拿着哭丧棒，这便是作伪了。

三、现在的丧礼还有一种大坏处，就是一方面虽然废去古代的繁重礼节，一方面又添上了许多迷信的，虚伪的野蛮风俗。例如地狱天堂，轮回果报，等等迷信，在丧礼上便发生了和尚念经超度亡人，棺材头点“随身灯”，做法事“破地狱”，“破血盆湖”，……等等迷信的风俗。

四、现在我们讲改良丧礼，当从两方面下手。一方面应该把古丧礼遗下的种种虚伪仪式删除干净，一方面应该把后世加入的种种野蛮迷信的仪式删除干净。这两方面破坏工夫做到了，方才可以有一种近于人情，适合于现代生活状况的丧礼。

五、我们若要实行这两层破坏的工夫，应该用什么做去取的标准呢？我仔细想来，没有绝对的标准，只有一个活动的标准，就是“为什么”三个字。我们每做一件事，每行一种礼，总得问自己：我为什么要做这件事？为什么要行那种礼？（例如我上面所举“点主”一件事）能够每事要寻一个“为什么”，自然不肯行那些说不出为什么要行的种种陋俗了。凡事不问为什么要这样做，便是无意识的习惯行为。那是下等动物的行为，是可耻的行为！

（原载于《新青年》第6卷第6号，1919年11月1日）

科学的人生观

今天讲的题目，就是“科学的人生观”，研究人是什么东西？在宇宙中占据什么地位？人生究竟有何意味？因为少年人近来觉得很烦闷，自杀、颓废的都有，我比较至少多吃了几斤盐，几担米，所以来计划计划，研究自身人的问题。至于人生观，各人不同，都随环境而必变，不可以一个人的人生观去统理一切；因为公有公理，婆有婆理，我们至少要以科学的立场，去研究它，解决它。“科学的人生观”有两个意思：第一拿科学做人生观的基础；第二拿科学的态度、精神、方法，做我们生活的态度，生活的方法。

现在先讲第一点，就是人生是什么？人生是啥物事？拿科学的研究结果来讲，我在民国十二年发表了十条，这十条就是武昌有一个主教，称为新的十诫，说我是中华基督教的危险物的。十条内容如下：

一、要知道空间的大。拿天文、物理考察，得着宇宙之大；从前孙行者翻筋斗，一翻翻到南天门，一翻翻到下界，天的观念，何等的小？现在从地球到银河中间的最近的一个星，中间距离，照孙行者一秒钟翻十万八千里的速率计算，恐怕翻一万万年也翻不到，宇宙是何等的大？地球是宇宙间的沧海之一粟，九牛之一毛；我们人类，更是小，真是不成东西的东西！以前看得人的地位太重了，以为是万物之灵，同大地并行，凡是政治不良，就有彗星、地震的征象，这是错的。从前王充很能见得到，说："一个虱子不能改变那裤子里的空气，和那人类不能改变皇天一样。"所以我们眼光要大。

二、时间是无穷的长。从地质学、生物学的研究，晓得时间是无穷的长，以前开口五千年，闭口五千年，以为目空一切；不料世界太阳系的存在，有几万万年的历史，地球也有几万万年，生物至少有几千万年，人类也有二三百万年，所以五千年占很小的地位。明白了时间之长，就可以看见各种进步的演变，不是上帝一刻可以造成的。

三、宇宙间自然的行动。根据了一切科学，知道宇宙、万物都有一定不变的自然行动。"自然自己，也是如此"，就是自己自然如此，各物自己如此的行动，并没有一种背后的指示，或是一个主宰去规范他们。明白了这点，对于月蚀是月亮被天狗所吞的种种迷信.可以打破了。

四、物竞天择的原理。从生物学的知识，可以看到物竞天择的原理。鲫鱼下卵有几百万个，但是变鱼的只有几个；否则就要变成"鱼世界"了！大的吃小的，小的又吃更小的，人类都是如此。从此晓得人生不受安排，是自己如此的行动；否则要安排起来，为什么不安排一个完善的世界呢？

五、人是什么东西。从社会学、生理学、心理学方面去看，人是什么东西？吴稚晖先生说："人是两手一个大脑的动物，与其他的不同，只在程度上的区别罢了。"人类的手，与鸡、鸭的掌差不多，实是他们的弟兄辈。

六、人类是演进的。根据了人种学来看，人类是演进的；因为要应付环境，所以要慢慢的变；不变不能生存，要灭亡了。所以从下等的动物，慢慢演进到高等的动物，现在还是演进。

七、心理受因果律的支配。根据了心理学、生物学来讲，心理现状是有因果律的。思想、做梦，都受因果律的支配，是心理、生理的现象，和头痛一般；所以人的心理说是超过一切，是不对的。

八、道德、礼教的变迁。照生理学、社会学来讲，人类道德、礼教也变迁的。以前以为脚小是美观，但是现在脚小要装大了。所以道德、礼教的观念，正在改进。以二十年、二百年或二千年以前的标准，来判断二十年、二百年、二千年后的状况，是格格不相入的。

九、各物都有反应。照物理、化学来讲，物质是活的，原子分为电子，是动的。石头倘然加了化学品，就有反应，像人打了一记，就有反应一样。不同的，只在程度不同罢了。

十、人的不朽。根据一切科学知识，人是要死的，物质上的腐败，和猫死狗死一般。但是个人不朽的工作，是功德：在立德，立功，立言。善恶都是不朽。一块痰中，有微生物，这菌能散布到空间，使空气都恶化了；人的言语，也是一样。凡是功业、思想，都能传之无穷；匹夫匹妇，都有其不朽的存在。

我们要看破人世间、时间之伟大，历史的无穷，人是最小的动物，处处都在演进，要去掉那小我的主张，但是那小小的人类，居然现在对于制度、政治各种都有进步。

以前都是拿科学去答复一切，现在要用什么方法去解决人生，就是哪哼生活？各人有各人的方法，但是，至少要有那科学的方法、精神、态度去做。分四点来讲：

一、怀疑。第一点是怀疑。三个弗相信的态度，人生问题就很多。有了怀疑的态度，就不会上当。以前我们幼时的知识，都从阿金、阿狗、阿毛等黄包车夫、娘姨处学来；但是现在自己要反省，问问以前的知识是否靠得住？有此态度，对于什么马克思，牛克思等主义都不致盲从了。

二、事实。我们要实事求是，现在像贴贴标语，什么打倒田中义一等，都仅务虚名，像豆腐店里生意不好，看看“对我生财”泄闷一样。又像是以前的画符，一画符病就好的思想。贴了打倒帝国主义，帝国主义就真个打倒了么？这不对，我们应做切实的工作，奋力的做去。

三、证据。怀疑以后，相信总要相信，但是相信的条件，就是拿凭据来。有了这一句，论理学诸书，都可以不读。赫胥尔［黎］的儿子死了以后，宗教家去劝他信教，但是他很坚决的说，“拿有上帝的证据来!”有了这种态度，就不会上当。

四、真理。朝夕的去求真理，不一定要成功，因为真理无穷，宇宙无穷；我们去寻求，是尽一点责任，希望在总分上，加上万万分之一，胜固是可喜，败也不足忧。明知赛跑，只有个人第一，我们还要跑去，不是为我为私，是为大家。发明不是为发财，是为人类。英国有一个医生，发明了一种治肺的药。但是因为自秘，就被医学会开除了。

所以科学家是为求真理。庄子虽有“吾生也有涯，而知也无涯，以有涯逐无涯，殆已”的话头，但是我们还要向上做去，得一分就是一分，一寸就是一寸，可以有亚基米特氏［阿基米德］发现浮力时叫 Eureka［找到了］的快活。有了这种精神，做人就不会失望。所以人生的意味，全靠你自己的工作；你要它圆就圆，方就方，是有意味；因为真理无穷，趣味无穷，进步快活也无穷尽。

（胡适 1928 年 5 月演讲于苏州青年会。载于《民国日报》“觉悟副刊”，1928 年 6 月 1—2 日）

慈幼的问题

我的一个朋友对我说过一句很深刻的话："你要看一个国家的文明，只消考察三件事：第一，看他们怎样待小孩子；第二，看他们怎样待女人；第三，看他们怎样利用闲暇的时间。"

这三点都很扼要，只可惜我们中国禁不起这三层考察。这三点之中，无论那一点都可以宣告我们这个国家是最野蛮的国家。我们怎样待孩子？我们怎样待女人？我们怎样用我们的闲暇工夫？——凡有夸大狂的人，凡是夸大我们的精神文明的人，都不可不想想这三件事。

其余两点，现今且不谈，我们来看看我们怎样待小孩子。

从生产说起。我们到今天还把生小孩看作最污秽的事，把产妇的血污看作最不净的秽物。血污一冲，神仙也会跌下云头！这大概是野蛮时代遗传下来的迷信。但这种迷信至今还使绝大多数的人民避忌产小孩的事，所以"接生"的事至今还在绝无知识的产婆的手里，手术不精，工具不备，消毒的方法全不讲究，救急的医药全不知道。顺利的生产有时还不免危险，稍有危难的证〈征〉候便是有百死而无一生。

生下来了，小孩子的卫生又从来不讲究。小孩总是跟着母亲睡，哭时便用奶头塞住嘴，再哭时便摇他，再哭时便打他。饮食从没有分量，疾病从不知隔离。有病时只会拜神许愿，求仙方，叫魂，压邪。中国小孩的长大全是靠天，只是侥幸长大，全不是人事之功。

小孩出痘出花，都没有科学的防卫。供一个“麻姑娘娘”，供一个“花姑娘娘”，避避风，忌忌口；小孩子若安全过去了，烧香谢神；小孩子若遇了危险，这便是“命中注定”！

普通人家的男孩子固然没有受良好教育的机会，女孩子便更痛苦了。女孩子到了四五岁，母亲便把她的脚裹扎起来，小孩疼的号哭叫喊，母亲也是眼泪直滴。但这是为女儿的终身打算，不可避免的，所以母亲噙着眼泪，忍着心肠，紧紧地扎缚，密密地缝起，总要使骨头扎断，血肉干枯，变成三四寸的小脚，然后父母才算尽了责任，女儿才算有了做女人的资格！

孩子到了六七岁以上，女孩子固然不用进学堂去受教育，男孩子受的教育也只是十分野蛮的教育。女孩在家里裹小脚，男孩在学堂念死书。怎么“念死书”呢？他们的文字都是死人的文字，字字句句都要翻译才能懂，有时候翻译出来还不能懂。例如《三字经》上的“苟不教”，我们小孩子念起来只当是“狗不叫”，先生却说是“倘使不教训”。又如《千字文》上的“天地玄黄，宇宙洪荒”，我从五岁时读起，现在做了十年大学教授，还不懂得这八个字究竟说的是什么话！所以叫做“念死书”。

因为念的是死书，所以要下死劲去念。我们做小孩子时候，天刚亮，便进学堂去“上早学”，空着肚子，鼓起喉咙，念三四个钟头才回去吃早饭。从天亮直到天黑，才得回家。晚上还要“念夜书”。这种生活实在太苦了，所以许多小孩子都要逃学。逃学的学生，捉回来之后，要受很严厉的责罚，轻的打手心，重的打屁股。有许多小孩子身体不好的，往往有被学堂磨折死的，也有得神经病终身的。

这是我们怎样待小孩子！

我们深深感谢帝国主义者，把我们从这种黑暗的迷梦里惊醒起来。我们焚香顶礼感谢基督教的传教士带来了一点点西方新文明和新人道主义，叫我们知道我们这样待小孩子是残忍的，惨酷的，不人道的，野蛮的。我们十分感谢这班所谓“文化侵略者”提倡“天足会”、“不缠足会”，开设新学堂，开设医院，开设妇婴医院。

我们用现在的眼光来看他们的工作，他们的学堂不算好学堂，他们的医院也不算好医院。但是他们是中国新教育的先锋，他们是中国“慈幼运动”的开拓者，他们当年的缺陷，是我们应该原谅宽恕的。

几十年来，中国小孩子比较的减少了一点痛苦，增加了一点乐趣。但“慈幼”的运动还只在刚开始的时期，前途的工作正多，前途的希望也正大。我们在这个时候，一方面固然要宣传慈幼运动的重要，一方面也应该细细计划慈幼事业的问题和他们的下手方法。中华慈幼协济会[①]的主持人已请了许多专家分任各种问题的专门研究，我今天也想指出慈幼事业的几个根本问题，供留心这事的人的参考。

我以为慈幼事业在今日有这些问题：

(1) 产科医院和“巡行产科护士”（Visiting nurses）的提倡。产科医院的设立应该作为每县每市的建设事业的最紧急部分，这是毫无可疑的。但欧美的经验使我们知道下等社会的妇女对于医院往往不肯信任，她们总不肯相信医院是为她们贫人设的，她们对于产科医院尤其怀疑畏缩。所以有“巡行护士”的法子，每一区区域内有若干护士到人家去访问视察，得到孕妇的好感，解释她们的怀疑，帮助她们解除困难，指点她们讲究卫生。这是慈幼事业的根本要着。

(2) 儿童卫生固然重要，但儿童卫生只是公共卫生的一个部分。提倡公共卫生即是增进儿童卫生。公共卫生不完备，在蚊子苍蝇成群的空气里，在臭水沟和垃圾堆的环境里，在浓痰满地病菌飞扬的

① 1928年，孔祥熙等人发起成立，致力于维护儿童权益运动。——编者

空气里，而空谈慈幼运动，岂不是一个大笑话？

(3) 女子缠足的风气在内地还不曾完全消灭，这也是慈幼运动应该努力的一个方向。

(4) 慈幼运动的中心问题是养成有现代知识训练的母亲。母亲不能慈幼，或不知怎样慈幼，则一切慈幼运动都无是处。现在的女子教育似乎很忽略这一方面，故受过中等教育的女子往往不知道怎样养育孩子。上月西湖博览会的卫生馆有一间房子墙上陈列许多产科卫生的图画，和传染病的图画。我看见一些女学生进来参观，她们见了这种图画往往掩面飞跑而过。这是很可惜的。女子教育的目的固然是要养成能独立的"人"，同时也不能不养成做妻做母的知识。从前昏谬的圣贤说，"未有学养子而后嫁者也"。现在我们正要个个女子先学养子，学教子，学怎样保卫儿童的卫生，然后谈恋爱，择伴侣。故慈幼运动应该注重（甲）女学的扩充，（乙）女子教育的改善。

(5) 儿童的教育应该根据于儿童生理和心理。这是慈幼运动的一个基本原则。向来的学堂完全违背儿童心理，只教儿童念死书，下死劲。近年的小学全用国语教课，减少课堂工作，增加游戏运动，固然是一大进步。但我知道各地至今还有许多小学校不肯用国语课本，或用国语课本而另加古文课本；甚至于强迫儿童在小学二三年级作文言文。这是明明违背民国十一年以来的新学制，并且根本不合儿童生理和心理。慈幼的意义是改善儿童的待遇，提高儿童的幸福。这种不合儿童生理和心理的学校，便是慈幼运动的大仇敌，因为他们的行为便是虐待儿童，增加学校生活的苦痛。他们所以敢于如此，只因为社会上许多报纸和政府的一切法令公文都还是用死文字做的，一般父兄恐怕儿女不懂古文，将来谋生困难，故一些学校便迎合这种父兄心理，加添文言课本，强迫作文言文。故慈幼运动者在这个时候一面应该调查各地小学课程，禁止小学校用文言课本或用文言作文；一面还应该为减少儿童痛苦起见，努力提倡国语运动，请中央及各地方政府把一切法令公文改成国语，使顽固的父兄教员无所借口。这是慈幼运动在今日最应该做而又最容易做的事业。

十八年十月

（录自《胡适文存三集》卷九，上海亚东图书馆 1930 年版）

保寿的意义

我们中国古代有一个无名诗人留下了两句最有害的诗："我躬不阅，遑恤我后。"译成白话，这就是说："我自己看不见了，何必顾虑后来的事呢?"这个意思是根本大错的。正因为我们自己有看不见的时候，所以我们必须在看得见的时候先给后来的事作点准备。人类所以比别的动物强，全靠这预计未来的能力。凡未雨绸缪，积谷防饥，都是预计未来的事。如果人人都不管将来的事，只图个今朝有酒今朝醉，那就是自己堕落下去和禽兽一样了。

我们中国人在这几千年中，受了老庄思想的毒，往往只顾眼前的享乐，不顾将来的准备。常言道："儿孙自有儿孙福，莫为儿孙作马牛。"替儿孙作牛马，固然大可以不必。但儿女是我们生的，我们对他们应该负教养的责任，我们难道连这一点准备都没有吗？况且我们既不愿替儿孙作牛马，也就不应该叫儿孙替我们自己作牛马。我们平日毫不准备将来，一朝两脚伸直，一口气转不过来，还要连累儿孙去借债买棺、买坟来葬我们的老骨头，这就未免太对不起儿孙了。

生在这个新时代的人们，应该学一点新时代的新伦理。新伦理的最小限度有这几点：

第一，自己要能独立生活，生不靠朋友，死不累子孙。

第二，我对子女应该尽教养的责任，这是我自己尽责，不希望子女将来还债。

第三，今天总得预备明天的事，总要使明天的景况胜似今天。

要做到这几点，只有储蓄的一个法子。储蓄的种类很多，保寿便是今日世界最通行的一种方法。保寿的意义只是今日作明天的准备，生时作死时的准备，父母作儿女的准备，儿女幼小时作儿女长大时的准备，如此而已。今天预备明天，这是真稳健。生时预备死时，这是真旷达。父母预备儿女，这是真慈爱。不能做到这三步的，不能算作现代的人。

我的朋友郝先生本是热心宗教事业的人，现在决心做人寿保险的事，他希望我说几句提倡保寿的话，所以我写这篇短文给他。

十九，三，五　胡适

（录自《胡适遗稿及秘藏书信》第12册，黄山书社1994年版）

工程师的人生观

今天要赶十点四十分钟的飞机到台东，所以只能很简单地说几句话，很为抱歉。报上说我作学术讲演，这是不敢当。我是来向工学院拜寿的。昨夜我问秦院长希望我送什么礼物。晚上想想，认为最好的礼物，是讲讲工程师的思想史同哲学史。所以我便以此送给各位。

究竟什么算是工程师的哲学呢？什么算是工程师的人生观呢？因为时间很短，我当然不能把这个大的题目讲得满意，只是提出几点意思，给现在的工程师同将来的工程师作个参考。法国从前有一位科学家柏格生［柏格森］（Bergson）说："人是制器的动物。"过去有许多人说："人是有效力的动物。"也有许多人说："人是理智的动物。"而柏格生说："人是能够制造器具的动物。"这个初造器具的动物，是工程师的老祖宗。什么叫做工程师呢？工程师的作用，在能够找出自然界的利益，强迫自然世界把它的利益一个一个贡献出来；就是改造自然、征服自然、控制自然，以减除人的痛苦，增加人的幸福。这是工程师哲学的简单说法。

大家都承认：学作工程师的，每天在课堂里面上应该上的课，在试验室里面作应该作的试验，也许忽略了最大的目标，或者忽略了真正的基本——工程师的人生观。所以这个题目，是值得我们考虑的。

昨天在工学院教授座谈会中，我说：我到了六十二岁，还不知道我专门学的什么。起初学农；以后弄弄文学、弄弄哲学、弄弄历史；现在搞《水经注》，人家说我改弄地理。也许六十五岁以后七十岁的时候，说不定要到工学院作学生；只怕工学院的先生们不愿意收一个老学徒，说“老狗教不会新把戏”。今天在工学院作学生不够资格的人，要来谈谈现在的工程师同将来的工程师的人生观，实属狂妄，就是，有点大胆。不过我觉得我这个意思，值得提出来说说。人是能够制造器具的动物，别的动物，也有能够制造东西的，譬如：蜘蛛能够制造网，蜜蜂能够制造蜜糖，珊瑚虫能够制造珊瑚岛。而我们人同这些动物之所以不同，就是蜘蛛制造网的丝，是从肚子里出来的，它肚子里有无穷无尽的丝；蜜蜂采取百花，经一番制造，作成的确比原料高明的蜜糖：这些动物，可算是工程师；但是它的范围，它用的只是它自己的本能。珊瑚虫能够做成很大的珊瑚岛，也是本能的。人，如果只靠他的本能，讲起来也是有限得很的！人与蜘蛛、蜜蜂、珊瑚虫所以不同，是在他充分运用聪明才智，揭发自然的秘密，来改造自然、征服自然、控制自然。控制自然，为的是什么呢？不是像蜘蛛制网，为的捕虫子来吃；人的控制自然，为的是要减轻人的劳苦，减除人的痛苦，增加人的幸福，使人类的生活格外的丰富，格外有意义。这是“科学与工业的文化”的哲学。我觉得柏格生这个“人”的定义，同我们刚才简单讲的工程师的哲学，工程师的人生观，工程师的目标，是值得我们随时想想，随时考虑的。

这个话同这个目标，不是外国来的东西，可以说是我们老祖宗在几百年，甚至几千年以前，就有了这种理想了。目前有些人提倡读经；我倒很愿意为工程师背几句经书，来说明这个理想。

人如何能控制自然，制造器具呢？人控制自然这个观念，无论东方的圣人贤人，西方的圣人贤人，都是同样有的。我现在提出我们古人的几句话，使大家知道工程师的哲学，并不是完全外来的洋货。我常常喜欢把《易经·系辞》里面几句话翻成外国文给外国人看。这几句话是："见乃谓之象；形乃谓之器；制而用之谓之法；利用出入，民咸用之，谓之神。"看见一个意思，叫做象；把这个意象变成一种东西——形，叫做器；大规模的制造出来，叫做法；老百姓用工程师制造出来的这些器具，都说好呀！好呀！但是不晓得这器具是从一种意象来的，所以看见工程师便叫做神。

希腊神话，说火是从天上偷来的；中国历史上发明火的燧人氏被称为古帝之一——神。火，是一个大发明。发明火的人，是一个大工程师。我刚才所举《易经·系辞》，从一个观念——意象——造成器具，这个意思，是了不得的。人类历史上所谓文化的进步，完全在制造器具的进步。文化的时代，是照工程师的成绩划分的。人类第一发明是火；大体说来，火的发现是文化的开始。下去为石器时代。无论旧石器时代，新石器时代，都是人类用智慧把石头造成功器具的时候。再下去为青铜器时代。用铜制造器具，这是工程师最大的贡献。再下去为铁的时代。这是一个大的革命。后来把铁炼成钢。再下去发明蒸汽机，为蒸汽机时代。再下去运用电力，为电力的时代；现在为原子能时代：这都是制器的大进步。每一个大时代，都只是制器的原料与动力的大革命。从发明火以后，石器时代、铜器时代、铁器时代、电力时代、原子能时代；这些文化的阶段，都是依工程师所创造划分的。

这种理想，中国历史上早就有了的。工学院水工试验室要我写字，我写了两句话。这两句话，是《荀子·天论》篇里面的。《荀子·天论》篇，是中国古代了不得的哲学，也就是西方柏格生征服自然，以为人用的思想。《荀子·天论》篇说："从天而颂之，孰与制天命而用之？大天而思之，孰与物蓄而制裁之？"这个文字，依照清代学者校勘，稍须改动。但意思没有改动。"从天而颂之"，是说服从自然。"从天而颂之，孰与制天命而用之？"两句话联起来说，意思是：跟着自然走而歌颂，不如控制自然来用。"大天而思之"，是问自然是怎样来的。"大天而思之，孰与物蓄而制裁之？"是说：

问自然从那里来的，不如把自然看成一种东西，养它、制裁它。把自然控制来用，中国思想史上只有荀子才说得这样彻底。从这两句话，也可以看出中国在两千二三百年前，就有控制天命——古人所谓天命，就是自然——把天命看作一种东西来用的思想。

“穷理致知”四个字，是代表七八百年前——十一世纪到十二世纪——宋朝的思想的。宋代程子、朱子提倡格物——穷理——的哲学。什么叫做“格物”呢？这有七十几种说法。今天我们不去研究这些说法。照程子、朱子的解释，“格物”是“即物而穷其理。……即凡天下之物，莫不因其已知之理而益穷之，以求至乎其极。”这样的格物致知，可以扩大人的智识。程子说，“今天格一物，明天格一物，习而久之，自然贯通”。有人以范围问他；他说，“上自天地之高大，下至一草一木，都要格的”。这个范围，就是科学的范围，工程师的范围。

两千二三百年前，荀子就有“制天命而用之”的思想；七八百年前，程子、朱子就有格物——穷理——的哲学。这是科学的哲学，可算是工程师的哲学。我们老祖宗有这样好的思想、哲学，为什么不能作到科学工业的文化呢？简单一句话，我们不幸得很，二千五百年以前的时候，已经走上了自然主义的哲学一条路了。像《老子》、《庄子》，以及更后的《淮南子》，都是代表自然主义思想的。这种自然主义的哲学发达的太早，而自然科学与工业发达的太迟：这是中国思想史的大缺点。

刚才讲的，人是用智慧制造器具的动物。这样，人就要天天同自然界接触，天天动手动脚的，抓住实物，把实物来玩，或者打碎它、煮它、烧它。玩来玩去，就可以发现新的东西，走上科学工业的一条路。比方“豆腐”，就是把豆子磨细，用其他的东西来点、来试验；一次、二次，……经过许多次的试验，结果点成浆，做成功豆腐；做成功豆腐还不够，还要作豆腐干，豆腐乳。豆腐的做成，很显然的，是与自然界接触，动手、动脚、多方试验的结果，不是对自然界看看，想想，或作一首诗恭维自然界就行了的。

顶好一个例子，是格物哲学到了明朝的一个故事。明朝有一位大哲学家王阳明，他说，“照程子、朱子的说法，要做圣人，要‘即物而穷其理’。‘即物穷理’，你们没有试验过，我王阳明试验过了。”有一天，他同一位姓钱的朋友研究格物，并由钱先生动手格竹子；拿一个凳子坐在竹子旁边望，望了三天三夜，格不出来，病了。王阳明说：“你不够做圣人，我来格。”也端把椅子对着竹子望；望了一天一夜，两天两夜，……到了七天七夜，王阳明也格不出来，病了。于是王阳明说：“我们不配作圣人；不能格物。”从这个故事，可以看出传统的不动手动脚，拿天然实物来玩的习惯。今天工学院植物系的学生格竹子，是要把竹子劈开，用显微镜来细细的看，再加上颜色的水，作各种的试验，然后就可以判定竹子在工业上的地位。为什么王阳明格不出来，今天的工程师可以格出来？因王阳明没有动手动脚作器具的习惯，今天的工程师有动手动脚作器具的习惯。荀子“制天命而用之”的哲学，终敌不过老子、庄子“错（措）人而思天”的哲学。故程、朱的格物穷理的思想，终不能应用到自然界的实物上去，至多只能在“读书”上（文史的研究上）发生了一点功效。

今天送给各位工程师哲学的人生观，又约略讲了讲我们老祖宗为什么失败；为什么有了这样好的征服天然的理想，穷理致知的哲学，而没有造成功科学文化、工业文化。我们可以了解我们老祖宗让西方人赶上去了。同时，从西方人后来实现了我们老祖宗的理想，我们亦就可以知道，只要振作，是可以迎头赶上的。我们只要二十年、三十年的努力，就可以同世界上科学工业发达的国家站在一样的地位。

二十年前，中国科学社要我作一个《社歌》；后来请赵元任先生作了乐谱。今天我把这个东西送给各位工程师。这个《社歌》，一共三段十二句。

我们不崇拜自然。他是一个刁钻古怪；
我们要捶他、煮他，要叫他听我们的指派。
我们要他给我们推车；我们要他给我们送信。
我们要揭穿他的秘密，好叫他服事我们人。
我们唱天行有常；我们唱致知穷理。
明知道真理无穷，进一寸有一寸的欢喜。

（胡适 1952 年 12 月 27 日演讲于台南工学院。载于台北《中央日报》，1952 年 12 月 28 日）

谈谈四健会的哲学

主席、各位先生、各位小姐：

大家都知道四健会按原来英文“4－h clubs”的次序是 Head（头脑），Heart（心），Hands（手），Health（身体健康）。蒋梦麟先生在“四健运动”一文里，说“训练会员健手、健身、健脑、健心”。梦麟先生改动四健的次序，好像不是无意的，我想他有意的要大家先从两只手开始，从健手健身做到健脑健心。

四健会的《会歌》里有这一句：“行中求知精益求精。”这歌词是梦麟先生做的，四健会的标准语中有“从工作中学习，从学习中工作”。“工作要先做计划，计划要切实推行。”“要以工作的纪录表现工作的成绩。”我猜想这几句标语里也有梦麟先生的手笔。蒋梦麟先生做了几十年教育教授，教了几十年的教育哲学，他是一个教育哲学家，提倡这个“四健运动”。不是完全抄袭外国的“四—H CLUBS”的。他一定仔细想过，他好像已经不动声色的把他的教育哲学做了四健会的哲学了。

我的猜想未必全对，但你们这个“四健会”的背后有一种教育哲学，是毫无可疑的。这种哲学就是“行中求知”，就是“从工作中学习，从学习中工作”。这就是四健会的教育哲学。这种哲学也可以说是孙中山先生的“行易知难”学说的一个中心思想，就是他说的

“以行而求知，因知而进行”（《孙文学说》第五章）。这种哲学也可以说是蒋梦麟先生和我的老师杜威先生的实验主义的教育哲学，就是“教育就是生活，教育就是继续不断的改造我们的经验，要使我们的生活格外有意义，要使我们主管未来生活的能力格外高明”。

总而言之，我从旁观察，你们这个“四健运动”有一种教育哲学做中心，大概是因为你们参加这个运动的五六万青年朋友都是努力作实际工作的人，所以你们的哲学家蒋梦麟先生平时就不肯多谈这个运动背后的哲学了。

蒋先生叫我今日到这儿来谈话，我昨天才看见“年会活动时间表”，才知道我今天的任务是“专题讲演”，我没有“专题”可以讲，只好来谈谈“四健会的哲学”，谈谈“四健会的教育哲学”，我的看法是：向三百位青年朋友谈谈你们这个运动背后的“哲学”，也许有点用处，也许可以给你们的工作增添一点意义，增添一点新兴趣。所以我今天指出你们唱的四健《会歌》里的“行中求知”就是你们的哲学；你们的标语“从工作中学习，从学习中工作”，也就是你们的哲学。

“行中求知”四个字，“从工作中学习”六个字，都可以说是“四健运动”的远大的意义，根本的意义，所以说是你们的哲学，是你们的教育哲学。这就是说：你们生活的是一种新的教育方法，你们的工作就是学习，就是求知识，就是学习活的知识，活的技能，就是增加生活的能力，就是活的教育。这就是说：教育不完全靠书本，不完全靠课堂上的教科书知识，不完全靠学校上课。活的教育，有用的教育，真实的教育可以从生活里得来，可以从工作中得来。这种从工作中得来的教育往往比课堂上书本里得来的教育还更有用，还更有价值。

这种“行中求知”，“从工作中学习”的教育哲学，我国思想史上曾有人主张过。这种哲学很有点像三百年前中国北方起来的一个学派的思想。那个北方学派叫做“颜氏学派”，因创立的哲学家叫做颜元，他号叫习斋，故也叫做“颜习斋学派”。

诸位四健会的青年朋友都是从农村来的，我要介绍给你们这位哲学家颜元是真正从农村里出来的中国哲学家，他是直隶省博野县人，他的父亲从小被卖给邻县一个姓朱［的］做儿子，所以改姓朱，颜元小时也姓朱。他四岁时，满洲兵打进来，他的父亲正同朱家闹气，就跟着满洲兵跑到国外去了，从此没有信息。颜元十岁时，明朝就亡国了，十二岁时，他母亲改嫁去了，颜元就在朱家长大，在农村私塾里读书，他很聪明，也很顽皮，但因为他聪明，也读了不少杂书，也学做八股文章。后来朱家也衰败了，颜元到廿岁时，因家贫无法维生，只有种田养家，又读了一些医书，学做医生；又考取了秀才，他就开了一个蒙馆教小学生，他一面种田，一面教小学生，有时还做医生，他的生活是北方农村的蒙馆先生的生活。

颜元喜欢读宋朝、明朝的哲学书，自命要做圣人贤人。宋朝、明朝的哲学家教人静坐，他做了十多年的理学功夫，到了三十四岁，他才从自己的痛苦经验中得到一种思想上的大感悟、大革命。

他发觉静坐是无用的，读书不是教育，他大胆的说：宋朝、明朝的大哲学家教人静坐，教人［谈］天说性，教人空谈道理，都是错的，都是错了路，都违反了中国古圣人孔子、孟子的思想，都不是真学问，也不是真教育，他反对静坐，反对读书，反对静的教育。他提倡一种动的教育、活的教育，他说，真的知识必须从动手实习做得来，因为他注重动，实做实习，所以他自己取“习斋”做名号。

宋朝以来的哲学家都爱讲“格物致知”。“格物”有种种说法，颜元都不赞成。他说“格物”的“格”字就是“手格野兽”的“格”字，“格”就是“犯手去做”，就是动手去做实习。他自己种田，又做医生，两种职业都需要动手去做，所以他的思想特别注重实做实习。所以他反对一切“谈天说性”的玄谈。他说：“谈天论性，聪明者如打浑猜拳，愚浊者如捉风听梦。”他有许多新鲜的、含有思想革命意味的见解，我只能引他两段话，来表现他的教育思想。

（一）以读经史订群书，为穷理处事以求道之功，则相隔千里。以读经史订群书为即穷理处事，曰道在是焉，则相隔万里矣。……

譬之学琴然。《诗》《书》如琴谱也，烂熟琴谱，可谓学琴乎？更有妄人指琴谱曰是即琴也。……谱果琴乎？……歌得其调，抚娴其指，弦求中音，……声求协律，是谓之学琴矣，未为习琴也。……

手随心，音随手，……是谓之习琴矣，未为能琴也。

心与手忘，手与弦忘，手与弦忘，……于是乎命之曰能琴。

（二）譬之于医，《黄帝内经·素问·金匮》……所以明医理也。而疗疾救世则必诊脉、制药、针灸、摩砭为之力也。

今有妄人者，止览医书千百卷，熟读详说，以为予国手矣；视诊脉、制药、针灸、摩砭，以为术家之粗，不足学也，书日博，识日精，一人倡之，举世效之。歧黄盈天下，而天下之人病相枕，死相接也，可谓明医乎？

愚以为从事方脉、药饵、针灸、摩砭、疗疾救世者，所以为医也。……若读尽医书而鄙视方脉、药饵、针灸、摩砭，此妄人也，不惟非歧黄，并非医也。尚不如习一科，验一方者之为医也。

这是颜习斋的“犯手去做”的教育哲学，也就是四健会“从工作中学习”、“行中求知”的教育哲学。

（胡适1961年4月3日演讲于台湾四健会。载于台北《中央日报》，1961年4月4日）

胡適文集

人生卷

不朽

不 朽

——我的宗教

不朽有种种说法，但是总括看来，只有两种说法是真有区别的。一种是把“不朽”解作灵魂不灭的意思。一种就是《春秋左传》上说的“三不朽”。

一、**神不灭论** 宗教家往往说灵魂不灭，死后须受末日的裁判：做好事的享受天国天堂的快乐，做恶事的要受地狱的苦痛。这种说法，几千年来不但受了无数愚夫愚妇的迷信，居然还受了许多学者的信仰。但是古今来也有许多学者对于灵魂是否可离形体而存在的问题，不能不发生疑问。最重要的如南北朝人范缜的《神灭论》说：“形者神之质，神者形之用……神之于质，犹利之于刀；形之于用，犹刀之于利。……舍利无刀，舍刀无利。未闻刀没而利存，岂容形亡而神在？”宋朝的司马光也说：“形既朽灭，神亦飘散，虽有剉烧舂磨，亦无所施。”但是司马光说的“形既朽灭，神亦飘散”，还不免把形与神看作两件事，不如范缜说的更透彻。范缜说人的神灵即是形体的作用，形体便是神灵的形质。正如刀子是形质，刀子的利钝是作用；有刀子方才有利钝，没有刀子便没有利钝。人有形体方才有作用：这个作用，我们叫做“灵魂”。若没有形体，便没有作用了，便没有灵魂了。范缜这篇《神灭论》出来的时候，惹起了无数人的反对。梁武帝叫了七十几个名士作论驳他，都没有什么真有价值的议论。其中只有沈约的《难神灭论》说："利若遍施四方，则利体无处复立；利之为用正存一边毫毛处耳。神之与形，举体若合，又安得同乎？若以此譬为尽耶，则不尽；若谓本不尽耶，则不可以为譬也。"这一段是说刀是无机体，人是有机体，故不能彼此相比。这话固然有理，但终不能推翻"神者形之用"的议论。近世唯物派的学者也说人的灵魂并不是什么无形体，独立存在的物事，不过是神经作用的总名：灵魂的种种作用都即是脑部各部分的机能作用；若有某部被损伤，某种作用即时废止；人年幼时，脑部不曾完全发达，神灵作用也不能完全，老年人脑部渐渐衰耗，神灵作用也渐渐衰耗。这种议论的大旨，与范缜所说"神者形之用"正相同。但是有许多人总舍不得把灵魂打消了，所以咬住说灵魂另是一种神秘玄妙的物事，并不是神经的作用。这个"神秘玄妙"的物事究竟是什么，他们也说不出来，只觉得总应该有这么一件物事。既是"神秘玄妙"，自然不能用科学试验来证明他，也不能用科学试验来驳倒他。既然如此，我们只好用实验主义（Pragmatism）的方法，看这种学说的实际效果如何，以为评判的标准。依此标准看来，信神不灭论的固然也有好人，信神灭论的也未必全是坏人。即如司马光、范缜、赫胥黎一类的人，说不信灵魂不灭的话，何尝没有高尚的道德？更进一层说，有些人因为迷信天堂，天国，地狱，末日裁判，方才修德行善，这种修行全是自私自利的，也算不得真正道德。总而言之，灵魂灭不灭的问题，于人生行为上实在没有什么重大影响；既没有实际的影响，简直可说是不成问题了。

二、三不朽说　《左传》说的三种不朽是：（1）立德的不朽，（2）立功的不朽，（3）立言的不朽。"德"便是个人人格的价值，像墨翟、耶稣一类的人，一生刻意孤行，精诚勇猛，使当时的人敬爱信仰，使千百年后的人想念崇拜。这便是立德的不朽。"功"便是事业，像哥仑布［哥伦布］发现美洲，像华盛顿造成美洲共和国，替当时的人开一新天地，替历史开一新纪元，替天下后世的人种下无量幸福的种子。这便是立功的不朽。“言”便是语言著作，像那《诗经》三百篇的许多无名诗人，又像陶潜、杜甫、萧士比亚、易卜生一类的文学家，又像柏拉图、卢骚［卢梭］、弥儿［穆勒］一类的哲学家，又像牛敦［牛顿］、达尔文一类的科学家，或是做了几首好诗使千百年后的人欢喜感叹；或是做了几本好戏使当时的人鼓舞感动，使后世的人发愤兴起；或是创出一种新哲学，或是发明了一种新学说，或在当时发生思想的革命，或在后世影响无穷。这便是立言的不朽。总而言之，这种不朽说，不问人死后灵魂能不能存在，只问他的人格，他的事业，他的著作有没有永远存在的价值。即如基督教徒说耶稣是上帝的儿子，他的神灵永永存在，我们正不用驳这种无凭据的神话，只说耶稣的人格、事业和教训都可以不朽，又何必说那些无谓的神话呢？又如孔教会的人每到了孔丘的生日，一定要举行祭孔的典礼，还有些人学那“朝山进香”的法子，要赶到曲阜孔林去对孔丘的神灵表示敬意！其实孔丘的不朽全在他的人格与教训，不在他那“在天之灵”。大总统多行两次丁祭，孔教会多行两次“朝山进香”，就可以使孔丘格外不朽了吗。更进一步说，像那《三百篇》里的诗人，也没有姓名，也没有事实，但是他们都可说是立言的不朽。为什么呢？因为不朽全靠一个人的真价值，并不靠姓名事实的流传，也不靠灵魂的存在。试看古今来的多少大发明家，那发明火的，发明养蚕的，发明缫丝的，发明织布的，发明水车的，发明舂米的水碓的，发明规矩的，发明秤的，……虽然姓名不传，事实湮没，但他们的功业永远存在，他们也就都不朽了。这种不朽比那个人的小小灵魂的存在，可不是更可宝贵，更可羡慕吗？况且那灵魂的有无还在不可知之中，这三种不朽——德，功，言，——可是实在的。这三种不朽可不是比那灵魂的不灭更靠得住吗？

以上两种不朽论，依我个人看来，不消说得，那“三不朽说”是比那“神不灭说”好得多了。但是那“三不朽说”还有三层缺点，不可不知。第一，照平常的解说看来，那些真能不朽的人只不过那极少数有道德，有功业，有著述的人。还有那无量平常人难道就没有不朽的希望吗？世界上能有几个墨翟、耶稣，几个哥仑布、华盛顿，几个杜甫、陶潜，几个牛敦、达尔文呢？这岂不成了一种“寡头”的不朽论吗？第二，这种不朽论单从积极一方面着想，但没有消极的裁制。那种灵魂的不朽论既说有天国的快乐，又说有地狱的苦楚，是积极消极两方面都顾着的。如今单说立德可以不朽，不立德又怎样呢？立功可以不朽，有罪恶又怎样呢？第三，这种不朽论所说的“德，功，言”三件，范围都很含糊。究竟怎样的人格方才可算是“德”呢？怎样的事业方才可算是“功”呢？怎样的著作方才可算是“言”呢？我且举一个例。哥伦布发现美洲固然可算得立了不朽之功，但是他船上的水手火头又怎样呢？他那只船的造船工人又怎样呢？他船上用的罗盘器械的制造工人又怎样呢？他所读的书的著作者又怎样呢？……举这一条例，已可见“三不朽”的界限含糊不清了。

因为要补足这三层缺点，所以我想提出第三种不朽论来请大家讨论。我一时想不起别的好名字，姑且称他做“社会的不朽论”。

三、社会的不朽论　社会的生命，无论是看纵剖面，是看横截面，都像一种有机的组织。从纵剖面看来，社会的历史是不断的；前人影响后人，后人又影响更后人；没有我们的祖宗和那无数的古人，又那里有今日的我和你？没有今日的我和你，又那里有将来的后人？没有那无量数的个人，便没有历史，但是没有历史，那无数的个人也决不是那个样子的个人：总而言之，个人造成历史，历史造成个人。从横截面看来，社会的生活是交互影响的：个人造成社会，社会造成个人；社会的生活全靠个人分工合作的生活，但个人的生活，无论如何不同，都脱不了社会的影响；若没有那样这样的社会，决不会有这样那样的我和你；若没有无数的我和你，社会也决不是这个样子。来勃尼慈［莱布尼茨］(Leibnitz) 说得好：

这个世界乃是一片大充实（plenum，为真空 vacuum 之对），其中一切物质都是接连着的。一个大充实里面有一点变动，全部的物质都要受影响，影响的程度与物体距离的远近成正比例。世界也是如此。每一个人不但直接受他身边亲近的人的影响，并且间接又间接的受距离很远的人的影响。所以世间的交互影响，无论距离远近，都受得着的。所以世界上的人，每人受着全世界一切动作的影响。如果他有周知万物的智慧，他可以在每人的身上看出世间一切施为，无论过去未来都可看得出，在这一个现在里面便有无穷时间空间的影子。（见 *Monadology* 第 61 节）

从这个交互影响的社会观和世界观上面，便生出我所说的“社会的不朽论”来。我这“社会的不朽论”的大旨是：

我这个“小我”不是独立存在的，是和无量数小我有直接或间接的交互关系的；是和社会的全体和世界的全体都有互为影响的关系的；是和社会世界的过去和未来都有因果关系的。种种从前的因，种种现在无数“小我”和无数他种势力所造成的因，都成了我这个“小我”的一部分。我这个“小我”，加上了种种从前的因，又加上了种种现在的因，传递下去，又要造成无数将来的“小我”。这种种过去的“小我”，和种种现在的“小我”，和种种将来无穷的“小我”，一代传一代，一点加一滴；一线相传，连绵不断；一水奔流，滔滔不绝：——这便是一个“大我”。“小我”是会消灭的，“大我”是永远不灭的。“小我”是有死的，“大我”是永远不死，永远不朽的。“小我”虽然会死，但是每一个“小我”的一切作为，一切功德罪恶，一切语言行事，无论大小，无论是非，无论善恶，一一都永远留存在那个“大我”之中。那个“大我”，便是古往今来一切“小我”的纪功碑，彰善祠，罪状判决书，孝子慈孙百世不能改的恶谥法。这个“大我”是永远不朽的，故一切“小我”的事业，人格，一举一动，一言一笑，一个念头，一场功劳，一桩罪过，也都永远不朽。这便是社会的不朽，“大我”的不朽。

那边“一座低低的土墙，遮着一个弹三弦的人”。那三弦的声浪，在空间起了无数波澜；那被冲动的空气质点，直接间接冲动无数旁的空气质点；这种波澜，由近而远，至于无穷空间；由现在而将来，由此刹那以至于无量刹那，至于无穷时间：——这已是不灭不朽了。那时间，那“低低的土墙”外边来了一位诗人，听见那三弦的声音，忽然起了一个念头；由这一个念头，就成了一首好诗；这首好诗传诵了许多人；人读了这诗，各起种种念头；由这种种念头，更发生无量数的念头，更发生无数的动作，以至于无穷。然而那“低低的土墙”里面那个弹三弦的人又如何知道他所发生的影响呢？

一个生肺病的人在路上偶然吐了一口痰。那口痰被太阳晒干了，化为微尘，被风吹起空中，东西飘散，渐吹渐远，至于无穷时间，至于无穷空间。偶然一部分的病菌被体弱的人呼吸进去，便发生肺病，由他一身传染一家，更由一家传染无数人家。如此展转传染，至于无穷空间，至于无穷时间。然而那先前吐痰的人的骨头早已腐烂了，他又如何知道他所种的恶果呢？

一千五六百年前有一个人叫范缜说了几句话道：“神之于形，犹利之于刀；未闻刀没而利存，岂容形亡而神在？”这几句话在当时受了无数人的攻击。到了宋朝有个司马光把这几句话记在他的《资治通鉴》里。一千五六百年之后，有一个十一岁的小孩子，——就是我，——看《通鉴》到这几句话，心里受了一大感动，后来便影响了他半生的思想行事。然而那说话的范缜早已死了一千五百年了！

二千六七百年前，在印度地方有一个穷人病死了，没人收尸，尸首暴露在路上，已腐烂了。那边来了一辆车，车上坐着一个王太子，看见了这个腐烂发臭的死人，心中起了一念；由这一念，展转发生无数念。后来那位王太子把王位也抛了，富贵也抛了，父母妻子也抛了，独自去寻思一个解脱生老病死的方法。后来这位王子便成了一个教主，创了一种哲学的宗教，感化了无数人。他的影响势力至今还在；将来即使他的宗教全灭了，他的影响势力终久还存在，以至于无穷。这可是那腐烂发臭的路毙所曾梦想到的吗？

以上不过是略举几件事，说明上文说的“社会的不朽”，“大我的不朽”。这种不朽论，总而言之，只是说个人的一切功德罪恶，一切言语行事，无论大小好坏，一一都留下一些影响在那个“大我”之中。一一都与这永远不朽的“大我”一同永远不朽。

上文我批评那“三不朽论”的三层缺点：(1) 只限于极少数的人，(2) 没有消极的裁制，(3) 所说“功，德，言”的范围太含糊了。如今所说“社会的不朽”，其实只是把那“三不朽论”的范围更推广了。既然不论事业功德的大小，一切都可不朽，那第一第三两层短处都没有了。冠绝古今的道德功业固可以不朽，那极平常的“庸言庸行”，油盐柴米的琐屑，愚夫愚妇的细事，一言一笑的微细，也都永远不朽。那发现美洲的哥仑布固可以不朽，那些和他同行的水手，火头，造船的工人，造罗盘器械的工人，供给他粮食衣服银钱的人，他所读的书的著作家，生他的父母，生他父母的父母祖宗，以及生育训练那些工人商人的父母祖宗，以及他以前和同时的社会，……都永远不朽。社会是有机的组织，那英雄伟人可以不朽，那挑水的，烧饭的，甚至于浴堂里替你擦背的；甚至于每天替你家掏粪倒马桶的，也都永远不朽。至于那第二层缺点，也可免去。如今说立德不朽，行恶也不朽；立功不朽，犯罪也不朽；“流芳百世”不朽，“遗臭万年”也不朽；功德盖世固是不朽的善因，吐一口痰也有不朽的恶果。我的朋友李守常先生说得好：“稍一失脚，必致遗留层层罪恶种子于未来无量的人，——即未来无量的我，——永不能消除，永不能忏悔。”这就是消极的裁制了。

中国儒家的宗教提出一个父母的观念，和一个祖先的观念，来做人生一切行为的裁制力。所以说，“一出言而不敢忘父母，一举足而不敢忘父母。”父母死后，又用丧礼祭礼等等见神见鬼的方法，时刻提醒这种人生行为的裁制力。所以又说，“斋明盛服，以承祭祀，洋洋乎如在其上，如在其左右。”又说，“斋三日，则见其所为斋者；祭之日，入室，僾然必有见乎其位；周还出户，肃然必有闻乎其容声；出户而听，忾然必有闻乎其叹息之声。”这都是“神道设教”，见神见鬼的手段。这种宗教的手段在今日是不中用了。还有那种“默示”的宗教，神权的宗教，崇拜偶像的宗教，在我们心里也不能发生效力，不能裁制我们一生的行为。以我个人看来，这种“社会的不朽”观念很可以做我的宗教了。我的宗教的教旨是：

我这个现在的“小我”，对于那永远不朽的“大我”的无穷过去，须负重大的责任；对于那永远不朽的“大我”的无穷未来，也须负重大的责任。我须要时时想着，我应该如何努力利用现在的“小我”，方才可以不辜负了那“大我”的无穷过去，方才可以不遗害那“大我”的无穷未来？

［跋］ 这篇文章的主意是民国七年年底当我的母亲丧事里想到的。那时只写成一部分，到八年二月十九日方才写定付印。后来俞颂华先生在报纸上指出我论社会是有机体一段很有语病，我觉得他的批评很有理，故九年二月间我用英文发表这篇文章时，我就把那一段完全改过了。十年五月，又改定中文原稿，并记作文与修改的缘起于此。

（原载于《新青年》第6卷第2号，1919年2月15日）

差不多先生传

你知道中国最有名的人是谁?

提起此人，人人皆晓，处处闻名。他姓差，名不多，是各省各县各村人氏。你一定见过他，一定听过别人谈起他。差不多先生的名字天天挂在大家的口头，因为他是中国全国人的代表。

差不多先生的相貌和你和我都差不多。他有一双眼睛，但看的不很清楚；有两只耳朵，但听的不很分明；有鼻子和嘴，但他对于气味和口味都不很讲究。他的脑子也不小，但他的记性却不很精明，他的思想也不很细密。

他常常说："凡事只要差不多，就好了。何必太精明呢?"

他小的时候，他妈叫他去买红糖，他买了白糖回来。他妈骂他，他摇摇头说："红糖白糖不是差不多吗?"

他在学堂的时候，先生问他："直隶省的西边是哪一省?"他说是陕西。先生说："错了。是山西，不是陕西。"他说："陕西同山西，不是差不多吗?"

后来他在一个钱铺里做伙计；他也会写，也会算，只是总不会精细。十字常常写成千字，千字常常写成十字。掌柜的生气了，常常骂他。他只是笑嘻嘻地赔小心道："千字比十字只多一小撇，不是差不多吗?"

有一天，他为了一件要紧的事，要搭火车到上海去。他从从容容地走到火车站，迟了两分钟，火车已开走了。他白瞪着眼，望着远远的火车上的煤烟，摇摇头道："只好明天再走了，今天走同明天走，也还差不多。可是火车公司未免太认真了。八点三十分开，同八点三十二分开，不是差不多吗?"他一面说，一面慢慢地走回家，心里总不明白为什么火车不肯等他两分钟。

有一天，他忽然得了急病，赶快叫家人去请东街的汪医生。那家人急急忙忙地跑去，一时寻不着东街的汪大夫，却把西街牛医王大夫请来了。差不多先生病在床上，知道寻错了人；但病急了，身上痛苦，心里焦急，等不得了，心里想道："好在王大夫同汪大夫也差不多，让他试试看罢。"于是这位牛医王大夫走近床前，用医牛的法子给差不多先生治病。不上一点钟，差不多先生就一命呜呼了。

差不多先生差不多要死的时候，一口气断断续续地说道："活人同死人也差……差……差不多，……凡事只要……差……差……不多……就……好了，……何……何……必……太……太认真呢?"他说完了这句格言，方才绝气了。

他死后，大家都很称赞差不多先生样样事情看得破，想得通；大家都说他一生不肯认真，不肯算帐，不肯计较，真是一位有德行的人。于是大家给他取个死后的法号，叫他做圆通大师。

他的名誉越传越远，越久越大。无数无数的人都学他的榜样。于是人人都成了一个差不多先生。——然而中国从此就成为一个懒人国了。

（原载于《申报》"平民周刊"第1期，1924年6月28日）

梦想一个理想的牢狱

我梦想一个理想的牢狱，我在那里面受十年或十五年的监禁。在那里面，我不许见客，不许见亲属，只有星期日可以会见他们。可是我可以读书，可以向外面各图书馆借书进来看，可以把我自己的藏书搬一部分进来用。我可以有纸墨笔砚，每天可以做八小时的读书著述工作。每天有人监督我做一点钟的体操，或一两点钟的室外手工，如锄地、扫园子、种花、挑水一类的工作。

我想，我如果我有这样十年或十五年的梦想生活，我可以把我能做的工作全部都做出，岂不快哉！

（胡适为《东方杂志》“新年的梦想”征文所写的应征答案，但未见发表。录自《胡适往来书信选》下册，中华书局1979年版。）

中国人思想中的不朽观念

一

在今天的演讲中，我预备把中国的宗教史和哲学史上各阶段有关不朽或人类死后依存概念的发展情况提供一个历史性的叙述。

这是一个冗长概括三千年的故事，但它的主要纲领却是大致还算明确的。中国人的信仰与思想史可以方便地分成两个主要时期：

（1）中国固有的文明时期（1300B. C. —200A. D. ）

（2）中国思想与文化的印度化时期，也就是，佛教和印度人的思想开始影响中国人的生活和制度以来的那一时期（约 200A. D. —十九世纪）。

为了研究中国宗教与思想史（the religious and intellectual history）的学者的方便，中国固有的先佛学时期（Pre—Buddhistic age）可再约略地分成两个主要时代：

（1）原始的中国主义时代（The Era of Primitive Siniticism），也就是商周民族的宗教信仰与习俗（Practices）的时代，对于这个时代，这里拟用了“华夏主义”（Siniticism）或“华夏宗教”（the SiniticReligion）一词（1300B. C. —700B. C. ）。

（2）思想与哲学的成熟时代（700B. C. —200A. D. ），包括老子、孔子(551B. C. －479B. C.)迄于王充(29A. D. －100A. D.)以来的正统派哲学家。

为了特别有关中国人思想中的不朽概念的讨论，我们要问：

(1) 关于早期华夏信仰有关人类死后存在的概念，我们究竟知道些什么?

(2) 中国正统哲学家对于不朽的概念究竟有什么贡献?

(3) 我们要怎样描述在长期印度文化影响下中国人的人类死后存在的观念?

二

史学界最重大的事件之一就是晚近的偶然发现，以及后来在安阳对千万片刻有卜辞的牛肩胛骨和龟甲有计划的发掘。安阳是商朝最后一个都邑的遗址，依照传统的纪年，商朝传国年代是1783B. C. －1123B. C.(或据另种推算是 1751B. C. －1123B. C.)。这些考古学的发现物是安阳(译者按，这是指小屯村商代遗址)作为商代都城的大约二六〇年间(即 1385B. C. －1123B. C.)的真实遗物。

近几十年来成千万片刻有卜辞的甲骨已经被收集、研究和考释。实际所见这些骨质“文件”都是在每次占卜以后，由熟练博学的祭司负责保存下来的占卜记录。这些记录里载有日期（译者按，此处恐系干支纪日)，负责卜问的贞人，卜问的事情，以及在解读了因钻灼而显出的卜兆而得到的答案。

大部分的卜问都是有关一年对于先公先王的定期祭祀，这一类的祖先祭典是非常频繁而有规律的，因此中央研究院的董作宾先生，一九二八年第一次指导安阳考古发掘且曾参加了后来历次发掘，已能编成了商代末期的三个帝王在位期间计为 1273B. C. －1241B. C. ，1209B. C. －1175B. C. ，以及 1174B. C. －1123B. C，——总计一百二十年中的祭祀日谱[1]。每一年中的定期祭祀多至三百六十次。所以商人称一年为一“祀”，一个祭祀的周期，实在是不足为怪的了！

其他卜问的事项包括战事、巡行、狩猎、收获、气候、疾病和每一句中的吉运等事项。

1928—1937 年间科学的发掘结果掘出了几百座商代古墓葬，其中至少有四处是皇室大墓。除了成千成万片刻有卜辞的甲骨以外还发现了极多铸造精美的青铜礼器，生动的石质和象牙的雕刻，大量的家庭用器、武器和头盔，以及上千具的人体骨骸，此外，并发现有埋葬的狗、猪、羊、牛、马一类的家畜和其他多种动物。这些动物是为了奉献给死者而殉葬的。在一个坑穴中曾发现了三十八具马骨，全部都配戴着缀有许多带饰纹的小圆铜泡的缰辔；这些铜泡都还原封未动的摆着，而显出了组成辔头的皮条的痕迹（见 H. G. Greel 所著 *The Birth of China* 第 150 页）。

很多清楚的证据证明墓葬中有许多尸体是为了奉献给死者而埋葬的。1934—1935 年间所发掘的多座墓葬中曾发现了千余具无头的人体骨骸。这些骨骸十具一组的分别埋在各个坑穴中。体骨埋在长方坑穴中……而头骨则埋在附近的方坑中。在一个方坑里埋有十个人头骨；头顶朝上，排列成行，全部面向北。跟人体骨骸一起发现的……有小铜刀、斧头以及砺石等三种器物。每坑总是各埋十件，明显地是每人一件（见 Greel 前书 212—213 页）。

这些就是考古学所发掘出来的文献的和物质上的证据，籍以使我们了解远古历史的华夏宗教（Siniticism）时期中有关祖先崇拜的信仰。

这是第一次使我们从商代王朝和官方所表现的这种祖先崇拜的宗教的形式上认识了它的非凡和奢侈的物质。传统历史曾记载商人

---

① 译者按：此系指《殷历谱》下编卷九《日谱》，依彦堂师商纣王帝辛纪年应为1174—1111B. C.。

是崇拜祖先的灵魂的。但是直到近年来我们才了然定期献祭的几乎令人难以置信的频繁，以及珍贵的殉葬的物品，特别是殉葬的人牲的惊人数量。

无疑的，这类祖先祭祀的周期频数和定期性证明着一种信仰，即死去的祖先一如活人似的也有情、欲和需求，而且这些情、欲和需求是必须藉着经常的祭献而得到满足的。大批的殉葬器皿、武器、动物、奴隶和卫士即指示着同样的结论。

中国古代的文献把华夏宗教（Sinitic Religion）时代的人殉品分为两类：第一类，即祭坛上所谓的“用人祭”。在这类人殉仪式中，显然只是用的战俘。另外一类，有一个专用名词，即“殉”，可以释为“死者的侍从”或“伴着死者被埋葬的人”。“殉”字据郑玄（死于200A. D.）的解说是“杀人殉葬以充死者卫士”。这就是说死者需要他自己的卫士保护他，也需要他的宠妾娈童（play boy）陪他作伴。因此被杀殉葬的就是死者曾经指命或愿意“陪伴”他而去的那些人了。

就后来有关“殉”的史证而论，这种杀人殉葬的风俗最初很可能是得于一种“献爱”（Love offering）的风俗，因此将死的人自然会挑选他自己所喜爱的死后伙伴。但是这种风俗竟发展成为一种仪式，于是大批的武装士兵被杀死殉葬以充死者的“卫士”。商代墓葬中所发现的与伟大的死者同葬的人体遗骸无疑是为了充任王者的卫队的。其中很可能有的是选定随着王而殉葬的爱妃，但是他们的遗体却无法确认了。在甲骨卜辞上即有祭祖时献人俘的记载。

依照着一种规律的计划和数字的顺序来埋葬这些人牲的有条不紊的情形，显示了一种根深蒂固的礼仪曾长久地麻痹着人类的自然意识而使得这类惨绝人寰的事件成为常典。当王朝和政府正忙于日常繁复的祖祭的时候，博学的祭司便负起每天的祭礼、占卜、释兆和刻卜辞的职务——在这种情况下，那几乎不可能期望有任何重大的思想和宗教上的觉醒，以有助于宗教制度的变更和改造。这样的觉醒直到倾覆商代的一次大战灭亡了这个帝国以后，甚至在新的征服者的统治之下历经了几百年的种族和文化的冲突以后才告开始的。

三

商朝和商帝国是被周民族征服了的。最初周民族住在遥远的西方，逐渐向东移动，直到军力和政治经过百余年持续不断的发展，终在公元前十二世纪的最后几十年才将商人的军队和盟军压服。

在周朝创建者的一些诰誓中，征服者列举了商代政府及王廷的罪状。对于商代王廷的主要控罪是耽于享乐，罔顾人民，特别是纵酒。但是对于献祭举行的频繁、奢纵、残忍却未加以控诉或谴责。这一事实显示着新的征服者并不认为商代宗教有什么不寻常的残忍或是不当的地方。

但是周征服者似乎原有他们自己的宗教，虽然它包括了一些祖先崇拜的特征，却并没有加以强调，也没有制定过任何繁复的礼仪。另一方面，有许多证据说明这一西方民族是一个最高神，就是他们所谓“帝”或“上帝”的崇拜者。

安阳甲骨卜辞使许多学者推断“帝”甚或“上帝”的观念对商人是并不陌生的。商人有一种奉少数祖先为神明，也就是说赠以“帝”号的风俗，这似乎是很确实的。另一件事，也似乎是很可能的，就是商人随着时间的演进而发展出来“上帝”最高神，也就是他们的始祖。那是一个部族神。时常，一位在战争及和平时有丰功伟绩的伟大祖先会被提升到神的阶级，并且成为最高神的陪享者。对于神或祖神的祭献也叫做“禘”。傅斯年先生在所著《性命古训辩证》中列举了用有“帝”字的六十三条甲骨卜辞。在这些条卜辞中，有十七次用“帝”字来指称对于神圣祖先的祭祀；六次用为祖神的尊称；二十六次用为“神”的尊称而没有附加其他形容字。在最后一类里，帝（god）据说能“致雨”、“止雨”、“降饥馑”等等。这无疑的暗示着一种一个有意识有权力的神的观念——一种有神论的观念，这种观念似乎曾经由于更具优势的祖先崇拜的祭祀而在发展上受到抑制与阻碍。

周民族在与商文化的长时期接触中逐渐接受了商民族的部族神作为他们自己的神，并且认成是自己的始祖。由于其他种族或部落的借用，商人的神逐渐失去了他的部族属性，而终于变成了遍在的神和最高的主宰。

周人的宗教赞颂诗和政治上的诰誓显示出一种非常深挚的宗教热诚。他们似乎深信，神不满于商代统治者的昏庸无道，因此把它的宠命（译者按：就是所谓周武王受命年之命）传赐给周人。他们在战场上的口号是：

> 上帝临女，无式尔心。①

他们对于自己伟大的王的赞辞是：

> 穆穆文王，于缉熙敬止，假哉天命。②

早期周人似乎发展出来一种含混的观念，以为上帝住在天上，他们有几位伟大的王也会到那里去，且与上帝同在。一首关于文王的颂诗曾这样说：

> 文王在上，……文王陟降，在帝左右。③

又在另一首诗里：

---

① 见《诗·大雅·大明》。——译者
② 见《大雅·文王》。——译者
③ 见《大雅·文王》。——译者

下武维周！世有哲王，三后在天。[1]

这几节诗似乎指出，周人对于上帝和少数先王所居住的天的观念是有限度的。这几位先王由于特殊的德能勋业而被允许和上帝同在。

这样具有独占性的天堂，平民是不能分享的，平民大多数是商人，他们受着新的统治阶级的封建诸侯的统治。有些诸侯是从周王朝获得他们原来的采邑的。这些商人继续信奉他们的崇拜祖先的宗教。

但是这种奢纵的皇家祖先崇拜宗教的伟大时代已经永远的消逝了。伟大的每年周而复始的日祀——周祭也消逝了。大规模的人殉也消逝了。博学的皇家祭祀阶级也贬降为职业的巫史阶级（professional class of scribes and priests），而靠着在大多数平民和少数统治贵族的家庭中表演和协助殡葬和祭祀讨生活。国家的灾患和个人的贫困已经深深地给他们灌输了谦逊温顺的教训。因此这一巫史阶级便获得了“儒”的统称，意思就是温顺和懦弱。他们仍然传授和表演殡丧和祖先崇拜的传统仪式。

在周代和后来独立相伐的战国时期（1100B. C. —250B. C. ），统治阶级信神论的宗教（theistic religion）和平民更占优势的祖先崇拜宗教似乎已经相互影响而渐渐地融合成为一个可以恰当的称为“华夏宗教”（ the Sinitic Religion）的宗教，一种很简化了的祖先崇拜，跟有神论的特性共存，像普遍承认和崇拜着一位高踞于其它小神之上的“天”或“上帝”。主要不同的一点就是长久的居丧期——为父母居丧三年——这原是商人一般奉行的，却长久遭受到周朝统治阶级的反对。这在300B. C. 孟子的时代也仍是如此。直到公元二世纪以后，三年之丧才渐渐法定为政府官员的应遵守的礼法。

---

① 见《大雅·下武》。——译者

四

关于中国人最早对于人类死后遗存的观念，我们究能知道些什么呢？

首先让我们来观察一下古代在一个人死去的时候举行的“招魂”仪式。这种仪式见于最早的仪典，而且似乎曾普遍的奉行于华夏宗教的早期，就是所谓“复”的仪式。

当一个人被发现已经死去的时候，他的家属立刻拿着死者的一套衣服，登升屋顶，面向正北，挥动死者衣服而号告：“皋、某、复！”三呼而反，抛下衣服，再从屋上下来，拾起衣服，覆于死者身上，然后奉食于死者[①]。

这一古老的仪式暗示着一种观念，即一个人死了以后，有些什么东西从他的身体内出来，且似曾升到天上。因此需在屋顶上举行招复的仪式。

这种招魂的仪式也许暗示着藉企望召回逃离的一些东西而使死者复生，奉献食物这一点也似乎暗示着一种信仰，就是某些东西确实被召回来了，虽然这不能使死者复生，却认为是居留在家里，且接受祭献。

那么人死后从他身上出来的究竟是一些什么东西呢？那就是人的“光”或“魂”。在最早的文献上，是即所谓“魄”，就语源学上说，意思就是白色和亮光。值得注意的就是同一个名字“魄”在古代铜器铭文和记载上是用来指称新月增长中的光。新月以后的增长

① 此段包括《仪礼》及《礼记》两段记载的内容。《仪礼·士丧礼》：“死于适室……复者一人，以爵弁服簪裳于衣左……升自前东荣中屋！北而招以衣曰：皋、某、复！三，降庭于前……升自阼阶以衣尸……奠脯醢醴酒。”《礼记·礼运》：“……及其死也，升屋而号告曰：皋、某、复。然后，饭腥而黄熟。”——译者

光亮时期即所谓“既生魄”；而满月后的末期，则称之为“既死魄”。原始的中国人似曾认为月有盈亏就是“魄”，即它的“白光”或“魄”的周期性的生和死。

依次类推，早期的中国人也就认为死是人的魄，即“光”或“魄”的离去。这种类推可能起源于“Will—o’—the—Wisp”，即中国人现在所说的“鬼火”。在古代“魄”认为是赋予人生命，知识和智慧的。人死，则魄离人体而变成或认为“鬼”，一种是幽灵或魔鬼。但是灵魄脱离人体也许是缓慢的随着生活力的衰退，魄就那么一点一点脱离身体了。迟至元前第六和第七世纪，学者和政治家在谈到一个人的智慧衰退情形时，就说是“天夺其魄”——意思是说，他将不久于人世了（见《左传》宣十五年，襄二十九年）。

不过后来，魄的观念却慢慢地为新的灵魂观念所取代了；认为灵魂是行动灵活飘然而无形、无色的东西。它很像是从活人口里出来的气息。这就是所谓“魂”。渐渐地，原来“魄”字便不再用来表示赋予生命和光亮的灵魂的意思，而衍变为意指体躯和体力了。

“魂”字，就语源学来说，跟“云”字一样，都意指“云”。云，飘浮，比盈亏之月的皎白部分也似乎更为自由轻灵。“魂”的概念可能是源于南方民族，因为他们把“复”（召呼死者）的仪式叫做“招魂”。

当哲学家们把重要的阴阳观念视为宇宙间的主动和被动的两大力量的时候，他们是当然也尝试要协调不同民族的信仰，而且认为人的灵魂包含着一种静止而不活动的“魄”和一种更活动而为云状的“魂”。

公元前六世纪以后，人们便渐渐地习于把人的灵魂称为“魂”或“魂魄”。在讨论到由于八年前一位曾有权势的政治家被谋杀的鬼魂出现而引起的普遍骚动的时候，名政治家子产（死于公元前522年），当时最聪明的人之一曾说，一个死于非命的强人会变成危害人类的幽灵的。他的解释是这样：“人生始生曰魄，既生魄，阳曰魂。

用物精多，则魂魄强。是以有精爽，至于神明。匹夫匹妇强死，其魂魄犹能凭依于人以为淫厉，况良霄（被杀的政治家，他的出现已传遍全城），我先君穆公之胄，子良之孙，子耳之子，数世之卿，从政三世矣……其用物也弘矣，其取精也多矣……而强死，做为鬼，不亦宜乎？”（《左传》昭公七年）

另外一个故事，叙述当时南方吴国另外的一个聪明人季札，他（约在公元前515年）负着外交使命而在北方旅行，旅途中他的爱子死去了。孔子由于这位习于礼的伟大哲学家季札的盛名的感召曾往而观葬。既封墓，季子左袒绕墓三呼道：“骨肉归复于土，命也。若魂气，则无不之也，无不之也。”仪式既毕，季札便继续登程了。

这两个常被引述的故事或可指出：一些贤智之士意在从矛盾纷纭的流行信仰基础上抽出一些有关人类“残存”永生（survival）的一般观念。这种一般性的理论，为方便计可援用下列的几句经文加以简赅的说明：“体魄则降，知气在上”（《礼运》）。又“魂迷归于天；形魄归于地”（《郊特性》）。显然的，简赅的陈述，跟季札在他儿子葬礼中所谓：“骨肉归复于土。若魂气，则无不之也”的话是大致符合的。

正统派哲学家关于魂魄仅讨论到这里为止；他们不再臆测魂气离开人体而飘扬于空中以后究竟如何演变。他们以自称一无所知尽力的避免讨论。有的哲学家，如下文所知，实际上甚至否认鬼神的存在。

但是，一般人民却并不为这种犹豫所困扰。他们认为灵魂是一种事实，是一种真实的事物。他们确信灵魂或游动于地下甚或人世之间，通常是看不见的，但在必要时也可以显现。他们确信：正由于有灵魂，才有鬼神；灵魂本来的居处虽是在坟墓内或地下——“黄泉”——却可以且愿意探亲家里族人；鬼魂能够而且真的享用祭献的食物。同样的他们相信，如果不供献食物，鬼会饿，并且可以“饿死”。因为一个古老的信仰说：“神不歆非类”（《左传》），正是肇端于这种古老的祖先崇拜宗教信仰，也正由于这才使得人而无后成了一大罪愆。

此外，另一个有关的信仰认为鬼魂如无处可去和享用应得的祭献，就会作祟害人。而这种信仰使得死后没有子嗣的人可以指定和收继子嗣的那种制度合理化了。

但是，甚至在最早的历史时期，中国人的祖先崇拜已对于要崇拜的祖先的数目却上了一项限制。就没有官阶的平民来说，祭献只限于去世的父母和祖父母，甚至在大家族内，祭祀也仅限于三四代。远祖由于每一新的世代（的死亡）而被跻升成为迁祧不祀的阶级。关于例常的迁祧的制度，儒家已有详细的考订，且用于皇朝和帝室的祖先。

那么迁祧的祖先灵魂将会怎样呢？他们不会饿死吗？答案曾是这样，即灵魂渐渐地缩小而最后完全消失。一种流行的信仰认为“新鬼大，故鬼小”[①]。就基于这类信仰。在古老的字典上“死”字便被界说为“澌灭”（《说文》）。这项定义综括了中国平民的常识和知识阶级的怀疑主义（skepticism）和理性主义（rationalism）。总之，早期中国人的华夏宗教含有着一些有关人类死后遗存的观念的，不过赋予生体以生命和知识的人体灵魂，虽视其强弱而做一个短时期的鬼神，却仍渐渐地衰萎而终至完全消散，它不是不灭的。

五

现在，纵是这样中庸的一种有关人类死后遗存的观念也受到哲

① 陈槃谨案文二年《左传》：“大事与大庙，跻僖公，逆祝也（杜解：僖是闵兄，不得为父子。尝为臣，位应在下。令居闵上，故曰逆祝）。于是夏父弗忌为宗伯尊僖公，且明见曰：吾见新鬼大，故鬼小。先大后小，顺也（解：新鬼，僖公，既为兄，死时年又长。故鬼，闵公，死时年少。弗忌明言其所见）。”依旧说，则僖公于闵公为兄，故其死也为鬼大。闵公为弟，故其死也为鬼小。亦即鬼之大小视其人之长少，不关新故。此说胡先生所不取，然读者详焉可也。——译者

学家们怀疑和警惕的批评。甚至是出身于巫史阶级的“儒”，且经训练而专司丧祖先祭祀种种仪礼的人正统派哲学家们，也为了祭献和殉葬品的奢侈，以及在某些有权势的阶层中仍残余的原始人殉习俗而感到困扰。

在《左传》(722B. C. －468B. C.)这编年史里有六条关于“殉”即杀人殉葬的记载（分见文公六年，宣公十五年，成公二年、十年，昭公十三年，定公二年），其中只有一例（宣公十五年）记载着有意违背了即将死去的父亲的愿望而没有用他的宠妾殉葬。另外的五例则连累了许多人命牺牲在王室的墓葬中。其中两例（昭公十三年及定公二年）正当孔子生时（前 551－前 479）昭公十三年，楚王在内战流亡途中死于芈尹申亥氏。申亥曾以他的两个女儿殉葬。

《檀弓》（《礼记》卷二，其中包括很多关于孔子和他的第一二两代弟子以及同时代人的故事）曾显然带有赞许意味地举出两条委婉拒绝以人殉葬的例子。而这两个例子都似乎属于孔子死后不久的时代。

此外，《左传》还记载了七条（见宣公十五年、三十年，成公三年，昭公五年、九年、十年，定公三年）有关另一型人殉的例子即献俘于祭坛。其中三例，都是用战俘的血衅鼓的奇异风俗——不过牺牲者都被赦免了。定公七年一例，有一个战败“夷狄”之族的王子在战役中被俘，而活生生的送到祭坛作了牺牲，不过祭仪以后却饶了他的命。这条例证是当孔夫子约五十岁时发生在他的故乡鲁国。

这些史例虽限于王朝贵族中国家的活动，但无疑的说明了以人当已死祖先的牺牲一持久而普遍的风俗。不过由于文明的一般发展早已经达到一个相当高度的人文主义和理性主义的水准，所以大部分这类不人道的习俗的记载都附有史家的严厉非议。纵是这样，这一类的事件在号为文明国度里却仍然被可敬重的人们在奉行着。因此，当时的思想家为促成这种不人道习俗的宗教观念所困恼就无可惊异了。

孔子一派的哲学家似乎获得这样的结论：即促成人殉和厚葬的基本观念就是相信人在死后仍保有他的知识和感觉。孔子的一位弟子曾说过："夏后氏用明器，示民无知也。殷人用祭器，示民有知也。周人兼用之，示民疑也"（见《礼记·檀弓》上）。这段说明坦率的指出明器殉葬和人死后有知的信仰间的历史关联。

孔子自己也持同样的看法。他说：

为明器者知丧道矣。……哀哉死者而用生者之器也，不殆用殉乎哉！……涂车雏灵自古有之，明器之道也。……为俑者不仁，殆于用人乎哉？（《礼记·檀弓》下和《孟子》卷一第四章）

显然的，孔子和他的一些弟子公开反对以真实的用器殉葬，因为这会暗示人类死后仍然有知的信仰。但是，他们是不是就那样公开地承认且宣扬死者是无知的吗？

孔子和他同派的学者偏于采取一种不轻加臆断的立场，而把这个问题加以保留。孔子说："之死，而致死之，不仁，而不可为也；之死，而致生之，不知，而不可为也"（见《礼记·檀弓》上）。那么正确的态度就是"我们无所知"。

这种事在《论语》中表现的更为明显。当一位弟子①问如何事奉鬼神的时候，孔子说："未能事人，焉能事鬼？"于是这位弟子又说："敢问死？"孔子说："未知生，焉知死？"（见《论语·先进》）又某次，孔子问弟子："由，诲汝知之乎？知之为知之，不知为不知，是知也。"（见《论语·为政》）

就孔子某些弟子来说，只要从不知论的立场再走一步，就会坦白地否认人死后有知，从而否认一切有关鬼神上帝的存在和真实性。公元前五世纪到［公元前］四世纪时，儒家曾受到敌对的墨教学者的驳斥，认为他们实际是否定鬼神存在的。

---

① 此弟子是子路。——编者

墨教是公元前五世纪最伟大的宗教领袖墨翟倡导的。他竭诚奋力地想与人民的神道宗教辩护和改造，因此颇意〈引〉起一阵骚动。他信仰一种人格神（a personal god），而神是希望人该兼爱无私的。他坚决相信鬼神的存在的真实性。在《墨子》一书内，较长的一篇文章就是《明鬼》（卷三十一）。在这篇文章内，墨翟试图以三类论据辩证鬼的存在：（1）许多人确曾见过鬼或听到过鬼的声音，（2）鬼的存在，明白地记载或暗示于许多古籍中，（3）承认鬼神存在有助于人类的道德行为和国家的安谧。

墨翟复兴了并且建立了一个具有伟大力量的宗教。他是中国历史上最伟大最可敬爱的人物之一。但是他却没有“证明”鬼神的存在。

稍后，正统派的中国思想家或不仔细思索而直接地接受了传统的崇拜和祭祀；或是以孔子不轻加臆断的口实而承认他们不知道人在死后究否有知。为了更确定孔子的立场，晚期的儒家捏造了一个故事，作者不明，故事本身初见于公元前一世纪继而以增改的形式而流行于纪元三世纪。故事是这样的，一位弟子①问孔子死者是否可知，孔子说：“吾欲言死者之有知，将恐孝子顺孙妨生以送死。吾欲言死之无知，将恐不孝之子弃不葬。赐欲知死者有知与无知非今之急，死后自知之。”（见刘向《说苑》卷十八；孔子《家语）卷二）

但是有些中国思想家却坦白地采取一种无神论的立场。中国最伟大的哲学家之一王充（27—约100）写过几篇论文（见《论衡》卷六十一、六十三、六十五）以证明：“人死后并不变为鬼，死后无知同时并不能伤害人类。”他直认：当血液在一个人的脉管中停止循环，他的呼吸与灵魂随即分散，尸体腐烂或为泥土，并没有鬼。他的最出名的证明无鬼的推论之一是如此的：如果真的鬼系由死人灵魂所形成，那末，人们所见到的鬼应该是裸体的，确实应该没有穿

① 即子贡。——编者

衣裳。实在的，衣服与带子腐烂后不会有灵魂存在，如何能见到穿着衣裳的鬼？

就我所知，这项论证从来还没有被成功地驳倒过。

六

几乎就在王充致力于他的伟大《论衡》的时侯，伟大的佛教侵入了中国，且已经在群众和有权势的阶层中收到了教徒。在短短的两三个世纪内，中国就被这个印度宗教征服了；中国人的思想和信仰，宗教和艺术，甚至生活的各方面，都逐渐地印度化了。这种印度化的过程持续了近乎两千年。

严格地说，原来的佛教是一种无神论的哲学，主张万物包括“自己”，都是原素（elements）的偶然组合，且终将分散而复成为原素。没有什么是永恒的，也无所谓持续和稳定（continuity and stability），无我、无相、无性（no self，no ego，no soul）。

但是中国人民对于这类形而上的理论却并不感兴趣。在一般人心目中，佛教所以是一个伟大的宗教，因为它首先就告诉中国有很多重天和很多层地狱；首先告诉中国以新奇的轮回观念和同样新奇有关前生、今世和来世的善恶报应观念。

这些新奇的观念急切地为千百万的中国男女接受了，因为这正是古老华夏宗教所缺少的。在漫长的岁月里，这一切观念都变成了中国宗教思想和信仰的一部分。它们也变成了复兴的华夏教，即现在盛行的所谓道教的一部分。天堂现已采用了中国名称，地狱也由中国的帝王和审判官来监理。天国的喜悦，地狱的恐怖，天路旅程的逍遥，地狱苦海的沉痛——所有这些观念不仅颂之于歌，笔之于奇幻的故事，并且在到处的庙院里绘成了巨幅生动的壁画，以作为人们日常的启迪和戒惧。

在这种情形下，古老的华夏信仰因愈变得丰富，革新而加强起来了。同样，华夏文化也因此而印度化了。同样，关于灵魂和灵魂永存的古老概念也逐渐完全改观。灵魂虽仍叫魂，但是现在却认为它能够周历轮回而永生的，且无论是好或坏，完全依着善恶报应的绝对因果关系。只有“魂”才进入儿率天[①]，或受无量寿和永明的阿弥陀佛支配的极乐世界。但作恶者的灵魂却要下地狱，遭受下油锅、慢慢地凿、捣、研磨、八卸八块（分尸）一类的酷刑。

中古时代的中国遭受的这种佛教的征服势锐不可当，因此许多的中国学者都被震吓住了。他们面对新宗教夸张的象喻和暖昧的形而上学，而感到耳目眩迷，甚至为之俘获。但是随着时期的演进，中国的人道主义、自然主义和怀疑主义却又渐渐地恢复起来了。

大约在公元五百一十年，也就是佛教征服的高潮时期，一位经学家范缜开始攻击这一新的宗教，而坦白否认灵魂的存在。他撰写了一篇《神灭论》，内中指称：“神即形也，形即是神也，是以形存则神存，形谢则神灭也。”下面则是他最精辟的一段辩论：

> 形者神之质，神者形之用……神之于质，犹利之于刀……舍利无刀，舍刀无利，未闻刀没而利存，岂容形亡而神在。[②]

范缜的论文包括三十一项问题和解答。他在文末指出，文旨在从虚伪自私的佛教统治下解放出可悯的中国。

范缜论文的发表大大的触怒了虔信佛教的梁武帝（502－549 年在位），和尚和尼姑都骚动起来。皇帝发布了一项驳斥范缜论文的命令，提醒他们举凡三大宗教——儒教、道教、佛教——都一致主张灵魂的不灭性，而且不学无术心胸狭隘的范缜至少应该晓然儒家的经典对于这一课题曾是如何解说的。这项皇帝的敕命曾被一位伟大的佛教方丈热忱地加以翻印，并分送给六十二位王族朝廷大臣和当

① 儿率天为佛教中所宣扬的欲界六天中第四天。——编者

② 见《梁书》卷四十二《范缜传·神灭论》。——译者

时有名的学者以资征询意见。这六十二位名士在复函里都由衷地赞颂皇帝的驳斥。

但是史家告诉我们，虽然整个朝廷和全国因范缜的理论而骚动，没有一个人在反驳他的辩论上获得成功。

范文所称灵魂只是身体功能的表现，并不能在身体死后独存的论见对于后世中国思想有重大的影响。如哲学家兼史学家的司马光（1019—1086）在驳斥流行的天堂地狱信仰时就抱持类似的理论。他说："甚至假如有地狱和凿焚捣研等刑法，当尸体已经腐烂，灵魂也已分散时，还遗留有什么东西来承受这些酷刑?"这真是范缜理论的一项注解了。

七

因此我们考证的实在结果应可分为两方面：（1）流行的中国固有宗教甚至即在一些显然有识者的努力以求其系统化合理化以后，也仍含有一种关于人类灵魂及其死后永存的书丛单纯观念。而且正是这种中国的灵魂观念，才由于印度佛教的新思想，而为之加强和革新。（2）中国重要的智识界领袖对于这个问题似乎没有积极的兴趣，果然他们有些什么兴趣的话，他们的讨论也常常要不是终于不可臆断，即是公然否定灵魂和它的不灭。

这使我们要提出两个问题：（1）中国思想家对于灵魂和它的不灭问题为什么不感兴趣?（2）在知识阶级的宗教或精神生活中有没有什么可以认为是代替人类不朽概念的?

第一个问题的答案是中国文化和哲学的传统由于素来偏重人道主义和理性主义，所以哲学家便不大认真关心于死后生活和神鬼的问题。孔子说："未能事人，焉能事鬼?""未知生，焉知死?"这几句话可作为这方面的说明。

另外一次，孔子说："君子不忧不惧，内省不疚，夫何忧何惧"

（《论语·颜渊篇》）。在这个人类世界上，道德的生活本身已足够是一个目的，固不需忧虑事后未来或畏惧鬼神。

孔门伟大弟子之一的曾子也给我们留下了一个楷模。他说：“士不可以不弘毅，任重而道远。仁以为己任，不亦重乎！死而后已，不亦远乎！”（《论语·泰伯篇》）一个中国君子，如果没有深受印度思想和信仰的影响，对于“死而后已”的想法是不会感到痛苦和后悔的。

现在谈到第二个问题：就中国知识分子来说，究竟有没有什么中国人的概念或信仰可以取代其他宗教人类不朽观念呢？

当然有的，据《左传》记载，公元前五四九年——即孔子不过是两岁大的孩子的时侯——鲁国的一个聪明人叔孙豹曾说过几句名言，即所谓有三个不朽：“大上有立德；其次有立功；其次有立言。虽久不废，此之谓不朽。”同时，他举了一个例：“鲁有先大夫曰臧文仲，既没，其言立”[①]。这段话两千五百年来一直是最常被援引的句子，而且一直有着重大的影响。这就是一般所谓的“三不朽”，我常常试译为“三 W”，即德（worth）、业（work）、言（words）的不朽。

三不朽论的影响和效果是深厚宏达而不可估计的，而且它本身就是“言”之不朽的最佳证明。

公元一五〇八年，伟大的哲学家王守仁的学生（1528 年逝世）问他炼丹术究否可以延年益寿。他答说：“我们孔夫子的学派也有我们不朽的见解，例如孔夫子最嘉爱的弟子颜回三十二岁去世，但他今天仍然活着，你能相信吗？”

我在写这篇论文的时候，我的记忆使我回想到五十多年前，回想到安徽南部山中我第一次进入的那个乡村学校。每天从高凳上，我可以看见北墙上悬挂的一幅长轴，上面有公元八世纪时政治家和大书法家颜真卿写的一段书札的印本。当我初认草书时，我认出来这张书札开头引用的就是立德、立功、立言的三不朽论。五十年匆

① 见《左传》襄二十四年。——译者

匆地过去了，但是我第一次发现这些不朽的话的深刻印象却一直没有毁灭。

这古老的三不朽论，两千五百年来曾使许多的中国学者感到满足。它已经取代了人类死后不朽的观念，它赋与了中国士大夫以一种安全感，纵然死了，但是他个人的德能、功业、思想和语言却在他死后将永垂不朽。

我们不必认为仅有伟大的德能、功业和教言才是不朽的。就我们现代人来说，我们应十分可能且合理的把这种古老的观念重加阐释，民主化或社会化。这样，则所谓德也许才可以意味着我们所以为人的一切，才可以意味着我们所为的一切，才可以意味着我们所想的和所说的一切。这种学说可以得到一种现代的和科学的意义，就是在这个世界上的任何一个人，不论他怎样的鄙陋低微而不足道，总都会留下一些东西，或善或恶，或好或坏。由于不只是好的才能留下来，所以古语说得好："遗臭万年"。对于恶善贤愚不肖都可以贻人的影响的这种了解，而使我们对自己所以不朽的行为思想和言语道义，深深地怀有一种道义的责任感。举凡我们的为人、行事和言谈在这个世界上的某些地方，都会发生影响，而那种影响在别的地方又会发生另外的影响，如此而至于无穷的时间和空间。我们不能全然了解一切，但是一切都存在那里，而至于无穷尽。

总之，就像猫狗会死一样，个人也会死的，但是他却依然存在所谓人类或社会的"大我"之中，而大我是不朽的。大我的继续存在，成为无量数小我个人成功与失败的永存纪念物。"人类的现状固源于我们若祖若父的贤愚，但是我们终将扮演成何等角色，则须从我们未来的情势去加以判断。"

（胡适1945年演讲于哈佛大学"殷格索讲座"，英文讲词发表于同年《哈佛大学神学院院刊》；1963年12月经杨君实译注，刊于《中央研究院历史语言研究所集刊》第34期，下册）

“宁鸣而死，不默而生”

——九百年前范仲淹争自由的名言

几年前，有人问我，美国开国前期争自由的名言“不自由，毋宁死”（原文是 Patrick Henry 在 1755 年的“给我自由，否则给我死……“Give me liberty，or give me death”），在中国有没有相似的话。我说，我记得是有的，但一时记不清是谁说的了。

我记得是在王应麟的《困学纪闻》里见过有这样一句话，但这几年我总没有机会去翻查《困学纪闻》。今年偶然买得一部影印元本的《困学纪闻》，昨天检得卷十七有这一条：

> 范文正《灵乌赋》曰：“宁鸣而死，不默而生。”其言可以立懦。

“宁鸣而死，不默而生”，当时往往专指谏诤的自由，我们现在叫做言论自由。

范仲淹生在西历九八九年死在一〇五二年，他死了九百零三年了。他作《灵乌赋》答梅圣俞的《灵乌赋》，大概是在景祐三年（1036）他同欧阳修、余靖、尹洙诸人因言事被贬谪的时期。这比亨利柏得烈的“不自由，毋宁死”的话要早七百四十年。这也可以特别记出，作为中国争自由史上的一段佳话。

梅圣俞名尧臣，生在西历一〇〇三年，死在一〇六一年。他的集中有《灵乌赋》。原是寄给范仲淹的，大意是劝他的朋友们不要多说话。赋中有这句子：

凤不时而鸣，
乌哑哑兮招唾骂于里闾。
乌兮，事将乖而献忠，
人反谓尔多凶。……
胡不若凤之时鸣，
人不怪兮不惊！……
乌兮，尔可，
吾今语汝，庶或我（原作汝，似误）听。
结尔舌兮钤尔喙，
尔饮啄兮尔自遂，
同翱翔兮八九子，
勿噪啼兮勿睥睨，
往来城头无尔累。

这篇赋的见解、文辞都不高明。（圣俞后来不知因何事很怨恨范文正，又有“灵乌后赋”，说他“憎鸿鹄之不亲，爱燕雀之来附。既不我德，又反我怒。……远己不称，昵己则誉。”集中又有《谕乌诗》，说，“乌时来佐凤，署置且非良，咸用所附己，欲同助翱翔。”此下有一长段丑诋的话，好像也是骂范文正的。这似是圣俞传记里一件疑案；前人似没有注意到。）

范仲淹作《灵乌赋》，有自序说：

梅君圣俞作是赋，曾不我鄙，而寄以为好。因勉而和之，庶几感物之意同归而殊途矣。

因为这篇赋是中国古代哲人争自由的重要文献，所以我多摘抄几句：

灵乌，灵乌，
尔之为禽兮何不高飞而远翥？
何为号呼于人兮告吉凶而逢怒！
方将折尔翅而烹尔躯，
徒悔焉而亡路。
彼哑哑兮如诉，
请臆对而忍谕：
我有生兮累阴阳之含育，
我有质兮虑天地之覆露。
长慈母之危巢，
托主人之佳树。
……
母之鞠兮孔艰，
主之仁兮则安。
度春风兮既成我以羽翰，
眷高柯兮欲去君而盘桓。
思报之意，厥声或异：
忧于未形，恐于未炽。
知我者谓吉之先，
不知我者谓凶之类。
故告之则反灾于身，
不告之则稔祸于人。
主恩或忘，我怀靡臧。
虽死而告，为凶之防。
亦由桑妖于庭，惧而脩德，俾王之兴；
雉怪于鼎，惧而脩德，俾王之盛。

天听甚迩，人言曷病！
被希声之凤皇，
亦见讥于楚狂。
彼不世之麒麟，
亦见伤于鲁人。
凤岂以讥而不灵？
麟岂以伤而不仁？
故割而可卷，孰为神兵？
焚而可变，孰为英琼？
宁鸣而死，不默而生！
胡不学太仓之鼠兮，
何必仁为，丰食而肥？
仓苟竭兮，吾将安归！
又不学荒城之狐兮，
何必义为，深穴而威？
城苟圮兮，吾将畴依！
……
我乌也勤于母兮自天，
爱于主兮自天。
人有言兮是然。
人无言兮是然。

这是九百多年前一个中国政治家争取言论自由的宣言。

赋中“忧于未形，恐于未炽”两句，范公在十年后（1046），在他最后被贬谪之后一年，作《岳阳楼记》，充分发挥成他最有名的一段文字：

嗟夫，予尝求古仁人之心，……不以物喜，不以己悲，居庙堂之高则忧其民，处江湖之远则忧其君，是进亦忧，退亦忧。

然则何时而乐耶？其必曰：“先天下之忧而忧，后天下之乐而乐”乎？噫，微斯人，吾谁与归？

当前此三年（1043）他同韩琦、富弼同在政府的时期，宋仁宗有手诏，要他们“尽心为国家诸事建明，不得顾忌”。范仲淹有《答手诏条陈十事》，引论里说：

我国家革五代之乱，富有四海，垂八十年。纲纪制度，日削月侵，官壅于下，民困于外，夷狄骄盛，寇盗横炽，不可不更张以救之。……

这是他在那所谓“庆历盛世”的警告。那十事之中，有“精贡举”一事，他说：

……国家乃专以辞赋取进士，以墨义取诸科。士皆舍大方而趋小道。虽济济盈庭，求有才有识者，十无一二。况天下危困，乏人如此，将何以救？在乎教以经济之才，庶可以救其不逮。或谓救弊之术无乃后时？臣谓四海尚完，朝谋而夕行，庶乎可济。安得晏然不救，坐俟其乱哉？……

这是在中原沦陷之前八十三年提出的警告。这就是范仲淹说的“忧于未形，恐于未炽”；这就是他说的“先天下之忧而忧”。

从中国向来知识分子的最开明的传统看，言论的自由，谏诤的自由，是一种“自天”的责任，所以说，“宁鸣而死，不默而生”。

从国家与政府的立场看，言论的自由可以鼓励人人肯说“忧于未形，恐于未炽”的正论危言，来替代小人们天天歌功颂德、鼓吹升平的滥调。

（纽约读书笔记）

（原载于《自由中国》第12卷第7期，1955年4月1日）

大宇宙中谈博爱

“博爱”就是爱一切人。这题目范围很大。在未讨论以前，让我们先看一个问题：“我们的世界有多大?”

我的答复是“很大”! 我从前念《千字文》的时候，一开头便已念到这样的辞句：“天地玄黄，宇宙洪荒。”宇宙是中国的字，和英文的 Universe，World 意思差不多，都是抽象名词。宇是空间（Space）即东、南、西、北；宙是时间（Time）即古、今、旦、暮。《淮南子》说宇是上下四方，宙是古往今来。宇宙就是天地，宇宙就是 Time Space。古人能得“Universe”的观念实在不易，相当合于今日的科学。但古人所见的空间很小，时间很短，现在的观念已扩大了许多。考古学探讨千万年的事，地质学、古生物学、天文学等等不断的发现，更将时间空间的观念扩大。

现在的看法：空间是无穷的大，时间是无穷的长。

古人只见到八大行星，二十年前只见九大行星。现在所谓的银河，是古代所未能想象得到的。以前觉得太阳很远，现在说起来算不得什么，因为比太阳远千万倍的东西多得很。

科学就这样地答复了“宇宙究竟有多大?”这个问题。

现在谈第二点：博爱。

在这个大世界里谈博爱，真是个大问题。广义的爱，是世界各大宗教的最终目的。墨子可谓中国历史上最了不起的人，可说是宗教创立者（Founder of Religion），他提出“兼爱”为他的理论中心。兼爱就是博爱，是爱无等差的爱。墨子［的］理论和基督教教义有很多相合的地方，如“爱人如己”、“爱我们的仇敌”等。

佛教哲学本谓一切无常，我亦无常，“我”是“四大”（土、水、火、风）偶然结合而成的，是十分简单的东西，因此无所谓爱与恨——根本不值得爱，也不值得恨。但早期佛教亦有爱的意念在：我既无常，可牺牲以为人。

和尚爱众生，但是佛教不准自食其力，所以有人称之为“叫花”（乞丐）宗教。自己的饭亦须取之于人，何能博爱？

古时很多人为了“爱”，每次登坑（大便）的时候便想，想，大想一番，想到爱人。有些人则以身喂蚊，或以刀割肉，以自身所受的痛苦来显示他们对人的爱。这种爱的方法，只能做到牺牲自己，在现代的眼光看来，是可笑的。这种博爱给人的帮助十分有限，与现代的科学——工程、医学……等所能给我们的“博爱”比起来，力量实在小得可怜。今日的科学增进了人类互助博爱的能力。就说最近意大利邮船 Andrea Doria 号遇难的事吧，短短的数小时内就救起千多人。近代交通、医学……等的发达，减少了人类无数的痛苦。

我们要谈博爱，一定要换一观念。古时那种喂蚊割肉的博爱，等于开空头支票，毫无价值。现在的科学才能放大我们的眼光，促进我们的同情心，增加我们助人的能力。我们需要一种以科学为基础的博爱——一种实际的博爱。

孔子说：“修己以敬，修己以安人，修己以安百姓。”修己就是把自己弄好。我们应当先把自己弄好，然后帮助别人；独善其身然后能兼善天下。同学们，现在我们读书的时候，不要空谈高唱博爱；但应先努力学习，充实自己，到我们有充分能力的时候才谈博爱，仍不算迟。

（胡适 1956 年 9 月 17 日演讲于美国中西部留学同学夏令大会。载于香港《灯塔》第 8 期，1957 年 2 月 1 日）

胡適文集

人生卷

人物

谁是中国今日的十二个大人物？

上海的《密勒氏评论报》[《每周评论》]（The Week Review）现在举行一种投票，征求读者选举“中国今日的十二个大人物”。这种选举，定于明年一月一日截止；但每周的结果，在那报上发表的，已有四次了。

十一月四日的结果是：

1. 王宠惠	2. 孙　文	3. 顾维钧
4. 吴佩孚	5. 冯玉祥	6. 张　謇
7. 蔡元培	8. 阎锡山	9. 王正廷
10. 陈炯明	11. 余日章	12. 颜惠庆

十一月十一日的次第和票数如下：

1. 孙　文	331	2. 顾维钧	323
3. 冯玉祥	313	4. 王宠惠	313
5. 吴佩孚	286	6. 蔡元培	246
7. 张　謇	239	8. 阎锡山	227
9. 余日章	187	10. 王正廷	185
11. 黎元洪	149	12. 陈炯明	145

这种报是英文的周报，行销于寓居中国的美国人和其他英语人

士的居多，故这种投票只可以表示这一派人的倾向，本不值得什么严重的注重。办理这次选举的人，似乎亦不很知道中国的情形；如十月二十八日的报上，章行严有一票，而章士钊另有四票；十一月十一日的报上，章炳麟有十九票，而章太炎另有五十四票：他们竟不知道这四个姓章的，原来只是两个人！

但上海的一种有势力的英文报上竟因此大发其议论，说这一次投票的结果，是英美留学生占过半数，而且基督徒占过半数，可见英美教育和基督教的影响之佳和势力之大了。这种论调便不能不引起我们的抗议了。我们因此试问自己：

谁是中国今日的十二个大人物？

我们也拟一张名单，请大家看看。我们不能说我们的意见比那三百多人的意见更能代表中国多数人的意见：我们至少可以说我们的意见似乎更公平一点。我们举的十二个人是：

第一组　学者三人：

章炳麟（太炎）　罗振玉（叔蕴）　王国维（静庵）

第二组　影响近二十年的全国青年思想的人四人：

康有为（长素）　梁启超（任公）

蔡元培（孑民）　陈独秀（仲甫）

第三组　影响虽限于较小的区域，而收效很大的，二人：

吴敬恒（稚晖）　张　謇（季直）

第四组　在近二十年的政治史上有很大的势力的。三人：

孙　文（中山）　段祺瑞（芝泉）　吴佩孚（子玉）

第一组的三人，社会上只知道章太炎而很少知罗王两位的；故《密勒氏评论报》的投票，章先生得七十三票，罗先生只得四票，而王先生一票也没有。其实章先生的创造时代似乎已过去了，而罗王两位先生还在努力的时代，他们两位在历史学上和考古学上的贡献，已渐渐的得世界学者的承认了。

第二组的人是不须介绍的。但我们看《密勒氏评论报》上的选举结果，康有为只三十二票，比梅兰芳只多十票，而比宋汉章还少五票，未免有点不平。康先生近年来虽然老悖了，但他在中国思想史上的位置是不能抹煞的。梁任公在《密勒报》上得的票数（105），只比聂云台多一票，这也不能使人心服。

第三组的两人，张季直之外，我们不举阎锡山而举吴稚晖，这一点自然要引起一些人的疑问。吴先生是最早有世界眼光的；他一生的大成绩在于提倡留学。他先劝无锡人留学，劝常州人留学，劝江苏人留学，现在还在那里劝中国人留学。无锡在人才上，在实业上，所以成为中国的第一个县份，追溯回去，不能不算他为首功。东西洋留学生今日能有点成绩和声望的，内中有许多人都受过他的影响或帮助。他至今日还是一个穷书生；他在法国办勤工俭学的事，很受许多人（包括我在内）的责怪。但我们试问，今日可有第二个人敢去或肯去干这件“捎末梢”的事？吴稚晖的成绩是看不见的，是无名的，但是终久存在的；阎百川在山西的成绩是看得见的，然而究竟是有限的。所以我们不得不舍阎而举吴了。

第四组的三人，也不用特别介绍。我们只要指出，段芝泉虽然失败，但他在历史上的位置究竟在黎宋卿一群人之上；我们不愿用成败来论人，自然不能不把他列入十二人之数了。

十一，十一，十五夜

（原载于《努力周报》第29期，例行出版日期1922年11月10日，实际推迟出版）

高梦旦先生小传

民国十年的春末夏初，高梦旦先生从上海到北京来看我。他说，他现在决定辞去商务印书馆编译所所长的事，他希望我肯去做他的继任者。他说："北京大学固然重要，我们总希望你不会看不起商务印书馆的事业。我们的意思确是十分诚恳的。"

那时我还不满三十岁，高先生已是五十多岁的人了。他的谈话很诚恳，我很受感动。我对他说："我决不会看不起商务印书馆的工作。一个支配几千万儿童的知识思想的机关，当然比北京大学重要多了。我所虑的只是怕我自己干不了这件事。"当时我答应他夏天到上海商务印书馆去住一两个月，看看里面的工作，并且看看我自己配不配接受高先生的付托。

那年暑假期中，我在上海住了四十五天，天天到商务印书馆编译所去，高先生每天都把编译所各部分的工作指示给我看，把所中的同事介绍和我谈话。每天他家中送饭来，我若没有外面的约会，总是和他同吃午饭。

我知道他和馆中的老辈张菊生先生、鲍咸昌先生、李拔可先生，对我的意思都很诚恳。但是我研究的结果，我始终承认我的性情和训练都不配做这件事。我很诚恳的辞谢了高先生。他问我意中有谁可任这事。我推荐王云五先生，并且介绍他和馆中各位老辈相见。

他们会见了两次之后，我就回北京去了。

我走后，高先生就请王云五先生每天到编译所去，把所中的工作指示给他看，和他从前指示给我看一样。一个月之后，高先生就辞去了编译所所长，请王先生继他的任，他自己退居出版部部长，尽心尽力的襄助王先生做改革的事业。

民国十九年，王云五先生做了商务印书馆的总理。民国二十一年一月，商务印书馆的闸北各厂都被日本军队烧毁了。兵祸稍定，王先生决心要做恢复的工作。高先生和张菊生先生本来都已退休了，当那危急的时期，他们每天都到馆中来襄助王先生办事。两年之中，王先生苦心硬干，就做到了恢复商务印书馆的奇迹。

我特别记载这个故事，因为我觉得这是一件美谈。王云五先生是我的教师，又是我的朋友，我推荐他自代，这并不足奇怪。最难能的是高梦旦先生和馆中几位老辈，他们看中了一个少年书生，就要把他们毕生经营的事业付托给他。后来又听信这个少年人几句话，就把这件重要的事业付托给了一个他们平素不相识的人。这是老成人为一件大事业求付托的人的苦心，是大政治家谋国的风度。这是值得大书深刻，留给世人思念的。

高梦旦先生，福建长乐县人，原名凤谦，晚年只用他的表字“梦旦”为名。“梦旦”是在梦梦长夜里想望晨光的到来，最足以表现他一生追求光明的理想。他早年自号“崇有”，取晋人裴頠《崇有论》之旨，也最可以表现他一生崇尚实事痛恨清谈的精神。

因为他期望光明，所以他最能欣赏也最能了解这个新鲜的世界。因为他崇尚实事，所以他不梦想那光明可以立刻来临，他知道进步是一点一滴的积聚成的，光明是一线一线的慢慢来的。最要紧的条件只是人人尽他的一点一滴的责任，贡献他一分一秒的光明。高梦旦先生晚年发表了几件改革的建议，标题引一个朋友的一句话：“都是小问题，并且不难办到。”这句引语最能写出他的志趣。他一生做的事，三十年编纂小学教科书，三十年提倡他的十三个月的历法，三十年提倡简笔字，提倡电报的改革，提倡度量衡的改革，都是他认为不难做到的小问题。他的赏识我，也是因为我一生只提出两个小问题，锲而不舍的做去，不敢好高骛远，不敢轻谈根本改革，够得上做他的一个小同志。

高先生的做人，最慈祥，最热心，他那古板的外貌里藏着一颗最仁爱暖热的心。在他的大家庭里，他的儿子、女儿都说“吾父不仅是一个好父亲，实兼一个友谊至笃的朋友”。他的侄儿、侄女们都说：“十一叔是圣人。”这个圣人不是圣庙里陪吃冷猪肉的圣人，是一个处处能体谅人，能了解人，能帮助人，能热烈的爱人的、新时代的圣人。他爱朋友，爱社会，爱国家，爱世界。他爱真理，崇拜自由，信仰科学。因为他信仰科学，所以他痛恨玄谈，痛恨迷信，痛恨中医。因为他爱国家社会，所以他爱护人才真如同性命一样。他爱敬张菊生先生，就如同爱敬他的两个哥哥一样。他们爱惜我们一班年轻的朋友，就如同他爱护他自己的儿女一样。

他的最可爱之处，是因为他最能忘了自己。他没有利心，没有名心，没有胜心。人都说他冲澹，其实他是浓挚热烈。在他那浓挚热烈的心里，他期望一切有力量而肯努力的人都能成功胜利，别人的成功胜利都使他欢喜安慰，如同他自己的成功胜利一样。因为浓挚热烈，所以冲澹的好像没有自己了。

高先生生于一八七〇年一月二十八日，死于一九三六年七月二十三日，葬在上海虹桥公墓。葬后第四个月，他的朋友胡适在太平洋船上写这篇小传。

一九三六年十一月二十六日

（原载于《东方杂志》第34卷第1号，1937年1月1日）

丁在君这个人

傅孟真先生的《我所认识的丁文江先生》，是一篇很伟大的文章，只有在君当得起这样一篇好文章。孟真说：

> 我以为在君确是新时代最良善最有用的中国人之代表；他是欧化中国过程中产生的最高的菁华；他是用科学知识作燃料的大马力机器；他是抹杀主观，为学术为社会为国家服务者，为公众之进步及幸福而服务者。

这都是最确切的评论。这里只有“抹杀主观”四个字也许要引起他的朋友的误会。在君是主观很强的人，不过孟真的意思似乎只是说他“抹杀私意”，“抹杀个人的利害”。意志坚强的人都不能没有主观，但主观是和私意私利绝不相同的。王文伯先生曾送在君一个绰号，叫做 the conclusionist。可译做“一个结论家”。这就是说，在君遇事总有他的“结论”，并且往往不放松他的“结论”。一个人对于一件事的“结论”多少总带点主观的成分，意志力强的人带的主观成分也往往比较一般人要多些。这全靠理智的训练深浅来调剂。在君的主观见解是很强的，不过他受的科学训练较深，所以他在立身行道的大关节目上终不愧是一个科学时代的最高产儿。而他的意志的坚强又使他忠于自己的信念，知了就不放松，就决心去行，所以成为一个最有动力的现代领袖。

在君从小不喜欢吃海味，所以他一生不吃鱼翅、鲍鱼、海参。我常笑问他：这有什么科学的根据？他说不出来，但他终不破戒。但是他有一次在贵州内地旅行，到了一处地方，他和他的跟人都病倒了。本地没有西医，在君是绝对不信中医的，所以他无论如何不肯请中医诊治，他打电报到贵阳去请西医，必须等贵阳的医生赶到了他才肯吃药。医生还没有赶到，跟他的人已病死了，人都劝在君先服中药，他终不肯破戒。我知道他终身不曾请教过中医，正如他终身不肯拿政府干薪，终身不肯因私事旅行借用免票坐火车一样的坚决。

我常说，在君是一个欧化最深的中国人，是一个科学化最深的中国人。在这一点根本立场上，眼中人物真没有一个人能比上他。这也许是因为他十五岁就出洋，很早就受了英国人生活习惯的影响的缘故。他的生活最有规则：睡眠必须八小时，起居饮食最讲究卫生，在外面饭馆里吃饭必须用开水洗杯筷；他不喝酒，常用酒来洗筷子；夏天家中吃无皮的水果，必须在滚水里浸二十秒种。他最恨奢侈，但他最注重生活的舒适和休息的重要：差不多每年总要寻一个歇夏的地方，很费事的布置他全家去避暑；这是大半为他的多病的夫人安排的，但自己也必须去住一个月以上；他的弟弟、侄儿、内侄女，都往往同去，有时还邀朋友去同住。他绝对服从医生的劝告：他早年有脚痒病，医生说赤脚最有效，他就终身穿有多孔的皮鞋，在家常赤脚，在熟朋友家中也常脱袜子，光着脚谈天，所以他自称“赤脚大仙”。他吸雪茄烟有二十年了，前年他脚指有点发麻，医生劝他戒烟，他立刻就戒绝了。这种生活习惯都是科学化的习惯；别人偶一为之，不久就感觉不方便，或怕人讥笑，就抛弃了。在君终身奉行，从不顾社会的骇怪。

他的立身行已，也都是科学化的，代表欧化的最高层。他最恨人说谎、最恨人懒惰、最恨人滥举债、最恨贪污。他所谓“贪污”，包括拿干薪、用私人、滥发荐书、用公家免票来做私家旅行、用公家信笺来写私信，等等。他接受淞沪总办之职时，我正和他同住在上海客利饭店，我看见他每天接到不少的荐书。他叫一个书记把这些荐信都分类归档，他就职后，需要用某项人时，写信通知有荐信的人定期来受考试，考试及格了，他都雇用；不及格的，他一一通知他们的原荐人。他写信最勤，常怪我案上堆积无数未复的信。他说："我平均写一封信费三分钟，字是潦草的，但朋友接着我的回信了。你写信起码要半点钟，结果是没有工夫写信。"蔡孑民先生说在君"案无留牍"，这也是他的欧化的精神。罗文干先生常笑在君看钱太重，有寒伧气。其实这正是他的小心谨慎之处。他用钱从来不敢超过他的收入，所以能终身不欠债，所以能终身不仰面求人，所以能终身保持一个独立的清白之身。他有时和朋友打牌，总把输赢看得很重，他手里有好牌时，手心常出汗，我们常取笑他，说摸他的手心可以知道他的牌。罗文干先生是富家子弟出身，所以更笑他寒伧。及今思之，在君自从留学回来，担负一个大家庭的求学经费，有时候每年担负到三千元之多，超过他的收入的一半，但他从无怨言，也从不欠债；宁可抛弃他的学术生活去替人办煤矿，他不肯用一个不正当的钱；这正是他的严格的科学化的生活规律不可及之处；我们嘲笑他，其实是我们穷书生而有阔少爷的脾气，真不配批评他。

在君的私生活和他的政治生活是一致的。他的私生活的小心谨慎就是他的政治生活的预备。民国十一年，他在《努力周报》第七期上（署名"宗淹"）曾说，我们若想将来做政治生活，应做这几种预备：

> 第一，是要保存我们"好人"的资格。消极的讲，就是不要"作为无益"；积极的讲，是躬行克己，把责备人家的事从我们自己做起。

第二，是要做有职业的人，并且增加我们职业上的能力。

第三，是设法使得我们的生活程度不要增高。

第四，就我们认识的朋友，结合四五个人，八九个人的小团体，试做政治生活的具体预备。

看前面的三条，就可以知道在君处处把私生活看作政治生活的修养。民国十一年他和我们几个人组织“努力”[社]，我们的社员有两个标准：一是要有操守，二是要在自己的职业上站得住。他最恨那些靠政治吃饭的政客。他当时有一句名言：“我们是救火的，不是趁火打劫的。”（《努力》第6期）他做淞沪总办时，一面整顿税收，一面采用最新式的簿记会计制度。他是第一个中国大官卸职时半天办完交代的手续的。

在君的个人生活和家庭生活，孟真说他“真是一位理学大儒”。在君如果死而有知，他读了这句赞语定要大生气的！他幼年时代也曾读过宋明理学书，但他早年出洋以后，最得力的是达尔文、赫胥黎一流科学家的实事求是的精神训练。他自己曾说：

科学……是教育同修养最好的工具。因为天天求真理，时时想破除成见，不但使学科学的人有求真理的能力，而且有爱真理的诚心。无论遇见什么事，都能平心静气去分析研究，从复杂中求简单，从紊乱中求秩序；拿伦理来训练他的意想，而意想力愈增；用经验来指示他的直觉，而直觉力愈活。了然于宇宙生物心理种种的关系，才能够真知道生活的乐趣。这种活泼泼的心境，只有拿望远镜仰察过天空的虚漠，用显微镜俯视过生物的幽微的人，方能参领得透彻，又岂是枯坐谈禅妄言玄理的人所能梦见？（《努力》第49期，《玄学与科学》）

这一段很美的文字，最可以代表在君理想中的科学训练的人生观。他最不相信中国有所谓“精神文明”，更不佩服张君劢先生说的“自孔孟以至宋、元、明之理学家侧重内生活之修养，其结果为精神文明”。民国十二年四月中在君发起“科学与玄学”的论战，他的动机其实只是要打倒那时候“中外合璧式的玄学”之下的精神文明论。他曾套顾亭林的话来骂当日一班玄学崇拜者：

今之君子，欲速成以名于世，语之以科学，则不愿学，语之以柏格森、杜里舒之玄学，则欣然矣，以其袭而取之易也。（同上）

这一场的论战现在早已被人们忘记了，因为柏格森、杜里舒的玄学又早已被一批更时髦的新玄学“取而代之”了。然而我们在十三四年后回想那一场论战的发难者，他终身为科学僇力，终身奉行他的科学的人生观，运用理智为人类求真理，充满着热心为多数谋福利，最后在寻求知识的工作途中，歌唱着“为语麻姑桥下水，出山要比在山清”，悠然的死了，——这样的一个人，不是东方的内心修养的理学所能产生的。

丁在君一生最被人误会的是他在民国十五年的政治生活。孟真在他的长文里，叙述他在淞沪总办任内的功绩，立论最公平。他那个时期的文电，现在都还保存在一个好朋友的家里，将来作他传记的人（孟真和我都有这种野心）必定可以有详细公道的记载给世人看，我们此时可以不谈。我现在要指出的，只是在君的政治兴趣。十年前，他常说：“我家里没有活过五十岁的，我现在快四十岁了，应该趁早替国家做点事。”这是他的科学迷信，我们常常笑他。其实他对政治是素来有极深的兴趣的。他是一个有干才的人，绝不像我们书生放下了笔杆就无事可办，所以他很自信有替国家做事的能力。他在民国十二年有一篇《少数人的责任》的讲演（《努力》第67期），最可以表示他对于政治的自信力和负责任的态度。他开篇就说：

我们中国政治的混乱，不是因为国民程度幼稚，不是因为政客官僚腐败，不是因为武人军阀专横；是因为“少数人”没有责任心，而且没有负责任的能力。

他很大胆的说：

中年以上的人，不久是要死的；来替代他们的青年，所受的教育，所处的境遇，都是同从前不同的。只要有几个人，有不折不回的决心，拔山蹈海的勇气，不但有知识而且有能力，不但有道德而且要做事业，风气一开，精神就要一变。

他又说：

只要有少数里面的少数，优秀里面的优秀，不肯束手待毙，天下事不怕没有办法的。……最可怕的是一种有知识有道德的人不肯向政治上去努力。

他又告诉我们四条下手的方法，其中第四条最可注意。他说：

要认定了政治是我们唯一的目的，改良政治是我们唯一的义务。不要再上人家当，说改良政治要从实业教育着手。

这是在君的政治信念。他相信，政治不良，一切实业教育都办不好。所以他要我们少数人挑起改良政治的担子来。

然而在君究竟是英国自由教育的产儿，他的科学训练使他不能相信一切破坏的革命的方式。他曾说：“我们是救火的，不是趁火打劫的。”其实他的意思是要说，“我们是来救火的，不是来放火的。”照他的教育训练看来，用暴力的革命总不免是“放火”，更不免要容纳无数“趁火打劫”的人。所以他只能期待“少数里面的少数，优秀里面的优秀”起来担负改良政治的责任，而不能提倡那放火式的大革命。

然而民国十五六年之间，放火式的革命到底来了，并且风靡了全国。在那个革命大潮流里，改良主义者的丁在君当然成了罪人了。在那个时代，在君曾对我说：“许子将说曹孟德可以做‘治世之能臣，乱世之奸雄’；我们这班人恐怕只可以做‘治世之能臣，乱世之饭桶’罢！”

这句自嘲的话，也正是在君自赞的话。他毕竟自信是“治世之能臣”。他不是革命的材料，但他所办的事，无一事不能办的顶好。他办一个地质研究班，就可以造出许多奠定地质学的台柱子；他办一个地质调查所，就能在极困难的环境之下造成一个全世界知名的科学研究中心；他做了不到一年的上海总办，就能建立起一个大上海市的政治、财政、公共卫生的现代式基础；他做了一年半的中央研究院的总干事，就把这个全国最大的科学研究机关重新建立在一个合理而持久的基础之上。他这二十多年的建设成绩是不愧负他的科学训练的。

在君的为人是最可敬爱、最可亲爱的。他的奇怪的眼光，他的虬起的德国威廉皇帝式的胡子，都使小孩子和女人见了害怕。他对不喜欢的人，总得斜着头，从眼镜的上边看他，眼睛露出白珠多，黑珠少，怪可嫌的！我曾对他说：“从前史书上说阮籍能作青白眼，我向来不懂得；自从认得了你，我才明白了‘白眼对人’是怎样一回事！”他听了大笑。其实同他熟了，我们都只觉得他是一个最和蔼慈祥的人。他自己没有儿女，所以他最喜欢小孩子，最爱同小孩子玩，有时候他伏在地上作马给他们骑。他对朋友最热心，待朋友如同自己的弟兄儿女一样。他认得我不久之后，有一次他看见我喝醉了酒，他十分不放心，不但劝我戒酒，还从《尝试集》里挑了我的几句戒酒诗，请梁任公先生写在扇子上送给我。（可惜这把扇子丢了！）十多年前，我病了两年，他说我的家庭生活太不舒适，硬逼我们搬家；他自己替我们看定了一所房子，我的夫人嫌每月八十元的房租太贵，那时我不在北京，在君和房主说妥，每月向我的夫人收七十元，他自己代我垫付十元！这样热心爱管闲事的朋友是世间很少见的。他不但这样待我，他待老辈朋友，如梁任公先生，如葛利普先生，都是这样亲切的爱护，把他们当作他最心爱的小孩子看待！

他对于青年学生，也是这样的热心：有过必规劝，有成绩则赞不绝口。民国十八年，我回到北平，第一天在一个宴会上遇见在君，他第一句话就说："你来，你来，我给你介绍赵亚会！这是我们地质学古生物学新出的一个天才，今年得地质奖学金的！"他那时脸上的高兴快乐是使我很感动的。后来赵亚会先生在云南被土匪打死了，在君哭了许多次，到处为他出力征募抚恤金。他自己担任亚会的儿子的教育责任，暑假带他同去歇夏，自己督责他补功课；他南迁后，把他也带到南京转学，使他可以时常督教他。

在君是个科学家，但他很有文学天才；他写古文白话文都是很好的。他写的英文可算是中国人之中的一把高手，比许多学英国文学的人高明的多多。他也爱读英法文学书；凡是罗素、威尔士、J. M. Keynes的新著作，他都全购读。他早年喜欢写中国律诗，近年听了我的劝告，他不作律诗了，有时还作绝句小诗，也都清丽可喜。朱经农先生的纪念文里有在君得病前一日的《衡山纪游诗》四首，其中至少有两首是很好的。他去年在莫干山做了一首骂竹子的五言诗，被林语堂先生登在《宇宙风》上，是大家知道的。民国二十年，他在秦王〈皇〉岛避暑，有一天去游北戴河，作了两首怀我的诗，其中一首云：

峰头各采山花戴，海上同看明月生：
此乐如今七寒暑，问君何日践新盟。

后来我去秦王〈皇〉岛住了十天，临别时在君用元微之送白乐天的诗韵作了两首诗送我：

留君至再君休怪，十日留连别更难。

从此听涛深夜坐，海天漠漠不成欢！

逢君每觉青来眼，顾我而今白到须。
此别原知旬日事，小儿女态未能无。

这三首诗都可以表现他待朋友的情谊之厚。今年他死后，我重翻我的旧日记，重读这几首诗，真有不堪回忆之感，我也用元微之的原韵，写了这两首诗纪念他：

明知一死了百愿，无奈余哀欲绝难！
高谈看月听涛坐，从此终生无此欢！

爱憎能作青白眼，妩媚不嫌虬怒须。
捧出心肝待朋友，如此风流一代无。

这样一个朋友，这样一个人，是不会死的。他的工作，他的影响，他的流风遗韵，是永远留在许多后死的朋友的心里的。

廿五，二，九夜

（原载于《独立评论》第188号，1936年2月16日）

教育家张伯苓

“我既无天才，又无特长，我终身努力小小的成就，无非因为我对教育有信仰、有兴趣而已。”这句话是张伯苓的自述。他还常常喜欢引用一位朝鲜朋友的评语：

> 张伯苓是一个极其简单的人，不能跟同时代的杰出人物争一日之长短，但是他脚踏实地的苦干，在他的工作范围里，成就非凡。

他二十岁就从事于教育，第一期学生不过五个人。一九一七年，他四十一岁，南开中学已有一千个学生。到了一九三六年，他六十大寿的时候，南开大、中、小学共有学生三千名。一九三七年，天津校舍被毁于日军，其时他早已在重庆设立南渝中学，不到几年，学生增至一千多人，又成为全国首屈一指的中学。

张伯苓于一八七六年四月五日生于天津。其父博学多能，爱好音乐，尤善琵琶和骑马射箭，惜以沉溺于逸乐，以至家产荡然。续弦生伯苓时，已甚穷困，授徒以自给，深痛自己的不能振作，乃决计令伯苓受良好教育，严格的修身。

伯苓年十三，以家学渊源考入北洋海军学校。该校系严修、伍光建等三五留英学生主持，伯苓每届考试必列前茅。该校教师中有苏格兰人麦克礼者，讲解透澈，更佐以日常人格的熏陶，受业诸生获益匪浅，其于伯苓亦留下深刻难忘的印象，伯苓于一八九四年以第一名毕业，时年还不过十八岁。

是年，中国海军于第一次中日战争中大败，几于全军覆没，甚至于不留一舰可供海军学校毕业生实习之用。伯苓于是不得不回家静候一年，然后得入海军实习舰“通济号”内见习军官三个月，伯苓即在该舰遭遇他终身不忘的国耻，决心脱离海军，从事教育救国事业。

缘自中国败于日本之后，欧洲帝国主义者，在中国竞相争夺势力范围，伯苓即于其时在威海卫亲身经历到中国所受耻辱的深刻。威海卫原为中国海军军港，中日之战失败后，然后于翌日移交英军。伯苓目击心伤，喟然叹曰：

> 我在那里亲眼目睹两月之间三次易帜，取下太阳旗，挂起黄龙旗，第二次，我又看见取了黄龙旗，挂起米字旗。当时说不出的悲愤交集，乃深深觉得，我国欲在现代世界求生存，全靠新式教育，创造一代新人。我乃决计献身于教育救国事业。

张氏此种觉悟，此种决心，足以反映当时普及全国的革新运动。戊戌政变就是这种运动的高潮，可惜这种新运动不敌慈禧太后的反动势力而失败了。伯苓时年廿二岁，欣然应严修之聘，在其天津住宅设私塾教授西学。严氏私塾名“严馆”，学童为严修之子等五人。此为张氏一生从事教育事业的开端。

伯苓结识严修，于后来南开的开办与发展的影响很大。严修字范孙，为北方学术界重镇，竭诚提倡新思潮新学说，不遗余力，而且德高望重，极受津人的景仰，伯苓得其臂助，为南开奠定巩固的始基。伯苓当时的教授法已极新颖，堪称为现代教育而无愧色。所受课程且有英文、数学和自然的基本学识，尤注重学生的体育。伯苓且与学生混在一起共同作户外运动，如骑脚踏车、跳高、跳远和足球之类。同时注重科学和体育，师生共同学习，共同游戏。张氏于此实为中国现代教育的鼻祖之一。

一九〇三年，张氏和严修赴日考察大中学校教育制度，带回许多教育和科学的仪器。张、严两氏咸以日本教育发达，深受感动。回国后，即以严氏一部分房屋，将私塾改为正式中学，名曰第一私立中学，一九〇四年开学，学生七十三人，每月经费纹银二百两，由严、张两家平均负担。一九〇六年，某富友（编者按：系指郑菊如先生）捐赠天津近郊基地名“南开”者作为新校校址。从此南开与张伯苓两个名字，在中国教育史上永占光荣的一页。

南开在此后十年中，进步一日千里，其发展与进步且是有计划的。一九二〇年，江苏督军李纯，原籍天津，自杀身死，留下遗嘱，指定他一部分财产，计值五十万元捐助南开经费，中美教育文化基金董事会和管理中英庚子赔款基金董事会，也以英美退还的赔款一部分拨捐南开。纽约洛克斐尔基金委员会更捐助大宗款项，建造南开大学校舍及其设备，并资助该校的经济研究所。

南开开办之初，基地不过两亩，不到几年，即在附近添购一百亩以上，以供扩充。南开大学系于一九一九年正式开学，设文、理、商三科，翌年增设矿科。经济研究所则系于一九三一年设立。下一年又增设化学研究所。南开中学女子部则系于一九二三年设立。并于一九二八年设立实验小学。到了一九三二年，南开已完成了五个部门，即大学部、研究院、男子中学、女子中学及小学。在毁于日军的前几年，学生总数已达三千人。

南开之有此成绩，须归功于张伯苓先生之领导，这是尽人皆知的事实。他常对友人说：一个教育机关应当常常欠债。任何学校的经费，如在年终，在银行里还有存款，那就是守财奴，失去了用钱做事的机会。他开办学校可说是白手起家，他不怕支出超过预算。他常是不息的筹谋发展新计划，不因缺少经费而阻断他谋发展的美梦。他对前途常是乐观的。他说：“我有方法自骗自。”其实就是船到桥头自然直。结果呢，确是常常有人帮助他实行新计划。

张氏在他的《自传》里说："南开学校诞生于国难，所以当以改革旧习惯，教导青年救国为宗旨。"他还说中国的弱点有五：即一、体弱多病，二、迷信，缺乏科学知识，三、贫弱，四、不能团结，五、自私自利。

张氏为改良中国的弱点，因而提出五项教育改革方针。他主张新教育：第一，必须改善个人的体格，使宜于做事；第二，必须以现代科学的结果和方法训练青年；第三，必须使学生能组织起来，积极参加各种团体生活，共同合作；第四，必须有活泼的道德修养；第五，必须感化每一个人都有为国宣劳的精神。

由今日视之，这些不免是老生常谈，然而张氏使这些精神贯注于其学校的生活，成为不可分离的部分，实在是张氏办教育的极大成就。

此外，除教会学校之外，南开在中国人自办的学校中间，以体育最出名、最有成绩，无论在全国运动会或远东运动会，南开的运动选手成绩都很好，自一九二〇年来，张氏在迭次全国运动会中被聘为裁判长。这些都得力于他终身提倡体育及在各种运动比赛中注重运动道德的缘故。南开还以训练团体生活共同合作著称。南开最有名的学生活动，就是他的新剧社。早在一九〇九年，张氏即已鼓励学生演剧了。他还亲自为他们写作剧本，指导他们表演。他还以校长身份不惜担任剧中主要角色，使外界观之惊骇不置〈止〉，认为有失体统。后来，他的胞弟张彭春先生在哥伦比亚大学研究文学和戏剧归国，接受他的衣钵，导演几本新剧，公演成绩非常可观。易卜生的《傀儡家庭》和《人民的公敌》，由张氏导演，极得一般好评。

关于张氏教育的方针中的着重道德修养和爱国观念，张氏以身作则，收效甚宏，尤其是开办最初数年，学生人数较少，耳濡目染，人格熏陶之功甚大。他在每星期三下午必召集全校学生，共同讨论人生问题、国家大事和国际关系。他差不多对于每一个学生都叫得出他的名字，不惮烦地亲身对他讲解。

一九〇八年，他首次访问英、美考察教育。他自己对于道德修养的热忱，一与他长时期和基督徒的交往，最后根据他亲身在英、美两个社会生活的阅历，使他深信基督教实为劝人为善的伟大力量，于是他就在英、美考察归国的一年（1909）正式受洗礼为基督徒。其时他三十三岁。

张氏为一热心爱国的人，他以教育救国为终身事业，他的教育学说归纳为“公能”两字，他就以此为南开校训。张氏既以教育救国为职志，对于日本在东北的野心，常常觉得忧惧。一九二七年，他亲自到东北去调查，回来后即在南开大学组织东北问题研究会，并且还派遣教授数人赴东北考察。

“九一八事变”果然爆发，“七七事变”后，平津相随沦陷，南开大学、中学也就因为平常爱国抗日的缘故，于一九三七年七月廿九、卅两日给日军以轰炸机炸毁。其时张校长在南京，蒋委员长闻讯，即安慰他说：“南开为国家牺牲了，有中国即有南开。”

南开被毁不久，他的爱子锡祜即在空军中驾驶轰炸机赴前线作战，不幸在江西山中失事殒命。锡祜系于三年前毕业于航空学校，在行毕业礼的时候，张氏曾代表空军毕业生家长发表激励的演说。当他听到爱子噩耗，静默一分钟后，就说：“我把这个儿子为国牺牲，他已经尽了他的责任了。”

南开的遭遇日军炸毁，在张氏及其同僚原属意料中事，一九三五年，张氏早已到四川各地查勘适宜的地址，俾作迁校之计。数个月后，他又派南开中学教务主任到华西去考察是否有设立华西分校的可能，不久决定在重庆近郊兴建校舍。一九三六年的九月新校开学，名南渝中学，一九三八年，应南开同学会的建议，改称南开重庆分校。南开大学则从教育部建议，与清华大学和北京大学合并，在长沙开学，校名联合大学。迄至一九三七年，长沙被敌机轰炸，联大奉命迁往昆明，校名改称国立西南联合大学。

当其时，张氏大部分时间留在重庆分校，经济研究所亦于一九三九年在重庆恢复，南开小学亦于一九四〇年在渝开学，南开新校舍又被日机轰炸。一九四〇年八月，南开新校舍落下巨型炸弹卅枚，但是被毁校舍旋即修复，弦歌始终未曾中辍。

张氏爱国，对于国家政治的发展自然极为注意。惟政府屡欲畀以要职，且曾邀其出任教育部长及天津市长，均被婉辞谢绝，以便有机会以全副精神实现南开的教育理想。及至战时，国家处于危急存亡之秋，乃投身政治。一九三八年，国民参政会成立，张氏当选副议长，迭次出席会议，不常发表议论，其力量则在驻会委员会发挥之，张氏希望教他每个学生都有政治的觉醒，虽则不一定人人参加政治。

八年抗战期内，南开大学虽受政府津贴，但是南开中学始终保持私立性质，今后亦然。战时联大的三个主体：清华大学、北京大学和南开大学均已复校，仍由政府资助；但张氏始终主张教育应由私人办理，今后将继续为此努力。南开重庆分校今后亦继续办理，以保持其战时成绩。

张伯苓先生今年七十岁，白发老翁，新近自美国疗养归来，仍将大做其“南开梦”。某日，张氏对南开教职员及同学曾说：

> 回顾南开以往的战斗史，展望未来复校的艰巨事功，我看前途充满光明的希望。南开的工作无止境，南开的发展无穷尽，愿以同样勇气，同样坚韧，共同前进，使南开在复兴国家的时期占一更重要地位。

（原载于英文刊物《中国杂志》1946年6月号，中译稿载于《前线日报》，1947年11月5、7日）

终身做科学实验的爱迪生

今天二月十一日是爱迪生的一百十三年纪念日。明天二月十二是林肯的一百五十一年纪念日。去年二月十二日，我参加林肯一百五十年纪念演说。今天我很高兴能参加爱迪生一百十三年的纪念会。

林肯是自由的象征，爱迪生是科学的圣人。

科学的根本是实验。爱迪生真是终身做实验的工作。他十一岁时就在他家里的地窨子里做化学试验；十二岁时他在火车上卖报纸卖糖果，他就在火车的行李车上做他的化学实验。十五岁时，他开始学电报，就开始做电学实验，要改进电报的器材与技术，从此他就终身没有离开电学试验了，就给电学开辟了新天地，给世界开辟了新文明，给人类开辟了一个簇新的世界。

从十一岁开始做科学实验，直到他八十四岁去世，他整整做了七十三年的实验工作。所以我们称他做终身做实验的科学圣人。

他每天只睡四个钟头的觉，至多只睡六个钟头。他每天做十几个钟头的工作，他的一天抵别人的两天。他做了七十年的实验，就等于别人做了一百四十年的实验工作。

中国的懒人，有两首打油诗，一首是懒人恭维自己的：

无事只静坐，一日当两日。
人活六十年，我活百二十。

还有一首是嘲笑懒人的：

无事昏昏睡，睡起日过午。
人活七十年，我活三十五。

睡四点钟觉，做二十点钟科学实验，活了八十四岁，抵得别人一百七十岁——这是科学圣人的生活。

在 New Jersey［新泽西］的 West Orange［西奥兰治］的爱迪生实验室里——现在是“国家的爱迪生纪念馆”的一新分子，——保存着二千五百册他的实验纪录，每册有二百五十页，或三百页。最早的一册是他三十一岁（1878 年）的纪录。

单是“白热电灯”的种种实验，就记满了二百册！他用了几千种不同的材料来试验——各种矿物、金属，从硼砂到白金，后来又试验炭化绵丝，居然能延烧四十多个钟头，——后来又试验了几百种可以烧作炭精丝的植物，——最后才决定用日本京都府下的八幡地方所产的竹子做成最适用的炭精丝电灯泡。

科学实验是发现自然秘密、证实学理、解决工业技术问题的唯一方法。

在他八十岁时，有人请问他的生活哲学是什么，他说，他的生活哲学只有一个字：“工作”（Work），“把自然界的秘密揭开来，用它们来增加人类的幸福，这样的工作是我的生活哲学。”

他的实验并不都是创造的、空前的。但他那处处用严格的实验方法来解决工业问题的精神，他那终身作实验的精神，他那每次解答一个问题总想做到最好最完美（Perfect）的地步的精神，他那用组织能力来创大规模的工业实验室与研究所的模范，可以说是创造的，空前的。（现今美国有四千个工业研究实验所，都可以说是仿效爱迪生的实验室的。）

他的绝大多数的实验与发明（他一生得到专利权的发明有一千一百件），都是用前人的失败与成功做出发点的。他说：

每回我要发明什么东西，我总要先翻读以前的人在那个问题上做过了的工作（图书馆里那些书正是为了这个用处的）。我要看看以前花了大工夫，花了大经费，做出了一些什么成绩。我要用从前人做过的几千次试验的资料做我的出发点，然后我来再做几千次试验。

这是他做实验的下手方法。

他在一九二一年一月曾说：

我每次想做一件尽善尽美的工作，往往碰到一座一百尺高的花岗石的高墙。碰来碰去，总过不了这百尺高墙，我就转到别的一件工作去用功。有时候，——也许几个月之后，也许几年之后，忽然有一天，有一件什么东西被我发明了，或是别人发明了，——或者在这世界的某一个角落，有一件新事物出现了，——我往往能够认识那件新发明可以帮助我爬过那座高墙，或者爬上去几十尺。

我从来不许我在任何情形之下感到失望。我记得，我们为了一个问题做了几千次实验，还没有能够解决那个问题。我们的一个同事，在我们最得意的一次试验失败之后，就灰心了，就说，我们不会找出什么来了。我还是高高兴兴的对他说："我们不是已经找出了不少东西了吗？"我们已经确实知道这条路是走不通的了，以后我们必须另走别的路子了。只要我们确已尽了我们最大的思考与工作的努力，我们往往可以从我们的失败里学到不少的东西。

这是爱迪生作科学实验，经过几千次失败而永不灰心失望的精神。

他在十二三岁时，耳朵就聋了。他一生是个聋子，但他从不因此减少他工作的努力。他在七十八岁时（1925），曾有一篇文字说他的耳聋于他只有好处，于世界也只有好处。他说：

因为我成了个聋子，我就把 Sesroit 的公立图书馆做我的避

> 难所。我从每一个书架的最后一层读起，一本一本的读，一直到最上一层。我不是单挑几本书读，我把整个图书馆［的藏书］都读了。后来我买了一部 Swoin 出版的最廉价的百科全书，我也从头到尾全读了。……

他还说两三个笑话：这是耳朵聋给他自己的恩惠。他还说，他费了多年心力去发明，制造留声机，“别人听了满意了，我总不满意，总想设法改善到最完美的地步，——这也是因为我是个聋子，我能听别人不能听见的音乐声音”。他还说，Bell［贝尔］发明了电话机，他听了总觉得声音太低、太弱，他听不清，所以他想出种种改良方法，把电话改良到他听得清楚才满意。他的改良部分（炭素传声器）(Carbon Transmitter) 后来卖给 Bell，就使电话大改善。

> 后来我被选作一个商业组织的会员，常常参加他们的大宴会，往往有许多演说，我耳聋听不见演说，也不免感觉可惜。有一年，他们把宴会的演说印出来了，我读了那些大演说之后，从此就不感觉耳聋是可惋惜的了。……有一天，有一位社会改良家到新新大监狱去向监中囚犯大演说。有一个犯人听了半点钟，实在受不了，就大喊起来。管监的人一拳打去，把那犯人打得晕过去了。过了半点钟，他醒过来了，演说家还在讲。那犯人走过去，对管监的说：“请你再打一拳，把我打昏过去罢！”
>
> 前些日子，我在报上看到某一位科学家发明了一种短时间的麻醉药，我脑子里就想，这种麻醉药是蛮有用的：在大宴会的演说开始之前，听演说的客人每人吃点麻醉药，倒是蛮有用的。

这是这位科学大圣人的风趣。这样一位圣人是很可爱的。

（胡适 1960 年 2 月 11 日演讲于台北国际学会爱迪生生日纪念会。载于台北《中央日报》，1960 年 2 月 12 日）

胡適文集

人生卷

青年的希望

我们对于学生的希望

今天是五月四日。我们回想去年今日，我们两人都在上海欢迎杜威博士，直到五月六日方才知道北京五月四日的事。日子过得真快，匆匆又是一年了。

当去年的今日，我们心里只想留住杜威先生在中国讲演教育哲学；在思想一方面提倡实验的态度和科学的精神；在教育一方面输入新鲜的教育学说，引起国人的觉悟，大家来做根本的教育改革。这是我们去年今日的希望。不料事势的变化大出我们意料之外。这一年以来，教育界的风潮几乎没有一个月平静的，整整的一年光阴就在这风潮扰攘里过去了。

这一年的学生运动，从远大的观点看起来，自然是几十年来的一件大事。从这里面发生出来的好效果，自然也不少。引起学生的自动精神，是一件；引起学生对于社会国家的兴趣，是二件；引出学生的作文演说的能力、组织的能力、办事的能力，是三件；使学生增加团体生活的经验，是四件；引起许多学生求知识的欲望，是五件。这都是旧日的课堂生活所不能产生的，我们不能不认为学生运动的重要贡献。

社会若能保持一种水平线以上的清明，一切政治上的鼓吹和设施，制度上的评判和革新，都应该有成年的人去料理；未成年的一班人（学生时代的男女），应该有安心求学的权利，社会也用不着他们来做学校生活之外的活动。但是我们现在不幸生在这个变态的社会里，没有这种常态社会中人应该有的福气；社会上许多事，被一班成年的或老年的人弄坏了。别的阶级又都不肯出来干涉纠正，于是这种干涉纠正的责任，遂落在一般未成年的男女学生的肩膀上。这是变态的社会里一种不可免的现象。现在有许多人说学生不应该干预政治，其实并不是学生自己要这样干，这都是社会和政府硬逼出来的。如果社会国家的行为没有受学生干涉纠正的必要，如果学生能享安心求学的幸福而不受外界的强烈刺激和良心上的督责，他们又何必甘心抛了宝贵的光阴，冒着生命的危险，来做这种学生运动呢？

简单一句话：在变态的社会国家里面，政府太卑劣腐败了，国民又没有正式的纠正机关（如代表民意的国会之类），那时候干预政治的运动，一定是从青年的学生界发生的。汉末的太学生，宋代的太学生，明末的结社，戊戌政变前的公车上书，辛亥以前的留学生革命党，俄国从前的革命党，德国革命前的学生运动，印度和朝鲜现在的独立运动，中国去年的“五四”运动与“六三”运动，都是同一个道理，都是有发生的理由的。

但是我们不要忘记：这种运动是非常的事，是变态的社会里不得已的事。但是它又是很不经济的不幸事，因为是不得已，故它的发生是可以原谅的。因为是很不经济的不幸事，故这种运动是暂时不得已的救急办法，却不可长期存在的。

荒唐的中年老年人闹下了乱子，却要未成年的学生抛弃学业，荒废光阴，来干涉纠正，这是天下最不经济的事。况且中国眼前的学生运动更是不经济。何以故呢？试看自汉末以来的学生运动，试看俄国、德国、印度、朝鲜的学生运动，那有一次用罢课作武器的？即如去年的“五四”与“六三”，这两次的成绩，可是单靠罢课作武器的吗？单靠用罢课作武器，是最不经济的方法，是下下策，屡用不已，是学生运动破产的表现！

罢课于敌人无损，于自己却有大损失。这是人人共知的。但我们看来，用罢课作武器，还有精神上的很大损失：

（一）养成倚赖群众的恶心理。　现在的学生很像忘了个人自己有许多事可做，他们很像以为不全体罢课便无事可做。个人自己不肯牺牲，不敢做事，却要全体罢了课来呐喊助威。自己却躲在大众群里跟着呐喊。这种倚赖群众的心理是懦夫的心理！

（二）养成逃学的恶习惯。　现在罢课的学生，究竟有几个人出来认真做事，其余无数的学生，既不办事，又不自修，究竟为了什么事罢课？从前还可说是“激于义愤”的表示，大家都认作一种最重大的武器，不得已而用之。久而久之，学生竟把罢课的事看作很平常的事。我们要知道，多数学生把罢课看作很平常的事，这便是逃学习惯已养成的证据。

（三）养成无意识的行为的恶习惯。　无意识的行为就是自己说不出为什么要做的行为。现在不但学生把罢课看作很平常的事，社会也把学生罢课看作很平常的事。一件很重大的事，变成了很平常的事，还有什么功效灵验？既然明知没有灵验功效，却偏要去做；一处无意识的做了，别处也无意识的盲从。这种心理的养成，实在是眼前和将来最可悲观的现象。

以上说的是我们对于现在学生运动的观察。

我们对于学生的希望，简单说来，只有一句话：“我们希望学生从今以后要注重课堂里、自修室里、操场上、课余时间里的学生活动。只有这种学生活动是能持久又最有功效的学生运动。”

这种学生活动有三个重要部分：

（1）学问的生活。

（2）团体的生活。

（3）社会服务的生活。

第一，学问的生活。这一年以来，最可使人乐观的一种好现象，就是许多学生对于知识学问的兴趣渐渐增加了。新出的出版物的销数增加，可以估量学生求知识的兴趣增加。我们希望现在的学生充分发展这点新发生的兴趣，注重学问的生活。要知道社会国家的大问题，决不是没有学问的人能解决的。我们说的"学问的生活"，并不限于从前的背书抄讲义的生活。我们希望学生（无论中学大学）都能注重下列的几项细目：

（1）注重外国文　现在中文的出版物，实在不够满足我们求知识的欲望。求新知识的门径在于外国文，每个学生至少须要能用一种外国语看书。学外国语须要经过查生字，记生字的第一难关。千万不要怕难，若是学堂里的外国文教员确是不好，千万不要让他敷衍你们，不妨赶跑他。

（2）注重观察事实与调查事实　这是科学训练的第一步。要求学校里用实验来教授科学，自己去采集标本，自己去观察调查。观察调查须要有个目的。（例如本地的人口、风俗、出产、植物、鸦片烟馆等项的调查）还要注重团体的互助，分功合作，做成有系统的报告。现在的学生天天谈"二十一条"，究竟二十一条是什么东西，有几个人说得出吗？天天谈"高徐济顺"，究竟有几个指得出这条路在什么地方吗？这种不注重事实的习惯，是不可不打破的。打破这种习惯的唯一法子，就是养成观察调查的习惯。

（3）建设的促进学校的改良　现在的学校课程和教员，一定有许多不能满足学生求学的欲望的。我们希望学生不要专做破坏的攻击，须要用建设的精神，促进学校的改良。与其提倡考试的废止，不如提倡考试的改良；与其攻击校长不多买博物标本，不如提倡学生自去采集标本。这种建设的促进，比教育部和教育厅的命令的功效大得多咧！

（4）注重自修　灌进去的知识学问，没有多大用处的。真正可靠的学问都是从自修得来，自修的能力，是求学问的唯一条件。不养成自修的能力，决不能求学问。自修注重的事是：（一）看书的能力。（二）要求学校购备参考书报，如大字典、词典、重要的大部书之类。（三）结合同学多买书报，交换阅看。（四）要求教员指导自修的门径和自修的方法。

第二，团体的生活。五四运动以来，总算增多了许多学生的团体生活的经验。但是现在的学生团体有两大缺点：（一）是内容太偏枯了。（二）是组织太不完备了。内容偏枯的补救，应注意各方面的“俱分并进”。

（1）学术的团体生活，如学术研究会或讲演会之类。应该注重自动的调查、报告、试验、讲演。

（2）体育的团体生活，如足球、运动会、童子军、野外幕居、假期旅游等等。

（3）游艺的团体生活，如音乐、图画、戏剧等等。

（4）社交的团体生活，如同学茶会、家人恳亲会、师生恳亲会、同乡会等等。

（5）组织的团体生活，如本校学生会、自治会、各校联合会、学生联合总会之类。

要补救组织的不完备，应注重议会法规（Parliamentary Law）的重要条件。简单说来，至少须有下列的几个条件：

（1）法定开会人数。这是防弊的要件。

（2）动议的手续与修正议案的手续。这是议会法规里最繁难又最重要的一项。

（3）发言的顺序。这是维持秩序的要件。

（4）表决的方法。（一）须规定某种议案必须全体几分之几的可决，某种必须到会人数几分之几的可决，某种仅须过半数的可决。（二）须规定某种重要议案必须用无记名投票，某种必须用有记名投票。某种可用举手的表决。

（5）凡是代表制的联合会（无论校内校外）皆须有复决制

(Referendum)。遇重大的案件，代表会议的议决案，必须再经过会员的总投票。总会的议决案，必须再经过各分会的复决。

(6) 议案提出后，应有规定的讨论时间，并须限制每人发言的时间与次数。

现在许多学生会的章程，只注重职员的分配，却不注重这些最要紧的条件。这是学生团体失败的一个大原因。

此外还须注意团体生活最不可少的两种精神：

(1) 容纳反对党的意见。现在学生会议的会场上，对于不肯迎合群众心理的言论，往往有许多威压的表示。这是暴民专制，不是民治精神。民治主义的第一个条件，就是要使各方面的意见都可自由发表。

(2) 人人要负责任。天下有许多事，都是不肯负责任的“好人”弄坏的。好人坐在家里叹气，坏人在议场上做戏，天下事所以败坏了。不肯出头负责任的人，便是团体的罪人，便不配做民治国家的国民。民治主义的第二个条件，是人人要负责任，要尊重自己的主张，要用正当的方法来传播自己的主张。

第三，社会服务的生活。学生运动是学生对于社会国家的利害发生兴趣的表示，所以各处都有平民夜校、平民讲演的发起。我们希望今后的学生继续推广这种社会服务的事业。这种事业，一来是救国的根本办法；二来是学生的能力做得到的；三来可以发展学生自己的学问与才干；四来可以训练学生待人接物的经验。我们希望学生注意以下各点：

(1) 平民夜校　注重本地的需要，介绍卫生的常识、职业的常识、和公民的常识。

(2) 通俗讲演　现在那些“同胞快醒，国要亡了”。“杀卖国贼”，“爱国是人生的义务”等等空话的讲演，是不能持久的，说了两三遍就没有了。我们希望学生注重科学常识的讲演，改良风俗的讲演，破除迷信的讲演。譬如你今天演说“下雨”，你不能不先研究雨是怎样来的，何以从天上下来。听的人也可以因此知道雨不是龙王菩萨洒下来的，也可以知道雨不是道士和尚求得下来的。又如你明天演说“种田何以须用石灰作肥料”，你就不能不研究石灰的化学，听的人也可以因此知道肥料的道理。这种讲演，不但于人有益，于自己也极有益。

（3）破除迷信的事业　我们希望学生不但用科学的道理来解释本地的种种迷信，并且还要实行破除迷信的事业。如求神合婚、求仙方、放焰口、风水等等迷信，都该破除。学生不来破除迷信，迷信是永远不会破除的。

（4）改良风俗的事业　我们希望学生用力去做改良风俗的事业。如女子缠足的，现在各处多有，学生应该组织天足会，相戒不娶小脚的女子。不能解放你的姊妹们的小脚，你就不配谈“女子解放”。又如鸦片烟与吗啡，现在各处仍旧很销行。学生应该组织调查队，侦缉队，或报告官府，或自动的捣毁烟间与吗啡店。你不能干涉你村上的鸦片吗啡，你也不配干预国家的大事。

以上说的是我们对于学生的希望。

学生运动已发生了，是青年一种活动力的表现，是一种好现象，决不能压下去的，也决不可把他压下去的。我们对于办教育的人的忠告是：“不要梦想压制学生运动。学潮的救济只有一个法子，就是引导学生向有益有用的路上去活动。”

学生运动现在四面都受攻击，五四的后援也没有了，六三的后援也没有了。我们对于学生的忠告是：“单靠用罢课作武器是下下策。可一而再再而三的么？学生运动如果要想保存五四和六三的荣誉，只有一个法子，就是改变活动的方向，把五四和六三的精神用到学校内外有益有用的学生活动上去。”

我们讲的话，是很直率。但这都是我们的老实话。

（胡适起草，与蒋梦麟共同署名。载于《新教育》第2卷第5期，1920年1月）

工读主义试行的观察

自从北京发起工读互助团以来，工读的计划很受各地青年的欢迎，天津、上海等处都有同样的发起。天津现在风潮之中，这事自然一时不能实现。上海的工读互助团大概不久可以成立了。将来各地渐渐推行，这是意中的事，也是近来一种很可使人乐观的事。

但是我近来观察北京工读互助团的试验，很有几种感想。现在我且先说我观察的两件事实：

一、工作的时间太多，——每人七时以上，十时以下——只有工作的时间，没有做学问的机会。

二、做的工作，大都是粗笨的，简单的，机械的，不能引起做工的人的精神上的反应。只有做工的苦趣，没有工读的乐趣。

第一件事实是大家公认的。北京互助团初发起时，章程上规定“每日每人必须作工四小时”。实验的效果不能不增加钟点。故上海新发起的工读互助团简章第三条已改为“每日每人必须工作六小时”。并且还加上“若生活费用不能支持，得临时由团员公议增加作工钟点”。上海房租很贵，大概六小时是决不够的。现在且假定八小时作工，八小时睡觉，一时半吃饭，二时休息，剩下的只有四个半小时了。

如果做的工作都带有知识的分子，都能引起研究学问的旨趣，工作的时间就多一点也不妨。但是现在各处互助团兴办的工作大概都是“挨役”(drudgery)，不是工作（work)。现在互助团的团员打起“试验新生活”的旗号，觉得“挨役”是新人物的一部分，故还能有点兴致，但是我预料这种兴致是不能持久的。兴致减少了，“挨役”更成了苦工了，假的新旗号也要倒了！

照我个人的愚见看来，我们在北京发起的工读互助团的计划，实在是太草率了，太不切事实了。因为我希望别处的工读计划不要抄袭北京，所以我现在要把我对于这两个月北京的试验结果的意见写出来供大家参考。

北京工读互助团的计划的根本大错就在不忠于“工读”两个字。发起人之中，有几个人的目的并不注重工读，他们的眼光射在“新生活”和“新组织”上。因此，他们只做了一个“工”的计划，不曾做“读”的计划。开办以后也只做到了“工”的一小方面，不能顾全“读”的方面。上海的新团将来一定也要陷入这种现状。今天《民国日报》上费哲民先生问：“工作定六小时，授课定几小时呢?”发起人彭先生对于这个问题也不能回答。

我也是北京发起人之一，但我是见惯半工半读的学生生活的，觉得“工读主义”乃是极平平无奇的东西，用不着挂什么金字招牌。我当初对于这种计划很表示赞成，因为中国学生向来瞧不起工作，社会上也瞧不起作工的人，故有了一种挂起招牌的组织也许可以容易得到工作，也许还可以打破一点轻视工人的心理。简单说来，我当时赞成这种有组织的工作，是因为我希望有了组织可使工读容易实行。我希望用组织来帮助那极平常的工读主义，并不希望用这种组织来“另外产生一种新生活新组织”。

我为什么说这段话呢？因为我觉得现有许多人把工读主义看作一种高超的新生活。北京互助团的捐启上还只说“帮助北京的青年实行半工半读主义，庶几可以达教育和职业合一的理想”。上海互助团的捐启便老实说：“使上海一般有新思想的青年男女可以解除旧社会旧家庭种种经济上意志上的束缚，而另外产生一种新生活新组织出来。”新生活和新组织也许都是很该提倡的东西，但是我很诚恳的希望我的朋友们不要借“工读主义”来提倡新生活新组织。工读主义只不过是靠自己的工作去换一点教育经费，是一件极平常的事，——美国至少有几万人做这事——算不得什么“了不得”的新生活。提倡工读主义的人和实行工读主义的人，都只该研究怎样才可以做到“靠自己的工作去换一点教育经费”的方法，不必去理会别的问题和别的主义。现在提倡和实行工读主义的人先就存了一种新生活的计划，却不注意怎样做到半工半读的方法，即如北京的互助团至今还不能解决“工读”两个字；但他们对于家庭，婚姻，男女，财产，等等绝大的问题早已有了武断的解决，都早已定为成文的戒约了！

因为不忠于工读主义，因为不注意实行半工半读的方法，故北京至今不能补救当初计划的缺陷，故北京的错误计划居然有人仿行。

北京互助团的计划的错误在什么地方呢？我说是在偏重自办的工作，不注意团外的雇工。

北京这两个月的经验可以证明自办的工作是很不经济的；不但时间不经济，金钱也不经济。不但时间金钱上不经济，还有精神上的不经济。前天《时事新报》登有沈时中先生《建议组织工读介绍社》一篇，中有很切要的见解。他说：“我对于组织简单的工读团体不能十分满意，并且认为无设备工场的必要，因为团员很多，个性不同，所学不同，只有一个工场，绝对不能满足工读的紧要条件。”这是很可佩服的见解。自办的工场所需的开办费太大，故只能办洗衣店一类的工作，费时既多，所得又极少，这是最不经济的事。况且所做的工作都是机械的事，毫不能发生兴趣，更不能长进学识，这是最笨拙的办法。

沈时中先生建议组织“一个大规模的工读介绍社，可以由这社将社员介绍到各机关各工场去服务。……每日规定工作几小时，所得的工价只要能供给个人的需用，不必过多。”这个计划极可试行，比现在的工读团体高明得多了。但是我以为不必先办大规模的介绍社，尽可先从小规模的下手；也不必限定机关与工场的服务，个人的雇用助手——如大学教授或著作家的私人书记或抄手——也要由这社介绍。由社中订定工价，如抄写每千字价若干，打字每页价若干，或服务每小时价若干，以供社外人参考。

但是这还是“工”的一方面。我的意思以为“工”的一方面应该注重分工，注重个性的不同，不必在一个工场里作那机械的挨役。至于“读”的一方面，那就应该采用互助的组合了。假定一个人学英文，每周须出五元；五个人同请一个英文教员，每周也只须五元。一个人买《新青年》，每月须出二角；四十个人合定〈订〉一份《新青年》，每月也只得二角。还有生活上的需要品，也应该注重互助。米可以合买，房可以合租，厨子可以合雇。但共产尽可以不必。为什么呢？因为我也许愿意用我自己挣来的钱去买一部鲍生葵［鲍桑葵］的《美学史》，但是你们诸位也许都用不着这部书，我还是买呢？还是不买呢？最好是许团员私有财产，但可由每人抽出每月所得之几分之几，作为公共储金，以备失业的社员借用，及大家疾病缓急的随时救济。

最难的问题，还是“读”的问题，今年正月一日，我在天津觉悟社谈话，他们问的第一个问题就是“工读主义实行以后，求学的方法应该如何？”我的答案，简单说来，是：“用自己的工作去换一个教育机会的人，若还去受那既不经济又无趣味的学校生活，自然不能满意了。学校的功课时间不能不和工作时间冲突，是一病；学校课程是根据中人以下的资质定的，故很迟缓，很不经济，是二病；学校须遵守学制，人人都按步就班的上去，是三病；学校里的功课，有许多是绝对无用的，但不得不学，是四病。我以为实行工读的人应该注重自修的工夫，遇不得不进学校时，——如试验的科学等，——也应该作旁听生，不必作正科生。”

我以为提倡工读主义的人，与其先替团员规定共产互助的章程，不如早点替他们计划怎样才可以做自修的学问的方法。自修的条件很不容易：（1）参考的书籍杂志，（2）肯尽义务的学者导师，（3）私家或公家图书馆的优待介绍，（4）便于自修的居住（北京互助团的公开生活是不适于自修的），（5）要求良好学校的旁听权。此外还有一个绝对不可少的条件：谋生的工作每日决不可过四小时。

如不能做到这些条件，如不能使团员有自修求学的工夫，那么，叫他泛劳动主义也罢，叫他新组织也罢，请不要乱挂“工读主义”的招牌！

民国九年四月

（原载于《新青年》第7卷第5号，1920年4月1日；又载于《东方杂志》第17卷第9号，1920年5月10日）

学术救国

今天时间很短，我不想说什么多的话。我差不多有九个月没到大学来了！现在想到欧洲去。去，实在不想回来了！能够在那面找一个地方吃饭，读书就好了。但是我的良心是不是就能准许我这样，尚无把握。那要看是哪方面的良心战胜。今天我略略说几句话，就作为临别赠言吧。

去年八月的时候，我发表了一篇文章，说到救国与读书的，当时就有很多人攻击我。但是社会送给名誉与我们，我们就应该本着我们的良心、知识、道德去说话。社会送给我们的领袖的资格，是要我们在生死关头上，出来说话作事，并不是送名誉与我们，便于吃饭拿钱的。我说的话也许是不入耳之言，但你们要知道不入耳之言亦是难得的呀！

去年我说，救国不是摇旗呐喊能够行的；是要多少多少的人投身于学术事业，苦心孤诣实事求是的去努力才行。刚才加藤先生说新日本之所以成为新日本之种种事实，使我非常感动。日本很小的一个国家，现在是世界四大强国之一。这不是偶然来的，是他们一般人都尽量的吸收西洋的科学、学术才成功的。你们知道无论我们要作什么，离掉学术是不行的。

所以我主张要以人格救国，要以学术救国。今天只就第二点略为说说。

在世界混乱的时候，有少数的人，不为时势转移，从根本上去作学问，不算什么羞耻的事。“三一八”惨案过后三天，我在上海大同学院讲演，就是这个意思。今天回到大学来与你们第一次见面，我还是这个意思，要以学术救国。

这本书是法人巴士特［巴斯德］Pasteur 的传。是我在上海病中看的，有些地方我看了我竟哭了。

巴氏是一八七〇年普法战争时的人。法国打败了。德国的兵开到巴黎把皇帝捉了，城也占了，订城下之盟赔款五〈五十〉万万［法郎］。这赔款比我们的庚子赔款还要多五分之一。又割亚尔撒斯［阿尔萨斯］、罗林［洛林］两省地方与德国，你们看当时的文学，如像莫泊桑他们的著作，就可看出法国当时几乎亡国的惨象与悲哀。巴氏在这时业已很有名了。看见法人受种种虐待，向来打战没有被毁过科学院，这回都被毁了。他十分愤激，把德国波恩大学（Bonn）所给他的博士文凭都退还了德国。他并且作文章说：“法兰西为什么会打败仗呢？那是由于法国没有人才。为什么法国没有人才呢？那是由于法国科学不行。”以前法国同德国所以未打败仗者，是由于那瓦西尔 Lauostes 一般科学家，有种种的发明足资应用。后来那瓦西尔他们被革命军杀死了。孟勒尔 Moner 将被杀之日，说：“我的职务是在管理造枪，我只管枪之好坏，其他一概不问。”要科学帮助革命，革命才能成功。而这次法国竟打不胜一新造而未统一之德国，完全由于科学不进步。但二十年后，英人谓巴士特一人试验之成绩，足以还五万万赔款而有余。

巴氏试验的成绩很多，今天我举三件事来说：

第一，关于制酒的事。他研究发酵作用，以为一个东西不会无缘无故的起变化的。定有微生物在其中作怪。其他如人生疮腐烂，传染病也是因微生物的关系。法国南部出酒，但是酒坏损失甚大。巴氏细心研究，以为这酒之所以变坏，还是因其中有微生物。何以会有微生物来呢？他说有三种：一是有空气中来的，二是自器具上来的，三是从材料上来的。他要想避免和救济这种弊病，经了许多的试验，他发明把酒拿来煮到五十度至五十五度，则不至于坏了。可是当时没有人信他的。法国海军部管辖的兵舰开到外国去，需酒甚多，时间久了，老是喝酸酒。就想把巴氏的法子来试验一下，把酒煮到五十五度，过了十个月，煮过的酒，通通是好的，香味、颜色，分外加浓。没有煮过的，全坏了。后来又载大量的煮过的酒到非洲去，也是不坏。于是法国每年之收入增加几万万。

第二，关于养蚕的事。法国蚕业每年的收入极大。但有一年起蚕子忽然发生瘟病，身上有椒斑点，损失甚大。巴氏遂去研究，研究的结果，没有什么病，是由于作蛹变蛾时生上了微生物的原故。大家不相信。里昂曾开委员会讨论此事。巴氏寄甲、乙、丙、丁数种蚕种与委员会，并一一注明，说某种有斑点，某种有微生虫，某种当全生，某种当全死。里昂在专门委员会研究试验，果然一一与巴氏之言相符。巴氏又想出种种简单的方法，使养蚕的都买显微镜来选择蚕种。不能置显微镜的可送种到公安局去，由公安局员替他们检查。这样一来法国的蚕业大为进步，收入骤增。

第三，关于畜牧的事。法国向来重农，畜牧很盛。十九世纪里头牛羊忽然得脾瘟病，不多几天，即都出黑血而死。全国损失牛羊不计其数。巴氏以为这一定是一种病菌传入牲畜身上的原故，遂竭力研究试验。从一八七七年到一八八一年都未找出来。当时又发生一种鸡瘟病。巴氏找出鸡瘟病的病菌，以之注入其他的鸡，则其他的鸡立得瘟病。但是这种病菌如果放置久了，则注入鸡身，就没有什么效验。他想这一定是氧气能够使病菌减少生殖的能力。并且继续研究把这病菌煮到四十二度与四十五度之间则不能生长。又如果把毒小一点的病菌注入牲畜身上，则以后遇着毒大病菌都不能为害了。因为身体内已经造成了抵抗力了。

当时很有一般学究先生们反对他，颇想使他丢一次脸，遂约集些人买了若干头牛若干头羊，请巴氏来试验。巴氏把一部分牛羊的身上注上毒小的病菌两次。第三次则全体注上有毒可以致死的病菌液。宣布凡注射三次者一个也不会死，凡只注射一次者，一个也不会活。这不啻与牛羊算命，当时很有些人笑他并且替他担忧。可是还没有到期，他的学生就写信告诉他，说他的话通通应验了，请他赶快来看。于是成千屡万的人［来］看，来赞颂他，欢迎他，就是反对他的人亦登台宣言说十分相信他的说法。

这个发明使医学大有进步，使全世界前前后后的人都受其赐。这岂只替法还五万万的赔款？这［简］直不能以数目计！

他辛辛苦苦的试验四年才把这个试验出来。谓其妻曰："如果这不是法国人发明，我真会气死了。"

此人是我们的模范，这是救国。我们要知道既然在大学内作大学生，所作何事？希望我们的同学朋友注意，我们的责任是在研究学术以贡献于国家社会。

没有科学，打战〈仗〉、革命都是不行的！

一九二六年七月

（胡适演讲于北京大学学术研究会。录自《胡适文集》第12册，北京大学出版社1998年版）

赠与今年的大学毕业生

这一两个星期里，各地的大学都有毕业的班次，都有很多的毕业生离开学校去开始他们的成人事业。学生的生活是一种享有特殊优待的生活，不妨幼稚一点，不妨吵吵闹闹，社会都能纵容他们，不肯严格的要他们负行为的责任。现在他们要撑起自己的肩膀来挑他们自己的担子了。在这个国难最紧急的年头，他们的担子真不轻！我们祝他们的成功，同时也不忍不依据我们自己的经验，赠与他们几句送行的赠言，——虽未必是救命毫毛，也许作个防身的锦囊罢！

你们毕业之后，可走的路不出这几条：绝少数的人还可以在国内或国外的研究院继续作学术研究；少数的人可以寻着相当的职业；此外还有做官，办党，革命三条路；此外就是在家享福或者失业闲居了。第一条继续求学之路，我们可以不讨论。走其余几条路的人，都不能没有堕落的危险。堕落的方式很多，总括起来，约有这两大类：

第一是容易抛弃学生时代的求知识的欲望。你们到了实际社会里，往往所用非所学，往往所学全无用处，往往可以完全用不着学问，而一样可以胡乱混饭吃，混官做。在这种环境里，即使向来抱有求知识学问的决心的人，也不免心灰意懒，把求知的欲望渐渐冷淡下去。况且学问是要有相当的设备的；书籍，试验室，师友的切磋指导，闲暇的工夫，都不是一个平常要糊口养家的人所能容易办到的。没有做学问的环境，又谁能怪我们抛弃学问呢？

第二是容易抛弃学生时代的理想的人生的追求。少年人初次与冷酷的社会接触，容易感觉理想与事实相去太远，容易发生悲观和失望。多年怀抱的人生理想，改造的热诚，奋斗的勇气，到此时候，好像全不是那么一回事。眇〈渺〉小的个人在那强烈的社会炉火里，往往经不起长时期的烤炼就镕〈熔〉化了，一点高尚的理想不久就幻灭了。抱着改造社会的梦想而来，往往是弃甲曳兵而走，或者做了恶势力的俘虏。你在那俘虏牢狱里，回想那少年气壮时代的种种理想主义，好像都成了自误误人的迷梦！从此以后，你就甘心放弃理想人生的追求，甘心做现成社会的顺民了。

要防御这两方面的堕落，一面要保持我们求知识的欲望，一面要保持我们对于理想人生的追求。有什么好法子呢？依我个人的观察和经验，有三种防身的药方是值得一试的。

第一个方子只有一句话：“总得时时寻一两个值得研究的问题！”问题是知识学问的老祖宗；古今来一切知识的产生与积聚，都是因为要解答问题，——要解答实用上的困难或理论上的疑难。所谓“为知识而求知识”，其实也只是一种好奇心追求某种问题的解答，不过因为那种问题的性质不必是直接应用的，人们就觉得这是“无所为”的求知识了。我们出学校之后，离开了做学问的环境，如果没有一个两个值得解答的疑难问题在脑子里盘旋，就很难继续保持追求学问的热心。可是，如果你有了一个真有趣的问题天天逗你去想他，天天引诱你去解决他，天天对你挑衅笑你无可奈他，——这时候，你就会同恋爱一个女子发了疯一样，坐也坐不下，睡也睡不安，没工夫也得偷出工夫去陪她，没钱也得撙衣节食去巴结她。没有书，你自会变卖家私去买书；没有仪器，你自会典押衣服去置办仪器；没有师友，你自会不远千里去寻师访友。你只要能时时有疑难问题来逼你用脑子，你自然会保持发展你对学问的兴趣，即使在最贫乏的智识环境中，你也会慢慢的聚起一个小图书馆来，或者设置起一所小试验室来。所以我说：第一要寻问题。脑子里没有问题之日，就是你的智识生活寿终正寝之时！古人说，“待文王而兴者，凡民也。若夫豪杰之士，虽无文王犹兴。”试想葛理略（Galieo）和牛敦（Newton）有多少藏书？有多少仪器？他们不过是有问题而已。有了问题而后，他们自会造出仪器来解答他们的问题。没有问题的人们，关在图书馆里也不会用书，锁在试验室里也不会有什么发现。

第二个方子也只有一句话：“总得多发展一点非职业的兴趣。”离开学校之后，大家总得寻个吃饭的职业。可是你寻得的职业未必就是你所学的，或者未必是你所心喜的，或者是你所学而实在和你的性情不相近的。在这种状况之下，工作就往往成了苦工，就不感觉兴趣了。为糊口而作那种非“性之所近而力之所能勉”的工作，就很难保持求知的兴趣和生活的理想主义。最好的救济方法只有多多发展职业以外的正当兴趣与活动。一个人应该有他的职业，又应该有他的非职业的顽艺儿，可以叫做业余活动。凡一个人用他的闲暇来做的事业，都是他的业余活动。往往他的业余活动比他的职业还更重要，因为一个人的前程往往全靠他怎样用他的闲暇时间。他用他的闲暇来打马〈麻〉将，他就成个赌徒；你用你的闲暇来做社会服务，你也许成个社会改革者；或者你用你的闲暇去研究历史，你也许成个史学家。你的闲暇往往定你的终身。英国十九世纪的两个哲人，弥儿（J. S. Mill）终身做东印度公司的秘书，然而他的业余工作使他在哲学上，经济学上，政治思想史上都占一个很高的位置；斯宾塞（Spencer）是一个测量工程师，然而他的业余工作使他成为前世纪晚期世界思想界的一个重镇。古来成大学问的人，几乎没有一个不是善用他的闲暇时间的。特别在这个组织不健全的中国社会，职业不容易适合我们性情，我们要想生活不苦痛或不堕落，只有多方发展业余的兴趣，使我们的精神有所寄托，使我们的剩余精力有所施展。有了这种心爱的顽艺儿，你就做六个钟头的抹桌子工夫也不会感觉烦闷了，因为你知道，抹了六点钟的桌子之后，你可以回家去做你的化学研究，或画完你的大幅山水，或写你的小说戏曲，或继续你的历史考据，或做你的社会改革事业。你有了这种称心如意的活动，生活就不枯寂了，精神也就不会烦闷了。

第三个方子也只有一句话："你总得有一点信心。"我们生当这个不幸的时代，眼中所见，耳中所闻，无非是叫我们悲观失望的。特别是在这个年头毕业的你们，眼见自己的国家民族沉沦到这步田地，眼看世界只是强权的世界，望极天边好像看不见一线的光明，——在这个年头不发狂自杀，已算是万幸了，怎么还能够希望保持一点内心的镇定和理想的信任呢？我要对你们说：这时候正是我们要培养我们的信心的时候！只要我们有信心，我们还有救。古人说："信心（Faith）可以移山。"又说："只要工夫深，生铁磨成绣花针。"你不信吗？当拿破仑的军队征服普鲁士占据柏林的时候，有一位穷教授叫做菲希特［费希特］（Fichte）的，天天在讲堂上劝他的国人要有信心，要信仰他们的民族是有世界的特殊使命的，是必定要复兴的。菲希特死的时候（1814），谁也不能预料德意志统一帝国何时可以实现。然而不满五十年，新的统一的德意志帝国居然实现了。

一个国家的强弱盛衰，都不是偶然的，都不能逃出因果的铁律的。我们今日所受的苦痛和耻辱，都只是过去种种恶因种下的恶果。我们要收将来的善果，必须努力种现在的新因。一粒一粒的种，必有满仓满屋的收，这是我们今日应该有的信心。

我们要深信：今日的失败，都由于过去的不努力。

我们要深信：今日的努力，必定有将来的大收成。

佛典里有一句话："福不唐捐。"唐捐就是白白的丢了。我们也应该说："功不唐捐！"没有一点努力是会白白的丢了的。在我们看不见想不到的时候，在我们看不见想不到的方向，你瞧！你下的种子早已生根发叶开花结果了！

你不信吗？法国被普鲁士打败之后，割了两省地，赔了五十万万佛郎［法郎］的赔款。这时候有一位刻苦的科学家巴斯德（Pasteur）终日埋头在他的试验室里做他的化学试验和微菌学研究。他是一个最爱国的人，然而他深信只有科学可以救国。他用一生的精力证明了三个科学问题：（1）每一种发酵作用都是由于一种微菌的发展；（2）每一种传染病都是由于一种微菌在生物体中的发展；（3）传染病的微菌，在特殊的培养之下，可以减轻毒力，使它从病菌变成防病的药苗。——这三个问题，在表面上似乎都和救国大事业没有多大的关系。然而从第一个问题的证明，巴斯德定出做醋酿酒的新法，使全国的酒醋业每年减除极大的损失。从第二个问题的证明，巴斯德教全国的蚕丝业怎样选种防病，教全国的畜牧农家怎样防止牛羊瘟疫，又教全世界的医学界怎样注重消毒以减除外科手术的死亡率。从第三个问题的证明，巴斯德发明了牲畜的脾热瘟的疗治药苗，每年替法国农家灭除了二千万佛郎的大损失；又发明了疯狗咬毒的治疗法，救济了无数的生命。所以英国的科学家赫胥黎（Huxley）在皇家学会里称颂巴斯德的功绩道："法国给了德国五十万万佛郎的赔款，巴斯德先生一个人研究科学的成绩足够还清这一笔赔款了。"

巴斯德对于科学有绝大的信心，所以他在国家蒙奇辱大难的时候，终不肯抛弃他的显微镜与试验室。他绝不想他的显微镜底下能偿还五十万万佛郎的赔款，然而在他看不见想不到的时候，他已收获了科学救国的奇迹了。

朋友们，在你最悲观最失望的时候，那正是你必须鼓起坚强的信心的时候。你要深信：天下没有白费的努力。成功不必在我，而功力必不唐捐。

二十一，六，二十七夜

（原载于《独立评论》第7号，1932年7月3日）

我们所应走的路

国难当前，我们究竟应该走那条路，才能救国。我今天所讲的题目，就是《我们所应走的路》。我说的话，都是老生常谈，并没有新奇的高论。概括的说：（一）为己而后可以为人。（二）求学而后可以救国。我们十几年来，提倡新文化运动，究竟为的是什么。似乎大家都还不甚明白，今天我要说一说：我们当时所提倡的，是一种个人主义的人生观，换一句话说，就是修己而后可以爱人。我们当时提倡易卜生的文学，他的要点，就在“修己”，决没有一个人，对自己尚不能负责任，而能负责救人的。在易卜生的书里面，有一篇戏剧作品，描写一个女子娜拉，她很想做一个孝女良妻贤母，但是她能力不够，经过十年的奋斗，她才有一个大的发现，就是一个人对自己，不能负责的，决没有做孝女良妻贤母的资格。所以他决计离开家庭，去做修己的功夫。在这个故事所要表明的，就是无论何人，要能对自己尽责任，有了知识，有了能力，有了人格，而后能救国救我。

易卜生还有一篇戏剧著作，叫做《国民公敌》，描写有一个地方，有很好的泉水，相传可以疗病，所有〈以〉到那里去养病和沐浴的人很多，那个地方因此繁盛起来。有一个医生忽然发现那里的水，不但不能医病，并且可以传染恶疾，因为里面有一种微菌，于人生很不相宜，他就想当众宣布出来：因为他的哥哥，是当地的市长，恐怕消息传出，妨害全市繁荣，所以不准他发表，全市的人民，也和他哥哥表同情，不准他把消息传到市外，以免游人和病人裹足不前，但是这医士，他既经发现有害人生命的微菌，就应该正式宣布，免得害人。结果，全市的人民，认他是全市民的公敌，置之于死地。这一出戏闭幕的时候，医生说：最强的人，就是能为真理而孤立的。用一句中国的俗话，就是有特立独行的人，是最强的，如果是为公理，就是全国人反对他，也得发表，即使个人受害，也是为社会牺牲。

从这两篇戏剧，我们可以发现两个原则：（一）努力发展个人的能力和人格。（二）要能够冲破一切障碍，完成一种真理。孔子说："古之学者为己，今之学者为人"。又说，"修己以敬"。"己欲立而立人，己欲达而达人"。这都是修己而爱人的道理。宋朝的王安石，是一个大政治家，他因为想改善政治和经济的状况，牺牲一切，是一个有特立独行的人，他做篇文章，论杨朱墨翟，主张要学杨朱为我，为我的工夫，没有做好，就不要轻谈墨翟的兼爱。他说学者必先为己，为己有余，而后可以为人，凡是不能为己的人，必沉沦堕落，决无救人的能力。十五年来社会的状况，很使我们失望，因为近来产生两种人生观：（一）自私自利的享乐主义。（二）眼光短浅的牺牲主义。

这些专知享乐的人，并不谋如何能够报答所受的享乐，这是错误的。至于那些为了主义，为了爱国一时的冲动，不顾一切，牺牲生命的青年，几年来不下数万人，我们对于这些青年，不能不拜服，但是虽然佩服，我们并不希望大家学他们这样做，因为没有修养，纵然牺牲，也还是不能救国。牺牲这样多的人，而于国无益，这完全是青年们还没有澈底的了解我们当时所提倡的新文化运动，或则因为我们没有把所抱的主义解释得十分清楚，这是我们应该忏悔的。一个青年最大的责任，要把自己这一块材料，造成一件有用的东西，自己还不能成器，那里能够改造社会，即使牺牲，也不能够救国，所以第一条我们应走的路，就是修己以爱人，或者说为己而后可以为人。

再讲第二条路：我们应该走的，就是以“学术救国”。现在谈到救国，觉得很惭愧，我们国家受外侮，到此地步，究竟是什么缘故，直接了当的说，就是学术不如人。我们样样科学都要依赖别人，所以失败，我们现在要赶上学术与人家平等，我们才能得到国际间的真平等。我们现在说个故事，证明科学可以救国。法国有一个大科学家，名叫巴斯德，他就是一个以科学救国的实例。前几年法国有人征求大众的意见，究竟谁是法国最大的伟人，投票的结果，当选的不是拿破仑，或是其他军政要人，乃是这位大科学家巴斯德。他的票数，比拿破仑多一百多万，这种缘故，听我细细说来：

当一千八百七十年，普鲁士战败法军，拿破仑第三，攻入巴黎，迫法国作城下之盟。当时普国军队，烧毁一个很大的图书馆，和其他的文化机关，巴斯德很生气，他本是一个有名的学者，普鲁士大学就送他一个名誉博士的学位。他现在把这张博士文凭撕毁，写一封信给普鲁士大学，说：“你们军队，这样野蛮，我耻于接受你们所予的学位，特地交还你们。”他虽然动气，但是他回头细想，法国的失败，是由于科学的不振作，当拿破仑第一时代，政府提倡科学，科学家与政府合作，所以能够强兵富国，后来法国政府，态度变更，蔑视科学，所以弄到一蹶不振。现在要挽回国运，除研究科学外，再无他道，于是集中全力，研究微菌学，他的发明，就是物必先有微生物，然后腐化，他这种发明，把我们中国“物腐而后虫生”的学说打倒了。

他这一点发明，就救了法国，因为法国三种大工业，第一是制酒，法国的酒窖，有长到三十英里的，所藏的酒量，非常之多，但是因为酒容易发酸，所以不能运往远处销售，也不能长久保留，他研究的结果，知道酒酸的缘故，是一种微生虫的作用。如果做酒到四十五度，立刻封好，就决不会酸的。因为这种发明，法国的酒，就可以推销全世界，每年可得赢余一万余万佛郎。第二种，法国的蚕丝，也是一种大工业，因为发生蚕病，每年损失到一万万元以上，巴斯德发明一种隔离蚕种，消灭蚕病的方法，救了法国的蚕业，每年也替国家增加一万多万佛郎的收入。第三，法国的牧畜业，也是很重要的，因为发生了一种兽瘟，牛羊倒毙无算。巴斯德检验病牛的身，知道其中有一种微生菌，他采用种牛痘的方法，发明一种注射防疫的新药，就是把病菌养在鸡汤里，然后注射到牛身上，和种牛痘一样的有效，试验结果，把兽瘟病完全治好，每年也替国家增加一万多万佛郎的收入。

三件事合起来，他每年为法国赚三万万佛郎，所以二十年之后，英国的赫胥黎说：德国所得法国的五十万万佛郎的赔款，由巴斯德一个人替国家偿还清楚了。这就是一个科学救国的实例。我们现在要学巴斯德，埋头去做一点有益于国家的学术研究，不然，空唤口号，是没有用的。我们每每看见一个强盗，将要上法场的时候，常说："二十年后，又是一条好汉"。我们青年，对于国家，也要有这样的精神，现在虽然受到种种外侮，二十年后，我们还是一个强大的中国。救国的方法很多，我今天不过只讲一样，希望大家努力，大凡一个国家的兴亡强弱，都不是偶然的，就是日本蕞尔三岛，一跃而为世界强国，再一跃而为世界五强之一，更进而为世界三大海军国之一，所以能够如此，也有他的道理，我们不可认为偶然的，我们想要抵抗日本，也应该研究日本，"知己知彼，百战百胜"。我们大家要使中国强盛，还要着实努力，我最后说一句话，作为今天的结论，就是"惟科学可以救国"。

十二月六日

（胡适 1932 年 12 月 6 日演讲于长沙中山堂，梦梅记录。载于《晨报》，1932 年 12 月 12—13 日）

青年人的苦闷

今年六月二日早晨，一个北京大学一年级学生，在悲观与烦闷之中，写了一封很沉痛的信给我。这封信使我很感动，所以我在那个六月二日的半夜后写了一封一千多字的信回答他。

我觉得这个青年学生诉说他的苦闷不仅是他一个人感受的苦闷，他要解答的问题也不仅是他一个人要问的问题。今日无数青年都感觉大同小异的苦痛与烦闷，我们必须充分了解这件绝不容讳饰的事实，我们必须帮助青年人解答他们渴望解答的问题。

这个北大一年级学生来信里有这一段话：

> 生自小学毕业到中学，过了八年沦陷生活，苦闷万分，夜中偷听后方消息，日夜企盼祖国胜利，在深夜时暗自流泪，自恨不能为祖国作事。对蒋主席之崇拜，无法形容。但胜利后，我们接收大员及政府所表现的，实在太不像话。……生从沦陷起对政府所怀各种希望完全变成失望，且曾一度悲观到萌自杀的念头。……自四月下旬物价暴涨，同时内战更打的起劲。生亲眼见到同胞受饥饿而自杀，以及内战的惨酷，联想到祖国的今后前途，不禁悲从中来，原因是生受过敌人压迫，实再怕作第二次亡国奴！……我伤心，我悲哀，同时绝望——
>
> 在绝望的最后几分钟，问您几个问题。

他问了我七个问题，我现在挑出这三个：

> 一、国家是否有救？救的方法为何？
>
> 二、国家前途是否绝望？若有，希望在那里？请具体示知。
>
> 三、青年人将苦闷死了，如何发泄？

以上我摘抄这个青年朋友的话，以下是我答复他的话的大致，加上后来我自己修改引伸〈申〉的话。这都是我心里要对一切苦闷青年说的老实话。

我们今日所受的苦痛，都是我们这个民族努力不够的当然结果。我们事事不如人：科学不如人，工业生产不如人，教育不如人，知识水准不如人，社会政治组织不如人；所以我们经过了八年的苦战，大破坏之后，恢复很不容易。人家送兵船给我们，我们没有技术人才去驾驶。人家送工厂给我们，——如胜利之后敌人留下了多少大工厂，——而我们没有技术人才去接收使用，继续生产，所以许多烟囱不冒烟了，机器上了锈，无数老百姓失业了！青年人的苦闷失望——其实岂但青年人苦闷失望吗？——最大原因都是因为我们前几年太乐观了，大家都梦想“天亮”，都梦想一旦天亮之后就会“天朗气清，惠风和畅”，有好日子过了！

这种过度的乐观是今日一切苦闷悲观的主要心理因素。大家在那“夜中偷听后方消息，日夜企盼祖国胜利”的心境里，当然不会想到战争是比较容易的事，而和平善后是最困难的事。在胜利的初期，国家的地位忽然抬高了，从一个垂亡的国家一跳就成了世界上第四强国了！大家在那狂喜的心境里，更不肯去想想坐稳那世界第四把交椅是多大困难的事业。天下那有科学落后，工业生产落后，政治经济社会组织事事落后的国家可以坐享世界第四强国的福分！

试看世界的几个先进国家，战胜之后，至今都还不能享受和平的清福，都还免不了饥饿的恐慌。美国是唯一的例外。前年十一月我到英国，住在伦敦第一等旅馆里，整整三个星期，没有看见一个鸡蛋！

我到英国公教人员家去，很少人家有一盒火柴，却只用小木片向炉上点火供客。大多数人的衣服都是旧的补绽的。试想英国在三十年前多么威风！在第二次大战之中，英国人一面咬牙苦战，一面都明白战胜之后英国的殖民地必须丢去一大半，英国必须降为二等大国，英国人民必须吃大苦痛。但英国人的知识水准高，大家绝不悲观，都能明白战后恢复工作的巨大与艰难，必须靠大家束紧裤带，挺起脊梁，埋头苦干。

我们中国今日无数人的苦闷悲观，都由于当年期望太奢而努力不够。我们在今日必须深刻的了解：和平善后要比八年抗战困难的多多。大战时须要吃苦努力，胜利之后更要吃苦努力，才可以希望在十年二十年之中做到一点复兴的成绩。

国家当然有救，国家的前途当然不绝望。这一次日本的全面侵略，中国确有亡国的危险。我们居然得救了。现存的几个强国，除了一个国家还不能使我们完全放心之外，都绝对没有侵略我们的企图。我们的将来全靠我们自己今后如何努力。

正因为我们今日的种种苦痛都是从前努力不够的结果，所以我们将来的恢复与兴盛决没有捷径，只有努力工作一条窄路，一点一滴的努力，一寸一尺的改善。

悲观是不能救国的，呐喊是不能救国的，口号标语是不能救国的，责人而自己不努力是不能救国的。

我在二十多年前最爱引易卜生对他的青年朋友说的一句话："你要想有益于社会，最好的法子莫如把自己这块材料铸造成器。"我现在还要把这句话赠送给一切悲观苦闷的青年朋友。社会国家需要你们作最大的努力，所以你们必须先把自己这块材料铸造成有用的东西，方才有资格为社会国家努力。

今年四月十六，美国南加罗林那州的州议会举行了一个很隆重的典礼，悬挂本州最有名的公民巴鲁克（Bernard M. Baruch）的画像在州议会的壁上，请巴鲁克先生自己来演说。巴鲁克先生今年七十七岁了，是个犹太种的美国大名人。当第一次世界大战时，他是威尔逊总统的国防顾问，是原料委员会的主任，后来专管战时工业原料。巴黎和会时，他是威尔逊的经济顾问。当第二次世界大战时，他是战时动员总署的专家顾问，是罗斯福总统特派的人造橡皮研究委员会的主任。战争结束后，他是总统特任的原子能管理委员会的主席。他是两次世界大战都曾出大力有大功的一个公民。

这一天，这位七十七岁的巴鲁克先生起来答谢他的故乡同胞对他的好意，他的演说辞是广播全国对全国人民说的。他的演说，从头至尾，只有一句话：美国人民必须努力工作，必须为和平努力工作，必须比战时更努力工作。

巴鲁克先生说："现在许多人说借款给人可以拯救世界，这是一个最大的错觉。只有人们大家努力做工可以使世界复兴，如果我们美国愿意担负起保存文化的使命，我们必须作更大的努力，比我们四年苦战还更大的努力。我们必须准备出大汗，努力撙节，努力制造世界人类需要的东西，使人们有面包吃，有衣服穿，有房子住，有教育，有精神上的享受，有娱乐。"

他说："工作是把苦闷变成快乐的炼丹仙人。"他又说：美国工人现在的工作时间太短了，不够应付世界的需要。他主张：如果不能回到每周六天，每天八小时的工作时间，至少要大家同心做到每周四十四小时的工作；不罢工，不停顿，才可以做出震惊全世界的工作成绩来。

巴鲁克先生最后说："我们必须认清：今天我们正在四面包围拢来的通货膨胀的危崖上，只有一条生路，那就是工作。我们生产越多，生活费用就越减低；我们能购买的货物也就越加多，我们的剩余力量（物质的，经济的，精神的）也就越容易积聚。"

我引巴鲁克先生的演说，要我们知道，美国在这极强盛极光荣的时候，他们远见的领袖还这样力劝全国人民努力工作。"工作是把苦闷变成快乐的炼丹仙人"。我们中国青年不应该想想这句话吗？

（胡适据给北大机械系邓世华的信改写。载于《独立评论》第一集，北京大学出版部 1948 年版）

中学生的修养与择业

刚才吴县长报告了五十八年前我在此地的一段历史——我在三岁至四岁间，随先人在台东州住过一年多，在台南住过十个月——要我把台东看作第二家乡；昨天台南市市长也向台南市市民介绍我是台南人；这番盛意，我非常感谢！吴县长预备在这里要做纪念我先人的举动，实在不敢当。明天举行县议员选举，我将以不是候选人也不是选举人，冒充同乡，至各投票所去参观。

今天我看到了吴县长老太太，看到了她，我非常感动，她可算台东年龄最高的了，她与先母年龄相当，先母如在世，已经有七十九岁了。

我到这里不久，与县长、教育科长、校长等几位谈话，知道了台东的教育是在异常困难的情况下来推进的，我非常敬佩他们艰苦不移、紧守岗位的坚毅意志。本来教育厅陈雪屏厅长预备与我们同来的，因台北有事，临时由台南赶回去了。不过教育厅还有一位视察杨日旭先生是同来的，我已经特地要他到各校去视察，并将视察结果报告教育厅，以使省府对台东的教育情形有所了解。

今天我应该讲些什么？事先曾请教吴县长、师范刘校长和同来的几位朋友，他们以今天到场的大多数是青年朋友们，也有青年朋友们的父兄，因此要我讲讲中等教育的东西。同时，我到过的地方，许多朋友常常问我中学生应注重什么？中学毕业后，升学的应该怎样选科？到社会里去的应该怎样择业？我是不懂教育的，不过年纪大些，并且自己也是经过中学大学出来的，同时看到朋友们与我们自己的子弟经过中学，得到一点认识，愿意将自己的认识提出来供大家参考，今天讲的题目，就是："中学生的修养与中学生的择业"。

中学生的修养应注重两点：

一、工具的求得。中学生大概是从十二岁的幼年到十八岁的青年，这个时期是决定他将来最重要的一个时期。求知识与做人、做事的工具，要在这个时期求得。古人说："工欲善其事，必先利其器"，中学生要将来有成就，便应该注意到"求工具"——学业上、事业上，求知识上所需要的工具。求工具的目标有二：一是中学毕业后无力升学要到社会里去就业；一是继续升学。

第一种工具是语言文字。不论就业升学。以我个人的经验和观察所得，语言文字是最需要的工具。在中学里不仅应该学好本国的语言文字，最好能多学一二种外国的语言文字。它是就业升学的钥匙，能为我们打开知识的门。多学得一种语言，等于辟开一个新的花园、新的世界。语言文字，可以说是中学时期应该求得的工具当中非常重要的了。在中学时期如果没有打好语言文字的基础，以后作学问非常的困难。而且过了这个时期，很少能够把语言文字弄好的。

第二种工具是科学的基本知识。许多人都说学了数学，将来没有什么用处，这是错误的。数学是自然科学重要的钥匙，如果不能把这个重要的钥匙——数学，与物理学、化学、生物学、矿物学、植物学等，在中学时期学好，则不能求得新的知识。所以中学时期最重要的，是把这些基本知识弄好。

青年们在学校里对于各种基本科学，不能当它是功课，是学校课程里面需要的功课，应该把它当成求知识、做学问、做人的工具，必不可少的工具。拿工具这个观念来看课程，课程便活了。拿工具这个观念来批评课程，可以得到一个标准。首先看看哪些功课够得上作工具，并分出哪些功课是求知识做学问的工具，哪些功课是做人的工具。哪些功课是重要，哪些功课是次要。同时拿工具这个观念来督促自己，来分别轻重缓急。先生的教法，也可以拿工具这个观念来衡量，哪种教法是死的笨的，请先生改良，哪些应该特别注重，请先生注意。我这个话，不是叫学生对先生造反，而是请先生以工具来教，不要死板的照课本讲，这样推动先生，可以使得先生从没有精神提起精神，不是造反而是教学相长，不把功课当作功课看，把它当作必须的工具看。拿工具的观念看功课，功课便是活的。这一点也可以说是中学生治学的方法。

二、良好习惯的养成。良好习惯的养成，即普通所谓的人品教育，品性人格的陶冶。教育学家心理学家都告诉我们说：人品性格是习惯的养成，好的品格是好的习惯的养成。中学生是定型的阶段，中学生时期与其注重治学方法，毋宁提倡良好习惯的养成。一个人的坏习惯在中学还可纠正，假使在中学里不能养成良好的习惯，这个人的前途便算完了，在大学里不会是个好学生，在社会里不会是个有用的人才。我愿在这里提醒青年学生们的注意，也请学生的父兄教师们注意。

我们的国家以前专注重文字教育，读书人的指甲蓄得很长，手脸都是白白的，行动是文绉绉的，读书可以从“学而时习之”背诵起，写文章摇摇摆摆地会写出许多好听的词句来，可是他们是无用的，不能动手，也不能动脚，连桌凳有一点坏了，也不能拿起斧头钉子来修理。这种只能背书写文章的读书人就是没有养成良好的习惯——动手动脚的习惯。

我在台湾大学讲“治学方法”时，讲到一个故事：宋时有一新进士请教老前辈做官的秘诀，老前辈告诉他四个字：“勤谨和缓”。这四个字，大家称为做官秘诀，我把它看作做人、做事、做学问的秘诀。简单的分别说：

勤，就是不偷懒，不走捷径，要切切实实，辛辛苦苦的去作。要用眼睛的用眼睛，用手的用手，用脚的用脚，先生叫你找材料，你就到应该到的地方去找。叫你找标本，你就到田野，到树林里去找。无论在实验室里，自然界里，都不要偷懒，一点一滴的去作。

谨，就是谨慎，不粗心，不苟且。以江浙的俗话来说，不拆烂污。写字，一点、一横都不放过。写外国字 i 的一点，t 的一横，也一样的不放过。作数学，一个图，一个小数点都不可苟且。不要以为这是小事情，做事关系天下的大事，做学问关系成败，所以细心谨慎，是必须要养成的习惯。

和，就是不要发脾气，不要武断。要虚心，要和和平平。什么叫做虚心？脑筋不存成见，不以成见来观察事，不以成见来对待人。就做学问来说：要以心平气和的态度来学化学、数学、历史、地理，并以心平气和的态度来学语文。无论对事、对人、对物、对问题、对真理，完全是虚心的，这叫做和。

缓，这个字很重要。缓的意思不要忙，不轻易下一个结论。如果没有缓的习惯，前面三个字都不容易做到。譬如找证据，这是很难的工作，如果要几点钟缴卷，就不能作到勤的功夫。忙于完成，证据不够，不管它了，这样就不能做到谨的功夫。匆匆忙忙的去作，当然不能做到和的功夫。所以证据不够，应该悬而不断，就是姑且挂在那里。悬而不断，并不是叫你搁下来不管，是要你勤，要你谨，要你和。缓，就是南方人说的“凉凉去吧”。缓的意思，是要等着找到了充分的证据，然后根据事实来下判断。无论做学问、做事、做官、做议员，都是一样的。大家知道治花柳病的名药“606”吧？什么叫“606”呢？经过六百零六次的试验才成功的。“九一四”则试验了九百一十四次。达尔文的生物进化论认为，动植物的生存进化与环境有绝大的关系，也费了三十年的工夫，到四海去搜集标本和研究，并与朋友们往复讨论。朋友们都劝他发表，他仍然不肯。后来英国皇家学会收到另一位科学家华莱士的论文，其结论与达尔文的一样，朋友们才逼着达尔文把研究的结论公布，并提出与朋友们讨论的信件，来证明他早已获得结论，于是皇家学会才决定同华莱士的论文同时发表。达尔文这种持重的态度，不是缺点，是美德，这也是科学史上勤、谨、和、缓的实例。值得我们去想想，作为榜样，尤其青年学生们要在中学里便养成这种好习惯。有了这种好习惯，无论是做人、做事、做学问，将来不怕没有成就。

中学生高中毕业后，面临的问题是继续升学或到社会去找职业。升学应如何选科？到社会去应如何择业？简单的说，有两个标准：

一、社会的标准　社会上所需要的，最易发财的，最时髦的是什么？这便是社会的标准。台湾大学钱校长告诉我说，今年台大招生，投考学生中外文成绩好的都投考工学院，尤其是考电机工程、机械工程的特多，考文史的则很少，因为目前社会需要工程师，学成后容易得到职业而且待遇好。这种情形，在外国也是一样的，外国最吃香的学科是原子能、物理学和航空工程，干这一行的，最受欢迎，最受优待。

二、个人的标准　所谓个人的标准，就是个人的兴趣、性情、天才近哪门学科，适于哪一行业。简单的说，能干什么。社会上需要工程师，学工程的固不忧失业，但个人的性情志趣是否与工程相合？父母、兄长、爱人都希望你学工程，而你的性情志趣，甚至天才，却近于诗词、小说、戏剧、文学，你如迁就父母、兄长、爱人之所好而去学工程，结果工程界里多了一个饭桶，国家社会失去了一个第一流的诗人、小说家、文学家、戏剧学家，不是可惜了吗？所以个人的标准比社会的标准重要。因为社会标准所需要的太多，中国人常说社会职业有三百六十行，这是以前的说法，现在何止三百六十行，也许三千六百行，三万六千行都有，三千六百行，三万六千行，行行都需要。社会上需要建筑工程师，需要水利工程师，需要电力工程师，也需要大诗人、大美术家、大法学家、大政治家，同时也需要做新式马桶的工人。能做新式马桶的，照样可以发财。

社会上三万六千行，既是行行都需要，一个人决不可能会做每行的事，顶多会二三行，普通都只能会一行的。在这种情形之下，试问是社会的标准重要，还是个人的标准重要？当然是个人的重要！因此选科择业不要太注重社会上的需要，更不要迁就父母、兄长、爱人的所好。爸爸要你学赚钱的职业，妈妈要你学时髦的职业，爱人要你学社会上有地位的职业，你都不要管他，只问你自己的性情近乎什么？自己的天才力量能做什么？配做什么？要根据这些来决定。

历史上在这一方面，有很好的例子。意大利的伽利略是科学的老祖宗，是新的天文学家，新的物理学家的老祖宗。他的父亲是一个数学家，当时学数学的人很倒楣。在伽俐略进大学的时候（300 多年前），他父亲因不喜欢数学，所以要他学医，可是他读医科，毫无兴趣。朋友们以他的绘画还不坏，认为他有美术天才，劝他改学美术，他自己也颇以为然。有一天他偶然走过雷积教授替公爵府里面作事的人补习几何学的课室，便去偷听，竟大感兴趣，于是医学不学了，画也不学了，改学他父亲不喜欢的数学。后来［他］替全世界创立了新的天文学、新的物理学，这两门学问都建筑于数学之上。

最后说我个人到外国读书的经过。民国前二年，［我］考取官费留美，家兄特从东三省赶到上海为我送行，以家道中落，要我学铁路工程，或矿冶工程。他认为学了这些回来，可以复兴家业，并替国家振兴实业；不要我学文学、哲学，也不要学做官的政治法律，说这是没有用的。当时我同许多人谈［了］这个问题。以路矿都不感兴趣，为免辜负兄长的期望，决定选读农科，想做科学的农业家，以农报国。同时美国大学农科，是不收费的，可以节省官费的一部分，寄回补助家用。进农学院以后第三个星期，接到实验系主任的通知，要我到该系报到实习。报到以后，他问我“你有什么农场经验？”我说：“我不是种田的。”他又问我：“你作［做］什么呢？”我说：“我没有做什么，我要虚心来学，请先生教我。”先生答应说：“好。”接着问我洗过马没有，要我洗马。我说：“我们中国种田，是用牛不是用马。”先生说：“不行。”于是学洗马，先生洗一半，我洗一半。随即学驾车，也是先生套一半，我套一半。作这些实习，还觉得有兴趣。下一个星期的实习，为包谷选种，一共有百多种，实习结果，两手起了泡，我仍能忍耐，继续下去。一个学期结束了，各种功课的成绩都在八十五分以上。到了第二年，成绩仍旧维持到这个水准。依照学院的规定，各科成绩在八十五分以上的，可以多选两个学分的课程，于是增选了种果学。起初是剪树、接种、浇水、捉虫，这些工作，也还觉得有兴趣。在上种果学的第二星期，有两小时的实习苹果分类，一张长桌，每个位子分置了四十个不同种类的苹果，一把小刀，一本苹果分类册，学生们须根据每个苹果的长短，开花孔的深浅、颜色、形状、果味和脆软等标准，查对苹果分类册，分别其类别（那时美国苹果有400多类，现恐有600多类了），普通名称和学名。美国同学都是农家子弟，对于苹果的普通名称一看便知，只需在苹果分类册里查对学名，便可填表缴卷，费时甚短。我和一位郭姓同学则须一个一个的经过所有检别的手续，花了两小时半，只分类了二十个苹果，而且大部分是错的。晚上我对这种实习起了一种念头：我花了两小时半的时间，究竟是在干什么？中国连苹果种子都没有，我学它什么用处？[这与]自己的性情不相近，干吗学这个？这两个半钟头的苹果实习使我改行，于是，决定离开农科，放弃一年半的时间（这时我已上了一年半的课），牺牲了两年的学费，不但节省官费补助家用已不可能，维持学业很困难，以后我改学文科，学哲学、政治、经济、文学。在没有回国时，与朋友们讨论文学问题，引起了中国的文学革命运动。提倡白话，拿白话作文，作教育工具，这与农场经验没有关系，与苹果学没有关系，是我那时的兴趣所在。我的玩意儿对国家贡献最大的便是文学的“玩意儿”，我所没有学过的东西。最近研究《水经注》（地理学的东西）。我已经六十二岁了，还不知道我究竟学什么？都是东摸摸、西摸摸，也许我以后还要学学水利工程亦未可知，虽则我现在头发都白了，还是无所专长，一无所成。可是我一生很快乐。因为我没有依社会需要的标准去学时髦。我服从了自己的个性，根据个人的兴趣所在去做，到现在虽然一无所成，但是我生活得很快乐，希望青年朋友们，接受我经验得来的这个教训，不要问爸爸要你学什么，妈妈要你学什么，爱人要你学什么。要问自己性情所近，能力所能做的去学。这个标准很重要，社会需要的标准是次要的。

（胡适 1952 年 12 月 27 日演讲于台湾台东县欢迎会。录自《胡适言论集》甲编，台北华国出版社 1953 年版）

大学的生活

——学生选择科系的标准

校长、主席、各位同学：

我刚才听见主席说今天大家都非常愉快和兴奋，我想大家一定会提出抗议的，在这大热的天气，要大家挤在一起受罪，我的内心感到实在不安，我首先要向各位致百分之百的道歉。回来后一直没有做公开演讲，有许多团体来邀请，我都谢绝了，因为每次演讲房子总是不够用。以前在三军球场有过一次演说，我也总以为房子是没问题了，但房子仍是不够。今天要请各位原谅，实在不是我的罪过，台大代联会邀请了几次，我只好勉强的答应下来。

前两天我就想究竟要讲些什么？我问了钱校长和好几位朋友，他们都很客气，不给我出题，就是主席也不给我出题。今天既是台大代联会邀请，那末，我想谈谈大学生的生活，把我个人的或者几位朋友的经验，贡献给大家，也许可作各位同学的借镜，给各位一点暗示的作用。

记得在民国三十八年应傅斯年校长之请，在中山堂作一次公开演讲。我也总以为房子够用了，谁知又把玻璃窗弄破了不少。从民国三十八年到今天已有八九年的工夫了，这九年来，看到台大的进步和发展，不仅在学生人数方面已增加到七千多，设备、人才和学科方面也进步很多，尤其是医农两学院的进步，更得国外来参观过的教育家很大的赞誉。这是我要向校长、各位同学道贺的。

不过，我又听见许多朋友讲，目前很多学生选择科系时，从师长的眼光看，都不免带有短见，倾向于功利主义方面。天才比较高的都跑到医工科去，而且只走入实用方面，而又不选择基本学科。譬如学医的，内科、外科、产科、妇科，有很多人选，而基本学科譬如生物化学、病理学，很少青年人去选读，这使我感到今日的青年不免短视，带着近视眼镜去看自己的前途与将来。我今天头一项要讲的，就是根据我们老一辈的对选科系的经验，贡献给各位。我讲一段故事。

记得四十八年前，我考取了官费出洋，我的哥哥特地从东三省赶到上海为我送行，临行时对我说，我们的家早已破坏中落了，你出国要学些有用之学，帮助复兴家业，重振门楣，他要我学开矿或造铁路，因为这是比较容易找到工作的，千万不要学些没用的文学、哲学之类没饭吃的东西。我说好的，船就要开了。那时和我一起去美国的留学生共有七十人，分别进入各大学。在船上我就想，开矿没兴趣，造铁路也不感兴趣，于是只好采取调和折衷的办法，要学有用之学，当时康奈尔大学有全美国最好的农学院，于是就决定进去学科学的农学，也许对国家社会有点贡献吧！那时进康大的原因有二：一是康大有当时最好的农学院，且不收学费，而每个月可获得八十元的津贴；我刚才说过，我家破了产，母亲待养，那时我还没有结婚，一切从俭，所以可将部分的钱拿回养家。另一是我国有百分之八十的人是农民，将来学会了科学的农业，也许可以有益于国家。

入校后头一星期就突然接到农场实习部的信，叫我去报到。那时教授便问我：“你有什么农场经验？”我答：“没有。”“难道一点都没有吗？”“要有嘛，我的外公和外婆，都是道地的农夫。”教授说：“这与你不相干。”我又说：“就是因为没有，才要来学呀！”后来他又问："你洗过马没有？"我说："没有。"我就告诉他中国人种田是不用马的。于是老师就先教我洗马，他洗一面，我洗另一面。他又问我会套车吗，我说也不会。于是他又教我套车，老师套一边，我套一边，套好跳上去，兜一圈子。接着就到农场做选种的实习工作，手起了泡，但仍继续的忍耐下去。农复会的沈宗翰先生写一本《克难苦学记》，要我为他作一篇序，我也就替他做一篇很长的序。我们那时学农的人很多，但只有沈宗翰先生赤过脚下过田，是惟一确实有农场经验的人。学了一年，成绩还不错，功课都在八十五分以上。第二年我就可以多选两个学分，于是我就选种果学，即种苹果学。分上午讲课与下午实习。上课倒没有什么，还甚感兴趣；下午实习，走入实习室，桌上有各色各样的苹果三十个，颜色有红的、有黄的、有青的……形状有圆的、有长的、有椭圆的、有四方的……。要照着一本手册上的标准，去定每一苹果的学名，蒂有多长？花是什么颜色？肉是甜是酸？是软是硬？弄了两个小时。弄了半个小时一个都弄不了，满头大汗，真是冬天出大汗。抬头一看，呀！不对头，那些美国同学都做完跑光了，把苹果拿回去吃了。他们不需剖开，因为他们比较熟习，查查册子后面的普通名词就可以定学名，在他们是很简单。我只弄了一半，一半又是错的。回去就自己问自己学这个有什么用？要是靠当时的活力与记生，用上一个晚上来强记，四百多个名字都可记下来应付考试。但试想有什么用呢？那些苹果在我国烟台也没有，青岛也没有，安徽也没有……我认为科学的农学无用了，于是决定改行，那时正是民国元年，国内正在革命的时候，也许学别的东西更有好处。

那末，转系要以什么为标准呢？依自己的兴趣呢？还是看社会的需要？我年轻时候《留学日记》有一首诗，现在我也背不出来了。我选课用什么做标准？听哥哥的话？看国家的需要？还是凭自己？只有两个标准：一个是"我"；一个是"社会"，看看社会需要什么？国家需要什么？中国现代需要什么？但这个标准——社会上三百六十行，行行都需要，现在可以说三千六百行，从诺贝尔得奖人到修理马桶的，社会都需要，所以社会的标准并不重要。因此，在定主意的时候，便要依着自我的兴趣了——即性之所近，力之所能。我的兴趣在什么地方？与我性质相近的是什么？问我能做什么？对什么感兴趣？我便照着这个标准转到文学院了。但又有一个困难，文科要缴费，而从康大中途退出，要赔出以前两年的学费，我也顾不得这些。经过四位朋友的帮忙，由八十元减到三十五元，终于达成愿望。在文学院以哲学为主，英国文学、经济、政治学三门为副。后又以哲学为主，经济理论、英国文学为副科。到哥伦比亚大学后，仍以哲学为主，以政治理论、英国文学为副。我现在六十八岁了，人家问我学什么，我自己也不知道学些什么？我对文学也感兴趣，白话文方面也曾经有过一点小贡献。在北大，我曾做过哲学系主任、外国文学系主任、英国文学系主任，中国文学系也做过四年的系主任，在北大文学院六个学系中，五系全做过主任。现在我自己也不知道学些什么，我刚才讲过现在的青年太倾向于现实了，不凭性之能近，力之所能去选课。譬如一位有作诗天才的人，不进中文系学作诗，而偏要去医学院学外科，那末文学院便失去了一个一流的诗人，而国内却添了一个三四流甚至五流的饭桶外科医生，这是国家的损失，也是你们自己的损失。

在一个头等、第一流的大学，当初日本筹划帝大的时候，真的计划远大，规模宏伟，单就医学院就比当初日本总督府还要大。科学的书籍都是从第一号编起。基础良好，我们接收已有十余年了，总算没有辜负当初的计划。今日台大可说是国内唯一最完善的大学，各位不要有成见，带着近视眼镜来看自己的前途，看自己的将来。听说入学考试时有七十二个志愿可填，这样七十二变，变到最后不知变成了什么，当初所填的志愿，不要当做最后的决定，只当做暂时的方向。要在大学一二年的时候，东摸摸西摸摸的瞎摸。不要有短见，十八九岁的青年仍没有能力决定自己的前途、职业。进大学后第一年到处去摸、去看，探险去，不知道的我偏要去学。如在中学时候的数学不好，现在我偏要去学，中学时不感兴趣，也许是老师不好。现在去听听最好的教授的讲课，也许会提起你的兴趣。好的先生会指导你走上一个好的方向，第一二年甚至于第三年还来得及，只要依着自己“性之所近，力之所能”的做去，这是清代大儒章学诚的话。

现在我再说一个故事，不是我自己的，而是近代科学的开山大师——伽利略（Galileo）。他是意大利人，父亲是一个有名的数学家，他的父亲叫他不要学他这一行，学这一行是没饭吃的，要他学医。他奉命而去。当时意大利正是文艺复兴的时候，他到大学以后曾被教授和同学捧誉为“天才的画家”，他也很得意。父亲要他学医，他却发现了美术的天才。他读书的佛劳伦斯［佛罗伦萨］地方是一工业区，当地的工业界首领希望在这大学多造就些科学的人才，鼓励学生研究几何，于是在这大学里特为官儿们开设了几何学一科，聘请一位叫 Ricci 氏当教授。有一天，他打从那个地方过，偶然的定脚在听讲，有的官儿们在打瞌睡，而这位年轻的伽利略却非常感兴趣。于是不断地一直继续下去，趣味横生，便改学数学。由于浓厚的兴趣与天才，就决心去东摸摸西摸摸，摸出一条兴趣之路，创造了新的天文学、新的物理学，终于成为一位近代科学的开山大师。

大学生选择学科就是选择职业。我现在六十八岁了，我也不知道所学的是什么。希望各位不要学我这样老不成器的人。勿以七十二志愿中所填的一愿就定了终身，还没有定，就是大学二三年也还没定。各位在此完备的大学里，目前更有这么多好的教授人才来指导，趁此机会加以利用。社会上需要什么，不要管他，家里的爸爸、妈妈、哥哥、朋友等，要你做律师、做医生，你也不要管他们，不要听他们的话，只要跟着自己的兴趣走。想起当初我哥哥要我学开矿、造铁路，我也没听他的话。自己变来变去变成一个老不成器的人。后来我哥哥也没说什么。只管我自己，别人不要管他。依着“性之所近，力之所能”学下去，其未来对国家的贡献也许比现在盲目所选的或被动选择的学科会大得多，将来前途也是无可限量的。下课了！下课了！谢谢各位。

（胡适 1958 年 6 月 5 日演讲于台湾大学法学院。载于《大学新闻》，1958 年 6 月 19 日）

一个防身药方的三味药

毕业班的诸位同学，现在都得离开学校去开始你们自己的事业了，今天的典礼，我们叫作“毕业”，叫作“卒业”，在英文里叫作“始业”（Commencement）。你们的学校生活现在有一个结束，现在你们开始进入一段新的生活，开始撑起自己的肩膀来挑自己的担子，所以叫作“始业”。

我今天承毕业班同学的好意，承阁校长的好意，要我来说几句话。我进大学是在五十年前（1910），我毕业是在四十六年前（1914），够得上做你们的老大哥了，今天我用老大哥的资格，应该送你们一点小礼物。我要送你们的小礼物只是一个防身的药方，给你们离开校门，进人大世界，作随时防身救急之用的一个药方。

这个防身药方只有三味药：

第一味药叫做“问题丹”。

第二味药叫做“兴趣散”。

第三味药叫做“信心汤”。

第一味药，“问题丹”。就是说，每个人离开学校，总得带一两个麻烦而有趣味的问题在身边作伴，这是你们入世的第一要紧的救命宝丹。

问题是一切知识学问的来源，活的学问、活的知识，都是为了解答实际上的困难，或理论上的困难而得来的。年轻入世的时候，总得有一个两个不大容易解决的问题在脑子里，时时向你挑战，时时笑你不能对付他，不能奈何他，时时引诱你去想他。

只要你有问题跟着你，你就不会懒惰了，你就会继续有知识上的长进了。

学堂里的书，你带不走；仪器，你带不走；先生，他们不能跟你去，但是问题可以跟你走到天边！有了问题，没有书，你自会省吃省穿去买书；没有仪器，你自会卖田卖地去买仪器！没有好先生，你自会去找好师友；没有资料，你自会上天下地去找资料。

各位青年朋友，你今天离开学校，夹袋里准备了几个问题跟着你走？

第二味药，叫做“兴趣散”。这就是说，每个人进入社会，总得多发展一点专门职业以外的兴趣——“业余”的兴趣。

你们多数是学工程的，当然不愁找不到吃饭的职业，但四年前你们选择的专门职业，真是你们自己的自由志愿吗？你们现在还感觉你们手里的文凭真可以代表你们每个人终身的志愿，终身的兴趣吗？——换句话说，你们今天不懊悔吗？明年今天还不会懊悔吗？

你们在这四年里，没有发现什么新的、业余的兴趣吗？在这四年里，没有发现自己在本行以外内才能吗？

总而言之，一个人应该有他的职业，又应该有他的非职业的玩意儿，不是为吃饭而是心里喜欢做的，用闲暇时间做的，——这种非职业的玩意儿，可以使他的生活更有趣、更快乐、更有意思，有时候，一个人的业余活动也许比他的职业还更重要。

英国十九世纪的两个哲学家，一个是弥儿(J. S. Mill)，他的职业是东印度公司的秘书，他的业余工作使他在哲学上、经济学上、政治思想史上，都有很大的贡献。一个是斯宾塞（Herbet Spencer），他是一个测量工程师，他的业余工作使他成为一个很有势力的思想家。

英国的大政治家丘吉尔，政治是他的终身职业，但他的业余兴趣很多，他在文学、历史两方面，都有大成就；他用余力作油画，成绩也很好。

今天到“自由中国”的贵宾，美国大总统艾森豪［威尔］先生，他的终身职业是军事，人都知道他最爱打高尔夫球，但我们知道他的油画也很有功夫。

各位青年朋友，你们的专门职业是不用愁的了，你们的业余兴趣是什么？你们能做的，爱做的业余活动是什么？

第三味药，我叫他做“信心汤”。这就是说，你总得有一点信心。

我们生存在这个年头，看见的、听见的，往往都是可以叫我们悲观、失望的——有时候竟可以叫我们伤心，叫我们发疯。

这个时代，正是我们要培养我们的信心的时候，没有信心，我们真要发狂自杀了。

我们的信心只有一句话：“努力不会白费”，没有一点努力是没有结果的。

对你们学工程的青年人，我还用多举例来说明这种信心吗？工程师的人生哲学当然建筑在“努力不白费”的定律的基石之上。

我只举这短短几十年里大家都知道的两个例子：

一个是亨利·福特（Henry Ford），这个人没有受过大学教育，他小时半工半读，只读了几年书，十六岁就在一小机器店里作工，每周工钱两块半美金，晚上还得去帮别家做夜工。

五十七年前（1903）他三十九岁，他创立 Ford Motor Co.（福特汽车公司），原定资本十万元，只招得两万八千元。

五年之后（1908），他造成了他的最出名的 model T 汽车，用全力制造这一种车子。

一九一三年——我已在大学三年级了，福特先生创立他的第一副“装配线”（Assembly line）。

一九一四年，——四十六年前，——他就能够完全用“装配线”的原理来制造他的汽车了。同时（1914）他宣布他的汽车工人每天只工作八点钟，比别处工人少一点钟——而每天最低工钱五元美金，比别人多一倍。

他的汽车开始是九百五十元一部，他逐年减低卖价，从九百五十元直减到三百六十元——第一次世界大战之后，减到二百九十元一部。

他的公司，在创办时（1903）只有两万八千元的资本，——到二十三年之后（1926）已值得十亿美金了！已成了全世界最大的汽车公司了。一九一五年，他造了一百万部汽车，一九二八年，他造了一千五百万部车。

他的“装配线”的原则在二十年里造成了全世界的“工业新革命”。

福特的汽车在五十年中征服全世界的历史还不能叫我们发生“努力不白费”的信心吗？

第二个例子是航空工程与航空工业的历史。

也是五十七年前——一九〇三年十二月十七，正是我十二整岁的生日，——那一天，在北加罗林那州的海边 Kitty Hawk［基蒂霍克］沙滩上，两个修理脚踏车的匠人，兄弟两人，用他们自己制造的一只飞机，在沙滩上试起飞，弟弟叫 Owille Wright［奥维尔·莱特］，他飞起了十二秒钟。哥哥叫 Wilbur Wright［维尔伯·莱特］，他飞起了五十九秒钟。

那是人类制造飞机飞在空中的第一次成功，——现在那一天（十二月十七日）是全美国庆祝的“航空日”——但当时并没有人注意到那两个弟兄的试验，但这两个没有受过大学教育的脚踏车修理匠人，他们并不失望，他们继续试飞，继续改良他们的飞机，一直到四年半之后（1908 年 5 月），才有重要的报纸来报导那两个人的试飞，那时候，他们已能在空中飞三十八分钟了！

这四十年中，航空工程的大发展，航空工业的大发展，这是你们学工程的人都知道的，航空工业：在最近三十年里已成了世界最大工业的一种。

我第一次看见飞机是在一九一二年。我第一次坐飞机是在一九三〇年（30年前）。我第一次飞过太平洋是在二十三年前（1937）；第一次飞过大西洋是在十五年前（1945）。当我第一次飞渡太平洋的时候，从香港到旧金山总共费了七天！去年我第一次坐Jet机，从旧金山到纽约，五个半钟点飞了三千英里！下月初，我又得飞过太平洋，当天中午起飞，当天晚上就到美国西岸了！

五十七年前，Kitty Hawk沙滩上两个脚踏车修理匠人自造的一个飞机居然在空中飞起了十二秒钟，那十二秒钟的飞行就给人类打开了一个新的时代，——打开了人类的航空时代。

这不够叫我们深信“努力不会白费”的人生观吗？

古人说：“信心可以移山”（Faith moves mountains），又说：“功不唐捐”（唐是空的意思），又说：“只要功夫深，生铁磨成绣花针。”

青年的朋友，你们有这种信心没有？

（胡适1960年6月18日演讲于台湾成功大学毕业典礼。载于台北《中央日报》，1960年6月19日）

胡适文集

A Collection of Hu Shih's Essays

5 治学卷

何卓恩◎编

长春出版社
国家一级出版社
全国百佳图书出版单位

1914年胡适留美

1917 年胡适回国前夕

目录

■ 知识的准备

■ 思想的方法

■ 治学的方法

文学研究法

哲学研究法

■ 历史研究法

胡適文集

治学卷

知识的准备

读书

“读书”这个题，似乎很平常，也很容易。然而我却觉得这个题目很不好讲。据我所知，“读书”可以有三种说法：

（一）要读何书。关于这个问题，《京报副刊》上已经登了许多时候的“青年必读书”；但是这个问题，殊不易解决，因为个人的见解不同，个性不同。各人所选只能代表各人的嗜好，没有多大的标准作用。所以我不讲这一类的问题。

（二）读书的功用。从前有人作“读书乐”，说什么“书中自有千钟粟，书中自有黄金屋，书中自有颜如玉”，现在我们不说这些话了，要说，读书是求智识，智识就是权力。这些话都是大家会说的，所以我也不必讲。

（三）读书的方法。我今天是要想根据个人所经验，同诸位谈谈读书的方法。我的第一句话是很平常的，就是说，读书有两个要素：第一要精，第二要博。

现在先说什么叫“精”。

我们小的时候读书，差不多每个小孩都有一条书签，上面写十个字，这十个字最普遍的就是“读书三到：眼到，口到，心到。”现在这种书签虽不用，三到的读书法却依然存在。不过我以为读书三到是不够的，须有四到，是“眼到，口到，心到，手到”。我就拿它来说一说。

眼到是要个个字认得，不可随便放过。这句话起初看去似乎很容易，其实很不容易。读中国书时，每个字的一笔一画都不放过。近人费许多功夫在校勘学上，都因古人忽略一笔一画而已。读外国书要把A，B，C，D，……等字母弄得清清楚楚。所以说这是很难的。如有人翻译英文，把port看作pork，把oats看作oaks，于是葡萄酒一变而为猪肉，小草变成了大树。说起来这种例子很多，这都是眼睛不精细的结果。书是文字做成的，不肯仔细认字，就不必读书。眼到对于读书的关系很大，一时眼不到，贻害很大，并且眼到能养成好习惯，养成不苟且的人格。

口到是一句一句要念出来。前人说口到是要念到烂熟背得出来。我们现在虽不提倡背书，但有几类的书，仍旧有熟读的必要；如心爱的诗歌，如精彩的文章，熟读多些，于自己的作品上也有良好的影响。读此外的书，虽不须念熟，也要一句一句念出来，中国书如此，外国书更要如此。念书的功用能使我们格外明了每一句的构造，句中各部分的关系。往往一遍念不通，要念两遍以上，方才能明白的。读好的小说尚且要如此，何况读关于思想学问的书呢？

心到是每章每句每字意义如何？何以如是？这样用心考究。但是用心不是叫人枯坐冥想，是要靠外面的设备及思想的方法的帮助。要做到这一点，须要有几个条件：

（一）字典，辞典，参考书等等工具要完备。这几样工具虽不能办到，也当到图书馆去看。我个人的意见是奉劝大家，当衣服，卖田地，至少要置备一点好的工具。比如买一本韦氏大字典，胜于请几个先生。这种先生终身跟着你，终身享受不尽。

（二）要做文法上的分析。用文法的知识，作文法上的分析，要懂得文法构造，方才懂得它的意义。

（三）有时要比较参考，有时要融会贯通，方能了解。不可但看字面。一个字往往有许多意义，读者容易上当。例如 turn 这字：

作外动字解有十五解，

作内动字解有十三解，

作名词解有二十六解，

共五十四解，而成语不算。

又如 Strike：

作外动字解有三十一解，

作内动字解有十六解，

作名词解有十八解，

共六十五解。

又如 go 字最容易了，然而这个字：

作内动字解有二十二解，

作外动字解有三解，

作名词解有九解，

共三十四解。

以上是英文字须要加以考究的例。英文字典是完备的；但是某一字在某一句究竟用第几个意义呢？这就非比较上下文，或贯串全篇，不能懂了。

中文较英文更难，现在举几个例：

祭文中第一句“维某年月日”之“维”字，究作何解？字典上说它是虚字。《诗经》里“维”字有二百多，必需细细比较研究，然后知道这个字有种种意义。

又《诗经》之“于”字，“之子于归”“凤凰于飞”等句，“于”字究作何解？非仔细考究是不懂的。又“言”字人人知道，但在《诗经》中就发生问题，必须比较，然后知“言”字为联接字。诸如此例甚多。中国古书很难读，古字典又不适用，非是用比较归纳的研究方法，我们如何懂得呢？

总之，读书要会疑，忽略过去，不会有问题，便没有进益。

宋儒张载说："读书先要会疑。于不疑处有疑，方是进矣。"他又说："在可疑而不疑者，不曾学。学则须疑。"又说："学贵心悟，守旧无功。"

宋儒程颐说："学原于思。"

这样看起来，读书要求心到；不要怕疑难，只怕没有疑难。工具要完备，思想要精密，就不怕疑难了。

现在要说手到。手到就是要劳动劳动你的贵手。读书单靠眼到，口到，心到，还不够的；必须还得自己动动手，才有所得。例如：

（1）标点分段，是要动手的。

（2）翻查字典及参考书，是要动手的。

（3）做读书札记，是要动手的。札记又可分四类：

（a）抄录备忘。

（b）作提要，节要。

（c）自己记录心得。张载说："心中苟有所开，即便札记。不则还塞之矣。"

（d）参考诸书，融会贯通，作有系统的著作。

手到的功用。我常说：发表是吸收智识和思想的绝妙方法。吸收进来的智识思想，无论是看书来的，或是听讲来的，都只是模糊零碎，都算不得我们自己的东西。自己必须做一番手脚，或做提要，或做说明，或做讨论自己重新组织过，申叙过，用自己的语言记述过，——那种智识思想方才可算是你自己的了。

我可以举一个例。你也会说"进化"，他也会谈"进化"，但你对于"进化"这个观念的见解未必是很正确的，未必是很清楚的；也许只是一种"道听途说"，也许只是一种时髦的口号。这种知识算不得知识，更算不得是"你的"知识。假使你听了我句话，不服气，今晚回去就去遍翻各种书籍，仔细研究进化论的科学上的根据；假使你翻了几天书之后，发愤动手，把你研究所得写成一篇读书札记；假使你真动手写了这么一篇"我为什么相信进化论？"的札记，列举了

（一）生物学上的证据，

（二）比较解剖学上的证据，

（三）比较胚胎学上的证据，

（四）地质学和古生物学上的证据，

（五）考古学上的证据，

（六）社会学和人类学上的证据。

到这个时候，你所有关于“进化论”的知识，经过了一番组织安排，经过了自己的去取叙述，这时候这些知识方才可算是你自己的了。所以我说，发表是吸收的利器；又可以说，手到是心到的法门。

至于动手标点，动手翻字典，动手查书，都是极要紧的读书秘诀，诸位千万不要轻轻放过。内中自己动手翻书一项尤为要紧。我记得前几年我曾劝顾颉刚先生标点姚际恒的《古今伪书考》。当初我知道他的生活困难，希望他标点一部书付印，卖几个钱。那部书是很薄的一本，我以为他一两个星期就可以标点完了。那知顾先生一去半年，还不曾交卷。原来他于每条引的书，都去翻查原书，仔细校对，注明出处，注明原书卷第，注明删节之处。他动手半年之后，来对我说，《古今伪书考》不必付印了，他现在要编辑一部疑古的丛书，叫做“辨伪丛刊”。我很赞成他这个计划，让他去动手。他动手了一两年之后，更进步了，又超过那“辨伪丛刊”的计划了，他要自己创作了。他前年以来，对于中国古史，做了许多辨伪的文字；他眼前的成绩早已超过崔述了，更不要说姚际恒了。顾先生将来在中国史学界的贡献一定不可限量，但我们要知道他成功的最大原因是他的手到的工夫勤而且精。我们可以说，没有动手不勤快而能读书的，没有手不到而能成学者的。

第二要讲什么叫“博”。

什么书都要读，就是博。古人说：“开卷有益”，我也主张这个意思，所以说读书第一要精，第二要博。我们主张“博”有两个意思：

第一，为预备参考资料计，不可不博。

第二，为做一个有用的人计，不可不博。

第一，为预备参考资料计。

在座的人，大多数是戴眼镜的。诸位为什么要戴眼镜？岂不是因为戴了眼镜，从前看不见的，现在看得见了；从前很小的，现在看得很大了；从前看不分明的，现在看得清楚分明了？王荆公说得最好：

> 世之不见全经久矣。读经而已，则不足以知经。故某自百家诸子之书，至于《难经》《素问》《本草》诸小说，无所不读；农夫女工，无所不问；然后于经为能知其大体而无疑。盖后世学者与先王之时异矣；不如是，不足以尽圣人故也。……致其知而后读，以有所去取，故异学不能乱也。惟其不能乱，故能有所去取者，所以明吾道而已。（答曾子固）

他说："致其知而后读。"又说："读经而已，则不足以知经。"即如《墨子》一书在一百年前，清朝的学者懂得此书还不多。到了近来，有人知道光学，几何学，力学，工程学……等，一看《墨子》，才知道其中有许多部分是必须用这些科学的知识方才能懂的。后来有人知道了论理学，心理学……等，懂得《墨子》更多了。读别种书愈多，《墨子》愈懂得多。

所以我们也说，读一书而已则不足以知一书。多读书，然后可以专读一书。譬如读《诗经》，你若先读了北大出版的《歌谣周刊》，便觉得《诗经》好懂的多了；你若先读过社会学，人类学，你懂得更多了；你若先读过文字学，古音韵学，你懂得更多了；你若读过考古学，比较宗教学等，你懂得的更多了。

你要想读佛家唯识宗的书吗？最好多读点论理学，心理学，比较宗教学，变态心理学。**无论读什么书总要多配几副好眼镜**。

你们记的达尔文研究生物进化的故事吗？达尔文研究生物演变的现状，前后凡三十多年，积了无数材料，想不出一个简单贯串的说明。有一天他无意中读马尔图斯［马尔萨斯］的人口论，忽然大悟生存竞争的原则，于是得着物竞天择的道理，遂成一部破天荒的名著，给后世思想界打开一个新纪元。

所以要博学者，只是要加添参考的材料，要使我们读书时容易得“暗示”；遇着疑难时，东一个暗示，西一个暗示，就不至于呆读死书了。这叫做“致其知而后读”。

第二，为做人计。

专工一技一艺的人，只知一样，除此之外，一无所知。这一类的人，影响于社会很少。好有一比，比一根旗竿，只是一根孤拐，孤单可怜。

又有些人广泛博览，而一无所专长，虽可以到处受一班贱人的欢迎，其实也是一种废物。这一类人，也好有一比，比一张很大的薄纸，禁不起风吹雨打。

在社会上，这两种人都是没有什么大影响，为个人计，也很少乐趣。

理想中的学者，既能博大，又能精深。精深的方面，是他的专门学问。博大的方面，是他的旁搜博览。博大要几乎无所不知，精深要几乎惟他独尊，无人能及。他用他的专门学问做中心，次及于直接相关的各种学问，次及于间接相关的各种学问，次及于不很相关的各种学问，以次及毫不相关的各种泛览。这样的学者，也有一比，比埃及的金字三角塔。那金字塔（据最近《东方杂志》，第二十二卷第六号，页一四七）高四百八十英尺，底边各边长七百六十四英尺。塔的最高度代表最精深的专门学问；从此点以次递减，代表那旁收博览的各种相关或不相关的学问。塔底的面积代表博大的范围，精深的造诣，博大的同情心。这样的人，对社会是极有用的人才，对自己也能充分享受人生的趣味。宋儒程颢说的好：

> 须是大其心使开阔：譬如为九层之台，须大做脚始得。

博学正所以“大其心使开阔”。我曾把这番意思编成两句粗浅的口号，现在拿出来贡献给诸位朋友，作为读书的目标：

> 为学要如金字塔，
> 要能广大要能高。

十四，四，廿二夜改稿

（原载于《京报副刊》，1925年4月18日）

为什么读书

青年会叫我在未离南方赴北方之前在这里谈谈，我很高兴，题目是为什么读书。现在读书运动大会开始，青年会拣定了三个演讲题目。我看第二［个］题目怎样读书很有兴味，第三［个］题目读什么书更有兴味，第一［个］题目无法讲，为什么读书，连小孩子都知道，讲起来很难为情，而且也讲不好。所以我今天讲这个题目，不免要侵犯其余两个题目的范围，不过我仍旧要为其余两位演讲的人留一些余地。现在我就把这个题目来试一下看。我从前也有过一次关于读书的演讲，后来我把那篇演讲录略事修改，编入三集《文存》里面，那篇文章题目叫做《读书》，其内容性质较近于第二［个］题目，诸位可以拿来参考。今天我就来试试为什么读书这个题目。

从前，有一位大哲学家做了一篇《读书乐》，说到读书的好处，他说："书中自有千钟粟，书中自有黄金屋，书中自有颜如玉。"这意思就是说，读了书可以做大官，获厚禄，可以不至于住茅草房子，可以娶得年轻的漂亮太太（台下哄笑）。诸位听了笑起来，足见诸位对于这位哲学家所说的话不十分满意。现在我就讲所以要读书的别的原因。

为什么要读书？有三点可以讲：第一，因为书是过去已经知道的智识学问和经验的一种记录，我们读书便是要接受这人类的遗产；第二，为要读书而读书，读了书便可以多读书；第三，读书可以帮助我们解决困难，应付环境，并可获得思想材料的来源。我一踏进青年会的大门，就看见许多关于读书的标语。为什么读书？大概诸位看了这些标语就都已知道了，现在我就把以上三点更详细的说一说。

第一，因为书是代表人类老祖宗传给我们的智识的遗产，我们接受了这遗产，以此为基础，可以继续发扬光大，更在这基础之上，建立更高深更伟大的智识。人类之所以与别的动物不同，就是因为人有语言文字，可以把智识传给别人，又传至后人，再加以印刷术的发明，许多书报便印了出来。人的脑很大，与猴不同，人能造出语言，后来更进一步而有文字，又能刻木刻字；所以人最大的贡献就是［留下］过去的智识和经验，使后人可以节省许多脑力。非洲野蛮人在山野中遇见鹿，他们就画了一个人和一只鹿以代信，给后面的人叫他们勿追。但是把智识和经验遗给儿孙有什么用处呢？这是有用处的，因为这是前人很好的教训。现在学校里各种教科［书］，如物理、化学、历史，等等，都是根据几千年来进步的智识编纂成书的，一年、两年，或者三年，教完一科。自小学、中学，而至大学毕业，这十六年中所受的教育，都是代表我们老祖宗几千年来得来的智识学问和经验。所谓进化，就是叫人节省劳力，蜜蜂虽能筑巢，能发明，但传下来就只有这一点智识，没有继续去改革改良，以应付环境，没有做格外进一步的工作。人呢，达不到目的，就再去求进步，而以前人的智识学问和经验作参考。如果每样东西，要个个人从头学起，而不去利用过去的智识，那不是太麻烦吗？所以人有了这智识的遗产，就可以自己去成家立业，就可以缩短工作，使有余力做别的事。

第二点稍复杂，就是为读书而读书。读书不是那么容易的一件事情，不读书不能读书，要能读书才能多读书。好比戴了眼镜，小的可以放大，糊涂的可以看得清楚，远的可以变为近。读书也要戴眼镜。眼镜越好，读书的了解力也越大。王安石对曾子固说："读经而已，则不足以知经。"所以他对于本草、内经、小说，无所不读，这样对于经才可以明白一些。王安石说："致其知而后读。"

请你们注意，他不说读书以致知，却说，先致知而后读书。读书固然可以扩充知识；但知识越扩充了，读书的能力也越大。这便是"为读书而读书"的意义。

试举《诗经》作一个例子。从前的学者把《诗经》看作"美""刺"的圣书，越讲越不通。现在的人应该多预备几副好眼镜，人类学的眼镜、考古学的眼镜、文法学的眼镜、文学的眼镜。眼镜越多越好，越精越好。例如"野有死麇，白茅包之。有女怀春，吉士诱之"；我们若知道比较民俗学，便可以知道打了野兽送到女子家去求婚，是平常的事。又如"钟鼓乐之，琴瑟友之"，也不必说什么文王太姒，只可看作少年男子在女子的门口或窗下奏乐唱和，这也是很平常的事。再从文法方面来观察，像《诗经》里"之子于归"、"黄鸟于飞"、"凤凰于飞"的"于"字；此外，《诗经》里又有几百个的"维"字，还有许多"助词"、"语词"，这些都是有作用而无意义的虚字，但以前的人却从未注意及此。这些字若不明白，《诗经》便不能懂。再说在《墨子》一书里，有点光学、力学；又有点经济学。但你要懂得光学，才能懂得墨子所说的光；你要懂得各种智识，才能懂得《墨子》里一些最难懂的文句。总之，读书是为了要读书，多读书更可以读书。最大的毛病就在怕读书，怕读难书。越难读的书我们越要征服它们，把它们作为我们的奴隶或向导，我们才能够打倒难书，这才是我们的"读书乐"。若是我们有了基本的科学知识，那末，我们在读书时便能左右逢源。我再说一遍，读书的目的在于读书，要读书越多才可以读书越多。

第三点，读书可以帮助解决困难，应付环境，供给思想材料。知识是思想材料的来源。思想可分作五步。思想的起源是大的疑问。

吃饭拉屎不用想，但逢着三叉路口，十字街头那样的环境，就发生困难了。走东或走西，这样做或是那样做，有了困难，才有思想。第二步要把问题弄清，究竟困难在那一点上。第三步才想到如何解决，这一步，俗话叫做出主意。但主意太多，都采用也不行，必须要挑选。但主意太少，或者竟全无主意，那就更没有办法了。第四步就是要选择一个假定的解决方法。要想到这一个方法能不能解决。若不能，那末，就换一个；若能，就行了。这好比开锁，这一个钥匙开不开，就换一个；假定是可以开的，那末，问题就解决了。第五步就是证实。凡是有条理的思想都要经过这步，或是逃不了这五个阶段。科学家要解决问题，侦探要侦探案件，多经过这五步。

这五步之中，第三步是最重要的关键。问题当前，全靠有主意(Ideas)。主意从哪儿来呢？从学问经验中来。没有智识的人，见了问题，两眼白瞪瞪，抓耳挠腮，一个主意都不来。学问丰富的人，见着困难问题，东一个主意，西一个主意，挤上来，涌上来，请求你录用。读书是过去智识学问经验的记录，而智识学问经验就是要用在这时候，所谓养军千日，用在一朝。否则，学问一些都没有，遇到困难就要糊涂起来。例如达尔文把生物变迁现象研究了几十年，却想不出一个原则去整统他的材料。后来无意中看到马尔萨斯的人口论，说人口是按照几何学级数一倍一倍的增加，粮食是按照数学级数增加，达尔文研究了这个原则，忽然触机，就把这个原则应用到生物学上去，创了物竞天择的学说。读了经济学的书，可以得着一个解决生物学上的困难问题，这便是读书的功用。古人说："开卷有益"，正是此意。读书不是单为文凭功名，只因为书中可以供给学问知识，可以帮助我们解决困难，可以帮助我们思想。又譬如从前的人以为地球是世界的中心，后来天文学家科白尼［哥白尼］却主张太阳是世界的中心，绕着地球而行。据罗素说，科白尼所以这样的解说，是因为希腊人已经讲过这句话；假使希腊没有这句话，恐怕更不容易有人敢说这句话吧。这也是读书的好处。有一家书店印了一部旧小说叫做《醒世姻缘》，要我作序。这部书是西周生所著的，印好后在我家藏了六年，我还不曾考出西周生是谁。这部小说讲到婚姻问题，其内容是这样：有个好老婆，不知何故，后来忽然变坏，作者没有提及解决方法，也没有想到可以离婚，只说是前世作孽，因为在前世男虐待女，女就投生换样子，压迫者变为被压迫者。这种前世作孽，起先相爱，后来忽变的故事，我仿佛什么地方看见过。后来忽然想起《聊斋［志异］》一书中有一篇和这相类似的笔记，也是说到一个女子，起先怎样爱着她的丈夫，后来怎样变为凶太太，便想到这部小说大约是蒲留仙或是蒲留仙的朋友做的。去年我看到一本杂记，也说是蒲留仙做的，不过没有多大证据。今年我在北京，才找到了证据。这一件事可以解释刚才我所说的第二点，就是读书可以帮助读书，同时也可以解释第三点，就是读书可以供给出主意的来源。当初若是没有主意，到了逢着困难时便要手足无措，所以读书可以解决问题，就是军事、政治、财政、思想等问题，也都可以解决，这就是读书的用处。

我有一位朋友，有一次傍着灯看小说，洋灯装有油，但是不亮，因为灯芯短了。于是他想到《伊索寓言》里有一篇故事，说是一只老鸦要喝瓶中的水，因为瓶太小，得不到水，它就衔石投瓶中，水乃上来。这位朋友是懂得化学的，于是加水于灯中，油乃碰到灯芯。这是看《伊索寓言》给他看小说的帮助。读书好像用兵，养兵求其能用，否则即使坐拥十万二十万的大兵也没有用处，难道只好等他们“兵变”吗？

至于“读什么书”，下次陈钟凡先生要讲演，今天我也附带的讲一讲。我从五岁起到了四十岁，读了三十五年的书。我可以很诚恳的说，中国旧籍是经不起读的。中国有五千年文化，“四部”的书已是汗牛充栋。究竟有几部书应该读，我也曾经想过。其中有条理有系统的精心结构之作，二千五百年以来恐怕只有半打。“集”是杂货店，“史”和“子”还是杂货店。至于“经”，也只是杂货店，讲到内容，可以说没有一些东西可以给我们改进道德增进智识的帮助的。中国书不够读，我们要另开生路，辟殖民地，这条生路，就是每一个少年人必须至少要精通一种外国文字。读外国语要读到有乐而无苦，能做到这地步，书中便有无穷乐趣。希望大家不要怕读书，起初的确要查阅字典，但假使能下一年苦功，继续不断做去，那末，在一二年中定可开辟一个乐园，还只怕求知的欲望太大，来不及读呢。我总算是老大哥，今天我就根据我过去三十五年读书的经验，给你们这一个临别的忠告。

（分别载于《现代学生》第 1 卷第 3 期和第 5 期，时间分别是 1930 年 12 月和 1931 年 2 月）

读书的习惯重于方法

读书会进行的步骤，也可以说是采取的方式大概不外三种：

第一种是大家共同选定一本书本读，然后互相交换自己的心得及感想。

第二种是由下往上的自动方式，就是先由会员共同选定某一个专题，限定范围，再由指导者按此范围拟定详细节目，指定参考书籍。每人须于一定期限内作成报告。

第三种是先由导师拟定许多题目，再由各会员任意选定。研究完毕后写成报告。

至于读书的方法我已经讲了十多年，不过在目前我觉到读书全凭先养成好读书的习惯。读书无捷径，是没有什么简便省力的方法可言的。读书的习惯可分为三点：一是勤，二是慎，三是谦。

勤苦耐劳是成功的基础，做学问更不能欺己欺人，所以非勤不可。其次谨慎小心也是很重要的，清代的汉学家著名的如高邮王氏父子，段茂堂等的成功，都是遇事不肯轻易放过，旁人看不见的自己便可看见了。如今的放大几千万倍的显微镜，也不过想把从前看不见的东西现在都看见罢了。谦就是态度的谦虚，自己万不可先存一点成见，总要不分地域门户，一概虚心的加以考察后，再决定取舍。这三点都是很要紧的。

其次还有个买书的习惯也是必要的，闲时可多往书摊上逛逛，无论什么书都要去摸一摸，你的兴趣就是凭你伸手乱摸后才知道的。图书馆里虽有许多的书供你参考，然而这是不够的。因为你想往上圈画一下都不能。更不能随便的批写。所以至少像对于自己所学的有关的几本必备书籍，无论如何，就是少买一双皮鞋，这些书是非买不可的。

青年人要读书，不必先谈方法，要紧的是先养成好读书、好买书的习惯。

（原载于《大学新闻》第 3 卷第 11 期，1935 年 5 月 14 日）

知识的准备

一

在这个值得纪念的仪式完毕之后，你们就被列入少数特权分子之列——大学毕业生。今天并不是标示着人生一段时期的结束或完毕，而是一个新生活的开始，一个真正生活和真正充满责任的开端。

人家对你们作为大学毕业生的，总期望会与平常人有所不同，和大多数没有念过大学的人有所不同。他们预料你们［的］言行会有怪异之处。

你们有些人或许不喜欢人家把你们目为与众不同、言行怪异的人。你们或许想要和群众混在一起，不分彼此。

让我们向你们保证，要回到群众中间，使人不分彼此，是一件容易做到的事。假如你们有这个愿望，你们随时都可以做到，你们随时都可以成为一个“好同伴”，一个“易于相处的人”，——而人们，包括你们自己，马上就会忘记你们曾经念过大学这回事。

虽然大学教育当然不该把我们造成为“势利之徒”和“古怪的人”，可是我们大学毕业生一直保留一点儿与众不同的标志，却也不是一件坏事。这一点儿与众不同的标志，我相信，是任何学术机构的教育家所最希望造成的。

大学男女学生与众不同的这个标志是什么呢？多数教育家都很可能会同意的说，那是一个多少受过训练的脑筋，——一个多少有规律的思想方式——这会使得，也应当使得，受大学教育的人显出有些与众不同的地方。

一个头脑受过训练的人在看一件事是用批判和客观的态度，而且也用适当的智识学问为凭依。他不容许偏见和个人的利益来影响他的判断，和左右他的观点。他一直都是好奇的，但是他绝对不会轻易相信人。他并不仓卒的下结论，也不轻易附和他人的意见，他宁愿耽搁一段时间，一直等到他有充分的时间来查考事实和证据后，才下结论。

总而言之，一个受过训练的头脑，就是对于易陷入于偏见、武断和盲目接受传统与权威的陷阱，存在戒心和疑惧。同时，一个受过训练的脑筋绝不是消极或是毁灭性的。他怀疑人并不是喜欢怀疑的缘故；也并不是认为“所有的话都有可疑之处，所有的判断都有虚假之处。”他之所以怀疑是为了想确切相信一件事。为了要根据更坚固的证据和更健全的推理为基础，来建立或重新建立信仰。

你们四年的研究和实验工作一定教过你们独立思考、客观判断、有系统的推理，和根据证据来相信某一件事的习惯。这些就是，也应当是，标示一个人是大学生的标志。就是这些特征才使你们显得“与众不同”和“怪异”，而这些特征可能会使你们不孚众望和不受欢迎，甚至为你们社会里大多数人所畏避和摒弃。

可是，这些有点令人烦恼的特点却是你们母校于你们居留在此时间中，所教导你们而为此最感觉自豪的事。这些求知习惯的训练，如果我没有判断错误的话，也就是你们在大学里有责任予以培养起来的，回家时从这个校园里所带走的，并且在你们整个一生和在你们一切各种活动中，所继续不断的实行和发展的。

伟大的英国科学家，同时也是哲学家的赫胥黎（Thomas. H.

Husley）曾说过："一个人一生中最神圣的行为就是口里讲，内心深感觉到这句话：'我相信某件事是实在的。'紧附在那个行为上的是人生存在世上一切最大的报酬和一切最严重的责罚。"要成功的完成这一个"最神圣的行为"，那应用在判断、思考，和信仰上的思想训练和规律是必要的。

所以在这一个值得纪念的日子，你们必须问自己的第一个问题就是：我是否获得所期望于为一个受大学教育的我所应有的充分智识训练吗？我的头脑是否有充分的装备和准备来做赫胥黎所说的"一个人一生中最神圣的行为"？

二

我们必须要体会到"一个人一生中最神圣的行为"也同时是我们日常所需做的行为。另一个英国哲学家弥尔［约翰·斯图亚特·穆勒］（John Stuart Mill）曾说过："各个人每天每时每刻都需要确切证实他所没有直接观察过的事情……法官、军事指挥官、航海人员、医师、农场经营者（我们还可以加上一般的公民和选民）的事，也不过是将证据加以判断，并按照判断采取行动……就根据他们做法（思考和推论）的优劣，就可决定他们是否尽其分内的职责。这是头脑所不停从事的职责。"

由于人人每日每时都需要思考，所以人在思考时，极容易流于疏忽，漠不关心，和习惯性的态度。大学教育毕竟难以教给我们一整套精通与永久适用的求知习惯，原因是其所需的时间远超过大学的四年。大学毕业生离开了他的实验室和图书馆，往往感觉到他已经工作得太劳累，思考得太辛苦，毕业后应当享受到一种可以不必求知识的假期。他可能太忙或者太懒，而无法把他在大学里刚学到而还没有精通的知识训练继续下去。他可能不喜欢标榜自己为受过大学教育"好炫耀博学的人"。他可能发现讲幼稚的话与随和大众的反应是一种调剂，甚至是一种愉快的事。无论如何，大学毕业生离开大学之后，最普遍的危险就是溜回到怠惰和懒散方式的思考和信仰。

所以大学生离开学校后，最困难的问题就是如何继续培养精稔实验室研究的思考态度和技术，以便将这种思考的态度和技术扩展到他日常思想、生活，和各种活动上去。

天下没有一个普遍适用以提防这种懒病复发的公式。但是我们仍然想献给列位一个简单的妙计，这个妙计对我自己和对我的学生和朋友都很实用。

我所想要建议的是各个大学毕业生都应当有一个或两个或更多足以引起兴趣和好奇心的疑难问题，借以激起他的注意、研究、探讨，或实验的心思。你们大家都知道的，一切科学的成就都是由于一个疑难的问题碰巧激起某一个观察者的好奇心和想像力所促成的。有人说没装备良好的图书馆和实验室是无法延续求知的兴趣。这句话是不确实的。请问亚基米德［阿基米德］、伽利略、牛顿、法拉第，或者甚至达尔文或巴斯德究竟有什么实验室或图书馆的装备呢？一个大学毕业生所需要的仅是一些会激起他的好奇心，引起他的求知欲和挑激他的想法求解决的有趣的难题。那种挑激引发的性质就足够引致他搜集资料、触类旁通、设计工具，和建立简单而适用的试验和实验室。一个人对于一些引人好奇的难题不发生兴趣的话，就是处在设备良好的实验室和博物馆中，智识上也不会有任何发展。

四年的大学教育所给予我们的，毕业只不过是已经研究出来和尚未研究出来的学问浩翰范围的一瞥而已。不管我们主修的是那一个科目，我们都不应当有自满的感觉，以为在我们专门科目范围内，已经没有不解决的问题存在。凡是离开母校大门而没有带一两个智识上的难题回家去，和一两个在他清醒时一直缠绕着他的问题，这个人的智识生活可以说是已经寿终正寝了。

这是我给你们的劝告：在这一个值得纪念的日子里，你们该花费几分钟，为你们自己列了一个智识的清单，假如没有一两个值得你们下决心解决的智识难题，就不［要］轻易步入这个大世界。你们不能带走你们的教授，也不能带走学校的图书馆和实验室。可是你们带走几个难题。这些难题时刻都会使你们智识上的自满和怠惰下来的心受到困扰。除非你们向这些难题进攻，并加以解决，否则你们就一直不得安宁。那时候，你们看吧，在处理和解决这些小难题的时候，你们不但使你们思考和研究的技术逐渐纯熟和精稔，而且同时开拓出智识的新地平线并达到科学的新高峰。

三

这种一直有一些激起好奇心和兴趣疑难问题来刺激你们的小妙计有许多功用。这个妙计可使你们一生中对研究学问的兴趣永存不灭，可开展你们新嗜好的兴趣，把你们日常生活提高到超过惯性和苦闷的水准之上。常常在沉静的夜里，你们突然成功的解决了一个讨厌的难题而很希望叫醒你们的家人，对他们叫喊着说："我找到了，我找到了！"那时候给你们的是智识上的狂喜和很大的乐趣。

但是这种自找问题和解决问题方式最重要的用处，是在于用来训练我们的能力，磨炼我们的智慧，而因此使我们能精稔实验与研究的方法和技术。对思考技术的精稔可能引使你们达到创造性的智识高峰；但是也同时会渐渐的普遍应用在你们整个生活上，并且使你们在处理日常活动时，成为比较懂得判断的人，会使你们成为更好的公民，更聪明的选民，更有智识的报纸读者，成为对于目前国家大事或国际大事一个更为胜任的评论者。

这个训练对于为一个民主国家里公民和选民的你们是特别重要的。你们所生活的时代是一片充满了惊心动魄事件的时代，一个势要毁灭你们政府和文化根基的战争时代。而从各方面拥集到你们身上的是强有力不让人批驳的思想形态，巧妙的宣传，以及随意歪曲的历史。希望你们在这个要把人弄得团团转的旋风世界中，要建立起你们的判断力，要下自己的决定，投你们的票，和尽你们的本分。

有人会警告你们要特别提高警觉，以提防邪恶宣传的侵袭。可是你们要怎样做才能防御宣传的侵入呢？因为那些警告你们的人本身往往就是职业的宣传员，只不过他们罐头上所用的是不同的商标；但这些罐头里照样是陈旧的和不准批驳的东西！

例如，有人告诉你们，上次世界大战所有一切唯心论的标语，像“为世界民主政治的安全而战”和“以战争来消弭战争”，这些话，都是想讨人欢喜的空谈和烟幕而已。但是揭露这件事的人也就是宣传者，他要我们全体都相信美国之参加上次世界大战是那些“担心美元英镑贬值”放高利贷者和发战争财者所促成的。

再看另一个例子。你们是在一个信仰所培养之下长大起来的。这些信仰就是相信你们的政府形式，属于人民的政府，尊敬〈重〉个人的自由，特别是相信那保护思想、信仰、表达，和出版等自由的政府形式是人类最伟大的成就之一；但是我们这一代的新先知们却告诉你们说，民主的代议政府仅是资本主义制度下的一个必然的副产品，这个制度并没有实质的优点，也没有永恒的价值；他们又说个人的自由并不一定是人们所希求的；为了集体的福利和权力的利益起见，个人的自由应当视为次要的，甚至应当加以抑压下去的。

这些和许多其他相反的论调到处都可以看到听到，都想要迷惑你们的思想，麻木你们的行动。你们需要怎么样准备自己来对付一切所有这些相反的论调呢？当然不会是紧闭着眼睛不看，掩盖着耳朵不听吧。当然也不会躲在良好的古老传统信仰的后面求庇护吧，因为受攻击和挑衅的就是古老的传统本身。当然也不会是诚心诚意的接受这种陈腔烂调和不准批驳的思想和信仰的体系，因为这样一个教条式的思想体系可能使你们丢失了很多的独立思想，会束缚和奴役你们的思想，以致从此之后，你们在智识上说，仅是机械一个而已。

你们可能希望能保持精神上的平衡和宁静，能够运用你们自己的判断，唯一的方法就是训练你们的思想，精稔自由沉静思考的技术。使我们更充分了解智识训练的价值和功效的就是在这智识困惑和混乱的时代。这个训练会使我们能够找到真理——使我们获得自由的真理。

关于这种训练与技术，并没有什么神秘的地方。那就是你们在实验室里所学到的，也就是你们最优秀的教师终生所从事，而在你们研究论文上所教你们的方法，那就是研究和实验的科学方法。也就是你们要学习应用于解决我所劝你们时刻要找一两个疑难问题所用的同样方法。这个方法，如果训练得纯熟精通，会使我们能在思考我们每天必须面对有关社会、经济，和政治各项问题时，会更清楚、会更胜任的。

以其要素言，这个科学技术包括非常专心注意于各种建议、思想和理论，以及后果的控制和试验。一切思考是以考虑一个困惑的问题或情况开始的。所有一切能够解决这个困惑问题的假设都是受欢迎的。但是各个假设的论点却必须以在采用后可能产生的后果来作为适用与否的试验，凡是其后果最能满意克服原先困惑所在的假设，就可接受为最好和最真实的解决方法。这是一切自然、历史，和社会科学的思考要素。

人类最大的谬误，就是以为社会和政治问题简单得很，所以根本不需要科学方法的严格训练，而只要根据实际经验就可以判断，就可以解决。

但是事实却是刚刚相反的。社会与政治问题是关联着千千万万人［生］命和福利的问题。就是由于这些极具复杂性和重要性的问题是十分困难的，所以使得这些问题到今日还没有办法以准确的定量衡量方法和试验与实验的精确方法来计量。甚至以最审慎的态度和用严格的方法无法保证［其］绝无错误。但是这些困难却省免不了我们用尽一切审慎和批判的洞察力来处理这些庞大的社会和政治问题的必要。

两千五百年前某诸侯问孔子说："一言而可以兴邦……一言而丧邦有诸？……"

想到社会与政治的问题，总会提醒我们关于向孔子请教的这两个问题，因为对社会与政治的思考必然会连带想起和计划整个国家、整个社会，或者整个世界的事。所以一切社会与政治理论在用以处理一个情况时，如果粗心大意或固守教条，严重的说来，可能有时候会促成预料不到的混乱、退步、战争，和毁灭，有时就真的是一言兴邦，一言丧邦。

刚就在前天，希特勒对他的军队发出一个命令，其中说到一句话：他要决定他的国家和人民未来一千年的命运！

但希特勒先生一个人是无法以个人的思想来决定千千万万人的生死问题。你们在这里所有的人需要考虑你们即将来临的本地与全国选举中有所选择，所有的人需要对和战问题表达意见，并下决定。是的，你们也会考虑到一个情况，你们在这个情况中的思考是正确，是错误，就会影响千千万万人的福利，也可能直接或间接的决定未来一千年世界与其文化的命运！

所以为少数特权阶级的我们大学男女，严肃的和胜任的把自己准备好，以便像在今日的这个时代，这个世界，每日从事思考和判断，把我们自己训练好，以便作有责任心的思考，乃是我们神圣的任务。

有责任心的思考至少含着三个主要的要求：第一，把我们的事实加以证明，把证据加以考查；第二，如有差错，谦虚的承认错误，慎防偏见和武断；第三，愿意尽量彻底获致一切会随着我们观点和理论而来的可能后果，并且［从］道德上对这些后果负责任。

怠惰的思考，容许个人和党团的因素不知不觉的影响我们的思考，接受陈腐和不加分析的思想为思考之前提，或者未能努力以获致可能后果，来试验一个人的思想是否正确等就是智识上不负责任的表现。

你们是否充分准备来做这件在你们一生中最神圣的行动——有责任心的思考？

（胡适1941年6月中旬英语演讲于美国普渡大学，郭博信中译。录自《胡适之先生年谱长编初稿》第5册，台北联经出版事业公司1984年版）

一个最低限度的国学书目

序　言

这个书目是我答应清华学校胡君敦元等四个人拟的。他们都是将要往外国留学的少年，很想在短时期中得着国故学的常识。所以我拟这个书目的时候，并不为国学有根柢的人设想，只为普通青年人想得一点系统的国学知识的人设想。这是我要声明的第一点。

这虽是一个书目，却也是一个法门。这个法门可以叫做“历史的国学研究法”。这四五年来，我不知收到多少青年朋友询问“治国学有何门径”的信。我起初也学着老前辈们的派头，劝人从“小学”入手，劝人先通音韵训诂。我近来忏悔了——那种话是为专家说的，不是为初学人说的；是学者装门面的话，不是教育家引人入胜的法子。音韵训诂之学自身还不曾整理出个头绪系统来，如何可作初学人的入手工夫？十几年的经验使我不能不承认音韵训诂之学只可以作“学者”的工具，而不是“初学”的门径。老实说来，国学在今日还没有门径可说；那些国学有成绩的人大都是下死工夫笨干出来的。死工夫固是重要，但究竟不是初学的门径。对初学人说法，须先引起他的真兴趣，他然后肯下死工夫。在这个没有门径的时候，我曾想出一个下手方法来：就是用历史的线索做我们的天然系统，用这个天然继续演进的顺序做我们治国学的历程。这个书目便是依着这个观念做的。这个书目的顺序便是下手的法门。这是我要声明的第二点。

这个书目不单是为私人用的，还可以供一切中小学校图书馆及地方公共图书馆之用。所以每部书之下，如有最易得的版本，皆为注出。

一　工具之部

《书目举要》(周贞亮，李之鼎)　南城宜秋馆本。这是书目的书目。

《书目答问》(张之洞)　刻本甚多，近上海朝记书庄有石印“增辑本”最易得。

《四库全书总目提要》，附存目录　广东图书馆刻本，又点石斋石印本最方便。

《汇刻书目》(顾修)　顾氏原本已不适用，当用朱氏增订本，或上海北京书店翻印本，北京有益堂翻本最廉。

《续汇刻书目》(罗振玉)　双鱼堂刻本。

《史姓韵编》(汪辉祖)　刻本稍贵，石印本有两种。此为《廿四史》的人名索引，最不可少。

《中国人名大辞典》(商务印书馆)

《历代名人年谱》(吴荣光)　北京晋华书局新印本。

《世界大事年表》(傅运森)　商务印书馆。

《历代地理韵编》，《清代舆地韵编》(李兆洛)　广东图书馆本，又坊刻《李氏五种》本。

《历代纪元编》(六承如)　《李氏五种》本。

《经籍籑诂》(阮元等)　点石斋石印本可用。读古书者，于寻常字典外，应备此书。

《经传释词》(王引之)　通行本。

《佛学大辞典》(丁福保等译编)　上海医学书局。

二　思想史之部

《中国哲学史大纲上卷》(胡适)　商务印书馆。

[二十二子]:

《老子》《庄子》《管子》《列子》

《墨子》《荀子》《尸子》《孙子》

《孔子集语》《晏子春秋》《吕氏春秋》《贾谊新书》

《春秋繁露》《扬子法言》《文子缵义》《黄帝内经》

《竹书纪年》《商君书》《韩非子》《淮南子》

《文中子》《山海经》

浙江公立图书馆(即浙江书局)刻本。上海有铅印本亦尚可用。汇刻子书,以此部为最佳。

《四书》(《论语》《大学》《中庸》《孟子》)最好先看白文,或用朱熹集注本。

《墨子闲诂》(孙诒让)　原刻本,商务印书馆影印本。

《庄子集释》(郭庆藩)　原刻本,石印本。

《荀子集注》(王先谦)　原刻本,石印本。

《淮南鸿烈集解》(刘文典)　商务印书馆出版。

《春秋繁露义证》(苏舆)　原刻本。

《周礼》通行本。

《论衡》(王充)　通津草堂本(商务印书馆影印);湖北崇文书局本。

《抱朴子》(葛洪)　平津馆丛书本最佳,亦有单行的;湖北崇文书局本。

《四十二章经》　金陵刻经处本。以下略举佛教书。

《佛遗教经》　同上。

《异部宗轮论述记》（窥基） 江西刻经处本。

《大方广佛华严经》（东晋译本） 金陵刻经处本。

《妙法莲华经》（鸠摩罗什译） 同上。

《般若纲要》（葛鼎慧） 《大般若经》太繁，看此书很够了。扬州藏经院本。

《般若波罗密多心经》（玄奘译）

《金刚般若波罗密经》（鸠摩罗什译，菩提流支译，真谛译） 以上两书，流通本最多。

《阿弥陀经》（鸠摩罗什译） 此书译本与版本皆极多，金陵刻经处有《阿弥陀经要解》（智旭）最便。

《大方广圆觉了义经》（即《圆觉经》）（佛陀多罗译） 金陵刻经处白文本最好。

《十二门论》（鸠摩罗什译） 金陵刻经处本。

《中论》（同上） 扬州藏经院本。

以上两种，为三论宗《三论》之二。

《三论玄义》（隋吉藏撰） 金陵刻经处本。

《大乘起信论》（伪书） 此虽是伪书，然影响甚大。版本甚多，金陵刻经处有沙门真界纂注本颇便用。

《大乘起信论考证》（梁启超） 此书绍介日本学者考订佛书真伪的方法，甚有益。商务印书馆将出版。

《小止观》（一名《童蒙止观》，智颉撰） 天台宗之书不易读，此书最便初学。金陵刻经处本。

《相宗八要直解》（智旭直解） 金陵刻经处本。

《因明入正理论疏》（窥基疏） 金陵刻经处本。

《大慈恩寺三藏法师传》（慧立撰） 玄奘为中国佛教史上第一伟大人物，此传为中国传记文学之大名著。常州天宁寺本。

《华严原人论》（宗密撰） 有正书局有合解本，价最廉。

《坛经》（法海录） 流通本甚多。

《古尊宿语录》 此为禅宗极重要之书，坊间现尚无单行刻本。《大藏经》缩刷本腾字四至六。

《宏明集》（梁僧祐集） 此书可考见佛教在晋宋齐梁士大夫间的情形。金陵刻经处本。

《韩昌黎集》（韩愈） 坊间流通本甚多。

《李文公集》（李翱） 《三唐人集》本。

《柳河东集》（柳宗元） 通行本。

《宋元学案》（黄宗羲，全祖望等） 冯云濠刻本，何绍基刻本，光绪五年长沙重刊本。坊间石印本不佳。

《明儒学案》（黄宗羲） 莫晋刻本最佳。坊间通行有江西本，不佳。

以上两书，保存原料不少，为宋明哲学最重要又最方便之书。此下所列，乃是补充这两书之缺陷，或是提出几部不可不备的专家集子。

《直讲李先生集》（李觏） 商务印书馆印本。

《王临川集》（王安石） 通行本。商务印书馆影印本。

《二程全书》（程颢，程颐） 六安涂氏刻本。

《朱子全书》（朱熹） 六安涂氏刻本；商务印书馆影印本。

《陆象山全集》（陆九渊） 上海江左书林铅印本很可用。

《陈龙川全集》（陈亮） 通行本。

《叶水心全集》（叶适） 通行本。

《王文成公全书》（王守仁） 浙江图书馆本。

《困知记》（罗钦顺） 嘉庆四年翻明刻本。正谊堂本。

《王心斋先生全集》（王艮） 近年东台袁氏编订排印本最好，上海国学保存会寄售。

《罗文恭公全集》（罗洪先） 雍正间刻本，《四库全书》本与此本同。

《胡子衡齐》（胡直） 此书为明代哲学中一部最有条理又最有精采之书。《豫章丛书》本。

《高子遗书》（高攀龙） 无锡刻本。

《学蔀通辨》（陈建） 正谊堂本。

《正谊堂全书》(张伯行编)　这部丛书搜集程朱一系的书最多,欲研究"正统派"的哲学的,应备一部。全书六百七十余卷,价约三十元。初刻本已不可得,现行者为同治间补刻本。

《清代学术概论》(梁启超)　商务印书馆。

《日知录》(顾炎武)　用黄汝成《集释》本。通行本。

《明夷待访录》(黄宗羲)　单行本。扫叶山房《梨洲遗著汇刊》本。

《张子正蒙注》(王夫之)　《船山遗书》本。

《思问录内外篇》(王夫之)　同上。

《俟解》一卷,《噩梦》一卷(王夫之)　同上。

《颜李遗书》(颜元,李塨)　《畿辅丛书》本可用。北京四存学会增补全书本。

《费氏遗书》(费密)　成都唐氏刻本。(北京大学出版部寄售)

《孟子字义疏证》(戴震)　《戴氏遗书》本。国学保存会有铅印本,但已卖缺了。

《章氏遗书》(章学诚)　浙江图书馆排印本,上海刘翰怡新刻全书本。

《章实斋年谱》(胡适)　商务印书馆出版。

《崔东壁遗书》(崔述)　道光四年陈履和刻本;《畿辅丛书》本只有《考信录》,亦可够用了。全书现由亚东图书馆重印,不久可出版。

《汉学商兑》(方东树)　此书无甚价值,但可考见当日汉宋学之争。单行本,朱氏《槐庐丛书》本。

《汉学师承记》(江藩)　通行本,附《宋学师承记》。

《新学伪经考》(康有为)　光绪辛卯初印本;新刻本只增一序。

《史记探源》(崔适)　初刻本;北京大学出版部排印本。

《章氏丛书》(章炳麟)　康宝忠等排印本;浙江图书馆刻本。

三　文学史之部

《诗经集传》(朱熹)　通行本。

《诗经通论》（姚际恒） 闻商务印书馆将重印。

《诗本谊》（龚橙） 浙江图书馆《半广丛书》本。

《诗经原始》（方玉润） 闻商务印书馆不久将有重印本。

《诗毛氏传疏》（陈奂） 《清经解续编》卷七百七十八以下。

《檀弓》 《礼记》第二篇。

《春秋左氏传》 通行本。

《战国策》 商务印书馆有铅印补注本。

《楚辞集注，附辨证后语》（朱熹） 通行本；扫叶山房有石印本。

《全上古三代秦汉三国六朝文》（严可均编） 广雅局本。此书搜集最富，远胜于张溥的《汉魏六朝百三家集》。

《全汉三国晋南北朝诗》（丁福保编） 上海医学书局出版。

《古文苑》（章樵注） 江苏书局本。

《续古文苑》（孙星衍编） 江苏书局本。

《文选》（萧统编） 上海会文堂有石印胡刻李善注本最方便。

《文心雕龙》（刘勰） 原刻本；通行本。

《乐府诗集》（郭茂倩编） 湖北书局刻本。

《唐文粹》（姚铉编） 江苏书局本。

《唐文粹补遗》（郭麐编） 同上。

《全唐诗》（康熙朝编） 扬州原刻本，广州本，石印本，五代词亦在此中。

《宋文鉴》（吕祖谦编） 江苏书局本。

《南宋文范》（庄仲方编） 同上。

《南宋文录》（董兆熊编） 同上。

《宋诗钞》（吕留良、吴之振等编） 商务印书馆本。

《宋诗钞补》（管庭芬等编） 商务印书馆本。

《宋六十家词》（毛晋编） 汲古阁本，广州刊本，上海博古斋石印本。

《四印斋王氏所刻宋元人词》（王鹏运编刻） 原刻本，板存北京南阳山房。

《彊邨所刻词》（朱祖谋编刻） 原刻本。

王朱两位刻的词集都很精，这是近人对于文学史料上的大贡献。

《太平乐府》（杨朝英编） 《四部丛刊》本。

《阳春白雪》（杨朝英编） 南陵徐氏《随庵丛书》本。

以上两种为金元人曲子的选本。

《董解元弦索西厢》（董解元） 刘世珩暖红室汇刻传奇本。

《元曲选一百种》（臧晋叔编） 商务印书馆有影印本。

《金文最》（张金吾编） 江苏书局本。

《元文类》（苏天爵编） 同上。

《宋元戏曲史》（王国维） 商务印书馆本。

《京本通俗小说》 这是七种南宋的话本小说，上海蟫隐庐《烟画东堂小品》本。

《宣和遗事》 《士礼居丛书》本；商务印书馆有排印本。

《五代史平话》残本 董康刻本。

《明文在》（薛熙编） 江苏书局本。

《列朝诗集》（钱谦益编） 国学保存会排印本。

《明诗综》（朱彝尊编） 原刻本。

《六十种曲》（毛晋编刻） 汲古阁本。此书善本已不易得。

《盛明杂剧》（沈泰编） 董康刻本。

《暖红室汇刻传奇》（刘世珩编刻） 原刻本。

《笠翁十二种曲》（李渔） 原刻巾箱本。

《九种曲》（蒋士铨） 原刻本。

《桃花扇》（孔尚任） 通行本。

《长生殿》（洪昇） 通行本。

清代戏曲多不胜举；故举李蒋两集，孔洪两种历史戏，作几个例而已。

《曲苑》 上海古书流通处（?）编印本。此书汇集关于戏曲的书十四种，中如焦循《剧说》，如梁辰鱼《江东白苎》，皆不易得。石印本价亦廉，故存之。

《缀白裘》 这是一部传奇选本，虽多是零篇，但明末清初的戏曲名著都有代表的部分存在此中。在戏曲总集中，这也是一部重要书了。通行本。

《曲录》（王国维） 《晨风阁丛书》本。

《湖海文传》（王昶编） 所选都是清朝极盛时代的文章，最可代表清朝"学者的文人"的文学。原刻本。

《湖海诗传》（王昶编） 原刻本。

《鲒埼亭集》（全祖望） 借树山房本。

《惜抱轩文集》（姚鼐） 通行本。

《大云山房文稿》（恽敬） 四川刻本，南昌刻本。

《文史通义》（章学诚） 贵阳刻本，浙江局本，铅印本。

《龚定盦全集》（龚自珍） 万本书堂刻本。国学扶轮社本。

《曾文正公文集》（曾国藩） 《曾文正全集》本。

清代古文专集，不易选择；我经过很久的考虑，选出全，姚，恽，章，龚，曾六家来作例。

《吴梅村诗》（吴伟业） 《梅村家藏稿》（董康刻本，商务印书馆影印本）本，无注；此外有靳荣藩《吴诗集览》本，有吴翌凤《梅村诗集笺注》本。

《瓯北诗钞》（赵翼） 《瓯北全集》本，单行本。

《两当轩诗钞》（黄景仁） 光绪二年重刻本。

《巢经巢诗钞》（郑珍） 贵州刻本；北京有翻刻本，颇有误字。

《秋蟪吟馆诗钞》（金和） 铅印全本；家刻本略有删减。

《人境庐诗钞》（黄遵宪） 日本铅印本。

清代诗也很难选择。我选梅村代表初期，瓯北与仲则代表乾隆一朝；郑子尹与金亚匏代表道咸同三朝；黄公度代表末年的过渡时期。

明清两朝小说：

《水浒传》 亚东图书馆三版本。

《西游记》（吴承恩） 亚东图书馆再版本。

《三国志》 亚东图书馆本。

《儒林外史》(吴敬梓) 亚东图书馆四版本。

《红楼梦》(曹雪) 亚东图书馆三版本。

《水浒后传》(陈忱,自署古宋遗民。) 此书借宋徽钦二帝事来写明末遗民的感慨,是一部极有意义的小说。亚东图书馆《水浒续集》本。

《镜花缘》(李汝珍) 此书虽有“掉书袋”的毛病,但全篇为女子争平等的待遇,确是一部很难得的书。亚东图书馆本。

以上各种,均有胡适的考证或序,搜集了文学史的材料不少。

《今古奇观》 通行本。可代表明代的短篇。

《三侠五义》 此书后经俞樾修改,改名《七侠五义》。此书可代表北方的义侠小说。旧刻本;《七侠五义》流通本较多。亚东图书馆不久将有重印本。

《儿女英雄传》(文康) 蜚英馆石印本最佳;流通本甚多。

《九命奇冤》(吴沃尧) 广智书局铅印本。

《恨海》(吴沃尧) 通行本甚多。

《老残游记》(刘鹗) 商务印书馆铅印本。

以上略举十三种,代表四五百年的小说。

《五十年来的中国文学》(胡适) 本书卷二。

跋

文学史一部,注重总集:无总集的时代,或总集不能包括的文人,始举别集。因为文集太多,不易收买,尤不易遍览,故为初学人及小图书馆计,皆宜先从总集下手。

(原载于《东方杂志》第20卷第4号,1923年2月25日;又载于《读书杂志》第7期,1923年3月4日)

胡適文集

治学卷

思想的方法

谈谈实验主义

此番美国大教育家杜威博士到中国来，江苏省教育会请他明天、后天到这儿来演说，又因为我是他的学生，所以叫我今天晚上先来演讲。方才主席说我是杜威博士的高足弟子，其实我虽是他的弟子，那“高足”二字可也不敢当，不过今天先要在诸君面前把杜威博士的一派学说，稍稍演述一番，替他先开辟出一条道儿，再加些洒扫的功夫，使得明天诸君听杜威博士的演说有些头绪，那也是做弟子的应尽的职分。

我今天所要讲的题目，是“实验主义”，英文中有人译做“实际主义”，我想这个名词也好用，并且实验主义在英文中，似当另为一个名词。那么，我何以要把实际主义改为实验主义呢？那也有个道理，原来实验主义的发达，是近来二十年间的事情，并且分为几派，有欧洲大陆派，有英国派，有美国派。英国派是“人本主义”。他的意思是万事万物都要以人为本位，不可离开了人的方面空去说的，所以是非、有无、利害、苦乐，都是以人为根本的。美国派又分两派，一派就是“实际主义”，为杜威博士那一般人所代表的。一派是“工具主义”，这派把思想真理等精神的产物都看做应用的工具，和那用来写字的粉笔，用来喝茶的茶杯一样。以上各派，虽则互有不同，然而有一点是共同的，那就是注重实验，所以我今天的题目叫做“实验主义”。

我们要明白实验主义是什么东西，先要知道实验的态度究竟是怎么样，实验的态度，就是科学家在试〈实〉验室里试验的态度，科学家当那试验的时候，必须先定好了一种假设，然后把试验的结果来证明这假设是否正当。譬如科学家先有了两种液体，一是红的，一是绿的，他定了一个假设，说这两种液体拼合起来是要变黄色的。然而这句话不是一定可靠，必须把他试验出来，看看拼合的结果是否黄色，再来判定那假设的对不对。实验主义所当取的态度，也就和科学家试验的态度一样。

既然如此，我敢说实验主义是十九世纪科学发达的结果，何以见得实验主义和科学有关系呢？那么，我们不可不先明白科学观念的两大变迁。

一、科学律令　科学的律令，就是事物变化的通则，从前的人以为科学律令是万世不变，差不多可以把中国古时“天不变，道亦不变”的二句话，再续一句“科学律令亦不变”。然而五十年来，这种观念大为改变了。大家把科学律令看作假设的，以为这些律令都是科学家的假设，用来解释事变的。所以，可以常常改变。譬如几何学的定律说，从直线的起点上只有一条直线可以同原线平行。又说，三角形中的三个角相加等于二直角，这二律我们都以为不可破的。然而新几何学竟有一派说，从直线的起点上有无数的直线同原线平行；有的说，从直线的起点上没有一条直线可以同原线平行；有的说，三角形中的三角相加比二直角多；有的说，比二直角少。这些理论，都和现在几何学的律令不同，却也能“言之成理，持之有故”。连科学家也承认他们有成立的根据。不过照现在的境遇说，通常的几何学是最合应用，所以我们去从他的律令。假使将来发现现在的几何学不及那新几何学合用，那就要“以新代旧”了。我们对于科学律令的观念既改，那么研究科学的方法也改了，并且可以悟得真理不是绝对的。譬如我们所住的大地，起初人家以为是扁平的，日月星辰的出没，都因为天空无边，行得近些就见了，行得太远就不见了。这种说话现在看来固然荒谬，然而起初也都信为真理，后来事变发现得多了，这条真理不能解释他了。于是有“地圆”的一说，有“地球绕日”的一说，那就可见真理是要常常改变的。又譬如三纲五常，我们中国从前看做真理，但是这八年之中，三纲少了一纲，五常少了一常，也居然成个国家。那就可见不合时势的真理是要渐渐的不适用起来。

二、生存进化　起初的人以为种类是不变的，天生了这样就终古是这个样儿。所以他们以为古时的牛就是现在的牛，古时的马就是现在的马，到了六十年前达尔文著《种源论》，才说明种类是要改变的。人类也是猿类变的，我们人类有史的时代虽只有几千年，而从有人类以来至少有一万万年，假使把这一万万年中的生物，从地质学考究起来，不晓得种类变得多少了，那种类变化的根本，就是“物竞天择，适者生存”八个字。再简单说一句，“就是适应环境”罢了。譬如这块地方阳光太大，生物就须变得不怕阳光。那块地方天气太冷，生物就须变得不怕寒冷。能够这样的变化方可生存，不能变的或变得不完全适合的难免淘汰。而且这种变化，除了天然以外，人力也可做到的。譬如养鸡养鸭，我们用了择种的法子，把坏的消灭了，好的留起来，那么数世之后只有好种了。又譬如种桃，我们用了接木的法子，把桃树的枝接到苹果树上去，一二年中就会生出特种的桃子。可见生存进化的道理，全在适应环境的变化。

上面我说了两大段的话，现在把他结束起来，就是：一、一切真理都是人定的。人定真理不可徒说空话，该当考察实际的效果。二、生活是活动的，是变化的，是对付外界的，是适应环境的。我们明白了这两个从科学得来的重要观念，方才可以讲到杜威博士一派的实际主义了。

杜威博士所主张的实际主义，我们分三种来讨论。一、方法论，二、真理论，三、实在论。

一、方法论 实验主义和政治、经济、社会、教育、学理的种种方面都有关系，就因为他的方法和别个方法不同，他的方法，简单说起来，就是不重空泛的议论，不慕好听的名词。注意真正的事实，采求试验的效果，我们把这种方法应用到三方面去。

甲、应用到事物上去。我们要明白事物，必须先知道事物的真意义，不可因为晓得事物的名称就算完事。譬如瞎子，他也会说“白的”“黑的”。但是叫他把两样物件中间拣出那“白的”或“黑的”来，他就不能动手，因为他实在没有知道黑白的真意义。又譬如一个会说话的聋子，他也会说“小叫天”“梅兰芳”，但是叫他说出小叫天或梅兰芳的声调怎样好法，他就不能开口，因为他并没有知道“谭迷”“梅迷”的真意义。所以要明白事物，第一须知道事物对于我发生怎样的感觉。譬如“黑”在我身上的感觉是怎么样，“电灯”在我身上的感觉是怎么样。第二须知道我对于事物发生怎样的反动。譬如“黑”了我将怎样做，“空气不好”我将怎样做。若仅仅如孔子所说的“多识鸟兽草木之名”，那就和实际主义大相反背了。

乙、应用到意思上去。实验主义的学者，把凡所有的意思都看做假设，再去试验他的效果。譬如甲有一个意思说这样方可以齐家，乙有一个意思说那样方可以治国。我们都不可立刻以为是的或否的，先得试验他的结果是否可以如此。然后再去批评他，捷姆斯博士把意思看作银行的支票一样，倘然我的意思是可行的，行了出去竟得到我所预期的结果，那就好比兑现的支票一样，不然，那就是不兑现的支票了。所以在实验主义看来，意思都是假设的，都是要待人家去试验的。

丙、应用到信仰上去。信仰比意思更进一层了，意思是完全假设的。意思等到试验对了之后方成信仰，然而信仰并不是一定不易的，须得试验试验才好。譬如地球扁平的一说，当初也成为信仰，但是现在观察出来，地球并不是这样，所以这信仰就打破了。又譬如我们假使信仰上帝是仁慈的，但何以世界上有这样的大战，可见得信仰是并非完全靠得住，必得把现在的事情实地去考察一番，方才见得这种信仰是否合理。迷信的事姑且勿论，就是普通社会的信条也未必是完全合情合理的，在实际主义看来，那都要待人试验的。

上面所说的实际主义方法的应用，和教育究竟有什么关系呢？这个问题的答案就是，教育事业当养成实事求是的人才，勿可专读死书，却去教实在的事物，勿可专被书中意思所束缚，却当估量这种意思是否有实际的效果，勿可专信仰前人的说话，却当去推求这些信条是否合于实情。

二、真理论 实验主义关于真理的论据，前面已经讲得不少了。此处所要说明的，就是“真理都是工具”一句话。譬如三纲五常从前在中国成为真理，就因为在宗法社会的时候，这个“纲常”的理论，实在可以被我们用作工具来范围人心，并且着实见些功效。到了现在社会的情形变了，这个“纲常”也好像是没有工具一般，只好丢去，另寻别的适用的工具了。既然如此，所以真理是常常改变的。捷姆斯博士说过，大凡真理都是替我们做过媒来的，都是替我们摆过渡来的，因为倘然我们发现了一种事物的变化，不能用旧时的真理去解释他，就不得不另创新的真理去解释。这种新的真理就是替我们和事变做媒摆渡，而旧理的做媒摆渡的功用失去了。所以实际主义对于真理的观念，是要养成主动的思想，去批评真理的，不是养成被动的思想，做真理的奴隶。譬如“不孝有三，无后为大”，“妇者服于人也”，这些话都是中国前代的真理，但是我们要考察这些真理是否合于现在社会的情形，然后来定他们的是非。

三、实在论 实在论就是宇宙论，也就是世界观，那是哲学的问题。照实际主义说，世界是人造的，所以各人眼光中的世界是大不相同，譬如同在一块地方，诗人的世界是风花水〈雪〉月之类，工人的世界是桥梁屋宇之类，各人有各人注意的所在，也就是各人有各人的世界。并且世界是由小而大的，各人的生活经验越增加，那世界的范围越扩大，生活的乐趣也越增加。所以实际主义学者的世界是实在的世界，不是空虚的世界。那佛教所创造的“极乐国”、“天堂”、“涅槃世界”、“极乐世界”等，都是空空洞洞不可捉摸的，并且他们看得世界是烦恼困苦，怕生活，怕经验，所以才创造这些世界来引诱人。但是实际主义学者像捷姆斯一般人都说世界是人造的，很危险的，很不平安的，人类该当由经验去找安乐，该当冒险去造世界。假使有上帝，那么仿佛上帝对我们说：“我是不能为你们的安乐保险的，但是你们毕竟努力，或者可以得着安乐。”实际主义的意思，以为惟有懦夫是不敢生活的，否则都应该在这实在世界中讨生活。

现在我把实验主义的要点说起来作一总束，我们人类当从事实上求真确的知识，练自己去利用环境的事务，养成创造的能力，去做真理的主人。

民国八年五月二日在上海讲

（杜威博士到上海的第二天）

（胡适演讲于江苏省教育会。载于《晨报副镌》，1919 年 5 月 10、11 日）

思想的方法

一个人的思想，差不多是防身的武器，可以批评什么主义，可以避免一切纷扰。我们人总以为思想只有知识阶级才有，可是这是不尽然的；有的时候，思想不但普通人没有，就是学者也没有。普通人每天做事、吃饭、洗脸、漱口，……都是照着习惯做去，没有思想的必要，所以不能称为有思想；就是关着窗子，闭着门户，一阵子的胡思乱想，也绝对不是思想的本义。原来思想是有条理、有系统、有方法的。

我们遇着日常习惯的事，总是马马虎虎的过去；及至有一个异于平常的困难发生，才用思想去考虑和解决。譬如学生每天从宿舍到课堂，必须经过三叉路和电车站，再走过二行绿荫荫的柳树，和四层楼的红房子，然后才至课堂。这在每天来往的学生，是极平常而不注意的事；但要是一个新考进来的学生，当他到了三叉路口的辰光，一定有一个问题发生：就是在这三条路中，究竟打哪一条路走能到目的地？那个时候，要解决这个困难，思想便发生了。

要管理我们的思想，照心理学上讲，须要用五种步骤：

一、困难的发生。人必遇有歧路的环境或疑难问题的时候，才有思想发生。倘无困难，决不会发生思想。

二、指定困难的所在。有的困难是很容易解决的，那就没有讨论和指定困难的所在的必要。要是像医生的看病，那就有关人命了。我们遇着一个人生病的时光，往往自己说不出病之所在；及至请了医生来，他诊了脉搏，验了小便，就完了事；后来吃了几瓶药水，就能够恢复原状。他所以能够解决困难，和我们所以不能解决困难的不同点，就在能否指定和认清困难之所在罢了。

三、假设解决困难的方法。这就是所谓出主意了。像三叉路口的困难者，他有了主意，必定向电车站杨柳树那边跑。这种假说的由来，多赖平日的知识与经验。语云："养兵千日，用在一朝。"我们求学亦复如此。这一步实是最重要的一步。要是在没有思想的人，他在脑袋中，东也找不到，西也找不到，虽是他在平常能够把书本子倒背出来；可是没有观察的经验，和考虑的能力，一辈子的胡思乱想，终是不能解决困难的啊。

但是也有人，因为学识太足了，经验太富了，到困难来临的时候，脑海中同时生了许多不同的解决方法；有的时候，把对的主意，给个人的感情和嗜好压了下去，把不对的主意，反而实行了。及后铸成大错，追悔莫及。所以思想多了，一定还要用精密谨慎的方法，去选定一个最好的主意。

四、判断和选定假说之结果。假若我脑海中有了三种主意：第一主意的结果是A，B，C，D，第二主意的结果是E，F，G，第三主意的结果是H，I；那个时候，就要考虑他三个结果的价值和利害；然后把其中最容易而准确的结果设法证明。

还有我们做事，往往用主观的态度，而不用客观的态度；这就是我们常说的："某人说话，不负责任"的解释了。

此次五卅惨案，也有许多激烈的青年，主张和英国宣战，他们没有想到战争时，和战争后，政治上、商业上、交通上、经济上，军事上的一切设备和结果。他们只知唱高调，不负责任的胡闹，只被成见和一时感情的冲动所趋〈驱〉使，没有想到某种条件有某种结果，和某种结果有没有解决某种条件的可能。

五、证实结果。既已择定一个解决困难的方法，再要实地试验，看他实效的如何以定是非与价值。遇有事实不易在自然界发生的，则用人力造成某种条件以试验之。例如欲知水是否为轻〈氢〉养〈氧〉二原素所构成，此事在自然界不易发生，于是以人力合二原质于一处，加以热力，考察是否能成水。更以水分析之，看能否成轻〈氢〉养〈氧〉二原素，即从效果上来证实水的成分。

从前我的父亲有一次到满洲去勘界。一天到了一个大森林，走了多天，竟迷了路；那个时候干粮也吃完了，马也疲乏了，在无可如何的时光，他爬上山顶，登高一望，只见翠绿的树叶，弥漫连续，他用来福枪放起来，再把枯树焦叶烧起来，可是等了半天，连救援人的影踪也找不到。他便着急起来了，隔一回〈会〉儿，他想起从前古书里有一句话，叫做“水必出山”。他便选定了这个方法，找到了河，遵了河道，走了一日［一］夜，竟达到了目的地。

又有一例。禅宗中有一位烧饭的，去问他的大法师道：“佛法是什么?”那大法师算了半天，才回答道：“上海的棉花，二个铜子一斤。”烧饭的便说道：“我问你的是佛法，你答我的是棉法，这真是牛头不对马面了。”隔了三年，他到了杭州的灵隐寺去做烧饭，他又乘便问那个主持的和尚道：“佛法是什么?”那主持和尚道：“杭州的棉花，也是二个铜子一斤。”他更莫名其妙；于是他便跑到普陀山、峨眉山……途中饱尝了饥渴盗匪之苦，问了许多和尚法师，竟没有得到一个圆满的解决。有一天，他到了一个破庙房，碰到一个老年的女丐，口中㖞唔的在自语着，他在不知不解间，听得一句不相干的话，忽然间竟觉悟了世界上怎样的困难，他也就明白了“佛法是什么”。他在几十年中所怀的闷葫芦，一旦竟明白了，不是偶然的。这就是孟子所说“资之深，则取之左右逢其源”，只要把自己的思想运用，把自己的脑筋锻炼，那么，什么东西都可以迎刃而解了！

在宋朝有一个和尚，名叫法贤，人家称他做五祖大师，他最喜欢讲笑话。他讲：从前有一个贼少爷，问贼老爷道："我的年纪也大了，也不能天天玩耍了，爹爹也可以教我一点立身之道吗？"那贼老爷并不回答他，到了晚上，导他到一座高大的屋宇，进了门，便把自己身边的钥匙，开了一个很大的衣橱，让他的儿子进去，待到贼少爷跨进衣橱，贼老爷把橱门拍的关上，并且锁着；自己连喊"捉贼，捉贼"的逃了。那时候，贼少爷在衣橱里是急极了，他想，我的爹爹叫我来偷东西，那么他为什么把我锁在里边，岂不是叫他们活剥剥的把我捉住，送我到牢狱里去，尝铁窗骚味吗？可是他既而一想，"怎么样我可以出去？"便用嘴作老鼠咬衣服的声音，孜孜一阵乱叫，居然有人给他开门了，他便乘着这个机会，把开门的人打倒，把蜡烛吹灭，等到仆人们来追赶他，他早已一溜烟的跑回家了。他看见父亲之后，第一声便问道"你为什么把我关在橱里呢？"那贼老爷道："我先要问你，你是怎么样出来的？"他便把实情一五一十的讲给贼老爷听，他听了之后，眉开眼笑的说道："你也干得了！"要是这位贼少爷，在困难发生的时候，不用思想，他早已大声的喊道："爹爹啊！不要关门啊"了。

我们读书不当死读，要讲合用；在书本之外，尤其要锻炼脑力，运用思想，和我的父亲，禅宗中的烧饭者和贼少爷一般无二。他们是能用有条理有系统有方法的思想，去解决他们的困难的。

我记得前几天有一个日本新闻记者问我："现在中国青年的思想是什么？"我便很爽快的答道："中国的青年，是没有思想的。"这一句话，我觉得有一点武断，并且很对不起我国的青年，可是我也有不得已的苦衷。当我在北京大学教论理学的时光，我出了三个问题：

（一）照你自己经验上讲，有何可称为思想的事实？

（二）在福尔摩斯的侦探案中，用科学方法分析出来有何可称为思想的事实？

（三）在科学发明史上，有何可称为思想的事实？

到了后来，第二第三都能回答得很对，第一问题简直回答的不满十分之二，而他们所回答的，完全是答非所问。这便因为他们平时不注意于运用思想的缘故。

十四，十，二十八日，于光华大学

（胡适1925年10月28日在上海光华大学的演讲，赵家壁记录。载于《学生杂志》第13卷第1期，1926年1月）

演化论与存疑主义

一八七二年一月十日，达尔文校完了他的《物类由来》［《物种起源》］第六版的稿子。这部思想大革命的杰作，已出版了十三年了。他的《人类由来》（*The Descent of Man*）也出版了一年了。《物类由来》出版以后，欧美的学术界都受了一个大震动。十二年的激烈争论，渐渐的把上帝创造的物种由来论打倒了，故赫胥黎（Huxley，1825—1895）在一八七一年曾说，“在十二年中，《物类由来》在生物学上做到了一种完全的革命，就同牛敦［牛顿］的 Principia［《自然哲学的数学原理》］在天文学上做到的革命一样”。但当时的生物学者及一般学者虽然承认了物种的演化，还有许多人不肯承认人类也是由别的物类演化出来的。人类由来的主旨只是老实指出人类也是从猴类演化出来的。这部书居然销售很广，而且很快：第一年就销了二千五百部。这时候，德国的赫克尔［海克尔］（*Haeckel*）也在他的 *Naturliche Schpfungs Geschichte*［《自然创造史》］里极力主张同样的学说。当日关于这个问题——物类的演化——的争论，乃是学术史上第一场大战争。十年之后（1882），达尔文死时，英国人把他葬在衙司敏德大寺［威斯敏斯特教堂］里，与牛敦并列，这可见演化论当日的胜利了。

一八七二年的六版的《物类由来》，乃是最后修正本。达尔文在这一版的页四二四里，加了几句话：

> 前面的几段，以及别处，有几句话，隐隐的说自然学者相信物类是分别创造的。很有人说我这几句话不该说。但我不曾删去他们，因为他们的保存可以纪载一个过去时代的事实。当此书初版时，普通的信仰确是如此的。现在情形变了，差不多个个自然学者承认演化的大原则了。（《达尔文传》二，332）

当一八五九年《物种由来》初出时，赫胥黎在《太［泰］晤士报》上作了一篇有力的书评，最末的一节说：

> 达尔文先生最忌空想，就同自然最怕虚空一样（“自然最怕虚空”Nature abhors a vacuum，乃是谚语）。他搜求事例的殷勤，就同一个法学者搜求例案一样。他提出的原则，都可以用观察与实验来证明的。他要我们跟着走的路，不是一条用理想的蜘蛛网丝织成的云路，乃是一条用事实砌成的大桥。那么，这条桥可以使我渡过许多知识界的陷坑；可以引我们到一个所在，那个所在没有那些虽妖艳动人而不生育的魔女——叫做最后之因的——设下的陷人坑。古代寓言里说一个老人最后吩咐他的儿子的话是：“我的儿子，你们在这葡萄园里掘罢。”他们依着老人的话，把园子都掘遍了；他们虽不曾寻着窖藏的金，却把园地锄遍了，所以那年的葡萄大熟，他们也发财了。（《赫胥黎论文》，二，页110）

这一段话最会形容达尔文的真精神。他在思想史的最大贡献就是一种新的实证主义的精神。他打破了那求“最后之因”的方法，使人们从实证的方面去解决生物界的根本问题。

达尔文在科学方面的的贡献，他的学说在这五十年中的逐渐证实与修正，——这都是五十年的科学史上的材料，我不必在这里详说了。我现在单说他在哲学思想上的影响。

达尔文的主要观念是："物类起于自然的选择，起于生存竞争里最适宜的种族的保存。"他的几部书都只是用无数的证据与事例来证明这一个大原则。在哲学史上，这个观念是一个革命的观念；单只那书名——《物类由来》——把"类"和"由来"连在一块，便是革命的表示。因为自古以来，哲学家总以为"类"是不变的，一成不变就没有"由来"了。例如一粒橡子，渐渐生芽发根，不久满一尺了，不久成小橡树了，不久成大橡树了。这虽是很大的变化，但变来变去还只是一株橡树。橡子不会变成鸭脚树，也不会变成枇杷树。千年前如此，千年后也还如此。这个变而不变之中，好像有一条规定的路线，好像有一个前定的范围，好像有一个固定的法式。这个法式的范围，亚里士多德叫他做"哀多斯"（Eidos），平常译作"法"。中古的经院学者译作"斯比西斯"（Species），正译为"类"（关于"法"与"类"的关系，读者可参看胡适《中国哲学史大纲》上卷，页 206）。这个变而不变的"类"的观念，成为欧洲思想史的唯一基本观念。学者不去研究变的现象，却去寻现象背后的那个不变的性。那变的，特殊的，个体的，都受人的轻视；哲学家很骄傲的说："那不过是经验，算不得知识。"真知识须求那不变的法，求那统举的类，求那最后的因（亚里士多得的"法"却是最后之因）。

十六七世纪以来，物理的科学进步了，欧洲学术界渐渐的知道注重个体的事实与变迁的现象。三百年的科学进步，居然给我们一个动的变的宇宙观了。但关于生物，心理，政治的方面，仍旧是"类不变"的观念独占优胜。偶然有一两个特别见识的人，如拉马克（Lamarck）之流，又都不能澈底。达尔文同时的地质学者，动物学者，植物学者，都不曾打破"类不变"的观念。最大的地质学家如来尔［莱尔］（Lyell）——达尔文的至好朋友，——何尝不知道大地的历史上一个时代有一个时代的生物？但他们总以为每一个地质的时代的末期必有一个大毁坏，把一切生物都扫去；到第二个时代里，另有许多新物类创造出来。他们始终打不破那传统的观念。

达尔文不但证明“类”是变的，而且指出“类”所以变的道理。这个思想上的大革命在哲学上有几种重要的影响。最明显的是打破了有意志的天帝观念。如果一切生物全靠着时时变异和淘汰不适于生存竞争的变异，方才能适应环境，那就用不着一个有意志的主宰来计划规定了。况且生存的竞争是很惨〈残〉酷的；若有一个有意志的主宰，何以生物界还有这种惨剧呢？当日植物学大家葛雷［阿萨·格雷］（Asa Gray）始终坚持主宰的观念。达尔文曾答他道：

> 我看见了一只鸟，心想吃他，就开枪把他杀了：这是我有意做的事。一个无罪的人站在树下，触电而死，难道你相信那是上帝有意杀了他吗？有许多人竟能相信；我不能信，故不信。如果你相信这个，我再问你：当一只燕子吞了一个小虫，难道那也是上帝命定那只燕子应该在那时候吞下那个小虫吗？我相信那触电的人和那被吞的小虫是同类的案子。如果那人和那虫的死不是有意注定的，为什么我们偏要相信他们的“类”的初生是有意的呢？（《达尔文传》第一册，页284）

我们读惯了《老子》“天地不仁”的话，《列子》鱼鸟之喻，王充的自然论，——两千年来，把这种议论只当耳边风，故不觉得达尔文的议论的重要。但在那两千年的基督教威权底下，这种议论确是革命的议论；何况他还指出无数科学的事实做证据呢？

但是达尔文与赫胥黎在哲学方法上最重要的贡献，在于他们的“存疑主义”（Agnosticism）。存疑主义这个名词，是赫胥黎造出来的，直译为“不知主义”。孔丘说：“知之为知之，不知为不知，是知也。”这话确是“存疑主义”的一个好解说。但近代的科学家还要进一步，他们要问，“怎样的知，才可以算是无疑的知”？赫胥黎说，只有那证据充分的知识，方才可以信仰，凡没有充分证据的，只可存疑，不当信仰。这是存疑主义的主脑。一八六〇年九月，赫胥黎最钟爱的儿子死了，他的朋友金司莱（Charles Kinsley）写信来安慰他，信上提到人生的归宿与灵魂的不朽两个大问题。金司莱是英国文学家，很注意社会的改良，他的人格是极可敬的，所以赫胥黎也很诚恳的答了他一封几千字的信（《赫胥黎传》一，页233—239）。这信是存疑主义的正式宣言，我们摘译几段如下：

……灵魂不朽之说，我并不否认，也不承认。我拿不出什么理由来信仰他，但是我也没有法子可以否认他。……我相信别的东西时，总要有证据；你若能给我同等的证据，我也可以相信灵魂不朽的话了。我又何必不相信呢？比起物理学上“质力不灭”的原则来，灵魂的不灭也算不得什么稀奇的事。我们既知道一块石头的落地含有多少奇妙的道理，决不会因为一个学说有点奇异就不相信他。但是我年纪越大，越分明认得人生最神圣的举动是口里说出和心里觉得“我相信某事某物是真的”。人生最大的报酬和最重的惩罚都是跟着这一桩举动走的。这个宇宙，是到处一样的；如果我遇着解剖学上或生理学上的一个小小困难，必须要严格的不信任一切没有充分证据的东西，方才可望有成绩；那么，我对于人生的奇秘的解决，难道就可以不用这样严格的条件吗？用比喻或猜想来同我谈，是没有用的，我若说，“我相信某条数学原理”，我自己知道我说的是什么：够不上这样信仰的，不配做我的生命和希望的根据。……

……科学好像教训我“坐在事实面前像个小孩子一样；要愿意抛弃一切先入的成见；谦卑的跟着‘自然’走，无论他带你往什么危险地方去：若不如此，你决不会学到什么。”自从我决心冒险实行他的教训以来，我方才觉得心里知足与安静了。……我很知道，一百人之中就有九十九人要叫我做“无神主义者”（Atheist），或他种不好听的名字。照现在的法律，如果一个最下等的毛贼偷了我的衣服，我在法庭上宣誓起诉是无效的（1869［年］以前，无神主义者的宣誓是无法律上的效用的）。但是我不得不如此。人家可以叫我种种名字，但总不能叫我“说谎的人”。……

这种科学的精神，——严格的不信任一切没有充分证据的东西——就是赫胥黎叫做“存疑主义”的。对于宗教上的种种问题持这种态度的，就叫做“存疑论者”（Agnostic）。达尔文晚年也自称为“存疑论者”。他说：

科学与基督无关，不过科学研究的习惯使人对于承认证据一层格外慎重罢了。我自己是不信有什么“默示”（Revelation）的。至于死后灵魂是否存在，只好各人自己从那些矛盾而且空泛的种种猜想里去下一个判断了。（《达尔文传》一，页277）

他又说：

我不能在这些深奥的问题上面贡献一点光明。万物缘起的奇秘是我们不能解决的。我个人只好自居于存疑论者了。（同书，一，页282）

这种存疑的态度，五十年来，影响于无数的人。当我们这五十年开幕时，“存疑主义”还是一个新名词；到了一八八八年至一八八九年，还有许多卫道的宗教家作论攻击这种破坏宗教的邪说，所以赫胥黎不能不正式答辨他们。他那年作了四篇关于存疑主义的大文章：

一、论存疑主义，

二、再论存疑主义，

三、存疑主义与基督教，

四、关于灵异事迹的证据的价值。

此外，他还有许多批评基督教的文字，后来编成两厚册，一册名为《科学与希伯来传说》，一册名为《科学与基督教传说》（《赫胥黎论文》，卷四，卷五）。这些文章在当日思想界很有廓清摧陷的大功劳。基督教当十六七世纪时，势焰还大，故能用威力压迫当日的科学家。葛里略［伽利略］（Galileo）受了刑罚之后，笛卡尔（Descartes）就赶紧把他自己的《天论》毁了。从此以后，科学家往往避开宗教，不敢同他直接冲突。他们说，科学的对象是物质，宗教的对象是精神，这两个世界是不相侵犯的。三百年的科学家忍气吞声的"敬宗教而远之"，所以宗教也不十分侵犯科学的发展。但是到了达尔文出来，演进的宇宙观首先和上帝创造的宇宙观起了一个大冲突，于是三百年来不相侵犯的两国就不能不宣战了。达尔文的武器只是他三十年中搜集来的证据。三十年搜集的科学证据，打倒了二千年尊崇的宗教传说！这一场大战的结果，——证据战胜了传说，——遂使科学方法的精神大白于世界。赫胥黎是达尔文的作战先锋（因为达尔文身体多病，不喜欢纷争），从战场上的经验里认清了科学的唯一武器是证据，所以大声疾呼的把这个无敌的武器提出来，叫人们认为思想解放和思想革命的唯一工具。自从这个"拿证据来"的喊声传出以后，世界的哲学思想就不能不起一个根本的革命，——哲学方法上的大革命。于是十九世纪前半的哲学的实证主义（Positivism）就一变而为十九世纪末年的实验主义（Pragmatism）了。

十一，九，五

（录自《胡适文选》，上海亚东图书馆 1930 年版）

科学精神与科学方法

……我将这次的讲演看的很重，主要的是这个题目太大，尤其是这两个大的学术机构出这样大的一个题目。所以我从昨天晚上十点钟起，到今天上午六点钟，都在想这个讲演如何的讲法？直到六点半钟才睡觉，八点半钟就起来了。……

这样大的一个题目我从前讲过好几次，今天我本想换换方式和［用］新的材料来讲，但是，正如中国的一个古话："老狗教不出新把戏。"所以，我讲来讲去，是那一些老话。"科学精神"我拿"拿证据来"四个字来讲，"科学方法"我拿"大胆的假设，小心的求证"十个字来讲，一共拿十四个字来讲"科学精神与科学方法"。这十四个字我想了好久。现在先讲科学精神。

"科学精神"的四个字就是"拿证据来"。《中庸》上有句话说："无徵则不信。"把这句话翻成白话，就是"拿证据来"，也就是说，给我证据我就相信，没有证据我就不相信。

英国有一位科学家赫胥黎（Huxley），他曾说过一句话，就是"必须要严格的不信任一切没有充分证据的东西。"赫胥黎说："我年纪越大，越分明认得人生最神圣的举动，就是口里说出和心里觉得我相信这件事是真的。人生最大的报酬和最重的惩罚，都是跟着这句话来的。"近来我的年纪越大，也越觉得赫胥黎这句话非常有意义。正因为赫胥黎说的“我相信什么”和“我不相信什么”是人生最神圣的举动，所以，我们更可以知道，我们的信仰是必须建筑在充分的证据上的。

有许多人说，科学的精神是寻求真理。这句话虽然对，但太广泛，没有“拿证据来”四个字来得简单扼要。所谓求真理，在《约翰福音》里曾讲过，当耶稣被一批人将他抓起来送到罗马总督彼拉多的面前时，彼拉多询问耶稣，耶稣说他是给真理作见证。彼拉多说：“真理是什么？”什么是真理？这正如你说科学的精神是寻求真理。人家也会问你真理是什么？这个问题，就很难答复。所以还是用“拿证据来”这一句话比较适当。所谓寻求真理，如果我们把范围缩小一点，寻求真理这个问题，就成了我们应该相信什么？什么是我们应该相信的，什么是我们不应该相信的。关于这一问题的答案，我们可以分消极和积极两方面说。消极方面的说法，就是“无徵则不信”，要严格的不信任一切没有充分证据的东西。换句话说，就是没有充分证据，我们就不信。积极方面的说法，就是要拿出证据来，要跟着证据走，不论他带我们到什么危险可怕的地方去，我们也要去。这是一种科学的理论，也是我们当今处世与求学的一种常识的态度。

我的老师杜威先生说过一句话：“当真理和信仰动摇的时候，形式的论理学（Logic）才有用处。”在我们中国讲论理学的，要算墨子。墨家的根本是一个尊天祀鬼的宗教，他相信天和鬼，用三表法来作标准。各位看看《墨子》的《非命篇》就可以知道。至于印度的论理学，它是相信咒语，但都无大用处，不如“拿证据来”四个字来得有用处。

我们家乡有句话：“打破砂锅纹到底”（现在大家把“纹”字改作“问”字，这是用同音的字作戏语的。英文里的Pun字，就是双关的意思，崔东壁的著作中曾经提起过。）和“三个不信，跌个不倒跟”。“打破砂锅问到底”这句话的意思，就是处处要问到底，处处要找证据，证据不够时还要再找的意思。“三个不信，跌个不倒跟”这句话，我想把它改几个字，成为“三个不相信，可以做学问”。我可以举一个具体的例子：

前些时候，报上登了大陆死了一个很有名的佛教大和尚，他死的时候，一百二十多岁。一个人活了一百二十多岁，并不是绝对不可能的事，但这个和尚生前曾有一本《年谱》，详细记载他一生的事迹。《年谱》里他俗姓萧，他的父亲名叫玉堂，做过福建三府的知府。这位大和尚出生时，他父亲正做某一府的知府，他就生在知府衙门里。他三岁时，父亲调某府［任］知府；他五六岁时，父亲又调某府［任］知府。这些话是很容易考据的。在他所说的这三府的《府志》，我曾查了两府。这两《府志》对那大和尚所说的他父亲在任的年代都有明白的记载，但知府的姓名中并没有姓萧名玉堂的。因此，我就不敢相信这大和尚真是活了一百二十多岁。

这只不过举个例说明：要人相信，就“拿证据来”的科学精神而已。

至于科学方法，我只讲十个字，那就是“大胆的假设，小心的求证”。这两句话合起来是一个口号，一个标语，一个缩写。我把许多很复杂的问题，给他缩写成这十个大字。

在美国有一位很有地位的科学家，哈佛大学前任校长康纳脱（Dr. James B. Conant）博士，他是有名的化学家。他在第二次世界大战期内，负了很重要的科学发展责任。他在十多年来写了两本书：一本是《论懂得科学》（*On Understanding Science*），一九四七年出版；另一本是《科学与常识》（*Science and Common Sense*），一九五一年出版。这两本书都是用十七、十八两［个］世纪的科学史来说明科学的性质的。他又和哈佛的一班科学教授编纂了一套《哈佛大学的实验科学的专案史料》，这套书现在已经出了八册。这八册书，第一册是说气体学，第二册是说火素理论的推翻。康纳脱博士不但在他所著的那两本书中都说他不相信有某个方法可以叫做“科学方法”。同时在这一套《实验科学的专案史料》中，他所做的《总序》里，还特别指出：“研究这些专案史料”，就可以明白，并没有“科学方法”这个东西。他说科学的进展，是从无数事实里演变出来的。这些事实，一面是从实用的技术呈现出来的，一面是科学家的实验与观察发现的；所以没有某一种概念系统，也没有某一套规律可以指出下一步进展如何产生的。

但是我看了康纳脱两部书和这些［实验科学与专案史料］之后，深深感觉奇怪。觉得康纳脱所举的科学实例，几乎没有一个例子不是说明所谓“科学的方法”的。康纳脱在他的《科学与常识》里有段话说：

> 照我解释科学的发展史，十七世纪里忽然产生一种大活动，当时人叫做“新哲学”或“实验哲学”，只是思想上与行动上三个潮流的汇合的结果。这三个潮流是：（一）一些玄想的普通观念；（二）演绎的推理；（三）老老实实的实验。

康纳脱所说的三个潮流，就是我刚才讲的两个缩短的标语，——大胆的假设，小心的求证。

康纳脱所讲的玄想，就是假设，不管大胆的假设，小胆的假设，无胆的假设，对的假设，错的假设，都是玄想的理论；演绎的推理，和老老实实的实验，就是“小心的求证”。求证必须从假设里演绎出来。譬如说，假设有三个，你就必须用演绎的想法，去推想它的结果。如果第一个假设是对的，那么这个［假设］里面应该有 A、B、C 三种结果，或者 A、B 两种结果，或者 A、B、C、D 四种结果，把某一个假设所包含应该的结果都想出来，然后再作实验求证。如果第二个假设是对的，那么应该产生甲、乙、丙三种，或者甲、乙两种，或者甲、乙、丙、丁四种的结果。如果第三种假设是对的，同样产生一、二、三或一、二或一、二、三、四［四］种结果，把结果想出来以后，看看能不能解决你所要解决的困难。所谓实验科学，就是这个意思。康纳脱先生所讲的三步骤，也都是有方法的。他的意思是说，近代三百年［的］科学历史，是乱得很，有的是错误的。这种错误也是属于假设的一种，因为假设可以错误，所以必须要小心的求证。我刚刚举的十个字——“大胆的假设，小心的求证”，不一定把康纳脱先生高举起来做我的同道，我只是举他的例子，可以说没有一条不可以用我所讲的“大胆的假设，小心的求证”来解释的。假设不妨大胆，而求证就要特别小心。

康纳脱先生讲到化学革命。在十八世纪晚期，有一位了不得的科学大家，就是发现氧气的拉瓦西埃［拉瓦锡］。他首先打倒火烃老的假设，而建设了一个新的假设。在空气里很重要的成分，一个是氮气，还有一个就是氧气。没有氧气，我们的呼吸就要出毛病了，我们的生物、植物、动物就不能生存，火也烧不起来。当时几个大科学家都没有敢提出这个大胆的假设。从前我们中国道士炼金丹，是用朱砂来炼制的，因为朱砂是水银与氧的化合物。拉瓦西埃利用放大镜把太阳光的热能集中在朱砂上，把朱砂烧热，一部分变成水银，一部分刚将氧气还原。他用许许多多的试［验］品，种种方法证明，来规定他的性质。拉瓦西埃可以说是化学的大祖师，不幸得很，在法国大革命之后，恐怖时期，死在断头台上。这是科学家在乱世时代的牺牲者。再举一个例：十九世纪下半叶，即在一八九二年，我只有一岁，那时我正在台湾，有一位英国化学家罗普莱利［瑞利］，从事于各种氧气密度的实验工作。当时已经有很精密的仪器，精密的程度可以到万分之一。罗普莱利发现在空气里，把氧气赶掉，再用各种方法提出氮气，其中有一种方法比其他方法提制密度至少有一千分之一的差别。于是他写信给化学学会，请他们帮忙找出答案。以后屡次实验，又发现密度比以前还多，有二百分之一。后来英国有一位有名的化学家蓝姗西［拉姆齐］，他用更精密的仪器把氮气赶走，还剩下所谓二百分之一的第三种气体，叫作氩气。以上举的例子，说明要战战兢兢的小心去求证。

科学大概可以分为两大类，一类是历史科学，一类是实验科学。历史科学同样也要求证，但他的证据是一去不返的。实验科学是先要有假设，然后根据假设来推想，再在推想之下产生结果。无论对历史科学也好，对实验科学也好，总之，第一步必须要提［出］问题，第二步把问题的中心和重点指出，第三步去假设，第四步用演绎的方法把假设某种结果推想出来，第五步去找证据或从实验中来证实它，这就是科学的方法，也就是“大胆的假设，小心的求证”。……

（胡适1959年11月29日在台湾大学对台湾科教官员和团体的讲演。载于台北《中央日报》，1959年11月30日）

胡適文集

治学卷

治学的方法

研究社会问题底方法

社会实进会教我今晚上来这里和诸位谈一谈。我很喜欢诸位没有存什么大希望，只要得着一个研究社会问题底方法。这一个礼拜可惜没有工夫给我预备，我只可把我个人研究社会问题的经验，和书本上的理论，综合起来略略地说一点，恐怕其中还有条理不分明底地方。

我今晚所要讲底题目是“研究社会问题底方法”。既是研究社会，自然就和研究社会学底方法有关系。但这两种方法有不同的地方。就是社会学所研究的是社会状况；社会问题是研究个人生活状况。社会学是科学的，是普遍的；社会问题是地方的，是特别的。研究这两样底倾向既然不同，那研究的方法也该有区别。

再者，社会学底目的有两样：第一，要知道人类底共同生活究竟是什么样子。在社会里头，能不能把人类社会底普通道理找出来。第二，如果社会里底风俗习惯发生病的状态，应当用什么方法去补救。研究这两个问题，是社会学底目的。但我们研究社会问题，和它有一点不同。因为社会问题是特别的，是一国的，是地方底缘故。社会问题是怎样发生的呢？我们知道要等到社会里某种制度有了毛病，问题才能发生出来。如果没有毛病，就不会发生什么问题。好像走路、呼吸、饮食等等事体，平时不会发生问题，因为身体这时没有病底缘故。到了饮食不消化或呼吸不顺利底时候，那就是有病了，那就成为问题了。

中国有子孝妇顺底礼教，行了几千年，没有什么变迁。这是因为当时做儿子的和做媳妇的，对于孝顺底制度没有怀疑，所以不成问题。到现在的时候，做儿子的对于父母，做丈夫的对于妻子，做妻子的对于丈夫等等的礼法，都起了疑心。这一疑就是表明那些制度有点不适用，就是承认那些制度已经有了毛病。

要我们承认某种制度有了毛病，才能成为社会问题，才有研究底必要。我说研究社会问题，应当有四个目的。现在就用治病底方法来形容：第一，要知道病在什么地方。第二，病是怎样起的，他的原因是那里。第三，已经知道病在那里，就得开方给他，还要知某种药材底性质，能治什么病。第四，怎样用药。若是那病人底身体太弱，就要想个用药的方法：是打针呢？是下补药呢？若是下药，是饭前呢？是饭后呢？是每天一次还是每天两次呢？医生医治病人，短不了这四步。研究社会问题的人，也是这样。现在所用的比喻是医生治病，所以说的都是医术底名词。各位可别误会，在未入本题之前，我们需要避掉两件事：

一、须避掉偏僻的成见。我们研究一种问题，最要紧的就是把成见除掉。不然，就会受它底障碍。比方一个病人跑到医生那里，对医生说："我这病或者是昨天到火神庙里去，在那里中了邪；或是早晨吃了两个生鸡蛋，然后不舒服。"如果那个医生是精明的，他必不听这病人底话。他先要看看脉，试试温度，验大小便，分析血液，然后下个诊断。他底功夫是从事实上下手，他不管那病人所说中了什么邪，或是吃了什么东西，只是一味虚心地去检验。我们要做社会的医生也是如此。

平常人对于种种事体，往往存着一种成见。比方娼妓问题和纳妾问题，我们对于它们，都存着一种道德的或宗教的成见，所以得不着其中的真相。真相既然不能得着，那解决底方法也就无从下手了。所以我们对于娼妓底生涯，是道德，是不道德，先别管它；只要从事实上把它分析得明明白白，不要靠着成见。我们要研究它与社会底经济，家庭底生计，工厂底组织等等现象，有什么关系。比方研究北京底娼妓问题，就得知道北京有什么工厂，工厂底组织是怎样的？南北的娼妓从那里来？与生计问题有什么关系？与南方底工厂有什么关系？千万不要当他做道德底问题，要把这种成见除掉，再从各种组织做入手研究底功夫。

二、须除掉抽象的方法。我们研究一种问题，若是没有具体的方法，就永远没有解决的日子。在医书里头，有一部叫做《汤头歌诀》，乡下人把它背熟了，就可以挂起牌来做医生。他只知道某汤头是去暑的，某汤头是补益的，某汤头是温，某汤头是寒；病人的病理，他是一概不知道的。这种背熟几支“歌诀”来行医的医生，自然比那看脉、检温、验便、查血底医生忽略得多；要盼望他能够得着同样的效验，是不可能的。

研究社会问题的人，有时也犯了背“歌诀”的毛病。我们再拿娼妓问题来说，有些人不去研究以上所说种种的关系，专去说什么道德啦，妇女解放啦，社交公开啦，经济独立啦；……要知道这些都和《汤头歌诀》一样，虽然天天把它们挂在嘴上，于事实上是毫无补益的；不但毫无补益，且能教我们把所有事实忽略过去。所以我说，第二样要把抽象的方法除掉。

已经知道避掉这两件事情，我就要说到问题底身上，我已经把研究社会问题底方法分做四步，现在就照着次序讲下去。

一　病在什么地方？

社会底组织非常复杂，必定要找一个下手研究底地方；不然，所研究的就没有头绪，也得不着什么效果。所以我们在调查以前，应当做两步功夫，才能够得着病的所在。

第一步，分析问题。我们得着一个问题，就要把它分析清楚，然后检查它底毛病。比方纳妾问题，分析出来，至少也有两种：一种是兽欲。基于这种动机而纳妾的人，社会上稍有道德观念的，都不承认他是对的。一种是承嗣的，这是因为要有后嗣才去纳妾，自然和那兽欲的有分别。再从细里分析，兽欲的纳妾底原因，大概是在那里，他与财产制度、奢侈习惯、娼妓制度等等有什么关系。研究第一种的纳妾，在这些问题上，都要下功夫去研究才能够明白。说到第二种的纳妾呢，我们就不能和以前一例来看。有许多道学先生，到了四十多岁还没有儿子，那时候朋友劝他纳妾，兄弟也劝他，甚至自己的妻子也劝他。若是妻子因为丈夫要纳妾承嗣的话，就起来反对，人家必要说这做妻子的不贤慧。这样看来，第二种的纳妾是很堂皇的。我们对于这个问题，要研究中国的宗教。人为什么一定要有后？为什么要男子才算是后，女子就不算数？要有男子才算有后，在道德上和宗教上是什么根据？他底结果怎样呢？他有什么效果，是不是有存在的理由？这些问题，都和兽欲纳妾问题不同，是研究的人所当注意的。

再举一个例，娼妓制度，决不是用四个字就可以把它概括起来的。我们亦把它的种类分析起来，就知有公娼私娼的分别。公娼是纳税公开的，他们在警察厅权限底下可以自由营业；私娼是不受警察厅保护的，他们要秘密地营业。从娼妓的内容说，还有高等和下等底分别。从最高等到最下等的娼妓，研究起来，还可以分析到极细微。这种分析非常有用，切不可忽略过去。从卖淫的心理考察，也可以分出好几种。有一种是全由于兽欲的，她受了身体上或精神上的影响，所以去做卖淫底生活。但是从日本的娼妓研究下去，就知其中不全是如此。日本底娼妓，在它们的社会里头，早就成为一种特别的阶级。她们的卖淫，并不根据于兽欲，是以这事为一种娱乐。兽欲与娱乐是两样事体，所以研究的方法也不能一样。

第二步，观察和调查。分析的功夫若是做完，我们就可以从事于问题底观察和调查。观察和调查的方法很多，我可以举出几条来给各位参考。

我们知道社会问题不是独立的，他有两种性质：一种是社会的，是成法的，非个人的。比方纳妾问题，决不是一两个人能够做成，乃是根于社会制度或祖宗成法而来。一种是个人的，社会问题的发生，虽不在乎个人，然而社会是由个人组成的，他与个人自然有关系。因着这两种性质，我就说研究社会问题有两方面：一方面是内含，一方面是外延；我们要从这两方面研究。所以调查的功夫，越精密越好。我们拿北京的车夫来说，他会发生问题，也许与上海、广东有关系，也许与几千年前圣贤底话有关系。你去问他们的境况，虽然是十分紧要，若是能够更进一步，就得向各方面去调查。

西洋现行的观察和调查底方法，总起来可以分做三样：

一、统计。统计的功夫，是国家的。他底方法，是派人分头向各区去调查，凡出入款、生死率、教育状况等的事体，都要仔细地调查清楚，为的是可以比较。

二、社会测量（Social Survey）。研究社会问题底人测量社会，要像工程师测量土地一样。我们要选定一个区域，其中各方面底事体，像人口、宗教、生计、道德、家庭、卫生、生死，等等，都要一一测量过，然后将所得的结果，来做一个详细的报告。

三十年前，英国有一位蒲斯（Booth）专做这种社会测量底功夫。他花了好些金钱，才把伦敦底社会状况调查清楚。但三十年前的调查方法，不完全的地方很多，不必说的。此后有人把他底工作继续下去，很觉得有点进步；近来美国也仿行起来了。社会测量底方法，在中国也可以仿行。好像天津，好像唐山，都可以指定他们来做一个测量的区域。我们要明白在一区里头种种事体，才可以想法子去补救它。因这社会问题过于要紧，过于复杂，决不能因着一家人底情形，就可以知道全体的。现在研究社会问题的人，大毛病就是把调查底功夫忽略了。要是忽略调查底功夫，整天空说“妇女解放”、“财产废除”、“教育平等”，到底有什么用处，有什么效果。

三、综合。用统计学底方法，把所得的材料，综合起来做统计书，或把它们画在图表上头。统计底好处，是在指明地方和时间，教我们能够下比较底功夫。他不但将所有的事实画在格里，还在底下解释它们底关系和结果。我们打开图表一看，就知道某两线是常在一处的，某线常比其他的线高，某线常比其他的线低，我们将没有关系底线，先搁在一边，专研究那有关系的，常在一处的。到我们得着解释底时候，那病的地方就不难知道啦。

我前次到山西去，看见学校行一种“自省”底制度。督军每日里派人到各学校去，监察学生自省和诵读圣书。我觉得奇怪，就向人打听一下，原来这制度是从前在军营里行的。军营里因为有了这自省底方法，就把花柳病减少到百分之六十。督军看见这个结果好，就把他用到学校去。我说这事有点错误，因为只靠花柳病减少底事实，就归功在自省上头，这样的判断是不准的。我们要看一看山西底教育在这几年底进步如何，太原底生活程度是不是高了，医术是不是进步了。这几方面，都应当用功夫去研究一下，看他们和军人底行为有什么关系，有什么影响。要是不明白种种的关系，只说是自省底功夫，恐怕这种判断有些不对。而且宜于军人的，未必宜于学生，若冒昧了，一定很危险。遗传说食指动就有东西吃，食指动和有东西吃，本来没有关系，因为食指动是没有意识的。若在食指动以后，果然有东西吃，就把这两件事联起来做一个因果，那是不对的。我们对于原因结果底判断，一定要用逻辑的方法，要合乎逻辑的判断，那事实的真原因，才能够得着。所以我们研究社会问题，要用逻辑的方法，才能够知道病的确在什么地方，和生病的原因在那里。不然，所做的工夫，不但无功，而且很危险，这是应当注意的。

二　病怎样起？

我们把病的地方查出来以后，就要做第二步底功夫，就是要考察那病底来源。社会的病底来源，可以分做两面看：一方面是纵的，一方面是横的；可以说一方面是历史的，一方面是地理的；一方面是时间的，一方面是空间的。社会上各种制度不是和时间有关系，就是和空间有关系，或是对于两方面都有关系。所以研究社会问题，最要紧的是不要把这两面忽略过去。

先从空间的关系说罢。我们拿北京的娼妓来研究，就知道它和中国各处都有关系。我们要用第一步底方法，研究那些娼妓底来路，和那地方所以供给娼妓底缘故。还有本地底娼妓，多半是旗人当的。我们对于这事，就要研究北京底旗人，她们受了什么影响，致使一部分的人堕落。又要研究她们多半当私娼的。由男子方面说，他们为什么专下南方去贩女人上来？为什么不上别处去？他们为什么要在这里开娼寮？这些问题是空间的关系，我们都应当研究的。我再具体举一个例来说，南妓从前多半由苏州来，现在就从上海来，这是什么缘故呢？我们应当考究上海和苏州底光景怎样变迁，上海女工底境遇如何，他们在纱厂里做工，一天赚几十个铜元，若是女孩子，还赚不上十个。因为这个缘故，就有些人宁愿把女儿卖给人或是典给人，也不教他们到工厂里去做工。从北京这方面说，在旗人底社会里，一部分的人会堕落到一个卖淫底地步，也许是他们底生活状况变迁，也许北京现有的职业不合他们做。这两个例就是横的、地理的、空间的关系，要把他们看清楚才好。

社会问题，在时间上底关系，也是很重要的。时间的关系是什么呢？比方承嗣的纳妾问题，就是一种纵的、历史的、时间的关系。古代的贵族很重嫡子，因为基业相传的缘故，无论如何，嫡子一派是不能断的，大宗是不能断的。但事实上不能个个嫡子都有后，所以要想法子把他接续下去。有人想，若是没有宗子的时候，有了庶子，也比无后强得多，这就是纳妾制度的起因。到后来贵族底阶级消灭了，一般人对于后嗣底观念仍然存在。如果没有儿子，就得纳妾，为的是不让支脉断绝了。所以我说为有后而纳妾，是历史的关系。知道这个，才可以研究。孔子说得好："臣弑其君，子弑其父，非一朝一夕之故，其所由来者渐矣。"这几句话，就是指明凡事都有一种历史的原因。所以对于问题，不要把他底历史的、纵的、时间的关系，忽略过去。

我再举一个例。办丧事的糜费，大概各位都承认是不对的。从前我住在竹竿巷底时候，在我们邻近有一户洗衣服底人家，也曾给我们洗衣服，所赚的钱是很少很少的；但是到他办丧事底时候，也免不了糜费。中国人办丧事要糜费，因为那是一种大礼。所以要从丧礼的历史去研究，才能得着其中的真相。

原来古代的丧服制度，有好几等。有行礼的，有不行礼的。第一等的人，可以哭好几天，不必做什么事；因为所有的事情，都有人替他办理，所以他整天躺着，哀至就哭，哭到要用人扶才站起来。所谓"百官备，百物具，不言而事行者，扶而起"，就是说这一等的丧礼，要行这样礼，不是皇帝诸侯就不能办得到。次一等的呢？有好些事体都要差人去办，所以自己要出主意，哭的时间也就少了。起来的时候，只用杖就可以，再不必用人去扶。所谓"言而后事行者，杖而起"，就是指着这一类说的。古代的大夫、士，都是行这样的礼。下等的人，所有的事都要自己去做，可以不必行礼，只要不洗脸就够了。所以说"身自执事而后行者，面垢而已"。这几等的制度，都是为古代的人而设的，所谓"礼不下庶人，刑上不大夫"。就是表明古礼尽为"士"以上的人而作，小百姓不必讲究。后来贵族阶级打破了，这种守礼底观念还留住，并且行到小百姓身上去。

现在中国一般人所行的丧礼，都是随着"四民之首"底"士"。他们守礼，本来没有"杖而后能起"，"扶而后能行"的光景，为行礼就存着一个形式，走路走得很稳，还要用杖。古时的丧服，本来不缝，现在的人，只在底下衩开一点，这都是表明从前的帝王、诸侯、大夫、士所行的真礼，一到小百姓用的时候，就变成假的。所以我们从历史方面去研究丧礼，就知道某礼节从前可以行，现在可以不必行；从前行了有意思，现在就没有意思。我们从这方面研究，将来要改良它，就可减少许多阻力。

以上说的是第二步功夫。我们要知道病底起源，一部分是空间的关系，一部分是时间的关系，因为明白这两种的关系，才能够诊断那病是怎样发生的。以下我就要说开方和用药的方法。

三　怎样用药?

要是我们不知道病在什么地方，不知道病从何而来，纵使用了好些药，也是没有功效的。已经知道病在那里，已经知道病底起因，还要明白药性和用药底方法。我们在这里可以举出两个法子来：第一是调查。我们把问题各种特别的情形调查清楚，然后想法子去补救，这是我已经说过的，现在可以不必讲。第二是参考。我曾说用《汤头［歌诀］》来治病是不对的，因为有些地方要得着参考材料，才可以规定用药底方法。检查温度，试验大小便，分析血液，这些事体要医生才知道，若是给我做也做不来。这是什么缘故？因为我不是医生，没有拿什么大小便、血液来比较或参考过的缘故。若是我们对于一个问题，不能多得参考底材料，虽然调查得很清楚，也是无用。

我们所用参考底材料，除用社会学、经济学、历史和其他的参考书以外，还要参考人家研究的结果。比方对于娼妓制度，要看人家怎样对付，结果又是怎样。禁酒问题，人家怎样立法，怎样教育，怎样鼓吹，结果都是什么。我不是说要用人所得的结果来做模范，因为那很容易陷到盲从的地步。我们只要知道在同一的问题里头，那一部分和人相同，那一部分和人不同。将各部分详细的比较，详细底参考，然后定补救底方法。

有人从美国回来，看见人家禁酒有了成效，就想摹仿人家。孰不知美国底酒害与中国底酒害很不相同，那里能够把他们底法子全然应用呢！美国底酒鬼，常常在街上打人，或是在家里打老婆；中国的醉翁，和他们是很不相同的。情形既然不同，就不能像人家用讲演或登报底方法来鼓吹。譬如要去［除］北京底酒害，就得调查饮酒底人，看他们底酒癖和精神生计等等，有什么关系。何以酒害对于上等人不发生关系，专在下等人中间显露出来。我们拿这些事实来比较，又将别人所得底结果来参考，然后断定那用药底方法。我们能够聚集许多参考材料，把它们画成一张图表，为的是容易比较，所以参考材料不怕多，越多越好比较。

四 用药底功效

这里所谓功效，和社会学家底说法不同。社会学家不过把用药以后底社会现象记出来，此外可以不计较。社会改良家，一说就要自己动手去做，他所说的方法，一定要合乎实用才成。天下有许多好事，给好人弄坏了，这缘故是因为他有好良心，却没有好方法，所以常常偾事。社会改良家底失败，也是由于不去研究补救方法而来。现在西洋所用底方法很多，我就将几样可以供我们参考底举出来。

一、公开事业。有许多问题，一到公开底时候，那问题已是解决一大半了。公开底意思，就是把那问题底真相公布出来，教大家都能了解。社会改良家底职分，就是要把社会底秘密，社会底黑幕揭开。中国现在有许多黑幕书籍，他说是黑幕，其实里头一点真事也没有，不过是一班坏人，有些枝枝节节底方法，鼓吹人去做坏事罢了。这里所说的公开，自然不是和那黑幕书一样。比方北京娼妓底情形，这里的人到南方去买女子，或是用几十块钱去典回来；到北京以后，所有的杂费、器具、房屋都不能自己预备。做妓女的到这时候就要借钱，但一借就是四分利息，纵使个个月都赚钱，也不够还利息的。娼妓因为经济给这班人拿住，就不能挣脱，只有俯首下心去干那丑生活。久而久之，也就不觉得痛苦了。遇着这种情形，若是调查社会底人把它发表出来，教人人明白黑幕里底勾当。以后有机会，再加上政治的权力把那黑幕除掉，那问题就完全解决了。

二、模范生活。现在有许多人主张大学移殖事业。这种事业，英文叫做 Social settlement。翻［译］出来就是“社会的殖民地”。但我以为翻做“贫民区域居留地”更好。移殖事业是怎样的呢？比方这里有许多大学的学生，暑假的时候，不上西山去，不到北戴河去，结几个同志到城市中极贫穷的区域去住，在那里教一般的贫民念书、游戏和作工等等日用的常识。贫民得着大学生和他们住在一块，就渐渐地受感化，因此可以减掉许多困难的问题。我们做学生的一定要牺牲一点工夫，去做这模范生活，因为我们对于这事，不但要宣传，而且要尽力去实行。

三、社会的立法（Social legislation）。社会的立法，就是用社会的权力，教政府立一种好的法度。这事我们还不配讲，因为有些地方，不能由下面做上来，还要由上面做下去。我在唐山看见一种包工制度，一个工人底工钱本来是一元，但是工头都包去招些七毛的；得七毛的也不做工，包给六毛的；得六毛的就去招一班人来，住在一个“鸟窑”里头。他们的工钱，都给那得六毛的、得七毛的、得一元的工头分散了。他们一天的生活，只靠着五个铜子，要教他们出来组织工党，是不成功的。欧美各国底工人，都能要求政府立法，因为好些事是他们自己底能力所办不到的，好像身体损伤保险，生命保险，子女底保护和工作时间底规定，都是要靠社会的立法才能办得到的。上海底女子在工厂里做工，只能赚九个铜子，教他们自己去要求以上那些事，自然办不到，所以要靠着社会替他们设法。

我们由历史方面看，国家是一种最有用的工具，用的好就可以替社会造福。社会改良家一定要利用它，因为它可以帮助我们做好些事。

以上三种方法，不过是略略地举一些例。此外还有许多方法，因为不大合我们底采用，所以我不讲。

五 结 论

我已经把研究社会问题四层底功夫讲完了。总结起来，可以分做两面：一面是研究的人，自己应当动手去做，不要整天住在家里，只会空口说白话。第二面是要多得参考底材料。从前就是因为没有参考材料，所以不发生问题。现在可就不然，所以我很盼望各位一面要做研究底学者，一面要做改良社会底实行家。

（胡适 1920 年 5 月 15 日演讲于北京社会实进社，许地山记录。载于《晨报副镌》，1920 年 5 月 26—29 日）

治学的方法与材料

现在有许多人说：治学问全靠有方法；方法最重要，材料却不很重要。有了精密的方法，什么材料都可以有好成绩。粪同溺可以作科学的分析，《西游记》同《封神演义》可以作科学的研究。

这话固然不错。同样的材料，无方法便没有成绩，有方法便有成绩，好方法便有好成绩。例如我家里的电话坏了，我箱子里尽管有大学文凭，架子上尽管有经史百家，也只好束手无法，只好到隔壁人家去借电话，请电话公司派匠人来修理。匠人来了，他并没有高深学问，从没有梦见大学讲堂是什么样子。但他学了修理电话的方法，一动手便知道毛病在何处，再动手便修理好了。我们有博士头衔的人只好站在旁边赞叹感谢。

但我们却不可不知道这上面的说法只有片面的真理。同样的材料，方法不同，成绩也就不同。但同样的方法，用在不同的材料上，成绩也就有绝大的不同。这个道理本很平常，但现在想做学问的青年人似乎不大了解这个极平常而又十分要紧的道理，所以我觉得这个问题有郑重讨论的必要。

科学的方法，说来其实很简单，只不过“尊重事实，尊重证据”。在应用上，科学的方法只不过“大胆的假设，小心的求证”。

在历史上，西洋这三百年的自然科学都是这种方法的成绩；中国这三百年的朴学也都是这种方法的结果。顾炎武、阎若璩的方法，同葛利略（Galileo）、牛敦（Newton）的方法是一样的：他们都能把他们的学说建筑在证据之上。戴震、钱大昕的方法，同达尔文（Darwin）、柏司德［巴斯德］（Pasteur）的方法也是一样的：他们都能大胆地假设，小心地求证。（参看《胡适文存》初排本卷二，《清代学者的治学方法》，页二〇五一二四六。）

中国这三百年的朴学成立于顾炎武同阎若璩；顾炎武的导师是陈第，阎若璩的先锋是梅鷟。陈第作《毛诗古音考，（1601—1606）注重证据；每个古音有"本证"，有"旁证"；本证是《毛诗》中的证据，旁证是引别种古书来证《毛诗》。如他考"服"字古音"逼"，共举了本证十四条，旁证十条。顾炎武的《诗本音》同《唐韵正》都用同样的方法。《诗本音》于"服"字下举了三十二条证据，《唐韵正》于"服"字下举了一百六十二条证据。

梅鷟是明正德癸酉（1513）举人，著有《古文尚书考异》，处处用证据来证明伪《古文尚书》的娘家。这个方法到了阎若璩的手里，运用更精熟了，搜罗也更丰富了，遂成为《尚书古文疏证》，遂定了伪古文的铁案。有人问阎氏的考证学方法的指要，他回答道：

> 不越乎"以虚证实，以实证虚"而已。

他举孔子适周之年作例。旧说孔子适周共有四种不同的说法：

(1) 昭公七年（《水经注》）

(2) 昭公二十年（《史记·孔子世家》）

(3) 昭公二十四年（《〈史记〉索隐》）

(4) 定公九年（《庄子》）

阎氏根据《曾子问》里说孔子从老聃助葬恰遇日食一条，用算法推得昭公二十四年夏五月乙未朔日食，故断定孔子适周在此年。（《尚书古文疏证》卷八，第一百二十条）

这都是很精密的科学方法。所以"亭林、百诗之风"造成了三百年的朴学。这三百年的成绩有声韵学，训诂学，校勘学，考证学，金石学，史学，其中最精彩的部分都可以称为“科学的”；其间几个最有成绩的人，如钱大昕、戴震、崔述、王念孙、王引之、严可均，都可以称为科学的学者。我们回顾这三百年的中国学术，自然不能不对这班大师表示极大的敬意。

然而从梅鷟的《古文尚书考异》到顾颉刚的《古史辨》，从陈第的《毛诗古音考》到章炳麟的《文始》，**方法虽是科学的**，**材料却始终是文字的**。科学的方法居然能使故纸堆里大放光明，然而故纸的材料终久限死了科学的方法，故这三百年的学术也只不过文字的学术，三百年的光明也只不过故纸堆的火焰而已！

我们试回头看看西洋学术的历史。

当梅鷟的《古文尚书考异》成书之日，正哥白尼（Copernicus）的天文革命大著出世（1543）之时。当陈第的《毛诗古音考》成书的第三年（1608），荷兰国里有三个磨镜工匠同时发明了望远镜。再过一年（1609），意大利的葛利略［伽利略］（Galileo）也造出了一座望远镜，他逐渐改良，一年之中，他的镜子便成了欧洲最精的望远镜。他用这镜子发现了木星的卫星，太阳的黑子，金星的光态，月球上的山谷。

葛利略的时代，简单的显微镜早已出世了。但望远镜发明之后，复合的显微镜也跟着出来。葛利略死（1642）后二三十年，荷兰有一位磨镜的，名叫李文厚［列文虎克］（Leeuwenhoek），天天用他自己做的显微镜看细微的东西。什么东西他都拿来看看，于是他在蒸溜〈馏〉水里发见了微生物，鼻涕里和痰唾里也发见了微生物，阴沟臭水里也发见了微生物。微菌学从此开始了。这个时候（1675）正是顾炎武的《音学五书》成书的时候，阎若璩的《古文尚书疏证》还在著作之中。

从望远镜发见新天象（1609）到显微镜发见微菌，（1675）这五六十年之间，欧洲的科学文明的创造者都出来了。试看下表：

	中国	欧洲
一六〇六	陈第《古音考》。	
一六〇八		荷兰人发明望远镜。
一六〇九		葛利略的望远镜。
		解白勒[开普勒](Kepler)发表他的火星研究，宣布行星运行的两条定律
一六一〇	黄宗羲生。	
一六一三	顾炎武生。	
一六一四		奈皮儿(Napier)的对数表。
一六一九	王夫之生。	解白勒的行星第三律。
一六一八—[一六]二一		解白勒的《哥白尼天文学要指》。
一六二三	毛奇龄生。	
一六二五	费密生。	
一六二六		倍根[培根]死。
一六二八	用西法修新历。	哈维(Harvey)的《血液运行论》。
一六三〇		葛利略的《天文谈话》。
		解白勒死。
一六三三		葛利略因天文学受异端审批。
一六三五	颜元生。	
一六三六	阎若璩生。	
一六三七	宋应星的《天工开物》。	笛卡儿(Descartes)的《方法论》，发明解析几何。
一六三八		葛利略的《科学的两新支》。
一六四〇	徐霞客(宏祖)死。	
一六四二		葛利略死，牛敦生。
一六四四		葛利略的弟子佗里杰利[托里拆利](Torricelli)用水银实验空气压力，发明气压的原理。

（续表）

一六五五	阎若璩开始作《尚书古文疏证》，积三十余年开始成书。	
一六五七	顾炎武注《韵补》。	
一六六〇		英国皇家学会成立。
		化学家波耳［波义耳］（Boyle）发表他的气体新实验。（波耳氏律）
一六六一		波耳的《怀疑的化学师》。
一六六四	废八股。	
一六六五		牛敦发明微分学。
一六六六	顾炎武的《韵补正》成。	牛敦发明白光的成份。
一六六七	顾炎武的《音学五书》成。	
一六六九	复八股。	
一六七〇	顾炎武初刻《日知录》八卷。	
一六七五		李文厚用显微镜发见微生物。
一六七六	顾炎武《日知录》自序。	
一六八〇	顾炎武《音学五书》后序。	
一六八七		牛敦的杰作《自然哲学原理》。

我们看了这一段比较年表，便可以知道中国近世学术和西洋近世学术的划分都在这几十年中定局了。在中国方面，除了宋应星的《天工开物》一部奇书之外，都只是一些纸上的学问；从八股到古音的考证固然是一大进步，然而终久还是纸上的工夫。西洋学术在这几十年中便已走上了自然科学的大路了。顾炎武、阎若璩规定了中

国三百年的学术的局面；葛利略、解白勒、波耳、牛敦规定了西洋三百年的学术的局面。

他们的方法是相同的，不过他们的材料完全不同。顾氏、阎氏的材料全是文字的，葛利略一班人的材料全是实物的。文字的材料有限，钻来钻去，总不出这故纸堆的范围；故三百年的中国学术的最大成绩不过是两大部《皇清经解》而已。实物的材料无穷，故用望远镜观天象，而至今还有无穷的天体不曾窥见；用显微镜看微菌，而至今还有无数的微菌不曾寻出。但大行星已添了两座，恒星之数已添到十万万以外了！前几天报上说，有人正在积极实验同火星通信了。我们已知道许多病菌，并且已知道预防的方法了。宇宙之大，三百年中已增加了几十万万倍了；平均的人寿也延长了二十年了。

然而我们的学术界还在烂纸堆里翻我们的筋斗。

不但材料规定了学术的范围，材料并且可以大大地影响方法的本身。文字的材料是死的，故考证学只能跟着材料走，虽然不能不搜求材料，却不能捏造材料。从文字的校勘以至历史的考据，都只能尊重证据，却不能创造证据。

自然科学的材料便不限于搜求现成的材料，还可以创造新的证据。实验的方法便是创造证据的方法。平常的水不会分解成轻〈氢〉气和养〈氧〉气；但我们用人功〈工〉把水分解成轻〈氢〉气和养〈氧〉气，以证实水是轻〈氢〉气和养〈氧〉气合成的。这便是创造不常有的情境，这便是创造新证据。

纸上的材料只能产生考据的方法；考据的方法只是被动的运动材料。自然科学的材料却可以产生实验的方法；实验便不受现成材料的拘束，可以随意创造平常不可得见的情境，逼拶出新结果来。考证家若没有证据，便无从做考证；史家若没有史料，便没有历史。自然科学家便不然。肉眼看不见的，他可以用望远镜，可以用显微镜。生长在野外的，他可以叫他生长在花房里；生长在夏天的，他可以叫他生在冬天。原来在人身上的，他可以移种在兔身上，狗身上。毕生难遇的，他可以叫他天天出现在眼前；太大了的，他可以缩小；整个的，他可以细细分析；复杂的，他可以化为简单；太少了的，他可以用人功〈工〉培植增加。

故材料的不同可以使方法本身发生很重要的变化。实验的方法也只是大胆的假设，小心的求证；然而因为材料的性质，实验的科学家便不用坐待证据的出现，也不仅仅寻求证据，他可以根据假设的理论，造出种种条件，把证据逼出来。故实验的方法只是可以自由产生材料的考证方法。

葛利略二十多岁时，在本地的高塔上抛下几种重量不同的物件，看他们同时落地，证明了物体下坠的速率并不依重量为比例，打倒了几千年的谬说。这便是用实验的方法去求证据。他又做了一块板，长十二个爱儿，（每个爱儿长约四英尺）板上挖一条阔一寸的槽。他把板的一头垫高，用一个铜球在槽里滚下去，他先记球滚到底的时间，次记球滚到全板四分之一的时间。他证明第一个四分之一的速度最慢，需要全板时间的一半。越滚下去，速度越大。距离的相比等于时间的平方的相比。葛利略这个试验总做了几百次，他试过种种不同的距离，种种不同的斜度，然后断定物体下坠的定律。这便是创造材料，创造证据。平常我们所见物体下坠，一瞬便过了，既没有测量的机会，更没有比较种种距离和种种斜度的机会。葛氏的试验便是用人力造出种种可以测量，可以比较的机会。这便是新力学的基础。

哈维研究血的循环，也是用实验的方法。哈维曾说：

> 我学解剖学同教授解剖学，都不是从书本子来的，是从实际解剖来的；不是从哲学家的学说上来的，是从自然界的条理上来的。（他的《血液运行》自序）

哈维用下等活动物来做实验，观察心房的跳动和血的流行。古人只解剖死动物的动脉，不知死动物的动脉管是空的。哈维试验活动物，故能发见古人所不见的真理。他死后四年（1661），马必吉［马尔比基］（Malpighi）用显微镜看见血液运行的真状，哈维的学说遂更无可疑了。

此外，如佗里杰利的试验空气的压力，如牛敦的试验白光的七色，都是实验的方法。牛敦在暗室中放进一点日光，使他通过三棱镜，把光放射在墙上。那一圆点的白光忽然变成了五倍大的带子，白光变成了七色：红，橘红，黄，绿，蓝，靛青，紫。他再用一块三棱镜把第一块三棱镜的光收回去，便仍成圆点的白光。他试验了许多回，又想出一个法子，把七色的光射在一块板上，板上有小孔，只许一种颜色的光通过。板后面再用三棱镜把每一色的光线通过，然后测量每一色光的曲折角度。他这样试验的结果始知白光是曲折力不同的七种光复合成的。他的实验遂发明了光的性质，建立了分光学的基础。

以上随手举的几条例子，都是顾炎武、阎若璩同时人的事，已可以表见材料同方法的关系了。考证的方法好有一比，比现今的法官判案，他坐在堂上静听两造的律师把证据都呈上来了，他提起笔来，宣判道：某一造的证据不充足，败诉了；某一造的证据充足，胜诉了。他的职务只在评判现成的证据，他不能跳出现成的证据之外。实验的方法也有一比，比那侦探小说里的福尔摩斯访案：他必须改装微行，出外探险，造出种种机会来，使罪人不能不呈献真凭实据。他可以不动笔，但他不能不动手动脚，去创造那逼出证据的境地与机会。

结果呢？我们的考证学的方法尽管精密，只因为始终不接近实物的材料，只因为始终不曾走上实验的大路上去，所以我们的三百年最高的成绩终不过几部古书的整理，于人生有何益处？于国家的治乱安危有何裨补？虽然做学问的人不应该用太狭义的实利主义来评判学术的价值，然而学问若完全抛弃了功用的标准，便会走上很荒谬的路上去，变成枉费精力的废物。这三百年的考证学固然有一部分可算是有价值的史料整理，但其中绝大的部分却完全是枉费心思。如讲《周易》而推翻王弼，回到汉人的“方士易”；讲《诗经》而推翻郑樵、朱熹，回到汉人的荒谬诗说；讲《春秋》而回到两汉陋儒的微言大义，——这都是开倒车的学术。

为什么三百年的第一流聪明才智专心致力的结果仍不过是枉费心思的开倒车呢？只因为纸上的材料不但有限，并且在那一个“古”字底下罩着许多浅陋幼稚愚妄的胡说。钻故纸［堆］的朋友自己没有学问眼力，却只想寻那“去古未远”的东西，日日“与古为邻”，却不知不觉地成了与鬼为邻，而不自知其浅陋愚妄幼稚了！

那班崇拜两汉陋儒方士的汉学家固不足道。那班最有科学精神的大师——顾炎武、戴震、钱大昕、段玉裁、孔广森、王念孙、王引之等——他们的科学成绩也就有限的很。他们最精的是校勘、训诂两种学问，至于他们最用心的声韵之学简直是没有多大成绩可说。如他们费了无数心力去证明古时有“支”“脂”“之”三部的区别，但他们到如今不能告诉我们这三部究竟有怎样的分别。如顾炎武找了一百六十二条证据来证明“服”字古音“逼”，到底还不值得一个广东乡下人的一笑，因为顾炎武始终不知道“逼”字怎样读法。又如三百年的古音学不能决定古代究竟有无入声；段玉裁说古有入声而去声为后起，孔广森说入声是江左后起之音。二百年来，这个问题似乎没有定论。却不知这个问题不解决，则一切古韵的分部都是将错就错。况且依二百年来“对转”“通转”之说，几乎古韵无一部不可通他部。如果部部本都可通，那还有什么韵部可说！

三百年的纸上工夫，成绩不过如此，岂不可叹！纸上的材料本只适宜于校勘、训诂一类的纸上工作；稍稍逾越这个范围，便要闹笑话了。

西洋的学者先从自然界的实物下手，造成了科学文明，工业世界，然后用他们的余力，回来整理文字的材料。科学方法是用惯的了。实验的习惯也养成了。所以他们的余力便可以有惊人的成绩。

在音韵学的方面，一个格林姆［雅各布·格林］（Grimm）便抵得许多钱大昕、孔广森的成绩。他们研究音韵的转变，文字的材料之外，还要实地考察各国各地的方言，和人身发音的器官。由实地的考察，归纳成种种通则，故能成为有系统的科学。近年一位瑞典学者珂罗倔伦［高本汉］（Bernhard Karlgren）费了几年的工夫研究《切韵》，把二百六部的古音弄的清清楚楚。林语堂先生说：

> 珂先生是《切韵》专家，对中国音韵学的贡献发明，比中外过去的任何音韵学家还重要。（《语丝》第四卷第廿七期）

珂先生的成绩何以能这样大呢？他有西洋的音韵学原理作工具，又很充分地运用方言的材料，用广东方言作底子，用日本的汉音吴音作参证，所以他几年的成绩便可以推倒顾炎武以来三百年的中国学者的纸上工夫。

我们不可以从这里得一点教训吗？

纸上的学问也不是单靠纸上的材料去研究的。单有精密的方法是不够用的。材料可以限死方法，材料也可以帮助方法。三百年的古韵学抵不得一个外国学者运用活方言的实验。几千年的古史传说禁不起三两个学者的批评指摘。然而河南发现了一地的龟甲兽骨，便可以把古代殷商民族的历史建立在实物的基础之上。一个瑞典学者安特森［约翰·贡纳尔·安德森］（J. G. Anderson）发见了几处新石器，便可以把中国史前文化拉长几千年，一个法国教士桑德华［桑志华］（Pere Licent）发见了一些旧石器，便又可以把中国史前文化拉长几千年。北京地质调查所的学者在北京附近的周口店发见了一个人齿，经了一个解剖学专家步达生（Davidson Black）的考定，认为远古的原人，这又可以把中国的史前文化拉长几万年。向来学者所认为纸上的学问，如今都要跳在故纸堆外去研究了。

所以我们要希望一班有志做学问的青年人及早回头想想。单学得一个方法是不够的；最要紧的关头是你用什么材料。现在一班少年人跟着我们向故纸堆去乱钻，这是最可悲叹的现状。我们希望他们及早回头，多学一点自然科学的知识与技术：那条路是活路，这条故纸的路是死路。三百年的第一流的聪明才智销〈消〉磨在这故纸堆里，还没有什么好成绩。我们应该换条路走走了。等你们在科学试验室里有了好成绩，然后拿出你们的余力，回来整理我们的国故，那时候，一拳打倒顾亭林，两脚踢翻钱竹汀，有何难哉！

十七年九月

（原载于《新月》第1卷第9号，1928年11月10日）

治学的方法

（之一）

刚才主席说：材料不很重要，重要的在方法，这话是很对的。有方法与无方法，自然不同。比如说，电灯坏了若有方法就可以把它修理好。材料一样的，然而方法异样的，所得结果便完全不同了。我今天要说的，就是材料很重要，方法不甚重要。用同等的方法，用在两种异样的材料上，所得结果便完全不同了。所以说材料是很要紧的。中国自西历一六〇〇［年］至一九〇〇年当中，可谓是中国科学时期，亦可说是科学的治学时代，如清朝的戴东原先生在音韵学、校勘学上都有严整的方法。西洋人不能不承认这三百年是中国科学时代。我们自然科学虽没有怎样照〈发〉明，但方法很好，这是我们可以自己得意的。闽人陈第曾著《毛诗古音考》、《曲宋古音考》等些书。他方法很精密的，是顾炎武的老祖宗。顾亭林、阎百诗等些学者都开中国学术新纪元，他们是用科学方法探究学问的。顾氏是以科学方法研究音韵学，他的方法是本证与旁证。比如研究《诗经》，从《诗经》本身来举证，是谓本证；若是从《诗经》的外面举证便谓旁证了。阎氏的科学方法是研究古文的真伪，文章的来源。

一六〇九年的哥白尼听说在意国的北部一个眼镜店里当小伙计。一天偶然叠上几片玻璃而发现在远方的东西，哥白尼以为望远镜是可以做到的。他利用这仪器，他对于天文学上就有很大的发现。像哈代玛（Houdvery）、牛顿（Newtun），还有显微镜发明者黎汶豪［列文虎克］（Ieeueven Hock），他们都有很大的发明。当哥白尼及诸大学者存在时候，正是中国的顾炎武、阎百诗出世的时期，在这五六十年当中东西文化、东西学说的歧异就在这里。他们所谓方法就是假说与求证，牛顿就是大胆去假定，然后一步一步去证明。这是和我们不同的地方。我们的方法是科学的，然而材料是书本文字。我们的校勘学是校勘古学古字的正确的方法，如翻考《尔雅》诸子百家；考据学是考据古文的真伪。这一大堆东西可以代表清朝三百年的成绩。黎汶豪是以鉴钻等做研究的工具；牛顿是以木、石、自然资料来研究天文学。像现在已经把太阳系都弄清楚了。前几天报上宣传英国天文台要与火星通讯，像这样的造就实在可怕的。十八、十九世纪时候，西方学者才开始研究校勘学。瑞典的加礼文他专攻校勘学，曾经编成《中国文字分析字典》。像他这个洋鬼子不过研究四五年，而竟达到中国有三百年历史的校勘学成绩。加礼文说道："你们只在文字方面做功夫，不肯到汉口、广东、高丽、日本等地方实际考查文字的土音以为证明；要找出各种的读法应当要到北京、宁波……"这可证明探求学问方法完全是经验的要实地调查的。顾亭林费许多时间而所得到的很少，而结果走错了路。

刚才杨教务长问我怎样医治浪漫病？我回答他说：浪漫的病症在那里？我们以为浪漫病或者就是懒病。你们都是年青的，都还不到壮年时期，而我们已是老狗教不成新把戏了。现在我们无论走那条路，都是要研究微积分、生物学、天文学、物理学。我们要多做些实验功夫，我们要跟着西洋人走进实验室去。至于考据方面就要让我们老朽昏庸的人去做。黎汶豪的显微镜实在比妖怪还厉害，这是用无穷时间与时时刻刻找真理所得的结果。十九世纪时候，法国化学师巴士鸠［巴斯德］（Pasteur）在显微镜下面发现很可怕微生物。他并且感受疯狗的厉害便研究疯狗起来。后来从狗嘴的涎沫里及脑髓中去探究，方知道是细菌在作［怪］，出示神经系中有毒。他把狗骨髓取出风干经过十三四天之久，就把它变成注射药水，可以治好给疯狗咬着的人。但是当时没有胆量就注射在人身上，只先在他动物身上试验着看。在那时候很凑巧一位老太婆的儿子给狗咬伤，她请医生以死马当作活马医治，果然给他治好了。还有一位俄人他给狼咬着，他就发明打针方法。法国酒的病，蚕的病亦给显微镜找出来了；欧洲羊的病，德国库居（Koeh）应用药水力量把羊医好。像蚕病、醋病与酒病治好后，实在每年给法国省下来几千万的法郎。普法战争时，赔款有五十万万之巨额。然而英国哈代（Harley）尝说：巴士鸠以一支玻璃管和一具显微镜已经把法赔款都付清了。懒的人实在没有懂得学问的兴趣。学问本来是干燥东西，而正确方法是建筑在正确上的，像西方的奈端和牛顿那样的正确。我们中国要研究有结果，最要紧的是要到自然界去，找自然材料。做的更要到民间去到家庭里去找活材料。我喜欢谈谈，大家都是年富力强，应该要打破和消灭懒病。还要连带说“606药水”，是法国某医生发明的，用以杀杨梅疮的微菌。这位先生他用化学方法，经过八年的研求而成功的。我们研究学问，要有材料和方法，要不懒，要坚韧不拔的努力，那么，浪漫病就可以打破了。

（胡适1928年的讲演，张嘉树记录。载于《民国日报》“觉悟副刊”，1928年12月9日）

（之二）

在这样的热天，承诸位特别跑到这里来听我讲话，我是觉得非常感激。青年会的几位先生，特地组织这一个青年读书互助会，并且发起一个演讲周，亦非常值得赞赏。在我个人，以为能够几个青年，互助的团结起来，组织读书会，或者一人读一本书，拿心得贡献给其他的会员，或者几个人读一本书，将大家所得到的结果提出来互相讨论，都是非常之好，非常之好的。可是请几个人来讲演，以为这样就达到了读书会的目的，做到了读书的目的，却是未必的。就是读书会的目的，而且这题目也空泛得无人可讲。我们知道，各种学问，都有他治学的方法，比如天文、地理、医学、社会科学，各有各的治学方法，而我居然说“治学方法”，包括得如此其广，要讲起来那就是发疯，夸大狂。但是学问的种类虽是如此其多，贯于其中的一个“基本方法”，却是普遍的，这个“基本方法”，也可以说是，或者毋宁说是方法的习惯，是共同的是普遍的。历史上无数在天文学上，在哲学上，在社会科学上，凡是有大成就的，都是因为有方法的习惯。

三百年以前，培根说了句很聪明的话，他说，世上治学的人可分为三种：那就是，第一蜘蛛式的，是靠自己肚子里分泌出丝来，把网作得很美很漂亮，也很有经纬，下点雨的时候，网上挂着雨丝，从侧面看过去，那种斜光也是很美。但是虽然好，那点学问却只是从他自己的肚子造出来的。第二种是蚂蚁式的，只知道集聚，这里有一颗米，把三三两两的抬了去，死了一个苍蝇，也把他抬了去，在地洞里堆起很多东西，能消化不消化却不管，有用没有用也是不管，这是勤力而理解不足。第三种是蜜蜂式的，这种最高。蜜蜂采了花去，更加上一度制造，取其精华而去其糟粕，是经过改造制造出新的成绩的。孔子说过，学而不思则罔，思而不学则殆。蜜峰的方法，是又学又思，是理想的治学方法。

一个人有天才，自然能够使他的事业得到成功，然而有天才的人，却很少很少。天才不够的人，如果能用功，有方法的训练，虽然不敢说能够赶得上天才一样的成就大，而代替天才一部分，却是可以说的。至于那些各种科学的大伟人，那差不多天才与功力相并相辅，是千万人中之一人。

现在说到本题治学，第一步，我们所需要的是工具，种田要种田的工具，作工要作工的工具，打仗要有武器，也是工具。先要把工具弄好，才能开步走。治学最重要的工具就是自己的能力。基本能力，本国的语言文字，我们可以得到本国所有的东西，外国的语言文字，我们可以从中得到外国的智识，得到过去所集聚下来的东西，完全要靠这一方面。其他就是基本智识，从中学到大学，给了我们的都是这东西，这是一把总的钥匙，尽管我们不熟练于证一个几何三角，尽管我们不能知道物理、化学各个细则，但是我们要在必需应用到的时候能够拿来用，能够对这些有理解。再其次就是设备。无论是卖田、卖地、卖首饰，我们总要把最基本的设备弄齐全，一些应用的辞典、表册、目录，是必需的。同时，治学的人差不多是穷士居多，很多的书不能都买全，所以就要知道我们周围的，代替我们设备的有些什么。比如北平的图书馆，那里边有些什么书能够被我们所应用，比方说，协和医校制备些什么专门的书籍，以及某家藏有某种不易得到的秘典，某处有着某种我所需要的设备，这些这些，我们都要看清楚。

第二步就是习惯的养成。这可以分四点来讲：第一是不要懒。无论是工作也好，种田也好，都不要懒，懒是最要不得的，学问更其如此。多用眼，不要拿人家的眼当自己的眼，多用手，耳，甚至多用自己的脚，在需要的时候，就要自己去跑一趟，必须要用自己的眼看过，自己的耳听过，自己的手摸过，甚至自己的脚走到过，这样才能称是自己的东西，才真是自己得来的。如果你要懒，那就要大懒，不要小懒，那意思就是一劳永逸。说我实在懒得不得了，字典又是这样的不好查，那我就自己去作一部字典出来，那以后就可贯彻你的懒，字典拿起来，一翻就翻着。有种种的发明的人，不是大不懒就是大懒。比方说佛教是什么，你必须自己去翻过书；比方说我今天要跑到这里来讲讲辨〈辩〉证法是什么，那你一定用眼、手、脚，把问题弄清楚，作提要作札记，这样即使你是错误的，然而这是你的，不是别人的。

第二是不苟且，上海人所谓不拆烂污。我们要一个不放过，一句不放过，一点一画不放过，在数学上一个“0”也不放过。光是会用手，用脚，那是毛手毛脚没有用，勤要勤得好，不要勤得没有用。如果我有权，能够命令诸位一定读那本书，我就要诸位读《巴斯德传》，他就是不苟且，他就是注意极小极小百万分、千万分之一的东西。一坛酒坏了，巴斯德找出了原因，是一点点小的霉菌的侵入。一次，蚕忽然都得了病，差不多就损失到二万万佛［法］郎，那原因就是在于一点点的百万分千万分之一的一个小黄点，那是要用显微镜才能看得出来的，后来找着了病，又［费］了几年之力，又找着了他的治法。那就是蚕吐了丝之后，变蛹、变蛾，然后蛾再生卵，就用这个蛾钉起来，弄干，拿显微镜照，如果蛾的身上发现了那种极小极小的黄点，那这个蛾所产的卵都把他烧了，就用了这个方法，省去了无数的不必要的损失，这就是一点不放过，一点不放过才能找出病源，这是正确，这是细腻。

第三点就是不要轻于相信人家。“先小人而后君子”。所谓“三个不相信出个大圣人”。我对这话非常佩服。所谓“打破砂锅问到底”。都是告诉我们要怀疑，不要太迷信了自己的手眼，要相信比我们手眼精确到一百万倍、一千万倍的显微镜望远镜，不要轻于相信马克思、列宁，不要相信蔡元培，或者相信一个胡适之，无论有怎样大的名望的人，也许有错。为什么人家说六月六洗澡特别好，当铺里也要在六月六晒衣服，为什么？我们不要轻于相信有许多在我们脑子里的知识。许多小孩子时代，由母亲、哥哥、姐姐，甚至老妈子、洋车夫告诉给我们的，或者是学堂里的老师［告诉给我们的］。阿毛、阿狗告诉你的不一定对，王妈、李妈也不一定对，周老师、陈老师说的话也许有错，我们说“拿证据来”！鬼，我们自然不相信了，但是许多可信程度与鬼差不多的，我们还在相信，这不好。

“三个不相信，出个大圣人”！这是谦卑，自以为满足了，那就不需要了，也就没有进步了。我们要有无穷尽的求知欲，要有无穷尽的虚。什么是虚？就是有空的地方，让新的东西进去。总上所说，习惯养成的大概就是如此。有了习惯的养成，才能去做学问。

我们普遍都知道的有什么归纳法、演绎法，归纳是靠现成的材料把他集合起来，而演绎法则是由具体的事物推测到的新的结果。打个比方，今天，我们在团体和大礼堂讲演，就拿治病来说，某病用某药，某病用某药，都是清清楚楚。但为什么这就是猩红热，而不是虎列拉，不是痁疾，那就是因为我们知道病理生理，那我们就可以知道某部分损害了，就可以得出某种结果，就可以从旧的智识里得出新的结论。要做到这步，必须要有广博的智识。古人说，开卷有益。古人留下来的一些现成东西我们为什么不去求？不仅是自己本行内的智识要去求，即是不与本行相反的也要去求。王荆公说：“致其知而后识。”所以要博。墨子、老子的书，从前有些不能懂，到了嘉庆年间算学的传入知道里边也有算学，随后光学、力学传入，再以后逻辑学、经济学传入，才知道《墨子》里面也有光学，也有力学，以及逻辑学、经济学。越是知道得多，了解一个事物一个问题越深。头脑简单的人，拿起一个问题很好解决，比方说社会不好，那干脆来个革命，容易得很，等到知道得多一点，他解决的方法也就来得精密。巴斯德，他是学有机化学，发明霉菌，研究得深了，那这一学问就牵涉到一切的学问上去，和生理学、地质学等等都可以发生关系。因为他博，所以蚕病了他可以治，酒酸了或醋不酸了，他也可以治，其实他并没有研究过蚕酒学，动物学家也许不能治他能治。据说牛顿发明“万有引力”，是因为见到苹果掉在地上，我们也都看见过苹果落在地上，可是我们没有发明“万有引力”。巴斯德说过（讲学问我总喜欢说到巴斯德）：“在考查研究范围之内，机会，帮助有准备的心。”牛顿的心是有准备的，我们则没有准备。从前我看察尔斯的《世界史纲》，觉得内容太博，这里一个定理，那里一个证明，抓来就能应用，真是左右逢源，俯拾即是。其次，我们就要追求问题。一些有创造有发明的人，都是从追求问题而来。如果诸位说先生不给问题，你们要打倒先生，学校里没有设备供你们解决问题，你们要打倒学校。这是千对万对，我是非常赞成，就是因为追求问题是千对万对。我举一个例，有一天我上庐山，领了一个小孩子，那小孩有七八岁。当时我带了一副骨牌，三十二张的骨牌，预备过五关消遣。那小孩就拿骨牌在那里接龙，他告诉我把三十二张骨牌接起来，一定一头是二，一头是五。我问他试过几问，他说试过几问，我一试，居然也如此，这就是能提出问题。宇宙间的问题，多得很，只要能提出问题，终究就能得到结果。自然骨牌的问题是很好解决，就是牌里面只有二头与五头是单数，其他都是双数。问题发生，就得到新的发现，新的智识。有一次我给学生考逻辑学，我说，我只考你们一个问题，把过去你们以自己的经验解决了问题的一件事告诉我。其中一个答得很有意思。他晚上看小说，煤油灯忽然灭了，但是灯里面还有油，原因是灯带短吸不起油。这怎么办呢，小说不能看完。如果灯底下放两个铜子垫起来，煤油也仍是不会上来的。他后来忽然想起从前学校里讲过煤油是比水轻，所以他就在里边灌上水，油跑到上面，灯带吸着油，小说看完了。这就是从实际里提出问题得到的新学问。所以无论是学工业、学农业、学经济，第一就是提出问题，第二就是提出许多假定的解决，第三就提出假定解决人（甲、乙、丙），最后求得证实。如果你不能从旧的里面得出新的东西来，以前所学即是无用。所谓“养兵千日用在一朝”，就如我说煤油灯这一个故事。

最后还要说一点，书本子的路，我现在觉得是走不通了，那只能给少数的人，作文学，作历史用的，我们现在所缺的，是动手。报纸上宣传着学校里要取消文科、法科，那不过是纸上谈兵，事实上办不到，如果能够办到，我是非常赞成，我们宁可能够打钉打铁。目不识丁，不要紧，只是在书堆里钻，在纸堆里钻，就只能作作像。

我胡适之这样的考据家，一点用没有。中国学问并不是比外国人差，其实也很精密，可是中国的顾亭林等学者在那里考证音韵，为了考证古时这个字，读这个音不是读那个音，不惜举上一百六十七个例！可是外国牛顿，他们都在注意苹果掉地，在发明望远镜、显微镜，看天看地，看大看到无穷，看小也看到无穷，能和宇宙间的事物混作一片，那才是作学问的真方法。

到这里差不多讲完了。在上面我举了培根所说的三个畜生，这里我再加上一对畜生，来比方治学的方法。你们都知道龟兔赛跑的故事，兔子虽然有天才，却不能像乌龟那样拼命的爬，所以达到目的的是乌龟而不是兔子。治学的方法也是如此，宁可我们没有天才拼命的努力，不可自恃天才去睡一大觉，宁可我们作乌龟，却不可去当兔子。所以我们的口号是："兔子学不得，乌龟可学也！"自然最好是能够龟兔合而为一。

（胡适1932年的讲演，菁如记录。载于《世界日报》，1932年7月10—12日）

（之三）

主席、白副总司令、各位同志：

我很抱歉，因为昨天在梧州一连说了两次话，喉咙有些哑，今天觉得更哑，恐怕在这么大的集会，不容易说得好。刚才听见主席说，我这次是受了李总司令的劝驾才来的，其实我早就有到贵省观光的意思，事前并已先拍电通知广西的友人，告诉他不久将来桂一游。所以，这次可以说是专程而来的。记得这次在粤谒见李总司令的时候，李总司令对本人再三叮嘱，希望本人不但要到西大看看，而且要到南宁以及其他各处去看看。今天能够到这里和诸位见面，心里实在感到非常的快慰！但是，本人来到这里，要讲什么题目才好呢？刚才宾南先生已经说过，诸位都是青年，所以在拟定的许多题目中，宾南先生特择“治学的方法”这一题要我来讲。

本来做学问，如果得到好的方法，自然容易与学问接近，所得的成绩也会比较的多。因此，我时常接得青年朋友的信，殷殷以治学的方法相询。说胡先生何以不告诉我们做学问的方法，以指导我们如何去做才会更有条理，更有成绩，让我们也好得到做学问的捷径。对于这问题，我有的或在书信上答复，有的或在学校讲演，计前后已讲十七年了。去年三月初八到天津去，也是讲这个题目，当时，因为早到了半天，就在旅馆中重温旧稿，看有什么地方可以增改，但是愈看心里愈怀疑，到最后才恍然大觉大悟，深觉十七年来所讲这无数次的治学的方法，都是错误的，于是就把旧稿都撕掉了。

三月初八那日所得的新觉悟，使我明白，治学有无成绩，有无结果，不是单靠方法就可以做得到的。在方法之前还须有更重要的先决条件，那些先决条件不具备，即有方法也是没有用的。《西游记》的孙大圣，因为上西天取经去，怕路上要遇到许多艰难，所以就求观世音给他三根救命毫毛，放在身边，以便解决一切的危急。假如做学问也和唐僧求经一样要经过九九八十一劫，那么，难关还有一定的数目，然而做学问这一条路的历程，却是无穷尽的，其难关也不止九九八十一。如果我可以借给你们三根毫毛，或者一把百宝宝钥，以便诸君都能够深达学问的堂奥，岂不甚妙？无如〈奈〉我去年三月以来的新觉悟，使我知道做学问是无捷径的，也无小路可走，更无三根毫毛般的百宝宝钥可求。我们应当在方法之外，先解决做学问的基本条件，依据这种基本条件以建立学问的基础，以后，治学的方法，自然而然的也就有了。现在我把去年在天津旅馆里所觉悟到的两个基本条件贡献给诸位，这或许比三根毫毛还有用呢！

我以为在做学问之前，应先有下列两个条件：第一是有博大的准备，第二是养成良好的习惯。兹请依序说明之。

一、准备做学问的准备工作，就是先要打个底子，先要积知识经验，把基础打好。基础打好了，学问的初步也就有相当的成功了。做学问的第一步功夫，先在日日探求知识，搜集材料，不要即谈方法，更不要急求成绩，知识日深，材料日多，自然有方法，有成绩了。即古人所谓开卷有益之意也。所以现在做学问不但要开卷，而且什么东西都要用，以作做学问的基础。诸位知道，在科学史上有一段佳话，说牛顿看见苹果自树上坠下，后来就依之发现地心吸力的定律。这种希世的发明，不独当时和现在的学术界受了绝大的影响，即将来影响于学术界亦必无穷尽。但是苹果的坠地，可以说是我们天天所看得见的，但是为什么不知道去发明，倒让牛顿发明了去呢？原来我们所以不及牛顿的地方，就是因为没有牛顿的博学的基础。我们都以为苹果的坠下是当然的，用不着再加怀疑，但是牛顿对苹果的坠下却发生了怀疑，他想：苹果为什么不向空中飞去呢？他的成功是因为牛顿有了精博的学问，对于当时十六、十七世纪的新科学有了深切的研究。因此做学问必要先有丰富的知识来做基础，这是不待言的。所以我们现在可以得到一个结论：做学问的先决条件，不是重在先得方法，而是在先求知识，抱定开卷有益的态度，先造成广博精深的基础，然后才来做学问。宋朝的王安石，其道德、学问、功业，都可以说是中国历史上的第一等人。他有几句很警惕的话，是值得我们注意的。他的朋友曾子固因为看他做学问方法太杂，就写信勉戒他。王安石先生因此就作书答他说：

> ……读经而已，则不足以知经。故自百家诸子之书，至《难经》、《素问》、《本草》诸小说，无所不读；农夫女工，无所不问；然后于经为能知其体而无疑。盖后世之学者与先王之时异矣；不如是，不足以尽圣人故也。……致其知而后读，以有所去取，故异学不能乱也。

我们现在离王安石先生的年代，虽已有八百余年之久，但一读他前面的一段文章，再把“致其知而后读”的意思仔细体味起来，深觉其言，实大有至理。所以做学问应该以广博精深的学问来做基础，不论它是牛溲马渤，竹头木屑，都要兼收并蓄，使对于各种知识，无所不知，无所不晓，然后做学问才能有成绩；否则，即有孙大圣的三根救命毫毛，亦无补于事。不过，或许有人对于“致其知而后读”的意义还有怀疑，现在请再举例以明之。

我现在要举例［的］是《墨子》。《墨子》这部书，可以说是中国古代的一部奇书。墨子大家都知道他是讲兼爱的，反对儒家和杨朱一派的思想的。因为历来儒家的思想占了优胜，所以《墨子》这部书，就久被人所摈弃了。二千年来去注意它的人很少，所以其中遂致有许多残缺讹误之处。全书最值得注意的，是《经上》、《经下》、《经说上》、《经说下》、《大取》、《小取》等六篇，这六篇记载着当时墨子学派的各种科学理论，一向因为没有人看得懂，注意的人就更少了。到了乾隆时代，才有人稍为看得懂，也才知道其中有须横看的。及至清末中西文化沟通后，中国人从西方学得了几何学、光学、力学之学，后来又有人懂得了论理学、知识论等，到了这个时候，把《墨子》的书打开来看，才骇然惊喜，原来在《墨子》里有许多地方是可以用这些新知识来解释的。不过，在这里值得我们注意的，就是为什么以前的人对于《墨子》一书能够了解的是这么少，到了后来能了解的人反而这么增多呢？我们的知识越多，我们了解《墨子》也越多。这就是“致其知而后读”的道理。所以从以上的论据看来，可以使我们明白，凡是知道的事物越多，知识就越广，知识越广，就越容易做学问。

说到这里，让我再引个例证，来说明准备工作对于做学问的重要。大家知道达尔文是一个生物学大家，他一生为了研究生物演进的状态，费了二十多年的光阴，并且曾经亲自乘船游历全世界，采集各种动植物的标本和研究其分布的状况，积了许多材料，但是总想不出一个原则来统括他的学说。有一天偶然读起马尔萨斯（Thomas Robert Malthus 1766—1834）的《人口论》，说粮食的增加是照数学级数，即是依一、二、三以上升。人口的增加却是照几何级数，即是依二、四、八以上升，所以人口的增加快于粮食。达尔文看到这里，豁然开朗地觉悟起来了，因此确定了“生存竞争，优胜劣败”的原理。我们知道达尔文二三十年所研究的是生物学的学问，但是还要依赖经济学来补助，才能替他的整个学问找到一个基本的原则，可见学问要广博，知识要丰富，不应只是注重于方法的问题，还须扩大学问的角度和台基，以为做学问的基础，然后学问才有成就的希望。

二、养成良好的习惯。上面我已经详述做学问的工夫，须要有广博的知识来做基础，但是单持有广博的知识，还是不足用，此外，还要养成二三种良好的习惯才成。通常所谓理学或方法论，想诸位也知道其中有演绎归纳等的方法。如果以为论理学或方法论可以完全解决做学问的问题，诸位早就可以在教科书里求得了。正因为做学问的功夫，并不单应在方法上考究，所以每一个人在学问上造就的深浅，都是有赖于良好习惯的养成。试看古今中外的大学问家如王念孙、戴东原、顾亭林、牛顿、达尔文等，那一个不是从良好的习惯中淘练出渊博伟大的学问来？所以在做学问之前，应有的第二条件，就是养成好的习惯。

良好习惯的养成约有三种：

1. 勤（要勤快，不要懒，不怕苦。）

2. 慎（不苟且，不潦草，不随便，要负责任。）

3. 虚（不要有成见，要虚心。）

现在先从“勤”字讲起：

中国今日的新史学家顾颉刚先生，大家都知道他的《古史辨》是对于中国史学上贡献很大的。他平生治学的功夫，有许多是可以取法的，他的好处就在一个“勤”字。试举一件事做个例。以前顾先生还在做学生的时候，有人知道他的经济上很困难，就拿一本《古今伪书考》嘱他用标点符号标点出来，以便送到书店卖一笔钱。

可是书交他之后，等了一月、两月、半年、一年，还没有见到他交还。一天我到他房里去看他，问起这件事，他就拿出了一大堆的稿子来，已经整理成为一大堆有系统的史料了。我问他：怎么倒弄成了考据呢？他说：这有什么办法，书中不是残缺不全，就是讹误百出，怎能不细心来替它整理整理呢？这种不肯偷懒的精神，就是他在学术上成功的秘诀。

现在再让我介绍顾亭林先生的治学方法。大家知道顾亭林先生平生治学是非常勤谨的，他为了要证明“服”字古音读做“逼”音，就不惮烦劳，把所有的古书检出一百六十二条的证据。可见古人做学问所以有成绩的缘故，不论在何种条件之下，都少不了一个“勤”字。

其次说到“慎”字。

我们做学问，不论中国字的一点一滴、一笔一画，外国字小小的一个字母，或是研究自然科学或数学上的一小圈，亦不可轻易把它放过。我看见现在有一班做学问的青年，其所以失败，就是因为太不慎，换言之，就是太苟且，太拆烂污了。譬如近人翻译外国文学书，竟将 Oats 译做橡树，即是将 Oats 误当作 Oaks；虽只是一小字母的差别，但却将小麦译作大橡树，这不是谬以毫厘，差以千里吗？又以前曾看到一篇翻译的小说，描写一个女人生肺炎病，她的女友就拿猪肉给她吃，看到这里，心里很纳罕，即以普通常识来想，也知道生了肺炎病的人，无论怎样都不应该给她吃猪肉，后来一查原文，才知道是把 Port 误译作 Pork。这不过随便略举一二而已，也就可见一班做学问的人太不小心了。但是，我们不能因为错误太小，就轻轻把它放过。治学的态度，要像做法官做侦探一样，丝毫不苟且，虽是极细微的地方，也要一样的注意。在这里我愿意再举出几个例来：

中国的文字中的“于”字和“於”字，以及“维”字，“言”字，都有其独特用法的，一向大都不十分去注意它。例如“于”字和“於”字的用法，普通以为没什么分别。可是有一位瑞典人高本汉（Karlgren）研究《左传》便发现了“于”和“於”两字的用法是各有不同的，这是我们所未尝注意到的。他还把它做出一个详细的表来。依他就用字法的研究的结果，到现在我们才知道所谓的《左传》的作者鲁君子左丘明的真假实在发生问题，而据高本汉所证明的，此书的作者是山西人而不是山东人。

又我的学生某君，一次曾以“弗”和“不”两字有什么不同相问，并举出不少的例子以相示，我就嘱他继续去研究。后来，研究的结果，才知道“弗”字具有“不之”两字合起来的意思，就是“半夜邻有求，无弗给”，等［于］“半夜邻有求无不之给”。由此可见做学问是要□□慎重的，研究自然科学的固然尤应该格外小心，即其他事业，如法官侦探亦何尝不应如此。

最末了说到“虚”字。

“虚”字就是“虚心”的意思。做学问贵能虚心，事先不为成见所入，一如法官的审案，虽搜集各种证据，都可加人罪名，但于证据中，还须再三慎重的考虑，避绝一切憎爱的成见，然后才不致于枉法。譬如苹果为什么会坠地、“弗”与“不”为什么不同……凡此种种都得虚心去考虑。

综上所述，我们知道，凡做学问所以能有成绩的，不在方法而在勤、慎、虚。换言之，就是要笨干。所谓科学方法者，亦离不了上述这三种要件。假使具备了这三种要件，科学方法就随之而来了。如王念孙、顾亭林、戴东原等，他们的学问何尝不是笨干出来的？我在西大讲演，说到“维”字，它的意义很多，如“维是文王，维是熙熙”，祭文上的“维中华民国某年某月某日”，涵义各有不同。究竟“维”字在经文里怎样解说呢？《诗经》里就有三百几十个的“维”字。在我们都有些洋脾气的人，在这里自应先认为不懂，再去翻古书，把找得到的“维”字，都抄出来，一一拿来比较，然后就容易明白了，这样终于确定“维”字是一个感叹词。老子说：“维之於呵，相去几何”，也可以证明原来“维”就是“呵”的意思。

最后我有几句话要忠告诸位，就是做学问并无捷径小路可走。更没有一定的方法可受用无穷，如果真有这方法，我为何不乐意奉送给诸位？记得以前有个龟兔赛跑的故事，是希腊最有名的寓言，可以拿出来供诸位做学问的教训。我觉得世界上有两派人：一派是乌龟派；一派是兔子派。凡是在学问上有大成就像达尔文、牛顿这一班人，都是既有兔子的天才，又有乌龟的功力，所以能够成为世界上最堪景仰的人。不过兔子的聪明，不是人人都有的，但乌龟的功力，则人人可学。在这里我希望诸位在做学问方面努力去学做乌龟，中国就不怕不产生无数像达尔文、牛顿、瓦特这一类的大学问家了。

一月十三日

（胡适 1935 年的讲演，陈翔水、郑泗水记录。录自《胡适遗稿及秘藏书信》第 12 册，黄山书社 1994 年版）

治学方法三讲

第一讲　引　言

钱校长、各位先生、各位同学：

今年我感觉到很困难，因为当初我接受钱校长与刘院长的电报到台大和师院作学术讲演，我想总是在小屋子里面，只有二三十人，顶多一百人，可以有问有答；在小规模的讲堂里面，还可以有黑板写写字，这样子才可以作一种学术讲演。今天来到这么一个广场里面作学术讲演，的确是生平第一次，一定有许多话给先生们听了觉得太浅，同学们又觉得没有黑板写下来，不容易知道。我的南腔北调的官话依然咬不清楚，一定使大家很失望，所以先要道歉！

当时我收到钱校长与刘院长的电报，我想了几天，我以为他们两位另外有一封详细的信告诉我：是两个学校分开还是合起来讲？是小讲堂还是大讲堂？当时的确没有想到在广场讲演。等了两个星期，他们没有信来，我自动打电报给他们两位；我提出两个题目：在台大讲“治学方法”，在师院讲“杜威哲学”。

杜威先生是我的老师，活了九十多岁，今年才过世。我们一般学生觉得，在“自由中国”应该有一个机会纪念他，所以杜威哲学这个题目，是当作一个纪念性。

今天讲治学的方法，其实也是带纪念性的。我感觉到台大的故校长——傅斯年先生，他是一个最能干、最能够领导一个学校、最能够办事的人。他办过中央研究院，历史语言研究所。他也在我之先代理过北大校长一年；不是经过那一年，我简直没有办法。后来做台大校长，替台大定下很好的基础。他这个人，不但是国家的一个人，他是世界上很少见的一个多方面的天才，他的记忆力之强更是少有的。普通记忆力强的人往往不能思想；傅先生记忆力强，而且思考力非常敏锐，这种兼有记忆力与思考力的人，是世界上少见的。同时，能够做学问的人不见得能够办事，像我这样子，有时候可以在学问上做一点工作，但是碰到办事就很不行。钱校长说我当北大校长，还可以做研究的工作，不是别的，只因为我不会办事。我做校长，完全是无为而治；一切事都请院长、教务长、训导长去办，我从来不过问学校的事；自己关起门来做学问。傅先生能够做学问而又富有伟大的办事能力；像这种治学方法同办事能力合在一块，更是世界上少见的。因为傅先生同我是多年的同事，多年的朋友；同时在做学问这一条路上，我们又是多年的同志。所以我今天在台大来讲治学方法，也可以说是纪念这个伟大而可惜过去得太早的朋友。

我到台大来讲治学的方法，的确是很胆怯；因为我在国内教育界服务几十年，我可以告诉台大的同学们：现在台大文史的部门，就是从前在大陆没有沦陷①的时候也没有看见过有这样集中的人才；在历史、语言、考古方面，傅先生把历史语言研究所的人才都带到这里来，同台大原有的人才，和这几年来陆续从大陆来的人才连在一块，可以说是中国几十年来办大学空前的文史学风。我很希望，不但在文学院历史学系、语言学系、考古学系的同学们要了解台大文史人才的集中是大陆“沦陷”以前从来没有过的情形，更希望台大各院各系的同学都能够明了，都能够宝贵这个机会，不要错过这个机会。

① 中国人民解放军解放大陆、国民党败退台湾，台湾方面称“沦陷”。——编者

就是学医、学农、学工、学法律、学社会科学的，都可以利用这个机会来打听这许多文史方面领袖的人才是怎样讲学，怎样研究，怎样在学问方面做工作。我不是借这个机会替台大做义务广告，我实在觉得这样的机会是很可宝贵的，所以希望诸位能够同我一样了解台大现在在文史方面的领导地位。

我看到讲台前有许多位文史方面的老朋友们，我真是胆怯，因为我不是讲天文学、地质学、物理、化学，是在文史方面讲治学方法。在诸位先生面前讲这个题目真是班门弄斧了。

我预备讲三次：第一次讲治学方法的引论，第二次讲方法的自觉，第三次讲方法与材料的关系。

今天我想随便谈谈治学的方法。我个人的看法，无论什么科学——天文、地质、物理、化学等等——分析起来，都只有一个治学方法，就是做研究的方法。什么是做研究呢？就是说，凡是要去研究一个问题，都是因为有困难问题发生，要等我们去解决它；所以做研究的时候，不是悬空的研究。所有的学问，研究的动机和目标是一样的。研究的动机，总是因为发生困难，有一个问题，从前没有看到，现在看到了；从前觉得没有解决的必要，现在觉得有解决的必要的。凡是做学问，做研究，真正的动机都是求某种问题某种困难的解决；所以动机是困难，而目的是解决困难。这并不是我一个人的说法，凡是有做学问做研究经验的人，都承认这个说法。真正说起来，做学问就是研究；研究就是求得问题的解决。所有的学问，做研究的动机是一样的，目标是一样的，所以方法也是一样的。不但是现在如此；我们研究西方的科学思想，科学发展的历史，再看看中国二千五百年来凡是合于科学方法的种种思想家的历史，知道古今中外凡是在做学问做研究上有成绩的人，他的方法都是一样的。古今中外治学的方法是一样的。为什么是一样呢？就是因为做学问做研究的动机和目标是一样的。从一个动机到一个目标，从发现困难到解决困难，当中有一个过程，就是所谓方法。从发现困难那一天起，到解决困难为止，当中这一个过程，可能很长，也可能很短。有的时候要几十年，几百年才能够解决一个问题；有的时候只要一个钟头就可以解决一个问题。这个过程就是方法。

刚才我说方法是一样的，方法是甚么呢？我曾经有许多时候，想用文字把方法做成一个公式、一个口号、一个标语，把方法扼要地说出来；但是从来没有一个满意的表现方式。现在我想起我二三十年来关于方法的文章里面，有两句话也许可以算是讲治学方法的一句很简单扼要的话。

那两句话就是："大胆的假设，小心的求证。"要大胆的提出假设，但这种假设还得想法子证明。所以小心的求证，要想法子证实假设或者否证假设，比大胆的假设还重要。这十个字是我二三十年来见之于文字，常常在嘴里向青年朋友们说的。有的时候在我自己的班上，我总希望我的学生们能够了解。今天讲治学方法引论，可以说就是要说明什么叫做假设；什么叫作大胆的假设；怎么样证明或者否证假设。

刚才我说过，治学的办法，做研究的方法，都是基于一个困难。无论是化学、地质学、生物学、社会科学上的一个问题，都是一个困难。当困难出来的时候，本于个人的知识、学问，就不知不觉的提出假设，假定有某几种可以解决的方案。比方诸位在台湾这几年看见杂志上有讨论《红楼梦》的文章，就是所谓红学。到底《红楼梦》有什么可以研究呢？《红楼梦》发生了什么问题呢？普通人看《红楼梦》里面的人物，都是不发生问题的，但是有某些读者却感觉到《红楼梦》发生了问题：《红楼梦》究竟是什么意思？当时写贾宝玉、林黛玉这些人的故事有没有背景？有没有"微言大义"在里面？写了一部七八十万字的书来讲贾家的故事，讲一个纨袴子弟贾宝玉同许多漂亮的丫头、漂亮的姊妹亲戚们的事情，有什么意义没有？这是一个问题。怎么样解决这个问题呢？当然你有一个假设，他也有一个假设。

在二三十年前，我写《红楼梦考证》的时候，有许多关于《红楼梦》引起的问题的假设的解决方案。有一种是说《红楼梦》含有种族思想，书中的人物都是影射当时满州的官员，林黛玉是暗指康熙时候历史上一个有名的男人；薛宝钗、王凤姐和那些丫头们都是暗指历史上的人物。还有一种假设说贾宝玉是指一个满洲宰相明珠的儿子叫做纳兰性德——他是一个了不起的天才很高的文学家——那些丫头、姐妹亲戚们都是代表宰相明珠家里的一班文人清客；把书中漂亮的小姐们如林黛玉、薛宝钗、王凤姐、史湘云等人都改装过来化女为男。我认为这是很不可能，也不需要化妆变性的说法。

后来我也提出一个假设。我的假设是很平常的。《红楼梦》这本书，从头一回起，作者就说这是我的自传，是我亲自所看见的事体。我的假设就是说，《红楼梦》是作者的自传，是写他亲自看见的家庭。贾宝玉就是曹雪芹；《红楼梦》就是写曹家的历史。曹雪芹是什么人呢？他的父亲叫曹頫，他的祖父叫做曹寅；一家三代四个人做江宁织造，做了差不多五十年。所谓宁国府、荣国府，不是别的，就是指他们祖父、父亲、两个儿子，三代四个人把持五十多年的江宁织造的故事。书中说到，“皇帝南巡的时候，我们家里接驾四次。”如果在普通人家，招待皇帝四次是可能倾家荡产的；这些事在当时是值得一吹的。所以，曹雪芹虽然将真事隐去，仍然舍不得要吹一吹。曹雪芹后来倾家荡产做了文丐，成了叫花子的时候，还是读书喝酒，跟书中的贾宝玉一样。这是一个假设；我举出来作一个例子。

要解决“《红楼梦》有什么用意”这个问题，当然就有许多假设。提出问题求解决，是很好的事情；但先要看这些假设是否能够得到证明。凡是解决一个困难的时候，一定要有证明。我们看这些假设，有的说这本书是骂满洲人的；是满洲人统治中国的时候，汉人含有民族隐痛，写出来骂满洲人的。有的说是写一个当时的大户人家，宰相明珠家中天才儿子纳兰性德的事。有的说是写康熙一朝的政治人物。而我的假设呢？我认为这部书不是谈种族的仇恨，也不是讲康熙时候的事。都不是的！从事实上照极平常的做学问的方法，我提出一个很平常的假设，就是《红楼梦》这本书的作者在开头时说的，他是在说老实话，把他所看见的可爱的女孩子们描写出来；所以书中描写的人物可以把个性充分表现出来。方才所说的“大胆的假设”，就是这种假设。我恐怕我所提出的假设只够得上小胆的假设罢了！

凡是做学问，不特是文史方面的，都应当这样。譬如在化学实验室做定性分析，先是给你一盒东西，对于这盒东西你先要做几个假设，假设某种颜色的东西是什么，然后再到火上烧烧，看看试验管发生了什么变化：这都是问题。这与《红楼梦》的解释一样的有问题；做学问的方法是一样的。我们的经验，我们的学问，是给我们一点知识以供我们提出各种假设的。所以“大胆的假设”就是人人可以提出的假设。因为人人的学问，人人的知识不同，我们当然要容许他们提出各种各样的假设。一切知识，一切学问是干什么用的呢？为什么你们在学校的这几年中有许多必修与选修的学科？都是给你们用；就是使你在某种问题发生的时候，脑背后就这边涌上一个假设，那边涌上一个假设。做学问，上课，一切求知识的事情，一切经验——从小到现在的经验，所有学校里的功课与课外的学问，为的都是供给你种种假设的来源，使你在问题发生时有假设的材料。如果遇上一个问题，手足无措，那就是学问、知识、经验，不能应用，所以看到一个问题发生，就没有法子解决。这就是学问知识里面不能够供给你一些活的材料，以为你做解决问题的假设之用。

单是假设是不够的，因为假设可以有许多。譬如《红楼梦》这一部小说，就引起了这么多假设。所以第二步就是我所谓“小心的求证”。在真正求证之先，假设一定要仔细选择选择。这许多假设，就是假定的解决方法，看哪一个假定的解决方法是比较近情理一点，比较可以帮助我们解决那个开始发生的那个困难问题。譬如《红楼梦》是讲的什么？有什么意思没有？有这么多的假定的解释来了，在挑选的时候先要看哪一个假定的解释比较能帮助你解决问题，然后说：对于这一个问题，我认为我的假设是比较能够满意解决的。譬如我的关于《红楼梦》的假设，曹雪芹写的是曹家的传记，是曹雪芹所看见的事实。贾母就是曹母，贾母以下的丫头们也都是他所看见的真实人物。当然名字是改了，姓也改了。但是我提出这一个假设，就是说《红楼梦》是曹雪芹的自传，最要紧的是要求证。我能够证实它，我的假设才站得住；不能证实，它就站不住。求证就是要看你自己所提出的事实是不是可以帮助你解决那个问题。要知道《红楼梦》在讲什么，就要做《红楼梦》的考证。现在我可以跟诸位做一个坦白的自白。我在做《红楼梦考证》那三十年中，曾经写了十几篇关于小说的考证，如《水浒传》、《儒林外史》、《三国演义》、《西游记》、《老残游记》、《三侠五义》等书的考证。而我费了最大力量的，是一部讲怕老婆的故事的书，叫做《醒世姻缘》，约有一百万字。我整整花了五年工夫，做了五万字的考证。也许有人要问，胡适这个人是不是发了疯呢？天下可做的学问很多，而且是学农的，为什么不做一点物理、化学有关科学方面的学问呢？为什么花多少年的工夫来考证《红楼梦》、《醒世姻缘》呢？我现在做一个坦白的自白，就是：我想用偷关漏税的方法来提倡一种科学的治学方法。我所有的小说考证，都是用人人都知道的材料，用偷关漏税的方法，来讲做学问的方法的。譬如讲《红楼梦》，至少我对于研究《红楼梦》问题，我对它的态度的谨严，自己批评的严格，方法的自觉，同我考据研究《水经注》是一样的。我对于小说材料，看做同化学问题的药品材料一样，都是材料。我拿《水浒传》、《醒世姻缘》、《水经注》等书做学问的材料。拿一种人人都知道的材料用偷关漏税的方法，要人家不自觉的养成一种“大胆的假设，小心的求证”的方法。

假设是人人可以提的。譬如有人提出骇人听闻的假设也无妨。假说是愈大胆愈好。但是提出一个假设，要想法子证实它。因此我们有了大胆假设以后，还不要忘了小心的求证。比如我考证《红楼梦》的时候，我得到许多朋友的帮助，我找到许多材料。我已经印出的本子，是已经改了多少次的本子。我先要考出曹雪芹于《红楼梦》以外有没有其他著作？他的朋友和同他同时代的人有没有什么关于他的著作？他的父亲、叔父们有没有什么关于他的记载？关于他一家四代五个人，尤其是关于他的祖父曹寅，有多少材料可以知道他那时候的地位？家里有多少钱，多么阔？是不是真正能够招待皇帝到四次？我把这些有关的证据都想法找了来，加以详密的分析，结果才得到一个比较认为满意的假设，认定曹雪芹写《红楼梦》，并不是什么微言大义；只是一部平淡无奇的自传——曹家的历史。我得到这一家四代五个人的历史，就可以帮助说明。当然，我的假设并不是说就完全正确；但至少可以在这里证明“小心求证”这个功夫是很重要的。

现在我再举一个例来说明。方才我说的先是发生问题，然后是解决问题。要真正证明一个东西，才做研究。要假设一个比较最能满意的假设，来解决当初引起的问题。譬如方才说的《红楼梦》，是比较复杂的。但是我认为经过这一番的研究，经过这一番材料的收集，经过这一番把普通人不知道的材料用有系统的方法来表现出来，叙述出来，我认为我这个假设在许多假设当中，比较最能满意的解答“《红楼梦》说的是什么？有什么意思？”

方才我提到一部小说，恐怕是诸位没有看过的，叫做《醒世姻缘》，差不多有一百万字，比《红楼梦》还长，可以说是中国旧小说中最长的。这部书讲一个怕老婆的故事。他讨了一个最可怕的太太。这位太太用种种方法打丈夫的父母朋友。她对于丈夫，甚至于一看见就生气；不但是打，有一次用熨斗里的红炭从她丈夫的官服圆领口倒了进去，几乎把他烧死；有一次用洗衣的棒槌打了他六百下，也几乎打死他。把这样一个怕老婆的故事叙述了一百万字以上，结果还是没有办法解脱。为什么呢？说这是前世的姻缘。书中一小半，差不多有五分之一是写前世的事。后半部是讲第二世的故事。在前世被虐待的人，是这世的虐待者。婚姻问题是前世的姻缘，没有法子解脱的。想解脱也解脱不了。结果只能念经做好事。在现代摩登时代的眼光看，这是一个很迷信的故事。但是这部书是了不得的。用一种山东淄川的土话描写当时的人物是有一种诙谐的风趣的；描写荒年的情形更是历历如绘。这可以说是世界上一部伟大的小说。我就提倡把这部书用新的标点符号标点出来，同书局商量翻印。写这本书的人是匿名，叫西周生。西周生究竟是什么人呢？于是我做了一个大胆的假设；这个假设可以说是大胆的。（方才说的，我对于《红楼梦》的假设，可以说是小胆的假设。）我认为这部书就是《聊斋志异》的作者蒲松龄写的。我这个假设有什么证据呢？为什么引起我作这种假设呢？这个假设从哪里来的呢？平常的经验、知识、学问，都是给我们假设用的。我的证据是在《聊斋志异》上一篇题名《江城》的小说。这个故事的内容结构与《醒世姻缘》一样。不过《江城》是一个文言的短篇小说；《醒世姻缘》是白话的长篇小说。《醒世姻缘》所描写的男主角所以怕老婆，是因为他前世曾经杀过一个仙狐，下一世仙狐就转变为一个女人做他的太太，变得凶狠可怕。《聊斋志异》里面的短篇《江城》所描写的，也是因为男主角杀过一个长生鼠，长生鼠也就转世变为女人来做他的太太，以报复前世的冤仇。这两个故事的结构太一样了，又同时出在山东淄川，所以我就假设西周生就是蒲松龄。我又用语言学的方法，把书里面许多方言找出来。运气很好，正巧那几年国内发现了蒲松龄的几部白话戏曲，尤其是长篇的戏曲，当中有一篇是将《江城》的故事编写成为白话戏曲的。我将这部戏曲里的方言找出来，和《醒世姻缘》里面的方言详细比较，有许多特别的字集成为一个字典，最后就证明《醒世姻缘》和《江城》的白话戏曲的作者是同一个小区域里的人。再用别的方法来证明那个时代的荒年；后来从历史的记载里得到同样的结论。考证完了以后，就有书店来商量印行，并排好了版。我因为想更确实一点，要书局等一等；一等就等了五年。到了第五年才印出来。当时傅先生很高兴——因为他是作者的同乡，都是山东人。我举这一个例，就是说明要大胆的假设，而单只假设还是不够的。后来我有一个在广西桂县的学生来了封信，告诉我说，这个话不但你说，从前已经有人说过了。乾隆时代的鲍廷博，他说留仙（蒲松龄）除了《聊斋志异》以外，还有一部《醒世姻缘》。因鲍廷博是刻书的，曾刻行《聊斋志异》。他说的话值得注意。我经过几年的间接证明，现在至少有个直接的方法帮助我证明了。

我所以举这些例，把这些小说当成待解决的问题看，目的不过是要拿这些人人都知道的材料，来灌输介绍一种做学问的方法。这个方法的要点，就是方才我说的两句话："大胆的假设，小心的求证。"如果一个有知识、有学问、有经验的人遇到一个问题，当然要提出假设，假定的解决方法。最要紧的是还要经过一番小心的证实，或者否证它。如果你认为证据不充分，就宁肯悬而不决，不去下判断，再去找材料。所以小心的求证很重要。

时间很短促，最后我要引用台大故校长傅先生的一句口号，来结束这次讲演。他这句口号是在民国十七年开办历史语言研究所时的两句名言，就是"上穷碧落下黄泉，动手动脚找东西。"这两句话前一句是白居易《长恨歌》中的一句，后一句是傅先生加上的。今天傅校长已经去世，可是今天在座的教授李济之先生却还大为宣传这个口号，可见这的确是我们治学的人应该注意的。假设人人能提，最要紧的是能小心的求证；为了要小心的求证，就必须"上穷碧落下黄泉，动手动脚找东西。"今天讲的很浅近，尤其是在座有许多位文史系平常我最佩服的教授，还请他们多多指教。

（1952 年 12 月 1 日）

第二讲　方法的自觉

钱校长、各位先生、各位同学：

上次我在台大讲治学方法的引论，意思说我们须把科学的方法——尤其是科学实验室的态度——应用到文史和社会科学方面。治学没有什么秘诀，有的话，就是："思想和研究都得要注重证据。"所以我上次提出"大胆的假设，小心的求证"两句话作为治学的方法。后来钱校长对我说：学理、工、农、医的人应该注重在上一句话"大胆的假设"，因为他们都已比较的养成了一种小心求证的态度和习惯了；至于学文史科学和社会科学的人，应该特别注重下一句话"小心的求证"，因为他们没有养成求证的习惯。钱校长以为这两句话应该有一种轻重的区别：这个意思，我大体赞成。

今天我讲治学方法第二讲：方法的自觉。单说方法是不够的；文史科学和社会科学的错误，往往由于方法的不自觉。方法的自觉，就是方法的批评；自己批评自己，自己检讨自己，发现自己的错误，纠正自己的错误。做科学实验室工作的人，比较没有危险，因为他随时随地都有实验的结果可以纠正自己的错误。他假设在某种条件之下应该产生某种结果；如果某种条件具备而不产生某种结果，就是假设的错误。他便毫不犹豫的检讨错误在什么地方，重新修正。所以他可以随时随地的检讨自己、批评自己、修正自己，这就是自觉。

但我对钱校长说的话也有一点修正。做自然科学的人，做应用科学的人，学理、工、农、医的人，虽然养成了科学实验室的态度，但是他们也还是人，并不完全是超人，所以也不免有人类通有的错误。他们穿上了实验室的衣服，拿上了试验管、天平、显微镜，做科学实验的时候，的确是很严格的。但是出了实验室，他们穿上礼拜堂的衣服，就完全换了一个态度；这个时候，他们就不一定能够保持实验室的"大胆的假设，小心的求证"的态度。一个科学家穿上礼拜堂的衣服，方法放假了，思想也放假了；这是很平常的事。我们以科学史上很有名的英国物理学家洛奇先生（Sir Oliver Lodge）为例。他在物理学上占很多的地位；当他讨论到宗教信仰问题的时候，就完全把科学的一套丢了。大家都知道他很相信鬼。他谈到鬼的时候，就把科学实验室的态度和方法完全搁开。他要同鬼说话、同鬼见面。他的方法不严格了，思想也放假了。

真正能够在实验室里注重小心求证的方法，而出了实验室还能够把实验室的态度应用到社会问题、人生问题、道德问题、宗教问题的——这种人很少。今天我特别要引一个人的话作我讲演的材料：这人便是赫胥黎（T. H. Huxley）。他和达尔文二人，常常能够保持实验室的态度，严格的把这个方法与态度应用到人生问题和思想信仰上去。一八六〇年，赫胥黎最爱的一个儿子死了。他有一个朋友，是英国社会上很有地位的文学家、社会研究家和宗教家，名叫金司莱（Charles Kinsley）。他写了一封信安慰赫胥黎，趁这个机会说："你在最悲痛的时候，应该想想人生的归宿问题吧！应该想想人死了还有灵魂，灵魂是不朽的吧！你总希望你的儿子，不是这么死了就了了。你在最哀痛的时候，应该考虑考虑灵魂不朽的问题呵！"因为金司莱的地位很高，人格是很可敬的，所以赫胥黎也很诚恳的写了一封长信答复他。这信里面有几句话，值得我引来作讲方法自觉的材料。他说："灵魂不朽这个说法，我并不否认，也不承认，因为我找不出充分的证据来接受它。我平常在科学室里的时候，我要相信别的学说，总得要有证据。假使你金司莱先生能够给我充分的证据，同样力量的证据，那么，我也可以相信灵魂不朽这个说法。但是，我的年纪越大，越感到人生最神圣的一件举动，就是口里说出和心里觉得'我相信某件事物是真的'。"我认为说这一句话是人生最神圣的一件举动，人生最大的报酬和最大的惩罚都跟着这个神圣的举动而来的。赫胥黎是解剖学大家。他又说："假如我在实验室做解剖、做生理学试验的时候，遇到一个小小的困难，我必须要严格的不信任一切没有充分证据的东西，我的工作才可以成功。我对于解剖学或者生理学上小小的困难尚且如此；那么，我对人生的归宿问题，灵魂不朽问题，难道可以放弃我平常的立场和方法吗?"我在好几篇文章里面常常引到这句话。今天摘出来作为说方法自觉的材料。赫胥黎把嘴里说出，心里觉得“我相信某件事物是真的”这件事，看作人生最神圣的一种举动。无论是在科学上的小困难，或者是人生上的大问题，都得要严格的不信任一切没有充分证据的东西：这就是科学的态度，也就是做学问的基本态度。

在文史方面和社会科学方面的研究，还没有能够做到这样严格。我们以美国今年的大选同四年前的大选来做说明。一八四八年美国大选有许多民意测验研究所，单是波士顿一个地方就有七个民意测验研究所。他们用社会科学家认为最科学的方法来测验民意。他们说：杜鲁门一定失败，杜威一定成功。到了选举的时候，杜鲁门拿到总投票百分之五十点四，获得了胜利。被社会科学家认为最科学、最精密的测验方法，竟告不灵；弄得民意测验研究所的人，大家面红耳赤，简直不敢见人，几乎把方法的基础都毁掉了。许多研究社会科学、自然科学、统计学的朋友说，不要因为失败，就否认方法；这并不是方法错了，是用方法人不小心，缺乏自觉的批评和自觉的检讨。今天美国大选，所有民意测验机构都不敢预言谁能得胜了；除了我们平时不挂“民意测验”“科学方法”的招牌的人随便谈的时候还敢说“我相信艾森豪（艾森豪威尔）会得胜”外，连报纸专栏作家和社论专家都不敢预言，都说今年大选很不容易推测。结果，艾森豪获得了百分之五十五的空前多数。为什么他们的测验含有这样的错误呢？他们是向每一个区域，每一类投票权的人征询意见，把所得到的结果发表出来。比方今年，有百分之四十九的人赞成共和党艾森豪，百分之四十七赞成民主党史蒂文生，还有百分之四没有意见。一九四八年的选举，百分之五十点四便可以胜利——其实百分之五十点一就够了，百分之五十点零零一也可以胜利。所以这百分之四没有表示意见的人，关系很大的。在投票之前，他们不表示意见，当投票的时候，就得表示意见了。到了这个时候，不说百分之一，就是千分之一也可以影响全局。没有计算到这里面的变化，就容易错误了。以社会科学最精密的统计方法，尚且有漏洞，那么，在文史的科学上面，除了考古学用实物做证据以及很严格的历史研究之外，普通没有受过科学洗礼的人，没有严格的自己批评自己的人，便往往把方法看得太不严格，用得太松懈了。

有一个我平常最不喜欢举的例子，今天我要举出来简单的说一说。社会上常常笑我，报纸上常常挖苦我的题目，就是《水经注》的案子。为什么我发了疯，花了五年多的工夫去研究《水经注》这个问题呢？我得声明，我不是研究《水经注》本身。我是重审一百多年的《水经注》的案子。我花五年的工夫来审这件案子，因为一百多年来，有许多有名的学者，如山西的张穆、湖南的魏源、湖北的杨守敬和作了许多地理学说为现代学者所最佩服的浙江王国维以及江苏的孟森：他们都说我所最佩服的十八世纪享有盛名的考古学者、我的老乡戴先生是个贼，都说他的《水经注》的工作是偷了宁波全祖望、杭州赵一清两个人的《水经注》的工作的。说人家作贼，是一件大事，是很严重的一件刑事控诉。假如我的老乡还活着的话，他一定要提出反驳，替自己辩白。但是他是一七七七年死的，到现在已经死了一七五年，骨头都烂掉了，没有法子再跑回来替自己辩护。而这一班大学者，用大学者的威权，你提出一些证据，他提出一些证据，一百多年来不断的提出证据——其实都不是靠得住的证据——后来积非成是，就把我这位老乡压倒了，还加上很大的罪名，说他做贼，说他偷人家的书来作自己的书。一般读书的人，都被他们的大名吓倒了，都相信他们的“考据”，也就认为戴震偷人的书，已成定论，无可疑了。我在九年前，偶然有一点闲工夫，想到这一位老乡是我平常所最佩服的，难道他是贼吗？我就花了六个月的时间，把他们几个人提出的一大堆证据拿来审查，提出了初步的报告。后来觉得这个案子很复杂，材料太多，应该再审查。一审就审了五年多，才把这案子弄明白；才知道这一百多年的许多有名的学者，原来都是糊涂的考证学者。他们太懒，不肯多花时间，只是关起大门考证；随便找几条不是证据的证据，判决一个死人作贼；因此构成了一百多年来一个大大的冤狱！

我写了一篇关于这个案子的文章，登在美国国会图书馆的刊物上。英美法系的证据法，凡是原告或检察官提出来的证据，经过律师的辩论，法官的审判，证据不能成立的时候，就可以宣告被告无罪。照这个标准，我只要把原告提出来的证据驳倒，我的老乡戴震先生就可以宣告无罪了，但是当我拿起笔来要写中文的判决书，就感觉困难。我还得提出证据来证明戴震先生的确没有偷人家的书，没有做贼。到这个时候，我才感觉到英美法系的证据法的标准，同我们东方国家的标准不同。于是我不但要作考据，还得研究证据法。我请教了好几位法官：中国证据法的原则是什么？他们告诉我：中国证据法的原则只有四个字，就是“自由心证”。这样一来，我证明原告的证据不能成立还不够，还得要做侦探，到处搜集证据；搜了五年，才证明我的老乡的确没有看见全祖望、赵一清的《水经注》。没有机会看见这些书，当然不会偷了这些书，也就没有做贼了。

我花了五年的工夫得着这个结论；我对于这个案件的判决书就写出来了。这虽然不能当作专门学问看，至少也可以作为文史考证的方法。我所以要做这个工作，并不是专替老乡打抱不平，替他做律师、做侦探。我上次说过，我借着小说的考证，来解说治学的方法。同样的，我也是借《水经注》一百多年的糊涂官司，指出考证的方法。如果没有自觉的批评、检讨、修正，那就很危险。根据五年研究《水经注》这件案子的经验，我认为作文史考据的人，不但要时时刻刻批评人家的方法，还要批评自己的方法；不但要调查人家的证据，还得要调查自己的证据。五年的审判经验，给了我一个教训。为什么这些有名的考证学者会有这么大的错误呢？为什么他们会冤枉一位死了多年的大学者呢？我的答案就是：这些做文史考据的人，没有自觉的方法。刚才说过，自觉就是自己批评自己，自己检讨自己，自己修正自己。这是最重要的一点。在文史科学、社会科学方面，我们不但要小心的求证，还得要批评证据。自然科学家就不会有这种毛病；因为他们在实验室的方法就是一种自觉的方法。所谓实验，就是用人工造出证据来证明一个学说、理论、思想、假设。比方天然界的水，不能自然的分成氢气和氧气。化学家在做实验的时候，可以用人工把水分成氢气和氧气各为若干成分。天然界不存在的东西，看不见的现状，科学家在实验室里面用人工使他们产生出来，以证明某种假设，这就是所谓实验。文史科学、社会科学没有法子创造证据。我们的证据全靠前人留下来的；留在什么地方，我们就到什么地方去找，不能说找不到便由自己创造一个证据出来。如果那样，就是伪证，是不合法的。

我们既然不能像自然科学家一样，用实验的方法来创造证据，那么，怎么办呢？除了考古学家还可以从地下发掘证据以外，一般文史考证，只好在这本书里头去发现一条，在那本书里面去发现一条，来作为考证的证据。但是自己发现的证据，往往缺乏自己检讨自己的方法。怎么样才可以养成方法的自觉呢？今天我要提出一个答案；这个答案是我多年以来常常同朋友们谈过，有时候也见诸文字的。中国的考证学，所谓文史方面的考证，是怎么来的呢？我们的文史考证同西方不一样。西方是先有了自然科学，自然科学的方法已经应用了很久，并且已经演进到很严格的地步了，然后才把它应用到人文科学方面；所以他们所用的方法比较好些。我们的考证学已经发达了一千年，至少也有九百年，或者七百年的历史了。从宋朝朱子（殁于西历1200年）以来，我们就已经有了所谓穷理、格物、致知的学问，却没有自然科学的方法。人家西方是从自然科学开始；我们是从人文科学开始。我们从朱子考证《尚书》、《诗经》等以来，就已经开了考证学的风气；但是他们怎么样得到考据的方法呢？他们所用的考证、考据这些名词，都是法律上的名词。中国的考据学的方法，都是过去读书人做了小官，在判决官司的时候得来的。在唐宋时代，一个中了进士的人，必须先放出去做县尉等小官。他们的任务就是帮助知县审判案子，以训练判案的能力。于是，一般聪明的人，在做了亲民的小官之后，就随时诚诚恳恳地去审判人民的诉讼案件；久而久之，就从判案当中获得了一种考证、考据的经验。考证学就是这样出来的。我们讲到考证学，讲到方法的自觉，我提议我们应参考现代国家法庭的证据法（Law of Evidence）。在西方证据法发达的国家，尤其是英美，他们的法庭中，都采用陪审制度，审案的时候，由十二个老百姓组成陪审团，听取两造律师的辩论。在陪审制度下，两造律师都要提出证人证物；彼此有权驳斥对方的证人证物。驳来驳去，许多证人证物都因此不能成立，或得减少了作证的力量。同时因为要顾到驳斥的关系，许多假的，不正确的和不相干的证据，都不能提出来了。陪审员听取两造的辩驳之后，开会判断谁有罪，谁无罪。然后法官根据陪审员的判断来定罪。譬如你说某人偷了你的表，你一定要拿出证据来。假如你说因为昨天晚上某人打了他的老婆，所以证明他偷了你的表；这个证明就不能成立。因为打老婆与偷表并没有关系。你要把这个证据提出来打官司，法官就不会让你提出来。就是提出来也没有力量。就算你修辞很好，讲得天花乱坠，也是没有用的。因为不相干的证据不算是证据。陪审制度容许两造律师各驳斥对方的证据，所以才有今天这样发达的证据法。

我们的考据学，原来是那些早年做小官的人，从审判诉讼案件的经验中学来的一种证据法。我今天的提议，就是我们作文史考据的人，用考据学的方法，以证据来考订过去的历史的事实，以证据来批判一件事实的有无、是非、真假。我们考证的责任，应该同陪审员或者法官判决一个罪人一样，有同等的严肃性。我们要使得方法自觉，就应该运用证据法上允许两造驳斥对方所提证据的方法，来作为我们养成方法自觉的一种训练。如果我们关起门来做考据，判决这个人做贼，那个人是汉奸，是贪官污吏，完全用自己的判断来决定天下古今的是非、真伪、有无；在我们的对面又没有律师来驳斥我们：这样子是不行的。我们要假定有一个律师在那里，他随时要驳斥我们的证据，批评我们的证据是否可靠。要是没有一个律师在我们的面前，我们的方法就不容易自觉，态度也往往不够谨慎，所得的结论也就不够正确了。所以，我们要养成自觉的习惯，必须树立两个自己审查自己的标准：

第一，我们要问自己：你提出的这个证人可靠吗？他有做证人的资格吗？你提出来的证物可靠吗？这件证物是从哪里来的？这个标准是批评证据。

第二，我们还要问自己：你提出的这个证人或者证物是要证明本案的哪一点？譬如你说这个人偷了你的表，你提的证据却是他昨天晚上打老婆；这是不相干的证据，这不能证明他偷了你的表。像这种证据，须要赶出法庭之外去。

要做到方法的自觉，我觉得唯一的途径，就是自己关起门来做考据的时候，就要如临师保，如临父母。我们至少要做到上面所提的两个标准：一要审查自己的证据可靠不可靠；二要审查自己的证据与本案有没有相干。还要假定对方有一个律师在那里，随时要驳斥或者推翻我们的证据。如果能够做到这样，也许可以养成我开始所讲的那个态度，就是要严格的不信任一切没有充分证据的东西。这就是我的提议。

最后，我要简单说一句话：要时时刻刻自己检讨自己，以养成做学问的良好习惯。台大的钱校长和许多研究自然科学、历史科学的人可以替我证明：科学方法论的归纳法、演绎法，教你如何归纳、如何演绎，并不是养成实验室的态度。实验室的态度，是天天在那里严格的自己检讨自己，创造证据来检讨自己；在某种环境之下，逼得你不能不养成某种好习惯。

刚才我说的英国大科学家洛奇先生，在实验室是严格的，出了实验室就不严格了。大科学家尚且如此！所以我们要注意，时时刻刻保持这种良好的习惯。

科学方法是怎么得来的呢？一个人有好的天资、好的家庭、好的学校、好的先生，在极好的环境当中，就可以养成了某种好的治学的习惯，也可以说是养成了好的做人的习惯。

比方明朝万历年间福建陈第先生，用科学方法研究中国的古音，证明衣服的“服”字古音读“逼”。他从古书里面，举出二十个证据来证明。过了几十年，江苏昆山的一个大思想家，也是大考据家，顾亭林先生，也作同样的考证；他举出一六二个证据来证明“服”字古音“逼”。那个时候，并没有归纳法、演绎法，但是他们从小养成了某种做学问的好习惯。所以，我们要养成方法的自觉，最好是如临师保，如临父母，假设对方有律师在打击我，否认我所提出的一切证据。这样就能养成良好的习惯。

宋人笔记中记一个少年的进士问同乡老前辈：“做官有什么秘诀？”那个老前辈是个参政（副宰相），约略等于现在行政院的副院长，回答道：“做官要勤、谨、和、缓。”后人称为“做官四字诀”。我在小孩子的时候，就听到这个故事；当时没有注意。从前我们讲治学方法，讲归纳法、演绎法；后来年纪老一点了，才晓得做学问有成绩没有，并不在于读了“逻辑学”没有，而在于有没有养成“勤、谨、和、缓”的良好习惯。这四个字不但是做官的秘诀，也是良好的治学习惯。现在我把这四个字分别说明，作为今天讲演的结论。

第一，勤。勤是不躲懒、不偷懒。我上次在台大讲演，提到台大前校长傅斯年先生两句口号：“上穷碧落下黄泉，动手动脚找东西。”那就是勤。顾亭林先生的证明“服”字古音是“逼”，找出一六二个证据，也是勤。我花了几年的工夫来考据《醒世姻缘》的作者；又为“审判”《水经注》的案子，上天下地去找材料。花了五年多的工夫：这都是不敢躲懒的意思。

第二，谨。谨是不苟且、不潦草、不拆烂污。谨也可以说是恭敬的“敬”。孔夫子说“执事敬”，就是教人做一件事要郑重的去做，不可以苟且。他又说“出门如见大宾，使民如承大祭。”都是敬事的意思。一点一滴都不苟且，一字一笔都不放过，就是谨。谨，就是“小心求证”的“小心”两个字。

刚才我引了赫胥黎的两句话：“人生最神圣的一件举动，就是口里说出和心里觉得‘我相信某件事物是真的’。”判断某人做贼，某人卖国，要以神圣的态度作出来；嘴里说句话，心里觉得“相信是真的”。这真是要用孔夫子所谓“如见大宾，如承大祭”的态度的。所以，谨就是把事情看得严重、神圣；就是谨慎。

第三，和。和是虚心、不武断、不固执成见、不动火气。做考据，尤其是用证据来判断古今事实的真伪、有无、是非，不能动火气。不但不正当的火气不能动，就是正义的火气也动不得。做学问要和平、虚心，动了肝火，是非就看不清楚。赫胥黎说：“科学好像教训我们：你最好站在事实的面前，像一个小孩子一样；要愿意抛弃一切先入的成见，要谦虚的跟着事实走，不管它带你到什么危险的境地去。”这就是和。

第四，缓。宋人笔记：“当那位参政提出‘缓’字的时候，那些性急的人就抗议说缓要不得；不能缓。”缓，是很要紧的。就是叫你不着急，不要轻易发表，不要轻易下结论；就是说“凉凉去吧！搁一搁、歇一歇吧！”凡是证据不充分或不满意的时候，姑且悬而不断；悬一年两年都可以。悬并不是不管，而是去找新材料。等找到更好的证据的时候，再来审判这个案子。这是最重要的一点。许多问题，在证据不充分的时候，绝对不可以下判断。达尔文有了生物进化的假设以后，搜集证据，反复实验，花了二十年的工夫，还以为自己的结论没有到了完善的地步，而不肯发表。他同朋友通信，曾讨论到生物的演化是从微细的变异积聚起来的，但是总不肯正式发表。后来到了一八五八年，另外一位科学家华立氏（Wallace）也得到了同样的结论，写了一篇文章寄给达尔文；要达尔文代为提出。达尔文不愿自己抢先发表而减低华立氏发现的功绩，遂把全盘事情交两位朋友处理。后来这两位朋友决定，把华立氏的文章以及达尔文在一八五七年写给朋友的信和在一八四四年所作理论的撮要同时于一八五八年七月一日发表。达尔文这样的谦让，固然是盛德，但最重要的是他给了我们一个“缓”的例子。他的生物进化论，因为自己觉得证据还没有十分充足，从开始想到以后，经过二十年还不肯发表：这就是缓。我以为缓字很重要。如果不能缓，也就不肯谨，不肯勤，不肯和了。

我今天讲的都是平淡无奇的话。最重要的意思是：做学问要能够养成“勤、谨、和、缓”的好习惯；有了好习惯，当然就有好的方法，好的结果。

（1952 年 12 月 5 日）

第三讲　方法与材料

钱校长、各位先生、各位同学：

在三百多年以前，英国有一位哲学家叫做培根（Francis Bacon）。他可以说是鼓吹方法论革命的人。他有一个很有趣的譬喻；他将做学问的人运用材料比做三种动物。第一种人好比蜘蛛。他的材料不是从外面找来，而是从肚里面吐出来的。他用他自己无穷无尽的丝做成很多很好看的蜘蛛网。这种人叫做蜘蛛式的做学问的人。第二种人好比蚂蚁。他也找材料，但是找得了材料不会用，而堆积起来；好比蚂蚁遇到什么东西就背回洞里藏起来过冬，但是他不能够自己用这种材料做一番制造的工夫。这种做学问的人叫做蚂蚁式的学问家。第三种人可宝贵了。他们好比蜜峰。蜜蜂飞出去到有花的地方，采取百花的精华；采了回来，自己又加上一番制造的工夫，成了蜜糖。培根说，这是做学问人的最好的模范——蜜蜂式的学问家。我觉得这个意思，很可以作为我今天讲“方法与材料”的说明。

在民国十七年（西历 1928 年），台大前任校长傅斯年先生同我两个人在同一年差不多同时发表了两篇文章。他那时候并没有看见我的文章，我也没有看见他的文章。事后大家看见了，都很感觉兴趣，因为都是同样的注重在方法与材料的关系。傅先生那篇文章题目是《中央研究院历史语言研究所工作旨趣》。我那篇文章题目是《治学的方法与材料》。都是特别提倡扩大研究的材料的范围，寻求书本以外的新材料的。

民国十五年，我第一次到欧洲，是为了去参加英国对庚子赔款问题的一个会议。不过那时候我还有一个副作用（我自己认为是主要的作用），就是我要去看看伦敦、巴黎两处所藏的史坦因［斯坦因］（Stein）、伯希和（Pelliot）两位先生在中国甘肃省敦煌所偷去的敦煌石室材料。诸位想都听见过敦煌材料的故事；那是最近五十多年来新材料发现的一个大的来源。

在敦煌有一个地方叫千佛洞，是许多山洞。在这些山洞里面造成了许多庙，可以说是中古时期的庙。其中有一个庙里面有一个藏书楼——书库，原来是藏佛经的书库，就是后来报上常提起的“敦煌石室”。在这个书库里面藏有许多卷子——从前没有现在这样的书册，所有的书都是卷子。每一轴卷子都是把许多张纸用一种很妙的粘法连起来的。很妙的粘法！经过一千多年都不脱节，不腐蚀。这里面大概有一万多卷中国中古时代所写的卷子。有许多卷子曾由当时抄写的人写下了年月。照所记的年代看起来，早晚相去约为六百年的长时期。我们可以说石室里面所藏的都是由五世纪初到十一世纪时的宝贝。这里面除了中国文字的经以外，还有一些少数的外国文字的材料。敦煌是在沙漠地带，从前叫做沙洲，地方干燥，所以纸写的材料在书库里面经过了一千多年没损坏。但是怎样能保存这么久没有被人偷去抢去呢？大概到了十一世纪的时候，敦煌有一个变乱，敦煌千佛洞的和尚都逃了。在逃走之前，把石室书库外面的门封起来，并且在上面画了一层壁画，所以不留心的人不知道壁画里面是门，门里面有书库，书库里面有一万多卷的宝贝。变乱经过很长的时期。平静了以后，千佛洞的和尚死的死了，老的老了，把书库这件事也忘了。这样便经过一个从十一世纪到十九世纪末年的长时期。到清末光绪庚子年，那时候中国的佛教已经衰败，敦煌千佛洞里面和尚没有了，住上了一个老道，叫王老道。有一天他要重整庙宇，到处打扫打扫；扫到石室前面，看到壁画后面好像有一个门；他就把门敲开，发现里面是一大堆佛经。这一个王老道是没有知识的，发现了这一大堆佛经后，就告诉人说那是可以治病的。头痛的病人向他求医，他就把佛经撕下一些来烧了灰，给病人吞下，说是可以治头痛。王老道因此倒发了一笔小财。到了西历一九〇七年，英国探险家史坦因在印度组织了一个中亚细亚探险队，路过甘肃，听到了古经治病的传说，他就跑到千佛洞与王老道嘀咕嘀咕勾搭上了。只花了七十两银子，向王老道装了一大车的宝贝材料回到英国去。这一部分在英国伦敦大英博物馆内存着。史坦因不懂得中国文字，所以他没有挑选，只装了一大车走了。到了第二年——西历一九〇八年——法国汉学家，一个了不得的东方学家，伯希和，他听说这回事，就到了中国，跑到王老道那里，也和王老道嘀咕嘀咕，没有记载说他花了多少钱，不过王老道很佩服他能够看得懂佛经上的中外文字，于是就让他拿。但是伯希和算盘很精，他要挑选；王老道就让他挑。所以他搬去的东西虽然少一点，但是还是最精萃的。伯希和挑了一些有年月材料以及一些外文的材料，和许多不认识的梵文的经典，后来就从这些东西里面发现很重要的中文以外的中亚细亚的文字。这一部分东西，现藏在法国国家图书馆。这是第二部分。伯希和很天真，他从甘肃路过北京时，把在敦煌所得材料，向中国学者请教。中国的学者知道这件事，就报告政府。那时候的学部——教育部的前身——，并没有禁止，任伯希和把他所得材料运往法国了。只是打电报给甘肃，叫他们把所有石室里剩余的经卷都运到北京。那些卷子有的长达几丈，有的又很短。到这时候，大家都知道石室的古经是宝贝了。于是在路上以及起装之前，或起装当中，大家偷的偷，夹带的夹带。有时候点过了多少件，就有人将长的剪开凑数。于是这些宝贝又短了不少。运到北京后，先藏在京师图书馆。后来改藏在北平图书馆。这是第三部分。第四部分就是散在民间的。有的藏在中国学者手里，有的在中国的各处图书馆中，有的在私人收藏家手中，有的流落到日本人手中。这是第四部分。在一万多卷古经卷里面，只有一本是刻本的书，是一本《金刚经》，是在第一批被史坦因运到英国去了。那上面注有年代，是唐懿宗年间（西历 868 年）。这是世界上最早的有日子可以确定的刻本书。此外都是卷子，大概在伦敦有五千多卷，在巴黎有三千多卷，在北平的有六千多卷，散在中国与日本民间收藏家手中的不到一百卷。

那时候（民国十五年）我正在研究中国佛教史——中国哲学史、中国思想史的一部分。我研究到唐朝禅宗的时候，想写一部禅宗史。动手写不到一些时候，就感觉到这部书写不下去，就是因为材料的问题。那个时候我觉得我在中国所能够找到的材料，尤其是在十一世纪以后的，都是经过宋人篡改过的。在十一世纪以前，十世纪末叶的《宋高僧传》里面，偶然有几句话提到那个时代唐朝禅宗开始的几个大师的历史，后来的历史有不同的地方。这个材料所记载的禅宗历史中，有一个最重要的和尚叫做神会。照我那时候所找到的材料的记载，这个神会和尚特别重要。

禅宗的历史是怎么样起来的呢？唐朝初年，在广东的韶州（现在的韶关），有一个不识字的和尚名叫慧能。这个和尚在南方提倡一种新的佛教教义，但是因为这个和尚不大认识字，他也没有到外边去传教，就死在韶州，所以还是一个地方性的新的佛教运动。但是慧能有一个徒弟，就是上面所讲的那个神会和尚。神会在他死后，就从广东出发北伐——新佛教运动的北伐，一直跑到河南的滑台。他在滑台大云寺的大庭广众中，指责当时在长安京城里面受帝王崇拜的几个大师都是假的。他说："他们代表一种假的宗派。只有我那个老师，在广东韶州的不认字的老师慧能，才是真正得到嫡派密传的。"慧能是一个獦獠——南方的一个民族。他说："从前印度的达摩到中国来，他开了一个新的宗派，有一件袈裟以为法信。这件袈裟自第一祖达摩传给第二祖，第二祖传给第三祖，第三祖传给第四祖，第四祖传给第五祖，都以袈裟为证。到了第五祖，宗派展开了，徒弟也多了，我的老师，那个不认识字的獦獠和尚，本是在第五祖的厨房里舂米的，但是第五祖觉得他懂得教义了，所以在半夜里把慧能叫去，把法的秘密传给他，同时把传法的袈裟给他作为记号。后来他就偷偷出去到南方传布教义。所以我的老师才是真正嫡派的佛教的领袖第六祖。他已经死了。我知道他半夜三更接受袈裟的故事。现在的所谓'两京法祖三帝国师'，（两京就是东京洛阳，西京长安；三帝就是武则天和中宗、睿宗。）在朝廷受崇拜的那些和尚，都是假的。他们没有得到袈裟，没有得到秘密；都是冒牌的宗派。"神会这种讲演，很富有神秘性；听的人很多。起初在滑台；后来有他有势力的朋友把他弄到东京洛阳。他还是指当时皇帝所崇拜的和尚是假的，是冒牌的。因为他说话时，年纪也大了，口才又好，去听的人比今天还多。但是皇帝崇拜的那些和尚生气了，又因为神会说的故事的确动人，也感觉到可怕，于是就说这个和尚妖言惑众，谋为不轨，奏准皇帝，把神会流放充军。从东京洛阳一直流放到湖北。三年当中，换了三处地方，过着被贬逐的生活。但是在第三年的时候，安禄山造反，把两京都拿下了；唐明皇跑到四川。这时候由皇帝的一个太子在陕西、甘肃的边界灵武，组织一个临时政府，指挥军队，准备平定乱事。那时最重要的一件事，就是筹款解决财政问题。有这么多的军队，而两京又都失陷，到哪里去筹款呢？于是那时候的财政部长就想出一个方法，发钞票——这个钞票，不是现在我们用的这种钞票，而是和尚、尼姑必须取得的度牒。——《水浒传》中，鲁智深杀了人，逃到赵员外家里；赵员外就为他买了度牒，让他做和尚。也就是这种度牒。——但是这个度牒，一定要有人宣传，才可以倾销。必须举行一个会，由很能感动人的和尚去说法，感动了许多有钱的人，这种新公债才有销路。就在那时候，被放逐三年的神会和尚跑了回来；而那些曾受皇帝崇拜的和尚们都已跑走，投降了，靠拢了。神会和尚以八十岁的高龄回来，说："我来为国报效，替政府推销新的度牒"。据我那时候找到的材料的记载，这个神会和尚讲道的时候，有钱的人纷纷出钱，许多女人们甚至把耳环戒指都拿下来丢给他；没有钱的就愿意做和尚、做尼姑。于是这个推销政府新证券的办法大为成功。对于郭子仪、李光弼收复两京的军事，神会和尚筹款的力量是一个大帮助。当初被政府放逐的人，现在变成了拥护政府帮忙立功的大和尚。祸乱平定以后，皇帝就把他请到宫里去，叫工部赶快给神会和尚建造禅寺。神会死时，已九十多岁；替政府宣传时，已将近九十岁了。神会和尚不但代表新佛教北伐，做了北伐总司令，而且做了政府里面的公债推销委员会的主席。他功成身死以后，当时的皇帝就承认他为禅宗第七祖。当然他的老师那个南方不认识字的獦獠和尚是第六祖了。那时候我得到的材料是如此。

神会虽然有这一段奋斗的历史，但在过了一二百年以后，他这一派并没有多少人。别的冒牌的人又都起来，个个都说是慧能的嫡派。神会的真真嫡派，在历史上没有材料了。所以当我在民国十五年到欧洲去的时候的副作用，就是要去找没有经过北宋人涂改过的真正的佛教史料。因为我过去搜集这些材料时，就知道有一部分材料在日本，另一部分也许还在敦煌石室里面保存。为什么呢？方才讲过，敦煌的卷子，是从五世纪起到十一世纪的东西。这六百多年恰巧包括我要找的时期，且在北宋人涂改史料以前；而石室里的材料，又差不多百分之九十九点九都是佛教材料。所以我要到伦敦、巴黎去，要找新的关于佛教的史料，要找神会和尚有没有留了什么东西在敦煌石室书库里面。这就是我方才说的副作用。到了英国，先看看大英博物院，头一天一进门就看见一个正在展览的长卷子，就是我要找的有关材料。后来又继续找了不少。我到法国的时候，傅斯年先生听说我在巴黎，也从德国柏林赶来。我们两个人同住一个地方，白天在巴黎的国家图书馆看敦煌的卷子，晚上到中国馆子吃饭，夜间每每谈到一两点钟。现在回忆起当时一段生活，实在是很值得纪念的。在巴黎国家图书馆不到三天，就看见一段没有标题的卷子。我一看，知道我要的材料找到了；那就是神会的语录，他所说的话和所作的事。卷子里面常提到"会"；虽然那还是没有人知道过，我一看就知道是神会，我走了一万多里路，从西伯利亚到欧洲，要找禅宗的材料；到巴黎不到三天就找到了。过了几天，又发现较短的卷子，毫无疑义的又是与神会有关的。后来我回到英国，住了较长的时期，又发现一个与神会有关的卷子。此外还有与那时候的禅宗有关系的许多材料。我都照了像带回国来。四年之后，我在上海把它整理出版，题为《神会和尚遗集》。我又为神会和尚写了一万多字的传记。这就是中国禅宗北伐的领袖神会和尚的了不得的材料。我在巴黎发现这些材料的时候，傅先生很高兴。

我所以举上面这个例子，目的是在说明材料的重要。以后我还要讲一点同类的故事——加添新材料的故事。我们用敦煌石室的史料来重新撰写了禅宗的历史，可以说是考据禅宗最重要的一段。这也是世界所公认的。现在有法国的哲学家把我发现后印出来的书全部译成法文，又拿巴黎的原本与我编的校看一次。美国也有人专研究这一题目，并且也预备把这些材料译成英文。因为这些材料至少在中国佛教历史上是新的材料，可以纠正过去的错误，而使研究中国佛教史的人得一个新的认识。

就在那一年冬天，傅孟真先生从德国回到中国；回国不久，就往广东担任中山大学文学院院长，并办了一个小规模的历史语言研究所。后来又应蔡孑民先生之邀，担任中央研究院历史语言研究所所长。不久，在《历史语言研究集刊》第一本发表了一篇文章，题目叫做《历史语言研究所工作旨趣》。因为我们平常都是找材料的人，所以他那篇文章特别注重材料的重要。这里面有几点是在他死后他的朋友们所常常引用的。他讲到中国三百多年的历史学、语言学的考据，与古韵古音的考据，从顾亭林、阎百诗这两个开山大师起，一直到十九世纪末年，二十世纪初年。在这三百多年当中，既然已经有人替我们开了一个新纪元，为什么到现在还这样倒霉呢？傅先生对于这个问题，提出了三个最精辟的解答：

一、凡是能直接研究材料的就进步；凡是不能直接研究材料，只能间接研究材料的，或是研究前人所研究的材料或只能研究前人所创造的材料系统的就退步。

二、凡一种学问能够扩充或扩张他的研究材料的便进步；凡不能扩张他的材料的便退步。

三、凡一种学问能够扩充他作研究时所应用的工具的便进步；凡不能扩充他研究时应用的工具的便退步。（在这里，工具也视为材料的一种。）

所以傅先生在他这篇文章中的结论，认为中国历史学、语言学之所以能够在当年有光荣的历史，正是因为当时的顾亭林、阎百诗等大师能够开拓的用材料。后来所以衰歇倒霉，也正是因为题目固定了，材料不大扩充了，工具也不添新的了，所以倒霉下去。傅先生在那篇文章里为中央研究院历史语言研究所提出了三条工作旨趣：

一、保持顾亭林、阎百诗的遗训。要运用旧的新的材料，客观的处理实在的问题。因为解决问题而更发生新问题；因为新问题的解决更要求更多的材料。用材料来解决问题，运用旧的新的材料，客观地处理实在的问题，要保持顾亭林、阎百诗等在三百多年前的开拓精神。

二、始终就是扩张研究的材料，充分的扩张研究的材料。

三、扩充研究用的工具。

以上是傅先生在民国十七年——北伐还没有完成，北伐军事还没有结束的时候——就已经提出的意见。他在这篇文章里面还发表了一个很伟大的梦想。他说我们最注意的是求新的材料。所以他计划要大规模的发掘新材料：

第一步，想沿京汉路，从安阳到易州这一带去发掘。

第二步，从洛阳一带去发掘；最后再看情形一步一步往西走，一直走到中亚西亚去。在傅先生那一篇并不很长的“工作旨趣”里面，在北伐军革命事［业］还没有完成的时候，他已经在那里做这样一个扩大材料的梦想。而在最近这二十年来，中央研究院在全国学术机关内，可以说充分做到了他所提出的三大旨趣。我虽是中央研究院的一分子，却并不是在这里做广告。我们的确可以说，他那时所提出的工作旨趣，不但是全国，亦是全世界的学术界所应当惊异的。

我在民国十七年发表的一篇文章，题目是《方法与材料》，已收在《文存》第三集内，后来又收在《胡适文选》里面。我不必详细的讲它了。大意是说：材料可以帮助方法；材料的不够，可以限制做学问的方法；而且材料的不同，又可以使做学问的结果与成绩不同。在那篇文章里面，有一个比较表，拿西历一六〇〇年到一六七五年，七十五年间的这一段历史，与东方的那段七十多年间的历史相比较，指出中国和西方学者做学问的工作，因为所用材料的不同，成绩也有绝大的不同。那时正是傅先生所谓顾亭林、阎百诗时代；在中国那时候做学问也走上了一条新的路，走上了科学方法的路。方法也严密了；站在证据上求证明。像昨天所说的顾亭林要证明衣服的“服”字古音读作“逼”，找了一百六十个证据。阎百诗为《书经》这部中国重要的经典，花了三十年的工夫，证明《书经》中所谓古文的那些篇都是假的。差不多伪古文里面的每一句，他都找出它的来历。这种科学的求证据的方法，就是“大胆的假设，小心的求证”的方法。这种方法与西洋的科学方法，是同样的了不得的。

但是在同一个时期，一六〇〇年至一六七五年这一段时期，——西洋做学问的人是怎么样呢？在十六世纪初年，荷兰有三个磨玻璃的工匠，他们玩弄磨好的镜子，把两片镜片叠起来，无意中发明了望远镜。这个消息传出去以后，意大利的一位了不得的科学家伽利略（Galileo），便利用这一个原理，自出心裁的制造成一个当时欧洲最完美的最好的望远镜。从这个望远镜中发现了天空中许多新的东西。同时在北方的天文学家，开普勒（Kepler）正在研究五大行星的运行轨道。他对于五大行星当中火星的轨道，老是计算不出来，但是收集了很多材料。后来开普勒就假设说，火星轨道不是平常的圆形的而是椭圆形的；不但有一个中心而且有两个中心。这真是大胆的假设；后来证实这个假设是对的，成为著名的火星定律。当时开普勒在北方，伽利略在南方，开了一个新的天文学的纪元。伽利略死了二三十年以后，荷兰有一位磨镜工匠叫做李文厚［列文虎克］（Leeuwenhoek）。他用简单的显微镜来看毛细管中血液的运行和筋腱的纤维。他看见了血球、精虫，以及细菌（1675 年），并且绘了下来。我们可以说，微菌学是萌芽于西历一六七五年的。伽利略并且在物理学上开了新的纪元，规定了力学的几个基本原理。

就在伽利略去世的那一年（西历 1642），一位绝大的天才科学家——牛顿（Newton）——在英国出世。他把刻伯勒［开普勒］与伽利略等人的发现，总结起来，做一个更大胆的假设，可以说是世界上有历史以来最大胆的二、三个假设中的一个，就是所谓万有引力的定律。整个宇宙所有这些大的星，小的星，以及围绕着太阳的各行星（包括地球），所以能够在空中，各循着一定的轨道运行，是什么原因呢？就是因为有万有引力的缘故。在这七十五年中，英国还有两位科学家我们必须提到的。一位是发明血液循环的哈维（Harvey），他的划时代的小书是一六二八年出版的。一位是了不得的化学家波耳（Boyle），他的在思想史上有名的著作《怀疑的化学家》是一六六一年出版的。

西方学者的学问工作，由望远镜、显微镜的发明，产生了力学定律、化学定律，出了许多新的天文学家、物理学家、化学家、生理学家。新的宇宙出现了。但是我们中国在这个时代，在学者顾亭林、阎百诗的领导下做了些什么呢？我们的材料是书本。顾亭林研究古韵，他的确是用新的方法，不过他所用的材料也还是书本。阎百诗研究古文《尚书》，也讲一点道理，有时候也出去看看，但是大部分的材料都是书本。这三百多年来研究语言学、文字学所用的材料都是书本。可是西方同他们同时代的人，像开普勒、伽利略、牛顿、哈维、波耳，他们研究学问所用的材料就不仅是书本；他们用作研究材料是自然界的东西。从前人所看不清楚的天河，他们能看清楚了；所看不见的卫星，他们能看见了；所看不出来的纤维组织，他们能看出来了。结果，他们奠定了三百年来新的科学的基础，给人类开辟了一个新的科学的世界。而我们这三百多年来在学问上，虽然有了了不起的学者顾亭林、阎百诗做引导，虽然可以说也有“大胆的假设，小心的求证”的方法，但是因为材料的不同，弄来弄去离不开书本，结果只有两部《皇清经解》做我们三百年来治学的成绩。这个成绩跟三百年来西方科学的成绩比起来，相差真不可以道里计。而这相差的原因，正可以说明傅先生的话：凡是能够扩充材料，用新材料的就进步；凡是不能扩充新的材料，只能研究旧的，间接的材料的就退步。我在那篇文章里面有一张表，可以使我们从这七十五年很短的时间中，看出材料不但是可以限制了方法的使用，而且可以规定了研究的成绩如何。所以我那篇文章后面也有一个和傅先生相类似的意见，就是说：做纸上的考证学，也得要跳过纸上的材料——老的材料，去找新的材料，才可以创造出有价值的成绩。我那篇文章虽然没有他那一种远大的大规模的计划，但是也可以做为他那篇历史上很重要的宣言的小小注脚。我们的结论都是一样的；所不同的地方是我始终没有他那样大规模的梦想：做学问的团体研究，集团研究（Corporate Research）。培根在三百多年前曾有过这种梦想——找许多人来分工合作，大规模的发现新的真理，新的意思，新的原则，新的原理；在西洋各国已经逐渐实现了。中国方面，丁文江先生在北平创立了中国地质调查所，可以说是在北方的一个最重要学术研究团体，为团体研究，以收集新材料开辟了一个新的领土。在民国十七年，中央研究院成立，尤其是历史语言研究所的成立，在中国的语言学、历史学、考古学、人类学各方面，充分的使用了傅先生的远大的见识，搜罗了全国第一流的研究人才、专家学者，实地去调查、去发掘。例如，安阳的十五次发掘，及其他八省五十五处的发掘，和全国各地语言语音的调查：这些工作，都是为扩充新的材料。除了地质调查所以外，历史语言研究所可以说是我们规模最大成绩最好的学术研究团体。我们也可以说，中国文史的学问，到了历史语言研究所成立以后才走上了完全现代化完全科学化的大路，这是培根在三百年前所梦想的团体研究的一个大成绩。

不论团体研究也好，个人研究也好，做研究要得到好的成绩，不外上面所说的三个条件：一、直接的研究材料；二、能够随时随地扩张材料；三、能够扩充研究时所用的工具。这是从事研究学问而具有成绩的人所通有的经验。

我在开始讲“治学方法”第一讲的时候，因为在一广场中，到的人数很多，没有黑板，没有粉笔，所以只能讲一些浅显的小说考证材料。有些人认为我所举的例太不重要了。不过今天我还要和诸位说一说，我用来考证小说的方法，我觉得还算是经过改善的，是一种“大胆的假设，小心的求证”的方法。我可以引为自慰的，就是我做二十多年的小说考证，也替中国文学史家与研究中国文学史的人扩充了无数的新材料。只拿找材料做标准来批评，我二十几年来以科学的方法考证旧小说，也替中国文学史上扩充了无数的新证据。

我的第一个考证是《水浒传》。大家都知道《水浒传》是七十一回，从张天师开始到卢俊义做梦为止。但是我研究中国小说，觉得可以分为两大类。像《红楼梦》与《儒林外史》是第一类，是创造的小说。另一类是演变的小说；从小的故事慢慢经过很长时期演变扩大成为整部小说：像《水浒传》、《西游记》、《隋唐演义》、《封神榜》等这一类故事都是。我研究《水浒传》，发现是从《宣和遗事》

这一本很小的小说经过很长的时期演变而来。在演变当中，《水浒传》不但有七十一回的，还有一百回的、一百二十回的。我的推想是：到了金圣叹的时候，他以文学的眼光，认为这是太长了；他是一个刽子手，又有文学的天才，就拿起刀来把后面的割掉了，还造出了一个说法，说他得到了一个古本，是七十一回的。他并且说《水浒传》是一部了不得的书，天下的文章没有比《水浒》更好的。这是文学的革命，思想的革命；是文学史上大革命的宣言。他把《水浒》批得很好，又做了一篇假的序，因此，金圣叹的《水浒》，打倒一切的《水浒》。我这个说法，那时候大家都不肯相信。后来我将我的见解，写成文章发表。发表以后，在日本方面做学问的朋友告诉我说：日本有一百回、一百二十回本的《水浒传》。后来我在无意中又找到了一百十五回本、一百二十四回本和一百十九回本。台大的李玄伯先生也找到一百回本。因为我的研究《水浒传》，总想得到新的材料，所以社会上注意到了，于是材料都出来了。这就是一种新材料的发现，也就是二十多年来因我的提倡考证而发现的新材料。

关于《红楼梦》，也有同样情形。因为我提倡用新的观点考证《红楼梦》，结果我发现了两种活字版本，是乾隆五十六年和五十七年的一百二十回本。有人以为这个一百二十回本是最古的版本，但也有人说《红楼梦》最初只有八十回，后面的四十回是一个叫做高鹗的人加上去的。他也编造了一个故事说：是从卖糖的担子中发现了古本。我因为对于这个解释不能满意，总想找新的材料证明是非，结果我发现了两部没有排印以前的抄本，就是现在印行出来的八十回本。

因为考证《红楼梦》的关系，许多大家所不知道的抄本出现了。此外，还有许多关于曹雪芹一家的传记材料。最后又发现脂砚斋的评本《红楼梦》，虽然不完全，但的确是最早的本子——就是现在我自己研究中的一本。后来故宫博物院开放了，在康熙皇帝的一个抽屉里发现曹雪芹的祖父曹寅的一大批秘密奏折。这个奏折说明当时曹家地位的重要。曹雪芹的曾祖、祖父、父亲、叔父三代四个人继续不断在南京做江宁织造五十年，并且兼两淮盐运使。这是当时最肥的缺。为什么皇帝把这个全国最肥的缺给他呢？因为他是皇帝的间谍，是政治特务；他替皇帝侦查江南地方的大臣，监视他们回家以后做些什么事，并且把告老回家的宰相的生活情形，随时报告皇帝。一个两江总督或江苏巡抚晋京朝圣，起程的头一天，江苏下雪或下雨，他把这个天气的情形用最快的方法传达给皇帝。等到那个总督或巡抚到京朝见时，皇帝就问他“你起程的头一天江苏是下雪吗?”这个总督或巡抚听到皇帝的这个问话，当然知道皇帝对于各地方的情形是很清楚的。因此就愈加谨慎做事了。

我所以举《红楼梦》的研究为例；是说明如果没有这些新的材料，我们的考证就没有成绩。我研究这部书，因为所用的方法比较谨严，比较肯去上天下地动手动脚找材料，所以找到一个最早的“脂砚斋抄本”——曹雪芹自己批的本子——，和一个完全的八十回的抄本，以及无疑的最早的印本——活字本——，再加上曹家几代的传记材料。因为有这些新材料，所以我们的研究才能有点成绩。但是亦因为研究，我们得以扩张材料：这一点是我们可以安慰自己的。

此外如《儒林外史》，是中国的第一部小说。这本书是一个很有思想的吴敬梓做的。当我在研究时，还不知道作者吴敬梓是安徽全椒人。我为了考证他的人，要搜求关于他的材料。不到几个月的工夫，就找到了吴敬梓诗文集全集，后面还附有他儿子的诗。这厚厚的一本书，在书店中别人都不要的，我花一块半钱就买到了。这当是一个海内孤本（我恐怕它失传，所以重印了几千册）。就拿这种考证来讲，方法与材料的关系是很重要的。如果没有材料，就没有法子研究；而因为考证时能够搜求材料，又可以增加了许多新材料。

我再用佛教史的研究说明扩张材料。我那年在英国大英博物院看敦煌卷子的时候，该院一位管理人告诉我说：有一位日本学者矢吹庆辉刚刚照了许多卷子的影片带回去。后来矢吹庆辉做了一本书叫《三阶教》。这是隋唐之间佛教的一个新的研究；用的材料，一部分是敦煌的卷子，一部分是日本从唐朝得来的材料。

我搜求神会和尚的材料，在巴黎发现敦煌所藏的两个卷子。我把它印出来以后，不到三年，日本有位石井实先生，买到了一个不很长的敦煌的卷子，也是与神会和尚有关的材料。这个卷子和我所发现的材料比较起来，他的前面一段比我发现的少，后面一段比我发现的多。这个卷子，他也印出来了。另外一位日本学者铃木，也有一卷关于神会的卷子；这和我所发现的是一个东西，但是抄写的不同，有多有少，可以互相补充。因为考证佛教史中禅宗这个小小的问题，增添了上面所说的许多材料。

日本的矢吹先生在伦敦博物院把敦煌所藏的卷子照了许多影片带回日本以后，日本学者在这些照片里面发现了一件宝贝，就是上面讲到的，南方韶州地方不认识字的和尚，禅宗第六祖慧能的语录——《坛经》。这是从来没有的孤本，世界上最宝贵的本子。这本《坛经》只有一万一千言；在现在世界上流行的本子有二万二千言。这本《坛经》的出现，证明现在流行的《坛经》有百分之五十是后来的一千多年中和尚们你增一条，我添一章的加进去的，是假的。这也是佛教史上一个重要的发现。总之，因为我考证中国佛教新的宗派在八世纪时变成中国正统的禅宗的历史，我就发现了许多新的材料。

最后我感谢台湾大学给我这个机会——讲学。我很惭愧，因为没有充分准备。我最后一句话，还是我开头所说的“大胆的假设，小心的求证”。在求证当中，自己应当自觉的批评自己的材料。材料不满意，再找新证据。这样，才能有新的材料发现；有新材料才可以使你研究有成绩、有结果、有进步。所以我还是要提一提台大前任校长傅先生的口号：“上穷碧落下黄泉，动手动脚找东西”。

（1952 年 12 月 6 日）

（胡适在台湾大学的讲演。载于台北《中央日报》，1952 年 12 月 2、6、7 日）

胡適文集

治学卷

文学研究法

中国文学史的一个看法

兄弟今天到这里来讲演，觉得没有什么好题目。兹来讲讲“中国文学史的一个看法”。本来一个讲题，可以有几种看法。在未讲本题之前，先给诸位讲一件故事，有一不识字之裁缝者，供其子读书，一日子从校中来信，此裁缝即请其左邻杀猪的代看，杀猪的即告裁缝道：这是你儿子要钱的信，上写“爸爸，没钱啦！拿钱来”。裁缝听了，非常懊丧生气，以为供子读书，连称呼礼法都没有了。旋又请其右邻之牧师来看，牧师看后，说道此信写的甚好。信上说：“父亲大人膝下……你老人家辛苦得来的钱，供我念书，非常不忍，不过现在买书交学费等，非用钱不可，盼你老人家多为难，儿子是很对不住的……。”裁缝听了，笑逐颜开，赶紧给他儿子寄钱去了。

从此事看来，足见一件事，可以有几种看法，关于中国文学史，也有几种看法，第一种的看法：是牧师的看法，这种看法怎么样呢？他是从商周时代之最古文看起，到在春秋战国时，即有诸子百家之文章，代表那一时代的文学。到汉则以《史记》、《汉书》，作该时代文学之代表。到晋朝以后，又发生怪僻之文学，迄至唐朝，遂又复古，同时接受了前朝历代的遗留，由当代文人，加以许多点染，于是有《唐诗三百首》之创作，及“离骚”词赋，曲歌古文之类。当时文学作家中之捣乱分子，进行词曲等之创作，所谓词者，诗之语也，曲者，词之语也，然无论其创作如何，仅能作当代正统文学之附属品，而不能以之作为时代之代表。自唐宋而后，以至于元明清，甚至当代国学家之伪国国务总理郑孝胥之流，殆未出乎摹古之范围。以上这种看法，总是站在一条线上接连不断的来看中国文学史，这种看法，是牧师的看法，文绉绉的，实在看不出什么内容来。至于兄弟今天是采用杀猪的看法，且听兄弟道来：

文学史是有两种潮流，一种是只看到上层的一条线，一种是下层的潮流，下层潮流，又有无数的潮流，这下层的许多潮流，都会影响到上层去，上层文学是士大夫阶级的，他是贵族的，守旧的，保守的，仿古的，抄袭的，这种文学，我们就是不懂也没要紧。我们要懂中国整个文学史，必要从某时代的整个潮流去看，现在的文学史，是比前时代扩大了，是由下层许多暗潮中看出来。诸位小姐太太们：凡是历代文学之新花样子，全是从老百姓中来的，假使没有老百姓在随时随地的创作文学上的新花样，早已变成“化石”了。

老百姓的文学是真诚朴素的，它完全是不加修饰的，自由的，从内心中发出各种的歌曲，例如：唐诗楚辞，汉之乐府，其内容无一不是老百姓中得来，所有文学，不过经文人之整理而已。尤其是每一时代之新文学，如五言，七言，词曲，歌谣，弹词，白话散文等，都是来自民间。

兄弟所谓杀猪的看法，就是不是文绉绉的从一条线上去看，而是粗野的把文学看成两个潮流，上层潮流是士大夫阶级的，下层文学的新花样皆从老百姓中得来。所谓文学潮流的新花样的形成，是经过四个时期：

第一时期是老百姓创作时期，与上层是毫无关系，在创作时期，是自由的，富于地方个人等特别风味，他是毫不摹仿，而是随时随地的创作时期。

第二时期是从下层的创作，转移到上层的秘密过渡时期，当着老百姓的创作已经行了好久，渐渐吹到作家耳中，挑动了艺术心情，将民间盛行之故事歌谣小说等，加以点缀修改，匿名发行，此风一行，更影响到当代之名作家，由民间已传流许久之故事等，屡加修正，整理，于是风靡当世，当代文学潮流，为之掀动。

第三时期则因上等作家对新花样文学之采用，遂变成了正统文学中之一部分。

第四时期则为时髦时代，此时已失去了创作精神，而转为专尚摹仿，因之花样不鲜，而老百姓却又在创作出新的。

我们根据近四十年来的新发现，才知道我们过去提倡白话文学胆太小了，还不够杀猪的资格，只要看敦煌石洞藏书中有许多白话文学，即可知其由来已早。大凡每一时期的潮流的到来，都是经过一极长的创作时期，例如《水浒传》，《西游记》等曾风行一时，而创作者更出多人之手，种类繁多，由此可知现行文学，皆由长时蜕化而来，所以我们必须以历史进化的眼光来看历史，由此可以得到以下三点教训：

（一）老百姓从劳苦中不断的创作出新花样的文学来，所谓“劳苦功高”，实在使我们佩服。

（二）有些古人高尚作家不受利欲熏诱，本艺术情感之冲动，忍不住美的文学之激荡，具脱俗，牺牲之精神。如施耐庵、曹雪芹之流，更应使我们欣佩。因为老百姓的作品，见解不深，描写不佳，暴露许多弱点，实赖此流一等作家完成之也。

（三）文学之作品，既皆从民间来，固云幸矣，然实亦幸中之大不幸，因为民间文学皆创之于无知无识之老百姓，自有许多幼稚，虚幻，神怪，不通之处，并且这种创作已经在民间盛行了好久，才影响到上层来，每每新创作被埋没下去，在西洋文学之创作权，概皆操之于作家之手，而中国则操之于民间无知之人，所以我说是幸中之不幸，深望知识阶级，负起创作文学之任务。

（胡适 1932 年 12 月 22 日演讲于北京培英女子中学。载于《晨报》，12 月 23 日）

歌谣的比较的研究法的一个例

研究歌谣，有一个很有趣的法子，就是“比较的研究法”。有许多歌谣是大同小异的。大同的地方是他们的本旨，在文学的术语上叫做“母题（motif)”。小异的地方是随时随地添上的枝叶细节。往往有一个“母题”，从北方直传到南方，从江苏直传到四川，随地加上许多“本地风光”；变到末了，几乎句句变了，字字变了，然而我们试把这些歌谣比较着看，剥去枝叶，仍旧可以看出他们原来同出于一个“母题”。这种研究法，叫做“比较研究法”。

《读书杂志》第二期上有一首歌谣：

沙土地儿跑白马，
一跑跑到丈人家，
大舅儿望里让，
小舅儿望里拉。
隔着竹帘儿看见他，——
银盘大脸，黑头发，
月白缎子棉袄，银疙疸。

这首歌是全中国都有的；我们若去搜集，至少可得一两百种大同小异的歌谣：他们的“母题”是“到丈人家里，看见了未婚的妻子”，此外都是枝节了。比较研究的结果，可以看出：

一、某地的作者对于母题的见解之高低。

二、某地的特殊的风俗，服饰，语言等等——所谓“本地风光”。

三、作者的文学天才与技术。

如我的邻县——旌德——的这一只〈支〉歌谣，虽可以看出当时本地的服饰，在文学技术上就远不如上文引的北京的同题歌了：

东边来了一位小学生，
辫子拖到脚后跟，
骑花马，坐花轿，
坐到丈人家。
丈人丈母不在家，
帘子背后看见他。
金簪子，玉耳挖，
雪白脸，定粉擦，
雪白手，银指甲，
大红棉袄绣兰花，
天青背心胡蝶花，
百裥裙子海棠花，
大红缎鞋四面花。
我回家，告诉妈：
卖田卖地来娶他！

我们再举一个例。第十六期《努力》上，登出一首北京附近的歌谣：

蒲棂子车，（原注，大车上搭席棚的）
呱达达，
一摇鞭，到了家。
爹看见，抱包袱；

娘看见，抱娃娃。
哥哥看见眲一眲。
嫂子看见扭一扭。
不用你眲
不用你扭
今天来了明天走。
爹死了，我念经；
娘死了，我唱戏；
哥哥死了，烧张纸；
嫂子死了，棺材上边抹狗矢！

这歌的“母题”是“小姑出嫁后回娘家，受了嫂嫂的气，发泄他对于嫂嫂的怨恨”。前天承常惠君给我抄了许多同类的歌谣，很可以供比较的研究。我们把他们都抄在这里：

一

蒲龙车，大马拉，
哗啦哗啦到娘家。
爹出来，抱包袱；
娘出来，抱娃娃。
哥哥出来抱匣子，
嫂子出来一扭挞。
“嫂子嫂子你别扭。
当天来，当天走。
不吃你饭，不喝你酒。”

二

小白菜，地里黄。

奴打烧饼看亲娘。
亲娘说，来了我的亲闺女。
爹爹说，来了我的一枝花。
哥哥说，来了我的小妹妹。
嫂子说，来了我的搅蛐扒。
哥哥说，打点酒儿。
嫂子说，钱没有。
哥哥说，买点肉儿。
嫂子说，钱不够。
姑娘闻听，套上车马徉徜走。
爹娘送到大门口，
嫂子送到锅台角儿，
哥哥送到十里庄。
十里庄，写文章：
写咱爹，写咱娘，
写咱嫂子不贤良。
有咱爹，有咱娘，
这条道儿走的长。
没咱爹，没咱娘，
这条道儿苦断了肠。

三

大麦穗，节节高。
俺娘不好俺瞧瞧。
进大门，见俺爹，
俺爹穿着格登靴，

格登格登上骡车。
进二门，见俺娘，
俺娘坐在象牙床。
进三门，见俺哥，
俺哥抱着书本儿不理我。
进四门，见俺嫂，
俺嫂一扭，扭到门格老。
嫂嫂嫂嫂你别扭。
不吃你的饭，
不喝你的酒。
剩下饭，你喂狗。
剩下酒，你洗手。
瞧瞧爹娘俺就走。
爹娘在，俺还来。
爹娘不在俺不来。

爹爹坟上蒸馍馍，
娘娘坟上炸油菜；
哥哥坟上挂白纸。
嫂嫂坟上拉泡屎。

四

秫秸裤儿，打滑揩。
新娶的媳妇想娘家。
想着想着哥来接，
四套骡子蒲龙车。
大绿袄，花云肩，

红缎裙子锦镶边。
指使丫头抱红毡。
问问婆婆住几天。
婆婆说
“天又冷，地又寒。
给你日子你作难。
爱住几天住几天。”
爹见了，接包袱；
娘见了，抱红匣；
嫂子见了一扭挪。
什么扭？
不吃你家的饭，
不喝你家的酒，
看看爹娘俺就走。
有俺爹娘来几蹬，
没了爹娘略过手。

俺娘送到大门外，
哭哭啼啼拜两拜。
俺爹送到大门西，
哭哭啼啼作两揖。
哥哥送到枣树行，
背着哥哥记一张。
先写爹，后写娘，
再写嫂嫂不贤良。
爹死了，金棺材；
娘死了，银棺材；
哥哥死了油漆板；

嫂子死了拿席卷。
爹坟头，烧金子；
娘坟头，烧银子；
哥哥坟头烧钱纸；
嫂嫂坟头拉泡屎！

现在搜集歌谣的人，往往不耐烦搜集这种大同小异的歌谣，往往向许多类似的歌谣里挑出一首他自己认为最好的。这个法子是不很妥当的。第一，选的人认为最好的，未必就是最好的。第二，即便他删的不错，他也不免删去了许多极好的比较参考的材料。即如上文《蒲灵子车》一首，若单只有这一首，我们也许把他看作一个赶车的男子回家受气的诗。但有了这五首互相比较，他们的母题就绝无可疑了。参考比较的重要如此！

十一，十二，三。

（原载于《努力》周报第31期（1922年），亦载于《歌谣》月刊第46期，1924年3月9日）

传记文学

今天我想讲讲中国最缺乏的一类文学——传记文学。

这并不是因为我对传记文学有特别研究，而是因为我这二三十年来都在提倡传记文学。以前，我在北京、上海曾演讲过几次，提倡传记文学；并且在平常谈话的时候，也曾劝老一辈的朋友们多保留传记的材料，如梁任公先生、蔡孑民先生和绰号财神菩萨的梁士诒先生等，我都劝过。梁士诒先生有一个时期很受社会的毁谤。有一次，他来看我，我就劝他多留一点传记材料，把自己在袁世凯时代所经过的事，宣布出来，作成自传；不一定要人家相信，但可以借这个机会，把自己做事的立场动机赤裸裸的写出来，给历史添些材料。可是这三位先生过去了，都没有留下自传。蔡先生去世十多年，还没有人替他做一部很详细的传记。梁任公先生五十多年的生活，是生龙活虎般的；他的学说，影响了中国数十年：我们觉得应该替他作一部好的传记。那时丁文江先生出来担任搜集梁任公传记的材料，发出许多信并到处登广告，征求梁任公与朋友来往的书札以及其他的记述。丁先生将所得到的几万件材料，委托一位可靠并有素养的学者整理；后来写了一个长篇的初稿，油印几十份交给朋友们校阅。不幸国家多故，主办的丁文江先生很忙，未及定稿他本人也死了。所以梁任公先生传记到现在还没有定稿。梁士诒先生死后，他的学生叶誉虎先生根据他生前所经手做的事情的许多原始材料，编了两本《梁燕孙先生年谱》。这虽然不是梁先生的自传，但是内容完备详细，我看了很高兴。这个年谱的刊行，可以说是我宣传传记文学偶然的收获。今天借这个机会我又要来宣传传记文学了！我希望大家就各人范围之内来写传记，养成搜集传记材料和爱读传记材料的习惯。

师院同学曾要我谈谈《红楼梦》。《红楼梦》也是传记文学，我对《红楼梦》的作者曹雪芹作过考据，搜集曹雪芹传记材料，知道曹雪芹名霑，雪芹是他的别号，他的前四代是曹禧、曹寅、曹頫、曹洪。《现代名人大辞典》里列有曹霑的名字，使爱读《红楼梦》的人知道《红楼梦》作者的真名和他的历史，算是我的小小贡献。这种事情是值得提倡的……。我希望这次回来能将我所写的有关《红楼梦》的文章（散见在《胡适文存》、《胡适论学近著》中的），再加上我朋友们所找到的有关曹家的材料（如台大教授李玄伯先生所发表过的文章，以及吴相湘先生在清故宫发现的秘密了差不多一百五十年的奏本）收集在一起，合印为一册，使爱读《红楼梦》及关心《红楼梦》的人有一个参考。也许我下次再来时，便可以谈谈《红楼梦》了。

我觉得二千五百年来，中国文学最缺乏最不发达的是传记文学。中国的正史，可以说大部分是集合传记而成的；可惜所有的传记多是短篇的。如《史记》、《汉书》、《后汉书》、《三国志》、《晋书》等，其中的传记有许多篇现在看起来仍然是很生动的。我们略举几个例：太史公的“项羽本纪”，写得很有趣味；“叔孙通传”，看起来句句恭维叔孙通，而其实恐怕是句句挖苦叔孙通。《汉书》外戚传中的“赵飞燕传”，描写得很详细，保存的原料最多。《三国志》裴松之的注，十之八九是传记材料。《晋书》也有许多有趣味的传记，不幸是几百年后才写定的。《晋书》搜集了许多小说——没有经过史官严格审别的材料——，成为小说传记，给中国传记文学开了一个新的体裁。

后来作墓志铭小传，都是受了初期的几部伟大的历史——《史记》、《汉书》、《三国志》等——的传记体裁的影响。不过我们一开头就作兴短传记的体裁，是最不幸的事。

中国传记文学第一个重大缺点是材料太少，保存的原料太少，对于被作传的人的人格、状貌、公私生活行为，多不知道；原因是个人的记录日记与公家的文件，大部分毁弃散佚了，这是中国历史记载最大的损失。

除了短篇传记之外，还有许多名字不叫传记，实际是传记文学的言行录。这些言行录往往比传记还有趣味。我们中国最早、最出名，全世界都读的言行录，就是《论语》。这是孔子一班弟子或者弟子的弟子，对于孔子有特别大的敬爱心，因而把孔子生平的一言一行记录下来，汇集而成的。

中国从前的文字没有完全做到记录语言的职务；往往在一句话里面把许多虚字去掉了。《尚书》“雨盘”“周诰”为什么不好懂？就是因为当初记录时，没有把虚字记录下来，变成电报式的文字。现在打电报，为了省钱，把“的”、“呢”、“吗”等虚字去掉。古代的文字记载所有过简的毛病，不是省钱，而是因为记录的工具——文字不完全。大概文字初用的时候，单用实字——名词、代名词，没有虚字。实字是骨干，虚字是血脉，精神。骨干重要，血脉更重要。所以古时的文字，不容易把一个人讲的话很完全的记录下来，到了春秋时代，文字有了进步，开始有说话的完全记录，最早最好的说话记录，是《诗经》。《诗经》里的“大雅”“周颂”，文字还不十分完全。但是“国风”全部和“小雅”一部分，是民间歌唱的文字；因为实在太好了，所以记录的人把实字、虚字通通记录下来了。如“投我以木桃，报之以琼瑶。匪报也，永以为好也!”表示口气的“也”字都写出来了。又如“俟我于著乎而？充耳以素乎而？尚之以琼华乎而?”你看看，耳环戴红的好，还是戴白的好？又戴什么花咧？把一个漂亮的小姐问他爱人的神态，通通表现出来了。这是记录文字的一个好榜样。至［于］历史上最好的言行录，就是刚才说的《论语》。《论语》文字，虚字最多。比方“学而时习之，不亦说乎！”一句话有五个虚字。子禽问于子贡曰：“夫子至于是邦也，必闻其政，求之欤？抑与之欤？”这是孔子的一个学生问另外一个学生的话。拿现在的话来说：我们的老师到一个国家，就知道人家政治的事情，这是他自己要求得来的，还是人家给他的呢？子贡答复的最后两句话：“夫子之求之也，其诸异乎人之求之欤！”（我们的先生要求知道政治的事情，恐怕同别人家的要求不同一点吧！）这样一句话，竟有十个虚字。这是把说话用文字完完全全记录出来的缘故，妙处也就在这里。

《论语》这部书，在中国文学史上占最重要的地位。这部书的绝大部分是记孔子同他的弟子或其他的人问答的话的。聪明的学生问他，有聪明的答复；笨的学生问他同样的一个问题，他的答复便不同。孔子说话，是因人而异的；但他对学生、对平辈，以及对国君——政治领袖——那种不卑不亢的神情，在《论语》里面，是很完整的表现出来了。现在有许多人提倡读经：我希望大家不要把《诗经》、《论语》、《孟子》当成经看。我们要把这些书当成文学看，才可以得到新的观点，读起来，也才格外发生兴趣。比方鲁定公问孔子一个问题，问得很笨。他问道：“一言而可以兴邦，有诸？”这正如现在我要回到美国，美国的新闻记者要我以一分钟的时间报告这次回台湾的观感一样，孔子对曰：“言不可以若是；其几也！人之言曰：‘为君难，为臣不易。’如知为君之难也，不几乎一言而兴邦乎？”（孔子的话译成现在的话就是：“一句话便可以把国家兴盛起来，不会有这样简单的事；但说个‘差不多’罢！曾有人说过，‘做君上难；做臣下也不容易。’如果一个国君知道做君上的难，那么不是一句话就差不多可以把国家兴盛起来么？”）定公又问：“一言而丧邦，有诸？”孔子答复道：“言不可以若是；其几也！人之言曰，‘予无乐乎为君，唯其言而莫予违也！’如其善而莫之违也，不亦善乎！

如不善而莫之违也，不几乎一言而丧邦乎？”（孔子的话译成现代的话就是：“一句话把一个国家亡掉，不会有这样简单的事；但说个‘差不多’罢！曾有人说过，‘我不喜欢做一个国君；做一个国君只有一件事是可喜欢的，那就是：我的话没有人敢违抗。’如果他所说的是好话而没有人敢违抗，那岂不是很好的事！如果他所说的不是好话而没有人敢违抗，那么，岂不是一句话便差不多会把一个国家亡掉了么！”）我们从孔子和鲁定公这段对话来看，知道《论语》里面，用了相当完备的虚字。用了完备的虚字，就能够把孔子循循善诱的神气和不亢不卑的态度都表现出来了。像这样一部真正纯粹的白话言行录，实在是值得宣传，值得仿效的。很可惜的，二千五百年来，没有能继续这个言行录的传统。不过单就《论语》来说，我们也可知道，好的传记文字，就是用白话把一言一行老老实实写下来的。诸位如果读经，应该把《论语》当作一部开山的传记读。

我们若从语言文字发展的历史来看，更可以知道《论语》是一部了不得的书。它是二千五百年来，第一部用当时白话所写的生动的言行录。从《论语》以后，我们历史上使人崇拜的大人物的言行，用白话文记录下来的，也有不少。比方昨天我们讲禅宗问题时提到的许多禅宗和尚留下来的语录，都是用白话写的。这些大和尚的人格、思想，在当时都是了不得的。他有胆量把他的革命思想——守旧的人认为危险的思想说出来，做出来，为当时许多人所佩服。他的徒弟们把他所做的记下来。如果用古文记，就记不到那样亲切，那样的不失说话时的神气。所以不知不觉便替白话文学、白话散文开了一个新天地。尤其是湖南“德山”和尚和河北“灵济”和尚的语录，可以说都是用最通俗的话写成的。现在我不必引证他们的语录，但是从那记言记行的文字中，可以知道，这些大和尚的语录，的确留下了一批传记的材料。

还有古时的许多大哲学家，思想界的领袖，他们的言行录，也是一批传记的史料。比方死于一千二百年的朱子，在他未死之前，他的学生就曾印出许多“朱子语录”，朱子死了之后，又印出了许多。这些都是朱子的学生们，在某年某月向朱子问学所记录下来的东西。这些语录，大部分是白话文。后来朱子语录传出来的太多了，于是在朱子死后六七十年间，便有人出来搜集各家所记的语录，合成一书，以便学者。这就是我们现在所有的黎清德编的《朱子语类》一百四十卷。假如写朱子传记，这部语类就是好材料。为朱子写年谱的人很多。最有名的是一位王懋竑先生；他费了半生时间，为朱子写年谱，都是用语录作材料。这些白话语录，记得很详细；有时一段谈话，就有几千字的记录。这些有价值的材料，到现在还没有充分利用。像这样完全保存下来的史料，实在很少很少。明朝有一位了不得的哲学家王阳明，他的学生佩服老师，爱敬老师，也为老师记下了一大批白话语录。后来就有人根据这些语录，来写王阳明年谱。语录可说是中国传记文学中比较好的一部分。可惜二千五百年来，中国历史上许多真正大学者，平生的说话，很少有人这样详细的用白话记录下来的。就是个人的日记，书翰，札记这类材料，也往往散佚，不能好好的保存下来。所以中国的文学中，二千五百年来，只有短篇的传记，伟大的传记很少很少。

我们再看西洋文学方面是怎样的呢？最古的希腊时代，就有许多可读的传记文学；譬如大哲学家苏格拉底（Socrates）的两个大弟子，都曾写下许多苏格拉底的言行录。他的一个大弟子叫施乃芬（Xenophon），规规矩矩的写他老师的一言一行。另外一个大弟子柏拉图（Plato），是一个天才的文学家。他认为他的老师是一个最伟大的人，不应该没有传记，不应该没有生动的、活的传记。他用戏剧式写出了他的老师苏格拉底和朋友及门人的对话。这种对话留传下来的有几十种。其中关于苏格拉底临死以前的记录就有三种。当时社会上的人控告苏格拉底，说他是异端、邪说，不相信本国的宗教，煽惑青年、带坏了青年，要予他的以惩罚。当时的希腊已是民主政治，就将他交由人民审判——议会审判。柏拉图所描写苏格拉底在法庭上为他自己辩护的对话，叫做《苏格拉底辩护录》，为世界上不朽的传记文学，审判的结果，还是判他死罪。再一部是写他在监里等死的时候，同一个去看他的学生的对话录。还有一部是写他死刑的日子，服毒前的情景。当毒药拿来时，他还如平时一样从容的同他的学生谈话，谈哲学和其他学问的问题，等到时候到了，苏格拉底神色不变的将毒药吃下去。那种毒药的药性，是先从脚下一点一点的发作上来的。苏格拉底用手慢慢向上摸着说，"你看！药性已经发作到这地方了。"他的学生看到毒药在他老师身上起着变化，拿一条巾把他盖起来；一会儿苏格拉底还没有死，自己把它拿开了，嘱咐他的学生说："我在药王——医药之神——前许过愿要献他一只鸡。请你不要忘记了，回去以后，到医药之神那里献上一只鸡。"他的学生说："一定不敢忘记。"这是最后的问答。这三种谈话录，可算是世界文学中最美、是生动、最感人的传记文学。

基督教的《新约全书》中有四福音。第四个福音为《约翰福音》，是四福音中较晚的书。前面三个福音为《马太福音》、《马可福音》、《路加福音》；这三个福音是耶稣死后不久，他的崇拜者所记下来的三种耶稣的言行录，也像《论语》为孔子的一种言行录一样。这三种言行录中有一部分的材料相同，有一部分不相同，但都是记录他们所爱戴的人在世时的一言一行的。这三个福音也是西洋重要的传记文学。以传记文学的眼光来看，是很值得人人一读的。

在希腊、罗马以后，当十八世纪的时候，英国有一个了不得的文学家约翰生博士（Dr. Johnson）。这个人谈锋很好，学问也很好。同时有一个人叫做博施惠（Boswell）的，极崇拜约翰生，就天天将约翰生所说的话记录下来。后来就根据他多年所写的记录，作了一部《约翰生传》。这是一部很伟大的传记，可以说是开了传记文学的一个新的时代的。

再说九十年前就任美国总统的林肯，是一个出身很穷苦的人。他由于自己努力修养成为一个大人物，在国家最危险的时期出来作领袖。他在被选为连任总统的第一年中，被人刺杀而死。这个真正伟大人物的传记，九十年来仍不断的出来；新材料到今天还时有发现，其中有许多部可以说是最值得读的书。

不但文人和政治家的传记值得读，就是科学家的传记也值得读。近代新医学创始人巴斯德（Pasteur）的传记，是由他的女婿写的，也是一部最动人的传记。巴斯德是十九世纪中法国的化学家。到他以后，医学家才确定承认疾病的传染是由于一种微菌。他一生最大的贡献也就在于微菌的发现。我们中国有一句很流行的话，叫做“物必先腐也，而后虫生之。”差不多很多人做文章的时候都这样写。其实这一句话是最错误的。照近代医学的证明，并不是物腐而后虫生，乃是虫生而后物腐。这个重大而最有利于生命的发现，是巴斯德对于人类的大贡献。这一个科学家的传记，使我这个外行人一直看到夜里三四点钟，使我掉下来的眼泪润湿了书页。我感觉到传记可以帮助人格的教育。我国并不是没有圣人贤人；只是传记文学不发达，所以未能有所发扬。这是我们一个很大的损失。

我们的传记文学为什么不发达呢？我想这个问题值得大家讨论。今天时间不多，只简单的就个人所领会的提出二三点：

第一，传记文学写得好，必须能够没有忌讳：忌讳太多，顾虑太多，就没有法子写可靠的生动的传记了。譬如说，中国的帝王也有了不得的人，像汉高祖、汉光武帝、唐太宗等，都是不易有的人物。但是这些人都没有一本好传记。我刚才说过，古代历史中对传记文学的贡献很少；现在我想起，在《后汉书》中有一篇《汉光武传》，是值得我们注意的。这一篇中，保存了许多光武寄给他的将领、大臣，以及朋友的短信——原来也许是长信，大概是由史官把他删节成为一二句或几行的短信的。除此以外，其他的帝王传记都没有这样的活材料。因为执笔的人，对于这些高高在上的人多有忌讳，所以把许多有价值的材料都删削去了。讲到这里，我不能不一一提及一件近代的掌故。清朝末年有一个做过外国公使的人的女儿，叫做德菱公主的，懂得几句外国话，后来嫁给外国人。她想出一个发财的方法，要做文学的买卖，就写了一部《西太后传》。你想她这样的人一生中能够看见几次西太后？我恐怕她根本就没有法子看见西太后，所以从头就造谣言来骗外国人。这样的传记，当然不会有什么大价值的。

此外，有许多人有材料不敢随意流传出去，尤其是专制国家中政治上社会上有地位的人，甚至文人，往往毁灭了许多有价值的传记材料。譬如，清朝的曾国藩，是一个很了不得的人；他死了以后，他的学生们替他写了一个传记。但是我把他的日记（据说印出来的日记已经删掉了一部分）对照起来，才知道这本传记，并没有把曾国藩这个人写成活的人物。我们可以说一直到现在，还没有一本好的曾国藩的传记。什么缘故呢？因为有了忌讳。中国的传记文学，因为有了忌讳，就有许多话不敢说，许多材料不敢用，不敢赤裸裸的写一个人、写一个伟大人物、写一个值得做传记的人物。

第二个原因，是我们缺乏保存史料的公共机关。从前我们没有很多的图书馆——公家保存文献的机关，一旦遇到变乱的时候，许多材料都不免毁去。譬如说，来了一个兵乱，许多公家或私人的传记材料都会完全毁灭。我举一件事情来说明这个道理罢。大家知道第一次世界大战时美国总统威尔逊是一个伟大的人物，为举世所公认的伟大领袖。他死了以后，他家属找人替他作传，就邀集了许多朋友在家中商量。后来决定请贝克（Baker）替他作传。贝克考虑后答应了。所需的材料，威尔逊太太答应替他送去；后来由当时的陆军部长下命令，派七节铁甲车替威尔逊太太装传记材料给贝克。你想，光是威尔逊太太家中所存的材料就可以装了七辆车！我们中国因为很少有保存这种材料的地方，所以有些时候，只好将这种材料烧毁了。烧毁之后，不知道毁去多少传记学者要保留的材料。

以上两点，只是部分，说明中国传记文学所以不发达的原因。还有第三个原因是因为文字的关系。我感觉得中国话是世界上最容易懂的话。但文字的确是困难的。以这样的文字来记录活的语言，确有困难。所以传记文学遂不免吃了大亏。

前边我介绍的几部我们文学中的模范传记，也可以说是我们划时代的传记文学。《论语》是一部以活的文字来记录活的语言的；禅宗和尚的语录，在文学上也开了一个新的纪元，在传记文学上开辟了一个新的天地，提倡了一种新的方法。后来中国理学家的语录，像《朱子语类》和《传习录》（王阳明）等等，多是用白话来记录的。但因为文字的困难，不容易完完全全记录下活的语言，所以这类的文学，发达得比较慢。这是我们传记文学不发达的第三个原因。

最后，我想提出两部我个人认为是中国最近一二百年来最有趣味的传记。这两部传记，虽然不能说可以与世界上那些了不得的传记相比，但是它在我们中国传记中，却是两部了不得，值得提倡的传记。

一、《罗壮勇公年谱》（即《罗思举年谱》）

二、《汪辉祖病榻梦痕录》及《梦痕余录》。

这两部书，是我多少年来搜求传记文学得到的。现在先介绍第二部。

汪辉祖，本来是一个绍兴师爷。当他十几岁的时候，就开始跟人家学做幕府。后来慢慢的做到正式幕府。所谓幕府，就是刑名师爷。因为从前没有法律学校，士子做官的凭科举进阶。而科举考的是文学，考中的人，又不见得就懂法律，所以做官的人，可以请一个幕府来做法律顾问，以备审问案件的时候的咨询。汪辉祖从十七岁步入仕途，一直在做幕府工作，直到三十九岁左右才中了进士。他虽然没有点翰林，但是已经取得了做官的资格，就奉派到湖南做知县。因为他是做幕府出身的，所以当他奉派到湖南做知县的时候，他没有请幕府。就这样一直做到和他的上司闹翻了，才罢官回乡，在家园中又过了几十年，才与世长辞。他的这部《病榻梦痕录》与《梦痕余录》，写的就是他做幕府与做官的那些经历，实在是一部自传。因为他生在清朝乾嘉时代，受了做官判案的影响，所以他以幕府判案的方法和整理档案的方法，来整理学问的材料。他所著的那部《史姓韵编》，可以说是中国《二十四史》的第一部人名索引。他讲政治的书籍，连《梦痕余录》在内，后人编印了出来，名叫《汪龙庄遗书》。这一部书后来成为销行最广的“做官教科书”，凡是做知县的人，都要用到这部书，因为这部书里头，尽是关于法律、判案、做官及做幕府的东西。我名为“做官教科书”，是名副其实的。

汪辉祖的自传，在现代眼光看来，当然嫌它简略。但是我们如果仔细从头读下去，就可以知道是一部了不得的书。我们读了以后，不但可以晓得司法制度在当时是怎样实行的，法律在当时是怎样用的，还可以从这部自传中，了解当时的宗教信仰和经济生活，所以后来我的朋友卫挺生要写中国经济史，问我到那里去找材料，我就以汪辉祖的书告诉他。因为我看了这本书，知道他在每年末了，把这一年中，一块本洋一柱的换多少钱，二柱、三柱的又换多少钱，谷子麦子每石换多少钱，都记载得很清楚。我当时对本洋的一柱、二柱、三柱等名目，还弄不清楚。卫挺生先生对这本书很感兴趣；研究以后向我说：书中所谓一柱、二柱、三柱，就是罗马字的Ⅰ、Ⅱ、Ⅲ，为西班牙皇帝一世、二世、三世的标记；中国当时不认识这种字，所以就叫它一柱、二柱、三柱。

其次讲到当时的宗教信仰。这里所谓宗教信仰，不是讲皇帝找和尚去谈禅学，而是说从这本传记中可以了解当时士大夫所信仰的是什么。因为汪辉祖曾经替人家做过幕府，审问过人民的诉讼案件；我们看他的自传，可以知道他是用道德的标准来负起这个严格的责任的。他说：他每天早晨起来，总是点一支香念一遍“太上感应篇”，然后再审案。这是继续不断，数十年如一日的。“太上感应篇”是专讲因果报应的；我们当然不会去相信他。不过还是值得看一看。汪辉祖天天都要念它一遍；这可以代表一个历史事实，代表他们所谓“生做包龙图，死做阎罗王”的思想。包龙图是一个清官；俗传，他死了以后，就做了第五殿阎罗王。所以他们认为生的时候做官清廉，死了就有做阎罗判官的资格。这原是他的一种理想，也可说是当时一般法律家的一大梦想。由于汪辉祖每天要念“太上感应篇”，所以他到了老年生病发烧发寒的时候，就做起怪梦来，说是有个女人来找他去打官司，为的是汪辉祖曾经因为救了一个人的生命，结果使她没有得到贞节牌坊，所以告他一状，说他救生不救死。汪辉祖当时对这个案子虽然很感困难，但也觉得似乎有点对不起那个女子。但是人家既然告了他的状，他也不得不去对质。对质结果，准她的申诉。这一段写得很可笑。我讲这件事有什么意思呢？就是我们从这里可以看出汪辉祖的宗教观。

其次，讲到《罗壮勇公（思举）年谱》——这也是值得一看的书。罗思举是贫苦出身的。当满清嘉庆年间，白莲教作乱，满清官兵不够用了，就用各省的兵。罗思举就是在这个军队中当大兵出身的，后来慢慢晋升，竟做了几省的提督。因为罗思举是当兵出身的，所以他写的自传，都是用的很老实很浅近的白话。现在，我就举一两个例子，来看看他写的是多么的诚朴。他说：他当小孩子的时候，曾经做个〈过〉贼，偷过人家的东西；他的叔父怕他长大也不学好，所以就把他打了一顿，然后再拿去活埋；幸而掩埋的泥土盖得不多，所以他能够爬了出来，并跑到军队里头去当兵。这一点，可以说是写的很老实的。至于他写清朝白莲教的情形，也很可注意。他说白莲教原不叫白莲教，而叫“百莲教”，就是一连十、十连百的一种秘密组织。当时剿“白莲教”的军队，据他说都是一些叫化子军队；打起狗来，把狗肉吃了，狗皮就披在身上蔽体。这也是一种赤裸裸的写法。最后，我还要举一个例子：我们常常听到人说，我们是精神文明的国家，我们希望这种人把罗思举的年谱仔仔细细的一读。他说，有一天在打仗的时候，送粮的人没有赶上时间，粮草因此断绝。他怕影响军心，于是他就去报告他的长官：“我们粮食断绝，没有办法，可不可以把几千俘虏杀来吃？”他的长官说：“好。”结果，就把俘虏杀来吃了，留下一些有毛发的部分。第二天，运粮的人仍然没有到，于是又把咋天丢了的那些有毛发的部分捡起来吃。第三天，粮草才运到。这些都是赤裸裸的写实。

我过去对中国传记文学感到很失望；但是偶然得了一些值得看一看的材料，所以特别介绍出来供诸位朋友研究。

（胡适 1953 年 1 月 12 日演讲于台湾师范学院。载于台北《中央日报》，1953 年 1 月 13 日）

胡適文集

治学卷

哲学研究法

中国哲学的线索

我平日喜欢做历史的研究，所以今天讲演的题目，是《中国哲学的线索》。这个线索可分两层讲。一时代政治社会状态变迁之后，发生了种种弊端，则哲学思想也就自然发生，自然变迁，以求改良社会上、政治上种种弊端。所谓时势生思潮，这是外的线索。外的线索是很不容易找出来的。内的线索，是一种方法——哲学方法，外国名叫逻辑 Logic（吾国原把逻辑翻作论理学或名学。逻辑原意不是名学和论理学所能包含的，故不如直译原字的音为逻辑）。外的线索只管变，而内的线索变来变去，终是逃不出一定的径路的。今天要讲的，就专在这内的方法。

中国哲学到了老子和孔子时候，才可当得“哲学”两个字。老子以前，不是没有思想，没有系统的思想；大概多是对于社会上不安宁的情形，发些牢骚语罢了。如《诗经》上说：“苕之华，其叶青青。知我如此，不如无生。”这种语是表示对于时势不满意的意思。到了西历前第六世纪时，思想家才对于社会上和政治上，求根本弊端所在。而他们的学说议论终是带有破坏的、批评的、革命的性质。老子根本上不满意当时的社会、政治、伦理、道德。原来人人多信“天”是仁的，而他偏说：“天地不仁，以万物为刍狗。”天是没有意思的，不为人类做好事的。他又主张废弃仁义，入于“无为而无不为”的境界。这种极破坏的思想，自然要引起许多反抗。孔子是老子的门徒或是朋友。他虽不满意于当时风俗制度以及事事物物，可是不取破坏的手段，不主张革命。他对于第一派是调和的、修正的、保守的。老子一派对于社会上无论什么政治、法律、宗教、道德，都不要了，都要推翻他，取消他。孔子一派和平一点，只求修正当时的制度。中国哲学的起点，有了这两个系统出来之后，内的线索——就是方法——继续变迁，却逃不出这两种。

老子的方法是无名的方法。《老子》第一句话就说：“名可名，非常名；道可道，非常道。”他知道“名”的重要，亦知道“名”的坏处，所以主张“无名”。名实二字在东西各国哲学史上都很重要。“名”是共相（Universal），亦就是普通性。“实”是“自相”，亦就是个性。名实两观念代表两大问题。从思想上研究社会的人，一定研究先从社会下手呢，还从个人下手？换句话讲，是先决个性，还是先决普遍之问题？“名”的重要可举例明之。譬如诸君现在听讲，忽然门房跑来说——张先生，你的哥哥来了。这些代表思想的语言文字就是“名”。——倘使没有这些“名”，他不能传达他的意思，诸君也无从领会他的意思，彼此就很觉困难了。简单的知识，非“名”无从表他，复杂的格外要藉“名”来表示他。“名”是知识上的问题，没有“名”便没有“共相”。而老子反对知识，便反对“名”，反对言语文字，都要一个个的毁灭他。毁灭之后，一切人都无知无识，没有思想。没有思想，则没有欲望。没欲望，则不“为非作恶”，返于太古时代浑朴状态了。这第一派的思想，注重个性而毁弃普遍。所以他说：“天下皆知美之为美，斯恶矣；皆知善之为善，斯不善矣。”美和不美都是相对的，有了这个，便有那个。这个那个都不要，都取消，便是最好。这叫做“无名”的方法。

孔子出世之后，亦看得“名”很重要。不过他以为与其“无名”，不如“正名”。《论语·子路篇》说：

子路曰：卫君待子而为政，子将奚先？子曰：必也正名乎。子路曰：有是哉！子之迂也！奚其正！子曰：野哉由也！君子于其所不知，盖阙如也。名不正，则言不顺。言不顺，则事不成。事不成，则礼乐不兴。礼乐不兴，则刑罚不中。刑罚不中，则民无所措手足。

孔子以为“名”——语言文字——是不可少的，只要把一切文字、制度，都回复到他本来的理想标准，例如：“政者，正也。”“仁者，人也。”他的理想的社会，便是“君君、臣臣、父父、子子”。做父亲的要做到父亲的理想标准，做儿子的亦要做到儿子的理想标准。社会上事事物物，都要做到这一步境地。倘使君不君、臣不臣、父不父、子不子，则君、臣、父、子都失掉本来的意义了。怎样说“名不正，则言不顺”呢？“言”是“名”组成的，名字的意义，没有正当的标准，便连话都说不通了。孔子说：“觚不觚，觚哉觚哉!”觚是有角的形，故有角的酒器，叫做“觚”。后来把觚字用泛了，没有角的酒器亦叫做“觚”。所以孔子说：“现在觚没有角了，这不是觚吗？这还是觚吗?”不是觚的都叫做觚这就是“言不顺”。现在通用的小洋角子，明明是圆的，偏叫他“角”，也是同样的道理。语言文字（名）是代表思想的符号。语言文字没有正确的意义，便没有公认的是非真假的标准。要建设一种公认的是非真假的标准，所以他主张“正名”。老子主“无名”，孔子主“正名”。此后思想，凡属老子一派的，便要推翻一切制度，便要讲究制度文物，压抑个人。

第三派的墨子，见于前两派太趋于极端了，一个注重“名”，一个不注重“名”，都在“名”上面用功夫。“名”是实用的，不是空虚的，口头的。他说：

今瞽者曰：“钜者，白也。黔者，黑也。”虽明目者无以易之。兼白黑，使瞽取焉，不能知也。故我曰：“瞽者不知白黑者，非以其名也，以其取也。”

"取"，就是实际上的去取，辨别。瞎子虽不曾见过白黑，亦会说白黑的界限。要到了实际上应用的时候，才知道口头的界说，是没有用的。许多高谈仁义道德的人也是如此。分别义利，辨入毫末，及事到临头，则便手足无措。所以墨子不主张空虚的"名"，而注重实际的应用。墨子这一派，不久就灭了。而他的思想和主义则影响及于各家。遗存下来的，却算孔子一派是正宗。老子一派亦是继续不断。如杨朱有"名无实，实无名。名者伪而已"等话，亦很重要。到了三国魏晋时代，便有嵇康那一般人，提倡个人，推翻礼法，宋明陆象山和王阳明那班人，无形中都要取消"名"。就是清朝的谭嗣同等思想，亦是这样，亦都有无名的趋向。正统派的孔子重"名"，重礼制，所以后来的孟子、荀子和董仲舒这一班人，亦是要讲礼法、制度。内部的线索有这两大系统。

还有一派近代的思想。九百多年前，宋朝的儒家，想把历代的儒家相传的学说，加上了佛家、禅宗和道家的思想，另成一种哲学。他们表面上要挂孔子的招牌，不得不在儒家的书里头找些方法出来。他们就找出来一本《大学》。《大学》是本简单的书，但讲的是方法。他上面说："致知在格物"。格物二字就变为中国近世思想的大问题。程朱一派解"格物"是到物上去研究物理。物必有理，要明物理，须得亲自到物的本身上去研究。今天格一物，明天格一物，今天格一事，明天格一事，天下的事物，都要一个个的去格他。等到后来，知识多了，物的理积得多了，便一旦豁然贯通。陆象山一派反对这种办法，以为这种办法很笨。只要把自己弄好了，就是"格物"。所以他主张："吾心即是万物，万物即是吾心。"物的理都在吾的心中，能明吾心，就是明万物。吾心是万物的权衡，不必要像朱子那么样支支离离的格物。这种重视个性自我发展的思想，到了王阳明格外的明了。阳明说：他自己本来信格物是到物上去格的。他有一位朋友去格一枝竹，格了五天，病起来了。他就对这位朋友讲：你不能格，我自己去格。格了七天，也病了。因此，他不信格物是到物上去格。物的理在心中，所以他特别地揭出“良知”二字来教人。把良知弄好了，弄明白了，善的就是善，恶的就是恶，是的还他是，非的还他非，天下事物都自然明白了。程朱和陆王这两派支配九百余年的思想，中间“格物”的解说有七八十种；而实际上还是“名”和“实”的嫡派，不过改变他们的方向罢了——格物还是从内起呢，还是从外起？

思想必依环境而发生，环境变迁了，思想一定亦要变迁。无论什么方法，倘不能适应新的要求，便有一种新方法发生，或是调和以前的种种方法，来适应新的要求。找出方法的变迁，则可得思想的线索。思想是承前启后，有一定线索，不是东奔西走，全无纪律的。

（胡适1921年演讲于商务印书馆国语讲习所，华超记录。载于《教育杂志》第13卷第11号，1921年11月20日）

从历史上看哲学是什么

这个题目很重要。从人类历史上看哲学是什么，一方面要修正我在《中国哲学史》上卷里所下哲学的定义，一方面要指示给学哲学的人一条大的方向，引起大家研究的兴味。

我在今年一二月《晨报副刊》上发表杜威先生哲学改造的论文，今天所讲，大部分是根据杜威先生的学说。他的学说原是用来解释西洋哲学的，但杜威先生是一个实验主义者，他的学说要能够解释中国或印度的哲学思想，才能算是成立。

杜威先生的意思，以为哲学的来源，是人类最初的历史传说、跳舞、诗歌、迷信等等幻想的材料，经过两个时期才成为哲学。

（一）整齐统一的时期　传说神话变成了历史，跳舞、诗歌变成了艺术，迷信变成了宗教，个人的想象与暗示，跟了一定法式走，无意识的习惯与有意识的褒贬，合成一种共同的风尚，造成了种种制度仪节。

（二）冲突调和的时期　人类渐渐进步，经验多了，事实的知识分量增加范围扩大，于是幻想的礼俗及迷信传统的学说，与实证的人生日用的常识，起了冲突，因而批评的调和的哲学发生。例如希腊哲人（Sophist）之勃兴，便是西洋哲学的起原。Sophist 对于一切怀疑，一切破坏，当时一般人颇发生反感，斥哲人为诡辩，为似是而非。Sophist 一字，至今成了恶名。有人觉得哲人过于激烈，应将传统的东西保存一部分，如 Socratea［苏格拉底］辈。但社会仍嫌他过激，法庭宣告他的死刑。后来经过柏拉图、亚里士多德等的调和变化，将旧信仰洗刷一番。加上些论理学、心理学等等，如卫道护法的工具，于是成了西洋的正统哲学。

归纳起来说，正统哲学有三大特点：

（1）调和新旧思想，替旧思想旧信仰辩护。带一点不老实的样子。

（2）产生辨证的方法，造成论理的系统，其目的在护法卫道。

（3）主张二元的世界观，一个是经验世界，一个是超经验的世界。在现实世界里不能活动的，尽可以在理想世界里玩把戏。现在要拿杜威先生关于正统哲学的解释，来看是否适用于中国。我研究的结果，觉得中国哲学完全可以适用杜威的学说。

中国古代的正统哲学是儒墨两大派，中古时代是儒教，近世自北宋至今是宋明理学，尤其是程朱的理学。

现在分论古代、中古、近世三期。

中国古代的哲学原料，诗歌载在《诗经》，卜筮迷信载在《易经》，礼俗仪容载在《礼记》，历史传说载在《尚书》。在西历纪元前二千五百年，初民思想已经过一番整齐统一。一切旧迷信的旧习惯传说已成了经典。

纪元前五六百年老子、孔子等出，正当新旧思潮冲突调和的时期，古代正统哲学才算成立。老子是旧思想的革命家，过激党，攻击旧文化，攻击当时政治制度。古代以天为有意志有赏罚，而老子说天地不仁，将有意志的天变为无往而不在，无为而无不为的天，是一个自然主义的天道观。老子这样激烈的态度，自然为当世所不容，他很高明，所以自行隐遁。邓析比老子更激烈，致招杀身之祸，没有书籍流传后世，可见当时两种思想冲突的厉害。

于是调和论出来了。孔子一方面承认自然主义的天道观，他说：

“天何言哉？四时行焉，百物生焉，天何言哉？”一方面又承认有鬼神。他说：“敬鬼神而远之”，“祭如在，祭神如神在。”“洋洋乎如在其上，如在其左右。”他总舍不得完全去掉旧信仰舍不得完全去掉传统的宗教态度，但在一般人看来，他仍然是偏向革命党。偏向革命党的苏格拉底不免于死刑，偏向革命党的孔子不免厄于陈蔡，终身栖栖皇皇〈遑遑〉。这是第一派的调和论。

第二派的调和论是墨子。墨子明白提倡有鬼，有意志的天，非命，完全容纳旧迷信，完全是民间宗教的原形。但究竟旧思想经过动摇，不容易辩护，于是不得不发明辨〈辩〉证的方法，以逻辑为武器。我们看他用逻辑最多的地方，是《明鬼》和《非命》两篇。他提出论辨的三个标准：

甲、我们曾经耳闻目见否

乙、古人说过没有

丙、有用没有用

譬如说有鬼，第一，曾经有人看见过鬼，或听见鬼叫的；第二，古书上载鬼的地方很不少，故古人是相信有鬼的；第三，我们相信有鬼，则我们敬爱的人死了，我们尚可得到安慰，且而可以少作坏事，信鬼有利无弊是有用的。因此墨子是当时的正统哲学。

中古时代之整齐统一期分两个步骤：第一步是秦时，李斯别黑白，定一尊；第二步是汉初，宗教迷信统一于长安，秦巫晋巫各代表一个民间宗教。汉武封泰山，禅梁文，一般方士术士都来了。这是道教与古供迷信冲突时期。

带〈戴〉上儒家帽子的墨教出来调和，便是董仲舒所创之新儒教。以天人感应为基本观念，替民间宗教作辩护，可谓古代迷信传说之复活。故中古期的正统哲学是新儒教。

从东汉到北宋，儒释道三教都来了，没有十分冲突。唐时以老子姓李，道教几乎成为国教，到了北宋真宗，崇道教，拜天书，封禅老子庙。道教之盛，达于极点，以至仁宗神宗时代，产生了许多怀疑派。如欧阳修、苏轼、王安石、李觏等，对于思想制度古书都怀疑，对于迷信的道教是一种反动，对于极端个人主义的禅宗是一种调和。于是在古代诸大思想系统中找出儒家，以五经为旧经典，四书为新经典。《大学》里找出方法论，《中庸》里找出心理学。静坐不是学佛，是求敬，是注意，是为自己的修养，故自北宋以来，正统哲学是理学。理学调和的分子极多，以儒家为根据，容纳道家佛家一部分思想，且兼容古代的宗教，为涵养须用敬之"敬"，完全是宗教的态度。

结论 我所以讲这个题目，是要使大家知道，无论以中国历史或西洋历史上看，哲学是新旧思想冲突的结果。而我们研究哲学，是要教哲学当成应付冲突的机关。现在梁漱溟、梁任公、张君劢诸人所提倡的哲学，完全迁就历史的事实，是中古时代八百年所遗留的传统思想，宗教态度，以为这便是东方文明。殊不知西洋中古时代也有与中国同样的情形，注重内心生活，并非中国特有的，所以我们要认清楚哲学是什么，研究哲学的职务在那里，才能寻出一条大道。这是我们研究哲学的人应有的觉悟。

（胡适1925年5月17日演讲于北京大学哲学研究会，明宵记录。载于《国闻周报》第2卷第20期，1925年5月31日）

中国思想史纲要

为了方便起见，中国思想史的历史，可以分为三个主要时期。耶稣纪元前的一千年为上古时期。伟大的中古佛教及道教时代，以及一直通过了纪元后一千年的全部时间，都为中古时期。而近世这一时期，则为中国理智复兴时期；这一时期，远从第十世纪大规模的刊印书籍，以及第十一世纪、十二世纪新孔子学派起来的时代起，一直延长到我们这个时代。每一时期，都占了将近千年的光景。

中国思想史的上古时期，可说是古典时代。从那时传下了一些前于孔子的古典作品，诗歌的，历史的，关于行为轨范的，关于宗教崇拜的；此外当然还有许多大哲学家的作品，如老子及孔子、墨翟，一直到孟子、庄子及韩非——这可称之为中国学术的《旧约全书》时代。这个上古时期，不独为所有后来各时代中国思想史确定了一个主要的模型，而且也提供了许多灵感和智慧的工具，使中国中古及近世思想家们，可以用来作凭借，去为哲学及文化的复兴而努力工作。简单说来，古典中国的理智遗产，共有三个方面：它的人文主义，它的合理主义，以及它的自由精神。

其所以成为人文主义的，是为了它始终而且明显的注意人类的生活，人类的行为，以及人类的社会。举例说来，当孔子被人问应当如何事鬼神时，他就说："未能事人，焉能事鬼？"他又被问关于死的意见时，他就说：“未知生，焉知死?”这种对于人生的执着，就成了一个特点，使中国古代思想与印度、波斯，甚至伊色利［以色列］(Israel)的古代思想，截然不同了。中国古典时期的思想家，主要的是道德哲学家、教育哲学家、社会哲学家以及政治哲学家。古代中国曾建立一个伟大的文明，而且又产生了许多关于人性，关于道德行为，关于法律及政治组织的种种成熟的学说，但对含有“乐园”意义的“天堂”，看作“末日裁判”地方的“地狱”，则一无所知，并且对于生死问题，也从来没有耽于玄思默想过。

其次，中国古典思想之所以成为合理，成为唯理智主义的原因，是由于他对于智识、学问和思想的重视。孔子说：“学而不思则罔，思而不学则殆。”当时，中国思想的派别很多，从孔子的明显的唯理智主义的态度（孔子曾明白承认过：“吾尝终日不食，终夜不寝，以思，无益，不如学也。”）一直到老子更明确的、唯理智主义者的(Rationalistic)，但几乎是反理智主义者的（Anti-Intellectualistic）态度。老子这么吟咏过：“不出户，知天下；不窥牖，见天道。”

在这两极端之间，可以寻到那时中国思想上一些其他的伟大学派。他们的不同之处，是在于对那比较吃力的学习及研究过程的注重程度，各有不同。这一类的差别，在两种不同的性情之间，本是些很自然的差别。这两种性情，威廉詹姆斯氏曾把一个称之为“软心肠的性情”，把另一个称之为“硬心肠的性情”。中国思想从未诉之于超自然或神秘的事物，以作为思想或推理的基础。从这一点看，一般说来，中国思想是始终唯理的。而且，它的所有正统学派，对于知识和考察，都十分重视。再从这一方面看，它确是偏重于唯理主义者的态度。

人文主义者的兴趣，与合理及唯理主义者的方法论结合起来，这一结合，就给予古代中国思想以自由的精神。而且对于真理的追求，又使中国思想本身得以自由。孔子说：“君子不忧不惧，”又说：“内省不疚，夫何忧何惧!”讲到他自己时，他又说：“饭疏食，饮水，曲肱而枕之，乐亦在其中矣。不义而富且贵，于我如浮云。”在中国道德与理智力量仅次于孔子的孟子，也曾经更有力的表示过这个自由的精神。他说：“富贵不能淫，贫贱不能移，威武不能屈，此之谓大丈夫。”

这种人文的、合理的及自由的精神，就是古典时代对于理智生活留传下来的最大的遗产。也就是因为这个精神，所以方能使得那个时代多样的理论、社会及政治作品，现在读起来，还是和我们现代的作品一样。

这里就是孔子和他自己国家统治者的谈话：

> 鲁定公问：“一言可以兴邦，有诸？”
>
> 孔子对曰：“言不可以若是其几也。人之言曰：‘为君难，为臣不易。’如之为君之难也，不几乎一言而兴邦乎？”
>
> 定公又问：“一言而丧邦，有诸？”
>
> 孔子对曰：“言不可以若是其几也。人之言曰：‘予无乐乎为君，唯其善而莫予违也。’如其善而莫之违也，不亦善乎？如不善而莫之为也，不几乎一言而丧邦乎？”

从这样一个人道的、合理的、客气的，然而在精神上又是这么坚定的，这么自由的回答里，我们可以了解二十五个世纪以来，孔子对于中国人的控制力量的所自来了。

下面是孟子和梁惠王的一段问答：

> “杀人以梃与刃，有以异乎？”孟子问。
>
> “无以异也。”梁惠王答。
>
> “以刃与政有以异乎？”
>
> 王曰：“无以异也。”
>
> 庖有肥肉，厩有肥马，民有饥色，野有饿莩，此率兽而食

> 人也。兽相食，人且恶之，为民父母行政，不免于率兽而食人，恶在其为民父母也？

下面又是孟子告诉齐宣王的一段话：

> 君之视臣如手足，则臣视君如腹心。君之视臣如犬马，则臣视君如国人。君之视臣如土芥，则臣视君如寇仇。

从这类的讨论中，我们不禁要觉察到人文主义的精神、合理的精神以及自由政治批判的精神。这种精神，就使孟子成为人类历史上民主政治的最早也许是最大的哲学家。

这个古典时代三重性质的遗产，就成为后来中国各时代文化与理智生活的基础。他供给了种子，由那里就生出了后来的成长与发展。它又尽了肥沃土壤一样的使命，在那里面，许多种类的外国思想与信仰都种了下去，而且成长、开花、结果了。它给中国一个理智的标准，可以用来判断及估计一切外国输入的理想与制度。而一遇到中国思想变得太迷信，太停滞，或太不人道时，这一个富于创造性的理智遗产，总归是出来救了它。

虽然当中曾经有过一千年的时光，一般人都集体改信佛教，也还并没有能根除这个遗产。曾经有过一个时期，好像中国的合理性及人文主义，已经被一个中古时代思想的洪流所淹没了。这个中古思想，就是由印度及印度化思想信仰统治下所产生的。成千成万的男人女人，都出了家去当和尚和尼姑。宗教热就像浪潮一样的冲进了中国。作为对于佛教神圣献祭的最高形式，一个虔诚的和尚，可以欣然烧掉一个手指，一条膀臂，或者甚至他的整个身体。上千万的信男信女，有时甚至是宫廷中的人物也都蜂拥到山上去，目击而且悲泣一个高僧的自焚。

正是为了这样的出世态度，和这样非人道的狂热，才又把中国震动得恢复了知觉，恢复了理性，恢复了人性。在历史上那几次政府迫害佛教举动的背后，永远的有中国文明对于要使中国“蛮化”的这潮流的一种反抗态度存在着。

举例来说，公元八四五年对佛教大迫害时，上谕里的主要意思是说：“中国政府不能把中国人民弃之于对一个外国舍生宗教的崇奉了。”这就是中国人道主义对于使中国思想文明印度化的一个革命。

中国反抗佛教的最大代表，及大声疾呼得最厉害的领袖是韩愈。他指出过，中国思想的最高理想，是说一切的个人道德及理智培养，必须有一个社会的目的，而这个目的呢，就是齐家，治国，平天下。所有一切志在由苦行及逃世以自救的个人教育，都是反社会的，因之也是非中国的。

韩愈为这个反抗提出了著名的冲锋呐喊，所谓：“人其人！”那就是说，使和尚尼姑们一律恢复人性和人的生活！他对于佛教的严厉批评，特别是他对于皇家的庇护佛教的攻击，就使他在八一九年遭到了贬斥。然而，在精神上，他却是第十一、第十二世纪中新哲学运动的创造者。这个运动，后来就产生了“唯理哲学”（理学）的复兴与形成。

这次现世的及创造性的哲学运动的复兴，就为中国思想的第三或近世时期开了先河。那是中国哲学的一个复兴时代。在近世中国哲学前九百年的发展当中，古典时代的人文主义唯理主义，以及自由精神，又重新像花一样的放开了来。

“唯理哲学”的最初阶段，道院的苦行及学术性的冥想，仍然继续存在。这些是从中古宗教时期接受过来的。不过就一般而论，理智自由精神已经产生了许多敌对的思想派别，而其中有几派，曾经较为彻底的脱去了中古势力的牢笼。推想已变为有条理得多，科学得多；道德教训也变得更人道些，更合理些。

十二世纪中，朱熹学派曾特别注重对于知识采取唯理主义的态度。这一派的口号是：“致知在格物”。主张“今日格一物，明日格一物”，“主于用力之久，而一旦豁然贯通焉，则众物之表里精粗无不到，而吾心之全体大用无不明矣。”

这种严格唯理主义者的精神及方法论，在中国思想里，就产生新的唯理主义。可是因为没有对于自然本身实验及处理的传统和技术，终至于这种科学的思想，并没有能够产生一种自然科学，可是它的精神，却渐渐在历史及哲学的研究中被觉察出来了。过去三百年，它曾经在对于古典著作的研究方面，产生了一个科学的方法论。他曾经展开了对于书本的批评，“高级”的批评，以及对于古代著述的哲学态度。那些图谋推翻传统注疏的学者们，现在却选了一个新的工具，这就是一个新的方法论。这样，他们可以凭借历史的证据及演绎的推理法，去扫除一切主观的解释，和传统的权威。固有的唯理主义，现在变成科学性的了。而理智自由的精神，也就寻到了一个有力的武器。

我将再叙两个轶事，以结束这个简略的中国思想史叙述。中国现存的最老哲学家吴敬恒，曾经告诉我一个故事。他早年的时候，去见江阴南菁书院的山长黄以周。当他走进山长室时，他看见墙上挂着山长自己用大字泼笔写着的对联。那对联上八个字说：“实事求是，莫作调人”。

数年前，当我浏览我父亲未刊行的著作时，我寻到七十年前他在上海龙门书院所作的许多卷札记，每页顶上都用红字印着一段格言。其中一部分说：“学生研究任何题目时，都必须有先用怀疑的精神。”

以怀疑态度研究一切：实事求是，莫作调人。这就是那些中国思想家的精神，他们曾使中国理智自由的火炬，永远不息。也就是这个精神，方使中国的思想家们，在这个新世界上，新时代中，还觉应完全的自如与合适。

（根据英文文章 *Chinese Thought* 译出，译者冷观。载于《读者通讯》第 60 期，1943 年 2 月 16 日）

谈谈中国思想史

在三千年中间的中国思想史，我想可以寻出一点线索来，不管它是向左，向右，或是向前，向后。中国思想史如此多的材料，如没有线索，必定要散漫。我的见解也许有成见，可是研究了三十多年，也许可给诸位作一参考。

简单说来，思想是生活种种的反响，社会上的病态需要医治，社会上的困难需要解决，思想却是对于一时代的问题有所解决。经济对思想的影响最大，尤其是在近两三百年来，经济极为重要。生活的方式，生产的方式，往往影响于思想。下面分三个时代来讲：

第一个时代——从商末到周初。

在这个时期里经济并不占重要地位，几百几千年的生活方式和生产状态，并没有多大变迁，更无所谓产业革命。古代思想最重要的是政治和宗教。《史记》作者司马迁分古思想家为六派：即阴阳，道德，儒，墨，法，名等。但是这六派都是“皆务为治”，亦即怎样治理国家社会。廿九年来从发掘安阳商代文化，发现许多材料，可使我们了解古代政治和宗教的生活。那时的政治和宗教合在一起，且互为影响。他们的主要生活是祭祖，按照祖宗的生日排成祭日表，一年三百六十五天都在祭祀，那时的宗教以祖为本，而且是很浪费，很残忍，很不人道的宗教。人死之后，拿来殉葬的是宝贵的饰物和铜器等，牺牲品往往用到几十只甚至几百只牛羊，这是多么浪费！用“人”来祭祀，一为“殉”，即把死人所爱的人和死人埋葬在一起。一为“祭”，即以人作牺牲品来祭神，但多用俘虏。这又是多么残忍！由于这“宗教”的浪费和残忍！至少可以有一种反抗的批判的思想出来。由此，我们可以看出四种思想的产生：

第一点　人本主义。在纪元前三世纪至六世纪，思想很发达，无论那一派那一家，其共同的一点是注意到“人”的社会，并且首创不能治人，怎样祀神的论调，讲所谓“治人之道”。

第二点　自然主义。针对前时代反应而出的这种主义，是很重要的一点。“自”是“自己”，“然”是“如此”，所谓“自己如此”，亦即自己变成了自己。如乌龟变成乌龟，桃子变成桃子等。两千多年这“自己变成自己”的形质，形成中国思想上很大的潮流。如老庄的思想，即是含有这种思想。

第三点　理智主义，那个时代如孔子所谓：“终日不食，终夜不寝，以思”。便是说明个人须作学问，并且提倡教育的路，无论那时学派思想如何复杂，也都是重知识，所以说已走上了知识主义，理智主义的大路。

第四点　自由思想。在若干国家对立时代，往往有思想的自由。那时有极端的个人主义者，如《吕氏春秋》；亦有提倡民主革命的，如《孟子》。

第二个时代——从汉到宋。

这一时代发生了极新的问题，一是国家的统一，一是新宗教佛教的传入，而普遍全国。于是由此引起了两种思想，即：（一）在武力统一政治下，如何建立一文治政府，减低人民压迫。（二）如何挽救全国人民的宗教热，前者如何建设文治政府，遂产生了四种工具：

第一个工具：建立文官考试制度，自汉武帝时开始，这制度一直发展到科举制度。

第二个工具：汉武帝时设立太学，造就文官，至东汉时已有一万多太学生。

第三个工具：建树成文法律，提倡法治。

第四个工具：建设前一时代有同等权威而加强政治力量的经典，由此而断大案。

至于后者如何挽救宗教热，则有两点：第一点：提倡自然主义，如王充以自然思想解释自然现象。第二点：提倡人本主义，如范缜以人和物体相等视，有物体才有精神，韩愈的倡“原道”，乃要人恢复到“古代之社会”

第三个时代——从宋代以后。

在这时代时产生了理学，亦即要恢复到古代好的制度和好的思想，拿本位文化来抵制非本位文化。理学亦即为道学，相信自然界有一法则存在。并且有两条路：一是“敬”、一是“致知”。第一条路主敬，我们可以看出经过了一千多年，仍不免要受到宗教的影响。第二条路是致知，亦即扩展个人知识。天地之大，草木之微，其中皆存有一“理”在。在这七八百年当中。理学始终是走这两条路，并且也成了号称“中国的本位文化”。而“致知”更为“科学”的路，科学的“目标”。

总括的说，在从前的时代，工具不够用，材料不够多。现在则以全世界为我们的材料，以全世界为我们的工具，以全世界为我们的参考，那么我相信有比较新的中国思想可以产生！

（胡适1947年6月演讲于北京辅仁大学。载于《学风》第1卷第6号，1947年6月）

胡適文集

治学卷

历史研究法

清代学者的治学方法

一

研究欧洲学术史的人知道科学方法不是专讲方法论的哲学家所发明的，是实验室里的科学家所发明的，不是亚里士多德（Aristotle）、倍根［培根］（Bacon）、弥儿（Mill）一般人提倡出来的，是格利赖［伽利略］（Galileo）、牛敦（Newton）、勃里斯来［即普利斯特里］（Priestley）一般人实地试行出来的。即如世人所推为归纳论理的始祖的倍根，他不过曾提倡知识的实用和事实的重要，故略带着科学的精神。其实他所主张的方法，实行起来，全不能适用，决不能当“科学方法”的尊号。后来科学大发达，科学的方法已经成了一切实验室的公用品，故弥儿能把那时科学家所用的方法编理出来，称为归纳法的五种细则。但是弥儿的区分，依科学家的眼光看来，仍旧不是科学用来发明真理解释自然的方法的全部。弥尔和倍根把演绎法看得太轻了，以为只有归纳法是科学方法。近来的科学家和哲学家渐渐的懂得假设和证验都是科学方法所不可少的主要分子，渐渐的明白科学方法不单是归纳法，是演绎和归纳相互为用的，忽而归纳，忽而演绎，忽而又归纳；时而由个体事物到全称的通则，时而由全称的假设到个体的事实，都是不可少的。我们试看古今来多少科学的大发明，便可明白这个道理。更浅一点，我们走进化学实验室里去做完一小盒材料的定性分析，也就可以明白科学的方法不单是归纳一项了。

欧洲科学发达了二三百年，直到于今方才有比较的圆满的科学方法论。这都是因为高谈方法的哲学家和发明方法的科学家向来不很接近，所以高谈方法的人至多不过能得到一点科学的精神和科学的趋势；所以创造科学方法和实用科学方法的人，也只顾他自己研究试验的应用，不能用哲学综合的眼光把科学方法的各方面详细表示出来，使人了解。哲学家没有科学的经验，决不能讲圆满的科学方法论。科学家没有哲学的兴趣，也决不能讲圆满的科学方法论。

不但欧洲学术史可以证明我这两句话，中国的学术史也可以引来作证。

二

当印度系的哲学盛行之后，中国系的哲学复兴之初，第一个重要问题就是方法论，就是一种逻辑。那个时候，程子到朱子的时候，禅宗盛行，一个“禅”字几乎可以代表佛学。佛学中最讲究逻辑的几个宗派，如三论宗和法相宗都很不容易研究，经不起少许政府的摧残，就很衰微了。只有那“明心见性，不立文字”的禅宗，仍旧风行一世。但是禅宗的方法完全是主观的顿悟，决不是多数人“自悟悟他”的方法。宋儒最初有几个人曾采用道士派关起门来虚造宇宙论的方法，如周濂溪、邵康节一班人。但是他们只造出几种道士气的宇宙观，并不曾留下什么方法沦。直到后来宋儒把《礼记》里面一篇一千七百五十个字的《大学》提出来，方才算是寻得了中国近世哲学的方法论。自此以后，直到明代和清代，这篇一千七百五十个字的小书仍旧是各家哲学争论的焦点。程、朱、陆、王之争，不用说了。直到二十多年前康有为的《长兴学记》里还争论“格物”

两个字究竟怎样解说呢！

《大学》的方法论，最重要的是“致知在格物”五个字。程子、朱子一派的解说是：

> 所谓“致知在格物”者，言欲致吾之知，在即物而穷其理也。盖人心之灵莫不有知，而天下之物莫不有理。惟于理有未穷，故其知有不尽也。是以《大学》始教，必使学者即凡天下之物，莫不因其已知之理而益穷之，以求至乎其极。至于用力之久，而一旦豁然贯通焉，则众物之表里精粗无不到，而吾心之全体大用无不明矣。（朱子补《大学》第五章）

这一种“格物”说便是程朱一派的方法论。这里面有几点很可注意。（1）他们把“格”字作“至”字解，朱子用的“即”字，也是“到”的意思。“即物而穷其理”是自己去到事物上寻出物的道理来。这便是归纳的精神。（2）“即凡天下之物，莫不因其已知之理而益穷之，以求至乎其极。”这是很伟大的希望。科学的目的，也不过如此。小程子也说，“语其大至天地之高厚，语其小至一物之所以然，学者皆当理会。”倘宋代的学者真能抱着这个目的做去，也许［能］做出一些科学的成绩。

但是这种方法何以没有科学的成绩呢？这也有种种原因。（1）科学的工具器械不够用。（2）没有科学应用的需要。科学虽不专为实用，但实用是科学发展的一个绝大原因。小程子临死时说，“道著用，便不是。”这种绝对非功用说，如何能使科学有发达的动机？（3）他们既不讲实用，又不能有纯粹的爱真理的态度。他们口说“致知”，但他们所希望的，并不是这个物的理和那个物的理，乃是一种最后的绝对真理。小程子说，“今日格一件，明日格一件，积习既多，然后脱然有贯通处。”又说，“自一身之中，至万物之理，但理会得多，自然豁然有觉悟处。”朱子上文说的“至于用力之久，而一旦豁然贯通焉，则众物之表里精粗无不到，而吾心之全体大用无不明矣。”这都可证宋儒虽然说“今日格一事，明日格一事”，但他们的目的并不在今日明日格的这一事。他们所希望的是那“一旦豁然贯通”的绝对的智慧。这是科学的反面。科学所求的知识正是这物那物的道理，并不妄想那最后的无上智慧。丢了具体的物理，去求那“一旦豁然贯通”的大澈大悟，决没有科学。

再论这方法本身也有一个大缺点。科学方法的两个重要部分，一是假设，一是实验。没有假设，便用不者实验。宋儒讲格物全不注重假设。如小程子说，“致知在格物，物来则知起。物各付物，不役其知，则意诚不动。”天下那有“不役其知”的格物？这是受了《乐记》和《淮南子》所说“人生而静，天之性也，感于物而动，性之欲也”，那种知识论的毒。“不役其知”的格物，是完全被动的观察，没有假设的解释，也不用实验的证明。这种格物如何能有科学的发明？

但是我们平心而论，宋儒的格物说，究竟可算得是含有一点归纳的精神。“即凡天下之物，莫不因其已知之理而益穷之”一句话里，的确含有科学的基础。朱子一生有时颇能做一点实地的观察。我且举朱子《语录》里的两个例：——

> （1）今登高山而望，群山皆为波浪之状，便是水泛如此，只不知因什么事凝了。
>
> （2）尝见高山有螺蚌壳，或生石中。此石即旧日之土，螺蚌即水中之物。下者却变而为高，柔者却变而为刚。此事思之至深，有可验者。

这两条都可见朱子颇能实行格物。他这种观察，断案虽不正确，已很可使人佩服。西洋的地质学者，观察同类的现状，加上胆大的假设，作为有系统的研究，便成了历史的地质学。

三

起初小程子把“格物”的物字解作“语其大至天地之高厚，语其小至一物之所以然”，又解作“自一身之中，至万物之理”。这个“物”的范围，简直是科学的范围。但是当科学器械不完备的时候，这样的科学野心，不但做不到，简直是妄想。所以小程子自己先把“物”的范围缩小了。他说“穷理亦多端，或读书讲明义理，或论古今人物，别其是非，或应接事物，处其当然：皆穷理也。”这是把“物”字缩到“穷经，应事，尚论古人”三项。后来朱子便依着小程子所定的范围。朱子是一个读书极博的人，他的一生精力大半都用在“读书穷理”，“读书求义”上。他曾费了大工夫把《四子书》、《四经》（《易》、《诗》、《书》、《春秋》）自汉至唐的注疏细细整理一番，删去那些太繁的和那些太讲不通的，又加上许多自己的见解，做成了几部简明贯串的集注。这几部书，八百年来，在中国发生了莫大的势力。他在《大学》、《中庸》两部书上用力更多。每一部书有《章句》，又有《或问》、《中庸》，还有《辑略》。他教人看《大学》的法子，“须先读本文，念得，次将《章句》来解本文，又将《或问》来参《章句》，须逐一令记得，反复寻究，待他浃洽，既逐段晓得，将来统看温寻过，这方始是。”看这一条，可以想见朱子的格物方法在经学上的应用。

他这种方法是很繁琐的。在那禅学盛行的时代，这种方法自然很受一些人的攻击。陆子批评他道：“易简工夫终久大，支离事业竟浮沉。”“支离事业”就是朱子一派的“传注”工夫。陆子自己说：“学苟知本，则《六经》皆我注脚。”又说，“《六经》注我，我注《六经》。”他所说的“本”，就是自己的心。他说，“宇宙即是吾心，吾心即是宇宙。”他又说，“万物皆备于我。只要明理。然理不解自明，须是隆师亲友”。

朱子说，“人心之灵，莫不有知，而天下之物，莫不有理”。这是说“理”在物中，不在心内，故必须去寻求研究。陆子说“此心此理，实不容有二”。心就是理，理本在心中，故说“理不解自明”。这种学说和程朱一系所说“即物而穷其理”的方法，根本上立于反对的地位。

后来明代王阳明也攻击朱子的格物方法。阳明说：

> 众人只说格物要依晦翁，何曾把他的说去用。我着实曾用来。初年与钱友同论做圣贤要格天下之物，因指亭前竹子，令去格看。钱子早夜去穷格竹子的道理，竭其心思，至于三日，便致劳神成疾。当初说他是精力不足，某因自去穷格，早夜不得其理，到七日亦以劳思致疾。遂相与叹，圣贤是做不得的，无他大力量去格物了！

王阳明这样挖苦朱子的方法，虽然太刻薄一点，其实是很切实的批评。朱子一系的人何尝真做过“即凡天下之物，莫不因其已知之理而益穷之”的工夫？朱子自己说：“夫天下之物，莫不有理，而其精蕴则已具于圣贤之书，故必由是以求之。”从“天下之物”缩小到“圣贤之书”，这一步可算跨得远了！

王阳明自己主张的方法大致和陆象山相同。阳明说：“心外无物。”又说：“物者，事也。凡意之所发，必有其事。意所在之事谓之物。”又说：“如吾心发一念孝亲，即孝亲便是物。”他把“格”字当作“正”字解，他说：“格者，正也，正其不正以归于正也。”他把“致知”解作“致吾心之良知”，故要人“于其良知所知之善者，即其意之所在之物，而实为之，无有乎不尽；于其良知所知之恶者，即其意之所在之物，而实去之，无有乎不尽。”这就是格物。

陆、王一派把“物”的范围限于吾心意念所在的事物，初看去似乎比程、朱一派的“物”的范围缩小得多了。其实并不然。程、朱一派高谈“即凡天下之物”，其实只有“圣贤之书”是他们的“物”。陆、王明明承认“格天下之物”是做不到的事，故把范围收小，限定“意所在之事谓之物。”但是陆、王都主张“心外无物”的，故“意所在之事”一句话的范围可大到无穷，比程、朱的“圣贤之书”广大得多了。还有一层，陆、王一派极力提倡个人良知的自由，故陆子说“《六经》为我注脚”，王子说，“夫学贵得之心，求之于心而非也，虽其言之出于孔子，不敢以为是也。”这种独立自由的精神便是学问革新的动机。

但是独立的思想精神，也是不能单独存在的。陆王一派的学说，解放思想的束缚是很有功的，但他们偏重主观的见解，不重物观的研究，所以不能得社会上一般人的信用。我们在三四百年后观察程、朱、陆、王的争论，从历史的线索上看起来，可得这样一个结论：“程、朱的格物论注重‘即物而穷其理’，是很有归纳的精神的。可惜他们存一种被动的态度，要想‘不役其知’，以求那豁然贯通的最后一步。那一方面，陆、王的学说主张真理即在心中，抬高个人的思想，用良知的标准来解脱‘传注’的束缚。这种自动的精神很可以补救程朱一派的被动的格物法。程、朱的归纳手续，经过陆、王一派的解放，是中国学术史的一大转机。解放后的思想，重新又采取程、朱的归纳精神，重新经过一番‘朴学’的训练，于是有清代学者的科学方法出现，这又是中国学术史的一大转机。”

四

中国旧有的学术，只有清代的“朴学”确有“科学”的精神。“朴学”一个名词包括甚广，大要可分四部分：

一、文字学（philology）。包括字音的变迁，文字的假借通转，等等。

二、训诂学。训诂学是用科学的方法，物观的证据，来解释古书文字的意义。

三、校勘学（textual criticism）。校勘学是用科学的方法来校正古书文字的错误。

四、考订学（higher criticism）。考订学是考定古书的真伪，古书的著者，及一切关于著者的问题的学问。

因为范围很广，故不容易寻一个总包各方面的类名。“朴学”又称为“汉学”，又称为“郑学”。这些名词都不十分满人意。比较起来，“汉学”两个字虽然不妥，但很可以代表那时代的历史背景。“汉学”是对于“宋学”而言的。因为当时的学者不满意于宋代以来的性理空谈，故抬出汉儒来，想压倒宋儒的招牌。因此，我们暂时沿用这两个字。

“汉学”这个名词很可表示这一派学者的公同趋向。这个公同趋向就是不满意于宋代以来的学者用主观的见解来做考古学问的方法。这种消极方面的动机，起于经学上所发生的问题，后来方才渐渐的扩充，变成上文所说的四种科学。现在且先看汉学家所攻击的几种方法：——

（1）随意改古书的文字。

（2）不懂古音，用后世的音来读古代的韵文，硬改古音为“叶音”。

（3）增字解经。例如解“致知”为“致良知”。

（4）望文生义。例如《论语》“君子耻其言而过其行”，本有错误，故“而”字讲不通，宋儒硬解为“耻者，不敢尽之意，过者，欲有余之辞”，却不知道“而”字是“之”字之误（皇侃本如此）。

这四项不过是略举几个最大的缺点。现在且举汉学家纠正这种主观的方法的几个例。唐明皇读《尚书·洪范》：“无偏无颇，遵王之义”，觉得下文都协韵，何以这两句不协韵，于是下敕改“颇”为“陂”，使与义字协韵。顾炎武研究古音，以为唐明皇改错了，因为古音“义”字本读为我，故与颇字协韵。他举《易·象传》“鼎耳革，失其义也；覆公餗，信如何也”，又《礼记·表记》：“仁者，右也；道者，左也；仁者，人也；道者，义也”，证明义字本读为我，故与左字，何字，颇字协韵。

又《易·小过》上六，“弗遇过之，飞鸟离之。”朱子说当作“弗过遇之”。顾炎武引《易·离》九三，“日昃之离，不鼓缶而歌，则大耋之嗟”，来证明“离”字古读如罗，与过字协韵，本来不错。

“望文生义”的例如《老子》“行于大道，唯施是畏”，王弼与河上公都把“施”字当作“施为”解。王念孙证明“施”字当读为“迤”，作邪字解。他举的证据甚多：(1)《孟子·离娄》，“施从良人之所之”，赵岐注，“施者，邪施而行”，丁公著音迤。(2)《淮南·齐俗训》，“去非者，非批邪施也”，高诱注，“施，微曲也。”(3)《淮南·要略》，“接径直施”，高注，“施，邪也。”以上三证，证明施与迤通，《说文》说“迤，衺行也。”(4)《史记·贾生传》，“庚子日施兮”，《汉书》写作“日斜兮”。(5)《韩非子》的《解老篇》解《老子》这一章，也说，“所谓大道也者，端道也。所谓貌施也者，邪道也。”以上两证，证明施字作邪字解。这种考证法还不令人心服吗?

这几条随便举出的例，可以表示汉学家的方法。他们的方法的根本观念可以分开来说：——

(1) 研究古书，并不是不许人有独立的见解，但是每立一种新见解，必须有物观的证据。

(2) 汉学家的“证据”完全是“例证”。例证就是举例为证。看上文所举的三件事，便可明白“例证”的意思了。

(3) 举例作证是归纳的方法。举的例不多，便是类推 (analogy) 的证法。举的例多了，便是正当的归纳法 (induction) 了。类推与归纳，不过是程度的区别，其实他们的性质是根本相同的。

(4) 汉学家的归纳手续不是完全被动的，是很能用“假设”的。这是他们和朱子大不相同之处。他们所以能举例作证，正因为他们观察了一些个体的例之后，脑中先已有了一种假设的通则，然后用这通则所包涵的例来证同类的例。他们实际上是用个体的例来证个体的例，精神上实在是把这些个体的例所代表的通则，演绎出来。故他们的方法是归纳和演绎同时并用的科学方法。如上文所举的第一件事，顾炎武研究了许多例，得了“凡义字古音皆读为我”的通则。这是归纳。后来他遇着“无偏无颇，遵王之义”一个例，就用这个通则来解释他，说这个义字古音读为我，故能与颇字协韵。这是通则的应用，是演绎法。既是一条通则，应该总括一切“义”字，故必须举出这条“义读为我”的例，来证明这条“假设”的确是一条通则。印度因明学的三支，有了“谕体”（大前提），还要加上一个“谕依”（例），就是这个道理。

五

我现在且举几个最精密的长例来表示汉学家的科学方法。清代汉学的成绩要算文字学的音韵一部分为最大，故我先举钱大昕考定古今音变迁的一条例。钱氏于古音学上有两大发明，一是“古无轻唇音”，一是“古无舌头舌上之分”。前一条我已引在我的《中国哲学史大纲》里了。现在且举他的“古无舌头舌上之分”一条。舌上的音如北方人读“知”，“彻”，“澄”三组的字都是舌上音。舌头音为“端”，“透”，“定”三组的字（西文的 D，T 两母的字）。钱氏发明现读舌上音的字，古音都读舌头的音。他举的例如下：

（1）《说文》“冲读若动”。《书》“惟予冲人”，《释文》“直忠切”。古读直如特，冲子犹童子也。字母家不识古音，读冲为虫，不知古读虫亦如同也。《诗》“蕴隆虫虫”，《释文》，“直忠反”；徐，“徒冬反”。《尔雅》作爞；郭，“都冬反”。《韩诗》作烔，音徒冬反。是虫与同，音不异。

（2）古音中如得。《三仓》云，“中，得也。”《史记·封禅书》，“康后与王不相中”；《周勃传》，“子胜之尚公主，不相中。”小司马皆训为得。

（3）古音陟如得。《周礼》，“太卜掌三梦之法，……三日咸陟。”注，“陟之言得也，读如王德翟人之德。”

（4）古音赵如掴。《诗》“其镈斯赵”，《释文》，“徒了反”。《周礼·考工记》注引此作“其镈斯掴”，大了反。《荀子》杨倞注，“赵读为掉”。

（5）古音直如特。《诗》，“实惟我特”，《释文》，“《韩诗》作直，云相当值也”。《檀弓》，“行并植于晋国”，注，“植或为特”。《王制》“天子犆礿”，《释文》，“犆音特”。

（6）古音竹如笃。《诗》“绿竹猗猗”，《释文》，“《韩诗》作藩，音徒沃反”，与笃音相近，皆舌音也。笃竹并从得声。《论语》，“君子笃于亲”，《汗简》云，“古文作竺”。《书》，“笃不忘”，《释文》，“本又作竺”。《释诂》，“竺，厚也”，《释文》，“本又作笃”。《汉书·西域传》，“无雷国北与捐毒接”，师古日，“捐毒即身毒，天毒也”。《张骞传》，“吾贾人转市之身毒国”，邓展曰，“毒音督”，李奇曰，“一名天竺”。《后汉书·杜笃传》，“摧天督”，注，“即天竺国”。然则竺，笃，毒，督四字同音。

（7）古读猪如都。《檀弓》，“洿其宫而猪焉”，注，“猪，都也，南方谓都为猪。”《书》“大野既猪”，《史记》作既都。“荣波既猪”，《周礼》注引作“荣播既都”。

（8）古读追如堆。《郊特牲》，“毋追”，《释文》，“多雷反”。枚乘《七发》，“逾岸出追”，李善注，“追古堆字”。

（9）古读倬如菿。《诗》“倬彼甫田”，《韩诗》作菿。

（10）古读枨如棠。孔子弟子申枨，《史记》作申棠。……因枨有棠音，可悟古读“长”丁丈切，与党音相似，正是音和，非类隔。

（11）古读池如沱。《诗》，“滮池北流”，《说文》引作“滮沱”。《周礼》职方氏，“并州，其川虖池”；《礼记》，“晋人将有事于河，必先有事于恶池”，即滮沱之异文。

（12）古读廛如坛。《周礼》廛人，注，“故书廛为坛，杜子春读坛为廛。”“载师以廛里任国中之地”，注，“故书廛或为坛，司农读为廛。”

（13）古读秩如豒。《书》，“平秩东作”，《说文》引作豒，从丰，弟声。……凡从失之字，如跌，迭，瓞，昳，泆皆读舌音，则秩亦有迭音可信也。

（14）侄娣本双声字。《公羊·释文》，“侄，大结反，娣，大计反”，此古音也。《广韵》，侄有“徒结”，“直一”两切。

（15）古读陈如田。《说文》“田，陈也。”陈完奔齐，以国为氏，而《史记》谓之田氏。是古田陈同声。

钱氏所举的例，不只这十五个，我不能全抄了。看他每举一个例，必先证明那个例；然后从那些证明了的例上求出那“古无舌头舌上之分”的大通则。这里面有几层的归纳，和几层的演绎。他从《诗·释文》、《檀弓·注》、《王制·释文》各例上寻出“古读直如特”的一条通则，便是一层归纳。他用同样的方法去寻出“古读竹如笃”，“古读猪如都”等等通则，便是十几次的归纳。然后把这许多通则贯串综合起来，求出“古读舌上音皆为舌头音”的大通则，便是一层大归纳。经过这层大归纳之后，有了这个大通则，再看这个通则有没有例外。如字书读冲为虫，他便可应用这条大通则，说虫字古时也读如“同”。这是演绎。他怕演绎的证法还不能使人心服，故又去寻个体的例，如虫字的“直忠”和“都冬”两切，证明虫字古读如同。这又是归纳了。

这是汉学家研究音韵学的方法。三百年来的音韵学所以能成一种有系统有价值的科学，正因为那些研究音韵的人，自顾炎武直到章太炎都能用这种科学的方法，都能有这种科学的精神。

六

我再举一个训诂学的例。清代讲训诂的方法，到王念孙、王引之父子两人，方才完备。二王以后，俞樾、孙诒让一班人都跳不出他们两人的范围。王氏父子所著的《经传释词》，可算得清代训诂学家所著的最有统系的书，故我举的例也是从这部书里来的。古人注书最讲不通的，就是古书里所用的“虚字”。“虚字”在文法上的作用最大，最重要。古人没有文法学上的名词，一切统称为“虚字”（语词，语助词，等等)，已经是很大的缺点了。不料有一些学者竟把这些“虚字”当作“实字”用，如“言”字在《诗经》里常作“而”字或“乃”字解，都是虚字，被毛公、郑玄等解作代名词的“我”字，便更讲不通了。王氏的《经传释词》全用归纳的方法，举出无数的例，分类排比起来，看出相同的性质，然后下一个断案，定他们的文法作用。我要举的例是用在句中或句首的“焉”字。

“焉”字用在句尾，是很平常的用法。例如“殆有甚焉”，“必有事焉”，都作“于此”解，那是很容易的。但是“焉”字又常常用在一句的中间或一句的起首，他的功用等于“于是”，“乃”，“则”一类的状词，大概是表时间的关系，有时还带着一点因果的关系。王氏举的例如下：

(1)《礼记·月令》，“命舟牧覆舟，五覆五反，乃告舟备具于天子，天子焉（于是）始乘舟。”

(2)《晋语》，“尽逐群公子，乃立奚齐，焉（于是）始为令于国。”

(3)《墨子·鲁问》，“公输子自鲁南游楚，焉（于是）始为舟战之器。”

(4)《山海经·大荒西经》，“夏后开焉（于是）始得歌九招。”

(5)《祭法》，“坛墠有祷，焉（则）祭之；无祷乃止。”

(6)《三年问》，“故先王焉（乃）为之立中制节。”

(7) 又，“焉（乃）使倍之，故再期也。”

(8)《大戴礼·王言篇》，“七教修，焉（乃）可以守；三至行，焉（乃）可以征。”

(9)《曾子·制言篇》，“有知，焉（乃）谓之友；无知，焉谓之主。”

(10)《齐语》，“乡有良人，焉（乃）以为军令。”

(11)《吴语》,“吾道路悠远,必无有二命,焉(乃)可以济事。”

(12)《老子》,“信不足,焉(于是)有不信。”

(13)《管子·幼官篇》,“胜无非义者,焉(乃)可以为大胜。”

(14)又《揆度篇》,“民财足则君赋敛焉(乃)不穷。”

(15)《墨子·亲士篇》,“焉(乃)可以长生保国。”

(16)又《兼爱》,“必知乱之所自起,焉(乃)能治之。”

(17)又《非攻》,“汤焉(乃)敢奉率其众以乡有夏之境。”

(18)《庄子·则阳篇》,“君为政,焉(乃)勿卤莽;治民,焉(乃)勿灭裂。”

(19)《荀子·议兵篇》,“若赴水火,入焉(则)焦没耳。”

(20)又,“凡人之动也,为赏庆为之,则见害伤焉(乃)止矣。”

(21)《离骚》,“驰椒邱且焉(于是)止息。”

(22)《九章》,“焉(于是)洋洋而为客”,‘焉(于是)舒情而抽信兮。”

(23)《九辩》,“国有骥而不知乘兮,焉(乃)皇皇而更索。”

(24)《招魂》,“巫阳焉(乃)下招曰。”

(25)《远游》,“焉(乃)逝以俳徊。”

(26)僖十五年《左传》,“晋于是乎作爰田,晋于是乎作州兵。”《晋语》作,“焉作辕田,焉作州兵。”是“焉”与“于是”同义。

(27)《荀子·礼论篇》,“三者偏亡,焉无安人。”《史记·礼书》用此文,焉作则。《老子》,“故贵以身为天下,则可寄天下。”《淮南子·道应训》引此,则作焉。是“焉”与“则”同义。

这种方法，先搜集许多同类的例，比较参看，寻出一个大通则来：完全是归纳的方法。但是以我自己的经验看起来，这种方法实行的时候，决不能等到把这些同类的例都收集齐了，然后下一个大断案。当我们寻得几条少数同类的例时，我们心里已起了一种假设的通则。有了这个假设的通则，若再遇着同类的例，便把已有的假设去解释他们，看他能否把所有同类的例都解释的满意。这就是演绎的方法了。演绎的结果，若能充分满意，那个假设的通则便成了一条已证实的定理。这样的办法，由几个（有时只须一两个）同类的例引起一个假设，再求一些同类的例去证明那个假设是否真能成立：这是科学家常用的方法。假设的用处就是能使归纳法实用时格外经济，格外省力。凡是科学上能有所发明的人，一定是富于假设的能力的人。宋儒的格物方法所以没有效果，都因为宋儒既想格物，又想"不役其知"。不役其知就是不用假设，完全用一种被动的态度。那样的用法，决不能有科学的发明。因为不能提出假设的人，严格说来，竟可说是不能使用归纳方法。为什么呢？因为归纳的方法并不是教人观察"凡天下之物"，并不是教人观察乱七八糟的个体事物；归纳法的真义在于教人"举例"，在于使人于乱七八糟的事物里面寻出一些"类似的事物"。当他"举例"时，心里必已有了一种假设。如钱大昕举冲，中，陟，直，赵，竺……等字时，他先已有一种"类"的观念，先有了一种假设。不然，他为什么不举别的整千整万的字呢？又如王氏讲"焉"字的例，他若先没有一点假设，为什么单排出这些句中和句首的"焉"字呢？汉学家的长处就在他们有假设通则的能力。因为有假设的能力，又能处处求证据来证实假设的是非，所以汉学家的训诂学有科学的价值。道光年间有个方东澍做了一部《汉学商兑》，极力攻击汉学家，但他对于高邮王氏的《经义述闻》，也不能不佩服，不能不说"实足令郑、朱俛首，自汉唐以来未有其比。"这可见汉学家的方法精密，就是宋学的死党也不能不心服了。

七

我在上文已举了音韵学和训诂学的例，我现在再举清代校勘学作例。古书被后人抄写刻印，很难免去错抄错刻的弊病。譬如我做了一篇一百字的文章，写好之后，我自己校看一遍，没有错字。这个原稿可叫做“甲”。我的书记重抄一篇，送登《北京大学月刊》。因为“甲”是用草字写的，抄本“乙”误认了一个字，遂抄错了一个字。这篇“乙”稿拿去排印，商务印书馆的排工又排错了一字；这个印本，可叫做“丙”。这三个本子的“可靠性”有如下的比例：

“甲”本，100；“乙”本，99；“丙”本，98.02。

这一个本子，只经过三手，已比原本减少1.98的可靠性了。何况古代的著作，经过了一两千年的传抄翻印，那能保得住没有错误呢。校勘学的发生，只是要救正这种“日读误书”的危险。但是这种校勘的工夫，初看似乎很容易，其实真不容易。譬如上文说的“丙”本，只须寻着我的“甲”本，细细校对一遍，就可校正了。但是这种容易的校勘是不常有的。有些古书并没有原本可用来校对，所有的古本无论怎样古，终究是抄本。有时一部书只有一个传本，并无第二本。校书的人既不可随意乱改古书，又不可穿凿附会，勉强解说（说详本篇第四篇），自不能不用精密的方法，正确的证据，方才能使人心服。清代的校勘学所以能使人心服，正为他用的是科学的方法。

校勘学的方法可分两层说。第一是根据，第二是评判。根据是校勘时用来作比较参考的底本。根据大约有五种：（1）根据最古的本子。例如阮元的《论语注疏校勘记》引据的本子是：《汉石经残字》、《唐石经》、《宋石经》、皇侃《义疏》、《高丽本》（据陈鳣《论语古训》引的）、《十行本》（宋刻的，元明修补的）、《闽本》（明嘉靖时刊）、《非监本》（明万历时刊）、《毛本》（明崇祯时刊），共计九种古本。(2) 根据古书里引用本书的文句。例如《群书治要》、《太平御览》等书引了许多古书，可以用作参考。又如阮元校勘《论语》"君子耻其言而过其行"一句，先说："皇本，高丽本，而作之；行下有也。"这是前一种的根据。阮元又说："按《潜夫论·交际篇》，孔子疾夫言之过其行者，亦作之字。"这是第二种根据。又如《荀子·天论》，"内外无别，男女淫乱，则父子相疑，上下乖离"，这四项是平等的，不当夹一个"则"字。《韩诗外传》有这一段，没有"则"字；《群书治要》引的，也没有"则"字。故王念孙根据这两书，说"则"字是衍文。(3) 根据本书通行的体例。最明显的例是《墨子·小取篇》，"辟也者，举也物而以明之也。"第二个"也"字，初看似乎无意思，故毕沅校《墨子》，便删了这个字。王念孙后来发现"《墨子》书通以也为他"一条通例，故说这个"也"字也是"他"字："举他物以明此物谓之譬"，这就明白了。他的儿子王引之又用这条通例来校《小取篇》"无也故焉"的"也"字也是"他"字；又"无故也焉"一句也应该改正为"无也故焉"，那"也"字也是"他"字。后来我校《小取篇》，"是犹谓也者同也，吾岂谓也者异也"两句，也用这条通例来把第一和第三个"也"字都读作"他"字。(4) 根据古注和古校本。古校本最重要的莫如陆德明的《经典释文》。古注自汉以来多极了，不能遍举。我且举两个应用的例。《易·系辞传》，"拟之而后言，议之而后动"，议字实在讲不通。《释文》云，"陆、姚、桓玄、荀柔之作仪"。"仪"字作效法解，与"拟"字并列，便讲得通了。《系辞》又有"几者，动之微，吉之先见者也。"我不懂得此处何故单说"吉"，不说"吉凶"。后来我读孔颖达《正义》说"诸本或有凶字者，其定本则无也"，方才知道唐初的人还见过有"凶"字的本子，可据此校改。后来我读《汉书·楚元王传》，"穆生曰，《易》称知几其神乎；几者，动之微，吉凶之先见者也。"此又可证我的前说。(5) 根据古韵。我引王念孙《读书杂志》一段作例：

《淮南子·原道训》，“是故无所私而无所公，靡滥振荡，与天地鸿洞；无所左而无所右，蟠委错紾，与万物始终。”案始终当作终始。（上文云，“水流而不止，与万物终始。”）公洞为韵。右始为韵。（右，古读若“以”，说见《唐韵正》。）若作始终，则失其韵矣。

《俶真训》，“若夫真人则动溶于至虚而游于灭亡之野，骑蜚廉而从敦圄，驰于外方（外方据道藏本；各本作方外），休乎宇内，烛十日而使风雨，臣雷公，役夸父，妾宓妃，妻织女。”案“宇内”当为“内宇”。（内宇犹宇内也，若林中谓之中林，谷中谓之中谷矣。）内宇与外方相对为文。宇与野，圄，雨，父，女为韵，（野，古读若“墅”，说见《唐韵正》。）若作“宇内”则失其韵矣。

《说林篇》，“无乡之社，易为黍肉；无国之稷，易为求福。”案“黍肉”当作“肉黍”。后人以肉与福韵相协，故改为“黍肉”。不知福字古读若逼，不与肉为韵也。社黍为韵，（社，古读若“墅”。《说文》，社从示，土声。“甘誓”，“不用命戮于社”，与祖为韵。“效特牲”，“而君亲誓社”，与赋，旅，伍为韵。《左传》闵二年，成季将生卜辞，“闲于两社”，与辅为韵。《管子·揆度篇》，“杀其身以衅其社”，与鼓，父，为韵。）稷福为韵。若作黍肉，则失其韵矣。

以上五项是校勘学的根据。但是这几种根据都有容易致误的危险。先说古本。我们所有的“古本”，已不知是经过了多少次口授手写的抄本了，其中难保没有错误。近人最崇拜宋版的书，其实宋版也有好坏，未必都可用作根据。次说古书转引本书的文句，也有两大危险。第一，引书的人未必字字依照原文，往往随意增减字句。第二，初引或不误，后来传抄翻印，难免没有错误。次说本书的通例，也许著书的人偶然变例。次说古注与古校本，古校本往往有许多种不同的，究竟应该从那一个校本。古注本也有被后人妄改了的。例如，《老子》二十三章，“信不足焉，有不信焉。”这句本当作“信不足，焉有不信。”（看上文第六节）故王弼注云，“忠信不足于下，焉有不信也。”（此据《永乐大典》本）但今本王注改作“忠信不足于下焉，有不信焉”，这便不成话了。最后说古韵的根据，有时也容易致误。我且引一条最可注意的例：

《易经·剥象传》：“君子得舆，民所载也；小人剥庐，终不可用也。”又《丰象传》，“丰其沛，不可大事也；折其右肱，终不可用也。”这两条的韵很不容易说明。顾炎武作《易音》，竟不懂“用”何以能与“载”、“事”为韵。杨宾实说，两“用”字皆“害”字之误。卢文弨赞成此说，说：“害在十四泰，载在十九代，事在七志，古韵皆得相通。古害字作，故易与‘用’字相混。”

这一说，从表面看去，似乎很圆满了。后来王念孙驳他道：“凡《易》言君子小人者，其事皆相反。君子得舆，小人剥庐，亦取相反之义，……非谓小人不能害君子也。右肱为人之所用，右肱折则终不可用，……折肱则害及肱矣，何言终不可害乎？今案‘用’读为‘以’。《苍颉篇》，‘用，以也。’用与以声近而义同，故用可读为以。犹‘集’与‘就’声近而义同，故集可读为就；‘戎’与‘汝’声近而义同，故戎可读为汝也。……《剥象传》以灾，尤，载，用，为韵；《丰象传》以灾，志，事，用，为韵，……于古音并属‘之’部。……若‘害’字则从丰声，丰读若介，于古音属‘祭’部，……［在诸经中，与害为韵者］凡发，拨，大，达，败，晰，逝，外，未，说，辖，迈，卫，烈，月，揭，竭，世，艾，岁等字，皆属‘祭’部。遍考群经《楚辞》，未有与“之”部之灾，尤，载，志，事等字同用者。至于老庄诸子，无不皆然。是害与灾，尤，载，志，事，

五字，一属‘祭’部，一属‘之’部，两部绝不相通。”（《经义述闻》卷二）

因为这些根据都容易弄错，故校勘学不能全靠根据。校勘学的重要工夫在于“评判”。校勘两字都是法律的名词，都含有审判的意思；英文“textual criticism”译言“本子的评判”，我们顾名思义，可知校勘学决不单靠本子或他种的根据，可知校勘重在细心的判断。上文王念孙校一个“用”字，便是评判的工夫。段玉裁有《与诸同志书论校书之难》一篇，说这个道理最明白：

校书之难，非照本改字，不讹不漏之难也，定其是非之难。是非有二：曰底本之是非，曰立说之是非。必先定其底本之是非，而后可断其立说之是非。二者不分，轇轕如治丝，而棼如算之淆乱其法实，而瞀乱乃至不可理。

何谓底本？著书者之稿本是也。何谓立说？著书者所言之义理是也。《周礼·轮人》：“望而视其轮，欲其幎尔而下迤也。”自《唐石经》以下各本皆作“下迤”。唐贾氏作“不迤”。故《疏》曰：“不迤者，谓辐上至毂，两两相当，正直不旁迤，故曰不迤也。”文理甚明。今各本疏文皆作“下迤”，（“下迤者，谓辐上至毂，两两相当，正直不旁迤，故曰下迤也。”）其语绝无文理，则非贾文之底本矣。此由宋人以《疏》合经《注》者，改《疏》之“不”字合经之“下”字，所仍之经非贾氏之经本也。然则经本有二，“下”者是欤？“不”者是欤？

曰，“下”者是也。“望而视其轮”，谓视其已成轮之牙。轮圜甚，牙皆向下迤邪，非谓辐与毂正直两两相当也。经下文“县之以视其辐之直”，自谓辐。“规之以视其圜”，自谓圜。轮之圜在牙。上文“毂，辐，牙，为三材”，此言轮，辐，毂。轮即牙也。然则《唐石经》及各本经作“下”，是；贾氏本作“不”，非也。而义理之是非得矣。倘有浅人校《疏》文“下迤”

之误，改为“不迤”，因以《疏》文之“不迤”，改经文之“下迤”，则“贾疏”之底本得矣，而于义理乃大乖也。（段氏共引五例，今略）……

故校经之法，必以贾还贾，以孔还孔，以陆还陆，以杜还杜，以郑还郑，各得其底本，而后判其义理之是非，而后经之底本可定，而后经之义理可以徐定。不先正《注》、《疏》、《释文》之底本，则多诬古人。不断其立说之是非，则多误今人。……（经韵楼集》）

我们看了这种校勘学方法论，不能不佩服清代汉学家的科学精神。浅学的人只觉得汉学家斤斤的争辩一字两字的校勘，以为“支离破碎”，毫无趣味。其实汉学家的工夫，无论如何琐碎，却有一点不琐碎的元素，就是那一点科学的精神。

凡成一种科学的学问，必有一个系统，决不是一些零碎堆砌的知识。音韵学自从顾炎武、江永、戴震、钱大昕、段玉裁、王念孙，直到章炳麟、黄侃，研究古音的分部，声音的通转，不但分析更细密了，并且系统条理也更清楚明白了。训诂学用文字假借，声类通转，文法条例，三项作中心，也自成系统。校勘学的头绪纷繁，很不容易寻出一些通则来。但清代的校勘学却真有条理系统，故成一种科学。我们试看王念孙《读〈淮南子〉杂志》的《后序》，说他订正《淮南子》共九百余条，推求“致误之由”，可得六十四条通则。这一篇一万二千字的空前长序（《读书杂志》九之二十二）真可算是校勘学的科学方法论。又如俞樾的《古书疑义举例》的五、六、七，三卷也提出许多校勘学的通则，也可算是校勘学的方法论。

八

我想上文举的例很可以使读者懂得清代学者的治学方法了。他们用的方法，总括起来，只是两点。（1）大胆的假设，（2）小心的求证。假设不大胆，不能有新发明。证据不充足，不能使人信仰。上文举的许多例，大概多偏重求证的一方面。我现在且引清学的宗师戴震论《尚书·尧典》“光被四表”的光字的历史作为最后的一条例，作为我这一篇方法论的总结束。

《尧典》“光被四表，格于上下。”蔡沈解“光”为“显”，这是最普通的解法。但是孔安国《传》说，“光，充也。”光字作显解，何等近情近理？为什么古人偏要解作“充”字呢？岂不是舍近而求远吗？但是戴震说：

> 《孔传》“光，充也。”陆德明《释文》无音切。孔冲远《正义》曰，“光，充，《释言》文。”据郭本《尔雅》“桄，颎，充也。”注曰，“皆充盛也”。《释文》曰，“桄，孙作光，古黄反。”用是言之，光之为充，《尔雅》具其义。……虽《孔传》出魏晋间人手，以仆观此字，据依《尔雅》，又密合古人属词之法，非魏晋间人所能，必袭取师师相传旧解，见其奇古有据，遂不敢易尔。后人不用《尔雅》及古注，殆笑《尔雅》迂远，古注胶滞，如光之训充，兹类实繁。余独以谓病在后人不能遍观尽识，轻疑前古，不知而作也。

戴震是不信伪《孔传》的人，但他却要为“光，充也”一句很不近情理的话作辩护士。我们且看他的说法：

> 《尔雅》桄字，六经不见。《说文》“桄，充也。”孙愐《唐韵》“古旷反。”《乐记》，“钟声铿铿以立号，号以立横，横以立武。”郑康成注曰，“横，充也。谓气作充满也。”《释文》曰，“横，古旷反。”《孔子闲居》篇，“夫民之父母乎，必达于礼乐之原，以致五至而行三无，以横于天下。”郑注曰，“横，充也。”疏家不知其义出《尔雅》。

《尧典》古本必有作“横被四表”者。横被，广被也。正如《记》所云，“横于天下”，“横于四海”是也。横四表，格上下，对举。……横转写为桄，脱误为光。追原古初，当读“古旷反”，庶合充霩广远之义。

这真是大胆的假设。他见郭本《尔雅》的桄字在孙本作光，又见《说文》有“桄，充也”的话，又见《唐韵》读桄为古旷反，而《礼记》的横字既训为充，又读古旷反，——他看了这些事实，忽然看出他们的关系来，遂大胆下一个假设，说《尧典》的光字就是桄字，也就是横字。但是《尚书》的各本明明都作“光”字。戴震于是更大胆的提出一个很近于武断的假设，说“《尧典》古本必有作横被四表者。”这话是乾隆乙亥（1755）年《与王内翰凤喈书》里说的。过了两年（1757）钱大昕和姚鼐各替他寻着一个证据：

证一　《后汉书·冯异传》有“横被四表，昭假上下”。

证二　班固《西都赋》有“横被六合”。

过了七年多（1762），戴震的族弟受堂又替他寻着两个证据：

证三　《汉书·王莽传》，“昔唐尧横被四表”。

证四　王褒《圣主得贤臣颂》，“化溢四表，横被无穷”。

过了许多年，他的弟子洪榜又寻得一证：

证五　《淮南·原道训》，“横四维而含阴阳”。高诱注，“横读桄车之桄”。是汉人横桄通用，甚明。

他的弟子段玉裁又寻得一证：

证六　李善注《魏都赋》，引《东京赋》：“惠风横被。”今本《东京赋》作“惠风广被”，后人妄改也。

这一个字的考据的故事，很可以表示清代学者做学问的真精神。假使这个光字的古本作横已无法证实了，难道戴震就不敢下那个假设了吗？我可以断定他仍是要提出这个假设的。如果一个假设是站在很充分的理由上面的，即使没有旁证，也不失为一个很好的假设。

但他终究只是一个假设，不能成为真理。后来有了充分的旁证，这个假设便升上去变成一个真理了。

戴震自己论这个字的考据道：

> 述古之难，如此类者，遽数之不能终其物。六书废弃，经学荒谬，二千年以至今。……仆情僻识狭，以谓信古而愚，愈于不知而作。但宜推求，勿为株守。例以光之一字，疑古者在兹。信古者亦在兹。

“但宜推求，勿为株守”八个字是清学的真精神。

附记 此篇第一至第六章是民国八年八月作的；第七章是九年春间作的；第八章是十年十一月作的。相隔日久，中间定有不贯串之处。将来有暇时，当细细修正。

十，十一，三

（原题为《清代汉学家的科学方法》。分别载于《北京大学月刊》第 5、7、9 期，时间分别为 1919 年 11 月，1920 年 9 月，1921 年 4 月）

“研究国故”的方法

研究国故，在现时确有这种需要。但是一般青年，对于中国本来的文化和学术，都缺乏研究的兴趣。讲到研究国故的人，真是很少。这原也怪不得他们，实有以下二种原因：1. 古今比较起来，旧有的东西就很易现出破绽。在中国，科学一方面，当然是不足道的；就是道德和宗教，也都觉浅薄得很。这样，当然不能引起青年们底研究兴趣了。2. 中国底国故书籍，实在太没有系统了。历史书，一本有系统的也找不到；哲学也是如此。就是文学一方面，《诗经》总算是世界文学上的宝贝，但假使我们去研究《诗经》，竟没有一本书能供给我们做研究的资料的。原来中国底书籍，都是为学者而设，非为普通人、一般人底研究而做的。所以青年们要研究，也就无从研究起。我很［期］望诸君对于国故，有些研究的兴趣，来下一番真实的功夫，使彼成为有系统的。对于国故，亟应起来整理，方能使人有研究的兴趣，并能使有研究兴趣的人容易去研究。

“国故”底名词，比“国粹”好得多。自从章太炎著了一本《国故论衡》之后，这“国故”底名词于是成立。如果讲是“国粹”，就有人讲是“国渣”。“国故”（Nationalpast）这个名词是中立的。我们要明了现社会底情况，就得去研究国故。古人讲，知道过去才能知道现在。国故专讲国家过去的文化，要研究它，就不得不注意以下四种方法：

一、历史的观念　现在一般青年，所以对于国故没有研究兴趣的缘故，就是没有历史的观念。我们看旧书，可当他做历史看。清乾隆时，有个叫章学诚的，著了一本《文史通义》，上边说："六经皆史也。"我现在进一步来说："一切旧书——古书——都是史也。"本来历史的观念，就不由然而然的生出兴趣了。如道家炼丹修命，确是很荒谬的，不值识者一笑。但本来历史的观念，看看他究竟荒谬到了什么田地，亦是很有趣的。把旧书当做历史看，知他好到什么地步，或是坏到什么地步，这是研究国故方法底起点，是"开宗明义"第一章。

二、疑古的态度　疑古的态度，简要言之，就是"宁可疑而错，不可信而错"十个字。譬如《书经》，有今文《尚书》和古文《尚书》之别。有人说，古文《尚书》是假的；今文《尚书》有一部分是真的，余外一部分，到了清时，才有人把它证明是假的。但是现在学校里边，并没有把假的删去，仍旧读它全书，这是我们应该怀疑的。至于《诗经》，本有三千篇，被孔子删剩十分之一，只得了三百篇。《关雎》这一首诗，孔子把它列在第一首。这首诗是很好的，内容是一很好的女子，有一男子要伊做妻子，但这事不易办到，于是男子"寤寐求之"，连睡在床上都要想伊，更要"悠哉悠哉辗转反侧"呢！这能表现一种很好的爱情，是一首爱情的相思诗。后人误会，生了许多误解，竟牵到旁的问题上去。所以疑古的态度有两方面好讲：一、疑古书的真伪；二、疑真书被那山东老学究弄伪的地方。我们疑古底目的，是在得其"真"，就是疑错了，亦没有什么要紧。我们知道，［没有］那一个科学家是没有错误的。假使信而错，那就上当不浅了！自己固然一味迷信，情愿做古人底奴隶，但是还要引旁人亦入于迷途呢！我们一方面研究，一方面就要怀疑，庶能不上老当呢！如中国底历史，从盘古氏一直相传下来，年代都是有"表"的，"像煞有介事"，看来很是可信。但是我们要怀疑，这怎样来的呢？根据什么呢？我们总要“打破砂锅问到底”，究其来源怎样。要知道这年月的计算，有的是从伪书来的，大部分还是宋朝一个算命先生用算盘打出来的呢。这那能信呢！我们是不得不去打破他的。

在东周以前的历史，是没有一字可以信的。以后呢？大部分也是不可靠的。如《禹贡》这一章书，一般学者都承认是可靠的。据我用历史的眼光看来，也是不可靠的，我敢断定它是伪的。在夏禹时，中国难道竟有这般大的土地么？四部书里边的经、史、子三种，大多是不可靠的。我们总要有疑古的态度才好！

三、系统的研究　古时的书籍，没有一部书是“著”的。中国底书籍虽多，但有系统的著作，竟找不到十部。我们研究无论什么书籍，都宜要寻出它底脉络，研究它的系统。所以我们无论研究什么东西，就须从历史方面着手。要研究文学和哲学，就得先研究文学史和哲学史。政治亦然。研究社会制度，亦宜先研究其制度沿革史，寻出因果的关系，前后的关键，要从没有系统的文学、哲学、政治等等里边，去寻出系统来。

有人说，中国几千年来没有进步，这话荒谬得很，足妨害我们研究的兴趣。更有一外国人，著了一部世界史，说中国自从唐代以后，就没有进步了，这也不对。我们定要去打破这种思想的。总之，我们是要从从前没有系统的文学、哲学、政治里边，以客观的态度去寻出系统来的。

四、整理　整理国故，能使后人研究起来不感受痛苦。整理国故的目的，就是要使从前少数人懂得的，现在变为人人能解的。整理的条件，可分形式、内容二方面讲：

（一）形式方面，加上标点和符号，替它分开段落来。

（二）内容方面，加上新的注解，折中〈衷〉旧有的注解。并且加上新的序跋和考证，还要讲明书底历史和价值。

我们研究国故，非但为学识起见，并为诸君起见，更为诸君底兄弟姊妹起见。国故底研究，于教育上实有很大的需要。我们虽不能做创造者，我们亦当做运输人——这是我们底责任，这种人是不可少的。

（胡适1921年7月31日演讲于东南大学等校，枕薪记录。载于《民国日报》“觉悟”副刊，1921年8月4日）

《国学季刊》发刊宣言

近年来，古学的大师渐渐死完了，新起的学者还不曾有什么大成绩表现出来。在这个青黄不接的时期，只有三五个老辈在那里支撑门面。古学界表面上的寂寞，遂使许多人发生无限的悲观。所以有许多老辈遂说，“古学要沦亡了！”“古书不久要无人能读了！”

在这个悲观呼声里，很自然的发出一种没气力的反动的运动来。有些人还以为西洋学术思想的输入是古学沦亡的原因；所以我们至今还在那里抗拒那他们自己也莫名其妙的西洋学术。有些人还以为孔教可以完全代表中国的古文化；所以他们至今还梦想孔教的复兴；甚至于有人竟想抄袭基督教的制度来光复孔教。有些人还以为古文古诗的保存就是古学的保存了；所以他们至今还想压语体文字的提倡与传播。至于那些静坐扶乩，逃向迷信里去自寻安慰的，更不用说了。

在我们看起来，这些反动都只是旧式学者破产的铁证；这些行为，不但不能挽救他们所忧虑的国学之沦亡，反可以增加国中少年人对于古学的藐视。如果这些举动可以代表国学，国学还是沦亡了更好！

我们平心静气的观察这三百年的古学发达史，再观察眼前国内和国外的学者研究中国学术的现状，我们不但不抱悲观，并且还抱无穷的乐观。我们深信，国学的将来，定能远胜国学的过去；过去的成绩虽然未可厚非，但将来的成绩一定还要更好无数倍。

自从明末到于今，这三百年，诚然可算是古学昌明时代。总括这三百年的成绩，可分这些方面：

（一）整理古书。在这方面，又可分三门。第一，本子的校勘；第二，文字的训诂；第三，真伪的考订。考订真伪一层，乾嘉的大师（除了极少数学者如崔述等之外）都不很注意；只有清初与晚清的学者还肯做这种研究，但方法还不很精密，考订的范围也不大。因此，这一方面的整理，成绩比较的就最少了。然而校勘与训诂两方面的成绩实在不少。戴震、段玉裁、王念孙、阮元、王引之们的治"经"；钱大昕、赵翼、王鸣盛、洪亮吉们的治"史"；王念孙、俞樾、孙诒让们的治"子"；戴震、王念孙、段玉裁、邵晋涵、郝懿行、钱绎、王筠、朱骏声们的治古词典：都有相当的成绩。重要的古书，经过这许多大师的整理，比三百年前就容易看的多了。我们试拿明刻本的《墨子》来比孙诒让的《墨子闲诂》，或拿二徐的《说文》来比清儒的各种《说文》注，就可以量度这几百年整理古书的成绩了。

（二）发现古书。清朝一代所以能称为古学复兴时期，不单因为训诂校勘的发达，还因为古书发现和翻刻之多。清代中央政府，各省书局，都提倡刻书。私家刻的书更是重要：丛书与单行本，重刊本，精校本，摹刻本，近来的影印本。我们且举一个最微细的例。近三十年内发现与刻行的宋元词集，给文学史家添了多少材料？清初朱彝尊们固然见着不少的词集；但我们今日购买词集之便易，却是清初词人没有享过的福气了。翻刻古书孤本之外，还有辑佚书一项，如《古经解钩沉》《小学钩沉》《玉函山房辑佚书》，和《四库全书》里那几百种从《永乐大典》辑出的佚书，都是国学史上极重要的贡献。

（三）发现古物。清朝学者好古的风气不限于古书一项；风气所被，遂使古物的发现，记载，收藏，都成了时髦的嗜好。鼎彝，泉币，碑版，壁画，雕塑，古陶器之类：虽缺乏系统的整理，材料确是不少了。最近三十年来，甲骨文字的发现，竟使殷商一代的历史有了地底下的证据，并且给文字学添了无数的最古材料。最近辽阳、河南等处石器时代的文化的发现，也是一件极重要的事。

但这三百年的古学的研究，在今日估计起来，实在还有许多缺点。三百年的第一流学者的心思精力都用在这一方面，而究竟还只有这一点点结果，也正是因为有这些缺点的缘故。那些缺点，分开来说，也有三层：

（一）研究的范围太狭窄了。这三百年的古学，虽然也有整治史书的，虽然也有研究子书的，但大家的眼光与心力注射的焦点，究竟只在儒家的几部经书。古韵的研究，古词典的研究，古书旧注的研究，子书的研究，都不是为这些材料的本身价值而研究的。一切古学都只是经学的丫头！内中固然也有婢作夫人的；如古韵学之自成一种专门学问，如子书的研究之渐渐脱离经学的羁绊而独立。但学者的聪明才力被几部经书笼罩了三百年，那是不可讳的事实。况且在这个狭小的范围里，还有许多更狭小的门户界限。有汉学和宋学的分家，有今文和古文的分家；甚至于治一部《诗经》还要舍弃东汉的郑笺而专取西汉的毛传。专攻本是学术进步的一个条件；但清儒狭小研究的范围，却不是没有成见的分工。他们脱不了“儒书一尊”的成见，故用全力治经学，而只用余力去治他书。他们又脱不了“汉儒去古未远”的成见，故迷信汉人，而排除晚代的学者。他们不知道材料固是越古越可信，而见解则后人往往胜过前人；所以他们力排郑樵、朱熹而迷信毛公、郑玄。今文家稍稍能有独立的见解了；但他们打倒了东汉，只落得回到西汉的圈子里去。研究的范围的狭小是清代学术所以不能大发展的一个绝大原因。三五部古书，无论怎样绞来挤去，只有那点精华和糟粕。打倒宋朝的“道士易”固然是好事；但打倒了“道士易”，跳过了魏晋人的“道家易”，却回到两汉的“方士易”，那就是很不幸的了。《易》的故事如此；《诗》《书》《春秋》《三礼》的故事也是如此。三百年的心思才力，始终不曾跳出这个狭小的圈子外去！

（二）太注重功力而忽略了理解。学问的进步有两个重要方面：一是材料的积聚与剖解；一是材料的组织与贯通。前者须靠精勤的功力，后者全靠综合的理解。清儒有鉴于宋明学者专靠理解的危险，所以努力做朴实的功力而力避主观的见解。这三百年之中几乎只有经师，而无思想家；只有校史者，而无史家；只有校注，而无著作。这三句话虽然很重，但我们试除去戴震、章学诚、崔述几个人，就不能不承认这三句话的真实了。章学诚生当乾隆盛时（乾隆，一七三六年—一七九五年；章学诚，一七三八年—一八〇〇年），大声疾呼的警告当日的学术界道：

> 今之博雅君子，疲精劳神于经传子史，而终身无得于学者，正坐……误执求知之功力，以为学即在是尔。学与功力实相似而不同。学不可以骤几，人当致攻乎功力，则可耳。指功力以为学，是犹指秫黍以为酒也。（《文史通义·博约篇》）

他又说：

> 近日学者风气，征实太多，发挥太少，有如蚕食叶而不能抽丝。（《章氏遗书·与汪辉祖书》）

古人说：“鸳鸯绣取从君看，不把金针度与人。”单把绣成的鸳鸯给人看，而不肯把金针教人，那是不大度的行为。然而天下的人不是人人都能学绣鸳鸯的；多数人只爱看鸳鸯，而不想自己动手去学绣。清朝的学者只是天天一针一针的学绣，始终不肯绣鸳鸯。所以他们尽管辛苦殷勤的做去，而在社会的生活思想上几乎全不发生影响。他们自以为打倒了宋学，然而全国的学校里读的书仍旧是朱熹的《四书集注》《诗集传》《易本义》等书。他们自以为打倒了伪

《古文尚书》，然而全国村学堂里的学究仍旧继续用蔡沈的《书集传》。三百年第一流的精力，二千四百三十卷的《经解》，仍旧不能替换朱熹一个人的几部启蒙的小书，这也可见单靠功力而不重理解的失败了。

（三）缺乏参考比较的材料。我们试问，这三百年的学者何以这样缺乏理解呢？我们推求这种现象的原因，不能不回到第一层缺点——研究的范围的过于狭小。宋明的理学家所以富于理解，全因为六朝唐以后佛家与道士的学说弥漫空气中，宋明的理学家全都受了他们的影响，用他们的学说作一种参考比较的资料。宋明的理学家，有了这种比较研究的材料，就像一个近视眼的人戴了近视眼镜一样；从前看不见的，现在都看见了；从前不明白的，现在都明白了。同是一篇《大学》，汉魏的人不很注意它，宋明的人忽然十分尊崇它，把它从《礼记》里抬出来，尊为四书之一，推为"初学入德之门"。《中庸》也是如此的。宋明的人戴了佛书的眼镜，望着《大学》《中庸》，便觉得"明明德""诚""正心诚意""率性之谓道"等等话头都有哲学的意义了。清朝的学者深知戴眼镜的流弊，决意不配眼镜；却不知道近视者不戴眼镜，同瞎子相差有限。说《诗》的回到《诗序》，说《易》的回到"方士易"，说《春秋》的回到《公羊》，可谓"陋"之至了；然而我们试想这一班第一流才士，何以陋到这步田地，可不是因为他们没有高明的参考资料吗？他们排斥"异端"；他们得着一部《一切经音义》，只认得他有保存古韵书古词典的用处；他们拿着一部子书，也只认得他有旁证经文古义的功用。他们只向那几部儒书里兜圈子：兜来兜去，始终脱不了一个"陋"字！打破这个"陋"字，没有别的法子，只有旁搜博采，多寻参考比较的材料。

以上指出的这三百年的古学研究的缺点，不过是随便挑出了几桩重要的。我们的意思并不要菲薄这三百年的成绩；我们只想指出他们的成绩所以不过如此的原因。前人上了当，后人应该学点乖。

我们借鉴于前辈学者的成功与失败，然后可以决定我们现在和将来研究国学的方针。我们不研究古学则已；如要想提倡古学的研究，应该注意这几点：

（1）扩大研究的范围。

（2）注意系统的整理。

（3）博采参考比较的资料。

（一）怎样“扩大研究的范围”呢？“国学”在我们的心眼里，只是“国故学”的缩写。中国的一切过去的文化历史，都是我们的“国故”；研究这一切过去的历史文化的学问，就是“国故学”，省称为“国学”。“国故”这个名词，最为妥当；因为他是一个中立的名词，不含褒贬的意义。“国故”包含“国粹”；但它又包含“国渣”。我们若不了解“国渣”，如何懂得“国粹”？所以我们现在要扩充国学的领域，包括上下三四千年的过去文化，打破一切的门户成见：拿历史的眼光来整统一切，认清了“国故学”的使命是整理中国一切文化历史，便可以把一切狭陋的门户之见都扫空了。例如治经，郑玄、王肃在历史上固然占一个位置，王弼、何晏也占一个位置，王安石、朱熹也占一个位置，戴震、惠栋也占一个位置，刘逢禄、康有为也占一个位置。段玉裁曾说：

> 校经之法，必以贾还贾，以孔还孔，以陆还陆，以杜还杜，以郑还郑，各得其底本，而后判其理义之是非。……不先正注、疏、释文之底本，则多诬古人。不断其立说之是非，则多误今人。……（《经韵楼集·与诸同志书论校书之难》）

我们可借他论校书的话来总论国学；我们也可以说：

> 整治国故，必须以汉还汉，以魏晋还魏晋，以唐还唐，以宋还宋，以明还明，以清还清；以古文还古文家，以今文还今文家；以程朱还程朱，以陆王还陆王，……各还它一个本来面

目，然后评判各代各家各人的义理的是非。不还它们的本来面目，则多诬古人。不评判它们的是非，则多误今人，但不先弄明白了它们的本来面目，我们决不配评判它们的是非。

这还是专为经学、哲学说法。在文学的方面，也有同样的需要。庙堂的文学固可以研究，但草野的文学也应该研究。在历史的眼光里，今日民间小儿女唱的歌谣，和《诗三百篇》有同等的位置；民间流传的小说，和高文典册有同等的位置，吴敬梓、曹霑和关汉卿、马东篱和杜甫、韩愈有同等的位置。故在文学方面：

也应该把《三百篇》还给西周、东周之间的无名诗人，把《古乐府》还给汉魏六朝的无名诗人，把唐诗还给唐，把词还给五代两宋，把小曲杂剧还给元明，把明、清的小说还给明、清。每一个时代，还它那个时代的特长的文学，然后评判它们的文学的价值。不认明每一个时代的特殊文学，则多诬古人而多误今人。

近来颇有人注意戏曲和小说了；但他们的注意仍不能脱离古董家的习气。他们只看得起宋人的小说，而不知道在历史的眼光里，一本石印小字的《平妖传》和一部精刻的残本《五代史平话》有同样的价值，正如《道藏》里极荒谬的道教经典和《尚书》、《周易》有同等的研究价值。

总之，我们所谓“用历史的眼光来扩大国学研究的范围”，只是要我们大家认清国学是国故学，而国故学包括一切过去的文化历史。历史是多方面的：单记朝代兴亡，固不是历史；单有一宗一派，也不成历史。过去种种，上自思想学术之大，下至一个字、一支山歌之细，都是历史，都属于国学研究的范围。

（二）怎样才是“注意系统的整理”呢？学问的进步不单靠积聚材料，还须有系统的整理。系统的整理可分三部说：

（甲）索引式的整理 不曾整理的材料，没有条理，不容易检寻，最能销〈消〉磨学者有用的精神才力，最足阻碍学术的进步。若想学问进步增加速度，我们须想出法子来解放学者的精力，使他们的精力用在最经济的方面。例如一部《说文解字》，是最没有条理系统的；向来的学者差不多全靠记忆的苦工夫，方才能用这部书。但这种苦工夫是最不经济的；如果有人能把《说文》重新编制一番（部首依笔画，每部的字也依笔画），再加上一个检字的索引（略如《说文通检》或《说文易检》），那就可省许多无谓的时间与记忆力了。又如一部《二十四史》，有了一部《史姓韵编》，可以省多少精力与时间？清代的学者也有见到这一层的；如章学诚说：

> 窃以典籍浩繁，闻见有限；在博雅者且不能悉究无遗，况其下乎？校雠之先，宜尽取四库之藏，中外之籍，择其中之人名、地名、官阶、书目，凡一切有名可治、有数可稽者，略仿《佩文韵府》之例，悉编为韵；乃于本韵之下，注明原书出处及先后篇第，自一见再见，以至数千百，皆详注之；藏之馆中，以为群书之总类。至校书之时，遇有疑似之处，即名而求其编韵，因韵而检其本书，参互错综，即可得其至是。此则渊博之儒穷毕生年力而不可究殚者，今即中才校勘可坐收于几席之间，非校雠之良法欤？（《校雠通义》）

当日的学者如朱筠、戴震等，都有这个见解，但这件事不容易做到，直到阮元得势力的时候，方才集合许多学者，合力做成一部空前的《经籍纂诂》，“展一韵而众字毕备，检一字而诸训皆存，寻一训而原书可识”（王引之序）；“即字而审其义，依韵而类其字，有本训，有转训，次叙布列，若网在纲”（钱大昕序）。这种书的功用，在于节省学者的功力，使学者不疲于功力之细碎，而省出精力来做更有用的事业。后来这一类的书被科场士子用作夹带的东西，用作抄窃的工具，所以有许多学者竟以用这种书为可耻的事。这是大错的。这一类“索引”式的整理，乃是系统的整理的最低而最不可少的一步；没有这一步的预备，国学上限于少数有天才而又有闲空工夫的少数人；并且这些少数人也要因功力的拖累而减少他们的成绩。偌大的事业，应该有许多人分担去做的，却落在少数人的肩膀上：这是国学所以不能发达的一个重要原因。所以我们主张，国学的系统的整理的第一步要提倡这种“索引”式的整理，把一切大部的书或不容易检查的书，一概编成索引，使人人能用古书。人人能用古书，是提倡国学的第一步。

（乙）结账式的整理　商人开店，到了年底，总要把这一年的账结算一次，要晓得前一年的盈亏和年底的存货，然后继续进行，做明年的生意。一种学术到了一个时期，也有总结账的必要。学术上结账的用处有两层：一是把这一种学术里已经不成问题的部分整理出来，交给社会；二是把那不能解决的部分特别提出来，引起学者的注意，使学者知道何处有隙可乘，有功可立，有困难可以征服。结账是（1）结束从前的成绩，（2）预备将来努力的新方向。前者是预备普及的，后者是预备继长增高的。古代结账的书，如李鼎祚的《周易集解》，如陆德明的《经典释文》，如唐、宋的《十三经注疏》，如朱熹的《四书》、《诗集传》、《易本义》等，所以都在后世发生很大的影响，全是这个道理。三百年来，学者都不肯轻易做这种结账的事业。二千四百多卷的《清经解》，除了极少数之外，都只是一堆“流水”烂账，没有条理，没有系统；人人从“粤若稽古”“关关雎鸠”说起，人人做的都是杂记式的稿本！怪不得学者看了要“望洋兴叹”了；怪不得国学有沦亡之忧了。我们试看科举时代投机的书坊肯费整年工夫来编一部《皇清经解缩本编目》，便可以明白索引式的整理的需要；我们又看那时代的书坊肯费几年的工夫来编一部《皇清经解分经汇纂》，便又可以明白结账式的整理的需要了。现在学问的途径多了，学者的时间与精力更有经济的必要了。例如《诗经》，二千年研究的结果，究竟到了什么田地，很少人说得出的，只因为二千年的《诗经》烂账至今不曾有一次的总结算。宋人驳了汉人，清人推翻了宋人，自以为回到汉人：至今《诗经》的研究，音韵自音韵，训诂自训诂，异文自异文，序说自序说，各不相关连。少年的学者想要研究《诗经》的，伸头望一望，只看见一屋的烂账簿，吓得吐舌缩不进去，只好叹口气，“算了罢!”《诗经》在今日所以渐渐无人过问，是少年人的罪过呢？还是《诗经》的专家的罪过呢？我们以为，我们若想少年学者研究《诗经》，我们应该把《诗经》这笔烂账结算一遍，造成一笔总账。《诗经》的总账里应该包括这四大项：

(A) **异文的校勘** 总结王应麟以来，直到陈乔枞、李富孙等校勘异文的账。

(B) **古韵的考究** 总结吴棫、朱熹、陈第、顾炎武以来考证古音的账。

(C) **训诂** 总结毛公、郑玄以来直到胡承珙、马瑞辰、陈奂，二千多年训诂的账。

(D) **见解**（序说） 总结《诗序》,《诗辨妄》,《诗集传》,《伪诗传》，姚际恒，崔述，龚橙，方玉润……等二千年猜谜的账。

有了这一本总账，然后可以使大多数的学子容易踏进“《诗经》研究”之门：这是普及。入门之后，方才可以希望他们之中有些人出来继续研究那总账里未曾解决的悬账：这是提高。《诗经》如此，一切古书古学都是如此。我们试看前清用全力治经学，而经学的书不能流传于社会，倒是那几部用余力做的《墨子闲诂》,《荀子集解》,《庄子集释》一类结账式的书流传最广。这不可以使我们觉悟结账式的整理的重要吗？

(丙) 专史式的整理 索引式的整理是要使古书人人能用，结账式的整理是要使古书人人能读：这两项都只是提倡国学的设备。但我们在上文曾主张，国学的使命是要使大家懂得中国过去的文化史；国学的方法是要用历史的眼光来整理一切过去文化的历史。国学的目的是要做成中国文化史。国学的系统的研究，要以此为归宿。一切国学的研究，无论时代古今，无论问题大小，都要朝着这一个大方向走。只有这个目的可以整统一切材料；只有这个任务可以容纳一切努力；只有这种眼光可以破除一切门户畛域。

我们理想中的国学研究，至少有这样的一个系统：

中国文化史：

（一）民族史

（二）语言文字史

（三）经济史

（四）政治史

（五）国际交通史

（六）思想学术史

（七）宗教史

（八）文艺史

（九）风俗史

（十）制度史

这是一个总系统。历史不是一件人人能做的事；历史家需要有两种必不可少的能力：一是精密的功力，一是高远的想像力。没有精密的功力，不能做搜求和评判史料的工夫；没有高远的想像力，不能构造历史的系统。况且中国这么大，历史这么长，材料这么多，除了分工合作之外，更无他种方法可以达到这个大目的。但我们又觉得，国故的材料太纷繁了，若不先做一番历史的整理工夫，初学的人实在无从下手，无从入门。后来的材料也无所统属；材料无所统属，是国学纷乱烦碎的重要原因。所以我们主张，应该分这几个步骤：

第一，用现在力所能搜集考定的材料，因陋就简的先做成各种专史，如经济史，文学史，哲学史，数学史，宗教史，……之类。这是一些大间架，他们的用处只是要使现在和将来的材料有一个附丽的地方。

第二，专史之中，自然还可分子目，如经济史可分时代，又可分区域；如文学史、哲学史可分时代，又可分宗派，又可专治一人；如宗教史可分时代，可专治一教，或一宗派，或一派中的一人。这种子目的研究是学问进步必不可少的条件。治国学的人应该各就“性之所近而力之所能勉者”，用历史的方法与眼光担任一部分的研究。子目的研究是专史修正的唯一源头，也是通史修正的唯一源头。

（三）怎样“博采参考比较的资料”呢？ 向来的学者误认“国学”的“国”字是国界的表示，所以不承认“比较的研究”的功用。最浅陋的是用“附会”来代替“比较”：他们说基督教是墨教的绪余，墨家的“巨子”即是“矩子”，而“矩子”即是十字架！……附会是我们应该排斥的，但比较的研究是我们应该提倡的。有许多现象，孤立的说来说去，总说不通，总说不明白；一有了比较，竟不须解释，自然明白了。例如一个“之”字，古人说来说去，总不明白；现在我们懂得西洋文法学上的术语，只须说某种“之”字是内动词（由是而之焉），某种是介词（贼夫人之子），某种是指物形容词（之子于归），某种是代名词的第三身用在目的位（爱之能勿劳乎），就都明白分明了。又如封建制度，向来被那方块头的分封说欺骗了，所以说来说去，总不明白；现在我们用欧洲中古的封建制度和日本的封建制度来比较，就容易明白了。音韵学上，比较的研究最有功效。用广东音可以考侵、覃各韵的古音，可以考古代入声各韵的区别。近时西洋学者如Karlgren，如Baron von Staël-Holstein，用梵文原本来对照汉文译音的文字，很可以帮助我们解决古音学上的许多困难问题。不但如此；日本语里，朝鲜语里，安南语里，都保存有中国古音可以供我们的参考比较。西藏文自唐朝以来，音读虽变了，而文字的拼法不曾变，更可以供我们的参考比较，也许可以帮助我们发现中国古音里有许多奇怪的复辅音呢。制度史上，这种比较的材料也极重要，懂得了西洋的议会制度史，我们更可以了解中国御史制度的性质与价值；懂得了欧美高等教育制度史，我们更能了解中国近一千年来的书院制度的性质与价值。哲学史上，这种比较的材料已发生很大的助力了。《墨子》里的《经上下》诸篇，若没有印度因明学和欧洲哲学作参考，恐怕至今还是几篇无人能解的奇书。韩非，王莽，王安石，李贽，……一班人，若没有西洋思想作比较，恐怕至今还是沉冤莫白。看惯了近世国家注重财政的趋势，自然不觉得李觏、王安石的政治思想的可怪了。懂得了近世社会主义的政策，自然不能不佩服王莽、王安石的见解和魄力了。《易·系辞传》里“易者，象也”的理论，得柏拉图的“法象论”的比较而更明白；《荀卿书》里“类不悖，虽久同理”的理论，得亚里士多德的“类不变论”的参考而更易懂。这都是明显的例。至于文学史上，小说、戏曲近年忽然受学者的看重，民间俗歌近年渐渐引起学者的注意，都是和西洋文学接触比较的功效更不消说了。此外，如宗教的研究，民俗的研究，美术的研究，也都是不能不利用参考比较的材料的。

以上随便举的例，只是要说明比较参考的重要。我们现在治国学，必须要打破闭关孤立的态度，要存比较研究的虚心。第一，方法上，西洋学者研究古学的方法早已影响日本的学术界了，而我们还在冥行索途的时期。我们此时应该虚心采用他们的科学的方法，补救我们没有条理系统的习惯。第二，材料上，欧美日本学术界有无数的成绩可以供我们的参考比较，可以给我们开无数新法门，可以给我们添无数借鉴的镜子。学术的大仇敌是孤陋寡闻；孤陋寡闻的唯一良药是博采参考比较的材料。

我们观察这三百年的古学史，研究这三百年的学者的缺陷，知道他们的缺陷都是可以补救的；我们又返观现在古学研究的趋势，明白了世界学者供给我们参考比较的好机会，所以我们对于国学的前途，不但不抱悲观，并且还抱无穷的乐观。我们认清了国学前途的黑暗与光明全靠我们努力的方向对不对。因此，我们提出这三个方向来做我们一班同志互相督责勉励的条件：

第一，用历史的眼光来扩大国学研究的范围。

第二，用系统的整理来部勒国学研究的资料。

第三，用比较的研究来帮助国学的材料的整理与解释。

十二，一月。

（载于《国学季刊》创刊号，北京大学 1923 年出版发行）

再谈谈“整理国故”

鄙人前年曾在贵校的暑期学校讲演过一次“整理国故”，故今天的题名曰《再谈谈“整理国故”》。那时我重在破坏方面提倡疑古，今天要谈的却偏于建设方面了。我对人说：我国各种科学莫有一种比得上西洋各国，现在要办到比得于欧美，实在不容易。但国故是我们自己的东西，总应该办来〈得〉比世界各国好。这种责任，是放在贵校与北大的国学系，与有志整理国故者的肩上，盼望诸君努力！

“国故”二字为章太炎先生创出来的，比国粹、国华……等名词要好得多，因为他没有含得有褒贬的意义。现在一般老先生们看见新文化的流行，读古书的人日少，总是叹息说：“西风东渐，国粹将沦亡矣!”但是把古书试翻开一看，错误舛伪，佶屈聱牙，所在皆是。欲责一般青年皆能读之，实属不可能。即使“国粹沦亡”，亦非青年之过，乃老先生们不整理之过。故欲免“国粹沦亡”之祸，非整理国故、使一般青年能读不可！据我个人意见，整理之方式有四种：

1. 最低限度之整理——读本式的整理；
2. 索引式的整理；
3. 结账式的整理；

4. 专史式的整理。

一、读本式的整理。这种方式，即是整理所有最著名的古书，使成为普通读本，使一般人能读能解。现在一般青年不爱读古书，确是事实，但试思何以青年不爱读古书呢？因为科学发达的原故吗？西洋文化输入的原故吗？学校里课程繁重的原故吗？我敢说都不是重要的原因，实因莫〈没〉有人整理，不容易读懂的原故。我已于上文说过了，试举个例来证明。Shaksespeare 的《莎氏乐府》与 Milton 的《失乐园》及现在的《圣经》(Bible) 的原本，不是很难懂的吗？何以现在英、美人个个能读呢？并不是英、美人爱读古书，我国青年不爱读古书，实在因《莎氏乐府》、《失乐园》、《圣经》有很通俗、最易解的译本罢了！但这种整理，要具有下列五种方法：

(1) 校雠。古书中有许多本来是很易懂，往往因传写或印刻的错误，以致佶屈的。如《论语》中"君子耻其言而过其行"一句中的"而"字，很不易解，但依别本"而"字为"之"字，则明畅易懂了。故依据古本或古书引用的原文来校对，是整理国故中的最重要的方法。

(2) 训诂。训诂即下注解。因从古至今，语言文字经过许多变迁，故有些句子初学不易看懂，故注解亦是必需的；但注解不宜滥用，须有下列二条件，才下注解。(甲) 必不可少——因为有许多书很明白，加了注解，反使读者不了然；(乙) 要有根据——注解不能随个人主观的见解妄下，须根据古字典或古注，或由上下文比较，始能得确凿的意义。

(3) 标点。有许多书加上标点，他的意义、气态就完全明白了，不必加注解了。故标点亦是很重要的。

(4) 分段。我国文章，多系一气写成，以致思想、意义初学者不易看出；若一经分段，则于作者的思想、意义极易看出，节省读者的精力不少。

(5) 介绍。我们要彻底了解一部书，对于作者之历史、环境、地位，……不能不知道，故宜于每部古书之前，作以上所说种种之简单介绍与批评，于初学者补助不少。

有以上五种方法来整理古书，则读本式的整理即成功了，恐怕青年人也爱读古书了。

二、索引式的整理。索引怎样解呢？如以绳索钱，使能提纲挈领也。西洋书籍，差不多每本都有索引（Index），检查非常便利。而我国的书没有一本有的，如问一个稍不著名的人为何时人，则非检查许多书不能览得，有时竟查不出，这是何等痛苦啊！后来汪辉祖著《姓氏韵编》，看起来很平常，然而后学者却受惠不少了！但很不完备。现在非有人出来作这工作不可。这种工作并不难，中等人才都可以干的。我很希望大家起来合作！

三、结账式的整理。怎么叫结账式的整理呢？譬如说，以前有许多学者说《尚书》中有许多篇为东晋梅赜所上的伪书；有些人又说不是；又古今文之争，至今未决。又如有人说《诗经》的小序是子夏作的，有人又反对。我们应当把自古迄今各家的聚讼结合起来，作一评断，好像商家在年底结账一样，所以叫结账式。有这种整理，初学者就不至陷入迷途了。

四、专史式整理。有以上三种方式之整理了，然后就各种性质类似的古书纂集起来作一种专史，如诗赋史、词曲史……等类是也。这种整理，能使初学者不耗几多脑力，即能知国学中各门之源流及其梗概了。

以上把各种方式及方法说完了，再来谈谈实际的整理。我既主张用以上几种方式整理国故，所以我就选了《诗经》来做第一种方式的整理——即读本式的整理。及至我把《诗经》看一遍后，才知数千年来许多大经师没有把《诗经》弄明白。我并不是说我弄明白了，但我敢大胆说，至少要比古人多明白一点。譬如《诗经·大雅·公刘》章云：“于”胥“斯原”。这“胥”字，以前注《诗经》者都当作“相”字解，但实在讲不通。试问“于相斯原”又怎样讲呢？

但我们用比较法观之，则一望而知“胥”为一地名。因其余两章有“于京斯依”、“于豳斯馆”同文法的句子，注云：“京”与“豳”皆地名，则“胥”为地名无疑了。又《召南·采蘋》章云：“于以采蘋。南涧之滨。于以采藻。于彼行潦”一章，不知注解说些什么。但我们若将原文加上标点，成为“于以采蘋？南涧之滨；于以采藻？于彼行潦。”则为很明白的一问一答的句子。意即一问：那里去采蘋呢？一答：到南涧之滨去采。又问：那里去采藻呢？一答：于彼行潦去采。由上二例，可见古人实在没有把《诗经》弄明白。这种工作，在清代已经很发达了，如王念孙父子的《经传释词》、俞樾之《古书疑义举例》等书，都是用这种方法做成的。不过他们的方法还未十分精密，不能使人满意。如释某字为某词，一如释“焉”为语助词——究竟某词又如何解呢？他们就答不出来了。

以上所讲几种整理国故的方式，都是很容易办到的，只要中才的人，有了国学常识，都可以做。希望诸君起来合作，把难读难解的古书一部一部的整理出来，使人人能读，虽属平庸，但实嘉惠后学不少。

（胡适 1924 年 1 月 27 日演讲于东南大学国学研究班，叶维记录。载于《晨报副镌》，1924 年 2 月 25 日）

辨伪举例

——蒲松龄的生年考

卢见曾的《国朝山左诗钞》卷四十五有蒲松龄小传，引张元的《蒲先生墓表》说：

> 卒年七十六。

张元的《墓表》全文，我那时没见着。鲁迅先生的《小说史略》根据《聊斋文集》附录的《墓表》，说蒲松龄至康熙辛卯始成岁贡生，越四年遂卒，年八十六（1630—1715）。后来我见着上海中华图书馆石印本《聊斋文集》（以下省称“石印本”），果然有张元的《墓表》的全文，说他

> 以康熙五十四年正月二十二日（1715年2月25日）卒，享年八十有六。以本年葬村东之原。又十年，为雍正改元之三年（1725），其孤将为碑以揭其行，而以文属余。以余于先生为同邑后进，且知先生之深也，乃不辞而为之文以表于墓。

张元于乾隆十七年（1752）作《渔洋感旧集》后序，自署“八十一岁老人”，是他生在康熙十一年（1672），蒲先生死时，张元已四十四岁，作《墓表》时他已五十四岁了。他记蒲松龄死的年月日，决

无不可信之理。

但《山左诗钞》引《墓表》作“卒年七十六”，道光《济南府志》（卷五四）也作“卒年七十六”。然而《聊斋文集》所录《墓表》却作“享年八十有六”。究竟是那一本对的呢？

《山左诗钞》刻于乾隆戊寅（1758），去张元之死（1756）不过两年。卢见曾刻《渔洋感旧集》，张元替他补各人的小传；《山左诗钞》屡引张元所作的碑传，所以我们可以断定卢见曾所据的《蒲先生墓表》，必是张元的原本，应该是最可信的本子。因此，我相信“八十六”是“七十六”之误。从康熙五十四年（1715）上推七十六年，是崇祯十三年（1640）庚辰。

去年十月我到北平，借得清华大学图书馆所藏的《聊斋全集》（以下省称“清华本”），其中有《文集》四册，《诗集》两册。《诗集》中有《降辰哭母》诗，中有云：

> 老母呼我坐，大小绕身旁。……因言庚辰年，岁事似饥荒。尔年（尔字此本作“儿”，后见马立勋钞本作“尔”，尔年即是那一年。）于此日，诞汝在北房。

庚辰正是崇祯十三年，可以证明七十六岁之说不误。

《文集》中有《述刘氏行实》一篇，是他的夫人的小传。刘孺人死于康熙癸巳（1713），年七十一；她生于崇祯十六年（1643），比蒲松龄小三岁。她死时，蒲松龄年七十四岁，《诗集》中有七十四岁的诗，次年七十五岁，有过妻墓的诗。以后就只有几首诗了，最末一首为《除夕》，仍有悼老妻的话，大概是七十五岁除夕的诗。《诗集》里没有七十五岁以后的诗。这也可证聊斋先生死时大概是七十六岁。

淄川马立勋先生（北大学生）不信七十六岁之说，他说，《聊斋诗集》里有“八十述怀”七律两首，诗中明明说“甲子重经又廿年”，他决不止七十六岁。此两诗不载于清华本，止见于石印本。

马君自己在淄川抄得一部《聊斋全集》（以下称“马本”），其中的诗集里也没有这两首“八十述怀”诗。这一点使我很怀疑。

今年我又借了清华本，准备用此本来和马本和石印本互相参校，先请罗尔纲先生把三种《聊斋集》的文，诗，词的篇目列为一个对照表。罗君把这表写成之后，来对我说：“石印本的文和词，除了极少数之外，都是清华本和马本所收的。最奇怪的是石印本的诗，共二百六十二首，没有一首是清华本和马本里面见过的。”这就使我更怀疑石印本的《聊斋诗集》了。

昨夜我取出了石印本的《聊斋诗集》，翻出了那两首“八十述怀”来细细研究。第一首全是泛泛的话，可以不论。第二首如下：

> 甲子重经又廿年，健全腰脚胜从前。论交差喜多名士，著录新成只短篇。春到东菑催力作，夏长北牖傲高眠。恬熙幸际承平日，与世无求便是仙。

我看出破绽来了，第五句有一条小注：“淄东有薄田数十亩。”我笑道：“这首诗是妄人假作的。蒲留仙决不会用‘淄东’来注解‘东菑！’”

于是我又细细翻读全部诗集，看见集中有许多聊斋的朋友的姓名，如王渔洋、王西庄、袁宣四、李约庵、焦石虹、毕公权、毕怡庵、邱行素、张历友……等，每人都注有名号，籍贯，科举年分，官阶，著作等等。这些人确都是聊斋的朋友，注的又这样详悉清楚，我如何能说这部诗集是假造的呢？

我看下去，又发见了两件极有力的证据，真把我吓倒了！第一件是两首“己未除夕”的诗，有“三万六千场过半”，“五十知非遽伯玉”两句，都是五十岁的话。己未是康熙十八年（1679）。依七十六岁的说法，聊斋那时只有四十岁。如果他那年已五十岁，他应该是崇祯三年（1630）生的，死时八十六岁。岂不是八十六岁之说对了吗？

还有一件证据，是一首用苏东坡《石鼓歌》韵的长诗，诗题是

> 戊寅仲夏，时明府将赴沂州任，同人以诗赠者皆用坡公《石鼓歌》韵，子辞不获，因亦勉成一首，并送毕韦仲之黔，刘乾庵入都，沈燕及往九江。

这个诗题已够吓人了。诗中又有一条小注，说

> 龄今年六十八矣。

戊寅是康熙三十七年（1698）。依七十六岁说，他只满了五十八岁。如果他那年满六十八岁了，那么，他的生年应该提早十年，死时正是八十六岁了。

我看了这两条吓煞人的证据，很懊悔不该瞎疑心这部石印本诗集。我想，我的七十六岁说只好抛弃了。我请我家中住的胡鉴初先生（他正在研究蒲松龄的全部著作）来看这两条硬证，我说，“我认输了。”他也情愿承认八十六岁的说法了。

可是，清华本和马本的《降辰哭母》诗中说的生年在庚辰的话，又怎么讲呢？难道“庚辰”是庚午（1630）之误吗？这一个字的证据，怎么能抵敌那石印本的许多证据呢？

我的心终不死，忽然想起了《聊斋文集》里那篇刘孺人的《行实》，——这是三种本子同有的。《行实》说：

> 孺人刘氏，……父季调，……生四女子，孺人其次也。初松龄父处士公敏吾……嫡生男三，庶生男一，……松龄其第三子，十一岁未聘，（此依石印本。清华本及马本皆作“十余岁”。）闻刘公次女待字，媒通之。……遂文定焉。顺治乙未（1655）间，讹传朝廷将选良家子充掖庭，人情汹动。刘公……

亦从众送女诣婿家，时年十三……

我看了这一段，又忍不住大笑了。我指给鉴初看，又翻开年表，我说："刘孺人生于崇祯十六年（1643），是毫无可疑的。如果蒲松龄的生年要提早十岁，那么，他十一岁正当崇祯十三年（1640），他的妻子还没有出世哩！她怎么会'待字'呢?"

这一条新证据足够打倒石印本的那两条证据了。于是我对鉴初说："石印本的诗集全是假造的，所以没有一首诗和清华本或马本相合。这位假造的人误信了那《墓表》的一个误字，深信聊斋活了八十六岁，所以假造那三首假诗，一首'八十述怀'，一首'己未除夕'，一首'戊寅仲夏'。这个人真了不得。他做了二百六十二首假诗来哄骗世人；许多诗是空泛的拟古之作，如《拟陶靖节移居》，如《拟杜荀鹤宫怨》，那是不相干的。但他又查出了聊斋的一些朋友，捏造了许多诗题，又加上了许多详细的注语，这些注语都好像有来历的，所以我们都被他瞒过了。"

鉴初还有点不相信。我说："我要把这些姓字履历的注语的娘家，一条一条都查出来给你看。"我翻出一个诗题：

喜毕公权获解

注云：

毕名世持，淄川人，康熙十七年戊午解元。

我说，"这一条注，我记得清清楚楚是《聊斋志异·马介甫》一篇的注语。"我到书架上寻出一部《聊斋志异》来，翻开《马介甫》一篇，果然有这一条：

毕公权名世持，淄川人，康熙戊午解元。

我又指一个诗题：

同毕怡庵绰然堂谈狐，时康熙二十一年腊月十九日夜也。

我说，“这个诗题也好像是《聊斋志异》上见过的。”鉴初和我两个人同翻《聊斋》，不到一会儿工夫，果然在《狐梦》一篇寻着了，原文是：

余友毕怡庵……

康熙二十一年腊月十九日，毕子与余抵足绰然堂，细述其异。……

我又指一个诗题：

袁宣四得古瓶，诗以艳之。有序。

序文凡一百四十三字，叙北村甲乙二人淘井得二古瓶的始末，一瓶入张秀才家，一瓶归宣四。我说，“这篇序也像是抄《聊斋》的。”果然在卷十三寻得《古瓶》一篇，序文全是删节这一篇的。还有一条注，记袁宣四的履历，也被这位先生全采去作另一诗题的注语了。

不到一个半钟头，这石印本的诗题的注语差不多全在《聊斋志异》的注语里寻出来了。如李约庵和张历友的履历见于《志异》附录《淄川志》小传的注文，焦石虹的见于卷六《狐联》篇注，邱行素的见于卷十三《秦生》篇，张石年邑侯生祠事见于卷十三《王大》篇，“淄川古八景”的八个诗题全见于卷十四的《山市》篇的注文。——前后共寻出了十条证据，我可以下判决书了。判决的主文是：

审得有不知名的文人，抄袭了《聊斋志异》的文字和注文，并依据了张元所作《蒲先生墓表》的误字，捏造了蒲松龄和他的朋友们倡和的诗若干首，并且混入许多浮泛的拟古诗歌，总共捏造了二百六十二首歪诗，冒充《聊斋诗集》，石印贩卖，诈欺取财，证据确凿。

这案判决时，已近半夜了，我们都去睡了。今天早起，我又检查《山左诗钞》，才知道这位“被告”不但熟读《聊斋志异》，并且还采用了一些别的材料。石印本《诗集》有一篇“《杖头钱》，同历友作”，并附录张历友的原作《杖头钱》，张诗收入《山左诗钞》的第四十三卷。石印本又有《赠历友》两绝句：

> 选政亲操日杜门，穷搜八代溯渊源。一编《肪截》传名著，《高士》同教两汉尊。
>
> 山左推君第一人，蒲轮空谷贱红尘。相嬉猿鹤轻轩冕，花落山房春复春。

诗后附注云：

> 历友学殖淹博，挥洒千言。同时诸前辈称为冠世之才，不虚也。试辄冠曹。时宫定山中丞为学使，以明经荐山左第一人，就京兆试，不遇，归而处昆仑山，不复出，杜门著书，有《八代诗选》，《班范肪》，《五代史肪截》，《两汉高士赞》，《昆仑山房集》等书，卓然可传。岂以名位之有无为轻重耶？

这一条注文，句句有来历，都见于《山左诗钞》卷四十三张笃庆（历友）的小传下的附录。自“宫定山中丞”以下到“杜门著书”，是钞〈抄〉唐豹岩的《昆仑山人集》序；“学殖淹博，挥洒千言”，是用《渔洋诗话》；所著书目五种是全抄卢见曾的跋语；只是“《班范肪截》”一个书名截去了一个“截”字。我疑心“被告”曾见过《山左诗钞》的第四十三卷的残本。

可是他决没有见着《山左诗钞》的全部。何以见得呢？《山左诗钞》卷四十五有蒲松龄的诗十一首。如果他见了此卷，他决不肯放过这十一首真诗。石印本《诗集》没有这十一首诗，可见他不曾见《山左诗钞》的全书。

我们现在可以推测“被告”为什么要捏造这部《聊斋诗集》。满清末年，上海国学扶轮社印出了一部《聊斋集》，其中有文，有词，而没有诗。民国以来，此书久已绝版了。大概“被告”见了这部扶轮社本，嫌他太少，就捏造了一部《诗集》，又加入了两册来历不明的《聊斋笔记》，材料增添了一倍，凑成了六册的《聊斋全集》，就成了一部定价两元的大书了。《文集》中的《志异自序》和《词集》中的《惜余春慢》也是从《聊斋志异》抄入的。笔记目录后有黄珽的附记，自称是聊斋的儿子东石的门人，在尘箧中得着太夫子的笔录，整理为两卷。笔记中的材料无可供考据的；聊斋生四子，长名箬，有文名，不知是否字东石。

昨夜查《聊斋志异》时，我又寻得一条证据，证明聊斋七十六岁之说。《志异》卷十六有“折狱”两篇，皆记淄川知县费祎祉的事。费祎祉任淄川是顺治十五年（1658）到任的。聊斋自跋云：

> 我夫子有仁爱名，……方宰淄时，松裁弱冠，过蒙器许，而驽钝不才，竟以不舞之鹤为羊公辱。……

他生于崇祯十三年（1640）到顺治十六年（1659）正是弱冠之年。这又可见八十六岁之说必不可信了。

我的结论是：

蒲松龄生于崇祯十三年庚辰（1640），死于康熙五十四年乙未正月二十二日（1715年2月25日），享年七十六岁。

二十年九月五日

（原载于《新月》月刊第4卷第1号，1933年）

史学与证据

史学，不用解释，是讲过去的事实，把已经过去的事实，记载下来。第一是有无的问题；第二是真假问题；第三是是非问题。所以，怎样可以知道历史所记之事实究竟有无？真假？以何为标准呢？就要证据。证据是什么呢？凡是用事实证明过去事实有无、是非、真伪的，都叫证据。证据不仅证明，还需事实。在外国有这个区别，证据叫 evidence，证实是 prove。证实是证据的结果，不过要知道此证据是否成立，站得住站不住，真的假的。所以几何学上最后是 prove。证实是个结果，证据是个材料。凡是用来证明有无、真假、是非之材料，有了证据，不一定证明是事实。

现在先讲证据的性质。为什么证据可以成为证明某事之有与无及真与伪呢？我们知道，凡是一件事发生，一件事经过，总不免留下某种痕迹。“迹”就是脚印子，你走路时留下的脚印子，你走路时在土地上、沙上、地板上之踪迹。这是所谓迹。凡是一件事，无论怎样，总会留下踪迹。像世界上有的事在发生经过时，总会留下一种有痕迹的地方。自然界，大自然之变化，整个宇宙之变化，古语说：化沧海为桑田，这是事实。大自然是没有历史，没有人记载；但它未免不［会］留下很多很多的痕迹，蚌壳、化石，水底下的东西，怎会跑到高山顶上呢？并且不是一层，很多很多。这就是大自然（nature）留下的事实。这高山也许几百万年以前在海底，到后来才整个变为高山。高山变为平地，海底变为高山，这个大变化，就是古生物学所谓大自然之痕迹。大自然界来证明是在海底下，虽然没有历史记载在这山顶上，但这就是自然历史也留有痕迹。很多侦探小说，某人偷东西犯了案，或凶手杀人时，总不免有痕迹留在那儿，留在这儿，好像很干净，但不知不觉留下手印，侦探来察时就可以发现。有的聪明强盗，看侦探小说看多了，带了橡皮手套，绝不留下手印，但不留神，留下香烟，甚至在无意中打架时，留一撮头发在死者手中，如此就可化验，头发也有个性。所以在他经过时，无论怎样，有了痕迹总不免给人听见、给人看见，或别人给他记载证据，最后理论。

所谓证据，都是某一事实有意无意留下的痕迹。像《水浒传》武松杀人，杀了人后，在墙上写“杀人者武松”，但很少人如此老实，有许多人想毁灭证据。皇帝《起居》、皇帝《实录》每一代都有补改毁灭的地方。搜求，为什么搜求？研究历史有“证据基本法”，如这事有了，总是有证据。所以往往许多人搜求，多得到报答。

最要紧的是：凡是证据，不一定都可靠、都可用，所以就有所谓证据法（Law of Evidence），英、美民族都有，欧洲大陆上就没有。英、美、法演变成一个很重要的过程，因此还保留陪审制度。陪审制度者就是公民，凡公民有此义务，虽然并未进过法院，但都是些老年人，中年人很少。因此，凡是关于法律问题，须由法官指导；凡关证据民情都由陪审员决定，结果由十二个人宣判，由他们关紧了门商议，往往有许多天不许与外人往来，而律师也往往向此十二人诘问，因为律师知道他们都无法律常识。譬如，某人三年前偷过东西，律师说，三年前偷东西不能算证据，如果从前打人，打的罪也不能算证据。这个叫陪审制（Jury）。尤其像英美，他们要知道普通一般人的判断力才如此。我以为历史学家用证据，最好也学一学证据法。因为不承认、不接受的条件，历史上往往也不许接受。

有四条原理：

一、不关本案的事实不成证据。譬如，打老婆的人，你说他偷东西，这不能成为证据。

二、不可靠之事实，不算证据。譬如，如果用钱买通人做证据，这就失了证据的真实性。详细情形，下面再讲。

三、传闻（hearsay）之词不能成立。譬如，有一件事郑先生说是听邓先生说的，邓先生说是听张先生说的，辗转相闻。这样也不能成立。

四、个人之意见不能成立。像一件事，我没有看见，也没有听见过，不过听人家说的，这不能成立。

这几条在我看起来，历史上都可以用，都应当遵守。

这一百五十年当中，就发生了一特殊的案子——《水经注》。一个姓赵叫一清，一个戴震，他们都是乾隆时代的学者。还有一个叫全祖望。他们三人，全祖望先死，赵一清、戴震次。可是《水经注》戴震先出来，后赵一清、全祖望的《水经注》始终未写成功。到了距今六十年左右，引起了极大的辩论。有人说，戴震在《水经注》里称他老师江永叫老儒，可见是他偷赵一清的。这就是犯了第一条。

还有《易林》，这是本卜卦的书，内容是研究卦的变幻。著者焦延寿、崔篆，也闹起了版权问题。焦延寿是纪元前一世纪的人，崔篆是纪元后一世纪的人，相隔大概一百年左右。《四库全书纲［提］要》有记载说：东汉永平四年，天大旱，用之卜卦，如此可见焦氏所著。记载当然不会错。因为当时卜卦以后，第二天果下雨，这样史官才给纪录下来。可是他并没有说是所著的《易林》。这也是犯了第一条。

王昭君，大家都知道是汉朝和番的一个漂亮女子。《易林》上也提到，所以有人说焦氏是在汉朝以前的人，可见不是他著的，是崔氏所著。乍看起来好像对。不过要知道虽不是焦氏所著，但未必就是崔氏所著。所以这第一条看起来很简单，其实应用无穷。

第二条，用不着我多讲了。还是拿《水经注》来说，全祖望的本子第一个发现的是“阿拉”宁波人王梓材。他是讲理学的先生，他到北平正是鸦片战争，也是反对罢戴最热烈的时候。他想：好了，不是戴的，也不是赵的，是“阿拉”的。有人问：证据呢？他说：在宁波。他回宁波一年以后，果然拿出一部全祖望的《水经注》。其实完全［是］假的。

我这次到南京，在图书馆看见真的全祖望没有写完的《水经注》，费了三天工夫抄了回来。

第三，用直接材料而不能用间接材料。不是原本不能用，更不能用辗转抄写的本子。譬如《聊斋》大家都知道是蒲松龄所著，张元刻的墓碑上有记载。有许多翻印本子写他死于八十六岁。我们特为找到这个墓碑，拓下来是七十六岁。这样就发生了一个笑话：有一个上海闻人，想翻印《蒲松龄文集》，他怕将来发生版权的麻烦，就关了门在鸦片铺上动脑筋，做了二百二十六首诗，所以这本文集出版以后，除了文集、词集以外，还多了二百二十六首诗。这是个新发现。但假的事实往往露出了马脚，因为他上面是照八十六岁的本子抄的，所以诗中有一首是《八十六□□》[①] 还有“我今年六十八矣”的句子，下面写康熙几年，我算了算错十年，正是照八十六岁推算出来的，可见不对。现在《聊斋全集》清华大学有一部、马先生有一部、我有一部。拿来一齐校对，词集、文集都有，就是没有诗集。所以用材料，不可不用原本。像这位先生就给我抓住欺诈取财的罪。

还有《宋史》，尤其北宋，更尤其是在神宗、仁〈哲〉宗之间，王安石变法，新旧翻来翻去，历史改来改去，而元代也拿它做材料。这都是常识。

最近，我要说几句话，在《经世日报》郑先生主编的《读书周

---

① “胡适档案”原记录稿中此处空两格未写。——原编者

刊》，我写过一篇东西，有人问做官的秘诀是什么？他回答勤、谨、和、缓。这是几千年来做官的秘诀。研究历史也是这样。

第一，勤，寻材料要手勤、耳勤、眼勤，不懒才能找到材料。

第二，谨，严记不可靠、不相干的东西不能用。小心，因为如果你抄错了，还要使别人犯刑事法。所以校对一次，再校对一次，绝对不能苟且，一笔、一字、一句都要研究。

第三，和，就是心平气和，不要容易动火，不要在感情上用事，自己错了，认错，放弃错的证据，引用对的证据。

第四，缓，是做官的秘诀，就是拖。在研究历史很重要，宁可悬而不断，不断然下结论。在证据不充分、不够的时候更不能不如此。

时间不早。最后，奉劝诸位，学此四字。

（录自《胡适讲演录》，河北人民出版社 1999 年版）

搜集史料重于修史

我非常感谢台湾省文献委员会及台北市、基隆市、台北县、桃园县、新竹县、宜兰县等文献委员会的各位先生给我参加这样一个盛大的聚会。不过说到欢迎，我实在不敢当。刚才黄［纯青］先生要我对修志问题表示意见。台湾省文献委员会等七个机构都是做征文考献工作的，他们在台湾省各地保留资料、搜集资料、整理资料，以编修《台湾省通志》及各县市的方志，这是一件大工作，要我表示意见实在不敢当。况且在座的有台湾大学、“中央研究院”历史语言研究所，以及师范学院的许多位文史先生，他们对于黄先生所提出的问题，无论在知识、学术见解，以及这几年来他们参加襄助各地搜集材料的工作，都比我知道得多，在这许多文史界权威学者面前，更不敢说话了。

不过黄先生说我是台湾人，的确台湾是我的第二故乡，幼年时我曾在台湾住过一年又十个月。这次我到台南、台东等地，曾种了一株榕树，两株樟树，据说这两种树都有很长的寿命，将来长大了，也许有一个小小掌故的地位，也可以说替将来的台湾文献捏造一些掌故。

我还要特别感谢文献会的黄先生，将先君在台湾留下的一点纪录：一个是私人日记，一个是向他长官所作的报告，予以刊行。

关于黄先生所提的修志大问题，我刚才已经说过，我是不配提出有价值的意见的，不过大家知道我从前作过一部《章实斋（学诚）年谱》，因为编这一部书，对于方志问题略曾注意。章实斋是一个史学家，是很有历史的眼光的学者，他的书中，一部分有关文史，一部分有关方志，特别对于方志部分还有许多意见。因为我编章实斋的《年谱》，所以引起我对方志的兴趣。平时我自己也搜集一些材料，但个人所搜集的材料当然有限，而且不免多是与个人有关的。但是我在国外，看到搜集方志最全的是美国国会图书馆，它搜集了全中国的方志，这实在是很了不得的。从前朱［士嘉］先生曾编有一个美国国会图书馆所藏中国方志的书目，可以作为参考。在国内除了北大图书馆和上海的涵芬楼以外，很少有一个地方像美国国会图书馆搜集得那样完备。而美国除了国会图书馆以外，尚有哈佛大学、哥伦比亚大学、普林斯顿大学的收藏亦甚丰富。因此，我有一个小小的意见，今天向七个专门考献的团体的先生以及文史专家面前提出。

我觉得文献委员会这几年来所做的搜集史料、刊印史料的工作，也许比将来修志的工作格外重要。这一句话并不是说对诸位修省通志或地方志的工作不重要，我的意思是说搜集资料、保藏原料、发表原料这些工作，比整理编志的工作更重要。有了原料，将它收集保藏起来，随时随地的继续搜集，随时出版，有一种材料就印一种，这个工作比修志编志书重要得多。为什么原因呢？因为志书经过一番制造整理，是一种制造品。台大前校长傅斯年先生曾说过：人家以为“二十四史”中《宋史》最多麻烦，其实在“二十四史”中《宋史》的价值最高。这个见解我是很赞成的。因为《宋史》所保藏的原料最多，经过整理删除的最少。有人以为《宋史》不好，要重新写过一部；我却以为幸而《宋史》替我们保留了许多材料。再说大家都知道唐书有两部，一部《新唐书》，一部《旧唐书》。《新唐书》是宋时人作的，经过了一番整理，以做文章的方法来写历史，将材料改了很多，文章固然很谨严，一般做文章的人也许很恭维《新唐书》，但以历史的眼光看，《新唐书》是远不如《旧唐书》的。清朝学者王若虚就曾经写〈说〉过《新唐书》不好。我们可以说《新唐书》不但文章不通，而且原始的材料都掉了；《旧唐书》就是因为材料较多，所以篇幅也较多，差不多比《新唐书》多了一倍，这是它的好处。

今天在座的七个团体，都是从事征文考献的工作，给台湾的历史保藏史料。原料越是保藏得多，搜集得多，比起将原料整理删除编整的工作，都远为重要。因为无论以什么方式编志，新方法也好，旧方法也好，都不免经过整理，许多材料不免受编志总纂主观的取舍。甚至毁去一部分材料，或隐藏一部分材料。经过这一阶段，往往将有价值的原料去掉，所以整理出来的东西就成为制造品。我们以现代新的眼光来看，与其编志，不如做搜集材料、发表材料，继续搜集材料、随时发表材料的工作。譬如说，“二·二八”事变是一个很不愉快的事，现在距离的时间很短，在台湾是一件〈个〉很重要的问题，在这个时候不能不讨论这个问题，但讨论时不免有许多主观的见解。而关于这件事，就有许多材料不能用，不敢用，或者不便用。在这样的情形下，与其写一部志书，在方志中很简单的将“二·二八”事件叙述几遍，远不如不去谈它，不去写书，而注重在保藏史料这一方面，使真实的材料不至毁灭，而可以发表的就把它发表。这是举一个很极端的例子，来说明原料比制造品重要；说明过早提出结论，不如多保留各方面的材料，到可以发表的时候当作原料发表，不加以论断。不要使原料毁灭，我以为这个工作比编志更重要。希望各地文献委员会对于搜集材料、保存资料的工作能够继续，而且要特别的看重。不要存一种搜集资料就要编志的观念。

还有今天我在台大参观人类考古学系，看到有关高山族的考据，这是很了不得的，把高山族分成七个大类，这个工作现在刚刚开始，只是在开始搜集材料，还没有到搜集齐全的时期。有关民族、语言、方言等等的调查纪录，就我所知，目前还不够，尚待继续搜集，再以新的方式整理。在开始搜集的时候，很不容易有一个结论。征文考献亦复如此，应多搜集原料、研究原料，不必在几年中将各地通志都写起来。至少在我这个半个台湾人看来是不必如此的。而应扩大搜集材料的范围，请台大、师院及历史研究所各位先生就民族学、语言学、人类学各方面以新的方法来搜集新的材料。

这是我这半个台湾人回到第二故乡，向各位负征文考献责任的先生们，以我外行的一点小意见贡献给大家。我想许多文史专家一定有更好的意见，黄先生可以请他们多多发表，我只是以我粗浅的意见供大家的参考，[仅] 作为一种抛砖引玉的意见。

（胡适 1953 年 1 月 6 日演讲于台湾省文献会。录自《胡适言论集》甲编，台北华国出版社 1953 年版）

历史科学的方法

今天本人能参加这次“中国地质学会”年会，甚感荣幸。同时看到内容丰富的会刊，更觉高兴。本人对地质是外行，没有什么可讲；但因我和地质界许多位老前辈们都有深交，所以对过去地质学会的工作情形，特别清楚。本人尤其赞佩地质学会在国际上的崇高地位，对贵会前途寄予无限的期望。

地质学、古生物学皆属于历史科学，本人特在此提出一八八〇年赫胥黎（Thomas Henry Huxley）关于研究古生物的一篇有名的讲词《柴狄的方法》（*On the Method of zadig*）的故事来谈谈。

赫氏所讲故事里的“柴狄”是法国一位大哲人伏尔泰（Voltare）做的小说里的主人翁，在这书中柴狄是一位巴比伦的哲学家，他喜欢仔细观察事物。有一天他在森林中散步，恰巧王后的小狗走失了，仆人正在找寻，问柴狄曾否看到。柴狄当时说那只狗是一只小母狗，刚生了小狗，并且一只脚微跛，仆人以为那只狗一定被他偷藏了，就要逮捕他。这时又有一群人来找寻国王失了的马，柴狄又说出那马是一匹头等快跑的马，身高五尺，尾长三尺半，马蹄上带着银套，嘴衔勒上有二十三“开”金子的饰品。于是他就以偷窃王家的狗和马的嫌疑被捕了。在法庭上柴狄为自己辩护，他指出：他根据沙上的痕迹就可以判断那狗是刚生小狗的母狗，左后足是跛的；又根据路旁树叶脱落的情形，可以判断马的高度，根据路的宽度和两旁树叶破碎的情形，可以判断马尾的长度；马嘴曾碰石头，那石头上的划痕，可以推知马衔勒是二十三开金制成；根据马的足迹可以判断这是一匹头等快跑的马。随后狗和马都在别处找到了，柴狄无罪被释。赫胥黎说：古生物学的方法其实就是“柴狄的方法”。

历史学家、考古学家、古生物学家、地质学家以及天文学家所用的研究方法，就是这种观察推断的方法。地质学和古生物学都是“历史的科学”，同样根据一些事实来推断造成这些事实的原因。

历史的科学和实验的科学方法有什么分别呢？实验的科学可以由种种事实归纳出一个通则。历史的科学如地质学等也可以说是同样用这种方法。但是实验科学归纳得通则之后，还可以用演绎法，依照那通则来做实验，看看某些原因具备之后是否一定发生某种预期的结果。实验就是用人工造出某种原因来试验是否可以发生某种结果。这是实验科学和历史科学最不同的一个要点。地质学和其他历史的科学，虽然也都依因果律，从某些结果推知当时产生这些结果的原因，但历史科学的证据大部分是只能搜求，只能发现，而无法再造出来反复实验的。（天文学的历史部分可以上推千万年的日月蚀，也可以下推千万年的日月蚀，也还可以推知某一个彗星大约在某年可以重出现。但那些可以推算出来的天文现象也不是用人工制造出来的。但我曾看见一位欧洲考古学家用两块石头相劈，削成“原始石器”的形状。）

正因为历史科学上的证据绝大部分是不能再造出来做实验的，所以我们做这几门学问的人，全靠用最勤劳的工夫去搜求材料，用最精细的功夫去研究材料，用最谨严的方法去批评审查材料。

这种功夫，这种方法，赫胥黎在八十年曾指出，还不过是“柴狄的方法”。柴狄的方法，其实就是我们人类用常识来判断推测的方法。赫胥黎说：“游牧的民族走到了一个地方，看见了折断了的树枝，踏碎了的树叶，搞乱了的石子，不分明的脚印，从这些痕迹上，他们不但可以推断有一队人曾打这里经过，还可以估计那一队的人数有多少，有多少马匹，从什么方向来，从〈往〉什么方向去，过去了几天了。”

历史科学的方法不过是人类常识的方法，加上更严格的训练，加上更谨严的纪律而已。

（胡适1958年4月26日演讲于台北的“中国地质学会”年会。载于《中国地质学会会刊》第2期，1959年3月）

胡适文集

A Collection of Hu Shih's Essays

6 自述卷

何卓恩◎编

長春出版社
国家一级出版社
全国百佳图书出版单位

1921 年蓄髭教授胡适

目录

■ 行路杂记

■ 心路自述

胡適文集

自述卷

行路杂记

归国杂感

我在美国动身的时候，有许多朋友对我道：“密斯忒[1]胡，你和中国别了七个足年了，这七年之中，中国已经革了三次的命，朝代也换了几个了。真个是一日千里的进步。你回去时，恐怕要不认得那七年前的老大帝国了。”我笑着对他们说道：“列位不用替我担忧。我们中国正恐怕进步太快，我们留学生回去要不认得他了，所以他走上几步，又退回几步。他正在那里回头等我们回去认旧相识呢。”

这话并不是戏言，乃是真话。我每每劝人回国时莫存大希望：希望越大，失望越大。所以我自己回国时，并不曾怀什么大希望。果然船到了横滨，便听得张勋复辟的消息。如今在中国已住了四个月了，所见所闻，果然不出我所料。七年没见面的中国还是七年前的老相识！到上海的时候，有一天，有一位朋友拉我到大舞台去看戏。我走进去坐了两点钟，出来的时候，对我的朋友说道：“这个大舞台真正是中国的一个绝妙的缩本模型。你看这大舞台三个字岂不很新？外面的房屋岂不是洋房？里面的座位和戏台上的布景装潢又岂不是西洋新式？但是做戏的人都不过是赵如泉、沈韵秋、万盏灯、

① Mister 的音译。——编者

何家声、何金寿这些人。没有一个不是二十年前的旧古董！我十三岁到上海的时候，他们已成了老脚〈角〉色了。如今又隔了十三年了，却还是他们在台上撑场面。这十三年造出来的新脚〈角〉色都到那里去了呢？你再看那台上做的《举鼎观画》。那祖先堂上的布景，岂不很完备？只是那小薛蛟拿了那老头儿的书信，就此跨马加鞭，却忘记了台上布的景是一座祖先堂！又看那出《四进士》。台上布景，明明有了门了，那宋士杰却还要做手势去关那没有的门！上公堂时，还要跨那没有的门槛！你看这二十年前的旧古董，在二十世纪的大舞台上做戏；装上了二十世纪的新布景，却偏要做那二十年前的旧手脚！这不是一副绝妙的中国现势图吗？"

我在上海住了十二天，在内地住了一个月，在北京住了两个月，在路上走了二十天，看了两件大进步的事：第一件是"三炮台"的纸烟，居然行到我们徽州去了；第二件是"扑克"牌居然比麻雀牌还要时髦了。"三炮台"纸烟还不算希奇，只有那"扑克"牌何以会这样风行呢？有许多老先生向来学 A，B，C，D，是很不行的，如今打起"扑克"来，也会说"恩德"、"累死"、"接客倭彭"！这些怪不好记的名词，何以会这样容易上口呢？他们学这些名词这样容易，何以学正经的 A，B，C，D，又那样蠢呢？我想这里面很有可以研究的道理。新思想行不到徽州，恐怕是因为新思想没有"三炮台"那样中吃罢？A，B，C，D，不容易教，恐怕是因为教的人不得其法罢？

我第一次走过四马路，就看见了三部教"扑克"的书。我心想"扑克"的书已有这许多了，那别种有用的书，自然更不少了，所以我就花了一天的工夫，专去调查上海的出版界。我是学哲学的，自然先寻哲学的书。不料这几年来，中国竟可以算得没有出过一部哲学书。找来找去，找到一部《中国哲学史》，内中王阳明占了四大页，《洪范》倒占了八页！还说了些"孔子既受天之命"，"与天地合德"的话。又看见一部《韩非子精华》，删去了《五蠹》和《显学》

两篇，竟成了一部“韩非子糟粕”了。文学书内，只有一部王国维的《宋元戏曲史》是很好的。又看见一家书目上有翻译的萧士比亚［莎士比亚］剧本，找来一看，原来把会话体的戏剧，都改作了《聊斋志异》体的叙事古文！又看见一部《妇女文学史》，内中苏蕙的回文诗足足占了六十页！又看见《饮冰室丛著》内有《墨学微》一书，我是喜欢看看墨家的书的人，自然心中很高兴。不料抽出来一看，原来是任公先生十四年前的旧作，不曾改了一个字！此外只有一部《中国外交史》，可算是一部好书，如今居然到了三版了。这件事还可以使人乐观。此外那些新出版的小说，看来看去，实在找不出一部可看的小说。有人对我说，如今最风行的是一部《新华春梦记》，这也可想见中国小说界的程度了。

总而言之，上海的出版界，——中国的出版界——这七年来简直没有两三部以上可看的书！不但高等学问的书一部都没有，就是要找一部轮船上火车上消遣的书，也找不出！（后来我寻来寻去，只寻得一部吴稚晖先生的《上下古今谈》，带到芜湖路上去看。）我看了这个怪现状，真可以放声大哭。如今的中国人，肚子饿了，还有些施粥的厂把粥给他们吃。只是那些脑子叫饿的人可真没有东西吃了。难道可以把些《九尾龟》、《十尾龟》来充饥吗？

中文书籍既是如此，我又去调查现在市上最通行的英文书籍。看来看去，都是些什么萧士比亚的《威匿思商》［威尼斯商人］、《麦克白传》，阿狄生的《文报选录》，戈司密［哥尔斯密］的《威克斐牧师》，欧文的《见闻杂记》……大概都是些十七世纪十八世纪的书。内中有几部十九世纪的书，也不过是欧文、迭更司［狄更斯］、司各脱、麦考来［麦考莱］几个人的书，都是和现在欧美的新思潮毫无关系的。怪不得我后来问起一位有名的英文教习，竟连 Bernard Shaw［萧伯纳］的名字也不曾听见过，不要说 Tchekoff［契诃夫］和 Andreyev［安德烈耶夫］了。我想这都是现在一班教会学堂出身的英文教习的罪过。这些英文教习，只会用他们先生教过的课本。

他们的先生又只会用他们先生的先生教过的课本。所以现在中国学堂所用的英文书籍，大概都是教会先生的太老师或太太老师们教过的课本！怪不得和现在的思想潮流绝无关系了。

有人说，思想是一件事，文学又是一件事，学英文的人何必要读与现代新思潮有关系的书呢？这话似乎有理，其实不然。我们中国人学英文. 和英国美国的小孩子学英文，是两样的。我们学西洋文字，不单是要认得几个洋字，会说几句洋话，我们的目的在于输入西洋的学术思想。所以我以为中国学校教授西洋文字，应该用一种“一箭射双雕”的方法，把“思想”和“文字”同时并教。例如教散文，与其用欧文的《见闻杂记》，或阿狄生的《文报选录》，不如用赫胥黎的《进化杂论》。又如教戏曲，与其教萧士比亚的《威匿思商》，不如用 Bernard Shaw 的 *Androcles and the Lion* ［《安德罗克里斯和狮子》］，或是 Galsworthy 的［高尔斯华绥］*Strife* 或 *Justice*。又如教长篇的文字，与其教麦考来的《约翰生行述》，不如教弥尔的《群己权界论》。……我写到这里，忽然想起日本东京丸善书店的英文书目。那书目上，凡是英美两国一年前出版的新书，大概都有。我把这书目和商务书馆与伊文思书馆的书目一比较，我几乎要羞死了。

我回中国所见的怪现状，最普通的是“时间不值钱”。中国人吃了饭没有事做，不是打麻雀，便是打“扑克”。有的人走上茶馆，泡了一碗茶，便是一天了。有的人拿一只鸟儿到处逛逛，也是一天了。更可笑的是朋友去看朋友，一坐下便生了根了，再也不肯走。有事商议，或是有话谈论，到〈倒〉也罢了。其实并没有可议的事，可说的话。我有一天在一位朋友处有事，忽然来了两位客，是□□[①]馆的人员。我的朋友走出去会客，我因为事没有完，便在他房里等他。我以为这两位客一定是来商议这□□馆中什么要事的。不料我听得

---

① 底本如此，下同。——原编者

他们开口道："□□先生，今回是打津浦火车来的，还是坐轮船来的？"我的朋友说是坐轮船来的。这两位客接着便说轮船怎样不便，怎样迟缓。又从轮船上谈到铁路上，从铁路上又谈到现在中交两银行的钞洋跌价。因此又谈到梁任公的财政本领，又谈到梁士诒的行踪去迹：……谈了一点多钟，没有谈上一句要紧的话。后来我等的没法了，只好叫听差去请我的朋友。那两位客还不知趣，不肯就走。我不得已，只好跑了，让我的朋友去领教他们的"二梁优劣论"罢！

美国有一位大贤名弗兰克令［富兰克林］（Benjamin Franklin）的，曾说道："时间乃是造成生命的东西。"时间不值钱，生命自然也不值钱了。上海那些拣茶叶的女工，一天拣到黑，至多不过得二百个钱，少的不过得五六十钱！茶叶店的伙计，一天做十六七点钟的工，一个月平均只拿得两三块钱！还有那些工厂的工人，更不用说了。还有那些更下等，更苦痛的工作，更不用说了。人力那样不值钱，所以卫生也不讲究，医药也不讲究。我在北京上海看那些小店铺里和穷人家里的种种不卫生，真是一种黑暗世界。至于道路的不洁净，瘟疫的流行，更不消说了。最可怪的是无论阿猫阿狗都可挂牌医病，医死了人，也没有人怨恨，也没有人干涉。人命的不值钱，真可算得到了极端了。

现今的人都说教育可以救种种的弊病。但是依我看来，中国的教育，不但不能救亡，简直可以亡国。我有十几年没到内地去了，这回回去，自然去看看那些学堂。学堂的课程表，看来何尝不完备？体操也有，图画也有，英文也有，那些国文、修身之类，更不用说了。但是学堂的弊病，却正在这课程完备上。例如我们家乡的小学堂，经费自然不充足了，却也要每年花六十块钱去请一个中学堂学生兼教英文唱歌。又花二十块钱买一架风琴。我心想，这六十块一年的英文教习，能教什么英文？教的英文，在我们山里的小地方，又有什么用处？至于那音乐一科，更无道理了。请问那种学堂的音乐，还是可以增进"美感"呢？还是可以增进音乐知识呢？若果然要教音乐，为什么不去村乡里找一个会吹笛子的唱昆腔的人来教？为什么一定要用那实在不中听的二十块钱的风琴呢？那些穷人的子弟学了音乐回家，能买得起一架风琴来练习他所学的音乐知识吗？我真是莫名其妙了。所以我在内地常说："列位办学堂，尽不必问教育部规程是什么，须先问这块地方上最需要的是什么。譬如我们这里最需要的是农家常识，蚕桑常识，商业常识，卫生常识，列位却把修身教科书去教他们做圣贤！又把二十块钱的风琴去教他们学音乐！又请一位六十块钱一年的教习教他们的英文！列位且自己想想看，这样的教育，造得出怎么样的人才？所以我奉劝列位办学堂，切莫注重课程的完备，须要注意课程的实用。尽不必去巴结视学员，且去巴结那些小百姓。视学员说这个学堂好，是没有用的，须要小百姓都肯把他们的子弟送来上学，那才是教育有成效了。"

以上说的是小学堂。至于那些中学堂的成绩，更可怕了。我遇见一位省立法政学堂的本科学生，谈了一会，他忽然问道："听说东文是和英文差不多的，这话可真吗？"我已经大诧异了。后来他听我说日本人总有些岛国的习气，忽然问道："原来日本也在海岛上吗？"……这个固然是一个极端的例。但是如今中学堂毕业的人才，高又高不得，低又低不得，竟成了一种无能的游民。这都由于学校里所教的功课，和社会上的需要毫无关涉。所以学校只管多，教育只管兴，社会上的工人，伙计，账房，警察，兵士，农夫，……还只是用没有受过教育的人。社会所需要的是做事的人才，学堂所造成的是不会做事又不肯做事的人才，这种教育不是亡国的教育吗？

我说我的"归国杂感"，提起笔来，便写了三四千字。说的都是些很可以悲观的话。但是我却并不是悲观的人。我以为这二十年来中国并不是完全没有进步，不过惰性太大，向前三步又退回两步，所以到如今还是这个样子。我这回回家寻出了一部叶德辉的《翼教丛编》，读了一遍，才知道这二十年的中国实在已经有了许多大进步。不到二十年前，那些老先生们，如叶德辉、王益吾之流，出了死力去驳康有为，所以这书叫做《翼教丛编》。我们今日也痛骂康有为。但二十年前的中国，骂康有为太新；二十年后的中国，却骂康有为太旧。如今康有为没有皇帝可保了，很可以做一部《翼教续编》来骂陈独秀了。这两部“翼教”的书的不同之处，便是中国二十年来的进步了。

民国七年一月

（原载于《新青年》第4卷1号，1918年1月15日）

欧游道中寄书

一

慰慈：

车上读了 Morgenthan［摩根索］的 *All in a Life Time* 很受感动。此人是一个“钱鬼子”（Money—maker），中年以后，决计投身于政治社会的服务，为“好政府”奋斗，威尔逊之被选，很靠他的帮助。

前次与你谈国中的“新政客”有二大病：一不做学问，不研究问题，不研究事实；二不延揽人才。近来我想，还有一个大毛病，就是没有理想，没有理想主义。

我们不谈政治也罢。若谈政治，若干政治，决不可没有一点理想主义。我可以做一句格言：

“计画不嫌切近，理想不嫌高远。”

适之

二

慰慈：

这是莫斯科的第三晚了。

在一个地方遇见美国芝加哥大学教授 Merriam 与 Harpers。今早同他们去参观监狱，我们都很满意。昨天我去参观 Museum of the Revolution，很受感动。

我的感想与志摩不同。此间的人正是我前日信中所说有理想与理想主义的政治家；他们的理想也许有我们爱自由的人不能完全赞同的，但他们的意志的专笃（Seriousness of purpose），却是我们不能不十分顶礼佩服的。他们在此做一个空前的伟大政治新试验；他们有理想，有计画，有绝对的信心，只此三项已足使我们愧死。

我们这个醉生梦死的民族怎么配批评苏俄！……

今天我同 Merriam 谈了甚久，他的判断甚公允。他说，狄克推多向来是不肯放弃已得之权力的，故其下的政体总是趋向愚民政策。苏俄虽是狄克推多，但他们却真是用力办新教育，努力想造成一个社会主义的新时代。依此趋势认真做去，将来可以由狄克推多过渡到社会主义的民治制度。

我看苏俄的教育政策，确是采取世界最新的教育学说，作大规模的试验。可惜此时各学校都放假了，不能看到什么实际的成绩。但看其教育统计，已可惊叹。

适之

三

慰慈：

我这两天读了一些关于苏俄的统计材料，觉得我前日信上所说的话不为过当。我是一个实验主义者，对于苏俄之大规模的政治试验，不能不表示佩服。凡试验与浅尝不同。试验必须有一个假定的计画（理想）作方针，还要想出种种方法来使这个计画可以见于实施。在世界政治史上，从不曾有过这样大规模的“乌托邦”计画居然有实地试验的机会。求之中国史上，只有王莽与王安石做过两次的“社会主义的国家”的试验；王莽那一次尤可佩服。他们的失败应该更使我们了解苏俄的试验的价值。

去年许多朋友要我加入“反赤化”的讨论，我所以迟疑甚久，始终不加入者，根本上只因我的实验主义不容我否认这种政治试验的正当，更不容我以耳为目，附和传统的见解与狭窄的成见。我这回不能久住俄国，不能细细观察调查，甚是恨事。但我所见已足使我心悦诚服地承认这是一个有理想，有计画，有方法的大政治试验。我们的朋友们，尤其是研究政治思想与制度的朋友们，至少应该承认苏俄有作这种政治试验的权利，我们应该承认这种试验正与我们试作白话诗，或美国试验委员会制与经理制的城市政府有同样的正当。这是最低限度的实验主义的态度。

至于这个大试验的成绩如何，这个问题须有事实上的答案，决不可随便信任感情与成见。还有许多不可避免的困难，也应该撇开；如革命的时期，如一九二一年的大灾，皆不能不撇开。一九二二年以来的成绩是应该研究的。我这回如不能回到俄国，将来回国之后，很想组织一个俄国考察团，邀一班政治经济学者及教育家同来作一较长期的考察。

总之，许多少年人的“盲从”固然不好，然而许多学者们的“武断”也是不好的。……

适之

四

志摩：

我在火车上寄你的长信（由眉［陆小曼］转）收到了没有？我在 London 住了十几天，委员会的人都四散了，没有事可做，所以来巴黎住几天。还想到瑞士去玩玩。

我这回去国，独自旅行，颇多反省的时间。我很感觉一种心理上的反动，于自己的精神上，一方面感觉 depression［失望］，一方面却又不少新的兴奋。究竟我回国九年来，干了一些什么！成绩在何处？眼看见国家政治一天糟似一天，心里着实难过。去国时的政治，比起我九年前回国时，真如同隔世了。我们固然可以自己卸责，说这都是前人种的恶因，于我们无关，话虽如此，我们种的新因却在何处？满地是“新文艺”的定期刊，满地是浅薄无聊的文艺与政谈，这就是种新因了吗？几个朋友办了一年多的《努力》，又几个朋友谈了几个月的反赤化，这又是种新因了吗？

这一类的思想使我很感觉烦恼。

但我又感觉一种刺激。我们这几年在北京实在太舒服了，太懒惰了，太不认真了。前年叔永说我们在北京的生活有点 frivolous［空虚］，那时我们也许以此自豪。今年春间你们写信给我，叫我赶紧离开上海，因为你们以为我在上海的生活太 frivolous。但我现在想起来，我们在北京的生活也正是十分 frivolous。我在莫斯科三天，觉得那里的人有一种 seriousness of purpose［明确的追求］，真有一种“认真”“发愤有为”的气象。我去看那“革命博物馆”，看那一八九〇——九一七年的革命运动，真使我们愧死。我想我们应该发愤振作一番，鼓起一点精神来担当大事，**要严肃地做个人，认真地做点事**，方才可以对得住我们现在的地位。

我们应当学 Mussolinl［墨索里尼］的“危险地过日子”，——至少至少，也应该学他实行延长工作的时间。

英国不足学；英国一切敷衍，苟且过日子，从没有一件先见的计划；名为 evolutionary［渐进的］，实则得过且过，直到雨临头时方才做补漏的工夫。此次矿工罢业事件最足表现此民族心理。

我们应当学德国；至少应该学日本。至少我们要想法子养成一点整齐严肃的气象。这是我的新的兴奋。

你们也许笑我变成道学先生了。但是这是我一个月来的心理，不是一时偶然的冲动。我希望北京的几个朋友也认真想想这点子老生常谈。

傅孟真几天之内可以到 Paris［巴黎］。我在此等他来谈谈就走。

见着 Waley，我很爱他。在此见着 Pelliot，我也很爱他。昨天在 Bibliotheque Nationale［法国国家图书馆］里看见敦煌卷子，很高兴。今天去游凡赛野，到傍晚方归。

庚款会大概要到十月初才续开。我十月底到 Frankport［法兰克福］A. M. 去演讲一次。十一月须回到英国，到各大学讲演，约有十处，由 British and Irish Universities' China Committee 布置。以后的行止，尚不可知。如身体尚不甚健壮，拟往瑞士可过冬处去住一个冬天。以后便要作归计了。

我预备回国后即积极作工。很想带点“外国脾气”回来耍耍。带些什么还不能知道。大概不会是跳舞。

适之

十五年八月二十七日

五

志摩：

谢谢你的长信。

让我先给你赔个罪。我在八月底写了一封长信给你，信里说了许多“拉长了面孔”的话；写成了，我有点迟疑：我怕这是完全不入耳之言，尤其在这“坐不定，睡不稳”的时候，所以我把这信搁起了，这一搁就是一个多月。今天取出前信来看看，觉得还可以不必改动，现在补寄给你，并且请你恕我那时对你一点的怀疑。

你对于我关于苏俄的意见似乎不很能赞同。我很高兴，你们至少都承认苏俄有作这种政治试验的权利。但你们要“进一步”问：

第一，苏俄的乌托邦理想“在学理上有无充分的根据，在事实上有无实现的可能？”

第二，他们的方法对不对？

第三，这种办法有无普遍性？

第四，“难道就没有比较平和，比较牺牲小些的路径不成？”

我在苏俄可算是没有看见什么，所以不配讨论这些问题。但为提起大家研究这问题的兴趣起见，我也不妨随便谈谈。

第一，什么叫做“学理上的充分根据”？他们根本上就不承认你心里所谓“学理”，这却也不是蛮劲。本来周公制礼未必就恰合周婆的脾胃，我们也就不应该拿周公的“学理”来压服周婆。平心说来，这个世界上有几个制度是“在学理上有充分的根据”的？记得前年独秀与天仇讨论，独秀拿出他们的“辩证的逻辑”来做武器。其实从我们实验主义者的眼光看起来，从我的历史眼光看来，政治上的历史是《红楼梦》上说的，“不是东风压了西风，便是西风压了东风”。资本主义有什么学理上的根据？国家主义有什么学理上的根据？政党政治有什么学理上的根据？

至于事实上的可能，那是事实的问题。我本来说过，“至于这个大试验的成绩如何，须有事实上的答案，决不可随便信任感情与成见。”

其实这个世界上的大悲剧还只是感情与成见的权威。最大的一个成见就是：“私有财产废止之后，人类努力进步的动机就没有了。”其实何尝如此？许多科学家把他们的大发现送给人类，他们自己何尝因此发大财？近年英国医生发现了一种医肺病的药方，试验起来，有百分之八十五的成绩；但他不肯把药方告人，所以英国医学会说他玷辱科学家的资格，所以把他的会员资格取消了。试问，难道今日的医生因为科学的尊严不许他谋私利，就不肯努力去发明新医术或新方子吗？

最明白的例就是我们在国内办杂志。我做了十年的文章，只有几篇是卖钱的。然而我自信，做文章的时候，决不因为不卖钱就不用气力。你做诗也是如此的。

无论在共产制或私产制之下，有天才的人总是要努力向上走的。几百年前，做白话小说的人，不但不能发财做官，并且不敢用真名字。然而施耐庵、曹雪芹终于做小说了。现今做小说可以发大财了；然而施耐庵、曹雪芹还不曾出头露面！

至于大多数的“凡民”（王船山爱用这个名词），他们的不向上，不努力，不长进，真是“富贵不能淫，威武不能屈”的！私产共产，于他们有何分别？

苏俄的政治家却不从这个方向去着想。他们在这几年的经验里，已经知道生产（Production & productivity）的问题是一个组织的问题。资本主义的组织发达到了很高的程度，所以有极伟大的生产力。社会主义的组织没有完备，所以赶不上资本主义的国家的生产力。今年 Trotsky［托洛茨基］著《俄国往那儿走》（*Whither Russia?*）一书，说，苏俄的生死关头全靠他能不能制造出货物，比美国还要便宜还要好。他承认，此时还做不到；但他同时承认此事并不是绝对不可能的。

我们也许笑他痴心妄想；但这又是一个事实的问题，我们不能单靠我们的成见就武断社会主义制度之下不能有伟大的生产力。

第二和第四都是方法。方法多着咧！你们说的是那一种？你们问：“难道就没有比较平和，比较牺牲小些的路径不成？”这是孩子气的问话，你没有读过 *Human Nature in Politics* 吗？你为什么不问问前回参加世界大战的那些文明国家？你为什么不问问英国今日罢工到一百五十多天的矿工人？你为什么不问问吴佩孚、张作霖、冯玉祥、孙传芳？谁说没有“比较平和，比较牺牲小些的路径”？但是有谁肯这样平和静气地去想呢？

去年我有几次向几个朋友说说我的“协商的割据论”，他们都笑我是书生之见，“行不通！行不通！”可是“机关枪对打”就行得通了吗？然而他们却不笑了！

认真说来，我是主张“那比较平和比较牺牲小些”的方法的。

我以为简单说来，近世的历史指出两个不同的方法：一是苏俄今日的方法，由无产阶级专政，不容有产阶级的存在。一是避免“阶级斗争”的方法，采用三百年来“社会化”（Socializing）的倾向，逐渐扩充享受自由享受幸福的社会。这方法，我想叫他做“新自由主义”（New Liberalism）或“自由的社会主义”（Liberal Socialism）。

共产党的朋友对我说，“自由主义是资本主义的政治哲学”。这是历史上不能成立的话。自由主义的倾向是渐次扩充的。十七八世纪，只是贵族争得自由。二十世纪应该是全民族争得自由的时期。这个观念与自由主义有何冲突？为什么一定要把自由主义硬送给资本主义？

美国近来颇有这个倾向。劳工与资本之争似乎很有比较满意的解决法；有几处地方尤其是 Detroit [底特律]，很可以使英国人歆羡。最近英国政府派了一个考察团去到美国实地调查工业界解决劳动问题的方法。我这回到美国也想打听打听。只怕我这个书生不配做这种观察！

英国是不足学的。英国矿业的危机是大家早已知道的；但英国的苟安政治向来是敷衍过日子的，所以去年到今年，政府津贴矿业，共费了二千三百万金镑，——比退还庚款的本利全数多一倍多！——只买得一年多的苟安无事。这二万多万元的钱是出在纳税人的头上的；纳税人出了这么多的钱，到今年仍旧免不了这一场大乱子。罢工以来，五个多月了，还没有一个根本救济的方法。上个月，工人代表愿意让步，情愿减去一成工资，要求政府召集三方会议。矿主见工人有屈服的倾向，遂拒绝会议。（其中内容我前回给慰慈信上略提及）现在政府仍是没有办法。政府提出的办法是：（一）各矿区自定办法，（二）政府设仲裁法庭，以处理之。现在工人拒绝“地方解决”；即使工人承认此法，而“仲裁法庭”之案未必能通过这个保守党占多数的议会。也许终于“以不了了之”而已！

这种敷衍的政治，我最反对。我们不干政治则已；要干政治，必须要有计划，依计划做去。这是方法。其余皆枝叶耳。

第三，苏俄的制度是否有普遍性？我的答案是：什么制度都有普遍性，都没有普遍性。这不是笑话，是正经话。我们如果肯“干”，如果能“干”，什么制度都可以行。如其换汤不换药，如其不肯认真做去，议会制度只足以养猪仔，总统制只足以拥戴冯国璋、曹锟，学校只可以造饭桶，政党只可以卖身。你看，那一件好东西到了咱们手里不变了样子了？

你们以为“赞成中国行共产制”是“赤化”，这是根本大错了。这样赤化的有几个人？

我以为今日的真正赤化有两种：一是迷信“狄克推多”制，一是把中国的一切罪状归咎于外国人。这是道地的赤化了。

我们应该仔细想！这两个问题，这两帖时髦药，是不是对的。这两个是今日的真问题，共产制实在不成什么真问题！

我个人的主张，不能详细说，只可说个大意。第一，我是不信“狄克推多”制的。今日妄想“狄克推多”的人，好有一比，那五代时的唐明宗每夜焚香告天，愿天早生圣人，以安中国！这种捷径是不可妄想的。列宁一班人，都是很有学问经验的人，不是从天上掉下来的。况且“狄克推多”制之下，只有顺逆，没有是非，——今日之猪仔，（不限于议员）正是将来“狄克推多”制下的得意人物。这种制度之下没有我们独立思想的人的生活余地。我们要救国，应该从思想学问下手；无论如何迂缓，总是逃不了的。第二，我是不肯把一切罪状都推在洋鬼子头上的。中国糟到这步田地，一点一滴，都是我们自己不争气的结果。为什么外国人不敢去欺负日本呢？我们要救国应该自己反省，应该向自己家里做点彻底改革的工夫。不肯反省，只责备别人，就是自己不要脸，不争气的铁证。

第一，不妄想天生狄克推多来救国，不梦想捷径而决心走远路，打百年计划；第二，“躬自厚而薄责于人”——这是“反赤化”。

关于苏俄教育一层，我现在不愿意答辩。我只要指出：（1）苏俄并不是轻视纯粹科学与文学：前天见着苏俄科学院（Academy of Sciences）的永久秘书 Oldenburg 博士，他说政府每年津贴科学院四百万卢布，今在科学上努力的有六百人之多。他说，一切科学上的设施，考古学家的大规模的探险与发掘，政府总是竭力赞助的。（2）我们只看见了他们的“主义教育”一方面，却忽略了他们的生活教育的方面。苏俄的教育制度，用刘湛恩先生告诉我的一句话，可说是“遍地是公民教育，遍地是职业教育”。他的方法完全採用欧美最新的教育学说，如道尔顿制之类，养成人人的公民程度与生活能力，而同时充分给与有特别天才的人分途专习高等学问的机会。这种教育制度是不可抹煞的。（3）我用人家的“统计”向来是很慎重的。如他们说，小学教员最低薪俸每月有二十五卢布的，做火柴的工人每月连住屋津贴只有二十八卢布，这是他们自己深抱歉的事实，这不是“说瞎话”的。

适之

十五年十月四日

（致张慰慈三函曾以“一个态度”为题发表于《晨报副镌》，1926 年 9 月 11 日；致徐志摩二函以“新自由主义”为题发表于《晨报副镌》，1926 年 12 月 8 日）

漫游的感想

一　东西文化的界线

我离了北京，不上几天，到了哈尔滨。在此地我得了一个绝大的发现：我发现了东西文明的交界点。

哈尔滨本是俄国在远东侵略的一个重要中心。当初俄国人经营哈尔滨的时候，早就预备要把此地辟作一个二百万居民的大城，所以一切文明设备，应有尽有；几十年来，哈尔滨就成了北中国的上海。这是哈尔滨的租界，本地人叫做“道里”，现在租界收回，改为特别区。

租界的影响，在几十年中，使附近的一个村庄逐渐发展，也变成了一个繁盛的大城。这是“道外”。

“道里”现在收归中国管理了，但俄国人的势力还是很大的，向来租界时代的许多旧习惯至今还保存着。其中的一种遗风就是不准用人力车。（东洋车）“道外”的街道上都是人力车。一到了“道里”，只见电车与汽车，不见一部人力车。道外的东洋车可以拉到道里，但不准再拉客，只可拉空车回去。

我到了哈尔滨，看了道里与道外的区别，忍不住叹口气，自己想道：这不是东方文明与西方文明的交界点吗？东西洋文明的界线只是人力车文明与摩托车文明的界线——这是我的一大发现。

人力车又叫做东洋车，这真是确切不移。请看世界之上，人力车所至之地，北起哈尔滨，西至四川，南至南洋，东至日本，这不是东方文明的区域吗？

人力车代表的文明就是那用人作牛马的文明。摩托车代表的文明就是用人的心思才智制作出机械来代替人力的文明。把人作牛马看待，无论如何，够不上叫做精神文明。用人的智慧造作出机械来，减少人类的苦痛，便利人类的交通，增加人类的幸福，——这种文明却含有不少的理想主义，含有不少的精神文明的可能性。

我们坐在人力车上，眼看那些圆颅方趾的同胞努起筋肉，湾〈弯〉着背脊梁，流着血汗，替我们做牛做马，拖我们行远登高，为的是要挣几十个铜子去活命养家——我们当此时候，不能不感谢那发明蒸汽机的大圣人，不能不感谢那发明电力的大圣人，不能不祝福那制作汽船汽车的大圣人：感谢他们的心思才智节省了人类多少精力，减除了人类多少苦痛！你们嫌我用“圣人”一个字吗？孔夫子不说过吗？“制而用之谓之器，利用出入，民咸用之，谓之神”。孔老先生还嫌“圣”字不够，他简直要尊他们为“神”呢！

二　摩托车的文明

去年八月十七日的伦敦晚报（*Evening Standard*）有下列的统计：

> 全世界的摩托车共二四五九〇〇〇〇辆。
>
> 全世界人口平均每七十一人有一辆摩托车。
>
> 美国每六人有车一辆。
>
> 加拿大与纽西兰［新西兰］每十二人有车一辆。
>
> 澳洲每二十人有车一辆。

今年一月十六日纽约的《国民周报》（*The Nation*）有下列的统计：

全世界摩托车　　二七五〇〇〇〇〇

美国摩托车　　三三〇〇〇〇

美国摩托车数占全世界百分之八十一。

美国人口平均每五人有车一辆。

去年（1926）美国造的摩托车凡四百五十万辆，出口五十万辆。

美国的路上，无论是大城里或乡间，都是不断的汽车。《纽约时报》上曾说一个故事：有一个北方人驾着摩托车走过 Miami［迈阿密］的一条大道，他开的速度是每点钟三十五英里。后面一个驾着两轮摩托车的警察赶上来问他为什么挡住大路。他说："我开的已是三十五里了。"警察喝道："开六十里！"

今年三月里我到费城（Philadelphia）演讲，一个朋友请我到乡间 Haverford 去住一天。我和他同车往乡间去，到了一处，只见那边停着一二百辆摩托车。我说："这里开汽车赛会吗？"他用手指道："那边不在造房子吗？这些都是木匠泥水匠坐来做工的汽车。"

这真是一个摩托车的国家！木匠泥水匠坐了汽车去做工，大学教员自己开着汽车去上课，乡间儿童上学都有公共汽车接送，农家出的鸡蛋、牛乳每天都自己用汽车送上火车或直送进城。十字街头，向来总有一两家酒店的；近年酒禁实行了，十字街头往往建着［加］汽油的小站。车多了，停车的空场遂成为都市建筑的一个大问题。此外还发生了许多连带的问题，很能使都市因此改观。例如我到丹佛城（Denver），看见墙上都没有街道的名字，我很诧异。后来才看见街名都用白漆写在马路两边的"行道"（Pavement or Side Walk）的底下，为的是要使夜间汽车灯光容易照着。这一件事便可以看出摩托车在都市经营上的影响了。

摩托车的文明的好处真是一言难尽。汽车公司近年通行“分月付款”的法子，使普通人家都可以购买汽车。据最近统计，去年一年之中美国人买的汽车有三分之二是分月付钱的。这种人家向来是不肯出远门的。如今有了汽车，旅行便利了，所以每日工作完毕之后，回家带了家中妻儿，自己开着汽车，到郊外去游玩；每星期日，可以全家到远地旅行游览。例如旧金山的“金门公园”，远在海滨，可以纵观太平洋上的水光岛色；每到星期日，四方男女来游的真是人山人海！这都是摩托车的恩赐。这种远游的便利可以增进健康，开拓眼界，增加智识，——这都是我们在轿子文明与人力车文明底下想像不到的幸福。

最大的功效还在人的官能的训练。人的四肢五官都是要训练的；不练就不灵巧了，久不练就迟钝麻木了。中国乡间的老百姓，看见汽车来了，往往手足失措，不知道怎样回避；你尽着呜呜地压着号筒，他们只听不见；连街上的狗与鸡也只是懒洋洋地踱来摆去，不知避开。但是你若把这班老百姓请到上海来，请他们从先施公司走到永安公司去，他们便不能不用耳目手足了。走过大马路的人，真如《封神传》上黄天化说的“须要眼观四处，耳听八方”。你若眼不明，耳不聪，手足不灵动，必难免危险。这便是**摩托车文明的训练**。

美国的汽车大概都是各人自己驾驶的，往往一家中，父母子女都会开车。人工贵了，只有顶富的人家可以雇人开车。这种开车的训练真是“胜读十年书”！你开着汽车，两手各有职务，两脚也各有职务，眼要观四处，耳要听八方，还要手足眼耳一时并用，同力合作。你不但要会开车，还要会修车；随你是什么大学教授，诗人诗哲，到了半路车坏的时候，也不能不卷起袖管，替机器医病。什么书呆子，书踱头，傻瓜，若受了这种训练，都不会四体不勤，五官不灵了。你们不常听见人说大学教授“心不在焉”的笑话吗？我这回新到美国，有些大学教授如孟禄博士等请我坐他们自己开的车，我总觉得有点栗栗危惧，怕他们开到半路上忽然想起什么哲学问题或天文学问题来，那才危险呢！但是我经过几回之后，才觉得这些大学教授已受了摩托车文明的洗礼，把从前的“心不在焉”的呆气都赶跑了，坐在轮子前便一心在轮子上，手足也灵活了，耳目也聪明了！猗欤休哉！摩托车的教育！

三　一个劳工代表

有些自命“先知”的人常常说：“美国的物质发展终有到头的一天；到了物质文明破产的时候，社会革命便起来了。”

我可以武断地说：美国是不会有社会革命的，因为美国天天在社会革命之中。这种革命是渐进的，天天有进步，故天天是革命。如所得税的实行，不过是十四年来的事，然而现在所得税已成了国家税收的一大宗，巨富的家私有纳税百分之五十以上的。这种“社会化”的现象随地都可以看见。从前马克思派的经济学者说资本愈集中则财产所有权也愈集中，必做到资本全归极少数人之手的地步。但美国近年的变化却是资本集中而所有权分散在民众。一个公司可以有一万万的资本，而股票可由雇员与工人购买，故一万万元的资本就不妨有一万人的股东。近年移民进口的限制加严，贱工绝迹，故国内工资天天增涨；工人收入既丰，多有积蓄，往往购买股票，逐渐成为小资本家。不但白人如此，黑人的生活也逐渐抬高。纽约城的哈伦区，向为白人居住的，十年之中土地房屋全被发财的黑人买去了，遂成了一片五十万人的黑人区域。人人都可以做有产阶级，故阶级战争的煽动不发生效力。

我且说一件故事。

我在纽约时，有一次被邀去参加一个“两周讨论会”(Fortnightly Forum)。这一次讨论的题目是“我们这个时代应该叫什么时代？”十八世纪是“理智时代”，十九世纪是“民治时代”，这个时期应该叫什么？究竟是好是坏？

依这个讨论会规矩，这一次请了六位客人作辩论员：一个是俄国克伦斯基革命政府的交通总长；一个是印度人；一个是我；一个是有名的“效率工程师”（Efficiency Engineer），是一位老女士；一个是纽约有名的牧师（Holmes）；一个是工会代表。

有些人的话是可以预料的。那位印度人一定痛骂这个物质文明时代；那位俄国交通总长一定痛骂鲍尔雪维克［布尔什维克］；那位牧师一定是很悲观的；我一定是很乐观的；那位女效率专家一定鼓吹他的效率主义。一言表过不提。

单说那位劳工代表 Frahne（?）先生。他站起来演说了。他穿着晚餐礼服，挺着雪白的硬衬衫，头发苍白了。他站起来，一手向里面衣袋里抽出一卷打字的演说稿，一手向外面袋里摸出眼镜盒，取出眼镜戴上。他高声演说了。

他一开口便使我诧异。他说：**我们这个时代可以说是人类有历史以来最好的最伟大的时代，最可惊叹的时代**。

这是他的主文，以下他一条一条地举例来证明这个主旨。他先说科学的进步，尤其注重医学的发明；次说工业的进步；次说美术的新贡献，特别注重近年的新音乐与新建筑。最后他叙述社会的进步，列举资本制裁的成绩，劳工待遇的改善，教育的普及，幸福的增加。他在十二分钟之内描写世界人类各方面的大进步，证明这个时代是人类有史以来最好的时代。

我听了他的演说，忍不住对自己说道：**这才是真正的社会革命。社会革命的目的就是要做到向来被压迫的社会分子能站在大庭广众之中歌颂他的时代为人类有史以来最好的时代**。

四　往西去!

我在莫斯科住了三天，见着一些中国共产党的朋友，他们很劝我在俄国多考察一些时［日］。我因为要赶到英国去开会，所以不能久留。那时冯玉祥将军在莫斯科郊外避暑，我听说他很崇拜苏俄，常常绘画列宁的肖像。我对他的秘书刘伯坚诸君说：我很盼望冯先生从俄国向西去看看。即使不能看美国，至少也应该看看德国。

我的老朋友李大钊先生在他被捕之前一两月曾对北京朋友说："我们应该写信给适之，劝他仍旧从俄国回来，不要让他往西去打美国回来。"但他说这话时，我早已到了美国了。

我希望冯玉祥先生带了他的朋友往西去看看德国、美国；李大钊先生却希望我不要往西去。要明白此中的意义，且听我再说一件有趣味的故事。

我在日本时，同了马伯援先生去访问日本最有名的经济学家福田德三博士。我说："福田先生，听说先生新近到欧洲游历回来之后，先生的思想主张颇有改变，这话可靠吗？"

他说，"没有什么大的改变。"

我问，"改变的大致是什么？"

他说，"从前我主张社会政策；这次从欧洲回来之后，我不主张这种妥协的缓和的社会政策了。我现在以为这其间只有两条路：不是纯粹的马克思派社会主义，就是纯粹的资本主义。没有第三条路。"

我说："可惜先生到了欧洲不曾走的远点，索性到美国去看看，也许可以看见第三条路，也未可知。"

福田博士摇头说："美国我不敢去，我怕到了美国会把我的学说完全推翻了。"

我说："先生这话使我颇失望。学者似乎应该尊重事实。若事实可以推翻学说，那么，我们似乎应该抛弃那学说，另寻更满意的假设。"

福田博士摇头说："我不敢到美国去。我今年五十五了，等到我六十岁时，我的思想定了，不会改变了，那时候我要往美国看看去。"

这一次的谈话给了我一个绝大的刺激。世间的大问题决不是一两个抽象名词（如“资本主义”“共产主义”等等）所能完全包括的。最要紧的是事实。现今许多朋友却只高谈主义，不肯看看事实。孙中山先生曾引外国俗语说“社会主义有五十七种，不知那一种是真的”。岂但社会主义有五十七种？资本主义还不止五百七十种呢！拿一个“赤”字抹杀新运动，那是张作霖、吴佩孚的把戏。然而拿一个“资本主义”来抹杀一切现代国家，这种眼光究竟比张作霖、吴佩孚高明多少？

朋友们，不要笑那位日本学者。他还知道美国有些事实足以动摇他的学说，所以他不敢去。我们之中却有许多人决不承认世上会有事实足以动摇我们的迷信的。

五　东方人的“精神生活”

我到纽约后的第十天——一月二十一日——《纽约时报》上登出一条很有趣的新闻：

> 昨天下午一点钟，纽吉赛邦的恩格儿坞［恩格尔伍德］(Englewood, N. J.)的山郎先生住宅面前，围了许多男男女女，小孩子，小狗，等着要看一位埃及道人［苦行僧］(Fakir) 名叫哈密 (Hamid Bey) 的被活埋的奇事。
>
> 哈密道人站在那掘好的坟坑的旁边；微微的雨点洒在他的飘飘的长袍上。他身边站着两个同道的助手。
>
> 人越来越多了。到了一点一分的时候，哈密道人忽然倒在地下，不省人事了。两个请来的医生同了三个报馆访员动手把他的耳朵，鼻子，嘴，都用棉花塞好。随后便有人来把哈密道人抬下坟坑，放在坑里的内穴里。他脸上撒了一薄层的沙。内穴上面用木板盖好。
>
> 内穴上面还有三尺深的空坑，他们也用泥土填满了。填满

了后，活埋的工作算完了。

到场的许多人都走进山郎先生的家里去吃茶点。山郎夫人未嫁之前就是那位绰号“千眼姑娘”的李麻小姐。她在那边招待来宾，大家谈着“人生无涯”一类的问题，静候那活埋道人的复活。

一点钟过去了。……一点半过去了。……两点钟过去了。……

到了下午四点，三个爱耳兰［爱尔兰］的工人动手把坟掘开。三个黑种工人站在旁边陪着，——也许是给那三个白种同伴镇压邪鬼罢。

四点钟敲过不久，哈密道人扶起来了。扶到了空气里，他便颤动了，渐渐活过来了。他低低地喊了一声“胡帝尼”，微微一笑，他回生了。

他未埋之先，医生验过他的脉跳是七十二，呼吸是十八。复活之后，脉跳与呼吸仍是七十二与十八。他在坑里足足埋了两点五十二分。

这回的安排布置全是勒乌公司（Loew's）的杜纳先生办理的。杜纳先生说，本想同这位埃及道人订一个“杂耍戏”的契约，不过还得考虑一会，因为看戏的人等不得三个钟头就都会跑光了。

哈密道人却很得意，他说他还可以活埋三天咧。

美国是个有钱的地方，世界各国的奇奇怪怪的宗教掮客都赶到这里来招揽信徒，炫卖花样。前一年，有个埃及道人名叫拉曼（Rahman）的，自称能收敛心神，停止呼吸。他当大众试验，闭在铁棺内，沉在赫贞河里，过一点钟之久。当时美国有大幻术家胡帝尼（Harry Houdini）研究此事，说这不是停止呼吸，乃是一种“浅呼吸”，是可以操练出来的。胡帝尼自己练习，到了去年夏间，他也公开试验：睡在铁棺里，叫人沉在纽约谢尔敦大旅馆的水池里，过了一点半钟，方才捞起来。开棺之后，依然复生，不过脉跳增加至一百四十二跳而已。胡帝尼的成绩比拉曼加长半点钟，颇能使人明白这种把戏不过是一种技术上的训练，并没有什么精神作用。

胡帝尼死后，这班东方道人还不伏〈服〉气，所以有今年一月二十日哈密道人的公开试验。哈密的成绩又比胡帝尼加长了八十二分钟，应该够得上和勒乌公司订六个月的“杂耍戏”的契约了，然而杜纳先生又嫌活埋三点钟太干燥无味了，怕不能号召看戏的群众！可惜，可惜！大概哈密先生和他的道友们后来仍旧回到东方去继续他们的“内心生活”了罢。

胡帝尼的试验的精神是很可佩服的。其实即使这班东方道人真能活埋三点钟以至三天，完全停止呼吸，这又算得什么精神生活？这里面那有什么“精神的份子”？泥里的蚯蚓，以至一切冬天蛰伏的爬虫，不是都能这样吗？

六　麻　将

前几年，麻将牌忽然行到海外，成为出口货的一宗。欧洲与美洲的社会里，很有许多人学打麻将的；后来日本也传染到了。有一个时期，麻将竟成了西洋社会里最时髦的一种游戏：俱乐部里差不多桌桌都是麻将，书店里出了许多种研究麻将的小册子，中国留学生没有钱的可以靠教麻将吃饭挣钱。欧美人竟发了麻将狂热了。

谁也梦想不到东方文明征服西洋的先锋队却是那一百三十六个麻将军！

这回我从西伯利亚到欧洲，从欧洲到美洲，从美洲到日本，十个月之中，只有一次在日本京都的一个俱乐部里看见有人打麻将牌。在欧美简直看不见麻将了。我曾问过欧洲和美国的朋友，他们说，“妇女俱乐部里，偶然还可以看见一桌两桌打麻将的，但那是很少的事了。”我在美国人家里，也常看见麻将牌盒子——雕刻装璜很精致的——陈列在室内，有时一家竟有两三副的。但从不见主人主妇谈起麻将；他们从不向我这位麻将国的代表请教此中的玄妙！麻将在西洋已成了架上的古玩了；麻将的狂热已退凉了。

我问一个美国朋友，为什么麻将的狂热过去的这样快？他说：“女太太们喜欢麻将，男子们却很反对，终于是男子们战胜了。”

这是我们意想得到的。西洋的勤劳奋斗的民族决不会做麻将的信徒，决不会受麻将的征服。麻将只是我们这种好闲爱荡，不爱惜光阴的“精神文明”的中华民族的专利品。

当明朝晚年，民间盛行一种纸牌，名为“马吊”。马吊只有四十张牌，有一文至九文，一千至九千，一万至九万等，等于麻将牌的筒子，索子，万子。还有一张“零”，即是“白板”的祖宗。还有一张“千万”，即是徽州纸牌的“千万”。马吊牌上每张上画有《水浒传》的人物。徽州纸牌上的“王英”即是矮脚虎王英的遗迹。乾隆嘉庆间人汪师韩的全集里收有几种明人的马吊牌。（在《丛睦汪氏丛书》内）

马吊在当日风行一时，士大夫整日整夜的打马吊，把正事都荒废了。所以明亡之后，吴梅村作《绥寇纪略》说，明之亡是亡于马吊。

三百年来，四十张的马吊逐渐演变，变成每样五张的纸牌，近七八十年中又变为每样四张的麻将牌。（马吊三人对一人，故名“马吊脚”，省称“马吊”；“麻将”为“麻雀”的音变，“麻雀”为“马脚”的音变。）越变越繁复巧妙了，所以更能迷惑人心，使国中的男男女女，无论富贵贫贱，不分日夜寒暑，把精力和光阴葬送在这一百三十六张牌上。

英国的“国戏”是 Cricket［板球］，美国的国戏是 Baseball［棒球］，日本的国戏是角抵。中国呢？中国的国戏是麻将。

麻将平均每四圈费时约两点钟。少说一点，全国每日只有一百万桌麻将，每桌只打八圈，就得费四百万点钟，就是损失十六万七千日的光阴，金钱的输赢，精力的消磨，都还在外。

我们走遍世界，可曾看见那一个长进的民族，文明的国家，肯这样荒时废业的吗？一个留学日本朋友对我说："日本人的勤苦真不可及！到了晚上，登高一望，家家板屋里都是灯光；灯光之下，不是少年人跳着读书，便是老年人跪着翻书，或是老妇人跪着做活计。到了天明，满街上，满电车上都是上学去的儿童。单只这一点勤苦就可以征服我们了。"

其实何止日本？凡是长进的民族都是这样的。只有咱们这种不长进的民族以"闲"为幸福，以"消闲"为急务，男人以打麻将为消闲，女人以打麻将为家常，老太婆以打麻将为下半生的大事业！

从前的革新家说中国有三害：鸦片，八股，小脚。鸦片虽然没禁绝，总算是犯法的了。虽然还有做"洋八股"与更时髦的"党八股"的，但八股的四书文是过去的了。小脚也差不多没有了。只有这第四害，麻将，还是日兴月盛，没有一点衰歇的样子，没有人说它是可以亡国的大害。新近麻将先生居然大摇大摆地跑到西洋去招摇一次，几乎做了鸦片与杨梅疮的还敬礼物。但如今它仍旧缩回来了，仍旧回来做东方精神文明的国家的国粹，国戏！

后 记

"漫游的感想"本不止这六条，我预备写四五十条，作成一本游记。但我当时正在赶写《白话文学史》，忙不过来，便把游记搁下来了。现在我把这六条保存在这里，因为游记专书大概是写不成的了。

十九，三，十，胡适

(原载于《现代评论》第 6 卷第 104、141、145 期，时间分别是 1927 年 8 月 13、20，9 月 17 日。后记为收入《胡适文存》时所加)

庐山游记

四月三日的早晨，我走过沈昆三先生的门口，他见了我，便说，“适之，昨晚上我同梦旦想来看你，我们想邀你逛庐山去。”我问何时去，昆三说，“明晚就行，船票都定好了，你去不去?”我问还有谁去。他说，“高梦旦，蒋竹庄，你和我。”

我想，要我自动地去逛庐山，那是不容易做到的事。我在北京九年，没有游过长城，我常常笑我自己。任叔永常说，“当趁我们脚力尚健时，多游几处山水”。我想起了叔永的话，便联想到前十天我因脚上有一块红肿，竟有六天不能下楼。这双脚从来没有享过这样清福，现在该让他们松动松动了。

所以我便问昆山道，“我可以带我的儿子去吗?”他说，“带他到船上再补票。明天晚上，太古码头，吴淞船上再见。”

十七，四，七

船到九江，已一点一刻。

先到商务印书馆，经理王少峰先生替我们招呼，雇人力车到汽车公司。九江表面情形同我两年前所见没有什么不同；除了几处青天白日旗之外，看不出什么革命影响。路上见两个剪了发的女子，这是两年前没有的。

汽车到莲花洞，即由汽车公司中人替我们雇藤轿上山，经过斗笠树，踏水河，月弓堑，小天池等处，到牯岭。踏水河以上，山路很陡峻，很不易行。小天池为新辟地，几年前志摩、歆海都说此地很好，将来可以发展。我们今天不曾去看此地，但望见其一角而已。

到牯岭住的是胡金芳旅馆。主人胡君给我们计划三天的游玩路程如下：

八日（上午）御碑亭，仙人洞，大天池。（下午）五老峰，三叠泉，海会寺。

九日由海会寺到白鹿洞，万杉寺，秀峰寺，青玉峡，归宗寺，温泉。

十日由归宗寺到观音桥，金井，玉渊，栖贤寺，含鄱口，黄龙寺。

梦旦带有吴炜的《庐山志》，（淮南李滢，歙州闵麟嗣大概是实际编辑人，书成于康熙七年。）共十五卷，我借来翻看。这也是临时抱佛脚的工作。此书篇幅太多，编辑又没有条理，——二百多年前的路径是不能用作今日的游览程序的，——故匆匆翻读，很难得益处。

十七，四，八

七点起程。因《山志》太繁，又借得陈云章、陈夏常合编的《庐山指南》（商务出版；十四年增订四版。）作帮助。

将起程时，见轿夫玩江西纸牌，引起我的注意，故买了一副来查考，果有历史价值。此牌与福建牌，徽州牌，同出于马吊，源流分明。一万至九万皆有水浒人物画像。一吊至九吊，一文至九文，则都没有画像了。此二十七种各有四张，共百零八张。另有千万四张，枝花（一枝花蔡庆）四张，"全无"（轿夫说，湖北人叫做"空文"，则与马吊更合。）四张，此则今之中发白三种之祖。空文即"零"，故今为"白版"。以上共百二十张。另有福，禄，寿，喜，财，五种，各一张，则“花”也。共一百二十五张。

徽州牌有“枝花”五张，“喜”五张，“千万”五张，“王英”（矮脚虎）五张。

到御碑亭。亭在白鹿升仙台上。（此据《旧志》。今则另有一“白鹿升仙台”，其实是捏造古迹也。）地势高耸，可望见天池及西北诸山。亭内有碑，刻明太祖的《周颠仙人传》全文。此文见《庐山志》二，页三十六—四十一，叙周颠事最详，说他在元末天下未乱时，到处说“告太平”，后来“深入匡庐，无知所之”。末又记赤脚僧代周颠及天眼尊者送药治太祖的病事。此传真是那位“流氓皇帝”欺骗世人的最下流的大文章。王世贞《游东林天池记》（《庐山志》二，页二十八）论此碑云：

颠圣凡不足论，天意似欲为明主一表征应，以服众志耳。

这句话说尽明太祖的欺人心事。自明以来，上流社会则受朱熹的理学的支配，中下社会则受朱元璋的“真命天子”的妖言的支配，二朱狼狈为奸，遂造成一个最不近人情的专制社会。

济颠和尚的传说似与周颠的神话有关。将来当考之（小说《英烈传》说周颠故事甚详）。

御碑亭下为佛手崖，更下为仙人洞，有道士住在此，奉的是吕祖，神龛俗气可厌。

由此往西，到天池寺。天池本在天池山顶，朱熹《山北纪行》所谓“天池寺在小峰绝顶，乃有小池，泉水不竭”（《志》一，页七。）是也。今之天池寺似非旧址。寺中亦有池水；寺极简陋；宋明诸人所游览咏叹的天池寺，今已不存片瓦。寺西有庐山老母亭，有乡间小土地庙那么大，时见乡下人来跪拜。遥望山岗上有新起塔基，人说是旧日的天池塔，《旧志》说是韩侂胄建的，毁于洪杨之乱，仅存五级；去年唐生智最得意时，毁去旧塔，出资重建新塔，仅成塔基，而唐已下野了。朱和尚假借周颠的鬼话，装点天池，遂使这一带成为鬼话中心。唐和尚（唐生智信佛教，在他势力所及的几省大倡佛教。）也想装点天池，不幸鬼话未成立，而造塔的人已逃到海外。朱和尚有知，不知作何感想。

天池寺在明朝最受帝室礼敬，太祖在此建聚仙亭，祀周颠等，赐铜鼓象鼓；宣德时，恩礼犹未衰。王守仁于正德己卯擒宸濠，明年游天池，有诗三首，最有名。其中一首云：

天池之水近无主，木魅山妖竞偷取，
公然又盗岩头云，却向人间作风雨。

又《文殊台夜观佛灯》一首云：

老夫高卧文殊台，拄杖夜撞青天开，
撒落星辰满平野，山僧尽道佛灯来。

此老此时颇有骄气，然他的气象颇可喜。今则天池已不成个东西，仅有赤脚乡下人来此跪拜庐山老母而已！

我们回到旅馆吃午饭，饭后起程往游山南。经过女儿城，大月山，恩德岭等处，山路极崎岖，山上新经野烧，无一草一木，使人厌倦。大月山以后，可望见五老峰之背，诸峰打成一片，形如大灵芝，又如大掌扇，耸向鄱阳湖的方面，远望去使人生一种被压迫而向前倾倒的感觉。平常图中所见五老峰皆其正面，气象较平易，远不如背景的雄浑逼人。

鄱阳湖也在望中，大孤山不很清楚，而鞋山一岛很分明，望远镜中可见岛上塔庙。湖水正浅，多淤地，气象殊不伟大。

梦旦带有测高器，测得山高度如下：

牯　岭（胡金芳旅馆）	一一五〇公尺
女儿城	一三八〇公尺
大月山	一五五〇公尺

恩德岭　　　　　　　　　一五五〇公尺

据此则大月山高五千〇三十八英尺。陈氏《指南》说：

大月山计高四千六百尺，较汉阳峰仅低百六十尺。（页六十五）

不知是谁的错误。《指南》（页四十一）又说：

汉阳峰高出海面四千七百六十尺。

据牯岭测量原工程师 John Berkin 说，他不曾实测过汉阳峰，陈氏所据不知是何材料。

途中看三叠泉瀑布，源出大月山，在五老峰的背面。这时正当水少的时候，三叠泉并不见如何出色。这也许是因为我们在对山高处远望，不能尽见此瀑布的好处，也许是因为我曾几次看过尼格拉大瀑布（Niagara Falls）；但我看了此泉后，读王世懋、方以智诸人惊叹此瀑布的文字，（《庐山志》九，页十七，又十九）终觉得他们的记载有点不实在。梦旦先生也说，此瀑大不如雁宕的瀑泉。

庐山多瀑布，但唐宋人所称赞的瀑布大都是山南的一些瀑布，尤其是香炉峰、双剑峰一带的瀑布。他们都不曾见三叠泉。方以智说：

阅张世南《纪闻》载水帘三叠以绍熙辛亥始见。（《志》九，页二十）

《庐山志》又引范礽云：

新瀑之胜，其见知人间始于绍熙辛亥（1191）年。至绍定癸巳（1233），汤制干仲能品题之，以为不让谷帘，有诗寄张宗端曰：……鸿渐但知唐代水，涪翁不到绍熙年。从兹康谷宜居二，试问真岩老咏仙。（《志》九，页二十一）

朱熹《送碧崖甘叔怀游庐阜》三首之二云：“直上新泉得雄观，便将杰句写长杠”。自跋云：“新泉近出，最名殊胜，非三峡、漱石所及，而余未之见，故诗中特言之。……”此可证三叠泉之发见在朱子离开南康以后。

过山入南康境，树木渐多，山花遍地，杜鹃尤盛开，景色绝异山北。将近海会寺时，万松青青，微风已作松涛。松山五老峰峥嵘高矗，气象浑穆伟大。一个下午的枯寂干热的心境，到此都扫尽了。

到海会寺过夜。海会寺不见于《旧志》；即古代的华严寺遗址，后（《指南》说，清康熙时。）改为海会庵。光绪年间，有名僧至善住此，修葺增大，遂成此山五大丛林之一。（《指南》说，重建在癸卯。）

寺僧说寺中有高阁可望见鄱阳湖与五老峰，因天晚了我们都没有上去。寺中藏有赵子昂写画的《法华经》，很有名；我们不很热心去看，寺僧也就不拿出来请我们看。我问他借看至善之徒普超用血写的《华严经》八十一卷全部。他拿出《普贤行愿品》来给我们看，并说普超还有血书《法华经》全部。《华严经》有康有为、梁启超两先生的题跋，梁跋很好。此外题跋者很多，有康白情的一首诗尚好，但后序中有俗气的话。

刺血写经是一种下流的求福心理。但我们试回想中古时代佛教信徒舍身焚身的疯狂心理，便知刺血写经已是中古宗教的末路了。庄严伟大的寺庙已仅存破屋草庵了；深山胜地的名刹已变作上海租界马路上的“下院”了；憨山莲池的中兴事业也只是空费了一番手足，终不能挽救已成的败局。佛教在中国只剩得一只饭碗，若干饭桶。中古宗教是过去的了。

寺中有康有为先生光绪己丑（1889）题赠至善诗的真迹，署名尚是“长素康祖诒”。书法比后来平易多了。至善临终遗命保存此诗卷，故康先生戊午（1918）重来游作诗很有感慨，有“旧墨笼纱只自哀”之语。后来他游温泉，买地十亩，交海会寺收管，以其租谷所入作为至善的香火灯油费。（温泉买地一节，是归宗寺僧告我的。）

十七，四，九

昨夜大雨，终夜听见松涛声与雨声，初不能分别，听久了才分得出有雨时的松涛与雨止时的松涛，声势皆很够震动人心，使我终夜睡眠甚少。

早起雨已止了，我们就出发。从海会寺到白鹿洞的路上，树木很多，雨后青翠可爱。满山满谷都是杜鹃花，有两种颜色，红的和轻紫的，后者更鲜艳可喜。去年过日本时，樱花已过，正值杜鹃花盛开，颜色种类很多，但多在公园及私人家宅中见之，不如今日满山满谷的气象更可爱。因作绝句记之：

> 长松鼓吹寻常事，最喜山花满眼开。
> 嫩紫鲜红都可爱，此行应为杜鹃来。

到白鹿洞。书院旧址前清时用作江西高等农业学校，添有校舍，建筑简陋潦草，真不成个样子。农校已迁去，现设习林事务所。附近大松树都钉有木片，写明保存古松第几号。此地建筑虽极不堪，然洞外风景尚好。有小溪，浅水急流，铮淙可听；溪名贯道溪，上有石桥，即贯道桥，皆朱子起的名字。桥上望见洞后诸松中一松有紫藤花直上到树杪，藤花正盛开，艳丽可喜。

白鹿洞本无洞；正德中，南康守王溱开后山作洞，知府何浚凿石鹿置洞中。这两人真是大笨伯！

白鹿洞在历史上占一个特殊地位，有两个原因。第一，因为白鹿洞书院是最早的一个书院。南唐升元中（937—942）建为庐山国学，置田聚徒，以李善道为洞主。宋初因置为书院，与睢阳、石鼓、岳麓三书院并称为“四大书院”，为书院的四个祖宗。第二，因为朱子重建白鹿洞书院，明定学规，遂成后世几百年“讲学式”的书院的规模。宋末以至清初的书院皆属于这一种。到乾隆以后，朴学之风气已成，方才有一种新式的书院起来；阮元所创的诂经精舍、学海堂，可算是这种新式书院的代表。南宋的书院祀北宋周、邵、程诸先生；元明的书院祀程朱；晚明的书院多祀阳明；王学衰后，书院多祀程朱。乾嘉以后的书院乃不祀理学家而改祀许慎、郑玄等。所祀的不同便是这两大派书院的根本不同。

朱子立白鹿洞书院在淳熙己亥（1179），他极看重此事，曾札上丞相说：

> 愿得比祠官例，为白鹿洞主，假之稍廪，使得终与诸生讲习其中，犹愈于崇奉异教香火，无事而食也。（《志》八，页二，引《洞志》。）

他明明指斥宋代为道教宫观设祠官的制度，想从白鹿洞开一个儒门创例来抵制道教。他后来奏对孝宗，申说请赐书院额，并赐书的事，说：

> 今老佛之宫布满天下，大都逾百，小邑亦不下数十，而公私增益势犹未已。至于学校，则一郡一邑仅置一区；附郭之县又不复有。盛衰多寡相悬如此！（仝上，页三）

这都可见他当日的用心。他定的《白鹿洞规》，简要明白，遂成为后世七百年的教育宗旨。

庐山有三处史迹代表三大趋势：（一）慧远的东林，代表中国“佛教化”与佛教“中国化”的大趋势。（二）白鹿洞，代表中国近世七百年的宋学大趋势。（三）牯岭，代表西方文化侵入中国的大趋势。

从白鹿洞到万杉寺。古为庆云庵，为“律”居，宋景德中有大超和尚手种杉树万株，天圣中赐名万杉。后禅学盛行，遂成“禅寺”。南宋张孝祥有诗云：

> 老干参天一万株，庐山佳处着浮图。

只因买断山中景，破费神龙百斛珠。

（《志》五，页六十四，引《程史》。）

今所见杉树，粗仅如瘦腕，皆近年种的。有几株大樟树，其一为“五爪樟”，大概有三四百年的生命了；《指南》说“皆宋时物”，似无据。

从万杉寺西行约二三里，到秀峰寺。吴氏《旧志》无秀峰寺，只有开先寺。毛德琦《庐山新志》（康熙五十九年成书。我在海会寺买得一部，有同治十年，宣统二年，民国四年补版。我的日记内注的卷页数，皆指此本。）说：

康熙丁亥（1707）寺僧超渊往淮迎驾，御书秀峰寺赐额，改今名。

开先寺起于南唐中主李景〈璟〉。李景〈璟〉年少好文学，读书于庐山；后来先主代杨氏而建国，李景〈璟〉为世子，遂嗣位。他想念庐山书堂，遂于其地立寺，因有开国之祥，故名为开先寺，以绍宗和尚主之。宋初赐名开先华藏；后有善暹，为禅门大师，有众数百人。至行瑛，有治事才，黄山谷称“其材器能立事，任人役物如转石于千仞之溪，无不如意”。行瑛发愿重新此寺。

开先之屋无虑四百楹，成于瑛世者十之六，穷壮极丽，迄九年乃即功。（黄庭坚《开先禅院修造记》，《志》五，页十六至十八。）

此是开先极盛时。康熙间改名时，皇帝赐额，赐御书《心经》，其时“世之人无不知有秀峰”，（郎廷极《秀峰寺记》，《志》五，页六至七。）其时也可称是盛世。到了今日，当时所谓“穷壮极丽”的规模只剩败屋十几间，其余只是颓垣废址了。读书台上有康熙帝临米芾书碑，尚完好；其下有石刻黄山谷书《七佛偈》，及王阳明正德庚辰（1520）三月《纪功题名碑》，皆略有损坏。

寺中虽颓废令人感叹，然寺外风景则绝佳，为山南诸处的最好风景。寺址在鹤鸣峰下，其西为龟背峰，又西为黄石岩，又西为双剑峰，又西南为香炉峰，都嵌奇可喜。鹤鸣与龟背之间有马尾泉瀑布，双剑之左有瀑布水；两个瀑泉遥遥相对，平行齐下，下流入壑，汇合为一水，进出山峡中，遂成最著名的青玉峡奇景。水流出峡，入于龙潭。昆三与祖望先到青玉峡，徘徊不肯去，叫人来催我们去看。我同梦旦到了那边，也徘徊不肯离去。峡上石刻甚多，有米芾书“第一山”大字，今钩摹作寺门题榜。

徐凝诗“今古长如白练飞，一条界破青山色”，即是咏瀑布水的。李白《瀑布泉》诗也是指此瀑。《旧志》载瀑布水的诗甚多，但总没有能使人满意的。

由秀峰往西约十二里，到归宗寺。我们在此午餐，时已下午三点多钟，饿的不得了。归宗寺为庐山大寺，也很衰落了。我向寺中借得《归宗寺志》四卷，是民国甲寅先勤本坤重修的，用活字排印，错误不少，然可供我的参考。

我们吃了饭，往游温泉。温泉在柴桑桥附近，离归宗寺约五六里，在一田沟里，雨后沟水浑浊，微见有两处起水泡，即是温泉。我们下手去试探，一处颇热，一处稍减。向农家买得三个鸡蛋，放在两处，约七八分钟，因天下雨了，取出鸡蛋，内里已温而未熟。田陇间有新碑，我去看，乃是星子县的告示，署民国十五年，中说，接康南海先生函述在此买田十亩，立界碑为记的事。康先生去年死了。他若不死，也许能在此建立一所浴室。他买的地横跨温泉的两岸。今地为康氏私产，而业归海会寺管理，那班和尚未必有此见识作此事了。

此地离栗里不远，但雨已来了，我们要赶回归宗，不能去寻访陶渊明的故里了。道上见一石碑，有“柴桑桥”大字。《旧志》已说“渊明故居，今不知处”。（四，页七）桑乔疏说，去柴桑桥一里许有渊明的醉石。《志》（四，页六）《旧志》又说，醉石谷中有五柳馆，归去来馆。归去来馆是朱子建的，即在醉石之侧。朱子为手书颜真卿《醉石诗》，并作长跋，皆刻石上，其年月为淳熙辛丑（1181）七月。（《志》四，页八）此二馆今皆不存，醉石也不知去向了。庄百俞先生《庐山游记》说他曾访醉石，乡人皆不知。记之以告后来的游者。

今早轿上读《旧志》所载宋周必大《庐山后录》，其中说他访栗里，求醉石，土人直云，“此去有陶公祠，无栗里也”。（《志》十四，页十八）南宋时已如此，我们在七百年后更不易寻此地了，不如缺疑为上。《后录》有云：

> 尝记前人题诗云：
>
> 五字高吟酒一瓢，庐山千古想风标。
>
> 至今门外青青柳，不为东风肯折腰。
>
> 惜乎不记其姓名。

我读此诗，忽起一感想：陶渊明不肯折腰，为什么却爱那最会折腰的柳树？今日从温泉回来，戏用此意作一首诗：

陶渊明同他的五柳

当年有个陶渊明，不惜性命只贪酒。
骨硬不能深折腰，弃官回来空两手。
瓮中无米琴无弦，老妻娇儿赤脚走。
先生吟诗自嘲讽，笑指篱边五株柳：
“看他风里尽低昂！这样腰肢我无有。”

晚上在归宗寺过夜。

归宗寺最多无稽的传说，试考订其最荒谬的几点，以例其余：

（一）传说归宗寺是王羲之解浔阳郡守后，舍宅为西域僧佛驮耶舍造的。（《志》四，页二十四，引桑疏。）此说之谬，《归宗志》已辨之。《归宗志》说：

> 考《晋史》，佛陀耶舍于安帝义熙十年甲寅（414）始至庐山；羲之守九江在成帝咸康初。归宗寺则咸康六年（340）所造也。前后相去六十余年。当知所请为达磨多罗，而耶舍实金轮开山，继主归宗耳。（《庐山志》四，页二十五引。）

《归宗志》能指出王羲之不曾为佛驮耶舍造寺，是很对的。但他又说，羲之所请为达磨多罗，那又是极荒谬的杜撰典故。达磨多罗的《禅经》是庐山道场译出的，但达磨多罗从不曾到过中国。此可见羲之造寺之说，全出捏造。咸康六年之说亦无据。

（二）归宗寺有王羲之洗墨池。羲之造寺之说大概因此而起。宋荦《商丘漫语》已辨之，他说：

> 临池而池水黑者，谓因墨之多也。羲之虽善书，安能变地脉，易水色，使之久而犹黑哉？（《志》四，页二十六引。）

知道了墨池之不可信，便知因此而起之羲之造寺说也不可信。

（三）归宗寺背后山上有金轮峰，峰上有舍利塔，庄百俞《游记》说：

> 金轮峰顶有铁塔，佛驮耶舍负铁于峰顶成之，以藏如来舍利。

这是最有趣的传说，其说始见于释庆宜的《复生松记略》，《毛志》（《志》四，页三十一。）始引之。庆宜大概是康熙时人。二三百年来，此说已牢不可破了。今试考其来源，指其荒谬：

（A）《旧志》引《神僧传》中的《佛驮耶舍传》，从无说他负铁造塔藏舍利的话，也无王羲之为他造寺的话。

(B) 周必大《庐山录》云：

石镜溪上直紫霄峰，铁塔在焉。……（《志》十四，页十五。）

又他的《庐山后录》云：

三将军正庙……自归宗登山，才里余。又其上八里，则紫霄峰，峰顶有铁浮图九级，藏舍利。远望如枯木，而晋梵僧耶舍亦有坟在其上。（《志》十四，页十八。）

这是我们所得的最早记载。可见南宋时已有铁塔，但不名耶舍塔，其峰名紫霄峰。（《庐山录》下文另有一个金轮峰）其时已捏造出一座耶舍坟，用意在于坐实王羲之为耶舍造寺的传说，却不在与塔发生关系。

(C) 元延祐己卯（1315）李洞有《庐山游记》，中说：

从报国寺、杏坛间遥望白云、紫霄诸峰，森犹紫笋，矗其巅耶舍塔，冠簪玉如。（《志》十四，页三十五。）

其时人已不知耶舍墓，而此塔遂叫做耶舍塔了。但其峰仍名紫霄峰。

(D) 明嘉靖中桑乔作《庐山纪事》（自序在嘉靖辛酉，1561）即《旧志》所称《桑疏》，为后来《庐山志》的根据。他说：

耶舍塔山在般若峰东。……明正统中（约1440），为雷所击摧折，惟一级存。

此时去正统不很远，其言可信。那时人已不知紫霄峰之名了，但称耶舍塔山。《旧志》因袭此说，故云：

峰从山腰拔起，峭丽如簪玉笋。然无名，以塔得名。（《志》

四，页二十。）

（E）此塔正统间被雷毁去之后，至万历间，僧修慈重修（据《归宗寺志》）。《旧山志》不记此事；毛氏《续志》也不记此事，但有施闰章诗云，

铁塔孤飞峰顶烟。（《志》四，页三十七。）

又王养正（死于清初）诗云，

塔耸金轮舍利藏。

皆可证明末清初塔已修好了。王养正诗说“塔耸金轮”，又可证晚明以后的人都误认塔所在之峰为金轮峰。其实金轮峰在归宗寺后，山并不高，《旧志》明说他“形如轮”，（《志》四，页二十五。）与那“峭丽如簪玉笋”的耶舍塔山显然是两处。《旧志》卷首有地图（图五），归宗之上为金轮，再上为观音岩，再上为耶舍塔山，可以为证。但后人皆不知细考；《归宗寺志》（民国三年活字本）卷二也遂认此塔所在之山为金轮峰。陈氏《指南》，庄百俞《游记》皆沿其误。于是宋人所谓紫霄峰，一变而为耶舍塔山，再变而为金轮峰了。寺后之金轮峰从此高升两级，张冠李戴，直到如今。

（F）元人误称此塔为耶舍塔，以后遂有耶舍负铁上山顶造塔的谬说出来。庆宜作《复生松记略》，便直说

耶舍躬负铁于金轮峰顶为浮屠以藏如来舍利。

其时考证之学风渐起，故《归宗旧志》（《庐山志》所引）竟能证明耶舍与王羲之的年代相差六十余年（引见上文）。但这班和尚总不肯使耶舍完全脱离关系，故一面否认耶舍为归宗开山之祖，一面又扩大耶舍造塔的神话，于是有“金轮开山，继主归宗”（引见上文）的调和论。毛德琦《续志》说的更荒谬了：

耶舍尊者定中三见轮峰，乃奉佛舍利至匡庐，建塔于顶。（《志》四，页二十。）

于是耶舍之来竟专为造塔来了！

（G）此塔既是神僧负铁所造，自然历久不坏！于是世人皆不信此塔年代之晚。此塔全毁于正统间（见桑乔《纪事》），重修于万历间，再修于乾隆十四年，后来又毁了；至光绪三十一年，海会寺至善之徒碧莲募款重修，得方□□（我偶忘记其名）之助，雇用宁波工匠，用新法铸补。以上均见《归宗志》。此塔孤立山顶，最易触电，故屡次被毁；所谓“新法”大概有避电的设备。此塔今日能孤立矗天，云遮不住，雷打不伤，原来都出宁波工匠用科学新法之赐。但有信心的善男子善女人都不肯研究历史，或仍认为耶舍负铁所造，（如庄百俞《游记》）或称其“历久不圮”。（《指南》，页五十三。）此事是一个思想习惯的问题，故不可不辨正。

以上是我在船上记的，手头无书，仅据《旧志》所引材料，略加比较参证而已。我回上海后，参考各书，始知佛陀耶舍从不曾到过庐山，一切关于他的传说都可不攻而破了！

梁慧皎《高僧传》的《佛陀耶舍传》中说耶舍于秦弘始十二年（410，即晋义熙六年。）在长安译出《四分律》，《长阿含》等。至十五年（413）解座。

耶舍后辞还外国，至罽宾，得《虚空藏经》一卷，寄《贾客传》与凉州诸僧。后不知所终。（金陵刻经处本，卷二，页十六）

这是很明白的记载。他是罽宾人，仍回到罽宾，走的是陆路，决没有绕道江南的必要。他既没有到过庐山，于是

（1）《归宗志》所谓“考《晋史》，佛陀耶舍于安帝义熙十年甲寅始至庐山”，乃是妄说。《晋书》那有此事？《王羲之传》也不说他

守江州在何年。

（2）《神僧传》说他在“弘始元年译《四分律》并《长阿含》等经。……南至庐山，与释慧远会莲社”的话，也是妄说。弘始元年，鸠摩罗什还不曾到长安，何况耶舍？庐山结社的话全无根据。

（3）他既还外国，庐山那会有他的坟墓？

（4）他既不曾到庐山，那有王羲之为他造归宗寺之事？那有他“金轮开山继主归宗”的事？那有负铁造舍利塔的事？

我于是更考佛陀耶舍到庐山之说起于何时。日本僧最澄于唐德宗贞元二十年（804）入唐，明年回日本，携有经典多种；他著有《内证佛法相承血脉谱》，中引《传法记》云：

> 达磨大师谓弟子佛陀耶舍云：“汝可往震旦国传法眼。”……耶舍奉师付嘱，便附舶来此土。……耶舍向庐山东林寺，其时远大师见耶舍来，遂请问。……后时耶舍无常。达磨大师知弟子无常，遂自泛船渡来此土。……（《传教大师全集》，卷二，页五一七。）

敦煌本《历代法宝记》（伦敦巴黎皆有唐写本，我有影印本。）所记与此略同，但把“佛陀”“耶舍”误截作两个人！此种荒诞的传说起于当日禅宗和尚争法统的时期，其时捏造的法统史不计其数，多没有历史的根据。如上引《传法记》的话，谬处显然，不待辨〈辩〉论。

此为耶舍到庐山之说之最早记载，其起原当在八世纪。后来的《东林十八高贤传》（北宋时始出现，称陈舜俞刊正，沙门怀悟详补。）与《神僧传》都更是晚书，皆是删改《高僧传》，而加入到庐山入社一句。李龙眠画《莲社十八贤图》，李元中作记；晁补之续作图，又自作记，皆依此说，此说遂成真史迹了。

但后来这个传说又经过不少变迁，可以作故事演变的一个好例。起初耶舍与庐山的关系只在北山东林寺一带。故《庐山志》（十二上，页二。）说：

> 分水岭之西（东林寺之北），有耶舍塔。

桑乔《纪事》云：

> 耶舍塔，并塔院，西域僧佛驮耶舍建。并废。

后来山南佛寺大兴，也要拉几位神僧来撑场面，于是把耶舍的传说移到山南。于是有王羲之为耶舍造归宗寺的谬说，有耶舍坟的捏造，有耶舍定中三见金轮峰，遂奉舍利来造塔的传说，以至于耶舍负铁至山顶起塔的神话。久而久之，北山的耶舍塔毁了，耶舍的传说也冷淡了；而南山的耶舍塔却屡毁屡造，耶舍的神话也遂至今不绝！

让我再进一步，研究耶舍神话的来历。佛驮耶舍的传说全是抄袭佛驮跋陀罗的故事的。庐山当日确有印度名僧佛驮跋陀罗；《高僧传》（卷二，页十七至廿一。）道他在长安时，

> 语弟子云："我昨见本乡有五舶俱发。"既而弟子传告外人；关中旧僧咸以为显异惑众。……大被谤黩。……于是率侣宵征，南指庐岳。沙门释慧远久服风名，闻至欣喜。……乃遣弟子昙邕致书姚主及关中众僧，解其摈事。远乃请出禅数诸经。贤（佛驮跋陀罗，译言觉贤。）志在游化，居无求安；停山岁余，复西适江陵。

他在庐山住了一年多，便到江陵，再移建业道场寺，译出《华严经》等。他死在元嘉六年（429），年七十一。

佛驮跋陀罗为《华严》译主，又曾译《禅经》，名誉极大，故神话最多。他和庐山不过一年的因缘，庐山却一定要借重他，故《十八高贤传》说他于元嘉六年"念佛而化，塔于庐山北岭"。《庐山志》（十二上，页二。）说：

东林寺之北为上方塔院，有舍利塔。

桑乔说：

舍利塔即上方塔，在平冈之巅。初西域佛驮跋陀罗尊者自其国持佛舍利五粒来，瘗于此山。在东林之上，故曰上方。

南唐保大丙辰（周世宗显德三年，956）彭滨奉敕作《舍利塔记》，（《志》十二，页二至四。），中叙佛驮跋陀罗在长安时，

……忽尔西望白众曰："适见东国五舶俱来。"众皆责其虚诞，遂出之庐山。未久，五舶俱至，共服其灵通。即持佛舍利五粒，建塔于寺北上方。其后……以元嘉十七年乙亥（此与《高僧传》不合。乙亥为元嘉十二年，亦误。）终于京师。……其舍利塔至开元十七年（729）……重建，又感舍利十四粒。……保大甲寅岁（954），奏上重修。

元明之际，王祎有《庐山游记》云：

佛驮耶舍入庐山，常举铁如意示慧远，不悟，即拂衣去。（《志》十二上，页十七。）

明末但宗皋论此事云：

予考诸《灯录》，止载跋陀禅师拈起如意问生公，……恐误以跋陀为耶舍耳。（《志》十二上，页四十二。）

其实何止此一事？到庐山的是佛驮跋陀罗，而传说偏要硬拉佛驮耶舍。耶舍"定中三见轮峰"，即是抄跋陀的定中见印度五舶俱发。耶舍造塔藏舍利，即是抄跋陀造塔瘗舍利。故东林之耶舍塔即是抄东林之跋陀舍利塔；而归宗之耶舍舍利塔却又是抄东林之耶舍塔；其实都是后起的谬说，都没有历史的根据。

十七，四，十四，补记

今夜又见游国恩君的《莲社年月考》，（《国学月报汇刊》第一集，页二六五—二六八。）游君责备梁任公先生“并《莲社传》亦未寓目”。其实《莲社传》（即《十八高贤传》）乃是晚出的伪书，不足依据。

又记

十七，四，十

从归宗寺出发，往东行，再过香炉、双剑诸峰与马尾、瀑水诸瀑。天气清明，与昨日阴雨中所见稍不同。

到观音桥。此桥本名三峡桥，即栖贤桥，观音桥是俗名。桥建于宋祥符时。桥长约八十尺，跨高岩，临深渊，建筑甚坚壮。桥下即宋人所谓“金井”，在桥下仰看桥身，始知其建筑工程深合建筑原理。桥石分七行，每行约二十余石，每石两头刻作榫头，互相衔接，渐弯作穹门，历九百年不坏。昆三是学工程的，见此也很赞叹。他说：“古时人已知道这样建筑可以经久，可惜他们不研究何以能经久之理。”桥下中行石上刻“维皇宋祥符七年岁次甲寅（1014）二月丁巳朔，建桥，上愿皇帝万岁，法轮常转，雨顺风调，天下民安。谨题。”（字已有不清楚的，此据《旧志》。）又刻“福州僧智朗勾当造桥，建州僧文秀教化造桥。江州匠陈智福，弟智汪，智洪。”这是当日的工程师，其姓名幸得保存，不可不记。（也据《旧志》六，页三十三。）

金井是一深潭，上有急湍，至此穿石而下，成此深潭，形势绝壮丽。苏东坡《三峡桥诗》写此处风景颇好，故抄其一部分：

吾闻泰山石，积日穿线溜。
况此百雷霆，万世与石斗！
深行九地底，险出三峡右。
长输不尽溪，欲满无底窦。……
空濛烟雨间，澒洞金石奏。
弯弯飞桥出，潋潋半月彀。……
垂瓶得清甘，可咽不可漱。

我们又寻得小径，走到上流，在石上久坐，方才离去。

由此更东北行，约二里，近栖贤寺，有“玉渊”，山势较开朗，而奔湍穿石，怒涛飞沫，气象不下乎“金井”。石上有南宋诗人张孝祥石刻“玉渊”二大字。英国人 Berkin 对我说，十几年前，有一队英国游人过此地，步行过涧石上，其一人临流洗脚，余人偶回顾，忽不见此人，遍寻不得。大家猜为失脚卷入潭中；有一人会泅水，下潭试探，也不复出来了。余人走回牯岭，取得捞尸绳具，复至此地，至次日两尸始捞得。此处急流直下，入潭成旋涡，故最善泅水的也无能为力。现在潭上筑有很长的石栏，即是防此种意外的事的。

金井与玉渊皆是山南的奇景，气象不下于青玉峡。由玉渊稍往西，便是栖贤寺，也很衰落了。但寺僧招呼很敏捷；山南诸寺，招待以此处为最好。我们在此午饭。

饭后启行回牯岭。过含鄱岭，很陡峻，我同祖望都下轿步行。岭上有石级，颇似徽州各岭。庄百俞《游记》说这些是民国七年柯凤巢、关鹤舫等集款修筑的，共长八千四百七十英尺。陈氏《指南》说有三千五百余级，长二万五千二百二十一尺。我们不曾考订两说的得失。

岭上有息肩亭，再上为欢喜亭，石上刻有“欢喜亭”三字，又小字“顾贞观书”，大概是清初常州词人顾贞观。由此更上，到含鄱口，为此岭最高点，即南北山分水之岭。此地有张伯烈建的屋。含鄱岭上可望汉阳峰。鄱阳湖则全被白云遮了。

梦旦测得高度如下表：

归宗寺	五〇公尺
三峡桥	三九〇
栖贤寺	一六〇
（梦旦疑心此二处的高度有误）	
欢喜亭	七八〇
含鄱口	一二〇〇

《指南》说含鄱岭高三千六百尺，与此数相符。

过含鄱口下山，经俄租界，到黄龙寺。黄龙寺也是破庙，我们不愿在庙里坐，出门看寺外的三株大树，其一为金果树，叶似白果树，据 Berkin 说，果较白果小的多，不可食。其二为柳杉；相传为西域来的“宝树”，真是山村和尚眼里的宝呵！我们试量其一株，周围共十八英尺。过大树为黄龙潭，是一处阴凉的溪濑。我坐石上洗脚，水寒冷使人战栗。

从此回牯岭，仍住胡金芳旅社。三日之游遂完了。牯岭此时还不到时候，故我们此时不去游览，只好留待将来。我们本想明天下山时绕道去游慧远的东林寺，但因怕船到在上午，故决计直下山到九江，东西二林留待将来了。

我作《庐山游记》，不觉写了许多考据。归宗寺后的一个塔竟费了我几千字的考据！这自然是性情的偏向，很难遏止。庐山有许多古迹都很可疑；我们有历史考据癖的人到了这些地方，看见了许多捏造的古迹，心里实在忍不住。陈氏《庐山指南》云：

> 查庐山即古之敷浅原。……今在紫霄峰上（山之北部）尚有石刻“敷浅原”三字，足以证此。（页一一二）

这里寥寥四十个字，便有许多错误。紫霄峰即是归宗寺后的高峰，即今日所谓金轮峰，考证见上文，并不在“山之北部”。康熙时李滢作《敷浅原辩》，引《南康旧志》说，

> 山南紫霄峰有“敷浅原”三大字，未详何时劖石。

这句话还有点存疑的态度。陈氏不知紫霄峰在何处，自然不曾见此三字。即使他见了这三字，也不能说这三字“足以证此”。一座山上刻着“飞来峰”三个大字，难道我们就相信此三字“足以证”此山真是飞来的了？又如御碑亭上，明太祖刻了近二千字的《周颠仙人

传》，一个皇帝自己说的话，不但笔之于书，并且刻之于石：难道这二千字石刻就“足以证”仙人真有而“帝王自有真”了吗？

一千八百多年前，王充说的真好：

> 世间书传，多若等类；浮妄虚伪没夺正是。心渍涌，笔手扰，安能不论？论则考之以心，效之以事；浮虚之事，辄立证验。（《论衡·对作篇》）

我为什么要做这种细碎的考据呢？也不过“心渍涌，笔手扰”，忍耐不住而已。古人诗云：

> 无端题作木居士，便有无穷求福人。

黄梨洲《题东湖樵者祠》诗云：

> 姓氏官名当世艳，一无凭据足千年。

这样无限的信心便是不可救药的懒病，便是思想的大仇敌。要医这个根本病，只有提倡一点怀疑的精神，一点“打破沙锅问到底”的习惯。

昨天（四月十九日）《民国日报》的“觉悟”里，有常乃德先生的一篇文章，内中很有责备我的话。常先生说：

> 将一部《红楼梦》考证清楚，不过证明《红楼梦》是记述曹雪芹一家的私事而已。知道了《红楼梦》是曹氏的家乘，试问对于二十世纪的中国人有何大用处？……试问他（胡适之）的做《〈红楼梦〉考证》是“为什么”？

他又说：

> 《〈红楼梦〉考证》之类的作品是一种“玩物丧志”的小把戏；唱小丑打边鼓的人可以做这一类的工作，而像胡先生这样应该唱压轴戏的人，偏来做这种工作，就未免太不应该了。

常先生对于我的《〈红楼梦〉考证》这样大生气，他若读了我这篇《庐山游记》，见了我考据一个塔的几千字，他一定要气的胡子发抖了。（且慢，相别多年，常先生不知留了胡子没有，此句待下回见面时考证。）

但我要答复常先生的质问。我为什么要考证《红楼梦》？

在消极方面，我要教人怀疑王梦阮、徐柳泉、蔡孑民一班人的谬说。

在积极方面，我要教人一个思想学问的方法。我要教人疑而后信，考而后信，有充分证据而后信。

我为什么要替《水浒传》作五万字的考证？我为什么要替庐山一个塔作四千字的考证？我要教人一个思想学问的方法。我要教人知道学问是平等的，思想是一贯的，一部小说同一部圣贤经传有同等的学问上的地位，一个塔的真伪同孙中山的遗嘱的真伪有同等的考虑价值。肯疑问佛陀耶舍究竟到过庐山没有的人，方才肯疑问夏禹是神是人。有了不肯放过一个塔的真伪的思想习惯，方才敢疑上帝的有无。

十七，四，二十，补记

（原载于《新月》第1卷第3号，1928年5月10日）

海外杂感

余自海外归国，甫及一月，在此一月中，无暇在各处演说。余去美及归国时间，共为四月。在美国加拿大逗留计三月零三天，无时间去用耳听，用眼看，仅用嘴吃，嘴喝，嘴说。故无甚闻见可说。此次蒋（梦麟）太太，王（子文）太太找我说话，余因妇女会成绩卓著，彰彰在人耳目，故该会有所嘱咐，不敢不遵。余以无话可说，只允谈谈“海外杂感”。余去美先至支加哥，至各大学演讲，又至万国博览会内游览，后至美国东部。此外时间，尽在旅行中。在支加哥，余曾参观万国博览会。该会乃代表百年来之世界科学文化大进步之伟大计划。自一九二一（记者按：疑系1929年之误）十一月普遍于全世界之经济恐慌，不至长久，该会遂仍继续进行。但在博览会中，仍十足表现世界经济恐慌时期之一切不景气。虽然，博览会却仍可代表世界百年间之进步。会中计分：（一）科学馆内，分生物，物理，电学等部。（二）交通馆内，陈列各种汽车及一千八百余年火车发明，以迄今日之高速度火车时代之各时期火车模型，且有火车发明初期，与马车竞赛速度而落后之模型拟物。（三）电汽馆，有美国各大学著名电气公司之两种惊人的试验，（甲）看声音，（乙）听颜色，古书所云“目听耳视”，现竟于科学中证之。然会中亦处处可见经济恐慌痕迹。如参观人购大会纪念品，（上刻大会标记）手杖，烟盒，小刀等物，皆系日本制造，竟无美国工厂出品，此美国经济恐慌深刻化之又一证明。会场中有中国馆，因政府经济拮据，决定不参加，后由商人出洋十三万元布置，惟地方窄小，且不雅观，幸有瑞典某富翁捐助款项，在中国馆附近建一可以代表我国建筑之喇嘛庙。惟中国馆中所陈列者皆系手工业时期之物，甚可憾也。今请再述加拿大之情形。加拿大地方甚大，人口一千万只合中国四十分之一，可谓地广人稀，人口几全部为苏格兰人，酷类中国之“老西儿”，南方之徽州人。加拿大东部原属法国，故法人后裔，占三分之一。但此两部种族，不同之人民，相处甚安，布告文用英文法文两种。该地人曾邀余在无线电台演说，余操英语演说，加人甚表不满，后余费去四小时之时间，练习法语，作两分钟简短法语演说，大受彼辈欢迎，余之法语演说，彼辈竟能听懂，余亦乐甚。加拿大名义上为英属地，但实际上加拿大为半独立国，亦为国际联盟之会员国。加拿大无强大海陆空军，以“和平立国”为基础国策。加拿大人之国家观念益如斯。苏格兰子孙“外国老西”之魄力，足为吾人佩服之处甚多。如加拿大造成世界交通系统，加拿大太平洋邮船公司，与加拿大国家轮船公司船只来往世界各地，几尽垄断世界航路。余又见加境铁路，有高至一万尺山洞，工程浩大，加拿大东部皆山，其余均为大平原。出产品，大宗为农产物，产麦过剩，小麦一“布西尔”合洋三毛九分，谷贱伤农，农人惟有赔本卖出，此亦世界经济恐慌时之一般现象。说到太平洋国交讨论会，参加国共十国，计美，加拿大，日本，中国，荷兰，澳洲［澳大利亚］，纽西兰，及苏俄等十国。参加各国代表，均在七八十岁以上。会中只中国与加拿大之代表，尽系三四十岁左右青年。中国代表年岁二十至四十左右。加拿大亦与中国同。此使两国代表，感情甚为融洽，及在知识上，能以互相交换之一种原因。又余参观加拿大各大学，历史亦均只几十年，大学教授，多为青年学者，此与吾国情形相同，又加拿大全境，计共九省，合组属地联邦政府，每省有省议会，有自主权。加拿大之政党有三：一，保守党，二，自由党，及新组成之农民合作党。党中领袖均为大学教授，及教授夫人。本届太平洋会议在落矶山［洛矶山］温泉大旅社中举行，大会共十三天。吾人应注意现世界已到达“不得了时代”即如马克思主义者所谓资本主义没落期之最后阶段。此点撇去不说，但世界经济确已深刻化，惟余坚信前途仍有希望。余出席太平洋会议，已宣誓绝不谈中日问题，盖事实最雄辩也云。又对国内目前政局氏谓余对国内政治变化，不欲置喙，唯现今世界，只有国与国竞争，国内战争，甚为可耻，希望无分南北男女，团结一致，以建立一近代式新国家云。

（胡适1933年11月30日演讲于北平妇女会。载于《晨报》，1933年12月1日）

南游杂忆

我这一次因为接受香港大学的名誉学位，作第一次的南游，在香港住了五天，在广州住了两天半，在广西住了十四天。这些地方都是我多年想去而始终没有去成的，这回得有畅游的机会，使我很快慰。可惜南方的朋友待我太好了，叫我天天用嘴吃喝，天天用嘴说话，嘴太忙了，所以用眼睛耳朵的机会就太少了。前后二十多天之中，我竟没有工夫记日记。后来在《大公报》和《国闻周报》上读了胡政之先生的两种两粤游记，我很感觉惭愧。他游两粤，恰在我之后，走的路线也恰和我走的大致一样；但他是一个有训练的名记者，勤于记载每天的观察，所以他的游记很可供读者的参考。我因为当时没有日记，回家后又两次患流行感冒，前后在床上睡了十天，事隔日久，追忆起来更模糊了。但因为许多朋友的催逼，所以我决定写出一些追忆的印象和事实，做我第一次南游的报告。

（一）香　港

我在元旦上午坐哈里生总统船南下，一月四日早晨到香港，住在香港大学副校长韩耐儿（Sir William Homell）的家里。我在香港的日程，先已托香港大学文学院长佛斯脱先生（Dr L. Forster）代为排定。西洋人是能体谅人的。所以每天上午都留给我自由支配，一切宴会讲演都从下午一点开始。所以我在港五天，比较很从容，玩了不少地方。

船到香港时，天还未明，我在船面上眺望，看那轻雾中的满山灯光，真像一天繁星。韩校长的家在半山，港大也在半山，在山上望见海湾，望见远近的岛屿，气象比青岛大连更壮丽。香港的山虽不算很高，但几面都靠海，山和海水的接近，是这里风景的特色。有一天佛斯脱夫妇邀我去游览香港市的背面的山水，遍览浅水湾、深水湾、香港仔、赤柱各地。阳历的一月正是香港最好的天气。满山都是绿叶，到处可以看见很浓艳的鲜花；我们久居北方的人，到这里真有“赶上春了”的快乐。我们在山路上观看海景，到圣士梯反学校小坐喝茶，看海上的斜阳，风景特别清丽。晚上到佛斯脱先生家去吃饭，坐电车上山，走上山顶（The Peak），天已黑了，山顶上有轻雾，远望下去，看那全市的灯火，气象比纽约和旧金山的夜色还更壮丽。有个朋友走遍世界的，曾说，香港的夜景，只有南美洲巴西首都里罗［里约热内卢］（Rio de Janeiro）和澳洲的［悉尼］（Sidney）两处可以相比。过了一天，有朋友邀我去游九龙，因时间太晚，走的不远，但大埔和水塘一带的风景的美丽已够使我们惊异了。

有一天，我在扶轮社午餐后演说，提到香港的风景之美，我说：香港应该产生诗人和画家，用他们的艺术来赞颂这里的海光山色。有些人听了颇感觉诧异。他们看惯了，住腻了，终日只把这地方看作一个吃饭做买卖的商场，所以不能欣赏那山水的美景了。但二十天之后，我从广西回到香港时，有人对我说，香港商会现在决定要编印一部小册子，描写香港的风景，他们准备印两万本，来宣传香港的山水之美！

香港大学最有成绩的是医科与工科，这是外间人士所知道的。这里的文科比较弱，文科的教育可以说是完全和中国大陆的学术思想不发生关系。这是因为此地英国人士向来对于中国文史太隔膜了，此地的中国人士又太不注意港大文科的中文教学，所以中国文字的教授全在几个旧式科第文人的手里，大陆上的中文教学早已经过了很大的变动，而港大还完全在那变动大潮流之外。近年副校长韩君与文学院长佛君都很注意这个问题，他们两人去年都曾到北方访问考查；去年夏天港大曾请广东学者陈受颐先生和容肇祖先生到这里来研究港大的中文教学问题，请他们自由批评并指示改革的途径。这种虚心的态度是很可以佩服的。我在香港时，很感觉港大当局确有改革文科中国文字教学的诚意，本地绅士如周寿臣、罗旭和诸先生也都热心赞助这件改革事业。但他们希望有一个能主持这种改革计划的人，这个人必须兼有四种资格：（一）须是一位高明的国学家，（二）须能通晓英文，能在大学会议席上为本系辩护，（三）须是一位有管理才干的人，（四）最好须是一位广东籍的学者。因为这样的人才一时不易得，所以这件改革事业至今还不曾进行。

香港大学创始于爱里鹗爵士（Sir Charles Eliot），此君是一位博学的学者，精通梵文和巴利（Pali）文，著有《印度教与佛教》三巨册；晚年曾任驻日本大使，退休后即寄居奈良，专研究日本的佛教，想著一部专书。书稿未成，他因重病回国，死在印度洋的船上。一九二七年五月，我从美国回来，过日本奈良，曾在奈良旅馆里见着他。那一天同餐的，有法国的勒卫先生（Sylvan Levi），瑞士（现改法国籍）的戴弥微先生（Demieville），日本的高楠顺次郎先生和法隆寺的佐伯方丈，五国的研究佛教的学人聚在一堂，可称盛会。于今不过八年，那几个人都云散了，而当日餐会的主人已葬在海底了！

爱里鹗校长是最初推荐钢和泰先生（Baron Stael-HoIstein）给北京大学的人。钢先生从此留在北京，研究佛教，教授梵文和藏文，至今十五六年了。香港大学对中国学术上的贡献，大概要算这件事为最大。可惜爱里鹗以后，这样的学术上的交通就不曾继续了。

香港的教育问题，不仅是港大的中文教学问题。我在香港曾和巢坤霖先生罗仁伯先生细谈，才知道中小学的中文教学问题更是一个亟待救济的问题。香港的人口，当然绝大多数是中国人。他们的儿童入学，处处感觉困难。最大的困难是那绝大多数的华文学校和那少数的英文中学不能相衔接，华文学校是依中国新学制的六六制办的，小学六年，中学也六年。英文中学却有八年。依年龄的分配，在理论上，一个儿童读了四年小学，应该可以接上英文中学的最低级（第八级）。事实上却不然，华人子弟往往要等到初中二三年（即第八九年）方才能考英文中学。其间除了英文之外，其余的他种学科都是学过了还须重习的。这样的不相衔接，往往使儿童枉费去三年至五年的光阴。所以这是一个最严重的问题。香港与九龙的华文学校约有八百所，其中六百校是完全私立的，二百校是稍有政府津贴的。英文中学校之中，私立的约有一百校，其余最好的三十校又分三种：一种是官立的，一种是政府补助的，一种是英国教会办的。因为全港受英国统治与商业的支配，故学生的升学当然大家倾向那三十所设备最好的英文中学。无力升学的学生，也因为工商业都需要英文与英语，也都有轻视其他学科的倾向。还有一些人家，因为香港生活程度太高，学费太贵，往往把子弟送往内地去求学；近年中国学校不能收未立案的学校学生，所以香港儿童如想在内地升学，必须早入中国的立案学校。所以香港的中小学的教学问题最复杂。家长大都希望子弟能早学英文，又都希望他们能多学一点中国文字，同时广东人的守旧风气又使他们迷恋中国古文，不肯彻底改用国语课本。结果是在绝大多数的中文学校里，文言课本还是很占势力，师资既不易得，教学的成绩自然不会好了。

罗仁伯先生是香港中文学校的视学员，他是很虚心考虑这个中文教学问题的，他也不反对白话文。但他所顾虑的是：白话不是广东人的口语，广东儿童学白话未必比学文言更容易，也未必比学文言更有用。这不仅是他一个人的顾虑。广东朋友往往有这种见解。其实这种意思是错的。第一，今日的“国语”本是一种活的方言，因为流行最广，又已有文学作品做材料，所以最容易教学，学了也最有用。广东话也是一种活的方言，但流行比较不远，又产生的文学材料太少，所以不适宜用作教学工具。广东人虽不说国语，但他们看白话小说，看新体白话文字，究竟比读古文书容易的多了。第二，“广东话”决不能解决华南一带的语言教学问题，因为华南的语言太复杂了，广州话之外，还有客话、潮州话，等等。因为华南的语言太复杂了，所以用国语作统一的语言实在比在华北华中还更需要。第三，古文是不容易教的，越下去，越不容易得古文师资了。而国语师资比较容易培养。第四，国语实在比古文丰富的多，从国语入手，把一种活文字弄通顺了，有志学古文的人将来读古书也比较容易。第五，我想香港的小学中学若彻底改用国语课本，低级修业年限或可以缩短一二年。将来谋中文学校与英文中学的衔接与整理，这也许是很可能的一个救济方法——所以我对于香港的教育家，很诚恳的希望他们一致的改用国语课本。

我在香港讲演过五次：三次用英文，两次用国语。在香港用国语讲演，不是容易的事。一月六日下午，我在香港华侨教育会向两百多华文学校的教员演说了半点钟，他们都说可以勉强听官话，所以不用翻成广东话。我说的很慢，自信是字字句句清楚的。因为我怕他们听不明白，所以这篇演说里没有一句不是很浅近的话。第二天各华文报登出会场的笔记，我在《大光报》上读了一遍，觉得大旨不错，我很高兴，因为这样一篇有七八成正确的笔记使我相信香港的中小学教员听国语的程度并不坏，这是最可乐观的现象，在十年前这是决不可能的。后来广州各报转载的，更后来北方各报转载的，大概都出于一个来源，都和《大光报》相同。其中当然有一些听错的地方，和记述白话语气不完全相同的地方。例如我提到教育部王部长的广播演说，笔记先生好像不知道王世杰先生，所以记作汪精卫先生了。又如我是很知道广州人对香港的感情的，所以我很小心的说“我希望香港的教育家接受新文化，用和平手段转移守旧势力，使香港成为南方的一个新文化中心”，我特别把“一个新文化中心”说的很清楚，但笔记先生好像不曾做惯白话文，他轻轻的把“一个”两字丢掉了，后来引起了广州人士不少的醋意！又如最后笔记先生记的有这样一句话：

> 现在不同了。香港最高级教育当局也想改进中国的文化。

这当然是很错误的记录：我说的是香港最高教育当局现在也想改善大学里的中国文学的教学了，所以我接着说港大最近请两位中国学者来计画中文系的改革的事业。凡有常识而无恶意的读者，看了上下文，决不会在这一句上挑眼的。谁知这句句子后来在中山大学邹校长的笔下竟截去了上下文，成了一句天下驰名的名句！

那篇演说，因为各地报纸都转载了，并且除了上述各点小误之外，记载的大体不错，所以我不用转载在这里了。我的大意是劝告香港教育家充分利用香港的治安和财富，努力早日做到普及教育；同时希望他们接受中国大陆的新潮流，在思想文化上要向前走，不要向后倒退。可是我在后半段里提到广东当局反对白话文，提倡中小学读经的政策。我说的很客气，笔记先生记的是：

> 现在广东很多人反对用语体文，主张用古文；不但古文，而且还提倡读经书。我真不懂。因为广州是革命策源地，为什么别的地方已经风起云涌了，而革命策源地的广东尚且守旧如此。

这段笔记除了“风起云涌”四个字和“尚且”二字是我不会用的，此外的语气大致不错。我说的虽然很客气，但读经是陈济棠先生的政策，并且曾经西南政务会议正式通令西南各省，我的公开反对是陈济棠先生不肯轻轻放过的。于是我这篇最浅近的演说在一月八日广州报纸上登出之后，就引起了很严重的反对。我丝毫不知道这回事。八日的晚上，我上了“泰山”轮船，一觉醒来，就到了广州。

罗文干先生每每取笑我爱演说，说我“卖膏药”。我不懂这句话的意思，直到那晚上了轮船，我才明白了。我在头等舱里望见一个女人在散舱里站着演说，我走过去看，听不懂她说的是什么问题，只觉得她侃侃而谈，滔滔不绝，很像是一位有经验的演说大家。后来问人，才知道她是卖膏药的，在那边演说她手里的膏药的神效。我忍不住暗笑了：明天早起，我也上省卖膏药去！

（二）广　州

一月九日早晨六点多，船到了广州，因有大雾，直到七点，船才能靠码头。有一些新旧朋友到船上来接我，还有一些新闻记者围住我要谈话。有一位老朋友托人带了一封信来，要我立时开看。我拆开信，中有云："兄此次到粤，诸须谨慎。"我不很了解，但我知道这位朋友说话是很可靠的。那时和我同船从香港来的有岭南大学教务长陈荣捷先生，到船上来欢迎的有中山大学文学院长吴康先生，教授朱谦之先生，还有地方法院院长陈达材先生，他们还都不知道广州当局对我的态度。陈荣捷先生和吴康先生还在船上和我商量我的讲演和宴会的日程。那日程确是可怕！除了原定的中山大学和岭南大学各讲演两次之外，还有第一女子中学、青年会、欧美同学会等，四天之中差不多有十次讲演。上船来的朋友还告诉我：中山大学邹鲁校长出了布告，全校学生停课两天，使他们好去听我的讲演。又有人说：青年会昨天下午开始卖听讲券，一个下午卖出了两千多张。

我跟着一班朋友到了新亚酒店，已是八点多钟了。我看广州报纸，才知道昨天下午西南政务会议开会，就有人提起胡适在香港华侨教育会演说公然反对广东读经政策，但报纸上都没有明说政务会议决定如何处置我的方法。一会儿，吴康先生送了一封信来，说：

适晤邹海滨先生云：此间党部对先生在港言论不满，拟劝先生今日快车离省，暂勿演讲，以免发生纠纷。

邹吴两君的好意是可感的，但我既来了，并且是第一次来观光，颇不愿意就走开。恰好陈达材先生问我要不要看看广州当局，我说：林云陔主席是旧交，我应该去看看他。达材就陪我去到省政府，见着林云陔先生，他大谈广东省政府的“三年建设计划”。他问我要不要见见陈总司令，我说，很好。达材去打电话，一会儿他回来说：陈总司令本来今早要出发向派出剿匪的军队训话，因为他要和我谈话，特别改迟出发。总司令部就在省政府隔壁，可以从楼上穿过去。我和达材走过去，在会客室里略坐，陈济棠先生就进来了。

陈济棠先生的广东官话，我差不多可以全懂。我们谈了一点半钟，大概他谈了四十五分钟，我也谈了四十五分钟。他说的话很不客气：“读经是我主张的，祀孔是我主张的，拜关岳也是我主张的。我有我的理由。”他这样说下去，滔滔不绝。他说：“我民国十五年到莫斯科去研究，我是预备回来做红军总司令的。”但他后来觉得共产主义是错的，所以他决心反共了。他继续说他的两大政纲：第一是生产建设，第二是做人。生产的政策就是那个“三年计划”，包括那已设未设的二十几个工厂，其中有那成立已久的水泥厂，有那前五六天才开工出糖的糖厂。他谈完了他的生产建设，转到“做人”，他的声音更高了，好像是怕我听不清似的。他说：生产建设可以尽量用外国机器，外国科学，甚至于不妨用外国工程师。但“做人”必须有“本”，这个“本”必须要到本国古文化里去寻求。这就是他主张读经祀孔的理论。他演说这“生产”“做人”两大股，足足说了半点多钟。他的大旨和胡政之先生“粤桂写影”所记的陈济棠先生一小时半的谈话相同，大概这段大议论是他时常说的。

我静听到他说完了，我才很客气的答他，大意说：“依我的看法，伯南先生的主张和我的主张只有一点不同。我们都要那个‘本’，所不同的是：伯南先生要的是‘二本’，我要的是‘一本’。

生产建设须要科学，做人须要读经祀孔，这是‘二本’之学。我个人的看法是：生产要用科学知识，做人也要用科学知识，这是‘一本’之学。”

他很严厉的睁着两眼，大声说：“你们都是忘本！难道我们五千年的老祖宗都不知道做人吗？”

我平心静气的对他说：“五千年的老祖宗，当然也有知道做人的。但就绝大多数的老祖宗说来，他们在许多方面实在够不上做我们‘做人’的榜样。举一类很浅的例子来说吧。女人裹小脚，裹到把骨头折断，这是全世界的野蛮民族都没有的惨酷风俗。然而我们的老祖宗安然行了一千多年。大圣大贤，两位程夫子没有抗议过，朱夫子也没有抗议过，王阳明文文山也没有抗议过。这难道是做人的好榜样？”

他似乎很生气，但也不能反驳我。他只能骂现在中国的教育，说“都是亡国的教育”；他又说，现在中国人学的科学，都是皮毛，都没有“本”，所以都学不到人家的科学精神，所以都不能创造。在这一点上，我不能不老实告诉他：他实在不知道中国这二十年中的科学工作。我告诉他：现在中国的科学家也有很能做有价值的贡献的了，并且这些第一流的科学家又都有很高明的道德。他问，“有些什么人？”我随口举了数学家的姜蒋佐，地质学家的翁文灏李四光，生物学家的秉志，——都是他不认识的。

关于读经问题，我也很老实的对他说：我并不反对古经典的研究，但我不能赞成一班不懂得古书的人们假借经典来做复古的运动。“这回我在中山大学的讲演题目本来是两天都讲‘儒与孔子’，这也是古经典的一种研究。昨天他们写信到香港，要我一次讲完，第二次另讲一个文学的题目。我想读经问题正是广东人士眼前最注意的问题，所以我告诉中山大学吴院长，第二题何不就改作‘怎样读经？’我可以同这里的少年人谈谈怎样研究古经典的方法。”我说这话时，陈济棠先生回过头去望着陈达材，脸上做出一种很难看的狞笑。我当作不看见，仍旧谈下去。但我现在完全明白是谁不愿意我在广州“卖膏药”了！

以上记的，是我们那天谈话的大概神情。旁听的只有陈达材先生一位。出门的时候，达材说，陈伯南不是不能听人忠告的，他相信我的话可以发生好影响。我是相信天下没有白费的努力的，但对达材的乐观，我却不免怀疑。这种久握大权的人，从来没有人敢对他们说一句逆耳之言，天天只听得先意承志的阿谀谄媚，如何听得进我的老实话呢？

在这里我要更正一个很流行的传说。在十天之后，我在广西遇见一位从广州去的朋友，他说，广州人盛传胡适之对陈伯南说：“岳武穆曾说，‘文官不要钱，武官不怕死，天下太平矣。’我们此时应该倒过来说，‘武官不要钱，文人不怕死，天下太平矣。’”——这句话确是我在香港对胡汉民先生说的。我在广州，朋友问我见过胡展堂没有，我总提到这段谈话。那天见陈济棠先生时，我是否曾提到这句话，我现在记不清了。大概广州人的一般心理，觉得这句话是我应该对陈济棠将军说的，所以不久外间就有了这种传说。

我们从总司令部出来，回到新亚酒店，罗钧任先生，但怒刚先生，刘毅夫（沛泉）先生，罗努生先生，黄深微（骚）先生，陈荣捷先生，都在那里。中山大学文学院长吴康先生又送了一封信来，说：

> 鄙意留省以勿演讲为妙。党部方面空气不佳，发生纠纷，反为不妙，邹先生云，昨为党部高级人员包围，渠无法解释。故中大演讲只好布告作罢。渠云，个人极推重先生，故前布告学生停课出席听先生讲演。惟事已至此，只好向先生道歉，并劝先生离省，冀免发生纠纷。
>
> 一月九日午前十一时。

邹校长的为难，我当然能谅解。中山大学学生的两天放假没有成为事实，我却可以得着四天的假期，岂不是意外的奇遇？所以我和陈荣捷先生商量，爽性把岭南大学和其他几处的讲演都停止了，让我痛痛快快的玩两天。我本来买了来回船票，预备赶十六日的塔虎脱［塔夫脱］总统船北回，所以只预备在广州四天，在梧州一天。现在我和西南航空公司刘毅夫先生商量，决定在广州只玩两天，又把船期改到十八日的麦荆尼［麦金莱］总统船，前后多出四天，坐飞机又可以省出三天，我有七天（十一—十八）可以飞游南宁和柳州桂林了。罗钧任先生本想游览桂林山水，他到了南宁，因为他的哥哥端甫先生（文庄）死了，他半途折回广州。他和罗努生先生都愿意陪我游桂林，我先去梧州讲演，钧任等到十三日端甫开弔事完，飞到南宁会齐，同去游柳州，桂林。我们商量定了，我很高兴，就同陈荣捷先生坐小汽船过河到岭南大学钟荣光校长家吃午饭去了。

那天下午五点，我到岭南大学的教职员茶会。那天天气很热，茶会就在校中的一块草地上，大家团坐吃茶点谈天。岭大的学生知道了，就有许多学生来旁观。人越来越多，就把茶会的人包围住了。起先他们只在外面看着，后来有一个学生走过来对我说："胡先生肯不肯在我的小册子上写几个字？"我说可以，他就摸出一本小册来请我题字。这个端一开，外面的学生就拥进茶会的团坐圈子里来了。人人都拿着小册子和自来水笔，我写的手都酸了。天渐黑下来了。草地上蚊子多的很，我的薄袜子抵挡不住，我一面写字，一面运动两只脚，想赶开蚊子。后来陈荣捷先生把我拉走，我上车时，两只脚背都肿了好几块。

晚上黄深微先生和他的夫人邀我到他们家中去住，我因为旅馆里来客太多，就搬到东山，住在他们家里。十点钟以后，报馆里有人送来明天新闻的校样，才知道中山大学邹鲁校长今天出了这样一张布告：

国立中山大学布告第七十九号

为布告事。前定本星期四五两日下午二时请胡适演讲。业经布告在案。现阅香港《华字日报》。胡适此次南来接受香港大学博士学位之后。在港华侨教育会所发表之言论。竟谓香港最高教育当局。也想改进中国的文化。又谓各位应该把他做成南方的文化中心。复谓广东自古为中国的殖民地等语。此等言论。在中国国家立场言之。胡适为认人作父。在广东人民地位言之。胡适竟以吾粤为生番蛮族。实失学者态度。应即停止其在本校演讲。合行布告。仰各学院各附校员生一体知照。届时照常上课为要。此布。

校长　邹鲁　中华民国二十四年一月九日

这个布告使我不能不佩服邹鲁先生的聪明过人。早晨的各报记载八日下午西南政务会议席上讨论的胡适的罪过，明明是反对广东的读经政策。现在这一桩罪名完全不提起了，我的罪名变成了“认人作父”和“以吾粤为生番蛮族”两项！广州的当局大概也知道“反对读经”的罪名是不够引起广东人的同情的，也许多数人的同情反在我的一边。况且读经是武人的主张，——这是陈济棠先生亲口告诉我的——如果用“反对读经”做我的罪名，这就成了陈济棠反对胡适了。所以奉行武人意旨的人们必须避免这个真罪名，必须向我的华侨教育会演说里去另寻找我的罪名，恰好我的演说里有这么一段话：

> 我觉得一个地方的文化传到它的殖民地或边境，本地方已经变了，而边境或殖民地仍是保留着它祖宗的遗物。广东自古是中国的殖民地，中原的文化许多都变了，而在广东尚留着。像现在的广东音是最古的，我现在说的话才是新的。（用各报笔记，大致无大错误。）

假使一个无知苦力听了这话忽然大生气，我一定不觉得奇怪。但是一位国立大学校长，或是一位国立大学的中国文学系主任居然听不懂这一段话，居然大生气，说我是骂他们“为生番蛮族”，这未免有点奇怪罢。

我自己当然很高兴，因为我的反对读经现在居然不算是我的罪状了，这总算是一大进步。孟子说的好，“乃孔子则欲以微罪行，不欲为苟去。”邹鲁先生们受了读经的训练，硬要我学孔子的“做人”，要我“以微罪行”，我当然是很感谢的。

但九日的广州各报记载是无法追改的，九日从广州电传到海内外各地的消息也是无法追改的。广州诸公终不甘心让我蒙“反对读经”的恶名，所以一月十四日的香港英文《南华晨报》(South China Morning Post) 上登出了中山大学教授兼广州《民国日报》总主笔梁民志 (Prof. LiangMin-Chi) 的一封英文来函，说：

> 我盼望能借贵报转告说英国话的公众，胡适博士在广州所受冷淡的待遇，并非因为（如贵报所记）他批评广州政府恢复学校读经课程”，其实完全因为他在一个香港教员聚会席上说了一些对广东人民很侮辱又“非中国的”(Un-Chinese) 批评。我确信任何人对于广州政府的教育政策如提出积极的批评，广州当局诸公总是很乐意听受的。

我现在把梁教授这封信全译在这里，也许可以帮助广州当局诸公多解除一点同样的误解。

我的膏药卖不成了，我就充分利用那两天半的时间去游览广州的地方。黄花冈、观音山、鱼珠炮台，石牌的中山大学新校舍，禅宗六祖的六榕寺，六百年前的五层楼的镇海楼，中山纪念塔，中山纪念大礼堂，都游遍了。中山纪念塔是亡友吕彦直先生（康南尔［康奈尔］大学同学）设计的，图案简单而雄浑，为彦直生平最成功的建筑，远胜于中山陵的图案。黄花冈七十二烈士（中有亡友饶可权先生）墓是二十年前的新建筑，中西杂凑，全不谐和，墓顶中间置一个小小的自由神石像，全仿纽约港的自由神大像，尤不相衬。我们看了民元的黄花冈墓，再看吕彦直设计的中山纪念塔，可以知道这二十年中国新建筑学的大进步了。

我在中山纪念塔下游览时，忽然想起学海堂和广雅书院，想去看看这两个有名学府的遗迹。同游的陈达材先生说，广雅书院现在用作第一中学的校址，很容易去参观。我们坐汽车到一中，门口的警察问我们要名片，达材给了他一张名片。我们走进去，路上遇着一中的校长，达材给我介绍，校长就引导我们去参观。东边有荷花池，池后有小亭，亭上有张之洞的浮雕石像，刻的很工致。我们正在赏玩，不知为何被校中学生知道了，那时正是十二点一刻，餐堂里的学生纷纷跑出来看，一会儿荷花池的四围都是学生了。我们过桥时，有个学生拿着照相机走过来问我："胡先生可以让我照个相吗?"我笑着立定，让他照了一张相。这时候，学生从各方面围拢来，跟着我们走。有些学生跑到前面路上去等候我们走过。校长说："这里有一千三百学生，他们晓得胡先生来了，都要看看你。"我很想赶快离开此地。校长说："这里是东斋，因为老房屋有倒坏了的，所以全拆了重盖新式斋舍。那边是西斋，还保存着广雅书院斋舍的原样子，不可以不去看。"我只好跟他走，走到西斋，西斋的学生也知道我来了，也都跑出来看我们。七八百个少年人围着我们，跟着我们，大家都不说话，但他们脸上的神气都很使我感动。校墙上有石刻的广雅书院学规，我站住读了几条，回头看时，后面学生都纷纷挤上来围着我们，我们几乎走不开了。我们匆匆出来，许多学生跟着校长一直送我们到校门口。我们上了汽车，我对同游的两位朋友说："广州的武人政客未免太笨了。我若在广州演讲，大家也许来看热闹，也许来看看胡适之是个什么样子；我说的话，他们也许可以懂得五六成；人看见了，话听完了，大家散了，也就完了。讲演的影响不过如此。可是我的不讲演，影响反大的多了。因为广州的少年人都不能不想想为什么胡适之在广州不讲演。我的最大辩才至多只能使他们想想一两个问题，我的不讲演却可以使他们想想无数的问题。陈伯南先生们真是替胡适之宣传他的‘不言之教’了!”

我在广州玩了两天半，一月十一日下午，我和刘毅夫先生同坐西南航空公司的“长庚”机离开广州了。

我走后的第二天，广州各报登出了中山大学中国文学系教授古直、钟应梅、李沧萍三位先生的两个“真电”，全文如下：

（一）广州分送西南政务委员会，陈总司令，林主席，省党部，林宪兵司令，何公安局长勋鉴，昔颜介庾信，北陷虏廷，尚有乡关之思，今胡适南履故土，反发盗憎之论，在道德为无耻，在法律为乱贼矣，又况指广东为殖民，置公等于何地，虽立正典刑，如孔子之诛少正卯可也，何乃令其逍遥法外，造谣惑众，为侵掠主义张目哉，今闻尚未出境，请即电令截回，径付执宪，庶几乱臣贼子，稍知警悚矣，否则老口北返，将笑广东为无人也。国立中山大学中文系主任古直教员李沧萍钟应梅，等叩，真辰。

（二）探送梧州南宁李总司令，白副总司令，黄主席，马校长勋鉴（**前段与上电同略**），今闻将入贵境，请即电令所在截留，径付执宪，庶几乱臣贼子，稍知警悚矣，否则公方剿灭共匪，明耻教战，而反容受刘豫张邦昌一流人物以自玷，天下其谓公何，心所谓危，不敢不告。国立中山大学中文系主任古直教员李沧萍钟应梅叩，真午。

电文中列名的李沧萍先生，事前并未与闻，事后曾发表谈话否认列名真电。所以一月十六日中山大学日报上登出“古直钟应梅启事”，其文如下：

胡适出言侮辱宗国。侮辱广东三千万人。中山大学布告驱之。定其罪名为认人作父。夫认人作父。此贼子也。刑罚不加。

直等以为遗憾。真日代电。所以义形于色矣。李沧萍教授同此慷慨。是以分之以义。其实未尝与闻。今知其为北大出身也。则直等过矣。呜呼道真之妬。昔人所叹。自今以往。吾犹敢高谈教育救国乎。先民有言。丈夫行事当磊磊落落。特此相明。不欺其心。谨启。

古　直
钟应梅　启

这三篇很有趣的文字大可以做我的广州杂忆的尾声了。

（三）广西山水

我们一月十一日下午飞到梧州了，在梧州住了一夜，我在广西大学讲演一次，次日在梧州中山纪念堂公开讲演一次。广西大学校长马君武先生是我的老师，校中教职员有许多是中国公学的老朋友，所以我在梧州住的一天是最快乐的。大学在梧州的对岸，中间是抚河（漓水），南面是西江。我们到的太晚了，晚上讲演完后，在老同学谢厚藩先生的家里喝茶大谈，夜深过江，十二日讲演完后，吃了饭就上飞机飞南宁了，始终没有机会参观西大的校舍与设备，这就是用嘴不能用眼的害处了。

十二日下午到南宁（邕宁），见着白健生先生，潘宜之先生，邱毅吾（昌渭）先生等，都是熟人。住在乐群社，是一个新式的俱乐部，设备很好。梧州与南宁都有自来水，内地省分有两个有自来水的城市，是很难得的。白先生力劝我改船期，在广西多玩几天。我因为我的朋友贵县罗尔纲先生的夫人和儿女在香港等候我伴送他们北上，不便改期。十四日罗钧任和罗努生如约到了南宁，白健生先生又托他们力劝。白先生说，他可以实行古直先生们的“真电”，封锁水陆空的交通，把我扣留在广西！后来我托省政府打电报请广西省银行的香港办事处把我和罗太太一家的船票都改了二十六日的胡佛总统船。这样一改，我在广西还可住十二天，尽够畅游桂林山水了。

我在邕宁住了六天，中间和罗努生到武鸣游了一天。钧任飞去龙州玩了一天，回来极口称美龙州的山水，可惜我不曾去。我在邕宁讲演了五次。十九日飞往柳州，住在航空署，见着广西航空界的一般青年领袖。钧任努生和我在柳州游览了半天，公开讲演一次。二十日上午飞往桂林，在桂林讲演了两次，游览了两天，把桂林附近的名胜大致游遍了。二十二日上午，我和钧任努生毅夫，桂林县公署的秘书曹先生，飞机师赵志雄冯星航两先生，雇了船去游阳朔，在漓水里走了一天半，二十三日下午才到阳朔。在阳朔游览了小半天，我坐汽车赶到良丰的省立师范专科学校讲演一次，讲演后坐汽车赶回桂林，已近半夜了。

二十四日早晨从桂林起飞，本想直飞梧州，在梧州吃午饭，毅夫夫妇约了在广州北面的从化温泉吃晚饭。但那天雾太低了，我们飞过了良丰，还没到阳朔，看前面云雾低压，漓水的河身不宽而两傍山高，所以飞机师赵先生决定折回向西，飞到柳州吃午饭，饭后顺着柳江浔江飞往梧州，在梧州吃夜饭，打电报到广州去报告那些在从化等我们吃夜饭的朋友们。在梧州住了一夜，二十五日从梧州飞回广州，赶上火车，晚上赶到香港。我们在梧州打电报问明胡佛船是二十六日早晨四点钟就要开的，前一天的大雾几乎使我又赶脱了船期！

这是我在广西的行程。以下先记广西的山水。

广西的山水是一种特异的山水。南宋大诗人范成大在他的《桂海虞衡志》里说的最好：

> 余尝评桂山之奇宜为天下第一。士大夫落南者少，往往不知；而闻者亦不能信。余生东吴，而北抚辽蓟，南宅交广，西使

> 岷峨之下，三方皆走万里，所至无不登览。……其最号奇秀莫如池之九华，歙之黄山，括之仙都，温之雁荡，夔之巫峡，此天下同称之者。然皆数峰而止耳，又在荒绝僻远之濒，非几杖间可得；且所以能拔乎其萃者，必因重冈复岭之势，盘亘而起，其发也有自来。桂之千峰，皆旁无延缘，悉自平地崛然特立，玉笋瑶篸，森列无际。其怪且多如此，诚当为天下第一。……山皆中空，故峰下多佳岩洞。

范氏指出两点特色：第一是诸峰“悉自平地崛然特立，玉笋瑶篸列无际”。第二是“山皆中空，故峰下多佳岩洞”。这两点都是广西山水的特色。这样“怪而多”的山都是石灰岩，和太湖石是同类；范石湖所指出的“山多中空，故多佳岩洞”，也正和太湖石的玲珑孔窍同一个道理。在飞机上望下去，只看见一簇一簇的圆锥体黑山，笋也似的矗立着，密密的排列着，使我们不能不想着一千多年前柳宗元说的名句：“桂州多灵山，发地峭竖，林立四野。”这种山峰并不限于桂林，广西全省有许多地方都有这种现象。我们在飞机上望见贵县的南山诸峰，也是这样的。武鸣的四围诸山，也是这一类。我们所游的柳州诸山，还有我们不曾去游的柳州北面融县真仙岩一带的山岩，也都和桂林阳朔同一种类。地质学者说，这种山岩并不限于广西一省，贵州的山也属于这一类。翁文灏先生说，这种山岩，地质学家称为“喀尔斯特”［喀斯特］山岩（Karstic），在世界上，别处也有，但广西贵州要算全世界最大的统系了。

徐霞客记广西的山水岩洞最详细，他在广西游了一年，——从崇祯丁丑（一六三七）闰四月初八到次年三月二十七，——写游记凡八万字，即丁文江标点本（商务印书馆出版，附地图）卷四至卷七。这是三百年前的游记，我们现在读了还不能不佩服那一位千古奇人脚力之健，精力之强，眼力之深刻，与笔力之细致。我们要知道广西岩洞的奇崛与壮美，不可不读徐霞客的游记；未游者固然应该读，已游者也不可不读。因为三百年来，远没有第二个人有这样伟大的好奇心，费这样长久的时间，专搜访自然的奇迹，作那么详细的记载。他所游的，往往有志书所不载，古今人所不知，或古人偶知而久无人到又被丛莽封塞了的。所以读过徐霞客粤西游记的人，真不能不感觉我们坐汽车匆匆游山的人真不配写游记：不但我们到的地方远不如他访搜所得的地方之多，我们到过的地方，所看见的，所注意到的，也都没有他在三百年前攀藤摩挲所得的多而且详尽。

凡听说桂林山水的，无人不知道桂林的独秀峰。图画上的桂林山水，也只有独秀峰最出名。徐霞客游遍了广西的山水，只不曾登独秀峰，因为独秀峰在桂林城中，圈在靖江王府里，须先得靖江王的许可，外人始得登览。徐霞客运动王府里的和尚代为请求，从五月初四日直到六月初一日，始终不得许可，他大失所望而去。游记中屡记此事，最后记云：

> 五月二十九日，入靖藩城，订独秀期，主僧词甚辽缓。予初拟再至省一登独秀，即往柳州。至此失望，怅怅。
>
> 六月初一日，讹传流寇薄衡水，藩城愈戒严，予遂无意登独秀。独秀山北西临池，西南二麓予俱已逸其下，西岩亦已再探，惟东麓与绝顶未登。其异于他峰者，只亭阁耳。

独秀峰现在人人可以登临了。其实此峰是桂林诸峰中的最低小的，高不过一百多尺！有石级可以从山脚盘旋直上山顶，凡三百六十级，其低可想！此峰所以独享大名，也有理由。徐霞客已说过，“其异于他峰者，只亭阁耳”，现时山腰与山顶尚有小亭台可供游人休憩，是一胜。此山在城中，登山可望全城和四围山水，是二胜。诸峰多是石山，无大树木，独秀峰上稍有树木，是三胜。桂林诸大山都以岩洞见奇，然而岩洞都是可游而不可入画的；独秀峰无岩洞，而娇小葱茏，有小亭阁，最便于绘画，故画家多喜画独秀，是四胜。有此四胜，就使此峰得大名！徐霞客两度到桂林，终以不得登独秀峰为憾事。我们在飞机上下望桂林附近的无数石山，几乎看不见那座小小的石丘，颇笑徐霞客的失望为大不值得！

徐霞客最称赏柳州北面融县的真仙岩，游记中有“真仙为天下第一”之语。可惜真仙岩我们没有去；我们游的岩洞，最大的是桂林七星山的岩洞。这岩洞一口为栖霞洞，一口为曾公岩。徐霞客从栖霞洞进去，从曾公岩出来，依他的估计，“自栖霞达曾公岩，径约二里；复自岩口出入盘旋三里。”我们从曾公岩进去，从栖霞出来，共费时五十五分钟。向导的乡人手拿火把（用纸浸煤油，插入长竹筒的一头），处处演说洞里石乳滴成的种种奇异形状：“这是仙人棋盘，那是仙人种田，那是金钟对玉鼓，这是狮子对乌龟，那是摩天岭，这是观音菩萨，那是骊山老母，……”那位领袖用很清楚的桂林话一一指给我们看，说给我们听，真如数家珍。洞中有一股泉水，有些地方水声很大。洞中石乳确有许多很奇伟的形态。我们携带有手电筒，又有两三盏手提汽油灯，故看得比较清楚。洞中各处皆被油烟熏黑，石壁石乳，手偶摩抚，都是煤黑。徐霞客记他来游时，向导者用松明照路。千百年中，游人用的松明烟与煤油烟，把洞壁都熏黑了。其实这种岩洞大可装设电灯，可使洞中景物都更便于赏观，行路的人可以没有颠跌的危险，也可以免除油烟熏塞的气闷。向来做向导的村人，可以稍加训练，雇作看洞和导游的人，而规定入门费与向导费。如此则游人不以游洞为苦。若如现状，则洞中幽暗，游人非多人结伴不敢进来，来者又必须雇向导，人太少又出不起这笔杂费。

曾公岩是因曾布得名。曾布在元丰初年以龙图阁待制出外，知桂州。他是一个有文学训练的政治家，在桂时，游览各岩洞，到处都有他的刻石题名，不止此一处。

七星山的岩洞，据徐霞客的几次探访搜寻，共有十五洞，他说：

> 此山岩洞骈峙：栖霞在北，下透山之东西；七星在中，曲

> 透西北出：碧虚岩在南，以东西上透。三穴并悬，六门各异。北又有“朝云”“高峙”两岩，皆西向。此七星山西面之洞也，洞凡五。……
>
> 曾公岩西又有洞在峰半，攀莽上，洞口亦东南向。……此处岩洞骈峙者亦三。曾公岩北下同列者又有二岩。……此七星山东南之洞也，洞凡五。
>
> 若北麓省春三岩，会仙一岩，旁又浅洞一，则七星北面之洞也，洞凡五。一山凡得十五洞云。

我们所游，其实只是十五洞之一！我们在洞里，固是迷不知西东，出了岩洞，还是杳不知南北。看徐霞客连日攀登，遍游诸洞，又综合记叙，条理井然，我们真不能不惭愧了！

七星山的对面就是龙隐岩，在月牙山的背后，洞的外口临江，水打沙进洞，堆积颇高，故岩上石刻题名有许多已被沙埋没了。龙隐岩很通敞，风景很美。岩外摩崖石刻甚多，有狄青等“平蛮三将题名”碑，字迹完好。

龙隐岩往西，不甚远，有小屋，我们敲门进去，有道士住在里面。此屋无后墙，靠山崖架屋，崖上石刻题记甚多，那最有名的“元祐党籍碑”即在此屋后。我久想见此碑，今日始偿此愿。元祐党籍立于徽宗崇宁元年（一一〇二），最初只有九十八人，那是真正元祐（一〇八六—一〇九三）反新法的领袖人物。徽宗皇帝亲写党籍，刻于端礼门；后来又令御史台抄录元祐党籍姓名“下外路州军，于监司长吏厅，立石刊记”。到崇宁三年（一一〇四）六月，又把元符末（一一〇〇）和建中靖国（一一〇一）年间的“奸党”和“上书诋讥”诸人一齐“通入元祐籍，更不分三等”（三等是原分“邪上尤甚”，“邪上”，“邪中”各等）。这个新合并的党籍，共有三百九人，刻石朝堂。此碑到崇宁五年正月，因彗星出现，徽宗下诏毁碑，“如外处有奸党石刻，亦令除毁”。除毁之后，各地即无有此碑石刻。现今只有广西有两处摩崖刻本，一本在融县的真仙岩，刻于嘉定辛未（一二一一）；一本即是桂林龙隐岩附近的摩崖，刻于庆元戊午（一一九八），这两本都是南宋翻刻的。桂林此本乃是用蔡京写刻拓本翻刻的，故字迹秀挺可爱。两本都是三百九人本，已不是真正元祐党籍了，其中如章惇，曾布，陆佃等人，都是王安石新法时代的领袖人物，后来时势翻覆，也都列名奸党籍内，和司马光吕公著诸人做了同榜！

广西的岩洞内外，有唐宋元明的名人题名石刻甚多。石灰岩坚固耐久，历千百年尚多保存很完整的。如舜山的摩崖“舜庙碑”，是唐建中元年（七八〇）韩云卿所立，距今已一千一百五十五年了。又如我们从栖霞洞下山，路旁崖上有范成大题名，又有张孝祥题名，这都是南宋大文人，现在都在路旁茅草里，没有人注意。此类古代名人题记，往往可供历史考据，其手书石刻更可供考证字画题跋者的参考比较。广西现有博物馆，设在南宁；我们盼望馆中诸公能作系统的搜访，将各地的古石刻都拓印编纂，将来可以编成一部《广西石刻文字》，其中定有不少历史的材料。

舜山有洞，名韶音洞，虽不甚深，而风景清幽，洞中有张栻（南轩）的《韶音洞记》石刻，字小，已不能全读了。洞前有庙，我们登楼小坐，前有清流，远望桂林诸山，在晚照中气象很雄伟。

城中人士常游的为象鼻山，伏波山，独秀峰，风洞山。其中以风洞山的风景为最胜。风洞山有北牖洞，虽曲折而多开敞之处，空气流通，多凉风，故名风洞，有小亭阁，下瞰江水，夏日多游人在此吃茶乘凉。

广西人说：“桂林山水甲天下，阳朔山水甲桂林。”我们游了桂林，决定坐船去游阳朔。一路上饱看漓水（抚河）的山水，但是因为我要赶香港船期，所以到了阳朔，只有几个钟头可以游览了。在小雨里，我们坐汽车到青厄渡，过渡后，下车泛览阳朔诸峰，仅仅能看一个大概。阳朔诸山也都是石山，重重叠叠，有作牛角双尖的，有似绝大石柱上半截被打断了的，有似大礼拜寺的，有似大石龟昂头向天的。远望去，重峰列岫，行列凌乱，在轻烟笼罩中，气象确是很奇伟。桂林诸山稍稍分散，阳朔诸山紧凑在江上；桂林诸山都无树木，此间颇有几处山上有大树木，故比较更秀丽。

但我们实在有点辜负了阳朔的山水，我们把时间用在船上了，到了这里只能坐汽车看山，未免使山水笑人。大概我们误会了“阳朔山水必须用船去游”的意思。我后来看徐霞客的游记，始知阳朔诸山都可以用船去细细游览。我们若再来，可以坐汽车到阳朔，然后雇船去从容游山。阳朔诸山也多岩洞：徐霞客所记龙洞岩，珠明洞，来仙洞，都令人神往；其中珠明洞凡有八门，最奇伟。我们没有攀登一处的岩洞，颇失望。

但我们这回坐船游阳朔，也有很好的收获。徐霞客游记里没有提到“光岩”，我们却有半夜游光岩的豪举。光岩是刘毅夫先生前年发现的，所以他力劝我们坐船游阳朔，一半也是为了要游光岩。船到光岩时，已半夜了，我们都睡了。毅夫先上岸去，先雇竹筏进去探看，出来时他把竹筏火把都准备好了，然后把我们都从睡梦里轰起来，跟他去游洞。光岩洞口临江，洞甚空敞，洞里石乳甚多而奇，有明朝游人石刻甚多。毅夫前年曾探此洞，偶见洞后水面上还有小洞，洞口很低，离水面不过两三尺；毅夫想出法子来，用竹排子撑进去探险，须全身弯倒始能进去。进去后，他发现里面还有很奇的岩洞，为向来游人所未曾到过。所以他很高兴，在第一洞石壁上题字指示游人深入探奇。今夜他带领我们进洞口，石壁上他的墨笔题记还如新的。我们一班人分坐三个竹排子，排子上平铺着大火把，大家低头弯腰，进入第二洞。里面共有三层大洞，都很高大，有种种奇形的石乳。最后一洞内有石乳作荷藕形，凡八九节，须节都全，绝像真藕，每一洞内都有沙涨成滩，都是江水打进来的。每过一洞口，都须低头用手攀住上面岩石，有时撑船的人都下水去用手推竹排子。第二洞以后，石壁上全无前人题刻，大概古人都不知有这些幽境。毅夫为游此洞，在桂林特别买了一个价值十七元的大电筒，每进一洞，他用大电筒指示各种石乳给我们看。他说，最后一洞的顶上有三个小洞透入光线，也许“光岩”之名是从那里来的。晚间我们当然看不见那三处透光的小洞。但我想里洞既非前人所熟知，光岩之名未必起于这透光的小孔，大概因前洞高敞通明，故得光岩之名。此洞之发现，毅夫之功最多，最后一洞大可以题作“沛泉洞”(毅夫名沛泉)。毅夫说，此洞颇像浙西金华的双龙洞。

徐霞客记他从阳朔回桂林的途中，“舟过水绿村北七里，西岸一岩，门甚高敞，东向临江，前垂石成龙，曰蛟头岩”，其地在兴平之南约三里，不知即是光岩否。

漓水的一日半旅程，还有一件事足记。船上有桂林女子能唱柳州山歌，我用铅笔记下来，有听不明白的字句，请同行的桂林县署曹文泉科长给我解释。我记了三十多首，其中有些是绝妙的民歌。我抄几首最可爱的在这里：

(1)

燕子飞高又飞低，两脚落地口衔泥。
我俩二人先讲过，贫穷落难莫分离。

(2)

石榴开花叶子青，哥哥年大妹年轻。
妹子年轻不懂事，哥哥拿去耐烦心。

(3)

大海中间一枝梅，根稳不怕水来推。
我们连双先讲过，莫怕旁人说是非。

(4)

如今世界好不难！井水不挑不得干。

竹子搭桥哥也过，妹妹跌死也心甘。

(5)

高山高岭一根藤，藤上开花十九层。
你要看花尽你看，你要摘花万不能。

(6)

要吃笋子三月三，要吃甜藕等塘干。
要吃大鱼长放线：想连小妹耐得烦。

(7)

买米要买一斩白，连双要连好脚色。
十字街头背锁链，旁人取笑也抵得。

(8)

妹莫愁来妹莫愁，还有好日在后头。
金盆打水妹洗脸，象牙梳子妹梳头。

(9)

大塘干了十八年，荷叶烂了藕也甜。
刀切藕断丝不断，同心转意在来年。

我们在柳州的时间太短，只游了几处名胜之地。柳州城三面是江，我们在飞机上看柳江从西北来，绕城一周，往东北去。空中望那有名的立鱼山，真有点像个立鱼。那天下午，我们去游立鱼山，有岩洞很玲珑，我们匆匆不曾遍游。傍晚我们去游罗池柳宗元祠堂，有苏东坡写的韩退之罗池庙碑的迎享送神辞大字石刻。退之原辞石刻有“春与猿吟兮秋鹤与飞”一句，颇引起后人讨论。今东坡写本此句直作“春与猿吟兮秋与鹤飞”，此当是东坡从欧阳永叔之说，以“秋鹤与飞”为石刻之误，故改正了。石刻原碑也往往可以有错误，其误多由于写碑者的不谨慎。罗池庙碑原刻本有误字后经刊正，见于《东雅堂韩集校语》。后人据石本，硬指“秋鹤与飞”为有意作倒装健语，似未必是退之本意。

我们从阳朔回桂林时，路上经过良丰的师范专科学校，我在那边讲演一次。其地原名雁山，也是一座石山，岩壑甚美。清咸丰同治之间，桂林人唐岳买山筑墙，把整个雁山围在园里，名为雁山园。后来园归岑春煊，岑又转送给省政府，今称为西林公园，用作师专校址。现有学生二百三十人。我们到时，天已黑了；讲演完始吃晚饭，晚饭后，校长罗尔棻先生和各位教员陪我们携汽油灯游雁山。岩洞颇大，中有泉水，流出岩外成小湖。洞中多凉风，夏间乘凉最宜。洞中多石乳，洞口上方有石乳所成龙骨形，颇奇突。园中旧有花树三千种，屡次驻兵，花树多荒死，现只存几百种了。有绿萼梅，正开花，灯光下奇艳逼人。校中诸君又引我们去看红豆树，树高约两丈余。教员沈君说，这株红豆树往往三年才结子一次。沈君藏有红豆，掌来遍赠我们几个同游的人。红豆大于檀香山的相思子约一倍，生在豆荚里，荚长约一寸半。

游岩洞时，我问此岩何名，他们说，“向来没有岩名，胡先生何不为此岩取一个名字，作个纪念?”我笑说，“此去不远有条相思江，岩下又有相思红豆树，何不就叫他做相思岩?”他们都赞许这个名字。次日我在飞机上想起这个相思岩来，就戏仿前夜听得的山歌，作小诗寄题相思岩：

相思江上相思岩，
相思岩下相思豆。
三年结子不嫌迟，
一夜相思叫人瘦。

这究竟是文人的山歌，远不如小儿女唱的道地山歌的朴素而新鲜。

那天我在空中又作了一首小诗，题为《飞行小赞》：

看尽柳州山，
看遍桂林山水，
天上不须半日，
地上五千里。

古人辛苦学神仙，
要守百千戒。
看我不修不炼，
也凌云无碍。

（四） 广西的印象

这一年中，游历广西的人发表的记载和言论都很多，都很赞美广西的建设成绩。例如美国传教家艾迪博士（Sher wood Eddy）用英文发表短文说，“中国各省之中，只有广西一省可以称为近乎模范省。凡爱国而具有国家的眼光的中国人，必然感觉广西是他们的光荣。”这是很倾倒的赞语。艾迪是一个见闻颇广的人，他虽是传教家，颇能欣赏苏俄的建设成绩，可见他的公道。他说话也很不客气，他在广州作公开讲演，就很明白的赞美广西，而大骂广东政治的贪污。所以他对于广西的赞语是很诚心的。

我在广西住了近两星期，时间不算短了，只可惜广西的朋友要我缴纳特别加重的“买路钱”，——讲演的时间太多，观察的时间就少了，所以我的记载是简单的，我的印象也是浮泛的。

广西给我的第一个印象是全省没有迷信的，恋古的反动空气。广州城里所见的读经，祀孔，祀关岳，修寺，造塔，等等中世纪空气，在广西境内全没有了。当西南政务会议的祀孔通令送到南宁时，白健生先生笑对他的同僚说：“我们的孔庙早已移作别用了，我们要祀孔，还得造个新孔庙！”

广西全省的庙宇都移作别用了，神像大都打毁了。白健生先生有一天谈起他在桂林（旧省会）打毁城隍庙的故事，值得记在这里。桂林的城隍庙是最得人民崇信的。白健生先生毁庙的令下来之后，地方人民开会推举了许多绅士去求白先生的老太太，请她劝阻她的儿子；他们说："桂林城隍庙最有灵应，若被毁了，地方人民必蒙其祸殃。"白老太太对她儿子说了，白先生出来对各位绅士说："你们不要怕，人民也不用害怕。我可以出一张告示贴在城隍庙墙上，声明如有灾殃完全由我白崇禧一人承当，与人民无干。你们可以放心了吗？"绅士们满意了。告示贴出去了，毁庙要执行了。奉令的营长派一个连长去执行，连长叫排长去执行，排长不敢再往下推了，只好到庙里去烧香祷告，说明这是上命差遣，概不由己，祷告已毕，才敢动手打毁神像！省城隍庙尚且不免打毁，其余的庙宇更不能免了。

我们在广西各地旅行，没有看见什么地方有人烧香拜神的。人民都忙于做工，教育也比较普遍，神权的迷信当然不占重要地位了。庙宇里既没有神像，烧香的风气当然不能发达了。

在这个破除神权迷信的风气里，只有一个人享受一点特殊的优容。那个人就是总部参军季雨农先生。季先生是合肥人，能打拳，为人豪爽任侠；当民国十六年，张宗昌部下的兵攻合肥，他用乡兵守御县城甚久。李德邻先生带兵去解了合肥之围，他很赏识这个怪人，就要他跟去革命。季先生是有田地的富人，感于义气，就跟李德邻先生走了。后来李德邻白健生两先生都很得他的力，所以他在广西很受敬礼。这位季参军颇敬礼神佛，他无事时爱游山水，凡有好山水岩洞之处，若道路不方便，他每每出钱雇人修路造桥。武鸣附近的起凤山亭屋就是他修复的。因为他信神佛，他每每在这种旧有神祠的地方，叫人塑几个小小的神佛像，大都不过一尺来高的土偶，粗劣的好笑。他和我们去游览，每到一处有神像之处，他总立正鞠躬，同行的人笑着对我们说："这都是季参军的菩萨！"听说柳州立鱼山上的小佛像也是季参军保护的菩萨。广西的神权是打倒的了，只有这一位安徽人保护之下，还留下了几十个小小的神像。

广西给我的第二个印象是俭朴的风气。一进了广西境内，到处都是所谓“灰布化”。学校的学生，教职员，校长；文武官吏，兵士，民团，都穿灰布的制服，戴灰布的帽子，穿有纽扣的黑布鞋子。这种灰布是本省出的，每套制服连帽子不过四元多钱。一年四季多可以穿，天气冷时，里面可加衫衣；更冷时可以穿灰布棉大衣。上至省主席总司令，下至中学生和普通兵士，一律都穿灰布制服，不同的只在军人绑腿，而文人不绑腿。这种制服的推行，可以省去服装上的绝大糜费。广西人的鞋子，尤可供全国的效法。中国鞋子的最大缺点在于鞋身太浅，又无纽扣，所以鞋子稍旧了，就太宽了，后跟收不紧，就不起步了。广西布鞋学女鞋的办法，加一条扣带，扣在一边，所以鞋子无论新旧，都最便于跑路爬山。

广西全省的对外贸易也有很大的入超。提倡俭朴，提倡用土货，都是挽救入超的最有效方法。在衣服的方面，全省的灰布化可以抵制多少洋布与呢绸的输入！在饮食嗜好方面，洋货用的也很少。吸纸烟的人很少，吸的也都是低价的烟卷，最高贵的是美丽牌。喝酒的也似乎不多，喝的多是本省土酒。有一天晚上，邕宁各学术团体请我们吃西餐，——我在广西十四天，只有此一次吃西餐，——我看见侍者把啤酒斟在小葡萄酒杯里，席上三四十人，一瓶啤酒还倒不完，因为啤酒有汽，是斟不满杯的。终席只有一大瓶啤酒就可斟两三巡了。我心里暗笑广西人不懂怎样喝啤酒。后来我偶然问得上海啤酒在邕宁要卖一块六角钱一瓶！我才明白这样珍贵的酒当然应该用小酒杯斟的了。我们在广西旅行，使我们更明白：提倡俭朴，提倡土货，都是积极救国的大事，不是细小的消极行为。

广西是一个贫穷的省份，不容易担负新式的建设。所以主持建设的领袖更应该注意到人民的经济负担的能力。即如教育，岂不是好事？但办教育的人和视学的人眼光一错，动机一错，注重之点若在堂皇的校舍，冬夏的操衣等等，那样的教育在内地就都可以害人扰民了。我们在邕宁武鸣各地的乡间看见小学堂的学生差不多全是穿着极破烂的衣裤，脚下多是赤脚，偶有穿鞋的，也是穿破烂的鞋子。固然广西的冬天不大冷，所以无窗户可遮风的破庙，也不妨用作校舍，赤脚更是平常的事。然而我们在邕宁的时候，稍有阴雨，也就使人觉得很寒冷。（此地有“四时常是夏，一雨便成秋”的古话。）乡间小学生的褴褛赤脚，正可以表示广西办学的人的俭朴风气。我在邕宁乡间看的那个小学还是“广西普及国民基础教育研究院”的一个附属小学哩。广西教育厅长雷沛鸿先生正在进行全省普及教育的计画，请了几位专家在这研究院里研究实行的步骤和国民基础教育的内容。他们的计画大旨是要做到全省每村至少有一个国民基础学校，要使八岁到十二岁的儿童都能受两年的基础教育。我看了那些破衣赤脚的小学生，很相信广西的普及教育是容易成功的。这样的学堂是广西人民负担得起的，这样的学生是能回到农村生活里去的。

广西给我的第三个印象是治安。广西全省现在只有十七团兵，连兵官共有二万人，可算是真能裁兵的了。但全省无盗匪，人民真能享治安的幸福。我们作长途旅行，半夜后在最荒凉的江岸边泊船，打起火把来游岩洞，惊起茅篷里的贫民，但船家和客人都不感觉一毫危险。汽车路上，有山坡之处，往往可见一个灰布少年，拿着枪杆，站在山上守卫。这不是军士，只是民团的团员在那儿担任守卫的义务。

广西本来颇多匪祸，全省岩洞最多，最容易窝藏盗匪。有人对我说，广西人从前种田的要背着枪下田，牧牛的要背着枪赶牛。近年盗匪肃清，大原因在于政治清明，县长不敢不认真作事，民团的组织又能达到农村，保甲的制度可以实行，清乡的工作就容易了。

人民的比较优秀分子又往往受过军事的训练，政府把旧式枪械发给民团，人民有了组织，又有武器，所以有自卫的能力。广西诸领袖常说他们的“三自政策”——自卫，自给，自治。现在至少可以说是已做到了人民自卫的一层。我们所见的广西的治安，大部分是建筑在人民的自卫力之上的。

在这里，我可以连带提到广西给我的第四个印象，那就是武化的精神。我用“武化”一个名词，不是讥讽广西，实是颂扬广西。我的朋友傅孟真先生曾说，“学西洋的文明不难，最难学的是西洋的野蛮。”他的意思是说，学西洋文化不难，学西洋的武化最难。我们中国人的聪明才智足够使我们学会西洋的文明，但我们的传统的旧习惯，旧礼教，都使我们不能在短时期内学会西洋人的尚武风气。西洋民族所到的地方，个个国家都认识他们的武力的优越，然而那无数国家之中，只有一个日本学会了西洋的武化，其余的国家——从红海到太平洋——没有一个学会了这个最令人歆羡而又最不易学的方面。然而学不会西洋武化的国家，也决没有工夫来好好的学习西洋的文化，因为他们没有自卫力，所以时时在救亡图存的危机中，文化的努力是不容易生效力的。

中国想学人家的武化（强兵），如今已不止六十年了，始终没有学到家。这是很容易解释的。中国本是一个受八股文人统治的国家，根本就有贱视武化的风气，所以当日倡办武备学堂和军官学校的大臣，决不肯把他们自己的子弟送进去学武备。日本所以容易学会西洋的武化，正因为武士在封建的日本原是地位最高的一个阶级。在中国，尽管有歌颂绿林好汉的小说，当兵却是社会最贱视的职业，比做绿林强盗还低一级！在这种心理没有转变过来的时候，武化是学不会的。

在最近十年中，这种心理才有点转变了。转变的原因是颇复杂的：第一是新式教育渐渐收效了，“壮健”渐渐成为人们羡慕的对象了，运动场上的好汉也渐渐被社会崇拜了。第二是辛亥革命以来中央与各省的政权往往落在军人手里，军人的地位抬高了。第三是民十四五年之间，革命军队有了主义的宣传，多有青年学生的热心参加，使青年人对于“革命军人”发生信仰与崇羡。第四是最近四年的国难，尤其是淞沪之战与长城之战，使青年人都感觉武装捍卫国家是一种最光荣的事业。——这里最后的两个原因，是上文所说的心理转变的最重要原因。军人的可羡慕，不在乎他们的地位之高或威权之大，而在乎他们的能为国家出死力，为主义出死力。这才是心理转变的真正起点。

可惜这种心理转变来的太缓，太晚，所以我们至今还不曾做到武化，还不曾做到民族国家的自卫力量。但在全国各省之中，广西一省似乎是个例外。我们在广西旅行，不能不感觉到广西人民的武化精神确是比别省人民高的多，普遍的多。这不仅仅是全省灰布制服给我们的印象，也不仅仅是民团制度给我们的印象。我想这里的原因，一部分是历史的，一部分是人为的。一是因为广西民族中有苗，猺，獞，狪，狑，猓猓（今日官书均改写“傜，童，同，令，果果”）诸原种，富有强悍的生活力，而受汉族柔弱文化的恶影响较少。（广西没有邹鲁校长和古直主任，所以我这句话是不会引起广西朋友的误会的。）一是因为太平天国军的威风至今还存留在广西人的传说里。一是因为广西在近世史上颇有受民众崇拜的武将，如刘永福，冯子材之流，而没有特别出色的文人，所以民间还不曾有重文轻武的风气。一是因为在最近的革命战史上，广西的军队和他们的领袖曾立大功，得大名，这种荣誉至今还存在民间。一是因为最近十年中，全省虽然屡次经过大乱，收拾整顿的工作都是几个很有能力的军事领袖主持的，在全省人民的心目中，他们是很受崇敬的。——因为这种种原因，广西的武化，似乎比别省特别容易收效。我到邕宁的时候，还在“新年”时期，白健生先生邀我到公共体育场去看“舞狮子”的竞赛，狮子有九队，都是本地公务人员和商人组织的。舞狮子之外，还有各种武术比赛，参加的有不少的女学生，有打拳的，有舞刀的。利用“过年”来提倡尚武的精神，也是广西武化的一种表示。（此处有删减）广西学校里的军事训练，施行比别省早，成绩也比别省好。在学校里，不但学生要受军训，校长教职员也要受军训，所以学校里的“大队长”的地位与权力往往比校长高的多。中央颁布的兵役法，至今未能实行，广西却已在实行了；（此处有删减）军队需要补充，省府实行征兵八千名，居然如期满额。若在江南各省，能做到这样的成绩吗？广西征兵之法是预先在各地宣传国民服兵役的重要和光荣；由政府派定各区应抽出的壮丁的比例，例如某村有壮丁百人，应征二十分之一，村长（即小学校长，即后备队队长）即召集这一百壮丁，问谁愿应征；若愿去者满五人，即已足额；若不足五人，即用抽签法决定谁先去应征。这次征来的新兵，我们在桂林遇见一些，都是很活泼高兴的少年，有进过中学一两年的，有高小毕业的。在那独秀峰最高亭子上的晚照里，我们看那些活泼可爱的灰布青年在那儿自由眺望，自由谈论，我们真不胜感叹国家民族争生存的一线希望是在这一辈武化青年的身上了！

广西给我的印象，大致是很好的。但是广西也有一些可以使我们代为焦虑的地方。

第一，财政的困难是很明显的。广西是个地瘠民贫的地方，担负那种种急进的新建设，是很吃力的。据第一回广西年鉴的报告，二十二年度的全省总收入五千万元之中，百分之三十五有零是“禁烟罚金”，这是烟土过境的税收。这种收入是不可靠的；将来贵州或不种烟了，或出境改道了，都可以大影响到广西省库的收入。同年度总支出五千二百万元之中，百分之四十是军务费，这在一个贫瘠的省分也是很可惊的数字。万一收入骤减了，这样巨大的军务费是不是能跟著大减呢？还是裁减建设经费呢？还是增加人民负担呢？

第二，历史的关系使广西处于一个颇为难的政治局势，成为所谓“西南”的一部分。这个政治局势，无论对内对外都是很为难的。我们深信李德邻白健生诸先生的国家思想是很可以依赖的，他们也曾郑重宣言他们绝无用武力向省外发展的思想。白先生曾对我说：“当我们打散萧克军队之后，贵州人要求我们的军队驻扎贵州，我们还不肯留。我们决不会打别省的主意。”这是我们可以相信的。但我们总觉得两广现在所处的局势，实在不能适应现时中国的国难局面。现在国人要求的是统一，而敌人所渴望的是我们的分裂。凡不能实心助成国家的统一的，总不免有为敌人所快意的嫌疑。况且这个独立的形势，使两广时时感觉有对内自保的必要，因此军备就不能减缩，而军费就不能不扩张。这种事实，既非国家之福，又岂是两广自身之福吗？

第三，我们深信，凡有为的政治，——所谓建设——全靠得人与否。建设必须有专家的计画，与专家的执行。计划不得当，则伤财劳民而无所成。执行不得当，则虽有良法美意，终归于失败。广西的几位领袖的道德，操守，勤劳，都是我们绝对信任的。但我们观察广西的各种新建设，不能不感觉这里还缺乏一个专家的“智囊团”做设计的参谋本部；更缺乏无数多方面的科学人才做实行计画的工作人员。最有希望的事业似乎是兽医事业，这是因为主持的美国罗铎（Rodier）先生是一位在菲律宾创办兽医事业多年并且有大成效的专家。我们看他带来的几位菲律宾专家助手，或在试种畜牧的草料，或在试验畜种，或在帮助训练工作人员，我们应该可以明白一种大规模的建设事业是需要大队专家的合作的，是需要精密的设备的，是需要长时期的研究与试验的，是需要训练多数的工作人员的。然而邕宁人士的议论已颇嫌罗铎的工作用钱太多了，费时太久了，用外国人太多了，太专断不受商量了。“求治太急”的毛病，在政治上固然应该避免，在科学工艺的建设上格外应该避免。我在邕宁的公务人员的讲演会上，曾讲一次“元祐党人碑”，指出王荆公的有为未必全是，而司马温公诸人的主张无为未必全非。有为政治有两个必要的条件：一是物质的条件，如交通等等；一是人才的条件，所谓人才，不仅是廉洁有操守的正人而已，还须要有权威的专家，能设计能执行的专家。这种条件若不具备，有为的政治是往往有错误或失败的危险的。

（五）尾声

一月二十六日早晨，胡佛总统船开了。我在船上无事，读了但怒刚先生送我的一册粤讴。船上遇着何克之先生，下午我到他房里去闲谈，见他正在做黄花冈凭吊的诗。我一时高兴，就用我从粤讴里学来的广州话写了一首诗。后来到了上海南京，我把这首诗写出请几位广东朋友改正。改定本是这样的：

黄花冈

黄花冈上自由神，
手揸火把照乜人？
咪话火把唔够亮，
睇佢吓倒大将军。

我题桂林良丰的“相思岩”山歌，已记在前面了。后来我的朋友寿生先生看见了这首山歌，他说它不合山歌的音节，不适宜于歌唱。他替我修改成这个样子：

相思江上相思岩，
相思豆儿靠岩栽，
（他）三年结子不嫌晚，
（我）一夜相思也难挨。

寿生先生生长贵州，能唱山歌，这一支我也听他唱过，确是哀婉好听。我谢谢他的好意。

二十四，八，十二。

（原文连载于《独立评论》第 141、142、145、164 号，时间分别为 1935 年 3 月 10、17 日，4 月 17、8 月 18 日）

平绥路旅行小记

从七月三日到七月七日，我们几个朋友——金旬卿先生，金仲藩先生和他的儿子建午，任叔永先生和他的夫人陈衡哲女士，我和我的儿子思杜，共七人——走遍了平绥铁路的全线，来回共计一千六百公里。我们去的时候，一路上没有停留，一直到西头的包头站；在包头停了半天，回来的路上在绥远停了一天，大同停了大半天，张家口停了几个钟头。这是很匆匆的旅行，谈不到什么深刻的观察，只有一些初次的印象，写出来留作后日重游的资料。（去年七月，燕京大学顾颉刚，郑振铎，吴文藻，谢冰心诸先生组织了一个平绥路沿线旅行团，他们先后共费了六星期，游览的地方比我们多。冰心女士有几万字的《平绥沿线旅行记》；郑振铎先生等有《西北胜迹》，都是平绥路上游人不可少的读物。）

我们这一次同行的人都是康乃尔大学的旧同学，也可以说是一个康乃尔同学的旅行团。金旬卿先生（涛）是平绥路的总工程师，他是我们康乃尔同学中的前辈。现任的平绥路局长沈立孙先生（昌）也是康乃尔的后期同学。平绥路上向来有不少的康乃尔同学担任机务工务的事；这两年来平绥路的大整顿更是沈金两位努力的成绩。我们这一次旅行的一个目的是要参观这几个同学在短时期中造成的奇绩。

平绥路自从民国十二年以来，屡次遭兵祸，车辆桥梁损失最大。

民国十七八年时，机车只剩七十二辆，货车只剩五百八十三辆（抵民国十三年的三分之一），客车只剩三十二辆（抵民国十五年的六分之一），货运和客运都不能维持了。加上政治的紊乱，管理的无法，债务的累积，这条铁路就成了全国最破坏最腐败的铁路。丁在君先生每回带北大学生去口外作地质旅行回来，总对我们诉说平绥路的腐败情形；他在他的《苏俄游记》里，每次写火车上的痛苦，也总提出平绥路来作比较。我在北平住了这么多年，到去年才去游长城，这虽然是因为我懒于旅行，其实一半也因为我耳朵里听惯了这条路腐败的可怕。

但我们这一次旅行平绥路全线，真使我们感觉一种奇迹的变换。车辆（机车，货车，客车）虽然还没有完全恢复此路全盛时的辆数，然而修理和购买的车辆已可以勉强应付全路的需要了。特别快车的整理，云岗与长城的特别游览车的便利，是大家知道的。有一些重要而人多忽略的大改革，是值得记载的：（一）枕木的改换。全路枕木一百五十多万根，年久了，多有朽坏；这两年中，共换了新枕木六十万根。（二）造桥。全路约有桥五百孔，两年中改造的已有一百多孔；凡新造的桥，都用钢梁，增加原有的载重量。（三）改线。平绥路有些地方，坡度太陡，弯线太紧，行车很困难，故有改路线的必要。最困难的是那有名的“关沟段”（自南口起至康庄止）。这两年中，改线的路已成功的约有十一英里。

平绥路的最大整顿是债务的清理。这条路在二十多年中，借内外债总额为七千六百余万元，当金价最高时，约值一万万元。而全路的财产不过值六千万元。所以人都说平绥是一条最没有希望的路。沈立孙局长就职后，他决心要整理本路的债务。他的办法是把债务分作两种，本金在十万元以上的债款为巨额债户，十万元以下的为零星债户。零星债款的偿还有两个办法：一为按本金折半，一次付清，不计利息；一为按本金全数分六十期摊还，也不计利息。巨额债款的偿还办法是照一本一利分八百期摊还。巨额债户之中，有几笔很大的外债，如美国的泰康洋行，如日本的三井洋行与东亚兴业株式会社，都是大债主。大多数债户对于平绥路，都是久已绝望的，现在平绥路有整理债务的方案出来，大家都喜出望外，所以都愿意迁就路局的办法。所以第一年整理的结果，就清理了六十二宗借款，原欠本利总数为六千一百八十五万余元，占全路总债额约十分之八，清理之后，减折作三千六百三十万余元。所以一年整理的结果居然减少了二千五百五十余万元的负债，这真可说是一种奇绩了。

我常爱对留学回来的朋友讲一个故事。十九世纪中，英国有一个宗教运动，叫做"牛津运动"（Oxford Movement），其中有一个领袖就是后来投入天主教，成为主教的牛曼［纽曼］（Cardinal Newman）。牛曼和他的同志们做了不少的宗教诗歌，写在一本小册子上；在册子的前面，牛曼题了一句荷马的诗，他自己译成英文："You shall see the difference，now that we are back again."我们曾译成中文，就是："现在我们回来了，你们请看，要换个样子了。"我常说，个个留学生都应该把这句话刻在心上，做我们的口号。可惜许多留学回来的朋友都没有这种气魄敢接受这句口号。这一回我们看了我们的一位少年同学（沈局长今年只有三十一岁）在最短时期中把一条最腐败的铁路变换成一条最有成绩的铁路，可见一二人的心力真可以使山河变色，牛曼的格言是不难做到的。

当然，平绥路的改革成绩不全是一二人的功劳。最大的助力是中央政治的权力达到了全路的区域。这条路经过四省（河北，察，山西，绥），若如从前的割据局势，各军队可以扣车，可以干涉路政，可以扣留路款，可以随便作战，那么，虽有百十个沈昌，也不会有成绩。现在政治统一的势力能够达到全路，所以全路的改革能逐渐实行。现在平绥路每月只担负北平军分会的经费六十万元，此外各省从不闻有干涉铁路收入的事；察哈尔和绥远两个省政府各留一辆包车，此外也绝无扣车的事。现在各省的军政领袖也颇能明白铁路上的整顿有效就是直接间接的增加各省府的财政收入，所以他们也都赞助铁路当局的改革工作。这都可见政治统一是内政一切革新的基本条件。有了这个基本条件，加上个人的魄力与新式的知识训练，肯做事的人断乎不怕没有好成绩的。

我们这回旅行的另一个目的是游览大同的云岗石窟。我个人抱了游云岗的心愿，至少有十年了，今年才得如愿，所以特别高兴。我们到了云岗，才知道这些大石窟不是几个钟头看得完的，至少须要一个星期的详细攀登赏玩，还要带着很好的工具，才可以得着一些正确的印象。我们在云岗勾留了不过两个多钟头，当然不能作详细的报告。

云岗在大同的西面，在武州河的西岸，古名武州塞，又称武州山。从大同到此，约三十里，有新修的汽车路，虽须两次涉武州河，但道路很好，大雨中也不觉得困难。云岗诸石窟，旧有十大寺，久已毁坏。顺治八年总督佟养量重修其一小部分，称为石佛古寺。这一部分现存两座三层楼，气象很狭小简陋，决不是原来因山造寺的大规模。两楼下各有大佛，高五丈余，从三层楼上才望见佛头。这一部分，清朝末年又重修过，大佛都被装金，岩上石刻各佛也都被装修涂彩，把原来雕刻的原形都遮掩了。

道宣《续高僧传》卷一《昙曜传》说：

> 昙曜……住恒安石窟通乐寺，即魏帝之所造也。去恒安西北三十里，武州山谷北面石岩，就而镌之，建立佛寺，名曰灵岩。龛之大者，举高二十余丈，可受三千许人。面别镌象，穷诸巧丽；龛别异状，骇动人神。栉比相连，三十余里。东头僧寺，恒供千人。碑碣现存，未卒陈委。

以我们所见诸石窟，无有“可受三千许人”的龛，也无有能“恒供千人”的寺。大概当日石窟十寺的壮丽弘大，已非我们今日所能想象了。大凡一个宗教的极盛时代，信士信女都充满着疯狂的心理，烧臂焚身都不顾惜，何况钱绢的布施？所以六朝至唐朝的佛寺的穷极侈丽，是我们在这佛教最衰微的时代不能想象的。北魏建都大同，《魏书·释老志》说，当太和初年（477），“京城内寺，新旧且百所，僧尼二千余人。四方诸寺六千四百七十八，僧尼七万七千二百五十八人。”太和十七年（493）迁都洛阳，杨衒之在《洛阳伽蓝记序》中说：“京城表里凡有一千余寺。”杨衒之在东魏武定五年（547）重到洛阳，他只看见

> 城廓崩毁，宫室倾覆，寺观灰烬，庙塔丘墟。墙被蒿艾，巷罗荆棘。野兽穴于荒阶，山鸟巢于庭树；游儿牧竖踯躅于九逵，农夫耕稼艺黍于双阙。

我们在一千五百年后来游云岗，只看见这一座很简陋的破寺，寺外一道残破的短墙，包围着七八处大石窟；短墙之西，还有九个大窟，许多小窟，面前都有贫民的土屋茅篷，猪粪狗粪满路都是，石窟内也往往满地是鸽翎与鸽粪，又往往可以看见乞丐住宿过的痕迹。大像身上有许多大大小小的圆孔，当初都是镶嵌珠宝的，现在都挖空了；大像的眼珠都是用一种黑石磋光了嵌进去的，现在只有绝少数还存在了。诸窟中的小像，凡是砍得下的头颅，大概都被砍下偷卖掉了。佛力久已无灵，老百姓没有饭吃，要借诸佛的头颅和眼珠子卖几块钱来活命，还不是很正当的吗？

日本人佐藤孝任曾在云岗住了一个月，写了一部《云岗大石窟》（华北正报社出版），记载此地许［多］石窟的情形很详细，附图很多，有不能照像的，往往用笔速写勾摹，所以是一部很有用的云岗游览参考书。佐藤把云岗分作三大区：

东方四大窟
中央十大窟（在围墙内）
西方九大窟
西端诸小窟

东方诸窟散在武州河岸，我们都没有去游。西端诸窟，我们也不曾去。我们看的是中央十窟和西方九窟。我们平日在地理书或游览书上最常见的露天大佛（高五丈多），即在西方的第九窟。我们看这露天大石佛和他的背座，可以想象此大像当日也曾有龛有寺，寺是毁了，龛是被风雨侵蚀过甚（此窟最当北风，故受侵蚀最大），也坍塌了。

依我的笨见看来，此间的大佛都不过是大的可惊异而已，很少艺术的意味。最有艺术价值是壁上的浮雕，小龛的神像，技术是比较自由的，所以创作的成分往往多于模仿的成分。

中央诸窟，因为大部分曾经后人装金涂彩，多不容易看出原来的雕刻艺术。西方诸窟多没有重装重涂，又往往受风雨的侵蚀，把原来的斧凿痕都销去了，所以往往格外圆润老拙的可爱。此山的岩石是沙岩，最容易受风蚀；我们往往看见整块的几丈高岩上成千的小佛像都被磨蚀到仅仅存一些浅痕了。有许多浮雕连浅痕也没有了，我们只能从他们旁边雕刻的布置，推想当年的痕迹而已。

因此我们得两种推论：第一，云岗诸石窟是一千五百年前的佛教美术的一个重要中心，从宗教史和艺术史的立场，都是应该保存的。一千五百年中，天然的风蚀，人工的毁坏，都已糟塌了不少了。国家应该注意到这一个古雕刻的大结集，应该设法保护它，不但要防人工的继续偷毁，还要设法使它可以避免风雨沙日的侵蚀。

第二，我们还可以作一个历史的推论。唐初的道宣在《昙曜传》里说到武州山的石窟寺，有“碑碣见存”的一句话。何以今日云岗诸窟竟差不多没有碑记可寻呢？何以古来记录山西金石的书（如胡聘之的《山右石刻丛编》）都不曾收有云岗的碑志呢？我们可以推想，当日的造像碑碣，刻在沙岩之上，凡露在风日侵蚀之下的，都被自然磨灭了。碑碣刻字都不很深，浮雕的佛像尚且被风蚀了，何况浅刻的碑字呢？

马叔平先生说，云岗现存三处古碑碣。我只见一处。郑振铎先生记载着“大茹茹”刻石，可辨认的约有二十字，此碑我未见。其余一碑，似乎郑先生也未见。我见的一碑在佐藤书中所谓“中央第七窟”的石壁很高处，此壁在里层，不易被风蚀，故全碑约三百五十字，大致都还可读。此碑首行有“邑师法宗”四字，似乎是撰文的人。文中说，

> 太和七年（483）岁在癸亥八月三十日邑□信士女等五十四人……遭值圣主，道教天下，绍隆三宝，……乃使长夜改昏，久寝斯悟。弟子等……意欲仰酬洪泽，……是以共相劝合，为国兴福，敬造石厝形象九十五区，及诸菩萨。……

造像碑文中说造形像九十五区，证以龙门像碑记，“区”字后来多作“躯”字，此指九十五座小像，“及诸菩萨”乃是大像。此碑可见当日不但帝后王公出大财力造此大石窟，还有不少私家的努力；如此一大窟乃是五十四个私人的功力，可以想见当日信力之强，发愿之弘大了。

云岗旧属朔平府左云县。关于石窟的记载：《山西通志》（雍正间觉罗石麟修）与《朔平府志》都说：

> 石窟十寺，……后魏建，始神瑞（414—415），终正光（520—524），历百年而工始竣。其寺一同升，二灵光，三镇国，四护国，五崇福，六童子，七能仁，八华严，九天宫，十兜率。孝文帝亟游幸焉。内有元时石佛二十龛。（末句《嘉庆一统志》，作“内有元载所修石佛十二龛”。元载是唐时宰相。《一统志》似有所据，《通志》与《府志》似是妄改的。）

神瑞是在太武帝毁佛法之前，而正光远在迁都洛阳之后。旧志所记，当有所本。大概在昙曜以前，早已有人依山岩凿石龛刻佛像了。毁法之事（446—451）使一般佛教徒感觉到政治权力可以护法，也可以根本铲除佛法。昙曜大概从武州塞原有的石龛得着一个大暗示，

他就发大愿心，要在那坚固的沙岩之上，凿出大石窟，雕出绝大的佛像，要使这些大石窟和大石像永永为政治势力所不能摧毁。《魏书·释老志》记此事的年月不很清楚，大概他干这件绝大工程当在他做“沙门统”的任内。《释老志》记他代师贤为“沙门统”，在和平初年（约460），后文又记尚书令高肇引“故沙门统昙曜昔于承明元年（476）奏”，可知昙曜的“沙门统”至少做了十七八年。这是国家统辖佛教徒的最高官，他又能实行一种大规模的筹款政策（见《释老志》），所以他能充分用国家和全国佛教徒的财力来“凿山石壁，开窟五所，镌造佛像各一，高者七十尺，次六十尺，雕饰奇，冠于一世”。我们可以说，云岗的石窟虽起源在五世纪初期，但伟大的规模实创始于五世纪中叶以后昙曜作沙门统的时代。后来虽然迁都了，代都的石窟工程还继续到六世纪的初期，而洛都的皇室与佛教徒又在新京的伊阙山“准代京灵岩寺石窟”开凿更伟大的龙门石窟了。（龙门石窟开始于景明初，当西历五百年，至隋唐尚未歇。）故昙曜不但是云岗石窟的设计者，也可以说是伊阙石窟的间接设计者了。

昙曜凿石作大佛像，要使佛教和岩石有同样的坚久，永永不受政治势力的毁坏。这个志愿是很可钦敬的。只可惜人们的愚昧和狂热都不能和岩石一样的坚久！时势变了，愚昧渐渐被理智风蚀了，狂热也渐渐变冷静了。岩石凿的六丈大佛依然挺立在风沙里．而佛教早已不用“三武一宗”的摧残而自己毁灭了，销散了。云岗伊阙只够增加我们吊古的感喟，使我们感叹古人之愚昧与狂热真不可及而已！

二十四，七，二十八夜

（原载于《独立评论》第162号，1935年8月4日）

海外归来之感想

昨日到沪因时间匆促未及准备，决就此次自出国所得感想，略作简单报告。本人所得感想可有两点：（一）出席第六届太平洋国际学会；（二）本人代表北京大学、南开大学与中央研究院，参与哈佛大学成立三百周年纪念大会。今先从纪念一点讲起。我感觉得哈佛在美国成立三百年，并不为奇，因欧美大学历史有近千年的，不过哈佛所值得庆祝的，乃因美国于一七七六年革命，而哈佛成立于一六三六年，比较革命还早一百四十年。在纪念会中，到会的全世界学者百三十余人，其中有曾受该大学学位者七十五人，本次给予学位者六十二人。讲演分文学、科学二组，在两个会场举行，演讲时每一人提［交］论文一篇。每日讲演，在这七十五位学者中，个个都是前辈，由大会发给每人小册子一本，上载每代表所代表学术机关的名次。我看到这名次排列就发生了最大感触，第一名埃及大学，它成立到今，已有九百多年的历史；第二意大利大学，也有九百多年；第三法国巴黎大学也有九百年；第四英国牛津，第六英国剑桥，至于本人代表的北京大学，则排在四百一十九号、南开四五四号，中央研究院于民国十七年成立，不过八年的历史，所以次序数字为四九九。

说也惭愧，我们中国已具五千多年历史文化最早的古国，反屈居于最末的次序，这固然由于政治经济不安定。然而一个学术机关的不能机关化，不能组织化，也是极大的原因。如中国汉学在东汉二千余年前，就有祭酒国子监，曾经过一次大学学生三万人的学潮。及至宋代又有书院的设置，如洛阳书院、白鹿洞书院等等，卒以学校随着政治为转移，以致不能继续，其结果国内竟没有成立五十年的大学。反观欧洲大学，人才辈出，不论现代，就说被人看不起的中世纪大学，所造出来的人才亦多。即如欧洲文明中心之文艺复兴、宗教革命、新科学等等，其领袖人物如 Baccaccio［薄伽丘］、Petrarch［彼特拉克］、Luther［路德］、Calilio［伽利略］、Newton［牛顿］诸人，或为大学学生，或为大学教授，所以欧洲的文明，绝不是偶然的事，而文明的造成，实以大学为主。尽管人们骂中世纪的大学全受着宗教的支配，它们对于欧洲的贡献，确是不少。中国五千余年古国，今名次竟排至四九九号，这都是老祖宗没有遗产流传。但诸位也不必悲观，因中国名次以下，还有六位小弟弟，五位中最出风头的是普林斯顿大学附设的高等研究所，虽则次序落后，然而它能吸收高等人才，如相对论发明者爱因斯坦氏，即在该所罗致之列。于是普林斯顿渐成为全世界数学研究的中心。麻省大学之理工研究院，则由理化学家密立根与安德逊等任教，它们成立年纪虽小，学术人才之多，几居首位。所以我们中国固然老大，然如能急起直追，不悲观，不自倨，将来也许有好的现象。

其次说到此次出席太平洋国际学会感想：该会在约桑密地举行。那个地方是平地耸出来的山峰，上入霄汉，山石壁立，风景美丽。最使人感触的，乃是在约桑密地附近地名，都是西班牙名字，如 San Francisco［圣弗朗西斯科］San Jose［圣何赛］等。西班牙古帝国从前是个不得了的国家，疆域沿南美洲、中美洲，以及北美洲、大西洋、太平洋、印度洋，都有它的殖民地，但往昔威武，而今安在。目前他们内战正打的猛烈，将来如何，尚在不可料之中。所以凡一国家，苟专恃武力，必有失败之日。从太平洋之美国北面加拉斯加［阿拉斯加］，以迄南端菲律宾，其间莫不在扩充军备。尤以澳洲及新锡兰两地，以前真乃世外桃源，至今也莫不大造飞机，提炼汽油，其余新加坡，荷属东印度，更在设防购机，不遗余力。他们都准备什么，其目的为何，当然是明白的。我在七月离沪，于十七日到达神户，正由神户上岸至东京途中，见东京《日日新闻》刊载我国西南问题（当时西南局势正紧张）一篇通讯，说中国统一，已有十之八九有完成希望。以后余在美国，美联社社长霍华德曾来华视察，于十一月九日发表文字于全美二十八家报馆，说从前外人对中国认为不能统一，现在竟统一了，错误的观念，应当纠正。日本自一九一四年（民三）至一九三一年十七年中，前七年称霸太平洋，因为各国因欧战不能东顾。后十年虽然有《九国公约》、《非战公约》、《巴黎和约》，以及海军军缩会议之限制，但日本仍乘势利用其霸权，直至“九一八”后，更见伸张，中国因被侵略。同时各国因日货倾销，也起了恐慌，所以我在三年前出席太平洋学会，谈到日人横行，竟无一人肯表同情。迄至此次前往出席，形势大变，这就是一味侵略的结果。从前他人受日人宣传蒙蔽，今则日人侵略俱有事实证明，辩也无益，况且日货倾销，英、法、美均感威胁，且都觉得日本销货情形，与一九一四年欧战前德国无异，所以不得不在限制日货倾销之外，再加强军备。“九一八”以后，苏联势力伸及太平洋，美国沿太平洋增防，与夫中国统一，全因日人专恃霸道而引出。所以我说日本的霸道，自“九一八”以后，即失去其全盛时期，以后打起仗来，别人不会援助我们，不过行霸道者自己会将敌人请来。譬如欧战开始，比利时、美国由英、法请求加入而不肯，后来还是德国鱼雷艇横行直撞，将好多大船撞沉了，它们才肯出头。所以远东一旦有事，我们的敌人自己也会将它的敌人请来的。

（胡适讲演于1936年12月2日。曾载于《正风》半月刊第3卷第10期，1937年1月1日）

胡適文集

自述卷

心路自述

我的歧路

一、《学衡》杂志社梅光迪君来信

适之吾兄足下：

《努力周报》所刊政治主张及其他言论，多合弟意。兄谈政治，不趋极端，不涉妄想，大可有功社会，较之谈白话文与实验主义胜万万矣。久不通讯，故特致数语，以见“老梅”宽大公允，毫无成见，毫无偏私也。耑此，即颂撰安。

弟光迪启。五月三十一。

二、《晨报·副刊》孙伏庐君来信

适之先生：

……我总有一种偏见，以为文化比政治尤其重要；从大多数没有智识的人，决不能产生什么好政治。从前许多抛了文化专谈政治的人现在都碰了头回过来了，为什么先生一定也要去走一走这条不经济的路子？大多数人所以敬仰先生，换言之，“胡适之”三个字之所以可贵，全在先生的革新方法能在思想方面下手，与从前许多革新家不同；换言之，全在先生能做他人所不能做的中国哲学史，能做他人所不能做的国语文学史，能考证他人所不能考证的《红楼梦》，能提倡他人所不能提倡的白话文。现在先生抛弃（或者不完全抛弃，亦必抛弃一部分）这些可宝贵的事业，却来做“政论家与政党”一类文章，我知稍有识者必知其不值。我们要看“政论家与政党”，什么地方不可以去找？我实在为先生的光阴，先生的精神，先生的前途可惜。……先生呵，我是痴想竭我绵薄，将已被政治史夺了去的先生，替文化史争回来，不知能邀先生的垂顾吗？

六月八日。伏庐敬上。

三、常乃德君来信

适之先生：

读第四期《努力周报》中伯秋、傅斯稜两先生对于你们的周报的批评我也具有同感，先生的答词我却不敢同意。《〈红楼梦〉考证》《基督教在欧洲历史上的位置》一类的东西，实在在这里没有登出的必要，勉强凑进去反令阅者失望。不是说这种东西没价值，只是不应该在这种性质的出版物内出现罢了。先生的答词似乎对于此点稍有含混。要知凡鼓吹一件事情不能不把全副精神集中到一点才能引起人的注意。思想文艺不是不要紧，但是你们不妨另外办一种什么东西来另外鼓吹，犯不着和政治问题搅在一处。我们现在所要求的不是包罗万象的作品，只是要一个又直捷又爽快刀刀见血的东西；否则先生们的文章那一种出版物上不可登，又何必特地摇旗击鼓来办这个东西呢？伯秋先生劝你把这半年工夫全用在政治上，我很赞成。我揣想你们的周刊所以不能期期都有精神者——第三期即很好——大约因没有稿子的缘故。这事你不妨独力担任起来。说一句过火的话，即使此外一篇文章也没有，你一个人打起精神来包办一下也不是什么难事。何况如高一涵、张慰慈诸先生也都是对政治有兴味的人呢？至于思想文艺等事，先生们这几年提倡的效果也可见了，难道还期望他尚能再有进步吗？总之，我认为民国六年的时代从政治鼓吹到思想文艺是很正当的，现在却又应当转过来从思想文艺鼓吹到政治才行。先生若能迎着这个趋势首先领着大家往前走，——已往的趋势是上山的，从工艺到法政，从法政到思想文艺；现在到了山顶以后便应当往下走了。我们现在只能走这政治的一步，过了这一步再走到工艺的一步，只有科学工艺是康庄大道，但你非过了这政治的一关不成。——则《努力周报》的功劳必不在《新青年》之下。至于别人的造谣攻击倒算不了什么一回事。

乃德上言。六月二日。

四、我的自述

以上三篇通信，梅先生是向来不赞成我谈思想文学的，现在却极赞成我谈政治；孙先生是向来最赞成我谈思想文学的，现在很恳挚的怪我不该谈政治；常先生又不同了，他并非不赞成我谈思想文学，他只希望我此时把全副精神用在政治上。——这真是我的歧路了！

我在这三岔路口，也曾迟回了三年；我现在忍着心肠来谈政治，一只脚已踏上东街，一只脚还踏在西街，我的头还是回望着那原来的老路上！伏庐的怪我走错了路，我也可以承认；燕生怪我精神不贯注，也是真的。我要我的朋友们知道我所以“变节”与“变节而又迟回”的原故，我不能不写一段自述的文章。

我是一个注意政治的人。当我在大学时，政治经济的功课占了我三分之一的时间。当一九一二至一九一六年，我一面为中国的民主辩护，一面注意世界的政治。我那时是世界学生会的会员，国际政策会的会员，联校非兵会的干事。一九一五年，我为了讨论中日交涉的问题，几乎成为众矢之的。一九一六年，我的国际非攻论文曾得最高奖金。但我那时已在中国哲学史的研究上寻着我的终身事业了，同时又被一班讨论文学问题的好朋友逼上文学革命的道路了。从此以后，哲学史成了我的职业，文学做了我的娱乐。

一九一七年七月我回国时，船到横滨，便听见张勋复辟的消息；到了上海，看了出版界的孤陋，教育界的沉寂，我方才知道张勋的复辟乃是极自然的现象，我方才打定二十年不谈政治的决心，要想在思想文艺上替中国政治建筑一个革新的基础。我这四年多以来，写了八九十万字的文章，内中只有一篇曾琦"国体与青年"的短序是谈政治的，其余的文字都是关于思想与文艺的。

一九一八年十二月，我的朋友陈独秀、李守常等发起《每周评论》。那是一个谈政治的报，但我在《每周评论》做的文字总不过是小说文艺一类，不曾谈过政治。直到一九一九年六月中，独秀被捕，我接办《每周评论》，方才有不能不谈政治的感觉。那时正当安福部极盛的时代，上海的分赃和会还不曾散伙。然而国内的"新"分子闭口不谈具体的政治问题，却高谈什么无政府主义与马克思主义。我看不过了，忍不住了，——因为我是一个实验主义的信徒，——于是发愤要想谈政治。我在《每周评论》第三十一号里提出我的政论的导言，叫做《多研究些问题，少谈些主义！》，（《文存》卷二，页一四七以下。）我那时说：

> 我们不去研究人力车夫的生计，却去高谈社会主义；……不去研究安福部如何解散，不去研究南北问题如何解决，却去高谈无政府主义：我们还要得意扬扬的夸口道："我们所谈的是根本解决"。老实说罢，这是自欺欺人的梦话，这是中国思想界破产的铁证，这是中国社会改良的死刑宣告！……
>
> 高谈主义，不研究问题的人，只是畏难求易，只是懒！

但我的政论的"导言"虽然出来了，我始终没有做到"本文"的机会！我的导言引起了无数的抗议：北方的社会主义者驳我，南方的无政府主义者痛骂我。我第三次替这篇导言辩护的文章刚排上版，《每周评论》就被封禁了；我的政论文章也就流产了。

《每周评论》是一九一九年八月三十日被封的。这两年零八个月之中，忙与病使我不能分出工夫来做舆论的事业。我心里也觉得我的哲学文学事业格外重要，实在舍不得丢了我旧恋来巴结我的新欢。况且几年不谈政治的人，实在不容易提起一股高兴来作政论的文章，心里总想国内有人起来干这种事业，何必要我来加一忙呢？

然而我等候了两年零八个月，中国的舆论界仍然使我大失望。一班“新”分子天天高谈基尔特社会主义与马克思社会主义，高谈“阶级战争”与“赢余价值”；内政腐败到了极处，他们好像都不曾看见，他们索性把“社论”“时评”都取消了，拿那马克思——克洛泡特金——爱罗先珂的附张来做挡箭牌，掩眼法！外交的失败，他们确然也还谈谈，因为骂日本是不犯禁的；然而华盛顿会议中，英美调停，由中日两国代表开议，国内的报纸就加上一个“直接交涉”的名目。直接交涉是他们反对过的，现在这个莫名其妙的东西又叫做“直接交涉”了，所以他们不能不极力反对。然而他们争的是什么呢？怎样才可以达到目的呢？是不是要日本无条件的屈伏呢？外交问题是不是可以不交涉而解决呢？这些问题就很少人过问了。

我等候了两年零八个月，实在忍不住了。我现在出来谈政治，虽是国内的腐败政治激出来的，其实大部分是这几年的“高谈主义而不研究问题”的“新舆论界”把我激出来的。我现在的谈政治，只是实行我那“多研究问题，少谈主义”的主张。我自信这是和我的思想一致的。梅迪生说我谈政治“较之谈白话文与实验主义胜万万矣”，他可错了；我谈政治只是实行我的实验主义，正如我谈白话文也只是实行我的实验主义。

实验主义自然也是一种主义，但实验主义只是一个方法，只是一个研究问题的方法。他的方法是：细心搜求事实，大胆提出假设，再细心求实证。一切主义，一切学理，都只是参考的材料，暗示的材料，待证的假设，绝不是天经地义的信条。实验主义注重在具体的事实与问题，故不承认根本的解决。他只承认那一点一滴做到的进步，——步步有智慧的指导，步步有自动的实验，——才是真进化。

我这几年的言论文字，只是这一种实验主义的态度在各方面的应用。我的唯一目的是要提倡一种新的思想方法，要提倡一种注重事实，服从证验的思想方法。古文学的推翻，白话文学的提倡，哲学史的研究，《水浒》、《红楼梦》的考证，一个“了”字或“们”字的历史，都只是这一个目的。我现在谈政治，也希望在政论界提倡这一种“注重事实，尊崇证验”的方法。

我的朋友们，我不曾“变节”；我的态度是如故的，只是我的材料与实例变了。

孙伏庐说他想把那被政治史夺去的我，替文化史夺回来。我很感谢他的厚意。但我要加一句：没有不在政治史上发生影响的文化；如果把政治划出文化之外，那就又成了躲懒的，出世的，非人生的文化了。

至于我精神不能贯注在政治上的原因，也是很容易明白的。哲学是我的职业，文学是我的娱乐，政治只是我的一种忍不住的新努力。我家中政治的书比其余的书，只成一与五千的比例；我七天之中，至多只能费一天在《努力周报》上；我做一段二百字的短评，远不如做一万字《李觏学说》的便利愉快。我只希望提倡这一点“多研究问题，少谈主义”的政论态度，我最希望国内爱谈政治又能谈政治的学者来霸占这个周报。以后我七天之中，分出一天来替他们编辑整理，其余六天仍旧去研究我的哲学与文学，那就是我的幸福了。

我很承认常燕生的责备，但我不能承认他责备的理由。他说：

> 至于思想文艺等事，先生们这几年提倡的效果也可见了，难道还期望他尚能再有进步吗？

他下文又说“现在到了山顶以后，便应当往下走了。”这些话我不大懂得。燕生决不会承认现在的思想文艺已到了山顶，不能“再有进步”了。我对于现今的思想文艺，是很不满意的。孔丘、朱熹的奴隶减少了，却添上了一班马克思、克洛泡特金的奴隶；陈腐的古典主义打倒了，却换上了种种浅薄的新古典主义。我们“提倡有心，创造无力”的罪名是不能避免的。这也是我在这歧路上迟回瞻顾的一个原因了。

十一，六，十六。

（原载于《努力》周报第7号，1922年6月18日）

介绍我自己的思想

——《胡适文选》自序

我在这十年之中，出版了三集《胡适文存》，约计有一百四五十万字。我希望少年学生能读我的书，故用报纸印刷，要使定价不贵。但现在三集的书价已在七元以上，贫寒的中学生已无力全买了。字数近百五十万，也不是中学生能全读的了。所以我现在从这三集里选出了二十二篇论文，印作一册，预备给国内的少年朋友们作一种课外读物。如有学校教师愿意选我的文字作课本的，我也希望他们用这个选本。

我选的这二十二篇文字，可以分作五组。

第一组六篇，泛论思想的方法。

第二组三篇，论人生观。

第三组三篇，论中西文化。

第四组六篇，代表我对于中国文学的见解。

第五组四篇，代表我对于整理国故问题的态度与方法。为读者的便利起见，我现在给每一组作一个简短的提要，使我的少年朋友们容易明白我的思想的路径。

一

第一组收的文字是：

演化论与存疑主义

杜威先生与中国

杜威论思想

问题与主义

新生活

新思潮的意义

我的思想受两个人的影响最大：一个是赫胥黎，一个是杜威先生。赫胥黎教我怎样怀疑，教我不信任一切没有充分证据的东西。杜威先生教我怎样思想，教我处处顾到当前的问题，教我把一切学说理想都看作待证的假设，教我处处顾到思想的结果。这两个人使我明了科学方法的性质与功用，故我选前三篇介绍这两位大师给我的少年朋友们。

从前陈独秀先生曾说实验主义和辨〈辩〉证法的唯物史观是近代两个最重要的思想方法，他希望这两种方法能合作一条联合战线。这个希望是错误的。辨〈辩〉证法出于海格尔［黑格尔］的哲学，是生物进化论成立以前的玄学方法。实验主义是生物进化论出世以后的科学方法。这两种方法所以根本不相容，只是因为中间隔了一层达尔文主义。达尔文的生物演化学说给了我们一个大教训：就是教我们明了生物进化，无论是自然的演变，或是人为的选择，都由于一点一滴的变异，所以是一种很复杂的现象，决没有一个简单的目的地可以一步跳到，更不会有一步跳到之后可以一成不变。辨〈辩〉证法的哲学本来也是生物学发达以前的一种进化理论；依他本身的理论，这个一正一反相毁相成的阶段应该永远不断的呈现。但狭义的共产主义者却似乎忘了这个原则，所以武断的虚悬一个共产共有的理想境界，以为可以用阶级斗争的方法一蹴即到，既到之后又可以用一阶级专政方法把持不变。这样的化复杂为简单，这样的根本否定演变的继续便是十足的达尔文以前的武断思想，比那顽固的海格尔更顽固了。

实验主义从达尔文主义出发，故只能承认一点一滴的不断的改进是真实可靠的进化。我在《问题与主义》和《新思潮的意义》两篇里，只发挥这个根本观念。我认定民国六年以后的新文化运动的目的是再造中国文明，而再造文明的途径全靠研究一个个的具体问题。我说：

> 文明不是拢统造成的，是一点一滴的造成的。进化不是一晚上拢统进化的，是一点一滴的进化的。现今的人爱谈“解放”与“改造”，须知解放不是拢统解放，改造也不是拢统改造。解放是这个那个制度的解放，这种那种思想的解放，这个那个人的解放：都是一点一滴的解放。改造是这个那个制度的改造，这种那种思想的改造，这个那个人的改造：都是一点一滴的改造。
>
> 再造文明的下手工夫是这个那个问题的研究。再造文明的进行是这个那个问题的解决。（页六八）

我这个主张在当时最不能得各方面的了解。当时（民国八年）承“五四”、“六三”之后，国内正倾向于谈主义。我预料到这个趋势的危险，故发表“多研究些问题，少谈些主义”的警告。我说：

> 凡是有价值的思想，都是从这个那个具体的问题下手的。先研究了问题的种种方面的种种事实，看看究竟病在何处，这是思想的第一步工夫。然后根据于一生的经验学问，提出种种解决的方法，提出种种医病的丹方，这是思想的第二步工夫。然后用一生的经验学问，加上想像的能力，推思每一种假定的解决法应该可以有什么样的效果，更推想这种效果是否真能解决眼前这个困难问题。推想的结果，拣定一种假定的［最满意的］解决，认为我的主张，这是思想的第三步工夫。凡是有价值的主张，都是先经过这三步工夫来的。（页三六）

我又说：

> 一切主义，一切学理，都该研究。但只可认作一些假设的［待证的］见解，不可认作天经地义的信条；只可认作参考印证的材料，不可奉为金科玉律的宗教；只可用作启发心思的工具，切不可用作蒙蔽聪明，停止思想的绝对真理。如此方才可以渐渐养成人类的创造的思想力，方才可以渐渐使入类有解决具体问题的能力，方才可以渐渐解放人类对于抽象名词的迷信。（页五〇）

这些话是民国八年七月写的。于今已隔了十几年，当日和我讨论的朋友，一个已被杀死了，一个也颓唐了，但这些话字字句句都还可以应用到今日思想界的现状。十几年前我所预料的种种危险，——“目的热”而“方法盲”，迷信抽象名词，把主义用作蒙蔽聪明停止思想的绝对真理，——一一都显现在眼前了。所以我十分诚恳的把这些老话贡献给我的少年朋友们，希望他们不可再走错了思想的路子。

《新生活》一篇，本是为一个通俗周报写的；十几年来，这篇短文走进了中小学的教科书里，读过的人应该在一千万以上了。但我盼望读过此文的朋友们把这篇短文放在同组的五篇里重新读一遍。赫胥黎教人记得一句“拿证据来!”我现在教人记得一句“为什么?”少年的朋友们，请仔细想想：你进学校是为什么？你进一个政党是为什么？你努力做革命工作是为什么？革命是为了什么而革命？政府是为了什么而存在?

请大家记得：人同畜生的分别，就在这个“为什么”上。

二

第二组的文字只有三篇：

《科学与人生观》序

不朽

易卜生主义

这三篇代表我的人生观，代表我的宗教。

《易卜生主义》一篇写的最早，最初的英文稿是民国三年在康奈尔大学哲学会宣读的，中文稿是民国七年写的。易卜生最可代表十九世纪欧洲的个人主义的精华，故我这篇文章只写得一种健全的个人主义的人生观。这篇文章在民国七八年间所以能有最大的兴奋作用和解放作用，也正是因为它所提倡的个人主义在当日确是最新鲜又最需要的一针注射。

娜拉抛弃了家庭丈夫儿女，飘然而去，只因为她觉悟了她自己也是一个人，只因为她感觉到她“无论如何，务必努力做一个人”。这便是易卜生主义。易卜生说：

> 我所最期望于你的是一种真实纯粹的为我主义，要使你有时候觉得天下只有关于你的事最要紧，其余的都算不得什么。……**你要想有益于社会，最好的法子莫如把你自己这块材料铸造成器**……有的时候我真觉得全世界都像海上撞沉了船，最要紧的还是救出自己。（页一三〇）

这便是最健全的个人主义。救出自己的唯一法子便是把你自己这块材料铸造成器。

把自己铸造成器，方才可以希望有益于社会。真实的为我，便是最有益的为人。把自己铸造成了自由独立的人格，你自然会不知足，不满意于现状，敢说老实话，敢攻击社会上的腐败情形，做一个“贫贱不能移，富贵不能淫，威武不能屈”的斯铎曼医生。斯铎曼医生为了说老实话，为了揭穿本地社会的黑幕，遂被全社会的人喊作“国民公敌”。但他不肯避“国民公敌”的恶名，他还要说老实话。他大胆的宣言：

世上最强有力的人就是那最孤立的人!

这也是健全的个人主义的真精神。

这个个人主义的人生观一面教我们学娜拉，要努力把自己铸造成个人；一面教我们学斯铎曼医生，要特立独行，敢说老实话，敢向恶势力作战。少年的朋友们，不要笑这是十九世纪维多利亚时代的陈腐思想！我们去维多利亚时代还老远哩。欧洲有了十八九世纪的个人主义，造出了无数爱自由过于面包，爱真理过于生命的特立独行之士，方才有今日的文明世界。

现在有人对你们说："牺牲你们个人的自由，去求国家的自由！"我对你们说："争你们个人的自由，便是为国家争自由！争你们自己的人格，便是为国家争人格！自由平等的国家不是一群奴才建造得起来的！"

《科学与人生观序》一篇略述民国十二年的中国思想界里的一场大论战的背景和内容。（我盼望读者能参读《文存》三集里《几个反理学的思想家》的吴敬恒一篇，页一五一——一八六。）在此序的末段，我提出我所谓"自然主义的人生观"。（页九二—九五）这不过是一个轮廓，我希望少年的朋友们不要仅仅接受这个轮廓，我希望他们能把这十条都拿到科学教室和实验室里去细细证实或否证。

这十条的最后一条是：

根据于生物学及社会学的知识，叫人知道个人——"小我"——是要死灭的，而人类——"大我"——是不死的，不朽的；叫人知道"为全种万世而生活"就是宗教，就是最高的宗教；而那些替个人谋死后的天堂净土的宗教乃是自私自利的宗教。

这个意思在这里说的太简单了，读者容易起误解。所以我把《不朽》一篇收在后面，专说明这一点。

我不信灵魂不朽之说，也不信天堂地狱之说，故我说这个小我是会死灭的。死灭是一切生物的普遍现象，不足怕，也不足惜。但个人自有他的不死不灭的部分：他的一切作为，一切功德罪恶，一切语言行事，无论大小，无论善恶，无论是非，都在那大我上留下不能磨灭的结果和影响。他吐一口痰在地上，也许可以毁灭一村一族。他起一个念头，也许可以引起几十年的血战。他也许“一言可以兴邦，一言可以丧邦”。善亦不朽，恶亦不朽；功盖万世固然不朽，种一担谷子也可以不朽，喝一杯酒，吐一口痰也可以不朽。古人说，“一出言而不敢忘父母，一举足而不敢忘父母。”我们应该说，“说一句话而不敢忘这句话的社会影响，走一步路而不敢忘这步路的社会影响。”这才是对于大我负责任。能如此做，便是道德，便是宗教。

这样说法，并不是推崇社会而抹煞个人。这正是极力抬高个人的重要。个人虽渺小，而他的一言一动都在社会上留下不朽的痕迹，芳不止流百世，臭也不止遗万年，这不是绝对承认个人的重要吗？成功不必在我，也许在我千百年后，但没有我也决不能成功。毒害不必在眼前，“我躬不阅，遑恤我后”！然而我岂能不负这毒害的责任？今日的世界便是我们的祖宗积的德，造的孽。未来的世界全看我们自己积什么德或造什么孽。世界的关键全在我们手里，真如古人说的“任重而道远”，我们岂可错过这绝好的机会，放下这绝重大的担子？

有人对你说，“人生如梦”。就算是一场梦罢，可是你只有这一个做梦的机会。岂可不振作一番，做一个痛痛快快轰轰烈烈的梦？

有人对你说，“人生如戏”。就说是做戏罢，可是，吴稚晖先生说的好，“这唱的是义务戏，自己要好看才唱的；谁便无端的自己扮做跑龙套，辛苦的出台，止算做没有呢？”

其实人生不是梦，也不是戏，是一件最严重的事实。你种谷子，便有人充饥；你种树，便有人砍柴，便有人乘凉；你拆烂污，便有人遭瘟；你放野火，便有人烧死。你种瓜便得瓜，种豆便得豆，种荆棘便得荆棘。**少年的朋友们**，**你爱种什么**？**你能种什么**？

三

第三组的文字，也只有三篇：

我们对于西洋近代文明的态度

漫游的感想

请大家来照照镜子

在这三篇里，我很不客气的指摘我们的东方文明，很热烈的颂扬西洋的近代文明。

人们常说东方文明是精神的文明，西方文明是物质的文明，或唯物的文明。这是有夸大狂的妄人捏造出来的谣言，用来遮掩我们的羞脸的。其实一切文明都有物质和精神的两部分：材料都是物质的，而运用材料的心思才智都是精神的。木头是物质；而刳木为舟，构木为屋，都靠人的智力，那便是精神的部分。器物越完备复杂，精神的因子越多。一只蒸汽锅炉，一辆摩托车，一部有声电影机器，其中所含的精神因子比我们老祖宗的瓦罐，大车，毛笔多的多了。我们不能坐在舢板船上自夸精神文明，而嘲笑五万吨大汽船是物质文明。

但物质是倔强的东西，你不征服他，他便要征服你。东方人在过去的时代，也曾制造器物，做出一点利用厚生的文明。但后世的懒惰子孙得过且过，不肯用手用脑去和物质抗争，并且编出“不以人易天”的懒人哲学，于是不久便被物质战胜了。天旱了，只会求雨；河决了，只会拜金龙大王；风浪大了，只会祷告观音菩萨或天后娘娘。荒年了，只好逃荒去；瘟疫来了，只好闭门等死；病上身了，只好求神许愿。树砍完了，只好烧茅草；山都精光了，只好对着叹气。这样又愚又懒的民族，不能征服物质，便完全被压死在物质环境之下，成了一分像人九分像鬼的不长进民族。所以我说：

这样受物质环境的拘束与支配，不能跳出来，不能运用人的心思智力来改造环境改良现状的文明，是懒惰不长进的民族的文明，是真正唯物的文明。（页一五四）

反过来看看西洋的文明，

这样充分运用人的聪明智慧来寻求真理以解放人的心灵，来制服天行以供人用，来改造物质的环境，来改革社会政治的制度，来谋人类最大多数的最大幸福，——这样的文明是精神的文明。（页一五五）

这是我的东西文化论的大旨。

少年的朋友们，现在有一些妄人要煽动你们的夸大狂，天天要你们相信中国的旧文化比任何国高，中国的旧道德比任何国好。还有一些不曾出国门的愚人鼓起喉咙对你们喊道，“往东走！往东走！西方的这一套把戏是行不通的了！”

我要对你们说：不要上他们的当！不要拿耳朵当眼睛！睁开眼睛看看自己，再看看世界。我们如果还想把这个国家整顿起来，如果还希望这个民族在世界上占一个地位，——只有一条生路，就是我们自己要认错。我们必须承认我们自己百事不如人，不但物质机械上不如人，不但政治制度不如人，并且道德不如人，知识不如人，文学不如人，音乐不如人，艺术不如人，身体不如人。

肯认错了，方才肯死心塌地的去学人家。不要怕模仿，因为模仿是创造的必要预备工夫。不要怕丧失我们自己的民族文化，因为绝大多数人的惰性已尽够保守那旧文化了，用不着你们少年人去担心。你们的职务在进取，不在保守。

请大家认清我们当前的紧急问题。我们的问题是救国，救这衰病的民族，救这半死的文化。在这件大工作的历程里，无论什么文化，凡可以使我们起死回生，返老还童的，都可以充分采用，都应该充分收受。我们救国建国，正如大匠建屋，只求材料可以应用，不管他来自何方。

四

第四组的文字有六篇：

建设的文学革命论

《尝试集》自序

文学进化观念

国语的进化

文学革命运动

《词选》自序

这里有一部分是叙述文学革命运动的经过的，有一部分是我自己对于文学的见解。

我在这几十年的中国文学革命运动上，如果有一点点贡献，我的贡献只在：

（1）我指出了“用白话作新文学”的一条路子。（页一九四—二〇三；页二三八—二四〇；页二七七—二八三。）

（2）我供给了一种根据于历史事实的中国文学演变论，使人明了国语是古文的进化，使人明了白话文学在中国文学史上占什么地位。（页二四二—二八四；页三〇四—三〇九。）

（3）我发起了白话新诗的尝试。（页二一七—二四一。）这些文字都可以表出我的文学革命论也只是进化论和实验主义的一种实际应用。

五

第五组的文字有四篇：

《国学季刊》发刊宣言

古史讨论的读后感

《红楼梦》考证

治学的方法与材料

这都是关于整理国故的文字。

《季刊宣言》是一篇整理国故的方法总论，有三个要点：

第一，用历史的眼光来扩大研究的范围。

第二，用系统的整理来部勒研究的资料。

第三，用比较的研究来帮助材料的整理与解释。

这一篇是一种概论，故未免觉的太悬空一点。以下的两篇便是两个具体的例子，都可以说明历史考证的方法。

《古史讨论》一篇，在我的《文存》里要算是最精彩的方法论。这里面讨论了两个基本方法：一个是用历史演变的眼光来追求传说的演变，一个是用严格的考据方法来评判史料。

顾颉刚先生在他的《古史辨》的自序里曾说他从我的《〈水浒传〉考证》和《井田辨》等文字里得着历史方法的暗示。这个方法便是用历史演化的眼光来追求每一个传说演变的历程。我考证《水浒》的故事，包公的传说，狸猫换太子的故事，井田的制度，都用这个方法。顾先生用这方法来研究中国古史，曾有很好的成绩。顾先生说的最好："我们看史迹的整理还轻，而看传说的经历却重。凡是一件史事，应看他最先是怎样，以后逐步逐步的变迁是怎样。"其实对于纸上的古史迹，追求其演变的步骤，便是整理他了。

在这篇文字里，我又略述考证的方法，我说：

> 我们对于"证据"的态度是：一切史料都是证据。但史家要问：
>
> （1）这种证据是在什么地方寻出的？
>
> （2）什么时候寻出的？

(3) 什么人寻出的？

(4) 依地方和时候上看起来，这个人有做证人的资格吗？

(5) 这个人虽有证人资格，而他说这句话时有作伪（无心的，或有意的）的可能吗？（页三四八—三四九）

《〈红楼梦〉考证》诸篇只是考证方法的一个实例。我说：

> 我觉得我们做《红楼梦》的考证，只能在“著者”和“本子”两个问题上着手；只能运用我们力所能搜集的材料，参考互证，然后抽出一些比较的最近情理的结论。这是考证学的方法。我在这篇文章里，**处处想撇开一切先入的成见**，**处处存一个搜求证据的目的**，**处处尊重证据**，**让证据做向导**，**引我到相当的结论上去**。（页四一一—四一二）

这不过是赫胥黎、杜威的思想方法的实际应用。我的几十万字的小说考证，都只是用一些“深切而著明”的实例来教人怎样思想。

试举曹雪芹的年代一个问题作个实例。民国十年，我收得了一些证据，得着这些结论：

> 我们可以断定曹雪芹死于乾隆三十年左右。（约西历1765）……我们可以猜想雪芹大约生于康熙末叶（约1715—1720），当他死时，约五十岁左右。（页三八三）

民国十一年五月，我得着了《四松堂集》的原本，见敦诚挽曹雪芹的诗题下注“甲申”二字，又诗中有“四十年华”的话，故修正我的结论如下：

> 曹雪芹死在乾隆二十九年甲申（1764）……他死时只有“四十年华”，我们可以断定他的年纪不能在四十五岁以上。假定他死时年四十五岁，他的生时当康熙五十八年（1719）。（页四二〇）

但到了民国十六年，我又得了脂砚斋评本《石头记》，其中有“壬午除夕，书未成，芹为泪尽而逝”的话。壬午为乾隆二十七年，除夕当西历1763年二月十二日，和我七年前的断定（“乾隆三十年左右，约西历1765”）只差一年多。又假定他活了四十五岁，他的生年大概在康熙五十六年（1717），这也和我七年前的猜测正相符合。（页四三三）

考证两个年代，经过七年的时间，方才得着证实。证实是思想方法的最后又最重要的一步不曾证实的理论，只可算是假设；证实之后，才是定论，才是真理。我在别处（《文存》三集，页二七三）说过：

> 我为什么要考证《红楼梦》?
>
> 在消极方面，我要教人怀疑王梦阮、徐柳泉一班人的谬说。
>
> 在积极方面，我要教人一个思想学问的方法。我要教人疑而后信，考而后信，有充分证据而后信。
>
> 我为什么要替《水浒传》作五万字的考证？我为什么要替庐山一个塔作四千字的考证？
>
> 我要教人知道学问是平等的，思想是一贯的。……肯疑问“佛陀耶舍究竟到过庐山没有”的人，方才肯疑问“夏禹是神是人”。有了不肯放过一个塔的真伪的思想习惯，方才敢疑上帝的有无。

少年的朋友们，莫把这些小说考证看作我教你们读小说的文字。这些都只是思想学问的方法的一些例子。在这些文字里，我要读者学得一点科学精神，一点科学态度，一点科学方法。科学精神在于寻求事实，寻求真理。科学态度在于撇开成见，搁起感情，只认得事实，只跟着证据走。科学方法只是“大胆的假设，小心的求证”十个字。没有证据，只可悬而不断；证据不够，只可假设，不可武断；必须等到证实之后，方才奉为定论。

少年的朋友们，用这个方法来做学问，可以无大差失；用这种态度来做人处事，可以不至于被人蒙着眼睛牵着鼻子走。

从前禅宗和尚曾说，“菩提达摩东来，**只要寻一个不受人惑的人**。”我这里千言万语，也只是要教人一个不受人惑的方法。被孔丘、朱熹牵着鼻子走，固然不算高明；被马克思、列宁、斯大林牵着鼻子走，也算不得好汉。我自己决不想牵着谁的鼻子走。我只希望尽我的微薄的能力，教我的少年朋友们学一点防身的本领，努力做一个不受人惑的人。

抱着无限的爱和无限的希望，我很诚挚的把这一本小书贡献给全国的少年朋友！

十九，十一，二十七晨二时，

将离开江南的前一日。胡　适

（录自《胡适文选》，上海亚东图书馆 1930 年版）

谈谈"胡适之体"的诗

今年一月到上海，才知道南方谈文艺的朋友有所谓"胡适之体新诗"的讨论。发起这个讨论的是陈子展先生，他主张"胡适之体可以说是新诗的一条新路"。后来有赞成的，有反对的，听说是反对的居多。

这真使我"受宠若惊"了！我这十四年来差不多没有发表什么新诗；有时候，偶然写了一两首，或者寄给朋友看看，或者送给办杂志的朋友去填空白，从来没有收集过。我总觉得新诗的运动已有许多新诗人在那儿努力了，用不着我这"缠过脚的女人"去参加了。所以这十四年来，我自己只做自己的诗，好和歹我自己知道，我从不希望别人学我的诗，正如我不希望我自己学别人的诗一样。我万想不到陈子展先生会提出"胡适之体"来讨论，使我又无端挨了不少的骂。

挨骂是小事，子展先生的好意是我应该感谢的。他说：

> 胡先生啊，你不要说"提倡有心，创造无力"。我很希望你仍旧拿出先驱者的精神，在新诗上创造一种"胡适之体"。这在你的前途上打算似乎不失为一条路，在新诗运动上也不妨做一条路，——许多路中的一条路。便是失败，也可以告诉无数的来者"此路不通"！（《申报·文艺周刊》第六期）

使我感觉兴趣的，是陈子展先生举的“胡适之体”的例子。他举的是我去年在空中写的“飞行小赞”，各报引此诗颇有脱误，我把它抄在下面：

看尽柳州山，
看遍桂林山水，
天上不须半日，
地上五千里。

古人辛苦学神仙，
要守百千戒。
看我不修不炼，
也腾云无碍。

子展先生说：

> 像“飞行小赞”那样的诗，似乎可说是一条新路。老路没有脱去模仿旧诗词的痕迹，真是好像包细过的脚放大的。新路是只接受了旧诗词的影响，或者说从诗词蜕化出来，好像蚕子已经变成了蛾。即如“飞行小赞”一诗，它的音节好像辛稼轩的一阕小令，却又不像是有意模仿出来的。

其实“飞行小赞”也是用“好事近”词调写的，不过词的规矩是上下两半同韵，我却换了韵脚。我近年爱用这个调子写小诗，因为这个调子最不整齐，颇近于说话的自然；又因为这个调子很简短，必须要最简练的句子，不许有一点杂凑堆砌，所以是做诗的最好训练。我向来喜欢这个调子，偶然用它的格局做我的小诗组织的架子，平仄也不拘，韵脚也可换可不换，句子长短也有时不拘，所以我觉得自由的很。至少我觉得这比勉强凑成一首十四行的“桑籁体”要自由的多了！

以上说的只是要指出，子展先生说的“胡适之体的新路”，虽然是"胡适之体"，而不是"新路"，只是我试走了的一条"老路"。我自己走我的路，不管别人叫它新旧，更不敢冒充"创造"。我曾屡次说过："工具用的熟了，方法练的细密了，有天才的人自然会'熟能生巧'：这一点工夫到时的奇巧新花样，就叫做创造。"现在有许多人，语言文字的工具还不会用，就要高谈创造，我从来没有这种大胆子。

我借这个机会，要说明所谓"胡适之体"，如果真有这个东西，当然不仅仅是他采用的什么形式，因为他做的诗并不限于"飞行小赞"这一类用词调作架子的小诗。"胡适之体"只是我自己尝试了二十年的一点点小玩意儿。在民国十三年，我作我的侄儿胡思永的遗诗序，曾说：

> 他的诗，第一是明白清楚，第二是注重意境，第三是能剪裁，第四是有组织，有格式。如果新诗中真有胡适之派，这是胡适之的嫡派。

我在十多年之后，还觉得这几句话大致是不错的。至少我自己做了二十年的诗，时时总想用这几条规律来戒约我自己。平常所谓某人的诗体，依我看来，总是那个诗人自己长期戒约自己，训练自己的结果。所谓"胡适之体"，也只是我自己戒约自己的结果。我做诗的戒约至少有这几条：

第一，说话要明白清楚。古人有"言近而旨远"的话，旨远是意境的问题，言近是语言文字的技术问题。一首诗尽可以有寄托，但除了寄托之外，还须要成一首明白清楚的诗，意旨不嫌深远，而言语必须明白清楚。古人讥李义山的诗"苦恨无人作郑笺"，其实看不懂而必须注解的诗，都不是好诗，只是笨谜而已。我们今日用活的语言作诗，若还叫人看不懂，岂不应该责备我们自己的技术太笨吗？我并不说，明白清楚就是好诗；我只要说，凡是好诗没有不是明白清楚的。至少"胡适之体"的第一条戒律是要人看的懂。

第二，用材料要有剪裁。消极的说，这就是要删除一切浮词凑句；积极的说，这就是要抓住最扼要最精采的材料，用最简炼的字句表现出来。十几年前，我曾写一首诗，初稿是三段十二行，后来改削成两段八行，后来又删成一段四行：

放也放不下，
忘也忘不了：——
刚忘了昨儿的梦，
又分明看见梦里的一笑。

最后我把前两行删了，只留最后两行。我并不是说，人人都该做小诗。长诗自有长诗的用处。但长诗只是不得不长，并不是把浮词凑句硬堆上去叫它拉长。古人所谓“增之一分则太长，减之一分则太短”，才是剪裁的真意义。

第三，意境要平实。意境只是作者对于某种题材的看法。有什么看法，才有什么风格。古人所谓“诗品”，如司空图的二十四诗品，大概都是指诗的风格。其实风格都是从意境出来；见解是因，风格是果。“采菊东篱下，悠然见南山”，是一种意境。“朱门酒肉臭，路有冻死骨”，是一种意境。“隔户杨柳弱袅袅，恰似十五女儿腰。谁谓朝来不作意？狂风挽断最长条。”又是一种意境。“人散庙门灯火尽，却寻残梦立多时”，又是一种意境。往往一个人在不同的时代可以有不同的意境：年龄，学问，经验，都可以影响他对于事物的看法。杜甫中年的诗和晚年的诗风格不同，只是因为他的见解变了，意境变了，所以风格也变了。在诗的各种意境之中，我自己总觉得“平实”,”含蓄”，“淡远”的境界是最禁得起咀嚼欣赏的。“平实”只是说平平常常的老实话，“含蓄”只是说话留一点余味，“淡远”只是不说过火的话，不说“浓的化不开”的话，只疏疏淡淡的画几笔。这几种境界都不是多数少年人能赏识的。但我早说过，我只做我自己的诗，不会迎合别人的脾胃。这几种境界都不是容易做到的，我决不敢说我近十多年来的诗都做到了这种境界。不过我颇希望我的诗不至于过分的违反我最喜欢的意境。例如徐志摩死后，我只写了这样一首诗：

狮　子

（志摩住在我家中时最喜欢的猫）

狮子蜷伏在我的背后，
软绵绵地他总不肯走。
我正要推他下去，
忽然想起了死去的朋友。

一只手拍着打呼的猫，
两滴眼泪湿了衣袖：
“狮子，你好好的睡罢。
你也失掉了一个好朋友！”

就在一种强烈的悲哀情感之中，我终觉得这种平淡的说法还是最适宜的。又如我写的“第五十九军抗日战死将士公墓碑铭”：

这里长眠的是二百零三个中国好男子！
他们把他们的生命献给了他们的祖国。
我们和我们的子孙来这里凭吊敬礼的，
要想想我们应该用什么报答他们的血！

这里固然谈不到“含蓄”，至少还是“平实”的说话。又如我上文引的小诗：

刚忘了昨儿的梦，
又分明看见梦里的一笑。

这样的写情诗，少年的新诗人当然感觉“不过瘾”。但我自己承认我受的训练只许我说这样平淡的话。我举这几首诗做例子，并不是说他们都是好诗，只是用他们表示我自己努力的方向。这个方向在《尝试集》的后期已大致决定了。《尝试集》的诗，我自己最喜欢的一首是许多选新诗的人不肯选的。那一首的题目是“十一月二十四夜”：

老槐树的影子，
在月光的地上微晃；
枣树上还有几个干叶，
时时做出一种没气力的声响。

西山的秋色几回招我，
不幸我被我的病拖住了，
现在他们说我快要好了，
那幽艳的秋天早已过去了。

这诗的意境颇近于我自己欣羡的平实淡远的意境。十五年来，这种境界似乎还不曾得着一般文艺批评家的赏识。但我自己并不因此放弃我在这一个方向的尝试。我在十五年前曾说过：

醉过方知酒浓，
爱过方知情重：——
你不能做我的诗，
正如我不能做你的梦。

（《梦与诗》，《尝试集》页九二）

所以我近年只做我自己的诗，从不想劝别人做我的诗，也不妄想别人喜欢我的诗。今天我一时高兴，谈谈“胡适之体”是什么，并不是宣传什么教义，只是要报告胡适之至今还在尝试什么小玩意儿而已。

廿五，二，五。

（原载于《自由评论》第12册，1936年）

四十自述（之一）

自　序

我在这十几年中，因为深深的感觉中国最缺乏传记的文学，所以到处劝我的老辈朋友写他们的自传。不幸的很，这班老辈朋友虽然都答应了，终不肯下笔。最可悲的一个例子是林长民先生，他答应了写他的五十自述作他五十岁生日的纪念；到了生日那一天，他对我说：“适之，今年实在太忙了，自述写不成了；明年生日我一定补写出来。”不幸他庆祝了五十岁的生日之后，不上半年，他就死在郭松龄的战役里，他那富于浪漫意味的一生就成了一部人间永不能读的逸书了！

梁启超先生也曾同样的允许我。他自信他的体力精力都很强，所以他不肯开始写他的自传。谁也不料那样一位生龙活虎一般的中年作家只活了五十五岁！虽然他的信札和诗文留下了绝多的传记材料，但谁能有他那样“笔锋常带情感”的健笔来写他那五十五年最关重要又最有趣味的生活呢！中国近世历史与中国现代文学就都因此受了一桩无法补救的绝大损失了。

我有一次见着梁士诒先生，我很诚恳的劝他写一部自叙，因为我知道他在中国政治史与财政史上都曾扮演过很重要的脚色，所以我希望他替将来的史家留下一点史料。我也知道他写的自传也许是要替他自己洗刷他的罪恶；但这是不妨事的，有训练的史家自有防弊的方法；最要紧的是要他自己写他心理上的动机，黑幕里的线索，和他站在特殊地位的观察。前两个月，我读了梁士诒先生的讣告，他的自叙或年谱大概也就成了我的梦想了。

此外，我还劝告过蔡元培先生、张元济先生、高梦旦先生、陈独秀先生、熊希龄先生、叶景葵先生。我盼望他们都不要叫我失望。

前几年，我的一位女朋友忽然发愤写了一部六七万字的自传，我读了很感动，认为中国妇女的自传文学的破天荒的写实创作。但不幸她在一种精神病态中把这部稿本全烧了。当初她每写成一篇寄给我看时，我因为尊重她的意思，不曾替她留一个副本，至今引为憾事。

我的《四十自述》，只是我的“传记热”的一个小小的表现。这四十年的生活可分作三个阶段，留学以前为一段，留学的七年（一九一〇—一九一七）为一段，归国以后（一九一七—一九三一）为一段。我本想一气写成，但因为种种打断，只写成了这第一段的六章。现在我又出国去了，归期还不能确定，所以我接受了亚东图书馆的朋友们的劝告，先印行这几章。这几章都先在《新月月刊》上发表过，现在我都从头校改过，事实上的小错误和文字上的疏忽，都改正了。我的朋友周作人先生，葛祖兰先生，和族叔堇人先生，都曾矫正我的错误，都是我最感谢的。

关于这书的体例，我要声明一点。我本想从这四十年中挑出十来个比较有趣味的题目，用每个题目来写一篇小说式的文字，略如第一篇写我的父母的结婚。这个计划曾经得死友徐志摩的热烈的赞许，我自己也很高兴，因为这个方法是自传文学上的一条新路子，并且可以让我（遇必要时）用假的人名地名描写一些太亲切的情绪方面的生活。但我究竟是一个受史学训练深于文学训练的人，写完了第一篇，写到了自己的幼年生活，就不知不觉的抛弃了小说的体裁，回到了谨严的历史叙述的老路上去了。这一变颇使志摩失望，但他读了那写家庭和乡村教育的一章，也曾表示赞许；还有许多朋友写信来说这一章比前一章更动人。从此以后，我就爽性这样写下去了。因为第一章只是用小说体追写一个传说，其中写那“太子会”颇有用想像补充的部分，虽经堇人叔来信指出，我也不去更动了。但因为传闻究竟与我自己的亲见亲闻有别，所以我把这一章提出，称为“序幕”。

我的这部《自述》虽然至今没写成，几位旧友的自传，如郭沫若先生的，如李季先生的，都早已出版了。自传的风气似乎已开了。我很盼望我们这几个三四十岁的人的自传的出世可以引起一班老年朋友的兴趣，可以使我们的文学里添出无数的可读而又可信的传记来。我们抛出几块砖瓦，只是希望能引出许多块美玉宝石来；我们赤裸裸的叙述我们少年时代的琐碎生活，为的是希望社会上做过一番事业的人也会赤裸裸的记载他们的生活，给史家做材料，给文学开生路。

胡　适。

二二，六，二七，在太平洋上。

（录自《四十自述》，上海亚东图书馆 1933 年版）

四十自述（之二）

我的母亲的订婚

（一）

太子会[1]是我们家乡秋天最热闹的神会，但这一年的太子会却使许多人失望。

神伞一队过去了。都不过是本村各家的绫伞，没有什么新鲜花样。去年大家都说，恒有绸缎庄预备了一顶珍珠伞。因为怕三先生说话，故今年他家不敢拿出来。

昆腔今年有四队，总算不寂寞。昆腔子弟都穿着“半截长衫”，上身是白竹布，下半是湖色杭绸。每人小手指上挂着湘妃竹柄的小纨扇，吹唱时纨扇垂在笙笛下面摇摆着。

扮戏今年有六出，都是“正戏”，没有一出花旦戏。这也是三先生的主意。后村的子弟本来要扮一出《翠屏山》，也因为怕三先生说话，改了《长坂坡》。其实七月的日光底下，甘、糜二夫人脸上的粉已被汗洗光了，就有潘巧云也不会怎样特别出色。不过看会的人的

---

[1] 太子会是皖南很普遍的神会，据说太子神是唐朝安史之乱时保障江淮的张巡、许远。何以称“太子”，现在还没有满意的解释。——原编者

心里总觉得后村很漂亮的小棣没有扮潘巧云的机会，只扮作了麋夫人，未免太可惜了。

今年最扫兴的是没有扮戏的“抬阁”。后村的人早就练好了两架“抬阁”，一架是《龙虎斗》，一架是《小上坟》。不料三先生今年回家过会场，他说抬阁太高了，小孩子热天受不了暑气，万一跌下来，不是小事体。他极力阻止，抬阁就扮不成了。

粗乐和昆腔一队一队的过去了。扮戏一出一出的过去了。接着便是太子的神轿。路旁的观众带着小孩的，都喊道，“拜呵！拜呵！”许多穿着白地蓝花布褂的男女小孩都合掌拜揖。

神轿的后面便是拜香的人！有的穿着夏布长衫，捧着柱香；有的穿着短衣，拿着香炉挂，炉里烧着檀香。还有一些许愿更重的，今天来“吊香”还愿；他们上身穿着白布褂，扎着朱青布裙，远望去不容易分别男女。他们把香炉吊在铜钩上，把钩子钩在手腕肉里，涂上香灰，便可不流血。今年吊香的人很多，有的只吊在左手腕上，有的双手都吊；有的只吊一个小香炉，有的一只手腕上吊着两个香炉。他们都是虔诚还愿的人，悬着挂香炉的手腕，跟着神轿走多少里路，虽然有自家人跟着打扇，但也有半途中了暑热走不动的。

冯顺弟搀着她的兄弟，跟着她的姑妈，站在路边石磴上看会。她今年十四岁了，家在十里外的中屯，有个姑妈嫁在上庄，今年轮着上庄做会，故她的姑丈家接她姊弟来看会。

她是个农家女子，从贫苦的经验里得着不少的知识，故虽是十四岁的女孩儿，却很有成人的见识。她站在路旁听着旁人批评今年的神会，句句总带着三先生。“三先生今年在家过会，可把会弄糟了。”“可不是呢？抬阁也没有了。”“三先生还没有到家，八都的鸦片烟馆都关门了，赌场也都不敢开了。七月会场上没有赌场，又没有烟灯，这是多年没有的事。”

看会的人，你一句，他一句，顺弟都听在心里。她心想，三先生必是一个了不得的人，能叫赌场烟馆不敢开门。

会过完了，大家纷纷散了。忽然她听见有人低声说，“三先生来了!”她抬起头来，只见路上的人都纷纷让开一条路；只听见许多人都叫“三先生”。

前面走来了两个人。一个高大的中年人，面容紫黑，有点短须，两眼有威光，令人不敢正眼看他；他穿着苎布大袖短衫，苎布大脚管的裤子，脚下穿着麻布鞋子，手里拿着一杆旱烟管。和他同行的是一个老年人，瘦瘦身材，花白胡子，也穿着短衣，拿着旱烟管。

顺弟的姑妈低低说，“那个黑面的，是三先生；那边是月吉先生，他的学堂就在我们家的前面。听人说三先生在北边做官，走过了万里长城，还走了几十日，都是没有人烟的地方，冬天冻杀人，夏天热杀人；冬天冻塌鼻子，夏天蚊虫有苍蝇那么大。三先生肯吃苦，不怕日头不怕风，在万里长城外住了几年，把脸晒的像包龙图一样。”

这时候，三先生和月吉先生已走到她们面前，他们站住说了一句话，三先生独自下坡去了；月吉先生却走过来招呼顺弟的姑妈，和她们同行回去。

月吉先生见了顺弟，便问道，“灿嫂，这是你家金灶舅的小孩子吗?”

“是的。顺弟，诚厚，叫声月吉先生。”

月吉先生一眼看见了顺弟脑后的发辫，不觉喊道，“灿嫂，你看这姑娘的头发一直拖到地！这是贵相！是贵相！许了人家没有?”

这一问把顺弟羞的满脸绯红，她牵着她弟弟的手往前飞跑，也不顾她姑妈了。

她姑妈一面喊，“不要跌了!”回头对月吉先生说，“还不曾许人家。这孩子很稳重，很懂事。我家金灶哥总想许个好好人家，所以今年十四岁了，还不曾许人家。”

月吉先生说，“你开一个八字给我，我给她排排看。你不要忘了。”

他到了自家门口，还回过头来说：“不要忘记，叫灿哥抄个八字给我。”

（二）

顺弟在上庄过了会场，她姑丈送她姊弟回中屯去。七月里天气热，日子又长，他们到日头快落山时才起身，走了十里路，到家时天还没全黑。

顺弟的母亲刚牵了牛进栏，见了他们，忙着款待姑丈过夜。

“爸爸还没有回来吗？”顺弟问。

“姊姊，我们去接他。”姊姊和弟弟不等母亲回话，都出去了。

他们到了村口，远远望见他们的父亲挑着一担石头进村来。他们赶上去喊着爸爸，姊姊弟弟每人从挑子里拿了一块石头，捧着跟他走。他挑到他家的旧屋基上，把石子倒下去，自己跳下去，把石子铺平，才上来挑起空担回家去。

顺弟问，“这是第三担了吗？”

她父亲点点头，只问他们看的会好不好，戏好不好，一同回家去。

顺弟的父亲姓冯，小名金灶。他家历代务农，辛辛苦苦挣起了一点点小产业，居然有几亩自家的田，一所自家的屋。金灶十三四岁的时候，长毛贼到了徽州，中屯是绩溪北乡的大路，整个村子被长毛烧成平地。金灶的一家老幼都被杀了，只剩他一人，被长毛掳去。长毛军中的小头目看这个小孩子有气力，能吃苦，就把他脸上刺了“太平天国”四个蓝字，叫他不能逃走。军中有个裁缝，见这孩子可怜，收他做徒弟，叫他跟着学裁缝。金灶学了一手好裁缝，在长毛营里混了几年，从绩溪跟到宁国，广德，居然被他逃走出来。但因为面上刺了字，捉住他的人可以请赏，所以他不敢白日露面。他每日躲在破屋场里，挨到夜间，才敢赶路。他吃了种种困苦，好容易回到家乡，只寻得一片焦土，几座焦墙，一村的丁壮留剩的不过二三十人。

金灶是个肯努力的少年，他回家之后，寻出自家的荒田，努力耕种。有余力就帮人家种田，做裁缝。不上十年，他居然修葺了村里一间未烧完的砖屋，娶了一个妻子。夫妻都能苦做苦吃，渐渐有了点积蓄，渐渐挣起了一个小小的家庭。

他们头胎生下一个女儿。在那大乱之后，女儿是不受欢迎的，所以她的名字叫做顺弟，取个下胎生个弟弟的吉兆。隔了好几年，果然生了一个儿子，他们都很欢喜。

金灶为人最忠厚；他的裁缝手艺在附近村中常有雇主，人都说他诚实勤谨。外村的人都尊敬他，叫他金灶官。

但金灶有一桩最大的心愿。他总想重建他祖上传下来，被长毛烧了的老屋。他一家人都被杀完了，剩下他这一个人，他觉得天留他一个人是为中兴他的祖业的。他立下了一个誓愿：要在老屋基上建造起一所更大又更讲究的新屋。

他费了不少工夫，把老屋基爬开，把烧残砖瓦拆扫干净，准备重新垫起一片高地基，好在上面起造一所高爽干燥的新屋。他每日天未明就起来了；天刚亮，就到村口溪头去拣选石子，挑一大担回来，铺垫地基。来回挑了三担之后，他才下田去做工；到了晚上歇工时，他又去挑三担石子，才吃晚饭。农忙过后，他出村帮人家做裁缝，每天也要先挑三担石子，才去上工；晚间吃了饭回来，又要挑三担石子，才肯休息。

这是他的日常功课，家中的妻子女儿都知道他的心愿，女流们不能帮他挑石头，又不能劝他休息，劝他也没有用处。有时候，他实在疲乏了，挑完石子回家，倒在竹椅上吸旱烟，眼望着十几岁的女儿和几岁的儿子，微微叹一口气。

顺弟是已懂事的了，她看见她父亲这样辛苦做工，她心里好不难过。她常常自恨不是个男子，不能代她父亲下溪头去挑石头。她只能每日早晚到村口去接着她父亲，从他的担子里捧出一两块石头来，拿到屋基上，也算是分担了他的一点辛苦。

看看屋基渐渐垫高了，但砖瓦木料却全没有着落。高敞的新屋还只存在她一家人的梦里。顺弟有时做梦，梦见她是个男子，做了官回家看父母，新屋早已造好了，她就在黑漆的大门外下轿。下轿来又好像做官的不是她，是她兄弟。

（三）

这一年，顺弟十七岁了。

一天的下午，金灶在三里外的张家店做裁缝，忽然走进了一个中年妇人，叫声“金灶舅”。他认得她是上庄的星五嫂，她娘家离中屯不远，所以他从小认得她。她是三先生的伯母，她的丈夫星五先生也是八都的有名绅士，所以人都叫她“星五先生娘”。

金灶招呼她坐下。她开口道：“巧极了，我本打算到中屯看你去，走到了张家店，才知道你在这里做活。巧极了。金灶舅，我来寻你，是想开你家顺弟的八字。”

金灶问是谁家。

星五先生娘说：“就是我家大侄儿三哥。”

“三先生？”

“是的。三哥今年四十七，前头讨的七都的玉环，死了十多年了。玉环生下了儿女一大堆，——三个儿子，三个女，——现在都长大了。不过他在外头做官，没有个家眷，实在不方便。所以他写信来家，要我们给他定一头亲事。”

金灶说，“我们种田人家的女儿那配做官太太？这件事不用提。”

星五先生娘说：“我家三哥有点怪脾气。他今年写信回来，说，一定要讨一个做庄稼人家的女儿。”

“什么道理呢？”

“他说，做庄稼人家的人身体好，不会像玉环那样痨病鬼。他又说，庄稼人家晓得艰苦。”

金灶说："这件事不会成功的。一来呢，我们配不上做官人家。二来，我家女人一定不肯把女儿给人做填房。三来，三先生家的儿女都大了，他家大儿子大女儿都比顺弟大好几岁，这样人家的晚娘是不容易做的。这个八字不用开了。"

星五先生娘说："你不要客气。顺弟很稳重，是个有福气的人。金灶舅，你莫怪我直言，顺弟今年十七岁了，眼睛一睐，二十岁到头上，你那里去寻一个青头郎？填房有什么不好？三哥信上说了，新人过了门，他就要带上任去。家里的儿女，大女儿出嫁了；大儿子今年做亲，留在家里；二女儿是从小给了人家了；三女儿也留在家里。将来在任上只有两个双胞胎的十五岁小孩子，他们又都在学堂里。这个家也没有什么难照应。"

金灶是个老实人，他也明白她的话有驳不倒的道理。家乡风俗，女儿十三四岁总得定亲了。十七八岁的姑娘总是做填房的居多。他们夫妇因为疼爱顺弟，总想许个念书人家，所以把她担误了。这是他们做父母的说不出的心事。所以他今天很有点踌躇。

星五先生娘见他踌躇，又说道："金灶舅，你不用多心。你回去问问金灶舅母，开个八字。我今天回娘家去，明朝我来取。八字对不对，辰肖合不合，谁也不知道。开个八字总不妨事。"

金灶一想，开个八字诚然不妨事，他就答应了。

这一天，他从张家店回家，顺弟带了弟弟放牛去了，还没有回来。他放下针线包和熨斗，便在门里板凳上坐下来吸旱烟。他的妻子见他有心事的样子，忙过来问他。他把星五嫂的话对她说了。

她听了大生气，忙问，"你不曾答应她开八字？"

他说，"我说要回家商量商量。不过开个八字给他家，也不妨事。"

她说，"不行。我不肯把女儿许给快五十岁的老头子。他家儿女一大堆，这个晚娘不好做。做官的人家看不起我们庄稼人家的女儿，将来让人家把女儿欺负煞，谁来替我们伸冤？我不开八字。"

他慢吞吞的说，“顺弟今年十七岁了，许人家也不容易。三先生是个好人。——”

她更生气了，“是的，都是我的不是。我不该心高，担〈耽〉误了女儿的终身。女儿没有人家要了，你就想送给人家做填房，做晚娘。做填房也可以，三先生家可不行。他家是做官人家，将来人家一定说我们贪图人家有势力，把女儿卖了，想换个做官的女婿。我背不起这个恶名。别人家都行，三先生家我不肯。女儿没人家要，我养她一世。”

他们夫妻吵了一场，后来金灶说，“不要吵了。这是顺弟自家的事，吃了夜饭，我们问问她自己。好不好?”她也答应了。

晚饭后，顺弟看着兄弟睡下，回到菜油灯下做鞋。金灶开口说，“顺弟，你母亲有句话要问你。”

顺弟抬起头来，问妈有什么话。她妈说，“你爸爸有话问你，不要朝我身上推。”

顺弟看她妈有点气，不知道是怎么一回事，只好问她爸。她爸对她说，“上庄三先生要讨个填房，他家今天叫人来开你的八字。你妈嫌他年纪太大，四十七岁了，比你大三十岁，家中又有一大堆儿女。晚娘不容易做，我们怕将来害了你一世，所以要问问你自己。”

他把今天星五嫂的话说了一遍。

顺弟早已低下头去做针线，半晌不肯开口。她妈也不开口。

她爸也不说话了。

顺弟虽不开口，心里却在那儿思想。她好像闭了眼睛，看见她的父亲在天刚亮的时候挑着一大担石头进村来；看见那大块屋基上堆着他一担一担的挑来的石头；看见她父亲晚上坐在黑影地里沉思叹气。一会儿，她又仿佛看见她做了官回来，在新屋的大门口下轿。一会儿，她的眼前又仿佛现出了那紫黑面孔，两眼射出威光的三先生。

她心里这样想：这是她帮她父母的机会到了。做填房可以多接聘金。前妻儿女多，又是做官人家，聘金财礼总应该更好看点。她将来总还可以帮她父母的忙。她父亲一生梦想的新屋总可以成功。……三先生是个好人，人人都敬重他，只有开赌场烟馆的人怕他恨他。……

她母亲说话的声音打断了她的思想。她妈说，“对了我们，有什么话不好说？你说罢!”

顺弟抬起眼睛来，见她爸妈都望着她自己。她低下头去，红着脸说道：“只要你们俩都说他是个好人，请你们俩作主。”她接着又加上一句话，“男人家四十七岁也不能算是年纪大。”

她爸叹了一口气。她妈可气的跳起来了，忿忿的说，“好呵！你想做官太太了！好罢！听你情愿罢!”

顺弟听了这句话，又羞又气，手里的鞋面落在地上，眼泪直滚下来。她拾起鞋面，一声不响，走到她房里去哭了。

经过了这一番家庭会议之后，顺弟的妈明白她女儿是愿意的了，她可不明白她情愿卖身来帮助爹妈的苦心，所以她不指望这门亲事成功。

她怕开了八字去，万一辰肖相合，就难回绝了；万一八字不合，旁人也许要笑她家高攀不上做官人家。她打定主意，要开一张假八字给媒人拿去。第二天早晨，她到祠堂蒙馆去，请先生开一个庚帖，故意错报了一天生日，又错报了一个时辰。先生翻开《万年历》，把甲子查明写好，她拿回去交给金灶。

那天下午，星五先生娘到张家店拿到了庚帖，高兴的很。回到了上庄，她就去寻着月吉先生，请他把三先生和她的八字排排看。

月吉先生看了八字，问是谁家女儿。

“中屯金灶官家的顺弟。”

月吉先生说，“这个八字开错了。小村乡的蒙馆先生连官本（俗称历书为官本）也不会查，把八个字抄错了四个字。”

星五先生娘说，“你怎么知道八字开错了？”

月吉先生说，“我算过她的八字，所以记得。大前年村里七月会，我看见这女孩子，她不是灿嫂的侄女吗？圆圆面孔，有一点雀斑，头发很长，是吗？面貌并不美，倒稳重的很，不像个庄稼人家的孩子。我那时问灿嫂讨了她的八字来算算看。我算过的八字，三五年不会忘记的。”

他抽开书桌的抽屉，寻出一张字条来，说，“可不是呢？在这里了。”他提起笔来，把庚帖上的八字改正，又把三先生的八字写出。他排了一会，对星五先生娘说，“八字是对的，不用再去对了。星五嫂，你的眼力不差，这个人配得上三哥。相貌是小事，八字也是小事，金灶官家的规矩好。你明天就去开礼单。三哥那边，我自己写信去。”

过了两天，星五先生娘到了中屯，问金灶官开“礼单”。她埋怨道，“你们村上的先生不中用，把八字开错了，几几乎误了事。”

金灶嫂心里明白，问谁说八字开错了的。星五先生娘一五一十的把月吉先生的话说了。金灶夫妻都很诧异，他们都说，这是前世注定的姻缘。金灶嫂现在也不反对了。他们答应开礼单，叫她隔几天来取。

冯顺弟就是我的母亲，三先生就是我的父亲铁花先生。在我父亲的日记上，有这样几段记载：

> [光绪十五年（一八八九）二月] 十六日，行五十里，抵家。……
>
> 二十一日，遣媒人订约于冯姓，择定三月十二日迎娶。
>
> ……
>
> 三月十一日，遣舆诣七都中屯迎娶冯氏。
>
> 十二日，冯氏至。行合卺礼。谒庙。
>
> 十三日，十四日，宴客。……
>
> 四月初六日，往中屯，叩见岳丈岳母。
>
> 初七日，由中屯归。……
>
> 五月初九日，起程赴沪，天雨，行五十五里，宿旌之新桥。

十九，六，廿六。

（原载于《新月》第3卷第1期，1931年3月10日）

四十自述（之三）

九年的家乡教育

（一）

我生在光绪十七年十一月十七日（一八九一年十二月十七），那时候我家寄住在上海大东门外。我生后两个月，我父亲被台湾巡抚邵友濂奏调往台湾；江苏巡抚奏请免调，没有效果。我父亲于十八年二月底到台湾，我母亲和我搬到川沙住了一年。十九年（一八九三）二月二十六日我们一家（我母，四叔介如，二哥嗣秬，三哥嗣秠）也从上海到台湾。我们在台南住了十个月。十九年五月，我父亲做台东直隶州知州，兼统镇海后军各营。台东是新设的州，一切草创，故我父不带家眷去。到十九年底，我们才到台东。我们在台东住了整一年。

甲午（一八九四）中日战事开始，台湾也在备战的区域，恰好介如四叔来台湾，我父亲便托他把家眷送回徽州故乡，只留二哥嗣秬跟着他在台东。我们于乙未年（一八九五）正月离开台湾，二月初十日从上海起程回绩溪故乡。

那年四月，中日和议成，把台湾割让给日本。台湾绅民反对割台，要求巡抚唐景崧坚守。唐景崧请西洋各国出来干涉，各国不允。台人公请唐为台湾民主国大总统，帮办军务刘永福为主军大总统。我父亲在台东办后山的防务，电报已不通，饷源已断绝。那时他已得脚气病，左脚已不能行动。他守到闰五月初三日，始离开后山。到安平时，刘永福苦苦留他帮忙，不肯放行。到六月廿五日，他双脚都不能动了，刘永福始放他行。六月廿八日到厦门，手足俱不能动了。七月初三日他死在厦门，成为东亚第一个民主国的第一个牺牲者！

这时候我只有三岁零八个月。我仿佛记得我父死信到家时，我母亲正在家中老屋的前堂，她坐在房门口的椅子上。她听见读信人读到我父亲的死信，身子往后一倒，连椅子倒在房门槛上。东边房门口坐的珍伯母也放声大哭起来。一时满屋都是哭声，我只觉得天地都翻覆了！我只仿佛记得这一点凄惨的情状，其余都不记得了。

（二）

我父亲死时，我母亲只有二十三岁。我父初娶冯氏，结婚不久便遭太平天国之乱，同治二年（一八六三）死在兵乱里。次娶曹氏，生了三个儿子，三个女儿，死于光绪四年（一八七八）。我父亲因家贫，又有志远游，故久不续娶。到光绪十五年（一八八九），他在江苏候补，生活稍稍安定，他才续娶我的母亲。我母亲结婚后三天，我的大哥嗣稼也娶亲了。那时我的大姊已出嫁生了儿子。大姊比我母亲大七岁。大哥比她大两岁。二姊是从小抱给人家的。三姊比我母亲小三岁，二哥三哥（孪生的）比她小四岁。这样一个家庭里忽然来了一个十七岁的后母，她的地位自然十分困难，她的生活自然免不了苦痛。

结婚后不久，我父亲把她接到了上海同住。她脱离了大家庭的痛苦，我父又很爱她，每日在百忙中教她认字读书，这几年的生活是很快乐的。我小时也很得我父亲钟爱，不满三岁时，他就把教我母亲的红纸方字教我认。父亲作教师，母亲便在旁作助教。我认的是生字，她便借此温她的熟字。他太忙时，她就是代理教师。我们离开台湾时，她认得了近千字，我也认了七百多字。这些方字都是我父亲亲手写的楷字，我母亲终身保存着，因为这些方块红笺上都是我们三个人的最神圣的团居生活的记念。

我母亲二十三岁就做了寡妇，从此以后，又过了二十三年。这二十三年的生活真是十分苦痛的生活，只因为还有我这一点骨血，她含辛茹苦，把全副希望寄托在我的渺茫不可知的将来，这一点希望居然使她挣扎着活了二十三年。

我父亲在临死之前两个多月，写了几张遗嘱，我母亲和四个儿子每人各有一张，每张只有几句话。给我母亲的遗嘱上说糜儿（我的名字叫嗣糜，糜字音门）天资颇聪明，应该令他读书。给我的遗嘱也教我努力读书上进。这寥寥几句话在我的一生很有重大的影响。我十一岁的时候，二哥和三哥都在家，有一天我母亲问他们道："糜今年十一岁了。你老子叫他念书。你们看看他念书念得出吗?"二哥不曾开口，三哥冷笑道，"哼，念书!"二哥始终没有说什么。我母亲忍气坐了一会，回到了房里才敢掉眼泪。她不敢得罪他们，因为一家的财政权全在二哥的手里，我若出门求学是要靠他供给学费的。所以她只能掉眼泪，终不敢哭。

但父亲的遗嘱究竟是父亲的遗嘱，我是应该念书的。况且我小时很聪明，四乡的人都知道三先生的小儿子是能够念书的。所以隔了两年，三哥往上海医肺病，我就跟他出门求学了。

（三）

我在台湾时，大病了半年，故身体很弱。回家乡时，我号称五岁了，还不能跨一个七八寸高的门槛。但我母亲望我念书的心很切，故到家的时候，我才满三岁零几个月，就在我四叔父介如先生（名玠）的学堂里读书了。我的身体太小，他们抱我坐在一支高凳子上面。我坐上了就爬不下来，还要别人抱下来。但我在学堂并不算最低级的学生，因为我进学堂之前已认得近一千字了。

因为我的程度不算“破蒙”的学生，故我不须念《三字经》，《千字文》，《百家姓》，《神童诗》一类的书。我念的第一部书是我父亲自己编的一部四言韵文，叫做《学为人诗》，他亲笔抄写了给我的。这部书说的是做人的道理。我把开头几行抄在这里：

为人之道，在率其性。
子臣弟友，循理之正；
谨乎庸言，勉乎庸行；
以学为人，以期作圣。……

以下分说五伦。最后三节，因为可以代表我父亲的思想，我也抄在这里：

五常之中，不幸有变，
名分攸关，不容稍紊。
义之所在，身可以殉。
求仁得仁，无所尤怨。

古之学者，察于人伦，
因亲及亲，九族克敦；
因爱推爱，万物同仁。
能尽其性，斯为圣人。

经籍所载，师儒所述，
为人之道，非有他术：
穷理致知，返躬践实，
黾勉于学，守道勿失。

我念的第二部书也是我父亲编的一部四言韵文，名叫《原学》，是一部略述哲理的书。这两部书虽是韵文，先生仍讲不了，我也懂不了。

我念的第三部书叫做《律诗六钞》，我不记是谁选的了。三十多年来，我不曾重见这部书，故没有机会考出此书的编者；依我的猜测，似是姚鼐的选本，但我不敢坚持此说。这一册诗全是律诗，我读了虽不懂得，却背的很熟。至今回忆，却完全不记得了。

我虽不曾读《三字经》等书，却因为听惯了别的小孩子高声诵读，我也能背这些书的一部分，尤其是那五七言的《神童诗》，我差不多能从头背到底。这本书后面的七言句子，如

> 人心曲曲湾湾水，
> 世事重重叠叠山。

我当时虽不懂得其中的意义，却常常嘴上爱念着玩，大概也是因为喜欢那些重字双声的缘故。

我念的第四部书以下，除了《诗经》，就都是散文的了。我依诵读的次序，把这些书名写在下面：

(4)《孝经》。

(5) 朱子的《小学》，江永集注本。

(6)《论语》。以下四书皆用朱子注本。

(7)《孟子》。

(8)《大学》与《中庸》。(《四书》皆连注文读。)

(9)《诗经》，朱子《集传》本。(注文读一部分。)

(10)《书经》，蔡沈注本。(以下三书不读注文。)

(11)《易经》，朱子《本义》本。

(12)《礼记》，陈澔注本。

读到了《论语》的下半部，我的四叔父介如先生选了颍州府阜

阳县的训导，要上任去了，就把家塾移交给族兄禹臣先生（名观象）。四叔是个绅董，常常被本族或外村请出去议事或和案子；他又喜欢打纸牌（徽州纸牌，每副一百五十五张），常常被明达叔公，映基叔，祝封叔，茂张叔等人邀出去打牌。所以我们的功课很松，四叔往往在出门之前，给我们"上一进书"，叫我们自己念；他到天将黑时，回来一趟，把我们的习字纸加了圈，放了学，才又出门去。

四叔的学堂里只有两个学生，一个是我，一个是四叔的儿子嗣秫，比我大几岁。嗣秫承继给瑜婶。（星五伯公的二子，珍伯，瑜叔，皆无子，我家三哥承继珍伯，秫哥承继瑜婶。）她很溺爱他，不肯管束他，故四叔一走开，秫哥就溜到灶下或后堂去玩了。（他们和四叔住一屋，学堂在这屋的东边小屋内。）我的母亲管的严厉，我又不大觉得念书是苦事，故我一个人坐在学堂里温书念书，到天黑才回家。

禹臣先生接收家塾后，学生就增多了。先是五个，后来添到十多个，四叔家的小屋不够用了，就移到一所大屋——名叫来新书屋——里去。最初添的三个学生，有两个是守瓒叔的儿子，嗣昭，嗣逵。嗣昭比我大两三岁，天资不算笨，却不爱读书，最爱"逃学"，我们土话叫做"赖学"。他逃出去，往往躲在麦田或稻田里，宁可睡在田里挨饿，却不愿念书。先生往往差嗣秫去捉；有时候，嗣昭被捉回来了，总得挨一顿毒打；有时候，连嗣秫也不回来了，——乐得不回来了，因为这是"奉命差遣"，不算是逃学！

我常觉得奇怪，为什么嗣昭要逃学？为什么一个人情愿挨饿，挨打，挨大家笑骂，而不情愿念书？后来我稍懂得世事，才明白了。瓒叔自小在江西做生意，后来在九江开布店，才娶妻生子；一家人都说江西话，回家乡时，嗣昭弟兄都不容易改口音；说话改了，而嗣昭念书常带江西音，常常因此吃戒方或吃"作瘤栗"。（钩〈勾〉起五指，打在头上，常打起瘤子，故叫做"作瘤栗"。）这是先生不原谅，难怪他不愿念书。

还有一个原因。我们家乡的蒙馆学金太轻，每个学生每年只送两块银元。先生对于这一类学生，自然不肯耐心教书，每天只教他们念死书，背死书，从来不肯为他们“讲书”。小学生初念有韵的书，也还不十分叫苦。后来念《幼学琼林》，《四书》一类的散文，他们自然毫不觉得有趣味，因为全不懂得书中说的是什么。因为这个缘故，许多学生常常赖学；先有嗣昭，后来有个士祥，都是有名的“赖学胚”。他们都属于这每年两元钱的阶级。因为逃学，先生生了气，打的更利害。越打的利害，他们越要逃学。

我一个人不属于这“两元”的阶级。我母亲渴望我读书，故学金特别优厚，第一年就送六块钱，以后每年增加，最后一年加到十二元。这样的学金，在家乡要算“打破纪录”的了。我母亲大概是受了我父亲的叮嘱，她嘱托四叔和禹臣先生为我“讲书”：每读一字，须讲一字的意思；每读一句，须讲一句的意思。我先已认得了近千个“方字”，每个字都经过父母的讲解，故进学堂之后，不觉得很苦。念的几本书虽然有许多是乡里先生讲不明白的，但每天总遇着几句可懂的话。我最喜欢朱子《小学》里的记述古人行事的部分，因为那些部分最容易懂得，所以比较最有趣味。同学之中有念《幼学琼林》的，我常常帮他们的忙，教他们不认得的生字，因此常常借这些书看；他们念大字，我却最爱看《幼学琼林》的小注，因为注文中有许多神话和故事，比《四书》《五经》有趣味多了。

有一天，一件小事使我忽然明白我母亲增加学金的大恩惠。一个同学的母亲来请禹臣先生代写家信给她的丈夫；信写成了，先生交她的儿子晚上带回家去。一会儿，先生出门去了，这位同学把家信抽出来偷看。他忽然过来问我道：“麇，这信上第一句‘父亲大人膝下’是什么意思？”他比我只小一岁，也念过《四书》，却不懂“父亲大人膝下”是什么！这时候，我才明白我是一个受特别待遇的人，因为别人每年出两块钱，我去年却送十块钱。我一生最得力的是讲书：父亲母亲为我讲方字，两位先生为我讲书。念古文而不讲解，等于念“揭谛揭谛，波罗揭谛”，全无用处。

（四）

当我九岁时，有一天我在四叔家东边小屋里玩耍。这小屋前面是我们的学堂，后边有一间卧房，有客来便住在这里。这一天没有课，我偶然走进那卧房里去，偶然看见桌子下一只美孚煤油板箱里的废纸堆中露出一本破书。我偶然检〈捡〉起了这本书，两头都被老鼠咬坏了，书面也扯破了。但这一本破书忽然为我开辟了一个新天地，忽然在我的儿童生活史上打开了一个新鲜的世界！

这本破书原来是一本小字木板的《第五才子》，我记得很清楚，开始便是“李逵打死殷天锡”一回。我在戏台上早已认得李逵是谁了，便站在那只美孚破板箱边，把这本《水浒传》残本一口气看完了。不看尚可，看了之后，我的心里很不好过：这一本的前面是些什么？后面是些什么？这两个问题，我都不能回答，却最急要一个回答。

我拿了这本书去寻我的五叔，因为他最会“说笑话”（“说笑话”就是“讲故事”，小说书叫做“笑话书”），应该有这种笑话书。不料五叔竟没有这书，他叫我去寻守焕哥。守焕哥说，“我没有《第五才子》，我替你去借一部；我家中有部《第一才子》，你先拿去看，好吧？”《第一才子》便是《三国演义》，他很郑重的捧出来，我很高兴的捧回去。

后来我居然得着《水浒传》全部。《三国演义》也看完了。从此以后，我到处去借小说看。五叔，守焕哥，都帮了我不少的忙。三姊夫（周绍瑾）在上海乡间周浦开店，他吸鸦片烟，最爱看小说书，带了不少回家乡；他每到我家来，总带些《正德皇帝下江南》，《七剑十三侠》一类的书来送给我。这是我自己收藏小说的起点。我的大哥（嗣稼）最不长进，也是吃鸦片烟的，但鸦片烟灯是和小说书常作伴的，——五叔，守焕哥，三姊夫都是吸鸦片烟的，——所以他也有一些小说书。大嫂认得一些字，嫁妆里带来了好几种弹词小说，如《双珠凤》之类。这些书不久都成了我的藏书的一部分。

三哥在家乡时多；他同二哥都进过梅溪书院，都做过南洋公学的师范生，旧学都有根柢，故三哥看小说很有选择。我在他书架上只寻得三部小说：一部《红楼梦》，一部《儒林外史》，一部《聊斋志异》。二哥有一次回家，带了一部新译出的《经国美谈》，讲的是希腊的爱国志士的故事，是日本人做的。这是我读外国小说的第一步。

帮助我借小说最出力的是族叔近仁，就是民国十二年和顾颉刚先生讨论古史的胡堇人。他比我大几岁，已“开笔”做文章了，十几岁就考取了秀才。我同他不同学堂，但常常相见，成了最要好的朋友。他天才很高，也肯用功，读书比我多，家中也颇有藏书。他看过的小说，常借给我看。我借到的小说，也常借给他看。我们两人各有一个小手折，把看过的小说都记在上面，时时交换比较，看谁看的书多。这两个折子后来都不见了，但我记得离开家乡时，我的折子上好像已有了三十多部小说了。

这里所谓“小说”，包括弹词，传奇，以及笔记小说在内。《双珠凤》在内，《琵琶记》也在内；《聊斋》，《夜雨秋灯录》，《夜谭随录》，《兰苕馆外史》，《寄园寄所寄》，《虞初新志》等等也在内。从《薛仁贵征东》，《薛丁山征西》，《五虎平西》，《粉妆楼》一类最无意义的小说，到《红楼梦》和《儒林外史》一类的第一流作品，这里面的程度已是天悬地隔了。我到离开家乡时，还不能了解《红楼梦》和《儒林外史》的好处。但这一大类都是白话小说，我在不知不觉之中得了不少的白话散文的训练，在十几年后于我很有用处。

看小说还有一桩绝大的好处，就是帮助我把文字弄通顺了。那时候正是废八股时文的时代，科举制度本身也动摇了。二哥、三哥在上海受了时代思潮的影响，所以不要我“开笔”做八股文，也不要我学做策论经义。他们只要先生给我讲书，教我读书。但学堂里念的书，越到后来，越不好懂了。《诗经》起初还好懂，读到《大雅》，就难懂了；读到《周颂》，更不可懂了。《书经》有几篇，如《五子之歌》，我读的很起劲；但《盘庚》三篇，我总读不熟。我在学堂九年，只有《盘庚》害我挨了一次打。后来隔了十多年，我才知道《尚书》有今文和古文两大类，向来学者都说古文诸篇是假的，今文是真的；《盘庚》属于今文一类，应该是真的。但我研究《盘庚》用的代名词最杂乱不成条理，故我总疑心这三篇书是后人假造的。有时候，我自己想，我的怀疑《盘庚》，也许暗中含有报那一个“作瘤栗”的仇恨的意味罢？

《周颂》，《尚书》，《周易》等书都是不能帮助我作通顺文字的。但小说书却给了我绝大的帮助。从《三国演义》读到《聊斋志异》和《虞初新志》，这一跳虽然跳的太远，但因为书中的故事实在有趣味，所以我能细细读下去。石印本的《聊斋志异》有圈点，所以更容易读。到我十二三岁时，已能对本家姊妹们讲说《聊斋》故事了。那时候，四叔的女儿巧菊，禹臣先生的妹子广菊、多菊，祝封叔的女儿杏仙，和本家侄女翠苹、定娇等，都在十五六岁之间；她们常常邀我去，请我讲故事。我们平常请五叔讲故事时，忙着替他点火，装旱烟，替他捶背。现在轮到我受人巴结了。我不用人装烟捶背，她们听我说完故事，总去泡炒米，或做蛋炒饭来请我吃。她们绣花做鞋，我讲《凤仙》，《莲香》，《张鸿渐》，《江城》。这样的讲书，逼我把古文的故事翻译成绩溪土话，使我更了解古文的文理。所以我到十四岁来上海开始作古文时，就能做很像样的文字了。

（五）

我小时身体弱，不能跟着野蛮的孩子们一块儿玩。我母亲也不准我和他们乱跑乱跳。小时不曾养成活泼游戏的习惯，无论在什么地方，我总是文绉绉的。所以家乡老辈都说我“像个先生样子”，遂叫我做“穈先生”。这个绰号叫出去之后，人都知道三先生的小儿子叫做麇先生了。既有“先生”之名，我不能不装出点“先生”样子，更不能跟着顽童们“野”了。有一天，我在我家八字门口和一班孩子“掷铜钱”，一位老辈走过，见了我，笑道：“麇先生也掷铜钱吗?”我听了羞愧的面红耳热，觉得大失了“先生”的身分!

大人们鼓励我装先生样子，我也没有嬉戏的能力和习惯，又因为我确是喜欢看书，所以我一生可算是不曾享过儿童游戏的生活。每年秋天，我的庶祖母同我到田里去“监割”（顶好的田，水旱无忧，收成最好，佃户每约田主来监割，打下谷子，两家平分。），我总是坐在小树下看小说。十一二岁时，我稍活泼一点，居然和一群同学组织了一个戏剧班，做了一些木刀竹枪，借得了几副假胡须，就在村口田里做戏。我做的往往是诸葛亮，刘备一类的文角儿；只有一次我做史文恭，被花荣一箭从椅子上射倒下去，这算是我最活泼的玩艺儿了。

我在这九年（一八九五——九〇四）之中，只学得了读书写字两件事。在文字和思想（看下章）的方面，不能不算是打了一点底子。但别的方面都没有发展的机会。有一次我们村里“当朋”（八都凡五村，称为“五朋”，每年一村轮着做太子会，名为“当朋”。），筹备太子会，有人提议要派我加入前村的昆腔队里学习吹笙或吹笛。族里长辈反对，说我年纪太小，不能跟着太子会走遍五朋。于是我失掉了这学习音乐的唯一机会。三十年来，我不曾拿过乐器，也全不懂音乐；究竟我有没有一点学音乐的天资，我至今还不知道。至于学图画，更是不可能的事。我常常用竹纸蒙在小说书的石印绘像上，摹画书上的英雄美人。有一天，被先生看见了，挨了一顿大骂，抽屉里的图画都被搜出撕毁了。于是我又失掉了学做画家的机会。

但这九年的生活，除了读书看书之外，究竟给了我一点做人的训练。在这一点上，我的恩师就是我的慈母。

每天天刚亮时，我母亲就把我喊醒，叫我披衣坐起。我从不知道她醒来坐了多久了。她看我清醒了，才对我说昨天我做错了什么事，说错了什么话，要我认错，要我用功读书。有时候她对我说父亲的种种好处，她说："你总要踏上你老子的脚步。我一生只晓得这一个完全的人，你要学他，不要跌他的股。"（跌股便是丢脸，出丑。）她说到伤心处，往往掉下泪来。到天大明时，她才把我的衣服穿好，催我去上早学。学堂门上的锁匙放在先生家里；我先到学堂门口一望，便跑到先生家里去敲门。先生家里有人把锁匙从门缝里递出来，我拿了跑回去，开了门，坐下念生书。十天之中，总有八九天我是第一个去开学堂门的。等到先生来了，我背了生书，才回家吃早饭。

我母亲管束我最严，她是慈母兼任严父。但她从来不在别人面前骂我一句，打我一下。我做错了事，她只对我一望，我看见了她的严厉眼光，就吓住了。犯的事小，她等到第二天早晨我眼醒时才教训我。犯的事大，她等到晚上人静时，关了房门，先责备我，然后行罚，或罚跪，或拧我的肉。无论怎样重罚，总不许我哭出声音来。她教训儿子不是借此出气叫别人听的。

有一个初秋的傍晚，我吃了晚饭，在门口玩，身上只穿着一件单背心。这时候我母亲的妹子玉英姨母在我家住，她怕我冷了，拿了一件小衫出来叫我穿上。我不肯穿，她说："穿上吧，凉了。"我随口回答："娘（凉）什么！老子都不老子呀。"我刚说了这句话，一抬头，看见母亲从家里走出，我赶快把小衫穿上。但她已听见这句轻薄的话了。晚上人静后，她罚我跪下，重重的责罚了一顿。她说："你没了老子，是多么得意的事！好用来说嘴！"她气的坐着发抖，也不许我上床去睡。我跪着哭，用手擦眼泪，不知擦进了什么细菌，后来足足害了一年多的眼翳病。医来医去，总医不好。我母亲心里又悔又急，听说眼翳可以用舌头舔去，有一夜她把我叫醒，她真用舌头舔我的病眼。这是我的严师，我的慈母。

我母亲二十三岁做了寡妇，又是当家的后母。这种生活的痛苦，我的笨笔写不出一万分之一二。家中财政本不宽裕，全靠二哥在上海经营调度。大哥从小就是败子，吸鸦片烟，赌博，钱到手就光，光了就回家打主意，见了香炉就拿出去卖，捞着锡茶壶就拿出去押。我母亲几次邀了本家长辈来，给他定下每月用费的数目。但他总不够用，到处都欠下烟债赌债。每年除夕我家中总有一大群讨债的，每人一盏灯笼，坐在大厅上不肯去。大哥早已避出去了。大厅的两排椅子上满满的都是灯笼和债主。我母亲走进走出，料理年夜饭，谢灶神，压岁钱等事，只当做不曾看见这一群人。到了近半夜，快要"封门"了，我母亲才走后门出去，央一位邻舍本家到我家来，每一家债户开发一点钱。做好做歹的，这一群讨债的才一个一个提着灯笼走出去。一会儿，大哥敲门回来了。我母亲从不骂他一句。并且因为是新年，她脸上从不露出一点怒色。这样的过年，我过了六七次。

大嫂是个最无能而又最不懂事的人，二嫂是个很能干而气量很窄小的人。她们常常闹意见，只因为我母亲的和气榜样，她们还不曾有公然相骂相打的事。她们闹气时，只是不说话，不答话，把脸放下来，叫人难看；二嫂生气时，脸色变青，更是怕人。她们对我母亲闹气时，也是如此。我起初全不懂得这一套，后来也渐渐懂得看人的脸色了。我渐渐明白，世间最可厌恶的事莫如一张生气的脸；世间最下流的事莫如把生气的脸摆给旁人看。这比打骂还难受。

我母亲的气量大，性子好，又因为做了后母后婆，她更事事留心，事事格外容忍。大哥的女儿比我只小一岁，她的饮食衣料总是和我的一样。我和她有小争执，总是我吃亏，母亲总是责备我，要我事事让她。后来大嫂、二嫂都生了儿子了，她们生气时便打骂孩子来出气，一面打，一面用尖刻有刺的话骂给别人听。我母亲只装做不听见。有时候，她实在忍不住了，便悄悄走出门去，或到左邻立大嫂家去坐一会，或走后门到后邻度嫂家去闲谈。她从不和两个嫂子吵一句嘴。

每个嫂子一生气，往往十天半个月不歇，天天走进走出，板着脸，咬着嘴，打骂小孩子出气。我母亲只忍耐着，忍到实在不可再忍的一天，她也有她的法子。这一天的天明时，她就不起床，轻轻的哭一场。她不骂一个人，只哭她的丈夫，哭她自己苦命，留不住她丈夫来照管她。她先哭时，声音很低，渐渐哭出声来。我醒了起来劝她，她不肯住。这时候，我总听得见前堂（二嫂住前堂东房）或后堂（大嫂住后堂西房）有一扇房门开了，一个嫂子走出房向厨房走去。不多一会，那位嫂子来敲我们的房门了。我开了房门，她走进来，捧着一碗热茶，送到我母亲床前，劝她止哭，请她喝口热茶。我母亲慢慢停住哭声，伸手接了茶碗。那位嫂子站着劝一会，才退出去。没有一句话提到什么人，也没有一个字提到这十天半个月来的气脸，然而各人心里明白，泡茶进来的嫂子总是那十天半个月来闹气的人。奇怪的很，这一哭之后，至少有一两个月的太平清静日子。

我母亲待人最仁慈，最温和，从来没有一句伤人感情的话。但她有时候也很有刚气，不受一点人格上的侮辱。我家五叔是个无正业的浪人，有一天在烟馆里发牢骚，说我母亲家中有事总请某人帮忙，大概总有什么好处给他。这句话传到了我母亲耳朵里，她气的大哭，请了几位本家来，把五叔喊来，她当面质问他她给了某人什么好处。直到五叔当众认错赔罪，她才罢休。

我在我母亲的教训之下住了九年，受了她的极大极深的影响。我十四岁（其实只有十二岁零两三个月）就离开她了。在这广漠的人海里独自混了二十多年，没有一个人管束过我。如果我学得了一丝一毫的好脾气，如果我学得了一点点待人接物的和气，如果我能宽恕人，体谅人，——我都得感谢我的慈母。

十九，十一，廿一夜。

（原载于《新月》第3卷第3期，1931年5月10日）

四十自述（之四）

从拜神到无神

（一）

纷纷歌舞赛蛇虫，
酒醴牲牢告洁丰。
果有神灵来护佑，
天寒何故不临工？

这是我父亲在郑州办河工时（光绪十四年，一八八八）做的十首《郑工合龙纪事诗》的一首。他自己有注道：

> 霜雪既降，凡俗所谓“大王”、“将军”化身临工者，皆绝迹不复见矣。

“大王”、“将军”都是祀典里的河神；河工区域内的水蛇虾蟆往往被认为大王或将军的化身，往往享受最隆重的祠祭礼拜。河工是何等大事，而国家的治河官吏不能不向水蛇虾蟆磕头乞怜，真是一个民族的最大耻辱。我父亲这首诗不但公然指斥这种迷信，并且用了一个很浅近的证据，证明这种迷信的荒诞可笑。这一点最可表现我父亲的思想的倾向。

我父亲不曾受过近世自然科学的洗礼，但他很受了程颐、朱熹一系的理学的影响。理学家因袭了古代的自然主义的宇宙观，用“气”和“理”两个基本观念来解释宇宙，敢说“天即理也”，“鬼神者，二气（阴阳）之良能也”。这种思想，虽有不彻底的地方，很可以破除不少的迷信。况且程、朱一系极力提倡“格物穷理”，教人“即物而穷其理”，这就是近世科学的态度。我父亲做的《原学》，开端便说：

> 天地氤氲，百物化生。

这是采纳了理学家的自然主义的宇宙观。他做的《学为人诗》的结论是：

> 为人之道，非有他术：
> 穷理致知，反躬践实，
> 黾勉于学，守道勿失。

这是接受了程、朱一系格物穷理的治学态度。

这些话都是我四五岁时就念熟了的。先生怎样讲解，我记不得了；我当时大概完全不懂得这些话的意义。我父亲死的太早，我离开他时，还只是三岁小孩，所以我完全不曾受着他的思想的直接影响。他留给我的，大概有两方面：一方面是遗传，因为我是“我父亲的儿子”。一方面是他留下了一点程朱理学的遗风；我小时跟着四叔念朱子的《小学》，就是理学的遗风；四叔家和我家的大门上都贴着“僧道无缘”的条子，也就是理学家庭的一个招牌。

我记得我家新屋大门上的“僧道无缘”条子，从大红色褪到粉红，又渐渐变成了淡白色，后来竟完全剥落了。我家中的女眷都是深信神佛的。我父亲死后，四叔又上任做学官去了，家中的女眷就自由拜神佛了。女眷的宗教领袖是星五伯娘，她到了晚年，吃了长斋，拜佛念经，四叔和三哥（是她过继的孙子）都不能劝阻她，后来又添上了二哥的丈母，也是吃长斋念佛的，她常来我家中住。这两位老太婆做了好朋友，常劝诱家中的几房女眷信佛。家中人有病痛，往往请她们念经许愿还愿。

二哥的丈母颇认得字，带来了《玉历钞传》，《妙庄王经》一类的善书，常给我们讲说目连救母游地府，妙庄王的公主（观音）出家修行等等故事。我把她带来的书都看了，又在戏台上看了《观音娘娘出家》全本连台戏，所以脑子里装满了地狱的惨酷景象。

后来三哥得了肺痨病，生了几个孩子都不曾养大。星五伯娘常为三哥拜神佛，许愿，甚至于招集和尚在家中放焰口超度冤魂。三哥自己不肯参加行礼，伯娘常叫我去代替三哥跪拜行礼。我自己幼年身体也很虚弱，多病痛，所以我母亲也常请伯娘带了我去烧香拜佛。依家乡的风俗，我母亲也曾把我许在观音菩萨座下做弟子，还给我取了一个佛名，上一字是个“观”字，下一字我忘了。我母亲爱我心切，时时教我拜佛拜神总须诚心敬礼。每年她同我上外婆家去，十里路上所过庙宇路亭，凡有神佛之处，她总教我拜揖。有一年我害肚痛，眼睛里又起翳，她代我许愿：病好之后亲自到古塘山观音菩萨座前烧香还愿。后来我病好了，她亲自跟伯娘带了我去朝拜古塘山。山路很难走，她的脚是终年疼的，但她为了儿子，步行朝山，上山时走几步便须坐下歇息，却总不说一声苦痛。我这时候自然也是很诚心的跟着她们礼拜。

我母亲盼望我读书成名，所以常常叮嘱我每天要拜孔夫子。禹臣先生学堂壁上挂着一幅朱印石刻的吴道子画的孔子像，我们每晚放学时总得对他拜一个揖。我到大姊家去拜年，看见了外甥章砚香（比我大几岁）供着一个孔夫子神龛，是用大纸匣子做的，用红纸剪的神位，用火柴盒子做的祭桌，桌子上贴着金纸剪的香炉烛台和供献，神龛外边贴着许多红纸金纸的圣庙匾额对联，写着“德配天地，道冠古今”一类的句子。我看了这神龛，心里好生羡慕，回到家里，也造了一座小圣庙。我在家中寻到了一只燕窝匣子，做了圣庙大庭；又把匣子中间挖空一方块，用一只午时茶小匣子糊上去，做了圣庙的内堂，堂上也设了祭桌，神位，香炉，烛台等等。我在两厢又添设了颜渊、子路一班圣门弟子的神位，也都有小祭桌。我借得了一部《联语类编》，抄出了许多圣庙联匾句子，都用金银锡箔做成匾对，请近仁叔写了贴上。这一座孔庙很费了我不少的心思。我母亲见我这样敬礼孔夫子，她十分高兴，给我一张小桌子专供这神龛，并且给我一个铜香炉；每逢初一和十五，她总教我焚香敬礼。

这座小圣庙，因为我母亲的加意保存，到我二十七岁从外国回家时，还不曾毁坏。但我的宗教虔诚却早已摧毁破坏了。我在十一二岁时便已变成了一个无神论者。

(二)

有一天，我正在温习朱子的《小学》，念到了一段司马温公的家训，其中有论地狱的话，说：

> 形既朽灭，神亦飘散，虽有剉烧舂磨，亦无所施。……

我重读了这几句话，忽然高兴的直跳起来。《目连救母》，《玉历钞传》等书里的地狱惨状，都呈现在我眼前，但我觉得都不怕了。放焰口的和尚陈设在祭坛上的十殿阎王的画像，和十八层地狱的种种牛头马面用钢叉把罪人叉上刀山，叉下油锅，抛下奈何桥去喂饿狗毒蛇，——这种种惨状也都呈现在我眼前，但我现在觉得都不怕了。我再三念这句话："形既朽灭，神亦飘散，虽有剉烧舂磨，亦无所施。"我心里很高兴，真像地藏王菩萨把锡杖一指，打开地狱门了。

这件事我记不清在那一年了，大概在十一岁时。这时候，我已能够自己看古文书了。禹臣先生教我看《纲鉴易知录》，后来又教我改看《御批通鉴辑览》。《易知录》有句读，故我不觉吃力。《通鉴辑览》须我自己用朱笔点读，故读的很迟缓。有一次二哥从上海回来，见我看《御批通鉴辑览》，他不赞成；他对禹臣先生说，不如看《资治通鉴》。于是我就点读《资治通鉴》了。这是我研究中国史的第一步。我不久便很喜欢这一类的历史书，并且感觉朝代帝王年号的难记，就想编一部《历代帝王年号歌诀》！近仁叔很鼓励我做此事，我真动手编这部七字句的历史歌诀了。此稿已遗失了，我已不记得这件野心工作编到了哪一朝代。但这也可算是我的“整理国故”的破土工作。可是谁也想不到司马光的《资治通鉴》竟会大大的影响我的宗教信仰，竟会使我变成一个无神论者。

有一天，我读到《资治通鉴》第一百三十六卷，中有一段记范缜（齐梁时代人，死时约在西历一〇年）反对佛教的故事，说：

> 缜著《神灭论》，以为“形者神之质，神者形之用也。神之于形，犹利之于刀。未闻刀没而利存，岂容形亡而神在哉?”此论出，朝野喧哗，难之，终不能屈。

我先已读司马光论地狱的话了，所以我读了这一段议论，觉得非常明白，非常有理。司马光的话教我不信地狱，范缜的话使我更进一步，就走上了无鬼神的路。范缜用了一个譬喻，说形和神的关系就像刀子和刀口的锋利一样，没有刀子，便没有刀子的“快”了；那么，没有形体，还能有神魂吗？这个譬喻是很浅显的，恰恰合一个初开知识的小孩子的程度，所以我越想越觉得范缜说的有道理。司马光引了这三十五个字的《神灭论》，居然把我脑子里的无数鬼神都赶跑了。从此以后，我不知不觉的成了一个无鬼无神的人。

我那时并不知道范缜的《神灭论》全文载在《梁书》（卷四八）里，也不知道当时许多人驳他的文章保存在《弘明集》里。我只读了这三十五个字，就换了一个人。大概司马光也受了范缜的影响，所以有“形既朽灭，神亦飘散”的议论；大概他感谢范缜，故他编《通鉴》时，硬把《神灭论》摘了最精采的一段，插入他的不朽的历史里。他决想不到，八百年后这三十五个字竟感悟了一个十一二岁的小孩子，竟影响了他一生的思想。

《通鉴》又记述范缜和竟陵王萧子良讨论“因果”的事，这一段在我的思想上也发生了很大的影响。原文如下：

> 子良笃好释氏，招致名僧，讲论佛法。道俗之盛，江左未有。或亲为众僧赋食行水，世颇以为失宰相体。
>
> 范缜盛称无佛。子良曰，“君不信因果，何得有富贵贫贱？”缜曰，“人生如树花同发，随风而散，或拂帘幌，坠茵席之上；或关篱墙，落粪溷之中。坠茵席者，殿下是也。落粪溷者，下官是也。贵贱虽复殊途，因果竟在何处？”子良无以难。

这一段议论也只是一个譬喻，但我当时读了只觉得他说的明白有理，就熟读了记在心里。我当时实在还不能了解范缜的议论的哲学意义。他主张一种“偶然论”，用来破坏佛教的果报轮回说。我小时听惯了佛家果报轮回的教训，最怕来世变猪变狗，忽然看见了范缜不信因果的譬喻，我心里非常高兴，胆子就大的多了。他和司马光的神灭论教我不怕地狱；他的无因果论教我不怕轮回。我喜欢他们的话，因为他们教我不怕。我信服他们的话，因为他们教我不怕。

（三）

我的思想经过了这回解放之后，就不能虔诚拜神拜佛了。但我在我母亲面前，还不敢公然说出不信鬼神的议论。她叫我上分祠里去拜祖宗，或去烧香还愿，我总不敢不去，满心里的不愿意，我终不敢让她知道。

我十三岁的正月里，我到大姊家去拜年，住了几天，到十五日早晨，才和外甥砚香同回我家去看灯。他家的一个长工挑着新年糕饼等物事，跟着我们走。

半路上到了中屯外婆家，我们进去歇脚，吃了点心，又继续前进。中屯村口有个三门亭，供着几个神像。我们走进亭子，我指着神像对砚香说，“这里没有人看见，我们来把这几个烂泥菩萨拆下来抛到毛厕里去，好吗?”

这样突然主张毁坏神像，把我的外甥吓住了。他虽然听我说过无鬼无神的话，却不曾想到我会在这路亭里提议实行捣毁神像。他的长工忙劝阻我道：“麋舅，菩萨是不好得罪的。”我听了这话，更不高兴，偏要拾石子去掷神像。恰好村子里有人下来了，砚香和那长工就把我劝走了。

我们到了我家中，我母亲煮面给我们吃，我刚吃了几筷子，听见门外锣鼓响，便放下面，跑出去看舞狮子了。这一天来看灯的客多，家中人都忙着照料客人，谁也不来管我吃了多少面。我陪着客人出去玩，也就忘了肚子饿了。

晚上陪客人吃饭，我也喝了一两杯烧酒。酒到了饿肚子里，有点作怪。晚饭后，我跑出大门外，被风一吹，我有点醉了，便喊道：“月亮，月亮，下来看灯!”别人家的孩子也跟着喊，“月亮，月亮，下来看灯!”

门外的喊声被屋里人听见了，我母亲叫人来唤我回去。我怕她责怪，就跑出去了。来人追上去，我跑的更快。有人对我母亲说，我今晚上喝了烧酒，怕是醉了。我母亲自己出来唤我，这时候我已被人追回来了。但跑多了，我真有点醉了，就和他们抵抗，不肯回家。母亲抱住我，我仍喊着要月亮下来看灯。许多人围拢来看，我仗着人多，嘴里仍旧乱喊。母亲把我拖进房里，一群人拥进房来看。

这时候，那位跟我们来的章家长工走到我母亲身边，低低的说：“外婆（他跟着我的外甥称呼），麋舅今夜怕不是吃醉了罢？今天我们从中屯出来，路过三门亭，麋舅要把那几个菩萨拖下来丢到毛厕里去。他今夜嘴里乱说话，怕是得罪了神道，神道怪下来了。”

这几句话，他低低的说，我靠在母亲怀里，全听见了。我心里正怕喝醉了酒，母亲要责罚我；现在我听了长工的话，忽然想出了一条妙计。我想：“我胡闹，母亲要打我；菩萨胡闹，她不会责怪菩萨。”于是我就闹的更凶，说了许多疯话，好像真有鬼神附在我身上一样！

我母亲着急了，叫砚香来问，砚香也说我日里的确得罪了神道。母亲就叫别人来抱住我，她自己去洗手焚香，向空中祷告三门亭的神道，说我年小无知，触犯了神道，但求神道宽洪大量，不计较小孩子的罪过，宽恕了我。我们将来一定亲到三门亭去烧香还愿。

这时候，邻舍都来看我，挤满了一屋子的人，有些妇女还提着“火筒”（徽州人冬天用瓦炉装炭火，外面用篾丝作篮子，可以随身携带，名为火筒），房间里闷热的很。我热的脸都红了，真有点像醉人。

忽然门外有人来报信，说，“龙灯来了，龙灯来了！”男男女女都往外跑，都想赶到十字街口去等候看灯。一会儿，一屋子的人都散完了，只剩下我和母亲两个人。房里的闷热也消除了，我也疲倦了，就不知不觉的睡着了。

母亲许的愿好像是灵应了。第二天，她教训了我一场，说我不应该瞎说，更不应该在神道面前瞎说。但她不曾责罚我，我心里高兴，万想不到我的责罚却在一个月之后。

过了一个月，母亲同我上中屯外婆家去。她拿出钱来，在外婆家办了猪头供献，备了香烛纸钱，她请我母舅领我到三门亭里去谢神还愿。我母舅是个虔诚的人，他恭恭敬敬的摆好供献，点起香烛，陪着我跪拜谢神。我忍住笑，恭恭敬敬的行了礼，——心里只怪我自己当日扯谎时不曾想到这样比挨打还更难为情的责罚！

直到我二十七岁回家时，我才敢对母亲说那一年元宵节附在我身上胡闹的不是三门亭的神道，只是我自己，母亲也笑了。

十九，十二，廿五，在北京。

（原载于《新月》第3卷第4期，1931年6月10日）

四十自述（之五）

在上海（一）

（一）

光绪甲辰年（一九〇四）的春天，三哥的肺病已到了很危险的时期，他决定到上海去医治。我母亲也决定叫我跟他到上海去上学。那时我名为十四岁，其实只有十二岁有零。这一次我和母亲分别之后，十四年之中，我只回家三次，和她在一块的时候还不满六个月。她只有我一个人，只因为爱我太深，望我太切，所以她硬起心肠，送我向远地去求学。临别的时候，她装出很高兴的样子，不曾掉一滴眼泪。我就这样出门去了，向那不可知的人海里去寻求我自己的教育和生活——孤零零的一个小孩子，所有的防身之具只是一个慈母的爱，一点点用功的习惯，和一点点怀疑的倾向。

我在上海住了六年（一九〇四—一九一〇），换了四个学校（梅溪学堂，澄衷学堂，中国公学，中国新公学）。这是我一生的第二个段落。

我父亲生平最佩服一个朋友——上海张焕纶先生（字经甫）。张先生是提倡新教育最早的人，他自己办了一个梅溪书院，后来改为梅溪学堂。二哥、三哥都在梅溪书院住过，所以我到了上海也就进了梅溪学堂。我只见过张焕纶先生一次，不久他就死了。现在谈中国教育史的人，很少能知道这一位新教育的老先锋了。他死了二十二年之后，我在巴黎见着赵诒琫先生（字颂南，无锡人），他是张先生的得意学生，他说他在梅溪书院很久，最佩服张先生的人格，受他的感化最深。他说，张先生教人的宗旨只是一句话："千万不要仅仅做个自了汉。"我坐在巴黎乡间的草地上，听着赵先生谈话，想着赵先生夫妇的刻苦生活和奋斗精神，——这时候，我心里想：张先生的一句话影响了他的一个学生的一生，张先生的教育事业不算是失败。

梅溪学堂的课程是很不完备的，只有国文，算学，英文三项。分班的标准是国文程度。英文、算学的程度虽好，国文不到头班，仍不能毕业。国文到了头班，英文、算学还很幼稚，却可以毕业。这个办法虽然不算顶好，但这和当时教会学堂的偏重英文，都是过渡时代的特别情形。

我初到上海的时候，全不懂得上海话。进学堂拜见张先生时，我穿着蓝呢的夹袍，绛色呢大袖马褂，完全是个乡下人。许多小学生围拢来看我这乡下人。因为我不懂话，又不曾"开笔"做文章，所以暂时编在第五班，差不多是最低的一班。班上读的是文明书局的《蒙学读本》，英文班上用《华英初阶》，算学班上用《笔算数学》。

我是读了许多古书的，现在读《蒙学读本》，自然毫不费力，所以有工夫专读英文、算学。这样过了六个星期。到了第四十二天，我的机会来了。教《蒙学读本》的沈先生大概也瞧不起这样浅近的书，更料不到这班小孩子里面有人起来驳正他的错误。这一天，他讲的一课书里有这样一段引语：

> 传曰，二人同心，其利断金。同心之言，其臭如兰。

沈先生随口说这是《左传》上的话。我那时已勉强能说几句上海话了，等他讲完之后，我拿着书，走到他的桌边，低声对他说：

这个“传曰”是《易经》的《系辞传》，不是《左传》。先生脸红了，说，“侬读过《易经》?”我说读过。他又问，“阿曾读过别样经书?”我说读过《诗经》、《书经》、《礼记》。他问我做过文章没有，我说没有做过。他说，“我出个题目，拨侬做做试试看。”他出了“孝弟说”三个字，我回到座位上，勉强写了一百多字，交给先生看。他看了对我说，“侬跟我来。”我卷了书包，跟他下楼走到前厅。前厅上东面是头班，西面是二班。沈先生到二班课堂上，对教员顾先生说了一些话，顾先生就叫我坐在末一排的桌子上。我才知道我一天之中升了四班，居然做第二班的学生了。

可是我正在欢喜的时候，抬头一看，就得发愁了。这一天是星期四，是作文的日子。黑板上写着两个题目：

> 论题：原日本之所由强。
>
> 经义题：古之为关也将以御暴，今之为关也将以为暴。

我从来不知道“经义”是怎样做的，所以想都不敢去想他。可是日本在天南地北，我还不很清楚，这个“原日本之所由强”又从哪里说起呢？既不敢去问先生，班上同学又没有一个熟人，我心里颇怪沈先生太卤莽，不应该把我升的这么高，这么快。

忽然学堂的茶房走到厅上来，对先生说了几句话，呈上一张字条，先生看了字条，对我说，我家中有要紧事，派了人来领我回家，卷子可以带回去做，下星期四交卷。我正在着急，听了先生的话，抄了题目，逃出课堂，赶到门房，才知道三哥病危，二哥在汉口没有回来，店里（我家那时在上海南市开一个公义油栈）的管事慌了，所以赶人来领我回去。

我赶到店里，三哥还能说话。但不到几个钟头，他就死了，死时他的头还靠在我手腕上。第三天，二哥从汉口赶到。丧事办了之后，我把升班的事告诉二哥，并且问他“原日本之所由强”一个题目应该参考一些什么书。二哥检了《明治维新三十年史》，壬寅《新民丛报汇编》……一类的书，装了一大篮，叫我带回学堂去翻看。费了几天的工夫，才勉强凑了一篇论说交进去。不久我也会做“经义”了。几个月之后，我居然算是头班学生了，但英文还不曾读完《华英初阶》，算学还只做到《利息》。

这一年梅溪学堂改为梅溪小学，年底要办毕业第一班。我们听说学堂里要送张在贞，王言，郑璋和我四个人到上海道衙门去考试。我和王、郑三人都不愿意去考试，都不等到考试日期，就离开学堂了。

为什么我们不愿受上海道的考试呢？这一年之中，我们都经过了思想上的一种激烈变动，都自命为“新人物”了。二哥给我的一大篮子的“新书”，其中很多是梁启超先生一派人的著述；这时代是梁先生的文章最有势力的时代，他虽不曾明白提倡种族革命，却在一班少年人的脑海里种下了不少革命种子。有一天，王言君借来了一本邹容的《革命军》，我们几个人传观，都很受感动。借来的书是要还人的，所以我们到了晚上，等舍监查夜过去之后，偷偷起来点着蜡烛，轮流抄了一本《革命军》。正在传抄《革命军》的少年，怎肯投到官厅去考试呢？

这一年是日俄战争的第一年。上海的报纸上每天登着很详细的战事新闻，爱看报的少年学生都感觉绝大的兴奋。这时候中国的舆论和民众心理都表同情于日本，都痛恨俄国，又都痛恨清政府的宣告中立。仇俄的心理增加了不少排满的心理。这一年，上海发生了几件刺激人心的案子。一件是革命党万福华在租界内枪击前广西巡抚王之春，因为王之春从前是个联俄派。一件是上海黄浦滩上一个宁波木匠周生有被一个俄国水兵无故砍杀。这两件事都引起上海报纸的注意；尤其是那年新出现的《时报》，天天用简短沉痛的时评替周生有喊冤，攻击上海的官厅。我们少年人初读这种短评，没有一个不受刺激的。周生有案的判决使许多人失望。我和王言、郑璋三个人都恨极了上海道袁海观，所以连合写了一封长信去痛骂他。这封信是匿名的，但我们总觉得不愿意去受他的考试。所以我们三个人都离开梅溪学堂了。（王言是黟县人，后来不知下落了；郑璋是潮阳人，后改名仲诚，毕业于复旦，不久病死。）

（二）

我进的第二个学堂是澄衷学堂。这学堂是宁波富商叶成忠先生创办的，原来的目的是教育宁波的贫寒子弟；后来规模稍大，渐渐成了上海一个有名的私立学校，来学的人便不限止于宁波人了。这时候的监督是章一山先生，总教是白振民先生。白先生和我二哥是同学，他看见我在梅溪作的文字，劝我进澄衷学堂。光绪乙巳年（一九〇五），我就进了澄衷学堂。

澄衷共有十二班，课堂分东西两排，最高一班称为东一斋，第二班为西一斋，以下直到西六斋。这时候还没有严格规定的学制，也没有什么中学小学的分别。用现在的名称来分，可说前六班为中学，其余六班为小学。澄衷的学科比较完全多了，国文、英文、算学之外，还有物理、化学、博物、图画诸科。分班略依各科的平均程度，但英文、算学程度过低的都不能入高班。

我初进澄衷时，因英文、算学太低，被编在东三斋（第五班）。下半年便升入东二斋（第三班），第二年（丙午，一九〇六）又升入西一斋（第二班）。澄衷管理很严，每月有月考，每半年有大考，月考大考都出榜公布，考前三名的有奖品。我的考试成绩常常在第一，故一年升了四班。我在这一年半之中，最有进步的是英文、算学。教英文的谢昌熙先生，陈诗豪先生，张镜人先生，教算学的郁耀卿先生，都给了我很多的益处。

我这时候对于算学最感觉兴趣，常常在宿舍熄灯之后，起来演习算学问题。卧房里没有桌子，我想出一个法子来，把蜡烛放在帐子外床架上，我伏在被窝里，仰起头来，把石板放在枕头上做算题。

因为下半年要跳过一班，所以我须要自己补习代数。我买了一部丁福保先生编的代数书，在一个夏天把初等代数习完了，下半年安然升班。

这样的用功，睡眠不够，就影响到身体的健康。有一个时期，我的两只耳朵几乎全聋了。但后来身体渐渐复原，耳朵也不聋了。我小时身体多病，出门之后，逐渐强健。重要的原因我想是因为我在梅溪和澄衷两年半之中从来不曾缺一点钟体操的功课。我从没有加入竞赛的运动，但我上体操的课，总很用气力做种种体操。

澄衷的教员之中，我受杨千里先生（天骥）的影响最大。我在东三斋时，他是西二斋的国文教员，人都说他思想很新。我去看他，他很鼓励我，在我的作文稿本上题了“言论自由”四个字。后来我在东二斋和西一斋，他都做过国文教员。有一次，他教我们班上买吴汝纶删节的严复译本《天演论》来做读本，这是我第一次读《天演论》，高兴的很。他出的作文题目也很特别，有一次的题目是“物竞天择，适者生存，试申其义”。（我的一篇，前几年澄衷校长曹锡爵先生和现在的校长葛祖兰先生曾在旧课卷内寻出，至今还保存在校内。）这种题目自然不是我们十几岁小孩子能发挥的，但读《天演论》，做“物竞天择”的文章，都可以代表那个时代的风气。

《天演论》出版之后，不上几年，便风行到全国，竟做了中学生的读物了。读这书的人，很少能了解赫胥黎在科学史和思想史上的贡献。他们能了解的只是那“优胜劣败”的公式在国际政治上的意义。在中国屡次战败之后，在庚子、辛丑大耻辱之后，这个“优胜劣败，适者生存”的公式确是一种当头棒喝，给了无数人一种绝大的刺激。几年之中，这种思想像野火一样，延烧着许多少年人的心和血。“天演”、“物竞”、“淘汰”、“天择”等等术语都渐渐成了报纸文章的熟语，渐渐成了一班爱国志士的“口头禅”。还有许多人爱用这种名词做自己和儿女的名字。陈炯明不是号竞存吗？我有两个同学，一个叫做孙竞存，一个叫做杨天择。我自己的名字也是这种风气底下的纪念品。我在学堂里的名字是胡洪骍。有一天的早晨，我请我二哥代我想一个表字，二哥一面洗脸，一面说：

“就用‘物竞天择适者生存’的‘适’字，好不好?”我很高兴，就用“适之”二字。(二哥字绍之，三哥字振之。)后来我发表文字，偶然用胡适作笔名，直到考试留美官费时（一九一〇）我才正式用“胡适”的名字。

我在澄衷一年半，看了一些课外的书籍。严复译的《群己权界论》，像是在这时代读的。严先生的文字太古雅，所以少年人受他的影响没有梁启超的影响大。梁先生的文章，明白晓畅之中，带着浓挚的热情，使读的人不能不跟着他走，不能不跟着他想。有时候，我们跟他走到一点上，还想望前走，他倒打住了，或是换了方向走了。在这种时候，我们不免感觉一点失望。但这种失望也正是他的大恩惠。因为他尽了他的能力，把我们带到了一个境界，原指望我们感觉不满足，原指望我们更朝前走。跟着他走，我们固然得感谢他；他引起了我们的好奇心，指着一个未知的世界叫我们自己去探寻，我们更得感谢他。

我个人受了梁先生无穷的恩惠。现在追想起来，有两点最分明。第一是他的《新民说》，第二是他的《中国学术思想变迁之大势》。梁先生自号“中国之新民”，又号“新民子”，他的杂志也叫做《新民丛报》，可见他的全副心思贯注在这一点。“新民”的意义是要改造中国的民族，要把这老大的病夫民族改造成一个新鲜活泼的民族。他说：

> 未有四肢已断，五脏已瘵，筋脉已伤，血轮已涸，而身犹能存者；则亦未有其民愚陋怯弱涣散混浊而国犹能立者。……苟有新民，何患无新制度，无新政府，无新国家！（《新民说·叙论》）

他的根本主张是：

吾思之，吾重思之，今日中国群治之现象殆无一不当从根柢处摧陷廓清，除旧而布新者也。（《新民议》）

说的更沉痛一点：

然则救危亡求进步之道将奈何？曰，必取数千年横暴混浊之政体，破碎而齑粉之，使数千万如虎如狼如蝗如蝻如蜮如蛆之官吏失其社鼠城狐之凭藉，然后能涤荡肠胃以上于进步之途也！必取数千年腐败柔媚之学说，廓清而辞辟之，使数百万如蠹鱼如鹦鹉如水母如畜犬之学子毋得摇笔弄舌舞文嚼字，为民贼之后援，然后能一新耳目以行进步之实也！而其所以达此目的之方法有二：一曰无血之破坏，二曰有血之破坏。……中国如能为无血之破坏乎？吾馨香而祝之。中国如不得不为有血之破坏乎？吾衰经而哀之。（《新民说·论进步》）

我们在那个时代读这样的文字，没有一个人不受他的震荡感动的。他在那时代（我那时读的是他在壬寅癸卯做的文字）主张最激烈，态度最鲜明，感人的力量也最深刻。他很明白的提出一个革命的口号：

破坏亦破坏，不破坏亦破坏！（同上）

后来他虽然不坚持这个态度了，而许多少年人冲上前去，可不肯缩回来了。

《新民说》的最大贡献在于指出中国民族缺乏西洋民族的许多美德。梁先生很不客气的说：

五色人相比较，白人最优。以白人相比较，条顿人最优。以条顿人相比较，盎格鲁撒逊人最优。（《叙论》）

他指出我们所最缺乏而最须采补的是公德，是国家思想，是进取冒险，是权利思想，是自由，是自治，是进步，是自尊，是合群，是生利的能力，是毅力，是义务思想，是尚武，是私德，是政治能力。他在这十几篇文字里，抱着满腔的血诚，怀着无限的信心，用他那枝“笔锋常带情感”的健笔，指挥那无数的历史例证，组织成那些能使人鼓舞，使人掉泪，使人感激奋发的文章。其中如《论毅力》等篇，我在二十五年后重读，还感觉到他的魔力。何况在我十几岁最容易受感动的时期呢？

《新民说》诸篇给我开辟了一个新世界，使我彻底相信中国之外还有很高等的民族，很高等的文化；《中国学术思想变迁之大势》也给我开辟了一个新世界，使我知道《四书》、《五经》之外中国还有学术思想。梁先生分中国学术思想史为七个时代：

（一）胚胎时代　春秋以前
（二）全盛时代　春秋末及战国
（三）儒学统一时代　两汉
（四）老学时代　魏晋
（五）佛学时代　南北朝，唐
（六）儒佛混合时代　宋，元，明
（七）衰落时代　近二百五十年

我们现在看这个分段，也许不能满意。（梁先生自己后来也不满意，他在《清代学术概论》里已不认近二百五十年为衰落时代了。）但在二十五年前，这是第一次用历史眼光来整理中国旧学术思想，第一次给我们一个“学术史”的见解。所以我最爱读这篇文章。不幸梁先生做了几章之后，忽然停止了，使我大失望。甲辰以后，我在《新民丛报》上见他续作此篇，我高兴极了。但我读了这篇长文，终感觉不少的失望。第一，他论“全盛时代”，说了几万字的绪论，却把“本论”（论诸家学说之根据及其长短得失）全搁下了，只注了一个“缺”字。他后来只补作了《子墨子学说》一篇，其余各家始终没有补。第二，“佛学时代”一章的本论一节也全没有做。第三，他把第六个时代（宋、元、明）整个搁起不提。这一部学术思想史中间缺了三个最要紧的部分，使我眼巴巴的望了几年。我在那失望的时期，自己忽发野心，心想：“我将来若能替梁任公先生补作这几章缺了的中国学术思想史，岂不是很光荣的事业？”我越想越高兴，虽然不敢告诉人，却真打定主意做这件事了。

这一点野心就是我后来做《中国哲学史》的种子。我从那时候起，就留心读周、秦诸子的书。我二哥劝我读朱子的《近思录》，这是我读理学书的第一部，梁先生的《德育鉴》和《节本明儒学案》，也是这个时期出来的。这些书引我去读宋、明理学书，但我读的并不多，只读了王守仁的《传习录》和《正义堂丛书》内的程、朱语录。

我在澄衷的第二年，发起各斋组织“自治会”。有一次，我在自治会演说，题目是《论性》。我驳孟子性善的主张，也不赞成荀子的性恶说。我承认王阳明的性“无善无恶，可善可恶”是对的。我那时正读英文的《格致读本》（*The Science Readers*），懂得了一点点最浅近的科学知识，就搬出来应用了！孟子曾说：

> 人性之善也，犹水之就下也。人无有不善，水无有不下。

我说：孟子不懂得科学，——我们在那时候还叫做“格致”，——不知道水有保持水平的道理，又不知道地心吸力的道理。“水无有不下”，并非水性向下，只是地心吸力引他向下。吸力可以引他向下，高地的蓄水塔也可以使自来水管里的水向上。水无上无下，只保持他的水平，却又可上可下，正像人性本无善无恶，却又可善可恶！

我这篇性论很受同学的欢迎，我也很得意，以为我真用科学证明告子、王阳明的性论了！

我在澄衷只住了一年半，但英文和算学的基础都是在这里打下的。澄衷的好处在于管理的严肃，考试的认真。还有一桩好处，就是学校办事人真能注意到每个学生的功课和品行。白振民先生自己虽不教书，却认得个个学生，时时叫学生去问话。因为考试的成绩都有很详细的记录，故每个学生的能力都容易知道。天资高的学生，可以越级升两班；中等的可以半年升一班；下等的不升班，不升班就等于降半年了。这种编制和管理，是很可以供现在办中学的人参考的。

我在西一斋做了班长，不免有时和学校办事人冲突。有一次，为了班上一个同学被开除的事，我向白先生抗议无效，又写了一封长信去抗议。白先生悬牌责备我，记我大过一次。我虽知道白先生很爱护我，但我当时心里颇感觉不平，不愿继续在澄衷了。恰好夏间中国公学招考，有朋友劝我去考；考取之后，我就在暑假后（一九〇六）搬进中国公学去了。

廿，三，十八，北京。

（原载于《新月》第3卷第7期，1931年9月10日）

四十自述（之六）

在上海（二）

（一）

中国公学是因为光绪乙巳年（一九〇五）日本文部省颁布取缔中国留学生规则，我国的留日学生认为侮辱中国，其中一部分愤慨回国的人在上海创办的。当风潮最烈的时候，湖南陈天华投海自杀，勉励国人努力救国，一时人心大震动，所以回国的很多。回国之后，大家主张在国内办一个公立的大学。乙巳十二月中，十三省的代表全体会决议，定名为“中国公学”。次年（丙午，一九〇六）春天在上海新靶子路黄板桥北租屋开学。但这时候反对取缔规则的风潮已渐渐松懈了，许多官费生多回去复学了。上海那时还是一个眼界很小的商埠，看见中国公学里许多剪发洋装的少年人自己办学堂，都认为奇怪的事。政府官吏疑心他们是革命党，社会叫他们做怪物。所以赞助捐钱的人很少，学堂开门不到一个半月，就陷入了绝境。公学的干事姚弘业先生（湖南益阳人）激于义愤，遂于三月十三日投江自杀，遗书几千字，说，“我之死，为中国公学死也。”遗书发表之后，舆论都对他表敬意，社会受了一大震动，赞助的人稍多，公学才稍稍站得住。

我也是当时读了姚烈士的遗书大受感动的一个小孩子。夏天我去投考，监试的是总教习马君武先生。国文题目是《言志》，我不记得说了一些什么，后来君武先生告诉我，他看了我的卷子，拿去给谭心休，彭施涤先生传观，都说是为公学得了一个好学生。

我搬进公学之后，见许多同学都是剪了辫子，穿着和服，拖着木屐的；又有一些是内地刚出来的老先生，带〈戴〉着老花眼镜，捧着水烟袋的。他们的年纪都比我大的多；我是做惯班长的人，到这里才感觉我是个小孩子。不久我已感得公学的英文、数学都很浅，我在甲班里很不费气力。那时候，中国教育界的科学程度太浅，中国公学至多不过可比现在的两级中学程度，然而有好几门功课都不能不请日本教员来教。如高等代数，解析几何，博物学，最初都是日本人教授，由懂日语的同学翻译。甲班的同学有朱经农、李琴鹤等，都曾担任翻译。又有几位同学还兼任学校的职员或教员，如但懋辛便是我们的体操教员。当时的同学和我年纪不相上下的，只有周烈忠，李骏，孙粹存，孙竞存等几个人。教员和年长的同学都把我们看作小弟弟，特别爱护我们，鼓励我们。我和这一班年事稍长，阅历较深的师友们往来，受他们的影响最大。我从小本来就没有过小孩子的生活，现在天天和这班年长的人在一块，更觉得自己不是个小孩子了。

中国公学的教职员和同学之中，有不少的革命党人。所以在这里要看东京出版的《民报》，是最方便的。暑假年假中，许多同学把《民报》缝在枕头里带回内地去传观。还有一些激烈的同学往往强迫有辫子的同学剪去辫子。但我在公学三年多，始终没有人强迫我剪辫，也没有人劝我加入同盟会。直到二十年后，但懋辛先生才告诉我，当时校里的同盟会员曾商量过，大家都认为我将来可以做学问，他们要爱护我，所以不劝我参加革命的事。但在当时，他们有些活动也并不瞒我。有一晚十点钟的时候，我快睡了，但君来找我，说，有个女学生从日本回国，替朋友带了一只手提小皮箱，海关上要检查，她说没有钥匙，海关上不放行。但君因为我可以说几句英国话，要我到海关上去办交涉。我知道箱子里是危险的违禁品，就跟了他到海关码头，这时候已过十一点钟，谁都不在了。我们只好怏怏回去。第二天，那位女学生也走了，箱子她丢在关上不要了。

我们现在看见上海各学校都用国语讲授，决不能想像二十年前的上海还完全是上海话的世界，各学校全用上海话教书。学生全得学上海话。中国公学是第一个用“普通话”教授的学校。学校里的学生，四川、湖南、河南、广东的人最多，其余各省的人也差不多全有。大家都说“普通话”，教员也用“普通话”。江浙的教员，如宋耀如，王仙华，沈翔云诸先生，在讲堂上也都得勉强说官话。我初入学时，只会说徽州话和上海话；但在学校不久也就会说“普通话”了。我的同学中四川人最多；四川话清楚干净，我最爱学他，所以我说的普通话最近于四川话。二三年后，我到四川客栈（元记、厚记等）去看朋友，四川人只问，“贵府是川东，是川南?”他们都把我看作四川人了。

中国公学创办的时候，同学都是创办人，职员都是同学中举出来的，所以没有职员和学生的界限。当初创办的人都有革命思想，想在这学校里试行一种民主政治的制度。姚弘业烈士遗书中所谓“以大公无我之心，行共和之法”，即是此意。全校的组织分为“执行”与“评议”两部。执行部的职员（教务干事，庶务干事，斋务干事）都是评议部举出来的，有一定的任期，并且对于评议部要负责任。评议部是班长和室长组织成的，有监督和弹劾职员之权。评议部开会时，往往有激烈的辩论，有时直到点名熄灯时方才散会。评议员之中，最出名的是四川人龚从龙，口齿清楚，态度从容，是一个好议长。这种训练是很有益的。我年纪太小，第一年不够当评议员，有时在门外听听他们的辩论，不禁感觉我们在澄衷学堂的自治会真是儿戏。

（二）

我第一学期住的房间里有好几位同学都是江西萍乡和湖南醴陵人，他们是邻县人，说的话我听不大懂。但不到一个月，我们很相熟了。他们都是二三十岁的人了；有一位钟文恢（号古愚）已有胡子，人叫他做钟胡子。他告诉我，他们现在组织了一个学会，叫做竞业学会，目的是“对于社会，竞与改良；对于个人，争自濯磨”，所以定了这个名字。他介绍我进这个会，我答应了。钟君是会长，他带我到会所里去，给我介绍了一些人。会所在校外北四川路厚福里。会中住的人大概多是革命党。有个杨卓林，还有个廖德瑶，后来是都因谋革命被杀的。会中办事最热心的人，钟君之外，有谢寅杰和丁洪海两君，他两人维持会务最久。

竞业学会的第一件事业就是创办一个白话的旬报，就叫做《竞业旬报》。他们请了一位傅君剑先生（号钝根）来做编辑。《旬报》的宗旨，傅君说，共有四项：一振兴教育，二提倡民气，三改良社会，四主张自治。其实这都是门面话，骨子里是要鼓吹革命。他们的意思是要“传布于小学校之青年国民”，所以决定用白话文。胡梓方先生（后来的诗人胡诗庐）作《发刊辞》，其中有一段说：

> 今世号通人者，务为艰深之文，陈过高之义，以为士大夫劝，而独不为彼什伯千万倍里巷乡闾之子计，则是智益智，愚益愚，智日少，愚日多也。顾可为治乎哉？

又有一位会员署名“大武”作文《论学官话的好处》，说：

> 诸位呀，要救中国，先要联合中国的人心。要联合中国的人心，先要统一中国的言语。……但现今中国的语言也不知有多少种，如何叫他们合而为一呢？……除了通用官话，更别无

> 法子了。但是官话的种类也很不少，有南方官话，有北方官话，有北京官话。现在中国全国通行官话，只须摹仿北京官话，自成一种普通国语哩。

这班人都到过日本，又多数是中国公学的学生，所以都感觉“普通国语”的需要。“国语”一个目标，屡见于《竞业旬报》的第一期，可算是提倡最早的了。

《竞业旬报》第一期是丙午年（一九〇六）九月十一日出版的。同住的钟君看见我常看小说，又能作古文，就劝我为《旬报》作白话文。第一期里有我的一篇通俗《地理学》，署名“期自胜生”。那时候我正读《老子》，爱上了“自胜者强”一句话，所以取了个别号叫希强，又自称“期自胜生”。这篇文字是我的第一篇白话文字，所以我抄其中说“地球是圆的”一段在这里做一个纪念：

> 譬如一个人立在海边，远远的望这来往的船只。那来的船呢，一定是先看见他的桅杆顶，以后方能够看见他的风帆，他的船身一定在最后方可看见。那去的船呢，却恰恰与来的相反，他的船身一定先看不见，然后看不见他的风帆，直到后来方才看不见他的桅杆顶。这是什么缘故呢？因为那地是圆的，所以来的船在那地的低处慢慢行上来，我们看去自然先看见那桅杆顶了。那去的船也是这个道理，不过同这个相反罢了。……诸君们如再不相信，可捉一只苍蝇摆在一只苹果上，叫他从下面爬到上面来，可不是先看见他的头然后再看见他的脚么？……

这段文字已充分表现出我的文章的长处和短处了。我的长处是明白清楚，短处是浅显。这时候我还不满十五岁。二十五年来，我抱定一个宗旨，做文字必须要叫人懂得，所以我从来不怕人笑我的文字浅显。

我做了一个月的白话文，胆子大起来了，忽然决心做一部长篇的章回小说。小说的题目叫做《真如岛》，用意是“破除迷信，开通民智”。我拟了四十回的回目，便开始写下去了。第一回就在《旬报》第三期上发表（丙午十月初一日），回目是：

> 虞善仁疑心致疾
> 孙绍武正论祛迷

这小说的开场一段是：

> 话说江西广信府贵溪县城外有一个热闹的市镇叫做神权镇，镇上有一条街叫做福儿街。这街尽头的地方有一所高大的房子。有一天下午的时候，这屋的楼上有二人在那里说话。一个是一位老人，年纪大约五十以外的光景，鬓发已略有些花白了，躺在一张床上，把头靠近床沿，身上盖了一条厚被，面上甚是消瘦，好像是重病的模样。一个是一位十八九岁的后生，生得仪容端整，气概轩昂，坐在床前一只椅子上，听那个老人说话。……

我小时最痛恨道教，所以这部小说的开场就放在张天师的家乡。但我实在不知道贵溪县的地理风俗，所以不久我就把书中的主人翁孙绍武搬到我们徽州去了。

《竞业旬报》出到第十期，便停办了。我的小说续到第六回，也停止了。直到戊申年（一九〇八）三月十一日，《旬报》复活，第十一期才出世。但傅君剑已不来了，编辑无人负责，我也不大高兴投稿了。到了戊申七月，《旬报》第二十四期以下就归我编辑。从第二十四期到第三十八期，我做了不少的文字，有时候全期的文字，从论说到时闻，差不多都是我做的。《真如岛》也从第二十四期上续作下去，续到第十一回，《旬报》停刊了，我的小说也从此停止了。这时期我改用了“铁儿”的笔名。

这几十期的《竞业旬报》给了我一个绝好的自由发表思想的机

会，使我可以把在家乡和在学校得着的一点点知识和见解，整理一番，用明白清楚的文字叙述出来。《旬报》的办事人从来没有干涉我的言论，所以我能充分发挥我的思想，尤其是我对于宗教迷信的思想。例如《真如岛》小说第八回里，孙绍武这样讨论“因果”的问题：

> 这“因果”二字，很难说的。从前有人说，“譬如窗外这一树花儿，枝枝朵朵都是一样，何曾有什么好歹善恶的分别？不多一会，起了一阵狂风，把一树花吹一个‘花落花飞飞满天’，那许多花朵，有的吹上帘栊，落在锦茵之上；有的吹出墙外，落在粪溷之中。这落花的好歹不同，难道好说是这几枝花的善恶报应不成?”这话很是，但是我的意思却还不止此。大约这因果二字是有的。有了一个因，必收一个果。譬如吃饭自然会饱，吃酒自然会醉。有了吃饭吃酒两件原因，自然会生出醉饱两个结果来。但是吃饭是饭的作用生出饱来，种瓜是瓜的作用生出新瓜来。其中并没有什么人为之主宰。如果有什么人为主宰，什么上帝哪，菩萨哪，既能罚恶人于既作孽之后，为什么不能禁之于未作孽之前呢？……“天”要是真有这么大的能力，何不把天下的人个个都成了善人呢？……“天”既生了恶人，让他在世间作恶，后来又叫他受许多报应，这可不是书上说的“出尔反尔”么？……总而言之，“天”既不能使人不作恶，便不能罚那恶人。……

落花一段引的是范缜的话（看本书第二章），后半是我自己的议论。这是很不迟疑的无神论。这时候我另在《旬报》上发表了一些“无鬼丛话”，第一条就引司马温公“形既朽灭，神亦飘散，虽有剉烧舂磨，亦无所施”的话，和范缜“神之于形，犹利之于刀”的话（参看第二章）。第二条引苏东坡的诗“耕田欲雨刈欲晴，去得顺风来者怨。若使人人祷辄遂，造物应须日千变”。第三条痛骂《西游记》和

《封神榜》，其中有这样的话：

> 夫士君子处颓敝之世，不能摩顶放踵敝口焦舌以挽滔滔之狂澜，曷若隐遁穷邃，与木石终其身！更安忍随波逐流，阿谀取容于当世，用自私利其身？（本条前面说《封神榜》的作者把书稿送给他的女儿作嫁资，其婿果然因此发财。所以此处有“自私利”的话。）天壤间果有鬼神者，则地狱之设正为此辈！此其人更安有著书资格耶！（《丛话》原是用文言作的。）

这是戊申（一九〇八）年八月发表的，谁也梦想不到说这话的小孩子在十五年后（一九二三）居然很热心的替《西游记》作两万字的考证！如果他有好材料，也许他将来还替《封神榜》作考证哩！

在《无鬼丛话》的第三条里，我还接着说：

> 《王制》有之：“托于鬼神时日卜筮以乱众者，诛。”吾独怪夫数千年来之掌治权者，之以济世明道自期者，乃懵然不之注意，惑世诬民之学说得以大行，遂举我神州民族投诸极黑暗之世界！嗟夫，吾昔谓“数千年来仅得许多脓包皇帝，混帐圣贤”，吾岂好詈人哉？吾岂好詈人哉？

这里很有“卫道”的臭味，但也可以表现我在不满十七岁时的思想路子。《丛话》第四条说：

> 吾尝持无鬼之说，论者或咎余，谓举一切地狱因果之说而摧陷之，使人人敢于为恶，殊悖先王神道设教之旨。此言余不能受也。今日地狱因果之说盛行，而恶人益多，民德日落，神道设教之成效果何如者！且处兹思想竞争时代，不去此种种魔障，思想又乌从而生耶？

这种夸大的口气，出在一个十七岁孩子的笔下，未免叫人读了冷笑。但我现在回看我在那时代的见解，总算是自己独立想过几年的结果，比起现今一班在几个抽象名词里翻筋斗的少年人们，我还不感觉惭愧。

《竞业旬报》上的一些文字，我早已完全忘记了。前年中国国民党的中央宣传部曾登报征求全份的竞业旬报，——大概他们不知道这里面一大半的文字是胡适做的，——似乎也没有效果。我靠几个老朋友的帮忙，搜求了几年，至今还不曾凑成全份。今年回头看看这些文字，真有如同隔世之感。但我很诧异的是有一些思想后来成为我的重要出发点的，在那十七八岁的时期已有了很明白的倾向了。例如我在《旬报》第三十六期上发表一篇《苟且》，痛论随便省事不肯彻底思想的毛病，说“苟且”二字是中国历史上的一场大瘟疫，把几千年的民族精神都瘟死了。我在《真如岛》小说第十一回（《旬报》三十七期）论扶乩的迷信，也说：

> 程正翁，你想罢。别说没有鬼神，即使有鬼神，那关帝吕祖何等尊严，岂肯听那一二张符诀的号召？这种道理总算浅极了，稍微想一想，便可懂得。只可怜我们中国人总不肯想，只晓得随波逐流，随声附和。国民愚到这步田地，照我的眼光看来，这都是不肯思想之故。所以宋朝大儒程伊川说“学原于思”，这区区四个字简直是千古至言。——郑先生说到这里，回过头来，对翼华翼璜道：程子这句话，你们都可写作座右铭。

“学原于思”一句话是我在澄衷学堂读朱子《近思录》时注意到的。我后来的思想走上了赫胥黎和杜威的路上去，也正是因为我从十几岁时就那样十分看重思想的方法了。

又如那时代我在李莘伯办的《安徽白话报》上发表的一篇《论承继之不近人情》（转载在《旬报》廿九期），我不但反对承继儿子，并且根本疑问“为什么一定要儿子”？此文的末尾有一段说：

> 我如今要荐一个极孝顺永远孝顺的儿子给我们中国四万万

同胞。这个儿子是谁呢？便是“社会”。……

> 你看那些英雄豪杰仁人义士的名誉，万古流传，永不湮没；全社会都崇拜他们，纪念他们；无论他们有子孙没有子孙，我们纪念着他们，总不少减；也只为他们有功于社会，所以社会永远感谢他们，纪念他们。阿呛呛，这些英雄豪杰仁人义士的孝子贤孙多极了，多极了！……一个人能做许多有益于大众有功于大众的事业，便可以把全社会都成了他的孝子贤孙。列位要记得：儿子孙子，亲生的，承继的，都靠不住。只有我所荐的孝子顺孙是万无一失的。

这些意思，最初起于我小时看见我的三哥出继珍伯父家的痛苦情形，是从一个真问题上慢慢想出来的一些结论。这一点种子，在四五年后，我因读培根（Bacon）的论文有点感触，在日记里写成我的“无后主义”。在十年以后，又因为我母亲之死引起了一些感想，我才写成《不朽：我的宗教》一文，发挥“社会不朽”的思想。

这几十期的《竞业旬报》，不但给了我一个发表思想和整理思想的机会，还给了我一年多作白话文的训练。清朝末年出了不少的白话报，如《中国白话报》，《杭州白话报》，《安徽俗话报》，《宁波白话报》，《潮州白话报》，都没有长久的寿命。光绪、宣统之间，范鸿仙等办《国民白话日报》，李莘伯办《安徽白话报》，都有我的文字，但这两个报都只有几个月的寿命。《竞业旬报》出到四十期，要算最长寿的白话报了。我从第一期投稿起，直到他停办时止，中间不过有短时期没有我的文字。和《竞业旬报》有编辑关系的人，如傅君剑，如张丹斧，如叶德争，都没有我的长久关系，也没有我的长期训练。我不知道我那几十篇文字在当时有什么影响，但我知道这一年多的训练给了我自己绝大的好处。白话文从此成了我的一种工具。七八年之后，这件工具使我能够在中国文学革命的运动里做一个开路的工人。

（三）

我进中国公学不到半年，就得了脚气病，不能不告假医病。我住在上海南市瑞兴泰茶叶店里养病，偶然翻读吴汝纶选的一种古文读本，其中第四册全是古诗歌。这是我第一次读古体诗歌，我忽然感觉很大的兴趣。病中每天读熟几首。不久就把这一册古诗读完了。我小时曾读一本律诗，毫不觉得很有兴味；这回看了这些乐府歌辞和五七言诗歌，才知道诗歌原来是这样自由的，才知道做诗原来不必先学对仗。我背熟的第一首诗是《木兰辞》，第二首是《饮马长城窟行》，第三是《古诗十九首》。一路下去，直到陶潜、杜甫，我都喜欢读。读完了吴汝纶的选本，我又在二哥的藏书里寻得了《陶渊明集》和《白香山诗选》，后来又买了一部《杜诗镜诠》。这时代我专读古体歌行，不肯再读律诗；偶然也读一些五七言绝句。

有一天，我回学堂去，路过《竞业旬报》社，我进去看傅君剑，他说不久就要回湖南去了。我回到了宿舍，写了一首送别诗，自己带给君剑，问他像不像诗。这诗我不记得了，只记得开端是“我以何因缘，得交傅君剑”。君剑很夸奖我的送别诗，但我终有点不自信。过了一天，他送了一首“留别适之即和赠别之作”来，用日本卷笺写好，我打开一看，真吓了一跳。他诗中有“天下英雄君与我，文章知己友兼师”两句，在我这刚满十五岁的小孩子的眼里，这真是受宠若惊了！“难道他是说谎话哄小孩子吗?”我忍不住这样想。君剑这幅诗笺，我赶快藏了，不敢给人看。然而他这两句鼓励小孩子的话可害苦我了！从此以后，我就发愤读诗，想要做个诗人了。有时候，我在课堂上，先生在黑板上解高等代数的算式，我却在斯密司的《大代数学》底下翻《诗韵合璧》，练习簿上写的不是算式，是一首未完的纪游诗。一两年前我半夜里偷点着蜡烛，伏在枕头上演习代数问题，那种算学兴趣现在都被做诗的新兴趣赶跑了！我在病脚气的几个月之中发现了一个新世界，同时也决定了我一生的命运。我从此走上了文学史学的路，后来几次想矫正回来，想走到自然科学的路上去，但兴趣已深，习惯已成，终无法挽回了。

丁未正月（一九〇七）我游苏州，三月与中国公学全体同学旅行到杭州，我都有诗纪游。我那时全不知道“诗韵”是什么，只依家乡的方音，念起来同韵便算同韵，在西湖上写了一首绝句，只押了两个韵脚，杨千里先生看了大笑，说，一个字在“尤”韵，一个字在“萧”韵。他替我改了两句。意思全不是我的了。我才知道做诗要硬记《诗韵》，并且不妨牺牲诗的意思来迁就诗的韵脚。

丁未五月，我因脚气病又发了，遂回家乡养病。（我们徽州人在上海得了脚气病，必须赶紧回家乡，行到钱塘江的上游，脚肿便渐渐退了。）我在家中住了两个多月，母亲很高兴。从此以后，我十年不归家（一九〇七—一九一七），那是母亲和我都没有料到的。那一次在家，和近仁叔相聚甚久，他很鼓励我作诗。在家中和路上我都有诗。这时候我读了不少白居易的诗，所以我这时期的诗，如在家乡做的《弃父行》，很表现《长庆集》的影响。

丁未以后，我在学校里颇有少年诗人之名，常常和同学们唱和。有一次我做了一首五言律诗，押了一个“颓”字韵，同学和教员和作的诗有十几首之多。同学中如汤昭（保民），朱经（经农），任鸿隽（叔永），沈翼孙（燕谋）等，都能作诗；教员中如胡梓方先生、石一参先生等，也都爱提倡诗词，梓方先生即是后来出名的诗人胡诗庐，这时候他教我们的英文，英文教员能做中国诗词，这是当日中国公学的一种特色。还有一位英文教员姚康侯先生，是辜鸿铭先生的学生，也是很讲究中国文学的。辜先生译的《痴汉骑马歌》，其实是姚康侯先生和几位同门修改润色的。姚先生在课堂上常教我们翻译，从英文译汉文，或从汉文译英文。有时候，我们自己从读本里挑出爱读的英文诗，邀几个能诗的同学分头翻译成中国诗，拿去给姚先生和胡先生评改，姚先生常劝我们看辜鸿铭译的《论语》，他说这是翻译的模范。但五六年后，我得读辜先生译的《中庸》，感觉很大的失望。大概当时所谓翻译，都侧重自由的意译，务必要“典雅”，而不妨变动原文的意义与文字。这种训练也有他的用处，可以使学生时时想到中西文字异同之处。时时想某一句话应该怎样翻译，才可算“达”与“雅”。我记得我们试译一首英文诗，中有 Scarecrow 一个字，我们大家想了几天，想不出一个典雅的译法。但是这种工夫，现在回想起来，不算是浪费了的。

我初学做诗，不敢做律诗，因为我不曾学过对对子，觉得那是很难的事，戊申（一九〇八）以后，我偶然试做一两首五言律诗来送朋友，觉得并不很难，后来我也常常做五七言律诗了。做惯律诗之后，我才明白这种体裁是似难而实易的把戏；不必有内容，不必有情绪，不必有意思，只要会变戏法，会搬运典故，会调音节，会对对子，就可以诌成一首律诗。这种体裁最宜于做没有内容的应酬诗，无论是殿廷上应酬皇帝，或寄宿舍里送别朋友，把头摇几摇，想出了中间两联，凑上一头一尾，就是一首诗了；如果是限韵或和韵的诗，只消从韵脚上去着想，那就更容易了。大概律诗的体裁和步韵的方法所以不能废除，正因为这都是最方便的戏法。我那时读杜甫的五言律诗最多，所以我做的五律颇受他的影响。七言律诗，我觉得没有一首能满意的，所以我做了几首之后就不做了。

现在我把我在那时做的诗抄几首在这里，也算一个时期的纪念：

秋日梦返故居（戊申八月）

秋高风怒号，客子中怀乱。抚枕一太息，悠悠归里闬。入门拜慈母，母方抚孙玩。齐儿见叔来，牙牙似相唤。拜母复入室，诸嫂同炊爨。问答乃未已，举头日已旰。方期长聚首，岂复疑梦幻？年来历世故，遭际多忧患。耿耿苦思家，听人讥斥鷃。（玩字原作弄，是误用方音，前年改玩字。）

军人梦（译 Thomas Campbell's A Solder's Dream）（戊申）

笳声销歇暮云沉，耿耿天河灿列星。战士创痍横满地，倦者酣眠创者逝。枕戈藉草亦蘧然，时见刍人影摇曳。长夜沉沉夜未央，陶然入梦已三次。梦中忽自顾，身已离行伍，秋风拂襟袖，独行殊踽踽。惟见日东出，迎我归乡土。纵横阡陌间，尽是钓游迹，时闻老农刈稻歌，又听牛羊嗥山脊。归来戚友咸燕集，誓言不复相离别。娇儿数数亲吾额，少妇情深自呜咽。举室争言君已倦，幸得归休免征战。惊回好梦日熹微，梦魂渺渺成虚愿。（刍人原作刍灵，今年改。）

酒醒（己酉）

酒能销万虑，已分醉如泥。烛泪流干后，更声断续时。醒来还苦忆，起坐一沉思。窗外东风峭，星光淡欲垂。

女优陆菊芬演《纺棉花》（己酉）

永夜亲机杼，悠悠念远人。朱弦纤指弄，一曲翠眉颦。满座天涯客，无端旅思新。未应儿女语，争奈不胜春！

秋柳　有序（己酉）

秋日适野，见万木皆有衰意。而柳以弱质，际兹高秋，独能迎风而舞，意态自如。岂老氏所谓能以弱者存耶？感而赋之。

但见萧飕万木摧，尚余垂柳拂人来。西风莫笑长条弱，也向西风舞一回。（西风莫笑，原作“凭君漫说”，民国五年改。长条原作“柔条”，十八年改。）

（原载于《新月》第3卷第10期，1931年12月10日）

四十自述（之七）

我怎样到外国去

（一）

戊申（一九〇八）九月间，中国公学闹出了一次大风潮，结果是大多数学生退学出来，另组织一个中国新公学。这一次的风潮为的是一个宪法的问题。

中国公学在最初的时代，纯然是一个共和国家，评议部为最高立法机关，执行部的干事即由公选产生出来。不幸这种共和制度实行了九个月（丙午二月至十一月），就修改了。修改的原因，约有几种：一是因为发起的留日学生逐渐减少，而新招来的学生逐渐加多，已不是当初发起时学生与办事人完全不分界限的情形了。二是因为社会和政府对于这种共和制度都很疑忌。三是因为公学既无校舍，又无基金，有请求官款补助的必要，所以不能不避免外界对于公学内部的疑忌。

为了这种种原因，公学的办事人就在丙午（一九〇六）年的冬天，请了郑孝胥，张謇，熊希龄等几十人作中国公学的董事，修改章程，于是学生主体的制度就变成了董事会主体的制度。董事会根据新章程，公举郑孝胥为监督。一年后，郑孝胥辞职，董事会又举夏敬观为监督。这两位都是有名的诗人，他们都不常到学校，所以我们也不大觉得监督制的可畏。

可是在董事会与〈的〉监督之下，公学的干事就不能由同学公选了。评议部是新章所没有的。选举的干事改为学校聘任的教务长、庶务长、斋务长了。这几位办事人，外面要四出募捐，里面要担负维持学校的责任，自然感觉他们的地位有稳定的必要。况且前面已说过，校章的修改也不是完全没有理由的。但我们少年人可不能那样想。中国公学的校章上明明载着“非经全体三分之二承认，不得修改”。这是我们的宪法上载着的唯一的修正方法。三位干事私自修改校章，是非法的。评议部的取消也是非法的。这里面也还有个人的问题。当家日子久了，总难免“猫狗皆嫌”。何况同学之中有许多本是干事诸君的旧日同辈的朋友呢？在校上课的同学自然在学业上日日有长进，而干事诸君办事久了，学问上没有进境，却当着教务长一类的学术任务，自然有时难免受旧同学的轻视。法的问题和这种人的问题混合在一块，风潮就不容易避免了。

代议制的评议部取消之后，全体同学就组织了一个“校友会”，其实就等于今日各校的学生会。校友会和三干事争了几个月，干事答应了校章可由全体学生修改。又费了几个月的时间，校友会把许多修正案整理成一个草案，又开了几次会，才议定了一本校章。一年多的争执，经过了多少度的磋商，新监督夏先生与干事诸君均不肯承认这新改的校章。

到了戊申（一九〇八）九月初三日，校友会开大会报告校章交涉的经过，会尚未散，监督忽出布告，完全否认学生有订改校章之权，这竟是完全取消干事承认全体修改校章的布告了。接着又出了两道布告，一道说“集会演说，学堂悬为厉禁。……校友会以后不准再行开会”。一道说学生代表朱经朱绂华“倡首煽众，私发传单，侮辱职员，要挟发布所自改印章程，屡诫不悛，纯用意气，实属有意破坏公学。照章应即斥退，限一日内搬移出校”。

初四日，全体同学签名停课，在操场上开大会。下午干事又出布告，开除学生罗君毅，周烈忠，文之孝等七人，并且说，“如仍附从停课，即当将停课学生全行解散，另行组织。”初五日，教员出来调停，想请董事会出来挽救。但董事会不肯开会。初七日学生大会遂决议筹备万一学校解散后的办法。

初八日董事陈三立先生出来调停，但全校人心已到了很激昂的程度，不容易挽回了。初九日，校中布告：“今定于星期日暂停膳食。所有被胁诸生可先行退出校外，暂住数日。准于今日午后一时起，在寰球中国学生会发给旅膳费。俟本公学将此案办结后，再行布告来校上课。”

这样的压迫手段激起了校中绝大多数同学的公愤。他们决定退学，遂推举干事筹备另创新校的事。退学的那一天，秋雨淋漓，大家冒雨搬到爱尔近路庆祥里新租的校舍里。厨房虽然寻来了一家，饭厅上桌凳都不够，碗碟也不够。大家都知道这是我们自己创立的学校，所以不但不叫苦，还要各自掏腰包，捐出钱来作学校的开办费。有些学生把绸衣，金表，都拿去当了钱来捐给学堂做开办费。

十天之内，新学校筹备完成了，居然聘教员，排功课，正式开课了，校名定为“中国新公学”；学生有一百六七十人。在这风潮之中，最初的一年因为我是新学生，又因为我告了很长时期的病假，所以没有参与同学和干事的争执；到了风潮正激烈的时期，我被举为大会书记，许多记录和宣言都是我做的；虽然不在被开除之列，也在退学之中。朱经，李琴鹤，罗君毅被举作干事。有许多旧教员都肯来担任教课。学校虽然得着社会上一部分人的同情，捐款究竟很少，经常费很感觉困难。李琴鹤君担任教务干事，有一天他邀我到他房里谈话，他要我担任低级各班的英文，每星期教课三十点钟，月薪八十元；但他声明，自家同学作教员，薪俸是不能全领的，总得欠着一部分。

我这时候还不满十七岁，虽然换了三个学堂，始终没有得着一张毕业证书。我若继续上课，明年可以毕业了。但我那时确有不能继续求学的情形。我家本没有钱。父亲死后，只剩几千两的存款，存在同乡店家生息，一家人全靠这一点出息过日子。后来存款的店家倒账了，分摊起来，我家分得一点小店业。我的二哥是个有才干的人，他往来汉口上海两处，把这点小店业变来变去，又靠他的同学朋友把他们的积蓄寄存在他的店里，所以他能在几年之中合伙撑起一个规模较大的瑞兴泰茶叶店。但近几年之中，他的性情变了，一个拘谨的人变成了放浪的人；他的费用变大了，精力又不能贯注到店事，店中所托的人又不很可靠，所以店业一年不如一年。后来我家的亏空太大了，上海的店业不能不让给债权人。当戊申的下半年，我家只剩汉口一所无利可图的酒栈（两仪栈）了。这几个月以来，我没有钱住宿舍，就寄居在《竞业旬报》社里（也在庆祥里）。从七月起，我担任《旬报》的编辑，每出一期报，社中送我十块钱的编辑费。住宿和饭食都归社中担负。我家中还有母亲，眼前就得要我寄钱赡养了。母亲也知道家中破产就在眼前，所以寄信来要我今年回家去把婚事办了。我斩钉截铁的阻止了这件事，名义上是说求学要紧，其实是我知道家中没有余钱给我办婚事，我也没有钱养家。

正在这个时候，李琴鹤君来劝我在新公学作教员。我想了一会，就答应了。从此以后，我每天教六点钟的英文，还要改作文卷子。十七八岁的少年人，精力正强，所以还能够勉强支持下去，直教到第二年（一九〇九）冬天中国新公学解散时为止。

以学问论，我那时怎配教英文？但我是个肯负责任的人，肯下苦功去预备功课，所以这一年之中还不曾有受窘的时候。我教的两班后来居然出了几个有名的人物：饶毓泰（树人），杨铨（杏佛），严庄（敬斋），都做过我的英文学生。后来我还在校外收了几个英文学生，其中有一个就是张奚若。可惜他们后来都不是专习英国文学；不然，我可真“抖”了！

《竞业旬报》停刊之后，我搬进新公学去住。这一年的教书生活虽然很苦，于我自己却有很大的益处。我在中国公学两年，受姚康侯和王云五两先生的影响很大，他们都最注重文法上的分析，所以我那时虽不大能说英国话，却喜欢分析文法的结构，尤其喜欢拿中国文法来做比较。现在做了英文教师，我更不能不把字字句句的文法弄的清楚。所以这一年之中，我虽没有多读英国文学书，却在文法方面得着很好的练习。

中国新公学在最困苦的情形之下支持了一年多，这段历史是很悲壮的，那时候的学堂多不讲究图书仪器的设备，只求做到教员好，功课紧，管理严，就算好学堂了。新公学的同学因为要争一口气，所以成绩很好，管理也不算坏。但经费实在太穷，教员只能拿一部分的薪俸，干事处常常受收房捐与收巡捕捐的人的恶气；往往因为学校不能付房捐和巡捕捐，同学们大家凑出钱来，借给干事处。有一次干事朱经农君（即朱经）感觉学校经费困难已到了绝地，他忧愁过度，神经错乱，出门乱走，走到了徐家汇的一条小河边，跳下河去，幸遇人救起，不曾丧命。

这时候，中国公学的吴淞新校舍已开始建筑了，但学生很少。内地来的学生，到了上海，知道了两个中国公学的争持，大都表同情于新公学，所以新公学的学生总比老公学多。例如张奚若（原名耘）等一些陕西学生，到了上海，赶不上招考时期，他们宁可在新公学附近租屋补习，却不肯去老公学报名。所以“中国新公学”的招牌一天不去，“中国公学”是一天不得安稳发展的。老公学的职员万不料我们能支持这么久。他们也知道我们派出去各省募捐的代表，如朱绂华，朱经农，薛传斌等，都有有力的介绍，也许有大规模的官款补助的可能。新公学募款若成功，这个对峙的局面更不容易打消了。

老公学的三干事之中，张邦杰先生（俊生）当风潮起时在外省募款未归；他回校后极力主张调停，收回退学的学生。不幸张先生因建筑吴淞校舍，积劳成病，不及见两校的合并就死了。新公学董事长李平书先生因新校经济不易维持，也赞成调停合并。调停的条件大致是：凡新公学的学生愿意回去的，都可回去；新公学的功课成绩全部承认；新公学所有亏欠的债务，一律由老公学担负清偿。新公学一年之中亏欠已在一万元以上，捐款究竟只是一种不能救急的希望；职员都是少年人，牺牲了自己的学业来办学堂，究竟不能持久。所以到了己酉（一九〇九）十月，新公学接受了调停的条件，决议解散；愿回旧校者，自由回去。我有题新校合影的五律二首，七律一首，可以纪念我们在那时候的感情，所以我抄在这里：

十月题新校合影时公学将解散

无奈秋风起，艰难又一年。
颠危俱有责，成败岂由天？
黯黯愁兹别，悠悠祝汝贤。
不堪回首处，沧海已桑田。

此地一为别，依依无限情。
凄凉看日落，萧瑟听风鸣。
应有天涯感，无忘城下盟！
相携入图画，万虑苦相萦。

十月再题新校教员合影

也知胡越同舟谊，无奈惊涛动地来。
江上飞鸟犹绕树，尊前残蜡已成灰。
昙花幻相空余恨，鸿爪遗痕亦可哀。
莫笑劳劳作刍狗，且论臭味到岑苔。

这都算不得诗，但“应有天涯感，无忘城下盟”两句确是当时的心理。合并之后，有许多同学都不肯回老公学去，也是为此。这一年的经验，为一个理想而奋斗，为一个团体而牺牲，为共同生命而合作，这些都在我们一百六十多人的精神上留下磨不去的影子。二十年来，无人写这一段历史，所以我写这几千字，给我的一班老同学留一点“鸿爪遗痕”。①

少年人的理想主义受打击之后，反动往往是很激烈的。在戊申己酉（一九〇八—一九〇九）两年之中，我的家事败坏到不可收拾的地步，己酉年，大哥和二哥回家，主张分析家产；我写信回家，说我现在已能自立了，不要家中的产业。其实家中本没有什么产业可分，分开时，兄弟们每人不过得着几亩田，半所屋而已。那一年之中，我母亲最心爱的一个妹子和一个弟弟先后死了，她自己也病倒了。我在新公学解散之后，得了两三百元的欠薪，前途茫茫，毫无把握，那敢回家去？只好寄居在上海，想寻一件可以吃饭养家的

---

① 这一段是去年（一九三一）夏间写的，写成之后，我恐怕我的记载有不正确或不公平的地方，所以把原稿送给王敬芳先生（抟沙），请他批评修改。他是我们攻击的干事之一，是当日风潮的一个主要目标。但事隔二十多年，我们都可以用比较客观的眼光来回看当年的旧事了。他看了之后，写了一封几千字的长信给我，承认我的话“说的非常心平气和，且设身处地的委曲体谅，令我极端佩服”，又指出一些与当日事实不符的地方。他指出的错误，我都改正了。所以这一段小史，虽是二十多年后追记的，应该没有多大的错误。我感谢王先生的修正，并且盼望我的老同学朱经农，罗君毅先生也给我同样的修正。王先生在他的长信里说了几句很感慨的话，我认为很值得附录在此。他说：“我是当初反对取缔规则最力的人，但是今日要问我取缔规则到底对于中国学生有多大害处，我实在答应不出来。你是当时反对公学最力的人，看你这篇文章，今昔观察也就不同的多了。我想青年人往往因感情的冲动，理智便被压抑了。中国学校的风潮，大多数是由于这种原因。学校中少一分风潮，便多一分成就。盼望你注意矫正这种流弊。”我是赞成这话的，但是我要补充一句：学校的风潮不完全由于青年人的理智被感情压抑了，其中往往是因为中年人和青年人同样的失去了运用理智的能力。专责备青年人是不公允的。中国公学最近几次的风潮都是好例子。

廿一，九，廿七。

事。在那个忧愁烦闷的时候，又遇着一班浪漫的朋友，我就跟着他们堕落了。

（二）

中国新公学有一个德国教员，名叫何德梅（Ottomeir），他的父亲是德国人，母亲是中国人，他能说广东话，上海话，官话。什么中国人的玩意儿，他全会。我从新公学出来，就搬在他隔壁的一所房子里住，这两所房子是通的，他住东屋，我和几个四川朋友住西屋。和我同住的人，有林君墨（恕）、但怒刚（懋辛）诸位先生；离我们不远，住着唐桂梁（蟒）先生，是唐才常的儿子。这些人都是日本留学生，都有革命党的关系；在那个时候各地的革命都失败了，党人死的不少，这些人都很不高兴，都很牢骚。何德梅常邀这些人打马［麻］将，我不久也学会了。我们打牌不赌钱，谁赢谁请吃雅叙园。我们这一班人都能喝酒，每人面前摆一大壶，自斟自饮。从打牌到喝酒，从喝酒又到叫局，从叫局到吃花酒，不到两个月，我都学会了。

幸而我们都没有钱，所以都只能玩一点穷开心的玩意儿：赌博到吃馆子为止，逛窑子到吃“镶边”的花酒或打一场合股份的牌为止。有时候，我们也同去看戏。林君墨和唐桂梁发起学唱戏，请了一位小喜禄来教我们唱戏，同学之中有欧阳予倩，后来成了中国戏剧界的名人。我最不行，一句也学不会，不上两天我就不学了。此外，我还有一班小朋友，同乡有许怡荪、程乐亭、章希吕诸人，旧同学有郑仲诚、张蜀川、郑铁如诸人。怡荪见我随着一班朋友发牢骚，学堕落，他常常规劝我。但他在吴淞复旦公学上课，是不常来的，而这一班玩的朋友是天天见面的，所以我那几个月之中真是在昏天黑地里胡混。有时候，整夜的打牌；有时候，连日的大醉。

有一个晚上，闹出乱子来了。那一晚我们在一家“堂子”里吃酒，喝的不少了，出来又到一家去“打茶围”。那晚上雨下的很大，下了几点钟还不止。君墨桂梁留我打牌，我因为明天要教书（那时我在华童公学教小学生的国文），所以独自雇人力车走了。他们看我能谈话，能在一叠“局票”上写诗词，都以为我没有喝醉，也就让我一个人走了。

其实我那时已大醉了，谈话写字都只是我的“下意识”的作用，我全不记忆。出门上车以后，我就睡着了。

直到第二天天明时，我才醒来，眼睛还没有睁开，就觉得自己不是睡在床上，是睡在硬的地板上！我疑心昨夜喝醉了，睡在家中的楼板上，就喊了一声“老彭”！——老彭是我雇的一个湖南仆人。喊了两声，没有人答应，我已坐起来了，眼也睁开了。

奇怪的很！我睡在一间黑暗的小房里，只有前面有亮光，望出去好像没有门。我仔细一看，口外不远还好像有一排铁栅栏。我定神一听，听见栏杆外有皮鞋走路的声响。一会儿，狄托狄托的走过来了，原来是一个中国巡捕走过去。

我有点明白了，这大概是巡捕房，只不知道我怎样到了这儿来的。我想起来问一声，这时候才觉得我一只脚上没有鞋子，又觉得我身上的衣服都是湿透了的。我摸来摸去，摸不着那一只皮鞋；只好光着一只袜子站起来，扶着墙壁走出去，隔着栅栏招呼那巡捕，问他这是什么地方。

他说：“这是巡捕房。”

“我怎么会进来的？”

他说：“你昨夜喝醉了酒，打伤了巡捕，半夜后进来的。”

“什么时候我可以出去？”

“天刚亮一会，早呢！八点钟有人来，你就知道了。”

我在亮光之下，才看见我的旧皮袍不但是全湿透了，衣服上还有许多污泥。我又觉得脸上有点疼，用手一摸，才知道脸上也有污泥，并且有破皮的疤痕。难道我真同人打了架吗？

这是一个春天的早晨，一会儿就是八点钟了。果然有人来叫我出去。

在一张写字桌边，一个巡捕头坐着，一个浑身泥污的巡捕立着回话。那巡捕头问：

“就是这个人？”

“就是他。”

“你说下去。”

那浑身泥污的巡捕说：

“昨夜快十二点钟的时候，我在海宁路上班，雨下的正大。忽然（他指着我）他走来了，手里拿着一只皮鞋敲着墙头，狄托狄托的响。我拿巡捕灯一照，他开口就骂。”

“骂什么？”

“他骂‘外国奴才’！我看他喝醉了，怕他闯祸，要带他到巡捕房里来。他就用皮鞋打我，我手里有灯，抓不住他，被他打了好几下。后来我抱住他，抢了他的鞋子，他就和我打起来了。两个人抱住不放，滚在地上。下了一夜的大雨，马路上都是水，两个人在泥水里打滚。我的灯也打碎了，身上脸上都被他打了。他脸上的伤是在石头上擦破了皮。我吹叫子，唤住了一部空马车，两个马夫帮我捉住他，关在马车里，才能把他送进来。我的衣服是烘干了，但是衣服上的泥都不敢弄掉，这都是在马路当中滚的。”

我看他脸上果然有伤痕，但也像是擦破了皮，不像是皮鞋打的。他解开上身，也看不出什么伤痕。

巡捕头问我，我告诉了我的真姓名和职业，他听说我是在华童公学教书的，自然不愿得罪我。他说，还得上堂问一问，大概要罚几块钱。

他把桌子上放着的一只皮鞋和一条腰带还给我。我穿上了鞋子，才想起我本来穿有一件缎子马褂。我问他要马褂，他问那泥污的巡捕，他回说：“昨夜他就没有马褂。”

我心里明白了。

我住在海宁路的南林里，那一带在大雨的半夜里是很冷静的。我上了车就睡着了。车夫到了南林里附近，一定是问我到南林里第几弄。我大概睡的很熟，不能回答了。车夫叫我不醒，也许推我不醒，他就起了坏心思，把我身上的钱摸去了，又把我的马褂剥去了。帽子也许是他拿去了的，也许是丢了的。他大概还要剥我的皮袍，不想这时候我的“下意识”醒过来了，就和他抵抗。那一带是没有巡捕的，车夫大概是拉了车子跑了，我大概追他不上，自己也走了。皮鞋是跳舞鞋式的，没有鞋带，所以容易掉下来；也许是我跳下车来的时候就掉下来了，也许我拾起了一只鞋子来追赶那车夫。车夫走远了，我赤着一只脚在雨地里自然追不上。我慢慢的依着“下意识”走回去，醉人往往爱装面子，所以我丢了东西反唱起歌来了，——也许唱歌是那个巡捕的胡说，因为我的意识生活是不会唱歌的。

这是我自己用想像来补充的一段，是没有法子证实的了。但我想到在车上熟睡的一段，不禁有点不寒而栗，身上的水湿和脸上的微伤那能比那时刻的生命的危险呢？

巡捕头许我写一封短信叫人送到我的家中。那时候郑铁如（现在的香港中国银行行长）住在我家中，我信上托他带点钱来准备做罚款。

上午开堂问事的时候，几分钟就完了，我被罚了五元，做那个巡捕的养伤费和赔灯费。

我到了家中，解开皮袍，里面的棉袄也湿透了，一解开来，里面热气蒸腾：湿衣裹在身上睡了一夜，全蒸热了！我照镜子，见脸上的伤都只是皮肤上的微伤，不要紧的。可是一夜的湿气倒是可怕。

同住的有一位四川医生，姓徐，医道颇好。我请他用猛药给我解除湿气。他下了很重的泻药，泻了几天；可是后来我手指上和手腕上还发出了四处的肿毒。

那天我在镜子里看见我脸上的伤痕，和浑身的泥湿，我忍不住叹一口气，想起“天生我材必有用”的诗句，心里百分懊悔，觉得对不住我的慈母，——我那在家乡时时刻刻悬念着我，期望着我的慈母！我没有掉一滴眼泪，但是我已经过了一次精神上的大转机。

我当日在床上就写信去辞了华童公学的职务，因为我觉得我的行为玷辱了那个学校的名誉。况且我已决心不做那教书的事了。

那一年（庚戌，一九一〇）是考试留美赔款官费的第二年。听说，考试取了备取的还有留在清华学校的希望。我决定关起门来预备去应考试。

许怡荪来看我，也力劝我摆脱一切去考留美官费。我所虑的有几点：一是要筹养母之费，二是要还一点小债务，三是要筹两个月的费用和北上的旅费。怡荪答应替我去设法。后来除他自己之外，帮助我的有程乐亭的父亲松堂先生，和我的族叔祖节甫先生。

我闭户读了两个月的书，就和二哥绍之一同北上。到了北京，蒙二哥的好朋友杨景苏先生（志洵）的厚待，介绍我住在新在建筑中的女子师范学校（后来的女师大）校舍里，所以费用极省。在北京一个月，我不曾看过一次戏。

杨先生指点我读旧书，要我从《十三经注疏》用功起。我读汉儒的经学，是从这个时候起的。

留美考试分两场，第一场考国文、英文，及格者才许考第二场的各种科学。国文试题为《不以规矩不能成方圆说》，我想这个题目不容易发挥，又因我平日喜欢看杂书，就做了一篇乱谈考据的短文，开卷就说：

> 矩之作也，不可考矣。规之作也，其在周之末世乎？

下文我说《周髀算经》作圆之法足证其时尚不知道用规作圆；又孔子说“不逾矩”，而不并举规矩，至墨子、孟子始以规矩并用，足证规之晚出。这完全是一时异想天开的考据，不料那时看卷子的先生也有考据癖，大赏识这篇短文，批了一百分。英文考了六十分，头场平均八十分，取了第十名。第二场考的各种科学，如西洋史，如动物学，如物理学，都是我临时抱佛脚预备起来的，所以考的很不得意。幸亏头场的分数占了大便宜，所以第二场我还考了个第五十五名。取送出洋的共七十名，我很挨近榜尾了。

南下的旅费是杨景苏先生借的。到了上海，节甫叔祖许我每年遇必要时可以垫钱寄给我的母亲供家用。怡荪也答应帮忙。没有这些好人的帮助，我是不能北去，也不能放心出国的。

我在学校里用胡洪骍的名字；这回北上应考，我怕考不取为朋友学生所笑，所以临时改用胡适的名字。从此以后，我就叫胡适了。

廿一，九，廿七夜。

（原载于《新月》第4卷第4期，1932年11月10日）

四十自述（之八）

逼上梁山

——文学革命的开始

（一）

提起我们当时讨论“文学革命”的起因，我不能不想到那时清华学生监督处的一个怪人。这个人叫做钟文鳌，他是一个基督教徒，受了传教士和青年会的很大的影响。他在华盛顿的清华学生监督处做书记，他的职务是每月寄发各地学生应得的月费。他想利用他发支票的机会来做一点社会改革的宣传。他印了的一些宣传品，和每月的支票夹在一个信封里寄给我们。他的小传单有种种花样，大致是这样的口气：

“不满二十五岁不娶妻。”

“废除汉字，改用字母。”

“多种树，种树有益。”

支票是我们每月渴望的；可是钟文鳌先生的小传单未必都受我们的欢迎。我们拆开信，把支票抽出来，就把这个好人的传单抛在字纸篓里去。

可是钟先生的热心真可厌——他不管你看不看，每月总照样夹带一两张小传单给你。我们平时厌恶这种青年会宣传方法的，总觉得他这样滥用职权是不应该的。有一天，我又接到了他的一张传单，说中国应该改用字母拼音；说欲求教育普及，非有字母不可。我一时动了气，就写了一封短信去骂他。信上的大意是说："你们这种不通汉文的人，不配谈改良中国文字的问题。你要谈这个问题，必须先费几年工夫，把汉文弄通了。那时你才有资格谈汉字是不是应该废除。"

这封信寄出去之后，我就有点懊悔了。等了几天，钟文鳌先生没有回信来，我更觉得我不应该这样"盛气凌人"。我想，这个问题不是一骂就可完事的。我既然说钟先生不够资格讨论此事，我们够资格的人就应该用点心思才力去研究这个问题。不然，我们就应该受钟先生的训斥了。

那一年恰好东美的中国学生会新成立了一个"文学科学研究部"(Institute of Arts and Sciences)，我是文学股的委员，负有准备年会时分股讨论的责任。我就同赵元任先生商量，把"中国文字的问题"作为本年文学股的论题，由他和我两个人分做两篇论文，讨论这个问题的两个方面：赵君专论"吾国文字能否采用字母制，及其进行方法"；我的题目是"如何可使吾国文言易于教授"。赵君后来觉得一篇不够，连做了几篇长文，说吾国文字可以采用音标拼音，并且详述赞成与反对的理由。他后来是"国语罗马字"的主要制作人：这几篇主张中国拼音文字的论文是国语罗马字的历史的一种重要史料。

我的论文是一种过渡时代的补救办法。我的日记里记此文大旨如下：

（一）汉文问题之中心在于"汉文究可为传授教育之利器否"一问题。

（二）汉文所以不易普及者，其故不在汉文，而在教之之技术之不完。同一文字也，甲以讲书之故而通文，能读书作文；乙以徒事诵读不求讲解之故而终身不能读书作文。可知受病之源在于教法。

（三）旧法之弊，盖有四端：

（1）汉文乃是半死之文字，不当以教活文字之法救之。（活文字者，日用语言之文字，如英法文是也，如吾国之白话是也。死文字者，如希腊、拉丁，非日用之语言，已陈死矣。半死文字者，以其中尚有日用之分子在也。如犬字是已死之字，狗字是活字；乘马是死语，骑马是活语。故曰半死之文字也。）旧法不明此义，以为徒事朗诵，可得字义，此其受病之源。教死文字之法，与教外国文字略相似，须用翻译之法，译死语为活语，前谓“讲书”是也。

（2）汉文乃是视官的文字，非听官的文字。凡一字有二要，一为其声，一为其义：无论何种文字，皆不能同时并达此二者。字母的文字但能传声，不能达意，象形会意之文字，但可达意而不能传声。今之汉文已失象形会意指事之特长；而教者又不复知说文学。其结果遂令吾国文字既不能传声，又不能达意。向之有一短者，今乃并失其所长。学者不独须强记字音，又须强记字义，是事倍而功半也。欲救此弊，当鼓励字源学，当以古体与今体同列教科书中；小学教科当先令童蒙习象形指事之字，次及浅易之会意字，次及浅易之形声字。中学以上皆当习字源学。

（3）吾国文本有文法。文法乃教文字语言之捷径，当今鼓励文法学，列为必须之学科。

（4）吾国向不用文字符号，致文字不易普及；而文法之不讲，亦未始不由于此，今当力求采用一种规定之符号，以求文法之明显易解，及意义之确定不易。（以上引一九一五年八月二十六日记）

我是不反对字母拼音的中国文字的；但我的历史训练（也许是一种保守性）使我感觉字母的文字不是容易实行的，而我那时还没有想到白话可以完全替代文言，所以我那时想要改良文言的教授方法，使汉文容易教授。我那段日记的前段还说：

当此字母制未成之先，今之文言终不可废置，以其为公有之各省交通之媒介也，以其为仅有之教育授受之具也。

我提出的四条古文教授法，都是从我早年的经验里得来的。第一条注重讲解古书，是我幼年时最得力的方法（看《四十自述》，页四四一四六）。第二条主张字源学是在美国时的一点经验，有一个美国同学跟我学中国文字，我买一部王筠的《文字蒙求》给他做课本觉得颇有功效。第三条讲求文法是我崇拜《马氏文通》的结果，也是我学习英文的经验的教训。第四条讲标点符号的，重要也是学外国文得来的教训；我那几年想出了种种标点的符号，一九一五年六月为《科学》作了一篇《论句读及文字符号》的长文，约有一万字，凡规定符号十种，在引论中我讨论没有文字符号的三大弊：一为意义不能确定，容易误解；二为无以表示文法上的关系；三为教育不能普及。我在日记里自跋云：

吾之有意于句读及符号之学也久矣。此文乃数年来关于此问题之思想结晶而成者，初非一时兴到之作也。后此文中，当用此制。七月二日。

（二）

以上是一九一五年夏季的事。这时候我已承认白话是活文字，古文是半死的文字。那个夏天，任叔永（鸿隽），梅觐庄（光迪），杨杏佛（铨），唐擘黄（钺）都在绮色佳（Ithaca）过夏，我们常常讨论中国文学的问题。从中国文字问题转到中国文学问题，这是一个大转变。这一班人中，最守旧的是梅觐庄，他绝对不承认中国古文是半死或全死的文字。因为他的反驳，我不能不细细想过我自己的立场。他越驳越守旧，我倒渐渐变的更激烈了。我那时常提到中国文学必须经过一场革命；“文学革命”的口号，就是那个夏天我们乱谈出来的。

梅觐庄新从芝加哥附近的西北大学毕业出来，在绮色佳过了夏，要往哈佛大学去。九月十七日，我做了一首长诗送他，诗中有这两段很大胆的宣言：

> 梅生梅生毋自鄙！神州文学久枯馁，百年未有健者起。新潮之来不可止；文学革命其时矣！吾辈势不容坐视。且复号召二三子，革命军前杖马棰，鞭笞驱除一车鬼，再拜迎入新世纪！以此报国未云菲：缩地戡天差可儗。梅生梅生毋自鄙！
>
> 作歌今送梅生行，狂言人道臣当烹。我自不吐定不快，人言未足为重轻。

在这诗里，我第一次用“文学革命”一个名词。这首诗颇引起了一些小风波。原诗共有四百二十字，全篇用了十一个外国字的译音。任叔永把那诗里的一些外国字连缀起来，做了一首游戏诗送我往纽约：

> 牛敦爱迭孙，培根客尔文，
> 索虏与霍桑，“烟士披里纯”。
> 鞭笞一车鬼，为君生琼英。
> 文学今革命，作歌送胡生。

诗的末行自然是挖苦我的“文学革命”的狂言。所以我可不能把这诗当作游戏看。我在九月十九日的日记里记了一行：

> 右叔永戏赠诗，知我乎？罪我乎？

九月二十日，我离开绮色佳，转学到纽约去进哥仑比亚大学，在火车上用叔永的游戏诗的韵脚，写了一首很庄重的答词，寄给绮色佳的各位朋友：

诗国革命何自始？要须作诗如作文。
琢镂粉饰丧元气，貌似未必诗之纯。
小人行文颇大胆，诸公一一皆人英。
愿共僇力莫相笑，我辈不作儒腐生。

在这短诗里，我特别提出了“诗国革命”的问题，并且提出了一个“要须作诗如作文”的方案，从这个方案上，惹出了后来做白话诗的尝试。

我认定了中国诗史上的趋势，由唐诗变到宋诗，无甚玄妙，只是作诗更近于作文！更近于说话。近世诗人欢喜做宋诗，其实他们不曾明白宋诗的长处在哪儿。宋朝的大诗人的绝大贡献，只在打破了六朝以来的声律的束缚，努力造成一种近于说话的诗体。我那时的主张颇受了读宋诗的影响，所以说“要须作诗如作文”，又反对“琢镂粉饰”的诗。

那时我初到纽约，觐庄初到康桥，各人都很忙，没有打笔墨官司的余暇。但这只是暂时的停战，偶一接触，又爆发了。

（三）

一九一六年，我们的争辩最激烈，也最有效果。争辩的起点，仍旧是我的“要须作诗如作文”的一句诗。梅觐庄曾驳我道：

足下谓诗国革命始于“作诗如作文”，迪颇不以为然。诗文截然两途。诗之文字（Poetic diction）与文之文字（Prose diction）自有诗文以来，（**无论中西**）已分道而驰。足下为诗界革命家，改良“诗之文字”则可。若仅移“文之文字”于诗，即谓之革命，则不可也……一言以蔽之，吾国求诗界革命，当于诗中求之，与文无涉也。若移“文之文字”于诗，即谓之革命，则诗界革命不成问题矣。以其太易易也。

任叔永也来信，说他赞成觐庄的主张。我觉得自己很孤立，但我终觉得他们两人的说法都不能使我心服。我不信诗与文是完全截然两途的。我答他们的信，说我的主张并不仅仅是以“文之文字”入诗。我的大意是：

今日文学大病在于徒有形式而无精神，徒有文而无质，徒有铿锵之韵，貌似之辞而已。今欲救此文胜之弊，宜从三事入手：第一须言之有物，第二须讲文法，第三，当用“文之文字”时，不可避之。三者皆以质救文胜之敝也。（二月三日）

我自己日记里记着：

吾所持论，固不徒以“文之文字”入诗而已。然不避“文之文字”，自是吾论诗之一法……古诗如白香山之《道州民》，如老杜之《自京赴奉先咏怀》，如黄山谷之《题莲华寺》，何一非用“文之文字”，又何一非用“诗之文字”耶？（三月三日）

这时候，我已仿佛认识了中国文学问题的性质。我认清了这问题在于“有文而无质”。怎么才可以救这“文胜质”的毛病呢？我那时的答案还没有敢想到白话上去，我只敢说“不避文的文字”而已。但这样胆小的提议，我的一班朋友都还不能了解。梅觐庄的固执“诗的文字”与“文的文字”的区别，自不必说。任叔永也不能完全了解我的意思。他有信来说：

……要之，无论诗文，皆当有质。有文无质，则成吾国近世萎靡腐朽之文学，吾人正当廓而清之。然使以文学革命自命

> 者，乃言之无文，欲其行远，得乎？近来颇思吾国文学不振，其最大原因，乃在文人无学。救之之法，当从绩学入手。徒于文字形式上讨论，无当也。（二月十日）

这种说法，何尝不是？但他们都不明白“文字形式”往往是可以妨碍束缚文学的本质的。“旧皮囊装不得新酒”，是西方的老话。我们也有“工欲善其事，必先利其器”的古话。文字形式是文学的工具；工具不适用，如何能达意表情？

从二月到三月，我的思想上起了一个根本的新觉悟。我曾彻底想过：一部中国文学史只是一部文字形式（工具）新陈代谢的历史，只是“活文学”随时起来替代了“死文学”的历史。文学的生命全靠能用一个时代的活的工具来表现一个时代的情感与思想。工具僵化了，必须另换新的，活的，这就是“文学革命”。例如《水浒传》上石秀说的：

> 你这与奴才做奴才的奴才！

我们若把这句话改作古文，“汝奴之奴”或他种译法，总不能有原文的力量。这岂不是因为死的文字不能表现活的话语？此种例证，何止千百？所以我们可以说：历史上的“文学革命”全是文学工具的革命。叔永诸人全不知道工具的重要，所以说“徒于文字形式上讨论，无当也”。他们忘了欧洲近代文学史的大教训！若没有各国的活语言作新工具，若近代欧洲文人都还须用那已死的拉丁文作工具，欧洲近代文学的勃兴是可能的吗？欧洲各国文学革命只是文学工具的革命。中国文学史上几番革命也都是文学工具的革命。这是我的新觉悟。

我到此时才把中国文学史看明白了，才认清了中国俗话文学（从宋儒的白话语录到元朝明朝的白话戏曲和白话小说）是中国的正统文学，是代表中国文学革命自然发展的趋势的。我到此时才敢正式承认中国今日需要的文学革命是用白话替代古文的革命，是用活的工具替代死的工具的革命。

一九一六年三月间，我曾写信给梅觐庄，略说我的新见解，指出宋元的白话文学的重要价值。觐庄究竟是研究过西洋文学史的人，他回信居然很赞成我的意见。他说：

> 来书论宋元文学，甚启聋聩。文学革命自当从“民间文学”（Folklore，Popular poetry，Spoken language，etc.）入手，此无待言。惟非经一番大战争不可。骤言俚俗文学，必为旧派文家所讪笑攻击。但我辈正欢迎其讪笑攻击耳。（三月十九日）

这封信真叫我高兴，梅觐庄也成了“我辈”了！

我在四月五日把我的见解写出来，作为两段很长的日记。第一段说：文学革命，在吾国史上，非创见也。即以韵文而论：

> 三百篇变而为骚，一大革命也。又变为五言七言之诗，二大革命也。赋之变为无韵之骈文，三大革命也。古诗之变为律诗，四大革命也。诗之变为词，五大革命也。词之变为曲，为剧本，六大革命也。何独于吾所持文学革命论而疑之！

第二段论散文的革命：

> 文亦几遭革命矣。孔子至于秦汉，中国文体始臻完备。……六朝之文亦有绝妙之作。然其时骈俪之体大盛，文以工巧雕琢见长，文法遂衰。韩退之之“文起八代之衰”，其功在于恢复散文，讲求文法，此亦一革命也。唐代文学革命家，不仅韩氏一人；初唐之小说家皆革命功臣也。“古文”一派，至今为散文正宗，然宋人谈哲理者，似悟古文之不适于用，于是语录体兴焉。语录体者，以俚语说理记事。……此亦一大革命也。……至元人之小说，此体始臻极盛。……总之，文学革命

到元代而登峰造极。其时词也，曲也，剧本也，小说也，皆第一流之文学，而皆以俚语为之。其时吾国真可谓有一种“活文学”出世。倘此革命潮流（革命潮流即天演进化之迹。自其异者言之，谓之革命。自其循序渐进之迹言之，即谓之进化，可也。）不遭明代八股之劫，不受诸文人复古之劫，则吾国之文学必已为俚语的文学，而吾国之语言早成为言文一致之语言，可无疑也。但丁（Dante）之创意大利文，却叟（Chaucer）之创英吉利文，马丁·路得（Martin Luther）之创德意志文，未足独有千古矣。惜乎，五百余年来，半死之古文，半死之诗词，复夺此“活文学”之地位，而“半死文学”遂苟延残喘以至于今日。今日之文学，独我佛山人，南亭亭长，洪都百炼生诸公之小说可称“活文学”耳。文学革命何可更缓耶！何可更缓耶！（四月五日夜记）

从此以后，我觉得我已从中国文学演变的历史上寻得了中国文学问题的解决方案，所以我更自信这条路是不错的。过了几天，我作了一首《沁园春》词，写我那时的情绪：

沁园春　誓诗

更不伤春，更不悲秋，以此誓诗。

任花开也好，花飞也好，月圆固好，日落何悲？

我闻之曰，“从天而颂，孰与制天而用之？”更安用，为苍天歌哭，作彼奴为！

文学革命何疑！

且准备搴旗作健儿。

要前空千古，下开百世，收他臭腐，还我神奇。

为大中华，造新文学，此业吾曹欲让谁？诗材料，有簇新世界，供我驱驰。（四月十三日）

这首词下半阕的口气是很狂的，我自己觉得有点不安，所以修改了好多次。到了第三次修改，我把“为大中华，造新文学，此业吾曹欲让谁”的狂言，全删掉了，下半阕就改成了这个样子：

……文章要有神思，
到琢句雕词意已卑。
定不师秦七，不师黄九，但求似我，何效人为！
语必由衷，言须有物，此意寻常当告谁！从今后，倘傍人门户，不是男儿！

这次改本后，我自跋云：

吾国文学大病有三：一曰无病而呻，……二曰摹仿古人，……三曰言之无物。……顷所作词，专攻此三弊，岂徒责人，亦以自誓耳。（四月十七日）

前答觐庄书，我提出三事：言之有物，讲文法，不避“文之文字”；此跋提出的三弊，除“言之无物”与前第一事相同，余二事是添出的。后来我主张的文学改良的八件，此时已有了五件了。

（四）

一九一六年六月中，我往克利佛兰（Cleveland）赴“第二次国际关系讨论会”（Conference of Intemational Relations），去时来时都经过绮色佳，去时在那边住了八天，常常和任叔永、唐擘黄、杨杏佛诸君谈论改良中国文学的方法，这时候我已有了具体的方案，就是用白话作文，作诗，作戏曲。日记里记我谈话的大意有九点：

（一）今日之文言乃是一种半死的文字。

（二）今日之白话是一种活的语言。

（三）白话并不鄙俗，俗儒乃谓之俗耳。

（四）白话不但不鄙俗，而且甚优美适用。凡言要以达意为主，其不能达意者，则为不美。如说，“赵老头回过身来，爬在街上，扑通扑通的磕了三个头。”若译作文言，更有何趣味？

（五）凡文言之所长，白话皆有之。而白话之所长，则文言未必能及之。

（六）白话并非文言之退化，乃是文言之进化，其进化之迹，略如下述：

（1）从单音的进而为复音的。

（2）从不自然的文法进而为自然的文法，例如“舜何人也”变为“舜是什么人”；“己所不欲”变为“自己不要的”。

（3）文法由繁趋简。例如代名词的一致。

（4）文言之所无，白话皆有以补充。例如文言只能说，“此乃吾儿之书”，但不能说“这书是我儿子的”。

（七）白话可以产生第一流文学。白话已产生小说，戏剧，语录，诗词，此四者皆有史事可证。

（八）白话的文学为中国千年来仅有之文学。其非白话的文学，如古文，如八股，如笔记小说，皆不足与于第一流文学之列。

（九）文言的文字可读而听不懂；白话的文字既可读，又听得懂。凡演说，讲学，笔记，文言决不能应用。

今日所需，乃是一种可读，可听，可歌，可讲，可记的言语。要读书不须口译，演说不须笔译；要施诸讲坛舞台而皆可，诵之村妪妇孺皆可懂。不如此者，非活的言语也，决不能成为吾国之国语也，决不能产生第一流的文学也。（七月六日追记）

七月二日，我回纽约时，重过绮色佳，遇见梅觐庄，我们谈了半天，晚上我就走了。日记里记此次谈话的大致如下：

吾以为文学在今日不当为少数文人之私产，而当以能普及

> 最大多数之国人为一大能事。吾又以为文学不当与人事全无关系；凡世界有永久价值之文学，皆尝有大影响于世道人心者也。觐庄大攻此说，以为 Utilitarian（功利主义），又以为偷得 Tolstoi（托尔斯泰）之绪余；以为此等十九世纪之旧说，久为今人所弃置。
>
> 余闻之大笑。夫吾之论中国文学，全从中国一方面着想，初不管欧西批评家发何议论。吾言而是也，其为 Utilitarian，其为 Tolstoyan 又何损其为是。吾言而非也，但当攻其所以非之处，不必问其为 Utilitarian 抑为 Tolstoyan 也。（七月十三日追记）

（五）

我回到纽约之后不久，绮色佳的朋友们遇着了一件小小的不幸事故，产生了一首诗，引起了一场大笔战，竟把我逼上了决心试做白话诗的路上去。

七月八日，任叔永同陈衡哲女士、梅觐庄、杨杏佛、唐擘黄在凯约嘉湖上摇船，近岸时船翻了，又遇着大雨。虽没有伤人，大家的衣服都湿了，叔永做了一首四言的《泛湖即事》长诗，寄到纽约给我看。诗中有“言棹轻楫，以涤烦疴”；又有“猜谜赌胜，载笑载言”等等句子。恰好我是曾做《诗三百篇中“言”字解》的，看了“言棹轻楫”的句子，有点不舒服，所以我写信给叔永说：

> ……再者，书中所用“言”字“载”字，皆系死字；又如“猜谜赌胜，载笑载言”二句，上句为二十世纪之活字，下句为三千年前之死句，殊不相称也。……（七月十六日）

叔永不服，回信说：

> 足下谓“言”字“载”字为死字，则不敢谓然。如足下意，

> 岂因《诗经》中曾用此字，吾人今日所用字典便不当搜入耶？“载笑载言”固为“三千年前之语”，然可用以达我今日之情景，即为今日之语，而非“三千年前之死语”，此君我不同之点也。……（七月十七日）

我的本意只是说“言”字“载”字在文法上的作用，在今日还未能确定，我们不可轻易乱用。我们应该铸造今日的活语来“达我今日之情景”，不当乱用意义不确定的死字。苏东坡用错了“驾言”两字，曾为章子厚所笑。这是我们应该引以为训诫的。

这一点本来不很重要，不料竟引起了梅觐庄出来打抱不平；他来信说：

> 足下所自矜为“文学革命”真谛者，不外乎用“活字”以入文，于叔永诗中稍古之字，皆所不取，以为非“二十世纪之活字”。此种论调，因足下所恃为哓哓以提倡“新文学”者，迪又闻之素矣。夫文学革新，须洗去旧日腔套，务去陈言，固矣。然此非尽屏古人所用之字，而另以俗语白话代之之谓也。……足下以俗语白话为向来文学上不用之字，骤以入文，似觉新奇而美，实则无永久价值。因其向未经美术家之锻炼，徒诿诸愚夫愚妇，无美术观念者之口，历世相传，愈趋愈下，鄙俚乃不可言。足下得之，乃矜矜自喜，眩为创获，异矣！如足下之言，则人间材智，教育，选择，诸事，皆无足算，而村农伧夫皆足为诗人美术家矣。甚至非洲之黑蛮，南洋之土人，其言文无分者，最有诗人美术家之资格矣。何足下之醉心于俗语白话如是耶？至于无所谓“活文学”，亦与足下前此言之。……文字者，世界上最守旧之物也。……一字意义之变迁，必须数十或数百年而后成，又须经文学大家承认之，而恒人始沿用之焉。足下乃视改革文学如是之易易乎？……
>
> ……总之，吾辈言文学革命，须谨慎以出之。尤须先精究

吾国文字，始敢言改革。欲加用新字，须先用美术以锻炼之。非仅以俗语白话代之，即可了事者也。（俗语白话亦有可用者，惟必须经美术家之锻炼耳。）如足下言，乃以暴易暴耳，岂得谓之改良乎？……（七月十七日）

觐庄有点动了气，我要和他开开玩笑，所以做了一首一千多字的白话游戏诗回答他。开篇就是描摹老梅生气的神气：

“人闲天又凉”，老梅上战场。
拍桌骂胡适，说话太荒唐！
说什么“中国有活文学”！
说什么“须用白话做文章”！
文字哪有死活！白话俗不可当！
……

第二段中有这样的话：

老梅牢骚发了，老胡呵呵大笑。
且请平心静气，这是什么论调！
文字没有古今，却有死活可道。
古人叫做“欲”，今人叫做“要”。
古人叫做“至”，今人叫做“到”。
古人叫做“溺”，今人叫做“尿”。
本来同是一字，声音少许变了。
并无雅俗可言，何必纷纷胡闹？
至于古人叫“字”，今人叫“号”；
古人悬梁，今人上吊；
古名虽未必不佳，今名又何尝不妙？
至于古人乘舆，今人坐轿；
古人加冠束帻，今人但知戴帽：

这都是古所没有，而后入所创造。
若必叫帽作巾，叫轿作舆，
岂非张冠李戴，认虎作豹？
……

第四段专答他说的“白话须锻炼”的意思：

今我苦口哓舌，算来欲是如何？
正要求今日的文学大家，
把那些活泼泼的白话，
拿来锻炼，拿来琢磨，
拿来作文演说，作曲作歌：——
出几个白话的嚣俄，
和几个白话的东坡，
那不是“活文学”是什么？
那不是“活文学”是什么？
……

这首“打油诗”是七月二十二日做的，一半是少年朋友的游戏，一半是我有意试做白话的韵文。但梅、任两位都大不以为然。觐庄来信大骂我，他说：

读大作如儿时听“莲花落”，真所谓革尽古今中外诗人之命者！足下诚豪健哉！……（七月二十四日）

叔永来信也说：

足下此次试验之结果，乃完全失败；盖足下所作，白话则诚白话矣，韵则有韵矣，然却不可谓之诗。盖诗词之为物，除有韵之外，必须有和谐之音调，审美之辞句，非如宝玉所云“押韵就好”也。……（七月二十四夜）

对于这一点，我当时颇不心服，曾有信替自己辩护，说我这首诗，当作一首 Satire（嘲讽诗）看，并不算是失败，但这种“戏台里喝彩”，实在大可不必。我现在回想起来，也觉得自己好笑。

但这一首游戏的白话诗，本身虽没有多大价值，在我个人做白话诗的历史上，可是很重要的。因为梅、任诸君的批评竟逼得我不能不努力试做白话诗了。觐庄的信上曾说：

> 文章体裁不同。小说词曲固可用白话，诗文则不可。

叔永的信上也说：

> 要之，白话自有白话用处（如作小说演说等），然不能用之于诗。

这样看来，白话文学在小说词曲演说的几方面，已得梅、任两君的承认了，觐庄不承认白话可作诗与文，叔永不承认白话可用来作诗。觐庄所谓“文”，自然是指《古文辞类纂》一类的书里所谓“文”（近来有人叫做“美文”）。在这一点上，我毫不狐疑，因为我在几年前曾做过许多白话的议论文，我深信白话文是不难成立的。现在我们的争点，只在“白话是否可以做诗”的一个问题了。白话文学的作战，十仗之中，已胜了七八仗。现在只剩一座诗的壁垒，还须用全力去抢夺。待到白话征服这个诗国时，白话文学的胜利就可说是十足的了，所以我当时打定主意，要作先锋去打这座未投降的壁垒：就是要用全力去试做白话诗。

叔永的长信上还有几句话使我更感觉这种试验的必要。他说：

> 如凡白话皆可为诗，则吾国之京调高腔，何一非诗？……乌乎适之，吾人今日言文学革命，乃诚见今日文学有不可不改革之处，非特文言白话之争而已。……以足下高才有为，何为舍大道不由，而必旁逸斜出，植美卉于荆棘之中哉？……今日

假定足下之文学革命成功，将令吾国作诗皆京调高腔，而陶谢李杜之流永不复见于神州，则足下之功又何如哉，心所谓危，不敢不告。……足下若见听，则请从他方面讲文学革命，勿徒以白话诗为事矣。……（七月二十四夜）

这段话使我感觉他们都有一个根本上的误解。梅、任诸君都赞成“文学革命”，他们都“诚见今日文学有不可不改革之处”。但他们赞成的文学革命，只是一种空荡荡的目的，没有具体的计划，也没有下手的途径。等到我提出了一个具体的方案（用白话做一切文学的工具），他们又都不赞成了。他们都说，文学革命决不是“文言白话之争而已”。他们都说，文学革命应该有“他方面”，应该走“大道”。究竟那“他方面”是什么方面呢？究竟那“大道”是什么道呢？他们又都说不出来了；他们只知道决不是白话！

我也知道光有白话算不得新文学，我也知道新文学必须有新思想和新精神。但是我认定了：无论如何，死文字决不能产生活文学。若要造一种活的文学，必须有活的工具。那已产生的白话小说词曲，都可证明白话是最配做中国活文学的工具的。我们必须先把这个工具抬高起来，使他成为公认的中国文学工具，使他完全替代那半死的或全死的老工具。有了新工具，我们方才谈得到新思想和新精神等等其他方面。这是我的方案。现在反对的几位朋友已承认白话诗文，其实他们是不承认白话可以作小说戏曲了。他们还不承认白话可以作诗。这种怀疑，不仅是对于白话诗的局部怀疑，实在还是对于白话文学的根本怀疑。在他们的心里，诗与文是正宗，小说戏曲还是旁门小道。他们不承认白话可作中国文学的唯一工具。所以我决心要用白话来征服诗的壁垒，这不但是试验白话诗是否可能，这就是要证明白话可以做中国文学的一切门类的唯一工具。

白话可以作诗，本来是毫无疑问的。杜甫、白居易、寒山、拾得、邵雍、王安石、陆游的白话诗都可以举来作证。词曲里的白话更多了。但何以我的朋友们还不能承认白话诗的可能呢？这有两个原因：第一是因为白话诗确是不多，在那无数的古文诗里，这儿那儿的几首白话诗在数量上确是很少的。第二是因为旧日的诗人词人只有偶然用白话做诗词的，没有用全力做白话诗词的，更没有自觉的做白话诗词的。所以现在这个问题还不能光靠历史材料的证明，还须等待我们用实地试验来证明。

所以我答叔永的信上说：

> 总之，白话未尝不可以入诗，但白话诗尚不多见耳。古之所少有，今日岂必不可多作乎？……
>
> 白话之能不能作诗，此一问题全待吾辈解决。解决之法，不在乞怜古人，谓古之所无，今必不可有；而在吾辈实地试验。一次“完全失败”，何妨再来？若一次失败，便“期期以为不可”，此岂“科学的精神”所许乎？……
>
> 高腔京调未尝不可成为第一流文学。……适以为但有第一流文人肯用高腔京调著作，便可使京调高腔成第一流文学。病在文人胆小不敢用之耳。元人作曲可以取仕宦，下之亦可谋生，故名士如高则诚、关汉卿之流皆肯作曲作杂剧。今之高腔京调皆不文不学之戏子为之，宜其不能佳矣。此则高腔京调之不幸也。
>
> 足下亦知今日受人崇拜之莎士比亚，即当时唱京调高腔者乎？……与莎氏并世之倍根著《论集》（Essays），有拉丁文英文两种本子；书既出世，倍根自言，其他日不朽之名当赖拉丁文一本；而英文本则以供一般普通俗人之传诵耳，不足轻重也。此可见当时之英文的文学，其地位皆与今日京腔高调不相上下。……吾绝对不认“京腔高调”与“陶谢李杜”为势不两立之物。今且用足下之文字以述吾梦想中之文学革命之目的，曰：
>
> （1）文学革命的手段，要令国中之陶、谢、李、杜敢用白

话京调高腔作诗。要令国中之陶、谢、李、杜皆用白话京调高腔作诗。

（2）文学革命的目的，要令中国有许多白话京调高腔的陶、谢、李、杜，要令白话京调高腔之中产出几许陶、谢、李、杜。

（3）今日决用不着陶、谢、李、杜的陶、谢、李、杜。何也？时代不同也。

（4）吾辈生于今日，与其作不能行远不能普及的《五经》、两汉、六朝、八家文字，不如作家喻户晓的《水浒》、《西游》文字。与其作似陶似谢似李似杜的诗，不如作不似陶不似谢不似李不似杜的白话诗。与其作一个"真诗"，走"大道"，学这个，学那个的陈伯严、郑苏盦，不如作一个实地试验，"旁逸斜出"，"舍大道而弗由"的胡适。

此四者，乃适梦想中文学革命之宣言书也。

嗟夫，叔永，吾岂好立异以为高哉？徒以"心所谓是，不敢不为"。吾志决矣。吾自此以后，不更作文言诗词。吾之《去国集》乃是吾绝笔的文言韵文也。……（七月二十六日）

这是我第一次宣言不做文言的诗词。过了几天，我再答叔永道：

古人说："工欲善其事，必先利其器。"文字者，文学之器也。我私心以为文言决不足为吾国将来文学之利器。施耐庵、曹雪芹诸人已实地证明作小说之利器在于白话。今尚需人实地试验白话是否可为韵文之利器耳。……

我自信颇能用白话作散文，但尚未能用之于韵文。私心颇欲以数年之力，实地练习之。倘数年之后，竟能用文言白话作文作诗，无不随心所欲，岂非一大快事？

我此时练习白话韵文，颇似新辟一文学殖民地。可惜须单身匹马而往，不能多得同志，结伴同行。然我去志已决。公等假我数年之期。倘此新国尽是沙碛不毛之地，则我或终归老于

“文言诗国”，亦未可知。倘幸而有成，则辟除棘荆之后，当开放门户，迎公等同来莅止耳。“狂言人道臣当烹。我自不吐定不快，人言未足为轻重。”足下定笑我狂耳。……（八月四日）

这封信是我对于一班讨论文学的朋友的告别书。我把路线认清楚了，决定努力做白话诗的试验，要用试验的结果来证明我的主张的是非。所以从此之后，我不再和梅任诸君打笔墨官司了。信中说的“可惜须单身匹马而往，不能多得同志，结伴而行”，也是我当时心里感觉的一点寂寞。我心里最感觉失望的，是我平时最敬爱的一班朋友都不肯和我同去探险。一年多的讨论，还不能说服一两个好朋友，我还妄想要在国内提倡文学革命的大运动吗？

有一天，我坐在窗口吃我自做的午餐，窗下就是一大片长林乱草，远望着赫贞江。我忽然看见一对黄蝴蝶从树梢飞上来；一会儿，一只蝴蝶飞下去了；还有一只蝴蝶独自飞了一会，也慢慢的飞下去，去寻他的同伴去了，我心里颇有点感触，感触到一种寂寞的难受，所以我写了一首白话小诗，题目就叫做《朋友》（后来才改作《蝴蝶》）：

两个黄蝴蝶，双双飞上天。
不知为什么，一个忽飞还。
剩下那一个，孤单怪可怜；
也无心上天，天上太孤单。

（八月二十三日）

这种孤单的情绪，并不含有怨望我的朋友的意思。我回想起来，若没有那一班朋友和我讨论，若没有那一日一邮片，三日一长函的朋友切磋的乐趣，我自己的文学主张决不会经过那几层大变化，决不会渐渐结晶成一个有系统的方案，决不会慢慢的寻出一条光明的大路来。况且那年（一九一六）的三月间，梅觐庄对于我的俗话文学的主张，已很明白的表示赞成了。（看上文引他的三月十九日来信。）

后来他们的坚决反对，也许是我当时少年意气太盛，叫朋友难堪，反引起他们的反感来了，就使他们不能平心静气的考虑我的历史见解，就使他们走上了反对的路上去。但是因为他们的反驳，我才有实地试验白话诗的决心。庄子说得好："彼出于是，是亦因彼。"一班朋友做了我多年的"他山之错"，我对他们，只有感激，决没有丝毫的怨望。

我的决心试验白话诗，一半是朋友们一年多讨论的结果，一半也是我受的实验主义的哲学的影响。实验主义教训我们：一切学理都只是一种假设；必须要证实（verified），然后可算是真理。证实的步骤，只是先把一个假设的理论的种种可能的结果都推想出来，然后想法子来试验这些结果是否适用，或是否能解决原来的问题。我的白话文学论不过是一个假设，这个假设的一部分（小说词曲等）已有历史的证实了；其余一部分（诗）还须等待实地试验的结果。我的白话诗的实地试验，不过是我的实验主义的一种应用。所以我的白话诗还没有写得几首，我的诗集已有了名字了，就叫做《尝试集》。我读陆游的诗，有一首诗云：

> 能仁院前有石像丈余，盖作大像时样也。
> 江阁欲开千尺像，云龛先定此规模。
> 斜阴徙倚空长叹，尝试成功自古无。

陆放翁这首诗大概是别有所指；他的本意大概是说：小试而不得大用，是不会成功的，我借他这句诗，做我的白话诗集的名字，并且做了一首诗，说明我的尝试主义：

尝试篇

> "尝试成功自古无"，放翁这话未必是。我今为下一转语，自古成功在尝试。请看药圣尝百草，尝了一味又一味。又如名医试丹药，何嫌六百零六次。莫想小试便成功，哪有这样容易

事！有时试到千百回，始知前功尽抛弃。即使如此已无愧，即此失败便足记。告人此路不通行，可使脚力莫浪费。我生求师二十年，今得“尝试”两个字。作诗做事要如此，虽未能到颇有志。作“尝试歌”颂吾师，愿大家都来尝试！（八月三日）

这是我的实验主义的文学观。

这个长期讨论的结果，使我自己把许多散漫的思想汇集起来，成为一个系统。一九一六年的八月十九日，我写信给朱经农，中有一段说：

新文学之要点，约有八事：

（一）不用典。

（二）不用陈套语。

（三）不讲对仗。

（四）不避俗字俗语。（不嫌以白话作诗词。）

（五）须讲求文法。（以上为形式的方面。）

（六）不作无病之呻吟。

（七）不摹仿古人。

（八）须言之有物。（以上为精神［内容］的方面。）

那年十月中，我写信给陈独秀先生，就提出这八个“文学革命”的条件。次序也是这样的；不到一个月，我写了一篇《文学改良刍议》，用复写纸抄了两份，一份给《留美学生季报》发表，一份寄给独秀在《新青年》上发表。（《胡适文存》卷一，页七一二三。）在这篇文字里，八件事的次序大改变了：

（一）须言之有物。

（二）不摹仿古人。

（三）须讲求文法。

（四）不作无病之呻吟。

（五）务去烂调套语。

（六）不用典。

（七）不讲对仗。

（八）不避俗字俗语。

这个新次第是有意改动的，我把“不避俗字俗语”一件放在最后，标题只是很委婉的说“不避俗字俗语”，其实是很郑重的提出我的白话文学的主张。我在那篇文字里说：

> 吾惟以施耐庵、曹雪芹、吴趼人为文学正宗，故有“不避俗字俗语”之论也。盖吾国言文之背驰久矣。自佛书之输入，译者以文言不足以达意，故以浅近之文译之，其体已近白话。其后佛氏讲义语录尤多用白话为之者，是为语录体之原始。及宋人讲学，以白话为语录，此体遂成讲学正体（明人因之）。当是时，白话已久入韵文，观宋人之诗词可见。及至元时，中国北部在异族之下三百余年矣。此三百年中，中国乃发生一种通俗行远之文学，文则有《水浒》《西游》、《三国》，曲则尤不可胜计。以今世眼光观之，则中国文学当元代为最盛；传世不朽之作，当以元代为最多。此无可疑也。当是时，中国之文学最近言文合一，白话几成文学的语言矣。使此趋势不受阻遏，则中国几有一“活文学”出现，而但丁路得之伟业几发生于神州。不意此趋势骤为明代所阻，政府既以八股取士，而当时文人以何李七子之徒，又争以复古为高。于是此千年难遇言文合一之机会，遂中道夭折矣。然以今世历史进化的眼光观之，则白话文学之为中国文学之正宗，又为将来文学必用之利器，可断言也。以此之故，吾主张今日作文作诗，宜采用俗语俗字。与其用三千年前之死字，不如用二十世纪之活字。与其作不能行远不能普及之秦汉六朝，不如作家喻户晓之《水浒》、《西游》文字也。

这完全是用我三四月中写出的中国文学史观（见上文引的四月五日

日记)，稍稍加上一点后来的修正，可是我受了在美国的朋友的反对，胆子变小了，态度变谦虚了，所以此文标题但称“文学改良刍议”而全篇不敢提起“文学革命”的旗子。篇末还说：

> 上述八事，乃吾年来研思此一大问题之结果。……谓之“刍议”，犹云未定草也。伏惟国人同志有以匡纠是正之。

这是一个外国留学生对于国内学者的谦逊态度。文字题为“刍议”，诗集题为“尝试”，是可以不引起很大的反感的了。

陈独秀先生是一个老革命党，他起初对于我的八条还有点怀疑(《新青年》二卷二号。其时国内好学深思的少年，如常乃德君，也说“说理纪事之文，必当以白话行之，但不可施于美术文耳”。见《新青年》二卷四号)。但他见了我的《文学改良刍议》之后，就完全赞成我的主张；他接着写了一篇《文学革命论》(《新青年》二卷五号)，正式在国内提出“文学革命”的旗帜。他说：

> 文学革命之气运，酝酿已非一日。其首举义旗之急先锋则为吾友胡适。余甘冒全国学究之敌，高张“文学革命军”之大旗，以为吾友之声援。旗上大书特书吾革命三大主义：
>
> 曰：推倒雕琢的，阿谀的贵族文学；建设平易的，抒情的国民文学。
>
> 曰：推倒陈腐的，铺张的古典文学；建设新鲜的，立诚的写实文学。
>
> 曰：推倒迂晦的，艰涩的山林文学；建设明了的，通俗的社会文学。

独秀之外，最初赞成我的主张的，有北京大学教授钱玄同先生(《新青年》二卷六号通信；又三卷一号通信)。此后文学革命的运动就从美国几个留学生的课余讨论，变成国内文人学者的讨论了。

《文学改良刍议》是一九一七年一月出版的，我在一九一七年四月九日还写了一封长信给陈独秀先生，信内说：

此事之是非，非一朝一夕所能定，亦非一二人所能定。甚愿国中人士能平心静气与吾辈同力研究此问题。讨论既熟，是非自明。吾辈已张革命之旗，虽不容退缩，然亦决不敢以吾辈所主张为必是，而不容他人之匡正也。……

独秀在《新青年》（第三卷三号）上答我道：

鄙意容纳异议，自由讨论，固为学术发达之原则，独至改良中国文学当以白话为正宗之说，其是非甚明，必不容反对者有讨论之余地；必以吾辈所主张者为绝对之是，而不容他人之匡正也。盖以吾国文化倘已至文言一致地步，则以国语为文，达意状物，岂非天经地义？尚有何种疑义必待讨论乎？其必欲摈弃国语文学，而悍然以古文为正宗者，犹之清初历家排斥西法，乾嘉畴人非难地球绕日之说，吾辈实无余闲与之作此无谓之讨论也。

这样武断的态度，真是一个老革命党的口气。我们一年多的文学讨论的结果，得着了这样一个坚强的革命家做宣传者，做推行者，不久就成为一个有力的大运动了。

（《四十自述》的一章。二十二年，十二月，三日夜脱稿。）

（原载于《东方杂志》第31卷第1号，1934年1月1日）

找书的快乐

主席、诸位先生：

我不是藏书家，只不过是一个爱读书、能够用书的书生，自己买书的时候，总是先买工具书，然后才买本行书，换一行时，就得另外买一种书。今年我六十九岁了，还不知道自己的本行到底是那一门？是中国哲学呢？还是中国思想史？抑或是中国文学史？或者是中国小说史？《水经注》？中国佛教思想史？中国禅宗史？我所说的“本行”，其实就是我的兴趣，兴趣愈多就愈不能不收书了。十一年前我离开北平时，已经有一百箱的书，大约有一二万册。离开北平以前的几小时，我曾经暗想着：我不是藏书家，但却是用书家。收集了这么多的书，舍弃了太可惜，带吧，因为坐飞机又带不了。结果只带了一些笔记，并且在那一二万册书中，挑选了一部书，作为对一二万册书的纪念，这一部书就是残本的《红楼梦》。四本只有十六回，这四本《红楼梦》可以说是世界上最老的抄本。收集了几十年的书，到末了只带了四本，等于当兵缴了械，我也变成一个没有棍子、没有猴子的变把戏的叫花子。

这十一年来，又蒙朋友送了我很多书，加上历年来自己新买的书，又把我现在住的地方堆满了，但是这都是些不相干的书，自己本行的书一本也没有。找资料还需要依靠中研院史语所的图书馆和别的图书馆，如台湾大学图书馆、“中央”图书馆等救急。

找书有甘苦，真伪费推敲

我这个用书的旧书生，一生找书的快乐固然有，但是找不到书的苦处也尝到过。民国九年（1920 年）七月，我开始写《水浒传考证》的时候，参考的材料只有金圣叹的七十一回本《水浒传》、《征四寇》及《水浒后传》等，至于《水浒传》的一百回本、一百一十回本、一百一十五回本、一百廿回本、一百廿四回本，还都没有看到。等我的《水浒传考证》问世的时候，日本才发现《水浒》的一百一十五回本及一百回本、一百一十回本及一百廿回本。同时我自己也找到了一百一十五回本及一百廿四回本。做考据工作，没有书是很可怜的。考证《红楼梦》的时候，大家知道的材料很多，普通所看到的《红楼梦》都是一百廿回本。这种一百廿回本并非真的《红楼梦》。曹雪芹四十多岁死去时，只写到八十回，后来由程伟元、高鹗合作，一个出钱，一个出力，完成了后四十回。乾隆五十六年的活字版排出了一百廿回的初版本，书前有程、高二人的《序文》，说：

> 世人都想看到《红楼梦》的全本，前八十回中黛玉未死，宝玉未娶，大家极想知道这本书的结局如何？但却无人找到全的《红楼梦》。近因程、高二人在一卖糖摊子上发现有一大卷旧书，细看之下，竟是世人遍寻无着的《红楼梦》后四十回，因此特加校订，与前八十回一并刊出。

可是天下这样巧的事很少，所以我猜想《序文》中的说法不可靠。

考证《红楼梦》，清查曹雪芹

三十年前我考证《红楼梦》时，曾经提出两个问题，这是研究红学的人值得研究的：一、《红楼梦》的作者是谁？作者是怎样一个人？他的家世如何？家世传记有没有可考的资料？曹雪芹所写的那些繁华世界是有根据的吗？还是关着门自己胡诌乱说？二、《红楼梦》的版本问题，是八十回？还是一百廿回？后四十回是那里来的？那时候有七八种《红楼梦》的考证，俞平伯、顾颉刚都帮我找过材料。最初发现乾隆五十七年（1792 年）有程伟元《序》的乙本，其中并有高鹗的《序文》及引言七条，以后发现早一年出版的甲本，证明后四十回是高鹗所续，而由程伟元出钱活字刊印。又从其他许多材料里知道曹雪芹家为江南的织造世职，专为皇室纺织绸缎，供给宫内帝后、妃嫔及太子、王孙等穿戴，或者供皇帝赏赐臣下。后来在清理故宫时，从康熙皇帝一秘密抽屉内发现若干文件，知道曹雪芹的祖父曹寅，等于皇帝派出的特务，负责察看民心年成，或是退休丞相的动态，由此可知曹家为阔绰大户。《红楼梦》中有一段说到王熙凤和李嬷嬷谈皇帝南巡，下榻贾家，可知是真的事实。以后我又经河南的一位张先生指点，找到杨钟羲的《雪桥诗话》及《八旗经文》，以及有关爱新觉罗宗室敦诚、敦敏的记载，知道曹雪芹名霑、号雪芹，是曹寅的孙子，接着又找到了《八旗人诗抄》、《熙朝雅颂集》，找到敦诚、敦敏兄弟赐送曹雪芹的诗，又找到敦诚的《四松堂集》，是一本清抄未删底本，其中有挽曹雪芹的诗，内有“四十年华付杳冥”句，下款年月日为甲申（即乾隆甲申廿九年，西历 1764 年）。从这里可以知道曹雪芹去世的年代，他的年龄为四十岁左右。

险失好材料，再评《石头记》

民国十六年我从欧美返国，住在上海，有人写信告诉我，要卖一本《脂砚斋评石头记》给我，那时我以为自己的资料已经很多，未加理会。不久以后和徐志摩在上海办新月书店，那人又将书送来给我看，原来是甲戌年手抄再评本，虽然只有十六回，但却包括了很多重要史料。里面有：“壬午除夕，书未成，芹为泪尽而逝。甲午八月泪笔”的句子，指出曹雪芹逝于乾隆廿七年冬，即西历一七六三年二月十二日。“字字看来皆是血，十年辛苦不寻常”诗句，充分描绘出曹雪芹写《红楼梦》时的情态。脂砚斋则可能是曹雪芹的太太或朋友。自从民国十七年二月我发表了《考证红楼梦的新材料》之后，大家才注意到《脂砚斋评本石头记》。不过，我后来又在民国廿二年从徐星署先生处借来一部庚辰秋定本脂砚斋四阅评过的《石头记》，是乾隆廿五年本，八十回，其中缺六十四、六十七两回。

谈《儒林外史》，推赞吴敬梓

现在再谈谈我对《儒林外史》的考证。《儒林外史》是部骂当时教育制度的书，批评政治制度中的科举制度。我起初发现的只有吴敬梓的《文木山房集》中的赋一卷（4 篇），诗二卷（131 首），词一卷（47 首），拿这当做材料。但是在一百年前，我国的大诗人金和，他在跋《儒林外史》时，说他收有《文木山房集》，有文五卷。可是一般人都说《文木山房集》没有刻本，我不相信，便托人在北京的书店找，找了几年都没有结果，到了民国七年才在带经堂书店找到。我用这本集子参考安徽《全椒县志》，写成一本一万八千字的《吴敬梓年谱》，中国小说传记资料，没有一个能比这更多的，民国十四年我把这本书排印问世。

如果拿曹雪芹和吴敬梓二人作一个比较，我觉得曹雪芹的思想很平凡，而吴敬梓的思想则是超过当时的时代，有着强烈的反抗意识。吴敬梓在《儒林外史》里，严刻地批评教育制度，而且有他的较科学化的观念。

有计划找书，考证神会僧

前面谈到的都是没有计划的找书，有计划的找书更是其乐无穷。

所谓有计划的找书，便是用“大胆的假设，小心的求证”方法去找书。现在再拿我找神会和尚的事做例子，这是我有计划的找书。神会和尚是唐代禅宗七祖大师，我从《宋高僧传》的慧能和神会传里发现神会和尚的重要，当时便作了个大胆的假设，猜想有关神会和尚的资料只有日本和敦煌两地可以发现。因为唐朝时，日本派人来中国留学的很多，一定带回去不少史料。经过“小心的求证”，后来果然在日本找到宗密的《圆觉大疏抄》和《禅源诸诠集》，另外又在巴黎的国家图书馆及伦敦的大英博物馆发现数卷神会和尚的资料。知道神会和尚是湖北襄阳人，到洛阳、长安传播大乘佛法，并指陈当时的两京法祖三帝国师非禅宗嫡传，远在广东的六祖慧能才是真正禅宗一脉相传下来的。但是神会的这些指陈不为当时政府所取信，反而贬走神会。刚好那时发生安史之乱，唐玄宗远避四川，肃宗召郭子仪平乱，这时国家财政贫乏，军队饷银只好用度牒代替，如此必须要有一位高僧宣扬佛法令人乐于接受度牒。神会和尚就担任了这项推行度牒的任务。郭子仪收复两京（洛阳、长安），军饷的来源，不得不归功神会。安史之乱平了后，肃宗迎请神会入宫奉养，并且尊神会为禅宗七祖，所以神会是南宗的急先锋，北宗的毁灭者，新禅学的建立者，《坛经》的创作者，在中国佛教史上没有第二个人有这样伟大的功勋。我所研究［整理］的《神会和尚遗集》可望在明年由中央研究院历史语言研究所出版。

最后，根据我个人几十年来找书的经验，发现我们过去的藏书的范围是偏狭的，过去收书的目标集中于收藏古董，小说之类决不在藏书之列。但我们必须了解了解，真正收书的态度，是要无所不收的。

（胡适演讲于1959年12月27日台北“中国图书馆学会”年会。载于台北《中国图书馆学会会报》第14期，1962年12月16日）